Empowering Investment People.

Unternehmen

IDS GmbH – Analysis and Reporting Services (IDS) ist ein international operierender Dienstleister für das operative Kapitalanlagecontrolling für Vermögensverwalter und institutionelle Anleger.

Unsere Produkte

Als einer der großen Anbieter erstellen wir für unsere Kunden Lösungen für
– Performanceanalysen
– Risikoanalysen
– Investment-Compliance
– Konsolidierte Berichte
– Datenmanagement
und verwalten auf Basis eines Managed-Service-Ansatzes die dazugehörigen Geschäftsprozesse.

Unsere Kompetenz

Unser umfassendes Verständnis für die Belange unserer Kunden – inhaltlich wie technisch – ist eines unserer herausragenden Leistungsmerkmale.

IDS GmbH – Analysis and Reporting Services
Königinstraße 28
80802 München, Deutschland

www.InvestmentDataServices.com
info@investmentdataservices.com

Handbuch Investmentfonds
für institutionelle Anleger

Volker G. Heinke/ Werner Krämer/ Bettina Nürk

Handbuch Investmentfonds für institutionelle Anleger

● UHLENBRUCH Verlag, Bad Soden/Ts.

Bibliographische Information Der Deutschen Bibliothek
Die Deutsche Bibliothek verzeichnet diese Publikation in der Deutschen
Nationalbibliografie; detaillierte bibliografische Daten sind im Internet über
http://dnb.ddb.de abrufbar.

ISBN 978-3-933207-76-0

© UHLENBRUCH Verlag GmbH, Bad Soden /Ts., 2011
Printed in Germany

Inhalt

III. Die moderne Fondsadministration: Master-KAG und Global Custodian

IV. Konzeptionelle Fragen der institutionellen Kapitalanlage

V.   Risikomanagement , Performancemessung und Controlling

Vorwort der Herausgeber

Im August 2000 erschien das „Handbuch Spezialfonds" mit Dr. Jochen Kleeberg und Dr. Christian Schlenger als Herausgeber. Dieses sollte als praktischer Leitfaden für institutionelle Anleger und Kapitalanlagegesellschaften dienen und war rasch vergriffen. Es folgten zahlreiche Anfragen an den Uhlenbruch Verlag, die ein breites Interesse an einer Neuauflegung dokumentierten.

Das vorliegende „Handbuch Investmentfonds für institutionelle Anleger", das dem „Handbuch Spezialfonds" nachfolgt, möchte dieser Nachfrage nachkommen. Aufgrund der seit dem Jahr 2000 stark veränderten Fondslandschaft im institutionellen Asset Management wurde der Titel modifiziert und umfassender formuliert.

Seit dem Erscheinen des „Handbuch Spezialfonds" hat sich die Asset Management-Branche dramatisch gewandelt. Allein das in Spezialfonds investierte Vermögen erhöhte sich seit damals von rund 500 Mrd. Euro auf ca. 810 Mrd. Euro zum Jahresende 2010. Die (aufsichts-)rechtlichen Rahmenbedingungen erlauben mittlerweile deutlich mehr Fondslösungen und auch die Bandbreite der zugelassenen Assetklassen hat sich grundlegend erweitert.

Dafür steigen die Anforderungen an ein professionelles Risikomanagement der institutionellen Anleger, der Asset Management-Gesellschaften und der Depotbanken zunehmend. Mit der Entwicklung der Master-KAG und des Global Custodian zu einem mittlerweile selbstverständlichen Bestandteil fast jeder institutionellen Fondsanlage hat sich eine Struktur herausgebildet, die zur Jahrtausendwende nur wenig bekannt und eingeführt war.

Zwei Kapitalmarktkrisen ließen die eine oder andere Anlageklasse in einem neuen Licht erscheinen. Der Anteil von Absolute Return-Konzepten gegenüber rein benchmarkorientierten relativen Anlagelösungen ist gestiegen, Overlay-Konzepte sind zu einem eigenständigen Marktsegment geworden.

Die Vorschriften für die Bilanzierung von Kapitalanlagen wurden ebenso international standardisiert wie die Regelungen zur Performancemessung. Performanceabhängige Gebührenmodelle und Clean Fee-Strukturen haben deutlich an Verbreitung gewonnen. Publikumsfonds, die im Jahr 2000 bei den institutionellen Kapitalanlagen nur eine vernachlässigbare Rolle spielten, sind in den vergangenen Jahren als Investmentvehikel spürbar wichtiger geworden. Zu alledem haben sich die institutionellen Rahmenbedingungen für die verschiedenen Anlegergruppen in den letzten Jahren teilweise tiefgreifend verändert.

All diese Neuerungen verbunden mit der Frage, wie sich institutionelle Investoren heute in Deutschland aufstellen, werden in 32 Beiträgen des vorliegenden Handbuchs behandelt. Die Autoren kommen aus den Bereichen institutionelle Anleger, Banken, Investmentgesellschaften und Beratungsunternehmen.

Kapitel I gibt einen Überblick über die wichtigsten (aufsichts-)rechtlichen und steuerlichen Rahmenbedingungen für Asset Management-Gesellschaften und für die Fondsanlage in Deutschland. Unter anderem wird hier der Spezialfonds im Vergleich zu den alternativen Fondstypen, die das Investmentgesetz mittlerweile zulässt, im Hinblick auf seine Anlagemöglichkeiten dargestellt. Auch die InvMaRisk zusammen mit der Derivateverordnung 2011 sind Thema eines Beitrages.

Kapitel II ist der Darstellung der spezifischen institutionellen Rahmenbedingungen gewidmet, unter denen die verschiedenen institutionellen Anlegergruppen in Deutschland ihre Kapitalanlagen steuern. Ziele der Kapitalanlage, Möglichkeiten und Grenzen werden für mehrere VAG-(nahe) Anlegergrupppen, für Kreditinstitute, Unternehmen und ihre betriebliche Altersversorgung, Stiftungen, die (evangelische) Kirche und den kommunalen Sektor beschrieben.

Kapitel III beschäftigt sich mit der modernen Fondsadministration unter Einbeziehung einer Master-KAG und eines Global Custodian. Ein Beitrag widmet sich der besonderen Frage nach der Sicherheit und der Haftung im Bereich der Wertpapierverwahrung, die sich gerade auch in der Finanzkrise 2007 bis 2009 für viele Anleger stellte.

Konzeptionelle Fragen der institutionellen Kapitalanlage werden in Kapitel IV untersucht. Hier geht es um grundsätzliche wie auch aktuelle Fragestellungen: Fondsanlagen als strategischer Baustein in der Gesamtallokation, Absolute Return-Konzepte, die Rolle von Consultants, die Funktion und mögliche Schwächen von Benchmarks, Publikumsfonds als Anlagevehikel für den institutionellen Investor und Immobilienfonds als Assetklasse. Ein Beitrag geht darüber hinaus der Frage nach, welche Rolle die Marke einer Fondsgesellschaft und emotionale Faktoren für einen institutionellen Anleger spielen.

Das abschließende Kapitel V wendet sich den Themen Risikomanagement, Performancemessung und Controlling zu. Das Risikomanagement eines institutionellen Anlegers sowie moderne Ansätze eines Overlay-Management, Corporate Governance-Strukturen beim Investor sowie Managementgebühren und Transaktionskosten im institutionellen Asset Management sind Inhalte verschiedener Beiträge. Drei Beiträge widmen sich dem Themenbereich Performancemessung, Performance Fees und Leistungsmessung von Asset Management-Unternehmen.

Unser herzlicher Dank gilt den Autoren, die mit ihren Beiträgen zu der oben darge-stellten Bandbreite an Themengebieten maßgeblich daran beteiligt waren, dieses über 900 Seiten umfassende Handbuch mit uns zu entwickeln. Außerdem gilt unser Dank ganz besonders Frau Anke Oefner vom Uhlenbruch Verlag für ihren unermüdlichen Einsatz bei der layout-technischen Aufbereitung der Manuskripte.

Wir hoffen, dass sich das „Handbuch Investmentfonds für institutionelle Anleger" zu einem vergleichbaren Referenzwerk entwickelt wie das „Handbuch Spezialfonds" und an dessen Erfolg anknüpfen kann. Es richtet sich an alle Beteiligten im institutionellen Asset Management in Deutschland, die ein Nachschlagewerk für ihre wichtigsten Fra-gestellungen suchen.

Bad Soden/Ts., im Mai 2011

Dr. Volker G. Heinke
Werner Krämer
Dr. Bettina Nürk

Teil I

Rechtliche und steuerliche Eckdaten für das institutionelle Fondsgeschäft in Deutschland

Der deutsche institutionelle Fondsmarkt im Wandel

von Thomas Neiße

1. Das institutionelle Fondsgeschäft in Deutschland

Entwicklung und Status quo des institutionellen Fondsgeschäfts in Deutschland

Zur Jahresmitte 2010 verzeichnete die Statistik des BVI Bundesverbandes Investment und Asset Management e.V. 3.899 Spezialfonds mit einem verwalteten Vermögen in Höhe von rund 763 Mrd. Euro. Zur gleichen Zeit entfielen auf insgesamt 6.562 Publikumsfonds 670 Mrd. Euro. Beide Angaben schließen die jeweils außerhalb der deutschen Grenzen domizilierten, aber in Deutschland abgesetzten Fonds[1] ein.

---

[1] BVI-Investmentstatistik zum 30. Juni 2010. Diese Statistik erfasst außer den in Deutschland selbst domizilierten Publikumsfonds auch die im Ausland aufgelegten mit Absatz am deutschen Markt. Dazu gehören neben solchen originär ausländischer Herkunft vor allem Produkte, die von deutschen Konzernen über Auslandstöchter aufgelegt worden sind. Für diese „reimportierten" Produkte ist europaweit die Bezeichnung „Round-Trip"-Fonds gebräuchlich, da insbesondere Luxemburg auch von britischen und skandinavischen Fondsgesellschaften als bevorzugter Auflegungsstandort genutzt wird.

Vermögen der deutschen Investmentbranche

Jahr	Publikumsfonds		Spezialfonds	
	Anzahl	in Mio. €	Anzahl	in Mio. €
1950	2	1	-	-
1955	3	15	-	-
1959	15	1.165	-	-
1960	20	1.622	-	-
1962	24	1.381	1	3
1965	25	1.723	1	6
1966	28	1.627	1	9
1970	60	4.920	112	455
1975	103	8.984	233	2.479
1980	117	16.671	488	7.320
1981	121	15.215	515	8.626
1982	122	17.108	553	11.469
1983	131	20.169	585	14.264
1984	136	23.530	650	17.250
1985	145	29.781	740	24.242
1986	158	35.931	907	30.513
1987	158	40.451	1.104	34.061
1988	210	61.024	1.299	43.450
1989	273	71.641	1.474	54.462
1990	321	71.126	1.649	57.750
1991	381	86.977	1.812	71.020
1992	547	123.600	1.986	84.607
1993	667	160.124	2.197	119.693
1994	793	187.583	2.482	130.688
1995	919	200.379	2.609	157.955
1996	1.058	219.241	2.931	201.238
1997	1.188	251.725	3.467	281.011
1998	1.343	288.370	4.208	369.209
1999	1.524	397.871	4.771	474.101
2000	1.876	444.564	5.264	508.412
2001	2.219	444.090	5.490	501.119
2002	2.429	407.038	5.325	480.373
2003	2.502	462.162	5.183	516.353
2004	2.717	488.612	4.805	539.537
2005	2.836	585.269	4.589	614.842
2006	4.305	683.413	4.341	669.512
2007	5.302	731.061	4.181	691.618
2008	6.166	575.827	3.960	641.651
2009	6.477	651.608	3.900	729.032
2010-06	6.562	670.440	3.899	763.074

Stichtag: Jeweils Jahresultimo

Quelle: BVI, Deutsche Bundesbank (Publikumsfondsdaten bis 1970 und Spezialfondsdaten bis 1986)

Tabelle 1: Die Entwicklung des Spezial- und Publikumsfondsbestands in Deutschland von 1950 bis Mitte 2010 (Anzahl bzw. Fondsvermögen in Mio. Euro)

Während Publikumsfonds schon seit 1950 am Markt präsent sind, gewann der Spezial-fonds erst mehr als fünfzehn Jahre später an Bedeutung. Zwar führt die BVI-Statistik für institutionelle Anleger bestimmte Investmentfonds seit 1962, doch beschleunigte sich die Entwicklung erst ab den späten 60er Jahren, als 1968 durch eine KAGG-Novelle entsprechende aufsichtsrechtliche Rahmenbedingungen gelegt worden waren. (Der Begriff „Gesetz über Kapitalanlagegesellschaften" erscheint erstmals viel später, nämlich 1990.)

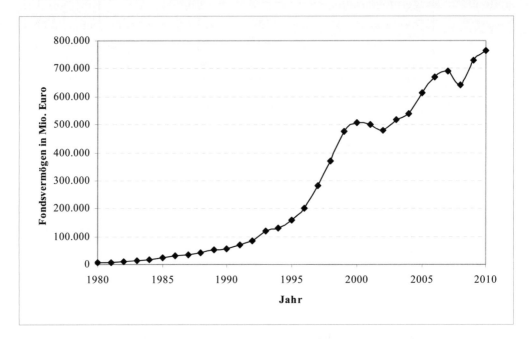

Abbildung 1: Entwicklung des Spezialfondsbestands am Absatzmarkt Deutsch-land, gemessen am dort gehaltenen Fondsvermögen[2]

Während heute bei den Publikumsfonds der Trend hin zu sogenannten „Round-Trip"-Fonds gebremst scheint, deutsche Anbieter den Heimatmarkt also nicht mehr vorran-gig über Produkte ihrer Luxemburger oder irischen Tochtergesellschaften bedienen[3], zeichnet sich für den Spezialfonds eine anders gerichtete Entwicklung ab. Seit 2007 ist es in Luxemburg möglich, über sogenannte SIF- (FIS-)Konstruktionen ein dem deut-schen Spezialfonds weitgehend vergleichbares Produkt anzubieten. Zur Jahresmitte

---

[2]   Quelle: BVI (unter Einbeziehung von Immobilien-Spezialfonds und einschließlich in Luxemburg domizilierter SIF-Konstrukte mit mehrheitlich deutschen institutionellen Anlegern).

[3]   „Ausländische Fonds deutscher Provenienz" nach der BVI-Statistik.

2010 boten neun Anbieter aus Deutschland 89 derartige Fondslösungen für deutsche institutionelle Anleger an, die insgesamt knapp 16,8 Mrd. Euro verwalteten.

Seit Erreichen etwa der Marke von 500 bis 600 Mrd. Euro sind die Bestandsänderungen im verwalteten Vermögen der Spezialfonds auf eine lineare Entwicklungslinie eingeschwenkt. Diese ist zwar steiler als die der üblichen volkswirtschaftlichen Parameter, verläuft aber parallel zum Wachstum der Kapitalanlagen zum Beispiel der Versicherer und der Kreditinstitute.[4] Mit anderen Worten: Das anteilige Gewicht des Spezialfonds in der Vermögensallokation dieser Anbietergruppen verharrt seither auf dem Niveau von 1999. Das lässt zwei Rückschlüsse zu: Erstens werden die beträchtlichen relativen Bestandszuwächse der vergangenen Jahrzehnte auf absehbare Zeit nicht mehr zu erzielen sein; zweitens ist diese Konsolidierung nicht den Merkmalen des Anlagevehikels Spezialfonds zuzuschreiben, sondern Ausdruck einer fast gesetzmäßigen Wachstumsverringerung, nachdem die exponentielle Phase durchschritten worden ist. Das gilt allerdings nur unter der Voraussetzung, dass die aufsichtsrechtlichen und investmentpolitischen Rahmenbedingungen für den Spezialfonds erhalten und fortentwickelt werden. Zudem werden die KAGen Effizienz und Qualität ihrer administrativen Dienstleistungen weiter steigern müssen, um den wachsenden Ansprüchen der Investoren und regulatorischer Stellen zu genügen. Anderenfalls wird es schwer gelingen, auf einem Pfad vorläufig nur linearen Wachstums des Gesamtmarktes durch Kosten- und Serviceoptimierung Anlagegelder und Marktanteile in überdurchschnittlichem Umfang zu akquirieren.

Anders als bei den Publikumsfonds, deren Mittelaufkommen zwischen 1999 und 2009 wesentlich stärkeren Schwankungen unterlag, blieben die entsprechenden Zahlen der Spezialfonds während der Krisendekade 2000 bis 2009 im positiven Bereich. Das gilt übrigens auch für sämtliche anderen Jahre seit Bestehen des Spezialfonds. Während der bisherige Spitzenwert von 68.021 Millionen Euro Netto-Zuflüssen im Jahr 1998 vor dem Hintergrund besonderer Rahmenbedingungen[5] zu sehen ist, verlangen die Jahre 2005 und 2006 mit einem Nettomittelaufkommen von 40.419 Millionen Euro beziehungsweise 48.375 Millionen Euro nach einer besonderen Erklärung. Diese Zu-

---

[4]   Die Spezialfondsbestände nach der BVI-Statistik legten von Ende 1999 bis Ende 2009 annualisiert um 4,40 Prozent zu, die Vermögensanlagen der Versicherer um 3,95 Prozent, die der Kreditinstitute um 4,59 Prozent. In demselben Zeitraum nahm das Bruttoinlandsprodukt (BIP) um durchschnittlich jährlich 2,30 Prozent, das Geldvermögen der privaten Haushalte um 2,82 Prozent zu. Zum Vergleich: Zwischen Ende 1989 und Ende 1999 lag der annualisierte Vermögenszuwachs der Spezialfonds (aus Mittelzuflüssen und Wertentwicklung) noch bei 24,2 Prozent.

[5]   Unter anderem Anforderungen an das Steuerreporting, Zinsumfeld und Höhenflug der Finanzmärkte am Ende der 90er Jahre

flüsse sind nicht allein als reflexartige Erholung (hier nach dem Platzen der Technologieblase zwischen 2000 und 2002) zu deuten. Vielmehr haben institutionelle Anleger in dieser Zeit, die vom marktprägenden Durchbruch der Master-KAG-Konstruktionen geprägt war, in hohem Umfang Anlagekapital aus Direktbeständen beziehungsweise Mandaten der diskretionären Finanzportfolioverwaltung in Spezialfonds umgeschichtet. Neben individuellen, teils steuerlichen und technischen Motiven verfolgen viele Institutionelle den Wunsch, damit in den Vorteil eines leistungsstarken Reportings und Risikocontrollings zu gelangen. Effizienz- und Kostengründe sind somit Taktgeber einer markanten organisatorischen Verlagerung innerhalb der Steuerung institutionellen Kapitals. Sie macht deutlich, dass den technischen und administrativen Serviceleistungen rund um das Portfolio ebenso große Bedeutung zukommt wie der Anlageexpertise beziehungsweise dem Portfoliomanagement im engeren Sinn.

Einige weitere Angaben zur Zusammensetzung der Spezialfondsvermögen sind in Abbildung 2 aufgeführt. Über (pro-)zyklische Veränderungen oder auch dauerhafte Verschiebungen in der Vermögensaufstellung der Spezialfonds insgesamt ist leider kein detailliertes Zahlenmaterial verfügbar. Die aufsichtsrechtliche Schlüsselung über bestimmte Fondstypen oder Teilvermögensaggregate (Kapitalmarktstatistik der Deutschen Bundesbank) lässt lediglich grobe Rückschlüsse zu. Danach verharrt die Aktienquote der Wertpapier-Spezialfonds seit Beginn der Finanzmarktkrise auf einer Linie von etwas mehr als 10 Prozent. Ende der 90er Jahre lag der Wert noch bei rund 46 Prozent – ein Ergebnis der Wertverluste während zweier Börsenabschwünge und entsprechender Umschichtungen in den Portfolios. Der gegenwärtig nach wie vor niedrige Aktienanteil (12,7 Prozent zum 30. September 2010) erklärt sich auch daraus, dass Versicherungen und Altersvorsorgeeinrichtungen zu den größten Anlegergruppen von Spezialfonds zählen (Abbildungen 2 und 6).

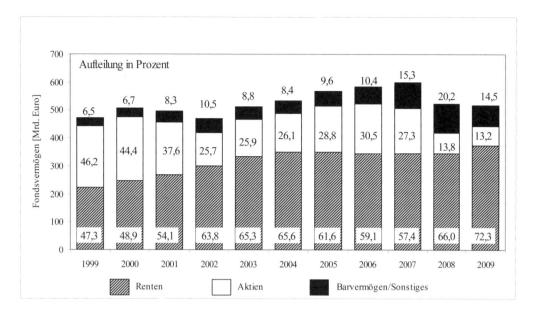

Abbildung 2: Veränderungen in der Zusammensetzung des Spezialfondsvermögens im Verlauf der letzten zehn Jahre[6]

Eine Gliederung nach Fondsarten in der einzigen öffentlich zugänglichen Systematik[7] weist Rentenfonds den größten Anteil zu (250.082 Millionen Euro oder 33,4 Prozent), gefolgt von Gemischten Wertpapierfonds (234.722 Millionen Euro oder 31,3 Prozent), Gemischten Fonds (154.558 Millionen Euro oder 20,6 Prozent) und Aktienfonds (53.568 Millionen Euro oder 7,1 Prozent). Gemischte Fonds schließen anders als Gemischte Wertpapierfonds neben der Anlage in Aktien und festverzinslichen Papieren in wechselnder Quote auch andere Instrumente ein, etwa Immobilien (als Direktbesitz), Anteile offener Immobilienfonds, Derivate, Rohstoffe usw. Auf dem fünften Platz folgen die Offenen Immobilien-Spezialfonds. Zur Jahresmitte 2010 vereinten die 139 Produkte ein Vermögen von 29.125 Millionen Euro – gegenüber 27 Fonds und 4,722 Millionen Euro zum Jahresende 1999.[8] Offene Immobilien-Spezialfonds zählen damit zu einem der wachstumsstärksten Segmente des vergangenen Jahrzehnts (Abbildung 3).

---

[6] Quelle: Deutsche Bundesbank (Kapitalmarktstatistik). Bezugsgrundlage: Vermögen in Deutschland aufgelegter Spezialfonds (ausschließlich Offener Immobilien-Spezialfonds) ohne Einrechnung von Verbindlichkeiten.

[7] Kapitalmarktstatistik der Deutschen Bundesbank zum Stand 30. Juni 2010.

[8] Nach BVI-Investmentstatistik

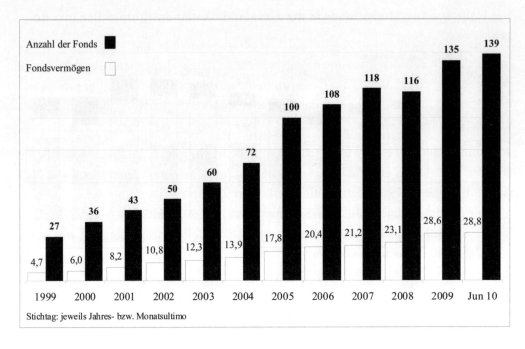

Abbildung 3: Entwicklung von Anzahl und Vermögen (Bestand) der Spezial-Immobilienfonds am Absatzmarkt Deutschland in Mrd. Euro[9]

Lediglich 20 der zum 30. Juni 2010 bestehenden 3.810 Spezialfonds hatten mehrheitlich ausländische institutionelle Anleger. Nach Maßgabe des Fondsvermögens entspricht das einem Anteil von 0,23 Prozent.

Obgleich die Zahl der (institutionellen) Anleger in Spezialfonds mit Inkrafttreten des geltenden InvG keinen aufsichtsrechtlichen Beschränkungen mehr unterliegt – zuvor waren es 30 beziehungsweise bis 2007 maximal zehn[10], so überwiegen mit großem Abstand die Ein-Anleger-Spezialfonds. Nach einer zur Jahresmitte 2009 vom BVI durchgeführten Umfrage betrug ihr Anteil (nach Anzahl) etwa 84 Prozent aller Spezialfonds. Gemessen am Fondsvermögen, belief sich der Anteil der Ein-Anleger-Fonds zum 31. Dezember 2005 auf rund 82 Prozent (letztverfügbarer Stichtag im Rahmen der BVI-Gesamtstatistik). Unter den 16 Prozent Mehr-Anleger-Fonds machten konzerninterne Anleger etwas mehr als ein Drittel aus (5,8 Prozent Gesamtanteil).

---

[9]   Quelle: BVI

[10] Aus steuerlichen Gründen empfiehlt sich in der Praxis eine Obergrenze von 100 Anlegern.

Die Rolle von Investmentfonds in der Gesamtallokation institutioneller Investoren

Innerhalb der von der Investmentfondsbranche bereitgehaltenen drei Produktkategorien spielt der Spezialfonds die für institutionelle Anleger führende Rolle, gefolgt von den Direktbeständen im Rahmen der diskretionären Vermögensverwaltung und Investitionen in Publikumsfonds.

Allein nach der Höhe der verwalteten Assets beurteilt, folgen die in der Statistik des BVI als „Vermögen außerhalb von Investmentfonds" geführten Direktbestände.[11] Sie sind teils Kapitalanlagegesellschaften, teils Vermögensverwaltern mit Zulassung nach § 32 KWG zuzurechnen. Die BVI-Statistik weist zum 30. Juni 2010 in administrativer Sicht 317 Milliarden Euro, unter dem Blickwinkel des Portfoliomanagements sogar 343 Milliarden Euro aus.[12] Hiervon entfällt nur der geringste Teil auf das Segment der klassischen Vermögensverwaltung, das konzernunabhängige, spezialisierte Häuser für Privatkunden und kleineren Institutionelle leisten (1,5 Milliarden Euro oder weniger als 0,5 Prozent). Vorherrschend sind KAGen und Vermögensverwalter mit einem Versicherungskonzern als Mutter. Hohe zwei- bis dreistellige Milliardenbeträge geben zu erkennen, dass hier Teile des Deckungsstocks enthalten sind. Eingerechnet die Bestände von Anbietern, die nicht in der BVI-Statistik aufgeführt sind[13], summieren sich die Vermögen außerhalb von Investmentfonds zum 30. Juni 2010 auf einen Gesamtbe-

---

[11]   Die Terminologie der BVI-Statistik bringt damit einen methodischen Ansatz zum Ausdruck, der Verwechslungen und Fehler vermeiden hilft. Die Administration oder das Portfoliomanagement für Vermögen außerhalb von Investmentfonds umfasst allein solche Bestände, die sich nicht in der aufsichtlich definierten Rechtshülle eines Sondervermögens (Investmentfonds) befinden. Der Gesetzestext und teilweise der Sprachgebrauch der Praxis (auch die Sichtweise der BaFin) subsumiert unter „individueller Finanzportfolioverwaltung" Dienstleistungen für Vermögen außerhalb von Investmentfonds (im Sinne der BVI-Statistik) und Anlageberatung für fremde, d. h. von anderen Gesellschaften verwaltete Investmentfonds. Die BVI-Statistik trennt also weitaus präziser, was insbesondere für Betrachtungen des Gesamtmarktes außerordentlich wichtig ist, um Doppelzählungen wie auch Lücken auszuschließen.

[12]   Die arbeitsteilige Trennung zwischen administrativer Bestandsführung („Verwaltung") und Portfoliomanagement im Sinne der täglichen Anlageentscheidung als ein Modell, das ähnlich dem der Master-KAG mit externem Berater ist, kommt auch bei den Vermögen außerhalb von Investmentfonds beziehungsweise Vermögensverwaltern im engeren Sinn (ohne Status einer KAG) vor.

[13]   Als Verbandsstatistik geführt, sind die vom BVI ermittelten Zahlen naturgemäß auf den Mitgliederkreis und angeschlossene Häuser begrenzt.

trag von geschätzt 518 Milliarden Euro (Administration) und 560 Milliarden Euro (Portfoliomanagement).[14]

Publikumsfonds unterliegen nach dem InvG keinerlei Einschränkungen hinsichtlich des Anlegerkreises, sodass sie grundsätzlich auch institutionellen Investoren offenstehen. Der Anlass hierfür mag sehr unterschiedlich sein, technisch vollzieht er sich auf dreierlei Weise:

1. Gesellschaften richten Publikumsfonds oder Anteilscheinklassen innerhalb von Publikumsfonds gezielt für Institutionelle ein. Formal sind sie zwar für jeden Anleger zugänglich, aber mit bestimmten Merkmalen oder vertrieblichen Einschränkungen versehen, die in der Praxis einem Spezialfonds gleichkommen. Solche institutionellen Anteilscheinklassen zeichnen sich meist durch hohe bis sehr hohe Mindestanlagebeträge, eine spezielle Gebührenstruktur oder eine abweichende Nennwährung aus.
2. Der Fonds wird im Schwerpunkt für Mitarbeiter eines großen Unternehmens eingerichtet und fast nur an diese abgesetzt, weil in der Fläche keine Werbung betrieben wird (sogenannte Mitarbeiterfonds).
3. Es handelt sich um Fonds, die in keiner besonderen Weise auf institutionelle Anleger ausgerichtet sind, doch erwerben Institutionelle wie Lebensversicherungen Anteilscheine für ihre Kunden (also indirekt für Privatanleger) im Rahmen fondsgebundener Versicherungsprodukte.

Für den Teil der in Deutschland gehaltenen Publikumsfondsbestände, der auf diese drei besonderen Vertriebswege entfällt, gibt es keine direkt greifbare Quelle. Trotz oder vielmehr dank teilweise unterschiedlicher Reporting-Logik und nicht deckungsgleicher Teilnehmerkreise zwischen den Statistiken der Deutschen Bundesbank und BVI lassen sich aber Schätzungen darüber anstellen. Danach ist im langjährigen Durchschnitt höchstens ein Fünftel (per Ende 2009: 139,4 Milliarden Euro) der in Deutschland gehaltenen Publikumsfondsbestände (696,9 Milliarden Euro) den oben genannten drei Kategorien 1. bis 3. zuzurechnen, also in erster Ebene formal institutionellen Anlegern.

Die Rubriken 1. und 2. umfassen Publikumsfonds, deren Verkaufsunterlagen sich gesicherte Hinweise darauf entnehmen lassen, dass der Vertrieb auf institutionelle

---

[14] Daten für Nicht-Mitglieder nach deren Angaben auf den jeweiligen Internetseiten oder auf Anfrage mitgeteilt. Die Schätzung ist beschränkt auf konzernabhängige, versicherungsnahe Häuser und schließt hier die genannte individuelle Vermögensverwaltung für Privatkunden ebenso wenig ein wie Portfoliomanagement für eigene oder fremde Fonds, d. h. es sind ausdrücklich nur Bestände außerhalb der Rechtsform eines Investmentfonds gemeint.

Anleger ausgerichtet ist. Rubrik 3. steht für „gewöhnliche" Publikumsfonds, wozu populäre, volumenstarke „Flaggschiffe" ebenso gehören wie spezialisierte Nischenprodukte. Versicherungen und andere institutionelle Investoren greifen hierauf zurück, um Fondspolicen zu bestücken, sei es mit oder ohne Einflussmöglichkeit des privaten Endanlegers („Switching"). Die Fallgruppen a.) und b.) einerseits und c.) andererseits sind etwa gleich groß, umfassen demnach jeweils 69,7 Mrd. Euro bzw. jeweils 10% des gesamten Publikumsfondsmarktes..

Zusammenfassend betrachtet, belaufen sich die von deutschen institutionellen Anlegern innerhalb des Leistungsspektrums der Investment- und Asset Management-Branche angesiedelten Vermögen auf einen Gesamtbetrag von 1.351 Milliarden Euro. Er verteilt sich zu:

- 763 Milliarden Euro auf Spezialfonds,
- 518 Milliarden Euro auf Vermögen außerhalb von Investmentfonds,
- Rund 70 Milliarden Euro auf institutionelle Publikumsfonds

Eine nähere Spezifizierung der Anlegergruppen ist nur innerhalb der Spezialfonds möglich (Abb. 6), sie dürfte zumindest für die Vermögen außerhalb von Investmentfonds aber recht ähnlich sein. Danach[15] betrug das Vermögen der Versicherungsgesellschaften, das am 30. September 2010 in Spezialfonds angelegt war, 324,4 Milliarden Euro. Das entspricht einem Anteil von 40,5 Prozent am gesamten Spezialfondsvermögen. Hinzu kommen 121,3 Milliarden Euro von Altersvorsorgeeinrichtungen, die bis 2003 im Rahmen der Bundesbankstatistik ebenfalls der Versicherungswirtschaft zugerechnet wurden. Besonders stark hat sich Anteil der „Sonstigen Unternehmen" einschließlich Industriestiftungen, Arbeitgeber- und Wirtschaftsverbände ausgeweitet. Zum Ende des dritten Quartals 2010 haben sie mit einem Volumen von 154,4 Milliarden Euro und einem Anteil von 19,3 Prozent am gesamten Spezialfondsvermögen die Kreditinstitute, die mit 137,7 Milliarden Euro und einem Anteil von 17,2 Prozent dahinter folgen, deutlich überholt.

---

[15] BVI-Investmentstatistik per 30. September 2010 nach Maßgabe der von der Deutschen Bundesbank verwendeten Kategorien institutioneller Anleger.

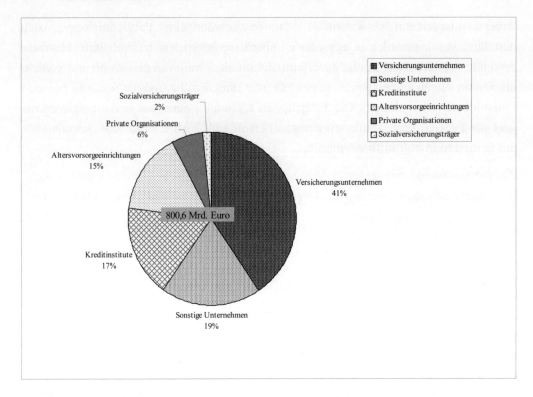

Abbildung 4: Aufteilung des Spezialfondsvermögens nach Anlegergruppen[16]

Innerhalb der gesamten Vermögensanlagen institutioneller Investoren besitzen Spezialfonds den größten Anteil innerhalb der Anlegergruppe der Versicherungsunternehmen: Zum 31. Dezember 2009 entfielen 241,7 Milliarden Euro von 1.114,9 Milliarden Euro[17], mithin 21,7 Prozent, auf Spezialfonds. Einschließlich der Altersvorsorgeeinrichtungen waren es 30,2 Prozent. Für die Kreditinstitute belief sich der Anteil zu demselben Stichtag auf 7,8 Prozent (133,8 Milliarden Euro von 1.718,2 Milliarden Euro).[18] Das bedeutet einen Rückgang im Vergleich zum Ende der vorletzten Dekade (10,1 Prozent zum 31. Dezember 1999). Auch bei den Versicherern (einschließlich Altersvorsorgeeinrichtungen) war das Gewicht der Spezialfonds vor zehn Jahren mit 32 Prozent (242,4 Milliarden Euro bei einem Kapitalanlagevermögen von

---

[16] Quelle: BVI-Investmentstatistik per 30. September 2010

[17] Quartalsstatistik der BaFin über die Kapitalanlagen der Erstversicherer zum 31. Dezember 2009, veröffentlicht mit Stand vom 25. März 2010.

[18] Vermögensanlagen der Banken errechnet aus der Summe der Wertpapierbestände (1.566,8 Milliarden Euro) und Beteiligungen (151,4 Milliarden Euro) nach dem Statistischen Beiheft zum Monatsbericht 1 der Deutschen Bundesbank (Bankenstatistik).

756,7 Milliarden Euro) etwas höher.[19] Hinsichtlich der übrigen Anlegergruppen nach der Bundesbankstatistik gibt es weder unmittelbare Zahlen, noch lassen sich belastbare Abschätzungen treffen, da die veröffentlichten Daten fragmentarisch oder nach Stichtagen und angewandter Systematik nicht zur Deckung zu bringen sind. So werden innerhalb der Bundesbankstatistik Stiftungen nicht als eigenständige Anlegerkategorie geführt; ihr geschätztes Anlagevermögen beläuft sich nach unterschiedlichen Quellen auf aktuell rund 100 Milliarden Euro.

Zunehmende Differenzierung in der Wertschöpfungskette

Die Teilhabe am Zuwachs der Spezialfondsbestände stellt sich für die einzelnen Anbieter ungleichmäßig dar. Dafür sind nicht allein die üblichen wettbewerblichen Unterschiede verantwortlich, sondern die zunehmende arbeitsteilige Differenzierung in der Branche. Sie ist gekennzeichnet durch Spezialisierungen an beiden Rändern der klassischen Volldienstleister-KAG. Einige KAGen wurden vorrangig in der Anlageberatung (Advisory) für Spezialfonds anderer Häuser tätig, andere spiegelbildlich in der Bereitstellung von Administrationsleistungen – dabei wurde die jeweils komplementäre Dienstleistung zurückgeschraubt oder vollständig aufgegeben. Dieses Modell eines Funktionspaars aus rechtlich und technisch verwaltender KAG, die sich der Anlageexpertise eines externen Beraters bedient, hat unter dem Schlagwort „Master-KAG" die Struktur des Spezialfondsmarktes grundlegend verändert. Abseits der in den amtlichen Statistiken der Deutschen Bundesbank mitgeteilten Marktsummen haben massive Umschichtungen in dieses Modell stattgefunden, besonders in den Jahren von 2003 bis 2006. Zwischenzeitlich hat auch dieser Vorgang sein bisher stärkstes Momentum hinter sich gelassen und schreitet zwar messbar, aber ebenfalls nur noch linear voran.

Aus den Statistiken des BVI lassen sich zwei wesentliche Gradmesser für die Veränderungen herleiten: Erstens Zahlen darüber, ob und in welchem Umfang die von einer KAG verwalteten Spezialfondsvermögen der Beratung oder dem Portfoliomanagement durch Dritte unterliegen. Zweitens das Verhältnis der Zahl der am Markt bestehenden formal selbstständigen Spezialfonds zu der Zahl der darunter angesiedelten Segmente.

---

[19] Kapitalanlagevermögen nach dem Jahrbuch 1999 („Die deutsche Versicherungswirtschaft") des GdV (Gesamtverband der deutschen Versicherungswirtschaft e.V.).

Abbildung 5 zeigt auf, wie sehr sich die Verhältnisse zwischen Mitte 2004[20] und Mitte 2010 (Angaben in Klammern) verändert haben. Vor Mitte des Jahrzehnts lagen noch rund 70,8 (58,1) Prozent der administrierten Wertpapier-Spezialfondsvermögen in der traditionellen Struktur gebunden, bei der die administrierende (=auflegende, verwaltende) KAG zugleich auch das Portfoliomanagement im Sinne der täglichen Anlageentscheidung ausübt. In 29,2 (59,6) Prozent der Vermögen ging die Anlageentscheidung von einer anderen Gesellschaft aus, davon zu 8,3 (7,1) Prozentpunkten (also bezogen auf die insgesamt verwalteten Wertpapier-Spezialfondsvermögen) von einer Gesellschaft innerhalb des eigenen Konzernkreises und zu 20,9 (34,8) Prozent von einem externen Dritten.

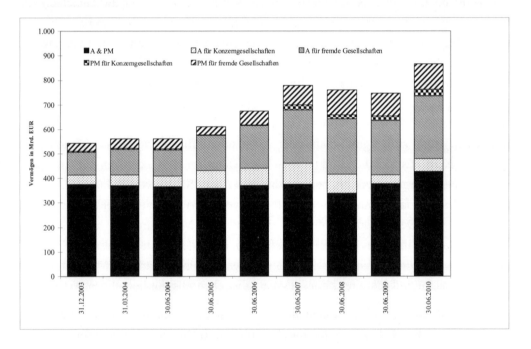

Abbildung 4: Arbeitsteilige Differenzierung entlang der Wertschöpfungskette am Beispiel der in Deutschland aufgelegten Spezialfonds (ausschließlich Offener Immobilien-Spezialfonds)[21]

Die jeweils drei unteren Säulensegmente zeigen die administrierten (verwalteten) Bestände, die beiden oberen die gemanagten:

Im untersten Segment ist der historisch gewachsene, klassische Fall wiedergegeben, in dem die auflegende KAG auch die Anlageentscheidung trifft (Administration und Portfoliomanagement in einer Hand, A &

---

[20] Ältester verfügbarer Stichtag der BVI-Statistik für hier vorgenommene Abschichtung.

[21] Quelle: BVI-Gesamtstatistik

PM). Darüber befindet sich der Teil der ausschließlich administrierten Bestände (für den die administrie-rende Gesellschaft nicht auch zugleich die Anlageentscheidung ausübt, A). Innerhalb dieses Blocks ist eine weitere Unterteilung möglich und erforderlich. Sie erfolgt danach, ob die Gesellschaft, die das Port-foliomanagement ausübt (von der man es bezieht), innerhalb desselben Konzernkreises angesiedelt ist (zweites Segment) oder außerhalb davon (drittes Segment).

Im Zweierblock darüber ist umgekehrt die Ausübung ausschließlicher Anlageentscheidungen (Portfolio-management, PM) für Spezialfondsvermögen abgebildet, die administrativ in der Verantwortung anderer Gesellschaften liegen. Je nachdem, ob der Empfänger dieses Portfoliomanagements, also der Administra-tor, eine Konzerngesellschaft darstellt (viertes Segment von unten) oder außerhalb des eigenen Konzern-kreises anzusiedeln ist, ergibt sich sinngemäß dieselbe Differenzierung wie bei der zuvor beschriebenen, umgekehrten Perspektive.

Die Gesamthöhe der Säulen gibt eine „Dienstleistungs-Summe" wieder, deren Betrag größer ist als derjenige des reellen Vermögensbestands, zum Stichtag 30. Juni 2010 zum Beispiel 866,5 Mrd. Euro gegenüber 735,5 Mrd. Euro. Diese – in wirtschaftlicher Hinsicht der tatsächlichen Anlagegelder – teil-weise Doppelnennung ist bei getrennter, gleichberechtigter Betrachtung von Serviceprozessen durchaus angebracht.

Die Differenz von 177,2 Mrd. Euro zwischen 308,2 Mrd. Euro „reiner" Administration und 131 Mrd. Euro „reinen" Portfoliomanagements ist Ausdruck eines „statistischen Administrations-Überschusses". Er rührt teilweise von ausländischen Asset Managern, die in ihrer Eigenschaft als Servicegeber nicht unbedingt an der Statistik teilnehmen, aber mit ihren am deutschen Markt akquirierten Assets über die in Anspruch genommene Komplementärleistung des deutschen Administrations-Spezialisten erfasst sind. Wirtschaftlich kann zur verzerrungsfreien Kennzeichnung eines Gesamtmarktes stets nur eine Sichtweise bemüht werden, und das ist aus reportingtechnischen und historischen Gründen die Administration. Im Idealfall würden reine Administrations- und reine Portfoliomanagement-Leistungen in gleicher Höhe in die Statistik eingehen.

Treibende Kräfte hinter dem Geschäftsmodell der Master-KAG waren und sind vor allem der Kosten- und Effizienzdruck, insbesondere verstärkt durch den Marktein-bruch von 2000 bis 2002 und Änderungen des InvG, die den genannten Spezialisie-rungen einen breiteren Raum geschaffen hatten.[22] In Extremfällen können Portfolio-management, technische und aufsichtsrechtliche Administration[23] auf drei verschie-dene Gesellschaften verteilt sein, die unterschiedlichen Konzernen angehören.

---

[22] Die Systematik folgt an dieser Stelle einer pragmatisch-wirtschaftlichen, nicht einer formal-rechtlichen Betrachtung. Unabhängig davon, ob das Portfoliomanagement vertraglich vollständig ausgelagert ist oder nicht, gilt ein Fonds nach der BVI-Statistik als fremdgemanagt, sofern die verwaltende KAG re-gelmäßig und in wesentlichem Umfang Beratung von Dritten einholt.

[23] Aufsichtsrechtliche Administration meint die Ausübung der Berichtspflicht gegenüber Anleger und Aufsichtsbehörde, d. h. die Gesellschaft (KAG), der die jeweiligen Spezialfonds aufsichtsrechtlich zu-geordnet sind, „in deren Büchern sie stehen". Technischer Administrator ist die Gesellschaft, auf deren IT-Systemen z. B. Reportingfunktionen, Anlagegrenzprüfungen usw. durchgeführt werden. Das Eine ist heute nicht mehr notwendigerweise mit dem Anderen verbunden. Bildhaft gesprochen: Der Portfo-liomanager legt den Inhalt des Briefes fest, der Name des aufsichtsrechtlichen Administrators steht im Briefkopf und in der Unterschrift (er ist der offizielle Versender), gedruckt wird der Brief vom techni-schen Administrator.

Ausländische Asset Manager haben der Entwicklung weitere Schubkraft verliehen. Ihnen eröffnet das Modell der Master-KAG die Möglichkeit, institutionelle Anlageportfolios zu steuern, ohne hierfür den administrativen Aufwand einer eigenen Kapitalanlagegesellschaft betreiben zu müssen. Einige Anbieter haben Mitte des vergangenen Jahrzehnts sogar ihre teilweise erst wenige Jahre zuvor erworbene KAG-Lizenz zurückgegeben, um sich ausschließlich auf die Akquise institutioneller Gelder und deren Anlagesteuerung zu konzentrieren. Der Anteil von Vermögensverwaltern ausländischen Ursprungs an den insgesamt für deutsche Spezialfonds erbrachten reinen Portfoliomanagement-Leistungen (d. h. unter Ausübung der Administration durch eine deutsche KAG) liegt seit dem Jahr der ersten statistischen Erfassung[24] wenig veränderlich bei maximal rund 60 Prozent.

Struktureller Ausweis des erstarkenden Master-KAG-Modells ist die Segmentierung der Fonds (Abbildung 5). Ein institutioneller Anleger entscheidet sich vor allem deshalb für eine Master-KAG, weil er von einem einheitlichen Reporting seiner Bestände profitieren möchte – für steuerbilanzielle oder Zwecke der Rendite-Risiko-Steuerung. Zugleich soll das Anlagekapital nach wie vor breit gestreut und in unterschiedlichen Märkten und Strategien investiert werden. Das erfordert den Rat vieler und voneinander unabhängiger, zeitlich und räumlich getrennter Portfoliomanager. Ein Master-KAG-Fonds führt diese Bedürfnisse zusammen und bündelt die in unterschiedlichen Teilfonds (Segmenten) umgesetzten Strategien auf einer einzigen Administrationsplattform.

Auf diese Weise sind vormals selbstständige Spezialfonds, teilweise von verschiedenen KAGen verwaltet, als Segmente in übergeordneten Fondshüllen (Master-Fonds) einer einzigen oder einiger weniger hierauf spezialisierten KAGen – eben der Master-KAGen – zusammengefasst worden. Praktisch führen die Segmente (unter fortgeführter Anlageentscheidung durch die bisherigen Portfoliomanager oder Berater) das Eigenleben selbstständiger Fonds.

Folge: Einer zurückgehenden Zahl aufsichtsrechtlich definierter Spezialfonds (von 4.663 Mitte 2005 auf 3.758 zum 30. Juni 2010) steht spiegelbildlich ein entsprechender Zuwachs der Zahl der Segmente gegenüber. Seit etwa zwei Jahren ist das scherenartige Auseinanderdriften zum Stillstand gekommen, beide Entwicklungen halten sich in etwa die Waage. Per saldo unterliegt die Gesamtzahl der Spezialfonds augenblicklich demnach keinen nennenswerten Veränderungen mehr.

---

[24] Erhebung durch den BVI seit 2005.

Was in der Ausprägungsform „Anzahlwerte" gilt, trifft für die zugeordneten Vermö-
gensbestände nicht uneingeschränkt zu: Der Anteil des in segmentierten Spezialfonds
gehaltenen Vermögens nimmt nach wie vor zu, wenn auch deutlich schwächer als
zuvor. Beleg dafür, dass die Phase der größten Umschichtungen im historisch gewach-
senen Bestand vorüber ist, aber der größere Teil des Neugeschäfts in segmentierte
Fondslösungen beziehungsweise Master-KAG-Konstrukte fließt.

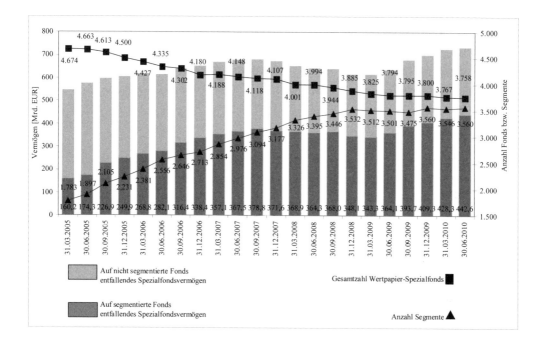

Abbildung 5: Segmentierung von Wertpapier-Spezialfonds[25]

Gegenwärtig liegt bereits mehr als die Hälfte der Spezialfondsvermögen in segmentierten Fonds.[26]

---

[25] Zunehmende Segmentierung als Ausdruck der wachsenden Bedeutung des Modells der Master-KAG
und Beleg dafür, dass zahlreiche institutionelle Anleger in den vergangenen Jahren ihren Spezial-
fondsbestand administrativ neu organisiert haben. Die Angaben beziehen sich ausschließlich auf Wertpapier-Spezialfonds; dies erklärt neben einigen meldetechnischen Gründen Abweichungen zu den in
Tabelle 1 aufgeführten Zahlen. Weitere Erläuterungen im Text.

[26] Bezugsgrundlage ist die BVI-Statistik wegen der nur hier verfügbaren Informationen zur Segmentierung.

2. Die regulatorischen Rahmenbedingungen institutioneller Fonds-lösungen

Rechtliche Rahmenbedingungen

Im institutionellen Geschäft werden sowohl Publikumsfonds als auch Spezialfonds genutzt. Beide unterliegen den Anforderungen des InvG.[27] Dabei nutzen institutionelle Anleger von einer KAG verwaltete Publikums-Sondervermögen, die den Anforderungen der OGAW-Richtlinie unterliegen[28], sowie sonstige Publikums- und Spezialfonds. Spezialfonds sind Sondervermögen, deren Anteile aufgrund schriftlicher Vereinbarungen mit der KAG ausschließlich von Anlegern, die nicht natürliche Personen sind, gehalten werden.[29] Publikums- und Spezialfonds dürfen nur von KAGen aufgelegt werden. Diese unterliegen wiederum dem InvG.

KAG[30]

KAGen bedürfen zur Aufnahme des Geschäftsbetriebs der Erlaubnis durch die Bundesanstalt für Finanzdienstleistungsaufsicht (BaFin).[31] Gemäß den Zulassungsvoraussetzungen im InvG wird die Erlaubnis nur erteilt, wenn das Anfangskapital der KAG mindestens 300.000 Euro beträgt.[32] Die KAG muss mindestens zwei zuverlässige Geschäftsleiter haben, welche die zur Leitung der KAG erforderliche fachliche Eignung aufweisen.[33] Die Satzung der KAG muss bestimmen, dass neben der Verwaltung des eigenen Vermögens nur das Investmentgeschäft und die damit unmittelbar verbundenen Nebentätigkeiten betrieben werden.[34] Die Geschäftsleitung einer KAG wird durch einen Aufsichtsrat kontrolliert, der aus mindestens drei Personen bestehen muss, die ihrer Persönlichkeit und Sachkunde nach die Wahrung der Interessen der Anleger gewährleisten. Bei Publikumsfonds muss mindestens ein unabhängiges Aufsichtsrats-

---

[27] InvG, in der Fassung des Investmentänderungsgesetzes 2007 vom 21. Dezember 2007 (BGBl. I 2007, 3089), zuletzt geändert durch Art. 10 des Gesetzes zur Umsetzung steuerlicher EU-Vorgaben sowie zur Änderung steuerlicher Vorschriften vom 8. April 2010 (BGBl. 1 2010, 286).

[28] Richtlinie 2009/65EWG des Europäischen Parlaments Rates vom 13. Juli 2009 zur Koordinierung der Rechts- und Verwaltungsvorschriften betreffend bestimmte Organismen für gemeinsame Anlagen in Wertpapieren (OGAW).

[29] Vgl. § 2 Abs. 3 InvG.

[30] Zu den rechtlichen Rahmenbedingungen für KAGen vergleiche auch die Beiträge von Eichhorn und Kuhn (Allgemeine Rahmenbedingungen für Investmentfonds in Deutschland) in diesem Handbuch.

[31] §§ 7, 7a, 7b InvG.

[32] § 11 Abs. 1 Nr. 1 InvG.

[33] Vgl. § 7a Abs. 1 Nr. 2 – 4 und § 7b Nr. 2 – 4 InvG.

[34] § 7 Abs. 4 InvG.

mitglied vorhanden sein.[35] Eine KAG darf nur in der Rechtsform einer AG oder GmbH organisiert sein, wobei in der Praxis die GmbH dominiert.[36] Der satzungsgemäße Sitz der KAG und deren Hauptverwaltung müssen in der Bundesrepublik Deutschland liegen.[37]

Die KAG hat die inländischen Investmentvermögen (Investmentfonds und Investmentaktiengesellschaft) mit der Sorgfalt eines ordentlichen Kaufmanns für gemeinschaftliche Rechnung der Anleger unabhängig von der Depotbank zu verwalten. Bei der Verwaltung der Investmentvermögen handelt die KAG in eigenem Namen, so dass zum Schutz der Anteilinhaber ausschließlich die KAG aus den von ihr getätigten Geschäften rechtlich verpflichtet wird. Soweit die KAG innerhalb der gesetzlichen und vertraglichen Regelungen handelt, steht ihr ein Anspruch gegenüber dem Investmentvermögen auf Kostenersatz zu.[38] Die KAG ist verpflichtet, bei der Ausübung ihrer Tätigkeit im ausschließlichen Interesse ihrer Anleger und der Integrität des Marktes zu handeln und sie hat eine ordnungsgemäße Geschäftsorganisation und Geschäftstätigkeit einschließlich der erforderlichen Mittel und Verfahren vorzuhalten.[39] Die Verhaltenspflichten der KAG nach § 9 InvG werden durch die InvMaRisk[40] und die BVI-Wohlverhaltensregeln, die die BaFin für die Auslegung dieser Vorschrift heranzieht[41], näher konkretisiert.

Anlageausschuss

In der institutionellen Fondspraxis hat sich bei Spezialfonds der gesetzlich nicht vorgeschriebene Anlageausschuss durchgesetzt. Der Ausschuss fungiert als Schnittstelle zwischen KAG, Depotbank und Spezialfondsanleger. Die Kompetenz des Anlageausschusses ist auf eine beratende Funktion beschränkt, so dass dem Fondsmanagement der KAG keine bindenden Weisungen des Anlegers erteilt werden können.[42]

---

[35] § 6 Abs. 2a InvG.

[36] Vgl. § 6 Abs. 1 Satz 2 InvG.

[37] § 6 Abs. 1 Satz 3 InvG.

[38] § 31 Abs. 3 InvG. Zu den Aufgaben der Depotbank vergleiche auch die Beiträge von von Schmettow et al. und Althoff/ Noltsch in diesem Handbuch.

[39] § 9 Abs. 2 und 9a InvG.

[40] Rundschreiben 5/2010 (WA) vom 30. Juni 2010 zu den Mindestanforderungen an das Risikomanagement für Investmentgesellschaften – InvMaRisk (WA 41-Wp 2136-2008/0009).

[41] Schreiben der Bundesanstalt für Finanzdienstleistungsaufsicht zur Anwendung der BVI-Wohlverhaltensregeln vom 21. Januar 2010 (WA 41 - Wp2136 - 2008/0009).

[42] Manfred Laux, Rüdiger Päsler, Die deutschen Spezialfonds, Fritz Knapp Verlag, 2001, S. 39.

Depotbank[43]

Das Sondervermögen ist getrennt vom eigenen Vermögen der KAG bei der Depotbank auf Sperrkonten (Barguthaben) beziehungsweise Sperrdepots (Wertpapiere) zu halten.[44] Verwaltet eine KAG mehrere Investmentfonds, so sind die Fonds bei der Depotbank auf getrennten Konten und Depots zu führen und zu überwachen. Zugriffe Dritter und unzulässige Zugriffe der KAG in das Sondervermögen werden dadurch verhindert. Das Anlegerschutzgesetz „Investmentgesetz" bietet institutionellen Anlegern die Gewissheit, dass ihr Geld bei KAGen mit dem höchsten institutionellen Sicherheitsniveau angelegt ist. Die Verwahrung der Vermögensgegenstände durch eine Depotbank gewährleistet, dass in dem in den letzten 60 Jahren nicht eingetretenen Fall einer Insolvenz einer KAG das Vermögen der Anleger vor dem Zugriff der Gläubiger im vollen Umfang geschützt ist.

Im Gegensatz zu Publikumsfonds besteht bei der Verwaltung von Spezialfonds für die KAG die Möglichkeit, die Depotbank aus einer Liste auszuwählen, die die BaFin für Spezialfonds führt und innerhalb derer genehmigungsfrei gewählt und gewechselt werden kann.[45] Neben der Verwahrung der im Spezialfonds befindlichen Vermögensgegenstände obliegt der Depotbank die Kontrolle über die treuhänderische Verwaltungstätigkeit der KAG. So ist die Depotbank verpflichtet, jedes Geschäft der KAG für gemeinsame Rechnung der Anteilinhaber auf Übereinstimmung mit den gesetzlichen und vertraglichen Regelungen zu überprüfen.[46]

Publikums- und Spezialfonds

Neben dem klassischen Investmentfonds für institutionelle Anleger – dem deutschen Spezialfonds – haben sich in letzter Zeit verstärkt Publikumsfonds für institutionelle Anleger herausgebildet.[47] Da diese vollständig den Vorschriften des InvG für Publikumsfonds unterliegen, sollen diese hier nicht weiter behandelt werden.[48]

Die Grundhaltung des Gesetzgebers und der Aufsicht zu Spezialfonds hat sich in den letzten Jahren stark gewandelt.[49] Der bis 2007 bestehende Gleichlauf im InvG mit

---

[43] Zu den Aufgaben der Depotbank siehe Beiträge von von Schmettow et al. und Althoff/ Noltsch.

[44] § 24 InvG Abs 1 und Abs. 2

[45] § 95 Abs. 1 Satz 1 InvG. Dies gilt nicht bei Spezialimmobilienfonds und Spezial-(Dach-)Hedgefonds.

[46] § 27 InvG, s. auch § 26 InvG betreffend zustimmungspflichtige Geschäfte.

[47] Zur Rolle von Publikumsfonds für institutionelle Anleger siehe auch den Beitrag von Haug/ Maier.

[48] Zu den investmentrechtlichen Rahmenbedingungen für richtlinienkonforme Sondervermögen vergleiche den Beitrag von Kuhn in diesem Handbuch.

[49] Zu den investmentrechtlichen Rahmenbedingungen für den Spezialfonds vergleiche den Beitrag von Nickel in diesem Handbuch.

Publikumsfonds wurde fast vollständig aufgegeben und die für Spezialfonds außerhalb der Hedgefonds geltenden Bestimmungen durch das Investmentänderungsgesetz stark liberalisiert. Der Kern der neuen Regelungen ist, dass dem Fondsmanagement die Möglichkeit eröffnet wird, alle nach dem Gesetz zulässigen Vermögensgegenstände zu erwerben, ohne dabei die gesetzlich vorgegebenen Fondstypen im Spezialfondsmanagement beachten zu müssen. Allerdings muss der Grundsatz der Risikomischung weiter gewahrt bleiben, um den Fondsbegriff zu erfüllen.[50] Ein weiterer Aspekt der Liberalisierung ist die Abkehr von Anlagegrenzen gemäß §§ 46 ff. InvG, die für Spezialfonds bisher galten. So müssen die Spezialfonds die klassischen Ausstellergrenzen gemäß §§ 60 ff. InvG und das Kaskadenverbot nicht mehr beachten.[51] Hinsichtlich der Kreditaufnahme bleibt es für Spezialfonds im Wesentlichen bei den bisherigen Rahmenbedingungen. Hinsichtlich des Begriffs „Gesetzlich zulässige Vermögensgegenstände" können von einem Spezialfonds alle Vermögensgegenstände im Sinne des § 1 Satz 2 i.V. m. § 2 Abs. 4 InvG sowie Dach-Hedgefondsanteile erworben werden.[52] Die Anlagemöglichkeiten für Spezialfonds gehen damit deutlich über die von Publikumsfonds hinaus.

Die Auflage von Spezialfonds erfolgt durch Zusammenwirken von KAG und Anleger unter Einbeziehung der Depotbank. Die Vertragsbedingungen von Spezialfonds sowie deren Änderungen bedürfen außer bei Hedgefonds und Dach-Hedgefonds nicht der Genehmigung der BaFin.[53]

Immobilien-Spezialfonds[54]

Der Offene Immobilien-Spezialfonds ist eine besondere Ausprägung des Offenen Immobilienfonds. Insbesondere Versicherungen, Pensions- und Unterstützungskassen sowie Kirchenstiftungen und Gewerkschaften nutzen dieses Anlageinstrument, um ihren Immobilienbestand professionell verwalten zu lassen. Für die Immobilien-Spezialfonds gelten grundsätzlich die gleichen organisationsrechtlichen Rahmenbedingungen wie für Wertpapier-Spezialfonds. Aufgrund des unterschiedlichen Charakters der im Immobilien-Spezialfonds befindlichen Vermögensgegenstände gibt es einige Besonderheiten bei der Auflegung und Verwaltung von Immobilien-Spezial-

---

[50] § 91 Abs. 3 InvG, § 1 Satz 2 InvG.
[51] Zum Kaskadenverbot siehe § 50 Abs. 1 Satz 3 InvG.
[52] Schreiben der BaFin an den BVI vom 22. Februar 2008.
[53] § 93 Abs. 1 Satz 1 InvG.
[54] Zur Immobilie als Anlageklasse für institutionelle Investoren vergleiche den Beitrag von Höpfner/ Kehr in diesem Handbuch.

fonds zu beachten.[55] Beispielsweise stellen sich die Aufgaben der Depotbank anders dar. Da Immobilien nicht in einem Depot sicher verwahrt werden können, muss die Depotbank den Erhalt des Fondsvermögens mittels Verfügungsbeschränkungen, Einwilligungsvorbehalten und Kontrollen sicherstellen.

Steuerliche Besonderheiten[56]

Relevante Steuerarten

Wirtschaftlich relevant für die Besteuerung der institutionellen Fondsanlage sind lediglich die Körperschaftsteuer (KStG) und die Gewerbesteuer (GewSt), wobei der Körperschaftsteuersatz gemäß § 23 Absatz 1 KStG stets 15 Prozent beträgt und die Gewerbesteuerbelastung gemäß §§ 11, 10 und 16 Gewerbesteuergesetz (GewStG) bei einem unterstellten Gewerbesteuerhebesatz von 430 Prozent ebenfalls mit rund 15 Prozent angesetzt werden kann. Die Umsatzsteuer ist wirtschaftlich betrachtet irrelevant, weil die sonstige Leistung in Form der Verwaltung von Investmentvermögen gemäß § 4 Nr. 8 Buchstabe h Umsatzsteuergesetz (UStG) steuerbefreit ist.

Besteuerungssystem

Der Investmentfonds selbst erzielt als Steuersubjekt Erträge[57], die allerdings aufgrund seiner Befreiung von der Körperschaft- und Gewerbesteuer nicht auf der Fondsebene besteuert werden[58]. Die Besteuerung der Erträge des Investmentfonds findet vielmehr auf der Anlegerebene statt[59]. Dabei ist nach der steuerlichen Qualifikation der Anleger, Art der Erträge und dem Zeitpunkt der zeitlichen Zurechnung der Erträge beim Anleger zu differenzieren. Hierdurch tritt weitestgehend dasselbe steuerliche Ergebnis ein, das eintreten würde, wenn der Anleger die Erträge direkt beziehen würde.

Die institutionellen Anleger können aus steuerlicher Sicht im Wesentlichen folgenden vier Gruppen zugeordnet werden:

1. Regelbesteuerte Körperschaften, bei denen alle Erträge grundsätzlich in voller Höhe steuerpflichtig sind, bei denen Dividenden allerdings gemäß § 8b Absatz 1 KStG steuerfrei sind, wobei 5 Prozent der Dividenden gemäß § 8b Absatz 5 KStG

---

[55]   Vgl. § 66, 91 ff. InvG.

[56]   Zur steuerlichen Behandlung von Investmentfonds und den steuerlichen Besonderheiten der einzelnen Anlegergruppe siehe auch den Beitrag von Bödecker/ Mingels.

[57]   Vgl. § 11 Absatz 1 Satz 1 Investmentsteuergesetz (InvStG) in Verbindung mit § 1 Absatz 1 Nr. 5 KStG

[58]   Vgl. § 11 Absatz 1 Satz 2 InvStG

[59]   Vgl. § 2 Absatz 1 Satz 1 InvStG

als nichtabzugsfähige Betriebsausgaben zu behandeln sind. Hierzu gehören insbesondere Kapitalgesellschaften aus den Bereichen Handel und Industrie (kurz Unternehmen) sowie regelmäßig auch Kreditinstitute, sofern letztere die Fondsanteile nicht im Handelsbuch, das heißt nicht für Tradingzwecke, halten; Umkehrschluss aus § 8b Absatz 7 KStG.

2. Gemäß § 8b Absatz 8 KStG Lebens- und Krankenversicherungen, bei denen die Anteile den Kapitalanlagen zuzurechnen sind, die in ihrer Handelsbilanz eine sogenannte Rückstellung für Beitragsrückerstattungen in Höhe von typisierend 95 Prozent der Erträge bilden, die auch steuerlich gemäß § 21 KStG anzuerkennen ist.

3. Nach § 5 Absatz 1 mit Ausnahme der Nummer 9 KStG oder nach anderen Gesetzen von der KStG befreite Körperschaften, Personenvereinigungen oder Vermögensmassen, die grundsätzlich alle Erträge steuerfrei erhalten, bei denen inländische Dividenden jedoch mit 15 Prozent KStG belastet werden. [60] Hierzu gehören beispielsweise Pensionskassen.

4. Nach § 5 Absatz 1 Nr. 9 KStG steuerbefreite gemeinnützige, mildtätige oder kirchliche Körperschaften, Personenvereinigungen oder Vermögensmassen, die sämtliche Erträge steuerfrei erhalten.

Da die steuerliche Behandlung der letzten beiden Anlegergruppen aufgrund ihrer vollständigen oder sehr weitgehenden Steuerbefreiung relativ einfach ist, wird nachfolgend nur noch auf die ersten beiden Gruppen eingegangen.

Die Erträge des Investmentfonds[61], die letztlich beim Anleger steuerlich zu erfassen[62] sind, müssen differenziert werden. Vereinfacht ergeben sich folgende Kategorien:

1. Zinsen (§ 20 Absatz 1 Nr. 7 EStG), inländische Mieten (§ 21 EStG), Gewinne aus dem Verkauf von Renten (§ 20 Absatz 2 Nr. 7 EStG) und Termingeschäftsgewinne (§ 20 Absatz. 2 Nr. 3 EStG):
   Bei Anlegern der Gruppe 1 sind diese Erträge in voller Höhe anzusetzen; bei Anlegern der Gruppe 2 nur zu 5 Prozent. Hierauf fällt sowohl KStG als auch der GewSt an.

2. Dividenden (§ 20 Absatz 1 Nr. 1 EStG):
   Bei Anlegern der Gruppe 1 unterliegen nur 5 Prozent der Dividenden der KStG, allerdings unterliegen sie zu 100 Prozent der GewSt. Bei Anlegern der Gruppe 2 unterliegen die Dividenden sowohl für Zwecke der KStG als auch für Zwecke der GewSt nur zu 5 Prozent der Besteuerung.

---

[60] Vgl. § 44a Absatz 8 Einkommensteuergesetz (EStG)
[61] Vgl. § 3 Absatz 1 InvStG
[62] Vgl. § 2 Absatz 1 Satz 1 InvStG

3. Veräußerungsgewinne aus Aktien (§ 20 Absatz 2 Nr. 1 EStG):

   Diese Veräußerungsgewinne unterliegen sowohl bei Anlegern der Gruppe 1 als auch bei Anlegern der Gruppe 2 nur zu 5 Prozent der KStG und GewSt.

4. Ausländische Mieten und Gewinne aus dem Verkauf von ausländischen Immobilien, die gemäß einem Abkommen zur Vermeidung der Doppelbesteuerung in Deutschland steuerfrei zu stellen sind.[63]

Hinsichtlich der zeitlichen Zurechnung gilt grundsätzlich, dass alle laufenden Erträge (wie Zinsen, Mieten, Dividenden) jährlich (entweder zum Geschäftsjahresende des Investmentfonds im Thesaurierungsfall gemäß § 2 Absatz 1 Satz 2 InvStG oder im Zeitpunkt der Beschlussfassung über die Ausschüttung[64]) beim Anleger zu erfassen sind, währenddessen alle außerordentlichen Erträge (Gewinne aus der Veräußerung von Renten, Aktien, Immobilien und Termingeschäftsgewinne) gemäß § 2 Absatz 1 Satz 1 InvStG erst bei Ausschüttung auf der Anlegerebene erfasst werden. Gewinne aus der Veräußerung solcher Kapitalforderungen, die in § 1 Absatz 3 Satz 3 Nr. 1 InvStG nicht genannt sind, müssen hingegen wie laufende Erträge, das heißt jährlich auf der Anlegerebene erfasst werden.

Die erforderlichen Besteuerungsgrundlagen[65] werden von den KAGen ermittelt und den Anlegern zur Verfügung gestellt.

Handelsrechtliche Bilanzierung

Neben den reinen steuerlichen Regelungen ist auch die Bilanzierung von Fondsanteilen nach deutschem Handelsrecht aus Sicht der Investoren interessant. Dabei gilt, dass in der Handelsbilanz lediglich der Fondsanteil an sich und nicht die anteiligen Vermögensgegenstände des Fonds bilanziert werden müssen[66], wodurch eine Glättung des Handelsbilanzergebnisses erreicht werden kann, weil Verluste und Gewinne im Investmentfonds sich kompensieren und dadurch insoweit Teilwertabschreibungen vermieden werden können. Ferner sind nur Ausschüttungen für das Handelsbilanzergebnis relevant. Da anhand des Handelsbilanzergebnisses insbesondere Lebens- und Krankenversicherungen den Anlageerfolg für die Versicherten messen, bestehen hierdurch Gestaltungsmöglichkeiten. Im Gegensatz hierzu bietet die Spezialfondsanlage im IFRS-Konzernabschluss regelmäßig keine Vorteile gegenüber der Direktanlage, weil Spezialfonds nach den IFRS regelmäßig zu konsolidieren sind.

---

[63] Vgl. Artikel 6 und Artikel 13 in Verbindung mit Artikel 23 A OECD-Musterabkommen 2005

[64] Vgl. BMF-Schreiben vom 18. August 2009, IV C 1 - S 1980 - 1/08/10019, Randziffer 29

[65] Vgl. § 5 InvStG

[66] Vgl. § 290 Handelsgesetzbuch

Institutionelle Anleger schätzen Fondsbesteuerung und HGB-Bilanzierungs-
regelungen

Im Vergleich zur Direktanlage besteht einerseits der Vorteil, dass Veräußerungsgewinne nicht zeitnah der Besteuerung unterworfen werden müssen, andererseits werden
die Darstellung in der HGB-Handelsbilanz vereinfacht und Gestaltungsmöglichkeiten
geschaffen.

Zudem unterstützen die KAGen die Anleger bei der steuerlichen Verarbeitung der
Erträge, indem sie den Anlegern aufbereitete Steuerdaten zur Verfügung stellen.

3. Das institutionelle Fondsmanagement heute

Die Finanzkrise seit 2007 hat das Umfeld für institutionelle Investoren drastisch verändert. Verschärfte regulatorische Anforderungen für Investoren und Anbieter, ein
schwieriges Zinsumfeld und ein veränderter Blick auf das Risiko definieren maßgeblich die Rahmenbedingungen für das institutionelle Fondsgeschäft neu.

Einige neue Regulierungen einzelner Produktkategorien (wie zum Beispiel durch die
AIFM-Richtlinie) sind Reaktionen auf vermeintliche oder tatsächliche Defizite, die
durch die Finanzkrise im Regelwerk der Finanzindustrie aufgedeckt wurden. Andere
Vorgaben, jüngst die InvMaRisk[67], schließen bereits seit Längerem bestehende Regu-
lierungslücken.[68] Im Fokus der meisten Neuerungen stehen dabei die stärkere Betrachtung und Kontrolle des Risikos, besonders der Adress- und Liquiditätsrisiken.

Umfragen unter institutionellen Investoren machen deutlich, worauf diese derzeit vor
allem ihren Fokus legen: Das Risikomanagement hat die Performance als wichtigstes
Auswahlkriterium für einen externen Asset Manager abgelöst, sicher auch, weil damit
die Hoffnung verbunden ist, auf diese Weise vor einem zu starken Performancerück-
gang geschützt zu sein.[69]

---

[67] Zu den InvMaRisk vergleiche den Beitrag von Jäger in diesem Handbuch.

[68] Bernd Vorbeck: „Regulierung: An der Schraube gedreht", in Zeitschrift für das gesamte Kreditwesen,
Ausgabe 16 vom 15. August 2010, S. 845

[69] TELOS/ Kommalpha: Spezialfondsmarktstudie 2010, Mai 2010, S. 37 f.

Risikocontrolling als Teil des Asset Managements

Die Finanzkrise hat zudem deutlich gemacht, dass auch Staaten als Schuldner nicht mehr risikolos sind. Da auch ein deutscher Pfandbrief griechische Staatsanleihen im Deckungsstock haben kann, ist die Zeit der „Witwen- und Waisenpapiere" passé. Die klassischen Buy-and-Hold-Konzepte im institutionellen Asset Management stehen zur Disposition. Heute ist es notwendig, Risiken kontinuierlich zu managen, selbst wenn die Anlagen bis zur Fälligkeit gehalten werden sollen.

Dabei verschiebt sich die Anforderung an das Risikomanagement weg von einer reinen Reportingleistung hin zu einem integrierten Teil des Asset Management-Prozesses.[70] Zukünftig sind Anbieter gefragt, die das vorhandene Risikobudget erfassen und analysieren können, die notwendige Transparenz herstellen und dann erfolgreich eine Risikosteuerung betreiben.

Das Bedürfnis nach mehr Transparenz wurde in den letzten Jahren zu einem wichtigen Treiber des Erfolgs der Master-KAGen, die sich erfolgreich am Markt etablieren konnten. Die Messung und Analyse von Performance und Risiko der Einzelmandate, dargestellt in einem konsolidierten Reporting, trifft, vor allem nach den Erfahrungen nach 2007, genau den Nerv institutioneller Investoren. Gleichzeitig erleichtert das Masterfonds-Konstrukt die zentrale Risikosteuerung über alle Anlagesegmente hinweg mit Hilfe eines Overlay Managements.[71]

Institutionelle Anleger setzen vor allem auf Sicherheit

Die Finanzkrise hat hinsichtlich der Eigenschaften der verschiedenen Asset Klassen für Ernüchterung gesorgt. In den nächsten Jahren ist bei institutionellen Investoren vor allem Sicherheit gefragt, auch weil diese häufig eigene Verbindlichkeiten und Verpflichtungen abdecken müssen. Dementsprechend richten sie ihre Anlagestrategie aus. Dass die Performance als Anlageziel dabei in den Hintergrund tritt, wird bewusst in Kauf genommen. In den letzten Jahren war bei institutionellen Investoren ein steigendes Interesse an Total-Return-Konzepten, bei denen nicht das Abschneiden gegenüber einer Benchmark, sondern der absolute, positive Ertrag im Vordergrund steht, zu ver-

---

[70] MSCI Barra: The Future of Market Risk Management – A Global Survey of Institutional Investors. December 2009

[71] Behrens, Oliver und Groll, Walter: „Intelligentes Risikomanagement: Basis einer nachhaltigen Ertragsoptimierung", in Sparkassen Management Praxis, Ausgabe 59, Deutscher Sparkassen-Verlag, Stuttgart, 2010, S. 67. Zu verschiedenen Ansätzen eines Overlay Management vergleiche auch den Beitrag von Herold/ Weil in diesem Handbuch.

zeichnen.[72] Durch die Ausrichtung auf den vorab definierten, absoluten Ertrag passen die Konzepte zur Zielsetzung einer effizienteren Ausnutzung vorhandener Risikobudgets.

Neue Vergütungsmodelle

Mit der Orientierung zu Total Return-Modellen gehen neue Wege bei der Vergütung der Asset-Management-Leistung einher. Bezahlkonzepte bauen auch hier oftmals auf einer performanceabhängigen Vergütung auf.[73] Dabei wird entsprechend der Outperformance der vordefinierten Benchmark ein Betrag erhoben. Solche Vergütungsmodelle sind im Total Return-Bereich allerdings zu hinterfragen, da sie den Besonderheiten dieses Konzepts nicht gerecht werden.

Die Frage der adäquaten Vergütungsform kann das Ziel eines sicherheitsorientierten Investmentansatzes durchaus konterkarieren. Am Markt werden sich mittelfristig die Konzepte durchsetzen, die am besten zum Risikosteuerungskonzept des Investors passen.

4.   Institutionelle Fondslösungen in der Praxis

Besonderheiten bei der Kapitalanlage von institutionellen Anlegern

Mehr als die Hälfte (52 Prozent zum Jahresende 2009) der institutionellen Fondsanlage dient in Deutschland der Altersvorsorge. Die Anlage in Investmentanteilen durch institutionelle Anleger wird auch durch steuerliche und bilanzielle Überlegungen bestimmt.[74] So ist für nach IAS bilanzierende Anleger wichtig, dass zum Beispiel Geldmarktfondsanteile nach dem Standard IAS 7 als „cash/cash equivalent" verbucht werden dürfen, damit es nicht zu bilanzpolitischen Umschichtungen von Geldmarktfonds in Festgeld an Bilanzstichtagen kommt, nur um eine hohe Kassaquote ausweisen zu können.

Bei bestimmten Anlegergruppen, die einer gesetzlichen Aufsicht unterliegen, sind darüber hinaus weitere direkte oder indirekte Anlagevorschriften bei der Fondsanlage zu beachten. Dies gilt insbesondere für Anleger, die dem Kreditwesengesetz, dem Versicherungsrecht oder dem Sozialversicherungsrecht unterliegen, also Kreditinstitu-

---

[72] TELOS/ Kommalpha: Spezialfondsmarktstudie 2010, Mai 2010, S. 30

[73] Zu möglichen Bezahlkonzepten und Ausgestaltungsmöglichkeiten von Outperformance Fee-Modellen vergleiche die Beiträge Becker/ Funke/ Johanning/ Stemme sowie Schmidt-von Rhein/ Schweiggl.

[74] Siehe dazu: Kapitel 2: Steuerliche Besonderheiten der institutionellen Fondsanlage.

te, Erstversicherungen, berufsständische Versorgungswerke wie Pensionskassen und Sozialversicherungsträger.

Versicherungsunternehmen, Pensionskassen, berufsständische Versorgungswerke[75]

Die Anlagemöglichkeiten privater Versicherungsunternehmen für ihr gebundenes Vermögen richten sich nach den Vorschriften des Versicherungsaufsichtsgesetzes.[76] Ergänzt und präzisiert werden diese Vorschriften durch die Anlageverordnung für Versicherungen, die in 2010 aktualisiert wurde.[77] Die Verordnung wird durch ein Ba-Fin-Rundschreiben ergänzt, dessen Entwurf die BaFin am 3. Januar 2011 zur Konsultation stellte und welches Hinweise zur Anlage des gebundenen Vermögens von Versicherungsunternehmen enthält. Die BaFin überwacht die Einhaltung dieser Anlagevorschriften. Auf die Anlage des sonstigen Vermögens eines Versicherungsunternehmens hat dies grundsätzlich keinen Einfluss. Gemäß der Anlageverordnung ist dem Versicherungsunternehmen grundsätzlich die Anlage in allen Fondstypen der nach dem InvG zulässigen Publikums- und. Spezialfonds mit Ausnahme von Altersvorsorge-Sondervermögen möglich.[78] Durch eine so genannte „dynamische Verweisung" hat der Verordnungsgeber nun dafür gesorgt, dass zukünftig die Anlagemöglichkeiten von Versicherungen in Fonds immer kongruent mit den jeweiligen im InvG geregelten Fondstypen sind. Für die Deckung des gebundenen Vermögens mit Spezialfonds verlangt die Aufsicht, dass das Versicherungsunternehmen in einem Anlageausschuss mitzuwirken hat, in dem es nicht überstimmt werden kann.

Das Versicherungsaufsichtsrecht gilt auch für die Anlage von versicherungsförmig ausgestalteten berufsständischen Versorgungswerken. Etwas anderes gilt jedoch für die betriebliche Altersvorsorge in Form der Direktzusage, die keinen Anlagerestriktionen unterliegt. Im Fall von mit liquiden Vermögensanlagen des Unternehmens bedeckten Direktzusagen kommen verstärkt so genannte „Contractual Trust Agreements" (CTA) zum Einsatz.[79]

---

[75] Zu den institutionellen Rahmenbedingungen für diese Anlegergruppen und deren Kapitalverhalten vergleiche die Beiträge von Siegmund, Hadasch und Röckle in diesem Handbuch.

[76] http://www.bafin.de/cln_152/nn_721188/SharedDocs/Aufsichtsrecht/DE/Gesetze/vag__bis__101231. html?__nnn=true
Zu den wichtigsten Änderungen in der Anlageverordnung 2010 vergleiche den Beitrag Kuhn (Die neue Anlageverordnung für Versicherungsunternehmen – ein Kurzüberblick) in diesem Handbuch.

[77] http://www.bafin.de/cln_152/nn_721188/SharedDocs/Aufsichtsrecht/DE/Verordnungen/anlv.html?__ nnn=true

[78] § 2 Abs. 1 Nr. 15 und 16 Anlageverordnung

[79] Zu den Durchführungsformen der betrieblichen Altersversorgung und den Regelungen für die Kapitalanlage vergleiche den Beitrag von Köster in diesem Handbuch.

Sozialversicherungsträger[80]

Die Rücklagen der Sozialversicherungsträger sind nach den Vorschriften des 4. Sozialgesetzbuches (SGB IV) anzulegen. Bereits seit 1994 dürfen Sozialversicherungsträger die Rücklagen der Sozialversicherungsträger auch in Fondsanteile anlegen.[81] Die Rücklagen der Sozialversicherungsträger sind allerdings mit dem zunehmenden Druck auf die Sozialsysteme nicht mehr so umfangreich wie früher.

Kreditinstitute[82]

Auch Kreditinstitute nutzen die Vorteile der Investmentanlage. Kreditinstitute halten Investmentanteile nicht nur zu Handelszwecken, sondern haben weit über 100 Milliarden in Spezialfonds angelegt, die meistens dem „Depot-A"-Management dienen. Diese Anlagen von Kreditinstituten dienen oft der Altersvorsorge der dort Beschäftigten. Die Anlagemöglichkeiten von Kreditinstituten in Anteilen von Publikums- oder Spezialfonds werden insbesondere dadurch bestimmt, inwieweit die Anlage mit Eigenkapital (EK) zu unterlegen und auf die Großkreditgrenzen anzurechnen ist.[83] Dabei bestimmen das Kreditwesengesetz (§ 10) und die Solvabilitäts-Verordnung die Angemessenheit der Eigenmittel und die Unterlegung der Adressenausfallrisiken mit mindestens 8 Prozent Eigenkapital.

Die Eigenkapitalanforderungen bei Anlagen in Risikoträgern wie Aktien und Immobilien sind höher als bei hoch gerateten Zinsträgern. Investmentanteile können in einem einfacheren Verfahren nach §36 SolV mit EK unterlegt werden, wobei hinsichtlich ihrer Anlagen transparente Fonds niedrigere EK-Anforderungen haben. Soweit ein Institut interne Ratings verwendet, muss es für sämtliche Investmentanteile die Zuordnung zu Forderungsklassen nach verschiedenen Verfahren durchführen (§ 71 Abs. 4, §83 SolvV). Außerdem sind nach den Großkreditvorschriften Fonds als Kreditnehmer zu behandeln. Die KAGen stellen umfangreiche und aufwendige Reportingservices insbesondere hinsichtlich der Zusammensetzung und des Risikos des Fonds bereit, damit Kreditinstitute die Fondsanlage ohne Diskriminierung gegenüber der Direktanlage nutzen können.

---

[80] Siehe Beitrag Rössler in diesem Handbuch.

[81] § 83 Abs. 1 Nr. 5 SGB IV.

[82] Zu den institutionellen Rahmenbedingungen der Kapitalanlagen von Kreditinstituten vergleiche den Beitrag von Thoms.

[83] §10 KWG, §§ 36, 83 SolvV, § 6 GroMiKV.

5. Fazit

Die Spezialisierung von Unternehmen auf einzelne Dienstleistungen einer Wertschöpfungskette ist in vielen Wirtschaftsbereichen Normalität. Auch im Spezialfondsmarkt hat sich in den vergangenen Jahren ein deutliches Aufbrechen der Wertschöpfungskette vollzogen. Bei aller Dynamik der Entwicklung hat sich allerdings nichts daran geändert, dass institutionelle Investoren in Deutschland am Spezialfonds als bevorzugtem Instrument für ihre Vermögensanlage festhalten. Die Finanzkrise hat noch einmal einen deutlichen Schub hin zu den im Investmentgesetz geregelten Sondervermögen bewirkt. Die treuhänderische Verwaltung von Anlegerkapital stellt hohe Anforderungen an die damit beauftragten Unternehmen. Ob Spezialfonds oder Publikumsfonds, ob Master-KAG oder Anbieter aus einer Hand: Kapitalanlagegesellschaften bieten mit ihrer gesetzlichen Verpflichtung zur Wahrung der Anlegerinteressen die Gewähr dafür, dass Effizienzvorteile mit höchsten Standards an Sicherheit und Professionalität verbunden sind. Das wird von den Kunden auch zukünftig weiter honoriert werden.

Literaturhinweise

1. Handbuch Spezialfonds. Ein praktischer Leitfaden für institutionelle Anleger und Kapitalanlagegesellschaften, herausgegeben von Jochen M. Kleeberg und Christian Schlenger, Bad Soden/Ts. 2000
2. Handbuch institutionelles Asset Management, herausgegeben von Hartmut Leser und Markus Rudolf, Wiesbaden 2003
3. Spezialfonds aus Anlegersicht – eine Erfolgsgeschichte, herausgegeben vom BVI Bundesverband Investment- und Vermögensverwaltungs-Gesellschaften e.V., Frankfurt 2002
4. Spezialfonds spielen eine wichtige Rolle in der Kapitalanlage von Versorgungswerken, Pressemitteilung vom 01.09.2009 des BVI Bundesverband Investment und Asset Management e.V., Frankfurt.
5. Neuere Entwicklungen im institutionellen Asset Management, Jahrbuch des BVI Bundesverband Investment und Asset Management e.V., Frankfurt, 2008
6. Die Attraktivität des Spezialfonds hat Bestand, Jahrbuch des BVI Bundesverband Investment und Asset Management e.V., Frankfurt, 2007.
7. Spezialfonds – Individuelle Produkte für institutionelle Anleger, Jahrbuch des BVI Bundesverband Investment und Asset Management e.V., Frankfurt, 2004
8. Till Entzian, Wertpapier-Spezialfonds 2010: Eine Branche im strukturellen Umbruch, in: Zeitschrift für das gesamte Kreditwesen, Heft 16/2010, S. 832 ff.
9. Till Entzian, BVI-Studie Wertpapier-Spezialfonds 2009 – Institutionelle nutzen maßgeschneidertes Asset Management, in: Zeitschrift für das gesamte Kreditwesen, Heft 16/2009, S. 740 ff.
10. Till Entzian, Institutionelles Asset Management – zum Umgang mit neuen Freiheiten, in: Zeitschrift für das gesamte Kreditwesen, Heft 16/2008, S. 754 ff.

Investmentrechtliche Regelungen für Kapitalanlagegesellschaften

von Jochen Eichhorn

1. Einleitung

Asset Management-Gesellschaften in Deutschland sehen sich seit einigen Jahren zunehmenden Herausforderungen gegenüber gestellt. Die Gründe hierfür sind vielfältig. Sie liegen unter anderem in der stetig steigenden Vielfalt möglicher Anlageprodukte und der zunehmenden Nachfrage der Anleger nach einem globalen Ansatz der Vermögensverwaltung. Aber auch die volatilen Kapitalmärkte, die mehrere nachhaltige Marktkorrekturen seit dem Jahr 2000 brachten, haben dazu geführt, dass das Geschäft komplexer wurde, indem z. B. Funktionen wie dem Risikomanagement eine deutlich größere Bedeutung als zuvor beizumessen ist. Auch hat die allgemeine Tendenz zu mehr Transparenz im Bereich der Finanzdienstleistungen die Kapitalanlagegesellschaften (nachfolgend: KAG) erheblich gefordert.

Da es in dieser Abhandlung um die rechtliche Rahmenbedingungen für die KAG als Unternehmen geht, muss hier natürlich auch die deutlich stärkere Arbeitsteilung im Bereich des Asset Management genannt werden, die die Funktion und den Aufgabenkatalog so mancher KAG grundlegend gewandelt hat. Während früher die meisten Tätigkeiten, von der Portfolioverwaltung über die Verwahrung und Fondsbuchhaltung bis hin zur Ausführung der Geschäfte, innerhalb einer Finanzgruppe und teilweise auch von der gleichen Gesellschaft erbracht wurden, sind heute in zunehmendem Masse unterschiedliche Anbieter, häufig auch aus verschiedenen Finanzgruppen, an der Wertschöpfung beteiligt. Dies lässt nicht zuletzt auch das Risiko gegenseitiger Haftungsansprüche höher werden und macht es erforderlich, sich besonders intensiv mit den gesetzlichen und aufsichtsbehördlichen Rahmenbedingungen zu befassen. Denn schließlich werden solche Ansprüche häufig mit Verstößen gegen die rechtlichen Rahmenbedingungen begründet.

Die Anfänge der investmentrechtlichen Gesetzgebung gehen auf das Jahr 1957 zurück, in dem das Gesetz über Kapitalanlagegesellschaften (KAGG) in Kraft getreten war. In der Folgezeit wurde dieses Gesetz ständig novelliert und an die neuen Anforderungen angepasst. Eine vollständige Überarbeitung fand das investmentrechtliche Regelwerk mit der Einführung des Investmentgesetzes im Jahre 2003. Den Anlass zu dieser grundlegenden Novelle gaben EU-Richtlinien[1], die in deutsches Recht transformiert werden mussten. Zudem ging der Gesetzgeber dazu über, das Aufsichts- und Vertragsrecht des Investmentgeschäftes im Investmentgesetz zusammenzufassen und für das Investmentsteuerrecht ein eigenständiges Investmentsteuergesetz zu schaffen. Auch

---

[1] Richtlinie 85/611/EWG vom 20. Dezember 1985 sowie die Richtlinien 2001/107/EG und 2001/108/EG vom 13. Februar 2002.

das neue Investmentgesetz hat seit seinem Inkrafttreten mehrere Novellierungen erfahren. Darin erfolgten sowohl Nachbesserungen offenkundiger Mängel wie aber auch substanzielle Neuerungen. Die wichtigste Novellierung erfolgte im Jahr 2007 durch das Investmentänderungsgesetz.[2] Eine weitere Novellierung erfolgte im Jahr 2009.[3]

Neben den gesetzlichen Novellierungen haben sich die Rahmenbedingungen für Asset Manager auch durch aufsichtsbehördliche Vorgaben, z. B. in Form von Rundschreiben und Mindestanforderungen, auf das Investmentgeschäft ausgewirkt. Beispielhaft sei auf die wichtigen „Mindestanforderungen an das Risikomanagement von Investmentgesellschaften" verwiesen[4].

Die nachfolgenden Ausführungen sollen einen Überblick geben über das, was die KAG in Hinblick auf ihr Unternehmen (z. B. Leitungsstruktur, Organisation, Verhaltensregeln) zu beachten hat. Dabei kann eine Darstellung dieses Umfangs – leider – keinen Anspruch auf Vollständigkeit erheben. Auch die zahlreichen für die Verwaltung der Fonds wesentlichen Bestimmungen, die unmittelbar die Investmentfonds betreffen, bleiben dabei unberücksichtigt. Gegenstand der Darstellung sind vielmehr die Vorgaben, die für eine KAG als Produktanbieter und Dienstleister institutioneller Anleger gelten. Ganz überwiegend bestehen diese Vorgaben unabhängig davon, welche Arten von Sondervermögen verwaltet werden. Insbesondere die Regelung zu Spezialfonds, die in besonderem Maße bei institutionellen Anlegern zur Anwendung kommen, sehen im Hinblick auf die KAG-bezogenen Rahmenbedingungen nur wenige Ausnahmen vor[5]. Zudem ist zu berücksichtigen, dass auch institutionelle Anleger mittlerweile in erheblichem Umfang von Publikumsfonds Gebrauch machen.

2. Erlaubnis zum Geschäftsbetrieb

Eine KAG darf ihren Geschäftsbetrieb erst aufnehmen, wenn sie eine Zulassung der Bundesanstalt für Finanzdienstleistungsaufsicht (nachfolgend: BaFin) in schriftlicher Form erhalten hat. Zwar ist die KAG mittlerweile nicht mehr als Kreditinstitut im Sinne des Kreditwesengesetzes einzustufen. Doch haben sich damit in formaler Hinsicht nur wenige Erleichterungen ergeben. Mit der Erlaubnispflicht soll dafür gesorgt

---

[2] Investmentänderungsgesetz vom 21. Dezember 2007 - BGBl. I Seite 3089.

[3] Artikel 13 des Gesetzes vom 30. Juli 2009 - BGBl I Seite 2479.

[4] Rundschreiben der BaFin 5/2010 (WA) vom 30. Juni 2010 zu den Mindestanforderungen an das Risikomanagement für Investmentgesellschaften (InvMaRisk).

[5] § 91 Abs. 2 und 3 InvG.

werden, dass nur solche Unternehmen das Investmentgeschäft betreiben, die über die erforderliche finanzielle und personelle Ausstattung verfügen.

Anforderungen an die Erlaubnis

Die Geschäftserlaubnis kann mit Nebenbestimmungen verbunden werden.[6] Diese müssen sich jedoch im Rahmen des mit dem Investmentgesetz und anderen aufsichtsrechtlichen Gesetzen verfolgten Zwecks halten.[7] Der häufigste Fall einer Nebenbestimmung ist, dass eine Auflage gemacht wird, wonach die KAG etwas tun, dulden oder unterlassen muss.

Die Erlaubnis zum Geschäftsbetrieb erstreckt sich ausschließlich auf die Verwaltung von Investmentvermögen und die sonstigen im Gesetz abschließend aufgezählten Dienstleistungen und Nebendienstleistungen.[8] Dies sind z. B.:

- die individuelle Vermögensverwaltung
- die Anlageberatung
- die Verwahrung und Verwaltung von Anteilen an Investmentfonds
- der Vertrieb von Anteilen an Investmentfonds, sofern diese öffentlich vertrieben werden dürfen
- der Abschluss von Altersvorsorgeverträgen
- die Vermögensverwaltung und Anlageberatung im Segment Immobilien (wenn die KAG berechtigt ist, Immobilien-Sondervermögen zu verwalten)
- die Abgabe von Mindestzahlungszusagen gegenüber den Anlegern

Es muss darauf geachtet werden, dass in der Satzung der KAG eine Beschränkung der Geschäftstätigkeit auf die von der BaFin-Erlaubnis umfassten Geschäfte enthalten ist. Darüber hinaus darf die KAG ihr eigenes Vermögen verwalten.[9] Im Rahmen dessen ist es der KAG auch gestattet, sich an Unternehmen zu beteiligen, wenn deren Geschäftszweck im Wesentlichen auf Geschäfte ausgerichtet ist, die die KAG selbst betreiben darf. Darüber hinaus muss die Haftung der KAG durch die Rechtsform des Unternehmens, an dem eine Beteiligung gehalten wird, beschränkt sein.[10]

---

[6] § 7 Abs. 1 Satz 2 InvG.
[7] Vgl. Regierungsbegründung BT-Drs.15/1553, Seite 77.
[8] § 7 Abs. 2 InvG.
[9] § 7 Abs. 4 InvG.
[10] § 7 Abs. 3 InvG.

Zu beachten ist, dass eine KAG, die ohne die erforderliche BaFin-Erlaubnis tätig wird, von der BaFin zur sofortigen Einstellung des Geschäftsbetriebs und der unverzüglichen Abwicklung ihrer Geschäfte aufgefordert werden kann. [11]

Das Verfahren zur Erlaubniserteilung

Voraussetzung für die Erteilung der Erlaubnis ist die Einreichung eines Erlaubnisantrags, der den gesetzlichen Anforderungen zu entsprechen hat.[12] Dieser Erlaubnisantrag muss folgenden Inhalt haben:

- Geeigneter Nachweis darüber, dass die zum Geschäftsbetrieb erforderlichen Mittel vorhanden sind (Kapitalanforderungen). Einzelheiten hierzu sind unter Nummer 5. ausgeführt;
- Beurteilung der Geschäftsleiter, das heißt im Falle einer GmbH der Geschäftsführer und bei einer Aktiengesellschaft der Vorstandsmitglieder und der Personen, die die Geschäfte tatsächlich leiten[13], sowie Angaben zu deren Zuverlässigkeit und fachlichen Eignung;
- Nennung der Personen, die an der KAG mittelbar oder unmittelbar 10% oder mehr der Anteile halten (bedeutende Beteiligung) und Angaben über die Zuverlässigkeit dieser Personen;
- Angaben zu Tatsachen, die auf eine enge Verbindung zwischen der KAG und anderen natürlichen oder juristischen Personen hinweisen;
- Tragfähiger Geschäftsplan, aus dem die Art der geplanten Geschäftstätigkeit sowie der organisatorische Aufbau und die geplanten internen Kontrollverfahren hervorgehen.

Zu beachten ist, dass eine KAG, die auch die Erlaubnis zum Erbringen der individuellen Vermögensverwaltung erhalten hat, Mitglied einer Entschädigungseinrichtung sein muss. Die BaFin teilt der KAG dann im Rahmen der Erlaubniserteilung mit, welcher Entschädigungseinrichtung sie zugeordnet ist.[14] Darüber hinaus muss die KAG ihren Sitz im Inland haben, da andernfalls die BaFin ihrer hoheitlichen Überwachungsaufgabe nur sehr eingeschränkt nachkommen könnte.

---

[11] § 17c InvG.

[12] § 7a Abs. 1 InvG.

[13] § 2 Abs. 16 InvG.

[14] In der Regel ist dies derzeit die Entschädigungseinrichtung der Wirtschaft, die in Anbetracht des Zusammenbruchs der Firma Phoenix Kapitaldienst einen bedeutenden Entschädigungsfall zu bewältigen hat; dies hat dazu geführt, dass zahlreichen Anbietern der individuellen Vermögensverwaltung neben den laufenden Mitgliedsbeiträgen Sonderbeiträge abverlangt wurden.

Bei einer KAG, die Tochter- oder Schwesterunternehmen einer anderen KAG, einer entsprechenden ausländische Gesellschaft, eines Wertpapierhandelsunternehmens, eines Kreditinstituts oder eines Versicherungsunternehmens ist, das in einem anderen Staat der EU oder des EWR zugelassen ist, hat die BaFin vor Erteilung der Erlaubnis die zuständigen Aufsichtsbehörden des Herkunftsstaates anzuhören.[15]

Versagung der Erlaubnis

Die BaFin muss innerhalb von 6 Monaten nach der Vorlage eines vollständigen Erlaubnisantrags mitteilen, ob eine Erlaubnis erteilt wird. Eine Ablehnung des Antrages muss begründet werden.[16] Die Erlaubnis zum Geschäftsbetrieb ist zu versagen, wenn sich dem Erlaubnisantrag entnehmen lässt, dass die Anforderungen nicht erfüllt sind. Dabei ist ergänzend zu dem im Zusammenhang mit dem Erlaubnisantrag Ausgeführten folgendes zu berücksichtigen:

Eine KAG muss mindestens über zwei Geschäftsleiter verfügen. Hinsichtlich deren Qualifikation ist zu berücksichtigen, dass nach dem Investmentgesetz nicht nur die gesetzlichen Vertreter der Gesellschaft (z. B. Geschäftsführer, Vorstand) als Geschäftsleiter gelten, wie dies bei Kreditinstituten der Fall ist. Vielmehr zählen dazu auch Personen, die die tatsächliche Leitung der Geschäfte inne haben.[17] Zu beachten ist aber, dass unter Berücksichtigung der gesellschaftsrechtlichen Regelungen die tatsächliche Leitung der KAG dennoch in erster Linie beim Vorstand bzw. bei den Geschäftsführern zu liegen hat[18]. Die Erlaubnis ist des Weiteren zu versagen, wenn die Angaben zu den engen Verbindungen zu anderen natürlichen oder juristischen Personen (siehe oben) es naheliegend erscheinen lassen, dass die ordnungsgemäße Aufsichtätigkeit der BaFin behindert wird.

Die BaFin hat das Vorliegen der Gründe für eine Versagung der Geschäftserlaubnis positiv nachzuweisen. Ein reiner Verdacht ist nicht ausreichend. Allerdings kann die Genehmigung versagt werden, wenn der Antragssteller keine vollständigen Antragsunterlagen bei der BaFin einreicht und diese dann auch auf Anforderung nicht ergänzt.

---

[15] § 8 Abs. 1 InvG.
[16] § 7a Abs. 2 InvG.
[17] § 2 Abs. 16 InvG.
[18] § 76 Abs. 1 AktG, § 35 GmbHG.

Erlöschen der Erlaubnis

Die einmal erteilte Erlaubnis erlischt, ohne dass eine Mitwirkung der BaFin erforderlich ist, wenn eine der folgenden Voraussetzungen erfüllt ist:

- Die KAG hat innerhalb eines Jahres seit der Erteilung der Erlaubnis keinen Gebrauch von der Erlaubnis gemacht.
- Die KAG hat ausdrücklich auf die Erlaubnis verzichtet.
- Die KAG hat den Geschäftsbetrieb, auf den sich die Erlaubnis bezieht, seit mehr als 6 Monaten nicht mehr ausgeübt.

Darüber hinaus erlischt die Erlaubnis, sofern diese auch die individuelle Vermögensverwaltung umfasst, wenn die Entschädigungseinrichtung die KAG ausgeschlossen hat.[19] Darüber hinaus kann die Erlaubnis auch durch Tätigwerden der BaFin aufgehoben werden. Gründe hierfür sind die Folgenden:

- Die KAG hat die Erlaubnis aufgrund falscher Erklärungen oder auf sonstige rechtswidrige Weise erhalten.
- Die Kapitalausstattung der KAG ist nicht mehr ausreichend und die KAG hat die diesbezüglichen Mängel nicht innerhalb einer von der BaFin zu bestimmenden Frist behoben.
- Der BaFin sind Tatsachen bekannt geworden, die eine Versagung der Erlaubnis (siehe die vorausgegangenen Ausführungen zur „Versagung der Erlaubnis") rechtfertigen würden.
- Die KAG hat nachhaltig gegen Bestimmungen des Investmentgesetzes verstoßen.

Die KAG kann gegen eine entsprechende Aufhebung der Erlaubnis Widerspruch einlegen und eine Anfechtungsklage erheben, wenn die Aufhebung der Erlaubnis nicht zurückgenommen wird. Allerdings hat der Widerspruch keine aufschiebende Wirkung, so dass zunächst die Tätigkeit als KAG unterlassen werden muss.[20]

Die umfangreichen Anforderungen und Eingriffsmöglichkeiten der BaFin im Zusammenhang mit der Erlaubnis zum Geschäftsbetrieb machen deutlich, dass der Gesetzgeber es mit den Anforderungen an die KAG ernst meint. Dies lässt sich dadurch rechtfertigen, dass die Geschäftstätigkeit auf die treuhänderische Verwaltung fremden Vermögens gerichtet ist. Auch wenn diese Vorschriften vornehmlich den Schutz des Privatanlegers im Auge haben, dem eine Überprüfung der KAG nicht möglich ist, gelten sie auch für das Geschäft mit institutionellen Anlegern und Spezialfonds.

---

[19] § 17 Abs. 1 Satz 2 InvG.

[20] § 17 Abs. 2 Satz 2 InvG.

Einordnung in Finanzholding-Gruppe

Die KAG gilt als nachgeordnetes Unternehmen im Hinblick auf die Bildung einer Finanzholding-Gruppe, wenn ein gruppenangehöriges Unternehmen mindestens zwanzig Prozent der Kapitalanteile der KAG unmittelbar oder mittelbar hält, dieses Unternehmen die KAG gemeinsam mit anderen Unternehmen leitet und es für die Verbindlichkeiten der KAG auf ihre Kapitalanteile beschränkt haftet (qualifizierte Minderheitsbeteiligung). Wann ein Unternehmen die KAG gemeinsam mit anderen Unternehmen leitet, lässt sich dem Gesetz nicht entnehmen. Entscheidend wird sein, dass keiner der Gesellschafter alleine oder zusammen mit anderen eine dominierende Stellung innehat.[21] Unmittelbar oder mittelbar gehaltene Kapitalanteile sowie Kapitalanteile, die von einem anderen für Rechnung eines gruppenangehörigen Unternehmens gehalten werden, sind zusammenzurechnen[22].

3.   Zulässige Dienstleistungen

Die Hauptdienstleistung einer KAG besteht in der Regel in der Verwaltung von inländischen Investmentvermögen. Es kann sich dabei um Publikums- und Spezialfonds handeln. Kernbestandteil dieser Dienstleistung ist traditionell die Portfolioverwaltung hinsichtlich der in dem Sondervermögen befindlichen Vermögensgegenstände. Die KAG handelt dabei im eigenen Namen und für gemeinschaftliche Rechnung der Anleger. Hinzu kommt die operationelle Verwaltung der in dem Fonds befindlichen Vermögensgegenstände, d. h. die Administrierung z. B. in Form der Fondsbuchhaltung und des Reportings. Als weitere Hauptdienstleistung kommt mittlerweile die individuelle Vermögensverwaltung in Betracht[23]. Eine KAG kann folglich die individuelle Vermögensverwaltung als Haupttätigkeit betreiben, sofern sie zumindest ein inländisches Investmentvermögen verwaltet.

Daneben kann es der KAG als Nebendienstleistung erlaubt werden, die Anlageberatung durchzuführen. Damit ist die Abgabe von persönlichen Empfehlungen an Kunden oder deren Vertreter zu verstehen, die sich auf Geschäfte mit bestimmten Finanzinstrumenten beziehen. Allerdings muss diese Empfehlung auf eine Prüfung der persönlichen Umstände des Anlegers gestützt sein oder als für ihn geeignet dargestellt werden. Empfehlungen, die ausschließlich über Informationsverbreitungskanäle oder für die

---

[21]   Boos in Boos/ Fischer/ Schulte-Mattler, KWG, 3. Auflage 2008, § 10a Rn. 35.

[22]   § 10a Abs. 4 KWG.

[23]   § 2 Abs. 6 InvG.

Öffentlichkeit bekannt gegeben werden, gehören nicht dazu.[24] Die Erlaubnis zur Anlageberatung gilt generell als erteilt, wenn die Erlaubnis für die individuelle Vermögensverwaltung erteilt wurde.[25]

Einer KAG kann das Depotgeschäft erlaubt sein, wobei sich dies nur auf Anteilsscheine an in- und ausländischen Investmentfonds, aber auch auf Aktien einer Investmentaktiengesellschaft erstrecken darf. Allerdings darf diese Nebendienstleistung nur erbracht werden, wenn zugleich die Erlaubnis für die individuelle Vermögensverwaltung erteilt wurde.[26] Es ist allerdings eine Tendenz erkennbar, dass Kapitalanlagegesellschaften das ihnen erlaubte Depotgeschäft im zunehmenden Maße an Institute abgeben, die hierauf spezialisiert sind. Dies kann sowohl in Form der vollständigen Aufgabe dieses Geschäftes erfolgen als auch mittels eines teilweisen oder vollständigen Outsourcings der damit verbundenen Tätigkeiten.[27]

Eine KAG darf des Weiteren den Vertrieb von Anteilen vornehmen, die nach dem Investmentgesetz ausgegeben worden sind sowie von ausländischen Investmentanteilen, sofern diese öffentlich vertrieben werden dürfen.[28] Der Begriff des Vertriebs umfasst dabei sowohl das Anbieten und Werben, wie auch jede andere Form einer verkaufsfördernden Maßnahme, die diesen Aktivitäten ähnelt.

Eine weitere Nebendienstleistung ist der Abschluss von Altersvorsorgeverträgen.[29] Damit wird der KAG die Möglichkeit eröffnet, eine Alternative zu den klassischen Versicherungsprodukten zu bieten. Zulässig ist der Abschluss von Altersvorsorgeverträgen gemäß § 1 Abs. 1 des Altersvorsorgeverträge-Zertifizierungsgesetzes sowie von Verträgen zum Aufbau einer eigenen kapitalgedeckten Altersversorgung. In beiden Fällen darf eine Auszahlung grundsätzlich nicht vor der Vollendung des 60. Lebensjahrs des Anlegers und nur in monatlichen Raten erfolgen.

Vergleichsweise neu ist die Möglichkeit, dass eine KAG Mindestzahlungszusagen abgeben darf.[30] Darunter ist die Abgabe einer Zusage gegenüber dem Anleger zu verstehen, bei Rücknahme von Anteilscheinen oder bei der Beendigung der Verwaltung

---

[24] Der Begriff ist folglich deckungsgleich mit § 1 Abs. 1a Nr. 1a KWG und § 2 Abs. 3 Nr. 9 WpHG sowie dem hierzu veröffentlichen gemeinsamen Informationsblatt der Deutschen Bundesbank und der BaFin.

[25] § 7 Abs. 2 Nr. 3 InvG.

[26] § 7 Abs. 2 Nr. 4 InvG.

[27] Zur Auslagerung siehe unter Kapitel Nr. 6.

[28] § 7 Abs. 2 Nr. 5 InvG.

[29] § 7 Abs. 2 Nr. 6 InvG.

[30] § 7 Abs. 2 Nr. 7 InvG.

eines Fondsdepots im Rahmen der individuellen Vermögensverwaltung und Verwahrung von Anteilen mindestens einen bestimmten oder einen bestimmbaren Betrag zu zahlen. Bei Mindestzahlungszusagen, die sich auf ein von der KAG verwaltetes Investmentvermögen beziehen, liegt ein sogenannter Garantiefonds vor[31].

Schließlich ist es der KAG möglich, sonstige Tätigkeiten anzubieten, die mit den ausdrücklich genannten Dienstleistungen und Nebendienstleistungen unmittelbar verbunden sind. Beispiele hierfür sind die Vermietung offener IT-Kapazitäten oder die weitergehende kommerzielle Verwertung von selbstentwickeltem Kapitalmarkt-bezogenen Wissen.

Die KAG kann auch die Verwaltung einer Investmentaktiengesellschaft übernehmen.[32] Dieser Typus eines geschlossenen Fonds wurde bereits im Jahr 1998 in das Investmentrecht aufgenommen. Die Regelungen erfuhren jedoch seitdem zahlreiche Änderungen, und erst das Investmentänderungsgesetz von 2007 verhalf der Investmentaktiengesellschaft zum Durchbruch.

4. Persönliche Qualifikation der Leitungs- und Aufsichtsorgane

Die Geschäftsleiter einer KAG müssen bestimmte Voraussetzungen für ihre Eignung erfüllen. Dabei ist zunächst zu berücksichtigen, dass man unter dem Begriff des „Geschäftsleiters" nicht nur die gesellschaftsrechtlichen Organe der jeweiligen Gesellschaft, d. h. die Geschäftsführer einer GmbH und die Mitglieder des Vorstandes einer AG, versteht, sondern darüber hinaus auch diejenigen natürlichen Personen, die die Geschäfte der KAG tatsächlich leiten.[33] Grundvoraussetzung ist die persönliche Zuverlässigkeit der jeweiligen Person.[34] Diese ist im Rahmen einer Prognoseentscheidung in Hinblick auf deren zukünftiges Verhalten zu treffen, wobei auf in der Vergangenheit liegende, für die Beurteilung relevante Tatsachen zurückgegriffen werden kann. Grundsätzlich wird die persönliche Zuverlässigkeit unterstellt und sie muss nicht nachgewiesen werden. Liegen allerdings Tatsachen vor, aus denen sich eine Unzuverlässigkeit ergeben könnte, so sind diese mitzuteilen und gegebenenfalls zu erklären. Dabei zielt die Zuverlässigkeit auf die persönliche und charakterliche Integri-

---

[31] Zu beachten ist bei Mindestzahlungszusagen der KAG auch das Rundschreiben der BaFin dazu: Rundschreiben 2/2007 (BA) – Mindestzahlungszusagen: Eigenmittelunterlegung und Behandlung nach der GroMiKV; Geschäftszeichen: BA 27-GS 4001-2005/000 vom 18. Januar 2007.

[32] § 96 Abs. 1 Satz 1 InvG.

[33] § 2 Abs. 16 InvG; vergleiche auch Punkt „Versagung der Erlaubnis".

[34] § 7b Abs. 1 Nr. 3 InvG.

tät ab. So wird in der Regel Unzuverlässigkeit angenommen, wenn eine Person in der Vergangenheit kriminelle Handlungen im Bereich der Vermögensdelikte oder schwerwiegende oder häufige Verstöße gegen sonstige Gesetze und Ordnungsvorschriften begangen hat. Hierzu können auch Vorschriften des Investmentgesetzes oder des Kreditwesengesetzes gehören. Darüber hinaus können auch krankhafte Erscheinungen, wie zum Beispiel Alkoholismus, die Zuverlässigkeit in Frage stellen.

In der Praxis relevanter ist die Frage nach der fachlichen Eignung.[35] Diese bestimmt sich nach dem für Geschäftsleiter von Kreditinstituten geltenden Maßstab.[36] Auch Geschäftsleiter von KAGen müssen über theoretische und praktische Kenntnisse in den relevanten Geschäften verfügen und Leitungserfahrung nachweisen können. Dabei müssen sich die Kenntnisse sowohl auf das Investmentgeschäft im Allgemeinen wie auch auf die Vermögensklassen beziehen, die von der jeweiligen KAG in den von ihr verwalteten Sondervermögen oder i.R. der individuellen Vermögensverwaltung gehalten werden. Dabei ist es nicht erforderlich, dass alle Geschäftsleiter einer KAG über die entsprechenden Kenntnisse verfügen. Auch wenn die Geschäftsleitung grundsätzlich die Gesamtverantwortung trägt, ist hier eine Arbeitsteilung durchaus möglich.

Das Erfordernis der Leitungserfahrung setzt voraus, dass die jeweilige Person bereits eine Funktion in einem vergleichbaren Unternehmen ausgeübt hat, die ihr einerseits ein ausreichendes Maß an Eigenverantwortung ließ wie auch eine gewisse Entscheidungskompetenz. Darüber hinaus sollte Erfahrung im Bereich der Führung von Mitarbeitern gesammelt worden sein. Dabei hängt es von der Größe des jeweiligen Unternehmens ab, in welchem Umfang diese Führungsverantwortung vorhanden sein muss. Grundsätzlich wird jedem Geschäftsleiter zugebilligt, dass er bei Berufung in die Geschäftsleitung einen gewissen Zuwachs an Verantwortung erhält. Die Leitungserfahrung kann auch in einem Unternehmen gesammelt worden sein, welches nicht im Bereich der Investmentbranche tätig war. Dann müssen aber gleichwohl die notwendigen theoretischen und praktischen Kenntnisse im Investmentgeschäft vorliegen.

Regelmäßig wird die fachliche Eignung bei einer dreijährigen leitenden Tätigkeit in einem entsprechenden Unternehmen vergleichbarer Größe und Geschäftsart angenommen. Dies setzt im Regelfall eine Tätigkeit auf der Ebene voraus, die der Geschäftsleitung unmittelbar nachgeordnet ist. Kann dieser Nachweis nicht erbracht wer-

---

[35] § 7b Abs. 1 Nr. 4 InvG.
[36] § 33 Abs. 2 KWG.

den, so besteht aber dennoch die Möglichkeit, die fachliche Eignung im Wege einer Einzelfallprüfung nachzuweisen[37].

Jede KAG muss einen Aufsichtsrat haben. Dieser ist auch dann erforderlich, wenn die KAG in der Rechtsform einer Gesellschaft mit beschränkter Haftung betrieben wird, die ein solches Gremium nicht zwingend vorsieht.[38] Hinsichtlich seiner Zusammensetzung und seiner Rechte und Pflichten gelten grundsätzlich die Regelungen des Aktiengesetzes.[39] An ein Aufsichtsratsmitglied werden gewisse formale Anforderungen gestellt. So muss es sich bei ihm oder ihr um eine volljährige und geschäftsfähige natürliche Person handeln[40]. Diese darf nicht zugleich Mitglied des Vorstandes oder stellvertretendes Mitglied des Vorstandes, Prokurist oder ein zum gesamten Geschäftsbetrieb befugter Handlungsbevollmächtigter der KAG sein. Möglich ist allerdings, dass das Aufsichtsratsmitglied in einem Angestelltenverhältnis zu der KAG steht.[41] Zu beachten ist auch, dass ein Aufsichtsratsmitglied insgesamt nicht mehr als zehn Mandate ausüben darf.[42]

Daneben gibt es besondere Anforderungen an die Persönlichkeit des Aufsichtsratsmitglieds einer KAG. So muss die Persönlichkeit des Aufsichtsratsmitglieds die Wahrung der Interessen der Anleger gewährleisten. Diese Zuverlässigkeitsanforderung deckt sich mit derjenigen der Geschäftsleiter. Auch hinsichtlich der Sachkunde werden bestimmte Anforderungen gestellt, die allerdings nicht identisch sind mit denjenigen der Geschäftsleiter. Gleichwohl werden bestimmte theoretische und praktische Kenntnisse in den entsprechenden Geschäften verlangt. Dabei werden in der Regel Erfahrungen für ausreichend gehalten, die im Umfeld des Geschäfts einer KAG gesammelt wurden. Dies kann sowohl die Tätigkeit in einer Bank oder auch in der Finanzabteilung eines Industrieunternehmens sein. Nicht erforderlich ist allerdings, dass ein Aufsichtsratsmitglied über die bei Geschäftsleitern erforderliche Leitungserfahrung verfügt. Die hierfür erforderlichen Fähigkeiten werden einem Aufsichtsrat nicht abverlangt. Andererseits wird man auch bei einem Aufsichtsrat ein gewisses Durchsetzungsvermögen voraussetzen müssen, da er sonst seinen Überwachungsaufgaben nicht mit dem notwendigen Nachdruck nachkommen kann. Die BaFin hat im Übrigen ein Rundschrei-

---

[37] Vgl. Urteil des Bundesverwaltungsgerichts vom 16. Oktober 1979 (BVerwG 2 B 61. 79).

[38] § 6 Abs. 2 InvG.

[39] Vgl. §§ 90 Abs. 3 - 5 Satz 2, 95 - 114, 116, 118 Abs. 3, 125 Abs. 3, 171 - 268 Abs. 2 AktG.

[40] § 100 Abs. 1 AktG.

[41] § 105 Abs. 1 AktG.

[42] § 100 Abs. 2 AtkG.

ben zu dem Inhalt der Anzeigen zur Bestellung von Aufsichtsratsmitgliedern einer Kapitalanlagegesellschaft veröffentlicht[43].

Eine Besonderheit stellt die Aufforderung dar, dass eine KAG ein sog. „unabhängiges Aufsichtsratsmitglied" zu bestellen hat, wenn sie Publikumsfonds verwaltet [44]. Dabei muss die Unabhängigkeit von den Gesellschaftern und den mit ihnen verbundenen Unternehmen und von den Geschäftspartnern der KAG gewährleistet sein. Der Gesetzgeber wollte damit – obwohl es die EU-Richtlinie nicht fordert – eine Stärkung der Wahrung der Interessen der Anleger im Aufsichtsrat sicherstellen[45].

5. Kapitalanforderungen

Eine KAG muss mit einem Anfangskapital von mindestens Euro 300.000 ausgestattet sein. Wenn der Wert der verwalteten Sondervermögen Euro 1,125 Milliarden überschreitet, so ergibt sich ein zusätzlicher Eigenmittelbedarf in Höhe von mindestens 0,02% des Betrages, um den der Wert der verwalteten Sondervermögen diesen Schwellenbetrag übersteigt. Die Obergrenze für die Kapitalanforderungen beträgt Euro 10.000.000,00.

Die über Euro 300.000,00 hinausgehenden Eigenmittel müssen jedoch nur zur Hälfte eingezahlt werden, wenn über den verbleibenden Betrag die Garantie eines Kreditinstituts oder Versicherungsunternehmens vorliegt. Dabei muss das Garantieunternehmen seinen Sitz in einem Mitgliedsstaat der EU oder in einem anderen Vertragsstaat des Abkommens über den Europäischen Wirtschaftsraum (EWR) haben[46]. Zum Anfangskapital zählen dabei das eingezahlte Grund- und Stammkapital ohne Vorzugsaktien[47].

Bei den „verwalteten Sondervermögen" sind all diejenigen Fonds zu berücksichtigen, die bei der KAG aufgelegt wurden und somit von ihr administriert werden. Dazu zählen auch diejenigen Sondervermögen, deren Portfolioverwaltung auf ein anderes Unternehmen ausgelagert wurde. Demgegenüber sind Sondervermögen, deren Portfo-

---

[43] Rundschreiben zum „Inhalt der Anzeigen der Bestellung von Aufsichtsratsmitgliedern einer Kapitalanlagegesellschaft bzw. Investmentaktiengesellschaft"; Geschäftszeichen: WA 42/09-6 vom 15. Juni 2007.

[44] § 6 Abs. 2 a InvG.

[45] Regierungsbegründung BT-Drucksache 16/5576, S. 60

[46] § 11 Abs. 1 InvG.

[47] § 2 Abs. 23 InvG.

lioverwaltung zwar die KAG vornimmt, die aber von einer anderen KAG aufgelegt und administriert werden, nicht zu berücksichtigen[48].

Zu beachten ist jedoch, dass die Eigenmittelanforderung in jedem Fall mindestens einem Viertel der Kosten entsprechen müssen, die in der Gewinn- und Verlustrechnung des letzten Jahresabschlusses unter den allgemeinen Verwaltungsaufwendungen und einigen anderen Positionen ausgewiesen sind[49].

Wenn eine KAG Altersvorsorgeverträge nach dem Altersvorsorge-Zertifizierungsgesetz anbietet oder Mindestzahlungszusagen (z. B. bei Garantiefonds) abgibt, dann hat sie die Anforderungen an die Eigenmittelausstattung von Kreditinstituten zu beachten, wobei die entsprechende Vorschrift im Kreditwesengesetz Anwendung findet[50]. Nicht direkt anzuwenden ist allerdings die umfangreiche Solvabilitätsverordnung. Doch hat die BaFin für Kapitalanlagegesellschaften genauere Vorgaben zur Auslegung des Begriffes der „angemessenen Eigenmittel" aufgestellt[51].

Entspricht die Kapitalausstattung einer KAG nicht den Anforderungen, kann die BaFin geeignete und erforderliche Maßnahmen ergreifen. Dazu gehört unter anderem die Untersagung von Entnahmen durch Gesellschafter und von Ausschüttungen der Gewinne. Von besonderer Bedeutung sind in diesem Zusammenhang verdeckte Ausschüttungen an die Gesellschafter und Vermögensverschiebungen, die einem Drittvergleich nicht standhalten. Gewinnverwendungsbeschlüsse, die einer Anordnung der BaFin zuwiderlaufen, sind nichtig und dürfen von den Geschäftsleitern nicht ausgeführt werden.[52]

---

[48] § 11 Abs. 2 InvG.

[49] § 11 Abs. 3 InvG.

[50] § 10 Abs. 1 KWG.

[51] Rundschreiben 2/2007 (BA) – „Mindestzahlungszusagen: Eigenmittelunterlegung und Behandlung nach der GroMiKV" Geschäftszeichen: BA 27-GS 4001-2005/0005, das unter IX. auch Vorgaben zu Altersvorsorge-Verträgen enthält.

[52] § 19 i InvG.

6. Organisationspflichten

Eine KAG muss über die für eine ordnungsgemäße Geschäftstätigkeit erforderlichen Mittel und Verfahren verfügen und diese wirksam einsetzen[53]. Hierzu benötigt sie eine ordnungsgemäße Geschäftsorganisation. Dies ist insbesondere auch unerlässlich, um die Einhaltung der zahlreichen gesetzlichen und aufsichtsbehördlichen Bestimmungen sicherzustellen.

Allgemeine Organisationspflichten

Im Hinblick auf den normalen Geschäftsbetrieb sind die allgemeinen Organisationspflichten zu beachten. Dabei ist die KAG so zu organisieren, dass das Risiko von Interessenkonflikten zwischen der Gesellschaft und den Anlegern, zwischen verschiedenen Anlegern und zwischen einem Anleger und einem Investmentvermögen möglichst gering ist[54].

Große Bedeutung kommt im Übrigen einem angemessenen Risikomanagement zu. Dieses muss gewährleisten, dass das mit den Anlagepositionen verbundene Risiko sowie dessen jeweilige Wirkung auf das Gesamtrisikoprofil des Investmentvermögens jederzeit überwacht und gemessen werden kann. Dabei ist mit Risiko zunächst das Risikoprofil gemeint, das einem bestimmten Fonds unter Berücksichtigung seiner Anlagevorschriften, wie sie sich in den Vertragsbedingungen konkretisieren, zu Eigen ist. Für jedes einzelne Investmentvermögen sind dabei angemessene Risikosteuerungs- und Controllingprozesse vorzusehen. Dabei müssen hinreichend fortgeschrittene Techniken für eine angemessene und fortlaufende Erfassung, Messung, Steuerung und Überwachung der wesentlichen Risiken eines Fonds sorgen. Darüber hinaus geht es hier auch um die allgemeinen Risiken der Geschäftstätigkeit. Folglich sind auch Kredit-, Marktpreis-, Liquiditäts-, Kontrahenten- und operationelle Risiken zu berücksichtigen. Von besonderer Bedeutung sind in diesem Zusammenhang die konkretisierenden Vorgaben, die die BaFin hierzu erlassen hat[55]. Weitere Einzelheiten zu dem Inhalt der Grundsätze finden sich in den InvMaRisk.[56]

---

[53] § 9 Abs. 2 Nr. 4 InvG.

[54] § 9 Abs. 3 Satz 1 InvG.

[55] Vgl. Rundschreiben 5/2010 (WA) vom 30. Juni 2010 zu den Mindestanforderungen an das Risikomanagement für Investmentgesellschaften – InvMaRisk Geschäftszeichen: WA 41-Wp 2136-2008/0009.

[56] Siehe Nr. 4.4.1 InvMaRisk sowie den Beitrag von Jäger in diesem Handbuch.

Des Weiteren hat eine KAG geeignete Regeln für die Anlage des eigenen Vermögens in Finanzinstrumenten vorzusehen. Konkrete inhaltliche Vorgaben hierzu gibt es nicht. Zu beachten ist, dass die KAG auch hierfür angemessene Risikomanagementgrundsätze aufzustellen hat.

Die KAG hat außerdem sicherzustellen, dass alle Geschäftsaktivitäten auf der Grundlage von Organisationsrichtlinien betrieben werden.[57] Detaillierte Vorgaben gibt es im Übrigen zu den Themen Personal und Anreizsysteme. Hinsichtlich letzterer ist bei der variablen Vergütung von Geschäftsleitern und Mitarbeitern, deren Aktivitäten von erheblicher Bedeutung für das Risikoprofil der Gesellschaft sind, sicherzustellen, dass neben dem individuellen Erfolgsbeitrag auch der Gesamterfolg der Organisationseinheit und der Gesellschaft und insbesondere auch die Wertentwicklung der Investmentvermögen berücksichtigt werden.[58]

Jede KAG muss die von ihr betriebenen Geschäfte verstehen. Um dies sicherzustellen, muss vor der Aufnahme von Geschäftsaktivitäten in neuen Produkten, mit neuen Dienstleistungen oder auf neuen Märkten sowie bei der Nutzung neuer Vertriebswege vorab ein Konzept ausgearbeitet werden. Grundlage dieses Konzeptes muss das Ergebnis der Analyse des Risikogehalts dieser neuen Aktivitäten sein. In dem Konzept sind die daraus sich ergebenden wesentlichen Konsequenzen für das Management der Risiken darzustellen.[59]

Schließlich muss auch eine KAG Compliance-Grundsätze aufstellen und eine angemessene Compliance-Organisation vorhalten. Damit soll auf Dauer die Einhaltung der investmentrechtlichen und sonstigen gesetzlichen Regelungen sichergestellt und die mit der Geschäftstätigkeit verbundenen Risiken aufgedeckt werden[60]. Jeder Mitarbeiter ist auf die Einhaltung dieser Compliance-Grundsätze zu verpflichten, und in regelmäßigen Zeitabständen hat eine angemessene Information und Schulung der Mitarbeiter hinsichtlich dieser Compliance-Grundsätze stattzufinden. Wesentlicher Inhalt dieser Grundsätze sind auch Regeln für die persönlichen Geschäfte ihrer Mitarbeiter. Diese Regelung dient in erster Linie der oben bereits erwähnten Ausschaltung von Interessenkonflikten. Durch die Aufzeichnungspflicht ergibt sich als Nebeneffekt auch die Möglichkeit einer Überwachung von Insidergeschäften. Mitarbeiter im Sinne dieser Regelung sind auch die Mitglieder der Geschäftsleitung.

---

[57] Nr. 5 InvMaRisk.
[58] Nr. 7 InvMaRisk.
[59] Nr. 8 InvMaRisk.
[60] Nr. 10 InvMaRisk.

Auslagerung

Auch bei den Kapitalanlagegesellschaften hat sich in den letzten Jahren eine deutliche Tendenz zur Konzentration auf die Kernkompetenzen abgezeichnet. Dies bringt es mit sich, dass gewisse Aufgaben, die früher noch von der den jeweiligen Fonds auflegenden KAG erbracht wurden, nunmehr an andere Gesellschaften ausgelagert werden. Auch die zunehmend umfangreichen rechtlichen und aufsichtsbehördlichen Rahmenbedingungen haben die Tendenz zur Auslagerung verstärkt.

Auslagerungsunternehmen (Insourcer) kann auch eine andere KAG sein, die sich auf die Erbringung bestimmter Leistungen (z.B. Fondsbuchhaltung) spezialisiert hat. Möglich ist aber auch die Auslagerung an Kreditinstitute oder an sonstige Dienstleistungsunternehmen. Die Auslagerung ist im Investmentgesetz mittlerweile auch ausdrücklich vorgesehen, doch müssen bei der Auslagerung wesentlicher Bereiche bestimmte Anforderungen erfüllt werden. Als wesentlich sind solche Bereiche zu betrachten, die bankaufsichtlich relevante Risiken begründen und deren Auslagerung dazu führen kann, dass die Ordnungsmäßigkeit der Geschäfte, die Steuerungs- und Kontrollmöglichkeiten der Geschäftsleitung sowie die Prüf- und Kontrollrechte der BaFin beeinträchtigt werden[61]. Davon zu unterscheiden ist die Auslagerung von nicht wesentlichen Bereichen. Dazu gehören z. B. Reinigungsarbeiten, Brand- und Wachschutztätigkeiten oder der betriebsärztliche Dienst. Auch wenn eine externe Anwaltstätigkeit beauftragt wird, stellt dies grundsätzlich keine Auslagerung einer wesentlichen Tätigkeit im Sinne der investmentrechtlichen Regeln dar[62]. Als wesentlich wird demgegenüber die Tätigkeit im Bereich Compliance betrachtet. Dies lässt sich damit begründen, dass die Compliance-Funktion mittlerweile gesetzlich vorgesehen und durch weitere aufsichtsbehördliche Vorgaben im Detail geregelt ist.

Die KAG kann sich durch die Auslagerung jedoch nicht völlig der Verantwortung für die ausgelagerte Tätigkeit entledigen. Sie muss sich vielmehr Überwachungs- und Kontrollrechte vorbehalten. Darüber hinaus muss sie sich im Auslagerungsvertrag Weisungs- und Kündigungsrechte zusichern lassen. Zudem muss das Unternehmen, welches die ausgelagerten Tätigkeiten übernimmt, über die entsprechende Qualifikation verfügen und in der Lage sein, die übernommenen Aufgaben ordnungsgemäß wahrzunehmen[63].

---

[61] Vgl. das früher geltende Rundschreiben des BaKred zur Auslagerung (RS 11/2001), dessen Definitionen auf den Tatbestand des § 16 InvG angewendet werden können.

[62] Dies gilt im Übrigen auch für die Auslagerung von Kredit- und Finanzdienstleistungsinstituten.

[63] § 16 InvG.

Grenzen findet die Auslagerung dort, wo es um zentrale Leitungsfunktionen geht. Maßnahmen der Unternehmensplanung und -organisation sowie der Steuerung, wozu die Entscheidung über die Auflage- und Einstellung von Fonds gehört, können nicht auf externe Dienstleister ausgelagert werden. Im Übrigen ist eine Auslagerung nur zulässig, wenn diese auf der Grundlage einer Risikoanalyse erfolgt, in der festgestellt wird, welche Aufgaben unter Risikogesichtspunkten überhaupt ausgelagert werden können. Grundsätzlich sind alle Aufgaben auslagerungsfähig, doch es muss gleichwohl eine effiziente Geschäftsführung sichergestellt werden. Die KAG hat eine Auslagerung nachvollziehbar zu begründen und zu dokumentieren.[64]

Eine besondere Bedeutung hat in den letzten Jahren die Verlagerung der Verwaltung von Portfolios auf andere Gesellschaften erlangt. Darin wurde früher eine Aushöhlung der Kerntätigkeit der Kapitalanlagegesellschaft gesehen, weshalb eine diesbezügliche Auslagerung als unzulässig erachtet wurde. Auf Grund der Nachfrage nach entsprechenden Kooperationsmodellen, die insbesondere auch die Einbindung unabhängiger und gegebenenfalls im Ausland ansässiger Portfoliomanager ermöglichte, wurden zunächst nur Beratungsverträge abgeschlossen. Mittlerweile lässt das Investmentgesetz aber auch die Auslagerung der Portfolioverwaltung zu, allerdings nur an Unternehmen, die für Zwecke der Vermögensverwaltung zugelassen sind und einer wirksamen öffentlichen Aufsicht unterliegen. Außerdem ist eine Auslagerung an die Depotbank nicht zulässig[65]. Bei der Auslagerung an ein Unternehmen mit Sitz in einem Nicht-EU- oder EWR-Mitgliedsstaat muss die Zusammenarbeit zwischen der BaFin und der zuständigen Aufsichtsbehörde in diesem Land sichergestellt sein.

Die gesetzliche Sanktionierung der Auslagerung hat insbesondere auch dem sog. „Master-KAG"-Modell Vorschub geleistet.[66] Insbesondere für institutionelle Spezialfondsanleger kommt der Möglichkeit einer Zerlegung und Auslagerung von Dienstleistungen im Bereich des Fondsmanagements eine besondere Bedeutung zu. Sie müssen ihr Vermögen nicht mehr auf verschiedene Spezialfonds einer KAG oder auf Spezialfonds verschiedener Kapitalanlagegesellschaften verteilen, sondern können das Vermögen bei einer Master-KAG in einem oder mehreren Spezialfonds konzentriert werden. Die große Nachfrage nach diesen Konzepten hat dazu geführt, dass die in diesem Zusammenhang angebotenen Modelle sich ständig fortentwickeln.

---

[64] Nr. 9 InvMaRisk.

[65] Zur Tätigkeit der Depotbank hat die BaFin ein umfangreiches Rundschreiben erlassen: Rundschreiben 6/2010 (WA) zu den Aufgaben und Pflichten der Depotbank nach den §§ 20 ff. InvG; Geschäftszeichen WA 41-Wp-2136-2008/0020 vom 2. Juli 2010.

[66] Beckmann, in: Beckmann/ Scholtz/ Vollmer, Investment-Handbuch, 410 § 16 Rz 127 ff.

7. Verhaltensregeln

Da die Kerntätigkeit einer KAG die Verwaltung des ihr treuhänderisch übertragenen Vermögens Dritter ist, kommt den Verhaltensregeln eine zentrale Bedeutung bei. Dabei gilt es zunächst, die allgemeinen Verhaltensregeln zu beachten. Darüber hinaus kommt den Vorschriften zur Werbung in diesem Zusammenhang eine erhebliche Bedeutung zu.

Allgemeine Verhaltensregeln

Über allen Regeln steht die Generalklausel, dass die KAG die Fonds mit der Sorgfalt eines ordentlichen Kaufmanns zu verwalten hat. Dabei muss sie ihre Aufgaben insbesondere unabhängig von der Depotbank wahrnehmen.[67] Es handelt sich dabei um eine Generalklausel, die durch zahlreiche gesetzliche Vorschriften und aufsichtsbehördliche Vorgaben konkretisiert wird.

Von besonderer Bedeutung sind in diesem Zusammenhang die Wohlverhaltensregeln des BVI Bundesverband Investment und Asset-Management e. V.[68]. Sie geben der KAG auf, neben den Anlegerinteressen auch die Integrität des Marktes sicherzustellen. Dabei soll Interessenkonflikten entgegengewirkt werden. Die BaFin zieht die BVI-Wohlverhaltensregeln zur Auslegung der relevanten Vorschriften des Investmentgesetzes heran. Sie gelten für alle Kapitalanlagegesellschaften[69]. Bei der Ausführung von Geschäften für die Fonds, aber auch für die individuell gemanagten Portfolios und die Anlage des eigenen Vermögens muss eine marktgerechte Abwicklung und insbesondere die Gleichbehandlung aller Anleger sicher gestellt werden[70]. Um diese Ziele zu erreichen, muss die KAG entsprechende organisatorische Vorkehrungen treffen. Für Anleger von Spezialfonds ist in diesem Zusammenhang von besonderer Bedeutung, dass die KAG bei diesen Fonds – anders als bei Publikumsfonds – nicht dazu verpflichtet ist, über geeignete Verfahren zu verfügen, um unter Berücksichtigung des Wertes des Sondervermögens und der Anlegerstruktur eine Beeinträchtigung von Anlegerinteressen durch Transaktionskosten zu vermeiden.[71] Dem Spezialfondsanleger

---

[67] § 9 Abs. 1 Satz 2 InvG.
[68] Aktueller Stand August 2010.
[69] Schreiben der Bundesanstalt für Finanzdienstleistungsaufsicht zur Anwendung der BVI-Wohlverhaltensregeln Geschäftszeichen: WA 41 - Wp2136 - 2008/0009 vom 20. Januar 2010.
[70] § 9 Abs. 2 InvG.
[71] § 9 Abs. 3 InvG.

wird zugemutet, hierfür selbständig Sorge zu tragen, indem er dies überwacht und dann gegebenenfalls Einfluss auf die KAG nimmt.

Die besondere Bedeutung von Verhaltensregeln für eine KAG hat dazu geführt, dass die dort schon seit längerem vorhandenen Compliance-Abteilungen deutlich an Bedeutung gewonnen haben. Sie müssen eine ordnungsgemäße Geschäftstätigkeit sicherstellen und die Einhaltung gesetzlicher und aufsichtsbehördlicher Vorgaben überwachen. Gleichwohl finden die „Mindestanforderungen an die Compliance-Funktion und die weiteren Verhaltens-, Organisations- und Transparenzpflichten nach § 31 ff WpHG für Wertpapierdienstleistungsunternehmen (MaComp)" auf Kapitalanlagegesellschaften nur insoweit Anwendung, als dies in den Mindestanforderungen an das Risikomanagement für Investmentgesellschaften (InvMaRisk) ausdrücklich geregelt ist[72].

Geldwäscheprävention, Verhinderung von Terrorismusfinanzierung und Betrug

Kapitalanlagegesellschaften gehören zu den Gesellschaften, die nach dem Geldwäschegesetz in besonderem Maße dazu verpflichtet sind, Geldwäsche zu unterbinden[73]. Sie haben hierzu für die Identifizierung ihrer Vertragspartner Sorge zu tragen und dabei Informationen über den Zweck und die angestrebte Art der Geschäftsbeziehung einzuholen, soweit sich diese im Einzelfall nicht bereits zweifelsfrei aus der Geschäftsbeziehung ergeben. Des Weiteren müssen sie abklären, ob der Vertragspartner auch der wirtschaftlich Berechtigte ist und haben dann dessen Identifizierung vorzunehmen. Wenn der Vertragspartner keine natürliche Person ist, müssen sie die Eigentums- und Kontrollstruktur des Vertragspartners mit angemessenen Mitteln in Erfahrung bringen. Diese Pflichten haben insbesondere für Kapitalanlagegesellschaften Bedeutung, die im Spezialfondsbereich tätig sind und hier direkt mit den Investoren in Verbindung treten. Generell ist es möglich, dass diese Pflichten – wie im Bereich der Publikumsfonds – von einem Kreditinstitut wahrgenommen werden, sofern dies die Anlage vermittelt oder die Fondsanteile auf einem Depot des Anlegers verbucht.

Hinzu kommt die Pflicht zur kontinuierlichen Überwachung der Kundenbeziehung, einschließlich der in ihrem Verlauf durchgeführten Transaktionen. So ist darauf zu achten, dass die Art der Transaktionen mit den vorhandenen Informationen über den Vertragspartner und gegebenenfalls über den wirtschaftlich Berechtigten, über deren Geschäftstätigkeit und Kundenprofil und mit den vorhandenen Informationen über die

---

[72] MaComp AT 3.1.

[73] § 2 Abs. 1 Nr. 6 Geldwäschegesetz.

Herkunft ihrer Vermögenswerte übereinstimmen. Die KAG hat dann im Rahmen der kontinuierlichen Überwachung die jeweiligen Dokumente, Daten oder Informationen in einem angemessenen zeitlichen Abstand zu aktualisieren[74].

Zu beachten ist auch, dass eine KAG angemessene Prozesse vorzusehen hat, mittels derer sie in der Lage ist, Geschäftsbeziehungen und einzelne Transaktionen zu erkennen, die auf Grund des öffentlich und in der KAG verfügbaren Erfahrungswissens über die Methoden der Geldwäsche, der Terrorismusfinanzierung und betrügerischer Handlungen zum Nachteil einer KAG, eines Kreditinstitutes und sonstiger Institute als zweifelhaft oder ungewöhnlich anzusehen sind. Liegen solche Sachverhalte vor, ist diesen vor dem Hintergrund der laufenden Geschäftsbeziehung und einzelner Transaktionen nachzugehen, um das Risiko der jeweiligen Geschäftsbeziehungen und Transaktionen überwachen, einschätzen und gegebenenfalls das Vorliegen eines Verdachtsfalls prüfen zu können. Dabei dürfen personenbezogene Daten erhoben, verarbeitet und genutzt werden, soweit dies zur Erfüllung dieser Pflicht erforderlich ist. Die BaFin kann allerdings Kriterien bestimmen, bei deren Vorliegen vom Einsatz dieser Systeme abzusehen ist[75]. Die KAG hat im Übrigen auch die weiteren Vorschriften des Kreditwesengesetzes zur Verhinderung von Geldwäsche, Terrorismusfinanzierung und Betrug zu beachten[76]. Sofern sie Depots verwaltet, hat sie auch den automatisierten Abruf von Kontendaten zu gewährleisten[77].

Werbung

Die Werbung von Kapitalanlagegesellschaften steht unter der besonderen Aufsicht der BaFin.[78] Auch die gemeinhin für die Einhaltung einer ordnungsgemäßen Werbung zuständigen Wettbewerbs- und Verbraucherzentralen richten ihr Augenmerk auf die Tätigkeit von Kapitalanlagegesellschaften. Darüber hinaus gebietet die Konkurrenz zu anderen Kapitalanlagegesellschaften und deren Möglichkeit, gegen unzulässige Werbung vorzugehen, diesen Vorgaben große Bedeutung beizumessen.

Dabei ist der Begriff der Werbung so auszulegen, dass auch die Öffentlichkeitsarbeit und alles was im Zusammenhang mit der Kundeninformation an andere weiter gegeben wird, den Anforderungen zu entsprechen hat.

---

[74] § 3 Abs. 1 Geldwäschegesetz.

[75] § 6 Abs. 5 InvG i. V. m. § 25 c KWG.

[76] § 6 Abs. 5 InvG i. V. m. § 25 d - h KWG.

[77] § 6 Abs. 5 InvG i. V. m. § 24 c KWG.

[78] § 19a InvG i. V. m. § 23 KWG.

Der Vollständigkeit halber sei an dieser Stelle erwähnt, dass die Vorgaben hinsichtlich der Werbung für Privatkunden, die die BaFin in der Wertpapierdienstleistungsorganisations- und Verhaltensverordnung (WpDVeroV) den Kreditinstituten und Finanzdienstleistungsinstituten aufgegeben hat[79], für Kapitalanlagegesellschaften nicht unmittelbar gelten. Dennoch sind KAGs gut beraten, sich gleichwohl an diese Vorschriften zu halten, wenn ihr Werbematerial an entsprechende Institute weitergegeben wird. Allerdings gelten diese Vorschriften nicht für Kunden, die als professionelle Kunden oder geeignete Gegenparteien eingruppiert sind, was in der Regel bei institutionellen Anlegern der Fall ist. Dann muss allerdings in der Werbe- oder Informationsunterlage deutlich darauf hingewiesen werden, dass sich diese nicht an Privatkunden wendet.

Vertrieb von Investmentfonds

Wie oben bereits ausgeführt, kann die Geschäftserlaubnis einer KAG sich auch auf die Beratung im Zusammenhang mit der Kapitalanlage erstrecken. Die KAG hat dann zu berücksichtigen, dass die Vorschriften des Wertpapierhandelsgesetzes zur Anlageberatung zur Anwendung kommen[80]. Welche Anforderungen zu berücksichtigen sind, hängt davon ab, welcher Kundenkategorie der jeweilige institutionelle Kunde zuzuordnen ist. Viele institutionelle Investoren sind bereits nach dem Gesetz als sogenannte „Geeignete Gegenparteien" einzustufen, sodass bei Geschäften mit ihnen die geringsten Anforderungen zu berücksichtigen sind, die das Wertpapierhandelsgesetz vorsieht[81]. Es besteht aber auch die Möglichkeit, einen institutionellen Anleger, der grundsätzlich als „Geeignete Gegenpartei" einzustufen ist, in die Kategorie des „Professionellen Kunden" oder sogar auch zu einem „Privatkunden" umzustufen. Beides ist dann mit weitergehenden Rechten für den jeweiligen Anleger und umfangreichen Pflichten der KAG verbunden, was dem institutionellen Anleger auch mitgeteilt werden muss. Darüber hinaus besteht für den institutionellen Anleger die Möglichkeit, sich auf eigenen Wunsch als „Privatkunde" oder „Professioneller Kunde" einstufen zu lassen. Hierzu bedarf es dann des Abschlusses einer schriftlichen Vereinbarung mit der KAG. Folglich müssen Kunde und KAG mit dieser Umstufung einverstanden sein[82]. Im Falle der Einstufung als „Privatkunde" muss die Anlageberatung durch die

---

[79]   § 4 Abs. 4 WpDVerOV.

[80]   § 5 Abs. 3 InvG.

[81]   § 31a Abs. 4 WpHG.

[82]   Zwar sieht das Gesetz die Möglichkeit einer Umstufung zum professionellen Kunden auf Betreiben des Anlegers nicht ausdrücklich vor, doch wird sich die KAG einem solchen Wunsch ihres Kunden im Zweifel nicht verschließen und dann von sich aus die neue Kategorisierung betreiben.

KAG protokolliert werden und es sind die weiteren Vorgaben zur Protokollierung einzuhalten[83].

Im Falle der Beratung eines institutionellen Investors kommt es darauf an, wie er eingestuft ist. Ist er „geeignete Gegenpartei", dann entfallen alle gesetzlichen Pflichten zur Warnung und Aufklärung im Vorfeld der Anlageentscheidung[84]. Doch muss die vertraglich geschuldete Anlageberatung ordnungsgemäß, d. h. zutreffend und vollständig, erbracht werden.

Ist der institutionelle Investor als „professioneller Kunde" oder als „Privatkunde" eingestuft, dann muss er zunächst in schriftlicher Form über die Art und Weise informiert werden, wie die Gesellschaft dem Grundsatz der Best Execution zu entsprechen beabsichtigt. Hierzu hat die KAG – da sie selbst zur Ausführung von Kundenorders nicht berechtigt ist – eine sogenannte Auswahl-Policy zu verfassen[85]. Der Kunde muss im Übrigen seine Zustimmung zu dieser Policy abgeben und in der Folge ist darauf zu achten, dass der Kunde über etwaige Änderungen informiert wird. Des Weiteren muss der Kunde dann über die Arten von Finanzinstrumenten und vorgeschlagenen Anlagestrategien sowie die damit verbundenen Risiken informiert werden. Dies kann allerdings in standardisierter Form erfolgen, indem ihm eine geeignete Informationsschrift an die Hand gegeben wird. Des Weiteren ist eine reduzierte Prüfung der Geeignetheit des jeweils im Rahmen der Beratung berücksichtigten Produktes für den Kunden durchzuführen. Dabei kann grundsätzlich unterstellt werden, dass der Kunde die notwendigen Kenntnisse und Erfahrungen hat, sofern er nicht ausnahmsweise als „Privatkunde" klassifiziert ist. Gleichwohl muss erfragt werden, welche Anlageziele und finanzielle Verhältnisse zu berücksichtigen sind. Handelt es sich bei dem institutionellen Anleger z. B. um eine Versicherung, wird die Frage nahe liegen, ob die vom Versicherungsaufsichtsgesetz und der Anlageverordnung für das „Gebundene Vermögen" vorgegebenen Grenzen eine entsprechende Anlage zulassen. In einigen Gerichtsverfahren in der Vergangenheit spielte die Frage eine Rolle, ob das beratende Unternehmen solche Regelungen zu berücksichtigen hat[86]. Da zu diesen Verfahren eine höchstrichterliche Entscheidung des BGH noch nicht vorliegt, ist es bis auf Weiteres aus Gründen der äußersten Vorsicht sinnvoll, den Kunden darauf hinzuweisen, dass entsprechende Vorschriften berücksichtigt werden müssen.

---

[83] § 34 Abs. 2 a WpHG, § 14 Abs. 2 WpDVerOV.
[84] § 31 b WpHG.
[85] § 33a WpHG.
[86] In Betracht kommen auch Stiftungssatzungen oder kommunale Satzungen.

Wichtig ist in diesem Zusammenhang noch das Erfordernis, den Kunden über sogenannte Zuwendungen zu informieren. Es handelt sich dabei nach der gesetzlichen
Definition um Zahlungen, die dem vertreibenden Unternehmen von dritter Seite gezahlt werden. Das Behalten dieser Zahlungen ist nur zulässig, wenn der Kunde hierüber informiert wird, wobei diese Information auch die Höhe oder zumindest die Be-
rechnungsart hinsichtlich der Höhe der Zuwendung umfassen muss.

Sollte der institutionelle Anleger ausnahmsweise als „Privatkunde" eingruppiert worden sein, ist in diesem Fall mit dem Kunden eine vollständige sogenannte Geeignet-
heitsprüfung durchzuführen. Hierzu sind seine Kenntnisse und Erfahrungen in Bezug
auf die beabsichtigten Geschäfte zu erfragen sowie seine Anlageziele und seine finanziellen Verhältnisse in Erfahrung zu bringen. Auf der Grundlage dieser Informationen
muss dann geprüft werden, ob für den Kunden das jeweilige Produkt unter Berücksichtigung der hieraus erwachsenden Anlagerisiken in Hinblick auf seine Komplexität
verständlich und angemessen ist.

8. Aufsicht durch öffentliche Stellen

Die Aufsicht über die KAG wird ganz überwiegend durch die BaFin und die Deutsche
Bundesbank ausgeübt. Hierfür gelten im Wesentlichen die gleichen Vorschriften wie
für Kreditinstitute. Darüber hinaus werden auch die Depotbanken beaufsichtigt, bei
denen die im Sondervermögen befindlichen Vermögensgegenstände verwahrt werden.

Aufsicht durch die BaFin

Im Vordergrund der Aufsicht über eine KAG stehen die Institutsaufsicht und die Aufsicht über die verwalteten Fonds. Dabei ist die BaFin auch befugt, Anordnungen zu
treffen, die erforderlich und geeignet sind, um den Geschäftsbetrieb einer KAG mit
den gesetzlichen, aufsichtsbehördlichen und vertraglichen Rahmenbedingungen in
Einklang zu halten[87]. Die BaFin wird dabei allerdings nur im öffentlichen Interesse
tätig[88]. Ein Kunde muss deshalb gerichtliche Hilfe in Anspruch nehmen, wenn er seine
individuellen Ansprüche gegenüber einer KAG durchsetzen will. Er kann lediglich
eine Beschwerde bei der BaFin einreichen. Diese wird dann prüfen, ob sie die Beschwerde zum Gegenstand einer Anfrage oder sonstiger Maßnahmen bei der KAG

---

[87] § 5 Abs. 1 InvG.
[88] § 4 Abs. 4 Finanzdienstleistungsaufsichtsgesetz.

macht. Allerdings wird sie allenfalls dem Missstand im allgemeinen Interesse abhelfen und nicht den Ausgleich eines individuellen Schadens herbeiführen.

Die Vorschriften des Wertpapierhandelsgesetzes zur Marktaufsicht haben keine unmittelbare Geltung für die KAG, da es sich bei ihr nicht um ein Wertpapierdienstleistungsunternehmen handelt.[89] Im Wertpapierhandelsgesetz ist darüber hinaus ausdrücklich geregelt, dass es nicht für die kollektive Vermögensverwaltung nach dem Investmentgesetz gilt[90]. Über die Tätigkeit der Depotbank und anderer Kreditinstitute im Rahmen der Ausführung von Orders im Auftrag der KAG erlangen diese Vorschriften des Wertpapierhandelsgesetzes jedoch eine mittelbare Wirkung. Auf diese Weise wird auch den Vorschriften des Insiderhandelsverbots[91] und des Verbots der Marktmanipulation[92] zur Wirkung verholfen.

Im Übrigen arbeitet die BaFin bei der Aufsicht über eine KAG, die innerhalb der EU und des EWR ihren Sitz hat, mit den zuständigen Aufsichtsbehörden des jeweiligen Staates eng zusammen und übermittelt diesen die erforderlichen Auskünfte. Im Gegenzug darf die BaFin Informationen dieser Stellen verwenden, allerdings nur in einem klar gesetzlich abgegrenzten Umfang[93]. Darüber hinaus unterrichtet die BaFin diese Stellen für den Fall, dass eine Erlaubnis aufgehoben wird, wenn eine KAG in dem jeweiligen Land eine Zweigniederlassung errichtet hat oder im Wege des grenzüberschreitenden Dienstleistungsverkehrs tätig gewesen ist.

Anzeigepflichten

Grundlage für die Aufsichtstätigkeit der BaFin sind u. a. die umfangreichen Anzeigen, die von einer KAG zu erstatten sind. Dies beginnt mit der Anzeige der Absicht der Bestellung einer Person zum Geschäftsleiter oder Aufsichtsrat und dementsprechend auch der Informationen über das Ausscheiden eines Geschäftsleiters. Auch die Übernahme und die Aufgabe von unmittelbaren oder mittelbaren Beteiligungen an einem anderen Unternehmen ist anzeigepflichtig. Dabei gilt als Beteiligung das unmittelbare oder mittelbare Halten von mindestens 25% der Anteile oder Stimmrechte des anderen Unternehmens.

---

[89] Assmann in Assmann/ Schneider (Hrsg.), WpHG, 5. Auflage 2009, § 2a Rn. 59.
[90] § 2a Abs. 1 Nr. 14 WpHG.
[91] § 14 Abs. 1 Nr. 1 WpHG.
[92] § 20a Abs. 1 WpHG.
[93] § 19 Abs. 1 InvG.

Darüber hinaus lösen zahlreiche weitere Änderungen im Unternehmen selbst eine Anzeigepflicht aus. Die anzuzeigenden Sachverhalte sind abschließend gesetzlich geregelt[94]. Vorgaben hinsichtlich der Form der Anzeigen gibt es nicht. Anders als bei Kredit- und Finanzdienstleistungsinstituten wird bei der Verletzung von Anzeigepflichten nach dem Investmentgesetz kein Bußgeld verhängt.

Aufsicht durch die Deutsche Bundesbank

Neben der BaFin wird auch die Deutsche Bundesbank als Aufsichtsbehörde aktiv. Es gehört zu ihrer zentralen Aufgabe, die Stabilität des Finanzsystems in Deutschland zu gewährleisten. Hierzu muss sie auch die Tätigkeit von Kapitalanlagegesellschaften überwachen, haben diese doch ein erhebliches Gewicht im Finanzsektor erlangt. Zu diesem Zweck müssen die BaFin und die Deutsche Bundesbank einander Beobachtungen und Feststellungen mitteilen, die für die Erfüllung ihrer jeweiligen Aufgaben zwingend erforderlich sind. Die BaFin hat der Bundesbank zahlreiche Informationen und Unterlagen zur Verfügung zu stellen. Deren Umfang ist ausdrücklich im Gesetz geregelt.[95] Im Gegenzug muss die Bundesbank der BaFin Angaben zur Verfügung stellen, die sie aufgrund statistischer Erhebungen erlangt.

Sonderprüfungen

Der BaFin stehen des Weiteren Auskunft- und Prüfungsrechte zu. Sie stellen ein wesentliches Element zur Ermittlung von Sachverhalten dar und ergänzen insoweit die Informationen, die sie durch die Prüfungsberichte des Wirtschaftsprüfers und das Anzeigewesen des Investmentgesetzes erlangt hat. So ist es ihr erlaubt, Auskünfte einzuholen und die Vorlage von Unterlagen über Geschäftsangelegenheiten zu verlangen. Auch kann die BaFin ohne besonderen Anlass eine Prüfung bei einer KAG vornehmen. Sie hat allerdings zu berücksichtigen, dass entsprechende Maßnahmen verhältnismäßig und darüber hinaus auch zur Aufklärung geeignet sein müssen. Außerdem kann sie dieses Prüfungsrecht – anders als bei Kredit- und Finanzdienstleistungsinstituten – nicht auf die Bundesbank übertragen[96]. Sie kann allerdings eine Wirtschaftsprüfungsgesellschaft mit der Durchführung dieser Prüfung beauftragen.

---

[94] § 19 c InvG.

[95] § 18 Abs. 1 InvG.

[96] Gesetzesbegründung zu § 19g InvG (Bundestag-Drucksache 16/5576, Seite 65, 66).

Ein besonderes Auskunftsrecht ist der BaFin im Hinblick auf die Inhaber bedeutender Beteiligungen zugewiesen. Adressaten dieses Rechts sind zum einen Personen und Unternehmen, die bereits eine bedeutende Beteiligung an der KAG halten, wobei diese bei 10% des Kapitals oder der Stimmrechte beginnt[97]. Darüber hinaus erstreckt sich diese Befugnis auf Unternehmen, die von dem Inhaber einer bedeutenden Beteiligung kontrolliert werden.

Zu berücksichtigen ist, dass auch die zur Auskunft verpflichteten Person die Möglichkeit hat, gegenüber der BaFin Auskünfte zu verweigern. Dies gilt allerdings nur dann, wenn deren Beantwortung sie selbst oder einen ihrer Angehörigen der Gefahr strafgerichtlicher Verfolgung oder eines Verfahrens nach dem Ordnungswidrigkeitsgesetz aussetzen würde.

9. Jahresabschluss

Jahresabschluss, Lagebericht, Prüfungsbericht

Für den Jahresabschluss, den Lagebericht und den Prüfungsbericht einer KAG gelten im Wesentlichen die allgemeinen Regelungen des Handelsgesetzbuchs und die für Institute maßgeblichen Regelungen des Kreditwesengesetzes[98]. Danach sind innerhalb von drei Monaten nach dem Bilanzstichtag der Jahresabschluss und der Lagebericht aufzustellen. Dabei hat man sich an den Vorgaben der Verordnung über die Rechnungslegung von Kredit- und Finanzdienstleistungsinstituten (RechKredV) zu orientieren, die insbesondere die Gliederung auf der Grundlage bestimmter Formblätter vorgibt[99].

Innerhalb der 3-Monats-Frist ist der Jahresabschluss dann bei der BaFin einzureichen. Dies gilt indes nicht für eine KAG, die einem genossenschaftlichen Prüfungsverband oder der Prüfungsstelle des Sparkassen- und Giroverbands zugeordnet sind. Anders als bei Kredit- und Finanzdienstleistungsinstituten ist eine Einreichung bei der Deutschen Bundesbank nicht erforderlich. Innerhalb von fünf Monaten nach dem Bilanzstichtag hat die KAG den Jahresabschluss und den Lagebericht von einem Wirtschaftsprüfer prüfen zu lassen. Das Ergebnis der Prüfung muss in einem Prüfbericht festgehalten und bei der BaFin eingereicht werden. Bei der Erstellung des Prüfberichts ist die aktu-

---

[97]   § 19g InvG i. V. m. § 2 Abs. 20 InvG i. V. m. §§ 1 Abs. 9 Satz 1, 44 Abs. 1 und 6, 44b KWG.

[98]   § 19d Satz 1 InvG i. V. m. § 340a - 340o HGB und § 26 KWG.

[99]   § 19 d i. V. m. § 340 a Abs. 2 InvG; Kreditinstituts-Rechnungslegungsverordnung in der Fassung der Bekanntmachung vom 11. Dezember 1998 (BGBl. I S. 3658), zuletzt geändert durch Artikel 2 der Verordnung vom 18. Dezember 2009 (BGBl. I S. 3934).

elle Fassung der Investment-Prüfberichtsverordnung (InVPrüfbV) zu berücksichtigen. Darin hat die BaFin die Prüfungsinhalte konkretisiert und verfolgt damit das Ziel, Krisensituationen und negative Marktveränderungen früher zu erkennen und mit geeigneten Maßnahmen rechtzeitig gegenzusteuern[100]. Unverzüglich nach Abschluss der Prüfung ist sodann die Feststellung des geprüften Jahresabschlusses vorzunehmen. Im unmittelbaren Anschluss daran sind der geprüfte und festgestellte Jahresabschluss und Lagebericht wiederum bei der BaFin einzureichen. Schließlich ist unverzüglich nach Vorlage an die Gesellschafter, jedoch spätestens vor Ablauf des zwölften Monats des dem Jahresabschlussstichtag vorangegangenen Geschäftsjahres, die Offenlegung des Jahresabschlusses vorzunehmen. Hierzu müssen die gesetzlichen Vertreter der KAG den Jahresabschluss und den Lagebericht bei dem elektronischen Bundesanzeiger in elektronischer Form einreichen[101].

Umfang der Abschlussprüfung

Der Abschlussprüfer hat die wirtschaftlichen Verhältnisse der KAG zu prüfen. Näheres regelt hierzu die Investment-Prüfungsberichtsverordnung[102]. Darüber hinaus ist zu prüfen, ob die KAG die allgemeinen Verhaltensregeln, die Organisationspflichten, die Kapitalanforderungen und die Vorschriften über die Auslagerung eingehalten hat. Weiterhin ist zu prüfen, ob die Verpflichtungen nach dem Geldwäschegesetz eingehalten wurden. Dabei geht es vornehmlich um die Identifizierungspflicht und die Pflicht zur Feststellung der Identität des wirtschaftlich Berechtigten. Schließlich ist zu prüfen, ob die KAG ihre Anzeigepflichten gegenüber der BaFin erfüllt hat[103].

Bei schwerwiegenden Prüfungsfeststellungen trifft den Abschlussprüfer die Verpflichtung, dies der BaFin unmittelbar anzuzeigen. Hierzu zählen insbesondere Feststellungen, die die Einschränkung oder Versagung des Bestätigungsvermerks rechtfertigen oder den Fortbestand der KAG gefährden bzw. ihre Entwicklung wesentlich beeinträchtigen könnten. Unmittelbar nach Abschluss der Prüfung muss der Prüfungsbericht bei der BaFin eingereicht werden.[104] Die BaFin kann vom Prüfer darüber hinaus verlangen, dass dieser den Prüfungsbericht erläutert.

---

[100] Siehe Investment-Prüfberichts-Verordnung vom 15. Dezember 2008 (BGBl I Seite 2467) einschließlich der umfangreichen Begründung hierzu.

[101] § 19d Satz 1 InvG i. V. m. §§ 340i, 325 HGB.

[102] § 19f Abs. 1 InvG i. V. m. Kapitel 2 Abschnitt 1 § 5 ff Investment-Prüfungsberichtsverordnung.

[103] § 19 f InvG.

[104] Steck in Berger/ Steck/ Lübbehüsen, InvG § 19d Rn. 14.

Bestellung von Abschlussprüfern

Grundsätzlich kann die KAG den Abschlussprüfer selbst bestellen. Dabei wird zunächst ein Beschluss der Gesellschafter bzw. der Hauptversammlung der KAG über die Bestellung des Abschlussprüfers herbeigeführt. Die gesetzlichen Vertreter der KAG beauftragen dann den Abschlussprüfer und zeigen diesen der BaFin an. Eine Anzeige bei der Deutschen Bundesbank ist nicht notwendig. Die BaFin wiederum kann innerhalb eines Monats nach Zugang dieser Anzeige die Bestellung eines anderen Prüfers verlangen, wenn dies zur Erreichung des Prüfungszwecks geboten ist[105]. Da die Prüfung einer KAG umfangreicher ist und in Anbetracht der zahlreichen rechtlichen und aufsichtsbehördlichen Rahmenbedingungen viele Besonderheiten gegenüber der Prüfung eines sonstigen Unternehmens gleicher Größe aufweist, muss der Abschlussprüfer die hierfür erforderliche Qualifikation besitzen. Er hat insbesondere über ausreichende Kenntnisse hinsichtlich dieser Rahmenbedingungen zu verfügen. Allerdings müssen im Falle einer Ablehnung objektivierbare und nachprüfbare Gründe hierfür vorliegen. So kann ein Prüfer nicht alleine deswegen abgelehnt werden, weil er erstmalig eine KAG prüft. In besonderen Fällen erfolgt die Bestellung des Abschlussprüfers durch das Registergericht[106].

10. Kapitalanlagegesellschaften in der Krise

Seit der Existenz von Kapitalanlagegesellschaften ist der Fall einer ernsthaften Krise eines solchen Unternehmens nicht bekannt geworden. Die Ereignisse im Bankensektor während der Finanzkrise 2007 bis 2009 legen es jedoch nahe, auch diesem Thema zumindest kurz Aufmerksamkeit zu schenken.

Die BaFin ist berechtigt, geeignete und erforderliche Maßnahmen zu ergreifen, wenn die Gefahr besteht, dass die Verpflichtungen einer KAG gegenüber ihren Anlegern nicht eingehalten werden, oder wenn es einen begründeten Verdacht dafür gibt, dass eine wirksame Aufsicht über die KAG nicht mehr möglich ist[107]. Solche Maßnahmen kommen insbesondere dann in Betracht, wenn eine KAG sogenannte Garantiefonds auflegt oder Rückzahlungszusagen nach dem Altersvorsorge-Zertifizierungsgesetz abgibt. Aber auch die normale Verwaltungstätigkeit für Rechnung der Sondervermögen und die Ausführung individueller Vermögensverwaltungsmandate können Haftungstatbestände begründen. Solche lassen sich nicht zuletzt auf Schadensersatzan-

---

[105] § 19 e Abs. 1 InvG i. V. m. § 28 KWG.
[106] § 19 e Abs. 2 InvG.
[107] § 19 j InvG.

sprüche von Anlegern wegen der Verletzung vertraglicher Bestimmungen gründen[108]. Die Verletzung aufsichtsrechtlicher Vorschriften führt demgegenüber nach derzeitiger BGH-Rechtssprechung nicht zu Schadensersatzansprüchen.

Zu beachten ist allerdings, dass Maßnahmen der BaFin nur einstweilig sein dürfen. Sie müssen im Übrigen auf die Abwendung einer Gefahr gerichtet sein. Eine Einschränkung bezüglich der Art der Maßnahmen gibt es nicht. So ist es auch möglich, dass die BaFin der Geschäftsführung vorübergehend Anweisungen macht.

Im Falle der drohenden oder eingetretenen Zahlungsunfähigkeit und bei Überschuldung der KAG besteht eine Pflicht der Anzeige gegenüber der BaFin. Sodann kann der Antrag auf Eröffnung des Insolvenzverfahrens ausschließlich von der BaFin gestellt werden. Allerdings bedarf es hierfür im Falle der drohenden Zahlungsunfähigkeit einer Zustimmung der jeweiligen KAG[109].

Wichtig ist in diesem Zusammenhang, dass die Sondervermögen von einer entsprechenden Krise der Kapitalanlagegesellschaft nur mittelbar betroffen sind. Insoweit unterscheidet sich die Situation hier grundlegend von derjenigen im Falle der Krise eines Instituts, welches als Emittent Wertpapiere (z. B. Zertifikate) herausgibt. Erlischt das Recht der KAG zur Verwaltung von Sondervermögen, dann geht das Verfügungsrecht über das Sondervermögen auf die Depotbank über[110]. Diese hat dann das Sondervermögen grundsätzlich aufzulösen und den Erlös an die Anteilinhaber zu verteilen[111]. Mit Genehmigung der BaFin kann die Depotbank aber auch von der Abwicklung und Verteilung absehen und einer anderen KAG die Verwaltung des Sondervermögens nach Maßgabe der bisherigen Vertragsbedingungen übergeben.

11. Zukünftige Entwicklungen

Die Fortentwicklung der rechtlichen Rahmenbedingungen für Investmentfonds nimmt weiter ihren Lauf. Diese werden u. a. durch Erfahrungen beeinflusst, die man in der Vergangenheit in besonderen Marktsituationen (z. B. Finanzmarktkrise) und auf Grund besonderer Einzelfälle (z. B. Madoff-Fonds) gemacht hat. Derzeit zeichnen sich im Wesentlichen drei Novellierungsvorhaben auf der Ebene des europäischen Richtli-

---

[108]   Bundestags-Drucksache 16/5576, Seite 66.

[109]   § 19k InvG iVm § 46b Abs. 1 KWG.

[110]   § 39 Abs. 1 InvG; im Falle des vornehmlich bei Immobilien-Sondervermögen anzutreffenden Falles, dass das Sondervermögen von der KAG treuhänderisch gehalten wird, geht das Eigentum Sondervermögen auf die Depotbank über.

[111]   § 39 Abs. 2 InvG.

niengebers ab, die Einfluss auf das Fondsgeschäft mit institutionellen Anlegern haben können.

UCITS IV

Auf Ebene der Europäischen Union wurde eine neue Richtlinie (UCITS IV) erlassen[112], mit der die bisherige Investmentrichtlinie[113] abgelöst werden soll. Das Gesetz zur Umsetzung dieser Richtlinie in das deutsche Recht soll am 1. Juli 2011 in Kraft treten. Ziel dieser Neuregelung ist es, die Integration des europäischen Marktes für Investmentfonds zu verbessern und mehr Markteffizienz bei fairen Wettbewerbsbedingungen zu schaffen[114].

Hierzu soll unter anderem der Europäische Pass für Kapitalanlagegesellschaften ausgeweitet werden. Dieser Pass erlaubt es dann Investmentgesellschaften in anderen Staaten der Europäischen Union, Investmentfonds nach dem dortigen Recht und unter der dortigen Aufsicht aufzulegen. Allerdings ist dafür entweder die Gründung einer Zweigniederlassung in dem jeweiligen Staat erforderlich, oder die Verwaltung des Fonds hat im Wege des grenzüberschreitenden Dienstleistungsverkehrs zu erfolgen[115]. Dies ermöglicht es einer deutschen KAG, flexibler auf Wünsche ihrer Anleger aus dem institutionellen Bereich einzugehen, die – insbesondere wenn es sich um Unternehmen mit Aktivitäten in unterschiedlichen Ländern handelt – gegebenenfalls ein besonderes Interesse daran haben, in den Fonds einer bestimmten Jursidiktion zu investieren.

Des Weiteren werden zukünftig Effizienzsteigerungen dadurch erreicht werden können, dass auch Master-Feeder-Fonds-Strukturen erlaubt sind, bei denen die Master- und die Feeder-Fonds in unterschiedlichen Ländern ansässig sind. Es wird somit möglich sein, dass ein Feeder-Fonds sein ganzes Vermögen in einen Masterfonds eines anderen EU-Mitgliedsstaates investiert[116]. Im Übrigen wird auch die grenzüberschrei-

---

[112] Richtlinie 2009/65/EG des Europäischen Parlaments vom 13. Juli 2009 zur Koordinierung der Rechts- und Verwaltungsvorschriften betreffend bestimmte Organismen für gemeinsame Anlagen in Wertpapieren (OGAW).

[113] Richtlinie 85/611/EWG.

[114] Begründung des Regierungsentwurfs zum OGAW-IV-Umsetzungsgesetz.

[115] §§ 13 ff. InvG (n. F. – OGAW-IV-Umsetzungsgesetz).

[116] §§ 45 ff. InvG (n. F. – OGAW-IV-Umsetzungsgesetz).

tende Verschmelzung von Sondervermögen unter bestimmten Voraussetzungen zugelassen[117].

AIFM-Richtlinie

Der Anwendungsbereich der AIFM-Richtlinie[118] ist weit gefasst und erstreckt sich auf
alle offenen und geschlossenen Fonds, welche nicht unter die europäische Investmentrichtlinie (OGAW-Richtlinie[119]) fallen. Betroffen sind somit Private Equity-Fonds,
Immobilienfonds, Hedgefonds, Rohstofffonds, Infrastrukturfonds und andere Arten
von Fonds wie z. B. Schiffs-, Flugzeug- oder Leasing-Fonds. Erfasst werden aber auch
alle „institutionellen Fonds", dass heißt Fonds, in die nur professionelle Anleger investieren dürfen. Dabei gelten als „professionelle Anleger" alle institutionellen Investoren wie etwa Pensionskassen, Versicherungen, Stiftungen und Banken. Für deutsche
Kapitalanlagegesellschaften ist die Richtlinie somit insoweit von Bedeutung, als diese
Offene Immobilienfonds und Spezialfonds auflegen und verwalten.

Es sollen aber nicht nur Verwalter von Fonds mit Sitz in der Europäischen Union
unter die Richtlinie fallen, sondern auch solche mit Sitz außerhalb der EU, sofern sie
die Fonds in der EU vertreiben. Dabei können die Fonds weiterhin auf nationaler Ebene reguliert und überwacht werden, denn die Richtlinie hindert Mitgliedstaaten der EU
nicht daran, nationale Regelungen zu erlassen oder weiterhin anzuwenden.

Die Regelungen der AIFM-Richtlinie umfassen Vorschriften für die Verwalter der
Fonds, einschließlich Eigenmittelvorgaben, Verhaltensregeln, die sich u. a. auf die
Vergütung, den Umgang mit Interessenkonflikten und das Risiko- und Liquiditätsma-
nagement auswirken. Des Weiteren sind organisatorische Anforderungen vorgesehen,
die sich auf die Bewertung der Vermögensgegenstände im Fonds beziehen, auf die
Möglichkeit der Auslagerung und die Verwahrung der Assets. Schließlich sieht die
Richtlinie Transparenzanforderungen und Regelungen für den Vertrieb vor.

Die meisten Regelungsbereiche der AIFM-Richtlinie sind somit bereits durch die Vorschriften abgedeckt, die das Investmentgesetz für die grundsätzlich von der Richtlinie
betroffenen Offenen Immobilienfonds und Spezialfonds vorsieht. Die Richtlinie ist im
November 2010 in ihrer Endfassung fertig gestellt worden. Ihre förmliche Veröffentlichung wird voraussichtlich Mitte des Jahres 2011 erfolgen. Von dann an läuft die verbindliche Zwei-Jahres-Frist zu ihrer Umsetzung in das nationale Recht.

---

[117]   §§ 40 ff. InvG (n. F. – OGAW-IV-Umsetzungsgesetz).
[118]   Finale Fassung vom 27. Oktober 2010 – 15053/1/10 REV 1.
[119]   Richtlinie 2009/65/EG – siehe oben Fußnote 110.

Da der Richtlinientext jedoch in vielen Punkten generischer Natur ist, wird es für diese Umsetzung noch zahlreicher Konkretisierungen bedürfen, die auf Ebene der EU in dem sog. „Level-2-Verfahren" erarbeitet werden. Es bleibt abzuwarten, in welchem Umfang hier dem oben bereits dargelegten Umstand Rechnung getragen wird, dass es in einigen Ländern, wie z. B. in Deutschland, bereits Regelungen für die von der AIFM-Richtlinie erfassten Spezialfonds und Offene Immobilienfonds gibt. Von dem Ergebnis dieses Verfahrens wird es abhängig sein, ob sich für die Kapitalanlagegesellschaften, die solche Fonds auflegen, tatsächlich nennenswerte Änderungen ergeben werden.

UCITS V

Während die UCITS IV-Richtlinie in den meisten EU-Mitgliedsstaaten, so auch in Deutschland, noch nicht in nationales Recht umgesetzt wurde, zeichnet sich bereits eine weitere Novellierung der rechtlichen Rahmenbedingungen auf EU-Ebene ab. Hierzu hat die EU-Kommission im Dezember 2010 eine Konsultation (Anhörung) angestoßen und es wird ein erster Entwurf der UCITS V–Richtlinie für Mitte des Jahres 2011 erwartet.

Dabei konzentriert sich diese Richtlinie nach derzeitiger Einschätzung im Wesentlichen auf die Funktion der Depotbank und die Vergütung der Verwalter der Fonds. So sollen Pflichten und Haftungsumfang der Depotbanken von OGAW-Fonds detailliert geregelt werden. Diese Änderungen sind eine Reaktion auf die Probleme, die sich in Zusammenhang mit den Aktivitäten von Bernhard Madoff auch bei einigen OGAW-Fonds gezeigt haben.

Des Weiteren wird die Richtlinie die Vergütung der Fondsverwalter behandeln. Dies wird gegebenenfalls zu Anpassungen in den InvMaRisk führen müssen, die hierzu bereits Regelungen vorsehen[120]. Möglicherweise wird es auch Einschränkungen bei alternativen Strategien geben, die in einem OGAW entsprechend der EU-Investmentrichtlinie umgesetzt werden. Hier haben sich unter dem Kürzel „Newcits" alternative Strukturen gebildet, die die Regulatoren auf den Plan gerufen haben. Es ist nicht auszuschließen, dass der Richtliniengeber auch hier Regulierungsbedarf sieht, um das „Qualitätssiegel" welches mit dem EU-regulierten OGAW-Fonds verbunden wird, auch für die Zukunft zu sichern. Es wird im Übrigen erwartet, dass in Zusammenhang mit der weiteren Ausarbeitung des Entwurfs für UCITS V auch ein Abgleich mit der AIFM-Richtlinie stattfindet.

---

[120] Nr. 7.1. „Personal und Anreizsystem" der InvMaRisk.

Literaturverzeichnis

Assmann/ Schneider: Wertpapierhandelsgesetz Kommentar, hrsg. von Prof. Dr. Heinz-Diester Assmann, Prof. Dr. Uwe H. Schneider, 5. Auflage 2009.

Beckmann/ Scholtz/ Vollmer: Investment-Handbuch für das gesamte Investmentwesen, hrsg. von Dr. Klaus Beckmann, Dr. Rolf-Detlev Scholtz, Prof. Dr. Lothar Vollmer, Berlin 2010.

Berger/Steck/ Lübbehüsen: Investmentgesetz Investmentsteuergesetz, hrsg. von Dr. Hanno Berger, Dr. Kai-Uwe Steck, Dieter Lübbehüsen, München 2010.

Anforderungen an die Organisation nach InvMaRisk und Derivateverordnung

von André Jäger

1. Einführung

Die Regulierung von Kapitalanlagegesellschaften galt einmal als nicht sehr aufregendes Thema. Zu Recht, denn die Rahmenbedingungen, die eine Investmentgesellschaft erfüllen soll und muss, wenn sie Investmentfonds (Sondervermögen) verwaltet, sind von Natur aus „trockener" Stoff. Doch die Gefahr, sich damit zu langweilen ist inzwischen dem Risiko gewichen, den Überblick über die Regulierungslandschaft zu verlieren oder sich mit Dingen zu beschäftigen, die in einem halben Jahr schon so nicht mehr gelten. Denn zwei Jahre nach dem Zusammenbruch von Lehman Brothers kommen auf Kapitalanlagegesellschaften und Anleger eine Fülle neuer, regulatorischer Anforderungen zu, deren Folgen aus heutiger Sicht nur bedingt abschätzbar sind. Das Ziel der internationalen Staatengemeinschaft und deren Regulierungsbehörden ist klar: solch eine Katastrophe darf sich nicht wiederholen! Doch die Grenze zwischen effektiver Aufsicht und Aktionismus ist nicht immer eindeutig definiert und beweist sich erst bei der Umsetzung in die Praxis.

Nur eine untergeordnete Rolle spielt in dieser Diskussion, dass die große Mehrheit der Investmentfonds den Höhepunkt der Finanzkrise aufgrund ihrer Diversifikationsvorschriften relativ unbeschadet überstanden hat bzw. durch sie nur mittelbar betroffen war: zum einen durch die generell negative Kapitalmarktentwicklung, die keine Assetklasse verschont hat, zum anderen durch die Tatsache, dass Fonds per Definition zu den liquiden Finanzinstrumenten gehören und in Zeiten extremer Illiquidität an den Märkten besonders unter Mittelabflüssen zu leiden hatten.

Für Investmentfonds gilt eine Vielzahl von Regularien. Sie unterliegen sowohl der Fondsregulierung als auch der Wertpapier- und Derivateregulierung. Hinzu kommen die von den Anlegern zu erfüllenden Vorgaben und steuerlichen Rahmenbedingungen, die zu beachten sind.

Die folgenden Kapitel geben einen Überblick über die aktuellen und zukünftigen Anforderungen an eine Kapitalanlagegesellschaft, insbesondere an ihr Risikomanagement sowie die Auswirkungen auf die institutionelle Fondsanlage. Ein Grundprinzip lautet, dass diese Anforderungen historisch wachsen. Daher wird zum besseren Verständnis der Gesetzestexte und Verordnungen zunächst die Entwicklung der Fondsregulierung seit Inkrafttreten des ersten Investmentgesetzes (InvG) im Jahr 2004 näher erläutert. Schon hier wird sich eine Tendenz zeigen, die aktuell als eine wichtige Leitlinie der europäischen Aufsichtsbehörden gilt: alle Maßnahmen sollen europaweit konsistent umgesetzt werden: mit der UCITS[1] IV-Richtlinie 2009/65/EG und den daraus abgeleiteten Anforderungen wächst Europa näher zusammen. Die Vollmachten und Rechte, mit denen die neu gegründete europäische Wertpapieraufsichtsbehörde European Securities and Markets Authority (ESMA) ausgestattet wird, werden ein gutes Stück dazu beitragen.

Welche Auswirkungen diese Entwicklung auf die deutsche Regulierung hat und wie die Umsetzung in Deutschland genau erfolgt, wird anhand der beiden wichtigsten Risikomanagement-Vorschriften detailliert erläutert:

(a) die Mindestanforderungen an das Risikomanagement von Investmentgesellschaften (InvMaRisk), die bis auf den Compliance-Teil am 30.12.2010 in Kraft traten sowie

(b) die Derivateverordnung, deren Neufassung zum 01.07.2011 zusammen mit der UCITS IV Version des Investmentgesetzes Gültigkeit erlangen wird.

Die vielfältigen Vorschriften verursachen einerseits Aufwand bei den Kapitalanlagegesellschaften und binden dort personelle Kapazitäten, sie schaffen andererseits jedoch auch Gestaltungsspielräume für Fonds und Anleger. Daher ist ein weiteres Kapitel der Frage gewidmet, wie diese sinnvoll genutzt werden können, welche Möglichkeiten sich insbesondere für den institutionellen Anleger ergeben und wie sich diese in der Zukunft durch die gerade verabschiedete EU-Richtlinie über die Verwaltung alternativer Investmentfonds (AIFM) verändern wird. Bisher jedenfalls gilt ein weiteres Grundprinzip der Regulierung unverändert: je besser das Risikomanagement, desto mehr ist erlaubt.

2   Steigende Anforderungen an das Risikomanagement von Fonds – eine Chronologie

Blicken wir ein paar Jahre zurück: Im Jahr 2004 tritt in Deutschland die erste Fassung des Investmentgesetzes in Kraft. Ein gezielter Schritt zur Deregulierung und zur Förderung des deutschen Finanzmarktes. Einheimische Hedgefonds sind nun (theoretisch) möglich. Beim Einsatz von Derivaten in Fonds findet mit der Derivateverordnung ein Paradigmenwechsel statt: an die Stelle eines starren Verbots treten Vorschriften zum kontrollierten Einsatz von komplexeren Finanzinstrumenten.

---

[1]   Undertakings for Collective Investments in Transferable Securities = Organismen der gemeinsame Anlage in Wertpapieren = Fonds

Zumindest in Bezug auf die Auflage von in Deutschland domizilierten Hedgefonds werden die Erwartungen nicht erfüllt. Der Grund sind in erster Linie entscheidende Details in der praktischen Umsetzung, die im Gesetzestext nicht geregelt werden. Ein Bespiel hierfür ist das Zusammenspiel von Prime Broker und Depotbank. Die bestehenden Unsicherheiten lassen erfolgreiche Hedgefonds Manager aus dem Ausland zögern, den Schritt nach Deutschland zu wagen und verhindern gleichzeitig die Bereitstellung von Startkapital (Seed Money).

Die Implementierung der neuen Freiheitsgrade beim Einsatz von Derivaten verläuft – obwohl von der Asset Management-Industrie zunächst mit viel Skepsis aufgenommen – erfolgreicher. Die Derivateverordnung, mehr oder weniger direkt von der Bankenregulierung (Grundsatz I) „abgeschrieben", soll insbesondere die Messung und Limitierung von Marktrisiken in Fonds regeln. Einfach strukturierte Fonds berechnen ihr Marktrisiko in etwa wie bisher (einfacher Ansatz), dafür sind nur einfache Derivate wie Futures und „plain vanilla"-Optionen erlaubt. Alles was komplexer ist, erfordert den so genannten „qualifizierten Ansatz" und eine tägliche Value-at-Risk[2] (VaR)-Berechnung. Dabei wird die Risikokennzahl – der Value-at-Risk – des Fonds in Relation gesetzt zum Risiko eines adäquaten Vergleichsindexes und darf nie mehr als das Doppelte dessen betragen. Für die Aufsicht hatte sich der Value-at-Risk-Ansatz im Vorfeld bei der Bankenregulierung bewährt. Seit der Verabschiedung der Basel I-Vorschriften im Jahr 1998 konnten Banken diese Kennzahl zur Berechnung ihrer Eigenkapitalunterlegung heranziehen. Asset Manager argumentieren dagegen, es sei unsinnig eine langfristige Kapitalanlage wie die in Fonds durch ein kurzfristiges Risikomaß zu limitieren. Das Argument hat seine Berechtigung, jedoch bleibt die Value-at-Risk-Messung im qualifizierten Ansatz unverändert erhalten, nicht zuletzt weil es keine ernsthaften Alternativvorschläge gibt.

Die Kapitalanlagegesellschaften trifft die mit der Einführung verbundene komplexe Anforderung an das interne Risikomanagement-System relativ unvorbereitet. Die Übergangsfrist ist mit drei Jahren entsprechend lang gewählt. Die zeit- und kostenintensive Systemimplementierung der Value-at-Risk-Berechnung wird den Investmentgesellschaften dadurch erschwert, dass die im Dezember 2005 erstmals veröffentlichten Mindestanforderungen an das Risikomanagement von Kreditinstituten – MaRisk (BA) – auch für sie Anwendung finden. Hintergrund ist, dass zu diesem Zeitpunkt Kapitalanlagegesellschaften (noch) die Kreditinstitutseigenschaft besitzen und bezüg-

---

[2]   Die Risikokennzahl Value-at-Risk gibt bei vorgegebenem Konfidenzniveau x und Haltedauer T den absoluten Wertverlust an, der mit einer Wahrscheinlichkeit von x % in den nächsten T Handelstagen nicht überschritten wird.

lich ihrer Organisationspflichten neben §9a InvG auch §25a Kreditwesengesetz (KWG) unterliegen. Aufgrund der grundlegenden Unterschiede in der Geschäftstätigkeit von Banken und Investmentgesellschaften passen zahlreiche Anforderungen der MaRisk (BA) nicht in die Asset Management-Welt. Für die Kapitalanlagegesellschaften bleiben – zunächst – offene Auslegungsfragen und Diskussionen mit ihren Wirtschaftsprüfern.

Die durch das Investmentgesetz gewonnenen Freiheitsgrade beim Einsatz von Derivaten können nicht ad hoc genutzt werden. Die Implementierung der erforderlichen Risikomesssysteme und auch der Aufbau des notwendigen Fachwissens und der Infrastruktur benötigen Zeit – beispielsweise, um den Einsatz von Zinsswaps oder Barrier-Optionen[3] in Fonds zu ermöglichen. Von den Banken wird dazu das so genannte Neue-Produkte-Verfahren übernommen. Es stellt sicher, dass Geschäftsaktivitäten in neuen Finanzinstrumenten erst durchgeführt werden, wenn alle offenen Fragen geklärt sind, auch die dem Asset Management nachgelagerten Fachbereiche der Kapitalanlagegesellschaft zugestimmt haben und der Produkteinsatz ausreichend getestet wurde. So selbstverständlich dieser Prozess klingt, so entscheidend ist er für ein gut funktionierendes Risikomanagement. Dass eine undifferenzierte Freigabe neuer Produkte zu schwerwiegenden Problemen führen kann, hat sich in der Finanzkrise vor allem in Bezug auf den Einsatz von Kreditverbriefungen wie Collateralized Debt Obligations (CDOs) gezeigt.

Im Jahr 2007 sind die für die Derivateverordnung notwendigen Implementierungsarbeiten weitgehend abgeschlossen. Die ersten Fondskonzepte, die auf einem erweiterten Einsatz von Derivaten beruhen, wie zum Bespiel Absolute Return-Optionsstrategien wurden erfolgreich umgesetzt. Allerdings zeichnet sich innerhalb Europas eine unterschiedliche Auslegung bestimmter Begriffe der UCITS III-Richtlinie ab, unter anderem die Definition des Begriffs Wertpapier und Index. Um regulatorische Arbitrage zu verringern und eine europaweit konsistente Auslegung zu verbessern, wird im März 2007 die „CESR[4]-Richtlinie Eligible Assets" 2007/16/EG verabschiedet. De facto führt die Umsetzung der Richtlinie in Deutschland zu einer weiteren Deregulierung: Beispielsweise können nun richtlinienkonforme Sondervermögen über so genannte 1:1 Zertifikate, die die Entwicklung eines Basiswertes unverändert (eins

---

[3]   Bei Barrier-Optionen handelt es sich um Optionen mit ein (Single Barrier) bzw. zwei (Double Barrier) Schwellenwerten, bei dessen Erreichen die Option zu existieren beginnt (Knock In) oder aufhört (Knock Out).

[4]   CESR = Committee of European Securities Regulators ist der Ausschuss der europäischen Wertpapierregulierungsbehörden, ab 2011 ersetzt durch ESMA = European Securities and Markets Authority

zu eins) weiterreichen, indirekt in Risikofaktoren wie Edelmetalle, Waren und Hedge-fonds investieren. Zur Klärung von Detailfragen veröffentlicht die BaFin ein mit dem Bundesverband Investment und Asset Management e.V. (BVI) abgestimmtes Doku-ment mit den wichtigsten Auslegungsentscheidungen – den „FAQ Eligible Assets"[5].

Im Dezember 2007 tritt das Investmentänderungsgesetz in Kraft, ein weiterer Schritt in Sachen Deregulierung. Es beinhaltet die Einführung eines neuen Fondstyps – des „Sonstigen Sondervermögens" – der direkt in Rohstoffderivate, Edelmetalle, Unter-nehmensbeteiligungen und unverbriefte Darlehensforderungen investieren kann. Der Spezialfonds, also ein Fonds, dessen Anteile ausschließlich von Anlegern, die nicht natürliche Personen sind, gehalten werden kann, wird ein eigener Fondstyp, mit der Möglichkeit, die Anlagegrenzen weitestgehend individuell zu gestalten. Die Kapital-anlagegesellschaften verlieren ihre Eigenschaft als Kreditinstitut und sind nunmehr Finanzinstitute „sui generis". Damit entfallen zahlreiche Vorschriften der Bankenregu-lierung, die „zum eigentlichen Geschäftsbetrieb einer Kapitalanlagegesellschaft nicht passen." Dies hat zur Folge, dass die Definition der Organisationspflichten einer Ka-pitalanlagegesellschaft sich nicht mehr aus §25a KWG ableiten und die MaRisk (BA) für diese Institute nicht mehr gilt. Wie ist nun aber §9a InvG im Detail auszulegen? Oder anders gefragt: Wann verfügt eine Kapitalanlagegesellschaft über eine ord-nungsgemäße Geschäftsorganisation? Die Investmentbranche, die sich, koordiniert über ihren Branchenverband BVI, schon seit längerem mit eigenen Wohlverhaltensre-geln beschäftigt, wünscht sich eine Allgemeinverbindlichkeitserklärung der BaFin, um in dieser Frage Rechtssicherheit zu schaffen. Die BVI Wohlverhaltensregeln werden um Risikomanagement-Leitlinien ergänzt, die die wichtige Aufgabe erfüllen sollen, den Begriff „angemessenes Risikomanagement" aus dem Investmentgesetz zu definie-ren.

Durch die Ereignisse des Jahres 2008, insbesondere die US-amerikanische Immobi-lienkrise, die Lehman-Insolvenz, der Madoff-Skandal und die Rettung der Hypo Real Estate in Deutschland, kommt es nicht mehr dazu, dass diese Art der „Selbstregulie-rung" Gültigkeit erlangen kann. Die Aufsicht, deren Verantwortung für die Finanz-und Wirtschaftskrise ausführlich diskutiert wird, muss in dieser Situation auch im Bereich des Asset Managements reagieren: Verordnungen, die lange Zeit in der Ent-wurfsfassung vorlagen, werden in Kraft gesetzt. Im Dezember 2008 tritt die Invest-ment-Prüfungsberichtsverordnung (InvPrüfbV) in Kraft. Diese regelt die Inhalte der Fondsprüfberichte und macht damit Vorgaben, welche Bereiche der Geschäftsorgani-

---

[5]   http://www.bafin.de/cln_161/nn_721290/SharedDocs/Veroeffentlichungen/DE/Service/Auslegungs-entscheidungen/Wertpapieraufsicht/ae__070924__fragen__ea.html?__nnn=true

sation einer Kapitalanlagegesellschaft bei der Prüfung eines Fondsgeschäftsjahres durch den Wirtschaftsprüfer obligatorisch einer Kontrolle zu unterziehen sind. Im Dezember 2009 werden mit der Investment-Rechnungslegungs- und Bewertungsverordnung (InvRBV) Vorschriften erlassen, welche Angaben der Jahresbericht eines Fonds zu enthalten und wie die Bewertung der in einem Sondervermögen enthaltenen Vermögensgegenstände zu erfolgen hat.

Die Allgemeinverbindlichkeit der Risikomanagement-Leitlinien des BVI wird von der Aufsicht mit dem Hinweis verworfen, die Vorschriften zum angemessenen Risikomanagement einer Investmentgesellschaft könnten nur von der BaFin selbst kommen: die Mindestanforderungen an das Risikomanagement von Kapitalanlagegesellschaften InvMaRisk werden im Juni 2010 veröffentlicht, um ein halbes Jahr später in Kraft zu treten.

3. Aktuelle und zukünftige Anforderungen an das Risikomanagement von Kapitalanlagegesellschaften – InvMaRisk und Derivateverordnung

Das Thema Risikomanagement hat in der Finanzbranche allgemein und im Asset Management im Besonderen kontinuierlich an Bedeutung gewonnen. Aus den Krisen der letzten Jahre und Jahrzehnte ist deutlich geworden, dass es sich um einen essentiellen Teil der Geschäftsorganisation handelt. Es gilt insbesondere, aus Erfahrungen und Fehlern fortlaufend zu lernen und die Risiken von Geschäftsprozessen und Investitionen so weit wie möglich zu minimieren. Es hat sich gezeigt, dass Risikomanagement nicht der Erfüllung von regulatorischen Vorgaben dient, sondern ein bei der Bewältigung von Krisen unverzichtbares Werkzeug darstellt und dass ein erfolgreiches Risikomanagement nicht zuletzt eine in der Kapitalanlagegesellschaft gelebten „Risikokultur" voraussetzt.

Da es trotz allem nicht ohne gesetzliche Rahmenbedingungen geht, soll im Folgenden aufgezeigt werden, wie die Vorschriften der InvMaRisk und der Derivateverordnung das Risikomanagement und die Geschäftsorganisation von Investmentgesellschaften und Fonds bestimmen. Es wird dabei deutlich werden, dass die nationalen regulatorischen Bestimmungen sich immer stärker an europäischen Vorgaben orientieren.

InvMaRisk

Bei den InvMaRisk handelt es sich um Mindestanforderungen. Das heißt, bei ihrer Umsetzung steht zunächst einmal die Erfüllung gesetzlicher Pflichten im Vordergrund. In der Praxis werden individuelle Teilbereiche des Risikomanagement-Prozesses einer jeden Gesellschaft über diese Vorschriften hinausgehen. Das ist kein Widerspruch: das sehr weit gefasste Rahmenwerk des Dokuments sorgt dafür, dass die Prozesse nicht nur auf Qualität, sondern auch auf Vollständigkeit überprüft werden, in dem Sinn, das sie *alle wesentlichen Risiken* erfassen.

Die InvMaRisk ist ein BaFin-Rundschreiben, dass von seiner Wertigkeit unterhalb von Gesetzen und Verordnungen rangiert. Daher ist es als Auslegungsentscheidung gesetzlicher Regelungen zu interpretieren und enthält entsprechende Verweise auf den schon genannten §9a InvG (Organisationspflichten) sowie §80b InvG (Risikomanagement von Immobilen-Sondervermögen) und §1 Derivateverordnung (Risikomanagement für Fonds, die Derivate einsetzen). Es kombiniert Anforderungen aus der MaRisk für Banken mit Lehren und daraus abgeleiteten Maßnahmen aus der Finanzkrise und europäischen Vorgaben zum Risikomanagement von Fonds, wie der Empfehlung der CESR „Risk Management Principles for UCITS"[6].

Der in Kapitel 2 beschriebene Paradigmenwechsel der Aufsicht hin zu mehr Freiheitsgraden und gleichzeitig mehr Verantwortung für die beaufsichtigten Institutionen setzt sich in diesem Dokument trotz Finanzkrise und damit induzierten Hang zur Regulierung fort. In den Vorbemerkungen[7] zur InvMaRisk heißt es: „Das Rundschreiben ist prinzipienorientiert konzipiert und damit zugleich dem Grundsatz der Proportionalität verpflichtet." Man kann diese Aussage nicht *deutlich* genug hervorheben. Sie steht für den Wunsch, bei der Umsetzung dem „Geist" der InvMaRisk gegenüber einer rein buchstabengetreuen Erfüllung den Vorrang zu geben.

Zwei Beispiele: Eine kleine Kapitalanlagegesellschaft, die einige von ihrem Anlageuniversum eher einfach konzipierte Fonds verwaltet mag begründen können, warum ein halbjähriges Reporting der Risiken aus Investmentvermögen an ihren Aufsichtsrat ausreichend ist, obwohl das Rundschreiben eine vierteljährige Frequenz vorsieht. Andererseits kann es für eine Investmentgesellschaft mit komplexer strukturierten Fonds[8] notwendig sein, ein regelmäßiges, mehrmals tägliches Risiko-Reporting an die Geschäftsleitung aufzusetzen, um auf kritische Situationen während des Handelstags

---

[6]   CESR Dokument 09/178

[7]   Absatz 6

[8]   etwa in Verbindung mit Intraday Trading-Strategien

reagieren zu können – auch wenn das so nicht in den InvMaRisk Erwähnung findet. Diese Flexibilität in der Auslegung wird auch von den Wirtschaftsprüfern erwartet. So heißt es in den Vorbemerkungen 1.7 zu den InvMaRisk: „Prüfungen sind daher auf der Basis eines risikoorientierten Prüfungsansatzes durchzuführen."

Ein weiterer, entscheidender Charakterzug des Rundschreibens ist, dass die Rolle des Risikomanagements innerhalb einer Kapitalanlagegesellschaft deutlich gestärkt wird: eine unabhängige Risikocontrolling-Funktion und eine transparente „Risk Management Policy" gehören zu den wichtigsten und daher am meisten hervorzuhebenden Elementen der InvMaRisk. Diese Entwicklung ist durchaus durch Erfahrungen aus der Finanzkrise motiviert. Nachgelagerte Analysen haben in vielen Fällen gezeigt, dass eine gleichberechtigte, unabhängige Rollenverteilung von Handel bzw. Fondsmanagement und Risikocontrolling das Eingehen von hohen, schwer beherrschbaren Risiken verhindert. Die Risikomanager der Investmentgesellschaften sind aufgerufen, dieser erweiterten Verantwortung durch kompetente und aussagekräftige Analysen gerecht zu werden.

Zwei Tage nach der InvMaRisk – am 02. Juli 2010 – wurde das „Rundschreiben zu den Aufgaben und Pflichten der Depotbank nach den §§ 20 ff. InvG veröffentlicht. Der fast identische Zeitpunkt der Veröffentlichung ist kein Zufall, sondern liegt darin begründet, dass die Aufsicht in Deutschland in der gegenseitigen Kontrolle von Depotbank und Kapitalanlagegesellschaft ein wichtiges Vier-Augen-Prinzip sieht, das dem Anlegerschutz einen besonders hohen Stellenwert einräumt. In dem Fall, dass – wie bei vielen Spezialfonds – das Asset Management des Fonds durch die Investmentgesellschaft ausgelagert ist, sind es sogar drei Parteien, die sich gegenseitig überwachen; man spricht vom „Investment-Dreieck" Asset Manager – Depotbank – KAG. Die beiden Rundschreiben machen detaillierte Vorgaben, wie dieses Dreieck der gegenseitigen Kontrolle ausgestaltet werden soll. Sie geben damit auch Antworten auf die nach dem Madoff-Skandal gestellte Frage, wie es über Jahre unentdeckt bleiben kann, dass ein Fonds Gewinne aus scheinbaren Derivate-Positionen verbucht, die gar nicht existieren.

Aber nicht nur das Depotbank-Rundschreiben hat einen direkten inhaltlichen Bezug zur InvMaRisk: Bereits vor der Konsultationsphase der Mindestanforderungen erklärt die BaFin im Januar 2010 die überarbeiteten Wohlverhaltensregeln des BVI – wie erwähnt ohne Risikomanagementleitlinien – für allgemeinverbindlich. Diese enthalten „flankierende" Maßnahmen zur Wahrung des Anlegerinteresses, Vermeidung von Interessenkonflikten und die marktgerechte Abwicklung von Geschäften (Integrität des Marktes) und gelten als offizielle Auslegung der in §9 InvG definierten allgemeinen Verhaltensregeln einer Kapitalanlagegesellschaft.

Was ist wesentlich an den Inhalten der InvMaRisk, was ist neu? Neben der schon erwähnten Stärkung des Risikocontrollings beschäftigt sich das Rundschreiben in seiner Grundstruktur vor allem mit der Kombination aus Solvenzschutz (der Kapitalanlagegesellschaft) und Anlegerschutz (des Fondsanlegers), wie sie für die Asset Management-Industrie charakteristisch und notwendig ist. Daher lassen sich die wesentlichen Inhalte in drei Punkten zusammenfassen:

1.   Risikostrategie + Risk Management Policy = Risikokultur
2.   Ganzheitliches Risikomanagement
3.   Schwerpunkt operationelle Risiken

Risikostrategie + Risk Management Policy = Risikokultur

Jedes Unternehmen lebt davon, dass seine Mitarbeiter gemeinsame (Geschäfts-)Ziele verfolgen. Oft sind diese Ziele in der Formulierung einer Geschäftsstrategie oder eines Unternehmensleitbildes festgehalten. Die InvMaRisk sieht für Investmentgesellschaften die Definition einer konsistenten Risikostrategie verpflichtend vor.

Wem dieser Begriff zunächst zu abstrakt erscheint, der mag ihn sich durch die Beantwortung folgender Fragen in die Praxis überführen: Welche Risiken sollen eingegangen werden? Welche sind (noch) akzeptabel? Welche sind in jedem Fall zu vermeiden? Die Risikostrategie soll den Grundstein bilden für eine Unternehmens-Risikokultur, die nicht nur theoretisch in einer transparenten Risk Management Policy – oder konkret: im Risikohandbuch – dokumentiert ist, sondern auch in der Praxis gelebt wird. Wichtige Bestandteile sind eine sowohl für die verwalteten Fonds als auch für die Gesellschaft definierte Systematik zur Erfassung, Messung, Steuerung und Überwachung von Risiken, Risikodeckung (Vergleich von Risiko- und Eigenkapital), Funktionstrennung (Unabhängigkeit von Fondsmanagement, Abwicklung und Risikocontrolling) und Transparenz (Dokumentation, Berichterstattung an Geschäftsführung und Aufsichtsrat, Leitlinien für die interne Revision).

Ganzheitliches Risikomanagement

Kapitalanlagegesellschaften sind durch ihr Geschäftsmodell einem asymmetrischen Risikoprofil ausgesetzt: wenn in einem Fonds etwas schief geht, gehört ein durch den Fehler entstandener Gewinn dem Fonds, während ein Verlust oftmals durch die Investmentgesellschaft getragen werden muss. Dieser Umstand macht es notwendig, bei der Risikoanalyse sowohl jedes einzelne Sondervermögen zu betrachten als auch fondsübergreifende Risiken sowie deren Konzentration und Wechselwirkung im Blick zu behalten.

Das in der InvMaRisk eingeforderte Prinzip des ganzheitlichen Risikomanagements soll hier am Beispiel des Liquiditätsrisikomanagements verdeutlicht werden: Die Tatsache, dass es sich bei der aktuellen Finanzkrise vor allem um eine Liquiditätskrise handelt, hatte zur Folge, dass sich Kapitalanlagegesellschaften seit 2008 – auch ohne detaillierte gesetzliche Vorgaben – eingehend mit dem Management von Liquidität und Liquiditätsrisiken beschäftigen mussten und entsprechende Prozesse implementiert haben. Diese gelten auf Fondsebene, um die tägliche Liquidität des Fonds zu gewährleisten und in Krisenzeiten eine Aussetzung der Anteilsscheinrücknahme zu verhindern. Diese fondsspezifische Betrachtungsweise allein reicht jedoch nicht aus und muss durch eine übergreifende Gesamtsicht ergänzt werden. Beispielsweise könnte die Investmentgesellschaft über ausreichend Kapital verfügen, die Liquidität eines kritischen Fonds zu gewährleisten, bei mehreren solcher Fälle hingegen in Schwierigkeiten geraten. Die InvMaRisk verpflichtet die Kapitalanlagegesellschaften daher zur Betrachtung/ Limitierung des Gesamtrisikoprofils der Gesellschaft und der Durchführung von übergreifenden Stresstests unter Einbeziehung von Markt-, Kredit-, Liquiditäts- und operationellen Risiken. Auf das Management der letztgenannten legt das Rundschreiben besonderes Gewicht.

Schwerpunkt operationelle Risiken
Wenn auch der Wegfall der Kreditinstitutseigenschaft letztendlich der Auslöser für eigenständige Mindestanforderungen an Investmentgesellschaften gewesen sein mag, so war diese Entwicklung inhaltlich längst notwendig. Kapitalanlagegesellschaften besitzen von Natur aus ein eigenständiges Risikoprofil, das sich von dem der Kreditinstitute grundlegend unterscheidet. So gehen Banken hohe Kredit- und Marktpreisrisiken ein, während diese Risiken für Investmentgesellschaften in den meisten Fällen nur eine untergeordnete Rolle spielen. Stattdessen ist es für Kapitalanlagegesellschaften charakteristisch, dass sie bei verhältnismäßig geringem Eigenkapital große Fondsvolumina verwalten. Die Beherrschung von operationellen Risiken ist daher für sie besonders wichtig, damit operative Unzulänglichkeiten bei Management und Administration von Fonds nicht die Solvenz der Gesellschaft gefährden. Die InvMaRisk macht hierzu detaillierte Vorgaben, etwa durch die Aufzählung von 22 (!) Regelungen, die in den Organisationsrichtlinien einer Gesellschaft ausgestaltet werden müssen. Darüber hinaus werden vier Themen ausführlich behandelt:

Outsourcing (Punkt 9): Gerade bei der Verwaltung von Spezialfonds ist die Auslagerung des Asset Managements an einen externen Manager übliche Praxis. Zur Verringerung operationeller Risiken ist vor Beginn der Auslagerung eine ausführliche Prüfung des Vertragspartners (Due Diligence) durchzuführen. Während der Auslagerung regelt ein Service Level Agreement (SLA) die Aufgabenverteilung, außerdem ist im Rahmen eines Auslagerungscontrollings zumindest jährlich die Qualität des Auslagerungsunternehmens zu überprüfen.

Notfallkonzept (Punkt 7.3): Neben der konzeptionellen Vorsorge für einen Katastrophenfall, den Ausfall der Büroräume oder der IT-Infrastruktur soll auch der Fall einer Insolvenz der Depotbank gedanklich durchgespielt und vorsorglich Maßnahmen für dessen Eintreten definiert werden.

Neue Produkte (Punkt 8): Die durch die Deregulierung der letzen Jahre gewonnen Freiheitsgrade haben dazu geführt, dass in Bezug auf den Einsatz neuer Finanzinstrumente in Fonds kaum noch generelle Verbote existieren. Die Zulässigkeit von Finanzprodukten hängt vielmehr davon ab, ob die Kapitalanlagegesellschaft die damit verbundenen, vor allem auch operationellen Risiken im Griff hat. Ein sorgfältiger, möglichst viele Teilaspekte abdeckender Prüfprozess liegt im ureigenen Interesse der Investmentgesellschaft. Die InvMaRisk fordert: „Jede Gesellschaft muss die von ihr betriebenen Geschäftsaktivitäten verstehen"[9]. Die aktuelle Finanzkrise hat aufgezeigt, welche Folgen es haben kann, wenn diese selbstverständlich klingende Anforderung nicht ernst genommen wird.

Anreizsysteme (Punkt 7.1): Die Diskussion um die Vergütungsregelungen von Mitarbeitern der Finanzindustrie hat auch vor dem Asset Management nicht halt gemacht. Zwar ist nicht von der Hand zu weisen, dass die excessive, kurzfristig orientierte Vergütung im Bereich des Handels die Auswirkungen der US-Immobilienkrise auf die globalen Finanzmärkte in den Jahren 2008 und 2009 verstärkt hat. Anders als bei Banken ist es jedoch in der eher langfristig orientierten Asset Management-Industrie kaum möglich, dass ein Fondsmanager sein Salär durch das Eingehen extrem hoher Marktrisiken – unter Nichtbeachtung der längerfristigen Folgen – kurzfristig spürbar steigern kann. Es ist daher nicht damit zu rechnen, dass die teilweise aus der MaRisk (BA) übernommenen Regelungen zur Vergütung und zu Anreizsystemen bei Kapitalanlagegesellschaften großen Anpassungsbedarf hervorrufen werden.

Zum Abschluss dieses Kapitels sei die Bemerkung erlaubt, dass selbst die InvMaRisk im Jahr 2011 noch einmal von den Ausläufern der anfangs beschriebenen Regulie-

---

[9]   Punkt 8.1

rungswelle erfasst und überarbeitet werden wird. Die Aufsicht erwartet zwar keine wesentlichen Änderungen, trotzdem wird man ob dieser Tatsache unwillkürlich an ein Bild aus dem Straßenbau erinnert: Haben Sie sich auch schon mal gefragt, warum die Straße in Ihrem Ort erst frisch asphaltiert wird, bevor am nächsten Tag ein anderer Bautrupp damit beginnt, die Gasleitung zu legen? Der Grund für die erneuten „Bauarbeiten" liegt in einem seit dem Jahr 2002 im EU-Finanzsektor angewendeten vierstufigen Gesetzgebungsverfahren (Lamfalussy-Verfahren), das für eine vereinfachte und europaweit einheitliche Definition und Umsetzung so genannter Level I-III Maßnahmen sorgen soll. Dies bedingt, dass die UCITS IV-Umsetzung in Deutschland eine „Investment-Verhaltens- und Organisationsverordnung" nach sich ziehen wird, die wiederum Auswirkungen auf die InvMaRisk hat – danach ist diese Straße hoffentlich fertig.

Derivateverordnung und -regulierung

Es ist nicht übertrieben zu behaupten, dass die Derivateverordnung seit dem Inkrafttreten des Investmentgesetz 2004 das Kernstück der Investmentregulierung darstellt. Fonds profitieren seitdem von größeren Freiheitsgraden beim Einsatz von Derivaten – und die Derivateverordnung gibt in diesem Zusammenhang vor, wie Emittenten-, Kontrahenten- und vor allem Marktpreisrisiken gemessen und limitiert werden. Die aus der Bankenregulierung zur Nutzung des qualifizierten Ansatzes nahezu unverändert übertragene Value-at-Risk-Methodik wurde von Anfang an als unpassend für das Asset Management kritisiert. Trotzdem hat sich der Value-at-Risk durch die Anwendung der Derivateverordnung in den letzten sechs Jahren zu einem Risikomanagement-Standard für Fonds herausgebildet.

Zur Einführung in die Thematik soll ein Kritikpunkt aufgegriffen werden, der insbesondere im Zusammenhang mit der Finanzkrise immer wieder vorgebracht wird: Ein funktionierendes Risikomodell hätte die Verluste während der Krise besser vorhersagen müssen. Doch mittels eines VaR-Modells ist die Vorhersage extremer Verluste nicht möglich. Value-at-Risk schätzt per Definition lediglich – anhand historischer Daten – wie negativ ein Ergebnis *bei vorgegebener Wahrscheinlichkeit* höchstens ausfallen kann. Ein in der Vergangenheit noch nicht vorgekommenes Ereignis kann so nicht prognostiziert werden (!) Daher sieht die Derivateverordnung zur Analyse von Extremereignissen eine mindestens monatlich durchgeführte Stresstestberechnung vor und trägt damit auch der Tatsache Rechnung, dass ein Risikomodell nur so gut sein kann, wie die Qualität der zur Verfügung stehenden Daten. Wie sehr man bei der Risikorechnung bewusst auf Approximationen zurückgreifen muss, wird zum Beispiel bei der Investition in eine CDO-Kreditverbriefung deutlich: Wird dieses Wertpapier mit Verweis auf sein sehr gutes Rating als AAA-Anleihe modelliert, kann es vorkommen, dass sein durch das Modell errechnete Risiko identisch zu dem einer Staatsanleihe ist. Dass es sich in der Realität um eine Struktur handelt, die tausende unterschiedlicher Kreditrisiken – teilweise mittels synthetischem Risikoübertrag durch Credit Default Swaps (CDS) – verbrieft und somit komplexer ist als viele Fonds, würde erst dann in der Risikorechnung sichtbar werden, wenn man dem Modell alle zugrundeliegenden Informationen zur Verfügung stellt – eine Aufgabe, deren Bewerkstelligung kaum realistisch ist.

Relativ zu einem im qualifizierten Ansatz vorgeschriebenen adäquaten, derivatefreien Vergleichsindex (Vergleichsvermögen) entwickelt die Value-at-Risk-Kennziffer jedoch durchaus ihre Aussagekraft. Bei einem VaR des Index von 5 % und einem Fonds-VaR von 6 % weiß man: unter den gegebenen Modellvoraussetzungen fährt der Fonds ein Marktrisiko von 120 % – bei einem gesetzlichen Limit von 200 %. Die Qualität des eingesetzten Modells wird dabei durch ein nach Derivateverordnung täglich durchzuführendes Backtesting überprüft, das heißt die VaR-Schätzung wird mit dem tatsächlich realisierten Ergebnis verglichen. Insgesamt gilt: Die durch die Derivateverordnung vorgeschriebene Value-at-Risk-Berechnung im qualifizierten Ansatz ist trotz ihrer Schwächen und Annahmen eine zulässige Methodik zur Limitierung von Marktrisiken in Fonds. Sie ist aufgrund der Einbeziehung von Wechselwirkungen zwischen den einzelnen Risikofaktoren (Korrelationseffekten) effizienter und qualitativ hochwertiger als eine reine Anrechnung von Nominalwerten wie im einfachen Ansatz, insbesondere wenn komplexe Finanzinstrumente und Derivate zum Einsatz kommen.

Anders als bei der gerade veröffentlichten InvMaRisk ist der Überarbeitungsbedarf der in die Jahre gekommenen Derivateverordnung unbestritten. Mit dem Investmentänderungsgesetz und der „Eligible Assets"-Richtlinie hätte bereits im Jahr 2007 eine Anpassung erfolgen müssen. So können zum Beispiel Publikumsfonds als sonstige Sondervermögen seitdem zu 30 % in Rohstoffderivate investieren. Da ein passender Index immer Warentermingeschäfte enthält, kann ein adäquates Vergleichsvermögen des Fonds in diesem Fall nie derivatefrei sein und verstößt somit immer gegen die Verordnung. Die BaFin gesteht ein, dass Teile der Derivateverordnung-Fassung von 2004 nur noch eingeschränkt gültig sind und hat zur Klärung der wichtigsten Auslegungsfragen den schon erwähnten FAQ Eligible Assets veröffentlicht.

Mit der UCITS IV-Implementierung und der damit notwendigen Anpassung des Investmentgesetzes Mitte 2011 tritt die lang erwartete Neufassung der Derivateverordnung in Kraft. Die Vorgaben kommen aus den im Juli 2010 veröffentlichten, europäischen „CESR's Guidelines on Risk Measurement and the Calculation of Global Exposure and Counterparty Risk for UCITS"[10]. Da Deutschland wie bei der ersten Derivateverordnung wieder die Rolle eines Musterschülers in Europa einnimmt, werden die CESR Guidelines nahezu unverändert in nationales Recht übertragen. Daher kommt es zu folgenden Anpassungen:

Neuerungen im einfachen Ansatz

Die bisherige Derivateverordnung sieht in § 6 eine klare Abgrenzung der Anwendung des einfachen Ansatzes und des qualifizierten Ansatzes vor. Investierte der Fonds bislang in nur ein komplexes, zum Beispiel pfadabhängiges[11] Derivat wie die schon erwähnte Barrier-Option – die z. B. Bestandteil eines jeden Bonus-Zertifikats ist – muss der Fonds im qualifizierten Ansatz verwaltet werden. Diese strikte Regelung wird mit Blick auf eine europäische Angleichung gelockert. Komplexe Derivate können in Zukunft auch im einfachen Ansatz zum Einsatz kommen, wenn das mit ihnen verbundene Verlustrisiko gering ist. Der Haken: die Anrechnung dieser Instrumente auf das Marktrisiko des Fonds ist teilweise so kompliziert und approximativ, dass die Kapitalanlagegesellschaften aus Gründen der Praktikabilität lieber am gewohnten, qualifizierten Ansatz festhalten könnten. Hinzu kommt, dass im einfachen Ansatz die bisher getrennte Anrechnung von Devisenrisiken sowie Kurs- und Zinsrisiken auf separate Marktrisikolimits (jeweils 200 %) entfällt, was zwangsläufig zu geringeren Risikobudgets führt. Zu guter Letzt wird zwar die bisher untersagte direkte Verrechnung von marktkonformen (spekulativen) und marktgegenläufigen (absichernden) Derivaten im Marktrisiko grundsätzlich erlaubt, dafür aber die Bedingungen für die Anerkennung einer Absicherungsabsicht verschärft. Daher liegt der Schluss nahe, dass der einfache Ansatz durch diese Änderungen eher weiter an Bedeutung verlieren und nur noch im Fall von sehr einfach konzipierten Fondskonzepten mit sporadischem Derivateeinsatz zur Anwendung kommen wird.

---

[10] Referenz CESR/10-788

[11] Derivate werden als pfadabhängig bezeichnet, wenn in ihre Bewertung die Kursbewegung des zugrundeliegenden Basiswerts während der gesamten Laufzeit eingeht. Bei Barrier-Optionen ist dies der Fall, weil die Über- oder Unterschreiten der Barriere kontinuierlich überprüft wird.

Änderungen im qualifizierten Ansatz

Auch bei der zukünftigen Anwendung des qualifizierten Ansatzes ist das Bestreben zu erkennen, die Umsetzung innerhalb Europas weiter zu vereinheitlichen. Das in Luxemburg bereits angewendete absolute VaR-Limit wird nun auch in Deutschland eingeführt. Statt durch die Wahl eines Vergleichsvermögens (relativer Ansatz) kann das Marktrisiko durch eine feste Prozentzahl limitiert werden (absoluter Ansatz). Der Value-at-Risk darf dann bei Anwendung des bisher üblichen Konfidenzniveaus von 99 % und einer Haltedauer von 10 Tagen maximal 14,14 % nicht überschreiten (eigentlich 20 % bei 20 Tagen Haltedauer)[12]. Durch diese Limitierung ist der absolute Ansatz für Fonds mit einer hohen Quote an schwankungsreichen Vermögensgegenständen, wie z.B. Aktien kaum geeignet.

Beim relativen Ansatz werden in Bezug auf das Vergleichsvermögen die Bedingungen an die Derivatefreiheit gelockert, um die in Kapitel 3 erwähnten Inkonsistenzen zu bereinigen. Ein Rohstoffindex sowie währungsgesicherte Vergleichsindizes sind ab Juli 2011 offiziell zulässig. Generell werden der Kapitalanlagegesellschaft mehr Freiheiten und Verantwortung bei der Ausgestaltung des von ihr genutzten Value-at-Risk-Modells zugestanden. So können die Parameter der VaR-Berechnung in einem vorgegebenen Rahmen (Konfidenzniveau > 95 %, Haltedauer < 20 Tage) individuell gewählt werden, um die für die Gesellschaft optimale Funktionsweise des Risikomodells zu gewährleisten. Stichwort Modellqualität: in der neuen Derivateverordnung behält sich die Aufsicht das Recht vor, bei Schwächen des Risikomodells geeignete Maßnahmen zu veranlassen, die die Derivatenutzung individuell einschränken. Details dazu werden sich allerdings erst in der Praxis ergeben.

Eine letzte zu erwähnende Neuerung ist auf die Tatsache zurückzuführen, dass immer mehr Anlagekonzepte, die bisher ausschließlich aus der Welt der alternativen Investments und Hedgefonds bekannt waren, als sogenannte „Newcits" auch in richtlinienkonformen Fonds realisiert werden. Leerverkäufe und Kreditaufnahme werden dabei synthetisch über Derivate (z.B. verkaufte Call Optionen und Swaps) dargestellt. Aufgrund der Eigenschaften des Value-at-Risk in Bezug auf die Berücksichtigung von Korrelationseffekten ist es möglich, innerhalb des gesetzlichen Marktrisikolimits von 200% auch Konzepte mit einem Hebel (Leverage Ratio = Summe aller Nominalwertäquivalente) von über zwei umzusetzen[13]. Daher verlangen die CESR Guidelines und

---

[12] Haltedauer und Value-at-Risk werden unter der Normalverteilungsannahme durch die Wurzel der Zeit in Bezug gesetzt, d.h. ein VaR Limit von 20 % bei 20 Tagen Haltedauer entspricht $\dfrac{20\,\%}{\sqrt{2}} = 14{,}14\,\%$

[13] Die Definition des Hebels berücksichtigt keine Korrelationseffekte

somit auch die neue Derivateverordnung die zusätzliche Überwachung der Hebelwirkung eines Portfolios.

Standardisierung und Transparenz von (OTC) Derivaten

Eine wichtige Lehre aus der Finanzkrise ist, dass der Handel mit individuell ausgestalteten Over-the-Counter (OTC)-Derivaten besser überwacht werden muss. Es ist zu verhindern, dass ein Unternehmen über Credit Default Swaps solch immense Risiken eingehen kann, dass ein Verlust von 100 Mrd. USD möglich ist. CDS in diesem Zusammenhang als Massenvernichtungswaffen zu bezeichnen, ist medienwirksam, hilft allerdings nicht, das eigentliche Problem zu lösen: mangelnde Transparenz bezüglich eingegangener Risiken. Internationale Gremien und Regierungen haben bereits Verbesserungs-vorschläge gemacht, die jedoch noch auf ihre Umsetzung warten.

Die Derivateverordnung sieht voraussichtlich vor, dass die Kapitalanlagegesellschaften die Derivatepositionen ihrer Fonds regelmäßig der Aufsicht melden. Diese Vorschrift bedeutet sehr viel Aufwand, könnte sich allerdings als wenig wirksam erweisen, denn es muss immer noch jemanden geben, der diese großen Datenmengen auch auswertet. Besser wäre es, OTC-Derivate soweit zu standardisieren, dass sie über einen zentralen Kontrahenten (Central Counterparty -CCP) abgewickelt werden können. Damit könnten zahlreiche, vor allem operationelle Risiken beim Handel von OTC-Derivaten verringert werden. Gleichzeitig wäre es über diese Abwicklungsplattformen problemlos möglich, Transparenz über Risikokonzentrationen und deren Verursacher zu schaffen. In Deutschland ist die Einführung eines CCP nicht vor 2013 geplant. Die Gründe für die zögerliche Umsetzung sind unklar. Viele Kapitalanlagegesellschaften würden eine aktive Rolle des Gesetzgebers in Sachen einer tragfähigen CCP-Lösung begrüßen, und sei es nur, um sich unter anderem unnötige Meldepflichten aus der Derivateverordnung zu ersparen.

4.   Auswirkungen auf die institutionelle Fondsanlage

Der deutsche Spezialfonds ist ein erfolgreiches Produkt, das über die Jahre kontinuierlich weiterentwickelt wurde. Er kombiniert eine sichere Geldanlage unter dem Geltungsbereich des InvG bei gleichzeitig individueller Gestaltungsfreiheit in Bezug auf die Anlagepolitik, die flexible Nutzung professionellen Asset Management-Knowhows und steuerliche Vorteile sowie ein transparentes Reporting. Kapitalanlagegesellschaften dienen als Administrationsplattformen, die die vertragliche und technische Infrastruktur zur Verfügung stellen, um innerhalb sogenannter Masterfonds die Fondsanlage auf mehrere Portfolios (=Segmente), Asset Manager und Anlagestrategien zu verteilen. Der institutionelle Anleger zeichnet Anteile an einem Spezialfonds und kann bis ins Detail bestimmen, wie dieses Geld verwendet wird.

Der in den letzten Jahren erfolgten Deregulierung des Spezialfonds liegt die Erkenntnis zugrunde, dass das Schutzbedürfnis eines kompetenten institutionellen Investors sich grundlegend von dem eines Privatanlegers unterscheidet. Vor diesem Hintergrund entfiel mit dem Investmentänderungsgesetz 2007 eine unnötige Doppelregulierung, denn die meisten Spezialfondsanleger unterliegen einer separaten, institutionenspezifischen Aufsicht. Banken beispielsweise müssen in richtlinienkonforme Fonds investieren, um diese in ihre Liquiditätsreserve anrechnen zu können, und benötigen für die Berechnung ihres Kreditrisikos ein Reporting von so genannten Solvabilitätskennziffern. Versicherungen sind nach §54 des Versicherungsaufsichtsgesetzes (VAG) verpflichtet, ihr (gebundenes) Vermögen nach dem Grundsatz der Anlagesicherheit anzulegen usw.

Nach der Deregulierung verbleiben im InvG lediglich fünf obligatorische Anlagegrenzen für den Spezialfonds, von denen auch durch individuelle Vereinbarungen mit Zustimmung der Anleger nicht abgewichen werden kann. Die erste dieser Regeln gehört zur Grunddefinition des Fondsbegriffs, die zweite dient in Deutschland der Abgrenzung zu Private Equity-Fonds, die letzten drei der Abgrenzung zu Hedgefonds:

- Einhaltung des Grundsatzes der Risikomischung = mindestens vier wesentliche Vermögensgegenstände mit einem Anteil von höchstens 35%, in Ausnahmefällen 50 %
- maximal 20 % Unternehmensbeteiligungen
- kein physischer Leerverkauf
- maximal 30 % Kreditaufnahme
- Marktrisikolimit 200 % nach Derivateverordnung

Damit profitieren Spezialfonds einerseits von einer hohen Flexibilität in Bezug auf die individuelle Festlegung von Anlagegrenzen und andererseits, durch die übergreifenden Regelungen der Derivateverordnung und InvMaRisk, von einem mit Publikumsfonds vergleichbaren Sicherheitsniveau. Gewährleistet wird dies durch die 6-Augen-Kontrolle im Investment-Dreieck Asset Manager – Depotbank – Investmentgesellschaft und durch eine jährliche Fondsprüfung des Wirtschaftsprüfers. Zudem bieten die Kapitalanlagegesellschaften und Depotbanken mit ihren Reporting-Services eine hohe Transparenz bis auf Ebene der einzelnen Fondsinvestition.

Diese Vorteile haben institutionelle Anleger veranlasst, Teile ihrer Kapitalanlage in Masterfonds zu bündeln, in denen gleich mehrere Asset Manager unabhängig – und oft, ohne voneinander zu wissen – ihrer Anlagestrategie nachgehen. Statt der Beauftragung von externen Asset Managern, an die die Kapitalanlagegesellschaft das Portfoliomanagement auslagert, kann jedoch auch direkt in Zielfonds investiert werden, je nachdem, welche Umsetzung für den Anleger effizienter erscheint. Die Freiheitsgrade der Derivateverordnung machen es außerdem möglich, in einem separaten Derivatesegment des Masterfonds taktische Absicherungs- und Steuerungstransaktionen – zum Beispiel eine Devisenabsicherung mittels Devisentermingeschäften oder eine Durationssteuerung durch Zinsfutures – durchzuführen, ohne die Asset Manager bei der Umsetzung ihrer vorgegebenen Anlagestrategie zu stören[14]. Diese Möglichkeiten werden auch unter der aktualisierten Derivateverordnung und den Vorgaben der InvMaRisk erhalten bleiben. Im Gegenteil – es ist eher zu erwarten, dass die von den Regulierungsbehörden eingeforderte Mindestqualität an den Risikomanagement-Prozess einer Kapitalanlagegesellschaft dazu führen wird, dass Konzepte der effizienten Risikobudgetierung innerhalb eines Spezial- oder Masterfonds weiter entwickelt werden. Diese Vorschriften europaweit einheitlich zu halten, ist notwendig, weil Europa mit der UCITS IV-Richtlinie näher zusammenrückt.

Noch nicht vollständig einzuschätzen[15] sind die Auswirkungen der im November 2010 nach langwierigen, heftigen Diskussionen verabschiedeten, europäischen AIFM-Richtlinie. Als direkte Reaktion auf die Finanzkrise ins Leben gerufen, um Fonds zu regulieren, die nicht unter die UCITS-Richtlinie fallen und in weiten Teilen der Öffentlichkeit als überfällige Hedgefonds-Regulierung wahrgenommen, erfasst die AIFM Directive in Deutschland alle nicht richtlinienkonformen Fonds wie sonstige Sondervermögen, Immobilienfonds und eben Spezialfonds. Zwar sind einige, für den Spezialfonds kritische Punkte wie ein Verbot der Auslagerung an bestimmte externe

---

[14] Zum Overlay Management vergleiche Beitrag Herold/ Weil in diesem Handbuch.
[15] Zum Zeitpunkt der Veröffentlichung dieses Handbuchs im Juni 2011

Asset Manager und der Verwahrung im außereuropäischen Ausland in der Endversion der Richtlinie nicht mehr enthalten. Aufgrund der gewaltigen Zahl von über 50 Verordnungsermächtigungen, die von AIFM ausgehen, fällt es allerdings schwer, sich erleichtert zu fühlen. Aus der Sicht eines institutionellen Investors erscheint die Frage berechtigt: „War es das, oder geht der Sturm jetzt erst richtig los?" Leider ist die Wettervorhersage in Bezug auf solche regulatorische Maßnahmen nicht viel besser als die am Ende der Nachrichten.

Wichtig ist: der Spezialfonds muss seinen Status behalten und auch in Zukunft eine flexible und mit einem hohen Sicherheitsniveau versehene Anlage institutioneller Gelder ermöglichen. Regulierungsmaßnahmen wie die InvMaRisk sind gut, weil sie dazu beitragen.

5.   Fazit

Aufgrund der Ereignisse der Finanzkrise ist ein höherer Sicherheitsstandard an den Finanzmärkten zwingend erforderlich. Die internationalen Regulierungsbehörden verfolgen zahlreiche Ansätze, die nicht alle gleich erfolgreich sein werden. Manche Maßnahmen werden ins Leere gehen, andere unnötigen Aufwand erzeugen, aber es gibt auch Regelungen, die die Finanzmärkte insgesamt sicherer machen werden. Das ist essentiell, denn weitere Krisenszenarien sind nicht auszuschließen. Wir haben den Satz „Das kann nicht passieren" aus unserem Wortschatz streichen müssen. Die innerhalb der InvMaRisk und der Derivateverordnung definierten Organisationsanforderungen an Kapitalanlagegesellschaften gehören zu diesem verbesserten Sicherheitsniveau, umso mehr, als sie im Dialog zwischen Aufsicht und Praxis entstanden sind. Die Investmentgesellschaften sollten gerade deshalb von dem prinzipienorientierten Ansatz der InvMaRisk Gebrauch machen. Eine offene, kontroverse Diskussion mit Wirtschaftprüfern und BaFin über die Umsetzung der zahlreichen Vorgaben wird sich fruchtbar auswirken. Man sollte nicht unwidersprochen erfüllen, was man selbst nicht als sinnvoll erachtet. Viele Gesellschaften haben in der Krise bewiesen, dass sie ihrer Verantwortung als Treuhänder gerecht werden und ihr Risikomanagement auch ohne regulatorische Vorgaben weiterentwickeln. Die in der Praxis bewährten, sinnvollen Standards gilt es, europaweit konsistent zu etablieren.

Literaturverzeichnis

Bundesanstalt für Finanzdienstleistungsaufsicht, 2010: Rundschreiben 5/2010 (WA) vom 30.06.2010 zu den Mindestanforderungen an das Risikomanagement für Investmentgesellschaften – InvMaRisk, Bonn, 30.06.2010, online unter:
www.bafin.de/cln_171/nn_721290/SharedDocs/Veroeffentlichungen/DE/Service/Rundschreiben/2010/rs__1005__wa__invmarisk.html?__nnn=true

Bundesanstalt für Finanzdienstleistungsaufsicht, 2010: Rundschreiben 6/2010 (WA) zu den Aufgaben und Pflichten der Depotbank nach den §§ 20 ff. InvG, Bonn, 02.07.2010, online unter: ww.bafin.de/cln_171/nn_721290/SharedDocs/Veroeffentlichungen/DE/Service/Rundschreiben/2010/rs__1006__wa__depotbank__invg.html?__nnn=true

Bundesanstalt für Finanzdienstleistungsaufsicht, 2009: Verordnung über Inhalt, Umfang und Darstellung von Jahres-, Halbjahres-, Zwischen-, Auflösungs- und Liquidationsberichten von Sondervermögen und der Jahresabschlüsse und Lageberichte, Halbjahres-, Zwischen-, Auflösungs- und Liquidationsberichte von Investmentaktiengesellschaften sowie die Bewertung der dem Investmentvermögen zugehörigen Vermögensgegenstände (Investment-Rechnungslegungs- und Bewertungsverordnung – InvRBV), Bonn, 16.12.2009, online unter: http://www.bafin.de/cln_171/nn_721188/SharedDocs/Aufsichtsrecht/DE/Verordnungen/invrbv.html?__nnn=true

Bundesanstalt für Finanzdienstleistungsaufsicht, 2009: Fragenkatalog zu erwerbbaren Vermögensgegenständen   (Eligible   Assets),   Bonn,   15.10.2009,   online   unter: www.bafin.de/cln_171/nn_721290/SharedDocs/Veroeffentlichungen/DE/Service/Auslegungsentscheidungen/Wertpapieraufsicht/ae__070924__fragen__ea.html?__nnn=true

Bundesanstalt für Finanzdienstleistungsaufsicht, 2008: Investment-Prüfungsberichtsverordnung – Verordnung über die Inhalte der Prüfungsberichte für Kapitalanlagegesellschaften, Investmentaktiengesellschaften und Sondervermögen (InvPrüfbV), Bonn, 15.12.2008, online unter: www.bafin.de/cln_171/nn_721188/SharedDocs/Aufsichtsrecht/DE/Verordnungen/invpruefbv.html?__nnn=true

Bundesanstalt für Finanzdienstleistungsaufsicht, 2004: Derivateverordnung - Verordnung über Risikomanagement und Risikomessung beim Einsatz von Derivaten in Sondervermögen nach dem Investmentgesetz (DerivateV), Bonn, 06.02.2004, online unter: www.bafin.de/cln_171/nn_721188/SharedDocs/Aufsichtsrecht/DE/Verordnungen/derivatev.html?__nnn=true

Amtsblatt der Europäischen Union, 2009: Richtlinie 2009/65/EG des Europäischen Parlaments und des Rates, 17.11.2009, L302/32-L302/94

Amtsblatt der Europäischen Union, 2007: Richtlinie 2007/16/EG des Europäischen Parlaments und des Rates, 19.03.2007, L79/11-L79/19

The Committee of European Securities Regulators, 2009: Risk Management Principles for UCITS (Ref: CESR/09-178), Paris, 27.02.2009

The Committee of European Securities Regulators, 2010: CESR's Guidelines on Risk Measurement and the Calculation of Global Exposure and Counterparty Risk for UCITS (Ref: CESR10/788, Paris, 28.07.2010

Allgemeine Rahmenbedingungen für Investmentfonds in Deutschland

von Harald Kuhn

1. Einführung

Die Rahmenbedingungen für Investmentfonds sind in Deutschland im Investmentgesetz und einer Reihe von Rechtsverordnungen festgelegt. Aufgaben und Befugnisse der Beteiligten – Kapitalanlagegesellschaft, Depotbank, Anleger, Abschlussprüfer und Aufsichtsbehörde – sind darin umfassend geregelt. Die folgende Darstellung beschränkt sich auf die allgemeinen investmentrechtlichen Rahmenbedingungen für die richtlinienkonformen Sondervermögen, die durch eine EU-Richtlinie europaweit einheitlich reguliert sind. Andere Themenkreise wie Investmentaktiengesellschaft, Aufsichtsbefugnisse der Bundesanstalt für Finanzdienstleistungsaufsicht (BaFin) und Vertrieb sollen hier ebenso weitgehend ausgeklammert bleiben wie die übrigen, nicht durch EU-Richtlinien harmonisierten Publikums-Fondstypen[1] und die den institutionellen Anlegern vorbehaltenen Spezialfonds.[2]

2. Kapitalanlagegesellschaft

Allgemeines

Kapitalanlagegesellschaften sind nach der Begriffsbestimmung in § 2 Abs. 6 InvG Unternehmen, deren Hauptzweck in der Verwaltung von inländischen Investmentvermögen im Sinne des § 1 Satz 1 Nr. 1 InvG und wahlweise zusätzlich in der individuellen Vermögensverwaltung besteht. Jedes Unternehmen, das diesen Hauptzweck verfolgt, ist Kapitalanlagegesellschaft und unterliegt den Vorschriften des InvG.[3] Die individuelle Vermögensverwaltung kann zusätzlicher Hauptzweck sein, aber um Kapitalanlagegesellschaft zu sein, muss ein Unternehmen mindestens ein Investmentvermögen verwalten. Dabei muss es sich weder um Sondervermögen noch um richtlinienkonforme Investmentvermögen (OGAW) handeln.[4] Es kommt auch nicht auf den Umfang der Tätigkeiten an; die individuelle Vermögensverwaltung kann die überwiegende Tätigkeit sein.[5]

---

[1] Immobilien-Sondervermögen, Gemischte Sondervermögen, Altersvorsorge-Sondervermögen, Infrastruktur-Sondervermögen, Sonstige Sondervermögen, Mitarbeiterbeteiligungs-Sondervermögen und Sondervermögen mit zusätzlichen Risiken (Hedgefonds)

[2] Vgl. für institutionelle Sondervermögen den Beitrag von Nickel in diesem Handbuch.

[3] Vgl. *Beckmann*, in: Beckmann/Scholtz/Vollmer, Investment-Handbuch, 410 § 2 Rz. 212.

[4] Investmentvermögen, die der Richtlinie 85/611/EWG entsprechen. Nach dem Titel der Richtlinie hat sich der Begriff OGAW oder englisch UCITS zur Kennzeichnung dieser Investmentvermögen durchgesetzt.

[5] Vgl. *Beckmann*, in: Beckmann/Scholtz/Vollmer, Investment-Handbuch, 410 § 2 Rz. 218.

Bis zum Inkrafttreten des Investmentänderungsgesetzes waren Kapitalanlagegesellschaften (Spezial-)Kreditinstitute. Dieser Status ist durch Änderung des § 2 Abs. 6 InvG abgeschafft worden. Infolge des Wegfalls erklärt § 6 Abs. 5 InvG einige Vorschriften des Kreditwesengesetzes[6] und der Abgabenordnung[7] für anwendbar, sodass für Kapitalanlagegesellschaften weiterhin besondere Pflichten bestehen hinsichtlich der Verhinderung von Geldwäsche, Terrorismusfinanzierung und betrügerischen Handlungen sowie in Bezug auf den automatischen Kontenabruf durch die BaFin und das Bundeszentralamt für Steuern.

Außerdem sind Kapitalanlagegesellschaften Verpflichtete nach § 2 Abs. 1 Nr. 6 des Geldwäschegesetzes.

Rechtsform, Sitz

Kapitalanlagegesellschaften müssen die Rechtsform der Aktiengesellschaft oder der Gesellschaft mit beschränkter Haftung haben (§ 6 Abs. 1 Satz 2 InvG). Auch wenn die Rechtsform der GmbH gewählt wird, ist ein Aufsichtsrat zu bilden, für dessen Zusammensetzung, Rechte und Pflichten eine Reihe der aktienrechtlichen Vorschriften gelten. Gemäß § 6 Abs. 2a InvG ist ein von den Aktionären bzw. Gesellschaftern, den mit ihnen verbundenen Unternehmen und den Geschäftspartnern der Kapitalanlagegesellschaft unabhängiges Aufsichtsratsmitglied vorgeschrieben. Dies gilt nicht für Kapitalanlagegesellschaften, die ausschließlich Investmentvermögen für institutionelle Anleger (Spezial-Sondervermögen oder Spezial-Investmentaktiengesellschaften) verwalten.

Sowohl der satzungsmäßige Sitz als auch die Hauptverwaltung müssen im Inland sein (§ 6 Abs. 1 Satz 3 InvG).

Erlaubnispflicht

Eine Kapitalanlagegesellschaft darf ihren Geschäftsbetrieb erst dann aufnehmen, wenn die Bundesanstalt für Finanzdienstleistungsaufsicht (BaFin) schriftlich die Erlaubnis dazu erteilt hat. Die Kapitalanlagegesellschaft muss einen Erlaubnisantrag stellen, dem die in § 7a Abs. 1 InvG aufgezählten Unterlagen beizufügen sind. Die Entscheidung der BaFin über den Antrag ist der Kapitalanlagegesellschaft innerhalb von sechs Monaten nach Einreichung eines vollständigen Antrags mitzuteilen.

---

[6] Vgl. §§ 24c und 25c-25h KWG.

[7] Vgl. § 93 Abs. 7 und Abs. 8 AO i.Vm. § 93b AO.

Eine Kapitalanlagegesellschaft darf ausschließlich inländische Investmentvermögen (Sondervermögen und fremdverwaltete Investmentaktiengesellschaften) verwalten und die in § 7 Abs. 2 InvG aufgezählten Dienstleistungen und Nebendienstleistungen erbringen. Weitere Tätigkeiten – mit Ausnahme von Geschäften zur Verwaltung des eigenen Vermögens – müssen in der Satzung bzw. im Gesellschaftsvertrag der Kapitalanlagegesellschaft ausgeschlossen werden (§ 7 Abs. 4 InvG).

Die weiteren Dienstleistungen und Nebendienstleistungen nach § 7 Abs. 2 InvG sind:

- Portfolioverwaltung oder „individuelle Vermögensverwaltung"
- Anlageberatung
- Verwahrung von Anteilscheinen (Depotgeschäft in Investmentanteilen)
- Vertrieb von Investmentanteilen
- Abschluss von Altersvorsorgeverträgen (Riester-, Rürup-Verträge)
- Abgabe von Mindestzahlungszusagen gegenüber Anlegern (Garantiefonds, aber auch im Rahmen der individuellen Portfolioverwaltung und des Depotgeschäfts möglich)
- sonstige mit § 7 Abs. 2 Nr. 1-6a InvG unmittelbar verbundene Tätigkeiten

Bei der Erteilung der Erlaubnis wird nicht mehr nach der Art der von der Kapitalanlagegesellschaft verwalteten Investmentvermögen unterschieden.[8] Die Erlaubnis ist nicht mehr auf die Verwaltung bestimmter Fondstypen beschränkt, sodass bei Veränderung des Geschäftsfeldes kein Erlaubnisantrag mehr erforderlich sein soll.[9] Da die Erlaubnis aber Geschäftsleiter mit ausreichender Expertise voraussetzt, kann die Erlaubnis auf dieser Grundlage auf die Verwaltung bestimmter Fondstypen beschränkt werden.

Eigenkapitalausstattung

Das Anfangskapital[10] einer Kapitalanlagegesellschaft muss mindestens 300.000 Euro betragen. Übersteigt der Wert der verwalteten Sondervermögen 1,125 Milliarde Euro, müssen zusätzliche Eigenmittel[11] in Höhe von mindestens 0,02% des übersteigenden

---

[8] Die Erlaubnis wurde früher auf die Verwaltung bestimmter Fondstypen beschränkt. Diese Regelung war ursprünglich nur Verwaltungspraxis, die erst Ende 2007 durch das InvÄndG eine formalrechtliche Grundlage erhielt. 2009 ist die Vorschrift wieder gestrichen worden, um das Erlaubnisverfahren zu vereinfachen.

[9] Aber ggf. Pflicht zur Anzeige von Satzungsänderungen, § 7 Abs. 5 InvG.

[10] Grund-/Stammkapital ohne Vorzugsaktien und Rücklagen, § 2 Abs. 23 InvG

[11] Haftendes Eigenkapital und Drittrangmittel im Sinne von § 10 Abs. 2 Satz 1 KWG, § 2 Abs. 24 InvG

Betrages vorgehalten werden. Die nach diesen Regeln erforderlichen Eigenmittel sind bei 10 Millionen Euro gedeckt.

Unabhängig davon müssen die Eigenmittel mindestens einem Viertel der Kosten entsprechen, die in der Gewinn- und Verlustrechnung des letzten Jahresabschlusses unter den allgemeinen Verwaltungsaufwendungen, den Abschreibungen und Wertberichtigungen auf immaterielle Anlagewerte und Sachanlagen ausgewiesen sind. Hier gilt die betragsmäßige Deckelung nicht.

Nicht konkret im Gesetz bestimmt sind die Eigenmittel, die aufgrund von Mindestzahlungszusagen (Garantiefonds) vorzuhalten sind; sie müssen angemessen sein.

3.   Depotbank[12]

Allgemeines

Die Kapitalanlagegesellschaft muss ein inländisches Kreditinstitut mit Zulassung zum Einlagen- und Depotgeschäft[13] oder die inländische Zweigstelle eines EWR-Kreditinstituts im Sinne von § 53b Abs. 1 S. 1 KWG[14] als Depotbank beauftragen. Der Depotbank obliegt die Verwahrung der Vermögensgegenstände, die zum Sondervermögen gehören, und die sonstigen Aufgaben nach Maßgabe der §§ 24 bis 29 InvG.

Alternativ kann auch eine inländische Zweigniederlassung eines Kreditinstituts im Sinne des § 53 oder des § 53c KWG als Depotbank beauftragt werden. Allerdings dürfen Anteile an OGAW, deren Vermögensgegenstände von einer solchen Depotbank verwahrt werden, nicht mittels EU-Pass in den anderen Mitgliedstaaten der EU bzw. des EWR vertrieben werden.

Die Auswahl und jeder Wechsel der Depotbank bedürfen der Genehmigung der BaFin (§ 21 Abs. 1 S. 1 InvG). Für Publikumsfonds wird die Genehmigung für jedes einzelne Sondervermögen erteilt, gegebenenfalls als Vorausgenehmigung (§ 21a i.V. m. § 43a InvG). Für Spezial-Sondervermögen kann sich die Kapitalanlagegesellschaft die Auswahl der Depotbank oder auch mehrerer Depotbanken allgemein genehmigen lassen. Beauftragt die Kapitalanlagegesellschaft derart allgemein genehmigte Depotbanken, müssen Auswahl und Wechsel nicht genehmigt werden. Diese Vereinfachung

---

[12] Zu den Aufgaben der Depotbank bzw. des Global Custodian siehe die Beiträge von von Schmettow et al. und Althoff/Noltsch in diesem Handbuch.

[13] Vgl. § 1 Abs. 1 Satz 2 Nr. 1 und 5 KWG.

[14] Es handelt sich um die inländischen Zweigstellen von Kreditinstituten mit Sitz im EU-Ausland, die aufgrund EU-Passes ohne gesonderte Erlaubnis in Deutschland Bankgeschäfte betreiben dürfen.

gilt jedoch nicht für die Depotbank für Spezial-Sondervermögen in Form von Immobilien-Sondervermögen, Single-Hedgefonds nach § 112 InvG und Dach-Hedgefonds nach § 113 InvG.

Aufgaben der Depotbank

Die Aufgaben der Depotbank umfassen:

- Ausgabe und Rücknahme von Anteilen (§ 23 InvG)
- Verwahrung aller Vermögensgegenstände des Sondervermögens, die verwahrt werden können (§ 24 Abs. 1 und Abs. 2 InvG)
- laufende Überwachung nicht verwahrfähiger Vermögensgegenstände (§ 24 Abs. 3 InvG)
- Zahlstellenfunktion für das Investmentvermögen (§ 25 InvG)
- Prüfung der zustimmungspflichtigen Geschäfte (§ 26 InvG)
- Überwachungsaufgaben nach § 27 InvG

Die Depotbank handelt dabei stets unabhängig von der Kapitalanlagegesellschaft und ausschließlich im Interesse der Anleger. Sie hat jedoch die Weisungen der Kapitalanlagegesellschaft auszuführen, sofern diese nicht gegen gesetzliche Vorschriften und die Vertragsbedingungen verstoßen. Dem entsprechend ist die Depotbank berechtigt und verpflichtet, gegebenenfalls Schadensersatzansprüche der Anleger gegen die Kapitalanlagegesellschaft wegen Verletzung der Vorschriften des InvG oder der Vertragsbedingungen im eigenen Namen geltend zu machen. Ihr obliegt auch die Geltendmachung von Ansprüchen, wenn Immobilien ohne die erforderliche Zustimmung der Depotbank verkauft worden sind, sowie die Abwehr von Zwangsvollstreckungsmaßnahmen, die sich gegen das Sondervermögen richten.

4.   Allgemeine Vorschriften für alle Sondervermögen

Allgemeines

Sondervermögen sind Vermögensmassen ohne eigene Rechtspersönlichkeit. Aus diesem Grund muss ein Sondervermögen von einem Träger des Vermögens – der Kapitalanlagegesellschaft – verwaltet werden. Die Vermögen, die eine Kapitalanlagegesellschaft für andere im Rahmen der individuellen Portfolioverwaltung verwaltet, sind keine Sondervermögen.

Die Vermögensgegenstände, die zusammen das Sondervermögen bilden, können im Eigentum der Kapitalanlagegesellschaft („Treuhandlösung") oder im Miteigentum der Anleger („Miteigentumslösung") stehen. Die Kapitalanlagegesellschaft kann grundsätzlich zwischen diesen beiden Gestaltungen wählen, indem sie die Bestimmung darüber in den Vertragsbedingungen trifft. Die Miteigentumslösung ist historisch begründet. Bis zum Inkrafttreten des KAGG begründete die – rein formale – Eigentümerstellung die Konkurssicherheit des Sondervermögens (Aussonderungsrecht), während die Treuhandlösung rechtliche und praktische Vorteile vor allem bei Sachverhalten mit Auslandsberührung hat.[15] Für Immobilien- und Infrastruktur-Sondervermögen ist die Treuhandlösung wegen der Eintragung der Kapitalanlagegesellschaft als Eigentümerin im Grundbuch oder vergleichbaren Registern erforderlich (§§ 75, 90a InvG).

Die Unterscheidung zwischen Treuhandlösung und Miteigentumslösung ist für die Anleger ohne Bedeutung.[16] Denn nur die Kapitalanlagegesellschaft kann über die zu einem Sondervermögen gehörenden Vermögensgegenstände verfügen und Rechte aus ihnen ausüben. Anleger können weder die Herausgabe von Vermögensgegenständen noch die Auflösung des Sondervermögens selbst verlangen. Ihre Rechte am Sondervermögen sind – auch wenn sie im Falle der Miteigentumslösung als Miteigentümer jedes einzelnen Vermögensgegenstandes gelten – darauf beschränkt, die Anteile zurückzugeben und sich den anteiligen Inventarwert auszuzahlen zu lassen.

Das Sondervermögen haftet nicht für Verbindlichkeiten der Kapitalanlagegesellschaft. Dies gilt auch für Verbindlichkeiten der Kapitalanlagegesellschaft aus Rechtsgeschäften, die sie für gemeinschaftliche Rechnung der Anleger schließt. Auch die Kapitalanlagegesellschaft selbst kann sich wegen ihrer eigenen Ansprüche auf Vergütung und Aufwendungsersatz nur aus dem Sondervermögen befriedigen; die Anleger haften ihr nicht persönlich. Die Sondervermögen gehören auch nicht zur Insolvenzmasse der Kapitalanlagegesellschaft.

Die zum Sondervermögen gehörenden Aktien vermitteln in der Regel Stimmrechte. Zur Ausübung der Stimmrechte ist die Kapitalanlagegesellschaft gesetzlich ermächtigt, ohne dass es einer besonderen Vollmacht bedarf. Als Teil der Verwaltung des Sondervermögens müssen die Stimmrechte im Interesse der Anleger ausgeübt werden.[17]

---

[15] Vgl. *Baur*, Investmentgesetze, 1. Teilband, § 6 KAGG Rz. 8-11

[16] *Caemmerer*, JZ 1958, 41; Bödecker, in Albrecht/Karahan/Lenenbach, Fachanwaltshandbuch Bank- und Kapitalmarktrecht, § 45 Rz. 32 f.

[17] *Vahldiek*, in: Bödecker (Hrsg.), Handbuch Investmentrecht, Teil II InvG § 32 B.I.

Anteile und Anteilscheine

Die Anteile an Sondervermögen werden in Anteilscheinen verbrieft, es handelt sich damit um Wertpapiere. Sie können gemäß § 33 Abs. 1 Satz 2 InvG als Inhaber- oder Namenspapiere gestaltet werden. In der Praxis ist die Gestaltung als Namenspapiere ohne Bedeutung.

Anteile dürfen nur gegen volle Leistung des Ausgabepreises ausgegeben werden, die Ausgabe nur teilweise eingezahlter Anteile ist nicht zulässig. Kapitalabrufverfahren in Spezialfonds müssen deshalb über eine Zeichnungszusage gestaltet werden, bei denen zwischen Anleger und Kapitalanlagegesellschaft der Zeichnungsbetrag oder ein Zeichnungshöchstbetrag vereinbart wird. Bei Abruf des zugesagten Kapitals zeichnet der Anleger die dem abgerufenen Betrag entsprechende Zahl von Anteilen, die dann gegen volle Leistung des Ausgabepreises ausgegeben werden. Die Kapitalanlagegesellschaft haftet mit ihrem eigenen Vermögen, wenn Anteile in Umlauf geraten, ohne dass dem Sondervermögen der volle Anteilwert zugeflossen ist (§ 36 Abs. 7 InvG).

Sacheinlagen

Sacheinlagen sind gemäß § 23 Abs. 1 Satz 3 InvG grundsätzlich unzulässig, die Anteile dürfen nur gegen Zahlung des Ausgabepreises in Geld ausgegeben werden. Vom Sacheinlageverbot gibt es zwei Ausnahmen. Zum einen gilt das Sacheinlageverbot nicht im Fall einer Verschmelzung von Sondervermögen nach § 40 InvG. Die andere Ausnahme gilt nach § 95 Abs. 8 InvG für Spezial-Sondervermögen. Da Spezialfonds vom Sacheinlageverbot befreit sind, können sogenannte Einbringungsfonds aufgelegt werden, bei denen Anleger ihre direkt gehaltenen Vermögensgegenstände in den Fonds einlegen und dort verwalten lassen.

Anteilklassen und Teilfonds

Grundsätzlich müssen alle Anteile an ein und demselben Sondervermögen ihren Inhabern die gleichen Rechte gewähren. Nur wenn die Kapitalanlagegesellschaft Anteilklassen bildet, können die Anteilinhaber eines Sondervermögens unterschiedliche Rechte haben. Die Anteile verschiedener Anteilklassen können unterschiedliche Rechte insbesondere hinsichtlich der Ertragsverwendung, des Ausgabeaufschlags, des Rücknahmeabschlags, der Währung des Anteilwertes, der Verwaltungsvergütung, der Mindestanlagesumme oder einer Kombination dieser Merkmale gewähren. Innerhalb einer Anteilklasse gewähren alle Anteile stets die gleichen Rechte. Nichtsdestoweniger handelt es sich bei allen Anteilen um Anteile an einem einzigen Sondervermögen. Da die Anteile verschiedener Anteilklassen sich wirtschaftlich unterschiedlich entwickeln, muss der Wert eines Anteils für jede Anteilklasse gesondert errechnet werden. Außerdem dürfen die vorhandenen Anleger nicht mit den Kosten für die Bildung neuer Anteilklassen belastet werden, rechnerisch werden sie nur der neuen Anteilklasse belastet. Anteilklassen sind im institutionellen Bereich von Bedeutung, wenn individuelle, leistungsabhängige Vergütungen zwischen der Kapitalanlagegesellschaft und den Anlegern vereinbart und aus dem Sondervermögen gezahlt werden sollen.

Bildet die Kapitalanlagegesellschaft Teilfonds, handelt es sich nicht um ein und dasselbe Sondervermögen. Die Teilfonds stellen eine sogenannte Umbrella-Konstruktion dar, in der „mehrere Sondervermögen, die sich hinsichtlich der Anlagepolitik oder eines anderen Ausstattungsmerkmals unterscheiden, zusammengefasst werden".[18] Die Teilfonds einer Umbrella-Konstruktion sind von den übrigen Teilfonds der Umbrella-Konstruktion vermögens- und haftungsrechtlich getrennt.

Anteilwertermittlung

Der Anteilwert ist grundsätzlich börsentäglich zu ermitteln. Er ergibt sich, indem der Nettoinventarwert des Sondervermögens durch die Zahl der ausgegebenen Anteile geteilt wird. Der Nettoinventarwert eines Sondervermögens ist die Summe der Kurswerte der zu ihm gehörenden Vermögensgegenstände abzüglich der aufgenommenen Kredite und sonstigen Verbindlichkeiten. Er wird entweder unter Mitwirkung der Kapitalanlagegesellschaft von der Depotbank oder von der Kapitalanlagegesellschaft selbst ermittelt.

Von der börsentäglichen Anteilwertermittlung kann abgewichen werden für Infrastruktur-Sondervermögen, Mikrofinanzfonds[19] (mindestens monatlich) und Spezial-Sondervermögen. Für die Häufigkeit der Anteilwertermittlung für Spezialfonds gibt es keine gesetzliche Vorgabe, denkbar ist eine Reduzierung auf die Ausgabe- und Rücknahmetermine. Praktisch geben die Spezialfondsanleger die Häufigkeit der Anteilwertermittlung entsprechend ihren Bedürfnissen vor.

Werden Anteile an einem Spezialfonds von Publikums-Sondervermögen gehalten, muss der Anteilwert des Spezialfonds börsentäglich ermittelt werden. Dieser Fall betrifft Spezialfonds als Liquiditätsanlage für Publikums-Immobilienfonds.

---

[18] § 34 Abs. 2 InvG.

[19] Mikrofinanzfonds sind sonstige Sondervermögen, die von der Möglichkeit nach § 90h Abs. 7 InvG Gebrauch machen, unverbriefte Darlehensforderungen bis zu 75% des Inventarwertes zu erwerben.

Anteilrückgabe

Grundsätzlich können die Anleger eines Sondervermögens jederzeit von der Kapitalanlagegesellschaft verlangen, dass sie Anteile zurücknimmt und den anteiligen Inventarwert auszahlt (§ 37 Abs. 1 InvG). Die tägliche Anteilrücknahme ist für richtlinienkonforme und gemischte Sondervermögen vorgeschrieben.[20]

Für Infrastruktur-Sondervermögen und Mikrofinanzfonds muss die Anteilrücknahme
von vornherein beschränkt und die Einhaltung einer Rückgabefrist vorgeschrieben
werden.[21] Die Rückgabe von Anteilen an Infrastruktur-Sondervermögen ist außerdem
betragsmäßig begrenzt auf 1 Mio. Euro pro Anleger und Rücknahmetermin (§ 90d
Abs. 3 InvG).

Für Immobilien- und sonstige Sondervermögen (ohne Mikrofinanzfonds) können
Termine und Fristen nur in Anhängigkeit von Schwellenwerten vereinbart werden; die
Termine und Fristen müssen nur eingehalten werden, wenn der Wert der vom einzel-
nen Anleger zur Rücknahme vorgelegten Anteile den als Schwellenwert festgelegten
Betrag erreicht oder überschreitet.

Für Hedgefonds und Dach-Hedgefonds kann nach § 116 InvG die tägliche Anteilrücknahme vereinbart werden, aber auch eine Beschränkung auf bestimmte Termine[22]
und die Einhaltung von Rückgabefristen.[23]

Für Spezial-Sondervermögen können Termine und Fristen frei vereinbart werden,
jedoch müssen Anteile mindestens einmal in zwei Jahren zurückgenommen werden.
Für Versicherungen und andere institutionelle Anleger, die die Regeln des Versiche-
rungsaufsichtsrechts beachten müssen, sind Spezial-Sondervermögen allerdings nur
dann geeignet, wenn häufigere Anteilrücknahmen vorgesehen sind.[24]

---

[20] Dies gilt auch für Altersvorsorge-Sondervermögen.

[21] Dies gilt auch für Mitarbeiterbeteiligungs-Sondervermögen.

[22] Mindestens jedoch einmal pro Quartal.

[23] Maximal 40 Tage für Hedgefonds und 100 Tage für Dach-Hedgefonds.

[24] Ausweislich der Begründung zum Entwurf der Dritten Verordnung zur Änderung der Anlageverordnung vom 29. Juni 2010 und eines Entwurfs des neuen BaFin-Rundschreibens zur Kapitalanlage der
Versicherungen macht die Versicherungsaufsicht die Häufigkeit der Anteilrücknahmen von der Liquidität des Fondsportfolios abhängig. Anteile an Immobilien-Sondervermögen müssen innerhalb von 6
Monaten zurückgegeben werden können, Anteile an Mikrofinanz-, Infrastruktur- und sonstigen Sondervermögen mit überwiegend nicht liquiden Vermögensgegenständen innerhalb von 7 Monaten, Anteile an sonstigen Sondervermögen mit überwiegend liquiden Vermögensgegenständen innerhalb von
2 Monaten. Für Anteile an Hedgefonds und Dach-Hedgefonds gilt § 116 InvG. Für Spezial-
Sondervermögen sollen je nach den Anlagegrundsätzen die entsprechenden Anforderungen an die Pu-
blikumsfondstypen gelten. Nach dem Entwurf des neuen Rundschreibens der BaFin zur Kapitalanlage

Aussetzung der Anteilrücknahme

Die Kapitalanlagegesellschaft kann die Rücknahme der Anteile und die Auszahlung des Inventarwertes nur verweigern, indem sie die Anteilrücknahme insgesamt aussetzt. Die Aussetzung ist eine einschneidende Maßnahme, da sie den Anlegern ihr einziges Recht an dem Fonds vorübergehend abschneidet. Nach Auffassung der BaFin ist die Aussetzung der Anteilrücknahme daher nur mit Zustimmung des Aufsichtsrates der Kapitalanlagegesellschaft zulässig. Sie ist darüber hinaus nur nach den Bestimmungen in § 37 Abs. 2 oder § 81 Satz 1 InvG erlaubt.

Nach § 37 Abs. 2 InvG darf die Anteilrücknahme ausgesetzt werden, wenn außergewöhnliche Umstände vorliegen, die eine Aussetzung unter Berücksichtigung der Interessen der Anleger erforderlich erscheinen lassen. Diese Befugnis muss in den Vertragsbedingungen vorgesehen sein. Solange die Rücknahme nach § 37 Abs. 2 InvG ausgesetzt ist, dürfen keine Anteile ausgegeben werden.

Bei Publikumsfonds muss die Kapitalanlagegesellschaft die Entscheidung über die Aussetzung den Behörden anzeigen. Die Anleger sind durch Bekanntmachungen im elektronischen Bundesanzeiger und in einer hinreichend verbreiteten Wirtschafts- oder Tageszeitung oder auf einer (im Prospekt benannten) Internetseite über die Aussetzung und die Wiederaufnahme der Anteilrücknahme zu unterrichten. Bei Spezialfonds genügt die Mitteilung an die Anleger.

Die Aussetzung der Rücknahme nach § 81 Satz 1 InvG ist für Immobilien- und Infrastruktur-Sondervermögen erlaubt, wenn nicht genügend Liquidität für die Auszahlung der Anleger und zur ordnungsgemäßen laufenden Bewirtschaftung zur Verfügung steht. Länger als zwei Jahre darf die Aussetzung nicht dauern. Während der Aussetzung nach § 81 InvG dürfen neue Anteile ausgegeben werden. Die weiteren Pflichten der Kapitalanlagegesellschaft zur Schaffung von Liquidität richten sich nach § 81 Satz 2-7 InvG. Hinsichtlich der Liquidität, Anteilrücknahme und deren Aussetzung bei den Immobilienfonds wird es voraussichtlich wesentliche Änderungen geben. Der Entwurf eines Gesetzes zur Stärkung des Anlegerschutzes und Verbesserung der Funktionsfähigkeit des Kapitalmarkts sieht als Reaktion auf die Aussetzung der Anteilrücknahme bei einigen Immobilienfonds folgende Maßnahmen vor:

---

der Versicherungen muss für Spezial-Sondervermögen mit überwiegendem Anlageschwerpunkt in Wertpapieren, Geldmarktinstrumenten, Bankguthaben und Investmentanteilen sichergestellt sein, dass die Rückgabe der Anteile innerhalb eines Monats möglich ist. Der Rundschreibenentwurf ist unter http://www.bafin.de/cln_161/SharedDocs/Downloads/DE/Unternehmen/Konsultationen/2011/kon__0 111__entwurf__va,templateId=raw,property=publicationFile.pdf/kon_0111_entwurf_va.pdf abrufbar.

- Mindesthaltedauer von zwei Jahren; Anteile im Wert von 30.000 Euro pro Kalenderhalbjahr und Anleger können ohne Einhaltung der Frist eingelöst werden;
- für Anteilrückgaben von mehr als 30.000 Euro pro Kalenderhalbjahr und Anleger ist eine Rücknahmefrist von 12 Monaten einzuhalten;
- die langfristige Fremdfinanzierung wird für Publikumsfonds von 50% auf 30% des Wertes des Immobilienportfolios reduziert;
- statt börsentäglicher Rücknahme können Rücknahmetermine vereinbart werden, mindestens einmal jährlich; da Immobilien im Abstand der Rücknahmetermine – jedoch höchstens alle drei Monate – bewertet werden müssen, besteht wegen der damit verbundenen Kosten ein wirtschaftlicher Druck, die Rücknahmetermine zu beschränken.

Verlust des Verwaltungsrechts und Abwicklung

Kündigt die Kapitalanlagegesellschaft die Verwaltung des Sondervermögens, erlischt nach Ablauf der Kündigungsfrist ihr Recht, das Sondervermögen zu verwalten. Als Kündigungsfrist müssen die Vertragsbedingungen mindestens sechs Monate vorsehen; die Vereinbarung einer längeren Frist ist zulässig. Die gesetzliche Mindestkündigungsfrist gilt nicht für die Verwaltung von Spezialfonds.

Nach § 38 Abs. 4 InvG ist die Depotbank verpflichtet, den Investmentvertrag (zwischen KAG und Anlegern) für die Anleger fristlos zu kündigen, wenn

- die Kapitalanlagegesellschaft aus einem in § 38 Abs. 2 und 3 InvG nicht genannten Grund aufgelöst oder
- gegen die Kapitalanlagegesellschaft ein allgemeines Verfügungsverbot erlassen

wird.

Das Verwaltungsrecht erlischt auch mit der Eröffnung des Insolvenzverfahrens über das Vermögen der Kapitalanlagegesellschaft oder mit der Rechtskraft des Gerichtsbeschlusses, durch den der Antrag auf die Eröffnung des Insolvenzverfahrens mangels Masse nach § 26 InsO abgewiesen wird.

Wird die Kündigung (in der Regel nach Ablauf der Kündigungsfrist) wirksam, erlischt das Verwaltungsrecht. Steht das Sondervermögen im Eigentum der Anleger (Miteigentumslösung), geht in diesem Zeitpunkt das Verfügungsrecht über das Sondervermögen von der Kapitalanlagegesellschaft auf die Depotbank über. Steht das Sondervermögen im Eigentum der Kapitalanlagegesellschaft (Treuhandlösung), geht das Eigentum am Sondervermögen auf die Depotbank über. Für Immobilien löst dieser Vorgang Grunderwerbsteuer aus. Die Anleger eines Immobilienfonds – auch eines

Spezialfonds – sollten im Hinblick auf die Grunderwerbsteuer eine Kündigungsfrist vereinbaren, die eine geordnete Abwicklung des Sondervermögens durch die Kapitalanlagegesellschaft ermöglicht, falls eine Abwicklung erforderlich wird.

Ist das Verwaltungsrecht erloschen, hat die Depotbank das Sondervermögen durch Veräußerung der Vermögensgegenstände abzuwickeln und die Erlöse an die Anleger auszukehren. Mit Genehmigung der BaFin kann die Depotbank – anstelle der Abwicklung – die Verwaltung auf eine andere Kapitalanlagegesellschaft übertragen. Dabei gelten die bisherigen Vertragsbedingungen fort.

Verschmelzung von Investmentvermögen

Vor Inkrafttreten des Investmentgesetzes waren Verschmelzungen von Sondervermögen wegen des Sacheinlageverbots nicht möglich. § 40 Satz 1 InvG erlaubt die Verschmelzung zweier Sondervermögen („Übertragung aller Vermögensgegenstände eines Sondervermögens in ein anderes Sondervermögen"), wenn

- beide Sondervermögen von derselben Kapitalanlagegesellschaft verwaltet werden,
- die in den Vertragsbedingungen festgelegten Anlagegrundsätze und -grenzen nicht wesentlich voneinander abweichen,
- die an die Kapitalanlagegesellschaft und die Depotbank zu zahlenden Vergütungen, die Ausgabeaufschläge und die Rücknahmeabschläge nicht wesentlich voneinander abweichen,
- die Verschmelzung zum Geschäftsjahresende des übertragenden Sondervermögens (Übertragungsstichtag) erfolgt,
- am Übertragungsstichtag die Inventarwerte berechnet werden, das Umtauschverhältnis der Anteile festgelegt wird, die Vermögensgegenstände und Verbindlichkeiten übernommen werden und der gesamte Übernahmevorgang vom Abschlussprüfer geprüft wird und die BaFin die Verschmelzung genehmigt hat.

Mit Zustimmung der Bundesanstalt kann ein anderer Übertragungsstichtag bestimmt werden; dann ist ein geprüfter Zwischenbericht zu erstellen. Das Umtauschverhältnis ermittelt sich nach dem Verhältnis der Nettoinventarwerte des übernommenen und des aufnehmenden Sondervermögens zum Zeitpunkt der Übernahme.

Auch Teilfonds sind Sondervermögen, die verschmolzen werden können. § 100 Abs. 5 InvG erlaubt die Verschmelzung

- von Teilgesellschaftsvermögen einer Investmentaktiengesellschaft auf ein anderes Teilgesellschaftsvermögen der gleichen Umbrella-Konstruktion,

- von Teilgesellschaftsvermögen einer fremdverwalteten Investmentaktiengesellschaft auf ein Sondervermögen, wenn beide von derselben Kapitalanlagegesellschaft verwaltet werden,
- von Teilgesellschaftsvermögen einer fremdverwalteten Investmentaktiengesellschaft auf ein Teilgesellschaftsvermögen einer anderen fremdverwalteten Investmentaktiengesellschaft, wenn beide von derselben Kapitalanlagegesellschaft verwaltet werden.

Die Verschmelzungen nach § 14 InvStG sind steuerneutral, es erfolgt keine Realisierung stiller Reserven.

Die grenzüberschreitende Verschmelzung inländischer mit ausländischen Fonds ist derzeit noch nicht möglich. Nach dem Entwurf des Gesetzes zur Umsetzung der OGAW IV-Richtlinie in nationales Recht vom 15. Dezember 2010[25] können (inländische) richtlinienkonforme Sondervermögen künftig auf ausländische OGAW verschmolzen werden und umgekehrt. Vorgesehen sind die Verschmelzung durch Aufnahme, bei der die Anleger des untergehenden Fonds Anteile des aufnehmenden Fonds erhalten (§ 40h Abs. 1 InvG-E), und die Verschmelzung zur Neugründung, bei der die zu verschmelzenden Fonds untergehen und die Anleger beider Fonds Anteile an einem neu gegründeten Fonds erhalten (§ 40h Abs. 2 InvG-E). Die Möglichkeit, das Nettovermögen des übertragenden Fonds abzuspalten und in den aufnehmenden Fonds zu übertragen (Artikel 2 Abs. 1 Buchstabe p Ziffer iii der OGAW IV-Richtlinie), soll im InvG nicht umgesetzt werden.

Nach dem Entwurf eines steuerlichen Begleitgesetzes zur OGAW IV-Umsetzung ist eine grenzüberschreitende Verschmelzung nicht steuerneutral möglich.

5.   OGAW/UCITS/richtlinienkonforme Sondervermögen

Europäischer Rechtsrahmen: die OGAW-Richtlinien

Der rechtliche Rahmen für richtlinienkonforme Sondervermögen wird durch die OGAW-Richtlinie vorgegeben. Die ursprüngliche Fassung der Richtlinie 85/611/EWG hatte der Vermögensanlage der harmonisierten Fonds noch sehr enge Grenzen gezogen. Durch die sogenannte Produktrichtlinie 2001/108/EG vom 21. Januar 2002 wurden die Anlagemöglichkeiten für harmonisierte Fonds wesentlich erwei-

---

[25] Regierungsentwurf eines Gesetzes zur Umsetzung der Richtlinie 2009/65/EG zur Koordinierung der Rechts- und Verwaltungsvorschriften betreffend bestimmte Organismen für gemeinsame Anlagen in Wertpapieren (OGAW IV-Richtlinie)

tert. OGAW III[26] erlaubte die Anlage in Geldmarktinstrumente und Derivate, und eine Hebelung der harmonisierten Fonds um bis zu 100% wurde erlaubt. Für die Verwaltungsgesellschaften wurde ein beschränkter Management Company Passport eingeführt, der grenzüberschreitende Dienstleistungen ermöglichen sollte. OGAW III wurde Ende 2003 durch das Investmentmodernisierungsgesetz in nationales Recht – das Investmentgesetz – umgesetzt. Die §§ 46-65 InvG enthalten bis heute die für richtlinienkonforme Sondervermögen geltenden Regeln in Bezug auf erwerbbare Assets, Derivate, Kreditaufnahme, Leerverkäufe und die Anlage- und Ausstellergrenzen. Ergänzt werden diese Regelungen durch die Richtlinie 2007/16/EG zu den erwerbbaren Vermögensgegenständen·CESR Guidelines[27] und Verlautbarungen der BaFin zu Einzelfragen.

OGAW III wird abgelöst durch die OGAW IV-Richtlinie.[28] Weitreichende Änderungen für die Anlagemöglichkeiten wie seinerzeit durch OGAW III sind mit OGAW IV nicht verbunden, sodass OGAW IV keine Umwälzungen für die Gestaltung von Anlagestrategien bedeutet. OGAW IV bringt im Wesentlichen die folgenden Neuerungen:

- Erlaubnis grenzüberschreitender Verschmelzung von OGAW;
- Einführung eines weitergehenden Management Company Passports, der die grenzüberschreitende Auflegung und Verwaltung von Fonds ermöglicht;
- Einführung von OGAW als Feeder-Fonds (Master-Feeder-Struktur);[29]
- Ersetzung des vereinfachten Verkaufsprospekts durch die Key Investor Information (KII);[30]
- Vereinfachung des Anzeigeverfahrens für grenzüberschreitenden Vertrieb.

Master-Feeder-Strukturen sind nach dem Regierungsentwurf zur Umsetzung der OGAW IV-Richtlinie nicht auf OGAW beschränkt. Auch sonstige Sondervermögen und Sondervermögen mit zusätzlichen Risiken können als Feederfonds in einen Mas-

---

[26] OGAW III oder UCITS III bezeichnet die OGAW-Richtlinie 85/611/EWG in der Fassung der Änderungen durch die Produktrichtlinie 2001/108/EG und die Verwaltungsrichtlinie 2001/107/EG.

[27] Committee of European Securities Regulators; CESR's guidelines concerning eligible assets for investment by UCITS, March 2007 (updated September 2008)

[28] Richtlinie 2009/65/EG vom 13. Juli 2009 zur Koordinierung der Rechts- und Verwaltungsvorschriften betreffend bestimmte Organismen für gemeinsame Anlagen in Wertpapieren (OGAW) (Neufassung).

[29] In einer Master-Feeder-Struktur investiert ein Fonds – der Feeder-Fonds – sein Kapital ausschließlich in einen einzigen anderen Fonds, den Master-Fonds. Oft dient der Feeder als Kapitalsammelstelle, die nach bestimmten Anforderungen gestaltet wird, beispielsweise um geeignete Bedingungen für regulierte institutionelle Anleger zu schaffen. Der eigentliche, operativ tätige Fonds ist der Master-Fonds.

[30] Gelegentlich auch als Key Investor Document (KID) oder Key Investor Information Document (KIID) bezeichnet.

terfonds, investieren, der seinerseits sonstiges Sondervermögen oder Sondervermögen mit zusätzlichen Risiken sein muss. Grenzüberschreitende Master-Feeder-Strukturen sind allerdings nur möglich, wenn Feeder- und Masterfonds OGAW-konform gestaltet sind. Für ausländische Masterfonds eines inländischen Feederfonds muss die KAG nachweisen, dass der Masterfonds OGAW-konform und selbst nicht Feederfonds ist sowie keine Anteile an anderen Feederfonds hält (vgl. § 45a Abs. 2 Satz 2 InvG-E).

Erwerbbare Vermögensgegenstände

Für richtlinienkonforme Sondervermögen dürfen nur die in den §§ 47-52 InvG genannten Vermögensgegenstände erworben werden. Das sind Wertpapiere, Geldmarktinstrumente, Bankguthaben, Investmentanteile und Derivate. Bis zu 10% des Fonds dürfen in sonstige Anlageinstrumente im Sinne von § 52 InvG angelegt werden. Die Kapitalanlagegesellschaft darf Wertpapiere und andere Vermögensgegenstände des Sondervermögens im Rahmen von Wertpapierdarlehen gegen Entgelt verleihen (Wertpapierdarlehen, §§ 54-56 InvG). Pensionsgeschäfte sind nach Maßgabe des § 57 InvG erlaubt.

Der Erwerb von Edelmetallen und Zertifikaten über Edelmetalle ist ausdrücklich ausgeschlossen (§ 46 Satz 2 InvG). Nicht betroffen von diesem Verbot sind Zertifikate auf Edelmetalle, wenn

- die Wertentwicklung des Zertifikates vollständig die Wertentwicklung der Edelmetalle widerspiegelt (1:1- oder Delta 1-Zertifikat; keine Hebelung des Investments in den Basiswert) und
- der Erwerb des Zertifikats nicht zu einer physischen Lieferung der Edelmetalle führt oder berechtigt.[31]

Wertpapiere

Dem InvG liegt ein wirtschaftlicher Wertpapierbegriff zugrunde, der insbesondere alle Aktien, den Aktien gleichwertige Wertpapiere, Schuldverschreibungen, Namensschuldverschreibungen, Schuldscheindarlehen, sofern diese nach dem Erwerb für das Investmentvermögen mindestens zweimal abgetreten werden können, und sonstige verbriefte Schuldtitel sowie andere marktfähige Wertpapiere umfasst, soweit es sich

---

[31] Fragenkatalog der BaFin zu erwerbbaren Vermögensgegenständen (Eligible Assets) („FAQ Eligible Assets"), Geschäftszeichen WA 41 – Wp 2136-2008/0001, Stand 15.10.2009; Teil 1, Frage 2

nicht um Geldmarktinstrumente oder Derivate handelt.[32] Um die abweichenden Auslegungen des Wertpapierbegriffs und anderer Termini der OGAW-Richtlinie in den EU-Mitgliedstaaten zu vereinheitlichen, wurden 2007 in der OGAW-Durchführungsrichtlinie 2007/16/EG Vorgaben gemacht. Als Wertpapiere qualifizieren nach Artikel 2 Abs. 1 der OGAW-Durchführungsrichtlinie alle Finanzinstrumente (ohne Derivate), die folgende Merkmale erfüllen:

• Der potenzielle Verlust ist auf den dafür gezahlten Betrag begrenzt (keine Nachschusspflicht);
• sie sind (im Hinblick auf die Rücknahmepflicht des Fonds) hinreichend liquide und handelbar;
• eine verlässliche Bewertung und angemessene Informationen sind verfügbar;
• die Risiken werden durch das Risikomanagement des OGAW in angemessener Weise erfasst;
• der Erwerb steht im Einklang mit der Anlagestrategie des Fonds.

Zertifikate

Delta 1- oder 1:1-Zertifikate sind Zertifikate, die die Wertentwicklung eines Basiswertes ohne Hebeleffekt nachvollziehen. Delta 1- oder 1:1-Zertifikate auf nicht-derivative Basiswerte werden als Wertpapiere angesehen, wenn sie die o.g. Kriterien erfüllen. Es erfolgt keine Durchschau auf den Basiswert und auch keine Zerlegung in die einzelnen Bestandteile (Schuldverschreibung als Trägerinstrument und eingebettete Derivate). Auch der Erwerb von Delta 1- oder 1:1-Zertifikaten auf Hedgefonds oder Hedgefonds-Indizes ist daher zulässig, wenn das Zertifikat den o.g. Anforderungen an Wertpapiere genügt.

Zertifikate mit einem Delta ungleich 1 und Zertifikate auf einen derivativen Basiswert gelten als Derivate oder als strukturierte Finanzinstrumente mit derivativer Komponente. Ein Erwerb als Wertpapiere gemäß § 47 Abs. 1 Satz 1 Nr. 8 InvG ist nicht möglich. Außerdem erfolgt eine Durchschau auf den Basiswert und eine Zerlegung in die einzelnen Bestandteile. Eine Ausnahme gilt jedoch für Delta 1- oder 1:1-Zertifikate auf Rohöl, die die Wertentwicklung von Rohöl durch die Bezugnahme auf Rohöl-Futures abbilden und damit einen derivativen Basiswert haben. Solche Zertifikate werden weder als Derivate noch als Finanzinstrumente mit derivativer Komponente angesehen. Sie können trotz ihres derivativen Basiswertes als Wertpapiere erworben werden, sofern die Kriterien nach § 47 Abs. 1 Satz 1 Nr. 8 InvG erfüllt sind.

---

[32] BT-Drucksache 15/1553, S. 75

Anteile an geschlossenen Fonds

Anteile an geschlossenen Fonds können als Wertpapiere erworben werden, wenn sie die oben genannten Anforderungen an Wertpapiere erfüllen, der geschlossene Fonds einer Unternehmenskontrolle durch die Anleger[33] und der Asset Manager einer Aufsicht zum Schutz der Anleger unterliegt (Artikel 2 Abs. 2 der OGAW-Durchführungsrichtlinie).

Sind diese Kriterien erfüllt, wird nicht auf das Portfolio des geschlossenen Fonds durchgeschaut. Der geschlossene Fonds muss also nicht in OGAW-konforme Vermögensgegenstände investieren; zum Beispiel sind Anteile an geschlossenen Immobilienfonds für einen OGAW erwerbbar, wenn die Anforderungen nach Artikel 2 Abs. 2 der OGAW-Durchführungsrichtlinie erfüllt sind.

Derivate

Derivate können zu Investmentzwecken eingesetzt werden, wenn sie sich auf einen gemäß § 51 Abs. 1 InvG zulässigen Basiswert beziehen, nämlich Wertpapiere, Geldmarktinstrumente, Investmentanteile gemäß § 50 InvG, Zinssätze, Wechselkurse/ Währungen und Finanzindizes im Sinne des Artikels 9 Abs. 1 der OGAW-Durchführungsrichtlinie. Voraussetzung ist dabei immer, dass der Fonds nach seinen Vertragsbedingungen in die Basiswerte investieren darf. Derivate können sich auch auf einzelne Merkmale eines zulässigen Basiswertes beziehen, zum Beispiel die Dividendenerträge einer Aktie.

Eine Erweiterung des Anlageuniversums der OGAW bringt insbesondere die Möglichkeit, in Derivate auf anerkannte Finanzindizes zu investieren. Ein solcher Finanzindex kann auch aus Komponenten zusammengesetzt sein, die selbst nicht zu den für OGAW erwerbbaren Vermögensgegenständen gehören. Rohstoff-, Edelmetall- oder Immobilienindizes sind daher zulässige Basiswerte für Derivate (oder Finanzinstrumente mit derivativer Komponente im Sinne des § 51 Abs. 1 InvG), sofern der jeweilige Index die Voraussetzungen des Art. 9 Abs. 1 der OGAW-Durchführungsrichtlinie erfüllt. Derivate auf einzelne Rohstoffe sind hingegen nicht erwerbbar.

---

[33] Anhaltspunkte für das Vorliegen der Unternehmenskontrolle können sein, dass die Anteilinhaber über Stimmrechte bei wesentlichen Entscheidungen (u.a. Wahl und Abberufung des Asset Managers, Einflussnahme auf die Satzung, die Anlagepolitik, die Verschmelzung und Liquidation) verfügen und die Anteilinhaber das Recht haben, die Anlagepolitik mittels angemessener Mechanismen zu kontrollieren.

Um die Voraussetzungen des Art. 9 Abs. 1 der Richtlinie 2007/16/EG zu erfüllen, muss ein Index hinreichend diversifiziert sein,[34] eine adäquate Bezugsgrundlage für den Markt darstellen, auf den er sich bezieht, und in angemessener Weise veröffentlicht werden.

Asset Backed Securities

Asset Backed Securities (einschließlich CDOs – Collateralized Debt Obligations) werden grundsätzlich nicht als Finanzinstrumente mit derivativer Komponente angesehen. Nur wenn der Verlust höher als das eingesetzte Kapital sein kann oder der Forderungspool nicht ausreichend diversifiziert ist, werden Asset-Backed Securities als Finanzinstrumente mit derivativer Komponente qualifiziert.[35] Für Finanzinstrumente mit derivativer Komponente erfolgt eine Durchschau und eine Zerlegung in die Bestandteile.

Verdoppelung des Marktrisikopotenzials (Leverage)

OGAW III bzw. das Investmentmodernisierungsgesetz erlauben den OGAW-konformen Fonds, sich in begrenztem Umfang zu hebeln. Gemäß § 51 Abs. 2 InvG muss die Kapitalanlagegesellschaft sicherstellen, dass sich das Marktrisikopotenzial eines Sondervermögens durch den Einsatz von Derivaten und Finanzinstrumenten mit derivativer Komponente höchstens verdoppelt (100% Leverage). Einzelheiten einschließlich der Bemessungsmethode des Marktrisikopotenzials und der Anrechnung von Derivaten auf die Anlage- und Ausstellergrenzen der §§ 60, 61 und 90m Abs. 4 Satz 2 InvG sind in einer Rechtsverordnung, der Derivateverordnung,[36] geregelt.

---

[34] Ein Index aus Komponenten (Basiswerten), die nicht direkt für OGAW erwerbbar sind, z.B. Rohstoffe, ist hinreichend diversifiziert, wenn die Diversifikationsvorgaben des Art. 22a der OGAW-Richtlinie erfüllt sind: max. 20% je Komponente, eine einzige Komponente bis 35%, sofern dies aufgrund außergewöhnlicher Marktbedingungen gerechtfertigt ist. Wird in Bezug auf die einzelnen Derivate, die sich auf solche Indizes beziehen, die 5/10/40-Grenze nach § 61 Abs. 1 InvG eingehalten, ist eine Durchschau auf die einzelnen Komponenten des Index für Zwecke der Diversifikation nicht notwendig.

[35] FAQ Eligible Assets, Teil 1, Fragen 17 und 18

[36] Verordnung über Risikomanagement und Risikomessung beim Einsatz von Derivaten in Sondervermögen nach dem Investmentgesetz (Derivateverordnung – DerivateV). Die DerivateV wird derzeit überarbeitet, um bis zum 1. Juli 2011 europarechtliche Vorgaben durch die OGAW-Richtlinie 2009/65/EG und die Durchführungsrichtlinie 2010/43/EU in nationales Recht umzusetzen.

Die Messung des Marktrisikopotenzials soll grundsätzlich nach dem sogenannten qualifizierten Ansatz erfolgen. Beim qualifizierten Ansatz wird der Value-at-Risk (VaR) des Sondervermögens ermittelt und dem VaR eines derivatefreien Vergleichsvermögens gegenübergestellt. Der VaR des tatsächlichen Portfolios darf höchstens doppelt so groß sein wie der VaR des (fiktiven) Vergleichsvermögens. Das Vergleichsvermögen darf nicht willkürlich gebildet werden; es muss denselben Rahmenbedingungen genügen wie das tatsächliche Sondervermögen selbst in Bezug auf Vertragsbedingungen, die Angaben in den Verkaufsprospekten und die Anlagebeschränkungen nach dem InvG.[37]

Ausnahmsweise und nur, wenn der Derivateeinsatz auf wenige einfache Grundformen derivativer Finanzinstrumente beschränkt wird, darf die Kapitalanlagegesellschaft das Marktrisikopotenzial nach dem so genannten einfachen Ansatz ermitteln. Dabei wird für alle Vermögensgegenstände des Sondervermögens ein Anrechnungsbetrag berechnet.[38] Die Summe der Anrechnungsbeträge darf das Zweifache des Nettoinventarwertes nicht übersteigen.

Bei anlegenden Versicherungsunternehmen wird das Marktrisikopotenzial, soweit es 100 % übersteigt, auf die Risikokapitalquote angerechnet.

Leerverkaufsverbot

Leerverkäufe von Wertpapieren, Geldmarktinstrumenten und Investmentanteilen sind durch § 59 InvG untersagt. Dieses Verbot darf gemäß § 3 DerivateV auch nicht durch Derivategeschäfte unterlaufen werden. Währungsverkäufe mittels Derivaten unterliegen nicht dem Leerverkaufsverbot nach § 3 DerivateV.

Dem Leerverkaufsverbot nach § 3 DerivateV unterliegen nur Derivate mit marktgegenläufigem Charakter. Es bezieht sich nicht auf Optionen, bei denen das Sondervermögen allein das Recht hat, über die Ausübung der Option zu entscheiden. Ein „Long Put" fällt also nicht unter das Verbot. Für die Glattstellung von bereits im Sondervermögen enthaltenen Derivaten (Gegengeschäfte) gilt die Regelung des § 3 DerivateV ebenfalls nicht.

---

[37] Vgl. § 9 DerivateV und die Erläuterungen der BaFin zur DerivateV, http://www.bafin.de/cln_179/ nn_722756/SharedDocs/Aufsichtsrecht/DE/Verordnungen/derivatev__anlage__erlaeuterungen.html

[38] S. §§ 16, 17 DerivateV

Derivate, die anstelle der physischen Lieferung des Basiswertes die Möglichkeit eines Barausgleichs vorsehen, sind vom Leerverkaufsverbot des § 3 nicht betroffen.[39]

Nachbildung von Hedgefonds-Strategien

Der Einsatz von Derivaten und die Erhöhung des Marktrisikopotenzials ermöglichen die Nachbildung von Hedgefonds-Strategien (und anderer alternativer oder Absolute Return-Strategien) in einem richtlinienkonformen Sondervermögen, insbesondere Strategien, die den Einsatz marktgegenläufiger Derivate erfordern. Solche *UCITS hedge funds* haben sich unter der Bezeichnung NewCITS sehr erfolgreich auf dem Markt etabliert.

Commodities Funds

Richtlinienkonforme Sondervermögen können als Rohstofffonds gestaltet werden. Rohstoff-Exposure kann über Derivate auf Rohstoff-Indizes und Delta 1- oder 1:1-Zertifikate auf Rohstoffe eingegangen werden. Der Einsatz von Derivaten auf einzelne Rohstoffe ist nicht zulässig. Ergänzend kann in Wertpapiere von Unternehmen investiert werden, die im Rohstoff-Sektor agieren.

Goldfonds/ Grundsatz der Risikomischung

Ein reiner Goldfonds mit ausschließlicher Goldpreis-Exposure[40] ist nicht möglich, auch wenn die Anlage- und Ausstellergrenzen nach §§ 60 ff. InvG eingehalten werden. Der Begriff der Risikomischung (§ 1 Satz 2 InvG) setzt nach Ansicht der BaFin sowohl ein quantitatives als auch qualitatives Element voraus. Ein Fonds, der ausschließlich in Delta 1-Zertifikate auf Gold – allgemein auf denselben Basiswert – investiert, erfüllt diese Anforderungen nicht, auch wenn die Zertifikate von mehreren Emittenten begeben wurden.[41]

Auch wenn die Gesamtentwicklung des Fonds durch Preisbewegungen eines einzigen Vermögensgegenstandes oder durch die Entwicklung eines einzelnen Anlagerisikos überproportional beeinflusst wird, ist nach Ansicht der BaFin der Grundsatz der Risikomischung verletzt. Als Richtgröße wird eine Konzentration von 50-60% des Fonds

---

[39]   Siehe die Erläuterungen der BaFin zu § 3 DerivateV, http://www.bafin.de/cln_179/nn_722756/ SharedDocs/Aufsichtsrecht/DE/Verordnungen/derivatev__anlage__erlaeuterungen.html

[40]   Gilt ebenso für andere Mono-Asset-Fonds.

[41]   Vgl. FAQ Eligible Assets, Teil 1, Frage 21

auf einen Vermögensgegenstand oder ein Anlagerisiko genannt. Dabei sind verschiedene Vermögensgegenstände, die direkt oder indirekt von der gleichen Wertentwicklung abhängig sind und damit nahezu identische Anlagerisiken aufweisen, zu addieren. Überschreitet beispielsweise die Anlage in 1:1-Zertifikate auf Gold und Aktien von Gesellschaften, die ihrerseits bis zu 100% in Gold zu investieren, zusammen die Schwelle von 50-60%, so verneint die BaFin in der Regel eine Risikomischung. Daher können reine Goldfonds auch nicht als sonstige Sondervermögen (§§ 90g ff. InvG) oder als Spezialfonds aufgelegt werden. Sonstige Sondervermögen können allerdings bis zu 30% physisches Gold halten; weitere Goldpreis-Exposure – bis zur Obergrenze von 50-60% – kann über Delta 1-Zertifikate erreicht werden. Die verbleibenden 40-50% können nur über Anlagen in Aktien oder Anleihen von Unternehmen der Goldbranche investiert werden.

Anlagegrenzen

Die Anlagegrenzen für richtlinienkonforme Sondervermögen sind in den §§ 60 bis 65 InvG festgelegt. Im Zentrum steht die so genannte 5/10/40-Regel. Sie besagt, dass

*   grundsätzlich höchstens 5% des Inventarwertes in Wertpapiere und Geldmarktinstrumente desselben Ausstellers (Schuldners) angelegt werden dürfen;
*   jedoch dürfen in Wertpapiere und Geldmarktinstrumente desselben Ausstellers (Schuldners) bis zu 10% des Inventarwertes angelegt werden, solange der Gesamtwert dieser Aussteller (Schuldner) 40% des Inventarwertes nicht übersteigt.

Für Wertpapierindex-Sondervermögen kann in den Grenzen des § 63 InvG von dieser Regel abgewichen werden. [42]

Weitere emittentenbezogene Anlagegrenzen sind gemäß § 64 InvG zu beachten.

In Schuldverschreibungen, Schuldscheindarlehen und Geldmarktinstrumente bestimmter öffentlich-rechtlicher Emittenten bzw. Garantiegeber darf jeweils bis zu 35% des Inventarwertes angelegt werden. Nach Maßgabe des § 62 InvG kann diese Grenze überschritten werden.

Bankguthaben bei einem einzigen Kreditinstitut dürfen 20% des Inventarwertes nicht übersteigen. Das Kontrahentenrisiko ist grundsätzlich auf 20% begrenzt. [43]

---

[42]   Gemäß § 63 Abs. 1 Satz 1 InvG darf die Kapitalanlagegesellschaft bis zu 20% des Inventarwertes in Wertpapieren eines Ausstellers (Schuldner) anlegen, wenn ein bestimmter, von der BaFin anerkannter Wertpapierindex nachgebildet werden soll. Für einen einzigen Aussteller erlaubt § 63 Abs. 2 InvG den Erwerb bis zu 35%, wenn ein bestimmter, von der BaFin anerkannter Wertpapierindex nachgebildet werden soll.

Höchstens 20% des Inventarwertes darf in Anteilen an einem einzigen Investment-vermögen nach Maßgabe des § 50 Abs. 1 InvG angelegt werden. Anteile an nicht OGAW-konformen Investmentvermögen dürfen insgesamt höchstens 30% des Wertes des Inventarwertes ausmachen. Für ein Sondervermögen darf höchstens ein Viertel der ausgegebenen Anteile eines anderen Investmentvermögens erworben werden.

Ausblick

Die europäische Harmonisierung ist mit OGAW IV nicht beendet. Zwar dürfte der Rechtsrahmen hinsichtlich der Vermögensanlage – jetzt ergänzt um die Möglichkeit, Master-Feeder-Strukturen aufzusetzen – erst einmal vollständig sein. Das Rechtset-zungsverfahren für die nächste Änderung der OGAW-Richtlinie hat aber schon be-gonnen. Noch vor der Umsetzung von OGAW IV in Deutschland hat die Europäische Kommission ein Konsultationspapier veröffentlicht und zur Diskussion gestellt, in dessen Fokus der Anlegerschutz steht.[44] Die Kommission will mit OGAW V das Thema Depotbank in Angriff nehmen und Konsequenzen aus dem Fall Madoff ziehen. Außerdem sollen die Anforderungen an Depotbanken für OGAW und für die Nicht-OGAW, die der AIFM-Richtlinie[45] unterliegen, angeglichen werden. Die Vergütungen des Fondsmanagements sind wegen ihres Zusammenhangs mit der Risikofreude der handelnden Personen und kurzfristigen Anlagestrategien der zweite Gegenstand des Richtlinienvorhabens.

Literaturverzeichnis

Albrecht, A./ Karahan, D./ Lenenbach, M.: Fachanwaltshandbuch Bank- und Kapitalmarkt-recht, München 2010.
Baur, J.: Investmentgesetze, 2. Auflage, Berlin 1997.
Beckmann, K./ Scholtz, R.-D./ Vollmer, L.: Investment-Handbuch für das gesamte Invest-mentwesen (Loseblatt), Berlin 2010.
Berger, H./ Steck, K.-U./ Lübbehüsen, D. (Hrsg.): Investmentgesetz, München 2010.
Bödecker, C. (Hrsg.): Handbuch Investmentrecht, Bad Soden/Ts. 2007.

---

[43] Summe aus Wertpapieren oder Geldmarktinstrumenten, Einlagen und Kontrahentenrisiko aus OTC-Derivaten

[44] http://ec.europa.eu/internal_market/consultations/2010/ucits_en.htm

[45] Die AIFM-Richtlinie (Richtlinie des Europäischen Parlaments und des Rates über die Verwalter alter-nativer Investmentfonds) durchläuft noch das Gesetzgebungsverfahren. Die erste Lesung im europäi-schen Parlament fand am 11. November 2010 statt.

Spezialfonds als Anlagevehikel für institutionelle Anleger

von Carsten Nickel

1. Einleitung

Der Spezialfonds ist in den §§ 91 bis 95 Investmentgesetz (InvG) geregelt und ausschließlich institutionellen Anlegern vorbehalten. Dies gilt unabhängig davon, ob er in der Vertragsform als Spezial-Sondervermögen oder in der Gesellschaftsform als Spezial-Investmentaktiengesellschaft ausgestaltet ist.[1] Denn das Investmentgesetz definiert einen Spezialfonds als ein Sondervermögen (oder Investmentaktiengesellschaft), dessen Anteile (oder Aktien) nur von Anlegern gehalten werden dürfen, die keine natürlichen Personen sind.[2] Gemeint sind damit vor allem juristische Personen (wie Kapitalgesellschaften), aber auch Personengesellschaften.[3]

Typischerweise finden sich unter den institutionellen Anlegern eines Spezialfonds Kreditinstitute, Versicherungsgesellschaften, Sozialversicherungsträger, Pensionskassen und andere Versorgungswerke sowie realwirtschaftliche Unternehmen, aber auch Kommunen oder kommunale Eigenbetriebe.[4] Hinzu kommen vermögende Privatpersonen, die durch sogenannte Familiengesellschaften – Single oder Multi Family Offices – ihr Vermögen in Spezialfonds verwalten lassen. Dabei ist es generell unerheblich, ob der Anleger seinen Sitz im In- oder Ausland hat.[5]

Für institutionelle Anleger bieten Spezialfonds den Vorteil, dass sie auf die Ausgestaltung des erwerbbaren Anlagespektrums und die Administration ihres Spezialfonds Einfluss nehmen können. Zudem werden sie regelmäßig – über den Anlageausschuss[6] und z. B. über ein tägliches Reporting – individuell in die Verwaltung ihres Portfolios eingebunden. Auf der anderen Seite ist die Kapitalanlagegesellschaft auch verpflichtet, Anleger eines Spezialfonds sehr viel stärker bei bestimmten administrativen Vorgängen zu beteiligen[7] als Anleger von Publikumsfonds, die der Kapitalanlagegesellschaft ohnehin regelmäßig nicht namentlich bekannt sind. Neben ihren organisatorischen

---

[1]   Zum 30. September 2010 wurden in 3.922 Spezialfonds mit einem Fondsvolumen von EUR 799,1 Mrd. deutlich mehr Vermögen verwaltet als in 6.548 Publikumsfonds mit einem Gesamtvolumen von EUR 689,3 Mrd. (jeweils einschließlich Fondsvermögen ausländischer Fonds mit Absatz in Deutschland, BVI-Statistik).

[2]   Für Spezial-Sondervermögen vgl. § 2 Abs. 3 Satz 1 InvG, für Spezial-Investmentgesellschaften vgl. § 2 Abs. 5 Satz 2 InvG. Der Einfachheit halber wird im Folgenden der Begriff Spezialfonds verwendet, der beide Organisationsformen umfassen soll. Zu den Besonderheiten des Spezialfonds in Form der Investmentaktiengesellschaft vgl. Abschnitt 4.

[3]   Vgl. hierzu sowie zum Streitstand, ob Personengesellschaften als zulässige Spezialfondsanleger qualifizieren, Steck (2010), vor §§ 91-95 InvG, Rn. 7-10.

[4]   Vgl. auch Aufzählung bei Köndgen/ Schmies (2007), Rn. 93.

[5]   Zeller (2003), § 1 KAGG, Rn. 39 m. w. N.

[6]   Vgl. näher zum Anlageausschuss Baur/ Ziegler (2008), Rn. 9/156.

[7]   Vgl. hierzu im Einzelnen Abschnitt 3.

Vorzügen bieten Spezialfonds den institutionellen Anlegern auch bilanzielle und steuerliche Vorteile.[8] Diese Aspekte werden jedoch allenfalls am Rande gestreift werden können.[9]

Durch das Investmentänderungsgesetz vom 21. Dezember 2007[10] gestaltete der Gesetzgeber den Rechtsrahmen für Spezialfonds deutlich flexibler und bürokratieärmer.[11] Diese Deregulierung gestattet den Kapitalanlagegesellschaften eine größere Freiheit bei der Auflage und Administration von Spezialfonds, die somit indirekt auch den Anlegern zugute kommt. Hierauf wird in Abschnitt 3. näher eingegangen. Noch stärker profitieren die Anleger jedoch von der Flexibilisierung der Anlagemöglichkeiten, die der Gesetzgeber durch die Möglichkeit geschaffen hat, von den gesetzlich vorgeschriebenen Anlagegrenzen und Fondskategorien abzuweichen (vgl. hierzu Abschnitt 2.). Bei Drucklegung dieses Buches[12] war der Gesetzgeber im Begriff, die EU-Investmentfondsrichtlinie – OGAW IV[13] – in deutsches Recht umzusetzen. Auf die sich hier abzeichnende Entwicklung für Spezialfonds geht Abschnitt 5. abschließend ein.

2.   Kategorisierung von Spezialfonds nach den Anlagemöglichkeiten

Für institutionelle Anleger ist das Anlagespektrum ihres Spezialfonds von großer Bedeutung. Immerhin soll der Spezialfonds als Anlagevehikel den Anlegern den Erwerb möglichst aller gewünschten Vermögensgegenstände gestatten.

Das Investmentgesetz teilt Sondervermögen entsprechend ihrem Anlagespektrum in Kategorien ein – namentlich:

- Richtlinienkonformes Sondervermögen, sog. OGAW (§§ 46-65 InvG)
- Immobilien-Sondervermögen (§§ 66-82 InvG)
- Gemischtes Sondervermögen (§§ 83-86 InvG)

---

[8]   Zeller (2003), § 1 KAGG, Rn. 36.

[9]   Zu den bilanziellen Rahmenbedingungen vgl. beispielsweise die Beiträge von Neiße, Rose und Siegmund; zu den steuerlichen Besonderheiten verschiedener institutioneller Anlegergruppen vergleiche den Beitrag von Bödecker/ Mingels.

[10]   Gesetz zur Änderung des Investmentgesetzes und zur Anpassung anderer Vorschriften (Investmentänderungsgesetz) vom 21. Dezember 2007, BGBl. I S. 3089.

[11]   Nickel (2008), S. 108.

[12]   Die Drucklegung erfolgte am 02.05.2011.

[13]   *Richtlinie 2009/65/EG des Europäischen Parlaments und des Rates vom 13. Juli 2009 zur Koordinierung der Rechts- und Verwaltungsvorschriften betreffend bestimmte Organismen für gemeinsame Anlagen in Wertpapieren (OGAW)* (ABl. L 302 vom 17.11.2009, S. 32).

- Altersvorsorge-Sondervermögen (§§ 87-90 InvG)
- Infrastruktur-Sondervermögen (§§ 90a-90f InvG)
- Sonstige Sondervermögen (§§ 90g-90k InvG)
- Mitarbeiterbeteiligungs-Sondervermögen (§§ 90l-90r InvG)
- Sondervermögen mit zusätzlichen Risiken (sog. Hedgefonds – §§ 112-120 InvG)

Für Publikumsfonds besteht der sog. Typenzwang; d. h. sie müssen sich an die Vorgaben einer der oben genannten Fondskategorien des Investmentgesetzes halten. Bis zum Inkrafttreten des Investmentänderungsgesetzes vom 21. Dezember 2007 galt der Typenzwang auch für Spezialfonds. Daher bestimmte man den Kanon der erwerbbaren Vermögensgegenstände durch Verweis auf die einschlägige Fondskategorie. Nach der Novellierung des Investmentrechts durch das Investmentänderungsgesetz vom 21. Dezember 2007 darf ein Spezialfonds nunmehr mit Zustimmung der Anleger (§ 91 Abs. 3 Nr. 1 InvG) von den Fondskategorien abweichen, sofern folgende weitere Voraussetzungen erfüllt sind (§ 91 Abs. 3 InvG):

- Für den Spezialfonds dürfen nur die im Investmentgesetz vorgesehenen Vermögensgegenstände erworben werden (§ 91 Abs. 3 Nr. 2, 1. Halbsatz InvG).[14] Diese Vorgabe besteht, um ein Mindestniveau an Schutz der institutionellen Anleger zu gewährleisten.
- Bestimmte Regelungen des Investmentgesetzes müssen zwingend eingehalten werden (§ 91 Abs. 3 Nr. 3 InvG) – so z. B. die Vorschriften zur Risikomessung bei der Investition in Derivate (§ 51 Abs. 2 InvG) und das Verbot von Leerverkäufen (§ 59 InvG).

Die Abweichung von den Fondskategorien des Investmentgesetzes ermöglicht es der Kapitalanlagegesellschaft nicht nur, erwerbbare Vermögensgegenstände aus unterschiedlichen Kategorien zu mischen. Vielmehr gestattet § 91 Abs. 3 InvG auch, von den meisten[15] gesetzlichen Beschränkungen zu Gunsten einer höheren Flexibilität der

---

[14] Eine Ausnahme normiert § 91 Abs. 3 Nr. 1, 2. Halbsatz InvG, wonach die Kapitalanlagegesellschaft für Spezialfonds auch Beteiligungen an sog. ÖPP-Projektgesellschaften erwerben darf, die sich noch nicht in der Betreiberphase befinden. ÖPP-Projektgesellschaften sind Unternehmen, bei denen öffentliche Träger und Private – in Öffentlicher Privater Partnerschaft (ÖPP) – Infrastrukturen für die Daseinsvorsorge des Staates (z. B. Kindergärten, Schulen, Wasser- und Stromversorgung) gemeinsam planen, bauen und betreiben. Publikums-Infrastrukturfonds, die auch Privatanlegern zugänglich sind, dürfen gemäß § 91 Abs. 2, 1. Halbsatz InvG nur in solche ÖPP-Projektgesellschaften investieren, die die Planungs- und Bauphasen bereits abgeschlossen haben und sich nunmehr in der risikoärmeren Betreiberphase befinden. Für Spezialfonds hingegen ist das Anlagespektrum auch auf ÖPP-Projektgesellschaften in der Planungs- oder Bauphasen erweitert.

[15] Zu den Ausnahmen vgl. Seite 125 in diesem Beitrag.

Anlage abzuweichen. Der Gesetzgeber rechtfertigt diese Freiheit mit dem geringeren Schutzbedürfnis institutioneller Anleger.[16] Die Liberalisierung der Anlagemöglichkeiten der Spezialfonds findet ihre Grenze jedoch bei Hedgefonds. Soll ein Spezialfonds Anlagestrategien verwenden oder in Vermögensgegenstände investieren dürfen, die Hedgefonds vorbehalten sind, so hat die Kapitalanlagegesellschaft bei Auflage die investmentgesetzlichen Vorgaben von Hedgefonds (Sondervermögen mit zusätzlichen Risiken) fondstypgetreu abzubilden (*arg. e* § 91 Abs. 3 InvG).[17]

Auf Grund der oben geschilderten grundsätzlichen Abkehr vom Typenzwang erwartet die Bundesanstalt für Finanzdienstleistungsaufsicht (BaFin) nunmehr, dass eine Kapitalanlagegesellschaft in den Vertragsbedingungen des Spezialfonds alle erwerbbaren Vermögensgegenstände abschließend aufzählt und nicht mehr einen Verweis auf die Fondskategorie des Investmentgesetzes vornimmt. Das ist zu beachten, selbst wenn die Kapitalanlagegesellschaft einen Spezialfonds in Form z. B. eines Gemischten Sondervermögens auflegt. Dennoch hält sich in der Fondsbranche bislang die Tendenz, sich terminologisch an den Fondskategorien des Investmentgesetzes zu orientieren. Hieran soll daher und zum Zweck der einfacheren Bezeichnung auch in diesem Beitrag festgehalten werden.

Ausgestaltung wie ein richtlinienkonformes Sondervermögen (OGAW)

In den §§ 46 bis 65 InvG sind die Publikums-Sondervermögen[18] geregelt, welche die Vorgaben der EU-Investmentfondsrichtlinie[19] erfüllen: die so genannten richtlinien-

---

[16] Regierungsentwurf Investmentänderungsgesetz (2007), S. 82.

[17] Vgl. auch Regierungsentwurf Investmentänderungsgesetz (2007), S. 82. Zum Fondstyp Single-Hedgefonds im Besonderen vgl. Seiten 126 f. in diesem Beitrag sowie zur Abweichung von den Fondskategorien im Allgemeinen Nickel (2008), S. 109-111.

[18] Ein Spezialfonds, der die Vorgaben der für OGAW geltende §§ 46 bis 65 InvG einhält, kann dennoch niemals ein OGAW selbst sein (Art. 3 Buchst. a Richtlinie 2009/65/EG – vgl. auch Nickel, S. 109, Fn. 326). Das ist Publikumsfonds vorbehalten.

[19] Vgl. Fn. 13. Bei Drucklegung dieses Buches (02.05.2011) war die Richtlinie 2009/65/EG (auch OGAW-IV-Richtlinie genannt) noch nicht in deutsches Recht umgesetzt. Grundlage für die §§ 46 bis 65 InvG bildete zu diesem Zeitpunkt daher die *Richtlinie 85/611/EWG des Rates vom 20. Dezember 1985 zur Koordinierung der Rechts- und Verwaltungsvorschriften betreffend bestimmte Organismen für gemeinsame Anlagen in Wertpapieren (OGAW)* (ABl. L 375 vom 31.12.1985, S. 3) geändert insbesondere durch die Richtlinien 2001/107/EG und 2001/108/EG jeweils vom 21. Januar 2002. Zu den geplanten Änderungen durch die Umsetzung der OGAW-IV-Richtlinie in deutsches Recht vgl. Abschnitt 5.

konformen Sondervermögen – auch kurz OGAW[20] genannt. Der Kanon der Vermögensgegenstände, in die ein OGAW investieren darf, und die Anlagegrenzen, denen er hierbei unterliegt, sind damit EU-weit einheitlich vorgegeben. Konkret darf ein Spezialfonds, der sich an die für OGAWs geltenden Anlagerestriktionen hält, in folgende Vermögensgegenstände investieren:[21]

- **Wertpapiere**
  Zulässig ist der Erwerb von Wertpapieren, die zum Handel an einer Börse oder einem sonstigen organisierten Markt in der EU oder einem EWR-Vertragsstaat[22] zugelassen sind oder bei denen die Zulassung zumindest in die Wege geleitet ist (§ 47 Abs. 1 Nr. 1, 3 InvG). Das gleiche gilt für Wertpapiere, die außerhalb von EU und EWR börsennotiert sind oder für die die Beantragung zur Handelszulassung vorgesehen ist (§ 47 Abs. 1 Nr. 2, 4 InvG). Voraussetzung für den Erwerb dieser in Drittstaaten notierten Wertpapiere ist, dass die Vertragsbedingungen dies explizit vorsehen und die BaFin die entsprechende Börse zugelassen hat. Die BaFin veröffentlicht eine Liste der Märkte auf ihrer Internetseite.[23]

  Wertpapiere, die lediglich im Freiverkehr oder *over the counter* (OTC) gehandelt werden, dürfen dennoch erworben werden (§ 52 Nr. 1 InvG). Jedoch begrenzt der Gesetzgeber den Umfang dieser Papiere zusammen mit anderen „sonstigen Anlageinstrumenten" auf zehn Prozent des Wert des jeweiligen Spezialfonds (§ 52 InvG). Zudem ist der Erwerb von Aktien zulässig, die dem Spezialfonds aus einer Kapitalerhöhung oder aus Bezugsrechten zustehen (§ 47 Abs. 1 Nr. 5, 6 InvG). Auch gelten Bezugsrechte, über die der Spezialfonds erwerbbare Wertpapiere beziehen kann, als zulässige Wertpapiere im Sinne des Investmentgesetzes (§ 47 Abs. 2 InvG).

---

[20] OGAW ist die Abkürzung für die in der zu Grunde liegenden EU-Richtlinie gebrauchte Bezeichnung für richtlinienkonforme Fonds: Organismus für die gemeinsame Anlage in Wertpapiere. Üblich ist auch die englischsprachige Abkürzung UCITS für *undertaking for collective investment in transferable securities*.

[21] Vgl. auch ausführlich den Beitrag von Kuhn zu den allgemeinen Rahmenbedingungen für Investmentfonds in Deutschland.

[22] Bei den Vertragsstaaten des Europäischen Wirtschaftsraumes (EWR) handelt es sich um die EU-Mitgliedstaaten sowie um Island, Liechtenstein und Norwegen.

[23] Die von der BaFin veröffentlichte *Liste der zugelassenen Börsen und der anderen organisierten Märkte gemäß § 47 Abs. 1 Nr. 2 und 4 InvG* findet sich im Internetauftritt der BaFin (www.bafin.de) in der Kategorie „Unternehmen" / „KAGen & Investmentfonds"/ „Investmentfonds" oder direkt unter folgendem Link:
www.bafin.de/cln_171/nn_724240/SharedDocs/Veroeffentlichungen/DE/Service/Auslegungsentscheidungen/Wertpapieraufsicht/ae_080208_boersenInvG.html.

Unter bestimmten Voraussetzungen dürfen schließlich auch Anteile an geschlossenen Fonds (typischerweise in Form von Kommanditgesellschaften) als Wertpapiere erworben werden (§ 47 Abs. 1 Nr. 7 InvG). Die Anforderungen sind in Art. 2 Abs. 2 der EU-Durchführungsrichtlinie[24] zur Erläuterung diverser Definitionen der OGAW-Richtlinie näher ausgeführt. Wesentliche Voraussetzungen für die Bejahung der Wertpapiereigenschaft eines Anteils an einem geschlossenen Fonds sind u. a., dass der Anteil handelbar ist und der geschlossene Fonds einer Unternehmenskontrolle unterliegt. Falls ein Anteil an einem geschlossenen Fonds die in der EU-Durchführungsrichtlinie fixierten Anforderungen nicht erfüllt, kann er allenfalls als Unternehmensbeteiligung erworben werden; das ist einem Spezialfonds mit OGAW-Beschränkungen jedoch nicht gestattet.[25]

- **Geldmarktinstrumente**

Ein OGAW darf Geldmarktinstrumente – das sind z. B. Schuldscheindarlehen, Unternehmensanleihen (insb. Commercial Papers – CPs), Staatsanleihen –[26] erwerben, die eine der folgenden Voraussetzungen erfüllen (§ 48 Abs. 1 InvG):

(i)   Das Instrument hat eine Restlaufzeit von maximal 397 Tagen.

(ii)   Die Zinsen werden regelmäßig marktgerecht angepasst (sog. Floater), wobei die Anpassung mindestens einmal innerhalb von 397 Tagen erfolgen muss.

(iii) Das Risikoprofil des Instruments entspricht dem Risikoprofil der Instrumente, die die Anforderungen aus (i) oder (ii) erfüllen.[27]

Zudem muss das Instrument entweder börsennotiert sein – sei es in der EU / dem EWR oder ausschließlich in einem Drittstaat (§ 48 Abs. 1 Nr. 1, 2 InvG) – oder es muss von einem der folgenden Emittenten begeben worden sein:

(iv)   von Bund, einem Bundesland, der Bundesbank, EU oder Europäischen Zentralbank (§ 48 Abs. 1 Nr. 3 InvG);

(v)   von einem Kreditinstitut in der EU oder einer vergleichbar regulierten Bank in einem Drittstaat (§ 48 Abs. 1 Nr. 5 InvG);

(vi)   von einem börsennotierten Unternehmen (§ 48 Abs. 1 Nr. 4 InvG); oder

---

[24] Richtlinie 2007/16/EG der Kommission vom 19. März 2007 zur Durchführung der Richtlinie 85/611/EWG des Rates zur Koordinierung der Rechts- und Verwaltungsvorschriften betreffend bestimmte Organismen für gemeinsame Anlagen in Wertpapieren (OGAW) im Hinblick auf die Erläuterung gewisser Definitionen (ABl. L 79 vom 20.03.2007, S. 11).

[25] Hierzu ist eine Ausgestaltung als Sonstiges Sondervermögen oder ohne Bindung an eine Fondskategorie erforderlich (vgl. zu letzterem Seiten 123-126 in diesem Beitrag).

[26] Kümpel (2004), Rn. 12.97, 14.29.

[27] Mit den unter (i) bis (iii) genannten Voraussetzungen soll das Zinsänderungsrisiko der Instrumente zum Schutz der Fondsanleger begrenzt werden (Köndgen/ Schmies (2007), Rn. 92c).

(vii) von einem nicht börsennotierten Unternehmen mit hinreichender Kapitalausstattung und transparenten Finanzinformationen oder das als Zweckgesell-
schaft für die Emission (sog. Conduit, SPV) in einen Konzern börsennotierter
Unternehmen eingebettet ist (§ 48 Abs. 1 Nr. 6 InvG).

Hinzu kommen zahlreiche weitere Anforderungen an Instrumente und Emittenten,
deren Darstellung den Rahmen dieses Beitrags sprengen würde.[28] Darüber hinaus
dürfen in engen Grenzen Geldmarktinstrumente anderer Aussteller als der oben genannten erworben werden (§ 52 Nr. 2 InvG). Das gleiche gilt für Schuldscheindarlehen, die zwar nicht von § 48 InvG erfasst sind, aber mindestens zweimal abgetreten werden dürfen und bei denen der Bund, ein Bundesland, die EU, ein OECD-
Mitgliedstaat oder eine öffentlichen Gebietskörperschaft in der EU oder im EWR
Darlehensgeber ist (§ 52 Nr. 4 InvG). Gemeinsam mit den nur OTC gehandelten
Wertpapieren dürfen diese Geldmarktinstrumente und Schuldscheindarlehen
höchstens zehn Prozent des Wertes des Spezialfonds ausmachen (§ 52 InvG).

- **Bankguthaben**

  Ein OGAW darf seine Mittel in Sicht- und Tagesgeldeinlagen sowie in Termingelder mit einer Laufzeit von höchstens 12 Monaten investieren (§ 49 InvG). Das kon-
  toführende Kreditinstitut muss entweder seinen Sitz in der EU/dem EWR haben
  oder es muss ich um eine vergleichbar regulierte Bank aus einem Drittstaat handeln. Zum Zweck der Risikodiversifizierung darf ein OGAW Bankguthaben bis zur
  Höhe von maximal 20% seines Wertes bei je einem Kreditinstitut einlegen (§ 60
  Abs. 3 InvG).

- **Investmentanteile**

  Ein OGAW darf vor allem in andere OGAWs investieren (§ 50 Abs. 1 Satz 1
  InvG). Anteile an einem aus- oder inländischen nicht richtlinienkonformen Investmentvermögen darf ein OGAW nur dann erwerben, wenn dieses Investmentvermögen ein mit einem OGAW vergleichbares Schutzniveau genießt und hinreichend
  transparent ist (§ 50 Abs. 1 Satz 2 InvG). In jedem Fall darf der OGAW jedoch nur
  in solche Zielfonds investieren, die ihrerseits maximal bis zu 10% ihres Fondsvermögens in andere Investmentvermögen anlegen dürfen (§ 50 Abs. 1 Satz 3 InvG),
  wodurch kostenintensive Kaskadenstrukturen vermieden werden sollen[29].

- **Derivate**

  Derivate darf ein OGAW abschließen, wenn ihr Basiswert (*Underlying*) ein er-
  werbbarer Vermögensgegenstand ist (§ 51 Abs. 1 Satz 1 InvG) und sich das nach

---

[28] Vgl. ausführliche Übersicht bei Nickel (2008), S. 52-55.
[29] Regierungsentwurf Investmentmodernisierungsgesetz (2003), S. 94.

der Derivateverordnung[30] zu errechnende Risikopotential des OGAW durch den Derivateinsatz höchstens verdoppelt (§ 51 Abs. 2 InvG). Dabei sind auch die Finanzinstrumente zu berücksichtigen, die eine derivative Komponente integriert haben (z. B. bestimmte Zertifikate – § 51 Abs. 1 Satz 2 InvG). Festzuhalten bleibt, dass ein OGAW nicht nur zu Absicherungs-, sondern auch zu Investitionszwecken Derivate abschließen darf.[31]

Neben den bereits bei den einzelnen Vermögensgegenständen erwähnten Anlagegrenzen gelten weitere Restriktionen, die die Kapitalanlagegesellschaft in ihren Investitionsentscheidungen einschränken. Sie bezwecken zum Schutz des Anlegers eine Mindestdiversifikation im Sondervermögen. So darf ein Spezialfonds in der OGAW-Form beispielsweise nur bis zu 5% – unter bestimmten Bedingungen bis zu 10% – des Fondswertes in Wertpapiere und Geldmarktinstrumente eines Emittenten anlegen (§ 60 Abs. 1 InvG).[32]

Trotz der Anlage- und Ausstellergrenzen zeigt das oben dargestellte Anlagespektrum, dass die Fondskategorie des richtlinienkonformen Sondervermögens den Kapitalanlagegesellschaften einen großen Spielraum bietet. Das bedeutet somit auch für Spezialfonds, die sich (freiwillig) den für OGAWs geltenden Anlagerestriktionen unterwerfen, eine beträchtliche Flexibilität. Sie wird von zahlreichen Kreditinstituten genutzt, die ihre Eigenanlagen regelmäßig über Spezialfonds mit OGAW-Restriktionen verwalten lassen. Die Motivation der Banken, die OGAW-Form zu wählen, liegt vor allem in der Vorgabe des § 11 Abs. 1 Satz 1 Kreditwesengesetz (KWG)[33] begründet, wonach Banken ihre Mittel so anzulegen haben, dass jederzeit eine ausreichende Zahlungsbereitschaft gewährleistet ist – mit anderen Worten: dass die Kreditinstitute jederzeit über genug Liquidität verfügen. Die für diese Anforderung maßgeblichen Größe ist die sog. Liquiditätskennzahl. Bei ihrer Berechnung weist § 3 Abs. 1 Nr. 8 Liquiditätsverordnung (LiqV)[34] solche Mittel, die eine Bank in einem Spezialfonds mit OGAW-Restriktionen investiert hat, der höchsten Kategorie an Liquidität zu, dem

---

[30] Verordnung über Risikomanagement und Risikomessung beim Einsatz von Derivaten in Sondervermögen nach dem Investmentgesetz (DerivateV), in der Fassung der Bekanntmachung vom 6. Februar 2004 (BGBl. I S. 153).

[31] Brümmer (2010), § 51 InvG, Rn. 7.

[32] Zu den Anlage- und Ausstellergrenzen vergleiche den Beitrag von Kuhn über die allgemeinen Rahmenbedingungen für Investmtentfonds in Deutschland.

[33] Gesetz über das Kreditwesen (Kreditwesengesetz – KWG) in der Fassung der Bekanntmachung vom 9. September 1998 (BGBl. I S. 2776), zuletzt geändert durch Artikel 1 des Gesetzes vom 21. Juli 2010 (BGBl. I S. 950).

[34] Verordnung über die Liquidität der Institute (Liquiditätsverordnung – LiqV) vom 14. Dezember 2006, BGBl. I S. 3117.

sog. Laufzeitband 1. Auf diese Weise haben aus der bankaufsichtsrechtlichen Sicht des Kreditinstituts Wertpapiere, die von einem externen Asset Manager in einem Spezialfonds verwaltet werden, annähernd[35] die gleiche Liquidität wie Barmittel respektive Bankeinlagen, während bei direkt gehaltenen Wertpapieren die Einordnung in das Laufzeitband 1 an weitere Voraussetzungen geknüpft ist (§ 3 Abs. 1 Nr. 5-7 LiqV).Die Anlage der Eigenbestände in Spezialfonds mit OGAW-Restriktionen ist daher für Kreditinstitute besonders attraktiv. Wenn das für OGAW zulässige Anlageuniversum nicht ausreicht, initiieren sie weitere Spezialfonds mit liberalerem Anlagespektrum und teilen ihr Vermögen entsprechend auf.[36] Als typischen Fall findet man hier Spezial-Immobilien-Sondervermögen, in denen Banken ihren Immobilienbestand verwalten lassen.

Spezialfonds, die sich den für OGAWs geltenden Anlagerestriktionen unterwerfen, sind zudem für die Zwecke institutioneller Anleger ausreichend,

- die entweder selbst strengen aufsichtsrechtlichen Anforderungen bei der Verwaltung der ihnen anvertrauten Vermögensmassen unterliegen oder
- die ihr Portfolio in verschiedene Anlagevehikel aufteilen und von unterschiedlichen hoch spezialisierten Asset Managern verwalten lassen.

Das betrifft typischerweise große Versicherer, Pensionskassen, Versorgungswerke, Stiftungen, Kommunen und kommunale Eigenbetriebe sowie nicht zuletzt große Unternehmen der Realwirtschaft. Sofern die Kapitalanlagegesellschaft bei einer Aufteilung eines Gesamtportfolios beispielsweise nur in Aktien – gegebenenfalls sogar mit regionaler Beschränkung (z. B. EU oder Euroraum) – investieren soll, kann der Spezialfonds mit OGAW-Restriktionen alle hierfür erforderlichen Freiheiten bieten. Das Gleiche gilt für weitere Assetklassen wie etwa die Unternehmens- oder Staatsanleihen. Die Segmente, die exotischere Vermögensgegenstände betreffen – *Alternative Investments* oder *Private Equity* –, lassen die oben erwähnten institutionellen Anleger von hierauf spezialisierten Asset Managern etwa in Spezialfonds verwalten, die notwendigerweise nicht den für richtlinienkonformen Sondervermögen geltenden Regelungen unterworfen sind.[37]

---

[35] Gemäß § 3 Abs. 1 Nr. 8 LiqV werden lediglich 90% des Rücknahmepreises der Fondsanteile des Kreditinstituts dem Liquiditätsband 1 zugeordnet.

[36] Vgl. die Abschnitte auf den Seiten 123-130 in diesem Beitrag.

[37] Vgl. die Abschnitte „Ausgestaltung ohne Fondskategorien" und „Ausgestaltung als Singel-Hedgefonds auf den Seiten 123-127 in diesem Beitrag.

Ausgestaltung als Gemischtes Sondervermögen

Die Ausgestaltung eines Spezialfonds als Gemischtes Sondervermögen hat – im Verhältnis zum Spezialfonds mit OGAW-Restriktionen – nur geringe Bedeutung, da das Anlageuniversum nur unwesentlich weiter als bei einem OGAW ist. Die Ausweitung betrifft nur die Anlage in Investmentanteile:

Während ein OGAW im Wesentlichen nur in OGAWs und vergleichbar regulierte Investmentvermögen investieren darf,[38] ist es einem Gemischten Sondervermögen gestattet, in

- Anteile an Immobilienfonds und Gemischten Sondervermögen, Aktien entsprechender Investmentaktiengesellschaften und Anteilen an vergleichbaren ausländischen Investmentvermögen (§ 84 Abs. 1 Nr. 2 Buchst. a, Nr. 3 Buchst. a InvG) sowie
- bis zu 10% des Wertes des Spezialfonds in Anteile an Sonstigen Sondervermögen und Single-Hedgefonds, die selbst nicht in Investmentanteile investieren dürfen, Aktien entsprechender Investmentaktiengesellschaften sowie Anteilen an vergleichbaren ausländischen Investmentvermögen (§§ 84 Abs. 1 Nr. 2 Buchst. b und c, Nr. 3 Buchst. b und c, Abs. 2 Satz 2, 85 InvG)

zu investieren.

Auf Grund dieser im Vergleich zu den Anlagemöglichkeiten eines OGAW wenig ins Gewicht fallenden Änderung sind Spezialfonds in der Form von Gemischten Sondervermögen nur für die institutionellen Anleger interessant, die ihre Mittel verstärkt in Investmentanteile anlegen wollen, ohne dieser Flexibilität bei der Investition in andere Assets zu bedürfen.

Ausgestaltung ohne Bindung an Fondskategorien

Von weitaus größerer praktischer Bedeutung als die Ausgestaltung eines Spezialfonds nach dem Fondstyp des Gemischten Sondervermögens ist die Möglichkeit, den Spezialfonds unabhängig von den Fondskategorien unter weitgehendem Verzicht auf Anlagerestriktionen und mit umfassendem Anlageuniversum aufzulegen. Diese Gestaltung verschafft der Kapitalanlagegesellschaft ein Höchstmaß an Flexibilität bei der Verwaltung des Kundenportfolios. So darf ein Spezialfonds folgende Vermögensgegenstände erwerben (§§ 91 Abs. 3 Nr. 2, 2 Abs. 4 Nr. 1-9 InvG):

---

[38] Vgl. Seite 120 in diesem Beitrag.

- Wertpapiere, ohne dass die Einschränkungen der §§ 47, 52 InvG gelten;[39] insbesondere müssen hier die für OGAW maßgeblichen EU-Kriterien an Wertpapiere aus Art. 2 Abs. 1 der EU-Durchführungsrichtlinie 2007/16/EG[40] nicht erfüllt werden; so sind z. B. auch OTC gehandelte Wertpapiere zulässige Vermögensgegenstände, für die eine regelmäßige Bewertung im Sinne von Art. 2 Abs. 1 Buchst. c ii Richtlinie 2007/16/EG) nicht sichergestellt ist;
- Geldmarktinstrumente, ohne dass eine der oben im Abschnitt „Ausgestaltung wie ein richtlinienkonformes Sondervermögen (OGAW)" aufgeführten Beschränkungen, insbesondere in Bezug auf die qualifizierten Aussteller, gilt;
- Derivate ohne Beschränkung der Basiswerte;
- Bankguthaben;[41]
- Immobilien und Beteiligungen an Immobilien-Gesellschaften;
- Investmentanteile wie oben im Abschnitt „Ausgestaltung wie ein richtlinienkonformes Sondervermögen (OGAW)" sowie darüber hinaus Anteile an offenen Immobilienfonds, Gemischen Sondervermögen, Sonstigen Sondervermögen[42] und Single-Hedgefonds sowie an entsprechenden ausländischen Investmentvermögen sowie Anteile an in- und ausländischen[43] Spezialfonds (§ 95 Abs. 5a InvG);
- Beteiligungen an ÖPP-Projektgesellschaften[44], wenn der Verkehrswert dieser Beteiligungen ermittelt werden kann;
- (sonstige) Unternehmensbeteiligungen, wenn der Verkehrswert dieser Beteiligungen ermittelt werden kann;
- Edelmetalle sowie
- unverbriefte Darlehensforderungen.

Zudem kann bei der Gestaltung eines Spezialfonds mit Zustimmung der Anleger auf die emittentenbezogenen Anlagegrenzen verzichtet werden. Das heißt die Kapitalanla-

---

[39] So auch Steck (2010), § 91 InvG, Rn. 9.

[40] Vgl. Fn. 24.

[41] Die Investition in Bankguthaben gilt ohne Beschränkungen. Im Extremfall kann daher ein Spezialfonds zu 100% in Bankguthaben bei nur einem Kreditinstitut investiert sein.

[42] Die Fondskategorie des Sonstigen Sondervermögens (§§ 90g-90k InvG) und wurde durch das Investmentänderungsgesetz vom 21. Dezember 2007 eingeführt (Art. 1 Nr. 69 InvÄndG) und darf insbesondere in Edelmetalle, unverbriefte Darlehensforderungen sowie Unternehmensbeteiligungen investieren (§ 90h Abs. 1 InvG). Da der zulässige Verzicht auf die Anlage- und Erwerbsgrenzen den Kapitalanlagegesellschaften jedoch noch mehr Flexibilität bietet, wurde auf die gesonderte Darstellung dieses Fondstyps verzichtet. Bisweilen werden Spezialfonds ohne Bindung an eine Fondskategorie auch untechnisch als „Sonstige Sondervermögen" bezeichnet.

[43] Steck (2010), § 95 InvG, Rn. 23.

[44] Vgl. zum Begriff der ÖPP-Projektgesellschaft Fn. 14.

gegesellschaft ist beispielsweise beim Erwerb von Wertpapieren und Geldmarktinstrumenten eines einzigen Emittenten grundsätzlich nicht beschränkt.

Folgende Beschränkungen sind jedoch auch für Spezialfonds unabdingbar (§ 91 Abs. 3 Nr. 3 InvG):

- Die Kapitalanlagegesellschaft muss in jedem Fall das sich aus dem Einsatz von Derivaten ergebende Risiko nach den Vorgaben des § 51 Abs. 2 InvG und der Derivateverordnung managen.[45]
- Leerverkäufe sind verboten (§ 59 InvG). Die Kapitalanlagegesellschaft darf also für Rechnung des Spezialfonds z. B. keine Wertpapiere verkaufen, die sich noch nicht im Bestand des Spezialfonds befinden und zur Erfüllung der Lieferverpflichtung aus dem Kaufvertrag (§ 433 Abs. 1 Satz 1 BGB) erst angeschafft werden müssten.
- Soweit ein Spezialfonds in Immobilien oder Beteiligungen an Immobilien-Gesellschaften investieren darf, muss die Kapitalanlagegesellschaft die Anforderungen in Bezug auf die Belastung der Immobilien (§ 82 Abs. 3 InvG) ebenso beachten wie die Begrenzung der Kreditvergabe an Immobilien-Gesellschaften (§ 69 InvG).
- Da nicht börsennotierte Unternehmensbeteiligungen wenig fungibel sind und mithin ein Risiko für die Liquidität eines Fonds bergen können, dürfen sie zusammen mit nicht börsennotierten Wertpapieren, bestimmten Geldmarktinstrumenten und Schuldscheindarlehen höchstens 20% des Wertes des Spezialfonds ausmachen (§ 90h Abs. 4 Satz 1 InvG).

Eine nur beschränkte Liberalisierung erfährt der Rahmen, innerhalb dessen ein Spezialfonds Kredite aufnehmen darf (§ 91 Abs. 4 Satz 1 InvG): Während Sondervermögen der meisten Fondskategorien[46] Darlehen in Höhe von lediglich bis zu 10% ihres Wertes aufnehmen dürfen (§ 53 InvG), darf für Spezialfonds in den Vertragsbedingungen diese Grenze in Höhe von bis zu 30% des Wertes des Fondsvermögens vereinbart werden. Darüber hinaus muss ein Spezialfonds, selbst wenn er Immobilien im Bestand hat, keine Mindestliquidität vorsehen (§ 95 Abs. 6 InvG), die für Immobilien-Publikumsfonds vorgeschrieben ist (§ 80 Abs. 1 InvG).[47]

---

[45] Vgl. auch Abschnitt „Ausgestaltung wie ein richtlinienkonformes Sondervermögen (OGAW), Unterabschnitt „Derivate" sowie den Beitrag von Jäger.

[46] Ausnahmen bilden die Sonstigen Sondervermögen, die Darlehen in Höhe von bis zu 20% ihres Wertes aufnehmen dürfen (§ 90h Abs. 6 InvG), und Single-Hedgefonds, die in der Kreditaufnahme grundsätzlich unbeschränkt sind (§ 112 Abs. 1 Satz 2 Nr. 1 InvG).

[47] Der Verweis von § 95 Abs. 6 InvG auf § 80 Abs. 3 Satz 1 und 2 InvG ist ein redaktioneller Fehler. Denn § 80 Abs. 3 InvG hat nur einen Satz und bezieht sich nicht auf die Mindestliquidität. Gemeint ist

Das oben dargestellte Anlagespektrum sowie das Wegfallen der meisten Anlagegrenzen gestatten der Kapitalanlagegesellschaft ein flexibles Portfoliomanagement. Neben großen Unternehmen nutzen vor allem vermögende Privatanleger – vermittelt durch Vermögensverwaltungsgesellschaften – diese liberale Ausgestaltung von Spezialfonds. Denn sie ermöglicht ihnen die Investition sowohl in die klassischen Assets, wie Aktien und Renten, als auch in ausgefallenere Assetklassen wie Private Equity. Da die Anteile an nicht börsennotierten Unternehmen regelmäßig wenig fungibel sind und gerade in diesem Bereich die Anlagegrenze des § 90h Abs. 4 Satz 1 InvG in Höhe von 20% des Wertes des Sondervermögens gilt, ist eine flexible Anlage in möglichst viele weitere erwerbbare Vermögensgegenstände hilfreich, um die Verletzung dieser Anlagegrenze zu verhindern.

Ausgestaltung als Single-Hedgefonds

Selbst die weite Ausgestaltung eines Spezialfonds ohne Bindung an die Fondskategorien (den vorgehenden Abschnitt) kann in Einzelfällen nicht ausreichend sein, um die Investitionsbedürfnisse institutioneller Anleger zu befriedigen. Innerhalb des investmentgesetzlichen Rahmens bleibt dann nur noch die Auflage als Sondervermögen mit zusätzlichen Risiken nach § 112 InvG – oder kurz: Single-Hedgefonds. Nach der typologischen Bestimmung von Single-Hedgefonds im Investmentgesetz handelt es sich um Sondervermögen, die eine der folgenden Eigenschaften aufweisen müssen (§ 112 Abs. 1 Satz 2 InvG):

- sie dürfen zu Investitionszwecken grundsätzlich unbegrenzt Kredite aufnehmen (sog. Leverage) oder
- sie dürfen Assets veräußern, die nicht zum Sondervermögen gehören (sog. Leerverkäufe).

Zudem dürfen Single-Hedgefonds höchstens 30% ihres Wertes in nicht börsennotierte Unternehmensbeteiligungen anlegen (§ 112 Abs. 1 Satz 3 InvG) und haben den Grundsatz der Risikomischung[48] zu beachten (§ 112 Abs. 1 Satz 1 InvG). Im Übrigen sind sie im Rahmen des Universums der erwerbbaren Vermögensgegenstände in ihrer Anlagestrategie frei (§ 112 Abs. 1 Satz 1 InvG). Diese bemerkenswerte Freiheit bei der Portfolioverwaltung kann ein starkes Motiv für die Wahl sein, seinen Spezialfonds als Single-Hedgefonds auszugestalten.

---

wohl eher § 80 Abs. 1 Satz 2 InvG (Steck (2010), § 95 InvG, Rn. 24). Dies beabsichtigt der Gesetzgeber im Rahmen der Umsetzung der OGAW-IV-Richtlinie zu korrigieren (§ 95 Abs. 6 InvG-DE).

[48] Vgl. hierzu ausführlich Gringel (2010), § 112, Rn. 20-22.

Ein weiterer Beweggrund kann der Wunsch des institutionellen Anlegers sein, stille Beteiligungen im Sinne des § 230 Handelsgesetzbuch (HGB)[49] zu erwerben. Denn stille Beteiligungen sind der einzige vom Investmentgesetz vorgesehene Vermögens-gegenstand, der ausschließlich Single-Hedgefonds – und damit entsprechend ausge-stalteten Spezialfonds[50] – vorbehalten ist (§§ 112 Abs. 1 Satz 1, 2 Abs. 4 Nr. 10 InvG). Der institutionelle Anleger muss sich jedoch entscheiden, welches Anlagespektrum ihm zur Verfügung stehen soll. Denn ein Vergleich mit den erwerbbaren Vermögens-gegenständen, in die ein Spezialfonds ohne Bindung an Fondskategorien investieren darf, zeigt, dass ein Spezial-Single-Hedgefonds weder Immobilien, Beteiligungen an Immobilien-Gesellschaften oder an ÖPP-Projektgesellschaften noch unverbriefte Dar-lehensforderungen erwerben darf (*arg. e* §§ 112 Abs. 1 Satz 1, 2 Abs. 4 Nr. 1-4, 7, 10, 11 InvG). Einen ausführlichen Vergleich der erwerbbaren Vermögensgegenstände auch zu den Fondstypen OGAW, Gemischtes Sondervermögen und Offenes Immobi-lien-Sondervermögen lässt die Übersicht in Tabelle 1 zu.

---

[49] Handelsgesetzbuch (HGB) in der im Bundesgesetzblatt Teil III, Gliederungsnummer 4100-1, veröf-fentlichten bereinigten Fassung, das zuletzt durch Artikel 6a des Gesetzes vom 31. Juli 2009 (BGBl. I S. 2512) geändert worden ist.

[50] Anders als bei anderen Fondskategorien muss die Kapitalanlagegesellschaft bei einer Auflage von Spezialfonds als Single-Hedgefonds die für diesen Fondstyp geltenden Vorgaben beachten (*arg. e* § 91 Abs. 3 InvG – vgl. auch Seite 117 in diesem Beitrag.

Vermögensgegenstand	Ausgestaltung als				
	OGAW	Gemischtes Sondervermögen	Spezialfonds ohne Fondstypbindung	Single-Hedgefonds	Offenes Immobilien-Sondervermögen
Wertpapiere	(+)	(+)	+	+	(+)
Geldmarktinstrumente	(+)	(+)	+	+	(+)
Derivate	(+)	(+)	+	+	(+)
Sonstige Anlageinstrumente (§ 52 InvG)	+	+	+	+	(+)
Bankguthaben	+	+	+	+	+
Investmentanteile	(+)	(+)	+	+	(+)
Immobilien	–	–	+	–	+
Beteiligungen an Immobilien-Gesellschaften	–	–	+	–	+
Beteiligungen an ÖPP-Projektgesellschaften	–	–	+	–	–
Unverbriefte Darlehensforderungen	–	–	+	–	–
Unternehmensbeteiligungen	–	–	+	+	–
Edelmetalle	–	–	+	+	–
Stille Beteiligungen (§ 230 HGB)	–	–	–	+	–
(+) – trifft mit Einschränkungen zu					

Tabelle 1: Erwerbbare Vermögensgegenstände bei Spezial-Sondervermögen

Ausgestaltung als Offener Immobilienfonds[51]

Eine Sonderstellung nimmt der Spezialfonds in Form des Offenen Immobilien-Sondervermögens ein. Einige institutionelle Anleger lassen neben einem Wertpapier-spezialfonds in einer der oben beschriebenen Form zusätzlich ein Spezial-Immobilien-Sondervermögen auflegen, in dem sie die in ihrem Bestand befindlichen Immobilien

---

[51] Vgl. hierzu den Beitrag von Höpfner/ Kehr in diesem Handbuch.

halten oder auch neue Grundstücke dazu erwerben.[52] Obwohl die durch das Investmentänderungsgesetz vom 21. Dezember 2007 eingeführte Abkehr vom Typenzwang
es ermöglicht, in einem Spezialfonds Immobilienerwerb und Wertpapierinvestition
gleich gewichtet zu kombinieren, wurde hiervon bislang nicht in nennenswertem Umfang Gebrauch gemacht. Grund hierfür mag sein, dass sich neben den im wesentlichen
Wertpapierfonds verwaltenden Kapitalanlagegesellschaften andere Gesellschaften
herausgebildet haben, die auf die Verwaltung von Immobilienfonds spezialisiert sind.
Da die Geschäftsleiter einer Kapitalanlagegesellschaft die zum Betreiben des Geschäftes erforderlich fachliche Eignung besitzen müssen (§ 7b Nr. 3 InvG),[53] hat diese her-
gebrachte Trennung zur Folge, dass z. B. die Investition in Immobilien durch eine auf
die Verwaltung von Wertpapierfonds ausgelegte Kapitalanlagegesellschaft die Anpassung der Geschäftsstruktur der Kapitalanlagegesellschaft bis in die Geschäftsleitung
hinein erforderlich macht. Das bildet eine erst zu nehmende Hürde, die nur vereinzelt
überwunden worden ist. Daher werden üblicherweise Spezialfonds in der Form von
Offenen Immobilien-Sondervermögen separat zu einem weiteren Wertpapierspezialfonds aufgelegt. Inhaltlich kann der Spezial-Immobilienfonds – in den oben im Abschnitt „Ausgestaltung ohne Bindung an Fondskategorien" beschriebenen Grenzen –
auf Anlagerestriktionen verzichten. Es wird daher auf diese Ausführungen verwiesen.

Kombinations- und Aufteilungsmöglichkeiten

In den vorangegangenen Abschnitten wurden einige Kategorien dargestellt, in denen
ein Spezialfonds aufgelegt werden kann. Der institutionelle Anleger ist jedoch nicht
daran gehindert, mehrere unterschiedlich gestaltete Spezialfonds zu initiieren und sich
mit anderen institutionellen Anlegern gemeinsam an einem oder mehreren Spezialfonds zu beteiligen. Gerade bei Spezial-Immobilien-Sondervermögen kann dies angezeigt sein, um – ggf. mit eingebrachten Grundstücken – ein Volumen zu erreichen, das
die Auflage eines Spezialfonds rentabel macht.

Auf der anderen Seite kann es für einen Anleger jedoch auch angebracht sein, ein Spezial-Sondervermögen aufzuteilen. Neben der Aufteilung in Anteilklassen, die man
typischerweise bei Publikums-Sondervermögen findet, können innerhalb eines Sondervermögens auch einzelne Teilfonds gebildet werden – sogenannte Umbrella-Kon-

---

[52] Zum 30. September 2010 machten die Spezial-Immobilien-Sondervermögen mit einer Anzahl von 140
rund 3,6 % aller 3.922 Spezialfonds und mit einem Volumen von EUR 29,7 Mrd. ca. 3,7 % des gesamten Fondsvermögens aller Spezialfonds in Höhe von EUR 799,1 Mrd. aus (BVI-Statistik).
[53] Im Einzelnen Beckmann (2010), § 7b InvG, Rn. 41-57.

struktionen (§§ 91 Abs. 2, 34 Abs. 2 InvG).[54] Diese Teilfonds bilden – wie Sonder-vermögen selbst – haftungs- und vermögensrechtlich getrennte Einheiten (§§ 91 Abs. 2, 34 Abs. 2a Satz 1 InvG), so dass sich auch insbesondere verschiedene Anleger in unterschiedlicher Kombination an einzelnen Teilfonds beteiligen können. In der Praxis findet man diese Umbrella-Konstruktionen jedoch selten.[55] Gängiger ist die Aufteilung eines Spezial-Sondervermögens in Segmente. Dabei bleibt das Spezial-Sondervermögen eine haftungs- und vermögensrechtliche Einheit. Die segmentweise Teilung dient administrativen Zwecken und erlaubt es dem Anleger, unterschiedliche Asset Manager für die Verwaltung der einzelnen Assetklassen vorbehaltenen Segmen-te einzusetzen, ohne mehrere Spezialfonds auflegen zu müssen. Auf diese Weise las-sen sich die Verantwortlichkeiten einzelner Asset Manager für verschiedene Segmente im Spezialfonds trennscharf voneinander abgrenzen. Die Administration des Spezial-Sondervermögens bleibt in der Hand der Kapitalanlagegesellschaft, lediglich die Port-folioverwaltung liegt dann bei unterschiedlichen Asset Managern, die entweder im Wege der Auslagerung die Anlageentscheidung selbst treffen oder lediglich als Bera-ter gegenüber der Kapitalanlagegesellschaft eine Anlageempfehlung aussprechen.

3.   Administrative Erleichterungen für Spezialfonds

Bei den institutionellen Anlegern vorbehaltenen Spezialfonds ergibt sich – im Ver-gleich zu Publikums-Sondervermögen – eine besondere Situation: Zunächst einmal sind institutionelle Anleger weniger schutzwürdig als Privatanleger.[56] Hinzu tritt ihre typischerweise enge Einbindung in die organisatorische Administration des Spezial-fonds und in die Verwaltung des Portfolios (über den Anlageausschuss oder tägliche Reportings). Diese Umstände führen dazu, dass das Investmentgesetz Spezialfonds nicht nur in Bezug auf ihre Investitionsmöglichkeiten ein größeres Handlungsfeld als Publikumsfonds eröffnet. Auch bei der Administration von Spezialfonds profitieren Kapitalanlagegesellschaften von Erleichterungen, die es ihnen erlauben, schneller zu agieren und flexibler auf Kundenwünsche einzugehen. Das betrifft vor allem die Auf-lage von Spezialfonds. So bedürfen die Vertragsbedingungen grundsätzlich nicht der

---

[54]   Eine Anteilklassenbildung bei Investmentaktiengesellschaften ist nicht vorgesehen (*arg. e* § 99 Abs. 3 InvG). Zu der Aufteilung des Gesellschaftsvermögens in mit den Teilfonds vergleichbaren Teilgesell-schaftsvermögen siehe Abschnitt 4.

[55]   Anders als bei der Spezial-Investmentaktiengesellschaft, deren Gesellschaftsvermögen häufig in Teil-gesellschaftsvermögen aufgeteilt werden kann (vgl. Abschnitt 4.).

[56]   Vgl. etwa Regierungsentwurf Investmentänderungsgesetz (2007), S. 83.

Genehmigung durch die BaFin (§ 93 Abs. 1, 1. Halbsatz InvG).[57] Zudem sind die für Publikumsfonds obligatorischen Verkaufsprospekte nicht erforderlich (§ 93 Abs. 3 InvG). Auch bedarf die Bestellung der Depotbank ausnahmsweise keiner Genehmigung durch die BaFin, wenn die BaFin das betreffende Kreditinstitut allgemein als Depotbank anerkannt hat (§ 95 Abs. 1 Satz 2 InvG)[58] und der Spezialfonds nicht als Immobilien- oder Hedgefonds ausgestaltet ist (§ 93 Abs. 1 Satz 3 InvG).[59] Alle vorgenannten Umstände verkürzen die Auflage eines Spezialfonds erheblich, da die BaFin nicht eingebunden werden muss und dadurch ein zeitaufwändiger Prozessschritt entfällt.[60] Eine Ausnahme bildet hier der als Single-Hedgefonds ausgestaltete Spezialfonds, da sowohl seine Vertragsbedingungen und als auch die Bestellung seiner Depotbank genehmigungspflichtig sind (§§ 93 Abs. 1, 2. Halbsatz, 95 Abs. 1 Satz 3 InvG).[61] Soll der Spezialfonds also als Single-Hedgefonds aufgelegt werden,[62] ist die erforderliche Abstimmung mit der BaFin und die damit verbundene Verzögerung zu berücksichtigen.

Erleichterungen sieht das Investmentgesetz für die Verschmelzung zweier Spezialfonds vor. Anders als bei Publikumsfonds (§ 40 Abs. 1 Nr. 2, 3 InvG) müssen weder die Gebührenstruktur noch das zulässige Anlagespektrum der Sondervermögen vergleichbar sein (§ 95 Abs. 7 Satz 1 InvG). Auch eine Veröffentlichung der Verschmelzung oder die Genehmigung durch die BaFin ist nicht erforderlich (§ 95 Abs. 7 Satz 1, 2 InvG). Voraussetzung ist lediglich, dass die Anleger der Verschmelzung zugestimmt haben (§ 95 Abs. 7 Satz 2 InvG). Dies ist einmal mehr Ausdruck des Prinzips, das der Liberalisierung des Rechts der Spezialfonds zugrunde liegt. Kapitalanlagegesellschaft und institutioneller Anleger stimmen sich eng bei der Verwaltung des Spezialfonds ab,

---

[57] Mangels Genehmigungsbedürftigkeit würden der BaFin die für ihre Aufsichtstätigkeit wesentlichen Informationen über den Bestand an Spezialfonds in Deutschland fehlen. Daher müssen die Kapitalanlagegesellschaften die BaFin kalenderhalbjährlich in einer Aufstellung über die aufgelegten und geschlossenen Spezialfonds informieren (§ 93 Abs. 2 InvG).

[58] Eine von der BaFin veröffentlichte *Auflistung der nach § 21 InvG genehmigten Depotbanken* findet sich im Internetauftritt der BaFin (www.bafin.de) in der Kategorie „Unternehmen" / „KAGen & Investmentfonds" / „Investmentfonds" oder direkt unter folgendem Link:
http://www.bafin.de/cln_179/SharedDocs/Downloads/DE/Service/Aufsichtsrecht/liste__depotbank,templateId=raw,property=publicationFile.pdf/liste_depotbank.pdf.

[59] Zur Problematik, ob der Verzicht auf die Depotbankgenehmigung auch bei Abweichung von der Fondskategorie des Immobilienfonds möglich ist, vgl. Nickel (2008), S. 113.

[60] Die Genehmigung von Vertragsbedingungen von Publikums-Sondervermögen durch die BaFin dauert erfahrungsgemäß zwei bis vier Wochen (vgl. auch § 43 Abs. 2 Satz 5 InvG).

[61] Damit soll die Information der BaFin und eine Kontrolle durch sie sichergestellt werden (Regierungsentwurf Investmentmodernisierungsgesetz (2003), S. 103).

[62] Vgl. hierzu auch Seiten 126 f. in diesem Beitrag.

was neben der vom Gesetzgeber vorausgesetzten Sachkunde des Anlegers ein Hauptgrund für die geringeren Anforderungen ist.

Auf die individuelle Regelung zwischen Kapitalanlagegesellschaft und Anleger setzt der Gesetzgeber auch bei der Kündigung eines Spezialfonds. Die gesetzlich vorgesehene Sechsmonatsfrist, die eine Kapitalanlagegesellschaft bei der Kündigung eines Sondervermögens einhalten muss (§ 38 Abs. 1 Satz 1 InvG), gilt nicht für Spezial-/Publikumsspezialfonds (§ 95 Abs. 5 InvG). Vielmehr können die Parteien hier eine kürzere oder auch längere Kündigungsfrist vereinbaren, wenn sie nicht überhaupt auf eine Frist verzichtet wollen. Dabei dient die Kündigungsfrist in erster Linie dem Schutz und der Planungssicherheit des Anlegers. Denn ein Aufhebungsvertrag kann stets im Einvernehmen beider Parteien[63] geschlossen werden, und es sollte verwundern, wenn der Wunsch eines Anlegers auf Abschluss eines Aufhebungsvertrages von einer kundenorientierten Kapitalanlagegesellschaft abgewiesen würde.

Vorteilhaft für den Anleger ist zudem, dass bei Spezialfonds ausnahmsweise Sacheinlagen zulässig sind (§ 95 Abs. 8 InvG). Bei einer Sacheinlage überträgt der Anleger Vermögensgegenstände an das Sondervermögen und erhält als Gegenleistung Investmentanteile in Höhe des Wertes der eingebrachten Assets.[64] Bei Publikumsfonds sind Sacheinlagen verboten (§ 23 Abs. 1 Satz 3 InvG), um zu verhindern, dass durch Fehlbewertungen der eingebrachten Vermögensgegenstände dem Sondervermögen und damit den Anlegern ein Nachteil entsteht.[65] Die Möglichkeit von Sacheinlagen bei Spezialfonds ist dem gegenüber auf das geringere Schutzbedürfnis institutioneller Anleger zurückzuführen.[66]

Die Sachlage eröffnet den Anlegern Gestaltungsspielräume in ihrer Handelsbilanz. Denn sie dürfen unter bestimmten Voraussetzungen einen Vermögensgegenstand, den sie selbst halten, an ihren Spezialfonds im Wege der Sacheinlage zu einem Wert übertragen, der unterhalb seines Marktwertes liegt. Der Vermögensgegenstand wird dann erst nach Übertragung in den Spezialfonds mit seinem Verkehrswert bewertet. Damit erfolgt die Hebung der stillen Reserven im Spezialfonds, was einen geringeren Effekt auf die Handelsbilanz des Anlegers hat als bei einer Übertragung des Assets zum

---

[63] Da der Vertrag über die Verwaltung des Spezialfonds neben der Kapitalanlagegesellschaft und dem Anleger üblicherweise auch die Depotbank mit einschließt (sog. Dreiervereinbarung oder Rahmenvertrag), müsste auch sie seiner Aufhebung zustimmen. In der Praxis wird dies erfahrungsgemäß jedoch keine Schwierigkeiten bereiten, da die Depotbank die Entscheidung von Anleger und Kapitalanlagegesellschaft regelmäßig akzeptiert.

[64] Köndgen (2010), § 23 InvG, Rn. 8.

[65] Beckmann (2010), § 23 InvG, Rn. 6

[66] Regierungsentwurf Investmentänderungsgesetz (2007), S. 83.

Marktwert. Denn durch die Hebung der stillen Reserven im Sondervermögen steigt nur der Preis der Investmentanteile, die der Anleger hält; allenfalls dies wirkt sich in seiner Bilanz aus. Da der eingebrachte Vermögensgegenstand jedoch nur einer unter vielen im Spezialfonds ist, ist der bilanzielle Effekt durch die Wertsteigerung der Investmentanteile vergleichsweise gering. Voraussetzung für die Zulässigkeit des oben beschriebenen Vorgehens ist insbesondere, dass die Depotbank zustimmt und die Mindestanforderungen an das Risikomanagement[67] eingehalten werden.

Schließlich erlässt das Investmentgesetz der Kapitalanlagegesellschaft zahlreiche Berichtspflichten oder mildert sie zumindest ab. So muss die Kapitalanlagegesellschaft für Spezialfonds keine Halbjahresberichte erstellen (§§ 94 Satz 2, 95 Abs. 8 InvG). Der Jahresbericht sowie die bei Fondsfusion oder -auflösung zu erstellenden Zwischen- oder Auflösungsberichte müssen im Vergleich zu Publikums-Sondervermögen geringeren inhaltlichen Anforderungen genügen (§ 94 Satz 1, 3 InvG). Anders als bei Publikumsfonds müssen die Berichte der Spezialfonds zudem nicht veröffentlich werden (§ 95 Abs. 8 InvG). Auch ist eine Einreichung bei der BaFin nur nach Anforderung durch die Behörde erforderlich (§ 94 Satz 4 InvG). Die vermeintlich verminderte Transparenz zeigt sich auch in dem Umstand, dass der Anteilspreis ebenfalls weder veröffentlich noch sonst bekannt gemacht werden muss (§ 95 Abs. 4 Satz 2 InvG). Entgegen dem Anschein, den die vorgenannten Regelungen hervorrufen mögen, besteht im Verhältnis zum institutionellen Anleger auf Grund seiner engen Einbindung in die Verwaltung des Spezialfonds regelmäßig eine weit höhere Transparenz als bei Publikumsfonds gegenüber der anonymen Gesamtheit ihrer Anleger.[68]

4.   Spezialfonds in Form einer Investmentaktiengesellschaft

Statisch betrachtet sind Spezialfonds in der Vertragsform, also Spezial-Sondervermögen, häufiger anzutreffen als Spezial-Investmentaktiengesellschaften.[69] Jedoch finden sich seit den Reformen des Rechts der Investmentaktiengesellschaft durch das Investmentmodernisierungsgesetz vom 15. Dezember 2003 und das Investmentände-

---

[67] BaFin-Rundschreiben 15/2009(BA) vom 14.08.2009 Mindestanforderungen an das Risikomanagement – MaRisk. Vgl. insbesondere Modul BTO 2.2.1 Abs. 2 MaRisk.

[68] Vgl. auch Köndgen/ Schmies (2007), Rn. 93 a. E.

[69] Am 18. Oktober 2010 waren 29 Investmentaktiengesellschaften durch die BaFin zugelassen, wobei die Angabe nicht nur Spezial-, sondern auch etwaige Publikums-Investmentaktiengesellschaften umfasst (BaFin-Liste der zugelassenen Kapitalanlagegesellschaften und Investmentaktiengesellschaften: http://www.bafin.de/cln_179/nn_724052/DE/Unternehmen/Fonds/Investmentfonds/investmentfonds__node.html?__nnn=true).

rungsgesetz vom 21. Dezember 2007[70] immer mehr Investmentaktiengesellschaften.[71] Anders als ein Sondervermögen, das keine Rechtspersönlichkeit besitzt, ist die Investmentaktiengesellschaft eine juristische Person und damit fähig, Träger von Rechten und Pflichten zu sein. Das bedeutet auch, dass eine Investmentaktiengesellschaft ihr Gesellschaftsvermögen grundsätzlich selbst verwalten kann (sog. selbstverwaltende Investmentaktiengesellschaft – § 97 Abs. 1a InvG). Derzeit ist es in der Praxis jedoch üblich, dass eine Investmentaktiengesellschaft eine Kapitalanlagegesellschaft benennt, die ihr Gesellschaftsvermögen verwaltet (sog. fremdverwaltete Investmentaktiengesellschaft – § 96 Abs. 4 Satz 1 InvG). Das Gesellschaftsvermögen ist damit dem Sondervermögen beim Fonds in der Vertragsform vergleichbar.

Statt Investmentanteile gibt die Investmentaktiengesellschaft Aktien aus, die dem Aktionär einen Anteil am Gesellschaftsvermögen vermitteln. Sie unterteilen sich in Unternehmens- und Anlageaktien (§ 96 Abs. 1 Satz 2, 1. Halbsatz InvG). Unternehmensaktien vermitteln dem Unternehmensaktionär über die vermögensmäßige Beteiligung hinaus u. a. ein Stimmrecht in der Hauptversammlung und damit eine unternehmerische Beteiligung an der Investmentaktiengesellschaft (§ 96 Abs. 1b InvG). Im Gegensatz hierzu können Anlageaktionäre aus ihren Aktien insbesondere kein Stimmrecht und keine unternehmerische Beteiligung an der Investmentaktiengesellschaft herleiten (§ 96 Abs. 1c InvG), sondern nehmen nur an der Entwicklung des verwalteten Gesellschaftsvermögens teil. Ihre Situation gleicht daher denen des Anteilinhabers bei Sondervermögen.

Für Spezial-Investmentaktiengesellschaften sind zwei grundsätzliche Gestaltungsmöglichkeiten denkbar:

- **Individual-Investmentaktiengesellschaft**
  Für den institutionellen Anleger wird eine Investmentaktiengesellschaft gegründet, deren Unternehmensaktien der Anleger selbst hält; als Unternehmensaktionär ist er dann der BaFin anzuzeigen (§ 96 Abs. 1b Satz 6 InvG). Auf die Begebung von Anlageaktien wird gemäß § 96 Abs. 1 Satz 2, 2. Halbsatz InvG verzichtet. Das hat den Vorteil, dass der Anleger auf das unternehmerische Schicksal seiner Investmentak-

---

[70] Vgl. zu den diesbezüglichen Änderungen durch das Investmentmodernisierungsgesetz vom 15. Dezember 2003 (BGBl. I 2003, S. 2676) im Einzelnen Köndgen/ Schmies (2004), S. 16-18, und zu den Anpassungen durch das Investmentänderungsgesetz Nickel (2008), S. 124-133.

[71] Nach der Einführung der Investmentaktiengesellschaft durch das Dritte Finanzmarktförderungsgesetz vom 24. März 1998 (BGBl. I 1998, S. 529) waren zunächst keine Investmentaktiengesellschaften gegründet worden (Köndgen/ Schmies (2004), S. 16 f. m. w. N.). Am 18. Oktober 2010 waren es immerhin 29 Investmentaktiengesellschaften (vgl. Fn. 69).

tiengesellschaft Einfluss nehmen kann. So steht es ihm auch zu, die verwaltende Kapitalanlagegesellschaft zu bestimmen, falls die Investmentaktiengesellschaft nicht sogar selbstverwaltet sein soll. Dies bringt jedoch den potentiellen Nachteil mit sich, ein BaFin-reguliertes Vehikel mit entsprechendem Aufwand führen zu müssen, insbesondere einen Vorstand zu bestellen.

- **Plattform-Modell**

  Im sog. Plattform-Modell hält ein Initiator die Unternehmensaktien und beteiligt mehrere institutionelle Anleger als Anlageaktionäre an der Investmentaktiengesellschaft. Jeder Anleger wird typischerweise Anlageaktionär in Bezug auf ein für ihn individuell aufgelegtes Teilgesellschaftsvermögen, das haftungs- und vermögensrechtlich von den anderen Teilgesellschaftsvermögen getrennt ist, so dass die Insolvenz der Investmentaktiengesellschaft oder die Abwicklung eines anderen Teilgesellschaftsvermögens keinen Einfluss auf den Bestand der anderen Teilgesellschaftsvermögen hat (§ 100 Abs. 2 InvG). Für die Verwaltung seines Teilgesellschaftsvermögens kann der Anleger wie bei Spezial-Sondervermögen auch einen separaten Asset Manager bestimmen. Insofern erlaubt auch das Plattform-Modell eine individuelle auf den Anleger zugeschnittene Investmentlösung, ohne ihn mit der Führung einer BaFin-regulierten Gesellschaft zu belasten.

Während die Spezial-Investmentaktiengesellschaft dem Anleger über die Individual-Lösung administrativ mehr Möglichkeiten einräumt, schränkt diese Gestaltung den Anleger bei der Auswahl der erwerbbaren Vermögensgegenstände ein. Dies folgt aus dem Umstand, dass eine Investmentaktiengesellschaft insbesondere nicht in der Fondskategorie von Immobilien- oder Infrastrukturfonds aufgelegt werden darf (§ 99 Abs. 3 InvG). Damit fallen Immobilien sowie Beteiligungen an Immobilien-Gesellschaften und ÖPP-Projektgesellschaften als zulässige Vermögensgegenstände weg. Auf der anderen Seite kann die Gesellschaftsform die Möglichkeit zu steuergünstigen Strukturen bieten. Die Entscheidung des Anlegers, ob er sein Vermögen in Form eines Spezial-Sondervermögens oder einer Spezial-Investmentaktiengesellschaft verwalten lässt, wird also im Wesentlichen von den konkreten Zielen des Anlegers abhängen, die er mit seinem Fondsvehikel verfolgt.

Vermögensgegenstand	Ausgestaltung als				
	OGAW	Gemischtes Sondervermögen	Spezialfonds ohne Fondstypbindung	Single-Hedgefonds	Offenes Immobilien-Sondervermögen
Wertpapiere	(+)	(+)	+	+	
Geldmarktinstrumente	(+)	(+)	+	+	
Derivate	(+)	(+)	+	+	
Sonstige Anlageinstrumente (§ 52 InvG)	+	+	+	+	
Bankguthaben	+	+	+	+	nicht zulässig
Investmentanteile	(+)	(+)	+	+	
Immobilien	–	–	–	–	
Beteiligungen an Immobilien-Gesellschaften	–	–	–	–	
Beteiligungen an ÖPP-Projektgesellschaften	–	–	–	–	
Unverbriefte Darlehensforderungen	–	–	+	–	
Unternehmensbeteiligungen	–	–	+	+	
Edelmetalle	–	–	+	+	
Stille Beteiligungen (§ 230 HGB)	–	–	–	+	
(+) – trifft mit Einschränkungen zu					

**Tabelle 2: Erwerbbare Vermögensgegenstände
bei Spezial-Investmentaktiengesellschaften[72]**

---

[72] Eine Spezial-Investmentaktiengesellschaft kann zwar kein OGAW sein. Sie kann jedoch wie ein OGAW (mit gleichem Anlagespektrum und vergleichbaren Anlagegrenzen) ausgestaltet sein (vgl. ausführlich Fn. 18).

5.   Potenzielle Änderungen durch die OGAW-IV-Umsetzung

Zur Umsetzung der bereits oben erwähnten OGAW-IV-Richtlinie[73] hat das Bundesministerium der Finanzen am 18. August 2010 den Diskussionsentwurf des sog. OGAW-IV-Umsetzungsgesetzes zur Konsultation veröffentlicht. Sodann verabschiedete das Kabinett am 15. Dezember 2010 den Regierungsentwurf des OGAW-IV-Umsetzungsgesetzes. Ebenso wie der Diskussionsentwurf zuvor, hält auch der Regierungsentwurf für Spezialfonds vorwiegend redaktionelle Korrekturen bereit.[74]

Generell trifft das OGAW-IV-Umsetzungsgesetz ausführliche Regelungen zur Verschmelzung von Sondervermögen (§§ 40-40h InvG-RegE).[75] In § 95 Abs. 7 Satz 1 InvG-RegE stellt es zudem klar, dass Spezialfonds nicht mit Publikums-Sondervermögen verschmolzen werden dürfen. Weiterhin soll keine Genehmigung durch die BaFin erforderlich sein, sofern die Anleger der Verschmelzung zustimmen (§ 95 Abs. 7 Satz 2 Nr. 1 InvG-RegE). Schließlich kann die in § 40c Abs. 1 InvG-DE vorgesehene obligatorische Prüfung des Vorliegens der Verschmelzungsvoraussetzungen durch die Depotbanken mit Zustimmung der Anleger entfallen (§ 95 Abs. 7 Satz 2 Nr. 3 InvG-RegE).

Bereits vor Einführung der künftig ausführlich geregelten Vorgaben für Master-Feeder-Strukturen[76] in den §§ 45a-45g InvG-RegE waren nach der bisherigen Praxis solche Strukturen unter Spezialfonds zulässig. § 95 Abs. 8 InvG-RegE stellt nunmehr klar, dass dies auch künftig gestattet sein soll, sofern keine Publikums-Sondervermögen – sei es als Master- oder Feederfonds – an der Struktur beteiligt sind. Der Diskussionsentwurf hatte noch vorgesehen, dass einige der einschränkenden Vorgaben der §§ 45a-45g InvG-DiskE, die für Publikumsfonds gelten, auch auf Master-Feeder-Strukturen von Spezialfonds Anwendung finden sollten (§ 95 Abs. 8 Satz 2 und 3 InvG-DiskE). Hiervon hat die Bundesregierung in dem aktuellen Gesetzentwurf nunmehr Abstand genommen und Master-Feeder-Strukturen von Spezialfonds keinen Beschränkungen unterworfen.[77]

---

[73]   Vgl. Fn. 13.

[74]   Vgl. Diskussionsentwurf OGAW-IV-UmsG (2010), S. 105 f.; Regierungsentwurf OGAW-IV-UmsG (2010), S. 79 f. sowie insbesondere Fn. 47.

[75]   InvG-RegE bezeichnet den Regierungsentwurf OGAW-IV-UmsG (2010) in der Fassung der Finanzausschuss-Beschlussempfehlung (2011); die Empfehlungen zu den Vorschriften für Spezialfonds finden sich dort auf den Seiten 105-107.

[76]   Feederfonds zeichnen sich dadurch aus, dass sie mindestens 85 % ihres Wertes in einen Masterfonds investiert haben (§ 2 Abs. 26 InvG-RegE), der seinerseits kein Feederfonds sein und keine Anteile an Feederfonds halten darf (§ 2 Abs. 27 InvG-RegE).

[77]   Regierungsentwurf OGAW-IV-UmsG (2010), S. 80.

Schließlich hatte der Diskussionsentwurf vorgesehen, dass eine Kapitalanlagegesellschaft der BaFin einen Wechsel der Depotbank unverzüglich nach seinem Wirksamwerden anzuzeigen hat (§ 93 Abs. 2 Satz 3 InvG-DiskE), damit die BaFin stets darüber informiert ist, für welche Sondervermögen ein Kreditinstitut als Depotbank fungiert.[78] Hiervon nahm die Bundesregierung in ihrem aktuellen Entwurf Abstand und entsprach damit einer Forderung des Branchenverbands Bundesverband Asset und Investment Management (BVI)[79]. Da die Kapitalanlagegesellschaft der BaFin die aktuellen Depotbanken der Spezialfonds ohnehin in einer halbjährlichen Sammelaufstellung mitzuteilen hat, wurde die vom Diskussionsentwurf vorgesehene zusätzliche Mitteilungspflicht als überzogen angesehen.

Umwälzungen hat der Spezialfonds durch das OAGW-IV-Umsetzungsgesetz mithin nicht zu erwarten. Der Gesetzgeber setzt seine bislang zu beobachtende Tendenz fort, Spezialfonds, ihren Anlegern und den verwaltenden Kapitalanlagegesellschaften Erleichterungen mit Augenmaß zu gewähren.

6. Zusammenfassung und Ausblick

Die vorstehenden Ausführungen zeigen anschaulich, dass der Gesetzgeber die Kapitalanlagegesellschaft bei der Verwaltung von Spezialfonds – im Vergleich zur Administration von Publikums-Sondervermögen – mit einem erheblichen Mehr an Flexibilität ausgestattet hat. Sie manifestiert sich zum einen in der Liberalisierung des Anlageuniversums von Spezialfonds und der Freiheiten des Asset Managers bei der Portfolioverwaltung sowie zum anderen auch in der Entbürokratisierung der Anforderungen an die Administration von Spezialfonds. Diese regulatorischen Rahmenbedingungen ermöglichen es den institutionellen Anlegern, speziell auf ihre Anlagewünsche und -bedürfnisse zugeschnittene Spezialfonds zu initiieren. Die damit potentiell verbundenen höheren Risiken bei der Verwaltung seines Vermögens kann der Anleger durch eine Kontrolle im Rahmen seiner engen Einbindung etwa in Anlageausschüssen und des individuellen Einsatzes verschiedener Asset Manager ausgleichen. Ein Beleg für die Attraktivität des Spezialfonds mag sein, dass derzeit mehr Vermögen in Spezial- als in Publikumsfonds verwaltet wird.[80]

Ob die gesetzlichen Rahmenbedingungen für den deutschen Spezialfonds so vorteilhaft bleiben, darf in Zweifel gezogen werden. Sicher ist, dass sie bis zum Jahr 2013

---

[78] Diskussionsentwurf OGAW-IV-UmsG (2010), S. 105.
[79] Stellungnahme BVI (2010), S. 16 f.
[80] Vgl. Fn. 1.

einer Revision unterzogen werden müssen. Der am 10. November 2010 vom Europäischen Parlament verabschiedete Vorschlag einer Richtlinie zur Regulierung von Managern alternativer Investmentfonds (AIFMD)[81] soll nach Bestätigung durch den Rat aller Voraussicht nach im Verlauf des Jahres 2011 in Kraft treten und wäre dann innerhalb von zwei Jahren nach Inkrafttreten in deutsches Recht umzusetzen (Art. 63 Abs. 1 Satz 1 AIFMD). Der weite sachliche Anwendungsbereich der AIFMD umfasst seinem Wortlaut nach auch Spezialfonds (Art. 4 Abs. 1 Buchst. b AIFMD). Allerdings spricht viel dafür, dass Spezialfonds mit nur einem Anleger vom Anwendungsbereich der AIFMD ausgenommen sind. Dennoch lässt sich in diesem frühen Stadium nicht abschätzen, ob der deutsche Gesetzgeber Spezialfonds mit nur einem Anleger künftig anders zu behandeln beabsichtigt als Spezialfonds mit mehreren Anlegern. Die AIFMD wird auch für Spezialfonds neue und schärfere Regelungen mit sich bringen. Da sie jedoch im Vergleich etwa zu den ebenfalls erfassten geschlossenen Fonds ohnehin bereits einer höheren Regulierung unterworfen sind, kann die AIFMD für die Kapitalanlagegesellschaften jedoch auch die Chance bieten, das Produkt Spezialfonds im Verhältnis zu anderen Anlagevehikeln vorteilhaft zu positionieren.[82]

Literaturverzeichnis

Baur, J./ Ziegler, Th. (Baur/ Ziegler, 2008): Investmentgeschäft, in: Bankrecht und Bankpraxis, hrsg. von Gößmann, W. / Hellner, T. / Schröter, J. / Steuer, St. / Weber, A., Köln (Stand: 2008).

Beckmann, K. (Beckmann, 2010): Investment. Ergänzbares Handbuch für das gesamte Investmentwesen, Hrsg. K. Beckmann/ R.-D. Scholtz/ L. Vollmer Berlin (Stand: 2010).

Brümmer, D. E. (Brümmer, 2010): Investmentgesetz (InvG), Investmentsteuergesetz (InvStG): Kommentar, Hrsg. H. Berger/ K.-U. Steck/ D. Lübbehüsen, München 2010.

Bundesregierung (Diskussionsentwurf OGAW-IV-UmsG, 2010): Diskussionsentwurf der Bundesregierung. Gesetz zur Umsetzung der Richtlinie 2009/65/EG zur Koordinierung der Rechts- und Verwaltungsvorschriften betreffend bestimmte Organismen für gemeinsame Anlagen in Wertpapieren (OGAW IV-Richtlinie) vom 18. August 2010.

Bundesregierung (Regierungsentwurf OGAW-IV-UmsG, 2010): Gesetzentwurf der Bundesregierung. Gesetz zur Umsetzung der Richtlinie 2009/65/EG zur Koordinierung der Rechts- und Verwaltungsvorschriften betreffend bestimmte Organismen für gemeinsame Anlagen in Wertpapieren (OGAW-IV-Umsetzungsgesetz – OGAW-IV-UmsG) vom 15. Dezember 2010, Bundestags-Drucksache 17/4510.

Bundesregierung (Regierungsentwurf Investmentänderungsgesetz, 2007): Gesetzentwurf der Bundesregierung. Entwurf eines Gesetzes zur Änderung des Investmentgesetzes und zur

---

[81] *Proposal for a Directive of the European Parliament and of the Council on Alternative Investment Fund Managers and amending directives 2003/41/EC and 2009/65/EC* vom 27. Oktober 2010 (2009/0064 (COD)).

[82] So auch Stoschek (2010).

Anpassung anderer Vorschriften (Investmentänderungsgesetz) vom 11. Juni 2007, Bundestags-Drucksache 16/5576.

Bundesregierung (Regierungsentwurf Investmentmodernisierungsgesetz, 2003): Gesetzentwurf der Bundesregierung. Entwurf eines Gesetzes zur Modernisierung des Investmentwesens und zur Besteuerung von Investmentvermögen (Investmentmodernisierungsgesetz) vom 19. September 2003, Bundestags-Drucksache 15/1553.

Bundestag (Finanzausschuss-Beschlussempfehlung, 2011): Beschlussempfehlung des Finanzausschusses (7. Ausschuss) zu dem Gesetzentwurf der Bundesregierung – Drucksachen 17/4510, 17/4811 – Entwurf eines Gesetzes zur Umsetzung der Richtlinie 2009/65/EG zur Koordinierung der Rechts- und Verwaltungsvorschriften betreffend bestimmte Organismen für gemeinsame Anlagen in Wertpapieren (OGAW-IV-Umsetzungsgesetz – OGAW-IV-UmsG), vom 6. April 2011, Bundestags-Drucksache 17/5403.

Bundesverband Asset und Investment Management e. V. (Stellungnahme BVI, 2010): Stellungnahme zum Diskussionsentwurf für ein Gesetz zur Umsetzung der OGAW-IV-Richtlinie vom 13. September 2010.

Gringel, C. (Gringel, 2010): Investmentgesetz (InvG), Investmentsteuergesetz (InvStG): Kommentar, Hrsg. H. Berger/ K.-U. Steck/ D. Lübbehüsen, München 2010.

Köndgen, J.. (Köndgen, 2010): Investmentgesetz (InvG), Investmentsteuergesetz (InvStG): Kommentar, Hrsg. H. Berger/ K.-U. Steck/ D. Lübbehüsen, München 2010.

Köndgen, J./ Schmies, Ch. (Köndgen/ Schmies, 2007): Investmentgeschäft, in: Bankrechts-Handbuch, hrsg. von Herbert Schimansky, Herman-Josef Bunte und Hans-Jürgen Lwowski, 3. Aufl., München 2007, S. 1273-1375.

Köndgen, J./ Schmies, Ch. (Köndgen/ Schmies, 2004): Die Neuordnung des deutschen Investmentrechts, WM 2004, Sonderbeilage Nr. 1.

Kümpel, S. (Kümpel, 2004): Bank- und Kapitalmarktrecht, 3. Aufl., Köln 2004.

Nickel, C. (Nickel, 2008): Die Novelle des Investmentgesetzes. Die wesentlichen Änderungen für die Praxis, Stuttgart 2008.

Steck, K.-U. (Steck, 2010): Investmentgesetz (InvG), Investmentsteuergesetz (InvStG): Kommentar, Hrsg. H. Berger/ K.-U. Steck/ D. Lübbehüsen, München 2010.

Stoschek, U. (Stoschek, 2010): AIFM-Richtlinie eröffnet Spezialfonds neue Chancen, Börsen-Zeitung vom 11. November 2010, S. 2.

Zeller, S. (Zeller, 2003): Gesetz über Kapitalanlagegesellschaften (KAGG), Auslandinvestmentgesetz (AuslInvestmG), Hrsg. J. Brinkhaus/ P. Scherer, München 2003.

Grundzüge des Investmentsteuerrechts und Besonderheiten der verschiedenen institutionellen Anlegergruppen in Deutschland

von Carsten Bödecker/ Fabian Mingels

1. Kernpunkte der Besteuerung der verschiedenen institutionellen Anlegergruppen

Kerngedanke der Kapitalanlagen über Investmentfonds ist in fast allen Ländern, dass der Anleger bei der Kapitalanlage über einen Fonds, im Vergleich zu einer direkten Anlage, nicht benachteiligt und – falls das jeweilige Land die Anlage in Fonds volkswirtschaftlich fördern will – eventuell sogar bevorzugt wird. Um mindestens diese steuerliche Neutralität gegenüber der Direktanlage zu erreichen, gibt es unterschiedliche Konzepte. Im Ausgangspunkt kann sich ein Gesetzgeber für das sogenannte Transparenzprinzip oder das sogenannte Trennungsprinzip entscheiden. Bei dem Transparenzprinzip ist der Fonds kein Steuersubjekt. Die angelegten Wirtschaftsgüter und die Erträge aus diesen Wirtschaftsgütern werden den Anlegern in diesem Konzept unmittelbar steuerlich zugerechnet. Demgegenüber steht das Trennungsprinzip, bei dem der Fonds selbst Steuersubjekt ist und keine unmittelbare Zurechnung von Anlagegütern und Erträgen beim Anleger erfolgt.

Während beim Transparenzprinzip keine weiteren gesetzlichen Maßnahmen erforderlich sind, um eine steuerliche Behandlung wie bei einer Direktanlage zu erreichen, muss ein Gesetzgeber bei grundsätzlicher Entscheidung für das Trennungsprinzip wählen, ob er eine abgeltende Besteuerung bereits auf Fondsebene durchführen will und von einer Besteuerung auf Anlegerebene absieht oder ob er den Fonds steuerbefreit und letztlich erst auf Anlegerebene die über den Fonds erzielten Erträge besteuert. Der deutsche Gesetzgeber hat sich für den letzten Weg entschieden. Das deutsche Investmentvermögen ist Körperschaftsteuersubjekt und nach § 11 Abs. 1 Satz 2 und Satz 3 von der Körperschaftsteuer und Gewerbesteuer befreit.

Dieses Prinzip, Trennung und Steuerbefreiung, gilt sowohl für Sondervermögen als auch für Investmentaktiengesellschaften. Der Fondsanteil ist ein selbstständiges Wirtschaftsgut. Der Anleger bezieht immer nur eine Art von Einkünften aus einem Investmentvermögen. Die Verschiedenartigkeit der Einkünfte des Investmentvermögens selbst ist für die Qualifikation der für ihn maßgeblichen Einkunftsart ohne Bedeutung.[1] Der Anleger bezieht stets Einkünfte aus Kapitalvermögen im Sinne des § 20 Abs. 1 Nr. 1 EStG oder erzielt Betriebseinnahmen. Lediglich für einzelne gesetzlich bestimmte Ertragsbestandteile bleiben die Charakteristika der Erträge auf der Fondseingangsseite auch für die Fondsausgangsseite beim Anleger erhalten; nur insoweit wird in Deutschland dem Transparenzgedanken gefolgt. Dieses Zusammenspiel aus

---

[1] *Bödecker/Ernst*, in: Bödecker, 2007, Teil III InvStG, § 2A; *Lübbehüsen*, in: Berg/Steck/Lübbehüsen, § 2 InvStG, Rn. 33; *Ramackers*, in: Littmann/Bitz/Pust, § 2 InvStG, Rn. 2

selbstständigem Wirtschaftsgut, Trennungsprinzip, Steuerbefreiung und Erhaltung bestimmter Privilegien entsprechend einer theoretischen Direktanlage machen es erforderlich, zunächst einen Blick auf die steuerliche Behandlung von institutionellen Anlegergruppen in Fonds zu werfen. Steuerrechtlich kann man die institutionellen Anlegergruppen in steuerbefreite Anleger (Stiftungen, Versorgungswerke, Pensionskassen), Lebens- und Krankenversicherungen und regulär besteuerte Anleger, wie Industrieunternehmen aber auch Sachversicherungen unterscheiden.

Steuerbefreite Anleger

Für steuerbefreite Anleger ergibt sich zunächst der Vorteil, dass ein Fondsanteil steuerlich ein selbstständiges Wirtschaftsgut ist. Selbst wenn also z. B. das Investmentvermögen sich unternehmerisch beteiligen sollte, etwa an einer gewerblichen Personengesellschaft, wird für steuerliche Zwecke nicht durch das Investmentvermögen geschaut. Die Befreiung der steuerbefreiten Anleger bleibt insoweit unberührt. Dies gilt für die Anlage in inländische Investmentvermögen genauso wie für die Anlage in ausländische Investmentvermögen. Das Investmentvermögen entfaltet über das deutsche Investmentsteuergesetz eine steuerliche Abschirmwirkung unabhängig von seiner Rechtsform. Dagegen tragen z. B. Investments in Real Estate Private Equity Fonds in der Rechtsform einer Limited Partnership aufgrund ihrer Einordnung als gewerbliche Personengesellschaft für steuerbefreite Versorgungswerke und Pensionskassen ein Risiko der Steuerpflicht in sich.[2] Durch diese würde nach herrschender Ansicht und BFH für steuerbefreite Stiftungen ein insoweit steuerpflichtiger wirtschaftlicher Geschäftsbetrieb begründet.[3] Dieses Risiko ist bei einer Anlage über ein Investmentvermögen im In- oder Ausland aufgrund der Abschirmwirkung ausgeschlossen.

Bei der indirekten Anlage über ein Investmentvermögen ergibt sich eine teilweise Besserstellung gegenüber der Direktanlage. Während bei der Direktanlage Erträge aus obligationsähnlichen Genussrechten, Wandelanleihen, Gewinnobligationen, typisch stillen Gesellschaften und partiarischen Darlehen für gemeinnützige, steuerbefreite inländische Körperschaften, Personenvereinigungen und Vermögensmassen nur teilweise von der Kapitalertragsteuer nach § 44a Abs. 8 EStG entlastet werden, ergibt sich bei der indirekten Fondsanlage eine vollständige Entlastung. Bis auf Dividenden

---

[2] Dagegen *FG Düsseldorf* v. 12.5.2009 – 6 K 3127/06 K, G, F, EFG09, 1593; *Bödecker*, NWB 2010, 501 - 505

[3] Zum Meinungsstand *Fischer*, in: Hübschmann/Hepp/Spitaler, AO, § 14 Rn. 105

werden für alle Ertragsarten bei der indirekten Anlage über Fonds für die Abwicklung des Steuerabzugs sämtlich die Regeln für Zinsen angewandt, die eine volle Freistellung nach § 44a Abs. 4 EStG vorsehen.[4] Bei einem Bezug von inländischen Dividenden über einen Fonds bleibt es bei einer Definitivbelastung in Höhe von 15 % auf die Bruttodividende. Legen steuerbefreite Anleger über Investmentvermögen in ausländische Anlagegegenstände an, müssen sie berücksichtigen, dass sie mangels Besteuerung im Inland auch keine ausländischen Steuern anrechnen können. Hier ist dann darauf zu achten, dass z. B. bei Auslands-Immobilieninvestments die ausländische Steuerbemessungsgrundlage möglichst über im Ausland abzugsfähige Fremdfinanzierungsaufwendungen reduziert wird oder dass Quellensteuersätze über Doppelbesteuerungsabkommen (DBA) gemindert werden können. Bei der Anwendung der DBA ist dabei nicht die deutsche Sicht, sondern die Beurteilung des Quellenstaates entscheidend. Hierbei ist ein ausländisches Vehikel mit Volltransparenz (z. B. eine Luxemburger SICAR S.C.S.) bei quellensteuerrelevanten Anlagen z. B. in Aktien häufig günstiger, als ein deutsches Fondsvermögen mit seiner Kombination aus Trennungsprinzip, Steuerbefreiung und Transparenzgedanken. Die Behandlung insbesondere des deutschen Sondervermögens ist in vielen Ländern umstritten.[5]

Lebens- und Krankenversicherungen als Anleger

Für Lebens- und Krankenversicherungen sind sämtliche Einkünfte grundsätzlich voll steuerpflichtig. Aufgrund der besonderen Regelungen des § 21 KStG versteuern Versicherungsunternehmen jedoch lediglich einen geringen Teil ihrer Einkünfte, der einer „fiktiven" Verzinsung ihres Eigenkapitals entspricht; denn der überwiegende Teil ihrer Einkünfte steht den Versicherungsnehmern zu. Dieser Teil wird jährlich der sogenannten Rückstellung für Beitragsrückerstattung (RfB) zugeführt. Diese Zuführung ist nach § 21 KStG steuerlich abzugsfähig, soweit es sich nicht um Erträge handelt, die aus dem Einsatz des Eigenkapitals erwirtschaftet werden („fiktive" Eigenkapitalverzinsung). Voraussetzung ist allerdings, dass die Erträge in der Handelsbilanz erfasst werden. Dies führt im Ergebnis dazu, dass Lebens- und Krankenversicherungen genauso wie in Deutschland steuerbefreite Anleger daran interessiert sind, insbesondere die Steuerbelastung im Ausland gering zu halten. Wegen des sehr geringen zu versteuernden Einkommens haben sie nur sehr eingeschränkte Möglichkeiten der Anrechnung ausländischer Steuern. Ein besonderes Interesse haben Lebens- und Krankenversicherungen daran, lediglich steuerliche Hinzurechnungsbeträge außerhalb der Handelsbi-

---

[4] Siehe *Ramackers*, in: Berger/Steck/Lübbehüsen, § 7 InvStG, Rn. 47

[5] Vgl. *Englisch*, in: Berger/Steck/Lübbehusen, § 11 InvStG, Rn. 82 ff.

lanz zu vermeiden. Denn z. B. ausschüttungsgleiche Erträge nach dem Investment-steuergesetz, Hinzurechnungsbeträge nach dem Außensteuergesetz oder Erträge aus Personengesellschaften, die die handelsrechtlichen Erträge übersteigen, führen für diese Anlegergruppe zu einem überproportionalen Anstieg der Steuerquote. Mangels handelsrechtlichen Ertrages ist insoweit keine Zuführung zur RfB möglich, und der zusätzlich anfallende Steueraufwand muss aus Einkommen nach RfB-Zuführung ver-dient werden.

Reguläre Kapitalgesellschaften und Sachversicherungen als Anleger

Für diese Anlegergruppe ergeben sich keine besonderen steuerlichen Rechtsfolgen bei der Anlage über Investmentvermögen. Hinzuweisen ist lediglich darauf, dass das In-vestmentsteuergesetz Dividendenerträge und Veräußerungsgewinne aus Kapitalgesell-schaften auch bei einem Bezug über einen Fonds wie bei der Direktanlage zu 95 % steuerfrei stellt.

2. Grundlagen und wichtige Begriffe des Investmentsteuerrechts

Bei Spezial-Investmentvermögen im Sinne des Investmentgesetzes (InvG) und Investmentsteuergesetzes (InvStG) handelt es sich ebenso wie bei Publikums-Investmentvermögen dem Grunde nach um offene, in der Zahl der auszugebenden Anteile unbeschränkte Investitionsvehikel (**Open-End-Prinzip**). Neues Kapital wird im Fonds gesammelt und zur Investition in Vermögensgegenstände entsprechend der jeweiligen Anlagegrundsätze verwendet. Die steuerliche Behandlung dieser Vermögen sowie ihrer Erträge beim Anleger sind Bestandteil der nachfolgenden Erörterungen. Im Gegensatz dazu stehen die Beteiligungen an geschlossenen (closed-end) Fonds (auch pars pro toto „Holland-Fonds" genannt). Diese sind in Deutschland zumeist in Form einer GmbH & Co. KG organisiert und dienen der Finanzierung bestimmter Projekte, deren Volumen die Zahl des benötigten Kapitals und damit auch der verfüg-baren Anteile limitiert. Sie gelten nicht als Investmentvermögen im Sinne des InvG und InvStG.

Das InvStG trat zusammen mit dem InvG im Rahmen des **Investmentmodernisie-rungsgesetzes**[6] zum 1. Januar 2004 in Kraft (§ 18 Abs. 1 InvStG). In ihm ist die steu-erliche Behandlung von in- und ausländischen Investmentvermögen und den durch sie

---

6   Gesetz v. 15.12.2003, BGBl. I 2003, S. 2676

erwirtschafteten Erträgen geregelt, während das InvG Bestimmungen über die zulässigen Strukturen und Anlagegegenstände, die Aufsicht und den Vertrieb enthält. Zuvor war neben der Organisation auch die Besteuerung in- und ausländischer Investmentvermögen im Gesetz über die Kapitalanlagegesellschaften von 1957 (KAGG) und im Auslandinvestmentgesetz von 1969 (AuslInvG) jeweils getrennt geregelt, was den nicht unbegründeten Verdacht der europarechtswidrigen Ungleichbehandlung erregte. Während das Aufsichtsrecht erheblich durch gemeinschaftsrechtliches Sekundärrecht (insb. die Richtlinien zu Organismen für gemeinsame Anlagen in Wertpapieren) beeinflusst wird, ist im Bereich der direkten Steuern der deutsche Gesetzgeber noch souverän. Gleichwohl überprüft der Europäische Gerichtshof zunehmend auch Ertragsteuergesetze auf ihre Vereinbarkeit mit den Grundfreiheiten des europäischen Primärrechts.

Das InvStG stellt im Verhältnis zum Einkommen-, Körperschaft-, Außen- oder Gewerbesteuergesetz ein **Spezialgesetz** dar, dessen Vorschriften, so weit sie reichen, grundsätzlich abschließend sind.[7]

Begriffsbestimmungen

Für das Investmentsteuerrecht sind in erster Linie die Begriffsbestimmungen des Investmentgesetzes maßgebend, § 1 Abs. 2 Satz 1 InvStG. Der Begriff *Investmentvermögen* schließt gemäß § 1 InvG sowohl inländische wie ausländische Vermögen zur gemeinschaftlichen Kapitalanlage nach dem Grundsatz der Risikomischung mit (sog. *Investmentaktiengesellschaften*) und ohne Rechtspersönlichkeit (sog. *Investmentfonds*) ein. Steuerlich werden beide weitgehend gleichgestellt, weshalb in diesem Beitrag überwiegend von einer separaten Darstellung abgesehen wird. Auf Besonderheiten wird an entsprechender Stelle Bezug genommen. Das Gesetz unterscheidet ferner zwischen inländischen Investmentfonds, sog. *Sondervermögen* (§ 2 Abs. 2 InvG), und *ausländischen Investmentvermögen* (§ 2 Abs. 8 InvG). Soweit im InvStG von der *Investmentgesellschaft* die Rede ist, sind damit gemäß § 1 Abs. 1 Nr. 1 InvStG Investmentfonds und Investmentaktiengesellschaften gemeint.[8] Für inländische Investmentanlagen ist der Anwendungsbereich des Investmentsteuergesetzes durch die in § 1

---

[7] Zu den Vorgängerregelungen KAGG und AuslInvG BFH v. 24.11.2009 – VIII R 30/06, BStBl II 2010, 647; BFH v. 27.3.2001 – I R 120/98, BFH/NV 2001, 1539; BFH v. 11.10.2000 – I R 99/96, BStBl. II 2001, 22

[8] BMF v. 18.8.2009, BStBl. I 2009, 931 Tz. 10; *Ramackers*, in: Littmann/Bitz/Pust, § 1 InvStG Rn. 5; *ders.*, in: Berger/Steck/Lübbehüsen, § 7 InvStG Rn. 111; **a.A.** *Hamacher*, in: Korn/Carlé/Stahl/Strahl, § 1 InvStG Rn. 9; *Berger*, in: Berger/Steck/Lübbehüsen, § 1 InvStG Rn. 12

Abs. 1 Nr. 1 InvStG genannten Organisationsformen abschließend definiert (sog. formeller Investmentbegriff).[9] *Inländisch* sind Investmentgesellschaften, wenn ihr Vermögen dem Recht der Bundesrepublik Deutschland untersteht.[10]

Nach dem Investmentgesetz sind inländische *Spezial-Sondervermögen* (im KAGG noch *Spezialfonds*) allein anhand der Qualität der zugelassenen Anleger von Publikumsfonds abzugrenzen: Anteile dürfen ausschließlich von nicht-natürlichen Personen gehalten werden, § 2 Abs. 3 InvG. Das Investmentsteuergesetz fügt dem einen quantitativen Aspekt hinzu, indem es die Zahl der Anleger auf 100 limitiert, § 15 Abs. 1 Satz 1 InvStG. Beide Beschränkungen müssen aus der schriftlichen Vereinbarung mit der Kapitalanlagegesellschaft hervorgehen, bei Investmentaktiengesellschaften aus ihrer Satzung. Ist die Zahl der Anteilscheininhaber nicht auf diese Weise beschränkt, so sind dem Investmentvermögen bestimmte materiell- und verfahrensrechtliche Erleichterungen gegenüber den Publikums-Sondervermögen verwehrt. Das gilt selbst dann, wenn die tatsächliche Zahl der Anleger weniger als 100 beträgt und auf einen öffentlichen Vertrieb verzichtet wird.[11] Umgekehrt ist auch ein tatsächliches Überschreiten der Obergrenze entgegen der schriftlichen Vereinbarung schädlich. Die Konsequenzen sind jedoch allein steuerlicher Art.[12] Die nur für inländische Spezial-Investmentvermögen geltenden Sonderregelungen des § 15 InvStG sind dann nicht anwendbar.

Zweckvermögensfiktion

Sondervermögen besitzen keine Rechtsfähigkeit und würden daher auch für Besteuerungszwecke im Ertragsteuerrecht grundsätzlich ignoriert. Stattdessen hat sich der Gesetzgeber für das Trennungsprinzip entschieden: Sondervermögen werden durch § 11 Abs. 1 Satz 1 InvStG als Zweckvermögen i.S.d. § 1 Abs. 1 Nr. 5 KStG fingiert. Das macht sie selbst zum Steuersubjekt, was die Zurechnung von Vermögensgegenständen und Erträgen sowie die Teilnahme am Verwaltungsverfahren, insbesondere für Kapitalertragsteuererstattungen, ermöglicht. Mangels eigener Organe fungiert die Kapitalanlagegesellschaft dabei als gesetzlicher Vertreter i.S.d. § 34 AO (§ 1 Abs. 2 Satz 2 InvStG). Für Publikums-Sondervermögen wird auf diese Weise der immense Verwaltungsaufwand einer gesonderten und einheitlichen Feststellung der Besteue-

---

[9]   *Berger*, in: Berger/Steck/Lübbehüsen, § 1 InvStG Rn. 15 f.

[10] *Hamacher*, in: Korn/Carlé/Stahl/Strahl, § 1 InvStG Rn. 9

[11] *Wenzel*, in: Blümich, § 15 InvStG Rn. 5

[12] *Bödecker*, in: Albrecht/Karahan/Lenenbach, § 45 Rn. 64

rungsgrundlagen für alle Anteilscheininhaber vermieden. Investmentaktiengesellschaften steht bereits kraft Rechtsform Steuersubjektqualität zu, § 1 Abs. 1 Nr. 1 KStG.

Investmentanteile als Wertpapiere

Anteile (vor dem Jahressteuergesetz 2010[13] noch Anteilscheine) an einem Sondervermögen gelten als Wertpapiere eigener Art.[14] Sie verbriefen alle Rechte, die dem Anleger an dem Vermögen aus Vertrag oder Gesetz zustehen. Handelsrechtlich sind sie bilanzierbare Vermögensgegenstände, im Steuerrecht spricht man stattdessen von Wirtschaftsgütern. Über sie kann der Inhaber – anders als über die einzelnen Anlagegegenstände des Sondervermögens – selbständig verfügen. Folglich wird auch bei Veräußerungen und Abschreibungen zunächst nicht durch das Investmentvermögen auf dessen Bestandteile hindurchgeschaut.

3. Ermittlung der Erträge auf Fondsebene

Für Spezial-Investmentvermögen gelten im Wesentlichen die gleichen steuerrechtlichen Bestimmungen wie für Publikums-Investmentvermögen. Ziel des Gesetzgebers ist die wirtschaftliche Neutralität: Investitionen über Fonds sollen steuerlich nicht schlechter, aber auch nicht besser gestellt werden als Direktinvestitionen in die einzelnen Anlagegegenstände. Die Zweckvermögensfiktion führt grundsätzlich zu einer unbeschränkten Körperschaft- und Gewerbesteuerpflicht des Sondervermögens. Die formale Trennung der Ebene des Sondervermögens und des Anteilscheininhabers soll jedoch nicht dazu führen, dass derselbe Ertrag einer doppelten Besteuerung unterliegt.

Ertragsteuerbefreiung

Aus diesem Grund wird das Sondervermögen und auch die Investmentaktiengesellschaft von Körperschaft- und Gewerbesteuer (und damit auch vom Solidaritätszuschlag) **befreit**, § 11 Abs. 1 Satz 2, 3 InvStG. Für sonstige Steuern (Umsatzsteuer, Grunderwerbsteuer, Grundsteuer etc.) gilt die Befreiung jedoch nicht. Im Ergebnis werden die Erträge zwar auf Ebene des Sondervermögens als Steuersubjekt ermittelt und sind damit auch auf dieser Ebene Objekt der Besteuerung. Wirtschaftlich kommt

---

[13] Gesetz v. 8.12.2010, BGBl. I 2010, S. 1768 (JStG 2010), verkündet am 13.12.2010.

[14] *Schmitz*, in: Berger/Steck/Lübbehüsen, § 33 InvG Rn. 9

es zu einer Steuerbelastung jedoch allein auf Ebene der Anleger.[15] Der sehr anschauliche und deshalb auch im Zusammenhang mit der Investmentbesteuerung gern bemühte Transparenzgedanke (z.T. auch Quellenprinzip) wird nicht konsequent verwirklicht. Ansonsten müssten die Erträge mit den gleichen Eigenschaften (insb. volle oder teilweise Steuerbefreiung) und zum gleichen Zeitpunkt, wie sie dem Investmentvermögen zugehen, auch zum Anleger gelangen. Lediglich für einzelne Ertragsbestandteile werden jedoch kraft besonderer gesetzlicher Anordnung Charakteristika der Erträge auf der Fondseingangsseite auch auf der Fondsausgangsseite erhalten. Zumindest bei Publikums-Investmentvermögen ist dies jedoch von der Erfüllung bestimmter Publizitätsanforderungen abhängig. Grundsätzlich nimmt das Investmentsteuerrecht dagegen eine eigene qualitative und zeitliche Einordnung der vom Fonds erwirtschafteten Erträge vor, welche diejenige an der Quelle der Einnahmen ersetzt (Substitutionsprinzip). Der Anleger erzielt gemäß § 2 Abs. 1 Satz 1 InvStG stets Einkünfte aus Kapitalvermögen im Sinne des § 20 Abs. 1 Nr. 1 EStG. Hält er die Investition in einem Betriebsvermögen, zählen Investmenterträge zu den gewerblichen Einkünften. Die Verschiedenartigkeit der Einkünfte auf der Eingangsseite des Investmentvermögens ist für die Einordnung der Einkünfte auf Anlegerebene insoweit zunächst ohne Bedeutung.[16] Da Transparenz bei der Investmentbesteuerung demnach eher die – explizit angeordnete – Ausnahme als die Regel darstellt, können Lücken im Gesetz nicht durch die Heranziehung des Transparenzgedankens gefüllt werden.[17]

Einflussfaktoren auf die Investmentbesteuerung

Die Besteuerung der Investmenterträge hängt aufgrund besonderer gesetzlicher Regelungen dann aber doch sowohl dem Grunde als auch der Höhe nach von unterschiedlichen Kriterien ab, beispielsweise

- der Quelle der jeweiligen Einkünfte,
- der Art der zugrunde liegenden Einkünfte auf der Fondseingangsseite,
- der Qualifizierung der Einkünfte als ausgeschüttete oder ausschüttungsgleiche Erträge auf Fondsausgangsseite sowie
- dem steuerrechtlichen Investorentypus.[18]

---

[15] *Hammer*, 2007, S. 15 und 37

[16] *Bödecker/Ernst*, in: Bödecker, 2007, Teil III InvStG § 2 A; *Ramackers*, in: Littmann/Bitz/Pust, § 2 InvStG Rn. 6

[17] BFH v. 11.10.2000 – I R 99/96, BStBl. II 01, 22; BFH v. 4.3.1980 – VIII R 48/76, BStBl. II 1980, 453

[18] *Schnitger/Schachinger*, BB 2007, 801, 801

Fondseingangsseite

Auf der Fondseingangsseite fließen dem Fonds die aus den verschiedenen Anlage-gegenständen erwirtschafteten Erträge mit den an der jeweiligen Quelle erhobenen Belastungen zu. Dazu gehören im Inland beispielsweise die Kapitalertragsteuer auf Dividenden einschließlich Solidaritätszuschlag. Die Steuerbefreiung des Investment-vermögens wird jedoch durch die Erstattung der im Inland an der Quelle einbehalte-nen und abgeführten Kapitalertragsteuer (einschließlich Solidaritätszuschlag) an das Investmentvermögen gewahrt.[19] Inländische Spezial-Investmentvermögen, die ab 1. Januar 2009 Aktien mit Dividendenanspruch erworben, aber ohne Dividendenan-spruch geliefert bekommen haben, müssen gegenüber ihrer Depotbank eine Beschei-nigung eines zur Steuerberatung befugten Berufsträgers oder einer behördlich an-erkannten Wirtschaftsprüfungsstelle einreichen, dass keine Absprachen über Leer-verkäufe über den Dividendenstichtag vorliegen.[20] Diese Gestaltungen bergen die Gefahr einer doppelten Bescheinigung und Erstattung nur einmal einbehaltener Kapi-talertragsteuer, wenn die den Verkaufsauftrag ausführende Stelle kein inländisches Kreditinstitut ist. Soweit der auszahlenden Stelle eine Bescheinigung des zuständigen Finanzamts vorliegt, welche die Voraussetzung der Steuerbefreiung (Zweckvermögen oder Investmentaktiengesellschaft) attestiert, ist bereits von vornherein vom Kapital-ertragsteuerabzug Abstand zu nehmen. Ausländische Quellensteuern werden dagegen bei Spezialfonds erst beim Anleger berücksichtigt, sofern sie nicht auf steuerfreie Er-träge entfallen.

Ermittlung der Erträge auf Fondsebene

Die Ermittlung der Erträge des Investmentvermögens ist Ausgangspunkt der Ermitt-lung der Besteuerungsgrundlagen i.S.d. § 5 Abs. 1 InvStG für die Anleger.[21] Auf Fondsebene werden die Erträge einheitlich nach den Regeln für die Überschussein-künfte bei natürlichen Personen ermittelt, § 3 Abs. 1 InvStG i.V.m. § 2 Abs. 2 Satz 1 Nr. 2 EStG. Dabei ist es unerheblich, ob auch oder – wie regelmäßig im Fall von Spe-zial-Investmentvermögen – ausschließlich Anleger investiert sind, die ihre Anteile im Betriebsvermögen halten und ihre Einkünfte selbst durch Betriebsvermögensvergleich ermitteln.[22] Ein Teileinkünfteverfahren, das die Erträge wie Dividenden zu 40 % von

---

[19] § 11 Abs. 2 InvStG

[20] BMF v. 5.5.2009, BStBl. I 2009, 631 Tz. 4; zu der Problematik von Leerverkäufen und missbräuchli-chen Gestaltungen allgemein *Bruns*, DStR 2010, 2061 ff.

[21] *Lübbehüsen*, in: Berger/Steck/Lübbehüsen, § 3 InvStG Rn. 5

[22] BMF v. 18.8.2009, BStBl. I 2009, 931 Tz. 44

der Besteuerung freistellt, findet folglich nicht statt. Das Ergebnis ist positiv, wenn die Einnahmen die Werbungskosten übersteigen. Unabhängig davon, ob es sich bei den Einnahmen des Fonds um Kapitaleinkünfte gemäß § 20 EStG handelt, finden die mit der Abgeltungsteuer eingeführten besonderen Beschränkungen für Verlustverrechnung und Werbungskostenabzug nach § 20 Abs. 6 und Abs. 9 EStG keine Anwendung.

Zeitliche Zuordnung der Erträge beim Investmentvermögen

Für Einnahmen und Werbungskosten des Investmentvermögens gilt gemäß § 3 Abs. 2 InvStG grundsätzlich das Zu- und Abflussprinzip nach § 11 EStG. Das bedeutet, dass Vermögensänderungen erst im Zeitpunkt ihrer Realisation berücksichtigt werden dürfen. Dabei gelten besondere Maßgaben insofern, als Dividenden bereits am Tag des Dividendenabschlags als zugeflossen gelten, Zinsen und Mieten periodengerecht abzugrenzen sind und periodengerecht abgegrenzte Werbungskosten als abgeflossen gelten, soweit der tatsächliche Abfluss im folgenden Geschäftsjahr erfolgt. Erträge aus Gewinnanteilen an einer Personengesellschaft gehören zu den Erträgen des Geschäftsjahres, in dem das Wirtschaftsjahr der Personengesellschaft endet, § 3 Abs. 5 InvStG.

Werbungskostenabzug

Werbungskosten sind alle Aufwendungen, die mit der Erwerbung, Sicherung oder Erhaltung von Einnahmen in wirtschaftlichem Zusammenhang stehen, § 9 Abs. 1 Satz 1 EStG. Ihr Abzug auf Ebene des Investmentvermögens vollzieht sich in mehreren Schritten. Zu den Werbungskosten gehören jeweils auch Absetzungen für Abnutzungen und Substanzverringerungen (AfA). Aufwendungen, die in einem **unmittelbaren wirtschaftlichen Zusammenhang** mit bestimmten Einnahmen stehen, sind in voller Höhe von diesen Einnahmen abzuziehen. Dazu gehören z.B. Refinanzierungsaufwendungen aus dem Erwerb von Anlagegegenständen und AfA-Beträge. Spezial-Investmentvermögen steht kein Wahlrecht nach § 4 Abs. 4 InvStG zum Abzug ausländischer Quellensteuern als Werbungskosten auf Fondsebene zu (§ 15 Abs. 1 Satz 1 InvStG). Die Vereinfachung sei angesichts der geringen Zahl von Anlegern nicht gerechtfertigt.[23] Stattdessen wird die ausländische Quellensteuer beim Steuerpflichtigen nach seiner Wahl gemäß § 4 Abs. 2 InvStG angerechnet oder abgezogen.

Mittelbare Werbungskosten des Investmentvermögens (sog. Gemeinkosten, etwa Verwaltungskosten, Depotbankvergütungen, Prüfungs- und Veröffentlichungskosten)

---

[23] BMF v. 18.8.2009, BStBl. I 2009, 931 Tz. 243

werden gemäß § 3 Abs. 3 Satz 2 InvStG nach dem Verhältnis der Quellvermögen zum gesamten Fondsvermögen im Durchschnitt des vorangegangenen Geschäftsjahres den Einnahmen zugerechnet.[24] Hintergrund dieser ausdifferenzierten Ertragsermittlung ist der Transparenzgedanke: Ganz oder zum Teil steuerfrei gestellten Einnahmen auf Anlegerebene soll auch nur ein entsprechend geringerer steuerwirksamer Abzug von Kosten gegenüberstehen.

Zunächst erfolgt eine Zurechnung zu aufgrund eines Doppelbesteuerungsabkommens in Deutschland steuerbefreiten Einnahmen. Auf der **zweiten Stufe** werden die danach noch verbleibenden Werbungskosten um zehn Prozent gekürzt. Damit erfolgt eine pauschale Zuordnung zu den Einkünften, die nicht laufend steuerpflichtig sind, insbesondere nicht ausgeschüttete und nicht als ausschüttungsgleicher Ertrag geltende Veräußerungsgewinne. Durch einen geänderten Zahlungsweg – sprich: die direkte Bezahlung der Verwaltungsvergütung durch den Anleger – soll sich dieser 10%ige Abschlag nicht vermeiden lassen: Gebühren, die im Zusammenhang mit der Verwaltung eines Investmentvermögens entstehen, sind nach Verwaltungsauffassung auch dann auf Ebene des Investmentvermögens und nicht als Betriebsausgabe beim Anleger zu berücksichtigen, wenn sie diesem direkt in Rechnung gestellt werden.[25] Das ist problematisch, denn das Investmentvermögen ist qua Gesetz Körperschaftsteuersubjekt. Einkommenskorrekturen für Körperschaften kennt das deutsche Recht aber nur für Auslandsfälle (§ 1 AStG), verdeckte Einlagen und verdeckte Gewinnausschüttungen.

Für betriebliche Anleger und Kapitalgesellschaften sind schließlich auf einer **dritten Stufe** von den restlichen Aufwendungen diejenigen zuzuordnen, die auf Einnahmen entfallen, welche aufgrund von Teileinkünfteverfahren (§ 3 Nr. 40 EStG) oder Beteiligungsprivileg (§ 8b Abs. 1 KStG) nur zu 60 bzw. 5 Prozent versteuert werden. Nach Anwendung dieser drei Stufen noch verbleibende Gemeinkosten sind von den laufenden steuerpflichtigen Erträgen anteilig abzugsfähig.[26]

Verlustverrechnung

Die Aufteilung der Fondserträge setzt sich bei der Verlustverrechnung fort. Nach § 3 Abs. 4 InvStG sind negative Erträge des Investmentvermögens bis zur Höhe der positiven Erträge gleicher Art mit diesen zu verrechnen. Gleichartigkeit ist gegeben, wenn

---

[24] *Hammer*, 2007, S. 38

[25] BMF v. 1.7.2010, BStBl. I 2010, 601; Bay. Landesamt für Steuern v. 20.7.2010 KSt-Kartei BY Nr. 12/2010

[26] BMF v. 18.8.2009, BStBl. I 2009, 931 Tz. 64

die gleichen materiellen Auswirkungen beim Anleger eintreten.[27] Beispielsweise können Gewinne aus der Veräußerung von Kapitalgesellschaftsanteilen nach § 20 Abs. 2 Satz 1 Nr. 1, die dem Teileinkünfteverfahren unterliegen, nur mit entsprechenden Veräußerungsverlusten ausgeglichen werden (Kategorie 9). Für Spezial-Investmentvermögen ergeben sich so zwölf statt zehn Verrechnungskategorien.[28] Erträge aus Wertpapierleihgeschäften (Kategorie 11) sowie aus inländischen Immobilien (Kategorie 12) bilden jeweils eigene Verrechnungskreise, wodurch die Ausgleichsmöglichkeiten im Vergleich zu Publikumsfonds eingeschränkt werden. Können negative Erträge nicht auf Ebene des Fonds ausgeglichen werden, sind sie dort zeitlich und der Höhe nach unbegrenzt in folgende Geschäftsjahre vorzutragen und nach den genannten Grundsätzen zu behandeln. Die Verluste werden den Anteilscheininhabern nicht zugewiesen und können demnach auch nicht mit deren anderen Einkünften verrechnet werden. Nicht ausgeglichene Verlustvorträge gehen dem Spezialfonds-Anleger anteilig verloren, wenn er Investmentanteile zurückgibt oder veräußert, § 15 Abs. 1 Satz 5 InvStG. Sie gehen auch nicht auf den Erwerber über.[29] Zur Vermeidung praktischer Schwierigkeiten bei Veränderungen der Beteiligungsverhältnisse sollten Kapitalanlagegesellschaften die Verluste für jeden Anleger freiwillig separat ermitteln und bekanntmachen.[30]

Fondsausgangseite

Auf der Fondsausgangsseite unterscheidet das Investmentsteuerrecht zwischen *ausgeschütteten Erträgen* und *ausschüttungsgleichen Erträgen*. Sie bilden die Bemessungsgrundlage zur Besteuerung der laufenden Investmenterträge beim Anleger. Der Begriff der *Ausschüttung* (§ 1 Abs. 3 Satz 1 InvStG) ist dagegen für die Besteuerung beim Spezial-Investmentanleger ohne Belang. Er beschreibt einen Bestandteil der Bemessungsgrundlage der Pauschalbesteuerung nach § 6 InvStG im Falle der Verletzung von Veröffentlichungspflichten, die nur bei Publikumsfonds bestehen.

Ausgeschüttete Erträge sind gemäß § 1 Abs. 3 Satz 2 InvStG die vom Investmentvermögen zur Ausschüttung verwendeten

- Kapitalerträge i.S.d. § 20 Abs. 1 und Abs. 2 EStG
- laufenden Immobilienerträge

---

[27] BMF v. 18.8.2009, BStBl. I 2009, 931 Tz. 69

[28] Vgl. BMF v. 18.8.2009, BStBl. I 2009, 931 Anhang 3

[29] *Lübbehüsen*, in: Berger/Steck/Lübbehüsen, § 15 InvStG Rn. 77

[30] *Wenzel*, in: Blümich, § 15 InvStG Rn. 21

- Gewinne aus Veräußerungsgeschäften (private Veräußerungsgeschäfte i.S.d. § 23 Absatz 1 Satz 1 EStG unabhängig von Haltefristen, Veräußerungen von gewerblichen[31] und vermögensverwaltenden Personengesellschaften oder typisch stillen Beteiligungen)[32]
- sonstigen Erträge (Auffangtatbestand).

Nicht unter die genannten Erträge fallende Ausschüttungsbestandteile sind ausschüttungsgleiche Erträge aus Vorjahren, realisierte Veräußerungsgewinne, die nicht mit realisierten Veräußerungsverlusten verrechnet worden sind, oder der sich aus der Nettorechnung für Vermietungseinkünfte ergebende Überschuss der Kosten über die nach § 78 Abs. 2 InvG zur Werterhaltung zurückzubehaltenden Beträge und sonstige Kapitalrückzahlungen wie auch Dividenden aus dem Einlagenkonto nach § 27 KStG.[33] Substanzauskehrungen werden nicht als laufende Erträge besteuert. Eine solche liegt vor, wenn das Investmentvermögen Ausschüttungen tätigt, hierfür aber keine oder nicht ausreichende steuerlich vorhandene Erträge verwendet.[34] Die Verwaltung will eine Substanzausschüttung steuerrechtlich nur anerkennen, wenn die Investmentgesellschaft nachweist, dass beim Spezial-Investmentvermögen keinerlei ausschüttbare Erträge i.S.d. Investmentsteuerrechts vorliegen, und die Beträge der Substanzausschüttung in die Feststellungserklärung nach § 15 InvStG mit aufnimmt bzw. bei ausländischen Spezial-Investmentvermögen wie die sonstigen Besteuerungsgrundlagen behandelt.[35] Diese Auffassung wurde im Rahmen des Jahressteuergesetzes 2010 gesetzlich im § 5 Abs. 1 Satz 1 Nr. 1 Buchst. a Doppelbuchst. bb InvStG verankert. Beim betrieblichen Anleger vermindern sich dadurch die Anschaffungskosten für den Investmentanteil um den auf ihn entfallenden Anteil der Substanzausschüttung. Alternativ können betriebliche Anleger stattdessen einen passiven Ausgleichsposten bilden.[36] Beim Privatanleger, der z.B. über eine steuerlich transparente Gesellschaft bürgerlichen Rechts am Spezialfonds beteiligt sein kann, sind die Substanzbeträge bei der Schlussbesteuerung hinzuzurechnen.

---

[31] BMF v. 5.5.2009, BStBl. I 2009, 631 Tz. 14 will diese den sonstigen Erträgen zuordnen.

[32] *Bödecker/Ernst*, in Bödecker, 2007, Teil III InvStG § 1 B.II.2; *Ramackers*, in: Littmann/Bitz/Pust, § 1 InvStG Rn. 68 f.; *Carlé/Hamacher*, in: Korn/Carlé/Stahl/Strahl, § 1 InvStG Rn. 42

[33] *Bödecker/Ernst*, in: Bödecker, 2007, Teil III InvStG § 1 B.II.2

[34] *Hammer*, 2007, S. 87

[35] BMF v. 18.8.2009, BStBl. I 2009, 931 Tz. 16; dagegen *Lübbehüsen*, in: Berger/Steck/Lübbehüsen, § 2 InvStG Rn. 21

[36] BMF v. 18.8.2009, BStBl. I 2009, 931 Tz. 16a

Ausschüttungsgleiche Erträge gemäß § 1 Abs. 3 Satz 3 InvStG sind die vom Investmentvermögen während eines Geschäftsjahres erzielten und nach Abzug der abziehbaren Werbungskosten nicht zur Ausschüttung verwendeten (thesaurierten)

- Kapitalerträge i.S.d. § 20 Abs. 1 und Abs. 2 EStG, mit Ausnahme der Erträge aus Stillhalterprämien (§ 20 Abs. 1 Nr. 11 EStG), der Gewinne aus der Veräußerung von Anteilen an Körperschaften (§ 20 Abs. 2 Satz 1 Nr. 1 EStG) sowie aus Termingeschäften (Nr. 3) und der Veräußerung von bestimmten sonstigen Kapitalforderungen (Nr. 7) ohne Stückzinsen
- laufenden Immobilienerträge
- privaten Veräußerungsgewinne aus Immobilien innerhalb der 10-jährigen Haltefrist (§ 23 Abs. 1 Satz 1 Nr. 1, Abs. 2 und 3 EStG)
- sonstigen Erträge (Auffangtatbestand).

Hinsichtlich der laufenden Einkünfte deckt sich der Anwendungsbereich mit dem der ausgeschütteten Erträge. Für die bei den Kapitalerträgen (erster Bullet Point) genannten Ausnahmen und für private Veräußerungsgewinne außerhalb der Spekulationsfristen des § 23 EStG greift dagegen das sog. Thesaurierungsprivileg: Diese nicht zu den ausschüttungsgleichen Erträgen gehörenden laufenden Erträge und Gewinne sind im Falle der Thesaurierung nicht steuerbar und werden somit erst bei Anteilscheinrückgabe oder -veräußerung der Besteuerung auf Anlegerebene unterworfen.[37] Ausnahmen sollen erschweren, an sich laufende Erträge in Veräußerungsgewinne umzuwandeln, ähnlich § 20 Abs. 2 EStG a.F. Sofern die Investmentgesellschaft nicht binnen vier Monaten nach Ablauf des Geschäftsjahres einen Beschluss über die Verwendung der in diesem Zeitraum erzielten Erträge fasst, greift die Thesaurierungsfiktion des § 1 Abs. 3 Satz 5 InvStG. Um eine doppelte Besteuerung zu vermeiden, gelten die Erträge bei einem nach diesem Termin gefassten Beschluss als ausschüttungsgleiche Erträge des Vorjahres.[38]

Fonds-Aktiengewinn

Gemäß § 15 Abs. 1 Satz 2 i.V.m. § 5 Abs. 2 Satz 1 InvStG muss die Investmentgesellschaft bei jeder Bewertung des Spezial-Investmentvermögens den sog. Fonds-Aktiengewinn ermitteln. Ihr steht ein Wahlrecht wie bei Publikumsfonds nicht zu. Die Ermittlung dient der Umsetzung des Transparenzgedankens, indem sie gewisse Steuerprivilegien für die Anteilscheininhaber wieder herstellt, wenn diese ihre Anteilscheine

---

[37] *Wenzel*, in: Blümich, § 1 InvStG Rn. 57; *Berger*, in: Berger/Steck/Lübbehüsen, § 1 InvStG Rn. 316
[38] *Carlé/Hamacher*, in: Korn/Carlé/Stahl/Strahl, § 1 InvStG Rn. 46

an dem Investmentvermögen zurückgeben oder veräußern. Diese Vorschriften sind auch auf Dachfondsstrukturen anwendbar. Der Aktiengewinn ist der positive (§ 8 Abs. 1 InvStG) oder negative (§ 8 Abs. 2 InvStG) Prozentsatz des Wertes des Investmentanteils, der auf die dort enthaltenen ganz oder zum Teil steuerbefreiten Bestandteile entfällt, soweit diese bisher weder ausgeschüttet wurden noch als ausgeschüttet gelten. Er darf sich durch den An- und Verkauf von Investmentanteilen nicht ändern, § 5 Abs. 2 Satz 2 InvStG. Das Gesetz differenziert hinsichtlich der Veröffentlichungspflicht nicht danach, aus welchen Anlagegütern dieser Betrag herrührt. Die Praxis nimmt diese Unterscheidung aufgrund der unterschiedlichen Rechtsfolgen gleichwohl vor.[39] *Aktiengewinn* ist demnach der aus in- und ausländischen Dividendenerträgen sowie realisierten und nicht realisierten Wertveränderungen von in- und ausländischen Kapitalgesellschaftsanteilen bestehende Anteil des Veräußerungs- oder Rücknahmepreises. Diese unterlägen im Falle der Direktanlage beim betrieblichen Anleger dem Teileinkünfteverfahren nach § 3 Nr. 40 EStG (zu 40 % steuerbefreit), bei Kapitalgesellschaften dem Beteiligungsprivileg nach § 8b KStG (zu 95 % steuerbefreit). *DBA-Gewinn* (auch *Immobiliengewinn*) ist der Anteil des Fondspreises, der aus nach einem Doppelbesteuerungsabkommen befreiten, aber bei tariflich zur Einkommensteuer veranlagten Anlegern dem Progressionsvorbehalt unterliegenden Bestandteilen gespeist wird. Dazu zählen in erster Linie Mieterträge und realisierte sowie nicht realisierte Wertveränderungen von ausländischem Immobiliendirektbestand. Bei Spezial-Investmentvermögen genügt statt der Veröffentlichung mit dem Rücknahmepreis eine schlichte Bekanntmachung des (Fonds-)Aktien- und DBA-Gewinns gegenüber dem einzelnen Anleger, z. B. durch Brief, Rundschreiben oder per E-Mail.[40]

Ertragsausgleich

Durch den (positiven oder negativen) Ertragsausgleich werden bei der Rücknahme und Ausgabe von Investmentanteilen die ausgeschütteten und ausschüttungsgleichen Erträge mit all ihren einzelnen Bestandteilen sowie die anrechenbaren oder abziehbaren ausländischen Quellensteuern pro Anteil konstant gehalten, ohne dass dadurch der Anteilspreis verändert wird.[41] Ohne ihn würde es bei Mittelabflüssen zu einer höheren Ausschüttung pro Anteil kommen. Bei Mittelzuflüssen wäre die Ausschüttung geringer, wodurch Bestandsanleger benachteiligt würden.[42] Eine Pflicht zum Ertragsaus-

---

[39] BMF v. 18.8.2009, BStBl. I 2009, 931 Tz. 109; *Hammer*, 2007, S. 55

[40] BMF v. 18.8.2009, BStBl. I 2009, 931 Tz. 246; *Wenzel*, in: Blümich, § 15 InvStG Rn. 14

[41] *Hammer*, in: Blümich, § 9 InvStG Rn. 1 und 15

[42] *Hamacher*, in: Korn/Carlé/Stahl/Strahl, § 9 InvStG Rn. 1 und 3; *Hammer*, 2007, S. 45 f.

gleich besteht weder nach Investmentgesetz noch nach Investmentsteuergesetz. Nach § 43 Abs. 4 Nr. 6 InvG müssen die Vertragsbedingungen oder (i.V.m. § 99 Abs. 3 InvG) die Satzung lediglich Angaben darüber enthalten, ob auf Erträge entfallende Teile des Ausgabepreises für ausgegebene Anteile zur Ausschüttung herangezogen werden können. Das ist bei Spezial-Sondervermögen eher selten der Fall.[43] Im Falle von ausländischen Investmentvermögen sollen sich die steuerlichen Folgen bereits aufgrund der tatsächlichen Durchführung dieses Verfahrens ergeben.[44] Auch auf welche Bezugsgröße (Erträge, Gewinne, Vorträge) ein Ertragsausgleich angewandt wird liegt im Ermessen der Investmentgesellschaft.[45] Wird er durchgeführt, teilen die in den ausgeschütteten und ausschüttungsgleichen Erträgen enthaltenen Ausgleichsbeträge sowie der auf die anrechenbare oder abziehbare ausländische Quellensteuer entfallende Ertragsausgleich nach § 9 InvStG das steuerliche Schicksal der ihnen zugrunde liegenden Erträge: So besteht die (teilweise) Steuerfreiheit für die nachweislich ganz oder zum Teil steuerfreien Bestandteile des Ertragsausgleichs fort.[46] Gehören Ausgleichsbeträge nicht zu den ausgeschütteten oder ausschüttungsgleichen Erträgen, sind sie steuerlich unbeachtlich.[47]

Feststellung der Besteuerungsgrundlagen

Im Gegensatz zu Publikums-Investmentvermögen werden die auf Fondsebene ermittelten Besteuerungsgrundlagen i.S.d. § 5 Abs. 1 InvStG nicht für jeden Investmentanteil, sondern betragsmäßig für das gesamte inländische Spezial-Investmentvermögen festgestellt und anschließend auf die einzelnen Anleger entsprechend ihrer Beteiligungsquote aufgeteilt.[48] Der Feststellungsbescheid i.S.d. § 15 Abs. 1 Satz 3 InvStG ist Grundlagenbescheid für die Besteuerung der Investoren und entfaltet diesbezüglich grundsätzlich Bindungswirkung.[49] Eine gesonderte, d. h. vom Steuerfestsetzungsverfahren abgetrennte Feststellung (§ 180 Abs. 1 Nr. 2 Buchst. b AO) findet auch dann statt, wenn ein Anleger alle Anteile hält.[50] Bei mehreren Anteilscheininhabern erfolgt

---

[43] *Hammer*, 2007, S. 44

[44] BMF v. 18.8.2009, BStBl. I 2009, 931 Tz. 197; ablehnend *Hammer*, in: Blümich, § 9 InvStG Rn. 9; zu Schwierigkeiten bei der Ertragsermittlung *Bödecker/Ernst*, in: Bödecker, 2007, Teil III InvStG § 9

[45] *Hammer*, in: Blümich, § 9 InvStG Rn. 3 und 9

[46] BMF v. 18.8.2009, BStBl. I 2009, 931 Tz. 198 ff.

[47] *Bödecker/Ernst*, in: Bödecker, 2007, Teil III InvStG § 9

[48] BMF v. 18.8.2009, BStBl. I 2009, 931 Tz. 250

[49] *Bödecker/Ernst*, in: Bödecker, 2007, Teil III InvStG §§ 11-15 B.II.3; zur Einschränkung der Bindungswirkung *Lübbehüsen*, in: Berger/Steck/Lübbehüsen, § 15 InvStG Rn. 61 ff.

[50] BMF v. 18.8.2009, BStBl. I 2009, 931 Tz. 249

die Feststellung zudem einheitlich für und gegen alle (§ 180 Abs. 1 Nr. 2 Buchst. a AO). Da entgegen dem Wortlaut nur die Besteuerungsgrundlagen und keine Einkünfte festgestellt werden, sind die genannten Vorschriften nur entsprechend anwendbar. Mit Eingang der Feststellungserklärung beim Finanzamt gelten die Besteuerungsgrundlagen als unter dem Vorbehalt der Nachprüfung (§ 164 AO) festgestellt. Eine Feststellung durch förmlichen behördlichen Bescheid ist nur erforderlich, wenn das Finanzamt zu abweichenden Ergebnissen kommt oder die Investmentgesellschaft die Besteuerungsgrundlagen nicht abgibt.[51] Eine berichtigte Feststellungserklärung gilt nicht wieder als gesonderte und einheitliche Feststellung, sondern als Antrag auf Änderung, § 15 Abs. 1 Satz 3 InvStG. Anders als bei Publikums-Investmentvermögen (vgl. § 13 Abs. 4 InvStG) ist eine rückwirkende Änderung im Fehlerjahr möglich, die allgemeinen Vorschriften der Abgabenordnung gelten entsprechend. Bei Nichtabgabe der Feststellungserklärung sind die Besteuerungsgrundlagen nach § 162 AO zu schätzen.[52]

Veröffentlichung der Besteuerungsgrundlagen

Eine separate Bekanntmachung gegenüber den Anlegern sowie die Veröffentlichung der Besteuerungsgrundlagen im elektronischen Bundesanzeiger (eBAnz; § 13 Abs. 3 Satz 2 InvStG) ist für Spezial-Investmentvermögen aufgrund des überschaubaren und der Investmentgesellschaft bekannten Adressatenkreises nicht vorgesehen. Folglich kann ein Spezial-Investmentvermögen auch nicht wegen Intransparenz der Pauschalbesteuerung nach § 6 InvStG unterliegen. Vielmehr richtet sich die Besteuerung der Anleger entgegen § 5 Abs. 1 InvStG immer nach §§ 2 und 4 InvStG.

Kapitalertragsteuer

Laufende Erträge aus dem Investmentvermögen unterliegen auf dem Weg zum Anleger der Kapitalertragsteuer in Höhe von 25 Prozent. Für deren Abzug sowie für Erstattung und Anrechnung gelten weitgehend die entsprechenden Vorschriften des Einkommensteuergesetzes (§ 7 Abs. 1 Satz 2 und Abs. 7 InvStG). Für institutionelle Investoren entfaltet der Abzug anders als für Privatanleger keine abgeltende Wirkung, sie wird auf deren direkte Steuerlast angerechnet oder erstattet. Für die meisten ausgeschütteten Erträge, noch nicht dem deutschen Steuerabzug unterworfene Erträge sowie für Zwischengewinne hat gemäß § 7 Abs. 1 InvStG das inländische Kredit- oder Fi-

---

[51] *Lübbehüsen*, in: Berger/Steck/Lübbehüsen, § 15 InvStG Rn. 67
[52] BMF v. 18.8.2009, BStBl. I 2009, 931 Tz. 245

nanzdienstleistungsinstitut die Steuer einzubehalten und abzuführen, welches die Investmenterträge auszahlt oder gutschreibt. Das gilt nach Absatz 2 auch für Teilausschüttungen. Reicht deren Betrag nicht aus, um die Kapitalertragsteuer einzubehalten, so ist nach den Regeln für die Vollthesaurierung zu verfahren (sog. Zwangsthesaurierung; § 2 Abs. 1 Satz 4 InvStG).[53] Für ausschüttungsgleiche Erträge und die in den ausgeschütteten Erträgen enthaltenen Dividenden inländischer Kapitalgesellschaften ist die inländische Investmentgesellschaft zum Abzug verpflichtet (§ 7 Abs. 3 und Abs. 4 InvStG) und wird für diese Zwecke den inländischen Kreditinstituten gleichgestellt (Abs. 8). Bei Spezial-Investmentvermögen gilt die Abstandnahme vom Kapitalertragsteuerabzug nach § 44a EStG bei Vorlage einer Nichtveranlagungs- oder Dauerüberzahlerbescheinigung auch für ausschüttungsgleiche Erträge. § 7 Abs. 4 Satz 2 InvStG kommt nicht zur Anwendung. Um einen einheitlichen Rücknahmepreis für alle Anlegergruppen zu erreichen, soll dies nach fragwürdiger Verwaltungsauffassung jedoch nur gelten, wenn die Voraussetzungen für alle Anleger einheitlich erfüllt sind.[54]

Auch im Rahmen der **Schlussbesteuerung** hat die auszahlende Stelle oder – bei unmittelbarer Rückgabe – das Investmentvermögen von den Einnahmen aus der Veräußerung oder Rückgabe einen Kapitalertragsteuerabzug in Höhe von 25 Prozent vorzunehmen (§ 8 Abs. 6 InvStG). Dieser ist unabhängig von der Zugehörigkeit der Anteile zu einem Betriebsvermögen vom (im Übrigen nur für Privatanleger relevanten) Gewinn nach § 8 Abs. 5 InvStG zu bemessen.[55] Soweit gezahlte und vereinnahmte Zwischengewinne bereits als laufende positive oder negative Erträge erfasst wurden, sind sie bei der Ermittlung des Veräußerungsgewinns zur Vermeidung einer doppelten Berücksichtigung vom Veräußerungserlös bzw. den Anschaffungskosten abzuziehen. Gleiches gilt für die bereits als zugeflossen geltenden ausschüttungsgleichen Erträge. Die Hinzurechnung der von der Investmentgesellschaft gezahlten inländischen Kapitalertragsteuer sowie um mögliche Ermäßigungsansprüche gekürzten ausländischen Steuern verhindert, dass Ertragsteuern entgegen § 12 Nr. 3 EStG den Veräußerungsgewinn mindern.[56] Ferner erhöhen alle dem Anleger bereits ausgezahlten ausgeschütteten Erträge die Bemessungsgrundlage, unabhängig davon, ob diese vom Investmentvermögen vor oder während der Besitzzeit des Anlegers vereinnahmt wurden. Ausschüttungen auf steuerfreie Alt-Veräußerungsgewinne aus Wertpapieren, Termingeschäften und Bezugsrechten fließen ebenfalls mit ein. Der in den Anschaffungskos-

---

[53] *Wenzel*, in: Blümich, § 2 InvStG Rn. 12

[54] BMF v. 18.8.2009, BStBl. I 2009, 931 Tz. 247a; **a.A.** *Lübbehüsen*, in: Berger/Steck/Lübbehüsen, § 15 InvStG Rn. 30

[55] Übersicht und Berechnungsschema in BMF v. 18.8.2009, BStBl. I 2009, 931 Tz. 196a und Anlage 6

[56] BT-Drucks. 16/11108, S. 61

ten und im Veräußerungserlös jeweils enthaltene DBA-Gewinn bleibt dagegen unberücksichtigt. Auch hier besteht für Spezial-Investmentanleger gemäß § 8 Abs. 6 Satz 3 InvStG die Möglichkeit der Abstandnahme vom Steuerabzug bei Vorlage der Bescheinigungen nach § 44a EStG oder originär nach § 43 Abs. 2 Satz 3 bis 9 EStG.

Außenprüfung

Das zuständige Finanzamt ist zu einer umfassenden Außenprüfung nach §§ 194 ff. AO zur Ermittlung der steuerlichen Verhältnisse des Investmentvermögens, zur Prüfung der investmentrechtlichen Rechnungslegung sowie der Besteuerungsgrundlagen nach § 5 InvStG berechtigt, § 11 Abs. 3 InvStG.[57] Soweit die Investmentgesellschaft selbst Kapitalertragsteuer einbehält oder erstattet, ergibt sich ein Prüfungsrecht bereits aus § 193 Abs. 2 Nr. 1 AO bzw. § 50 b EStG.[58]

4. Besteuerung der Erträge beim Anleger

Auf Investmentanteile ausgeschüttete und ausschüttungsgleiche Erträge sowie der Zwischengewinn gehören gemäß § 2 Abs. 1 Satz 1 InvStG grundsätzlich zu den „Einkünften" aus Kapitalvermögen i.S.d. § 20 Abs. 1 Nr. 1 EStG. Entgegen dem Wortlaut stellen die vom Fonds ermittelten Nettoerträge beim Anleger allerdings Brutto-„Einnahmen" dar.[59] Die **Umqualifizierung der Erträge** erfolgt einheitlich und unabhängig davon, aus welcher Quelle das Investmentvermögen die Erträge auf Fondseingangsseite bezogen hat.[60] Durch diese Substitution findet erneut das Trennungsprinzip Ausdruck.[61] Wird der Investmentanteil zum Zeitpunkt der Zurechnung beim Anleger in einem inländischen (Sonder-)Betriebsvermögen gehalten, stellen die Erträge Betriebseinnahmen dar. Gleichwohl finden in diesem ersten Schritt weder das Teileinkünfteverfahren nach § 3 Nr. 40 EStG noch das Beteiligungsprivileg gemäß § 8b Abs. 1 KStG Anwendung. Eine generelle Umqualifizierung der Erträge in Dividenden findet demnach nicht statt, so dass es sich um eine reine Rechtsfolgeverweisung handelt.[62]

---

[57] *Carlé/Hamacher*, in: Korn/Carlé/Stahl/Strahl, § 11 InvStG Rn. 24; dagegen einschränkend *Hammer*, in: Blümich, § 11 InvStG Rn. 11

[58] BMF v. 18.8.2009, BStBl. I 2009, 931 Tz. 225

[59] *Lübbehüsen*, in: Berger/Steck/Lübbehüsen, § 2 InvStG Rn. 32

[60] BMF v. 18.8.2009, BStBl. I 2009, 931 Tz. 27

[61] *Lübbehüsen*, in: Berger/Steck/Lübbehüsen, § 2 InvStG Rn. 43, vor §§ 1 ff. Rn. 18 ff.

[62] BMF v. 18.8.2009, BStBl. I 2009, 931 Tz. 32

Für Spezial-Investmentvermögen enthält § 15 Abs. 2 InvStG eine **Ausnahme** von der generellen Umqualifizierung der Investmenterträge nach § 2 Abs. 1 InvStG. Erträge aus der Vermietung und Verpachtung inländischer Immobilien sowie Gewinne aus deren Veräußerung innerhalb der zehnjährigen Haltefrist sind in der Feststellungserklärung gesondert auszuweisen. Sie sind beim beschränkt steuerpflichtigen als unmittelbar bezogene inländische Einkünfte aus Gewerbebetrieb, Vermietung und Verpachtung oder privaten Veräußerungsgeschäften i.S.d. § 49 Abs. 1 EStG zu behandeln. Dies soll selbst im Falle einer entgegenstehenden Qualifizierung der Erträge durch das Doppelbesteuerungsabkommen mit dem Ansässigkeitsstaat des Anlegers gelten (sog. treaty override). Das Trennungsprinzip wird hier zugunsten einer das Investmentvermögen nahezu vollständig ignorierenden „Supertransparenz" durchbrochen.[63] Die Sonderregelung des § 15 Abs. 2 InvStG soll Gestaltungen verhindern, bei denen ausländische Anleger durch eine indirekte Anlage über Investmentvermögen der beschränkten Steuerpflicht von Immobilieneinkünften entgehen konnten. Denn bisher war auf diese Erträge kein Steuerabzug nach der allgemeinen Regel des § 7 Abs. 3 InvStG vorzunehmen mit der Folge, dass die Erträge nicht zu den nach § 49 Abs. 1 Nr. 5 Buchst. b EStG beschränkt steuerpflichtigen Kapitaleinkünften gehören. Die Qualifizierung als direkt bezogene Einkünfte stellte die beschränkte Steuerpflicht – nun als Immobilieneinkünfte – her. Der besondere Steuerabzug entfaltet keine Abgeltungswirkung nach § 50 Abs. 2 Satz 1 EStG, § 15 Abs. 2 Satz 4 und Satz 5 InvStG.

Durch das Jahressteuergesetz 2010 werden nunmehr auch Erträge aus der Vermietung und Verpachtung von inländischen Grundstücken und grundstücksgleichen Rechten sowie Gewinne aus privaten Veräußerungsgeschäften mit inländischen Grundstücken und grundstücksgleichen Rechten dem allgemeinen Kapitalertragsteuerabzug gemäß § 7 Abs. 3 Satz 1 InvStG unterworfen. Dadurch wird die Verpflichtung zum Steuerabzug auch auf Publikumsfonds erstreckt. Steuersystematisch wäre der § 15 Abs. 2 InvStG mit seinen Systemdurchbrechungen nach dieser Änderung überflüssig; denn dann unterliegen die Erträge bereits nach allgemeinen Regeln dem Steuerabzug und sind entsprechend von der beschränkten Steuerpflicht des § 49 Abs. 1 Nr. 5 Buchst. b EStG erfasst. Der Gesetzgeber hat sich aber zunächst dafür entschieden, beide Regelungen nebeneinander bestehen zu lassen. § 15 Abs. 2 InvStG regelt demnach als *lex specialis* weiterhin den Steuerabzug für Spezialfonds, während auf Publikumsfonds die allgemeinen Regeln des § 7 Abs. 3 Satz 1 Nr. 2 InvStG Anwendung finden wird.

---

[63] *Lübbehüsen*, in: Berger/Steck/Lübbehüsen, § 15 InvStG Rn. 104; *Ramackers*, in: Littmann/Bitz/Pust, § 15 InvStG Rn. 31

Im Gegensatz zur abgeltenden Wirkung des Steuerabzugs bei Publikumsfonds ist bei Spezialfonds damit weiterhin das Veranlagungsverfahren obligatorisch.

Zeitliche Zuordnung von Investmenterträgen beim Anleger

Bei der zeitlichen Zuordnung der Investmenterträge beim Anleger wurde der Transparenzgedanke nicht verwirklicht. Für ausgeschüttete Erträge erfolgt sie nach § 11 Abs. 1 Satz 1 EStG bzw. für bilanzierende Anleger nach den allgemeinen steuerbilanziellen Grundsätzen der §§ 4, 4a EStG.[64] Maßgebend ist demnach der Zeitpunkt des tatsächlichen Zuflusses der Einnahmen bzw. die Aktivierbarkeit des Anspruches beim Steuerpflichtigen, nicht beim Fonds.[65] Ein aktivierbarer Anspruch entsteht erst durch Konkretisierung im Ausschüttungsbeschluss (§ 12 InvStG).[66] Das gilt auch für Zwischenausschüttungen.[67] Für ausschüttungsgleiche Erträge bei thesaurierenden Fonds sieht dagegen § 2 Abs. 1 Satz 2 InvStG eine fiktive Zurechnung mit Ablauf desjenigen Fondsgeschäftsjahres vor, in dem sie von dem Investmentvermögen vereinnahmt wurden. Aufgrund der Zuflussfiktion erfolgt somit eine Steuerbelastung des Anlegers, ohne dass diesem aus dem Fonds Liquidität für die Zahlung der Steuer zufließt. Bilanzierende Anleger bilden für diese Erträge einen aktiven steuerlichen Ausgleichsposten (StAP), der bei Veräußerung oder Rückgabe der Anteile aufwandswirksam aufgelöst wird.[68] Es findet somit nur eine Vorverlagerung der Steuerbelastung statt. Im Falle von Teilausschüttungen erfolgt aus Vereinfachungsgründen die Zurechnung auch der ausschüttungsgleichen Erträge zum Anteilscheininhaber im Zeitpunkt der Teilausschüttung, um ein Auseinanderfallen der Zuflusszeitpunkte zu vermeiden, § 2 Abs. 1 Satz 3 InvStG.[69] Nach Verwaltungsauffassung sollen auch die nach § 3 Abs. 3 Satz 2 Nr. 2 InvStG nicht abziehbaren Werbungskostenkosten in die ausschüttungsgleichen Erträge mit einfließen.[70] Demzufolge gäbe es aus steuerlicher Sicht wohl nur noch teilausschüttende und thesaurierende Investmentvermögen.[71] Der Zwischengewinn gilt als in den Einnahmen aus der Rückgabe oder Veräußerung des Investmentanteils enthalten und fließt dem Steuerpflichtigen daher mit diesen zusammen zu, § 2 Abs. 1 Satz 5 InvStG.

---

[64] *Bödecker/Ernst*, in: Bödecker, 2007, Teil III InvStG § 2 A

[65] *Ramackers*, in: Littmann/Bitz/Pust, § 2 InvStG Rn. 40

[66] BMF v. 18.8.2009, BStBl. I 2009, 931 Tz. 28

[67] *Wenzel*, in: Blümich, § 2 InvStG Rn. 14

[68] *Wenzel*, in: Blümich, § 2 InvStG Rn. 11

[69] BMF v. 18.8.2009, BStBl. I 2009, 931 Tz. 28

[70] BMF v. 18.8.2009, BStBl. I 2009, 931 Tz. 104a

[71] Kritisch *Berger*, in: Berger/Steck/Lübbehüsen, § 1 InvStG Rn. 269

Punktuelle Wiederherstellung quellenspezifischer Charakteristika

Um die angestrebte nachsteuerliche Belastungsgleichheit mit dem Direktanleger zu erreichen, werden in einem weiteren Schritt bestimmte steuerliche Charakteristika der auf Fondseingangsseite erzielten Erträge nachträglich wieder hergestellt (Transparenzgedanke).[72] Soweit in den zugeflossenen oder als zugeflossen geltenden Erträgen Bestandteile enthalten sind, auf die § 3 Nr. 40 EStG oder § 8b Abs. 1 KStG Anwendung findet (insb. Dividenden), sind diese beim berechtigten Anleger anteilig von der Besteuerung freizustellen, § 2 Abs. 2 InvStG. Das bedeutet, dass bei einer Investition aus einem Betriebsvermögen im **Teileinkünfteverfahren** nur 60 % dieses Betrages in die Bemessungsgrundlage der Einkommensteuer einfließt. Dadurch soll die Vorbelastung der Erträge mit Körperschaftsteuer kompensiert werden. Kapitalgesellschaften haben aufgrund des **Beteiligungsprivileges** im Ergebnis nur 5 % dieser Erträge als nichtabzugsfähige Werbungskosten der Körperschaftsteuer zu unterwerfen. Da sie bei der empfangenen Gesellschaft bereits der Besteuerung unterliegen, wird so eine Mehrfachbelastung vermieden. Im Falle der Ausschüttung gilt entsprechendes für Gewinne aus der Veräußerung von Kapitalgesellschaftsanteilen oder ähnlichen Genussrechten; bei Thesaurierung sind diese ohnehin nicht steuerbar.[73] Erträge des Investmentvermögens aus Kapitalforderungen jeder Art[74] erhöhen den Zinsertrag von betrieblichen Anlegern und Kapitalgesellschaften im Rahmen der **Zinsschranke** gemäß (§ 8a KStG i.V.m.) § 4h EStG und damit die Höhe der im gleichen Wirtschaftsjahr voll abziehbaren Zinsaufwendungen. Soweit die ausgeschütteten Erträge **Hinzurechnungsbeträge** auf ausländische Zielinvestments enthalten, die bereits im Rahmen der Hinzurechnungsbesteuerung nach den §§ 7 ff. AStG erfasst worden sind, werden Gewinnausschüttungen aus diesen Beteiligungen von der Besteuerung ausgenommen (§ 2 Abs. 4 InvStG). Die Steuerbefreiung für ausgeschüttete Erträge auf Veräußerungsgewinne aus Immobilien außerhalb der zehnjährigen Haltefrist gemäß § 2 Abs. 3 InvStG gilt dagegen nur für Privatpersonen und somit nicht für Spezialfonds-Anleger.

Einfluss von Doppelbesteuerungsabkommen auf Investmenterträge

Soweit ausgeschüttete und ausschüttungsgleiche Erträge ausländische Einkünfte enthalten, die nach einem Doppelbesteuerungsabkommen **steuerfrei** gestellt werden, sind diese bei der Veranlagung zu Einkommen- und Körperschaftsteuer – infolgedessen

---

[72] *Ramackers*, in: Littmann/Bitz/Pust, § 2 InvStG Rn. 60
[73] *Wenzel*, in: Blümich, § 2 InvStG Rn. 17
[74] § 4h Abs. 3 Satz 3 EStG

auch bei der Gewerbesteuer – außer Betracht zu lassen (§ 4 Abs. 1 InvStG).[75] Maßgebend ist das von der Bundesrepublik Deutschland geschlossene Abkommen mit dem Staat, in dem die Quelle der entsprechenden Einkünfte liegt.[76] Ausländische Investmentvermögen stellt dies bei der Ermittlung der freizustellenden Erträge vor zusätzliche Schwierigkeiten und führt so zu einer administrativen Benachteiligung.[77] Bei Identität von Quellenstaat und Sitzstaat des Fonds will die Finanzverwaltung die Gewährung der Freistellung von einer dortigen Besteuerung der Einkünfte in Höhe des deutschen Körperschaftsteuersatzes abhängig machen, die jedoch jeder Grundlage entbehrt.[78] Die Vorschrift trifft keine Aussage über die Abkommensberechtigung des Investmentvermögens, vielmehr ist dafür auf den einzelnen Anleger abzustellen.[79] Die für die Anwendung des Schachtelprivilegs maßgebliche Beteiligungshöhe einer in ein Investmentvermögen investierten Kapitalgesellschaft wird durch das Vermögen „durchgerechnet".[80] Bei tariflich zur Einkommensteuer veranlagten Steuerpflichtigen ist der persönliche Steuersatz unter Einschluss der freigestellten Einkünfte zu ermitteln (Progressionsvorbehalt). Außerordentliche Einkünfte i.S.d. § 34 Abs. 2 EStG sowie nach dem DBA steuerfreie Veräußerungsgewinne gehen nur zu einem Fünftel in dessen Bemessungsgrundlage ein.[81]

Sofern Deutschland nicht auf sein Besteuerungsrecht verzichtet hat, können sich unbeschränkt Steuerpflichtige anrechenbare, definitiv gezahlte ausländische Steuern, die auf in ihren laufenden Investmenterträgen enthaltene ausländische Einkünfte entfallen, gemäß § 4 Abs. 2 InvStG auf ihre Einkommen- oder Körperschaftsteuer anrechnen lassen. Die **Anrechnung** erfolgt auf den Teil der deutschen Steuer, der auf die ausländischen, um die anzurechnende Steuer erhöhten Einkünfte im Verhältnis zur Summe der Einkünfte entfällt. Der Höchstbetrag der anzurechnenden Steuern ist für die Erträge des jeweiligen Investmentvermögens und nicht wie bei der Direktanlage für das einzelne Quellenland zu berechnen (sog. per fund/ all country limitation).[82] Durch Verweis auf § 34c Abs. 2 EStG wird dem Steuerpflichtigen nach seiner Wahl anstelle der Anrechnung auch ein Abzug der ausländischen Steuer als Betriebsausgaben ermöglicht. Für ausländische Steuern, die auf der Fondsausgangsseite eines ausländi-

---

[75] *Bödecker/Ernst*, in: Bödecker, 2007, Teil III InvStG § 4 A.I

[76] BMF v. 18.8.2009, BStBl. I 2009, 931 Tz. 75

[77] *Hamacher*, in: Korn/Carlé/Stahl/Strahl, § 4 InvStG Rn. 5

[78] BMF v. 18.8.2009, BStBl. I 2009, 931 Tz. 75; dagegen *Bödecker/Ernst*, in: Bödecker, 2007, Teil III InvStG § 4 A.I.2; *Stock/Oberhofer*, in: Berger/Steck/Lübbehüsen, § 4 InvStG Rn. 14

[79] *Hammer*, in: Blümich, § 4 InvStG Rn. 2; *Ramackers*, in: Littmann/Bitz/Pust, § 4 InvStG Rn. 15

[80] BMF v. 18.8.2009, BStBl. I 2009, 931 Tz. 75a

[81] BMF v. 18.8.2009, BStBl. I 2009, 931 Tz. 76

[82] BMF v. 18.8.2009, BStBl. I 2009, 931 Tz. 80

schen Investmentvermögens auf ausgeschüttete Erträge erhoben werden, gelten die vorstehenden Ausführungen entsprechend. Dass Quellensteuern auf thesaurierte Erträge davon nicht erfasst werden, wird allgemein als unbefriedigend empfunden.[83] Ausländische Steuern, die auf ganz oder zum Teil steuerbefreite Einkünfte entfallen, können beim Anleger weder angerechnet noch abgezogen werden, § 4 Abs. 3 InvStG. Beschränkt steuerpflichtige Investmentanleger werden durch die Versagung der Anrechnungs- und Abzugsmöglichkeit (europarechtswidrig) benachteiligt.[84]

Schlussbesteuerung

Gewinne aus der **Rückgabe** oder **Veräußerung** von Investmentanteilen gehören – parallel zu der Behandlung laufender Investmenterträge – zu den Einkünften aus Kapitalvermögen i.S.d. § 20 Abs. 2 Satz 1 Nr. 1 EStG, wenn die Anteile nicht in einem Betriebsvermögen gehalten werden, § 8 Abs. 5 Satz 1 InvStG. Auch hier finden zunächst weder das Teileinkünfteverfahren gemäß § 3 Nr. 40 EStG noch das Beteiligungsprivileg des § 8b KStG Anwendung. Für betriebliche Investmentanleger sind die investmentsteuerrechtlichen Regeln zur Schlussbesteuerung nicht abschließend, sondern ergänzen die Vorschriften im EStG und KStG.[85] Durch die Rückgabe oder Veräußerung der Investmentanteile realisiert der Anleger einen grundsätzlich steuerpflichtigen Gewinn oder Verlust in Höhe der Differenz zwischen deren Rücknahme- bzw. Veräußerungspreis und dem Buchwert.[86]

Anleger-Aktiengewinn

Um Investmentanleger ähnlich wie bei der laufenden Ertragsermittlung auch bei Rückgabe, Veräußerung oder Bewertung ihrer Investmentanteile den Direktanlegern nachträglich gleichzustellen, haben betriebliche Anleger den Erlös um den auf diese Anteile entfallenden besitzzeitanteiligen Aktiengewinn bzw. DBA-Gewinn zu korrigieren. Dieser sog. Anleger-Aktiengewinn ergibt sich gemäß § 8 Abs. 3 InvStG aus

---

[83] *Stock/Oberhofer*, in: Berger/Steck/Lübbehüsen, § 4 InvStG Rn. 79 wollen daher auf die allgemeinen Regeln (§ 34c EStG, § 26 KStG, DBA) zurückgreifen; für eine Nachbesserung durch den Gesetzgeber *Hamacher*, in: Korn/Carlé/Stahl/Strahl, § 4 InvStG Rn. 11 und *Ramackers*, in: Littmann/Bitz/Pust, § 4 InvStG Rn. 48

[84] *Stock/Oberhofer*, in: Berger/Steck/Lübbehüsen, § 4 InvStG Rn. 40

[85] *Lübbehüsen*, in: Berger/Steck/Lübbehüsen, vor §§ 1 ff. InvStG Rn. 30; *Büttner/Mücke*, ebenda, § 8 InvStG Rn. 12

[86] *Hammer*, 2007, S. 116

der Differenz des vom Investmentvermögen ermittelten Aktiengewinns auf den Rücknahmepreis im Zeitpunkt der Veräußerung bzw. Rückgabe oder, im Falle der Bewertung, am Bilanzstichtag zum Fonds-Aktiengewinn auf den Rücknahmepreis im Erwerbszeitpunkt des Investmentanteils. Der besitzzeitanteilige Aktiengewinn kann positiv, negativ und auch größer als 100 % sein und wird unabhängig von seinem Vorzeichen vom Steuerbilanzgewinn subtrahiert.[87] Nicht bilanzierende Anleger haben eine doppelte Erfassung auf geeignete Weise zu vermeiden, z.B. durch Merkposten.[88]

Bei Teilwertabschreibungen (aufgrund von voraussichtlich dauerhaften Wertminderungen) und Wertaufholungen auf den Investmentanteil ist auch der Aktiengewinn zu berichtigen. Werden Investmentanteile über mehrere Geschäftsjahre hinweg gehalten, ist der Aktiengewinn um den Aktiengewinn auf den Rücknahmepreis zum Schluss des vorangegangenen Wirtschaftsjahres zu berichtigen, soweit dieser sich auf den Bilanzansatz ausgewirkt hat. Die Realisierungsfiktion des § 8 Abs. 4 InvStG, wonach bei nachträglich eingestellter Veröffentlichung der Aktiengewinne der Investmentanteil als zeitgleich mit dem letzten Aktiengewinn veräußert und wieder angeschafft gilt, findet auf Spezial-Investmentvermögen keine Anwendung, § 15 Abs. 1 Satz 1 InvStG. Deren Anleger können den Aktiengewinn lediglich nicht mehr nutzen.[89]

Zwischengewinne

Bei Erwerb der Anteilscheine gezahlte bzw. bei Veräußerung oder Rückgabe vereinnahmte Zwischengewinne sind beim Anleger als laufende (negative) Einnahmen zu erfassen. Zwischengewinne sind gemäß § 1 Abs. 4 InvStG die seit der letzten Ausschüttung bzw. im laufenden Geschäftsjahr erwirtschafteten Zinserträge, zinsähnlichen Erträge sowie Ansprüche des Investmentvermögens.[90] Steuerpflichtige sollen sich weder durch Verkauf ihrer Anteile kurz vor Ausschüttung oder Thesaurierung einer Besteuerung der Fondserträge entziehen können noch bei einem Kauf kurz vor diesem Stichtag die schon vor Erwerb erzielten Erträge versteuern müssen. Spezial-Investmentvermögen können auf eine Ermittlung und Bekanntmachung verzichten, solange deren inländische Anleger ausschließlich im Betriebsvermögen investieren oder es sich um Anleger handelt, die von der Körperschaftsteuer befreit sind oder auf die § 2

---

[87] *Hammer*, in: Blümich, § 8 InvStG Rn. 10

[88] BMF v. 18.8.2009, BStBl. I 2009, 931 Tz. 29; *Büttner/Mücke*, in: Berger/Steck/Lübbehüsen, § 8 InvStG Rn. 14

[89] *Bödecker/Ernst*, in: Bödecker, 2007, Teil III InvStG § 8 D

[90] *Lübbehüsen*, in: Berger/Steck/Lübbehüsen, § 5 InvStG Rn. 235

Nr. 2 KStG (insb. juristische Personen des öffentlichen Rechts[91]) anwendbar ist.[92] Denn bei betrieblichen Anlegern wird der Zwischengewinn bereits als unselbständiger Bestandteil des Entgeltes bei Anschaffung oder Rückgabe bzw. Veräußerung im Betriebsvermögensvergleich nach § 4 Abs. 1 Satz 1 EStG erfasst.[93] Allerdings unterliegt er auch in diesem Fall dem Steuerabzug nach § 7 Abs. 1 Nr. 4 InvStG.[94] Bei einem Versäumnis der Ermittlung und Bekanntmachung trotz bestehender Verpflichtung sind pauschal 6 % des Entgelts für die Veräußerung oder Rückgabe als Ersatzwert anzusetzen, § 5 Abs. 3 Satz 2 InvStG.

5. Besonderheiten bei der Besteuerung von ausländischen Spezial-Investmentvermögen

Der Anwendungsbereich des Investmentsteuergesetzes erstreckt sich gemäß § 1 Abs. 1 Nr. 2 InvStG auch auf ausländische Investmentvermögen und ausländische Investmentanteile. Aufgrund im Wesentlichen einheitlicher Regelungen wurden Diskriminierungen gegenüber inländischen Sachverhalten weitgehend beseitigt.[95] Aufsichtsrechtlich gilt für **ausländische Investmentvermögen** ein gemischt formeller und materieller Investmentbegriff. Materiell muss es sich gemäß § 2 Abs. 8 InvG um Vermögen zur gemeinschaftlichen Kapitalanlage in qualifizierende Anlagegegenstände nach dem Grundsatz der Risikomischung (§ 1 Satz 2 InvG) handeln, die dem Recht eines anderen Staates unterstehen. Der Grundsatz der Risikomischung kann auch mittelbar durch Beteiligungen an weiteren Investmentvermögen gewahrt werden. Eine Definition des *ausländischen Spezial-Investmentvermögens* trifft das Investmentgesetz dagegen nicht. § 16 Satz 1 InvStG enthält daher eine eigenständige steuerliche Regelung für vergleichbare ausländische Investmentvermögen.[96] Bei ausländischen Spezial-Investmentvermögen muss die Zahl der Anleger danach satzungsgemäß oder aber gesellschaftsvertraglich, urkundlich bzw. durch Vinkulierung der Anteile auf 100 nicht

---

[91] *Lübbehüsen*, in: Berger/Steck/Lübbehüsen, § 5 InvStG Rn. 242
[92] BMF v. 18.8.2009, BStBl. I 2009, 931 Tz. 119
[93] *Bödecker/Ernst*, in: Bödecker, 2007, Teil III InvStG § 1 B.II.4; *Berger*, in: Berger/Steck/Lübbehüsen, § 1 InvStG Rn. 394
[94] *Büttner/Mücke*, in: Berger/Steck/Lübbehüsen, § 8 InvStG Rn. 12
[95] *Wenzel*, in: Blümich, Anmerkungen Rn. 7
[96] BMF v. 18.8.2009, BStBl. I 2009, 931 Tz. 262; *Ramackers*, in: Littmann/Bitz/Pust, § 16 InvStG Rn. 6

natürliche Personen beschränkt sein.[97] Eine mittelbare Beteiligung natürlicher Personen über eine Personenvereinigung mit eigener Rechtsfähigkeit ist unschädlich.[98]

Seit dem Investmentänderungsgesetz[99] unterliegen ausländische Investmentanlagen dem Investmentsteuergesetz, wenn sie zusätzlich die formellen Voraussetzungen des § 2 Abs. 9 InvG erfüllen. **Ausländische Investmentanteile** sind demnach Anteile an ausländischen Investmentvermögen, die von einem Unternehmen mit Sitz im Ausland (ausländische Investmentgesellschaft) ausgegeben werden. Des Weiteren muss der Anleger die Auszahlung seines Anteils an dem Vermögen gegen Rückgabe des Anteils verlangen können oder die ausländische Investmentgesellschaft in ihrem Sitzstaat einer Investmentaufsicht unterliegen. Einzelheiten sind für das Aufsichtsrecht in einem Rundschreiben der Bundesanstalt für Finanzdienstleistungsaufsicht (BaFin) geregelt, dem die Finanzverwaltung für das Steuerrecht folgt.[100]

Besteuerung des Vermögens im Ansässigkeitsstaat

Die Besteuerung des ausländischen Investmentvermögens selbst ist im InvStG nicht geregelt, sie obliegt dem Ansässigkeitsstaat. Hier greifen die Zweckvermögensfiktion und die Befreiung von Körperschaft- und Gewerbesteuer nach § 11 Abs. 1 InvStG genauso wenig wie die Abstandnahme bzw. Erstattung von Kapitalertragsteuern nach Abs. 2. Inländische Einkünfte des Investmentvermögens werden im Rahmen der beschränkten Steuerpflicht nach allgemeinen Grundsätzen (insb. § 49 EStG) besteuert. Eine Doppelbesteuerung wird durch die Möglichkeit zur Anrechnung oder zum Abzug deutscher Quellensteuer beim Anleger nach § 4 Abs. 2 Satz 7 InvStG verhindert, indem diese beim Bezug von Erträgen auf ausländische Investmentanteile einer ausländischen Steuer gleichgestellt wird.[101] Ausländische Spezial-Investmentvermögen eignen sich aufgrund des Vorrangs des Investmentsteuergesetzes nach § 7 Abs. 7 AStG zur Abschirmung der Investition vor dem Außensteuergesetz.[102] Das gilt zumindest in

---

[97] BMF v. 18.8.2009, BStBl. I 2009, 931 Tz. 266; mit Bedenken an der Erweiterung *Ramackers*, in: Littmann/Bitz/Pust, § 16 InvStG Rn. 9

[98] *Bödecker/Ernst*, in: Bödecker, 2007, Teil III InvStG §§ 16-17a A.I.

[99] G. v. 21.12.2007, BGBl. I 2007, 3089

[100] BaFin v. 22.12.2008, Rundschreiben 14/2008 (WA) zum Anwendungsbereich des Investmentgesetzes nach § 1 Satz 1 Nr. 3 InvG, Anhang 7 zu BMF v. 18.8.2009, BStBl. I 2009, 931 Tz. 5 ff.

[101] *Lübbehüsen*, in: Berger/Steck/Lübbehüsen, vor §§ 1 ff. InvStG Rn. 14 ff.

[102] *Hammer*, 2007, S. 175; ausführlich *Krause*, in: Kraft, AStG § 7 Rn. 380 ff.

einstufigen Fällen, bei denen das Investmentvermögen selbst auch Zwischengesellschaft in diesem Sinne ist.[103]

Besteuerung ausländischer Investmenterträge

Sofern in § 16 InvStG nicht ausdrücklich Abweichendes geregelt ist, gelten für die Besteuerung der Anlage in ausländische Spezial-Investmentvermögen dieselben Regeln wie für die Besteuerung in ausländischer Publikums-Investmentvermögen.[104] Anrechenbare ausländische Steuern sind nicht beim Investmentvermögen, sondern auf Anlegerebene zu berücksichtigen. Die ausländische Investmentgesellschaft hat die Besteuerungsgrundlagen nach § 5 Abs.1 InvStG sowie den Jahresbericht den Anlegern zwar bekannt zu machen, aber nicht im elektronischen Bundesanzeiger zu veröffentlichen. Die Angaben sind mit einer Berufsträgerbescheinigung zu versehen. Es erfolgt keine Feststellung der Besteuerungsgrundlagen. Die Pauschalbesteuerung nach § 6 InvStG ist nicht anwendbar, an deren Stelle sind die Besteuerungsgrundlagen bei fehlenden Angaben im Benehmen mit dem Bundeszentralamt für Steuern (BZSt) zu schätzen.[105] Korrekturen sind nach den allgemeinen Vorschriften der Abgabenordnung rückwirkend für das Fehlerjahr, nicht im Jahr der Entdeckung vorzunehmen. Die Investmentgesellschaft hat den Aktiengewinn bei jeder Bewertung des ausländischen Spezial-Investmentvermögens, in jedem Fall aber bei Übertragungen von Investmentanteilen zu ermitteln und den Anlegern bekanntzugeben.[106] Mieterträge und Veräußerungsgewinne aus inländischen Immobilien sind von ausländischen Investmentvermögen weder nach § 15 Abs. 2 InvStG besonders auszuweisen, noch beim beschränkt steuerpflichtige Anteilscheininhaber umzuqualifizieren.[107] Durch das JStG 2010 wurde der Wegfall des Verlustvortrags bei Rückgabe oder Veräußerung der Anteile auch auf ausländische Spezial-Investmentvermögen ausgeweitet. Zudem werden ausländische Investmentgesellschaften bei Beteiligung mindestens eines inländischen Anlegers verpflichtet, eine Berufsträgerbescheinigung beim BZSt (Bundeszentralamt für Steuern) darüber einzureichen, dass die Angaben nach den Regeln des deutschen Steuerrechts ermittelt wurden.[108]

---

[103] *Bödecker/Ernst*, in: Bödecker, 2007, Teil III InvStG §§ 2 G, S. 613

[104] *Krismanek*, in: Berger/Steck/Lübbehüsen, § 16 InvStG Rn. 3

[105] BMF v. 18.8.2009, BStBl. I 2009, 931 Tz. 270

[106] *Bödecker/Ernst*, in: Bödecker, 2007, Teil III InvStG §§ 16-17a A.I.

[107] BMF v. 18.8.2009, BStBl. I 2009, 931 Tz. 272

[108] BT-Drucks. 17/2249, S. 84

Bestellung eines Repräsentanten im Inland

Ausländische Investmentgesellschaften müssen bei öffentlichem Vertrieb von Investmentanteilen im Inland für die gerichtliche und außergerichtliche Vertretung in deutscher Sprache einen **Repräsentanten** bestellen, § 136 Abs. 1 Nr. 2 und § 138 InvG. Soweit dieser weder über die Anlagepolitik bestimmt noch beim Vertrieb der Investmentanteile tätig wird, führt die Bestellung nicht automatisch auch zu einer beschränkten Steuerpflicht in Deutschland, § 17 InvStG.

6. Ausblick

Noch bevor das Jahressteuergesetz 2010 am 14. Dezember 2010 in Kraft trat, hatte der Gesetzgeber schon die nächsten Änderungen im Investmentsteuerrecht in Arbeit. Der Referentenentwurf für den steuerrechtlichen Ergänzungsteil zum OGAW IV-Umsetzungsgesetz vom 12. November 2010 knüpft an europäische aufsichtrechtliche Vorgaben der Richtlinie zur Koordinierung der Rechts- und Verwaltungsvorschriften betreffend Organismen für gemeinsame Anlagen in Wertpapieren vom 13. Juli 2009 (OGAW IV[109]) an. Zwei wesentliche Punkte sollen dazu kurz skizziert werden:

Zum einen soll dort die Möglichkeit der grenzüberschreitenden Portfolioverwaltung aufgenommen werden. Der Entwurf definiert ein Sondervermögen auch dann als inländisch, wenn es durch eine richtlinienkonforme Verwaltungsgesellschaft aus dem Gebiet der Europäischen Gemeinschaft oder dem Europäischen Wirtschaftsraum vom Ort ihrer Hauptverwaltung aus verwaltet wird (§ 1 Abs. 1 Nr. 1 Buchst. c InvStG-Entwurf).

Des weiteren sieht § 2 Abs. 1 Satz 3 InvStG-Entwurf eine zwingende Ausschüttungsverpflichtung auch für thesaurierende Investmentvermögen vor, die ausreicht, um die Kapitalertragsteuer sowie die Zuschlagsteuern zur Kapitalertragsteuer einzubehalten. Damit soll die weitgehende Übertragung des Kapitalertragsteuereinbehalts auf die auszahlende Stelle umgesetzt werden, was sich auch in der Entwurfsfassung des § 7 InvStG und der §§ 43 ff. EStG widerspiegelt. Ein Kapitalertragsteuereinbehalt durch die Kapitalanlagegesellschaft wird damit grundsätzlich entbehrlich.

Da die Mitgliedstaaten OGAW-IV bis zum 30. Juni 2011 in nationales Recht umzusetzen haben, ist auch für die steuerlichen Regelungen spätestens zu diesem Zeitpunkt mit dem Inkrafttreten zu rechnen.

---

[109] Richtlinie 2009/65/EG des Europäischen Parlaments und des Rates vom 13. Juli 2009, ABl. 2009 Nr. L 302 S. 32, ber. ABl. 2010 Nr. L 269 S. 27

Literaturverzeichnis

Albrecht, A./ Karahan, D./ Lenenbach, M. (Hrsg.) (Albrecht/Karahan/Lenenbach, 2010): Fachanwaltshandbuch Bank- und Kapitalmarktrecht, Münster 2010.

Berger, H./ Steck, K.-U./ Lübbehüsen, D. (Hrsg.) (Berger/Steck/Lübbehüsen, 2010)**:** Investmentgesetz/Investmentsteuergesetz, München 2010.

Blümich, W. (Begr.) (Blümich, 2010): EStG/KStG/GewStG, Hrsg. B. Heuermann, München, Stand September 2010.

Bödecker, C. (Bödecker, 2010): Steuerfreiheit für Versorgungswerk gilt auch bei Kapitalanlage in gewerbliche Personengesellschaft, Neue Wirtschafts-Briefe 2010, S. 501 – 505.

Bödecker, C. (Hrsg.) (Bödecker, 2007): Handbuch Investmentrecht, Bad Soden/Ts. 2007.

Bruns, J.-W.: Leerverkäufe und missbräuchliche Gestaltungen, DStR 2010, S. 2061-2066.

Hammer, M. (Hammer, 2007): Spezialfonds im Steuerrecht aus Investorensicht, Frankfurt/Main 2007.

Hübschmann, W./ Hepp, E./ Spitaler, A. (Hrsg.) (Hübschmann/Hepp/Spitaler, 2010)**:** Abgabenordnung, Finanzgerichtsordnung, Köln, Stand September 2010.

Kraft, G. (Hrsg.) (Kraft, 2009): Außensteuergesetz, München 2009.

Littmann, E./ Bitz, H./ Pust, H. (Hrsg.) (Littmann/Bitz/Pust, 2010)**:** Das Einkommensteuerrecht, Stuttgart, Stand November 2010.

Schnitger, A./ Schachinger, O. (Schnitger/ Schachinger, 2007): Das Transparenzprinzip im Investmentsteuergesetz und seine Bedeutung für das Zusammenwirken mit den Vorschriften über die Hinzurechnungsbesteuerung nach den §§ 7 ff. AStG, BB 2007, S. 801 - 809

Die neue Anlageverordnung für Versicherungsunternehmen vom 30. Juni 2010

von Harald Kuhn

1. Einleitung

Die Versicherungsunternehmen und Pensionskassen in Deutschland sind große Kapitalsammelstellen, die Kundengelder sicher und profitabel anlegen müssen. Die Kapitalanlagen der Erstversicherungsunternehmen betrugen im zweiten Quartal 2010 1.149.500 Mio. Euro. Davon entfielen 835.778 Mio. Euro auf die Lebensversicherer und Pensionskassen. Der größte Teil dieses Vermögens muss nach den Vorschriften des Versicherungsaufsichtgesetzes und der Anlageverordnung angelegt werden. Auch wenn zukünftig unter Solvency II die detaillierten Vorgaben zu geeigneten Vermögensgegenständen und quotenmäßigen Obergrenzen durch eine Prudent Man-Rule ersetzt werden,[1] bleiben § 54 VAG und die Anlageverordnung bis dahin unmittelbar geltendes Recht für investiertes Kapital von mehr eine Billion Euro. Hinzu kommen die Kapitalanlagen der Versorgungseinrichtungen, soweit sie durch Landesrecht oder die eigene Satzung den versicherungsaufsichtsrechtlichen Vorschriften unterliegen.

2. Änderungen durch die dritte Verordnung zur Änderung der Anlageverordnung

Am 1. Juli 2010 ist die dritte Verordnung zur Änderung der Anlageverordnung in Kraft getreten. Damit ist auch nach Verständnis der BaFin das Versicherungsaufsichtsrecht im Bereich der Fondsanlagen an die im Investmentrecht bereits Ende 2007 vollzogenen Änderungen durch das Investmentänderungsgesetz angepasst worden.

Offene Fonds

Bei den offenen Fonds beschränkt sich diese Anpassung im Wesentlichen auf eine Ergänzung in § 1 Abs. 4 AnlV, wonach die BaFin Einzelheiten zu den besonderen Vorschriften der Anlageverordnung durch Rundschreiben regeln darf. Die Neuerungen bei den offenen Fonds gehen dementsprechend nicht aus der geänderten Verordnung, sondern aus der Begründung zu § 1 Abs. 4 AnlV hervor.

In der Gesetzesbegründung zu § 1 Abs. 4 AnlV wird erläutert, dass Investmentanteile aus versicherungsaufsichtsrechtlicher Sicht als nicht ausreichend fungibel gelten,

---

[1]   Vgl. Begründung (67), (71) und (72) sowie Artikel 132 ff. der Richtlinie 2009/138/EG des Europäischen Parlaments und des Rates vom 25. November 2009 betreffend die Aufnahme und Ausübung der Versicherungs- und der Rückversicherungstätigkeit (Solvabilität II)

wenn deren Rückgabe (unter Berücksichtigung von Rücknahmeterminen und Rückgabefristen) vertraglich nicht möglich ist

- bei Immobilien-Sondervermögen innerhalb von 6 Monaten,
- bei Mikrofinanz-, Infrastruktur- und sonstigen Sondervermögen mit überwiegend nicht liquiden Vermögensgegenständen innerhalb von 7 Monaten,
- bei sonstigen Sondervermögen mit überwiegend liquiden Vermögensgegenständen innerhalb von 2 Monaten und
- bei Hedgefonds und Dach-Hedgefonds entsprechend § 116 InvG.[2]

Für Spezial-Sondervermögen sollen je nach den Anlagegrundsätzen die dem jeweiligen Publikums-Fondstyp entsprechenden Anforderungen gelten.

Geschlossene Fonds

Bei den geschlossenen Fonds sind die Änderungen deutlich sichtbarer ausgefallen. § 2
Abs. 1 Nr. 13 AnlV erlaubte bis zum Inkrafttreten der dritten Änderungsverordnung
den Erwerb von nicht notierten Aktien, GmbH- und Kommanditanteilen und Beteiligungen als stiller Gesellschafter, sofern das Zielunternehmen seinen Sitz in einem
qualifizierten Staat[3] hatte und geeignete Jahresabschlüsse zur Verfügung stellte. Anteile an regulierten und unregulierten geschlossenen Fonds konnten – gegebenenfalls in
Verbindung mit der Holdingklausel des § 4 Abs. 4 S. 3 AnlV a.F. – nach dieser Kata-
lognummer grundsätzlich dem gebundenen Vermögen zugeführt werden. Die jetzt
geltende Fassung des § 2 Abs. 1 AnlV sieht für die Nr. 13 eine zusätzliche Bedingung
vor. Beteiligungen sind nur noch dann nach § 2 Abs. 1 Nr. 13 AnlV erwerbbar, wenn
das Zielunternehmen über ein Geschäftsmodell verfügt und unternehmerische Risiken
eingeht. Als Beispiel für das Vorhandensein eines Geschäftsmodells führt die BaFin
an, dass sich der Unternehmenswert – anders als etwa bei einem Wertpapier-
Sondervermögen – nicht ausschließlich aus der Summe der Inventarwerte des Unternehmens zusammensetze. Für mehrstufige Strukturen gilt die Holdingklausel entsprechend, so dass das operative Geschäft erst bei den Zielunternehmen vorliegen muss.
Für Private Equity-Fonds hat sich daher nichts geändert, weil deren Portfoliounter-
nehmen in aller Regel über Geschäftsmodell und unternehmerische Risiken verfügen.

---

[2]   Nach § 116 InvG müssen die Anteile an Hedgefonds und Dach-Hedgefonds mindestens einmal im
       Kalendervierteljahr zurückgegeben werden können. Für Hedgefonds kann eine Rückgabefrist von
       höchstens 40 Tagen und für Dach-Hedgefonds von höchstens 100 Tagen festgelegt werden.
[3]   Vertragsstaaten des Abkommens über den Europäischen Wirtschaftsraum (EWR) und Vollmitglieds-
       taaten der OECD

Gleiches sollte für Immobilienentwicklungsfonds gelten. Anteile an anderen geschlossenen Fonds dürften hingegen nicht mehr als Beteiligungsanlagen nach Nr. 13 erwerbbar sein.

Für geschlossene Immobilienfonds ist in § 2 Abs. 1 Nr. 14 AnlV ein neuer Tatbestand eingefügt worden. Die neue Nr. 14 c) beschreibt die Voraussetzungen, unter denen Anteile an geschlossenen Immobilienfonds für das gebundene Vermögen geeignet sind. Die Versicherer sollen über die neue Nr. 14 c) die Möglichkeit erhalten, über geschlossene Fonds ihre Immobilieninvestments zu bündeln. Die Beteiligungsquote werde entlastet, so die Gesetzesbegründung, weil die Versicherungen über Fonds nach Nr. 14 c) im Rahmen der Immobilienquote in weitere geschlossene Immobilien-Zielfonds investieren können, die sonst nur unter der Beteiligungsquote erfasst werden könnten. Gleichzeitig könnten die Versicherungen unter Nr. 14 c) auch ihre bisher schon im Rahmen Nr. 14 a) möglichen Anlagen in Immobilienunternehmen und die nach in § 2 Abs. 1 Nr. 15 bis 17 AnlV möglichen Anlagen in offene Immobilienfonds unter Beachtung der dort bestehenden Qualitätsanforderungen tätigen. Da die Zielfonds nach dieser Vorschrift regulierte und beaufsichtigte Organismen für die kollektive Anlage sein müssen, ist unregulierten Fonds wie den marktüblichen Limited Partnership-Gestaltungen der Zugang zum gebundenen Vermögen über die Nr. 14 c) und die Immobilienquote verwehrt.

Neue Quotenregelung für Unternehmensbeteiligungen

Für Unternehmensbeteiligungen ist die prozentuale Obergrenze endlich umgestaltet worden. An die Stelle der Beschränkung eines Engagements auf 10% des Grundkapitals der Zielgesellschaft in § 4 Abs. 3 Satz 1 AnlV ist eine praxistaugliche Bezugsgröße getreten. Jetzt dürfen Anlagen in Hybrid- und Eigenkapital bei ein und demselben Unternehmen (nachrangige Forderungen, Genussrechte, Eigenkapital und stille Beteiligungen) insgesamt 1% des gebundenen Vermögens des investierenden Versicherers nicht überschreiten. Die Holdingklausel gilt weiterhin, so dass bei Beteiligung der Versicherung an einem Unternehmen, dessen alleiniger Zweck das Halten solcher Anlagen an anderen Unternehmen ist, die 1%-Quote auf die durchgerechneten Anlagen bei den anderen Unternehmen anzuwenden ist. Eine solche Holding ist bei der Finanzierung der Zielunternehmen nicht mehr auf Beteiligungen, also echtes Eigenkapital beschränkt. Der Unternehmenszweck der Holding muss nur auf das Halten von Anlagen nach § 4 Abs. 3 Satz 1 AnlV beschränkt sein. Anlagen nach § 4 Abs. 3 Satz 1 AnlV sind nachrangige Forderungen, Genussrechte, Eigenkapitalbeteiligungen und stille Beteiligungen. Die BaFin setzt allerdings voraus, dass den Forderungen aus nachrangigen Verbindlichkeiten und Genussrechten dabei zumindest überwiegender Eigenkapitalcharakter zukommt. Die Obergrenze in § 3 Abs. 3 S. 3 AnlV für die nicht börsennotierten und daher wenig liquiden Unternehmensbeteiligungen und Hybridkapitalinstrumente ist von 10% auf 15% erhöht worden.

Neue Ausnahme bei den Anlagen in Beteiligungen bei Konzernunternehmen

Es ist nach Inkrafttreten der dritten Änderungsverordnung bei dem grundsätzlichen Verbot, das gebundene Vermögen in Beteiligungen bei Konzernunternehmen zu investieren, geblieben. Als neue Ausnahme vom Verbot erlaubt die Anlageverordnung nunmehr auch Beteiligungen an Konzernunternehmen, deren alleiniger Zweck das Halten von Anteilen an Unternehmen ist, deren alleiniger Zweck im Betrieb von Anlagen zur Erzeugung von Strom aus erneuerbaren Energien besteht. Da es sich um eine Kapitalanlage handelt, darf die Versicherung sich über die Konzerngesellschaft nur passiv beteiligen, ohne operativ auf das Geschäft des Anlagenbetreibers Einfluss zu nehmen. Auch laufende Projektentwicklung bei erneuerbaren Energien ist unzulässig.

Eigene Mischungsquote für Commodities

Rohstoff-Investments unterliegen seit dem 1. Juli 2010 einer eigenen Quote in Höhe von jeweils 5 % des Sicherungsvermögens und des sonstigen gebundenen Vermögens (neuer § 3 Abs. 2 Nr. 3).

Halbierte Streuungsquote für Anlagen bei Kreditinstituten

Anlagen bei Kreditinstituten (einschließlich der Schuldverschreibungen mit besonderer gesetzlicher Deckungsmasse) und multilateralen Entwicklungsbanken unterliegen einer auf 15% halbierten Streuungsquote. In § 4 Abs. 3 ist für die zulässigen Anlagen bei Konzernunternehmen der Versicherung eine reduzierte Streuungsquote von 3% des gebundenen Vermögens festgelegt worden. Da Anlagen bei Konzernunternehmen nach § 4 Abs. 3 S. 1 zusammenzurechnen sind, kann die Quote nicht „pro Konzernunternehmen" gelten. Im Ergebnis wird die Konzern-Innenfinanzierung durch ein Versicherungsunternehmen also auf 3% des gebundenen Vermögens begrenzt.

Durchrechnung bei Fondsanlagen

Die zehn größten Schuldneradressen eines Investmentvermögens sind aufgrund der Änderung des AnlV auf die allgemeine 5%-Streuungsquote nach § 4 Abs. 1 S. 1 und die besonderen Streuungsquoten nach § 4 Abs. 2 (30% je öffentlich-rechtlichem Schuldner, 15% je Kreditinstitut), Abs. 3 (3% für Konzernunternehmen) und Abs. 4 (1% für Beteiligungen und Hybridkapital je Unternehmen) anzurechnen.

Übergangsregelung/Bestandsschutz

Für Bestände gilt seit dem 1. Juli 2010 gemäß § 6 AnlV eine Übergangsregelung. Die Einhaltung der neuen Quoten für Anlagen bei Kreditinstituten, bei Konzernunternehmen und die neue 1%-Grenze für Unternehmensbeteiligungen sind nur bei Neuanlagen zu beachten. Auch die Anrechnung der 10 größten Schuldneradressen in Fonds ist erst für neu erworbene Anlagen vorzunehmen. Bestände, die die neuen Quoten überschreiten, oder die alte Quoten infolge der Anrechnung der Fonds-Adressen überschreiten, dürfen bis zur Endfälligkeit im gebundenen Vermögen gehalten werden. Im Ergebnis besteht Bestandsschutz für die vor dem 1. Juli 2010 rechtmäßig getätigten Anlagen.

Teil II

Rahmenbedingungen und Besonderheiten für die Kapitalanlage der verschiedenen institutionellen Anlegergruppen

Die Kapitalanlage von Versicherungsunternehmen

von Uwe Siegmund

1. Umfang und Zusammensetzung der Kapitalanlagen

Volumen

Versicherungen sind bedeutende institutionelle Kapitalanleger in Deutschland. Gemäß der Geldvermögensstatistik der Deutschen Bundesbank entfällt jeweils ca. ein Drittel der Anlagen der deutschen Haushalte auf Banken, Wertpapiere bzw. Fonds sowie Versicherungen und Pensionskassen.

Das Kapitalanlagevolumen der Versicherer wächst kontinuierlich (Abbildung 1). Dass es – anders als etwa bei Banken, Fondsgesellschaften oder Wertpapieren – seit 1990 in keinem Jahr in toto gefallen ist, hängt sicherlich auch mit der ruhigen statistischen Erfassung zusammen, sei es als Deckungsrückstellungen in der Bundesbankstatistik oder als Buchwert in der GDV-Statistik.

Alle Erst- und Rückversicherer verfügten Ende 2010 über ein Kapitalanlagevolumen von rund 1,2 Billionen Euro.[1] Darin sind auch teilweise Versorgungskassen und andere betriebliche Vorsorgeeinrichtungen enthalten, die in diesem Buch in anderen Beiträgen behandelt werden.[2]

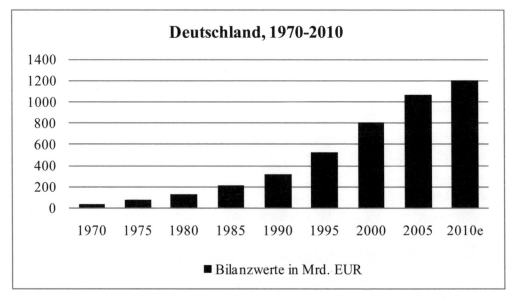

Abbildung 1: Entwicklung der Kapitalanlagen der Versicherungen[3]

---

[1] Siehe GDV (2010), S. 12.

[2] Siehe die Beiträge von Röckle und Hadasch in diesem Handbuch.

[3] Siehe GDV (2010), S. 12.

Sparten und Assetklassen

Die Zusammensetzung der Kapitalanlagen nach Versicherungszweigen[4] zeigt ein deutliches Übergewicht der Lebensversicherung (Tabelle 1). Sie umfasst ca. drei Viertel der Kapitalanlagen. Dabei sind die Teile der fondsgebundenen Versicherungen, bei denen die Kunden das Anlagerisikorisiko tragen, nicht mit einberechnet.

Demgegenüber umfasst die Sachversicherung ca. ein Viertel des Kapitalanlagevolumens. Zu ihr zählen viele einzelne Sparten, wovon die Kfz-Versicherung die größte ist. Dazu wird vereinfachend auch die Rückversicherung gerechnet, die nicht in Tabelle 1 aufgeführt sind.

In ihrer Zusammensetzung sind die Kapitalanlagen der Versicherer sehr stabil. Es besteht eine eindeutige Dominanz der Rentenanlagen. Das trifft für alle Versicherungszweige und alle Zeiten zu. Der Anteil beträgt für Lebensversicherungen ca. 80-90% und für Sachversicherungen ca. 70-80%. Deutsche Versicherungen sind Renteninvestoren. Alle anderen Assetklassen sind demgegenüber untergeordnet und ergeben noch nicht einmal in Summe ein größeres Gewicht.

Natürlich gibt es Unterschiede in der Zusammensetzung, sei es in einzelnen Jahren, zwischen Versicherungszweigen oder bei einzelnen Unternehmen. Bis in die 1980er Jahre hinein waren die Anteile von Immobilien deutlich größer. Auch waren die Anteile von Aktien in den 1990er Jahren deutlich höher. Immer schon haben Sachversicherer eine höhere Aktien- und Immobilienquote (sogenannte Sachwertquote) gehabt als Lebensversicherer. Entsprechend einer Faustformel etwa doppelt so hoch. Dabei gibt es große Unterschiede zwischen einzelnen Unternehmen.

Die Statistik zu den Kapitalanlagen der Versicherungen ist jedoch mit einer gewissen Vorsicht zu lesen. Sie war inhaltlich stark nach den Bedürfnissen der früheren Aufsicht ausgerichtet. So ist erst in jüngeren Jahren eine Statistik entstanden, die durch einzelne Anlagevehikel hindurch auf den ökonomischen Gehalt der dahinter liegenden Vermögenswerte schaut. Das beste Beispiel ist sicherlich die Aktienquote, die in neueren Statistiken sowohl Aktien im Direktbestand als auch in den Spezialfonds enthält und sogar vereinzelt Sicherungsmaßnahmen ausweist. Doch bleiben noch große Lücken. So gibt es keine Statistiken zum übergreifenden Kredit- oder Währungsengagement der Versicherungen.

---

[4]   Die Lebensversicherung umfasst die Lebens- und Rentenversicherung. Sie gehört wie die Krankenversicherung zur Personenversicherung. Die Sachversicherung wird auch als Sach- und HUK (Haftpflicht-, Unfall- und Kfz-) Versicherung oder als Kompositversicherung bezeichnet. Im Folgenden wird vereinfacht von Lebens- und Sachversicherung gesprochen.

Anlageart in % der Summe der Kapitalanlagen	Lebens- VU	Pensions- kassen	Sterbe- kassen	Kranken- VU	Schaden- Unfall-VU	Alle Erst-VU
Grundstücke und grundstücksgleiche Rechte	2,2	2,7	2,8	1,1	3,1	2,2
Anteile an Sondervermögen, Investment-aktiengesellschaften und Investmentge-sellschaften	25,4	29,5	15,5	18,9	31,0	25,5
Grundpfandrechtlich gesicherte Darlehen	7,0	1,0	1,9	2,1	0,9	5,0
Forderungen	0,1	0,5	0,0	0,1	0,1	0,1
Darlehen an EWR-Staat, seine Regional-regierungen, Gebietskörperschaften, internationale Organisationen	9,9	9,3	7,5	12,6	5,4	9,7
Unternehmensdarlehen und ABS	0,8	0,3	0,5	0,6	1,4	0,8
Policendarlehen	0,7	0,3	0,0	0,0	0,0	0,5
Pfandbriefe, Kommunalobligationen und andere Schuldverschreibungen von Kreditinstituten	22,7	23,4	15,9	28,6	15,5	22,8
Börsennotierte Schuldverschreibungen	8,0	6,4	16,2	7,1	10,2	8,0
Andere Schuldverschreibungen	1,0	0,4	0,6	0,8	0,7	0,9
Forderungen aus nachrangigen Verbind-lichkeiten	1,7	1,9	3,2	2,2	2,0	1,9
Genussrechte	0,7	0,2	0,6	0,8	0,6	0,6
Schuldbuchforderungen und Liquiditäts-papiere	0,2	0,3	0,2	0,2	0,0	0,2
Notierte Aktien	0,6	0,0	0,6	0,2	0,6	0,5
Nicht notierte Aktien und Gesellschafts-anteile	2,4	0,5	0,2	2,4	11,1	3,2
Anlagen bei Kreditinstituten ohne lau-fende Guthaben	14,8	22,5	32,4	24,1	16,3	17,1
Anlagen in der Öffnungsklausel	1,7	0,9	0,8	1,0	0,8	1,4
Andere Kapitalanlagen	0,2	0,0	0,8	0,0	0,3	0,1
Verbindlichkeiten aus Hypotheken, Grund- und Rentenschulden	0,0	0,0	0,0	0,0	0,0	0,0
Summe der Kapitalanlagen	100,0	100,0	100,0	100,0	100,0	100,0
Nachrichtlich:						
In % aller Erst-VU	63,6	9,7	0,1	14,6	12,0	100
In Mrd. EUR	731,4	111,1	1,6	168,1	137,4	1149,6

Tabelle 1: Struktur der Kapitalanlagen der Versicherungen[5]

---

[5]   Hinweise: Nur Erstversicherer, Stand 3. Quartal 2010. – VU = Versicherungsunternehmen. EWR = Europäischer Wirtschaftsraum. ABS = Asset Backed Securities. Quelle: Bafin (2010).

Anlagen in Fonds

Es gibt eine enge Zusammenarbeit zwischen Versicherungen und Fondsanbietern. Wie Tabelle 1 zeigt, haben Lebensversicherungen mindestens ein Viertel ihrer Kapitalanlagen in Investmentanteilen angelegt und Sachversicherer fast ein Drittel; insgesamt also ca. 300 Mrd. EUR. Das typische Anlagevehikel ist der Spezialfonds, also ein Fonds der in der Regel nur einem Versicherer gehört. Hier gibt der Versicherer die Guidelines vor, entscheidet welche Teile er selbst managt oder auslagert und ob er dem Konzept des Masterfonds, der viele verschiedene Assetklassen in sich vereint, folgen will.

Zunehmend investieren Versicherer auch in Publikumsfonds, bei denen sie nur ein Anleger unter vielen sind. Sie geben damit zwar Gestaltungsspielräume auf, da die Guidelines für alle Investoren vorgegeben sind. Publikumsfonds erleichtern im Vergleich zu Spezialfonds den Ein- und Ausstieg in die Fondsanlage, ermöglichen ein besseres Market Timing und erlauben die Anlage auch kleinerer Beträge. In jüngster Zeit etablieren sich zunehmend Exchange Traded Funds als Anlagevehikel, die mit ihrem passiven Managementansatz und niedrigen Kosten bestimmten Bedürfnissen, vor allem kleinerer Versicherer, entgegen kommen.

Ergebnisse der Kapitalanlagen

In einer Faustformel kann man die Rendite der Versicherer annähernd so bestimmen: Rendite von Bundesanleihen mit zehnjähriger Restlaufzeit plus 100 Basispunkte als gleitender dreijähriger Durchschnitt.

Ob man die Ergebnisse der Kapitalanleger der Versicherungen höher oder niedriger einschätzt, hängt nicht zuletzt von der Methodik ab, welche in der Fachliteratur hart diskutiert wird. Oft werden die Renditen von Lebensversicherungen undifferenziert mit anderen Kapitalanlagen wie Fonds oder Benchmarkindizes verglichen. Diese Vergleiche sind methodisch schwierig, denn Lebensversicherungen sind komplexe Produkte mit Pfadabhängigkeiten in der Zukunft.

Beispielsweise müssen die Produkte um den Beitragsanteil bereinigt werden, der für reine biometrische Risiken wie Tod oder Krankheit aufgewendet wird. Es ist zu entscheiden, ob man eher die Kundensicht einnimmt und die Kennziffer Nettoverzinsung verwendet, oder ob man eher die Anlegersicht einnimmt und die Kennziffer Gesamtverzinsung verwendet, das heißt inkl. der Veränderungen von buchhalterischen Reserven in den Kapitalanlagen.[6]

Weiterhin ist zu bedenken, ob reine oder gemischte bzw. echte oder synthetische Benchmarks verwendet werden. Und es gilt, risikobereinigte Renditen zu vergleichen, wobei das Risiko nicht nur die Volatilität der Renditeschwankung, sondern auch den Kapitalerhalt und Garantiezins (den Floor) berücksichtigen muss.

Versicherungen sind andere institutionelle Anleger als Fondsgesellschaften oder Banken. Deshalb werden sie auch anders reguliert.

2.   Regulatorischer Rahmen

Versicherungsaufsichtsgesetz und Anlageverordnung

Der tiefere Grund für die vielfältigen Regulierungen von Versicherungen, insbesondere Lebensversicherungen, ist die Langfristigkeit der Kapitalanlage und damit der implizite Treuhandcharakter, den diese für ihre Kunden wahrnehmen. Versicherungen sollen vor diesem Hintergrund bei Zielkonflikten die Sicherheit bevorzugen.

Das Grundgesetz der Versicherungen ist das Versicherungsaufsichtsgesetz (VAG). Es existiert schon seit über 100 Jahren und ist eines der damals bedeutenden Gesetze des Deutschen Reiches, genauso wie das Kreditwesengesetz oder das Handelsgesetzbuch. Innerhalb des VAG werden Regelungen zu den Kapitalanlagen getroffen, insbesondere in §54.[7] Dort wird die grundlegende regulatorische Zielsetzung für die Kapitalanlage formuliert, nämlich dass die Bestände „unter Berücksichtigung der Art der betriebenen Versicherungsgeschäfte sowie der Unternehmensstruktur so anzulegen [sind], dass möglichst große Sicherheit und Rentabilität bei jederzeitiger Liquidität des Versicherungsunternehmens unter Wahrung angemessener Mischung und Streuung erreicht wird."

Da es in den 1990er Jahren eine Vielzahl von Veränderungen in der Regulierung, in den Märkten und in den Unternehmen gab, wurden die zunehmenden Kapitalmarktregulierungen in einer eigenen Anlageverordnung (AnlV)[8] ausgelagert. Sie gilt für das gebundene Vermögen, mit dem die versicherungstechnischen Rückstellungen (Siche-

---

[6]   Vgl. Albrecht (2010), Möbius (2010).

[7]   BaFin Gesetze (2010).

[8]   Genauer: „Verordnung über die Anlage des gebundenen Vermögens von Versicherungsunternehmen" von 2001.

rungsvermögen)[9] und weitere Verbindlichkeiten und Rechnungsabgrenzungsposten (sonstiges gebundenes Vermögen) bedeckt werden. Sie gilt nicht für das freie Vermögen, welches die Eigenkapitalpositionen bedeckt. Die Anlageverordnung gibt qualitative und quantitative Beschränkungen für die Kapitalanlage vor. Im Kern handelt es sich um ein Quotensystem für Investments. Es dürfen nur x% maximal in eine Assetklasse, Region, Emittent etc. investiert werden. So dürfen Versicherungen bspw. nicht mehr als 35% in Aktien investieren, wobei die Definition, was eine Aktie ist, sehr weitgehend ist. In der Praxis hat sich gezeigt, dass die meisten Quoten von vielen Versicherungen gar nicht ausgeschöpft werden. Die AnlV befindet sich in ständigen Novellierungen und entwickelte sich von einem einfachen zu einem komplexen System.

Ergänzt werden diese Regulierungen durch Rundschreiben der BaFin, die letztendlich Anordnungen sind. Eine der Grundfragen wird nun sein, ob mit der neuen Regulierung nach Solvency II die Quotenregulierung der AnlV hinfällig werden wird. Vermutlich wird es einige Jahre eine Doppelregulierung geben.

Handelsgesetzbuch und Internationale Rechnungslegungsstandards

Deutsche Versicherer bilanzieren entsprechend dem Handelsgesetzbuch (HGB), dem deutschen Rechnungslegungsstandard. Für kapitalmarktorientierte und internationale Versicherungen änderte sich die Bilanzierung in den letzten Jahren grundlegend durch die Einführung internationaler Rechnungslegungsstandards (International Financial Reporting Standards - IFRS, früher International Accounting Standards - IAS).

Das Grundprinzip der HBG-Bilanzierung ist der Gläubigerschutz mittels einer vorsichtigen Bilanzierung. Zu den wichtigsten Gläubigern bei Versicherungen zählen die Kunden und Eigentümer. Wie bei Industrie- oder Handelsunternehmen auch können durch die vorsichtige Wertstellung bilanzielle Reserven gelegt werden. Dadurch kommt es auf beiden Seiten der HGB-Bilanz zu einer ruhigen Wertstellung, denn die Abdiskontierung der Verpflichtungen (Passiva) erfolgt mittels fast unveränderlichen

---

[9] Bis 2004 handelte es sich um den Deckungsstock, der etwas enger definiert war. Das Sicherungsvermögen ist im Insolvenzfall die vorrangige Vermögensmasse einer Versicherung und gehört den Versicherungsnehmern.

Rechnungszinses[10] und sich kaum ändernder Anschaffungskosten der Kapitalanlagen (Aktiva). Nur bei dauerhafter Gefährdung müssen Rentenanlagen abgeschrieben oder umgekehrt bei dauerhafter Erholung zugeschrieben werden.[11] Die HGB-Bilanzierung nähert sich allerdings zunehmend der neuen internationalen Bilanzierung an, insbesondere über Angaben in den Anhängen der Geschäftsberichte.

Das Grundprinzip der Bilanzierung nach IFRS ist die Bilanzierung nach Marktwerten, auch Fair Value genannt. Die Verpflichtungen der Passivseite und die Vermögensgegenstände der Aktivseite werden mit dem gleichen Marktzins berechnet, und es werden jeweils Marktwerte herangezogen bzw. ermittelt.

Diese Marktwertbilanzierung bringt eine Reihe von Problemen mit sich. Die Bilanz wird volatiler. Marktwerte für Verpflichtungen existieren kaum bzw. beruhen wiederum auf Modellen. Auch für Kapitalanlagen lassen sich oft nicht einfach Marktwerte feststellen. Liquide Kapitalmärkte können über Nacht illiquide werden. Hinzu kommt, dass in der Übergangsphase von einer HGB- zu einer IFRS-Bilanzierung eine Inkongruenz durch Mischsysteme zwischen Markt- und Buchwerten auf beiden Seiten der Bilanz oder innerhalb einer Seite der Bilanz besteht.

Wichtig für die Bilanzierung der Versicherer – egal ob HGB oder IFRS – ist jedoch, ob die Bilanz auch weiterhin als ein Puffer für Kapitalmarktschwankungen genutzt werden kann. In diese Richtung zielen jüngste Empfehlungen, sogar für Banken, die antizyklische Eigenkapitalpuffer und dynamische Reservierung vorschlagen.[12] Die ursprünglich geplante Abschaffung von HGB-Bilanzpuffern[13] wird es deshalb vermutlich auch in der internationalen Rechnungslegung nicht geben. Ganz im Gegenteil, bei Bewertungsmodellparametern könnten neue Bilanzpuffer geschaffen werden.

Insbesondere die Finanzkrisen haben aufgezeigt, wie schwierig die Bilanzierung geworden ist. Denn weder sollen unveränderte Buchwerte – wie im Japan der 1990er

---

[10] Es ist der staatlich festgelegte Höchstrechnungszins (Garantiezins), mit dem Verpflichtungen abdiskontiert werden. Er ändert sich in der HGB-Bilanzierung für die verkauften Produkte nicht mehr, anders als in der IFRS-Bilanzierung wo ein stark veränderlicher Marktzins (bspw. die Swapkurve) zu den jeweiligen Bilanzstichtagen verwendet wird. Der Garantiezins für noch nicht verkaufte Produkte kann sich natürlich ändern; so wurde er in den letzten Jahren nach unten angepasst.

[11] Die ruhige Wertstellung gilt für alle Direktanlagen, zu denen auch Anteile an Investmentfonds gelten. Anlagen innerhalb der Fonds werden nach Marktwerten bewertet. Bei Spezialfonds können wiederum über die Ausschüttungspolitik die Gesamterträge der Kapitalanlage ruhig gesteuert werden.

[12] Basel-Komitee (2010).

[13] Dabei handelt es sich vor allem um die Schwankungsrückstellungen bei den Sachversicherungen, die freien Rückstellungen für Beitragsrückerstattung (RfB) bei den Lebensversicherungen und die stillen Reserven / Lasten, also die Differenz aus Buch- und Marktwerten, in den Kapitalanlagen.

Jahre – insolvente Unternehmen am Leben erhalten, noch sollen – wie in der Finanz-krise ab 2007 – prozyklische Marktwerte die Krise durch weitere Vermögensverkäufe beschleunigen. Auch deshalb wird dem Zusammenspiel zwischen Bilanzierung und Solvenzaufsicht neue Bedeutung zukommen.

Stresstests und Solvency II

Jedes Solvenzsystem beruht auf dem einfachen Prinzip, dass aufsichtsrechtliche Schwellen definiert werden, ab wann ein Unternehmen insolvent ist. Die Schwelle wird am Verhältnis von Risiken zum Eigenkapital gemessen. Es können also variiert werden: das Risikomaß, der Eigenkapitalbegriff, das Modell und die Solvenzschwelle.

In Solvency I, welches immer noch das gültige Solvenzsystem in Deutschland ist, bildet das Risikomaß die Deckungsrückstellung. Das Eigenkapital umfasst neben dem Eigenkapital des Unternehmens auch kollektive Gläubigerpositionen der Kunden, die ebenfalls Verluste abfedern können. Das Model ist einfach additiv.

In Solvency II, welches europaweit gelten wird, ist das Risikomaß deutlich kompli-zierter. Mittels eines umfassenden Modells sollen alle Risiken eines Versicherers er-fasst und wahrscheinlichkeitstheoretisch bewertet werden. Das Eigenkapital wiederum soll möglichst nur das Eigenkapital der Unternehmen umfassen. Die anderen kollekti-ven Verbindlichkeiten bei deutschen Versicherungen werden vermutlich anrechenbar bleiben, gegebenenfalls mit einem Abschlag. Das Modell ist nichtlinear. Es gibt meh-rere Solvenzschwellen, wobei die niedrigste die Minimum Reserve Requirement (MRR) ist.

Solvency II wurde in Analogie zum Solvenzsystem der Banken (Basel II) in drei Säu-len aufgeteilt. In Säule I werden die Solvenzmodelle definiert. In Säule II werden qua-litative Anforderungen an das Risikomanagement und die Art und Weise des auf-sichtsrechtlichen Eingriffs definiert. In Säule III wiederum werden die Transparenz-vorschriften definiert, bspw. über die Rechnungslegung. Um die Auswirkungen der neuen Regulierung zu erfassen und die Aufsicht zu verbessern, wurden quantitative Auswirkungsstudien durchgeführt (Quantitative Impact Study bzw. QIS).

Mit Bezug auf die Kapitalanlagen sind die Klassifizierung der einzelnen Risiken und deren solvenzseitige Modellierung von besonderer Bedeutung. Da Solvency II noch nicht gilt, können die Parameter der letzten QIS V als die künftig wahrscheinlich gel-tenden herangezogen werden (Tabelle 2). Bei aller Unsicherheit lassen sich daraus folgende Schlüsse ziehen:

- in der Tendenz werden die Eigenkapitalanforderungen steigen oder die Risiken in der Kapitalanlage vermindert,
- Assetklassen mit hoher Volatilität werden tendenziell geringere Portfolioanteile aufweisen[14],
- Staatsanleihen und Geldmarkt werden die einzigen risikolosen Assetklassen sein,
- die durchschnittliche Laufzeit der Anleihen wird sich in der Lebensversicherung verlängern,
- durch feste Korrelationen (und weitere Annahmen) wird ein optimales regulatorisches Portfolio vorgegeben, an dem sich alle Versicherer Europas ausrichten.

	Zinsen	Aktien	Immobilien	Kredit	Währung	Konzentration	Illiquidität
Zinsen	1	--	--	--	--	--	--
Aktien	0,5 (0)	1	--	--	--	--	--
Immobilien	0,5 (0)	0,75	1	--	--	--	--
Kredit	0,5 (0)	0,75	0,5	1	--	--	--
Währung	0,25	0,25	0,25	0,25	1	--	--
Konzentration	0	0	0	0	0	1	--
Illiquidität	0	0	0	-0,5	0	0	1

Tabelle 2: Korrelation der Marktrisiken nach Solvency II[15]

Solvency II ist zwiespältig zu sehen. Für Solvency II sprechen insbesondere eine größere Realitätsnähe, ein ökonomischer Denkansatz, eine ganzheitliche Behandlung der Risiken, die Herstellung eines gleichen Wettbewerbsrahmens (level playing field) auf europäischer Ebene und ähnliche Entwicklungen bei Banken. Gegen Solvency II sprechen unter anderem die Komplexität des Modells, einige wichtige Modellierungsannahmen, seine Gleichgerichtetheit bei Verhaltensweisen, sein zu kurzer Zeithorizont und die Nichteinarbeitung der Lehren der jüngsten Finanzkrise ab 2007. Im Frühjahr 2009 wurde vom Europäischen Parlament beschlossen, 2012 Solvency II einzuführen, was verbunden mit einer Umsetzung in nationales Recht etwa 2013 bedeutet. Versicherer müssen sich daher bereits jetzt darauf einstellen.

Doch Solvency I oder II ist nicht das alleinige Solvenzinstrument der Aufsicht. Bereits als Vorläufer von Solvency II und unmittelbar nach der Kapitalmarktkrise 2001-03

---

[14] Vereinfacht gesprochen werden Aktien, Immobilien und High Yield-Anleihen gleich behandelt.
[15] Hinweis: Nach QIS V, Stand 5.7.2010. – Abwärtsrisiko (in Klammern Aufwärtsrisiko – sofern abweichend). Quelle: EU (2010), S. 108-9.

wurden Stresstests in Deutschland eingeführt. Ein Stresstest unterwirft Versicherer einer hypothetischen starken Veränderung der Umweltbedingungen. In den Kapitalanlagen werden von der BaFin beispielsweise der Verfall von Aktienkursen, der Anstieg von Zinsen oder beides zusammen vorgegeben. Danach wird modelliert, inwieweit das Unternehmen seine Leistungsverpflichtungen unter diesen Voraussetzungen noch erfüllen kann. Im Unterschied zu Solvency II handelt es sich nicht um stochastische, sondern deterministische, und nicht um komplexe, sondern um einfache Annahmen und Modellierungen. Es ist damit keine zwingende Insolvenz verbunden, wenn es auch aufsichtsrechtliche Eingriffsrechte gibt. Stresstests sind zudem ein sehr flexibles Instrument, welches bei unterschiedlichen Kapitalmarktsituationen und Fragestellungen angewandt werden kann, denn neben Standard-Stresstests, können auch Ad-hoc-Stresstests durchgeführt werden.

Insofern wird Solvency II für Deutschland vermutlich so aussehen:

- Säule I beinhaltet das neue Solvenzmodell, verschiedene Stresstests und verbliebene Vorgaben aus der AnlV.
- Säule II beinhaltet neue Vorgaben und führt wesentliche frühere BaFin-Vorgaben aus einigen Rundschreiben16 und der AnlV fort. Sie schafft neue nationale und europäische Eingriffsrechte der Aufsichtsbehörden.
- Säule III erfordert am Ende eine eigene Solvabilitäts-Rechnungslegung neben HGB und IFRS.

Derzeit wird – wie bei Banken mit Basel III – eine schrittweise Einführung von Solvency II über bis zu fünf Jahre diskutiert. In dieser Zeit könnten sogar Solvency I und Solvency II nebeneinander existieren.

Bundesanstalt für Finanzdienstleistungsaufsicht und European Insurance and Occupational Pension Authority

Die deutschen Versicherer werden durch Aufsichtsbehörden auf drei Ebenen reguliert: Kleine Versicherer und Versorgungseinrichtungen werden durch Ministerien auf Bundesländerebene kontrolliert. Sie sollen hier nicht weiter betrachtet werden. Große Versicherungsunternehmen unterliegen der Aufsicht der Bundesanstalt für Finanzdienstleistungsaufsicht (BaFin) und werden länderübergreifend durch die europäische Auf-

---

16 Insbesondere Rundschreiben der BaFin R15/05 „Anlage des gebundenen Vermögens; Anlagemanagement und interne Kontrollverfahren" und R03/09 „Aufsichtsrechtliche Mindestanforderungen an das Risikomanagement (MaRisk VA)".

sichtsbehörde European Insurance and Occupational Pensions Authority (EIOPA) reguliert.

Die BaFin wurde 2002 als Allfinanzaufsicht gebildet und damit die frühere Trennung in eine Banken-, eine Börsen- und eine Versicherungsaufsichtsbehörde aufgegeben. Die interne Organisation der BaFin folgt dieser Trennung noch weitgehend. Es ist jedoch absehbar, dass sich dies deutlich ändern wird, da die Bankenaufsicht und vermutlich auch die Börsenaufsicht der Bundesbank unterstellt werden. Es wird auf politischer Ebene sogar die Bildung einer neuen Superbehörde diskutiert, die die Bundesbank, die BaFin und den Soffin umfassen soll.[17] Nach jüngsten Entscheidungen verbleibt die Versicherungsaufsicht bei der BaFin. Die BaFin untersteht derzeit dem Bundesministerium für Finanzen und hat ihren Dienstsitz in Bonn.

Die EIOPA wurde aus der 2003 gegründeten CEIOPS (Committee of European Insurance und Occupational Pensions Supervisors) weiterentwickelt und ist ab 2011 tätig. Wie die Vorgängerinstitution ist sie zwar eine Spartenaufsicht im Sinne eines Finanzindustriezweiges, jedoch hat sie anders als diese erweiterte Eingriffsrechte und wird die europäische Versicherungsregulierung, insbesondere Solvency II, weiter entwickeln und koordinieren. EIOPA ist ein unabhängiges europäisches Komitee der Versicherungsaufsichtsbehörden, hat ihren Dienstsitz in Frankfurt und arbeitet eng mit der europäischen Banken- und Börsenaufsicht sowie dem neuen geschaffenen Rat für makroprudentielle Aufsicht[18] zusammen.

Daneben unterliegen Versicherungen, wie alle anderen Unternehmen auch, den allgemeinen Regulierungen in Deutschland. Hervorzuheben sind einige steuerliche Besonderheiten. So wird an Stelle der Mehrwertsteuer eine Versicherungssteuer von 19% erhoben. Sie ist eine Umsatzsteuer, wird hauptsächlich auf einige Sachversicherungen erhoben und ist in einigen Sparten geringer. Auch werden bei Lebensversicherungen Reservebildungen in der Bilanz erst ab einer bestimmten Größe besteuert. Zur Abrundung des Bildes ist noch darauf hinzuweisen, dass die staatlichen Sozialversicherungen einer vollkommen anderen Regulierung unterliegen und durch das Bundesversicherungsamt im Geschäftsbereich des Bundesministeriums für Soziales reguliert werden.

---

[17] Soffin = Sonderfonds Finanzdienstleistungen, der 2008 gebildete Krisen-Rettungsfonds für Banken und andere Finanzinstitute.

[18] ESRB = European Systemic Risk Board, der Ende 2010 seine Arbeit aufgenommen hat mit Dienstsitz in Frankfurt.

3. Anlageziele von Versicherungsunternehmen und deren Umsetzung

Ziele

Die Kapitalanlagen der Versicherer haben das Ziel, die den Kunden gegebenen Verpflichtungen jederzeit zu bedienen. Hierbei sind zwei wichtige und fundamental verschiedene Fälle zu unterschieden (Abbildung 2):

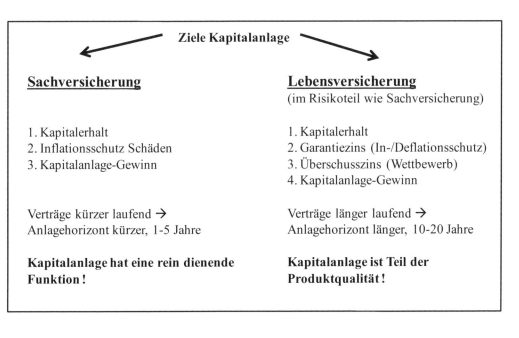

Abbildung 2: Ziele der Kapitalanlage von Versicherungen

Sachversicherungen und sonstige Risikoversicherungen verlangen von der Kapitalanlage erst einmal nur, dass die Reserven im Schaden- bzw. Leistungsfall zur Verfügung stehen, also Kapitalerhalt. Daraus folgt, dass es grundsätzlich genügen würde, in die Assetklasse Geld zu investieren. Dann gäbe es nur sehr geringe Kapitalanlagerisiken. Dieses ursprüngliche Ziel der Kapitalanlage besagt nichts anderes, als dass der Gewinn einer Sach- und Risikoversicherung zuerst in der Versicherungstechnik erwirtschaftet werden muss.

Die Kapitalanlage hat aber darüber hinaus in der Sachversicherung das Ziel, einen Beitrag zum Inflationsschutz zu leisten. Sollten die Schäden und Leistungen schneller steigen als es in den Tarifen kalkuliert wurde, kann sie durch mit der Inflation steigende Erträge einen Teil abfedern. Das wiederum erklärt unter anderem, warum Sachversicherer oft eine höheren Aktien- und Immobilienanteil als andere Versicherungssparten haben.

Und die Kapitalanlage der Sachversicherung soll – ebenso wie jeder andere Unternehmensteil – einen zusätzlichen Gewinn erwirtschaften. Dies ist unter anderem deshalb möglich, weil zwischen Beitragseinnahmen und Schadenzahlungen Zeit vergeht, weil ein gewisser Teil des Geschäfts jedes Jahr gemacht wird und weil Schäden auf der Passivseite nicht mit Kapitalmarktkrisen auf der Aktivseite zeitlich und logisch zusammen fallen müssen. Wofür dieser Gewinn verwendet wird, liegt in der Entscheidung der Unternehmensführung. Er kann bspw. zur zusätzlichen Eigenkapitalbildung, zur Ausschüttung an die Eigentümer oder zur Stützung von Produkttarifen für die Kunden verwendet werden. Er ist aber nicht zwingend für das Geschäftsmodell der Sachversicherung, denn auch historisch wurden viele Versicherungen als Selbsthilfeorganisationen gegründet.

Von diesem Fall ist grundsätzlich die Lebensversicherung bzw. jeglicher verbindlicher Sparanteil in einer Versicherung zu unterscheiden. Auch in der Lebensversicherung hat die Kapitalanlage das Ziel des Kapitalerhalts; dies sogar zweimal: einmal für den Risikoteil und einmal für den Sparanteil. Dieses Ziel wird in der klassischen Lebens- und Rentenversicherung oft als selbstverständlich hingenommen, was es nicht ist. Dies zeigen die vielen neuen Versicherungsprodukte mit fondsähnlichem Charakter und die reinen Fondsprodukte mit Garantien. Nicht immer ist dort der nominale Kapitalerhalt hart garantiert.

Das wichtigste Alleinstellungsmerkmal in der deutschen Lebensversicherung ist der Garantiezins. Hierbei handelt es sich um eine nominale Garantie[19] von derzeit 2,25%, welcher in der Spitze bis zu 4,0% betrug, so dass der durchschnittliche Garantiezins über alle Versicherten im Portfolio einer Versicherung typischerweise bei 3,0-3,5% liegt. Sollten die Kapitalmarktzinsen weiterhin niedrig bleiben, wird der Garantiezins für das Neugeschäft weiter abgesenkt werden. So wird er ab 1.1.2012 nur noch 1,75%

---

[19] Diese Verzinsung bezieht sich nur auf den Sparanteil der Beitragszahlungen. Sie bezieht sich nicht auf den Beitragsanteil für biometrische Risiken und wird abzüglich der Kosten, insbesondere Vertriebskosten, gerechnet.

betragen.[20] Für bestehende Verträge ist dies nicht möglich, da der Garantiezins für die gesamte Laufzeit des Vertrages eines Versicherten zu gewährleisten ist. Genau deshalb zwingt er die Versicherungen dazu, Kapitalanlagen mit einem möglichst lange laufenden Ertrag in mindestens dieser Höhe zu suchen. Kapitalerhalt und Garantiezins sind der tiefere Grund für den hohen Anteil an bonitätsstarken Rentenpapieren mit sehr langen Laufzeiten in den Portfolios der Versicherungen.

Kapitalerhalt und Sicherstellung des Garantiezinses sind aber nicht die alleinigen Kapitalanlageziele der Lebensversicherung, denn diese steht im Wettbewerb mit anderen Sparformen. Insofern muss dem Kunden eine Verzinsung seiner Spargelder in Höhe des Kapitalmarktes bzw. der Wettbewerber angeboten werden. Deshalb orientiert sich die Verzinsung nicht einfach nur an den sicheren aber niedrig verzinslichen Staatsanleihen, sondern am gesamten Universum von Renten- und Vermögensanlagen bei begrenzter Akzeptanz von Risiken.

Mit der Überschussbeteiligung haben die deutschen Lebensversicherer ein flexibles System gefunden, welches eine Partizipation der Kunden an weiteren Kapitalmarkterträgen ermöglicht.[21] Die Überschussbeteiligung wiederum zerfällt in einen Teil, der jährlich (im Voraus) versprochen wird, und in einen Teil, der erst am Ende der Vertragslaufzeit bzw. bei Abgang ausgeschüttet wird. Zu letzterem zählen die sogenannten Schlussüberschussanteile und (soweit vorhanden) Anteile an den stillen Reserven in den Kapitalanlagen. In den letzten Jahren sind diese Überschussanteile gefallen, weil die Kapitalmarktzinsen zurück gegangen sind. Die Gesamtverzinsung aus Garantieverzinsung und allen Überschussanteilen liegt derzeit im Durchschnitt bei etwa bei 4,0-5,0% über alle Lebensversicherer.

Wie in der Sachversicherung sollen die Kapitalanlagen auch in der Lebensversicherung zum Gewinnziel beitragen. Zu beachten ist dabei, dass in der Lebensversicherung gesetzlich vorgeschrieben ist, dass etwa 90% der erwirtschafteten Erträge dem Kunden

---

[20] Das Verfahren ist so, dass die Deutsche Aktuarvereinigung dem Bundesfinanzministerium einen Garantiezins vorschlägt. Er soll 60% der durchschnittlichen langfristigen Kapitalmarktzinsen der letzten Jahre nicht überschreiten. Er gilt für alle Versicherungen als Obergrenze. Das Bundesfinanzministerium kann von diesem Vorschlag abweichen und gibt den Garantiezins verbindlich vor. Siehe VAG §65 (Deckungsrückstellung) und DeckRV §2 („Verordnung über Rechnungsgrundlagen für die Deckungsrückstellungen).

[21] Der Überschusszins und Schlussüberschussanteil wird von jedem Unternehmen selbst festgelegt. Federführend ist dabei neben dem Vorstand der verantwortliche Aktuar. Die Beteiligung an den stillen Reserven ist mit der Reform des Versicherungsvertragsgesetzes 2007 verbindlich für alle Unternehmen geregelt worden.

gut geschrieben werden müssen. Nur die restlichen 10% können an den Eigentümer ausgeschüttet werden.

Die obigen Ausführungen zu den Zielen der Kapitalanlage verdeutlichen einen fundamentalen Unterschied zwischen Sach- und Lebensversicherung: Während in der Sachversicherung die Kapitalanlage eine dienende Funktion hat, eher wie die IT-Abteilung oder die Buchhaltung, hat sie in der Lebensversicherung eine unmittelbar produktbildende Funktion. Die Sachversicherung könnte mit gering verzinster Kasse betrieben werden, die Lebensversicherung als Sparform jedoch nicht. Je besser der Versicherer die Kapitalanlagen steuert, umso besser ist das Lebensversicherungsprodukt. Die Kapitalanlage ist inhärenter Bestandteil des Geschäftsmodells.

Mit diesen Zielen sind aber auch zwei der größten Probleme in der Kapitalanlage umrissen. Sachversicherer sind von den Verpflichtungen her inflationsanfällig. Je höher die Inflation, umso höher die Schadenzahlungen, umso mehr muss die Kapitalanlage helfen dies auszugleichen.[22] Lebensversicherer wiederum sind deflationsanfällig. Denn je niedriger die Inflation bzw. gar Deflation, umso niedriger die Zinsen, umso schwieriger ist die langlaufende Garantieverzinsung zu erzielen. Letzteres wird mit dem Blick auf die niedrigen Zinsen in Japan auch als japanisches Szenario bezeichnet. Damit diese Großrisiken nicht eintreten, verfolgen Versicherer risikomindernde Kapitalanlagestrategien.

Strategien

Eine seit Bestehen der Versicherungen verfolgte Strategie ist hohe Sicherheit. Damit geht einher, dass Versicherungen in ihren Portfolios sehr hohe Anteile der jeweils sichersten Anlagen in einer Assetklasse haben. Dies ist teilweise aufsichtsrechtlich festgeschrieben, in dem für die Bedeckung der Verpflichtungen nur Rententitel höchster Bonität mit Investment Grade-Rating gekauft werden dürfen. Früher hieß dies „mündelsicher". Dies ist aber auch Teil des Geschäftsmodells, in dem beispielsweise. gesetzlich besicherte Pfandbriefe oder Aktien stabiler Großunternehmen gekauft werden.

---

[22] Inflation wäre kein Problem, wenn sie antizipiert werden könnte, das heißt in den Tarifen enthalten wäre. Durch eher kürzer laufende ein- bis dreijährige Verträge kommt man dem in der Sachversicherung entgegen. Insofern ist nur der nicht antizipierte Teil der Inflation ein Problem, also die Inflationsvolatilität. Zur Inflationsabsicherung kann auch die Rückversicherung beitragen.

Eine weitere seit Bestehen der Versicherungen verwendete Strategie ist die Diversifikation. Im Sprachgebrauch der Aufsicht auch „Mischung und Streuung" von Kapitalanlagen genannt. Versicherer haben schon immer diversifiziert. Es ist nicht zu vergessen, dass die Diversifikation viele Dimensionen aufweist. Neben der viel betrachteten Diversifikation in Assetklassen gibt es auch eine Diversifikation innerhalb einer Assetklasse oder in der Zeit. Diversifiziert werden können zudem Emittenten, Anlagevehikel und Manager. Entgegen der oft vertretenen Meinung, dass Diversifikation ein Free Lunch ist, wird hier die Theorie vertreten, dass die Diversifikation ein Optimierungsprozess mit Nutzen und Kosten ist.[23] Deutsche Lebensversicherer in ihrem jetzigen Geschäftsmodell werden tendenziell nicht so breit diversifizieren können wie etwa amerikanische Universitätsstiftungen.

Eine moderne Strategie ist das Cash Flow-Matching. Im Kern werden hierbei die Ein- und Auszahlungsströme des Versicherers periodengerecht genau kongruent gestaltet. Neben den reinen Vertragszahlungen an die Kunden fließen dabei auch sonstige Zahlungsströme wie Beiträge, Kosten, Provisionen etc. mit in die Berechnung ein. Eine weitere moderne Strategie ist das Liability Driven Investment. Dabei wird im Kern der Marktwert der Verpflichtungen durch einen ebensolchen Marktwert der Kapitalanlagen nachgebildet, berechnet über eine Abdiskontierung der künftigen Zahlungsströme. Deshalb wird dies oft auch vereinfachend als Laufzeiten- oder Durationsmatching bezeichnet.

Gerade die modernen Strategien haben Schwierigkeiten mit der Planbarkeit der sehr langfristigen Zahlungsströme, mit den Pfadabhängigkeiten von Management- oder Kundenentscheidungen (bspw. der künftigen Überschussbeteiligung oder der Vertragsstornierungsrate) oder mit der Abbildung von optionalen Produktparametern. Deshalb spricht Vieles für einfache, robuste und auch zukunftsoffene Anlagestrategien.

Eines der wichtigsten Probleme in der Lebensversicherung ist das Finden von sehr langlaufenden Anleihen. Das Anleiheangebot mit Laufzeiten größer 30 Jahren und hoher Bonität ist sehr begrenzt. Zwar kann man dies teilweise durch derivative Geschäfte ersetzen. Doch zum einen handelt man sich damit neue Risiken ein, beispielsweise Banken-Bonitätsrisiken, kurzfristige Bilanzrisiken oder juristische Risiken. Zum anderen sichern sich diese Kontraktpartner selbst wieder mit langlaufenden Anleihen ab, was das Problem nur verlagert. Es ist deshalb für die Zukunft zu vermuten, dass entweder die Laufzeit von Garantien verkürzt oder aber das Angebot an langlaufenden

---

[23] Vgl. Swensen (2005) und Siegmund (2007).

Anleihen erhöht werden muss, beispielsweise mehr Staatsanleihen mit ultralangen Laufzeiten begeben werden.

In der Tendenz führen die risikomindernden Anlagestrategien zu eng verwandten Portfolio-Grundkonstruktionen. So wird oft unterschieden:

- in ein Replikationsportfolio, in dem die harten Garantien und Zahlungsverpflichtungen nachgebildet werden, und ein Gewinnportfolio, in dem zusätzliche Erträge erwirtschaftet werden.
- in Core-Investments, die hohe Stabilität aufweisen oder anderen Hauptzielen wie Absicherbarkeit dienen, und in Satelliten-Investments, die zusätzliche Diversifikation und/oder Mehrertrag erbringen sollen.
- in Beta-Investments, die sich mit den Märkten der Hauptassetklassen bewegen, und in Alpha-Investments, die möglichst unabhängige Erträge liefern.

Mit Bezug auf die Assetklassen, die jenseits der Rentenanlagen (sei es im Replikationsportfolio, Core- oder Beta-Investments) bevorzugt werden, haben sich am Markt verschiedene Ansätze herausgebildet. So bevorzugen beispielsweise die Allianz Aktien, die Gothaer Credit und viele Pensionskassen Immobilien und Alternative Investments. Die Debeka blieb bislang grundsätzlich nur bei Anleihen.

Zuletzt gilt es hier noch auf die Unterscheidung in wachsende und schrumpfende Portfolios hinzuweisen: Wachsende Portfolios erlauben Sach- oder Lebensversicherungen, tendenziell langfristiger zu investieren. Bei schrumpfenden Portfolios, beispielsweise einem geschlossenen Rententarif oder einer Kfz-Versicherungstochter im Run-off, die kein Neugeschäft mehr betreibt und nur noch Altgeschäft abwickelt, kann der Endzeitpunkt schon heute vorausbestimmt und disponiert werden. Mit jedem Jahr verkürzt sich der Anlagehorizont automatisch.

Prozess

Zur Umsetzung der Ziele und Strategien hat sich in vielen Versicherungen ein ähnlicher Anlageprozess wie bei anderen institutionellen Investoren herausgebildet. Er kann exemplarisch in drei Prozessschritten dargestellt werden (Abbildung 3):

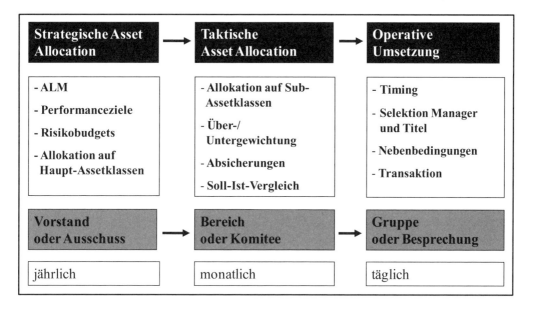

Abbildung 3: Prozess der Kapitalanlage von Versicherungen

1. Strategische Asset Allocation (SAA)

Die SAA wird in der Regel jährlich durchgeführt. Sie ist Aufgabe des Vorstandes. Am Anfang stehen das Ausrichten der Kapitalanlagen auf die Verbindlichkeiten und Unternehmensziele sowie das Finden von risikomindernden Anlagestrategien.[24] Ihnen gemeinsam ist ein langer Zeithorizont. In der Lebensversicherung werden Studien über bis zu 100 Jahren gemacht. Werden in der Sachversicherung Annahmen über eine längere Umsatz- bzw. Geschäftsentwicklung getroffen, ergeben sich ebenfalls Zeithorizonte jenseits von drei Jahren.

Sodann werden auf etwa ein bis drei Jahre festgelegte Performance- und Risikoziele vorgegeben. Sie sind eingebettet in die normale Unternehmensplanung, genauso wie die Absatzplanung oder die Investitions- und IT-Planung. Das Besondere ist, wie Rendite und Risiko definiert werden. Ähnlich wie bei Fondsgesellschaften und anderen Anlegern werden relative Rendite- und Risikoziele zu Benchmarks vergeben. Zudem werden versicherungsspezifische Ziele, wie etwa die laufende Verzinsung im Portfolio, oder aufsichtsrechtlichen Ziele, wie das Bestehen von Stresstests, vergeben. Auch nutzen Versicherer risikobereinigte Renditen.

---

[24]   In einigen Unternehmen wird dieser Teil der SAA auch als ALM bezeichnet, was bedeuten kann Asset-Liability-Management, Asset-Liability-Modelling oder Asset-Liability-Matching (aba 2009).

In der SAA werden die für jedes Unternehmen wichtigen Parameter festgelegt. Dies können komplexe Kennziffern wie RORAC, EVA oder MCEV sein.[25] Oder auch einfache Parameter wie Duration, Aktien- und Kreditrisiko. Am Ende geht es immer um die Aufteilung in die Hauptassetklassen und die Definition möglicher tragbarer Verluste. Schwierigkeiten bereiten immer wieder die Bestimmung des Zeithorizonts und die Berechnung sowie die Verteilung und Steuerung von Risikobudgets. Während früher stochastische Modelle dominierten, wird jüngst wieder auf robuste Szenariotechniken zurück gegriffen.

2. Taktische Asset Allocation (TAA)

Die TAA ist eine Aufgabe unterhalb des Vorstandes auf Divisions-, Bereichs- oder Abteilungsebene. Oft gibt es dazu eigene Gremien. Sie wird quartalsweise oder monatlich festgelegt.

In der TAA werden einerseits Portfolien konstruiert. Dies kann entweder schon grob in der SAA erfolgen oder eben detailliert in der TAA. Die strategischen Ziele werden auf Sub-Assetklassen, Laufzeiten oder Volatilitätsbänder herunter gebrochen. Dazu wird die gängige Portfoliotheorie verwendet von Markowitz-Optimierungen über Rankings mit modernen Kennzahlen wie Sharpe Ratio, Sortino Ratio oder Maximum Drawdown bis hin zu klassischen Plan-Ist-Vergleichen und Hochrechnungen.

In der TAA werden andererseits die Kapitalanlagen unterjährig gesteuert. Dazu gehören etwa temporäre Über- oder Untergewichtungen in den Assetklassen und derivative Steuerungen. Gerade letzteres hat zunehmend an Bedeutung gewonnen.[26]

3. Operative Umsetzung

Die Operative Umsetzung erfolgt täglich in den Abteilungen, Gruppen und Teams.

Zur operativen Umsetzung gehören die klassischen Entscheidungen des Timing einzelner Anlagen sowie der Selektion von Titeln und Managern. Auch gibt es in jeder Versicherung einen klar definierten Transaktionsprozess. Darin sind die Verantwortlichkeiten vom Kauf über die Bestätigung, Prüfung und Buchung, die Abrechnung und Zahlung bis hin zum Reporting beschrieben.

---

[25] RORAC = Return On Risk Adjusted Capital. EVA = Economic Value Added. MCEV = Market Consistent Embedded Value.

[26] Siehe dazu auch Abschnitt Risiko-Overlay.

Hervorzuheben ist bei der operativen Umsetzung die Vielzahl an Nebenbedingungen, die in der Kapitalanlage zu beachten sind. Dazu gehören die externen regulatorischen Rahmenbedingungen, aber eben auch die interne Regulierung in den Unternehmen.

Organisation

Nicht nur haben alle Versicherer – Sach- wie auch Lebensversicherer – ähnliche Ziele, Strategien und Prozesse, sondern auch vergleichbare Organisationen. Das mag auf den ersten Blick nicht so aussehen, doch hängt die interne Organisation wohl eher von der Größe (Menge an Kapitalanlagen) und Komplexität (mehrere Sparten) des Unternehmens als von der Versicherungssparte (Sach- vs. Lebensversicherung) oder der Gesellschaftsform (Aktiengesellschaft vs. Versicherungsverein) ab.

Typischerweise sind größere und komplexere Unternehmen ausdifferenzierter und haben eigene Kapitalanlage-Organisationseinheiten, die oft auch gesellschaftsrechtlich separiert sind. Einige Versicherer haben eigene Kapitalanlagegesellschaften, die für sie tätig sind. Kleinere und Einprodukt-Versicherer haben zwar eigene Kapitalanlageeinheiten, doch sind diese interne Einheiten. Sie haben häufiger zugleich andere Funktionen, beispielsweise das Rechnungswesen oder die IT-Verwaltung.

Der Trend zur Auslagerung hat sich auch in den letzten Jahren fortgesetzt. Die Produktionstiefe der Versicherungsbranche war wohl zu hoch. Hinzu kommt eine größere Diversifizierung und Globalisierung der Kapitalanlage, die spezifisches Know How benötigt. Eine Besonderheit ist die Auslagerung mittels Rückdeckung. Hierbei werden die Verpflichtungen und dazugehörigen Kapitalanlagen an einen anderen Versicherer mittels Versicherungsvertrag übertragen.

Die Organisation der Kapitalanlage hat sich in den letzten Jahren deutlich verändert. Durch aufsichtsrechtliche Vorgaben, aber auch durch Lernen und interne Notwendigkeiten wurde eine straffere Funktionstrennung vorgenommen. So sind – um mit Begriffen aus der Bankenwelt zu operieren – Handel und Nicht-Handel bzw. Markt und Marktfolge getrennt. Auch dreigliedrige Systeme der Funktionstrennung in Front, Middle und Back Office sind beobachtbar.

Insgesamt ist die Organisation der Kapitalanlage der Versicherer professionalisiert worden. Den Banken, Asset Management-Gesellschaften und sonstigen Vertragspartnern stehen in der Versicherungswirtschaft Kapitalanleger mit gleichen hochwertigen Systemen, erstklassiger Ausbildung und hervorragenden Marktkenntnissen gegenüber. Informationsasymmetrien wurden in den letzten Jahren systematisch prozessual und organisatorisch vermindert. Dies wird sehr deutlich am aufkeimenden Risiko-Overlay.

4. Risiko-Overlay

Notwendigkeit

Die Notwendigkeit eines derivativen Risiko-Overlays ist nicht a priori gegeben. Versicherungen haben Risiken bereits umfassend gesteuert, als es viele der Derivate noch gar nicht gegeben hat. Das klassische Instrument sind Limite, ja ganze Limitsysteme, also Mengenbeschränkungen. Versicherungen können auch Alternativen zu einigen Derivaten verwenden, so in den Kassamärkten Wertpapiere kaufen und verkaufen. Sie sind sich durchaus bewusst, dass derivative Risikosteuerungen ein eigenes Geschäftsfeld mit eigenen Risiken sind. Gerade die Krise ab 2007 hat deutlich gemacht, wie sensibel der Derivate-Emittent, zumeist eine Bank, ausgewählt werden muss. Auch kann es zu erheblichen Auswirkungen auf die eigene Liquidität oder eigene Bilanz kommen. Hinzu kommt, dass einige Derivate recht teuer sind und hohe Preisgestaltungsspielräume beinhalten. Versicherungen sind zudem als solvente Langfristanleger gut positioniert, einige Risiken einfach zu nehmen, sozusagen auszusitzen.

Für eine Steuerung mittels Derivaten spricht nicht zuletzt ihre erfolgreiche Nutzung durch andere institutionelle Investoren. Viele Derivate haben ihren Praxistest bestanden. Derivatemärkte sind sogar in den verschiedenen Krisen liquide geblieben, wenn Kassamärkte bereits illiquide waren. Für ein derivatives Risiko-Overlay spricht außerdem ihre Zielgenauigkeit. Es lassen sich individuelle Lösungen für jede Versicherung finden. Dies betrifft sowohl die Risiken als auch den Zeithorizont. Viele Versicherungen nutzen bereits Derivate für einzelne Lösungen. Derivate können zudem günstig sein. Was sind 2% Kosten auf ein Nominal, wenn der Worst Case eines Totalverlustes abgewendet werden kann? Vor allem aber erlauben Derivate eine kurzfristige taktische Positionierung, sei es aus Marktopportunitäten heraus oder aus regulatorischen oder bilanziellen Gründen. Sie können schnell verwendet werden, um große Risikopositionen im Unternehmen zu verändern. Nicht zuletzt sind die Derivateanbieter sehr innovativ.

Allerdings gibt es nach wie vor Lücken. Der Zeithorizont einiger Derivate ist für Versicherungen zu kurz. Es ist beispielsweise nicht möglich, Calls oder Puts auf Aktien für 10 Jahre zu kaufen. Während einerseits individuelle Lösungen über OTC-Geschäfte gefunden werden, würden Versicherungen auch immer gern standardisierte Lösungen als Alternative haben. Würden diese standardisierten Lösungen dann massenhaft gehandelt, wäre der Schritt zum Börsenhandel nicht weit. Auch sind Dokumentationen und Clearing der Geschäfte sicherlich verbesserungswürdig. Zu wünschen bleibt, dass es bei Derivaten auch künftig genügend Wettbewerb geben wird und sich dies nicht nur auf systemrelevante Banken konzentriert. Diese würden sonst nur noch oligopolistischer (sprich teurer) und systemrelevanter werden.

Derivate in der Direktanlage der Versicherungen werden streng reguliert. Wichtige Regulierungen sind die BaFin-Rundschreiben bzw. die Verlautbarung

- R 3/1999 und R 3/2000 „Einsatz von Vorkäufen, derivativen Finanzinstrumente und strukturierten Produkten",
- VerBaFin 11/2005 „Hinweise zum Einsatz von Receiver Forward Swaps, Long Receiver Swaptions und Credit Default Swaps".

Das VAG erlaubt im §7 den Einsatz von „Termingeschäften, Geschäften mit Optionen und ähnlichen Finanzinstrumenten, wenn sie der Absicherung gegen Kurs- oder Zinsänderungsrisiken bei vorhandenen Vermögenswerten oder dem späteren Erwerb von Wertpapieren dienen sollen oder aus vorhandenen Wertpapieren ein zusätzlicher Ertrag erzielt werden soll, ohne dass bei Erfüllung von Lieferpflichten eine Unterdeckung des gebundenen Vermögens eintreten kann". Insofern ist es Versicherungen immer erlaubt, Derivate als Absicherungsinstrument oder gegebenenfalls Erwerbsvorbereitungsinstrument einzusetzen. Sofern sie zur Ertragsvermehrung eingesetzt werden, ist die Aufsicht jedoch eher skeptisch.

Einzelne Assetklassen

Welche Derivate werden in der deutschen Versicherungswirtschaft eingesetzt? Hier ist eine historische Betrachtung sinnvoll.

Da Versicherungen überwiegend Renteninvestoren sind, werden natürlicherweise Zinsderivate und strukturierte Rentenprodukte, also Anleihen mit optionalen Charakter, eingesetzt. Floater, Swaps, Forwards und Futures sind schon lange verwendete Instrumente. Mit der Niedrigzinsphase 2004-05 wurden dann vermehrt Receiver Swaptions eingesetzt, nachdem sie aufsichtsrechtlich zugelassen waren. Es wurden ganze Overlay-Programme konstruiert. Mit der VVG-Reform 2007-08 und dem Näherrücken von Solvcency II wurden dann fallweise auch Payer Swaptions genutzt. Auch haben sich Constant Maturity Swaps etabliert, die mittels Floor den Lebensversicherungen bei der Erfüllung des Garantiezinsversprechens sehr entgegen kommen. Insofern kann man von einer guten Verfügbarkeit von derivativen Instrumenten zur Steuerung der Duration in den Portfolios sprechen.

Auch für Aktien gibt es gut bekannte Derivate, so Futures und Optionen. In gewisser Hinsicht kann man auch die in Wandelanleihen vorhandenen länger laufenden Optionen mitrechnen.[27] Diese Instrumente werden verstärkt und systematisch seit der Aktienmarktkrise 2001-03 eingesetzt. Dieser Einsatz geht inzwischen so weit, dass erste Versicherungen Aktien überwiegend derivativ in ihren Portfolien abbilden und nicht mehr echt als Aktie. Vermutlich liegt das an der geringen Aktienquote von 1-3% bei einigen Versicherern. Die derivative Aktiensteuerung hat sich im Marktcrash 2008-09 bewährt. Wo sie sich nun schon zum zweiten Mal nicht bewährt hat, war in den Phasen des Marktanstiegs in den Jahren 2003-07 und seit 2009. Versicherungen haben gesichert und verkauft, aber nur zögerlich entsichert und gekauft.

Eine Assetklasse, die schon lange recht umfassend derivativ gesteuert wird, sind Währungen. Devisentermingeschäfte sind mit die größten und liquidesten Märkte der Welt. Umso erstaunlicher ist ihr geringer Einsatz in der Versicherungswirtschaft. Natürlich sind die Währungsquoten nicht sehr hoch, soweit überhaupt bekannt. Sie sind aber aufgrund der Globalisierung steigend. Einige Versicherungen sichern ihr Währungsexposure gar nicht, einige vollständig und einige nur statisch ab, das heißt zu einem festen Prozentsatz fortlaufend rollierend. Sie kaufen zwar in erster Linie keine Währungen, aber mit der Anlage in Aktien, Renten oder Immobilien außerhalb des Euro-Raums sind automatisch auch Währungsengagements verbunden. Versicherungen werden wohl in Zukunft verstärkt zu einem dynamischen Currency Overlay übergehen, das heißt mit je nach Markt- oder Portfoliolage variierenden Prozentsätzen der Absicherung, um ein besseres Rendite-Risiko-Profil zu erreichen. Sie werden handelsintensiver.[28]

In der Krise nach 2007 wurde am meisten über Kreditderivate, die Credit Default Swaps (CDS)[29], diskutiert. Der größte Versicherer der Welt, AIG, hatte sich bei CDS-Geschäften verspekuliert.[30] CDS wurden schon von bedeutenden Anlegern als Massenvernichtungswaffen bezeichnet (Buffet), als nächstes Armageddon nach ABS und

---

[27] Als neues Instrument für das Aktien-Risiko-Overlay etablieren sich auch Exchange Traded Funds. Sie ermöglichen den schnellen und kostengünstigen Kauf und Verkauf von ganzen Teilmärkten oder Themen.

[28] Vgl. Investment & Pensions (2009).

[29] Hierzu zählen auch die weniger verbreiteten und bekannten Total Return Swaps mit ausschließlichem oder teilweisem Bezug zu Kreditrisiken.

[30] Eine Einheit in der Kapitalanlagesparte von AIG hatte vor der Krise massiv CDS auf strukturierte Kreditprodukte vieler amerikanischer Banken verkauft, d.h. die Ausfallversicherung gegen Prämienzahlungen übernommen. Als sich diese Ausfallrisiken realisierten, musste AIG zuerst „Margins" vorhalten und später Ausfälle bedienen, konnte dies jedoch aufgrund der dynamischen Entwicklung schließlich weder aus den Kapital- noch aus den Versicherungserträgen. AIG wurde durch Kredite der amerikanischen Notenbank gerettet, die eine Kettenreaktion im Bankensektor vermeiden wollte.

Lehman vorhergesagt (Gross) und für verboten erklärt (Soros). Nichts ist eingetreten. Sie sind im Gegenteil als eine der wenigen echten und gerade für Versicherungen wichtigen Innovationen aus den vielen neuen Kreditprodukten der jüngeren Zeit anzusehen.[31] Denn CDS erlauben die Abtrennung des Bonitätsrisikos vom Zinsrisiko. Es ist schon erstaunlich, dass es für die großen Anleihemärkte nicht schon früher eine solche Innovation gegeben hat, steckt doch in jeder Anleihe – ja in jedem Wertpapier – immer auch ein Bonitätsrisiko. Es kann die Vorhersage gewagt werden, dass nach dieser Krise CDS einen ähnlichen Stellenwert in den Versicherungsportfolios erlangen werden wie etwa Aktienoptionen oder Zinsfutures. Sie erlauben eine taktische Steuerung des Kreditrisikos. Allerdings müssen sich die Märkte und die Regulierung hier noch weiter entwickeln.

Noch unterentwickelt sind die Immobilienderivate. Seitdem sich aber verlässliche und dauerhafte Immobilienindizes herausbilden, hat auch der erste Handel darauf eingesetzt. So gibt es beispielsweise erste Calls oder Swaps auf den DIX (Deutschen Immobilienindex). Aus Sicht der Versicherungen befinden sie sich aber noch im Experimentierstadium. Sollten Versicherungen die Immobilienquoten wieder anheben, könnten auch diese Derivate einen Aufschwung erleben.

Diese Verbreitung der Derivate in der Versicherungswirtschaft spiegelt in etwa auch die Verbreitung der Derivate überhaupt wieder. Das bestätigen die aggregierten Daten der Bank für Internationalen Zahlungsausgleich.[32]

Masterfonds

Insgesamt hat der Einsatz von Derivaten in den Kapitalanlagen der Versicherungen zugenommen. Sie werden zunehmend nicht nur zur Einzelsteuerung, sondern zur Gesamtrisikosteuerung eingesetzt. In einigen Unternehmen sind ganze Teams, Gruppen oder Abteilungen nur mit der derivativen Overlay-Steuerung beschäftigt. Bekannt sind Versicherungsunternehmen, die Risiko-Overlays für die Duration, für Aktien und/oder für Währung betreiben. Nicht bekannt hingegen sind Unternehmen mit Risiko-Overlays für die Assestklassen Credits oder Immobilien.

---

[31] Dazu zählen insbesondere strukturierte Kreditprodukte wie Collateralized Debt Obligations (CDO) oder Collateralized Loan Obligations (CLO) und deren Weiterentwicklungen, also Verbriefungen von Kreditrisiken. Vgl. Siegmund (2008) und Sun/ Hartmann (2009).

[32] Vgl. BIS (2010).

Wo aber – als ein Zwischenschritt – derivative Overlay-Steuerungen sehr umfassend eingesetzt werden können, ist in Masterfonds.[33] Der Masterfonds ist wie ein Unternehmen im Unternehmen. Er ist eine juristische Einheit mit homogener Bilanzierung und Wertpapierverwaltung. In ihm kann ganz einfach ein Overlay-Segment eingerichtet werden (Abbildung 4). Diesem Overlay-Segment werden die zu steuernden Mengen der Underlying-Segmente gemeldet, beispielsweise das Volumen an Aktien. Der Manager des Overlay-Segments verwendet dann nur Derivate zur Risikosteuerung, indem etwa Puts oder Calls auf Aktien gekauft oder verkauft werden. Mehr noch: Es ist möglich, in einem einzigen Overlay-Segment verschiedene Risiken auf einmal zu steuern. Beispielsweise kann in einem Overlay-Segment die Duration mit Zinsfutures, der Aktienteil mit Optionen, die Währungen mit Devisentermingeschäften und Bonitätsrisiken mit CDS gesteuert werden. Außerdem wird der Erfolg des Overlay sehr transparent, in dem er vom Erfolg des Underlying getrennt ist. Darüber hinaus kann der Manager des jeweiligen Risiko-Overlays jederzeit und einfach ausgetauscht werden, ohne das damit die Gesamtsteuerung verändert werden muss.

Diese Risiko-Overlay-Steuerung in Masterfonds setzt allerdings eine Kapitalanlagegesellschaft voraus, die es gewohnt ist, mit Derivaten und ihren Schwierigkeiten umzugehen. Sie muss sich perspektivisch mit der derivativen Regulierung in mindestens drei Rechtskreisen auseinandersetzen: dem Kreditwesengesetz, dem Investmentgesetz[34] und dem Versicherungsaufsichtsgesetz. Kapitalanlagegesellschaften bieten neben der Masterfonds-Lösung zunehmend auch derivative Risiko-Overlay-Steuerungen mit an.

---

[33] Zum Overlay-Management in Spezialfonds vergleiche den Beitrag von Herold/ Weil; zur Master-KAG und dem Masterfonds vergleiche den Beitrag von Trautmann/ Wagner.

[34] Dort vor allem der DerivateV aus 2004 „Derivateverordnung – Verordnung über Risikomanagement und Risikomessung beim Einsatz von Derivaten in Sondervermögen nach dem Investmentgesetz."

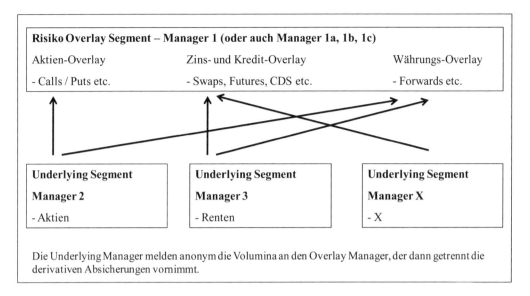

Abbildung 4: Risiko-Overlay in Masterfonds

5. Ausblick

Versicherungen sind große Kapitalanleger, die langfristig anlegen, eng reguliert sind und aktiv Risiken managen. Sie stehen vor neuen Herausforderungen, von denen folgende in Kurzform hervorgehoben werden sollen:

- Globalisierung: Wenn das Wachstum künftig wirklich stärker aus den Schwellen- und Entwicklungsländern kommt, dann müssen die Versicherungen dort beteiligt sein.

- Alterung: Einerseits werden Versicherer mehr Produkte für ältere Bürger anbieten müssen. Andererseits werden sie stärker zu auszahlenden Rentenversicherern, das heißt sie liquidieren Bestände und entsparen.

- Krisen: Auch künftig wird es Krisen geben, was Worst-Case-Sicherungen erfordert. Doch zuerst muss die jüngste Krise (seit 2007) verarbeitet werden, insbesondere das aus ihr resultierende Zinstief in den Euro-Kernländern.

- Solvency II: Mit der Einführung der neuen risikobasierten Aufsicht gilt es zu verhindern, dass sich Versicherungen aus der Bereitstellung von Versicherungsschutz zurückziehen und in ganz Europa zu Herdenverhalten neigen.

Versicherungen sind anpassungsfähig. Sie haben über Jahrzehnte gezeigt, dass sie Kriege und Diktaturen, Wirtschafts- und Kapitalmarktkrisen überstehen können. Was sie jedoch nicht können, ist den Weltkapitalmarktzins dauerhaft „überlisten". Sie können nicht mehr verdienen als es zu verdienen gibt.

Literaturverzeichnis

Albrecht, P. (Albrecht, 2010): Die Kapitalanlageperformance der deutschen Lebensversicherer, in Versicherungswirtschaft 12/2010, S. 880-884.

Arbeitsgemeinschaft für betriebliche Altersversorgung e.V. Hrsg. (aba, 2009): Kapitalanlage in der betrieblichen Altersversorgung – Grundlagen und Praxis, Kapitel I, Heidelberg 2009, S. 1-103.

Bank for International Settlements (BIS, 2010): BIS Quarterly Review, December 2010, Statistical Annex, Summary Tables, A10.

Basel Committee on Banking Supervision (Basel-Komitee, 2010): Guidance for national authorities operating the countercyclical capital buffer, Bank for International Settlements, Basel December 2010.

Bundesanstalt für Finanzdienstleistungsaufsicht (BaFin, 2010): Kapitalanlagen der Erstversicherer – 3. Quartal 2010, Bonn/Frankfurt, Stand 21.12.10.

Bundesanstalt für Finanzdienstleistungsaufsicht (BaFin Gesetze, 2010): Verschiedene Gesetze, Verordnungen, Rundschreiben, Verlautbarungen, auf Homepage www.bafin.de, Stand 30.12.10.

European Commission, Internal Market und Services DG, Financial Institutions, Insurance and Pensions (EU, 2010): QIS5 Technical Specifications, Annex to Call for Advice from CEIOPS on QIS 5, Brüssel, 5. Juli 2010.

Gesamtverband der Deutschen Versicherungswirtschaft (GDV, 2010): Statistisches Taschenbuch der Versicherungswirtschaft 2010, Berlin.

Investment & Pensions Europe (Investment & Pensions, 2009): Special Report - Currency Management, June 2009, S. 50-60.

Möbius, C. (Möbius, 2010): Anlageerfolg der Lebensversicherer im Spiegel von Trendfolgestrategien, in Versicherungswirtschaft 13/2010, S. 953-959.

Siegmund, U. (Siegmund, 2007): Wo sind die Grenzen der Diversifikation?, in Zeitschrift für Versicherungswesen 1/2007, S. 10-12.

Siegmund, U. (Siegmund, 2008): Warum werden Versicherungen Credit Default Swaps brauchen?, in Zeitschrift für Versicherungswesen 17/2008, S. 552-554.

Sun, M./ Hartmann, D. (Sun/ Hartmann, 2009): Kreditportfoliosteuerung für institutionelle Investoren, in Absolutreport 52/2009, S. 18-25.

Swensen, D.F. (Swensen, 2005): Pioneering Portfolio Management, New York 2005.

Institutionelle Rahmenbedingungen für die Kapitalanlage von Pensionskassen

von Peter J. Hadasch

Die institutionellen Rahmenbedingungen für die Kapitalanlage von Pensionskassen sind eng eingebunden in die Rahmenbedingungen des deutschen Versicherungswesens, daher wird grundsätzlich auf die im Beitrag Siegmund enthaltenen Aussagen zum Versicherungsaufsichtsrecht verwiesen und im Folgenden auf die pensionskassenspezifischen Besonderheiten eingegangen. Ziel des Beitrages ist es, ein Verständnis dafür zu schaffen, warum Pensionskassen sich so verhalten, wie sie es tun.

1. Pensionskassen in Deutschland

Rolle und Bedeutung der Pensionskassen in Deutschland

Nach dem Jahresbericht der Bundesanstalt für Finanzdienstleistungsaufsicht (BaFin) für 2009 standen zum Jahresende 153 Pensionskassen unter deren Aufsicht.[1] Laut Statistik der BaFin 2008 über Erstversicherungsunternehmen betrug die Bilanzsumme aller Pensionskassen ca. 107 Mrd. Euro.[2] Schätzungsweise betrugen die gesamten Deckungsmittel der betrieblichen Altersversorgung in 2008 ca. 454 Mrd. Euro.[3] Die Pensionskassen halten damit in etwa 23,7 % Deckungsmittel einschl. der betrieblichen Pensionsrückstellungen.

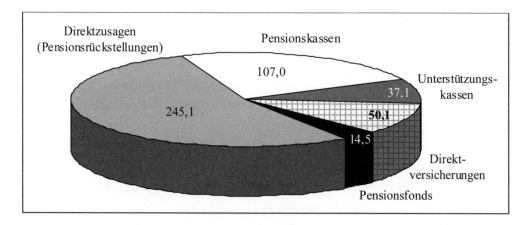

Abbildung 1: Deckungsmittel der betrieblichen Altersversorgung 2008
453,8 Mrd. €[4]

---

[1] Jahresbericht der BaFin '09 – Kapitel IV: Aufsicht über Versicherungsunternehmen und Pensionsfonds

[2] Statistik der BaFin – Erstversicherungsunternehmen 2008

[3] Quelle: Schwind (2010).

[4] Quelle: Schwind/eigene Recherche basierend auf Veröffentlichungen von BaFin/GDV/PSVaG

Pensionskassen als inhomogene Anlegergruppe

Pensionskassen stellen sich in Deutschland nicht als eine homogene Gruppe dar, so dass nur wenige Aussagen mit Allgemeingültigkeit gemacht werden können. Im Einzelnen betrachtet bestehen zwischen Pensionskassen erhebliche Größen- und Leistungsunterschiede. Nach der BaFin-Statistik 2008 weist die größte Pensionskasse eine Bilanzsumme von ca. 20,5 Mrd. Euro aus, während die kleinste der dargestellten Einrichtungen eine Bilanzsumme von 517 Tsd. Euro ausweist. Daraus ergeben sich entsprechende Unterschiede bezüglich der organisatorischen und technischen Möglichkeiten der verschiedenen Einrichtungen. Ein einheitliches Branchenbild ist deshalb schwer zu vermitteln. Die ersten 30 Pensionskassen der BaFin-Statistik vereinen über 80% der gesamten Bilanzsumme auf sich. Die restlichen 20% verteilen sich auf 123 Einrichtungen. Sie tragen damit zusammen in etwa das Volumen, welches von der größten Kasse allein abgebildet wird. Noch auffallender ist, dass die sieben größten in der Statistik ausgewiesenen Kassen bereits mehr als 50% der zur Verfügung stehenden Bilanzsumme auf sich vereinen.

Ähnlich schwierig stellen sich Aussagen über verwaltete Versicherungsverhältnisse dar. Die auf die Bilanzsumme bezogenen 30 größten Pensionskassen verwalten mehr als 65% aller Rentenanwärter und etwa 80% der Rentenempfänger. Die nach Vertragszahlen größte Pensionskasse in Deutschland verzeichnet über 810 Tsd. Anwärter und lediglich 1.358 Versorgungsempfänger. Diese Zahlen spiegeln die Entwicklung der jüngsten Vergangenheit wider, in der sich stark wachsende überbetriebliche Einrichtungen gebildet haben. Diese ermöglichen es Arbeitgebern ohne eigene Versorgungseinrichtung, ihren gesetzlichen Pflichten zum Angebot einer betrieblichen Altersvorsorge, finanziert durch Entgeltumwandlung von Lohnbestandteilen, nachzukommen. Wegen des großen Wachstums dieser Kassen in den vergangenen Jahren steht die Anzahl der Versorgungsanwärter bei diesen Einrichtungen in einem krassen Missverhältnis zu den wenigen bereits laufenden Rentenverpflichtungen. Solche Kassen haben in der überschaubaren Zukunft mit wachsenden Deckungsrückstellungen zu rechnen und benötigen erheblich weniger liquide Mittel für Rentenzahlungen als ihnen laufenden Beitragseinnahmen zufließen.

Ganz anders sieht dies bei einer großen Zahl der traditionellen Firmenpensionskassen aus. Diese Kassen gewähren seit Jahrzehnten Versorgungszusagen und haben deshalb bereits erhebliche laufende Rentenverpflichtungen zu bedienen. Betrachtet man die fünf größten Pensionskassen der BaFin-Statistik, so handelt es sich bei diesen Einrichtungen um traditionelle Pensionskassen, die seit Jahrzehnten eng mit ihren Trägerunternehmen gewachsen sind und deshalb einen erheblichen Kapitalstock aufbauen konnten. Auf diese fünf Versorgungseinrichtungen entfallen 554 Tsd. Anwärter und 254 Tsd. Rentner, also ein durchaus nennenswerter Bestand an bereits laufenden Rentenverpflichtungen. Beachtenswert ist zudem, dass diese fünf Einrichtungen über ca. 43% der Mittel sämtlicher Pensionskassen verfügen, aber nur etwa 10% der Anwärter und 22% der Rentenempfänger abdecken. Daraus ist zu erkennen, dass in den traditionellen Pensionskassen bereits erheblich größere Anwartschaften auf den einzelnen Versicherten entfallen, als dies in den neu gebildeten Einrichtungen der Fall ist.

Auch die in der BaFin-Statistik ausgewiesene Ertragssituation der Kassen ist von großen Unterschieden geprägt. Die Reinverzinsung[5] der Kassen schwankte im Jahr 2008 zwischen -11% und +21%. Der Mittelwert der Kassen lag bei +2,6%. Die allermeisten Kassen erreichten allerdings Werte zwischen +3,0% und +5,5%. Auch wenn sich daraus nicht die mittel- oder langfristige Ertragsstärke der Pensionskassen ableiten lässt, so zeigt diese Unterschiedlichkeit gerade in einem Krisenjahr doch, dass Pensionskassen offenkundig trotz einer engen aufsichtsrechtlichen Regulierung sehr individuelle Kapitalanlagestrategien verfolgen können und sich individuelle Portfolios einrichten.

2. Rechtliche und steuerliche Rahmenbedingungen für Pensionskassen

Mögliche Rechtsformen

Pensionskassen sind Altersvorsorgeeinrichtungen der sogenannten 2. Säule, also der ergänzenden erwerbsbasierenden Alterssicherung. Hierzu zählen im Wesentlichen Einrichtungen der betrieblichen Altersvorsorge, aber auch die Einrichtungen der Zusatzversorgung des öffentlichen und kirchlichen Dienstes. Pensionskassen sind rechtlich selbstständige Einrichtungen, die meist in der Rechtsform des Versicherungsvereins auf Gegenseitigkeit betrieben werden.[6] Die Pensionskasse kann aber auch in der Rechtsform der Aktiengesellschaft firmieren. Sie gewährt den Begünstigten (Versicherten) einen Rechtsanspruch auf die – gegen die Zahlung von Beiträgen zugesagte –

---

[5] Bei der Reinverzinsung (Nettoverzinsung) werden alle Erträge und Aufwendungen aus bzw. für Kapitalanlagen mit einbezogen, d. h. es werden auch die Gewinne und Verluste aus dem Abgang von Kapitalanlagen sowie Abschreibungen auf Wertpapiere, Investmentanteilen und Grundbesitz im Verhältnis zum durchschnittlichen Kapitalanlagebestand zugrunde gelegt.

[6] Die Zusatzversorgungskassen des öffentlichen und kirchlichen Dienstes sind dagegen häufig als Körperschaften oder Anstalten öffentlichen Rechts konstituiert.

Leistung. Pensionskassen sind insofern Versicherungsunternehmen und unterliegen den Bestimmungen des Versicherungsaufsichtsgesetzes (VAG[7]).

Pensionskassen in ihrer aufsichtsrechtlichen Unterscheidung

Aufsichtsrechtlich lassen sich zwei Gruppen deutlich voneinander trennen. Schlagwortartig werden diese Gruppen mit den Bezeichnungen Wettbewerbskassen und Firmenpensionskassen belegt. Beide Kassenarten sind Einrichtungen der betrieblichen Altersvorsorge und gewähren Ansprüche nach den Bestimmungen des Betriebsrentengesetzes (BetrAVG[8]) im Durchführungsweg Pensionskasse. Sie unterscheiden sich durch die unterschiedlichen Trägerschaft und der damit verbundenen unterschiedlichen aufsichtsrechtlichen Behandlung. Mit der Änderung des Versicherungsaufsichtsgesetzes (VAG[9]) zum 1. Januar 2006 wurden Pensionskassen pauschal dereguliert und damit hinsichtlich der Anforderungen an deren versicherungstechnische Kalkulation und Rechnungszins weitgehend den allgemeinen Versicherungsunternehmen gleichgestellt.

Die Kassen können allerdings bei der BaFin beantragen[10], reguliert zu werden, wenn sie bestimmte Voraussetzungen erfüllen. Zu diesen Voraussetzungen zählt u.a., dass die Kassen keine rechnungsmäßigen Abschlusskosten für die Vermittlung von Versicherungsverträgen erheben und auch keine Vergütung für die Vermittlung oder den Abschluss von Versicherungsverträgen gewähren.[11] Durch diese Anforderung ist es regulierten Pensionskassen wirtschaftlich nicht möglich, außerhalb ihrer Trägerunternehmen Vertriebsstrukturen aufzubauen und damit Versicherungsleistungen im Wettbewerb jedwedem Verbraucher anzubieten. Aus diesem Grund haben sich die Bezeichnungen Wettbewerbskassen und Firmenpensionskassen im allgemeinen Sprachgebrauch etabliert. Firmenpensionskassen sind als regulierte Pensionskassen typischerweise auch über ihre Satzungsbestimmungen eng mit ihren Trägerunternehmen verbunden. In den Satzungen der Firmenpensionskassen finden sich verschiedene

---

[7] VAG – Versicherungsaufsichtsgesetz in der Fassung der Bekanntmachung vom 17. Dezember 1992 (BGBl. 1993 I S. 2), das zuletzt durch Artikel 2 des Gesetzes vom 21. Juli 2010 (BGBl. I S. 950) geändert worden ist.

[8] BetrAVG - Betriebsrentengesetz vom 19. Dezember 1974 (BGBl. I S. 3610), das zuletzt durch Artikel 4e des Gesetzes vom 21. Dezember 2008 (BGBl. I S. 2940) geändert worden ist.

[9] VAG – Versicherungsaufsichtsgesetz in der Fassung der Bekanntmachung vom 17. Dezember 1992 (BGBl. 1993 I S. 2), das zuletzt durch Artikel 2 des Gesetzes vom 21. Juli 2010 (BGBl. I S. 950) geändert worden ist.

[10] § 118b Abs. 3 VAG

[11] §118b Abs. 3 Ziff. 4 VAG

Regelungen, welche die Nacherhebung von Beiträgen, den Ausgleich von Verlusten durch Trägerunternehmen oder die Absenkung von Leistungen in besonderen Bilanzsituationen regeln können. Die einzelnen Regelungen sind in den verschiedenen Pensionskassen sehr unterschiedlich ausgeprägt. Je nach Ausprägung der von den Trägerunternehmen übernommenen Verpflichtungen behalten diese sich über Satzungsbestimmungen Einflussmöglichkeiten auf die Pensionskasse vor. Diese Einflussmöglichkeiten bestehen z. B. in Zustimmungsvorbehalten bei Gewinnverwendungsbeschlüssen und in Mitwirkungsmöglichkeiten in Aufsichtsräten und Vorständen der Pensionskasse.

Pensionskassen in ihrer steuerrechtlichen Unterscheidung[12]

In der steuerrechtlichen Qualifikation wird zwischen steuerbefreiten und steuerpflichtigen Einrichtungen unterschieden. Diese Unterscheidung bezieht sich nicht auf die steuerliche Behandlung der zugeführten Beiträge oder der ausgezahlten Leistungen, deren Behandlung besonderen Regelungen des Einkommen- bzw. Körperschaftsteuerrechts unterliegt. Vielmehr betrifft sie die ertragssteuerliche Behandlung der Einrichtung Pensionskasse selbst und ergibt sich aus den Befreiungstatbeständen des Körperschaftsteuergesetzes (KStG).

§ 5 Abs.1 Nr. 3 KStG stellt u.a. Pensionskassen von der Körperschaftsteuer frei, wenn diese einen beschränkten wirtschaftlichen Geschäftsbetrieb (Zugehörige einzelner oder mehrerer wirtschaftlicher Geschäftsbetriebe, gegenwärtige oder ehemalige Arbeitnehmer oder arbeitnehmerähnliche Personen, Zugehörige der Spitzenverbände der freien Wohlfahrt) betreiben, und nach ihrem Geschäftsplan und Art und Höhe der Leistung eine soziale Einrichtung darstellen (§§1-3 KStDV[13]). Außerdem muss die Verwendung des Vermögens und der Einkünfte nach Satzung und der tatsächlichen Geschäftsführung für die Zwecke der Kasse dauernd gesichert sein, und es darf das nach handelsrechtlichen Grundsätzen zu ermittelnde Vermögen die versicherungs-

---

[12] Zur steuerlichen Behandlung von Pensionskassen siehe auch Kapitel 5 sowie den Beitrag Bödecker/ Mingels in diesem Handbuch.

[13] KStDV Körperschaftsteuer-Durchführungsverordnung 1994 i.d.F. vom 22. Februar 1996 (BGBl. I S. 365, geändert durch Artikel 5 des Gesetztes vom 19. Dezember 2000 (BGBl. I S. 1790).

mathematisch zu ermittelnde Deckungsrückstellung nicht mehr als um die Verlust-rücklage[14] übersteigen.[15]

Die Tatsache der Steuerbefreiung selbst wie auch dieser Kriterienkatalog haben natür-lich Auswirkungen auf das Kapitalanlageverhalten steuerbefreiter Pensionskassen. Für steuerbefreite Pensionskassen besitzen steueroptimierte Investmentmodelle nur selten besonderen Reiz. Sie bevorzugen Investments, die einen Ertrag aus ihrem inneren Geschäftsmodell versprechen. Sonderabschreibungen und Verlustzuweisungen sind für steuerbefreite Einrichtungen uninteressant. Auf der anderen Seite verfügen steuer-befreite Pensionskassen nur über ein beschränktes Geschäftsfeld und haben regelmä-ßig kein nennenswertes eingezahltes Eigenkapital. Der Risikoappetit dieser Einrich-tungen ist auch deshalb etwas geringer als bei wachstumsorientierten Einrichtungen.

Risikoverteilung zwischen Pensionskassen und ihren Trägerunternehmen

Zwischen Pensionskassen und deren Trägerunternehmen besteht ein vielschichtiges Verbindungsnetzwerk. Bei Pensionskassen, die in der Rechtsform des Versicherungs-vereins auf Gegenseitigkeit (VVaG) geführt werden, sind die Vereinsmitglieder gleichzeitig die Begünstigten der Einrichtung. Je nach Ausgestaltung kann es sich sowohl um einen Verein handeln, bei dem die Arbeitnehmer selbst Vereinsmitglieder und Begünstigte sind; es können aber auch die Trägerunternehmen Vereinsmitglieder sein und über die Kasse Mitarbeiter und Rentner begünstigen.

Je nach Gestaltung der Eigentumsverhältnisse werden die satzungsmäßigen Nach-schuss- bzw. Anpassungsvorschriften geregelt. Da Pensionskassen nicht über ein sat-zungsmäßiges Eigenkapital verfügen, sehen sie in ihren Satzungen regelmäßig Sanie-rungsklauseln vor. Diese besagen, dass in Sanierungsfällen durch die Kassen Leistungen gekürzt oder höhere Beiträge erhoben werden können. Diese Vorschriften stehen jedoch in einem gewissen Widerspruch zu den arbeitsrechtlichen Verpflichtun-gen des Arbeitgebers bzw. der Trägerunternehmen. Gegenüber den begünstigten Arbeitnehmern besteht zwischen der Pensionskasse und dem Trägerunternehmen ein subsidiäres Haftungsverhältnis. Das Trägerunternehmen haftet für alle Verpflichtun-

---

[14] Nach § 37 VAG (Versicherungsaufsichtsgesetz in der Fassung der Bekanntmachung vom 17. Dezem-ber 1992 (BGBl. 1993 I S. 2), das zuletzt durch Artikel 2 des Gesetzes vom 21. Juli 2010 (BGBl. I S. 950) geändert worden ist) hat die Satzung des Versicherungsunternehmens zu bestimmen, dass zur Deckung eines außergewöhnlichen Verlustes aus dem Geschäftsbetrieb eine Rücklage (Verlustrückla-ge, Reservefonds) zu bilden ist, welche Beträge jährlich zurückzulegen sind und welchen Mindestbe-trag die Rücklage erreichen muss.

[15] §5 Abs.1 Nr. 3 d KStDV

gen, soweit sich diese aus dem Betriebsrentengesetz (BetrAVG[16]) ergeben, auch und obwohl die Pensionskasse dem begünstigten Arbeitnehmer oder Rentner einen direkten Rechtsanspruch auf Leistung gewährt. Aus diesem Grund haben die Beiträge des Trägerunternehmens an eine Pensionskasse keine schuldbefreiende Wirkung in Bezug auf die Leistungsverpflichtung des Trägerunternehmens. Die Trägerunternehmen bleiben deshalb wirtschaftlich auch dann aufs Engste mit der Pensionskasse verbunden, wenn sie satzungsmäßig oder schuldrechtlich nicht zu Nachschüssen oder Sonderbeiträgen verpflichtet sind.

Auf der anderen Seite gehen arbeitsrechtliche Verpflichtungen der Trägerunternehmen aus Versorgungszusagen nicht automatisch auf die Pensionskasse über. Pensionskassen gewähren Rechtsansprüche auf Leistungen nur auf die von ihnen zugesagten und in Satzungen oder Tarifen beschriebenen Leistungen. Dies gilt insbesondere für indexierte Leistungsanpassungen auf Anwartschaften oder Rentenanpassungen.

Für die Kapitalanlage von Pensionskassen bedeutet dies, dass die Ertrags- und Risikoerwartungen der Trägerunternehmen nicht zwingend mit denen der Pensionskasse identisch sein müssen. Insbesondere bei der Inflationsabsicherung von Renten und Anwartschaften wird dies deutlich. Abhängig von der jeweiligen Plangestaltung kann insbesondere bei entgeltbezogenen Versorgungszusagen ein erhebliches Inflationsrisiko wegen der mit Lohnsteigerungen verbundenen Erhöhung der Leistungsversprechen entstehen. Auch etwaige Verpflichtungen der Trägerunternehmen zu Rentenanpassungen entsprechend der Verbraucherpreisentwicklung[17] können zu einem starken inflationsbedingten Wachstum der Verpflichtungen führen. Ob diese Inflationswirkung auf die Pensionskasse übergeht oder nicht, hängt von der jeweiligen Zusage ab, die von der Pensionskasse rechtsverbindlich gegeben wurde. Da die Tarife in den meisten Fällen keinen Inflationsschutz gewähren, wird dieses Risiko von den Trägerunternehmen getragen, auch dann, wenn diese die wirtschaftliche Erwartung hegen, dass die Überschussentwicklung der Kasse den Arbeitgeber von diesen Verpflichtungen freistellen wird. In diesen Fällen stellt sich eine wachsende Inflation für Pensionskassen zunächst nicht als Risiko dar, sondern bewirkt kräftige Beitragsmehreinnahmen, da die Trägerunternehmen die bei ihnen wachsenden Verpflichtungen durch erhöhte Beiträge nachversichern werden.

Als bedeutendes Risiko stellen sich für Pensionskassen dagegen deflationäre Szenarien dar, da weder die arbeitsrechtlichen Grundlagen noch tarifliche Bestimmungen

---

[16] BetrAVG - Betriebsrentengesetz vom 19. Dezember 1974 (BGBl. I S. 3610), das zuletzt durch Artikel 4e des Gesetzes vom 21. Dezember 2008 (BGBl. I S. 2940) geändert worden ist

[17] § 16 Abs. 2 BetrAVG

der Pensionskassen eine planmäßige Negativanpassung der Versorgungszusagen vorsehen. Unter deflationären Umständen ist damit zu rechnen, dass die unter den gegebenen aufsichtsrechtlichen Regelungen zulässigen traditionellen Kapitalanlagen Wertverluste hinnehmen müssen, während der Verpflichtungsumfang stabil bleibt bzw. unter Berücksichtigung der von Kapitalmarktentwicklungen unabhängigen Entwicklung der Lebenserwartung steigt.

Ob Trägerunternehmen tatsächlich Inflations- bzw. Deflationsschutz von ihren Pensionskassen erwarten, kann nur im Einzelfall beantwortet werden. In der Regel besteht eine günstige Korrelation zwischen der wirtschaftlichen Entwicklung der Trägerunternehmen und der inflationsbedingten Steigerung der Versorgungsverpflichtungen, da die Trägerunternehmen aktive Teilnehmer am Wirtschaftsgeschehen sind und ihre Werte in Sachanlagen und Verbindlichkeiten liegen. Inflationsschützende Maßnahmen bei Kapitalanlagen sollten deshalb in enger Abstimmung zwischen Pensionskasse und Trägerunternehmen und unter Berücksichtigung des Geschäftsmodells der Trägerunternehmen erfolgen.

Etwas anders stellt sich dagegen das Risiko der zunehmenden Lebenserwartung dar. In der Regel gewähren Pensionskassen lebenslang laufende Renten mit einer fest bestimmten Höhe. Bei einer längeren als der erwarteten Lebenserwartung entsteht ein regelmäßiger Nachfinanzierungsbedarf, der aufgrund der von der Pensionskasse zugesagten lebenslangen Leistung vorrangig von der Pensionskasse selbst zu bedienen ist und deshalb bei Erkenntnis seines Umfangs auch technisch und bilanziell bei der Pensionskasse zu berücksichtigen ist.

Die Entwicklung der Lebenserwartung erfolgt vollständig unabhängig von irgendwelchen Entwicklungen an Kapitalmärkten. Eine solide Absicherung des Risikos der steigenden Lebenserwartung über die Kapitalanlagen erscheint nicht möglich. Gleichwohl müssen die wachsenden Verpflichtungen der Pensionskasse (Nachreservierung) aus den regulären Erträgen aus Kapitalanlagen finanziert werden, soweit Sonderbeiträge der Trägerunternehmen oder Leistungskürzungen vermieden werden sollen. Kapitalerträge, die eine Pensionskasse zur Finanzierung wachsender Verpflichtungen vorab „nachreserviert", stehen der Kasse natürlich nicht mehr als verwendungsfähige Überschüsse zur Verfügung, mit denen die Pensionskasse üblicherweise Leistungsanpassungen für Rentner und Anwärter finanziert, zu denen ansonsten der Arbeitgeber verpflichtet wäre. Trägerunternehmen dürfen sich deshalb bei ihren Erwartungen an die künftigen Überschüsse einer Pensionskasse nicht ausschließlich auf das Kapitalanlagerisiko beschränken, sie müssen auch die Entwicklung der Verpflichtungsseite der Pensionskasse im Auge behalten.

3.   Kapitalanlagen deutscher Pensionskassen

Welchem Ziel dienen die Kapitalanlagen der Pensionskassen?

Pensionskassen sind – unabhängig davon, ob es sich um regulierte oder deregulierte Pensionskassen oder um Firmen- oder Wettbewerbspensionskassen handelt – Einrichtungen, die versicherungsförmige Garantien auf unterschiedlich gestaltete Versorgungszusagen geben. Der Begriff der versicherungsförmigen Garantie findet sich nicht in den gesetzlichen Bestimmungen zu Pensionskassen, er entspringt vielmehr einer Vorschrift zur Abgrenzung der versicherungsförmigen Garantie von der nicht versicherungsförmigen Garantie bei Pensionsfonds. Danach besteht eine versicherungsförmige Garantie des Pensionsfonds dann, wenn er sich verpflichtet hat, fest vereinbarte Leistungen gegen in Höhe und Fälligkeit fest vereinbarte Beiträge zu erbringen.[18] Da Pensionskassen regelmäßig garantierte Leistungen gegen fest vereinbarte Beiträge erbringen, können ihre Zusagen im Unterschied zu anderen Zusagen der betrieblichen Altersvorsorge als versicherungsförmige Zusagen betrachtet werden. Sie übernimmt damit das Kosten-, das Kapitalanlage- und das biometrische Risiko der zugesagten Leistung.

Die aufsichtsrechtliche Definition der Pensionskassen findet sich in § 118a VAG. Danach ist sie ein rechtlich selbstständiges Lebensversicherungsunternehmen, dessen Zweck die Absicherung wegfallenden Erwerbseinkommens wegen Alter, Invalidität oder Tod ist und neben einigen anderen leistungsbestimmenden Merkmalen das Versicherungsgeschäft im Kapitaldeckungsverfahren betreiben muss.[19]

Bereits aus dieser gesetzlichen Definition ergibt sich eine klare Zweckbestimmung der Kapitalanlagen von Pensionskassen. Pensionskassen sind danach kein Investmentvehikel, welches lediglich die Optimierung eines Ertrages gegen ein definiertes Risiko zum Ziel hat. Pensionskassen garantieren eine von vornherein bestimmte Leistung, die das wegfallende Erwerbseinkommen nicht übersteigen soll. Sie garantieren aber auch, und dies wird in seiner Bedeutung weitgehend unterschätzt, über die gesamte Dauer der Vertragsbeziehung, also der Anspar- und der Leistungsphase, die vollständige Kapitaldeckung des jeweiligen Wertes der übernommenen Garantie. Die Kapitalanlagen der Pensionskasse sind deshalb nicht ausschließlich ein zum Zwecke der

---

[18]   § 1 Abs.2 PFDeckRV (Verordnung über die Rechnungsgrundlagen für die Deckungsrückstellung von Pensionsfonds, In der Fassung vom 20.12.2001, zuletzt geändert durch Gesetz zur Änderung des Vierten Buches Sozialgesetzbuch, zur Errichtung einer Versorgungsausgleichskasse und anderer Gesetze vom 15.7.2009).

[19]   § 118a VAG

Vermögensmehrung eingesetztes Kapital, sie haben daneben den Charakter eines hinterlegten Pfandes zur Sicherung der versprochenen Leistung.

Ein sichtbares Institut dieser Pfandbestimmung der Kapitalanlagen in Pensionskassen ist die Funktion des Deckungsstocktreuhänders[20] und die Definition des von ihm zu beaufsichtigenden Sicherungsvermögens.[21] Dieses Sicherungsvermögen ist so sicherzustellen, dass nur mit Zustimmung des Treuhänders darüber verfügt werden kann.[22] Nur unter der Prämisse der Pfandbestimmung des Sicherungsvermögens lassen sich die restriktiven Anlagevorschriften des VAG und seiner aufsichtsrechtlichen Ausführungsbestimmungen[23] verstehen. Aus Sicht des technischen Auftrages dient das Sicherungsvermögen allein der Sicherstellung der zugesagten Leistung und nicht einer spekulativen Vermögensmehrung.

Dies steht traditionell etwas im Widerspruch zum gedanklichen Umfeld von Pensionskassen, die ihr Verhältnis zu Kapitalanlagen und ihre Anlageerwartung eher im Umfeld ihrer Trägerunternehmen als in der Welt der Versicherungswirtschaft entwickelt haben. Pensionskassen haben deshalb seit jeher versucht die aufsichtsrechtlichen Anlagebedingungen möglichst nah an den Erwartungen ihrer Trägerunternehmen auszunutzen und dementsprechend die Renditen der Anlagen unter optimaler Ausnutzung der vorhandenen Risikotragfähigkeit zu steigern.

Aus der Governance-Studie 2010, an der sich auch 12 Pensionskassen beteiligt hatten, geht hervor, dass 67% der teilnehmenden Pensionskassen eine Maximierung der Zielrendite bei einem vorgegebenen Risikoprofil verfolgen. Bei den Versicherungen sind es 44% der befragten Einrichtungen, die ein Konzept der Ertragsoptimierung verfolgen. 56% der Versicherungen dagegen versuchen, ein vorgegebenes Renditeziel durch die Steuerung ihres Risikoprofils zu erreichen.[24] Die Studie zeigt aber auch, dass nur 8% der Pensionskassen einen Anlageertrag von unter 4% anstreben, während dies bei Versicherungen immerhin 31%, bei Stiftungen 34% und bei berufsständischen Versorgungswerken 50% der Einrichtungen sind. Gleichwohl bezeichnen 100% der berufsständischen Versorgungswerke den Vermögensaufbau als ihr Ziel, während dies

---

[20]   §§ 70 ff VAG

[21]   §§ 66 ff VAG

[22]   § 72 Abs.1 VAG

[23]   §§ 54 ff VAG; AnlVO - Verordnung über die Anlage des gebundenen Vermögens von Versicherungsunternehmen (Anlageverordnung – AnlVO), zuletzt geändert am 30. Juni 2010 durch die Dritte Verordnung zur Änderung der Anlageverordnung, Bundesgesetzblatt, Teil I, Nr. 3

[24]   Governance von Kapitalanlagen – Update 2010 Risikomanagement; ein Projekt der Complementa Investment-Controlling AG, München/St.Gallen/Zürich, Bayerisches Finanzzentrum e.V. und der Technischen Universität München

bei Pensionskassen nur 17% und bei Versicherungen 38% sind. Entsprechend steht bei Pensionskassen mit 75% der Befragten und bei Versicherungen mit 69% der Kapitalerhalt im Vordergrund der Anlageziele, was zumindest bezüglich der Pensionskassen in einem gewissen Widerspruch zu den hohen Ertragserwartungen steht. Unabhängig davon scheinen Pensionskassen der Studie zufolge ihre Anlageziele erreicht zu haben. 60% der befragten Kassen geben an, ihre Zielrendite in den Jahren 2007-2009 erreicht zu haben. Pensionskassen liegen damit etwas über den Versicherungen (55%) und erheblich über Corporates (29%) und Stiftungen (33%).

Sinkender Rechnungszins in den letzten Jahren

Natürlich unterstellt auch eine Pensionskasse bei ihrer technischen Kalkulation eine gewisse Vermögensmehrung. Im Unterschied zu vielen anderen Finanzinstituten ist sie dabei sogar bereit, diese Vermögensmehrung in Form ihres technischen Rechnungszinses zu garantieren.

Lebensversicherungen und Pensionskassen sind in der Wahl des Rechnungszinses nicht frei. Der jeweils gültige Höchstrechnungszins wird vom Bundesministerium für Finanzen (BMF) in der Deckungsrückstellungsverordnung (DeckRV) festgelegt. Der derzeit gültige Höchstrechnungszins für Versicherungsverträge mit Zinsgarantie beträgt 2,25%.[25] Dieser Höchstzinssatz gilt für die gesamte Laufzeit des Vertrages.[26] In der Praxis wirken sich deshalb Senkungen des Höchstzinssatzes nur für neu abgeschlossene Versicherungsverträge aus. Dies stellt insbesondere Pensionskassen vor ein besonderes Problem, da diese in der Regel Verträge mit Trägerunternehmen über die Versicherung der gesamten Belegschaft, auch künftiger Neueinstellungen, abschließen. Um diesem Problem Rechnung zu tragen sieht § 2 Abs. 3 DeckRV eine Ausnahmeregelung für Pensionskassen vor, die es ihnen gestattet, ihren Rechnungszins mit Zustimmung der Aufsichtsbehörde auf den jeweiligen Höchstzinssatz der Verordnung anzupassen.[27]

---

[25] § 2 DeckRV (Deckungsrückstellungsverordnung vom 6. Mai 1996 (BGBl. I Seite 670) zuletzt geändert durch Art. 9f des Gesetzes vom 15. Juli 2009 (BGBl. I Seite 1939)

[26] § 2 Abs. 2 Satz 1 DeckRV (Deckungsrückstellungsverordnung vom 6. Mai 1996 (BGBl. I Seite 670) zuletzt geändert durch Art. 9f des Gesetzes vom 15. Juli 2009 (BGBl. I Seite 1939)

[27] § 2 Abs. 3 DeckRV (Deckungsrückstellungsverordnung vom 6. Mai 1996 (BGBl. I Seite 670) zuletzt geändert durch Art. 9f des Gesetzes vom 15. Juli 2009 (BGBl. I Seite 1939)

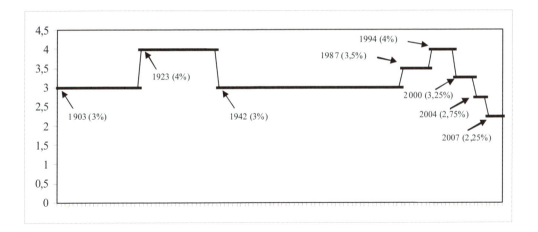

Abbildung 2: Entwicklung des Höchstrechnungszinses von 1903-2010[28]

Die Anpassung des Höchstrechnungszinses durch das Bundesministerium für Finanzen erfolgt nicht im Rahmen einer vorausschauenden Prognose. Vielmehr beobachtet das Bundesministerium für Finanzen die Entwicklung der Umlaufrendite sicherer Anlagen mit einer Restlaufzeit von ca. 10 Jahren und passt den Höchstzinssatz dann an, wenn der rollierende Mittelwert der vergangenen 10 Jahre vom aktuellen Höchstzinssatz spürbar abweicht.

Der Verlauf der Kurve zeigt, dass der Höchstrechnungszins über den langfristigen Verlauf nicht nur tendenziell gefallen ist, sondern in der jüngsten Vergangenheit in zunehmend kürzeren Perioden abgesenkt werden musste. Damit rückt die Ertragserwartung an das Sicherungsvermögen in den Hintergrund, während die Pfandbestimmung und Sicherung des Vermögens in den Vordergrund gelangt. Andererseits darf nicht übersehen werden, dass mit der im historischen Verlauf ungewöhnlich schnellen Absenkung des Höchstrechnungszinses die zurückliegend gegen höhere Rechnungszinsen gewährten Verpflichtungen nicht mit vergleichbarer Geschwindigkeit abgebaut werden können. Während bei Lebensversicherungen durch Vertragsstornierungen ein gewisser Abbau der historischen Verpflichtungen eintritt, spielt dieser Effekt bei Pensionskassen keine Rolle. Regulierte Pensionskassen (Firmenpensionskassen) stehen deshalb vor der Wahl, entweder im Einvernehmen mit der Aufsichtsbehörde den Rechnungszins auch für den Bestand ihrer Versicherungen zu sen-

---

[28] Selbst erstellt, im Wesentlichen entnommen aus der Antwort der Bundesregierung auf die Anfrage der Fraktion Die Linke im Deutschen Bundestag vom 18.03.2008, Drucksache 16/8614; Ortmann, (2009), S. 116

ken, mit der Folge entsprechender Leistungsabsenkungen oder Beitragserhöhungen, oder durch Ausweichen auf höhere Anlagerisiken den erforderlichen Kapitalanlageertrag zu erzielen.

Welchen Weg Pensionskassen dabei gehen wollen, kann nur in enger Abstimmung mit den jeweiligen Trägerunternehmen entschieden werden. Wegen der Subsidiärhaftung der Trägerunternehmen[29] gehen sowohl die Leistungsabsenkung wie auch der Aufwand von Sonderbeiträgen zur Anhebung des Sicherungsvermögens zu deren Lasten. Dies wurde durch das Hessische Landesarbeitsgericht auch für die Leistungsansprüche ehemaliger Arbeitnehmer bestätigt, denn der Arbeitgeber hat auch gegenüber ehemaligen Arbeitnehmern, denen er Altersversorgungen über eine Pensionskasse versprochen hat, dafür einzustehen, wenn die Pensionskasse ihre Leistungen herabsetzt[30]. Es liegt also nahe, wenn der Rechnungszins und damit auch das Risiko, diesen nicht zu erwirtschaften, nur in enger Abstimmung mit den Trägerunternehmen erfolgen kann. Die Erwartungen an die Kapitalanlagen verändern sich dabei von der reinen Sicherungserwartung in eine gewisse Ertragserwartung. Die Kapitalanlagen der Pensionskassen geraten in einen Zielkonflikt zwischen dem Wunsch, den betrieblichen Aufwand für die Erfüllung der zugesagten Leistungen durch die erwirtschafteten Kapitalerträge zu mindern und dem technischen Auftrag an die Pensionskasse, das Vermögen sicher zu verwahren und den erforderlichen Rechnungszins zu erwirtschaften.

Durch die starke Zunahme der tarifvertraglichen und privaten Entgeltumwandlung verlieren die Trägerunternehmen weitgehend die eigene Steuerungshoheit über den Umfang der von ihnen gewährten Versorgungszusagen. Die Pensionskassen kommen hier den Trägerunternehmen entgegen, indem sie über die Einführung neuer Tarife deren Risiken durch die Zusage niedriger bzw. keiner Rechnungszinsen minimieren.

Es stellt sich die Frage, ob Versorgungszusagen, die keine Zinsgarantie mehr beinhalten, für Arbeitnehmer attraktiv sein können. Als Anreiz für den Arbeitnehmer steht nun nicht mehr die garantierte Kapitalanlagenerwartung im Vordergrund, sondern die kollektive Absicherung seiner Lebenserwartung. Der Arbeitnehmer erhält nach wie vor eine lebenslange Leistung, unabhängig davon, wie sich die Kapitalanlagemärkte entwickeln. Die individuelle Absicherung einer zeitlich unbefristeten Leistung wäre für den Arbeitnehmer mit erheblich höheren Kosten und Risiken verbunden. Zudem

---

[29] § 1 Abs.1 BetrAVG (Gesetz zur Verbesserung der Betrieblichen Altersversorgung - Betriebsrentengesetz vom19.12.1974 BGBl. I S. 3610, zuletzt geändert durch Artikel 4e des Gesetzes vom 21.12.2008, BGBl I S. 2940)

[30] Hessisches Landesarbeitsgericht, Urteil vom 03.03.2010 [Aktenzeichen: 8 Sa 187/09]

spielt die garantierte Verzinsung bei laufend abgesenkten Höchstrechnungszinsen eine nur noch geringe Rolle. Hinzu kommt, dass die tatsächlichen Erträge einer Kapitalanlage nicht durch höhere Mindestrechnungszinsen gesteigert werden. Wichtiger erscheint vielmehr das tatsächliche Ertragspotenzial einer Kapitalanlage, welches durch die Risikotragfähigkeit der Kapitalanlage bestimmt wird. Da diese durch Zinsgarantien aber eher geschmälert als erhöht wird, ist längerfristig bei Versorgungszusagen ohne garantierten Mindestrechnungszins zumindest dann von höheren Kapitalerträgen auszugehen, wenn Pensionskassen und Trägerunternehmen bereit und in der Lage sind, die gewonnene Risikotragfähigkeit positiv zu nutzen.

Die Entscheidung über den Umfang der eingebrachten Beiträge wechselt allerdings zunehmend vom nach wie vor haftenden Trägerunternehmen zu dem begünstigten Arbeitnehmer, der die eingebrachten Beiträge als einen Teil seiner „Zukunftsinvestments" neben Sparverträgen, eigener Immobilie und privater Lebensversicherung betrachtet und deshalb eine Ertragserwartung an sein „Investment" richtet, welches im Wettbewerb zu den möglichen Alternativen steht. Der Arbeitnehmer wird seine betriebliche Absicherung immer im Vergleich zu einer privaten Absicherung einschätzen. Da betriebliche Einrichtungen weder Vertriebs- noch Marketingkosten kalkulieren, der Arbeitgeber arbeitsrechtlich für die zugesagten Leistungen neben der Versorgungseinrichtung haftet und die Einrichtungen für Mitarbeiter wegen ihrer Mitwirkung in den Kassenorganen höchst transparent sind, behalten betriebliche Pensionskassen auch ohne garantierte Rechnungszinsen ihre Attraktivität. Die Absicherung über die Mitwirkung des Arbeitgebers wird vom Arbeitnehmer dabei sicherlich als großer Vorteil für die Sicherheit „seines Investments" empfunden, befreit die Pensionskasse aber nicht vollständig von einer Renditeerwartung, die über der möglichen eigenen sicheren Anlage in Staatsanleihen liegt.

Die Kapitalanlagen der Pensionskassen dienen deshalb zwar nach wie vor dem Ziel, die versprochenen Leistungen zu sichern und das erforderliche Kapital zu hinterlegen, sie dienen aber auch zunehmend dem Ziel, künftige Altersversorgungsaufwendungen kostenerträglich zu gestalten und Anreize zur Eigenvorsorge der Arbeitnehmer zu bieten. Die künftige Attraktivität der Pensionskasse wird davon abhängig sein, in welchem Umfang es gelingt, diese Anforderungen miteinander zu verbinden. Das Modell einer langfristig vorhersagbaren sicheren Verzinsung von Kapitalanlagen wird überdacht werden müssen. Pensionskassen werden verstärkt garantierte und kapitalmarktabhängige Ergebnisse miteinander kombinieren müssen. Das Modell der jederzeitigen vollständigen Deckung der Leistungsversprechen muss gegenüber einem Modell der letztendlich zum Fälligkeitszeitpunkt garantierten Leistung hinsichtlich seiner Kosten und Realisierbarkeit abgewogen werden.

Welche organisatorischen Voraussetzungen zur Kapitalanlagenverwaltung finden sich in Pensionskassen

Wie in der Einleitung dargestellt, unterscheiden sich Pensionskassen hinsichtlich ihrer Struktur und Größe erheblich voneinander, was allgemeingültige Aussagen erschwert. Pensionskassen sind zwar stets rechtlich selbstständige Versicherungsunternehmen[31], häufig aber tatsächlich und organisatorisch eng mit ihren Trägerunternehmen verbunden. Daneben haben sich überbetriebliche Pensionskassen entwickelt, die vollständig selbstständige Organisationseinheiten bilden und in der Lage sind, unabhängig von irgendwelchen Trägerunternehmen den gesamten für ein Versicherungsunternehmen erforderlichen Geschäftsbetrieb aus eigener Kraft und mit eigenen Mitteln zu organisieren.

Ungeachtet der jeweiligen Voraussetzungen und Organisationsstruktur haben Pensionskassen bezüglich der Kapitalanlagenverwaltung einige Gemeinsamkeiten.

Governance-Strukturen in Pensionskassen

Pensionskassen sind heute regelmäßig mit einer vergleichbaren Governance-Struktur versehen. Pensionskassen, ob als Versicherungsverein auf Gegenseitigkeit oder als Aktiengesellschaft betrieben, verfügen über ein Eigentümerorgan (Mitglieder-, Delegierten- oder Gesellschafterversammlung), über einen Aufsichtsrat und einen Vorstand. Die operativen Geschäfte werden von einem oder den Vorständen geführt. Insoweit unterscheiden sich Pensionskassen nicht von anderen Kapitalgesellschaften. Eine besondere Stellung kommt dem Treuhänder[32] zu. Das Sicherungsvermögen der Pensionskasse ist so sicherzustellen, dass nur mit Zustimmung des Treuhänders darüber verfügt werden kann[33]. Bei dieser Zustimmung zu Verfügungen handelt es sich allerdings nicht um die Mitwirkung im aktiven Kapitalanlagenmanagement. Der Treuhänder bestätigt vielmehr, dass das Sicherungsvermögen vorschriftsmäßig angelegt und aufbewahrt ist[34], und überwacht die Einhaltung der Bedingungen zur Herausgabe von Sicherungsvermögen[35].

---

[31]   § 118a VAG

[32]   §§ 70 ff VAG

[33]   § 72 Abs. 1 VAG

[34]   § 73 VAG

[35]   § 72 Abs. 2 VAG

Verantwortlicher Aktuar

Daneben kennen Pensionskassen die Funktion des Verantwortlichen Aktuars[36]. Auch der Verantwortliche Aktuar trifft keine Entscheidungen im aktiven Kapitalanlagenmanagement. Ihm obliegt im Wesentlichen die Sicherstellung der Ermittlung von Prämien und der Deckungsrückstellung nach den gesetzlichen Bestimmungen. Allerdings muss der Verantwortliche Aktuar die Finanzlage des Unternehmens insbesondere daraufhin prüfen, ob die dauernde Erfüllbarkeit der sich aus den Versicherungsverträgen ergebenden Verpflichtungen jederzeit gewährleistet ist und das Unternehmen über ausreichende Mittel in Höhe der Solvabilitätsspanne[37] verfügt.[38]

Aus dieser Prüfung könnte sich auch eine Verpflichtung des Verantwortlichen Aktuars ableiten, die Qualität der Kapitalanlagen dahin gehend zu überprüfen, ob deren Ertragskraft die dauernde Erfüllbarkeit der Verträge gewährleistet. Tatsächlich werden sich Verantwortliche Aktuare aber nicht perspektivisch mit der Entwicklung des vorhandenen Vermögens befassen. Das allgemeine Verständnis über die Aufgaben des Aktuars besteht vielmehr darin, dass der Aktuar die Entwicklung der Prämien und Deckungsrückstellung in ein Verhältnis zu den gegenwärtig vorhandenen finanziellen Mitteln der Kasse setzt und durch Fortschreibung des technischen Zinssatzes (d.h. des Rechnungszinses) die laufende Erfüllbarkeit der Verträge überprüft. Allerdings gehört es zu den Kernaufgaben des Verantwortlichen Aktuars, unter der Bilanz des Versicherers (Pensionskasse) die korrekte Berechnung der Deckungsrückstellung zu testieren.[39] Zu einer korrekten Berechnung der Deckungsrückstellung gehört zwingend die Wahl korrekter Berechnungsparameter. Der Verantwortliche Aktuar hat deshalb die Angemessenheit des gewählten Rechnungszinses zu überprüfen. Er bedient sich dabei aber weniger spekulativer Annahmen als Modellrechnungen, die zwar im Einzelnen unterschiedlich ausgestaltet sein können, aber im Wesentlichen darauf beruhen, dass die gegenwärtige laufende Durchschnittsverzinsung der Altkapitalanlagen und der gegenwärtige Marktzins für Neu- und Wiederanlagen daraufhin geprüft werden, ob der jeweilige Rechnungszins tatsächlich erreicht werden kann.

---

[36] § 16a VAG

[37] § 53c Abs. 1 Satz 1 VAG: „Versicherungsunternehmen sind verpflichtet, zur Sicherstellung der dauernden Erfüllbarkeit der Verträge stets über freie unbelastete Eigenmittel mindestens in Höhe der geforderten Solvabilitätsspanne zu verfügen, die sich nach dem gesamten Geschäftsumfang bemisst."

[38] § 11a Abs. 3 Ziff. 1 VAG

[39] versicherungsmathematische Bestätigung gem. § 11a Abs. 3 Ziff.2 VAG

Asset-Liability-Management

Die Gesamtverantwortung für das Risikomanagement liegt allerdings bei der Geschäftsleitung und ist nicht delegierbar.[40] Die Steuerung der Kapitalanlagen der Pensionskasse unter angemessener Berücksichtigung von Risiko- und Renditeaspekten gehört damit zu den unabdingbaren Pflichtaufgaben des Vorstands einer Pensionskasse. Das Risiko einer Pensionskasse lässt sich jedoch nicht allein aus den in den Kapitalanlagen einer Kasse ruhenden Risiken ableiten. Die Steuerung der Kapitalanlagen hat unter Berücksichtigung der versicherungstechnischen Verpflichtungen zu erfolgen. Entwicklung und Erwartungen an die Kapitalanlagen und die erwartete Entwicklung der Verpflichtungen werden im Asset-Liability-Management zusammengefasst. Ziel ist es eine Projektion zu erhalten, die die gleichzeitige Fortschreibung der Aktiv- und der Passivseite der Bilanz unter Berücksichtigung der gegenseitigen Wechselwirkungen zum Inhalt hat.[41] Hierbei kommt dem Aktuar zunehmend Bedeutung bei der Gesamtbeurteilung der Aktiv- und Passivseite der Bilanz zu.

Stresstest

Neben der auf Annahmen beruhenden Gegenüberstellung der zukünftigen Entwicklung von Kapitalanlagen und Verpflichtungen muss auch die gegenwärtige Risikotragfähigkeit der Pensionskassen auf der Grundlage der tatsächlich vorhandenen Kapitalanlagen überprüft werden. Aus diesem Grund wird von der deutschen Aufsichtsbehörde BaFin[42] ein regelmäßiger Stresstest abgefragt.[43] Dieser Stresstest wurde von der BaFin in Zusammenarbeit mit dem GDV[44] entwickelt und laufend ergänzt. Die Parameter dieses Stresstests finden sich in einem Rundschreiben der BaFin vom 17.02.2004[45] welche durch das Rundschreiben vom 17.12.2008[46] zuletzt ergänzt wurden.

---

[40]   § 64a Abs. 1 VAG

[41]   Busson/ Ruß/ Zwiesler (2000), S. 104 – 109.

[42]   Bundesanstalt für Finanzdienstleistungsaufsicht

[43]   Rundschreiben 15/2005 (VA) Teil A.IX.1.b) zur Anlage des gebundenen Vermögens, Anlagemanagement und interne Kontrollverfahren vom 20. August 2005.

[44]   Gesamtverband der Deutschen Versicherungswirtschaft.

[45]   Rundschreiben 1/2004 (VA) über die Durchführung von Stresstests, Geschäftszeichen VA 14 – O 1000 – 50/04 vom 17. Februar 2004.

[46]   Ergänzung der Parameter für das Jahr 2009 zur Durchführung des BaFin-Stresstests (Rundschreiben 1/2004) – Verlautbarung zum Rundschreiben 1/2004 (VA) Teil A vom 17. Dezember 2008.

Der Stresstest stellt ein rein quantitatives Element des Risikomanagements dar und dient der Aufsichtsbehörde als Frühwarnsystem, welches eine mögliche, aber nicht sichere Kapitalmarktentwicklung unterstellt. Der aktuelle BaFin-Stresstest sieht vier Szenarien vor, mit denen Kapitalmarktverluste simuliert werden. Es werden dabei ein Szenario bezüglich eines Kursrückgangs bei festverzinslichen Wertpapieren, ein Szenario bezüglich möglicher Aktienwertverluste sowie zwei gemischte Szenarien auf die konkret vorhandenen Kapitalanlagen angewandt.

Sollte dieser Stresstest insgesamt oder in einzelnen Szenarien zu dem Ergebnis führen, dass die betroffene Pensionskasse nicht über eine ausreichende Risikotragfähigkeit im Sinne des Tests verfügt, dann hat dies nicht eine sofortige Umstrukturierung der vorhandenen Kapitalanlagen zur Folge. In diesem Fall müssen jedoch der Gesamtvorstand der Kasse und der Aufsichtsrat sofort informiert werden. Weiterhin ist der BaFin darzulegen, welche Maßnahmen zur Wiederherstellung der Risikotragfähigkeit geplant oder durchgeführt worden sind.[47]

Unabhängig von dieser auf angenommenen Risiken beruhenden Ermittlung der Risikotragfähigkeit einer Pensionskasse regelt der Gesetzgeber die Höhe der zur dauernden Erfüllbarkeit der Verträge stets zur Verfügung stehenden, freien und unbelasteten Eigenmittel durch die Bildung einer Solvabilitätsspanne, deren Umfang sich nach dem gesamten Geschäftsumfang bemisst.[48] Die Eigenmittel der Pensionskasse bestimmen die Risikotragfähigkeit der jeweiligen Einrichtung und damit auch die konkrete Struktur der Kapitalanlagen.

Kapitalanlagemanagement

Die Portfolios der Pensionskassen sind weit unterschiedlicher strukturiert als die der Versicherungen. Gleichwohl ist in Folge der sich durch verschiedene Ursachen begründeten Verengung der regulatorischen Rahmenbedingung eine zunehmende Angleichung an die Portfolios der Versicherungen zu erkennen. Es sind nur noch wenige Pensionskassen in der Lage, aufgrund ihrer besonderen Absicherung durch ihre Trägerunternehmen signifikant risikoorientierte Portfolios zu halten und die aufsichtsrechtlich gegebenen Anlagegrenzen tatsächlich auszuschöpfen. In der Regel passen sich Pensionskassen in ihrer Strategischen Asset Allocation zunehmend dem Risiko-

---

[47] Rundschreiben 1/2004 (VA) über die Durchführung von Stresstests vom 17. Februar 2004; Abschnitt B. Anordnung betreffend die Berichtspflichten über die Durchführung von Stresstests und Vorlage der Ergebnisse bei der Aufsichtsbehörde nach §§ 54 Abs.1; 54d VAG i.V.m. § 6 AnlV

[48] § 53c VAG

profil der Versicherungen an. Die bereits zitierte Governance Studie[49], aber auch die jährliche Befragung der im Verband der Firmenpensionskassen e.V. (VFPK) zusammengeschlossenen Pensionskassen zeigen eine solche Angleichung. Nach der Governance Studie werden sowohl von Versicherungen wie auch von Pensionskassen 63% der Anlagen in Euro Renten (ex Emerging Market und High Yield) gehalten. Auch bei High Yield und Emerging Market Renten liegen Pensionskassen mit 3% gleich wie Versicherungen. Der höhere Aktienanteil, der über lange Zeit ein Kennzeichen der Pensionskassen war, ist auf einen immerhin noch erkennbaren Vorsprung gesunken. Während die Pensionskassen ihren Aktienanteil mit 12% angeben, liegt dieser bei den Versicherungen bei 5%. Dem Bedürfnis der Träger der betrieblichen Altersversorgung nach einem höheren Aktienanteil werden heute eher CTA's und Pensionsfonds gerecht, die ihren Aktienanteil mit 23% beziffern. Tendenziell zeigt sich, dass die Bereitschaft, in Eigenkapital von Unternehmen zu investieren zurückgeht, je weniger die Kapitalanlage auf die Risikotragfähigkeit der Sponsoren abgestellte werden kann bzw. je weniger der einzelne Sponsor an Transparenz und Mitwirkungsmöglichkeiten bei Kapitalanlage und Risikomanagement erhält.

Da Stiftungen, Pensionsfonds und CTA's in ihren Governance-Strukturen in der Regel mit nur wenigen Sponsoren eng verbunden sind, haben diese die Möglichkeit, die Risikotragfähigkeit bzw. die individuelle Risikobereitschaft der Sponsoren in die Portfoliostruktur einfließen zu lassen. Die größere Transparenz des Portfolios und die direkte Einflussmöglichkeit auf dasselbe stärken das Vertrauen der Sponsoren in die Kapitalanlagen und deren Sicherheit, was eine größere Risikobereitschaft zur Folge hat.

---

[49] Governance von Kapitalanlagen – Update 2010 Risikomanagement; ein Projekt der Complementa Investment-Controlling AG, München/St.Gallen/Zürich, Bayerisches Finanzzentrum e.V. und der Technischen Universität München.

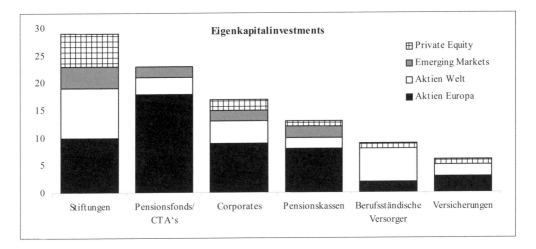

Abbildung 3: Anteil der Eigenkapitalinvestments in Prozent der Kapitalanlagen[50]

In ihrer Gesamtheit befinden sich Pensionskassen in der Mitte zwischen stark sponso-renverbundenen Einrichtungen und denjenigen, die einen sponsorenunabhängigen Auftrag verfolgen. Für die einzelne Pensionskasse aber gilt diese Positionierung kei-neswegs. In Pensionskassen, welche eng mit einem Trägerunternehmen verbunden sind, wird sich deren Portfoliostruktur eher mit Portfolios von Pensionsfonds und CTA's vergleichen lassen, während die Portfolios von überbetrieblichen Pensionskas-sen und sog. Wettbewerbspensionskassen dagegen zumeist mit den Strukturen von Versicherungen vergleichbar sind.

Die tatsächliche Verwaltung der vorhandenen Vermögensgegenstände der Pensions-kassen erfolgt auf unterschiedlichste Weise. Pensionskassen lagern diese Aufgabe zum Teil komplett, zumeist aber nur zu Teilen, auf qualifizierte externe Dienstleister aus oder betreiben die Anlagenverwaltung auch vollständig im eigenen Haus. Sehr häufig nutzen Pensionskassen Publikumsfonds und Spezialfonds, um externe Manager einzu-binden, halten aber gleichzeitig einen Teil ihrer Kapitalanlagen im Direktbestand und handeln diese dann auf der Grundlage eigener Entscheidungen und über eigene admi-nistrative Strukturen. Aus der bereits zitierten Governance Studie[51] 2010, geht hervor,

---

[50] Zusammenfassung der Ergebnisse aus der Studie: Governance von Kapitalanlagen – Update 2010 Risikomanagement; ein Projekt der Complementa Investment-Controlling AG, München/St.Gallen/ Zürich, Bayerisches Finanzzentrum e.V. und der Technischen Universität München.

[51] Governance von Kapitalanlagen – Update 2010 Risikomanagement; ein Projekt der Complementa Investment-Controlling AG, München/St.Gallen/Zürich, Bayerisches Finanzzentrum e.V. und der Technischen Universität München.

dass etwa die Hälfte (54%) der befragten Pensionskassen ihre Kapitalanlagen „Inhouse" verwalten, 46% vergeben externe Mandate. In Direktanlagen werden nach dieser Studie 60% der Vermögenswerte gehalten, 28% der Mittel liegen in Spezialfonds und 12% in Publikumsfonds. Pensionskassen unterscheiden sich dabei nicht wesentlich von den Ergebnissen, die für Versicherungen ermittelt wurden. Etwas abweichend stellt sich jedoch das Bild bei der Wahl zwischen aktivem und passivem Management dar. Während 91% der Versicherungen aktives Management der Kapitalanlagen bevorzugen, behaupten dies nur 76% der befragten Pensionskassen von sich.

4. Regulatorische Rahmenbedingungen

Zulässige Anlageformen nach dem Versicherungsaufsichtsgesetz (VAG)

Pensionskassen sind von ihrer grundsätzlichen Natur her Versicherungsunternehmen und unterliegen deshalb auch bezüglich ihrer Kapitalanlagen allen Bestimmungen und Nebenbestimmungen des Versicherungsaufsichtsgesetzes (VAG[52]).

Das VAG definiert in § 54 Abs. 1 Grundsätze der Anlagepolitik eines Versicherungsunternehmens für das gebundene Vermögen. Das gebundene Vermögen besteht aus dem Sicherungsvermögen und dem sonstigen gebundenen Vermögen.[53] Neben dem gebundenen Vermögen kann es in Versicherungsunternehmen auch freies Vermögen geben. Dieses wäre das Vermögen, welches nicht versicherungstechnischer Natur ist. In der Praxis spielt dieses Vermögen bei Pensionskassen keine Rolle.

Das gebundene Vermögen ist so anzulegen, dass möglichst große Sicherheit und Rentabilität bei jederzeitiger Liquidität des Versicherungsunternehmens unter Wahrung angemessener Mischung und Streuung des Vermögens erreicht wird. Diese Grundsätze bestimmen ganz wesentlich die Anlagepolitik der Pensionskassen, auf die im Nachfolgenden noch näher eingegangen werden soll.[54]

Neben diesen Grundsätzen definiert § 54 VAG in Absatz 2 einen abschließenden Katalog konkreter Anlagen, in die das Vermögen einer Versicherung bzw. einer Pensionskasse angelegt werden darf.

---

[52] VAG - Versicherungsaufsichtsgesetz in der Fassung der Bekanntmachung vom 17. Dezember 1992 (BGBl. 1993 I S. 2), das zuletzt durch Artikel 2 des Gesetzes vom 21. Juli 2010 (BGBl. I S. 950

[53] § 54 Abs. 5 VAG

[54] § 54 Abs. 1 VAG

Diese sind

- Darlehensforderungen, Schuldverschreibungen und Genussrechte
- Schuldbuchforderungen
- Aktien
- Beteiligungen
- Grundstücke und grundstücksgleiche Rechte
- Anteile an Organismen für gemeinschaftliche Anlagen in Wertpapieren und für andere Anlagen, die nach dem Grundsatz der Risikostreuung angelegt werden, wenn die Organismen einer wirksamen öffentlichen Aufsicht zum Schutz der Anteilinhaber unterliegen
- laufende Guthaben und Einlagen bei Kreditinstituten
- sonstige Anlagen, soweit diese nach Artikel 21 oder Artikel 22 der Dritten Richtlinie Schadenversicherung oder Artikel 23 oder Artikel 24 der Richtlinie über Lebensversicherungen zulässig sind.

Ausnahmen von diesem konkreten Anlagekatalog kann die Aufsichtsbehörde nur dann gestatten, wenn außergewöhnliche Umstände vorliegen.

Seine wesentlichste Wirkung erhält § 54 VAG allerdings durch seinen Absatz 3, der eine Verordnungsermächtigung für die Bundesregierung enthält, Einzelheiten durch quantitative und qualitative Vorgaben zur Anlage des gebundenen Vermögens festzulegen.[55]

Anlageverordnung (AnlVO[56])

Die Anlageverordnung (AnlVO) ist das wichtigste Handwerkszeug für die tägliche Arbeit der für die Kapitalanlagen verantwortlich handelnden Personen einer Pensionskasse. Sie enthält nur 6 Paragrafen, regelt damit aber sehr ausführlich das Tagesgeschäft und die Grundzüge der Kapitalanlage von Versicherungsunternehmen und Pensionskassen. Die praktischen Erläuterungen der Inhalte der Anlageverordnung (AnlVO) werden von der Aufsicht in Form von Rundschreiben veröffentlicht, die keine eigenen Normen setzen, allerdings die Interpretation und Konkretisierung der gesetzlichen Regelungen durch die Aufsichtsbehörde deutlich zum Ausdruck bringen. Wegen der Detaillierung der Regelungsinhalte und der sich schnell wandelnden Fi-

---

[55] § 54 Abs. 3 VAG
[56] AnlVO – Verordnung über die Anlage des gebundenen Vermögens von Versicherungsunternehmen (Anlageverordnung – AnlVO), zuletzt geändert am 30. Juni 2010 durch die Dritte Verordnung zur Änderung der Anlageverordnung, Bundesgesetzblatt, Teil I, Nr. 3.

nanzprodukte sind häufige Anpassungen der Verordnung und Rundschreiben erforderlich. Die umfänglichen und stark ineinander greifenden Einzelbestimmungen der Anlageverordnung und ihrer Rundschreiben sollen an dieser Stelle nicht im Detail erläutert werden.[57] Es soll hier im nachfolgenden lediglich dargestellt werden, wie sich die Inhalte dieser Vorschriften auf wesentliche Grundzüge der Kapitalanlagen der Pensionskassen auswirken.

Von ihrem Aufbau her orientiert sich die Anlageverordnung an der Ermächtigungsnorm (§54 VAG) und beschreibt zunächst Anlagegrundsätze, konkretisiert die gesetzlich vorgegebenen Anlageformen und stellt dann die konkreten Anforderungen an die Grundsätze der Mischung und Streuung des gebundenen Vermögens dar.

Der Grundsatz der **Streuung**[58] dient der Risikobegrenzung. Er bewirkt eine Verteilung und Streuung der Risiken auf verschiedene Schuldner und Anlageobjekte und erklärt sich in seiner Wirkung von selbst. Für Pensionskassen kommt diesem Anlagegrundsatz allerdings noch eine besondere Bedeutung zu, da Pensionskassen in einem engen Verhältnis zu ihren Trägerunternehmen stehen, die in der Regel selbst ein interessantes Anlageobjekt darstellen. In der engen Verbindung mit Trägerunternehmen könnten Pensionskassen aufgrund des bestehenden Vertrauensverhältnisses, aber auch aufgrund der guten Informationssituation, langfristig hervorragende Investmentchancen nutzen. Mit dieser Chance verbunden sind allerdings auch erhebliche Risiken, wenn der Wert des Deckungsvermögens stark mit dem Wert und Schicksal des Trägerunternehmens korreliert. Aus diesem Grund dürfen Pensionskassen nicht mehr als 5% des gebundenen Kapitals in das Trägerunternehmen oder dessen Konzernunternehmen investieren.[59] Pensionskassen, die mehrere Trägerunternehmen haben, dürfen in der Summe nicht mehr als 15% des gebundenen Vermögens in diese Trägerunternehmen investieren.[60]

Eine besondere Bedeutung für die Kapitalanlage der Pensionskassen spielt der Grundsatz der **Anlagesicherheit**[61]. Die sichere Vermögensanlage gewährleistet die Erfüllbarkeit der abgeschlossenen Versicherungsverträge. Eine direkte Definition des Sicherheitsbegriffs findet sich in der AnlVO nicht. In der Aufsichtspraxis wird der

---

[57] Zu den wesentlichen Neuerungen in der Anlageverordnung vom 1. Juli 2011 vergleiche Beitrag Kuhn in diesem Handbuch.

[58] § 4 AnlVO. Die BaFin veröffentliche am 3. Januar 2011 den Entwurf für das neue Kapitalanlagerundschreiben; vgl. http://www.bafin.de/cln_179/nn_722552/SharedDocs/Veroeffentlichungen/DE/Untenehmen/Konsultationen/2011/kon__0111__kapitalanl__va.html?__nnn=tru (Abruf am 1.2.2011).

[59] § 3 Abs. 6 AnlVO

[60] BaFin (2005c), R15/2005 A II 5 c)

[61] Begriffsbestimmung „Sicherheit" im Rundschreiben 15/2005 (VA) Teil A.II.1.a) 1. Absatz

Nominalwerterhalt als Ziel der Anlagesicherheit begriffen.[62] Selbstverständlich ist die Sicherheit einer Anlage abhängig von der Bonität des Schuldners, weshalb Pensionskassen bei Kapitalanlagen besondere Vorschriften zur Schuldnerbonität zu beachten haben. Ein Aspekt, der gerade in jüngster Vergangenheit viel Beachtung gefunden hat und die Frage aufwirft, wie Pensionskassen mit wünschenswert breit gestreuten Kapitalanlagen die Bonität ihrer Schuldner wirkungsvoll überwachen können. Als besonders kritisch hat sich dabei die Anforderung der Aufsichtsbehörde dargestellt, die Bonität von Unternehmensanleihen mittels Ratings dreier anerkannter Ratingagenturen zu überwachen und Investments auf Anleihen zu beschränken, die bei diesen drei namentlich genannten Agenturen mindestens über ein Investment Grade-Rating verfügen.[63] Diese Festschreibung verleiht den genannten Ratingagenturen eine quasi Aufsichtsfunktion, der sie in der Vergangenheit nicht gerecht werden konnten.

Der Vollständigkeit halber sei erwähnt, das bei ausreichender Risikotragfähigkeit bis zu 5% des Anlagevermögens auch in so genannte High Yield-Anleihen investiert werden kann, wenn diese zumindest ein Speculative Grade-Rating einer der drei anerkannten Ratingagenturen aufweisen.

Die Sicherheit einer Kapitalanlage lässt sich jedoch nicht ausschließlich aus dem rechtlichen Erhalt des Schuldners und seiner Zahlungsfähigkeit bzw. Zahlungswilligkeit ableiten, sie verlangt auch den Erhalt ihrer wirtschaftlichen Substanz. In das Blickfeld der Aufsicht gelangt sind daher verstärkt langlaufende Investments, die mit einer, im Verhältnis zu einer marktüblichen Verzinsung zum Zeitpunkt des Erwerbs, sehr geringen Verzinsung oder gar einer Nullverzinsung führen können. Durch die Möglichkeit einer letztendlichen Nullverzinsung drohe die Gefahr einer Aushöhlung der wirtschaftlichen Substanz der Vermögensanlage.[64] Besonders betroffen von dieser Anlagebeschränkung sind strukturierte Produkte, die oftmals zur Sicherung eines Anlagegegenstandes konstruiert werden. Für den Anleger steht der von der Aufsicht befürchteten „Aushöhlungsgefahr" durch das Sicherungsinstrument jedoch die Befürchtung des realen Wertverlustes bzw. eines Totalverlustes der gesicherten Anlage gegenüber. Insbesondere Pensionskassen mit dem Gebot der jederzeitigen vollen Kapitaldeckung suchen nach Instrumenten, die ihnen eine Absicherung des eingesetzten

---

[62] Rundschreiben 15/2005 (VA) Teil A.II.1.a) zur Anlage des gebundenen Vermögens, Anlagemanagement und interne Kontrollverfahren vom 20. August 2005

[63] Rundschreiben 15/2005 (VA) Teil A.II.1.c) zur Anlage des gebundenen Vermögens, Anlagemanagement und interne Kontrollverfahren vom 20. August 2005

[64] Rundschreiben 15/2005 (VA) Teil A.II.1.a) zur Anlage des gebundenen Vermögens, Anlagemanagement und interne Kontrollverfahren vom 20. August 2005

Kapitals gegen temporäre Wertschwankungen gewähren und damit die längerfristige Beteiligung an Risikokapital ermöglichen.

Unter den Gegebenheiten der niedrigen Renditen bei den als „sicher" geltenden Anlagen hat, die Aufsicht dem Bedürfnis der Versicherungen und Pensionskassen Rechnung getragen und Rahmenbedingungen definiert, unter denen die Gefahr des wirtschaftlichen Substanzverlustes getragen werden kann. Danach sollen derartige Produkte eine Laufzeit von 12 Jahren nicht überschreiten und einen Barwert der Anlage von mindestens 50% des eingesetzten Kapitals garantieren.[65] So können von Pensionskassen z. B. variabel verzinsliche Wertpapiere erworben werden, bei denen die Verzinsung an den Ertrag eines risikoreicheren Investments (Hedgefonds; Private Equity) gekoppelt ist, wenn die Laufzeit des Papiers 12 Jahre nicht überschreitet und der garantierte Rückkaufwert nach Ablauf der Laufzeit einem Barwert von mindestens 50% des eingesetzten Kapitals entspricht

Eine Nebenwirkung des Gebots der Anlagensicherheit ist das Verbot rein spekulativer Anlagen. Hieraus ergibt sich ein Verbot des Erwerbs sämtlicher Kapitalanlagen, die keine planmäßige Wertschöpfung zum Gegenstand haben. Dies gilt für alle Anlagen, die planmäßig weder Zinsen, Mieten oder Kapitalerträge erwirtschaften, also z. B. Edelmetalle, Rohstoffe und Commodities im weiteren Sinne. Bei diesen Investments lässt sich der Investor zwar von einer Hoffnung auf Wertsteigerung leiten, diese kann aber nicht aus der eigenen Produktionskraft des Investments, sondern ausschließlich aus einer spekulativen Preiserwartung abgeleitet werden. Gleichwohl erkennt auch der Gesetzgeber, dass derartige Investments mittelfristig durchaus Wertsteigerungen erfahren und in ihrer Wirkung die Sicherheit des gesamten Portfolios durch ihre negative Korrelationen zu anderen Anlagen bzw. durch ihre inflationsschützende Wirkung steigern können. Für Rohstoffe wurde deshalb im Rahmen der Änderung der Anlageverordnung vom 30. Juni 2010 in § 3 Abs. 2 Nr. 3 AnlVO eine eigene Anlagequote in Höhe von 5% des Sicherungsvermögens geschaffen.[66] Die Anlageverordnung trägt damit dem Bedürfnis Rechnung, die Anforderungen an Sicherheit – Rentabilität – Liquidität verstärkt auf die Gesamtkonstruktion des Portfolios als auf die einzelne Anlage zu beziehen.[67]

---

[65] §54 Abs. 1 VAG und Rundschreiben 15/2005 (VA) Teil A.II.1.a) zur Anlage des gebundenen Vermögens, Anlagemanagement und interne Kontrollverfahren vom 20. August 2005

[66] Siehe Beitrag Kuhn zur Anlageverordnung in diesem Handbuch.

[67] § 4 AnlVO. Die BaFin veröffentliche am 15. April 2011 das neue Kapitalanlagerundschreiben: Rundschreiben 4/2011 (VA) – Hinweise zur Anlage des gebundenen Vermögens von Versicherungsunternehmen (vgl: www.bafin.de/cln_152/nn_724174/SharedDocs/Veroeffentlichungen/DE/Service/Rundschreiben/2011/rs__1104__anlr__va.html; Abruf am 21. April 2011).

Die Anlageverordnung (AnlVO) enthält darüber hinaus in § 5 eine Konkretisierung der Regelungen zum Gebot der **Währungskongruenz** aus der Anlage Teil C des Versicherungsaufsichtsgesetzes[68], nach der Versicherungen ihr gebundenes Vermögen in Vermögenswerten anzulegen haben, die auf dieselbe Währung lauten, in der die Versicherungen erfüllt werden müssen. Ein wichtiger Anlagegrundsatz für Versicherungen ergibt sich dabei aus Abschnitt C. Ziff. 6b) der Anlage zur AnlVO, wonach nicht mehr als 20% des Sicherungsvermögens und des sonstigen gebundenen Vermögens nicht währungskonkruent angelegt werden dürfen. Diese Vorschrift enthält eine der wenigen Ausnahmebedingungen für Pensionskassen. Pensionskassen können im Unterschied zu anderen Versicherern 30% ihrer Anlagen in nicht währungskonkruenten Kapitalanlagen halten. Damit haben Pensionskassen einen erleichterten Zugang zu einer globalen Streuung ihrer Kapitalanlagen und zu grenzüberschreitenden „Kapital-Pooling-Einrichtungen". Bei von global aufgestellten Trägerunternehmen betriebenen Pensionskassen wird diese Möglichkeit genutzt. Rein national verankerte Pensionskassen werden diese Möglichkeiten wegen des damit verbunden Aufwands im Risikomanagement kaum nutzen.

Anlagen in Investmentfonds

Nach der Anlageverordnung (AnlVO) sind grundsätzlich Anlagen in in- und ausländische Sondervermögen des Vertragstyps[69] möglich. Die ausländischen Investmentanteile sind nur dann ein zulässiges Investment für das gebundene Vermögen, wenn die Investmentgesellschaft ihren Sitz in einem EWR-Staat hat, der Fonds in dem betroffenen Staat einer zum Schutz der Anleger bestehenden öffentlichen Aufsicht unterliegt und das ausländische Investmentvermögen einem zulässigen inländischen Investmentvermögen gegenüber vergleichbaren Anforderungen unterworfen ist. Außerdem müssen die Anleger das Recht haben, die Auszahlung des auf ihren Anteil entfallenden Vermögensteils verlangen zu können.[70]

---

[68] Abschnitt C der Anlage zum Versicherungsaufsichtsgesetz (VAG)

[69] Anleger erwerben Anteile an einem Sondervermögen, das getrennt vom Gesellschaftsvermögen der Kapitalanlagegesellschaft verwahrt wird. Bei Sondervermögen des Gesellschaftstyps dagegen muss das Fondsvermögen nicht getrennt vom Gesellschaftsvermögen der KAG verwahrt werden. Anleger erwerben in diesem Fall eine Beteiligung an der Investmentgesellschaft und nicht nur an dem Sondervermögen.

[70] § 1 Ziff. 16, 18, 19 AnlVO - Verordnung über die Anlage des gebundenen Vermögens von Versicherungsunternehmen (Anlageverordnung – AnlVO), zuletzt geändert am 30. Juni 2010 durch die Dritte Verordnung zur Änderung der Anlageverordnung, Bundesgesetzblatt, Teil I, Nr. 3

Anlagen, die diesen Anforderungen nicht entsprechen, können nur im Rahmen der „Öffnungsklausel"[71] erworben werden.

An vielen Stellen der Anlageverordnung beziehen sich Bestimmungen gemeinschaftlich auf „direkt und indirekt über Sondervermögen oder Investmentgesellschaften gehaltenen Anlagen". Dies gilt insbesondere für die Anrechnung auf die jeweiligen Risikoquoten und die Vorgaben zu Streuung und Mischung der Anlagen. Die tatsächliche Risikostruktur soll nicht dadurch vernebelt werden können, dass sich Vermögensgegenstände in indirekt gehaltenen Anlagen oder Sondervermögen „verstecken". Die Zurechnung der in Investmentanteilen gehaltenen Positionen zum gebundenen Vermögen erfolgt deshalb entweder in Höhe der tatsächlich in Fonds vorhandenen Vermögensgegenstände, wenn der Fonds transparent ist. Ansonsten in Höhe der gemäß Vertragsbedingungen, Prospekt, Anlagerichtlinien etc. definierten quantitativen Obergrenzen für die jeweiligen Anlagen. Bei den Anlagegrenzen der Anlageverordnung werden direkte und indirekte Anlagen zusammen gerechnet. Insofern spielt es aufsichtsrechtlich keine Rolle, ob eine Anlage direkt, über einen Fonds oder anderweitig „verpackt" gehalten wird.[72]

Dagegen beziehen sich Derivate und Sicherungsinstrumente im Sondervermögen nur auf den Fonds. Derivate und Sicherungsinstrumente werden nicht dem Vermögen der Pensionskasse direkt zugerechnet. Sollten über den Einsatz von Derivaten über das Fondsvermögen hinausgehende Verluste entstehen, würden diese nicht zu Lasten der Pensionskasse gehen. Auch Sicherungen entfalten ihre Wirkung nur innerhalb des Fondsvermögens.

Die transparente Betrachtung des Fondsvermögens wird auch hinsichtlich der Gebote von Streuung und Mischung des gebundenen Vermögens beibehalten. Die Anlage des gebundenen Vermögens in wenigen oder auch nur einer Kapitalanlagegesellschaft widerspricht nicht dem Gebot der Streuung und Mischung des Vermögens, wenn der Fonds im Verhältnis zum Vermögen der Kapitalanlagegesellschaft (KAG) insolvenzgesichert abgegrenzt werden kann. Es besteht dann kein Emittentenrisiko in Bezug auf die Kapitalanlagegesellschaft, weshalb es bezüglich der Gebote von Streuung und

---

[71] Nach § 1 Abs. 2 in Verbindung mit § 2 Abs.2 Buchstabe G AnlVO sind im Rahmen der Öffnungsklausel angelegte Anlagen auf jeweils 5 vom Hundert des Sicherungsvermögens und des übrigen gebundenen Vermögens beschränkt; unter Wahrung der Belange der Versicherten kann diese Anlagegrenze mit Genehmigung der Aufsichtsbehörde bis auf jeweils 10 vom Hundert des Sicherungsvermögens und des übrigen gebundenen Vermögens erhöht werden.

[72] Abschnitt V (Spezielle Mischungsquoten) des Rundschreiben 15/2005 (VA) (Anlage des gebundenen Vermögens; Anlagemanagement und interne Kontrollverfahren)

Mischung ausschließlich die Anlagen im Fonds und nicht der Fonds selbst betrachtet werden.

Neben diesen Belangen der Portfoliokonstruktion erhalten Investmentfonds für Pensionskassen zunehmend Bedeutung bei der Umsetzung und Erfüllung interner Anforderungen an die Aufbau- und Ablauforganisation der Kapitalanlagenverwaltung in einer Pensionskasse wie sie sich aus den aufsichtsrechtlichen Mindestanforderungen an das Risikomanagement (Solvency II und MaRisk[73]) ergeben.

Die Anlage in Investmentfonds ermöglicht dem Anleger nicht nur ein „Outsourcing" einiger der bei eigenem Management zwingend erforderlichen internen Funktionen (z. B. Risikomanagement, Reporting). Das externe Prüfungs-Testat für den Investmentfonds und die damit verbundene Bewertung der Kapitalanlagen erleichtern auch den eigenen Prüfprozess und Jahresabschluss erheblich.

Solvency II und MaRisk

Solvency II ist eines der wichtigsten Projekte der europäischen Kommission im Bereich der Aufsicht über Finanzdienstleistungen. Mit dem Projekt wird versucht, die Solvabilitätsvorschriften für die Eigenmittelausstattung, das Risikomanagementsystem und die Berichtspflichten der Versicherungsunternehmen grundlegend zu reformieren und zu vereinheitlichen. Solvency II wurde im Jahre 2009 vom EU-Parlament und den EU-Finanzministern verabschiedet.[74] Nach Erlass der noch fehlenden Durchführungsbestimmungen wird Solvency II voraussichtlich im 1. Quartal 2013 national umgesetzt.

Solvency II verfolgt ein ganzheitliches System zur Gesamtsolvabilität. Es werden sowohl quantitative Aspekte (Bemessung des ausreichenden Solvenzkapitals), wie auch qualitative Aspekte (adäquates Risikomanagement) berücksichtigt. Das Regelungswerk beinhaltet drei Säulen. Die erste Säule behandelt quantitative Fragestellungen und enthält Regelungen insbesondere über die Ermittlung und die Höhe des erforderlichen Solvenzkapitals (Solvency Capital Requirement – SCR). Die zweite Säule beschreibt die qualitativen Anforderungen an Versicherungsunternehmen zur Risikostrategie, des internen Steuerungs- und Kontrollsystems und der internen Revision. Sie enthält auch Anforderungen an das aufsichtsrechtliche Überprüfungsverfahren und

---

[73] Rundschreiben 3/2008 (VA) – Aufsichtsrechtliche Mindestanforderungen an das Risikomanagement (MaRisk VA) vom 22. Januar 2009

[74] Richtlinie 2009/138/ EG des Europäischen Parlaments und des Rates vom 25. November 2009 betreffend die Aufnahme und Ausübung der Versicherungs- und Rückversicherungstätigkeit (Solvabilität II)

bestimmt, dass bei der aufsichtsrechtlichen Prüfung das Proportionalitätsprinzip umgesetzt werden muss, eine wichtige Maßgabe, die insbesondere für kleinere Versicherungen und Pensionskassen von großer Bedeutung ist. Die dritte Säule schließlich behandelt die Berichtspflichten der Versicherungen gegenüber der Öffentlichkeit und der Aufsichtsbehörde.

Die Auswirkungen von Solvency II auf die Kapitalanlagen sind sehr groß, da insbesondere das Prinzip des risikobasierten Solvenzkapitals erheblichen Einfluss auf die Struktur der Kapitalanlagen haben wird. Pensionskassen unterscheiden sich allerdings in vielerlei Hinsicht von Versicherungen. Insbesondere hinsichtlich der Solvabilitätserfordernisse sind Pensionskassen als Einrichtungen der betrieblichen Altersvorsorge und der damit verbundenen Subsidiärhaftung der Arbeitgeber nicht mit Versicherungen gleichzusetzen. Die Solvency II-Richtlinie verweist deshalb ausdrücklich auf die Weitergeltung von Artikel 17 Absatz 2 der EU-Pensionsfondsrichtlinie[75] und seine Regelungen betreffend der Solvabilitätsspannen bei Einrichtungen der betrieblichen Altersvorsorge. Die Kommission ist aufgefordert, die Pensionsfondsrichtlinie so schnell wie möglich zu überprüfen und dabei ein sachgerechtes System von Solvabilitätsvorschriften für die Einrichtungen der betrieblichen Altersvorsorge zu entwickeln.[76] Im Ergebnis führt dies bei Pensionskassen im Umfang angemessener Proportionalität zu einer künftigen Anwendung von Solvency II hinsichtlich der zweiten und dritten Säule. Bei der Ermittlung des erforderlichen Solvenzkapitals wird dagegen bis zu einer Neufassung der Pensionsfonds-Richtlinie auf die bestehenden Vorgaben der Pensionsfonds-Richtlinie zurückgegriffen.

Ungeachtet der Schwierigkeiten bei der Bestimmung des erforderlichen Solvenzkapitals für Versicherungen und Pensionskassen ist die Umsetzung der Anforderungen bezüglich der zweiten und dritten Säule der Solvency II-Richtlinie in Deutschland schon sehr weit fortgeschritten. Insbesondere durch die sog. **MaRisk (VA)**[77] hat die Aufsicht die Rahmenbedingungen für das Risikomanagement der von ihr beaufsichtigten Unternehmen klar beschrieben. Als Ermächtigung beruft sich die Aufsicht auf § 64a und § 104s VAG. Die Regelungen betreffen die Geschäftsorganisation und interne Revision von Versicherungen und Finanzkonglomeraten und füllen insofern

---

[75] Richtlinie 2003/41/EG des Europäischen Parlaments und des Rates vom 3. Juni 2003 über die Tätigkeiten und die Beaufsichtigung von Einrichtungen der betrieblichen Altersvorsorge

[76] Ziff. 138 der Erwägungen zur Richtlinie 2009/138/ EG des Europäischen Parlaments und des Rates vom 25. November 2009 betreffend die Aufnahme und Ausübung der Versicherungs- und Rückversicherungstätigkeit (Solvabilität II)

[77] Rundschreiben 3/2008 (VA) – Aufsichtsrechtliche Mindestanforderungen an das Risikomanagement (MaRisk VA) vom 22. Januar 2009. Siehe auch den Beitrag von Jäger in diesem Handbuch.

den Regelungsbedarf der kommenden zweiten Säule der Solvency II-Richtlinie auf der nationalen Ebene bereits heute aus.

Das Rundschreiben MaRisk (VA) beschreibt im Wesentlichen die Mindestanforderungen an die Risikostrategie, an den organisatorischen Rahmen (Aufbau- und Ablauforganisation) und an das interne Steuerungs- und Kontrollsystem (Risikotragfähigkeitskonzept, Risikokontrollprozess, Risikoberichterstattung, Qualitätssicherung). Es finden sich dort außerdem noch Hinweise zur Funktionsausgliederung, internen Kontrolle und zur Notfallplanung. Natürlich wirken sich die Anforderungen des Rundschreibens auch auf die Rahmenbedingungen der Kapitalanlage von Pensionskassen aus. Dies betrifft sowohl den Prozess der Kapitalanlage wie auch die Kapitalanlagestruktur. Das Rundschreiben gibt keine quantitativen oder qualitativen Vorgaben hinsichtlich einzelner Investments. Das Rundschreiben beschreibt lediglich Mindestanforderungen für den Prozess und die Organisation des internen Risikomanagements. Aus diesen Mindestanforderungen ergeben sich aber Wirkungen auf den konkreten Kapitalanlagenprozess und die Risikobalance des konkreten Portfolios. Ziff. 7.2.2 verlangt, dass alle mit wesentlichen Risiken behafteten Geschäftsabläufe adäquat zu steuern und zu überwachen sind. Zu diesen Geschäftsabläufen zählt u.a. zumindest das Kapitalanlagenmanagement einschließlich des Asset-Liability-Management. Die Aufsichtsbehörde verlangt insofern auch über die MaRisk (VA) von Pensionskassen die regelmäßige Erstellung sogenannter ALM-Studien und interner Kapitalanlagerichtlinien.

Allerdings gelten nach Rundschreiben R 3/2009 (VA) deutliche Erleichterungen für Einrichtungen der betrieblichen Altersversorgung, wozu Pensionskassen zählen. So ist nach den Erläuterungen zu Nummer 1.1 des Rundschreibens für Pensionskassen eine Prüfung zur Verbesserung des Risikomanagements in Richtung eines neuen europäischen Solvenzsystems erst dann vorzunehmen, wenn feststeht, dass auch hier neue Solvenzregeln eingeführt werden. Einrichtungen der betrieblichen Altersversorgung können so lange auf eine Zeitwertbilanzierung verzichten. Nummer 4.2 des Rundschreibens verweist im Rahmen des Grundsatzes der Proportionalität darauf, dass die Besonderheiten von Einrichtungen der betrieblichen Altersversorgung bei der Beurteilung des Risikomanagements zu berücksichtigen sind. Dabei wird hervorgehoben, dass Einrichtungen der betrieblichen Altersversorgung in der Regel einen eingeschränkten Geschäftsbetrieb und ein weniger komplexes Geschäftsmodell haben als Versicherungsunternehmen.

Die verbleibenden organisatorischen Anforderungen an das Risikomanagement und den Kapitalanlageprozess sind für Pensionskassen gleichwohl aufgrund deren beschränkter Ressourcen häufig nur sehr schwer darzustellen. Die direkte Kapitalanlage für Pensionskassen wird auch dann erschwert, wenn es sich nur um verhältnismäßig risikoarme Anlagen handelt. Um den aufsichtsrechtlichen Anforderungen zu vertretbaren Kosten gerecht werden zu können, werden Pensionskassen verstärkt auf externe Kapitalanlagenverwaltungen zurückgreifen müssen. Kapitalanlagegesellschaften erfüllen die Vorgaben zur Trennung von Risikomanagement und Portfoliomanagement, sorgen für hinreichende Personalausstattung und müssen Notfallpläne unterhalten. Dennoch werden die Fondsanlagen auch von der Pensionskasse selbst überwacht werden müssen, hierfür ist jedoch nicht die gleiche umfangreiche interne Organisationsstruktur erforderlich wie beim Management von Direktanlagen. Die Fixkosten, die durch die Anschaffung eigener Risikomanagement-Tools für Pensionskassen entstehen sind größenbedingt oftmals außerhalb dessen, was für Pensionskassen vernünftig erscheint. Auch der Aufwand für die Pflege und Weiterentwicklung solcher Systeme ist für Pensionskassen mittlerer Größe zumeist nicht sinnvoll. Pensionskassen werden deshalb zukünftig entweder verstärkt untereinander kooperieren müssen, um solchen Systemen die erforderliche Auslastung geben zu können, oder auf Fondsanlagen zurückgreifen.

Interne Kapitalanlagerichtlinien

Eine konkrete Verpflichtung zur Festlegung interner Anlagerichtlinien und Verfahren ergibt sich auch aus dem Rundschreiben 15/2005 zur Anlage des gebundenen Vermögens.[78] Danach sind Versicherungsunternehmen (Pensionskassen) verpflichtet, interne Anlagegrundsätze zur Konkretisierung der Anlagepolitik zu erstellen, die mindestens die Anlageziele, die Benchmarks, die zugelassenen Vermögensanlagen, die Grenzen der Zusammensetzung der Kapitalanlagen (Wirtschaftsräume, Länder, Märkte, Sektoren und Währungen), die qualitativen und quantitativen Voraussetzungen für den Erwerb und die Kriterien für den Einsatz neuartiger Anlageprodukte festlegen. Darüber hinaus müssen Kapitalanlagerichtlinien die technische Organisation der Kapitalanlageverwaltung beschreiben. So ist die Umsetzung der Anlagestrategie durch interne oder externe Anlageverwaltung zu beschreiben. Es sind die Kriterien bei der Auswahl neuer Kontrahenten oder Anlagenvermittler zu beschreiben sowie die Methoden zur Bewertung, Steuerung und Kontrolle der für die jeweiligen Anlagearten typischen Anlagerisiken. Die Kapitalanlagerichtlinien geben auch vor, welche Qualifikation die Mitarbeiter des Anlagemanagements haben müssen und wie die mit der Kapitalanlage

---

[78] Rundschreiben 15/2005 (VA) Teil A.IX.2.) zur Anlage des gebundenen Vermögens, Anlagemanagement und interne Kontrollverfahren vom 20. August 2005.

befassten Organisationseinheiten organisiert und funktional voneinander zu trennen sind. Die interne Kapitalanlagerichtlinie bildet damit eine zentrale Handlungsanweisung, welche die Umsetzung der gesetzlichen Bestimmungen, der aufsichtsrechtlichen Rahmenbedingungen, der internen Anlageprozesse und Kontrollverfahren und der geplanten Risikostrategie in aktives Handeln sicherstellen soll.

5. Bilanzielle und steuerliche Rahmenbedingungen der Kapitalanlage bei Pensionskassen

Die bilanziellen Rahmenbedingungen der Kapitalanlage bei Pensionskassen

Die Rechnungslegung und **Gewinnermittlung** der Pensionskassen erfolgt grundsätzlich nach den Bestimmungen des HGB für Versicherungsunternehmen[79]. Dies gilt auch für die von den Pensionskassen anzuwendenden Bewertungsgrundsätze und Methoden. Die Zuordnung der Vermögenswerte zu den einzelnen Posten der Aktivseite ergibt sich aus der Verordnung über die Rechnungslegung von Versicherungsunternehmen (RechVersV[80]), die vom Bundesminister der Justiz auf der Grundlage einer gesetzlichen Ermächtigung[81] erlassen wird.

Nach § 54 RechVersV ist für die zum Anschaffungswert oder zum Nennwert ausgewiesenen Kapitalanlagen im Anhang der Zeitwert in einer Summe anzugeben. Nach §§ 55 und 56 RechVersV werden die Zeitwertangaben von Grundstücken und grundstücksgleichen Rechten zwar zu Marktwerten zum Zeitpunkt der Bewertung berücksichtigt, diese Werte müssen allerdings nur durch eine, in einem fünfjährigen Rhythmus durchzuführende, Schätzung ermittelt werden. Im Ergebnis lässt sich deshalb aus den Zeitwertangaben des Anhangs nur näherungsweise ein zeitnaher Marktwert des Vermögens einer Pensionskasse ermitteln.

---

[79] §§ 341-341p Handelsgesetzbuch (HGB) Gesetz vom 10.05.1897 (RGBl. I S. 219) zuletzt geändert durch Gesetz vom 31.07.2009 (BGBl. I S. 2512)

[80] Versicherungsunternehmens-Rechnungslegungsverordnung (RechVersV) vom 8. November 1994 (BGBl. I S. 3378), die zuletzt durch Artikel 1 der Verordnung vom 18. Dezember 2009 (BGBl. I S. 3934) geändert worden ist

[81] § 30 Handelsgesetzbuch (HGB) Gesetz vom 10.05.1897 (RGBl. I S. 219) zuletzt geändert durch Gesetz vom 31.07.2009 (BGBl. I S. 2512)

Für Pensionskassen und andere Versicherungen, die bestimmte Größenordnungen nicht überschreiten, ergeben sich aus der Verordnung zudem Befreiungen und Erleichterungen bei der Erstellung, Prüfung und Offenlegung ihrer Jahresabschlüsse.[82]

Das **Bilanzrechtmodernisierungsgesetz** (BilMoG[83]) ist am 29. Mai 2009 in Kraft getreten und wird für Geschäftsjahre angewendet, die nach dem 31.12.2009 beginnen. Ziel der damit verbundenen Bilanzierungsreform ist es, die bestehenden Bilanzierungsregelungen näher an die Standards der internationalen Bilanzierungsregelungen heranzuführen. Bei der Bilanzierung der Vermögenswerte in der Pensionskasse werden sich durch die geänderten Bilanzierungsvorschriften aller Voraussicht nach keine tiefgreifenden Veränderungen ergeben. Auswirkungen von BilMoG im Bereich der betrieblichen Altersvorsorge werden sich dagegen bei der zeitwertorientierten Darstellung der Versorgungsverpflichtungen zeigen. Auch die Darstellung der von Unternehmen an Pensionskassen ausgelagerten Verpflichtungen kann, je nach Plangestaltung und Finanzierungssystem der Pensionskasse, zu veränderten Ergebnissen führen.

Änderungen ergeben sich in der Bilanz der Pensionskasse durch den Wandel des Wertaufholungswahlrechts in ein Wertaufholungsgebot nach Wegfall der Gründe, welche zu einer außerplanmäßigen Abschreibung eines Vermögensgegenstandes im Anlagevermögen geführt haben. Konkrete Veränderungen im Anlageverhalten der Pensionskassen lassen sich daraus aber derzeit nicht ableiten.

Mit dem Wunsch nach einer zeit- und marktnäheren Betrachtung ist die Hoffnung auf eine realistischere Wertbetrachtung verbunden. Aus Sicht der Pensionskassen, die eine sehr langfristige Anlagepolitik verbunden mit ebenso langfristigen Verpflichtungen haben, führt eine zeitnahe Vermögensbewertung jedoch nicht zwingend zu einer realistischeren Bewertung der wirtschaftlichen Situation der Pensionskassen. Die Auswirkungen der zeitnahen Bilanzierung führen hier eher zu einer angepassten Anlagepolitik, die Kapitalanlagen mit hoher Bewertungsstetigkeit und niedrigen Schwankungsrisiken bevorzugt. Um kurzfristige Marktschwankungen künftig vermeiden zu können, werden Pensionskassen bereit sein, mit Sicherungskosten verbundene Kapitalanlagestrukturen zu wählen, auch wenn von der zugrunde liegenden Kapitalanlage eine langfristig positive Wertentwicklung erwartet werden kann.

---

[82] § 61 Versicherungsunternehmens-Rechnungslegungsverordnung (RechVersV) vom 8. November 1994 (BGBl. I S. 3378), die zuletzt durch Artikel 1 der Verordnung vom 18. Dezember 2009 (BGBl. I S. 3934) geändert worden ist.

[83] Gesetzes zur Modernisierung des Bilanzrechts (Bilanzrechtsmodernisierungsgesetz – BilMoG) vom 25.05.2009 BGBl. I S. 1102.

Bewertungsreserven in Pensionskassen

Die Diskussion um die Rechnungslegung von Pensionskassen ist dominiert von der Frage, in welchem Umfang die zeitliche Perspektive der Pensionskassen in die Rechnungslegung einfließen sollte. Die ursprünglichen Rahmenbedingungen für Pensionskassen waren von einer langfristigen Betrachtungsweise geprägt und brachten verhältnismäßig große Stabilität in die Jahresabschlüsse der Pensionskassen. Dies galt sowohl für die Bewertung der zugesagten Leistungen, die mit einem über die Gesamtdauer der Verpflichtung gleichbleibenden Rechnungszinssatz bewertet wurden, wie auch für die Bewertung des Vermögens. Die Bewertung des Vermögens folgte grundsätzlich den handelsrechtlichen Bestimmungen (§ 253 HBG) und wurde für das Anlagevermögen nach dem gemilderten **Niederstwertprinzip** angesetzt. Den Pensionskassen war es damit auf Dauer möglich „stille Reserven" in ihrer Vermögensbewertung aufzubauen, die für einen gewissen Ausgleich bei Kapitalmarktschwankungen sorgten, aber auch als Ersatz für das fehlende Eigenkapital dienten. Die „stillen Reserven" bildeten damit in der Praxis das Risikokapital der Kasse, waren in der Bilanz der Pensionskasse allerdings nicht erkennbar.

Dies änderte sich mit dem BilMoG und den im vorhergehenden Unterkapitel dargelegten Veränderungen in der Rechnungslegung sowie mit der europäischen Richtlinie 2002/83/EG[84], die über §53c VAG i.V. mit der Kapitalausstattungs-Verordnung (KapAusstV 1983[85]) in deutsches Recht umgesetzt wurde. Die Richtlinie 2002/83/EG erlangt keine direkte Wirkung auf Pensionskassen, da ihre Anwendung auf Versicherungsvereine auf Gegenseitigkeit ausgeschlossen ist, wenn deren Satzung die Möglichkeit vorsieht, Beiträge nachzufordern oder Leistungen herabzusetzen oder andere Personen in Anspruch zu nehmen, die eine diesbezügliche Verpflichtung eingegangen sind[86]. Die Richtlinie strahlt jedoch durch die zu ihrer nationalen Umsetzung erlassenen Vorschriften auch auf Pensionskassen aus. So wird z. B. für Pensionskassen zur Ermittlung ihrer Solvabilitätsspanne (§§8 und 8a Kapitalausstattungs-Verordnung {KapAusstV 1983}) auf den für Lebensversicherungen geltenden §4 Abs. 1, 1a, 2, 3 und 6 der Verordnung verwiesen. In der Praxis führte dies dazu, dass die Pensionskassen in den vergangenen Jahren veranlasst waren „stille Reserven" in den Bilanzen weitestgehend aufzulösen und in offene Bilanzpositionen, wie z. B. die Verlustrückla-

---

[84] Richtlinie 2002/83/EG des Europäischen Parlaments und des Rates vom 5. November 2002 über Lebensversicherungen

[85] Kapitalausstattungs-Verordnung vom 13. Dezember 1983 (BGBl. I S. 1451), die zuletzt durch Artikel 4 des Gesetzes vom 29. Juli 2009 (BGBl. I S. 2305) geändert worden ist

[86] Art. 3 Ziff. 6 der Richtlinie 2002/83/EG des Europäischen Parlaments und des Rates vom 5. November 2002 über Lebensversicherungen

ge umzuwandeln, soweit ihnen dies möglich war. Die damit verbundene erhöhte Volatilität der Vermögensbewertung führte bei vielen Pensionskassen zu einer Reduktion von Kapitalanlagerisiken.

Pensionskassen sind wie Lebensversicherungen verpflichtet, ihre Versicherten an den **Bewertungsreserven (stillen Reserven)** zu beteiligen, die während der Vertragsdauer mit ihren Beiträgen erwirtschaftet werden. Diese Verpflichtung ergibt sich aus § 153 VVG[87], der mit dem Gesetz zur Modernisierung des Bilanzrechts (BilMoG)[88] im Jahr 2009 in das VVG aufgenommen wurde. Die Gesetzesänderung war erforderlich geworden, nachdem das Bundesverfassungsgericht mit Urteil vom 26.07.2005[89] den Anspruch der Versicherten auf eine angemessene Überschussbeteiligung gestärkt hatte.

Im Anwendungsbereich der Pensionskassen ist die planmäßige Beteiligung der Versicherten an den Bewertungsreserven allerdings etwas fragwürdig. Die Entscheidung des Bundesverfassungsgerichts betraf im konkreten Fall die fehlende (und deshalb herzustellende) Beteiligung der Versicherten an den Reserven, die während der Vertragslaufzeit gebildet wurden. Diese Reserven sollten nach Ansicht des Bundesverfassungsgerichts bei Beendigung des Versicherungsvertrages (teilweise) auf den Versicherten übertragen werden und nicht bei dem Versicherer verbleiben. Eine vergleichbare Situation gibt es bei Pensionskassen in der Regel nicht, da diese aufgrund der arbeitsrechtlichen Verknüpfung keine Stornierung (außerplanmäßige Beendigung) des Vertrages zulassen und in der Regel lebenslange Renten gewähren. Anders als bei Versicherungen findet bei Pensionskassen, die in der Rechtsform des Versicherungsvereins auf Gegenseitigkeit geführt werden, auch keine Trennung zwischen dem Eigentum (bzw. eigentumsähnlichen Rechten) der Versicherten und dem Eigentum der Kapitalgeber (Versicherungsgesellschaft) statt, da die Versicherung selbst den Versicherungsnehmern gehört. Dies hat zur Folge, dass die Versicherungsnehmer über die gesamte Vertragslaufzeit Eigentümer auch der Bewertungsreserven sind und über deren Umfang und Auflösung selbst entscheiden können.

Der Gesetzgeber hat diesem Umstand Rechnung getragen und in § 211 Abs. 2 Nr. 2 VVG die Anwendung der Regelnorm § 153 VVG für regulierte Pensionskassen (§ 118b Abs3 und 4 VVG) und kleine Versicherungsvereine ausgeschlossen, wenn diese

[87] § 153 VVG (Versicherungsvertragsgesetz Artikel 1 des Gesetzes vom 23.11.2007 (BGBl. I S. 2631), in Kraft getreten am 01.01.2008 zuletzt geändert durch Gesetz vom 14.04.2010 (BGBl. I S. 410)

[88] Gesetzes zur Modernisierung des Bilanzrechts (Bilanzrechtsmodernisierungsgesetz – BilMoG) vom 25.05.2009 BGBl. I S. 1102

[89] BVerfG 26.07.2005 – 1 BvR 80/95

in ihren Versicherungsbedingungen abweichende Bestimmungen getroffen haben. Nach der Genehmigungspraxis der Aufsicht führt dies allerdings nicht dazu, dass Pensionskassen die Beteiligung an deren Bewertungsreserven schlichtweg ausschließen können. Die betroffenen Pensionskassen haben in Abstimmung mit der Aufsicht Regelungen in ihren Versicherungsbedingungen aufgenommen, die lediglich die automatische Auskehr der stillen Reserven verhindern und die Überprüfung und Verwendung der Bewertungsreserven durch die obersten Organe der Kassen (Versichertenvertreter) vorsehen. Damit ist es den Versicherten selbst möglich, über ihre Vertreter und Organe den Umfang der in der Kasse verbleibenden stillen Reserven zu steuern.

Die Ermittlung der den Versicherten zur Verfügung stehenden Reserven erfolgt in einem mit der Aufsicht abgestimmten Verfahren, welches die Sicherstellung der Solvabilität, die absehbare Verstärkung der Rechnungsgrundlagen und den Verbleib angemessener Sicherheiten zum Bestehen der Stresstests sicherstellt. Gleichwohl führt auch die Beteiligung der Versicherten an den Bewertungsreserven der Kassen zu einer Minderung des impliziten Eigenkapitals und damit der Risikotragfähigkeit der Kassen.

Steuerliche Rahmenbedingungen der Kapitalanlage bei Pensionskassen

Die steuerlichen Rahmenbedingungen der Pensionskassen können aus verschiedenen Blickrichtungen dargestellt werden. Die Versicherten sehen die Pensionskassen aus der Sicht der einkommen- bzw. lohnsteuerlichen Behandlung ihrer Beiträge und aus der entsprechenden Behandlung der ausgezahlten Leistungen. Für Trägerunternehmen dagegen ist die Betriebsausgabenabzugsfähigkeit der von ihnen geleisteten Beiträge von großer Bedeutung. Zu beiden Bereichen gibt es umfangreiche Literatur. An dieser Stelle soll jedoch ausschließlich auf einen dritten Aspekt eingegangen werden, nämlich auf die steuerlichen Rahmenbedingungen der Pensionskasse als eigenes Steuersubjekt und den Bezug dieser Rahmenbedingungen auf ihre Kapitalanlagen.

Steuerbefreite Pensionskassen

Pensionskassen können in Deutschland unter bestimmten Voraussetzungen von der Körperschaftsteuer nach § 5 Abs. 1 Nr. 3 KStG befreit sein. § 3 Nr. 9 GewStG verknüpft die Körperschaftsteuerbefreiung nach § 5 Abs. 1 Nr. 3 KStG mit der Befreiung von der Gewerbesteuer. Voraussetzung der Befreiung von der Körperschaftsteuer ist u.a., dass die Kasse den Leistungsempfängern einen Rechtsanspruch gewährt und nach ihrem Geschäftsplan und Art und Höhe der Leistung eine soziale Einrichtung darstellt.[90] Diese Befreiungsvoraussetzungen können von Rückdeckungspensionskassen nicht erfüllt werden. Rückdeckungspensionskassen sind weder soziale Einrichtungen noch gewähren sie den Leistungsempfängern direkt einen Rechtsanspruch auf Versorgungsleistungen. Versicherungsnehmer der Rückdeckungspensionskasse ist in der Regel eine Unterstützungskasse welche über die Rückdeckung die von ihr gewährten Versorgungszusagen absichert. Die steuerlich relevante soziale Versorgungseinrichtung ist damit die Unterstützungskasse und nicht die Rückdeckungskasse. Die Zuwendung an die Unterstützungskasse entspricht dann der Höhe der Prämie an die Rückdeckungspensionskasse. Ebenso entspricht die Leistung gemäß der Unterstützungskassenzusage der Leistung aus dem Rückdeckungsvertrag. Die Rückdeckungspensionskasse bildet entsprechend den Verpflichtungen aus dem Versicherungsvertrag Deckungsrückstellungen und betreibt ihre Vermögensanlage wie eine Pensionskasse.

In Bezug auf die Kapitalanlagen der Pensionskasse spielt die Steuerbefreiung der Kasse immer dann eine wichtige Rolle, wenn die Steuerbelastung einer zur Wahl stehenden Ertragsquelle ermittelt werden soll. Dies betrifft insbesondere Kapitalanlagen, deren Erträge im In- oder Ausland mit einer Abzugssteuer (Quellensteuer) belastet werden.

Nach deutschem Recht wird auf inländische Kapitalerträge eine einheitliche Abgeltungssteuer i.H. von 25% plus Solidaritätszuschlag erhoben.[91] Der Abgeltungssteuer unterliegen laufende Erträge wie Zinsen, Dividenden, Erträge aus Investmentfonds und aus Zertifikaten sowie grundsätzlich die Erträge aus Kapitalforderungen jeder Art, wenn die Rückzahlung des Kapitalvermögens oder ein Entgelt für die Überlassung des Kapitalvermögens zur Nutzung zugesagt oder geleistet worden ist. Dies gilt auch dann, wenn die Höhe der Rückzahlung oder des Entgelts von einem ungewissen Ereignis abhängt. Aber auch steuerpflichtige Veräußerungsgeschäfte[92] wie die Veräußerung von Anteilen an Körperschaften (Aktien), Kupons, Hypotheken, Grundschulden und Renten unterliegen der Abgeltungssteuer.

---

[90]   § 5 Abs. 1 Nr. 3 KStG (Körperschaftsteuergesetz in der Fassung der Bekanntmachung vom 15. Oktober 2002 (BGBl. I S. 4144), das zuletzt durch Artikel 2 des Gesetzes vom 8. April 2010 (BGBl. I S. 386) geändert worden ist) i.V. mit §§ 1-3 KStDV (Körperschaftsteuer-Durchführungsverordnung in der Fassung der Bekanntmachung vom 22. Februar 1996 (BGBl. I S. 365), die durch Artikel 5 des Gesetzes vom 19. Dezember 2000 (BGBl. I S. 1790) geändert worden ist)

[91]   § 43a Abs.1 EStG

[92]   § 20 Abs. 2 EStG (Einkommensteuergesetz in der Fassung der Bekanntmachung vom 8. Oktober 2009 (BGBl. I S. 3366, 3862), das zuletzt durch Artikel 1 des Gesetzes vom 8. April 2010 (BGBl. I S. 386) geändert worden ist)

Steuerbefreite Einrichtungen erhalten eine Reduktion der Kapitalertragsteuer auf Dividenden i.H. von 15% (zuzüglich Solidaritätszuschlag).[93] Zur Vereinfachung erteilt das Finanzamt nach Prüfung verschiedener gesetzlicher Tatbestände eine sogenannte Nichtveranlagungsbescheinigung.[94] Durch die Vorlage dieser Bescheinigung kann in Ausnahmefällen bereits der Einbehalt der Steuer durch Finanz- und Kreditinstitute (bei bestimmten Einkünften) vermieden werden. In der Regel verbleibt jedoch bei der steuerbefreiten Einrichtung eine Steuerbelastung auf die Gewinneinkünfte i.H. von 15,825% (15% abgemilderte Abgeltungssteuer zuzüglich Solidaritätszuschlag i.H. von 5,5% auf 15% = 0,825%).

Anders stellt sich die Belastung bei nicht steuerbefreiten Pensionskassen dar. Diese werden nicht mit einer Abgeltungssteuer belastet. Stattdessen werden die gesamten Einkünfte der Gewinnbesteuerung der Kasse unterworfen. Dies kann sehr unterschiedliche Auswirkungen für die Kasse haben. Soweit der Überschuss der Kasse zur Beitragsminderung oder Leistungserhöhung verwendet wird, wird die Kasse in ihrer Gesamtbilanz keinen Ertrag erwirtschaften und hat damit auch ihre Kapitalerträge nicht mit einer Steuer zu belasten. Anders sieht dies jedoch dann aus, wenn die Kasse Erträge zur Einstellung in eine Verlustrücklage erwirtschaften muss. In diesem Fall kann nur der nach Steuerabzug verbleibende Überschuss der Verlustrücklage zugeführt werden, was die Bildung des erforderlichen Solvenzkapitals für steuerpflichtige Einrichtungen erheblich verteuert.

Auch bei Einkünften aus ausländischen Ertragsquellen kann der Steuerstatus der Pensionskasse zu unterschiedlichen Ergebnissen führen. Verschiedene Länder gewähren eine Rückerstattung der von ihnen einbehaltenen Quellensteuern nur an Einrichtungen, die ihrerseits in ihrem Heimatstaat steuerbefreit sind (z. B. Niederlande). Nach den zwischen der Bundesrepublik Deutschland und den meisten Vertragsstaaten abgeschlossenen Doppelbesteuerungsabkommen wird die im Ausland gezahlte und dort verbliebene Quellensteuer auf die deutsche Steuerbelastung angerechnet. Im Falle einer steuerbefreiten Einrichtung bringt diese Anrechnung keinen Vorteil, da eine Steuerbelastung nicht ermittelt wird. Steuerpflichtige Einrichtungen hingegen können die einbehaltene Quellensteuer im Rahmen ihrer Steuerermittlung anrechnen. Sie sollten bei grenzüberschreitenden Investments allerdings sehr genau vorab überprüfen, ob

---

[93] § 44a Abs.8 EStG (Einkommensteuergesetz in der Fassung der Bekanntmachung vom 8. Oktober 2009 (BGBl. I S. 3366, 3862), das zuletzt durch Artikel 1 des Gesetzes vom 8. April 2010 (BGBl. I S. 386) geändert worden ist)

[94] § 44a Abs.4 EStG (Einkommensteuergesetz in der Fassung der Bekanntmachung vom 8. Oktober 2009 (BGBl. I S. 3366, 3862), das zuletzt durch Artikel 1 des Gesetzes vom 8. April 2010 (BGBl. I S. 386) geändert worden ist)

die jeweiligen Investments den deutschen Anforderungen an Steuertransparenz entsprechen. Insbesondere bei neuartigen Investmentstrukturen ist die Rechtslage hier nicht immer auf den ersten Blick zu erkennen. Nicht dem deutschen Steuerrecht entsprechende Vehikel können zu erheblichen Steuerbelastungen, bis hin zu Strafbesteuerungen, führen[95].

Ähnlich komplex kann die Beurteilung der **gewerblichen Infizierung** einer Pensionskasse sein. Die Steuerbefreiung der Pensionskasse ist abhängig davon, dass die Pensionskasse selbst keiner gewerblichen Tätigkeit nachgeht. Durch eine direkte Zurechnung der Erträge aus einem gewerblich tätigen Unternehmen kann es jedoch zur gewerblichen Infizierung der Pensionskasse mit der Folge kommen, dass diese die Voraussetzung der Steuerbefreiung nicht weiter erfüllt. Insbesondere durch die strengen Transparenzanforderungen kann es leicht zu einer solchen Infizierung kommen, wenn die Transparenz (direkte Zurechnung des Investments und seiner Erträge zum Investor) durch Einsatz direkter Investments oder Personengesellschaften bewirkt werden soll. Ähnliches gilt bei Investitionen in Private Equity- und Immobiliengesellschaften, die häufig die Voraussetzungen der gewerblichen Abschottung nicht erfüllen können oder das Risiko der steuerlichen Intransparenz tragen. Die Überwindung dieser Hürden ist in der Regel mit hohen Rechtsberatungskosten bzw. hohen Kosten für die Errichtung adäquater Strukturen verbunden, was die Attraktivität dieser Investments für Pensionskassen erheblich einschränkt.

Ebenso eingeschränkt ist die Attraktivität **steuerlich geförderter Investments** für steuerbefreite Pensionskassen. Es versteht sich von selbst, dass Sonderabschreibungen, die für bestimmte Investments (z. B. Schiffe, Immobilien, Filmwirtschaft oder alternative Energien) oder in bestimmten Regionen (Zonenrandförderung, neue Bundesländer) gewährt wurden bzw. werden, für steuerbefreite Einrichtungen keinen Anreiz bieten. Pensionskassen bevorzugen deshalb ausschließlich Investitionen, deren Ertragskraft sich aus sich heraus generiert oder die über direkte Zuschüsse gefördert werden. Eine Kapitalanlage hingegen, deren Attraktivität sich aus der Generierung oder Übertragung von Verlusten ergibt, ist für Pensionskassen, unabhängig davon ob es sich um tatsächliche Verluste oder steuerliche Bewertungsverluste handelt, uninteressant.

Je nach Gewinn- und Steuersituation der Kasse kann es bei verschiedenen Kapitalanlagen zu unterschiedlichen Steuerbelastungen für die Pensionskasse führen. Die

---

[95] § 6 InvStG (Investmentsteuergesetz vom 15. Dezember 2003 (BGBl. I S. 2676, 2724), das zuletzt durch Artikel 9 des Gesetzes vom 16. Juli 2009 (BGBl. I S. 1959) geändert worden ist.

steuerliche Behandlung und Klassifizierung der einzelnen Investments ist deshalb bei jeder Investitionsentscheidung vorab zu berücksichtigen.

Vorsteuerabzug

Zuwendungen eines Unternehmens an eine Pensionskasse sind als Verschaffung von Versicherungsschutz – durch den Arbeitgeber für geleistete Dienste des Arbeitnehmers – umsatzsteuerfrei.[96] Die von der Pensionskasse ausgezahlten Leistungen sind ebenfalls umsatzsteuerfrei.[97] In dem Umfang, in dem Pensionskassen umsatzsteuerbefreite Leistungen erbringen, sind sie vom Vorsteuerabzug ausgeschlossen. Umsatzsteuerpflichtige Leistungen erbringen Pensionskassen in der Regel nur in geringem Umfang, z. B. im Rahmen der Vermietung eigener Immobilien an vorsteuerabzugsberechtigte Mieter. Für die mit diesen Leistungsentgelten verbundene Vorsteuer sind Pensionskassen auch vorsteuerabzugsberechtigt. Da diese allerdings nur einen kleinen Teil der Leistungen einer Pensionskasse darstellen, wirken sich Umsatzsteuerbelastungen der Lieferanten und Dienstleister der Pensionskassen in der Regel aufwandserhöhend aus.

Eine Vielzahl der Leistungen, die eine Pensionskasse im Rahmen der Kapitalanlagenverwaltung erhält, sind wiederum selbst umsatzsteuerbefreite Leistungen. So stellt sich die Frage, welche Vergütungen der Finanzdienstleister selbst umsatzsteuerbefreit und welche umsatzsteuerpflichtig sind, als ausgesprochen komplizierte Rechtsmaterie dar. Grundsätzlich lässt sich feststellen, dass die typischen Finanzdienstleistungen und Bankgeschäfte von der Umsatzsteuer befreit sind. In § 4 Abs. 8 UStG findet sich ein umfangreicher Katalog solcher Dienstleistungen, zu dem auch die Vermittlungsleistungen der Banken gehören. Ebenso von der Umsatzsteuer befreit ist die Verwaltung von Sondervermögen der Kapitalanlagegesellschaften nach i.S. § 6 Abs. 1 Satz 1 InvG.[98] Anders sieht es aus, wenn es um das Beratungsgeschäft geht. Stellt die Beratung eine eigenständige Leistungserbringung dar und berechnet die Bank oder der

---

[96] § 4 Nr. 10b UStG (Umsatzsteuergesetz in der Fassung der Bekanntmachung vom 21. Februar 2005 (BGBl. I S. 386), das zuletzt durch Artikel 2 Absatz 5 des Gesetzes vom 3. August 2010 (BGBl. I S. 1112) geändert worden ist)

[97] § 4 Nr. 10a UStG (Umsatzsteuergesetz in der Fassung der Bekanntmachung vom 21. Februar 2005 (BGBl. I S. 386), das zuletzt durch Artikel 2 Absatz 5 des Gesetzes vom 3. August 2010 (BGBl. I S. 1112) geändert worden ist)

[98] R 69 Ziff. 1 UStR 2008 Verwaltung von Sondervermögen (Allgemeine Verwaltungsvorschrift zur Ausführung des UStG (Umsatzsteuer-Richtlinien 2008 — UStR 2008) vom 10. 12. 2007 (Beilage zum BAnz Nr. 240))

Finanzdienstleister hierfür ein Entgelt, dann fällt diese Leistung nicht unter die steuerbefreite Vermittlungsleistung. Der jeweiligen Vertragsgestaltung und der klaren Zuordnung der jeweiligen Aufgaben und Vergütungsbestandteile kommt von daher eine wesentliche Bedeutung zu. Dies gilt umso mehr, wenn nicht nur Dienstleistungen voneinander abzugrenzen sind, sondern diese bei einer grenzüberschreitenden Tätigkeit, die im Finanzdienstleistungsbereich nicht die Ausnahme ist, einem bestimmten Leistungsort zugeordnet werden müssen. Dieser Zuordnung kommt deshalb besondere Bedeutung zu, weil die jeweilige Besteuerung in verschiedenen Ländern sehr unterschiedlich ausfallen kann. Die Kosten der Kapitalanlagenverwaltung können deshalb sehr unterschiedlich ausfallen, je nachdem, an welchem Ort innerhalb Europas die vertraglichen Leistungen erbracht werden und wie diese mit verschiedenen anderen Leistungen verbunden sind.

Auch die organisatorischen Leistungen, die Pensionskassen erhalten, sind unterschiedlich mit Vorsteuer belastet. Nach § 4 Nr. 8 Buchstabe h UStG ist die Verwaltung von Versorgungseinrichtungen im Sinne des Versicherungsaufsichtsgesetzes umsatzsteuerbefreit. Verwaltungsleistungen, die ein Arbeitgeber zur Verwaltung der Pensionskasse erbringt, unterliegen damit auch dann nicht der Umsatzbesteuerung, wenn die Pensionskasse hierfür ein Entgelt leistet oder eine Gegenleistung erbringt. Eine nähere Bestimmung hierzu findet sich in der Richtlinie 69 der UStR 2008. Danach sind Einzelleistungen an die jeweilige Versorgungseinrichtungen, die keine unmittelbare Verwaltungstätigkeit darstellen, wie z. B. die Erstellung versicherungsmathematischer Gutachten, nicht von diesem Befreiungstatbestand erfasst.[99] Leistungen, die weder der Verwaltung der Versorgungseinrichtung, noch der Verwaltung ihres Vermögens unmittelbar dienen, unterliegen demnach der Umsatzbesteuerung. Dies gilt auch für entgeltliche Beratungsleistungen der Trägerunternehmen, wie z. B. die Erstellung von ALM-Studien oder Vergütungen, die Trägerunternehmen für die Beratung bei der Managerauswahl erhalten, bzw. Kosten, die im Rahmen von Due Diligence-Prüfungen anfallen. Auch Rechts- und Steuerberatungskosten, die von Pensionskassen erstattet oder getragen werden, unterliegen im Unterschied zu eigenen Personalkosten der Pensionskasse der Umsatzbesteuerung und erhöhen gegebenenfalls nicht unbeträchtlich die Kosten der Kapitalanlageverwaltung.

---

[99]   R 69 Ziff. 2 UStR 2008 Verwaltung von Sondervermögen (Allgemeine Verwaltungsvorschrift zur Ausführung des UStG (Umsatzsteuer-Richtlinien 2008 — UStR 2008) vom 10. 12. 2007 (Beilage zum BAnz Nr. 240))

6. Zusammenfassung

Die Rahmenbedingungen der Kapitalanlage bei Pensionskassen stellen sich sehr komplex dar. Im Ergebnis führt dies zu einer Anlagestruktur, die sich durch risikoarme Einzelinvestments auszeichnet, die Risikobetrachung auf Gesamtportfolioebene aber vernachlässigt. Dies ist eine Folge der Komplexität, welche die Prüfung eines jeden Investments unter den verschiedensten Gesichtspunkten erfordert. Pensionskassen neigen deshalb dazu, sich auf wenigen bekannten Pfaden zu bewegen. Die Diversifikation über verschiedene Anlageklassen, Regionen oder „Management Styles" gerät damit in den Hintergrund der Anlegerüberlegungen. Zur Überwindung vieler Beschränkungen müssen Strukturen aufgebaut werden, welche die Komplexität weiter erhöhen, die Transparenz vermindern und die Liquidität der Anlagen beschränken. Zudem wird das Ertragspotenzial der Investments durch zusätzliche Kosten geschmälert. Die Rahmenbedingungen fördern in der Summe kein Anreizsystem für Pensionskassen, um nach neuen und innovativen Anlageprodukten zu suchen und frühzeitig in sich entwickelnde Märkte zu investieren.

Bei aller Kritik muss jedoch auch erwähnt werden, dass sich diese „Behäbigkeit" der Kapitalanlagenpolitik bei Pensionskassen im Rahmen der verschiedensten Krisen an den Kapitalmärkten als längerfristig stabilisierend erwiesen hat, wenn auch die daraus entstehende Tendenz zu einem sehr zyklischen Anlegerverhalten einen Teil des Erfolges geschmälert hat. Leider liegt der dargestellten Komplexität kein wirklicher Stabilitätsplan zugrunde. Der gegenwärtige Zustand hat sich einfach vielmehr so ergeben. Die Vorgaben zur steuerlichen Behandlung, aufsichtsrechtlichen Überwachung und externen Rechnungslegung sind keinesfalls planmäßig darauf abgestimmt, optimales Anlegerverhalten zu erzielen. Sie stehen vielmehr nebeneinander und verfolgen unterschiedliche, ja sogar widersprüchliche Ziele.

Es kann wohl nicht erwartet werden, dass sich die Komplexität der Anlagebedingungen für Pensionskassen in naher Zukunft wesentlich reduziert. Schön wäre es aber, wenn alle Beteiligten bei der künftigen Weiterentwicklung darauf hinwirken könnten, die Komplexität nicht weiter zu erhöhen und die Bedingungen für Pensionskassen zur Teilnahme an einem globalen Kapitalmarkt zu verbessern.

Literaturverzeichnis

Busson, M./ Ruß, J./ Zwiesler, H. J. (Busson/ Ruß/ Zwiesler): Modernes Asset Liability Management, in: Versicherungswirtschaft, 2/2000, 104 - 109

Ortmann, K. M. (Ortmann, 2009): Praktische Lebensversicherungsmathematik, 1. Aufl. 2009, S. 116.

Schwind, J. (Schwind, 2010): Die Deckungsmittel der betrieblichen Altersversorgung in 2008, in: Betriebliche Altersversorgung, Heft 4, S. 383f..

Rahmenbedingungen für die Kapitalanlage von berufsständischen Versorgungswerken

von Sven Röckle

1. Einleitung

Berufsständische Versorgungswerke sind Sondersysteme, die für die kammerfähigen Freien Berufe der Ärzte, Apotheker, Architekten, Notare, Rechtsanwälte, Steuerberater bzw. Steuerbevollmächtigten, Tierärzte, Wirtschaftsprüfer und vereidigten Buchprüfer, Zahnärzte sowie psychologischen Psychotherapeuten, die Pflichtversorgung[1] bezüglich der Alters-, Invaliditäts- und Hinterbliebenenversorgung sicherstellen[2]. Als öffentlich-rechtliche Pflichtversorgungseinrichtungen „eigener Art" – klar abgegrenzt von den anderen Versorgungssystemen – beruhen sie auf landesgesetzlicher Rechtsgrundlage im Rahmen der ausschließlichen Gesetzgebungskompetenz der Bundesländer gem. Art. 70 Grundgesetz.

Berufsständische Versorgungswerke stehen selbstständig neben anderen Systemen der Pflicht-Grundversorgung (Deutsche Rentenversicherung Bund, Knappschaftsversicherung, Handwerkerversicherung, Altershilfe für Landwirte, Beamtenversorgung), den Systemen der Pflicht-Zusatzversorgung (Versorgungsanstalt des Bundes und der Länder – VBL –; Zusatzversorgungskassen der Gemeinden und Kirchen; betriebliche Altersversorgung) und den Systemen der freiwilligen Versorgung (z. B. private Lebensversicherung). Sie sind Sondersysteme der Pflichtversorgung, da sie kraft des landesgesetzlichen Versorgungsauftrages ausschließlich die Angehörigen bestimmter Berufsgruppen, diese jedoch grundsätzlich in jeder Form der Berufsausübung (in selbstständiger und unselbstständiger Tätigkeit) zu versorgen haben.

Im historischen Kontext war die Existenzsicherung der Angehörigen der Freien Berufe geprägt durch das Zugehören zum Besitzbürgertum in Form des eigenverantwortlichen Vermögensaufbaus. Die starke wirtschaftliche Stellung war zudem möglich durch kaum vorhandenen Wettbewerb. Eine Zäsur erfolgte durch die Inflationen nach dem Ersten und Zweiten Weltkrieg, da die aufgebauten Sparvermögen stark betroffen waren. Diese Existenznot führte auch im Bereich der freien Berufe zur Gründung erster Versorgungseinrichtungen[3]. Die mit dem Kammerwesen verbundenen gesetzlichen Regelungen des Berufszwanges und die mit den Pflichtmitgliedschaften in den Kammern verbundenen organisatorischen Voraussetzungen ermöglichten die Umsetzung einer umfassenden Selbstverwaltung[4].

---

[1]   Die Angehörigen der freien Berufe werden kraft Gesetzes und damit nicht auf Antrag einbezogen, vgl. Kannengießer (1998), S. 40.

[2]   Vgl. http://abv.de/begriff.html

[3]   Vgl. Bialas/ Jung (1997), S.183.

[4]   Vgl. Roth (2000), S. 24.

Die berufsständischen Versorgungswerke gehören nicht zu den Sozialversicherungen im Sinne von Art. 74 Nr. 12 Grundgesetz. So besteht z. B. keine organisatorische Anlehnung der Versorgungswerke an die Träger der klassischen (bundesgesetzlichen) Sozialversicherung; vielmehr sind die berufsständischen Versorgungswerke entweder Anstalten des öffentlichen Rechts oder Einrichtungen der berufsständischen Kammern, die ihrerseits als öffentlich-rechtliche Körperschaften strukturiert sind. Sie erfüllen auch berufspolitische Aufgaben und sind nicht nur vom Gedanken der kollektiven Eigenversorgung geprägt. Sie gewährleisten die Sicherstellung der besonders wichtigen Gemeinschaftsgüter, indem sie durch ihre Vorsorge (Alters-, Hinterbliebenenvorsorge und Berufsunfähigkeitsschutz) einer Überalterung der Berufsstände vorbeugen. Dies erfolgt durch eine Verhinderung maximaler Lebensarbeitszeiten aufgrund fehlender Alterssicherung und dient damit der Erhaltung voll leistungsfähiger freier Berufe[5].

Die berufsständischen Versorgungswerke erfüllen ihre Aufgabe in echter Selbstverwaltung. Gewählte Delegierte der Mitglieder/Versicherten beschließen über das Mitgliedschafts-, Beitrags- und Leistungsrecht. Das demokratische Prinzip ist hiermit deutlich verwirklicht. Die berufsständischen Versorgungswerke sind eigenfinanziert. Sie erhalten keine Staatszuschüsse, sondern erfüllen ihren Versorgungsauftrag in Eigeninitiative und mit eigenen Mitteln.

Von der privaten Lebensversicherung unterscheiden sich die berufsständischen Versorgungswerke dadurch, dass die Mitgliedschafts-/Versorgungsverhältnisse nicht durch Vertragsabschluss entstehen und auch nicht privatrechtlicher Natur sind. Die Versorgungsverhältnisse entstehen vielmehr kraft Gesetzes, die Rechtsbeziehungen zwischen den berufsständischen Versorgungswerken und ihren Mitgliedern sind öffentlich-rechtlicher Natur; sie üben demgemäß im Rahmen ihres Versorgungsauftrages Hoheitsgewalt aus.

Die berufsständischen Versorgungswerke fügen sich nahtlos und harmonisch in das gegliederte System der sozialen Sicherheit ein[6]. Die Selbstverwaltung der Freien Berufe in den Bereichen Alters-, Invaliditäts- und Hinterbliebenenversorgung hat sich als leistungsstarkes und anerkanntes Absicherungsmodell durchgesetzt und wurde im Zuge der Wiedervereinigung auf die neuen Bundesländer übertragen und damit für die

---

[5] Vgl. ders., S. 23.

[6] Die Begrenzung des Freiheitsrechts (Art. 2 Abs. 1 GG) durch die Pflichtmitgliedschaft im Versorgungswerk erfüllt eine legitime öffentliche Aufgabe des Staates und wurde vom Bundesverfassungsgericht bestätigt, zur Diskussion siehe Kannengießer (1998), S. 19.

gesamte Bundesrepublik dauerhaft festgeschrieben[7]. In den 89 Versorgungswerken sind derzeit ca. 700.000 Angehörige der freien Berufe versichert.

2. Allgemeine kollektive und individuelle Rahmenbedingungen für die Kapitalanlagetätigkeit

Die berufsständischen Versorgungswerke unterliegen mehrheitlich sowohl bezüglich ihrer Rechts- wie auch Wirtschaftsaufsicht der Gesetzgebungskompetenz des jeweiligen Bundeslandes. Innerhalb der Bundesrepublik Deutschland hat sich im System der Versorgungswerke durch unterschiedliche Verfahrensweisen, ministeriale Zuständigkeiten und Gründungshistorien eine grundsätzlich homogene Gruppe institutioneller Investoren herausgebildet, die allerdings frei ist, in der konkreten Ausgestaltung den Belangen ihres Berufstandes Rechnung zu tragen[8].

Der Grund hierfür liegt im historischen Kontext in der oben erwähnten Zuordnung als Selbstverwaltungsaufgabe der freien Berufe. Diese Selbstverwaltungsaufgabe bedingte, dass es an einer generellen Zwangslösung für alle verkammerten Berufe fehlt. Dies wiederum führte zu unterschiedlichen Gründungszeitpunkten und daraus resultierenden individuellen Historien jedes einzelnen Versorgungswerks[9].

Unterschiedliche Gründungszeitpunkte haben unterschiedliche Reifegrade im Versichertenbestand zur Folge. Das Verhältnis von aktiven, d. h. Beitrag zahlenden Leistungsanwärtern, und den Leistungsempfängern bestimmt das Cash Flow-Profil des jeweiligen Versorgungswerks aus seinem Versichertenbestand, d. h. die Differenz zwischen Beitragseinzahlungen und Leistungsauszahlungen. Das jeweils zur Anwendung kommende versicherungsmathematische Finanzierungsverfahren bestimmt die Bedeutung des Cash Flow-Profils bei der Ableitung der Kapitalanlagestrategie und der mit dieser verbundenen Risikostrategie.

---

[7]   Vgl. Roth (2000), S. 25.

[8]   Im Falle Baden-Württembergs zeigt sich dies durch eine heterogene Beaufsichtigung der Versorgungswerke hinsichtlich der Rechts- und Wirtschaftsaufsicht. Hier kamen berufsstandspolitische Faktoren zum Tragen.

[9]   Ein Katalysator für die breite Entwicklung der berufsständischen Versorgungseinrichtungen war die Rentenreform 1957. Innerhalb der Überlegungen zur Sozialreform sprach sich der Gesetzgeber für eigenständige Einrichtungen aus, die Angehörigen der freien Berufe wurden ausdrücklich aus der gesetzlichen Rentenversicherung ausgeschlossen. Eine ausführliche Diskussion findet sich bei Kannengießer (1998), S. 53. Eine ähnliche Lage ergab sich 1989 für einen vergleichbaren Personenkreis in den neuen Bundesländern, vgl. Heubeck (1999), S. 97.

Die Geschäfts- und Risikostrategie bilden wiederum den Ausgangspunkt insbesondere der strategischen Asset Allocation und bestimmen die Parameter des Asset-Liability-Managements. Die Rahmenbedingungen für das Kapitalanlageverhalten und das Risikomanagement von berufsständischen Versorgungswerken haben dadurch neben den kollektiven aufsichtsrechtlichen Anforderungen eine zusätzliche individuelle Komponente. Diese gilt es bei der Ausgestaltung der Geschäfts- und Risikostrategie und bei der Umsetzung aufsichtsrechtlicher Anforderungen zu berücksichtigen.

Versicherungsmathematische Finanzierungsverfahren

Versicherungsmathematische Finanzierungsverfahren können nach dem Grad der Äquivalenz zwischen Beitrag und Rentenanwartschaft kategorisiert werden. Das Anwartschaftsverfahren basiert auf einer reinen Kapitaldeckung. Es besteht eine individuelle Äquivalenz zwischen dem Beitrag und der dadurch erworbenen Leistung. Die Anwartschaften der Teilnehmer werden vollständig durch einen entsprechenden Aufbau eines Kapitalstocks gedeckt, in die Zahlung der Versorgungsleistung fließt kein Umlageelement ein. Die dem einzelnen Versicherten zu gewährenden Leistungen entsprechen den zuvor gezahlten Beiträgen und den anteilig dem Versicherten zuzurechnenden Erträgen (einschließlich der Dynamisierungsverpflichtungen) aus dem angesammelten Kapital[10]. Das Versorgungswerk der Architektenkammer Baden-Württemberg ist ein auf reine Kapitaldeckung nach dem Anwartschaftsdeckungsverfahren und dem individuellen Äquivalenzprinzip ausgerichtetes Versorgungswerk.

Das Umlageverfahren hingegen entspricht in seiner Reinform dem sog. Leistungsprimat. Die Summe aller Zahlungen an die Leistungsempfänger (Rentner) wird auf die Summe der aktiven Beitragszahler umgelegt. Reichen die Beiträge nicht aus, müssen die Leistungen gekürzt oder die Beiträge erhöht werden. Das reine Umlageverfahren und das reine Kapitaldeckungsverfahren bilden zwei Endpunkte eines Kontinuums des Äquivalenzprinzips.

Die Mehrzahl der berufsständischen Versorgungswerke ist nach dem sogenannten offenen Deckungsplanverfahren finanziert. Offen deshalb, da man einen ewigen Zugang an neuen Teilnehmern unterstellt. Elemente einer Kapitaldeckung und eines umlagefinanzierten Systems werden individuell verknüpft[11]. Vom individuellen Äquivalenzprinzip unterscheidet sich das offene Deckungsplanverfahren dadurch, dass keine

---

[10] Vgl. Kannengießer (1998), S. 50.

[11] Das Verhältnis von Kapitaldeckung und Umlagekomponente hängt von der Historie des Versorgungswerks ab und der Höhe des bereits aufgebauten Kapitalstocks.

exakte Äquivalenz zwischen Beitrag- und Einzelversicherung verlangt wird, sondern nur eine kollektive Äquivalenz für den gesamten Versichertenbestand besteht[12]. Der zukünftige Zugang an Teilnehmern wird in die Äquivalenzbeziehung mit einbezogen[13]. Der sog. „Deckungsplan" beinhaltet folgendes Vorgehen: am Bilanzstichtag geht man davon aus, dass es einen Ausgleich geben muss zwischen allen künftigen Leistungen einerseits und allen künftigen Beiträgen zuzüglich des vorhandenen Vermögens und seiner Kapitalanlagenerträge andererseits[14].

Implikationen der biometrischen Besonderheiten und des Finanzierungsverfahrens

Je nach der Situation des jeweiligen Berufsstandes und des Alters der Versorgungseinrichtung resultieren daraus unterschiedliche Reifegrade im mehrperiodischen Cash Flow-Profil, d. h. der Differenz zwischen Beitragseinzahlungen und Leistungszahlungen. Beispielsweise übersteigen in einem „jungen", noch wachsenden Versorgungswerk die Beitragseinzahlungen die Leistungsauszahlungen. Dieses Verhältnis wiederum determiniert wichtige Nebenbedingungen bei der strategischen Asset Allocation, da die prognostizierte Entwicklung der Cash Flows den Anlagehorizont bzw. die Möglichkeit zur Risikodiversifikation auf der Zeitachse bestimmen.

Versorgungswerke konzentrieren sich gemäß ihres öffentlichen Auftrags auf den Kernbereich der Alterssicherung und eine umfassende Risikovorsorge. Insbesondere die Kostenstruktur, mit der die Leistungen erbracht werden, grenzen die Versorgungswerke von anderen Altersvorsorgeeinrichtungen ab, da weder vertriebliche Maßnahmen und Provisionen zu kalkulieren sind, noch existieren andere Anspruchsgruppen als der Berufsstand selbst[15]. Die Maxime „Vom Berufsstand für den Berufsstand" rechtfertigt eine allein an den Besonderheiten der berufsständischen Versorgungswerke ausgerichtete Anlage- und Risikopolitik.

Dennoch unterliegen die Versorgungswerke durch Landesgesetzgebung oder im Rahmen ihrer Satzungsautonomie in weiten Teilen den Vorschriften des Versicherungsaufsichtsgesetzes (VAG) und der Anlageverordnung über das gebundene Vermögen

---

[12] Vgl. Roth (2000), S. 34.

[13] Vgl. ebenda a.a.O.

[14] Vgl. Heubeck (1999), S.93.

[15] Hinterbliebene oder geschiedene Ehepartner werden aufgrund von Satzungsbestimmungen generell nicht Teilnehmer am Versorgungswerk, Anmerkung des Verfassers.

von Versicherungseinrichtungen[16]. Das Investmentuniversum ist damit in weiten Teilen vorgegeben und reguliert. Anhand des individuellen Risikoprofils erfolgt innerhalb des regulierten Rahmens des Investmentuniversums die Ableitung der strategischen Asset Allocation.

Die von den zuständigen Landesaufsichtsbehörden aus dem Versicherungsaufsichtsgesetz abgeleitete Maxime „Sicherheit geht vor Rendite" beeinflusst ebenfalls die Anlagetätigkeit. In der Praxis ist diese Maxime ökonomisch nicht operationalisierbar. Sicherheit stellt stets die zu optimierende Nebenbedingung im Investmentprozess dar und kann keinesfalls als Investmentziel interpretiert werden[17]. In Baden-Württemberg sind vier Versorgungswerke, welche der Finanzaufsicht durch das Wirtschaftsministerium Baden-Württemberg unterliegen, bezüglich ihres Asset-Liability-Managements und ihres Anlageprozesses mit einem statischen Verweis auf die Vorschriften § 54a VAG a.F.[18] reguliert. Grundsätzlich bestehen für Versorgungswerke jedoch dynamische Verweise auf die Vorschriften des § 54 VAG ff. i.V. mit der Anlageverordnung (AnlV).

3. Risikomanagementüberlegungen als Ausgangspunkt der Vermögensanlagepolitik in einem kapitalgedeckten berufsständischen Versorgungswerk

Berufsständische Versorgungswerke sind zur Erfüllung Ihres Versorgungsauftrages an längerfristigen Investmentstrategien ausgerichtet[19]. Kurzfristiges Trading oder das Ausnutzen von Arbitragemöglichkeiten sind nicht Gegenstand strategischer Überlegungen[20]. Die Chancen zur Vermögensmehrung an den Kapitalmärkten gehen mit dem Risiko einher, diese ex ante antizipierte Vermögensmehrung zu verfehlen. Methoden

---

[16] Zur Anlageverordnung und den Vorschriften für die Kapitalanlagen von Versicherungsunternehmen vergleiche auch die Beiträge von Hadasch, Kuhn und Siegmund in diesem Handbuch.

[17] Grenzt man Finanztitel anhand der Sicherheit Ihrer Zahlungsströme ab, lässt sich daraus eine Zielhierarchie ableiten, welche diesem Postulat aus Sicht von sog. „ordentlichen Erträgen", d. h. kalkulierbaren Zinserträgen, Dividenden, Mieteinnahmen etc. gerecht wird, im Gegensatz zu „unsicheren", d. h. ex ante nicht kalkulierbaren sogenannten „außerordentliche" Erträgen in Form von Marktwertsteigerungen.

[18] Die betrifft das Versorgungswerk der Architektenkammer Baden-Württemberg, das Versorgungswerk der Steuerberaterkammer Baden-Württemberg, das Versorgungswerk der Ingenieurkammer Baden-Württemberg und das Versorgungswerk der Rechtsanwaltskammer Baden-Württemberg.

[19] D. h. den Teilnehmern an der entsprechenden Versorgungseinrichtung, Anmerkung des Verfassers.

[20] Vgl. Albrecht/ Maurer (2002), S. 3.

des Risikomanagements sind damit integraler Bestandteil der Vermögensanlagepolitik[21].

Überlegungen zur Vermögensanlagepolitik finden ihren Ausgangspunkt im Kontext der Aktiv-/Passiv-Planung. Aus der Verknüpfung der Vermögens- mit der Verpflichtungsseite ergibt sich die Zielhierarchie, vor deren Hintergrund die Maßnahmen eines integrierten Investment- und Risikomanagements relativiert und hinsichtlich ihrer Effektivität und Effizienz beurteilt werden können. Darüber hinaus lässt sich hieraus die Risikostrategie ableiten. Diese hat wiederum Einfluss auf die Auswahl risikokategorisierter Finanzinstrumente (Assets) und die Definition der jeweiligen Risikotreiber.

Rechtliche Rahmenbedingungen für die Kapitalanlage von Versorgungswerken

Versicherungen und Versorgungseinrichtungen sollen aufgrund gesetzlicher und (aufsichts-)rechtlicher Entwicklungen die Risiken ihres Geschäftsbetriebes, insbesondere die Risiken der Kapitalanlagen, beobachten, bewerten und dokumentieren[22].

Für nach dem Versicherungsaufsichtsgesetz (VAG) regulierte Einrichtungen enthält § 54 (I) VAG die allgemeinen Anlagegrundsätze für das Sicherungsvermögen und gibt die Ziele für die Kapitalanlage und damit für das Asset-Liability-Management vor. Weiterhin sind im Rahmen der 9. VAG-Novelle, entsprechend der Solvabilitätsanforderungen der 8. EU-Richtlinie, mit § 55c VAG (Vorlage des Risikoberichts und des Revisionsberichts) und § 64a VAG (Geschäftsorganisation) und dem Rundschreiben R3/2009 der Bundesanstalt für Finanzdienstleistungsaufsicht weitere Aufgaben im Rahmen des Risikomanagements erlassen worden[23].

Als obersten Anlagegrundsatz nennt § 54 VAG die Sicherheit und Rentabilität des Sicherungsvermögens bei jederzeitiger Liquidität unter Wahrung angemessener Mischung und Streuung und unter Berücksichtigung der Art der betriebenen Versicherungsgeschäfte, sowie der individuellen Unternehmensstruktur. Der darin enthaltene Zielkonflikt zwischen Sicherheit (interpretiert als Risikovermeidung[24]) und Rendite bedingt letztlich, dass zunächst die Risikotragfähigkeit des Unternehmens insgesamt und im zweiten Schritt in Bezug auf die einzelnen Risikokategorien ermittelt werden muss. Dies führt zu einer strategischen Vermögensanlagepolitik, welche die Optimierung der Rendite bei vorgegebenem Sicherheitsniveau zum Gegenstand hat.

---

[21] Vgl. ebenda, a.a.O.

[22] Vgl. Müller-Uthoff (2008), S. 1.

[23] Die für Versorgungswerke geltenden Regularien werden gesondert im nächsten Abschnitt konkretisiert

[24] Zur generellen Diskussion des Sicherheitsziels vgl. Schmidt-von Rhein (1998), S. 51ff.

Die Anlageverordnung als Ergänzung zu § 54 VAG sowie die Rundschreiben der Bundesanstalt für Finanzaufsicht regeln weitere Details des Anlageprozesses. Die Anlageverordnung enthält insbesondere Vorschriften zur Mischung und Streuung des Sicherungsvermögens und Vorschriften zur Organisation des Anlageprozesses. Da diese Vorschriften als Nebenbedingung in den Prozess der strategischen Asset Allocation eingehen, ergibt sich keine First-Best-Lösung mehr, wenn mindestens eine dieser Vorschriften bindend ist[25]. Dies hat zur Konsequenz, dass bei vorgegebener Risikotragfähigkeit nicht mehr die bestmögliche Rendite erwirtschaftet wird und ein modelltheoretisches Effizienzportfolio im Hinblick auf die Second-Best-Lösung angepasst werden muss.

Insbesondere die Organisationsform, die Art des betriebenen Geschäftes, der regulatorische Rahmen etc. definieren die Abgrenzung des Risikobegriffes und die daraus individuell abzuleitenden Risikoarten sowie die definitorische Abgrenzung der individuellen Risikotragfähigkeit eines institutionellen Investors. An dieser Stelle sei insbesondere darauf hingewiesen, dass ein berufsständisches Versorgungswerk anders organisiert ist als eine private Personenversicherung (Lebensversicherung, private Altersvorsorge etc.). Vermeintlich gleichartige Risiken können sich im Eintrittsfalle in ihrer Schadenswirkung sowohl anders entfalten wie auch unter Umständen einer völlig unterschiedlichen Risikokategorie zuzurechnen sein.

Beispielsweise adressieren die Risikomanagementmaßnahmen in Versicherungsunternehmen nach Solvency II als oberstes strategisches Risiko die zu vermeidende Insolvenz des Versicherungsunternehmens an sich[26]. Hauptunterkategorien dieses Insolvenzrisikos sind das Liquiditätsrisiko und Marktwertrisiken, da beide substanziell zu einem der Insolvenztatbestände (Überschuldung und Illiquidität) nach § 1 Insolvenzordnung führen. Im Falle eines berufsständischen Versorgungswerks steht die Erfüllung des langfristigen Leistungsversprechens im Vordergrund. Fehlentwicklungen schlagen auf das Leistungsniveau eines Versorgungswerks und damit in letzter Konsequenz auf die Höhe der Anwartschaften und Renten voll durch. Die Verpflichtungsstruktur auf der Passivseite der handelsrechtlichen Bilanz determiniert damit die Vermögensanlagestrategie und die Risikostrategie gleichzeitig.

---

[25]   Jost (2005), S. 246.

[26]   Vgl. Romeike/ Müller-Reichart (2005), S. 63ff und S. 112.

Asset-Liability-Match als strategisches Ziel

Mit der handelsrechtlichen Bilanz als Ausgangspunkt lassen sich drei Bereiche abgrenzen, um die Gesamtstruktur des Versorgungswerks und die Risikobereiche gedanklich darzustellen[27].

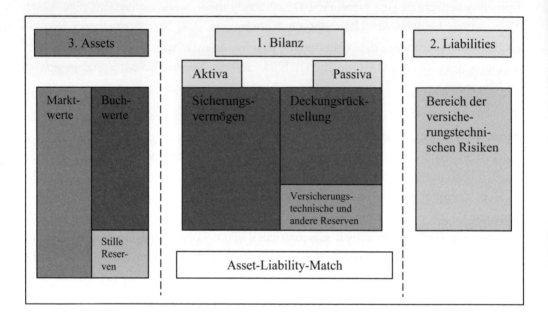

Abbildung 1: Asset-Liability-Match

Den zentralen Ausgangspunkt bildet als erste Ebene die handelsrechtliche Bilanz in der Mitte der Abbildung 1. Den Zukunftsverpflichtungen der Passivseite, d. h. den versicherungstechnischen Rückstellungen, steht im Kontext des VAG vereinfacht ausgedrückt das Sicherungsvermögen[28] und das freie Vermögen gegenüber, bewertet zu (fortgeführten) Anschaffungskosten, die zur Deckung der zum Bilanzstichtag bewerteten passiven Zukunftsverpflichtungen (Deckungsrückstellung) zur Verfügung stehen.

---

[27] Unterstellt wird, dass die für große Kapitalgesellschaften geltenden Vorschriften gemäß § 341ff HGB anzuwenden sind.

[28] Bis Dezember 2003 Deckungsstockvermögen.

Ein kapitalgedecktes Versorgungswerk hat als oberstes strategisches Ziel einen Asset-Liability-Mismatch[29] zu verhindern (strategisches Risiko), damit die Leistungsanwartschaften im Bedarfszeitpunkt bedient werden können. Da dieser in der Zukunft liegt, werden die Zukunftsverpflichtungen zum jeweiligen Bilanzstichtag bewertet. Hierfür wird ein kalkulatorischer Rechnungszins unterstellt, mit welchem die Zukunftsverpflichtungen diskontiert werden. Diese Ebene 2 bildet den Bereich der versicherungstechnischen / biometrischen Risiken.

Das Sicherungsvermögen auf der Aktivseite der Bilanz, bewertet zu fortgeführten Anschaffungskosten, ist damit der passivischen Renditeanforderung des kalkulatorischen Rechnungszinses unterworfen und bildet in der Risikobetrachtung die gedankliche Ebene 3 der Marktrisiken.

Zu jedem Zeitpunkt bis zum Ende des Lebenszyklus des Versichertenbestandes – auf jeden Fall aber zu jedem Bilanzstichtag – muss das Sicherungsvermögen mindestens so hoch wie die Deckungsrückstellungen sein. Nur bei Vermeidung des strategischen Risikos, also wenn die Verbindlichkeiten (Liabilities) nicht schneller wachsen als das Sicherungsvermögen zur Erfüllung dieser (zukünftigen) Ansprüche, wird die Bedingung zu jedem Zeitpunkt erfüllt und eine bilanzielle Unterdeckung dauerhaft vermieden.

Risiken können bei Vorhandensein bilanzieller Reserven aufgefangen werden. Marktrisiken zehren zuerst außerbilanzielle Reserven auf, bevor sie auf die bilanziellen Reserven durchschlagen. Risiken des Versicherungsbetriebes wirken dagegen über die Gewinn- und Verlustrechnung direkt auf die bilanziellen Reserven. Sind die bilanziellen Reserven aufgebraucht, schlagen sämtliche Risiken voll auf die Deckungsrückstellung durch. Versicherungstechnische Risiken sind vereinfacht ausgedrückt durch einen Passivtausch, d. h. einer Umbuchung von anderen Reserven in die Deckungsrückstellung auszugleichen.

Die Risikotragfähigkeit wird traditionell durch den Umfang an bilanziellen und außerbilanziellen Reserven definiert. Da die bilanziellen Reserven zur Deckung sämtlicher Risiken dienen, wird hier eine andere Risikotragfähigkeitskonzeption für Marktrisiken hergeleitet, welche die Rahmenbedingung für die Kapitalanlage von Langfristinvestoren direkt auf den eigentlichen Geschäftszweck von Versorgungswerken als traditionell langfristig ausgerichtete Kapitalanleger bezieht. Auch in der aufsichtsrechtlichen Diskussion und Praxis sind diese Besonderheiten zu berücksichtigen. Kapitalanlage-

---

[29] Das Matching-Risiko ist zentraler Bestandteil des Asset-Liability-Managements. Zum Begriff, Methoden des Asset-Liability-Managements in Versicherungsunternehmen siehe Jost (2005), S. 235ff.

strategien ebenso wie Risikomanagementmodelle sind vor diesem Hintergrund zu beurteilen und zu bewerten.

Zur Diskussion des Matching-Risikos[30] und der Ableitung einer strategischen Asset Allocation mit geeigneten Rendite- und Risikobegriffen siehe Kapitel 4, Unterpunkt Ableitung der strategischen Asset Allocation).

Ein berufsständisches Versorgungswerk hat zumindest theoretisch auf beiden Bilanzseiten Stellschrauben, die im Rahmen des Risikomanagements verändert werden können[31], da der kalkulatorische Rechnungszins kein Garantiezins darstellt. Er dient lediglich der Ableitung der Deckungsrückstellung, die eine Ausschüttungssperrfunktion besitzt.

Zwar kann der Rechnungszins, welcher als Abzinsungsfaktor der künftigen Rentenansprüche zur Berechnung der Deckungsrückstellung verwendet wird, gesenkt werden, jedoch hat dies auf der Passivseite der Bilanz einen Anstieg der Deckungsrückstellung zur Folge[32]. Eine dadurch erforderliche sogenannte bilanzielle „Nachreservierung" setzt demnach bilanzielle Reserven an anderer Stelle voraus (z. B. eine Rückstellung für schwankenden Bedarf), welche dann in einem Passivtausch durch Umbuchung von den anderen Rückstellungen zur Erhöhung der Deckungsrückstellung dienen. Sind diese nicht vorhanden, muss die Nachreservierung über mehrere Jahre bspw. durch Überrenditen abgetragen werden.

Es lässt sich also feststellen, dass bei kapitalgedeckten berufsständischen Versorgungswerken zwar eine Stellschraube auf der Passivseite der Bilanz, respektive der Liabilities, in Form eines zumindest theoretisch variablen Rechnungszinses besteht, eine Änderung jedoch faktischen Zwängen unterliegt und als ultima ratio ebenfalls vorausschauend gehandhabt werden muss. Erschwerend kommt hinzu, dass die Landesaufsichtsbehörde jeder Änderung zustimmen muss. Eine automatische Wiederherstellung von Risikotragfähigkeit lässt sich damit nicht ad hoc erreichen, sondern nur dynamisch über sehr lange Zeiträume.

Eine (anhaltende) Unterschreitung des kalkulatorischen Rechnungszinses (Matching-Risiko) wirkt durch die faktisch starre Passivseite unmittelbar nur auf den finanzwirt-

---

[30] Das Matching-Risiko besteht in der Gefahr, eine bestimmte Mindestrendite zu verfehlen. Schmidt-von Rhein (1998), S. 51ff, spricht von einem sog. Anspruchsniveauziel.

[31] Private Versicherer haben im „Worst Case" ebenfalls Möglichkeiten, durch Ausnahmegenehmigung der BaFin von vertraglichen Zusicherungen abzuweichen.

[32] Dies gilt nicht, wenn die Absenkung des Rechnungszines lediglich für neu gebildete Beitragskohorten durchgeführt wird, Anm. des Verfassers.

schaftlichen Bereich[33]. Eine wechselseitige Abstimmung zwischen finanzwirtschaftlichem und leistungswirtschaftlichem Bereich (d. h. dem Versicherungsgeschäft) findet nicht statt, da es sich bei berufsständischen Versorgungswerken um Pflichtversicherungen handelt Die Bilanzen von Versorgungswerken unterliegen aus diesem Grunde nicht im selben Maße einer in Abbildung 2 dargestellten negativen Konvexität bzgl. der Zinssensitivität wie die Bilanz eines idealtypischen Lebensversicherers[34]. Bei einem Zinsrückgang steigt der Wert der Assets langsamer als der Wert der Verbindlichkeiten. Verantwortlich für den negativ konvexen Kurvenverlauf ist das in Abbildung 5 dargestellte Cash Flow-Profil. Bei Zinsanstieg verhält es sich umgekehrt.

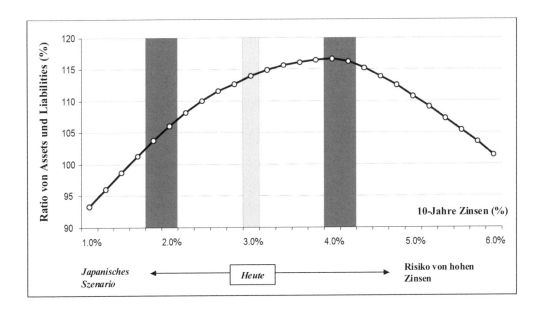

Abbildung 2: Negative Konvexität von Lebensversicherungsbilanzen[35]

Kapitalgedeckte Versorgungswerke unterliegen im Gegensatz zu Versicherern nicht dem theoretischen **Risiko hoher, bzw. stark steigender Zinsen[36]**. Dies hat lediglich

---

[33] Das Risikokapital steht dennoch zur Deckung aller Unternehmensrisiken zur Verfügung

[34] **Solvency II** wird nach heutigem Stand regulatorisches Kapital erfordern, um Verluste, die durch die **negative Konvexität** begründet sind, abzusichern. Für die Berechnung des von Solvency II geforderten **regulatorischen Kapitals** werden für die ganze Bilanz **Zinsstresstests** durchgeführt. Szenario Zinsrückgang: **-100bp** 10-jährige Zinsen von 3,0% auf 2,0%. Szenario Zinsanstieg: **+125bp** 10-jährige Zinsen von 3,0% auf 4,25%.

[35] Illustrative Darstellung, Quelle: Alizee Investment AG

Auswirkungen auf die Bewertung der Festverzinslichen Wertpapierbestände. Bei Versicherern führen diese theoretisch zu steigenden Stornoquoten und zu einem Marktanteilsverlust, da die Fähigkeit, interessante Überschussbeteiligung an Kunden zu zahlen, tendenziell abnimmt. Ebenso sind den Kunden gewährte Optionen wie Beitragsfreistellungen etc. zinssensitiv. Gleichzeitig sinkt der Wert der festverzinslichen Kapitalanlagen.

Das Risiko von stark steigenden Zinsen ist **nicht eindeutig definiert**. Es ist insbesondere abhängig von:

- der Rationalität des Versicherungsnehmers
- der Asset Allokation
- dem Marktanteil, der Stärke und dem Marktbekanntheitsgrad der Versicherung

Die Zinssensitivität eines Versorgungswerks stellt sich wie folgt dar:

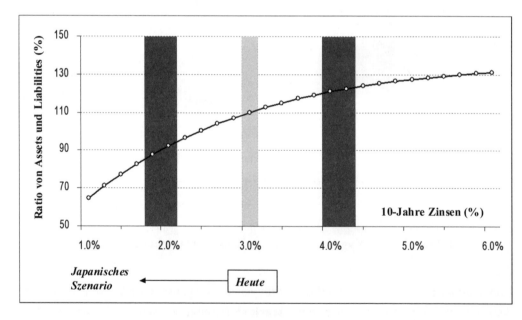

Abbildung 3: (Einseitig negative) Konvexität in Versorgungswerken- und Pensionskassenbilanzen[37]

---

[36] Freiwillige Mehrzahlungen am Jahresende sind möglich, jedoch auf das Doppelte des Höchstbeitrages begrenzt. Im Falle eines niedrigen Marktzinsniveaus steigt theoretisch die Attraktivität für freiwillige Mehrzahlungen.

[37] Illustrative Darstellung, Quelle: Alizee Investment AG

Das Risiko dauerhaft niedriger Zinsen führt auf Grund des hohen Anteils von Renteninvestments in den Portfolios der Versorgungswerke langfristig zu **sinkenden Durchschnitts- und Nettoverzinsungen, wie ein Blick auf die** Aufteilung der Kapitalanlagen der berufsständischen Versorgungswerke in Deutschland zeigt.

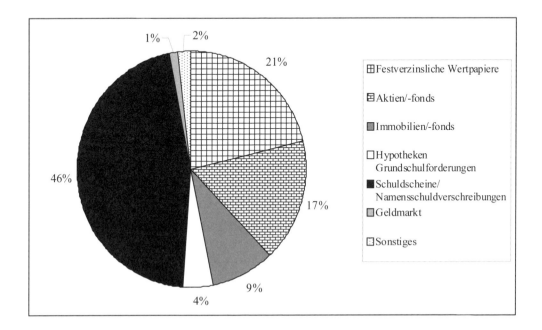

Abbildung 4: Aufteilung der Kapitalanlagen berufsständischer Versorgungswerke 2006[38]

Aufgrund der Schwächung der Kapitalanlageergebnisse geht die Überschussverzinsung im Falle dauerhaft niedriger Zinsen zurück. Dies kann i.d.R. nur kurzfristig durch die Auflösung stiller Reserven kompensiert werden. Sinkt die Durchschnittsverzinsung längere Zeit unter den kalkulatorischen Rechnungszins, erfolgt eine Aushöhlung der finanziellen Substanz. Langfristig kann die Anpassung lediglich durch die Umschichtung offener bilanzieller Rücklagen in die Deckungsrückstellung erfolgen, die durch eine letztlich notwendig gewordene Absenkung des Rechnungszinses einen bilanziellen Nachreservierungsaufwand erfordert.

Ziel der Vermögensanlagepolitik in einer engen Definition ist demnach die Erwirtschaftung des Rechnungszinses (Vermeidung des Matching-Risikos). Darüber hinaus

---

[38] Deutscher Bundestag, Drucksache 17/295 v. 22.01.2010, s. S. 9, eigene Darstellung.

ist die erforderliche Dotierung bilanzieller Sicherheitsrücklagen zu berücksichtigen. Des Weiteren besteht der gesetzliche Auftrag in der Gewährung einer dynamischen Altersvorsorge. Diese setzt die Erwirtschaftung von Überrenditen voraus.

Lebensversicherer könnten künftig verstärkt positiv konvexe Investments (wie z. B. Floors oder Swaptions) tätigen[39], während Versorgungswerke ihr Hauptaugenmerk auf kurswertstabilisierende Effekte in fallenden Märkten setzen müssen (Beta-Risiko). Durch eine beispielsweise antizyklische Strategie mit Absicherungselementen oder mit der Fokussierung auf Marktverwerfungen können Renditen in schwachen Ertragsphasen (z. B. Niedrigzinsphasen) kompensiert werden. Wir schlagen in vorliegendem Artikel eine mehrdimensionale Definition der Risikotragfähigkeit vor, um aus Risikomanagementgesichtspunkten eine operationalisierbare Steuerungsmöglichkeit zu etablieren, mit deren Hilfe frühzeitig Fehlentwicklungen entgegengewirkt werden kann, bevor bilanzielle und außerbilanzielle Reserven tangiert werden.

4.   Asset-Liability-Management im Kontext des Risikomanagements

Ein effektives Risikomanagementsystem muss zu jedem Zeitpunkt die Risikofaktoren der einzelnen Risikoarten erkennen können, um geeignete Maßnahmen des Risikomanagements einleiten zu können, bevor ein Vermögensverlust entsteht. Darüber hinaus ist das Risikomanagementsystem effizient umzusetzen, d. h. Wirtschaftlichkeitsüberlegungen sind zu berücksichtigen.

Vorschriften zum Risikomanagement im Bereich der Kapitalanlagerisiken bei berufsständischen Versorgungseinrichtungen

Versicherungsunternehmen und Versorgungseinrichtungen müssen im Interesse eines funktionierenden Geschäftsbetriebes sämtliche Risiken berücksichtigen, die mit ihrem Geschäftsbetrieb verbunden sind[40]. Die bundesrechtlichen Vorgaben zu Solvency II und das BaFin-Rundschreiben R 3/2009 (MaRisk VA) gelten für die berufsständischen Versorgungswerke der freien Berufe nicht, da diese der alleinigen Gesetzgebungskompetenz der Länder unterliegen.

---

[39]   Vgl. ausführlich Willing (2006).

[40]   Für Versicherungsunternehmen gelten § 55c VAG (Vorlage des Risikoberichts und des Revisionsberichts) und § 64a VAG (Geschäftsorganisation).

Die Länderaufsichtsbehörden vertreten die Auffassung, dass Versorgungswerke als Altersversorgungssystem der 1. Säule mit Kapitaldeckung Anforderungen an das Risikomanagement zu erfüllen haben, die die Besonderheiten der Versorgungswerke mit einbeziehen[41]. Die Besonderheiten, denen Versorgungswerke unterliegen, rechtfertigen abweichende Vorgehensweisen und Regelungen, insbesondere auch Vereinfachungsregeln für kleinere Versorgungswerke. Die Regelungen zum Risikomanagement im Bereich der Vermögensanlage wurden um sämtliche Bereiche ergänzt, da Versorgungswerke auch Risiken im Versicherungsbetrieb und im Bereich Mitglieder- und Rentenverwaltung unterliegen.

Für den Bereich der Kapitalanlagerisiken wurde für Versorgungswerke vor einigen Jahren von der Arbeitsgemeinschaft berufsständischer Versorgungswerke in Abstimmung mit den Aufsichtsbehörden der Länder ein Risikostufenmodell vereinbart, das die Risiken der Kapitalanlage, insbesondere Ausfallrisiken, erfassen soll und welches gleichzeitig einen Skalierungsvorschlag für die gesamte Risikoeinstufung der Vermögensanlage aufzeigt[42] (Näheres hierzu im nächsten Unterkapitel). Der daraus abgeleiteten Risikokategorie kommt innerhalb eines Versorgungswerkes nicht nur die höchste Bedeutung zu, sondern Risiken jeder identifizierten Risikokategorie können im Rahmen einer zu bildenden Risikohierarchie als Risikofaktoren für das im vorigen Abschnitt eingeführte strategische Matching-Risiko im Rahmen des Asset-Liability-Managements interpretiert werden. Dieses Verfehlen des durch das Leistungsversprechen vorgegebenen Renditeniveaus bildet die Spitze der Risikopyramide (strategisches Risiko).

Untergeordnete Risiken sind zwar nicht alle der Kategorie Marktrisiken zuzuordnen, die Risikowahrnehmung im Bereich der Marktrisiken hängt im Gegensatz zu Adressausfallrisiken von mehreren Faktoren ab[43]. Bspw. werden Kursrückgänge, die ausschließlich zu Minderung der stillen Reserven führen, als weniger gravierend empfunden als Kursrückgänge, die zum Geschäftsjahresende kursbedingte Abschreibungen nach sich ziehen. Analog werden Kursrückgänge bei festverzinslichen Wertpapieren, die auf Veränderungen des Kapitalmarktzinses beruhen, häufig als unbeachtlich angesehen[44]. Bei einer unterstellten Buy-and-Hold-Strategie werden diese Renten annahmegemäß bei Fälligkeit zum Nominalwert zurückbezahlt oder es wird annahmegemäß

---

[41] Schreiben des Finanzministeriums des Landes Nordrhein-Westfalen an die Versorgungswerke des Landes NRW vom 10.11.2009, gez. Dr. Siegel.

[42] Siehe ABV (2003) und nachfolgend die Beschreibung des ABV Leitfadens zur Umsetzung der Rundschreiben R29/2002 und R30/2002 in Abschnitt 2 dieses Kapitels, S. 17 f.

[43] Vgl. ABV (2009), S.9

[44] Vgl. dies. a.a.O.

bis zu einem späteren Verkauf eine entsprechend lange Restlaufzeit unterstellt, innerhalb derer die ursprünglichen Einstandskurse perspektivisch erreicht werden können.

Kursrückgänge, die durch eine Veränderung der Schuldnerbonität ausgelöst werden und eine sofortige unumkehrbare Einzelwertberichtigung auslösen, werden dagegen kritischer beurteilt. Dies verdeutlicht, dass nicht die Wirkung eines Risikos, in diesem Falle der Marktwertverlust, sondern die dahinter stehende Ursache für die Risikoeinschätzung maßgeblich ist. In gleichem Sinne werden anlageartbedingte Marktwertbewegungen zyklischer Natur leichter toleriert. Die subjektive Risikowahrnehmung vor dem Hintergrund der individuellen Gegebenheiten ist im Rahmen des Risikomanagements mit der Definition der eigenen Risikotragfähigkeit abzugleichen. Ansätze zum Risikomanagement und zur strategischen Asset Allocation weisen durch diesen Zusammenhang je nach Versorgungswerk und je nach Zusammensetzung des Vermögens mitunter erhebliche Unterschiede aus, welche die gesamte Vermögensanlage- und Risikostrategie definieren.

Modell der Arbeitsgemeinschaft berufsständischer Versorgungseinrichtungen zum Management von Kapitalanlagerisiken (ABV-Modell)

Dieses Modell basiert auf dem Leitfaden der ABV zur Umsetzung der Rundschreiben R29/2002 und R30/2002.

Vor dem Hintergrund geringerer Renditechancen einerseits und gestiegener Volatilitäten von Vermögensanlagegegenständen andererseits hat die Bundesanstalt für Finanzdienstleistungsaufsicht (BaFin) durch die Rundschreiben R29 und R30 im Jahre 2002 die Kapitalanlagen von Versicherungsunternehmen stärker reguliert[45]. Obwohl die genannten Rundschreiben nicht unmittelbar für Versorgungswerke gelten, entspricht es gängiger Aufsichtspraxis der mit der Versicherungsaufsicht betrauten Landesbehörden, die für die private Versicherungswirtschaft aufgestellten Anlage- und Berichtsgrundsätze auch für berufsständische Versorgungswerke anwendbar zu machen.

Darüber hinaus existieren Ausstrahlungseffekte durch Landesbestimmungen aus anderen für die Versorgungswerke geltenden Bereichen. Die in Baden-Württemberg geltende Vorschrift, den Jahresabschluss nach den für große Kapitalgesellschaften geltenden Vorschriften aufzustellen, hatte beispielsweise eine Ausstrahlungswirkung des Gesetzes zur Kontrolle und Transparenz im Unternehmensbereich (KonTraG) zur

---

[45] Rundschreiben R29 löste das bisherige R4/95 ab und verschärfte die Vorschriften zur Anlage des gebundenen Vermögens beträchtlich. R30 bestimmt die Anzeige-, Berichts- und Mitteilungspflichten über die gesamten Vermögensanlagen.

Folge. Ebenso gilt es, Haftungsfragen der Entscheidungsträger durch entstandene finanzielle Verluste zu vermeiden. Dies macht ein umfassendes Bewerten und Dokumentieren von Risiken und eine daran ausgerichtete Vermögensanlage unumgänglich.

Risikoeinstufung der Anlagearten

Auf Basis der in §1 Anlageverordnung aufgeführten Anlagearten wird für die gesamten Vermögensanlagen des Versorgungswerks eine Risikobewertung der einzelnen ausgewiesenen Kapitalanlagen vorgenommen. Den einzelnen Anlagearten wird eine klassifizierende Risikokennziffer von 1 (niedrigstes Risiko, d. h. Anlagen, deren Markt- oder Ertragswert üblicherweise kaum Schwankungen ausgesetzt sind und deren Rückzahlung zweifelsfrei erscheint) bis 3 (höchstes Risiko, d. h. Wertentwicklung unterliegt hohen Schwankungen) zugeordnet. Diese Eingruppierung dient als Schema für eine Stufeneinteilung der Versorgungswerke in drei Gruppen. Die Einstufung erfolgt durch die verantwortlichen Stellen jedes Versorgungswerks selbst.

Direkt oder indirekt gehaltene Aktien sind aufgrund der hohen Schwankungsintensität stets der Risikokennziffer 3 zuzuordnen. Soweit das Versorgungswerk bzw. die beauftragte Kapitalanlagegesellschaft derivative Finanzinstrumente zu Absicherungszwecken einsetzt (z. B. Optionen und Finanzterminkontrakte), um die Risiken ganz (Delta-1-Hedge) oder teilweise zu reduzieren, kann auch die Zuordnung zu Risikokennziffer 1 oder 2 gewählt werden. Ein Makro Hedge mit Long-Put-Strategien führt zu Risikokennziffer 2, eine Neutralisierung des Marktrisikos durch Finanzterminkontrakte kann zur Einstufung nach Risikokennziffer 1 führen.

Bei strukturierten Anlageprodukten bestimmt sich die Einstufung nach dem Risikoprofil der jeweiligen konkreten Anlageform. Wenn mindestens das gewährte Nominalkapital durch qualifizierte Bankgarantien gesichert ist, kommt ebenfalls Risikokennziffer 1 in Betracht. Einzelhedgefonds und Einzelbeteiligungsfonds (Single Fund-Strategien) sind der Risikokennziffer 3 zuzuordnen, Fund of Fund-Strategien können durch die geringere Schwankungsbreite der Risikokennziffer 2 zugeordnet werden. Veränderungen innerhalb der Anlageformen, z. B. Umstrukturierungen, Auflösen von Hedging-Strategien, eine veränderte Rechtslage, eine Veränderung des wirtschaftlichen Umfeldes und des Kapitalmarktumfeldes etc., machen eine laufende Neueinstufung erforderlich.

Beispielsweise waren die durch Banken gewährten Kapitalgarantien bei strukturierten Produkte im Zuge der Finanz- und Wirtschaftskrise und der Bonitätsverschlechterung vieler Institute nicht mehr als qualifiziert einzustufen. Dies zeigt, dass Systemrisiken durch eine Neueinstufung der Kapitalanlagen eines Versorgungswerks deutliche Auswirkungen auf den Risikomanagementprozess und die regulatorischen Anforderungen an das Risikomanagement eines Versorgungswerks stellen können. Eine vormals als sicher eingestufte Anlageart kann durch Veränderung des Umfeldes in die höchste Risikokategorie rutschen.

Gemäß der einzelnen Anlagen der Anlageverordnung gilt die Bezeichnung der Risikokennziffern nur für in Euro denominierte Anlagen. Bestehende Fremdwährungsanlagen sind grundsätzlich der Risikokennziffer 3 zuzuordnen. Entsprechendes gilt für Anlagen im Rahmen der Öffnungsklausel, wobei hier Abstimmungsmöglichkeiten mit dem Wirtschaftsprüfer und der Aufsicht bestehen. Dies gilt insbesondere für offene Devisenpositionen. Schuldverschreibungen mit Garantien können der Risikokennziffer 1 zugeordnet werden, solche ohne Garantien der Risikokennziffer 2. Sollte im Einzelfall die vorgesehene Risikoeinstufung der Anlageart der tatsächlichen Anlage beim einzelnen Versorgungswerk nicht gerecht werden, können eigene Bonitätsbeurteilungen bzw. Risikobewertungen durch externe Stellen herangezogen werden.

Sämtliche in der Bilanz ausgewiesene Kapitalanlagen eines Versorgungswerks werden anhand ihrer Buchwerte prozentual mit den zugewiesenen Risikokennziffern 1 bis 3 gewichtet. Daraus ergibt sich eine Zahl zwischen 100 und 300. Die Zahl 100 (300) ergibt sich, wenn sämtliche, d. h. 100% der Anlagen der Risikokennziffer 1 (3) zugeordnet werden. Die Mehrzahl der Versorgungswerke weisen bei dieser Klassifizierung eine Kennzahl zwischen 130 und 200 auf. Die satzungsmäßig und regulatorisch vorgegebenen Grundsätze der Mischung und Streuung der Anlagen haben Versorgungswerke neben der Hauptanlage in Risikokennziffer 1 auch Beimischungen aus Anlagen, die den Risikokennziffern 2 und 3 zuzuordnen sind. Bei Einführung des Risikostufenmodells wurden die Risikoeinstufungen an die ABV gemeldet und von dieser ausgewertet.

Risikostufen

Für die gewichteten und zusammengefassten Risikokennziffern werden im nächsten Schritt drei verschiedene Risikostufen gebildet:

Risikostufe 1	Kennzahl 100 bis 130
Risikostufe 2	Kennzahl 130 bis 160
Risikostufe 3	Kennzahl 160 bis 300

Für diese drei verschiedene Gruppen werden nun unterschiedlich hohe Anforderungen an die Kapitalanlage und das Risikomanagement gestellt. Für Versorgungswerke der Risikostufe 3 ist das BaFin Rundschreiben R5/2005 „Anlage des gebundenen Vermögens – Anlagemanagement und interne Kontrollverfahren" voll anzuwenden. Versorgungswerke der Risikostufen 1 und 2 können von Erleichterungen profitieren, um die Anforderungen an Art und Umfang der betriebenen Kapitalanlage auszurichten.

Beispiel:

Bei einem Kapitalanlagevolumen von 100 und der Verteilung auf folgende Anlageklassen mit einer Gewichtung von 20% Aktien, 50% Staatsanleihen und Pfandbriefe, 20% Unternehmensanleihen, 5% Beteiligungs-Fund-of-Funds (Private Equity) und 5% Immobilien mit überwiegend gewerblicher Nutzung ergibt sich unter Zuordnung der entsprechenden Risikokennziffern (RKZ) des ABV-Leitfadens:

Aktien: RKZ 3 = 20*3 = 60
Anleihen: RKZ 1 = 50*1 = 50
Anleihen: RKZ 2 = 20*2 = 40
Beteiligungen: RKZ 2 =   5*2 = 10
Immobilien: RKZ 2 =   5*2 = 10
Risikokennziffer gesamt durch Addition = 170

Durch den Wert 170 ergibt sich eine Einstufung in Risikostufe 3 (Werte von 160 bis 300).

Jedes Versorgungswerk kann auf Basis der individuellen Situation eine Selbsteinstufung in eine der drei Gruppen vornehmen. Bei der Zuordnung zur Risikostufe kann nach Absprache mit der Versicherungsaufsicht des jeweiligen Bundeslandes der Bestand an stillen Reserven, die bei der Risikoeinstufung anhand der Buchwerte keine Berücksichtigung finden, zusätzlich herangezogen werden.

Die Organe und die Geschäftsführung können anhand der gewählten Einstufung eine strategische Positionierung vornehmen, die mit der Struktur der gegenüber den Mitgliedern eingegangenen Verbindlichkeiten abzustimmen ist.

Abstimmung mit der Struktur der Verbindlichkeiten

Die Struktur der Verbindlichkeiten gegenüber den Mitgliedern ist die Ausgangsposition für die strategische Positionierung. Insbesondere die biometrischen Gegebenheiten des Mitgliederbestandes sind hier maßgebend. Die Altersstruktur hat dabei großen Einfluss auf den der Kapitalanlagetätigkeit zugrunde zu legenden Anlagehorizont. Ein in der Altersstruktur der Mitglieder noch relativ junges Versorgungswerk mit höheren Beitragseinnahmen als Rentenzahlungen besitzt beispielsweise eine andere Risikotragfähigkeit bzw. Möglichkeit zur Risikodiversifikation wie ein in seinem Bestand von

Rentenzahlungen geprägtes Versorgungswerk, das bereits aus dem Kapitalstock schöpft. Ersteres kann Wertschwankungen eher tolerieren wie letzteres, welches sich aus strategischer Sicht intensiver mit Wertsicherungsstrategien auseinandersetzen muss und die eigene Risikotragfähigkeit strenger an offenen bilanziellen Rücklagen und Rückstellungen ausrichten sollte.

Die Mindestanforderungen an das Risikomanagement von Versicherungsunternehmen (MARisk VA) gehen über die bisherigen, an den Kapitalanlagerisiken ausgerichteten, Vorschriften zum Risikomanagement hinaus und beziehen nun sämtliche Risikobereiche und Risikoarten in ein umfassendes Risikomanagementmodell ein.

Abstimmung mit den organisatorischen Prozessen
Auch die Vergabe von Vermögensmandaten an externe Kapitalanlagegesellschaften, welche einer eigenen regulierten Risikoüberwachung unterliegen, können bei der Festlegung der Risikostufe Berücksichtigung finden. Dies trifft auch auf Anlagestrategien zu, die implizite oder explizite kapitalerhaltende Nebenbedingungen umfassen. Beispiele sind Wertsicherungsstrategien oder Absolute Return-Ansätze.

Phasenschema zur Gestaltung risikomanagementspezifischer Anforderungen an den Kapitalanlagenbereich

Phase 1: Definition von Kapitalanlagezielen
Es gibt Anforderungen, die unabhängig von der Risikoeinstufung stets von allen Versorgungswerken zu erfüllen sind. Dies betrifft beispielsweise die Definition von Kapitalanlagezielen und der damit für die Umsetzung der Anlageziele notwendigen Maßnahmen wie die Aufstellung von schriftlichen Anlagerichtlinien, die organisatorische Regelung von Zuständigkeiten, die Funktionstrennung von Handel, Abwicklung, Rechnungswesen und Kontrolle, Festlegung von Kompetenzen der zuständigen Organe und Mitarbeiter sowie die Aufstellung von Finanzplänen und die Erstellung eines geeigneten Berichtswesens. Der Detaillierungsgrad und die Transparenz des Regelwerkes und der organisatorischen Maßnahmen steigen mit zunehmender Risikostufe. Bei der Festlegung individueller, von gesetzlichen Regelungen oder der „Best Practice" abweichenden Vorstellungen, sind diese transparent zu dokumentieren, damit sie für einen sachverständigen Dritten leicht nachvollzogen werden können.

Phase 2: Definition des Anlagespektrums
Das zulässige Anlageuniversum hängt in erster Linie von den versicherungsaufsichtsrechtlichen Vorschriften und in zweiter Linie vom oben beschrieben Reifegrad des Mitgliederbestandes eines Versorgungswerks ab. Versorgungswerke kurz nach Gründung haben eine andere Risikodiversifikationsmöglichkeit auf der Zeitachse, als solche Werke, die bereits in hohem Umfang Versorgungsleistungen auszahlen und dem Kapitalstock weniger Beitragseinnahmen zuführen als Rentenzahlungen abgeschöpft werden.

Die Cash Flow-Projektion und die Ermittlung der mittelfristigen Netto-Cash Flows aus dem versicherungstechnischen Bereich einerseits und unter Berücksichtigung der Kapitalanlageerträge andererseits erhalten hierbei entscheidende Bedeutung.

Phase 3: Generierung von Kapitalmarkteinschätzungen
Interne wie externe Einschätzungen der fundamentalen wirtschaftlichen Situation und der Kapitalmärkte bilden die Grundlage für die taktische Anlagepolitik und sollten als Begründung für die taktischen Maßnahmen und Allokationen herangezogen und dokumentiert werden.

Phase 4: Formulierung der Kapitalanlagestrategie und Risikostrategie
Ausgehend von der Struktur der eingegangenen Verbindlichkeiten gegenüber den Mitgliedern des Versorgungswerks ist in einer Aktiv-Passiv-Betrachtung die strategische Asset Allocation dahin gehend zu überprüfen, ob sie vor dem Hintergrund der gesamten Risikotragfähigkeit in der Lage ist, perspektivisch die Zukunftsverpflichtungen gegenüber den Mitgliedern zu erfüllen.

Phase 5: Umsetzung der erforderlichen Transaktionen
Hier sind weitere Risikokategorien wie operationale Risiken, Gegenparteirisiken, Compliance-Risiken bei der Auswahl der Geschäftspartner (z. B. bei Vergabe externer Mandate) etc. zu berücksichtigen und Vorgehensweisen zu dokumentieren. Es erfolgt die Ableitung der taktischen Allokation innerhalb des strategischen Investmentuniversums und deren Umsetzung im Kapitalanlagenportfolio.

Phase 6: Messung, Kontrolle und Analyse von Risiko und Performance
Die Risikosituation ist für die einzelnen Anlagearten darzustellen und geeignet zu aggregieren. Es bleibt den Versorgungswerken überlassen, je nach Risikoeinstufung angemessene Standards für die Messung von Risiken zu finden. Zusätzlich wird die Einrichtung einer internen Revision gefordert. Nach der Überprüfung von Geschäfts-

feldern stellt die Revision den Verantwortlichen in der Geschäftsführung und den Gremien Informationen über Geschäftsabläufe zur Verfügung. Auch der Umfang der Revisionstätigkeit ist abhängig vom Anlagevolumen und der Risikoeinstufung.

Phase 7: Berichterstattung
Die Vorschriften umfassen eine Mindestberichterstattung an die Geschäftsführung und die Organe hinsichtlich des Umfanges an stillen Reserven, des Abschreibungsbedarfs auf Assets und Assetklassen, eine Darstellung der laufenden Erträge und außerordentlichen Kapitalerträge etc.

Je nach Umfang und Komplexitätsgrad kann die Einrichtung eines Limit-Reportings für das Front Office angezeigt sein.

Umsetzung des BaFin-Rundschreibens R3/2009

In Gesprächen mit den Versicherungsaufsichtsbehörden der Länder wurde erreicht, dass die für Versicherungsunternehmen geltenden gesetzlichen Vorgaben nicht unmittelbar auch auf berufsständische Versorgungswerke übertragen werden. Die in den vorigen Abschnitten skizzierten Besonderheiten der Versorgungswerke rechtfertigen abweichende Regelungen, insbesondere Vereinfachungsregelungen für kleinere Versorgungswerke[46]. Beim Risikomanagement geht es allerdings nicht mehr nur um die oben beschriebenen Risiken der Vermögensanlage, es ist vielmehr anzustreben, sämtliche Risiken, die ein Versorgungswerk betreffen können, im Rahmen einer Gesamtdarstellung zu erfassen und zu bewerten, um zu einem geeigneten Risikomanagement zu kommen[47].

In Abstimmung mit den Versicherungsaufsichtsbehörden der Länder ist vorgeschlagen worden, dass berufsständische Versorgungswerke künftig eigene Berichterstattungen über die gesamte Risikosituation und das Risikomanagement bei jedem einzelnen Versorgungswerk vornehmen. Dazu sollen Risikoberichte angefertigt werden, die aufzeigen, welche Risiken aus Sicht des jeweiligen Versorgungswerks bestehen und welche Risikomanagementmaßnahmen regeln, wie Risiken vermindert, vermieden oder weitergegeben werden. Unter der Voraussetzung, dass Versorgungswerke die eigenen Bemühungen zielgerichtet vorantreiben, haben sich die Landesaufsichtsbehörden bereit erklärt, dass Versorgungswerke Berichte selbst entwickeln. In der Praxis können sich so Berichtsstandards herauskristallisieren, deren Einhaltung von Auf-

---

[46] ABV (2009), S. 2
[47] Vgl. im Folgenden dies. (2009), S. 2ff

sichtsbehörden, Wirtschaftsprüfern und von den gewählten Organen bzw. den beauftragten Mitarbeitern sicherzustellen bzw. zu überprüfen ist.

Ableitung der strategischen Asset Allocation

Das absolute Primat eines Versorgungswerkes ist die Vermeidung eines Asset-Liability-Mismatches. Die Erreichung dieses Zieles ist nicht so einfach, wie es auf den ersten Blick vielleicht erscheint. Dies zeigt folgende Überlegung.

Die sozusagen triviale Lösung für ein Asset-Liability-Matching wäre der Kauf eines risikolosen festverzinslichen Wertpapiers mit unendlicher Laufzeit, das einen Kuponertrag liefert, der genau dem Rechnungszins entspricht. Diese naheliegende Lösung stößt auf drei Schwierigkeiten.

Erstens stellt sich die Frage, ob der Markt solche Wertpapiere überhaupt hergibt. Ist der Marktzins kleiner als der Rechnungszins, existiert keine risikolose Anlage, die einen Asset-Liability-Mismatch verhindern könnte.

Selbst wenn zweitens der Marktzins größer oder gleich dem Rechnungszins ist, muss das festverzinsliche Wertpapier mit einem Kupon, der dem Rechnungszins entspricht (oder sogar über dem Rechnungszins liegt), nicht unbedingt eine opportune Anlageform sein. Denn in die Überlegungen zum Asset-Liability-Matching müssen natürlich die Kosten, insbesondere die Verwaltungskosten des Versorgungswerkes, mit einbezogen werden. Der Nettozinsertrag des Versorgungswerkes ist in unserem Beispiel der Kuponertrag aus dem Wertpapier nach Abzug der anfallenden Kosten. In vielen Fällen in der Praxis werden die Zinseinnahmen aus dem Wertpapier (gerade im Niedrigzinsumfeld) durch die tatsächlich anfallenden Kosten in großen Teilen aufgezehrt.

Aber selbst im Falle, dass das Vorsorgungswerk im Markt ein endlos laufendes risikoloses, festverzinsliches Wertpapier erworben könnte, dessen Verzinsung so hoch ist, dass sowohl der Rechnungszins als auch die Verwaltungskosten gedeckt werden, stellt sich drittens noch ein weiteres, in gewissem Sinne technisches Problem. Die Deckungsrückstellung des Versorgungswerkes verzinst sich multiplikativ. Die jährlichen Zuführungen zur Deckungsrückstellung steigen wegen des gleichbleibenden Diskontierungsfaktors in Ableitung vom Rechnungszins (in Folge des Zinseszinseffektes) kontinuierlich an (die Zuführung zur Deckungsrückstellung berechnet sich nach der Formel Zuführung zur Deckungsrückstellung = Deckungsrückstellung der Vorperiode geteilt durch den Diskontierungsfaktor). Die Zinserträge fließen in unserem Beispiel als feste Beträge in Höhe des Rechnungszinses zu. Unsere Überlegungen zum Asset-Liability-Matching über den Kauf eines festverzinslichen Wertpapiers unterstellen im

Sinne der Zinseszinsformel, dass die Zinserträge stets vollumfänglich zum Rechnungszinssatz reinvestiert werden. Wegen der unsicheren Entwicklung der Verwaltungskosten und im Falle sinkender Kapitalmarktzinsen kann es durchaus vorkommen, dass die Wiederanlage der Kuponerträge in voller Höhe zum vorher unterstellten Rechnungszinssatz nicht mehr möglich ist. In solchen Fällen wächst die Passivseite der Bilanz schneller als die Aktivseite, da der Nettozinsertrag zu niedrig ist und nicht rentabel genug reinvestiert werden kann.

Bei der Ableitung der strategischen Asset Allocation gilt es daher in einem ersten Schritt, den zur Verfügung stehenden Anlagehorizont aus der Altersstruktur des Teilnehmerkreises zu abzuleiten. Dieser aus der Altersstruktur des Teilnehmerkreises über eine Cash Flow-Prognose ableitbare Anlagehorizont gibt dabei ein erstes Indiz, ob der Rendite-Match zwischen Deckungsrückstellung und Sicherungsvermögen jährlich zu erfüllen ist oder ob die Erfüllung im Durchschnitt eines gewissen Zeithorizontes ausreicht. Dies ist dann der Fall, solange die Beitragseinnahmen die Leistungszahlungen übersteigen. In diesem Fall kann die Risikotragfähigkeit auf der ersten Stufe in Abhängigkeit davon interpretiert werden, in wie weit das Versorgungswerk in der Lage ist, Risiken auf der Zeitachse zu diversifizieren und wie hoch der Anteil an illiquiden und Non-Cash Flow-Assets an der Gesamtallokation sein kann.

Abbildung 5 zeigt das Cash Flow-Profil über den gesamten Lebenszyklus des Versichertenbestandes des VWDA zum 31.12.2010. Dieser wird als konstant angenommenen, wodurch die Analyse quasi von einem geschlossenen Versichertenbestand ausgeht.

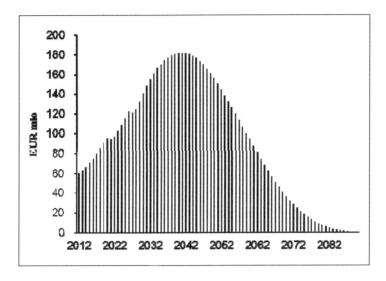

Abbildung 5: Versicherungstechnisches Cash Flow-Profil des VWDA[48]

Durch die mehrdimensionale Definition der Risikotragfähigkeit kann das „magische Dreieck" des §54 VAG sinnvoll operationalisiert werden. Dieser sieht eine sichere Kapitalanlage unter Wahrung einer angemessenen Liquidität und Rentabilität vor.

Fragen des Kapitalerhalts spielen hier bei der Ableitung der Benchmark und des Investmentauftrages insbesondere bei kleineren Einrichtungen eine entscheidende Rolle[49]. Problematisch und damit ungeeignet sind kurzfristige Kennzahlen zur Risikosteuerung wie der Value-at-Risk für das Anlagencontrolling einzustufen. Betrachtet man die Risikotragfähigkeit dreidimensional, dann hängt die mögliche strategische Asset Allocation wirtschaftlich von den drei folgenden Determinanten ab:

Den biometrischen Fakten des jeweiligen Teilnehmerbestandes, die den Anlagehorizont determinieren

Die Altersstruktur des Versichertenbestandes bestimmt über ihre Cash Flow-Bilanz die Fähigkeit, Risiken auf der Zeitachse zu diversifizieren. Dies bedeutet, dass die

---

[48] Die Grafik zeigt das Cash Flow-Profil des Versichertenbestandes des Versorgungswerks der Architektenkammer Baden-Württemberg zum 31.12.2010 über dessen kompletten Lebenszyklus. Der Teilnehmerbestand wurde als konstant unterstellt. Cash Flows aus der Vermögensanlage sind nicht berücksichtigt.

[49] Einer an der relativen Performance ausgerichteten Benchmark liegt die Annahme zugrunde, dass der Anleger die volle Verantwortung für das Benchmarkergebnis als Resultat des von ihm erteilten Auftrags übernimmt, vgl. Günther (1998), S. 167.

Rendite der Kapitalanlagen im Durchschnitt dem Rechnungszins entsprechen (und die laufenden Kosten decken) muss, um langfristig den einen Mismatch zu verhindern. Dadurch kann durch eine Beimischung von Risikoassets die Chance auf eine Vermögensmehrung genutzt werden. Sogenannte risikolose Assets zeichnen sich in dieser Betrachtung zum einen durch den Kapitalerhalt am Ende der Laufzeit aus und zum anderen durch ihren stetigen Cash Flow an ordentlichen Erträgen. Neben festverzinslichen Wertpapieren bester Bonität lassen sich beispielsweise auch hochqualitative Immobilieninvestments etc. darunter subsummieren.

Dem Ausfinanzierungsgrad der bilanziellen Verpflichtungen durch ordentliche Erträge

Die Deckungsrückstellung als Barwert der zukünftigen Verpflichtungen wird mit einem statischen Rechnungszins kalkuliert, der nur mit Zustimmung der Aufsichtsbehörde verändert werden kann. In einem Niedrigzinsumfeld sinken die Zinserträge durch die Neuanlagen und die Wiederanlageproblematik. Unterstellt man anfänglich konstante Dividenden- und Mieterträge, sinken die ordentlichen Erträge insgesamt. Ob diese über direkt gehaltene oder indirekt über Investmentvehikel gehaltene Assets vereinnahmt werden, spielt keine Rolle. Bei langfristiger Unterschreitung des Rechnungszinses erfolgt eine stetig steigende Aushöhlung der wirtschaftlichen Substanz. Diese Risikodimension rückt über das Aufzehren bilanzieller Reserven in langanhaltenden Niedrigzinsphasen in den Vordergrund. Dies hat unmittelbaren Einfluss auf das strategische Matching-Risiko. Diese Aushöhlung der wirtschaftlichen Substanz lässt sich durch die Berechnung der sogenannten ökonomischen Deckungsrückstellung darstellen. In diesem Falle werden die Zukunftsverpflichtungen der Passivseite der Bilanz nicht mit dem Rechnungszins diskontiert, sondern mit der aktuellen Zinsstrukturkurve.

Liegt die Zinsstrukturkurve weitgehend über dem kalkulatorischen Rechnungszins, beinhaltet die ökonomische Deckungsrückstellung eine ökonomische Bewertungsreserve. Im umgekehrten Falle zeigt eine ökonomische Unterbewertung der Zukunftsverpflichtungen einen maximalen Nachreservierungsbedarf an. Maximal deshalb, da neben der Zinsstrukturkurve auch das Cash Flow-Profil des Teilnehmerbestandes (vgl. Abbildung 5) berücksichtigt werden muss. Im Falle des Versorgungswerks der Architektenkammer Baden-Württemberg (VWDA) zeigt die Kurve, dass der Median des Cash Flow-Profils im Laufzeitbereich 40 Jahre der Zinsstrukturkurve den dominantesten Einfluss auf die Zinssensitivität des VWDA besitzt Das größte Zinsänderungsrisiko liegt also im Bereich des 40-Jahres-Swap-Satzes[50]. Abbildung 6 zeigt im Falle VWDA die Veränderung der Deckungsrückstellung in Abhängigkeit einer Parallelverschiebung der Zinsstrukturkurve[51].

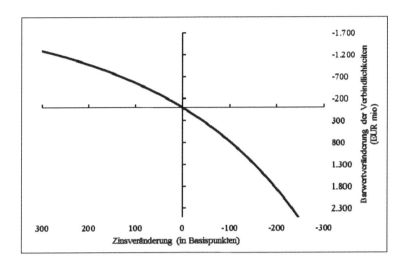

Abbildung 6: Zinssensitivität der ökonomischen Deckungsrückstellung

Dem Umfang an bilanziellen und außerbilanziellen („stillen") Reserven
Durch die Anbindung der Kapitalanlagetätigkeit an die Vorschriften des Versicherungsaufsichtsgesetzes haben die meisten Versorgungswerke in der Vergangenheit einen hohen direkt gehaltenen Bestand an festverzinslichen Wertpapieren aufgebaut. Einheitliche Strukturen haben sich nicht herausgebildet und hängen insbesondere vom Alter und von der Größe der Einrichtung ab. Vereinfacht kann die in vielen Versorgungswerken vorherrschende Struktur mit einem hohen Bestand an sicheren Assets mit stabilem Cash Flow-Profil und risikobehafteten Assets, welche Marktschwankungen unterliegen, unterstellt werden. In der ersten Kategorie dominieren festverzinsliche Namenspapiere, die keinen Abschreibungsrisiken unterliegen, sowie Immobilien. Im Gegensatz zu diesen als sicher einzustufenden Assets besteht Anteil an „Risikoassets" wie bspw. Spread-Produkte im festverzinslichen Bereich, Aktien, Beteiligungen, Hedge- und opportunistischen Immobilienfonds. Diese werden meist indirekt

---

[50] Die hohe Korrelation zwischen dem 40-Jahres-Swapsatz und der ökonomischen Deckungsrückstellung wurde durch weitere Analysen bestätigt. Dies sprengt den Umfang dieses Kapitels. Der Versichertenbestand wird weiterhin als konstant angenommen, Anmerkung des Verfassers.

[51] Daten: VWDA, Grafik: Goldman Sachs. Die negative Konvexität kommt durch das in Abbildung 5 dargestellte Cash Flow-Profil zu Stande, Anmerkung des Verfassers.

über Wertpapierspezialfonds, Immobilienfonds (core und core+), Beteiligungsfonds oder -strukturen und andere Vehikel verwaltet.

Gemäß obigem dreidimensionalem Schema (also: Biometrie, ordentliche Erträge und Reserveumfang) lässt sich die strategische Asset Allocation idealtypisch anhand der Erwartungswerte der Erträge aus der Kapitalanlage ableiten. Unterschieden werden müssen 1) sicher kalkulierbare Erträge (ordentliche Erträge wie Zinsen und Mieteinnahmen), 2) schätzbare ordentliche Erträge wie Dividenden und 3) nicht sicher kalkulierbare Erträge (außerordentliche Erträge wie Kursgewinne). Hiervon ausgehend werden alle Anlagen in drei Risikoklassen danach eingeteilt, ob sie ordentliche Erträge generieren und wie sicher diese sind.

Ausgehend von der jährlich erforderlichen Zuführung zur Deckungsrückstellung kann gemäß dem aus dem versicherungstechnischen Cash Flow abgeleiteten Anlagehorizont die Ausfinanzierungsquote durch ordentliche Erträge bestimmt werden. Je geringer der Liquiditätsbedarf durch entsprechend langen Anlagehorizont ist, desto geringer ist der Soll-Deckungsgrad an Cash Flow-Renditen in Form von ordentlichen Erträgen. Bilanzielle und außerbilanzielle Reserven erhöhen die Risikotragfähigkeit zusätzlich und mindern den Soll-Bedarf an ordentlichen Erträgen zu Gunsten von außerordentlichen Erträgen. Dabei ist zwingend zu berücksichtigen, dass die außerbilanziellen Reserven nicht realisierte Vermögenszuwächse darstellen.

Wird immer streng gemäß der strategischen Asset Allocation investiert, dienen die außerbilanziellen Reserven als Risikopuffer für Kursverluste bei den Risikoassets der Klasse 3. Anlagen der Risikoklassen 1 und 2 müssen jedoch auch im Falle einer hohen Risikotragfähigkeit kontinuierlich überprüft werden, denn in Niedrigzinsphasen sind die laufenden ordentlichen Erträge für den Bilanzausgleich oft nicht ausreichend. Es sind dann realisierte Netto-Gewinne aus der Kapitalanlage zum Bilanzausgleich notwendig und bei der Ableitung der strategischen Asset Allocation mit in die Optimierung einzubeziehen.

Was zunächst trivial klingt, wirft in der Praxis vielfältige Problemkreise auf, insbesondere dann, wenn der Großteil der Kapitalanlagen von externen Fondsmanagern gemanagt wird.

In Zeiten niedriger oder gar negativer Fondsperformance bspw. werden die Erträge aus den externen Kapitalanlagen durch den Zuführungsaufwand zur Deckungsrückstellung überdeckt, indem bspw. aus Vorträgen des Fonds ausgeschüttet wird.

Je nach Anlagehorizont lassen sich demnach für jede Risikoklasse Soll-Gewichte an der Gesamtallokation ermitteln, nach denen die strategische Asset Allocation ausgerichtet wird. Junge Versorgungswerke mit einem stark positiven Cash Flow-Profil können sich aber tendenziell stärker innerhalb der Risikoklasse 3 bewegen. Dasselbe gilt für Versorgungswerke, deren Ausfinanzierungsgrad an ordentlichen Erträgen hoch ist. Bedingung ist stets, dass Risiken nicht durch einen Liquiditätsbedarf unbeherrschbar werden. Im Sinne einer Risikofrüherkennung kann Risikotragfähigkeit deshalb dreidimensional verstanden werden. Ein reiner Bezug auf vorhandene Reserven greift zu kurz, wenn man Risikomanagement und Ertragsmanagement integriert.

Insbesondere junge Versorgungswerke nutzten bereits in der Vergangenheit die administrativen Vorteile eines Spezialfonds nach deutschem Investmentrecht. Ein Großteil ihrer Kapitalanlagen wird deshalb extern gemanagt. Dies führte allerdings zu einer neuen Herausforderung. Versorgungswerke sind per se mit einem relativ langen Anlagehorizont versehen. Die einsetzende Benchmarkorientierung in den 90er Jahren innerhalb der Asset Management-Gesellschaften, gepaart mit deren Wahrnehmung einer homogenen Investorengruppe, haben oftmals zu Zieldivergenzen zwischen Investor und Asset Manager geführt. Auch die Instrumente und Methoden der Risikomodellierung wurden aus dem Bankenbereich auf andere Investorenkreise übertragen, was wie gezeigt dem Geschäftsmodell von Altersvorsorgeeinrichtungen nicht gerecht wird.

Während insbesondere größere Versorgungswerke in der Lage sind, sog. Beta-Risiken des Marktes (Benchmark) selbst zu steuern, verstehen kleinere Versorgungseinrichtungen den Vermögensverwaltungsauftrag umfassender im Sinne eines ganzheitlichen absoluten Vermögensaufbaus. Dieses Verständnis kollidiert leicht mit den „one-size-fits-all"-Konzepten der Asset Management-Industrie. Outperformance gegenüber einer Benchmark wird zum aktiven Managementauftrag. Diversifikation über Märkte, die durch Benchmarks ausgedrückt werden zur Maxime. Rentenindizes kombinieren gerade nicht einzelne Risiken.

Moderne Masterfondsstrukturen erleichtern jedoch die Umsetzung von Core Satellite-Strategien und ermöglichen, die Vermögensanlageentscheidung (Asset Management) zu Teilen an externe Asset Manager zu delegieren oder einzelne Segmente, Strategien, Assetklassen etc. innerhalb externer Spezialfonds selbst zu managen und trotzdem von den administrativen Vorteilen der Spezialfonds zu profitieren. Dadurch ist die strategische Asset Allocation besser durch taktische Maßnahmen unterjährig steuerbar. Problematisch bleibt weiterhin die relativ fixe Mandatsstruktur von Masterfonds mit einer generellen „Long-Only"-Orientierung, da die Allokation zwischen den Assetklassen ohne entsprechendes Overlay-Management ziemlich starr ist.

5. Ausblick

Berufsständische Versorgungswerke sind auf Grund ihres Versorgungsauftrages im Rahmen der ersten Säule der Alterssicherung in Deutschland eine langfristig ausgerichtete Anlegergruppe mit einer entsprechend langen Verpflichtungsstruktur. Diese bedingt grundsätzlich einen langen Anlagehorizont, den jedes Versorgungswerk aus der biometrischen Struktur seines Versichertenbestandes in Form einer Cash Flow-Prognose ableiten kann. Ein entsprechend langer Anlagehorizont geht neben der Reservensituation (erste Dimension) und dem Ausfinanzierungsgrad an ordentlichen stetigen Erträgen (zweite Dimension) als dritte Dimension der Risikotragfähigkeit mit ein und ermöglicht es, Risiken auf der Zeitachse zu diversifizieren.

Inwieweit Risiken auf der Zeitachse diversifiziert werden können bzw. wie lange der kalkulatorische Rechnungszins der Verpflichtungsseite im Rahmen der Kapitalanlagetätigkeit unterschritten werden kann, bestimmt sich nach Auffassung des Autors aus dem Ausfinanzierungsgrad des kalkulatorischen Rechnungszinses durch ordentliche Erträge (Zinsen, Mieten, Dividenden). Der Umfang an bilanziellen und stillen Reserven besitzt nach der hier dargestellten Auffassung nur im Zusammenhang mit den anderen Dimensionen der Risikotragfähigkeit eine echte Risikosteuerungsfunktion. Fehlende Reserven für sich alleine betrachtet bedeuten nur in dieser isolierten Betrachtung eine fehlende Risikotragfähigkeit. Die Fokussierung auf bilanzielle und außerbilanzielle Reserven mündet letztlich in eine Risikovermeidungsstrategie.

Die Kapitalmarktturbulenzen der vergangenen Jahre haben die Grenzen bestehender Risikomanagementsysteme und der mit ihnen verbundenen Risikotragfähigkeitskonzepte aufgezeigt. Zwar wurde die prozyklische Wirkung der Stresstests durch die Ergänzung der Parameter für das Jahr 2009 zur Durchführung des BaFin-Stresstests (Rundschreiben 1/2004) verringert. Die Verwendung von auf Value-at-Risk bezogenen Risikosystemen ist für institutionelle Langfristanleger grundsätzlich in Frage zu stellen. Die von diesen Systemen gelieferten (kurzfristigen) Kennzahlen sind mit Blick auf die langfristige Verbindlichkeitsstruktur nur bedingt nützlich. Risikomanagement darf auch nicht als reine Risikovermeidung interpretiert werden. Die Sicherstellung eines angemessenen Leistungsniveaus zwingt zur Übernahme kalkulierbarer Risiken und einer dafür notwendigen finanziellen Risikotragfähigkeit.

Ziel dieses Artikels ist es, durch eine mehrdimensionale Definition der Risikotragfähigkeit wichtige Implikationen für das Anlageverhalten eines institutionellen Langfristinvestors sowohl auf strategischer, wie auch taktischer Ebene abzuleiten. Auf dieser Basis ist unter Berücksichtigung der strategischen Ziele der Vermögensanlage die strategische Asset Allocation abzuleiten. Es stellt sich die Frage, inwieweit auf Mittelwert und Standardabweichung basierende Risikomaßstäbe, welche per se nicht geeignet sind, sog. „Low Frequency-High-Impact Events" zu modellieren[52], eingesetzt werden sollten[53]. Langfristig orientierte Institutionelle sind aufgrund ihrer Risikotragfähigkeit vielmehr in der Pflicht, über ihr Investitionsverhalten einen gesamtgesellschaftlichen Nutzen zu stiften. Ein besonderes Hauptaugenmerk wird in einem Niedrigzinsumfeld und einer mehrdimensionalen Risikotragfähigkeitsdefinition auf Substituten der Cash Flows von Anleihen liegen. Hierbei gilt es, neue Produkte und damit Risiken zu modellieren, die mit der herkömmlichen Kapitalanlage keine oder lediglich geringe Korrelationen aufweisen. Beispiele sind Projektinvestments aus dem Bereich Infrastruktur oder Investments aus dem Bereich Clean Tech/ erneuerbare Energien, die ein stabiles Cash Flow-Profil aufweisen können und flexibel administrativ dargestellt werden können.

Literaturverzeichnis

Albrecht, P./ Maurer, R. (Albrecht/ Maurer, 2002): Investment und Risikomanagement, Stuttgart 2002.

Arbeitsgemeinschaft berufständischer Versorgungseinrichtungen (ABV, 2003): Leitfaden zur Umsetzung der Rundschreiben R29/2002 und R30/2002 in berufständischen Versorgungseinrichtungen, 2003.

Arbeitsgemeinschaft berufständischer Versorgungseinrichtungen (ABV, 2009): Risikomanagement bei berufständischen Versorgungseinrichtungen, 2009.

Bialas, R./ Jung, M. (Bialas/ Jung, 1997): Alterssicherung in eigener Verantwortung, in: Gestalten und Verwalten: Aufgaben und Verständnis der Bundesärztekammer, Alterssicherung in eigener Verantwortung, Köln 1997.

Borkovec, M./ Klüppelberg, C. (Borkovec/ Klüppelberg, 2000): Extremwerttheorie für Finanzzeitreihen – ein unverzichtbares Werkzeug im Risikomanagement, in: Handbuch Risikomanagement, hrsg. von Lutz Johanning und Bernd Rudolph, Bad Soden/Ts. 2000, S. 219-244.

Deutscher Bundestag, Drucksache 17/295 v. 22.01.2010.

Finanzministerium des Landes Nordrhein-Westfalen: Schreiben an die Versorgungswerke des Landes NRW vom 10.11.2009, gez. Dr. Siegel.

Franke, G. (Franke, 2000): Gefahren kurzsichtigen Risikomanagements durch Value-at-Risk, in: Handbuch Risikomanagement, hrsg. von Lutz Johanning und Bernd Rudolph, Bad Soden/Ts. 2000, S. 53-83.

Günther, S. (Günther, 1998): Praktische Bedeutung und professioneller Einsatz von Benchmarkportfolios, in: Handbuch Portfoliomanagement, hrsg. von Jochen M. Kleeberg und Heinz Rehkugler, Bad Soden/Ts. 1998, S. 165-189.

---

[52] Vgl. Borkovec / Klüppelberg (2000), S. 221.
[53] Zur Diskussion vgl. bspw. Franke (2000), S. 53ff.

Heinen, N./ Pannenberg, M. (Heinen/ Pannenberg, 2005): Management von Zinsgarantien in der Lebensversicherung; Versicherungsmathematisches Kolloquium 19. Dezember 2005, Universität Köln, Institut für Versicherungswissenschaft.

Heubeck, K. (Heubeck, 1999): Finanzierung der berufsständischen Versorgung, in: Berufsständische Versorgungswerke: Alterssicherung für die Freien Berufe, hrsg. von Arbeitsgemeinschaft berufständischer Versorgungseinrichtungen e.V., Köln 2000, S.92-106.

Jost, C. (Jost, 2005): Asset Liability Management bei Versicherungsunternehmen, in: Risikomanagement in Versicherungsunternehmen, hrsg. von Frank Romeike und Matthias Müller-Reichart, Weinheim 2005, S.235-257.

Kannengießer, W. (Kannengießer, 1998), In eigener Verantwortung – Die berufsständischen Versorgungswerke und ihre Arbeitsgemeinschaft, hrsg. von Arbeitsgemeinschaft berufsständischer Versorgungseinrichtungen e.V., Sankt Augustin 1998.

Müller-Uthoff, K. (Müller-Uthoff, 2008), Vermerk des Arbeitskreises „Vermögensanlage-Fragen" der ABV zum Risikomanagement bei Versorgungswerken, 2008

Romeike, F./ Müller-Reichart, M. (Romeike/ Müller-Reichart, 2005): Risikomanagement in Versicherungsunternehmen, Weinheim 2005.

Roth, H. (Roth, 2000): Bestands- und Rentenverwaltung in der Berufsständischen Versorgung, in ABV – Materialien, hrsg. von Arbeitsgemeinschaft berufsständischer Versorgungseinrichtungen e.V., Köln 2000.

Schmidt-von Rhein, A. (Schmidt-von Rhein, 1998): Analyse der Ziele privater Kapitalanleger, in: Handbuch Portfoliomanagement, hrsg. von Jochen M. Kleeberg und Heinz Rehkugler, Bad Soden/Ts. 1998, S. 35-69

Willing, J. (Willing, 2006): Zinssensitivitäten in der Lebensversicherung, 12. Mai 2006, Universität Ulm, Sektion Aktuarwissenschaften.

Institutionelle Rahmenbedingungen für die Kapitalanlage von Kreditinstituten in Deutschland

von Gerhard Thoms

1. Gesetzliche Rahmenbedingungen und regulatorische Anforderungen

Laut Bundesbankstatistik vom 31.12.2010 betrug die Summe der Aktiva der 1.919 berichtenden Banken knapp 8,4 Billionen Euro. Davon wiederum waren rund 1,3 Billionen in festverzinslichen Wertpapieren und gut 166 Milliarden Euro in Aktien und anderen nicht festverzinslichen Wertpapieren angelegt.

Aus dem Blickwinkel dieses Beitrags ist vor allem die letzte Position relevant. Denn hinter der Bilanzposition „Aktien und andere nicht festverzinsliche Wertpapiere" stecken neben Aktien im Wesentlichen Investmentfonds (per 31.12.2010 129 Mrd. EUR). Als Potenzial für die Investmentindustrie stehen also rund 20% der Bilanzsumme der deutschen Banken zur Verfügung.[1]

Das Kreditwesengesetz schafft die Grundlage

Kreditinstitute müssen eine Vielzahl von Gesetzen, Regelungen und Vereinbarungen bei der täglichen Geschäftstätigkeit beachten.

Die Grundlage schafft das *Kreditwesengesetz* (KWG). Es gibt den Banken grundlegende Regeln vor, die sie bei der Gründung und beim Betreiben ihrer Geschäfte zu beachten haben. Diese Regeln sind darauf ausgerichtet, Fehlentwicklungen vorzubeugen, die das reibungslose Funktionieren des Bankenapparates stören könnten.

Wie intensiv Banken beaufsichtigt werden, hängt von Art und Umfang der Geschäfte und damit entscheidend von den eingegangenen Risiken ab (sogenannte risikoorientierte Aufsicht). Dieses Grundprinzip gilt zwar schon seit den 1960er Jahren - das KWG wurde 1961 erlassen - aber im Verlauf der letzten Jahrzehnte hat es bedeutende Veränderungen gegeben, die durch Fehlentwicklungen bei Banken begründet waren (z. B. Herstatt-Pleite und die Finanzmarktkrise ab 2007).[2]

Eine duale Aufsicht kontrolliert

Die Einhaltung der grundlegenden KWG-Vorschriften erfolgt durch die Bankenaufsicht, die durch die *Bundesanstalt für Finanzdienstleistungsaufsicht* (BaFin) und die *Bundesbank* vertreten wird. Dabei übernimmt die Bundesbank insbesondere die opera-

---

[1] Quelle: Deutsche Bundesbank, Bankstatistik (www.bundesbank.de).
[2] Quelle: Kreditwesengesetz (www.bundesbank.de).

tive Bankenaufsicht, während die BaFin die Zahlungsfähigkeit der Banken (Solvenz-aufsicht) im Fokus hat. Dies wird durch eine Vielzahl von Verordnungen wie Solvabi-litätsverordnung (Basel II), Liquiditätsverordnung (Folge des Grundsatzes I) und Groß- und Millionenkreditverordnung (GroMiKV) geregelt. Insbesondere die Solvabi-litätsverordnung, die landläufig Basel II genannt wird, hatte erhebliche Auswirkungen auf die Kreditinstitute in Deutschland.

Ist die Bank eine Aktiengesellschaft, kommen durch das *Aktiengesetz* weitere wesent-liche Rahmenbedingungen hinzu. Das Aktiengesetz regelt die Rechte und Pflichten der auf Aktien basierenden Kapitalgesellschaften. Dazu zählen unter anderem Errich-tung, Verfassung, Rechnungslegung, Hauptversammlungen und Liquidation von Ak-tiengesellschaften. Die stärkste Außenwirkung auf die Banksteuerung hat das Aktien-gesetz durch die Veröffentlichungsvorschriften und den Anlegerschutz. Insbesondere die Verpflichtung zur Veröffentlichung vierteljährlicher Ergebnisdarstellungen[3] führt in aller Regel zu einer kürzerfristigen Zielorientierung der Verantwortlichen.

Der Zwang zur Erreichung dieser kurzfristigen Ziele ist für strategische Investment-entscheidungen eher hinderlich. Der Quartalsberichterstattung wird eine so hohe Be-deutung beigemessen, dass es durchaus zu Bilanzschönfärberei kommen kann. Adjus-tierungen vor dem Quartalsultimo sind gang und gäbe. Auch wenn sich diese im Rahmen der Bilanzierungsregeln bewegen, eröffnen deren unterschiedliche Ausleg-barkeit Ansatz- und Bewertungsspielräume. So macht es u. a. einen erheblichen Unterschied, ob eine Bank Wertpapiere zum Marktwert oder zu fortgeführten An-schaffungskosten bewertet.

Zusätzlich zum Aktiengesetz sind die Vorschriften des Handelsgesetzbuches und des Bürgerlichen Gesetzbuches anzuwenden. Im Gegensatz zur Versicherungsbranche und zu den Pensionskassen gibt es für Kreditinstitute jedoch keine gesetzlichen Regelun-gen oder Statuten, die dazu verpflichten, nur Anlagen in bonitätsstarken Investments zu tätigen. Eine Limitierung der Anlagen in Aktien oder Hedgefonds ergibt sich ledig-lich indirekt durch die begrenzte Eigenkapitalausstattung. Theoretisch könnte also ein Kreditinstitut seine gesamten Eigenanlagen am Aktienmarkt tätigen.

---

[3] Zwingend ist diese nicht für alle Aktiengesellschaften, sondern nur für solche, die in bestimmten Marktsegmenten bei der Deutschen Börse notiert sind

Basel II macht es den Fondsgesellschaften schwer

Auch wenn liquiditätstechnisch betrachtet ein Großteil des Eigenkapitals (das sogenannte freie Eigenkapital) für eine Kapitalanlage eingesetzt werden könnte, sieht dies
unter regulatorischen Gesichtspunkten meistens anders aus. Der Grund hierfür liegt in
der Anforderung des Kreditwesengesetzes, Kredit-, Marktpreis- und operationelle
Risiken mit Eigenkapital zu unterlegen (Basel II).

Während unter Basel I in erster Linie quantitative Anforderungen an die Eigenkapitalunterlegung gestellt wurden, wurden unter Basel II vor allem die qualitativen Anforderungen gestärkt. Die „alten" Eigenkapitalregeln bei Wertpapieren waren sehr simpel:
keine Eigenkapitalunterlegung bei Staatsanleihen, 10% bei Pfandbriefen, 20% bei
Bankschuldverschreibungen und 100% bei Aktien.

Basel II hat das Ratingelement als wesentliches Instrument einer Eigenkapitalunterlegung ins Spiel gebracht. Abhängig von der Ratingzuordnung fällt eine differenzierte
Eigenkapitalbelastung an. Dabei haben die Kreditinstitute die Möglichkeiten, neben
dem Standardansatz (KSA) auch interne Ratingmodelle zum Einsatz zu bringen.

	Standardansatz (KSA)	IRB-Basisansatz	Fortgeschrittener IRB-Ansatz
Mindestanforderungen für Wahl der Ansätze	keine	eigene Risikomodelle	eigene Risikomodelle
Methode der Risikomessung	externes Rating	internes Rating	internes Rating
Möglichkeit zur Schätzung von Risikoparametern	keine	nur PD	EAD, PD, LGD
Anerkennung von Kreditrisikoabsicherungs-techniken	Nettingvereinbarungen	-	-
Erläuterungen:	PD = Probability of default, EAD = Exposure at default, LGD = loss given default		

Abbildung 1: Eigenkapitalunterlegungsmodelle unter Basel II

Die internen Ratingmodelle lassen sich nicht direkt vergleichen, daher beschränken
wir uns hier auf den Standardansatz, die KSA-Methode[4], die auf externen Ratings
basiert.

Verfügt also ein Investmentfonds über ein externes Rating, so wird im KSA-Ansatz
eine Eigenkapitalbelastung gemäß Abbild 2 fällig. Die für die bankaufsichtliche Risi-

---

[4]   KSA steht für Kreditrisikostandardansatz; IRB für Internal Ratings Based

kogewichtung anerkannten Ratingagenturen finden sich in den §§ 52 und 53 der Solvabilitätsverordnung (SolvV).

	Ksa-Risikogewicht Unternehmen nicht kurzfristige Bonitätsbeurteilung / KSA Risikogewicht Investmentanteile					
Bonitätsstufe	1	2	3	4	5	6
Fitch	AAA bis AA-	A+ bis A-	BBB+ bis BBB-	BB+ bis BB-	B+ bis B-	CCC+ und weniger
Moody's	Aaa bis Aa3	A1 bis A3	Baa1 bis Baa3	Ba1 bis Ba3	B1 bis B3	Caa1 und weniger
S&P Fund Credit Quality Ratings	AAAf bis AA-f	A+f bis A-f	BBB+f bis BBB-f	BB+f bis BB-f	B+f bis B-f	CCC+f und weniger
S&P Prinncipal Stability Fund Ratings	AAAm bis AA-m	A+m bis A-m	BBB+m bis BBB-m	BB+m bis BB-m	B+m bis B-m	CCC+m und weniger
KSA-Risikogewicht	20%	50%	100%	100%	150%	150%

Abbildung 2: Eigenkapitalunterlegungsmodelle unter Basel II

Die folgende Abbildung macht deutlich, dass im Vergleich zur Direktanlage i.d.R. Nachteile durch den Erwerb eines Investmentfonds entstehen. Dies kann beim Kampf um das knappe Gut Eigenkapital eine entscheidende Rolle spielen. Mit einer Durchschau auf die einzelnen Assets ist eine – teilweise – Lösung dieses Problems möglich, jedoch verlangt dies eine hohe Transparenz der Wertpapierbestände bei der Fondsgesellschaft.

KSA-Risikogewicht Unternehmen kurzfristige Bonitätsbeurteilung						
Bonitätsstufe	1	2	3	4	5	6
KSA-Risikogewicht	20%	50%	100%	150%	150%	150%
Differenz zu Fonds	0%	0%	0%	50%	0%	0%

KSA-Risikogewicht Zentralregierungen nach Bonitätsstufen						
Bonitätsstufe	1	2	3	4	5	6
KSA-Risikogewicht	0%	20%	50%	100%	100%	150%
Differenz zu Fonds	-20%	-30%	-50%	0%	-50%	0%

KSA-Risikogewicht multilaterale Entwicklungsbanken nach Bonitätsstufen						
Bonitätsstufe	1	2	3	4	5	6
KSA-Risikogewicht	20%	50%	50%	100%	100%	150%
Differenz zu Fonds	0%	0%	-50%	0%	-50%	0%

Abbildung 3: Eigenkapitalunterlegungsmodelle unter Basel II[5] Einfluss der Bilanzstruktur auf den Investitionsrahmen

---

[5] Zur Bonitätsdarstellung gemäß externer Ratings siehe Abbildung 2.

2.   Einfluss der Bilanzstruktur auf den Investitionsrahmen

Die Aktivseite einer vereinfachten Bankbilanz enthält Kundenkredite (Baufinanzierung, Anschaffungsdarlehen, Firmenkundenkredite, etc.) und Eigenanlagen (Wertpapiere, Fonds, Aktien, etc.), auf der Passivseite stehen Kundeneinlagen (Girokonto, Spareinlagen, Emissionen) und Eigenkapital.

Aktiva		Musterbilanz Bank	Passiva
Kundenkredite Baufinanzierung Gewerbl. Darlehen Firmenkundenkredite	120	Kundeneinlagen Giroguthaben Spareinlagen Emissionen	150
Finanzanlagen Festverzinsliche WP Aktien Investmentfonds	40	Eigenkapital	10
	160		160

Abbildung 4: Musterbilanz als Ausgangsbasis einer Asset Allocation

Anlagemöglichkeiten bei einer ausgeglichenen Bankbilanz

Im theoretischen Idealfall gleichen sich in einer Bankbilanz Kundeneinlagen und Kundenkredite in ihrer Höhe aus. Geschieht dies auch noch fristenkongruent, so kann ohne aktive Marktpreisrisikonahme die Marge der Aktiv- und der Passivseite vereinnahmt werden. Sie stellt den Bruttogewinn der Bank dar. Darüber hinaus steht bei einer ausgeglichenen Bankbilanz auf der Passivseite grundsätzlich das Eigenkapital für Anlagezwecke zur Verfügung (siehe Abbildung 2). Je nach Höhe der geplanten Eigenkapitalrendite kommen unterschiedliche Anlagemodelle, die zur Erreichung der geplanten Eigenkapitalrendite beitragen, infrage.

Aktiva		Musterbilanz Bank	Passiva
Kundenkredite	150	Kundeneinlagen	150
Finanzanlagen	10	Eigenkapital	10
	160		160

Abbildung 5: Ausgeglichene Kundenbilanz führt zu Anlage von Eigenkapital

Klassische Retailbilanz mit Passivüberhang schafft Anlagebedarf

Der Ausgleich zwischen Kundeneinlagen und Kundenkrediten funktioniert jedoch meistens nicht reibungslos. Vielmehr entstehen in alle Regel Überhänge auf der Aktiv- oder auf der Passivseite. Typisch für eine Retailbank (v.a. Sparkassen, Volksbanken) ist der Passivüberhang, d. h. die Kundeneinlagen überwiegen (siehe Abbildung 4). Daraus ergibt sich ein Anlagebedarf, der üblicherweise durch die Anlage in Zinspro- dukten (Termingeldern und Anleihen) ausgeglichen wird. Da diese häufig nicht genü- gend Zinsertrag im Vergleich zum klassischen Kreditgeschäft abwerfen, suchen Ban- ken und Sparkassen nach alternativen Anlagelösungen, bei denen Investmentfonds eine wichtige Rolle spielen können.

Mit einem Aktivüberhang haben i.d.R. Investmentbanken zu kämpfen. Hier spielt die Refinanzierungsmöglichkeit eine dominierende Rolle. Dies wird im Rahmen des Arti- kels nicht weiter beleuchtet.

3. Grundlagen der Eigenanlagensteuerung

Bei der Umsetzung spielt „Make or Buy" eine strategische Rolle

Das hohe Angebot an Investmentfonds (Fußnote; Ende 2009 wurden in Deutschland knapp 6500 Publikumsfonds vertrieben; Quelle: BVI-Investmentstatistik: Zeitreihe Publikums- und Spezialfonds sowie Vermögen außerhalb von Investmentfonds) stellt sowohl den privaten wie auch den institutionellen Anleger vor eine entscheidende Herausforderung: Was brauche ich, was kann ich selber und was kaufe ich? Bevor die Einsatzmöglichkeiten von Investmentfonds bei der Steuerung und Optimierung der Bankbilanz und der Gewinn- und Verlustrechnung (GuV) analysiert werden, stellt sich zunächst die Frage des „Make or Buy": Was kann die Bank selber machen, und was sollte sie einkaufen?.

Die Make-or-buy-Entscheidung ist eine strategische Entscheidung und abhängig von Größe, Ressourcen und Anlagebedarf. Letztendlich bedeutet sie anzuerkennen, dass man nicht alles selber machen kann. Entsteht diese Erkenntnis auf der Arbeitsebene in der Treasury, wird die externe Vergabe von Mandaten zu einem bereichernden Ele- ment. Wird die Entscheidung von „oben" erzwungen, kann es leicht zu einem Konkur- renzkampf zwischen In-House-Experten und externen Know-how-Trägern kommen.

In den Banken wird deshalb in einem langwierigen Entscheidungsprozess über die strategische Frage entschieden, welche Assetklassen oder Anlagethemen Bestandteil des Eigenmanagements sind und welche dem Fremdmanagement übergeben werden. Dabei treten diverse Gremien nach- bzw. nebeneinander auf.

Der typische Weg beginnt mit einem Anlagevorschlag des Bereiches *Treasury*. Dieser durchläuft zunächst das *Asset-Liability-Komitee* (ALKO) an das sich in aller Regel ein Vorstandssteuerungskreis anschließt, in dem auch die Bereiche Risk Office und Accounting vertreten sind. Schlussendlich berät der Aufsichtsrat über die Vorlage.

Je nach Größe des Instituts kann sich eine solche Entscheidung über Wochen, wenn nicht gar Monate erstrecken. Dies stellt nicht nur den Vertreter der Investmentindustrie auf eine Geduldsprobe, sondern auch den Treasurer.

Typische Investmentthemen für Make or Buy

Klassische Themen für die Eigenanlage sind die Liquiditätssteuerung (siehe hierzu S. 295) und die Steuerung der Zinsänderungsrisiken (siehe hierzu S. 296) . Fondsanlagen werden hier jedoch opportunistisch zur Erreichung bestimmter Zielsetzungen genutzt.

Für das Outsourcing kommen vor allem Assetklassen infrage, die spezielles Markt-Know-how oder besondere Einzeltitelanalyse- und -selektionsfähigkeiten voraussetzen. Beispiele sind Anlagen in Hedge Funds, Private Equity, Leveraged Loans, Commodies oder auch Infrastrukturinvestments. Besondere Selektionskenntnisse erfordern Anlagen in Small und Micro Caps, Emerging Markets Bonds und Emerging Markets Equities oder auch internationale High Yield Bonds. All diese Themen werden in der Regel an spezialisierte Asset Management-Häuser outgesourct – von kleineren Kreditinstituten noch eher als von größeren, die durch Schnittstellen mit anderen hausinternen Geschäftsbereichen wie den Investmentbanken eher einmal Know-how für spezielle Assetklassen aufweisen können.

Manchmal ist die Make or Buy-Entscheidung nicht grundsätzlich vorgegeben, sondern hängt von spezifischen Zielsetzungen der Bank ab. Nicht unüblich ist beispielsweise das Aufsetzen von sogenannten Kontrollmandaten, d. h. die Bank oder Sparkasse kann aufgrund hausinternen Know-hows eine Assetklasse grundsätzlich selbst abdecken (z. B. europäische Aktien oder europäische Unternehmensanleihen). Dennoch wird ein externes Mandat vergeben, um das interne Management einem Performancevergleich zu unterwerfen. Auch ein Overlay, z. B. ein Währungshedge, kann sowohl outgesourct wie auch bankintern gelöst werden. Für die Overlayentscheidung sind häufig bilanzielle Erwägungen ausschlaggebend (zu den buchhalterischen Auswirkungen eines Währungshedgings s. S. 300).

Die folgende Make or Buy-Pyramide soll in exemplarischer Form den Entscheidungs-
weg vom Eigenmanagement zum Fremdmanagement erklären.

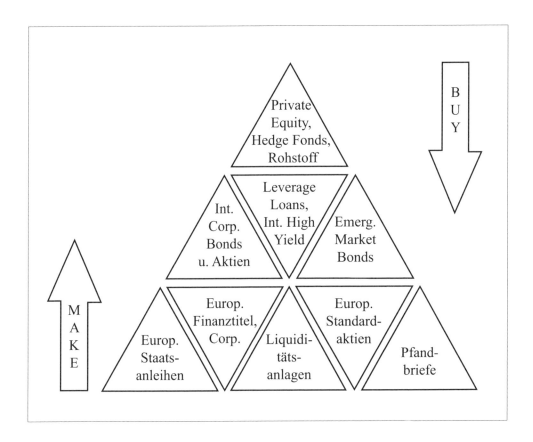

Abbildung 6: Anlagepyramide im Make or Buy

Liquiditätssteuerung als klassische „Make"-Entscheidung

Einer der wesentlichen Eckpfeiler der Banksteuerung ist die Vermeidung der Zahlungsunfähigkeit. Aus diesem Grund hat die Bundesanstalt für Finanzdienstleistungsaufsicht (BaFin) die Liquiditätsverordnung (LiqV) erlassen, die am 1. Januar 2007 den
Grundsatz II ablöste. Der Grundgedanke dahinter ist, dass ein Institut jederzeit über
genügend Zahlungsmittel verfügen muss, um seinen kurzfristigen Zahlungsverpflichtungen nachkommen zu können. Ein Institut verfügt gemäß § 2 dann über eine ausreichende Liquidität, wenn die innerhalb eines Monats verfügbaren Zahlungsmittel die in
dieser Zeit fällig werdenden Zahlungsverpflichtungen nicht unterschreiten. Dieser
Kapitalbedarf – auch Liquiditätspuffer genannt – soll in Bargeld oder sehr sicheren

Anlagen wie Bundesanleihen, die kurzfristig liquidiert werden können, vorgehalten werden. Dies kann jedoch zu u.U. erheblichen Ertragseinbußen im Vergleich zu einer Anlage in längeren Laufzeiten oder anderen europäischen Staatsanleihen führen. Es gibt also gute Gründe für eine Optimierung der Liquidität, die das Kerngeschäft der Treasury-Abteilung ist. Optimierung beinhaltet dabei sowohl den „Ritt" auf der Zinskurve (Riding the Yield Curve) als auch auf der Bonitätskurve.

Im Rahmen der Liquiditätssteuerung der Bank werden Geldmarktgeschäfte getätigt. Diese umfassen Geldanlagen und Geldaufnahmen in Form von Tages- und Termingeldern sowie den Erwerb von Geldmarktpapieren mit einer Laufzeit von bis zu 12 Monaten. Dazu gehört i.d.R. auch das Repogeschäft, das über das Verleihen von Wertpapieren zusätzliche Erträge generiert.

Während der Finanzmarktkrise kam dieser Geldmarkt fast vollständig zum Erliegen. Noch bis Ende 2010 waren Geldmarktaufnahmen und –anlagen bei Banken mit Laufzeiten von mehr als 3 Monaten nicht die Regel.

Bereits vor der Finanzmarktkrise hatten Fondsgesellschaften diesen Anlagetrend erkannt und mit den sogenannten Treasury-Fonds darauf reagiert. Neben den klassischen alternativen Geldmarktanlagen wurde auch das Gleitzinsmodell aufgegriffen. Das Gleitzinsmodell wird von vielen Kreditinstituten zur Abbildung der variablen Spar- und Sichteinlagen verwendet. Dabei wird z. B. bei einem 5-Jahres-Gleitzinsmodell ein Portfolio aus 60 Investments (5 Jahre x 12 Monate) mit monatlich fälligen Anlagen getätigt. Es besteht also aus 60 Schichten von 1 Monat bis 5 Jahren Restlaufzeit.

Der Vorteil dieser Treasury-Fonds liegt in der breiten Diversifikation der Assets und der eingesetzten derivativen Techniken. Dieses Spezial-Know-how kann häufig von kleineren Banken und Sparkassen nicht vorgehalten werden. Leider hat sich dieses Segment in den vergangenen Jahren nicht wirklich durchsetzen können.

Zinsrisikosteuerung

Neben der Liquiditätssteuerung gehört die Zinsrisikosteuerung zum Kerngeschäft des Bereichs Treasury. Wesentliche Gründe dafür liegen in der Notwendigkeit, aktive schnelle und deutliche Veränderungen des Zinsrisikos zu ermöglichen. Das Zinsänderungsrisiko wird i.d.R. über das Sensitivitätsmaß Basis Point Value (BPV) gemessen. Schnelle Wechsel von einer Long- auf eine Short-Position und umgekehrt sind nicht die Stärke der Fondsindustrie, die benchmarkorientiert ist und üblicherweise nur geringe Abweichungen zur Benchmark fährt. So wird ein Rentenfonds mit der Benchmark REX P in aller Regel nicht mehr als 0,5 Jahre Duration nach oben oder unten abweichen. Insbesondere wenn die Zinsrisikosteuerung nach IFRS über Mikrohedges (sog. Fair Value Hedges) gestaltet wird, kann die Fondslösung gegenüber der Direktanlage nicht mithalten. Beim Fondsmanagement werden Hedgemaßnahmen immer als Makro-Hedges ausgeführt, eine Bildung von Bewertungseinheiten wie beim Mikro-Hedge ist nicht möglich.

Neben der Steuerung der Zinsänderungsrisiken stellt sich die Aufgabe der bilanziellen Zinsergebnissteuerung. Hier können Investmentfonds eine zentrale Funktion haben. Nicht nur die Wahl der jeweiligen Investmentfonds, sondern vor allem auch das Timing spielen bei der Zinsergebnissteuerung eine wichtige Rolle.

Diese Steuerungsmöglichkeit basiert auf der Buchhaltungslogik, dass Ausschüttungen aus Investmentfonds (hier sind ausschließlich Publikumsfonds als Minderheitsbeteiligung gemeint) i.d.R. am Tag des Zuflusses als Einnahme gebucht werden und eine Zinsabgrenzung wie bei Anleihen mit Stückzinsen entfällt. Daraus lässt sich eine sinnvolle Zinsergebnissteuerung kreieren. Ein Kauf wenige Tage oder Wochen vor dem Ausschüttungstermin generiert einen relativ hohen Zinszufluss. Am Tag der Ausschüttung fällt zwar auch der Nettoinventarwert, allerdings wird dieser Rückgang in der Neubewertungsreserve nach IFRS erfasst und kann durch andere Ergebniseffekte bei den Beständen kompensiert werden. Nach HGB führt die Ausschüttung dagegen nicht zu einer Neubewertung, da keine dauerhafte Wertminderung entstanden ist.

Dieses „Fonds-Hopping" wird von der Fondsindustrie aber nicht gerne gesehen. Insbesondere steht dahinter die Befürchtung, dass Fondsinhaber benachteiligt werden, die dauerhaft ihre Fondsanteile halten. Diese müssen nicht nur die Transaktionskosten mittragen, sondern können durch Wertpapierkäufe oder -verkäufe des Fonds und dadurch ausgelöste Marktbewegungen unerwünschte Wertschwankungen in ihren Portfolios erleiden.

Asset Allocation

In den meisten Fällen werden Investmentfonds zur Optimierung der Asset Allocation eingesetzt. Dabei gilt der vorher schon beschriebene Grundsatz „Make or buy".

Gerade für kleinere Banken lässt sich eine ausreichende Diversifikation der Eigenanlagen häufig leichter durch Investmentfonds anstatt durch weitere Direktanlagen erreichen. Dabei stellt sich für die Bank die Frage nach der bestmöglichen Umsetzung. Ein Spezialfonds bietet in aller Regel eine größere Individualität und Flexibilität, dafür beschränkt sich die Diversifikation meistens auf 2-3 Assetklassen. Dagegen warten Publikumsfonds und insbesondere die Exchange Traded Funds mit einer enormen

Anlagebreite bezogen auf die Assetklassen, geringen Gebühren und hoher Liquidität auf. Publikumsfonds sind insbesondere dann zu bevorzugen, wenn ein Anlagevermögen von insgesamt weniger als 100 Millionen EUR anzulegen ist.

Die strategische Asset Allocation wird im Wesentlichen von der Risikotragfähigkeit oder Verlustobergrenze der Bank bestimmt. Dabei stellt die von der Bank definierte Verlustobergrenze die Risikoneigung und damit die maximale Größenordnung dar, die sie bereit ist, ins Risiko zu stellen. In einem iterativen Prozess zwischen Controlling (Planung), Risikocontrolling (Risikomessung) und Treasury wird so eine optimale Anlagestruktur ermittelt – immer unter der Rahmenbedingung, dass eine möglichst hohe Zielrendite erzielt werden kann. Die wesentlichen Entscheidungsparameter sind dabei Risikomaße wie Risk weighted assets (RWA), Value-at-Risk (VaR), Credit-Var, Zinssensitivität (PV01) und Spreadsensitivität (CS01).

Nach Festlegung der wesentlichen Kriterien für die geplante Asset Allocation erfolgt die Fondsselektion. Die Umsetzung geschieht im Allgemeinen im Rahmen eines Beauty Contests. Die Bank verschickt Fragebögen zu gewünschten Anlagestrategien oder Assetklassen an verschiedene Fondsgesellschaften, wertet diese aus und lädt zwei bis drei Fondsgesellschaften zur endgültigen Präsentation ein. Neben der Qualität des Managements steht auch die Qualität des Reportings mehr und mehr auf dem Prüfstand.

4.   Bilanzrechtliche Rahmenbedingungen

HGB ist auf den ersten Blick attraktiver

Nach HGB ist der erworbene Investmentfonds in aller Regel *als ein Wertpapier* zu bilanzieren. Eine sogenannte Durchschau auf die einzelnen Fondsassets („Konsolidierung") findet nicht statt. Dies erleichtert vor allem das in Investmentfonds typische aktive Management. Während grundsätzlich jede einzelne Wertpapiertransaktion Auswirkungen auf die Gewinn- und Verlustrechnung und die Bilanz hat, gilt dies nach HGB bei Transaktionen innerhalb eines Investmentfonds nicht. Je nach Zuordnung zum Anlage- oder zum Umlaufvermögen werden Investmentfonds als Wertpapiere des Anlagevermögens oder als Sonstige Wertpapiere ausgewiesen. Seit Entstehung der Investment-Aktiengesellschaften kann auch eine Zuordnung als Beteiligung bzw. Aktie erfolgen.

Für eine langfristig ausgerichtete Banksteuerung bietet der HGB-Abschluss darüber hinaus den großen Vorteil der nicht bilanzwirksamen Reservenbildung. Das jeweilige

Wertpapier bzw. der Fondsanteil wird in der HGB-Bilanz gemäß dem *Niederstwert-prinzip zu fortgeführten Anschaffungskosten* geführt. Eine Unterscheidung nach Publikumsfonds als Minderheitsbeteiligung und Spezialfonds als 100%- oder Mehrheitsbeteiligung wird buchungstechnisch nicht gemacht. Das Niederstwertprinzip ist ein Grundsatz der ordnungsgemäßen Buchführung nach HGB. Dieses Prinzip basiert auf dem Vorsichtsprinzip und fußt auf den Folgebewertungen von Assets und Liabilities. Die Einbringung von Assets und Liabilities basiert auf den Anschaffungskosten. Eine Überschreitung dieser Anschaffungskosten führt bei Assets bzw. Liabilities zu keiner bilanziellen Maßnahme, es werden vielmehr stille Reserven gebildet, die sich als Differenz zwischen Netto-Inventarwert (Net Asset Value oder NAV) und Beteiligungswert ergeben. Ausschüttungen gehen als Zinsergebnis in die GuV ein.

Bei Wertminderungen der Assets gilt allerdings das strenge Niederstwertprinzip d. h. es ist grundsätzlich auf den niedrigeren beizulegenden Wert abzuschreiben. Einen gewissen Einfluss hat der Bilanzierende durch die Entscheidung, Assets dem Anlage- bzw. dem Umlaufvermögen zuzuordnen. Beim Anlagevermögen gilt das gemilderte Niederstwertprinzip, da dieses den Nachweis einer dauerhaften Wertminderung voraussetzt (was wiederum Ermessensspielräume eröffnet). Sind jedoch Wertpapiere dem Umlaufvermögen zugeordnet, zieht das strenge Niederstwertprinzip und jede Wertschwankung unterhalb der Anschaffungskosten muss wertberichtigt werden. In Jahren mit einer schlechten Gewinnentwicklung finden daher relativ viele Umwidmungen vom Umlauf- in das Anlagevermögen statt.

Die Notwendigkeit bilanzieller Wertberichtigungen aufgrund sinkender Fondspreise hat zu vielen Mischfondsmandaten geführt, deren Ziel durch die Diversifizierung in verschiedene Assetklassen eine Verstetigung der Wertentwicklung war. Auch viele sogenannte Total Return und Absolute Return-Fonds nutzen diesen Ansatz bei der Steuerung ihrer Anlagen.

Das HGB erleichtert außerdem eine *Steuerung des Bankergebnisses über die Fonds-ausschüttungen*. Durch die Thesaurierung von Erträgen entstehen ausschüttungsfähige Erträge, auf die eine unmittelbare Steuerpflicht anfällt. Diese Erträge können in Phasen niedriger operativer Bankerträge oder außerordentlicher Belastungen zeitverzögert ausgeschüttet werden, was zu einer Verbesserung des ausgewiesenen Bankergebnisses führt (ohne dass dann noch Steuern fällig würden). Die Ausschüttung kann sowohl als ordentliche Ausschüttung mit der Konsequenz des Rückgangs des NAV erfolgen. Aber auch die Rückgabe von Fondsanteilen zur Realisierung eines Beteiligungsergebnisses ist denkbar.

HGB hat auch Fallstricke

In der HGB-Bilanz können Probleme können entstehen, wenn *Zinsänderungsrisiken* (ZÄR) im Fonds nicht in der Zinsrisikosteuerung des Treasury berücksichtigt werden und damit keinen Eingang in die Gesamtrisikosteuerung der Bank finden. Die gesamten Zinsänderungsrisiken könnten dann eventuell unterschätzt werden.

Ein weiteres Problem kann sich ergeben, wenn Maßnahmen zum Hedgen von Fondspositionen direkt im Bankbuch und nicht im Fonds erfolgen. *Hedgemaßnahmen* zur Sicherung von Fremdwährungs- oder Zinsänderungsrisiken haben aufgrund des Imparitätsprinzips nach HGB unterschiedliche Bewertungsauswirkungen, je nachdem, ob sie direkt im Bankbuch oder im Fonds erfolgen. Werden Währungsrisiken im Fonds durch Devisentermingeschäfte im Bankbuch ausgesteuert und liegt ein perfekter Hedge vor, dann führen Währungsgewinne im Fonds zu stillen Reserven (*Zuschreibungsverbot nicht realisierter Gewinne)*, während im Gegenzug die Verluste aus dem Devisentermingeschäft sofort relevant für die Gewinn- und Verlustrechnung (GuV) sind.

IFRS machen die Welt für Fondsgesellschaften aufwändiger

Die International Financial Reporting Standards (IFRS) verlangen eine Durchschau auf die einzelnen Instrumente. Dies stellt nicht nur die Fondsgesellschaften, sondern auch die Banken vor große Herausforderungen.

Im Konzernabschluss nach IFRS muss bei Vorliegen wirtschaftlicher Kontrolle, egal ob es sich um einen Publikumsfonds oder einen Spezialfonds handelt, eine Konsolidierung in der Bilanz erfolgen. Dies hat durchaus auch seine Vorteile in der Risikosteuerung (vgl. Nachteil bei HGB). Der wesentliche Nachteil entsteht aber in der Gewinn- und Verlustrechnung. Jede Transaktion im Fonds muss im Rechnungswesen nachgebildet werden. Eine GuV-orientierte Ergebnissteuerung durch den Bereich Treasury ist daher kaum noch möglich, da es keine direkte Abstimmung mit den jeweiligen Fondsmanagern gibt. Je mehr Fonds für die Anlage genutzt werden, desto schwieriger gestaltet sich die GuV-Steuerung.

Die Einführung von IFRS hat institutionellen Publikumsfonds Auftrieb gegeben[6]. Denn bei einer Beteiligung von weniger als 50% (in Einzelfällen haben Wirtschaftsprüfer auch schon 20% als beherrschenden Einfluss geltend gemacht) kann in aller Regel auf eine Konsolidierung verzichtet werden, und es erfolgt eine Behandlung im Rechnungswesen wie nach HGB.

---

[6]   Siehe hierzu den Beitrag von Haug/ Maier.

Anforderungen an ein professionelles bankinternes Risikomanagement

Unabhängig von der Bilanzierungsmethode ist i.d.R. eine bankinterne Durchschau auf die einzelnen Risikoassets auch in den Fonds notwendig, um diese im Rahmen einer Varianz-Kovarianz-Matrix oder auf Basis einer Monte-Carlo-Simulation in der täglichen Risikodarstellung korrekt darzustellen.

Analog zur Erfassung von Investmentfonds nach HGB wird auch im Kreditbereich grundsätzlich nicht das einzelne Investment im Fonds limitiert, sondern der Fonds als Gesamtheit. Dies ist solange vertretbar, wie auf eine Konsolidierung verzichtet werden kann. Wenn es aber um die Darstellung des Gesamtexposures gegenüber einem Kreditnehmer oder einer Anlageklasse (z. B. Exposure gegenüber griechischen Staatsanleihen) geht, muss diese vereinfachte Betrachtung aufgehoben und eine Durchschau vorgenommen werden.

Bei Investmentfonds ist daher eine zeitnahe Zulieferung von Daten durch die Fondsgesellschaften oder eine parallele interne Datenverarbeitung essenziell. Dazu müssen geeignete Schnittstellen eingerichtet werden.

Mit Wirkung vom 31.12.2010 trat die neue Groß- und Millionenkreditverordnung (GroMikV) in Kraft. Eine wesentliche Zielsetzung der neuen GroMikV ist das Vermeiden von Konzentrationsrisiken. In diesem Zusammenhang haben sich die Anforderungen an die Fondsindustrie verschärft, bei der Zusammenfassung von Kreditnehmereinheiten (KNE) die strukturinhärenten Risiken der Geschäfte im Investmentfonds entsprechend darzustellen. Auf Basis von Datenzulieferungen der Kapitalanlagegesellschaften werden die Banken diese dann mit übrigen Institutsforderungen aggregieren. Die Fondsindustrie hat schon reagiert. Erste Fondsgesellschaften haben schon sogenannte „granulare" Investmentfonds aufgelegt, bei denen keine Kreditnehmereinheit innerhalb des Fonds 5% oder mehr des Fondsvermögens ausmacht.

5.   Ausblick: Banken im institutionellen Fondsgeschäft auf dem Rückzug

2007 zählten Kreditinstitute noch zur zweitstärksten institutionellen Anlegergruppe mit einem Anteil von 22% an den Spezialfondsanlagen. Versicherungen dominierten mit 40% die Institutionellen. An dritter Stelle lagen die Altersvorsorgeeinrichtungen, die einen Anteil von 11% auf sich vereinigten. Aktuellere Datenerhebungen liegen leider nicht vor. Aber aufgrund der Finanzmarktkrise ist davon auszugehen, dass sich der Anteil der Anlegergruppe Banken deutlich reduziert haben sollte. Dagegen werden

Altersvorsorgeeinrichtungen wie Pensionskassen und berufsständische Versorgungswerke aufgestiegen sein.

Diese Vermutung bestätigt sich beim Blick in die Bundesbankstatistik. Seit Beginn der
Finanzmarktkrise in 2007 zeigt die Bankenstatistik deutliche Rückgänge bei den Aktien, Investmentzertifikaten und sonstigen Wertpapieren. Dies lässt sich auch in Phasen feststellen, in denen es zu einer Kurserholung an den Aktienmärkten kam:

Zeitpunkt	Aktien, Investmentzertifi-kate und sonstige Wert-papiere in Mio. EUR
31.12.2007	231.024
31.12.2008	191.898
31.12.2009	168.729
31.12.2010	165.768

Abbildung 8: Deutliche Rückgänge seit 2007[7]

Eine Aufgliederung auf die einzelnen Bankengruppen für die Jahre 2009 und 2010
zeigt interessante Unterschiede zwischen diesen auf:

Zeitpunkt	Kredit-banken	Groß-banken	Regional-banken	Landes-bank	Spar-kassen	Kredit-genossen-schaften
31.12.2007	76.892	66.344	14.310	15.462	73.894	34.148
31.12.2008	52.528	36.107	16.304.	11.260	68.036	32.268
31.12.2009	37.192	29.110	8.627	7.482	64.535	34.676
31.12.2010	25.365	17.700	6.631	9.671	66.500	40.588

**Abbildung 9: Kredit- und Großbanken auf dem Rückzug, Sparkassen und
Volksbanken bilden die Schwergewichte**[8]

Daneben führen die neuen regulatorischen Anforderungen unter Basel III und die
GroMikV zu weiteren Verschärfungen bei den Banken. Die notwendigen Durch-
schaumaßnahmen werden in der Summe eher einen Abbau von Investmentfonds bei
den Kreditinstituten bewirken. Da die neuen Transparenzvorschriften jedoch in gleicher Weise für Publikums- wie auch für Spezialfondsanlagen gelten werden, könnten
letztere im relativen Vergleich wieder attraktiver werden.

---

[7]   Quelle: Bundesbank, Bankenstatistik 15.02.2011.
[8]   Quelle: Bundesbank, Bankenstatistik 15.02.2011.

Institutionelle Rahmenbedingungen für die Kapitalanlagen der Evangelischen Kirchen

von Barbara Bauer

Vorbemerkung

Rund 2/3 der Gesamtbevölkerung in Deutschland gehören einer der beiden großen christlichen Volkskirchen an. Die katholische Kirche ist in 27 Diözesen unterteilt, die evangelische Kirche besteht aus 22 Landeskirchen. Deren Haupteinnahmequellen sind die Kirchensteuern, die in Höhe von 8 bzw. 9% der jeweiligen Einkommensteuer erhoben werden. Aus unterschiedlichen Gründen (vgl. unten „Zwecke der Geldanlage"), insbesondere zur Absicherung künftiger Altersversorgungsverpflichtungen, haben die Kirchen einen erheblichen Kapitalanlagebedarf. Diesen steuern sie jeweils selbst. Aufsichtsrechtliche Restriktionen bestehen nur insoweit, als sie sich staatlich regulierter Rechtsformen – z. B. Versicherung, betriebliche Altersversorgung, Kreditinstitut, Investmentfonds – bedienen. Welche Anlageformen gewählt werden, entscheiden die jeweiligen kirchlichen Gliederungen selbständig im Rahmen des kirchlichen Rechts.

Der nachfolgende Beitrag konzentriert sich auf die Darstellung der evangelischen Kirchen und deren Kapitalanlagen, insbesondere am Beispiel der Evangelischen Landeskirche in Baden.

1.　Die Evangelischen Kirchen in Deutschland

Die 24,5 Millionen evangelischen Christen in Deutschland – rund 30 % der Gesamtbevölkerung – gehören jeweils einer von insgesamt 22 Landeskirchen an. Deren Grenzen sind, wie schon die Zahl zeigt, nur teilweise identisch mit den politischen Landesgrenzen. Diese 22 Landeskirchen – oder auch Gliedkirchen genannt – haben sich bei Beibehaltung ihrer rechtlichen Selbstständigkeit in der Evangelischen Kirche in Deutschland (EKD) zusammengeschlossen, um bestimmte, sie gemeinsam betreffende Angelegenheiten deutschlandweit einheitlich zu regeln. Jede Gliedkirche der EKD ist verfassungsrechtlich in ihrem Status als Körperschaft des öffentlichen Rechts besonderer Art anerkannt und geschützt. Sie ordnet ihre Angelegenheiten selbstständig (Art. 140 Grundgesetz unter Verweis auf die Artikel 136ff. der Weimarer Reichsverfassung). In Verträgen mit den Bundesländern haben alle Gliedkirchen ihren Status und ihre besonderen Beziehungen zum jeweiligen Bundesland geregelt.

Allen Gliedkirchen gemeinsam ist folgender dreigliedriger Aufbau: Jedes Kirchenglied gehört einer Ortsgemeinde an. Ortsgemeinden bilden gemeinsam Kirchenbezirke (je nach Region auch Kirchenkreise oder Dekanate genannt). Kirchenbezirke gliedern die jeweilige Landeskirche. Dieser Aufbau wird von den gesetzgebenden Körperschaften, den Synoden, in verfassungsähnlichen Grundordnungen festgelegt. Diese Grundordnungen regeln auch das Verhältnis der Organe der Kirche – leitende Geistliche, Verwaltung, Kirchenleitung, Synode – zueinander. Die Regelungen differieren in der jeweiligen besonderen Betonung eines eher episkopalen (bischöflichen), konsistorialen (Verwaltung) oder presbyterialen (ehrenamtlichen) Elements.

Die Gesetzgebung der Kirchen, zu der sie aufgrund ihres Verfassungsrechts, ihre Angelegenheiten selbst zu ordnen, berechtigt sind, erfolgt durch die Synoden. Diese setzen sich mehrheitlich aus von der mittleren Ebene, den Kirchenbezirken bestimmten Ehrenamtlichen zusammen. Die Umsetzung der Synodenbeschlüsse obliegt der hauptamtlich besetzten Verwaltung. In der Kirchenleitung, die zwischen den Synodaltagungen entscheidungsbefugt ist, wirken Hauptamt und Ehrenamt in je nach Grundordnung unterschiedlicher Gewichtung zusammen.

Für die Kapitalanlagen von Landeskirchen werden demnach gesetzliche Rahmenbedingungen durch die Synoden erlassen, grundlegende Entscheidungen durch die Kirchenleitungen gefällt und das operative Geschäft durch die Verwaltungen ausgeführt.

2.   Kirchenrechtliche Regelungen

Grundzüge der kirchlichen Haushaltsvorschriften

Jede Kirche hat eigene Bestimmungen zum Haushaltsrecht. Diese regeln u. a. die Verwaltung des kirchlichen Vermögens. Die Haushaltsvorschriften orientieren sich an denen des staatlichen öffentlichen Rechts. Sie enthalten auf einer ursprünglich kameralen Grundlage je nach Kirche unterschiedlich stark ausgeprägte Elemente des betrieblichen Rechnungswesens. Die Evangelische Landeskirche in Baden hat sich für die erweiterte Betriebskameralistik entschieden, die sie in kleinen Schritten konzipiert, umgesetzt und weiterentwickelt hat. Damit werden auch für Non-Profit-Organisationen notwendige Elemente des betrieblichen Rechnungswesens – wie insbesondere die Abschreibungen – übernommen, ohne das gesamte aufwändige System der Doppik zu adaptieren.

Grundlage für die Verwaltung und Verwendung des kirchlichen Vermögens ist seine Bestimmung zum Dienst am kirchlichen Auftrag. Das Haushaltsrecht der Evangelischen Landeskirche in Baden definiert dies im § 2 seines Kirchlichen Gesetzes über die Vermögensverwaltung und die Haushaltswirtschaft (KVHG) wie folgt:

> „Das gesamte kirchliche Vermögen (…) dient der Verkündigung des Wortes Gottes und der Diakonie und darf nur zur rechten Ausrichtung des Auftrages der Kirche verwendet werden (…).“

Entsprechend sind der Verwaltung des Vermögens Grenzen gesetzt, die sich aus dem kirchlichen Auftrag ergeben. Es ist sicher und Ertrag bringend anzulegen,[1] aber: „Die Art der Anlage muss mit dem kirchlichen Auftrag vereinbar sein." Entsprechende allgemeine Vorschriften finden sich im Haushaltsrecht aller Gliedkirchen für alle Ebenen der Kirchen. Unterschiedlich sind der Grad und die Selbständigkeit der Ebenen in der Art der Vermögensverwaltung. In einigen Kirchen darf die Ebene der Gemeinden und die Ebene der Kirchenbezirke prinzipiell selbstständige Vermögensverwaltungen in nahezu allen Anlageformen betreiben. In anderen obliegt dies bezüglich der Anlagen in nicht festverzinslichen Papieren der Landeskirche bzw. bedarf ihrer Genehmigung. Da die Anlagevolumina im Wesentlichen aus der Verpflichtung zur Altersvorsorge resultieren, die in allen Kirchen auf der landeskirchlichen Ebene organisiert wird, wird im Folgenden nur der Investmentbedarf dieser Ebene weiter betrachtet.

Die Evangelische Kirche in Deutschland (EKD) hat in Haushaltsfragen keine originäre Rechtssetzungskompetenz für ihre 22 Gliedkirchen. Die selbständigen Gliedkirchen haben aber in einigen Bereichen einheitliche Verhältnisse geschaffen, durch die Übernahme der Empfehlungen der EKD. So buchen alle nach einem einheitlichen Kontenrahmen. Es gibt gemeinsame Bestimmungen für die Buchführungssysteme Doppik und erweiterte Betriebskameralistik. Es gibt einen Finanzausgleich unter den Gliedkirchen, der das unterschiedliche Kirchensteueraufkommen, insbesondere zwischen den Gliedkirchen der alten und der neuen Bundesländer, in gewissem Umfang ausgleicht. Neuerdings wird im Rahmen eines Solidarpaktes über Grunddaten der jeweiligen Finanzlage Transparenz hergestellt, die eine Selbsteinordnung im Vergleich zu anderen Gliedkirchen ermöglicht. Außerdem ist eine verbindliche Kommunikationsstruktur zur Vermeidung erkennbarer Finanzierungsprobleme etabliert.

Zwecke der Kapitalanlage

Kirchenrechtliche Regelungen, die einen Kapitalanlagebedarf hervorrufen,[2] sind zum einen die Pflicht zur Bildung von Rücklagen mit den üblichen Zweckbestimmungen der Sicherung der Haushaltswirtschaft, der Deckung künftigen Investitionsbedarfs, ggf. der Bürgschaftssicherung und weiteren, vom Haushaltsgesetzgeber festzulegenden Zwecken. Die Evangelische Landeskirche in Baden hat gesetzlich die Pflicht zur Bildung einer Substanzerhaltungsrücklage konstituiert und damit wirtschaftlich Abschreibungen eingeführt.

---

[1]   Siehe § 12 Abs. 2 S. 2 KVHG

[2]   Siehe ausführlich hierzu Kapitel 3. Investmentbedarf.

Zum anderen haben alle Kirchen zur Absicherung ihrer Versorgungsverpflichtungen gegenüber den in einem öffentlich-rechtlichen Dienstverhältnis beschäftigten Geistlichen und Kirchenbeamtinnen und -beamten Regelungen getroffen. Die Evangelische Landeskirche in Baden hat dies durch einen Vertrag mit anderen Gliedkirchen über die Errichtung einer gemeinsamen Versorgungskasse, der Evangelischen Ruhegehaltskasse in Darmstadt (ERK), und durch ein kirchliches Gesetz über die Errichtung einer nicht rechtsfähigen „Versorgungsstiftung der Evangelischen Landeskirche in Baden" getan.

Kirchliche Anforderungen an die Kapitalanlagen

Bezüglich der spezifischen kirchlichen Anforderungen an Kapitalanlagen wird derzeit im Auftrag des Rates der EKD ein „Leitfaden für ethisch nachhaltige Geldanlagen in der Evangelischen Kirche" erarbeitet. Dieser wird einen für die einzelnen Gliedkirchen ausfüllbaren Rahmen inhaltlicher Grundprinzipien kirchlicher Anlagepolitik darstellen.

Die Evangelische Landeskirche in Baden hat für ihre Kapitalanlagen allgemeine Anlagerichtlinien festgelegt. Darin werden die Anlagemärkte und -grenzen, die zulässigen Marktsegmente und die Risikolimitierungen geregelt. Spezifische Anforderungen aus dem kirchlichen Auftrag werden durch Ausschlusskriterien, die für alle Kapitalanlagen einheitlich gelten, sowie über positive Nachhaltigkeitskriterien in den jeweiligen Anlagerichtlinien der einzelnen Fonds umgesetzt.

3.   Investmentbedarf

Der Investmentbedarf der Evangelischen Kirchen ergibt sich im Wesentlichen aus folgenden Anforderungen:

- Anlage der gesetzlich vorgeschriebenen Rücklagen
- Vorsorge für Pensions- inkl. Krankheitsbeihilfeansprüche der öffentlich-rechtlich Beschäftigten
- Vorsorge für arbeitsvertraglich geschuldete zusätzliche Altersversorgung der privatrechtlich Beschäftigten

Die Rücklagen müssen ihrem jeweiligen Zweck entsprechend unterschiedliche Anforderungen an die Verfügbarkeit erfüllen. Ihre Höhe wird in Rechtsvorschriften in unterschiedlicher Weise geregelt:

- Die Betriebsmittelrücklage soll die rechtzeitige Leistung der Ausgaben sichern. Sie soll ein Zwölftel bis ein Sechstel des durchschnittlichen Haushaltsvolumens der vorangegangenen drei Haushaltsjahre betragen.
- Die Allgemeine Ausgleichsrücklage soll Schwankungen bei den Haushaltseinnahmen ausgleichen können. Sie soll ein Zehntel bis ein Viertel des Haushaltsdurchschnitts betragen.
- In einer Bürgschaftsrücklage sind ggf. ein Zehntel der übernommenen Bürgschaftssummen anzusammeln.
- Die Abschreibungssätze für die Bildung von Substanzerhaltungsrücklagen betragen je nach Vermögensgegenstand 0,5 % (Kirchen) bis 20 % (Software) bei einer rechnerischen Nutzungsdauer von 5 Jahren (Software) bis 200 Jahren (Kirchen).

Diese Rücklagen dürfen im Rahmen der allgemeinen Anlagegrundsätze am Kapitalmarkt investiert werden. Ihrem Zweck entsprechend wird dabei auf die jeweiligen Liquiditätserfordernisse geachtet.

Organisation der Alterssicherung für kirchliche Beschäftigte

Die evangelischen Kirchen beschäftigen deutschlandweit rund 215.000 Menschen hauptamtlich. Darunter sind rund 22.000 Geistliche. Hinzu kommen rund 444.000 privatrechtlich Beschäftigte in der Diakonie, überwiegend in den Bereichen Pflege und Erziehung. Für diese muss jeweils – der Rechtslage entsprechend auf unterschiedliche Weise – Vorsorge für die Ansprüche im Ruhestand getroffen werden.

Die Beschäftigten in einem öffentlich-rechtlichen Dienstverhältnis (Pfarrerinnen und Pfarrer sowie Kirchenbeamtinnen und Kirchenbeamte) haben, vergleichbar dem staatlichen öffentlichen Dienst, Anspruch auf Pensionen und Beihilfen im Krankheitsfall. Hierfür haben die Kirchen in unterschiedlicher Weise Vorsorge getroffen. Wiewohl dieser Personenkreis nicht rentenversicherungspflichtig ist, haben ihn einige Kirchen freiwillig bei der Deutschen Rentenversicherung Bund (früher BfA) versichert. Der daraus entstehende Rentenanspruch deckt allerdings nicht die volle Höhe der Pensionen. Ergänzend wurden Versorgungswerke gegründet und/oder Versicherungen abgeschlossen und/oder mehr oder weniger rechtlich verselbstständigte Vermögen innerhalb der eigenen Vermögensverwaltung gebildet.

Die Evangelische Landeskirche in Baden deckt rund ein Drittel ihrer Pensionen durch die gemeinsam mit anderen Kirchen gegründete Evangelische Ruhegehaltskasse in Darmstadt ab. Die übrigen zwei Drittel werden perspektivisch vollständig aus einer von ihr gegründeten Stiftung, der Versorgungsstiftung der Evangelischen Landeskirche in Baden, geleistet. Für einen Übergangszeitraum bestehen noch Ansprüche an die Deutsche Rentenversicherung Bund aufgrund einer freiwilligen Mitwirkung an diesem Absicherungssystem des Staates, die aber beendet wurde. Für die Krankenbeihilfe der Versorgungsberechtigten wurde innerhalb der Versorgungsstiftung ein Vermögensstock gebildet. Ziel ist, dass unter dem Aspekt der Generationengerechtigkeit während der Zeit des aktiven Dienstes für alle Ruhestandsansprüche Vorsorge durch entsprechende Umlagen auf die Aktivgehälter geschaffen wird. Künftige Haushalte sollen – anders als derzeit im staatlichen öffentlichen Bereich – keine Versorgungsleistungen für Pensionäre zu erbringen haben, sondern nur noch Beiträge für künftige Verpflichtungen entsprechend der Anzahl der Beschäftigten im aktiven Dienst.

Die kirchlich Beschäftigten in einem privatrechtlichen Arbeitsverhältnis haben vergleichbar den staatlich Beschäftigten Ansprüche auf eine Zusatzversorgung zur Rente durch die Deutsche Rentenversicherung Bund. Diese Ansprüche sind jeweils in einer Arbeitsrechtsregelung (vergleichbar dem staatlichen Tarifvertrag für den öffentlichen Dienst TVöD) bzw. bei einigen Kirchen tarifvertraglich verbindlich geregelt. Für die Zusatzversorgung haben die Kirchen allein oder gemeinsam Zusatzversorgungskassen gegründet, in denen die Vertretungen der Dienstgeber- wie der Dienstnehmerseite die Erhebung der Umlagen bzw. die Beiträge und die Vermögensverwaltung regeln.

4. Steuerung der Vermögensanlagen

Es gibt keine für alle Gliedkirchen verbindlichen Regelungen zur Steuerung ihrer Vermögensanlagen. Jede Gliedkirche entscheidet selbst, in welchen Systemen sie arbeitet, welche Mitwirkungsrechte welcher Gremien zu beachten sind, nach welchen Kriterien die Vermögensanlagen erfolgen und wie viel Delegation auf professionelle Vermögensverwalter erfolgt. Die Mehrzahl der Gliedkirchen legt ihr Vermögen außer in festverzinslichen Wertpapieren auch in Aktien an. In unterschiedlichem Ausmaß werden die Anlageentscheidungen als Direktanlagen selbst getroffen oder an Dienstleister delegiert. Ebenso werden in unterschiedlicher Weise und in unterschiedlichem Umfang Marktsegmente und Anlageformen reguliert.

Die Strukturierung der Kapitalanlagen bei der Evangelischen Landeskirche in Baden

Die Evangelische Landeskirche in Baden hat Ende der 1990er Jahre eine Asset-Liability-Studie in Auftrag gegeben. Danach hat sie ihre Vermögensanlagen neu strukturiert. Die Neustrukturierung beinhaltete eine zunehmende Delegation des operativen Vermögensanlagegeschäftes auf Kapitalanlagegesellschaften. Diese wurden und werden in systematischen Auswahlprozessen anhand des jeweils zu vergebenden Auftrags bestimmt, wobei auch Advisory-Mandate in Betracht kommen, wenn die gewünschte inländische Abwicklung und das gewünschte spezifische Anlage-Know-how nicht konform gehen. Entscheidende Elemente der Steuerung sind:

- die regelmäßige Überprüfung der Verpflichtungsseite durch versicherungsmathematische Gutachten
- die regelmäßige Anpassung der Anlagen unter Risikogesichtspunkten
- die enge Überwachung der Anlageergebnisse anhand verbindlicher Anlageaufträge
- die Inanspruchnahme externer Consultant-Dienstleistungen

Während die Anforderungen an die zu bildenden Rücklagen und deren Verfügbarkeit intern überprüft und ggf. angepasst werden können, bedarf die Ermittlung der Veränderungen bei den Pensionsansprüchen der Unterstützung durch den Aktuar. Dieser hat spezifische kirchliche Faktoren zu berücksichtigen, beispielsweise deutlich differierende Mortalitätsraten. Die Vorgaben hinsichtlich der zu erwartenden Veränderungen in der Besoldungsstruktur sowie der unterstellten Kapitalmarktergebnisse werden innerhalb der Versorgungsstiftung von einem Stiftungsrat, in dem Haupt- und Ehrenamtliche zusammenwirken, getroffen. Dem Stiftungsrat obliegt auch die jährlich zu treffende Aussage, ob das vorhandene Vermögen den Anforderungen des letzten versicherungsmathematischen Gutachtens entspricht. Beides unterliegt der Prüfung durch einen unabhängigen kirchlichen Rechnungshof.

Schwerpunkt der Steuerung durch die Verwaltung ist die systematische Ermittlung von Risikobudgets und deren Zuteilung auf die einzelnen Anlagen. Daraus ergeben sich spezifische Anlageaufträge. Diese haben zum Ziel, im Rahmen des mit dem kirchlichen Auftrag vereinbaren Anlageuniversums durch möglichst breite Diversifikation ein optimales Verhältnis von Erträgen und eingegangenen Risiken zu ermöglichen. Die Diversifikation wird sowohl über unterschiedliche Anlagestile als auch über unterschiedliche Anlagearten sowie über unterschiedliche Märkte bewirkt. Notwendige Justierungen erfolgen zeitnah. So war es beispielsweise im Zuge der Finanzkrise erforderlich, das Aktienexposure um rund ein Viertel zu senken. Das geschah aber nicht durch Verkäufe, sondern im Zuge der Ausschüttungs- und Wiederanlagepolitik, durch Umschichtung frei werdender Mittel in Wandelanleihen, durch Anlage neuer Mittel in einen Geldmarktfonds und durch die Dotierung eines neuen Mandats-Types „Taktische Asset Allocation". Gemeinsam mit bestimmten Absicherungsmaßnahmen im Rentenbereich führte dies zu einem im Ergebnis undramatischen Gesamtverlauf für die Vermögensanlagen.

Um eine Gesamtsteuerung der Vermögensanlagen zu ermöglichen, sind klar umschriebene Anlageaufträge und deren Überwachung durch ein einheitliches Reporting erforderlich. Kapitalanlagegesellschaften bzw. Asset Manager müssen dazu mit nach den Anforderungen der Kirche bestimmten Anlageaufträgen in Form spezifisch zusammengesetzter Benchmarks umgehen können. Sie müssen darüber hinaus Reporting-Anforderungen erfüllen, die eine Aggregation aller Daten der Kirche nach ihren Bedürfnissen ermöglichen. In den regelmäßigen Anlageausschusssitzungen wird neben dem Gesamtergebnis die Struktur des Anlageprozesses der Kapitalanlagen beraten. Gegebenenfalls wird der Anlageauftrag verändert, wenn die Gesamtrisikosteuerung oder die Besonderheiten des ausführenden Partners dies erforderlich machen.

Ein wie hier beschriebener strukturierter Anlageprozess mit Asset-Liability-Studie, Vorgabe und regelmäßiger Anpassung von Assetklassen, systematischer Managerauswahl, Auftragsvergabe anhand individuell komponierter Benchmarks, Überwachung der Einzel- wie der Gesamtergebnisse, regelmäßiger Adjustierung unter Risikogesichtspunkten und Integration neuer Finanzmarktinstrumente erfordert spezifisches Know-how, über das nicht alle institutionellen Anleger im eigenen Haus verfügen. Die Evangelische Landeskirche in Baden bedient sich hierfür eines externen Consultants. Dessen Leistungsumfang beinhaltet neben den Dienstleistungen für die oben beschriebenen Prozesse auch die regelmäßige EDV-gestützte Datenaggregation und -auswertung. Damit wird sowohl das Einzelreporting der Manager mit dem Gesamtvermögen der Landeskirche verbunden, als auch sichergestellt, dass die Landeskirche über einen Gesamtdatenbestand verfügt, der ihr selbstständiges Agieren immer unter dem Aspekt der Gesamtanlage ermöglicht.

Die Vermögensanlage in Immobilien

Eine Besonderheit stellt die Vermögensanlage in Immobilien dar. Die Kirchen verfügen aus ihrer Geschichte wie aus auftragsbedingten Notwendigkeiten über eigenen Immobilienbesitz. Dieser ist in der Regel kirchlichen Zwecken gewidmet, beispielsweise für Kirchenbauten, Gemeindehäuser, Pfarrhäuser, Schulen oder Kindergärten. Dieses Zweckvermögen dient nicht der Vermögensanlage und wird nur bei Aufgabe des Zwecks in das Anlagevermögen überführt. Eventuell vorhandenes immobiles Anlagevermögen befindet sich nahezu vollständig auf dem jeweiligen Kirchengebiet und beinhaltet daher unter Vermögensanlagegesichtspunkten erhebliche Klumpenrisiken.

Um die Möglichkeiten der Vermögensanlagen in Immobilien darüber hinaus zu nutzen, bieten sich Immobilienfonds an. Deren Steuerung sollte im Rahmen der Gesamtsteuerung erfolgen, um einen möglichst hohen Gewinn aus der unterschiedlichen Risikostruktur von Kapitalanlagen im engen Sinne und solchen in Immobilen ziehen zu können. Die Evangelische Landeskirche in Baden ist dabei, hierfür ein Instrumentarium zu entwickeln, das auf der operativen Ebene durch die rechtlich selbstständige Evangelische Stiftung Pflege Schönau umgesetzt wird, die seit 450 Jahren den kirchlichen Immobilienbesitz verwaltet. Ziel ist, das im kirchlichen Bereich vorhandene Know-how im Interesse einer möglichst ertragreichen Gesamtsteuerung zur Immobilienanlage mit dem Kapitalanlageprozess zu verbinden.

5. Erkennbarkeit des kirchlichen Auftrags

Kirchen haben ihr Handeln, auch die Art ihrer Kapitalanlagen, am kirchlichen Auftrag auszurichten. Auch daran werden sie gemessen.

Wie dies konkret umzusetzen ist, welches aktive Tun und welche Verbote daraus folgen, ist immer wieder zu ergründen. Über viele Jahrhunderte haben die christlichen Kirchen wegen der unerwünschten sozialpolitischen Folgen jede Form von Zinsforderung als verwerflich betrachtet. Mit dem Erstarken der staatlichen Gewalt und den Möglichkeiten der Eindämmung unangemessener Zinseinzugspraktiken entfiel dieses Zinsverbot; es ist heute nur noch im islamischen Bankwesen in – theoretischer – Geltung. Geblieben ist das Grundverständnis eines angemessenen Gebens und Nehmens auch im Kapitalverkehr, was Übervorteilung genauso ausschließt wie Glücksspielerei.

Nachhaltigkeit als Kriterium bei kirchlichen Kapitalanlagen

Neben dem klassischen Wunsch jedes institutionellen Anlegers, nämlich einer angemessenen Gewichtung der Ziele Sicherheit, Rendite und Liquidität, steht für Kirchen als viertes Ziel die Nachhaltigkeit (auch als ethische Nachhaltigkeit oder sozialökologisches Investmentkonzept bezeichnet) im Fokus des Interesses. Darunter wird verstanden, dass die Auswirkungen der Geldanlage auf Umwelt, Mitwelt und Nachwelt zu berücksichtigen sind. Geldanlagen sollen sozial verträglich, ökologisch und generationengerecht erfolgen. Sozial verträglich beinhaltet die Anerkennung der Unantastbarkeit der Würde jedes einzelnen Menschen als Ebenbild Gottes. Dazu gehören auch die Beachtung der bürgerlichen, politischen, wirtschaftlichen, sozialen und kulturellen Rechte und Pflichten jedes Menschen. Unter der Anforderung ökologisch vertretbaren

Handelns verstehen die Kirchen die Übernahme der Verantwortung für die Bewahrung von Gottes guter Schöpfung. Generationengerechtes Handeln erfordert, dass die jeweils handelnde Generation ihre Bedürfnisse nicht zu Lasten der Entwicklungsmöglichkeiten der kommenden Generationen befriedigt.

Aus diesen Anforderungen folgt, dass kirchliche Anleger

- Ausschlusskriterien festlegen
- Positivkriterien einbeziehen
- Geldanlagen in bestimmten als besonders nachhaltig eingeschätzten Themenfeldern forcieren
- Engagement der Kapitaleigner organisieren (vgl. unten 6.)

Kriterien für die ethische Nachhaltigkeit von Kapitalanlagen

Ausschlusskriterien kommen zum Tragen, wenn ein Unternehmen seine Gewinne zu einem höheren als dem von der Kirche definierten Prozentsatz durch Aktivitäten generiert, an denen die Kirche nicht partizipieren will. Die Evangelische Landeskirche in Baden hat als Ausschlusskriterien einen mehr als 10 % betragenden Umsatzanteil an Rüstungsgütern, Tabakwaren, Glücksspielen, Nuklearenergie, Gentechnologie und Kinderarbeit definiert. Soweit ermittelbar werden auch solche Aktivitäten ausgeschlossen, die auf Produkte ausgerichtet sind, die die Menschenwürde durch erniedrigende Darstellungen von Personen verletzen (Pornografie) oder die unter Verstoß gegen Kernarbeitsnormen der ILO[3] erzeugt werden.

Ausschlusskriterien für Staatsanleihen wurden erstmals am Beispiel Südafrikas zur Zeit der Apartheid in großem Umfang eingefordert. Heute beziehen sie sich auf Praktiken von Staaten, an deren Finanzierung Kirchen nicht beteiligt sein wollen, wie die Anwendung der Todesstrafe, die Nicht-Ratifizierung bestimmter internationaler Übereinkommen (z. B. das Kyoto-Protokoll oder die Biodiversitäts-Konvention[4])oder die Einschätzung als besonders korrupt im Sinne des Corruption Perceptions Index (CPI) von Transparency International.[5]

---

[3] Die International Labour Organisation ist eine Sonderorganisation der Vereinten Nationen. Sie ist verantwortlich für die Erstellung und Überwachung internationaler Arbeitsnormen.

[4] Das Übereinkommen zum Schutz der biologischen Vielfalt (Conventionon Biological Diversity – CBD) wurde 1992 auf der UN-Weltkonferenz in Rio de Janeiro verabschiedet. Unterzeichnerstaaten verpflichten sich, die Bestimmungen der Konvention in nationales Recht zu übertragen.

[5] Der CPI erfasst 133 Länder, von denen 12 weniger als 2 Punkte von maximal 10 Punkten erreichen.

Positivkriterien können sich auf die Sozialverträglichkeit von Unternehmensaktivitäten beziehen sowie auf die Berücksichtigung ökologischer Belange bei der Produktion sowie auf generationengerechtes Agieren des Gesamtunternehmens. Hierbei werden sowohl „best-in-class"-Ansätze, also der Vergleich innerhalb einer Branche, als auch „best-of-classes"-Ansätze, also der Vergleich verschiedener Branchen miteinander, verfolgt. Anders als bei den Negativkriterien hat sich bei den Positivkriterien unter den Kirchen noch keine gemeinsame Strategie durchgesetzt. So unterschiedlich wie die Anforderungen sind auch die Umsetzungen. Einige verlassen sich auf das Research der Banken, andere binden in den Anlageprozess spezialisierte Nachhaltigkeits-Researchagenturen ein oder lassen einen Portfolio-Check unter Nachhaltigkeitsgesichtspunkten durchführen. Die Evangelische Landeskirche in Baden hat infolge unterschiedlicher Anlageaufträge alle drei Wege beschritten. Ein kürzlich durchgeführter Portfolio-Check unter Nachhaltigkeitsgesichtspunkten ergab, dass im gesamten Aktien-Portfolio lediglich 5,5 % der Titel unter Nachhaltigkeitsgesichtspunkten als unterdurchschnittlich zu bewerten waren.

Derzeit wird im Auftrag des Rates der EKD ein „Leitfaden für ethisch nachhaltige Geldanlagen in der Evangelischen Kirche" erarbeitet. Dieser entfaltet Verbindlichkeit nur insoweit, als seine Anwendung von den jeweils zuständigen Gremien der Landeskirchen beschlossen wird. Die Umsetzung bedarf dabei bestimmter Konkretisierungen, z. B. der Festlegung des Prozentanteils, ab dem Ausschlusskriterien greifen sollen. Mit diesem Vorgehen werden einerseits Standards für alle evangelischen Kirchen beschrieben und andererseits die Zuständigkeiten der jeweils rechtlich selbstständigen Vermögensträger beachtet.

Wie in der Gesamtgesellschaft so werden auch in den Kirchen unterschiedliche thematische Schwerpunkte bearbeitet. Ein guter Seismograf für kontroverse Themenfelder sind regelmäßig die evangelischen Kirchentage. Hier werden Themen vor- und aufbereitet, die später in kirchliches Handeln umgesetzt werden. Beispielsweise wurden die menschenunwürdigen Lebensbedingungen unter der Apartheidregierung in Südafrika auf Kirchentagen theamtisiert, ehe die Kirchen Unternehmensdialoge mit deutschen Banken über deren Emissionstätigkeiten für die südafrikanische Regierung initiierten. Wenn Kirchen ihr Augenmerk auf besondere, zukunftsträchtige Themen gelegt haben, werden sie entsprechende Anlageuniversen bei ihren Kapitalanlagen besonders berücksichtigen, zum Beispiel die Energiegewinnung aus erneuerbaren Ressourcen. Einen neuen Weg hat in diesem Zusammenhang die Aktion „Brot für die Welt" des Diakonischen Werks der EKD beschritten. „Brot für die Welt" hat „Entwicklungspolitische Kriterien im ethischen Investment" erarbeitet, mit deren Hilfe Anleger aus der weltweiten Erfahrung dieses Hilfswerks für ihre Kapitalanlagen konkrete Anforderungen unter entwicklungspolitischen Gesichtspunkten formulieren können. Ein professionell besetzter Kriterienausschuss überprüft die Operationalisierbarkeit der Positiv- und Negativkriterien und schreibt sie fort.

Engagement als Kapitaleigner

In Deutschland hat sich, anders als in den angelsächsischen Ländern, bisher noch keine breite Kultur aktiven Engagements von Aktionären gegenüber ihren Aktiengesellschaften entwickelt. Obwohl die Umsatzvolumina multinationaler Unternehmen den Haushalten mittelgroßer Staaten entsprechen, werden die Aktionärsrechte kaum genutzt. Für einige Kirchen und kirchliche Werke gehört es aber mittlerweile zu ihrem Selbstverständnis als kirchliche Anleger, mehr zu tun als nur am unternehmerischen Erfolg zu partizipieren. Ihnen reicht quantitativ wie qualitativ das Abstimmungsverhalten ihrer Depotbanken, auf die die Stimmrechte nach deutschem Recht bei Publikums- wie Spezialfonds übergegangen sind, nicht aus. Sie wollen in Einzelfragen aktiv Unternehmensdialoge führen oder führen lassen, sie wollen nicht nur unter Rendite-, sondern auch unter Nachhaltigkeitsgesichtspunkten auf Unternehmen Einfluss nehmen und sie wollen Erkenntnisse, die sie aus ihrer weltweiten Vernetzung als christliche Kirchen mit Kirchen in aller Welt gewonnen haben, in aktives Handeln umsetzen. Derzeit wird darüber nachgedacht, ob sie dies jeweils unmittelbar, über einen Dienstleister oder über eine gemeinsame Organisation vornehmen wollen. Eine Machbarkeitsstudie hat bereits konkrete Wege aufgezeigt, wie Kirchen, Kirchenbanken und ihre Versorgungswerke gemeinsam aktives Aktionärstum mit vertretbarem Aufwand gestalten können.

Die Evangelische Landeskirche in Baden hat sich entschieden, bis zu einem etwaigen Angebot auf EKD-Ebene einen angelsächsischen Dienstleister mit der Wahrnehmung ihrer Aktionärsrechte zu beauftragen. Entscheidend bei der Auswahl war für sie,

- dass neben Corporate Governance-Gesichtspunkten auch soziale und ökologische Themen intensiv bearbeitet werden
- dass ein transparentes Reporting den Erfolg der Aktivitäten ausweist
- dass die Vertretung weltweit erfolgt
- und dass die Bereitschaft besteht, auf besondere Themenstellungen des Anlegers einzugehen.

Insbesondere letzteres ermöglicht der Kirche, eine Brücke zwischen weltweitem kirchlichen Entwicklungsdienst und Vermögensverwaltung zu schlagen. Der Evangelische Entwicklungsdienst, für den die Evangelische Landeskirche in Baden zwei Prozent ihres Kirchensteueraufkommens zur Verfügung stellt, kann aufgrund der Beiträge seiner Mitgliedkirchen und staatlicher Entwicklungshilfegelder jährlich mit weltweit über 1.200 Partnern und in über 2.000 Programmen rund drei Millionen Menschen so erreichen, dass sich ihre Lebenssituation erkennbar verbessert. Dabei werden zuweilen Erkenntnisse gewonnen, die Rückfragen an börsennotierte, weltweit tätige Unternehmen aufwerfen. Bisher wurden diese teilweise in Studien überprüft und den Unternehmen zur Verfügung gestellt und publiziert. Durch eine Beteiligung im Engagement-Prozess wird es möglich, als Kapitaleigner solchen Anfragen nachzugehen. Management-Dialoge erhalten eine neue Informationsbasis. Kirchen können damit ihrem Auftrag, „Stimme der Armen" zu sein, in ganz unmittelbarer Weise nachkommen.

6.   Zusammenfassende Schlussbetrachtungen

Die 22 Gliedkirchen der Evangelischen Kirche in Deutschland sind institutionelle Anleger mit einem Anforderungsprofil, das die Nachhaltigkeit der Kapitalanlagen mit einbezieht. Als Körperschaften des öffentlichen Rechts eigener Art gestalten sie den rechtlichen Rahmen ihrer Anlage jeweils selbst. Ihr Investmentbedarf ergibt sich im Wesentlichen aus Rücklagen der laufenden Haushalte, beispielsweise für zukünftige Altersversorgungsleistungen. Die Arten der Anlagen sowie die Anlageprozesse und deren Steuerung werden von jeder Kirche selbst festgelegt. EKD-weit wird ein Leitfaden für ethisch nachhaltiges Investment entwickelt, der positive wie negative Kriterien enthält. Einige Kirchen beziehen aktives Aktionärstum in ihre Anlagepolitik mit ein.

Anbieter von Investmentdienstleistungen sollten als Partner von Kirchen folgende Anforderungen erfüllen können:

- Transparenz der Anlageprozesse
- Anlegerspefizisches Reporting
- Anlegerindividuelle Benchmarks
- Umgang mit Negativ- wie Positivkriterien
- Handhabung von Stimmrechtsübertragungen bei aktivem Aktionärstum

Kirchen haben die Renditeerwartungen institutioneller Anleger. Ihr Anlageuniversum ist zeitlich und geografisch weit. Er unterliegt inhaltlichen Restriktionen, die sich aus dem Selbstverständnis christlicher Kirchen, insbesondere unter den Aspekten Ökologie, Sozialverträglichkeit und Generationengerechtigkeit ergibt. Kirchen wissen aber auch darum, dass ihr Handeln, auch das im Zusammenhang ihrer Kapitalanlagen, immer nur bis an vorletzte Fragen heranführt:

Wenn der Sinn der Vermögenssteuerung aus den Augen verloren wird, verliert der Vorgang von Vermögenserhaltung und -vermehrung ebenso seinen Sinn. Kirche handelt nicht um des Geldes willen, obwohl die Zahlen nichts anderes ausweisen. Sie sind zu lesen vor dem Hintergrund der Bibel:

Wenn der Herr nicht das Haus baut, so arbeiten umsonst die daran bauen.

Psalm 127, Vers 1

Die Vermögensanlage von Stiftungen

von Dieter Lehmann

1. Einleitung

Es liegt im gesamtgesellschaftlichen Interesse eines Landes, privates Kapital zur Unterstützung für die Lösung von Aufgaben und Problemen der Allgemeinheit zu aktivieren. Eine Möglichkeit, in diesem Sinne tätig zu werden, ist die Gründung einer (gemeinnützigen) Stiftung. Stiftungen erleben in Deutschland seit einigen Jahren einen regelrechten Boom. Die Zahl der Stiftungsneugründungen ist sehr stark angestiegen, allein im Jahr 2009 waren es 914. Entsprechende Statistiken, auch über die größten Stiftungen und die Höhe der von ihnen bereitgestellten Fördermittel, werden über den Bundesverband Deutscher Stiftungen veröffentlicht.[1]

2. Grundzüge der kapitalbasierten Stiftung

Eine Stiftung ist eine vom Stifter geschaffene rechtsfähige Organisation, die die Aufgabe hat, mit Hilfe des gestifteten Vermögens den in der Satzung der Stiftung festgelegten Stiftungszweck dauerhaft zu verfolgen. Die Trias aus Stiftungszweck, Stiftungsvermögen und Stiftungsorganisation bildet den Kern des Stiftungsbegriffes.[2, 3]

Stiftungen können unterteilt werden in kapitalbasierte Stiftungen sowie in Verbrauchsbzw. Zuwendungsstiftungen.[4]

Verbrauchsstiftungen sind – wie der Name bereits vermuten lässt – dadurch gekennzeichnet, dass sie ihr Stiftungsvermögen (regelmäßig) verbrauchen. Das kann bedeuten, dass Mittel, die diesen Stiftungen überlassen werden, zeitnah zur Verwirklichung des Stiftungszwecks eingesetzt und dadurch für die Buchhaltung der Stiftung quasi zu einem „durchlaufenden Posten" werden. Ein dauerhaft zu verwaltender Stiftungskapitalstock existiert dagegen hier häufig nicht oder nur in unbedeutender Höhe. In der Regel erfüllen diese Stiftungen ihren Stiftungszweck unter der Verwendung fortlaufender Zuwendungen, beispielsweise aus dem Bundeshaushalt (parteinahe Stiftungen). Deshalb kann man hier auch von Zuwendungsstiftungen sprechen.

Ein anderer Typ einer Verbrauchsstiftung ist der, bei dem gemäß dem Willen des Stifters der Kapitalstock in einer bestimmten Zeit (das können auch mehrere Jahre sein) verbraucht sein muss. Beispiele hierfür sind die Atlantic Foundation, die Bill & Melinda Gates Foundation oder auch die Stiftung Erinnerung, Verantwortung und Zu-

---

[1]   www.stiftungen.org/statistik
[2]   Siehe Seifart/ v.Campenhausen (2009), S. 2, §1 Absatz 6.
[3]   Siehe Krull (2010).
[4]   Vgl. auch Lehmann (2001).

kunft in der ersten Phase ihrer Existenz, als die ihr übereigneten Mittel den anspruchs-
berechtigten ehemaligen Zwangsarbeitern aus der Zeit des Nazi-Regimes sukzessive
ausgezahlt wurden.

Eine Verbrauchsstiftung soll somit das Stiftungsvermögen nicht auf Dauer, also langfristig und auf Werterhalt ausgerichtet, anlegen, sondern üblicherweise kurzfristig zur
Generierung von Zusatzerträgen in der Zeit bis zum endgültigen Abruf der Mittel.

Das Gegenteil dazu bildet die kapitalbasierte Stiftung. Hier hat der Stifter das Kapital
der Stiftung ohne Möglichkeit einer Rückübertragung übergeben mit dem Auftrag,
dieses auf Dauer zu erhalten, zu bewirtschaften und aus seinen Erträgen die Verwirklichung des Stiftungszweckes sicherzustellen.

Eine auf Dauer eingerichtete Stiftung muss eine dazu passende langfristig ausgerichtete Anlagestrategie entwickeln und einsetzen. Der vorliegende Beitrag „Die Vermögensanlage von Stiftungen" widmet sich im Folgenden ausschließlich der kapitalba-
sierten Stiftung.

3.   Ziele der Vermögensanlage

Mit der Verwaltung eines Stiftungsvermögens werden vorrangig drei Ziele verfolgt:

Die Erwirtschaftung von Fördermitteln.
Oberstes Ziel einer Stiftung sollte es sein, über die erfolgreiche Bewirtschaftung ihres
Vermögens die verlässliche Bereitstellung von Mitteln zur Erfüllung des Stiftungs-
zwecks sicherzustellen.

Die Ausschüttung von Fördermitteln darf grundsätzlich nicht über den Zugriff auf das
Kapital der Stiftung erfolgen, weil ansonsten eine auf Dauer angelegte Stiftung in
ihrem Bestand gefährdet werden könnte und das Ziel der realen Kapitalwerterhaltung
in Frage gestellt würde.[5] Aus diesem Grund erfolgt die Bereitstellung von Fördermitteln zunächst ausschließlich über die Verwendung von so genannten ordentlichen Erträgen. Dabei handelt es sich vorrangig um Zinsen, Dividenden und Mieteinnahmen.

Dies gilt zumindest so lange, wie der Marktwert des angelegten Istkapitals den Wert
des Zielkapitals laut Kapitalerhaltungsrechnung nicht nachhaltig übersteigt (vgl. Abschnitt 5: Die Entwicklung einer passenden Anlagestrategie). Wenn jedoch dieser Fall
eintritt, wäre auch eine Bereitstellung von Fördermitteln unter Verwendung beispielsweise realisierter Kursgewinne, also außerordentlicher Erträge, vorstellbar, weil dann

---

[5]   Vgl. Carstensen (1997), S. 64.

nicht mehr alle aufgelaufenen Kursgewinne für den realen Kapitalerhalt benötigt würden und die Stiftung Gefahr liefe, unter das Admassierungsverbot[6] (vgl. Abschnitt 4: Rechtliche Rahmenbedingungen) zu fallen.

Die Erhaltung des realen Kapitalwertes der Stiftung.

Eine auf Dauer („Ewigkeit") errichtete Stiftung unterliegt der Verpflichtung, ihr Kapital in seinem Wert zu erhalten. Gemeint ist der reale Wert, der die inflationsbedingte Kaufkraftentwertung des Vermögens kompensiert.

Zur Erfüllung dieses Zieles ist es der Stiftung gestattet, gemäß § 58 Nr. 7a Abgabenordnung jährlich maximal ein Drittel des Überschusses aus der Vermögensbewirtschaftung dem Kapital zuzuführen. In der Praxis handelt es sich hierbei praktisch ausschließlich um ordentliche Erträge.

Die Erwirtschaftung der Kosten des laufenden Geschäftsbetriebes der Stiftung.

Die Kosten des laufenden Geschäftsbetriebes wie beispielsweise Personalkosten, Kosten für die Öffentlichkeitsarbeit, Technikkosten, Büromiete oder Kosten für die Wartung und Instandhaltung des Stiftungsgebäudes dürfen nicht unter Verwendung von Bestandteilen des Stiftungskapitals erfolgen, weil auch dies die Gefährdung der auf Dauer angelegten Existenz der Stiftung zur Folge hätte.

Vielmehr müssen auch diese Ausgaben aus den erwirtschafteten ordentlichen Erträgen bestritten werden.

---

[6] Vgl. u.a. Carstensen (1997), S. 89.

4. Rechtliche Rahmenbedingungen

Allgemeine Regelungen zur Stiftung bürgerlichen Rechts finden sich in den Paragrafen 80ff des Bürgerlichen Gesetzbuches (BGB). Stiftungsrecht ist jedoch vor allem Länderrecht. Entsprechend gelten im Grundsatz die Landesstiftungsgesetze, in denen u. a. festgelegt wird, dass das Stiftungsvermögen in seinem Bestand (ungeschmälert) zu erhalten ist (vgl. Abschnitt 3: Ziele der Vermögensanlage).

Den Rahmen für die Mittelverwendung gemeinnütziger Stiftungen bildet ferner die Abgabenordnung (AO). Das Gemeinnützigkeitsrecht als weitere wichtige Rahmenbedingung für gemeinnützig tätige Stiftungen ist Bestandteil der Abgabenordnung (§§ 51 bis 68).

§ 52 Absatz 1 AO legt fest, dass eine Körperschaft nur dann gemeinnützig ist, wenn sie die Allgemeinheit fördert. Ist das der Fall, kann die zuständige Finanzbehörde den gemeinnützigen Status anerkennen und die Erträge aus der Vermögensverwaltung von ihrer Besteuerung befreien (§ 51 ff. AO).

Diese Steuerbefreiung kann in Gefahr geraten, wenn die Stiftung über ihre Vermögensverwaltung gewerblich geprägte Erträge gemäß §15 EkStG (Einkünfte aus Gewerbebetrieb) erzielt, weil der Stiftung dann nicht mehr ausschließlich gemeinnützige, sondern auch unternehmerische (gewerbliche) Tätigkeit unterstellt werden kann.

Grundsätzlich kann auch eine gemeinnützig tätige Stiftung das zuständige Finanzamt gemäß § 89 Absatz 2 AO um eine verbindliche Auskunft bitten, sollten einzelne Anlagen im Verdacht stehen, den steuerbefreiten Status der Stiftung zu gefährden.

§ 55 Absatz 1 Nr. 5 Satz 1 AO legt das so genannte Gebot der zeitnahen Mittelverwendung fest: „Die Körperschaft muss ihre Mittel grundsätzlich zeitnah für ihre steuerbegünstigten satzungsgemäßen Zwecke verwenden." In der Praxis ist die Ausschüttung der erwirtschafteten Mittel in dem Jahr, das dem der Erwirtschaftung folgt, üblich.

Gemeinnützig tätige Stiftungen dürfen grundsätzlich kein Vermögen durch Thesaurierung von erwirtschafteten (ordentlichen) Erträgen ansammeln (Admassierungsverbot gemäß § 55 Absatz 1 AO sowie gemäß mehrerer Landesstiftungsgesetze).

Allerdings gestattet § 58 Nr. 7a AO gemeinnützigen Stiftungen, zum Zwecke ihres Kapitalerhaltes maximal ein Drittel des jährlichen Überschusses aus Vermögensverwaltung (in der Regel ordentliche Erträge) dem Stiftungskapital zuzuführen.

5. Die Entwicklung einer passenden Anlagestrategie

Betrachtet man die unter Abschnitt 3 genannten drei Ziele der Vermögensverwaltung und die Bedingungen, die für ihre Erfüllung gelten, liegt der logische Schluss nahe, dass sich die Verwaltung des Vermögens auf die Erwirtschaftung ordentlicher Erträge konzentrieren müsste. Denn sie sind es, die in allen drei Fällen im Mittelpunkt stehen (müssen).

Die Anlageklasse, die langfristig – das heißt also von kurzfristigen Schwankungen abgesehen – die höchsten ordentlichen Erträge abwirft, sind verzinsliche Wertpapiere. Bei konsequentem und zielorientiertem Handeln müsste also das investierte Stiftungsportfolio zu 100% aus verzinslichen Wertpapieren bestehen.

Setzt man das zu verwaltende Stiftungsvermögen mit 100 Geldeinheiten (GE) gleich und unterstellt man also die 100%ige Anlage in verzinslichen Wertpapieren, so erhält man derzeit einen Zinsertrag von etwa 3% (= 3 GE; Stand: August 2010), wenn die Anlagen mit einer Mindestbonität von A und über einen Laufzeitenmix zwischen 1 und 10 Jahren investiert werden.

Wenn man diese 3 GE mit dem Überschuss aus Vermögensbewirtschaftung gleichsetzt, könnte man dem Stiftungskapital maximal ein Drittel, also etwa 1 GE, gemäß § 58 Nr. 7a AO für seine reale Werterhaltung zuführen.

Das bedeutet, dass die jährliche Inflationsrate nicht höher als 1% sein dürfte, wenn man nicht schon an dieser Stelle das Ziel der realen Kapitalwerterhaltung verfehlen will. Mit Blick auf die langfristige durchschnittliche Entwicklung der Inflationsraten in Deutschland liegt jedoch die Vermutung sehr nahe, dass genau das geschehen würde.

Die Frage ist also, ob die ausschließliche Investition in verzinslichen Wertpapieren tatsächlich der richtige Weg ist, um alle unter Abschnitt 3 genannten Ziele gleichermaßen und nachhaltig zu erfüllen.

Wenn ein Ziel der Vermögensanlage darin besteht, den realen Wert des Kapitals zu erhalten, muss es auch ein Instrument geben, welches misst, ob dieses Ziel auch tatsächlich erreicht wurde. Die bloße Rückstellung eines Drittels der ordentlichen Erträge pro Jahr gemäß § 58 Nr. 7a AO allein ist kein Garant dafür.[7]

Aus diesem Grund sollte eine Kapitalerhaltungsrechnung eingesetzt werden. Diese Rechnung schreibt den Ausgangswert des Stiftungskapitals zum Zeitpunkt t_0 jährlich

---

[7] Vgl. u.a. Haase-Theobald (2007), S. 150, §7 Absatz 7.

fort mit dem Verbraucherpreisindex oder mit einer besonderen Teuerungsrate, die die speziellen Gegebenheiten der Fördermittelempfänger der jeweiligen Stiftung berücksichtigt.

Ermittelt wird dadurch ein Zielkapitalwert, der mit dem Marktwert des tatsächlich angelegten Kapitals (Istkapitalwert) verglichen wird. Diese Marktwertbetrachtung impliziert den Umstand, dass (gemäß des HGB) vorhandene stille Lasten oder Reserven offengelegt und somit in die Ergebnisanalyse der Vermögensverwaltung mit einbezogen werden.

Da die reale Kapitalwerterhaltung allein über die Erwirtschaftung ordentlicher Erträge wie oben ausgeführt zumindest nachhaltig nicht möglich erscheint, kommt der Kurswertentwicklung der angelegten Vermögensgegenstände eine wachsende Bedeutung zu. Denn Kurswertzuwächse übernehmen in einer anhaltenden Niedrigzinsphase, in der wir uns seit vielen Jahren befinden, zunehmend die Funktion, die inflationsbedingte Kapitalentwertung zu kompensieren.

Aus diesem Grund (und auch, um das Anlagerisiko zu diversifizieren) sollte eine Stiftung neben verzinslichen Wertpapieren auch Anlagen, die keine Endfälligkeiten aufweisen und somit geeignet sind, langfristig Kurszuwächse zu generieren, halten, zum Beispiel Aktien respektive Private Equities, Immobilien, Rohstoffe oder auch Hedgefonds.

Da jedoch, wie oben ausgeführt, die Erwirtschaftung von Fördermitteln nach wie vor ein zentrales Ziel der Vermögensverwaltung darstellt und deren Speisung vornehmlich nur aus ordentlichen Erträgen erfolgen kann, muss auch künftig der Block der verzinslichen Wertpapiere den größten Anteil am Gesamtvermögen einer Stiftung einnehmen.

6. Die Umsetzung der Anlagestrategie

Folgt man den in den Abschnitten 3 und 5 dargelegten Überlegungen hinsichtlich der realen Kapitalerhaltung, ist es zwingend notwendig, ordentliche von außerordentlichen Erträgen gedanklich zu trennen.

Dieser Umstand stellt eine Besonderheit bei Stiftungen dar. Selbstverständlich stellen Kursgewinne auch hier neben den ordentlichen Erträgen einen normalen Bestandteil des gesamten Anlageerfolges (und Misserfolges) einer Vermögensanlage dar, den man auch bei Stiftungen über eine Performancerechnung ausweisen kann und sollte. Eine klassische Gewinn- und Verlustrechnung macht dagegen aus beschriebenen Gründen wenig Sinn. Stattdessen kommt bei Stiftungen üblicherweise eine Ertragsrechnung zum Einsatz, die den Überschuss aus Vermögensbewirtschaftung und den Jahresertrag ermittelt.

Wie bereits unter Abschnitt 5 dargelegt, darf das Portfolio einer auf Dauer angelegten Stiftung nicht nur aus verzinslichen Wertpapieren bestehen, wenn das Ziel einer realen Kapitalerhaltung seriös verfolgt werden soll. Die Frage ist, in welchen Anteilen die einzelnen Assetklassen zueinander gebracht werden. Dazu ist es notwendig, nochmals die Ziele der Vermögensanlage unter Einbeziehung der objektiven Realitäten der Märkte zu analysieren.

Es ist schwierig bis unmöglich, eine Bedarfsgröße bezüglich der Vermögensanlageergebnisse zu definieren.

Zum einen gibt es im Unterschied zu den USA nach deutschem Stiftungs- und Steuerrecht keine Vorgabe hinsichtlich der Höhe der von einer Stiftung jährlich auszuschüttenden Fördermittel. Eine Stiftung kann also ihre Fördertätigkeit in direkter Abhängigkeit zum Erfolg (oder Misserfolg) ihrer Vermögensanlage gestalten, ohne dass sie unmittelbar mit dem Gesetzgeber in Konflikt gerät. Das würde erst dann geschehen, wenn die Vermögensbewirtschaftung nachhaltig Verluste generiert.

Zum anderen lässt sich eine Inflationsrate, die die Grundinformation für jede Kapitalerhaltungsrechnung darstellt, naturgemäß erst nach ihrem Eintritt errechnen. Bei der Umsetzung einer Anlagestrategie hat man demzufolge keine gesicherte Angabe über den bevorstehenden Grad der Kapitalentwertung. Somit kann man hier bestenfalls auf Erfahrungswerte der Vergangenheit respektive Durchschnittsbildungen oder aber auf Prognosen zurückgreifen. In jedem Fall ist auch diese Komponente von einer hohen Unbestimmtheit geprägt.

Letztendlich können lediglich die anfallenden Verwaltungskosten einer Stiftung und somit die mit Abstand kleinste Zielkomponente der Vermögensverwaltung verhältnismäßig sicher kalkuliert werden.

Der zu erwirtschaftenden Höhe von Fördermitteln könnte dadurch mehr Schärfe verliehen werden, wenn sich die betreffende Stiftung freiwillig eine bestimmte Summe, die sie jährlich zur Verwirklichung des Stiftungszwecks einsetzen will, zum Ziel setzte.

Unbeschadet dessen weisen die Ziele der Vermögensbewirtschaftung in ihrer Gesamtheit und in absoluten Beträgen eine erhebliche Unschärfe aus, die die konkrete Festlegung einer passenden Asset Allocation natürlich ganz entscheidend erschwert.

Hinzu kommt, dass das auf die künftige Wertentwicklung der in Frage kommenden Assetklassen gleichermaßen zutrifft. Wie bei der Inflationsrate kann man auch hier lediglich versuchen, die Erfahrungen der Vergangenheit mit den Prognosen der Zukunft vernünftig zu verknüpfen.

Dieser objektiven Realität folgend muss konstatiert werden, dass es *die* für alle Zeiten passende Asset Allocation nicht geben kann.

Stattdessen muss versucht werden, einen auf historischen Erfahrungen basierenden Anlagenmix zu kreieren, der fortan einer ständigen Überprüfung bezüglich der Frage, ob er den aktuellen Marktgegebenheiten und den künftigen Erwartungen noch angemessen erscheint, unterzogen werden muss. Im Ergebnis dessen ist es empfehlenswert, hinsichtlich der Höhe der einzelnen Assetklassen mit Bandbreiten oder Orientierungsgrößen zu arbeiten.

Verzinsliche Anlagen als Kerninvestment

Aufgrund der unveränderten Tatsache, dass in der Regel nur ordentliche Erträge als Fördermittel bereitgestellt werden dürfen, erscheint ein Kerninvestment in Höhe von mindestens 50% des Gesamtkapitalvermögens in verzinslichen Wertpapieren nach wie vor (und auch bei einer anhaltenden Niedrigzinsphase) unabdingbar.

Die Beimischungshöhe für die anderen in Frage kommenden Assetklassen wie Aktien, Immobilien oder Alternative Investments muss individuell auf der Grundlage des Grades der Genauigkeit, mit dem die Ziele der Vermögensanlage definiert werden können und letztendlich auch in Abhängigkeit von dem persönlichen Risikoempfinden des Vermögensverwalters bzw. der zuständigen Gremien festgelegt werden.

Diversifizierung des Anlagevermögens als wesentliche Zielsetzung

Zu beachten ist dabei, dass die Zusammensetzung des Portfolios die Wertschwankungsbreite des Gesamtvermögens beeinflusst. Sie ist es, die die Frage beantworten kann, ob es gelungen ist, den Zielkapitalwert innerhalb der Kapitalerhaltungsrechnung nachhaltig zu übertreffen oder nicht. Je größer der Diversifizierungsgrad der gewählten Anlagen, desto geringer die Volatilität bzw. die Wertschwankungsbreite des Gesamtvermögens.

Der Grad der Diversifizierung eines Portfolios ist messbar. Dazu ist es notwendig, Indizes an den Märkten zu identifizieren, die in der Lage sind, die in den Fokus genommene Anlagen bzw. Assetklassen möglichst objektiv zu repräsentieren. Den ausgewählten Indizes werden Bewertungszeitreihen zugrunde gelegt, innerhalb derer deren Wertentwicklungen analysiert werden. Je weniger Parallelentwicklung (positive Korrelation) es zwischen den einzelnen Anlagen und Assetklassen gibt, desto größer ist der Grad der Risikodiversifizierung.

Kritiker dieser Vorgehensweise führen an, dass derartige Analysen von einer Normalverteilung der kurs- oder performanceseitigen Veränderungen der gewählten Indizes ausgehen, die es aber in der Praxis nicht gebe.[8] Dieser Vorwurf ist berechtigt. Nur geben alle bekannten Alternativversuche letztendlich auch kein genaueres Bild wider. Denn es sind immer wieder unvorhersehbare Ereignisse, die man generell nicht vorausberechnen kann und die für die wirklich einschneidenden Veränderungen an den Märkten sorgen. Beispielhaft seien an dieser Stelle die Auswirkungen des Platzens der New Economy-Blase, der 11. September 2001, die Subprime-Krise oder auch der Zusammenbruch der Investmentbank Lehman Brothers genannt.[9] In all diesen Fällen wurden langfristig gültige Korrelationsverhältnisse kurzfristig außer Kraft gesetzt, kehrten aber nach gewisser Zeit wieder zu ihrem ursprünglichen Verhalten zurück. Insofern erscheint es müßig, immer ausgefeiltere Berechnungen anzustellen. Die Realität wird jeden dieser Versuche über kurz oder lang ebenfalls in Frage stellen. Der entscheidende Punkt ist, zur Kenntnis zu nehmen, dass jeder Versuch, Korrelationen oder im weitesten Sinne den Risikogehalt einer Anlage / eines Portfolios zu berechnen, nur den Anspruch erheben kann, eine gewisse Annäherung an die Realität erreichen zu können. Es wird aber niemals gelingen, die Zukunft exakt vorherzusagen oder vorauszuberechnen. Unter diesen Voraussetzungen hat die klassische Korrelationsanalyse nach wie vor ihre Berechtigung.

Die grundlegende Frage: aktiv oder passiv?

Eine konsequente Anwendung der Ergebnisse einer Korrelationsanalyse würde im nächsten Schritt eigentlich erfordern, dass die untersuchten Indizes, sofern sie zu einer Diversifizierung des Gesamtportfolios beitragen, in der tatsächlichen Anlage des Vermögens passiv abgebildet werden. Ein rein aktives Management würde dagegen die Sinnhaftigkeit der vorher angestellten Korrelationsanalyse in Frage stellen. Hinzu kommt, dass zahlreiche Untersuchungen belegen, dass es der überwiegenden Mehrheit aktiver Manager nicht gelingt, die gewählte Benchmark nachhaltig zu schlagen.

---

[8]   Vgl. u.a. Pfaff (2010).
[9]   Vgl. dazu Taleb (2008).

Allerdings ist es insbesondere im festverzinslichen Bereich allein aufgrund der Verfügbarkeit der abzubildenden Titel oftmals sehr schwierig, ein passives Portfolio aufzubauen. Der von Stiftungen geforderte weitgehende Verzicht auf Tradinggeschäfte, die eine gewerbliche Tätigkeit begründen können, führt hier jedoch zu einer gewissen Passivität der Anlage (Anlagepolitik der ruhigen Hand).

Letztendlich ist die Entscheidung, ob ein aktiver oder passiver Managementstil bevorzugt werden soll, höchst individuell und steht auch in direkter Abhängigkeit zu der Risikoneigung des jeweiligen Entscheidungsträgers.

Gleiches trifft auch auf die Frage zu, ob Einzelrisiken eines Gesamtportfolios beispielsweise über ein Risiko-Overlay-Management[10] gegebenenfalls vorübergehend oder dauerhaft abgesichert, das heißt in ihrer Performanceentwicklung neutralisiert werden sollten oder nicht. Wenn im Grundsatz eine breit diversifizierte Anlagestrategie verfolgt wird, muss dabei berücksichtigt werden, dass jede Einzelabsicherung eine Beschränkung des zuvor erreichten Diversifizierungsgrades bewirkt.

Im Kern muss jede Maßnahme der Frage unterworfen werden, ob die Wahrscheinlichkeit, dass sie dazu beiträgt, die Ziele der Vermögensverwaltung damit besser zu verwirklichen, gegeben ist.

Interne oder externe Vermögensverwaltung?

Eine wichtige Frage für Stiftungen ist auch die nach interner oder externer Vermögensverwaltung. Oft wird unterstellt, dass eine hausinterne Vermögensverwaltung teurer ist als eine externe, die beispielsweise über Fonds erfolgt. Dieser Eindruck entsteht, weil die Kosten für die interne Verwaltung (Personal, Technik etc.) direkt in den Büchern der Stiftung erkennbar sind, die Kosten für die externe Fondsverwaltung jedoch in der Anteilspreisentwicklung enthalten und somit auf den ersten Blick nicht sichtbar sind.

Generell gilt die Regel, dass eine interne, eigene Vermögensverwaltung umso mehr in Erwägung gezogen werden sollte, je größer das zu verwaltende Vermögen ist. Wird für eine externe Verwaltung beispielsweise eine All-In-Fee in Höhe von 50 Basispunkten vereinbart, ergäben sich bei einem zu verwaltenden Stiftungsvermögen von 100 Mio. Euro jährliche Kosten in Höhe von 500.000,- Euro. Eine von zwei bis drei Mitarbeitern intern gemanagte Verwaltung des Vermögens kann schon hier unter Umständen kostengünstiger sein. Zudem könnten sich hauseigene Mitarbeiter im Unterschied zu externen Dienstleistern auch sehr viel stärker auf die Anforderungen im

---

[10] Vgl. zum Overlay-Management den Beitrag Herold/ Weil in diesem Handbuch.

Stiftungswesen im Allgemeinen und der jeweiligen Stiftung im Besonderen speziali-sieren. Berücksichtigt werden muss dabei jedoch, dass es dennoch sinnvoll sein kann, einzelne Anlagen, die besonderen Gegebenheiten unterliegen (beispielsweise Alterna-tive Investments), grundsätzlich extern verwalten zu lassen.

7. Die Messung des Anlageerfolges

Ein langfristig denkender Investor wie eine auf Dauer eingerichtete Stiftung darf in der Bewertung der erzielten Ergebnisse der Vermögensverwaltung nicht nur einen kurzen Zeitraum wie etwa ein Kalenderjahr einbeziehen. Auch wenn dies natürlich ebenfalls ein wichtiger Gradmesser des Erfolges ist, würde eine Analyse ausschließ-lich auf dieser Betrachtungsebene nicht zu der gewählten Anlagestrategie passen, die ja den grundlegenden Zielen entsprechend langfristig ausgerichtet sein muss. Man würde der Gefahr einer Fehleinschätzung unterliegen, insbesondere in solch turbulen-ten Zeiten wie 2007-2009 (Wirtschafts- und Finanzkrise) oder 2000-2002, als seiner-zeit die New Economy-Blase platzte.

Generell gilt, dass eine Kurzfriststrategie einer kurzfristigen Bewertung standhalten muss, eine langfristige Strategie dagegen einer Langfristbetrachtung.

Entscheidend wird am Ende aber nicht die Höhe der erzielten Performance des Ge-samtvermögens sein, sondern ob es gelungen ist, die drei Hauptziele der Vermögens-anlage einer Stiftung dauerhaft und nachhaltig zu erfüllen.

Literaturverzeichnis

Carstensen, C. (Carstensen, 1997): Die Erhaltung des Stiftungsvermögens, in: Stiftungen – Rechnungslegung, Kapitalerhaltung, Prüfung und Besteuerung; Seite 64; IDW-Verlag, Düssel-dorf 1997.

Gerke, W./ Steiner, M. (Hrsg.) (Gerke/ Steiner, 2001): Handwörterbuch des Bank- und Finanzwesens, 3. Auflage, Schäffer-Poeschel Verlag, Stuttgart 2001.

Haase-Theobald, C. (Haase-Theobald, 2007): Stiftungen in der Praxis, Seite 150, Gabler Verlag, Wiesbaden 2007.

Krull, W. (Krull, 2010): Zukunft stiften – Kreativität fördern, in: Konstanzer Universitätsre-den, Konstanz 2010, UVK Verlagsgesellschaft.

Lehmann, D. (Lehmann, 2001):, Handwörterbuch des Bank- und Finanzwesens, Gerke, W./ Steiner, M. (Hrsg.)3. Auflage, Seite 2033ff, Schäffer-Poeschel Verlag Stuttgart 2001

Pfaff, B. (Pfaff, 2010): Modellierung von Einzel- und Portfoliorisiken, F.A.Z.-Institut für Management-, Markt- und Medieninformationen GmbH, Frankfurt a.M. 2010.

Taleb, N. (Taleb, 2008): Der schwarze Schwan, München 2008.

Seifart, W./ von Campenhausen, A. (Hrsg.) (Seifart/ von Campenhausen, 2009): Stiftungs-rechts-Handbuch, 3. Auflage, Verlag C.H.Beck, München 2009.

Kapitalanlage in der betrieblichen Altersversorgung – strukturelle und bilanzielle Rahmenbedingungen

von Benedikt Köster

1. Einleitung

Der Gesetzgeber in Deutschland stellt den Unternehmen, die ihren Mitarbeitern eine betriebliche Altersversorgung (bAV) anbieten, eine große Vielfalt an Möglichkeiten zur Verfügung, diese zu finanzieren bzw. zu administrieren. Die strukturellen und bilanziellen Rahmenbedingungen für die Investoren[1] der dazugehörigen Finanzmittel ergeben sich in Abhängigkeit von der Wahl des Durchführungsweges. Hierfür stehen fünf Durchführungswege zur Verfügung[2]:

- die Direktzusage
- die Unterstützungskasse
- die Pensionskasse
- der Pensionsfonds
- die Direktversicherung

Der Entscheidungs- und Handlungsspielraum der Unternehmen erweitert sich weiter, wenn man hinzunimmt, dass eine Direktzusage optional mit oder ohne Contractual Trust Arrangement (CTA) aufgesetzt werden kann, d. h. mit oder ohne eine externe Finanzierung betrieben wird. Eine Unterstützungskasse kann wahlweise „polsterfinanziert" oder „rückversichert" ausgestaltet sein, Pensionsfonds existieren in „versicherungsförmigen" und „nicht-versicherungsförmigen" Varianten und Pensionskassen schließlich in „regulierten" und „deregulierten" Ausgestaltungen. Für die Durchführungswege Pensionsfonds, Pensionskasse und Unterstützungskasse sowie für den CTA existieren sowohl Anbieter- bzw. Gruppen-Lösungen als auch firmeninterne Lösungen. Damit hat sich die Zahl der zur Verfügung stehenden fünf Optionen (Durchführungswege) faktisch mehr als verdoppelt.

Die folgende Abhandlung führt zunächst einige wichtige Begrifflichkeiten ein: mittelbare und unmittelbare Zusagen, versicherungsförmige und nicht-versicherungsförmige Ausgestaltungen sowie Defined Benefit und Defined Contribution Zusagen. Im Folgenden werden die fünf Durchführungswege sowie der CTA mit ihren jeweiligen Charakteristika vorgestellt. Nachfolgend werden einige Aspekte der Kapitalanlage in Abhängigkeit vom gewählten Durchführungsweg skizziert. Ergänzend werden aus Sicht eines Unternehmens mögliche Entscheidungskriterien bei der Auswahl eines Durchführungsweges kurz diskutiert. Zuletzt wird ein Abriss über die bilanzielle Behand-

---

[1] Begrifflich ist hier „Investor" nicht eindeutig definiert. Je nach Durchführungsweg kann damit entweder das Unternehmen selbst gemeint sein, oder aber ein vom Unternehmen dotiertes Vehikel, das zumindest formal oder aber auch tatsächlich unabhängig vom Unternehmen als Investor auftritt.

[2] § 1 Abs. 1 Nr. 2 in Verbindung mit § 1b Abs. 2 bis 4 BetrAVG.

lung von Zusagen auf betriebliche Altersversorgung nach HGB und IFRS gegeben. Aufgrund der Vielzahl an Ausgestaltungsmöglichkeiten und im Interesse eines komprimierten Überblicks kann nicht auf alle speziellen Ausgestaltungsmöglichkeiten im Detail eingegangen werden – vielmehr liegt der Fokus auf den grundlegenden Merkmalen des jeweiligen Durchführungsweges.

Die Besonderheiten von Gruppen-Lösungen (also z.B. eines Gruppen-CTA) aber auch von Anbieter-Lösungen (z.B. Anbieter-Pensionsfonds) werden nicht explizit beleuchtet. Vielmehr stehen firmen-interne Lösungen im Vordergrund. Zudem stehen weder die Riester-Rente noch die Entgeltumwandlung[3] im Fokus dieser Abhandlung.

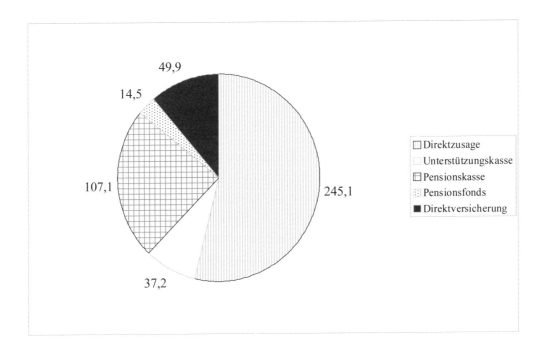

Abbildung 1: Verteilung der Deckungsmittel der bAV in Deutschland zum 31.12.2008 in Mrd. EUR[4]

---

[3] Letztlich stellen weder Riester-Renten noch Entgeltumwandlungssysteme betriebliche Altersversorgung im strengen Sinn dar. Vielmehr sind es – sofern betrieblich – durchgeführt betrieblich verwaltete, Arbeitnehmer-finanzierte Altersversorgungssysteme.

[4] http://www.aba-online.de/seiten/betriebsrente/daten_fakten/1_Deckungsmittel_bav/ 1a_Deckungsmittel.shtml, Abruf am 01. September 2010.

In Abbildung 1 ist die Verteilung der Deckungsmittel der bAV auf die fünf Durchführungswege dargestellt. Insgesamt betrugen sie zum 31.12.2008 ca. 454 Mrd. EUR. Der größte Teil der Deckungsmittel mit ca. 54% (245,1 Mrd. EUR) ist in der Direktzusage. Der Pensionsfonds als jüngster Durchführungsweg hatte bis Ende 2008 ca. 3,5% angesammelt.

2. Wichtige Begrifflichkeiten in der betrieblichen Altersversorgung

Mittelbare und unmittelbare Zusagen

Aus handelsbilanzieller Sicht ist die Unterscheidung in mittelbare und unmittelbare Zusagen von wesentlicher Bedeutung. Bei der *unmittelbaren Pensionszusage* (Direktzusage) besitzt der Arbeitnehmer einen unmittelbaren Anspruch auf Leistungserbringung gegen das Unternehmen. Zudem erfolgt die Erbringung der Versorgungsleistung direkt durch das Unternehmen. Hierbei kann sich der Arbeitgeber – z. B. bei der administrativen Abwicklung der Auszahlung – eines Dritten bedienen, ohne dass der Charakter der unmittelbaren Zusagen betroffen wäre.

Eine *mittelbare Versorgungszusage* (dazu gehören alle anderen vier Durchführungswege außer der Direktzusage) liegt vor, wenn die betriebliche Altersversorgung über einen externen Versorgungsträger erbracht wird, gegen den sich der Anspruch der Versorgungsberechtigten richtet. Bei der mittelbaren Versorgungszusage entsteht also eine Dreierbeziehung zwischen Arbeitgeber, Arbeitnehmer und dem externen Versorgungsträger. Hierbei hat der Arbeitgeber zunächst nur die Verpflichtung, dem externen Versorgungsträger die notwendigen finanziellen Mittel zur Erbringung der Leistungen zur Verfügung zu stellen. Die Verpflichtung zur Auszahlung der Rentenbeträge liegt – zumindest solange ausreichende Mittel beim externen Versorgungsträger vorhanden sind – bei diesem. Aufgrund der sog. *Subsidiärhaftung*[5] bleibt der Arbeitgeber allerdings in der finalen Haftung, d. h. insbesondere bei einer Insolvenz des externen Dritten.

---

[5]   § 1 Abs. 1 Nr. 3 Gesetz zur Verbesserung der betrieblichen Altersversorgung - BetrAVG.

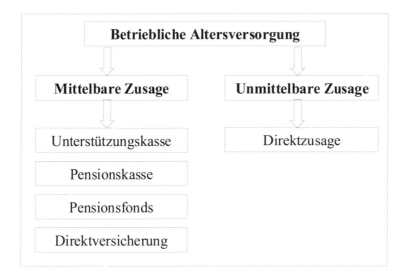

Abbildung 2: Mittelbare und unmittelbare Zusagen

Versicherungsförmige und nicht-versicherungsförmige Ausgestaltungen

Werden Leistungen aus einer Pensionszusage seitens eines externen Dritten gemäß den Bestimmungen des Versicherungsaufsichtsgesetzes (VAG) erbracht und im Wege der individuellen Kapitaldeckung finanziert, spricht man von *versicherungsförmiger* Durchführung. Üblich ist hier z.B. die explizite Kopplung an die Garantien und Mindestverzinsung einer Lebensversicherung, wie sie bei Direktversicherungen vorliegt. Aber auch Pensionskassen und Pensionsfonds (je nach Ausgestaltung) können derartige Garantien abbilden. Eine versicherungsförmige Ausgestaltung[6] kann nur bei mittelbaren Zusagen vorliegen, allerdings muss bei mittelbaren Zusagen nicht zwingend eine versicherungsförmige Ausgestaltung vorliegen.

---

[6]   Hierbei sei eine Direktzusage in Verbindung mit einer Rückdeckungsversicherung außen vor gelassen.

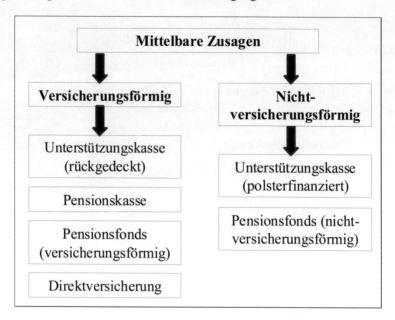

Abbildung 3: Versicherungsförmige und nicht-versicherungsförmige Zusagen

Defined Benefit und Defined Contribution-Zusagen

Die Unterscheidung in *Beitragszusagen* (Defined Contribution-Zusagen – kurz: DC) und *Leistungszusagen* (Defined Benefit-Zusagen – kurz: DB) ist für die Bilanzierung nach IFRS von entscheidender Bedeutung. Eine DC-Zusage liegt gemäß IAS 19 nur dann vor, wenn der Arbeitgeber ausschließlich zur Zahlung der vereinbarten Beiträge an einen externen Versorgungsträger verpflichtet ist.[7] Als externe Versorgungsträger kommen grundsätzlich Durchführungsvehikel der mittelbaren Zusagen in versicherungsförmiger Ausgestaltung in Betracht, d. h. eine rückgedeckte Unterstützungskasse, eine Pensionskasse, ein Pensionsfonds sowie ein Versicherungsunternehmen (Direktversicherung oder Rückdeckungsversicherung). Sämtliche Risiken, d. h. insbesondere das Anlagerisiko und das Langlebigkeitsrisiko, müssen ausschließlich beim externen Versorgungsträger bzw. beim Arbeitnehmer liegen. Zudem darf keine faktische oder potenzielle Nachschussverpflichtung des Trägerunternehmens bestehen. Alle anderen Zusagen, die diesen Kriterien nicht vollumfänglich genügen, sind DB-Zusagen. Bei diesen ist der Arbeitgeber also immer zur Erbringung und Finanzierung einer zugesagten Leistung oder einer Teilleistung verpflichtet.

---

[7]   Vgl. IAS 19.7.

Insbesondere aufgrund der Subsidiärhaftung des Arbeitgebers in Deutschland ist es umstritten, ob – anders als in anderen Ländern wie z.B. UK oder den USA – reine Beitragszusagen überhaupt möglich sind. Bei Direktzusagen und Unterstützungskassen besteht in jedem Fall eine Leistungs- und Nachschussverpflichtung, so dass über diese keine DC-Zusagen dargestellt werden können. Je nach der genauen Ausgestaltung kann hinsichtlich der „Nachschussverpflichtung" des Arbeitgebers bei Direktversicherungen sowie ggf. auch Pensionskassen und Pensionsfonds das Risiko faktisch auf den Fall der Insolvenz des Vehikels, also etwa des Versicherers, begrenzt werden. Mittlerweile hat sich als herrschende Meinung in Deutschland herausgebildet, dass die im Betriebsrentengesetz geregelte Subsidiärhaftung des Arbeitgebers einer Einordnung von Pensionsplänen als DC nicht grundsätzlich im Wege steht[8].

In Deutschland übliche und mögliche DB-Zusagen, die aber aufgrund Ihrer Ausgestaltung (d. h. weniger wegen der gewählten Durchführung) einer DC-Zusage gegebenenfalls wirtschaftlich nahe kommen können, sind die *Beitragsorientierte Leistungszusage*[9] sowie die *Beitragszusage mit Mindestleistung*[10]. Bei der beitragsorientierten Leistungszusage verpflichtet sich der Arbeitgeber, bestimmte Beiträge – z. B. einen festen Prozentsatz vom Gehalt – als Umwandlungsbeitrag zur Verfügung zu stellen. Diese jährlichen Beiträge werden in Anhängigkeit vom Alter in einen Rentenbaustein umgerechnet, d. h. umgewandelt. Die Summe der Rentenbausteine ergibt dann zu Rentenbeginn den Rentenanspruch. Dabei ist es unerheblich, ob diese Beiträge tatsächlich sofort fließen und die Zusage somit extern finanziert ist oder ob es sich um fiktive Beiträge handelt, d. h. die Zusage z.B. in Form einer Direktzusage geführt wird. Bei der Beitragszusage mit Mindestleistung ist der Arbeitgeber lediglich zur Beitragszahlung verpflichtet sowie zur (zinslosen) Garantie derjenigen Beiträge, die zur Ausfinanzierung der reinen Altersleistung dienen[11]. Er trägt hier also weder ein über den Kapitalerhalt hinausgehendes Zinsrisiko noch ein Langlebigkeitsrisiko. Diese Ausgestaltung ist einer DC-Zusage angelsächsischer Prägung am ähnlichsten.

Über Rückdeckungsversicherungen lassen sich bei *kongruenter*[12] Ausgestaltung ebenfalls Konstruktionen erreichen, die wirtschaftlich einer DC-Zusage entsprechen.

---

[8] Vgl. Derbort et al. (2009).

[9] § 1 Abs. 2 Nr. 1 BetrAVG.

[10] § 1 Abs. 2 Nr. 2 BetrAVG.

[11] Vgl. Doetsch et al. (2008), S. 29.

[12] Man spricht von kongruenter Rückdeckung, wenn die zugesagten Leistungen hinsichtlich ihrer Höhe und ihres Auszahlungszeitpunkts vollständig rückgedeckt sind.

3. Die Durchführungswege der betrieblichen Altersversorgung

Direktzusage

Bei einer Direktzusage (unmittelbare Zusage) verspricht der Arbeitgeber seinen Arbeitnehmern Leistungen in Form von Alters-, Invaliden- oder Hinterbliebenenleistungen aufgrund des bestehenden Arbeitsverhältnisses. Er erbringt diese Leistungen selbst, d. h. insbesondere auch, dass er sowohl alle durch die Zusagen abgesicherten biometrischen Risiken trägt wie auch - sofern externe Kapitaldeckung über einen CTA betrieben wird - das Kapitalanlagerisiko. Die Direktzusage ist in Hinsicht auf die „Deckungsmittel" (vgl. Abbildung 1) immer noch mit Abstand der bedeutendste Durchführungsweg in Deutschland.

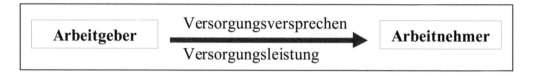

Abbildung 4: Direktzusage

In der Vergangenheit wurden Zusagen in Deutschland häufig als Direktzusagen erteilt. Damit erfolgte die Finanzierung der bAV in Form der *Innenfinanzierung*: Vermögenswerte, die die Verpflichtungen bilanziell bedecken, stehen in der Regel nicht in Form von externen Vermögenswerten (also z.B. Aktienfonds, Bonds) zur Verfügung, sondern in Form von betriebsnotwendigen Vermögenswerten (z.B. Immobilien, Fuhrpark, Maschinen ...). Diese stehen auf der Aktivseite den Pensionsrückstellungen gedanklich gegenüber. Letztlich stellt dieses Verfahren eine oft als kostengünstig eingeschätzte, langfristige Finanzierungsmöglichkeit der Unternehmen dar[13]. Die Liquiditätsbelastung – d. h. die Rückzahlung des „Kredits" in Form der Auszahlung der Renten – wird weit in die Zukunft verschoben. Hinsichtlich der Kapitalanlage unterliegt der Arbeitgeber bei der reinen Innenfinanzierung keinerlei Beschränkungen.

Die steuerlichen Rahmenbedingungen sind im § 6a EStG geregelt. Der Unternehmensgewinn wird in Höhe der jährlichen Zuführung zur (steuerlichen) Pensionsrückstellung gemindert. Entsprechend ergeben sich Auswirkungen auf die Einkommens- bzw. Körperschaftssteuer sowie auf die Gewerbesteuer. In der Vergangenheit wurde

---

[13] Man kann hier von einem langfristigen Kredit der Arbeitnehmer an das eigene Unternehmen sprechen.

als handelsbilanzielle Bewertung oft die steuerliche Bewertung nach § 6a EStG übernommen. Seit Einführung des BilMoG ist das nicht mehr möglich.

Aus Risikoüberlegungen werden bisweilen *Rückdeckungsversicherungen* abgeschlossen, die alle oder einen Teil der zugesagten Leistungen kongruent abbilden können. In den vergangenen Jahren haben vor allem größere Unternehmen damit begonnen, erteilte Direktzusagen mit externen Vermögenswerten über eine CTA-Konstruktion zu unterlegen. Hierbei erhält sich der Investor die Vorteile der freien Kapitalanlage[14].

Für Direktzusagen, die dem Grunde und der Höhe nach dem Schutz des Pensions-Sicherungs-Vereins (PSVaG) unterliegen[15], muss der Arbeitgeber Beiträge an den PSVaG entrichten.

Unterstützungskasse

Unterstützungskassen sind rechtlich selbstständige Versorgungseinrichtungen, die in der Rechtsform eines Vereins, einer GmbH oder einer Stiftung aufgesetzt sind. Der Arbeitgeber bedient sich zur Erbringung der von ihm zugesagten Leistungen eines externen Dritten, der Unterstützungskasse. Im Gegensatz zu den anderen drei mittelbaren Durchführungswegen hat der Arbeitnehmer hier keinen Rechtsanspruch gegen den externen Versorgungsträger. Faktisch ist dies für die Arbeitnehmer aber nicht nachteilig, da der Arbeitgeber für die Erfüllung der von ihm zugesagten Leistungen letztlich in jedem Fall einstehen muss.

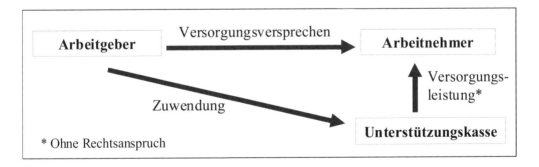

Abbildung 5: Unterstützungskasse

---

[14]   Vgl. auch die Ausführungen im CTA-Kapitel.
[15]   Vgl. hierzu § 7 BetrAVG.

Als nicht-versicherungsförmige Ausgestaltung kommt die *(Reserve-)polsterfinanzierte* Unterstützungskasse in Betracht. Hierbei ergeben sich die steuerlich wirksamen Zuwendungsmöglichkeiten des Arbeitgebers an die Unterstützungskasse entsprechend den Regelungen des § 4d EStG. Sofern das Vermögen einer Unterstützungskasse nicht 125% des steuerlich zulässigen (Kassen-)Vermögens überschreitet, sind Unterstützungskassen auch von der Körperschaftssteuer befreit[16]. Faktisch können aufgrund der Regelungen des § 4d EStG aber nur die laufenden Rentenleistungen ausfinanziert werden, während Anwartschaften nur zu einem geringen Maße (maximal in Höhe des Zweifachen der jährlichen Versorgungsleistungen) vorfinanziert werden können. Generell ist der Arbeitgeber nicht verpflichtet, Zuwendungen vorzunehmen. Wegen des fehlenden Rechtsanspruchs unterliegen Unterstützungskassen nicht der Aufsicht durch die BaFin. Daher sind sie in ihrer Kapitalanlage grundsätzlich nicht reglementiert, so können sie z.B. auch aus dem Kassenvermögen Darlehen an das Trägerunternehmen gewähren. Allerdings müssen sie dabei – um nicht Gefahr zu laufen, die Steuerbefreiung zu verlieren – marktübliche Konditionen bei der Kreditvergabe berücksichtigen.

Die *rückgedeckte Unterstützungskasse* ist eine versicherungsförmige Ausgestaltung. Hierbei schließt die Unterstützungskasse Rückdeckungsversicherungen bzgl. der gemäß Leistungsplan zugesagten Leistungen mit einem Versicherer ab und entrichtet die dafür notwendigen Beiträge an diesen. Entsprechend können die Versicherungsleistungen verwendet werden, das Versorgungsversprechen zu erfüllen. Die Beiträge an die Rückdeckungsversicherung sind vom Trägerunternehmen gemäß § 4d EStG grundsätzlich als Betriebsausgaben absetzbar. Dadurch ist über die rückgedeckte Unterstützungskasse – im Gegensatz zur polsterfinanzierten Unterstützungskasse – nicht nur eine vollständige Ausfinanzierung sondern auch eine Risikoübertragung möglich. Die Kapitalanlage bei Rückdeckungsversicherungen unterliegt den Regeln des VAG und wird daher nicht durch das Trägerunternehmen, sondern den Versicherer vorgenommen. Dadurch entfallen die Anlagefreiheiten der polsterfinanzierten Variante.

Sowohl polsterfinanzierte als auch rückgedeckte Unterstützungskassen führen zu einer Mitgliedschaft des Arbeitgebers beim PSVaG.

---

[16] Gemäß § 5 Abs. 1 Nr. 3e KStG.

Pensionskasse

Eine Pensionskasse ist eine rechtsfähige Versorgungseinrichtung, die dem Arbeitnehmer oder seinen Hinterbliebenen einen Rechtsanspruch auf Leistungen gewährt[17]. Pensionskassen unterliegen der Versicherungsaufsicht durch die BaFin und werden in der Rechtsform einer Aktiengesellschaft oder eines Versicherungsvereins auf Gegenseitigkeit betrieben. Aus Sicht des VAG ist eine Pensionskasse[18] ein rechtlich selbstständiges Versicherungsunternehmen, dessen Zweck die Absicherung wegfallenden Erwerbseinkommens wegen Alters, Invalidität oder Tod ist und das

- das Versicherungsgeschäft im Wege des Kapitaldeckungsverfahrens betreibt,
- Leistungen grundsätzlich erst ab dem Zeitpunkt des Wegfalls des Erwerbseinkommens vorsieht; soweit das Erwerbseinkommen teilweise wegfällt, können die allgemeinen Versicherungsbedingungen anteilige Leistungen vorsehen,
- Leistungen im Todesfall nur an Hinterbliebene erbringen darf, wobei für Dritte ein Sterbegeld begrenzt auf die Höhe der gewöhnlichen Bestattungskosten vereinbart werden kann,
- der versicherten Person einen eigenen Anspruch auf Leistung gegen die Pensionskasse einräumt oder Leistungen als Rückdeckungsversicherung erbringt.

Ähnlich wie bei der Unterstützungskasse besteht wieder eine Dreierbeziehung zwischen dem Arbeitgeber, dem Arbeitnehmer und dem externen Versorgungsträger:

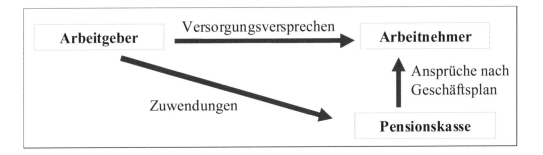

Abbildung 6: Pensionskasse

Zum 1. Januar 2006 wurden die Pensionskassen durch Änderung des VAG *dereguliert* und unterliegen seitdem weitgehend den gleichen Anforderungen an Höchstrech-

---

[17] Vgl. § 1b Abs. 3 BetrAVG.
[18] Vgl. § 118a VAG.

nungszins[19] und Kalkulation wie normale Lebensversicherungsunternehmen. Auf Antrag[20] bei der BaFin kann jedoch der Zustand der *Regulierung* wieder hergestellt werden, eine Möglichkeit, die insbesondere viele Firmen-Pensionskassen (im Gegensatz zu vertriebsorientierten Pensionskassen der Versicherungsunternehmen) genutzt haben. Durch die Regulierung ergibt sich u.a. die Möglichkeit, die Tarife mit anderen, i.d.R. höheren Rechnungszinsen zu kalkulieren.

Pensionskassen unterliegen als Lebensversicherungsunternehmen hinsichtlich der Kapitalanlage den Beschränkungen des VAG. Gemäß Betriebsrentengesetz greift regelmäßig die Subsidiärhaftung durch den Arbeitgeber. Eine darüber hinaus gehende Absicherung über den PSVaG besteht dagegen nicht. Grundsätzlich sind Pensionskassen auch nicht durch den Sicherungsfonds für Lebensversicherungen („Protektor") geschützt, jedoch besteht für Pensionskassen unter bestimmten Voraussetzungen die Möglichkeit, Protektor beizutreten[21]. Insbesondere regulierten Pensionskassen ist diese Absicherung jedoch verwehrt, da die Aufnahme in den Sicherungsfonds der Lebensversicherer nur deregulierten Pensionskassen offen steht[22].

Die Zuwendungen an eine Pensionskasse dürfen vom Unternehmen gemäß den Vorgaben des § 4c EStG als Betriebsausgaben abgezogen werden.

Pensionsfonds

Analog zu Pensionskassen ist aus Sicht des Betriebsrentengesetzes ein Pensionsfonds ebenfalls eine rechtsfähige Versorgungseinrichtung, die dem Arbeitnehmer oder seinen Hinterbliebenen einen Rechtsanspruch auf Leistungen gewährt[23]. Gemäß VAG ist ein Pensionsfonds[24] eine rechtsfähige Versorgungseinrichtung, die

- im Wege des Kapitaldeckungsverfahrens Leistungen der betrieblichen Altersversorgung für einen oder mehrere Arbeitgeber zugunsten von Arbeitnehmern erbringt,

---

[19]　Gemäß § 65 VAG; mit Stand August 2010 beträgt der Höchstrechnungszins 2,25%. Zum 01.01.2012 wird der Höchstrechnungszins von 2,25% auf 1,75% gesenkt.

[20]　§ 118b Abs. 3 VAG.

[21]　§ 124 Abs. 2 VAG.

[22]　So schreibt die „Interne Richtlinie des Sicherungsfonds zur Aufnahme von Pensionskassen" unter § 1 Abs. 1 explizit vor, dass nur deregulierte Pensionskassen aufgenommen werden können. Zudem ist eine Aufnahme an weitere Bedingungen geknüpft.

[23]　§ 1b Abs. 3 BetrAVG.

[24]　§ 112 Abs.1 VAG.

- die Höhe der Leistungen oder die Höhe der für diese Leistungen zu entrichtenden künftigen Beiträge nicht für alle vorgesehenen Leistungsfälle durch versicherungsförmige Garantien zusagen darf[25],
- den Arbeitnehmern einen eigenen Anspruch auf Leistung gegen den Pensionsfonds einräumt und
- verpflichtet ist, die Leistung als lebenslange Altersrente oder in Form eines Auszahlungsplans mit unmittelbar anschließender Restverrentung gemäß § 1 Abs. 1 Satz 1 Nr. 4 des Altersvorsorgeverträge-Zertifizierungsgesetzes zu erbringen.

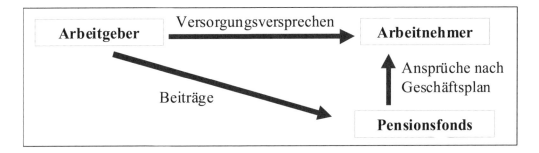

Abbildung 7: Pensionsfonds

Der Gesetzgeber hat den Pensionsfonds als den einzigen Durchführungsweg implementiert, auf den der *Past Service*[26] von Direktzusagen oder Unterstützungskassen-Zusagen übertragen werden kann. Dieses sog. „Outsourcing" von Pensionsverpflichtungen bei gleichzeitiger Übertragung von Vermögen auf den Pensionsfonds (Ausfinanzierung) wird durch entsprechende steuerliche Rahmenbedingungen flankiert, sodass eine lohnsteuerfreie und betriebsausgabenwirksame Übertragung auf den Pensionsfonds ermöglicht wird[27].

War bei der gesetzlichen Einführung von Pensionsfonds in Deutschland im Jahre 2001 zunächst nur eine *versicherungsförmige* Ausgestaltung möglich, erlaubt der Gesetzgeber seit der 7. VAG-Novelle aus 2005 auch das Betreiben sowie das Outsourcing auf einen *nicht-versicherungsförmigen Pensionsfonds*. Hierbei spricht der Pensionsfonds

---

[25] Hierbei handelt es sich um ein qualitatives Unterscheidungsmerkmal zwischen Pensionsfonds auf der einen Seite und Pensionskassen und Direktversicherungen auf der anderen Seite. Letztere sagen im Grundsatz gegen feste Beiträge garantierte Leistungen zu – Pensionsfonds dürfen dieses zumindest nicht für alle möglichen Leistungsfälle (also etwa Alter, Invalidität und Tod).

[26] Als Past Service ist der aktuelle Verpflichtungsstand, d. h. alle zum Stichtag erdienten Anwartschaften und laufenden Rentenverpflichtungen, zu verstehen.

[27] §§ 3 Nr. 66 und 4e Abs. 3 EStG.

keine versicherungsförmige Garantie aus, d. h. er ist nur solange zur Zahlung der Renten verpflichtet, wie sein Vermögen dazu ausreicht. Damit verbleibt ein eventuelles Nachfinanzierungsrisiko beim Trägerunternehmen. Vorteil dieser Variante ist, dass Unternehmen eine „Ausfinanzierung" der Verpflichtungen zu IAS 19-nahen Konditionen ermöglicht wird, d. h. die zur Dotierung notwendigen Vermögenswerte sind in etwa in Höhe der IAS 19-Verpflichtung anzusetzen. Um dieses zu ermöglichen, verpflichtet sich das Trägerunternehmen zur Zahlung von Nachschüssen für den Fall, dass eine aufsichtsrechtliche Unterdeckung vorliegt[28]. Mit der 9. VAG-Novelle von Ende 2007 hat der Gesetzgeber die wirtschaftlichen Rahmenbedingungen für die Zahlungen von möglichen Nachschüssen (Sanierungsplan) fixiert: Ein solcher Sanierungsplan muss ab einer Unterdeckung[29] von mehr als 10% einsetzen und maximal über einen Zeitraum von 10 Jahren umgesetzt werden.

Die Beiträge an einen Pensionsfonds im Sinne des § 112 VAG dürfen vom Unternehmen gemäß den Vorgaben des § 4e EStG als Betriebsausgaben abgezogen werden.

Ein Pensionsfonds kann in der Form einer Aktiengesellschaft oder eines Pensionsfondsvereins auf Gegenseitigkeit[30] geführt werden. Er muss durch die BaFin zugelassen werden[31] und unterliegt ihrer Aufsicht.

Pensionsfonds fallen unter die Absicherung durch den PSVaG. Hierdurch soll nicht das Risiko einer Insolvenz des Pensionsfonds abgedeckt werden, sondern ein möglicher Ausfall des Arbeitgebers für eine gegebenenfalls notwendige Nachschusspflicht (Sanierungsplan). Augrund der vergleichsweise hohen Kapitaldeckung bei Pensionsfonds (gegenüber Direktzusagen und polsterfinanzierten Unterstützungskassen) ist dieses Risiko jedoch begrenzt. Daher beträgt der PSV-Beitragssatz für Pensionsfonds nur 20% des „normalen" Beitragssatzes.

Direktversicherung

Gemäß Betriebsrentengesetz ist die Direktversicherung ein weiterer Durchführungsweg der betrieblichen Altersversorgung in Deutschland[32]. Die Direktversicherung entspricht dabei weitgehend einer normalen privaten Lebensversicherung. Im Unterschied

---

[28] § 112 Abs. 1a VAG.

[29] Hinsichtlich der Bemessung der Bedeckung wird auf die Mindestdeckungsrückstellung abgestellt.

[30] Hierbei handelt es sich gemäß § 113 Abs. 2 Nr. 3 VAG um eine spezielle Form des Versicherungsvereins auf Gegenseitigkeit.

[31] § 112 Abs. 2 VAG.

[32] § 1b Abs. 2 Nr. 1 BetrAVG.

zu dieser ist jedoch bei der Direktversicherung der Arbeitgeber der Versicherungsnehmer, der eine Versicherung auf das Leben des Arbeitnehmers abschließt. Dieser
oder seine Hinterbliebenen haben gegen das Versicherungsunternehmen, als den Träger der Versorgung, einen Rechtsanspruch (Bezugsrecht) auf die Versicherungsleistung.

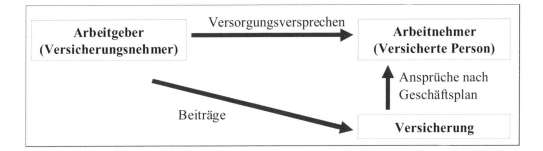

Abbildung 8: Direktversicherung

Für kleinere Unternehmen bietet eine Direktversicherung ggf. Vorteile, da sie mit
geringerem Verwaltungsaufwand verbunden ist. Die Beiträge an eine Direktversicherung sind als Betriebsausgaben steuerlich abzugsfähig[33].

Direktversicherungen werden durch die BaFin beaufsichtigt und unterliegen den üblichen Anlagerestriktionen von Lebensversicherungsunternehmen. Sie sind nicht bei-
tragspflichtig zum PSVaG und unterliegen dem Schutz durch Protektor.

Von der Direktversicherung zu unterscheiden ist die Rückdeckungsversicherung, die
keinen Durchführungsweg darstellt. Bei dieser ist der Arbeitgeber oder ein mittelbarer
Versorgungsträger (z.B. eine Unterstützungskasse) immer der Bezieher der Leistungen
aus dem Versicherungsvertrag. Der Halter der Rückdeckungsversicherung kann die
Versicherungsleistung für die Erbringung der Versorgungszusage verwenden – letztlich ist ihm diese Verwendung aber freigestellt.

Tabelle 1 stellt zusammenfassend die wesentlichen Unterscheidungsmerkmale der
fünf Durchführungswege dar:

---

[33] Gemäß R 4b EStR 2005 Abs. 3.

	DZ	UK[34]	PK	PF[35]	DV
Mittelbare Zusage	Nein	Ja	Ja	Ja	Ja
Rechtsanspruch	Ja	Nein	Ja	Ja	Ja
BaFin beaufsichtigt	Nein	Nein	Ja	Ja	Ja
Versicherungsförmig	Nein	Nein	Ja	Nein	Ja
Ausfinanzierung zwingend	Nein	Nein	Ja	Ja	Ja
Freie Kapitalanlage	Ja	Ja	VAG	Möglich	VAG
PSV-Beiträge	Ja	Ja	Nein	Reduziert	Nein

Tabelle 1: Übersicht wichtiger Charakteristika der fünf Durchführungswege

4. Contractual Trust Arrangement: Die externe Finanzierung der Direktzusage

Ein Contractual Trust Arrangement[36] (CTA) kombiniert die unmittelbare Zusage (Direktzusage) mit einer externen, nicht-versicherungsförmigen Finanzierung. Da ein CTA steuertransparent ist, erhält sich ein Unternehmen bei dieser Art der Finanzierung die steuerlichen Rahmenbindungen einer Direktzusage.

Bei einer *doppelseitigen Treuhandlösung* überträgt der Arbeitgeber Vermögen auf den Treuhänder (*Vermögenstreuhand*). Dieser darf das Treuhandvermögen ausschließlich zum Zwecke der Finanzierung der im Treuhandvertrag genannten Zusagen verwenden. Neben der Durchführung der Kapitalanlage erstattet er dem Treugeber (dem Arbeitgeber) durch diesen geleistete Rentenzahlungen aus dem Treuhandvermögen. Für den Sicherungsfall, d. h. für den Fall einer Zahlungsunfähigkeit des Treugebers, wird eine *Sicherungstreuhand* zwischen dem Arbeitgeber und dem Treuhänder geschlossen, die den Versorgungsberechtigten in Form eines Vertrages zugunsten Dritter gemäß §328 BGB einen eigenen Rechtsanspruch auf Zahlungen aus dem Treuhandvermögen einräumt. Der Treuhänder für das CTA kann die Rechtsform einer GmbH, einer Stiftung oder eines eingetragenen Vereins haben.

---

[34] Dargestellt ist die polsterfinanzierte Unterstützungskasse. Die rückgedeckte Variante ist analog zur Direktversicherung zu sehen, allerdings müssen Beiträge an den PSV entrichtet werden.

[35] Dargestellt ist der nicht-versicherungsförmige Pensionsfonds. Der versicherungsförmige Pensionsfonds ist hinsichtlich seiner Kapitalanlagemöglichkeiten analog zur Pensionskasse bzw. zur Direktversicherung zu sehen.

[36] Ein CTA wird oft auch als „Treuhand-Modell" oder „Pensionstreuhand" bezeichnet.

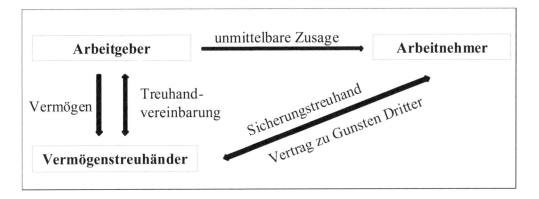

Abbildung 9: CTA – Doppelseitige Treuhand

Über die Sicherungstreuhand wird eine Insolvenzfestigkeit des Vermögens erreicht. Dies ist eine notwendige Anforderung nach IFRS und BilMoG, um eine Qualifizierung als saldierungsfähiges sogenanntes *Planvermögen* („plan assets") bzw. Deckungsvermögen zu erreichen. Die Möglichkeit zur Saldierung (Bilanzverkürzung) und die damit einhergehende Verbesserung bestimmter finanzwirtschaftlicher Kennzahlen[37] kann ein Grund für die Entscheidung eines Unternehmens zur Übertragung von Vermögen auf einen CTA sein. Ein weiterer Grund kann ein verbesserter Insolvenzschutz sein, insbesondere für nicht durch das Betriebsrentengesetz gesicherte Zusagen(teile)[38]. Zudem bietet der CTA eine Möglichkeit, freie Liquidität des Unternehmens zu verwenden. Hierbei kann das Ziel die Steuerung bzw. Sicherstellung der zukünftigen Liquiditätsanforderungen (Rentenzahlungen) sein, oder Liquidität soll dem möglichen Zugriff von Investoren entzogen werden[39].

CTAs sind hinsichtlich ihrer Kapitalanlage frei, zudem besteht keine Verpflichtung zur Sicherung bzw. Erreichung eines bestimmten Finanzierungsgrades oder zur Zahlung von festen Beiträgen. Der Arbeitgeber hat hier also die volle Flexibilität. Folgerichtig unterliegen CTAs nicht der Aufsicht durch die BaFin. Wirtschaftlich werden die Vermögenswerte weiter dem Treugeber zugerechnet. Steuerlich sind CTAs, wie bereits dargelegt, transparent, d. h. die steuerlichen Vorteile einer Innenfinanzierung

---

[37] Eine Verbesserung kann sich etwa für die Eigenkapitalquote (dem Verhältnis aus Eigenkapital zu Gesamtkapital) oder dem statischen Verschuldungsgrad (dem Verhältnis aus Fremdkapital zu Eigenkapital) ergeben.

[38] Also etwa Vorstandszusagen oder Rententeile, die aufgrund ihrer Höhe nicht mehr unter den Schutz des Betriebsrentengesetz fallen.

[39] Lucius/ Veit (2010) weisen darauf hin, dass „durch die Auslagerung auf einen CTA freies Vermögen dem Zugriff institutioneller Anleger (z.B. Private Equity Gesellschaften) entzogen werden kann ...".

bleiben erhalten. Wegen der großen Freiheitsgrade hinsichtlich der Dotierung und der Kapitalanlage unterliegen über einen CTA abgesicherte Zusagen weiter der vollen Beitragspflicht für unmittelbare Zusagen an den PSVaG. Wie bei jeder Form der externen Finanzierung stehen die übertragenen Mittel grundsätzlich nicht mehr dem Unternehmen unmittelbar zur Verfügung.

Vorteile einer Kombination von CTA und Pensionsfonds

Seit 2007 nutzen einige Unternehmen in Deutschland eine Kombination aus CTA und Pensionsfonds als optimiertes Finanzierungsvehikel. Hierbei ist der CTA der Eigentümer der Pensionsfonds AG. Dadurch können spezifische Vorteile des Pensionsfonds und des CTA für bestimme Zusagearten und Anlageklassen kombiniert werden. In der folgenden Abbildung sind diese Vorteile zusammengefasst:

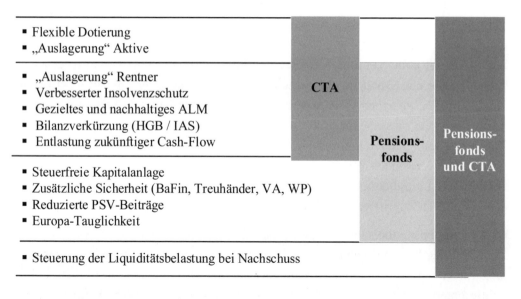

- Flexible Dotierung
- „Auslagerung" Aktive

- „Auslagerung" Rentner
- Verbesserter Insolvenzschutz
- Gezieltes und nachhaltiges ALM
- Bilanzverkürzung (HGB / IAS)
- Entlastung zukünftiger Cash-Flow

- Steuerfreie Kapitalanlage
- Zusätzliche Sicherheit (BaFin, Treuhänder, VA, WP)
- Reduzierte PSV-Beiträge
- Europa-Tauglichkeit

- Steuerung der Liquiditätsbelastung bei Nachschuss

CTA

Pensions-fonds

Pensions-fonds und CTA

Abbildung 10: Vorteile einer Kombination von CTA und Pensionsfonds[40]

---

[40] Quelle: Köster selbsterstellt

5. Kapitalanlage in der betrieblichen Altersversorgung

Der rechtliche Rahmen für die Kapitalanlage von Versicherungen – und damit auch der bei versicherungsförmiger Durchführung von betrieblicher Altersversorgung – wird durch das VAG abgesteckt. So nennt § 54 Abs. 2 VAG die grundsätzlich zulässigen Anlageklassen. Details dazu werden in der Verordnung über die Anlage des gebundenen Vermögens von Versicherungsunternehmen (Anlageverordnung – AnlV) geregelt[41]. Neben qualitativen Vorgaben (z.B. Sachkenntnis, Sorgfalt, Risikomanagement …) macht die AnlV in § 3 auch quantitative Vorgaben hinsichtlich der Höchstgrenzen für bestimme Anlageklassen. So schreibt z.B. Abs. 3 vor, dass maximal 35% des Vermögens (Sicherungsvermögens) in Aktien investiert werden dürfen. Auf diese Quote (sog. Risikoquote) werden auch Investments in nachrangige Darlehen, Genussrechte, Hedgefonds und Unternehmensbeteiligungen angerechnet[42]. Weitere faktische Beschränkungen der Risikoquote ergeben sich aus Solvabilitätsanforderungen. Wie die nachfolgende Abbildung zeigt, ist die tatsächliche Aktienquote in den versicherungsförmigen Durchführungswegen der betrieblicher Altersversorgung in Deutschland mit ca. 3% sehr viel geringer als die maximal möglichen 35% und auch substantiell geringer, als in den Pensionsvehikeln der europäischen Nachbarländer (also etwa Pensionskassen in der Schweiz). Im europäischen Mittel beträgt die Aktienquote der landesüblichen Pensionsvehikeln deutlich mehr als 40%. Ähnlich geringe Aktienquoten wie in den versicherungsförmigen Pensionsvermögen in Deutschland befanden sich Anfang 2010 auch in den Anlagen der deutschen Lebensversicherer.

---

[41] § 2 AnlV. Siehe hierzu auch Beitrag Kuhn „Die neue Anlageverordnung für Versicherungsunternehmen vom 30. Juni 2010".

[42] Eine gute Übersicht über den rechtlichen Rahmen der Kapitalanlage in der betrieblichen Altersversorgung findet man z.B. in Haferstock et al .(2009).

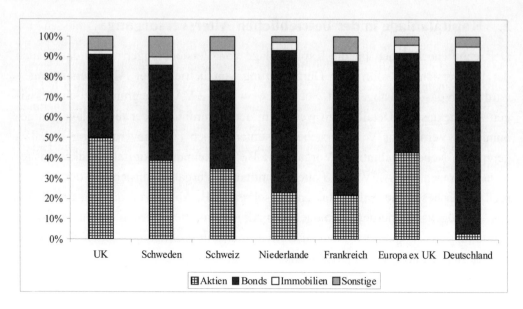

Abbildung 11: Aufteilung nach Anlageklassen in Deutschland bei versicherungs-förmiger Durchführung im Vergleich zu ausgewählten europäischen Länder[43]

Pensionsfonds tätigen ihre Kapitalanlage basierend auf § 115 Abs. 2 VAG im Rahmen der Pensionsfonds-Kapitalanlagerichtlinie. Diese sieht grundsätzlich einen ähnlichen Anlagekatalog wie das VAG bzw. die AnlV vor. Allerdings unterliegen Pensionsfonds nicht der Risikoquotensystematik und sind insofern hinsichtlich der Höchstgrenzen für die möglichen Anlageklassen frei. Somit ist – zumindest theoretisch – eine Investition in ein 100%iges Aktien- oder auch Unternehmensanleihen-Portfolio möglich. Die weitergehenden Anlagefreiheiten wurden bei den in den letzten Jahren gegründeten nicht-versicherungsförmigen Pensionsfonds, die hinsichtlich des Anlagevolumens das in Pensionsfonds investierte Vermögen aus Abbildung 1 dominieren, genutzt.

Polsterfinanzierte Unterstützungskassen sind in ihrer Kapitalanlage ebenso frei wie es das Unternehmen bei Nutzung einer Direktzusage mit interner oder externer (CTA) Finanzierung ist. Die nachfolgende Abbildung zeigt die Aufteilung nach Anlageklassen in der Kapitalanlage der Pensionsvermögen multinationaler Unternehmen in Deutschland. Hierin dürften überwiegend CTA's und andere nicht-versicherungsförmige Pensionsvermögen erfasst sein. Eine separate Aufstellung der Anlageklassen nach Durchführungswegen ist nicht verfügbar, da weder CTA's noch Unterstützungs-

---

[43] Quelle: Mercer-Studie "Asset allocation survey and market profiles – European institutional market place overview" (April 2010). Dargestellt ist hier der Stand bei den teilnehmenden Unternehmen von Anfang 2010, d. h. zum Zeitpunkt der Durchführung der Studie.

kassen entsprechende Informationen öffentlich zur Verfügung stellen müssen. Erkennbar ist aber, dass hier die Aktienquote deutlich über der aus Abbildung 11 für Deutschland liegt. Allerdings befindet sie sich immer noch deutlich unter der für Europa. Genannt ist jeweils die geringste (z.B. 0% bei Aktien) sowie die höchste Quote (31%). Zusätzlich ist durch eine Linie die mittlere Quote über alle Unternehmen markiert (16%). Eine genauere Analyse der Rentenquote aus Abbildung 12 ergibt zudem, dass nur ca. 35% der Rentenpapiere in Staatsanleihen und ca. 50% in Unternehmensanleihen investiert waren[44].

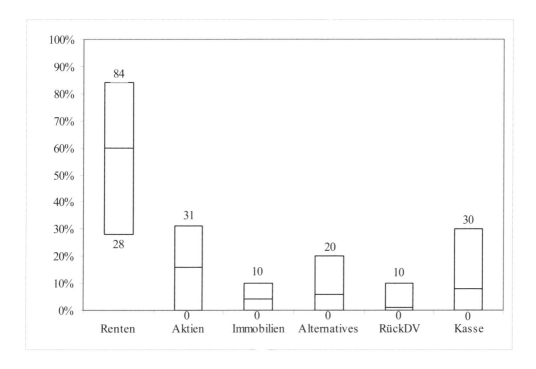

Abbildung 12: Struktur des Asset Allocation in den Pensionsvermögen multinationaler Konzerne in Deutschland[45].

---

[44] Die restlichen Renten sind u.a. in Covered Bonds, High Yield-Bonds oder Emerging Market-Bonds investiert.

[45] Quelle: TowersWatson-Studie „Pension-Risk-Management und Analagestrategien multinationaler Konzerne" (August 2010). Dargestellt ist der Stand bei den teilnehmenden Unternehmen zum Zeitpunkt der Durchführung der Studie.

6. Auswahlkriterien für einen Durchführungsweg

Die Wahl des Durchführungsweges ist in der Regel weniger durch arbeitsrechtliche Überlegungen motiviert. Vielmehr stehen *bilanzielle, Liquiditäts- und Risikoüberlegungen* im Vordergrund. Letztere betreffen etwa die Frage, welches Risiko das Trägerunternehmen bzw. der Investor selbst tragen und welches er auf einen Dritten übertragen kann oder will. Ebenso spielen Administrationsüberlegungen oder mögliche Auswirkungen auf das Rating eine Rolle.

Erste Frage:
Interne oder externe Finanzierung?

Ein Unternehmen, das eine betriebliche Altersversorgung anbietet, muss hinsichtlich der Finanzierung zunächst eine Grundsatzfrage beantworten: Soll die Finanzierung intern oder extern erfolgen? In der eingeführten Begrifflichkeit ist dies die Unterscheidung nach mittelbarer oder unmittelbarer Zusage[46]. Dies ist letztlich die Frage nach dem Zeitpunkt des Abflusses der Liquidität bzw. der Verwendung von Liquidität, d. h. der Rentenzahlung bzw. der Beiträge an einen externen Versorgungsträger. Wie in Abbildung 13 erkennbar, ist diese Frage in den letzten Jahren in Deutschland zunehmend mit „extern" beantwortet worden – sicher auch in Hinblick auf und Einflussnahme durch angelsächsisch geprägte Kapitalmärkte.

---

[46] Über einen CTA oder eine Rückdeckungsversicherung kann – wie bereits dargelegt – auch eine unmittelbare Zusage mit einer quasi-externen Ausfinanzierung kombiniert werden.

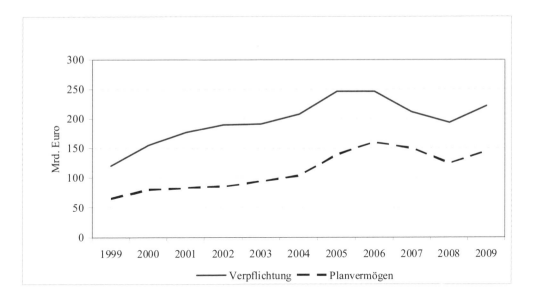

Abbildung 13: Verpflichtungen (DBO) und Planvermögen der DAX 30-Unternehmen[47]

Zweite Frage:
Versicherungsförmige oder nicht-versicherungsförmige Durchführung?

Entscheidet sich das Unternehmen für die externe Variante, schließt sich eine zweite Grundsatzfrage unmittelbar an: Ist eine Übernahme von (Teil-)Risiken (z.B. Anlagerisiko oder Langlebigkeitsrisiko) durch einen Dritten zusammen mit den damit verbundenen Mehrkosten attraktiv? Dies ist - anders formuliert - die Grundsatzentscheidung zwischen einer versicherungsförmigen und einer nicht-versicherungsförmigen Lösung. Allerdings werden seit einigen Jahren zunehmend auch nicht-versicherungsförmige, derivative Varianten angeboten, z.B. um Zinsrisiken oder Langlebigkeitsrisiken zu hedgen. Diese unterliegen in der Regel nicht dem VAG. Das wäre z.B. der Fall, wenn über einen Zins-Swap mit einer Investmentbank ein Teil der Zinsrisiken auf einen externen Dritten übertragen wird. Da generell die Übernahme von Risiken durch einen Dritten immer attraktiv ist, lässt sich die Beantwortung dieser Frage im Kern auf die Bewertung der damit verbundenen Kosten reduzieren. Von Bedeutung ist in diesem Zusammenhang auch noch die Frage nach der Einflussnahme des Unternehmens auf die Kapitalanlage und das Risikomanagement.

---

[47] Quelle: TowersWatson, „Eine Analyse der Geschäftsberichte der 30 DAX-Unternehmen 2009"; April 2010.

Weitere Fragestellungen?

Aus Sicht des Verfassers sind alle weiteren Fragestellungen, also etwa steuerliche Betrachtungen, Überlegungen in Hinsicht auf die Höhe der PSV-Beiträge oder Auswirkungen auf das Rating durchaus wesentlich, aber doch von nachgeordneter Bedeutung für die Entscheidung.

7.   Handelsrechtliche Bilanzierung – BilMoG

Das Bilanzrechtsmodernisierungsgesetz (BilMoG) ist mit Wirkung zum 29.05.2009 in Kraft getreten. Für Wirtschaftsjahre, die am oder nach dem 01. Januar 2010 beginnen, ist das BilMoG verpflichtend anzuwenden. Daher wird im Folgenden ausschließlich Bezug auf die Bilanzierungsanforderungen von Pensionsverpflichtungen in der Handelsbilanz gemäß BilMoG genommen. Effekte, die auf dem sog. *Verteilungswahlrecht*[48] bei der Erstanwendung des BilMoG beruhen, werden im Weiteren nicht kommentiert.

Passivierungspflicht und Passivierungswahlrecht

Für unmittelbare Zusagen muss grundsätzlich eine Pensionsrückstellung gebildet werden, da sie nach deutschem Handelsrecht ungewisse Verbindlichkeiten[49] darstellen. Ausgenommen von dieser Passivierungspflicht sind unmittelbare Zusagen, die vor dem 01. Januar 1987 erteilt wurden, sowie mittelbare Zusagen. Für diese besteht ein sog. Passivierungswahlrecht[50]. Übt ein Unternehmen das Passivierungswahlrecht dahingehend aus, dass es die Verpflichtungen nicht passiviert, muss es die möglicherweise bestehende bilanzielle Unterdeckung allerdings im Anhang nennen[51].

---

[48]   Die Umstellung auf BilMoG führt im Vergleich zu den alten HGB-Bewertungsbestimmungen regelmäßig zu deutlich höheren Verpflichtungen und damit zu höheren Rückstellungsanforderungen. Daher hat der Gesetzgeber die Möglichkeit geschaffen, den Zuführungsbetrag über einen Zeitraum von max. 15 Jahren, spätestens bis zum 31. Dezember 2024 anzusammeln (EGHGB Art. 67 Abs. 1 Satz 1).

[49]   § 249 Abs. 1 Satz 1 HGB.

[50]   Art. 28 Abs. 1 Satz 1 EGHGB.

[51]   Art. 28 Abs. 2 zusammen mit Art. 48 Abs. 6 EGHGB.

Bewertung unmittelbarer Zusagen

Im Handelsrecht werden bei Direktzusagen zwei verschieden Arten unterschieden: *Wertpapiergebundene* Zusagen und Zusagen, die hinsichtlich der Leistungshöhe *nicht wertpapiergebunden* sind[52]. Bei wertpapiergebundenen Zusagen sieht das HGB vor, dass die Rückstellung in Höhe des beizulegenden Zeitwertes der Wertpapiere anzusetzen ist[53]. Es ist also keine explizite Bewertung der Verpflichtung notwendig, zumindest solange zugesagte Mindestleistungen nicht unterschritten werden. Bei wertpapierunabhängigen Zusagen, die die Mehrheit der unmittelbaren Zusagen darstellen, ist die Rückstellung nach *vernünftiger kaufmännischer Beurteilung* mit dem *notwendigen Erfüllungsbetrag* anzusetzen[54]. Ein spezielles Bewertungsverfahren – wie z. B. das steuerlich vorgeschriebene Teilwertverfahren oder die nach IAS vorgeschriebene Projected Unit Credit Method (PUC) – ist dabei nicht vorgeschrieben. Die Erfordernis der Passivierung des notwendigen Erfüllungsbetrages wird dahingehend interpretiert, dass bei der Bewertung der Pensionsverpflichtung künftige Trends (z.B. Rententrends oder Gehaltstrends) berücksichtigt werden müssen. Des Weiteren sind angemessene Sterbetafeln zu verwenden. Hierbei kommen die häufig verwendeten Richttafeln von Prof. KLAUS HEUBECK[55] in Betracht, es können grundsätzlich aber auch z. B. unternehmensindividuelle Tafeln verwendet werden.

Für den Bewertungszins muss bei Verpflichtungen mit einer Restlaufzeit von mehr als einem Jahr, womit regelmäßig Pensionsverpflichtungen erfasst sein sollten, ein Zins verwendet werden, der

- passend zur (Rest-)Laufzeit der Verpflichtung gewählt ist und
- einem mittleren Marktzins der vergangenen sieben Jahre entspricht[56].

Die Restlaufzeit dürfte als mittlere Duration zu verstehen sein. Vereinfachend erlaubt das HGB allerdings, für Pensionsrückstellungen oder Rückstellungen für ähnlich lange Verpflichtungen pauschal von einer mittleren Restlaufzeit der Verpflichtung von 15 Jahren auszugehen[57]. Die zu verwendenden Zinssätze werden von der Bundesbank auf

---

[52] Also etwa in der Art, dass die Leistungshöhe an die Performance eines definierten Referenzindex gekoppelt ist – zuzüglich gegebenenfalls notwendiger Mindestgarantien. Dabei kann eine Anlage gemäß diesem Index erfolgen, oder aber der Index wird lediglich als fiktive Referenzgröße verwendet.

[53] § 253 Abs. 1 Satz 3 HGB; sofern der Zeitwert eine zugesagte Mindestleistung unterschreitet, wäre diese relevant für die Bemessung der Verpflichtung.

[54] § 253 Abs. 1 Satz 2 HGB.

[55] Mit Stand Herbst 2010 sind dies die Heubeck Richttafeln 2005 G.

[56] § 253 Abs. 2 Satz 1 HGB.

[57] § 253 Abs. 2 Satz 2 HGB.

Basis einer EUR Null-Kupon-Zinsswapkurve ermittelt, um einen Aufschlag für EUR Unternehmensanleihen mit einem AA-Rating erhöht und monatlich veröffentlicht[58]. Durch die Mittlung über die letzten sieben Jahre wird – im Gegensatz zum IAS-Rechnungszins – eine Glättung der Zinsentwicklung erreicht. Abbildung 14 zeigt diesen Effekt exemplarisch für den Zeitraum Juli 2009 bis Oktober 2010:

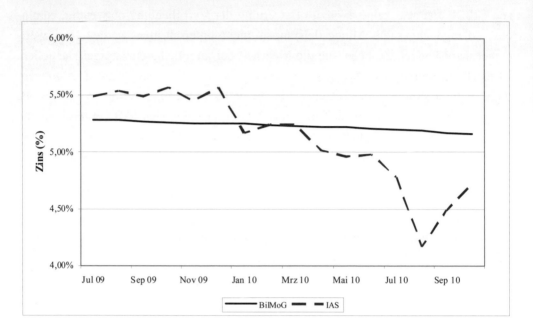

Abbildung 14: BilMoG- und IAS-Rechnungszins Juli 09 bis Oktober 10[59]

Saldierungsgebot von Deckungsvermögen

Sofern das (Pensions-)vermögen bestimmte Anforderungen erfüllt, *muss* die Pensionsverpflichtung – in Abweichung vom sonst geltenden Saldierungsverbot des HGB – mit dem Vermögen saldiert werden. Die Vermögensgegenstände müssen dafür:

- wirtschaftliches Eigentum des Unternehmens sein,
- dem Zugriff der übrigen Gläubiger entzogen sein und

---

[58] Die Einzelheiten dazu sind der Rückstellungsabzinsungsverordnung (RückAbzinsV) geregelt. Die Bundesbank veröffentlicht die Zinssätze unter
http://www.bundesbank.de/statistik/statistik_zinsen.php#abzinsung

[59] Der BilMoG-Rechnungszins ergibt sich gemäß der Veröffentlichung durch die Bundesbank (15 Jahre). Bzgl. des IAS-Zinses sei auf die monatlichen Veröffentlichungen des Büros Heubeck verwiesen (=> www.heubeck.de). Hierbei wird auf den iBoxx EUR Index für AA Corporate Bonds aufgesetzt.

• zweckexklusiv der Erfüllung von Schulden aus Altersversorgung dienen[60].

Sofern diese Anforderungen erfüllt sind, spricht man auch von Deckungsvermögen. Es ist in Höhe des beizulegenden Zeitwertes anzusetzen[61].

Aufgrund der Zweckexklusivität können betriebsnotwendige Vermögen – anders als nach IAS – nicht zur Saldierung verwendet werden[62]. Die Forderung, dass das wirtschaftliche Eigentum beim Unternehmen liegen muss, schließt sämtliche mittelbaren Durchführungswege vom Saldierungsgebot aus. In der Praxis kommt das Saldierungsgebot damit regelmäßig bei unmittelbaren Zusagen in Betracht, für die verpfändete Rückdeckungsversicherungen bzw. Wertpapierdepots vorhanden sind oder aber eine entsprechend ausgestaltete CTA-Lösung vorliegt.

Bewertung und Bilanzierung mittelbarer Zusagen

Aufgrund des Passivierungswahlrechts für mittelbare Zusagen müssen für diese keine Rückstellungen gebildet werden. Eine Rückstellung kommt hier regelmäßig in Höhe eines möglichen Fehlbetrags (Unterdeckung) in Betracht. Dabei ergibt sich der Fehlbetrag als Differenz aus dem Erfüllungsbetrag der Versorgungsverpflichtungen beim Bilanzierenden und dem beizulegenden Zeitwert des Vermögens[63]. Dies entspricht materiell dem Vorgehen beim Vorliegen von Deckungsvermögen bei einer unmittelbaren Zusage.

Ergebnisausweis

Pensionsrückstellungen sind unter „Rückstellung für Pensionen und ähnliche Verpflichtungen" auszuweisen[64]. Unter Ausblendung des Verteilungswahlrechts (Verteilung notwendiger Zuführungen zu den Rückstellungen auf bis zu 15 Jahren) ergibt sich der *handelsbilanzielle Pensionsaufwand* als Differenz aus der Rückstellung zu Beginn und zum Ende des Geschäftsjahres zzgl. der in diesem Zeitraum geleisteten Rentenzahlungen. Dabei wird der Pensionsaufwand in den zwei Komponenten *opera-*

---

[60] § 246 Abs. 2 Satz 2 HGB; der Begriff Deckungsvermögen ist dabei auch in Abgrenzung zum unter IAS 19 verwendeten Begriff des Planvermögens zu sehen.

[61] § 253 Abs. 1 Satz 4 HGB; als beizulegender Zeitwert dürfte in der Regel der Marktwert gesehen werden, der gegebenenfalls geeignet geschätzt werden muss. Bei Versicherungsverträgen kann hierfür der Aktivwert angesetzt werden (vgl. IDW 2010 Tz. 67ff).

[62] Vgl. IDW 2010 Tz. 28.

[63] Vgl. IDW 2010 Tz. 78.

[64] § 266 Abs. 3 B.1 HGB.

tives Ergebnis (Personalaufwand) und *Finanzergebnis* erfasst. Das Finanzergebnis ist in der Gewinn- und Verlustrechnung (GuV) unter dem Posten „Sonstige Zinsen und ähnliche Erträge" bzw. „Zinsen und ähnliche Aufwendungen" auszuweisen[65]. Die weitere reguläre Rückstellungszuführung (operatives Ergebnis) wird unter „Aufwendungen für Altersversorgung" erfasst.[66] Hinsichtlich der Ergebnisauswirkungen aus einer Änderung des Diskontierungssatzes besteht ein Zuordnungswahlrecht[67].

Beiträge an externe Versorgungsträger sind in der GuV als Personalaufwand ebenfalls unter „Aufwendungen für Altersversorgung" zu erfassen.

8. Bilanzierung nach IFRS

Die Bewertung und Bilanzierung von Pensionsverpflichtungen nach internationalen Rechnungsstandards wird im IAS 19 geregelt. Dieser unterliegt regelmäßig Änderungen. Im Folgenden wird dabei auf den Stand von Ende 2009 eingegangen. Der im April 2010 veröffentlichte Exposure Draft (ED) zum IAS 19 wird im letzten Absatz kurz vorgestellt.

Bewertung von Defined Benefit-Zusagen

Der IAS 19 schreibt bei der Bewertung von Pensionsverpflichtungen die *Projected Unit Credit-Methode* (PUC-Methode) vor[68], ihre Anwendung liefert die *Defined Benefit Obligation* (DBO) – das Maß für die Verpflichtungsgröße nach IAS. Einige Paragraphen des IAS 19 formulieren qualitative Vorgaben hinsichtlich der zu verwendenden Bewertungsparameter, d. h. insbesondere zu Rechnungszins, Gehaltstrend, Rententrend und demografischen Annahmen[69]. So sollen die Annahmen nach bestmöglicher Schätzung durch das Unternehmen gewählt werden sowie unvoreingenommen und aufeinander abgestimmt sein. Zudem sollen sie weder unvorsichtig noch übertrieben vorsichtig angesetzt werden.

Für den zu verwendenden Rechnungszins ist auf die Rendite von hochrangigen festverzinslichen Unternehmensanleihen am Bewertungsstichtag abzuzielen. Dabei soll der Zinssatz währungs- und laufzeitkonform gewählt werden. Auch wenn der IAS 19

---

[65] § 277 Abs. 5 HGB zusammen mit § 246 Abs. 2 HGB.
[66] Weitere Details zur Erfassung in der GuV vgl. IDW 2010 Tz. 85ff.
[67] Vgl. IDW 2010 Tz. 88.
[68] IAS 19.64.
[69] IAS 19.72 ff.

diese Vorgabe nicht macht, hat es sich – auch in Anlehnung an ähnliche Regelungen im US-GAAP – in der Praxis eingebürgert, die Renditen von AA Corporate Bonds zu verwenden[70]. Dem Grunde nach wird hier also auf eine ähnliche Größe wie beim HGB Bezug genommen, allerdings mit dem wesentlichen Unterschied, dass nach IAS 19 ein Stichtagszins und nach HGB ein siebenjähriges Mittel verwendet werden. Nach Einführung des BilMoG müssen mit Ausnahme des Rechnungszinses keine wesentlichen Unterschiede mehr bei der Wahl der Bewertungsparameter nach IAS und HGB gemacht werden. Abbildung 14 zeigt einen Vergleich des BilMoG- mit dem IAS 19-Rechnungszins für die 16 Monate von Juli 2009 bis Oktober 2010. Zu erkennen ist, dass über diesen Zeitraum der BilMoG-Zins nur geringen Schwankungen unterworfen war. Dahingegen weist der IAS-Zins eine erhebliche Schwankung von deutlich über 1% auf. Im Ergebnis kann eine solche Zinsvolatilität in Abhängigkeit vom Bestand und der Zusage zu signifikanten Bewertungsschwankungen der Verpflichtung nach IAS von mehr als 15% führen. Diese extremen Volatilitäten in der Bewertung werden durch die Mittelung des Rechnungszinses über sieben Jahre nach BilMoG vermieden.

Planvermögen nach IAS 19

Saldierungsfähiges Planvermögen nach IAS 19 ist Vermögen, das bei einem externen Versorgungsträger vorliegt und

- die Versorgungseinrichtung eine rechtlich unabhängige Einheit ist, deren ausschließlicher Zweck es ist, Leistungen an Arbeitnehmer zu zahlen bzw. zu finanzieren sowie
- das Vermögen ausschließlich für diesen Zweck zur Verfügung steht, d. h. insbesondere dem Zugriff durch andere Gläubiger entzogen ist.

Eine Rückübertragung von Vermögen an den Arbeitgeber darf nur als Erstattung von gezahlten Renten möglich sein oder sofern eine Überdeckung der Verpflichtung durch das Planvermögen vorliegt[71].

---

[70] Eine gewisse Schwäche dieser Interpretation hat sich in der Finanzkrise 2008 gezeigt. Da im Bereich der AA-Bonds Finanztitel überproportional vertreten waren, hat die massive Spreadausweitung dieser Titel zu einem starken Anstieg der Renditen und damit zu einem starken Anstieg des IAS 19-Rechnungszinses geführt – mit der Folge, dass die ausgewiesenen Pensionsverbindlichkeiten deutlich niedriger ausfielen. Diese Entwicklung kehrte sich mit der nachfolgenden Wiedereinengung der Spreads um.

[71] IAS 19.7.

Als Planvermögen kommt insbesondere Vermögen in Pensionskassen, Pensionsfonds, Unterstützungskassen und CTA-Lösungen in Betracht. Eine Versicherungsförmigkeit ist keine notwendige Voraussetzung für das Vorliegen von Planvermögen. Wesentlicher Unterschied zum Deckungsvermögen nach HGB ist die im IAS 19 fehlende Zweckexklusivität. Dadurch können grundsätzlich auch z. B. betriebsnotwendige Vermögenswerte als Planvermögen fungieren. Bei polsterfinanzierten Unterstützungskassen ist es nicht unüblich, dass diese ihren Trägerunternehmen ein Darlehen gewähren. Sofern ein solches Darlehen zu marktüblichen Konditionen begeben wird, kommt ebenfalls eine Ansetzung als Planvermögen in Betracht. In Abhängigkeit vom gewählten Durchführungsweg, der Beitragsgestaltung und der Entwicklung der Kapitalmärkte kann das Planvermögen auch die IAS 19-gemäße Verpflichtung überschreiten. In diesem Falle wäre – vorbehaltlich der Ausübung der weiter unten genannten Wahlrechte bei der Bilanzierung – insofern keine Pensionsrückstellung, sondern ein Pensionsvermögen zu bilanzieren. Dieses ist allerdings grundsätzlich auf den wirtschaftlichen Nutzen dieser Überdeckung für das Unternehmens beschränkt (sog. *Asset Ceiling*[72]).

Bilanzierung von Defined Benefit-Zusagen

Gemäß IAS 19 sind die folgenden Größen Bestandteil des Pensionsaufwandes[73]:

- Dienstzeitaufwand (Service Cost),
- Zinsaufwand (Interest Cost),
- Erwarteter Ertrag aus Planvermögen (Expected Return on Plan Assets),
- etwaige versicherungsmathematische Gewinne oder Verluste (Actuarial Gains and Losses),
- etwaige Effekte aus einem Asset Ceiling sowie
- Effekte aus Sonderereignissen wie Plankürzungen oder Übertragungen.

Versicherungsmathematische Gewinne oder Verluste (VMGUV) ergeben sich, wenn die am Anfang einer Berichtsperiode erwarteten Werte zum Ende der Berichtsperiode für die DBO oder das Planvermögen von den tatsächlichen Werten zum Ende der Berichtsperiode abweichen. Dies wird regelmäßig der Fall sein, etwa wegen einer Änderungen des Stichtagszinssatzes, unvorhergesehener Entwicklungen im Planvermögen

---

[72] Vgl. hierzu IAS 19.58 und 58A. Bezüglich der sehr komplizierten Spezialvorschriften des IFRIC 14 zur Ermittlung des wirtschaftlichen Nutzens und weiterer in diesem Zusammenhang relevanter Größen sei auf diese Spezialvorschrift verwiesen. IFRIC steht hierbei für International Financial Reporting Interpretations Committee.

[73] IAS 19.61.

oder durch Abweichungen von erwarteter zu tatsächlicher Sterblichkeit. Insbesondere die Änderung des Stichtagszinses kann zu großen VMGUV führen. Hinsichtlich der bilanziellen Abbildung dieser ggf. sehr volatilen Effekte erlaubt der IAS 19 derzeit noch drei verschiedene Optionen[74]:

- Sofortige vollständige Erfassung der VMGUV in der P&L und damit in der Bilanz;
- Erfassung von VMGUV nur, wenn ihr kumulierter Wert 10% des Maximums aus DBO und Planvermögens übersteigt. Der übersteigende Teil wird dabei über die Restdienstzeit der Aktiven verteilt in der P&L und damit in der Bilanz erfasst. Der nicht amortisierte Teil muss in den Anhangangaben genannt werden. Eine schnellere Amortisation ist ebenso wie ein geringerer Maximalwert als 10% zulässig. Dieses Verfahren wird als *Korridorverfahren* bezeichnet;
- Erfassung der VMGUV nicht über die P&L, sondern sofortige vollständige Erfassung gegen das Eigenkapital (Retained Earnings). Dieses Verfahren wird auch *SoRIE-Vefahren* genannt (Statement of Recognized Income and Expense).

Die erste Option wird wegen ihren hohen Ergebnis-Volatilität selten angewendet. Während das Korridorverfahren die Bewertungsvolatilität sowohl aus der P&L als auch aus den Bilanz heraushält, bewirkt das SoRIE-Vefahren dieses nur für die P&L.

Bilanzierung von Defined Contribution Zusagen

Für DC-Pläne muss keine Rückstellung in der Bilanz gebildet werden, entsprechend ist auch keine Bewertung der Verpflichtungen notwendig. Der geleistete Beitrag an den externen Versorgungsträger ist dabei in der P&L zu erfassen.

Multi-Employer-Pläne

Gemeinschaftspläne mehrerer Arbeitgeber (Multi-Employer-Pläne[75]), wie sie z.B. in den USA oder den Niederlanden üblich sind, werden grundsätzlich entsprechend ihrer Klassifizierung als DB- oder DC-Zusage bilanziert. Sofern allerdings keine ausreichenden Informationen zur Verfügung stehen, um eine DB-Bilanzierung zu ermöglichen[76], kann er als DC-Plan bilanziert werden.

---

[74] Vgl. IAS 19.92 und 93.

[75] IAS 19.29 ff.

[76] Denkbar ist hier z. B., dass eine eindeutige Aufteilung der Vermögenswerte oder eine Zuordnung der Verpflichtungen nicht möglich ist.

Mögliche Auswirkungen des ED IAS 19

Im April 2010 veröffentlichte das IASB einen Exposure Draft[77] (ED) zum IAS 19. Derzeit ist vorgesehen, dass die vorgeschlagenen Regelungen erstmalig verbindlich ab dem 01. Januar 2013 anzuwenden sein werden. Folgende wesentlichen Themen werden seitens des IASB im ED vorgestellt:

- Abschaffung der drei bilanziellen Optionen. Faktisch bliebe nur die alte SoRIE-Option – zukünftig begrifflich *OCI-Option*[78] genannt – als einzige Möglichkeit erhalten.
- Der Zinsaufwand soll sich zukünftig als IAS 19-Rechnungszins multipliziert mit der Netto-Verpflichtung, d. h. der Differenz aus DBO und Planvermögen, berechnen.
- Klarstellung hinsichtlich des bilanziellen Ausweises der Komponenten des Pensionsaufwandes.
- Ausweitung der offenlegungspflichtigen Angaben für DB-Zusagen sowie für Multi-Employer-Pläne, die als DC bilanziert werden.

Einige dieser vorgeschlagenen Neuregelungen sind im Rahmen des Kommentierungsprozesses auf Kritik gestoßen. Mit einer finalen Entscheidung hinsichtlich der Neuformulierung des IAS 19 ist in Q2 2011 zu rechnen.

Literaturverzeichnis

Derbort, S./ Heubeck, K./ Seeger, N., (Derbort et al., 2009): Vergleich der Bilanzierung und Bewertung von Pensionsverpflichtungen nach HGB n.F. und nach IFRS; Betriebliche Altersversorgung 8/2009.

Doetsch, P.A./ Oecking, S./ Rath, M./ Reichenbach, R./ Rhiel, R./ Veit, A., (Doetsch et al., 2008): Betriebliche Altersversorgung – Ein praktischer Leitfaden, Haufe-Verlag 2008.

Drochner, S./ Uebelhack, B, (Drochner/ Uebelhack, 2010): Die neue Betriebsrente mit Riester-Förderung, 9. neu bearbeitete Auflage, Herausgeber Arbeitsgemeinschaft für betriebliche Altersversorgung e.V., C.F. Müller, 2010.

Haferstock, B./ Hilka, A./ John, O./ Nellshen, S./ Schütze, M./ Taubert, M./ Thurnes, G. (Haferstock et al., 2009): Kapitalanlage in der betrieblichen Altersversorgung, Herausgeber Arbeitsgemeinschaft für betriebliche Altersversorgung e.V.; C.F.Müller 2009.

IAS 19 (IAS 19, 2008): International Accounting Standard 19 Employee Benefits (revised 2008).

IDW RS HFA 30 (IDW, 2010): IDW Stellungnahme zur Rechnungslegung: Handelsrechtliche Bilanzierung von Altersversorgungsverpflichtungen (IDW RS HFA 30); Stand 09.09.2010

Löbecke, F.v. (Löbecke, 2009): Nicht-versicherungsförmige Auslagerung von Pensionszusagen auf einen Pensionsfonds - Die Yeti-Nachschusspflicht, BetrAV 5 / 2009, S. 397ff.

---

[77] Exposure Draft ED/2010/3 „Defined Benefit Plans – Proposed amendments of IAS 19".

[78] Other Comprehensive Income – OCI.

Lucius, F./ Veit, A. (Lucius/ Veit, 2010): Bilanzierung von Pensionen – Wie Sie nach Bil-MoG richtig bilanzieren; Haufe-Verlag 2010.
Seeger, N./ Derbort, S. (Seeger/ Derbort 2009): Die Auswirkungen des BilMoG auf Rück-stellungen und Pensionsrückstellungen; Betriebliche Altersversorgung 8/2009.

Geldanlagen durch Kommunen und kommunale Unternehmen

von Christian Hoppe/ Christian Teuber[*]

---

[*] Der vorliegende Beitrag geht zurück auf eine Veröffentlichung gleichen Titels in der Fachzeitschrift „der gemeindehaushalt", Heft 1/2011, S. 7 ff.

1. Einführung und Begriffsbestimmung

Die Finanznot der Städte und Gemeinden ist groß. Heraus aus der Pleite – aber wie? Viele Kämmerer schauen in zahlreichen Fällen ratlos in ihre leeren Kassen. Sind kommunale Geldanlagegeschäfte vertretbar, die die Chance auf eine attraktive Rendite bieten – aber auch mit erheblichen finanziellen Risiken verbunden sein können? Der vorliegende Beitrag untersucht die rechtlichen Rahmenbedingungen für Geldanlagen von Kommunen und kommunalen Unternehmen in Deutschland.

Der Terminus „Geldanlagen" im hier verwendeten Sinne umschreibt die Investition von Geldbeträgen des Finanzvermögens (Rücklagen) und der Kassenbestände mit dem Ziel der Werterhaltung und der Erzielung von Rendite.[1] Dies kann z. B. durch Erwerb von Wertpapieren, Forderungen und Immobilien, aber z. B. auch im Wege von kommunalen Darlehensgeschäften oder Einzahlungen in einen Bausparvertrag[2] erfolgen.

Nicht unter den zugrunde gelegten Geldanlagebegriff fallen rein unternehmerische Beteiligungen und Derivatgeschäfte. Diese Handlungsinstrumentarien stehen deshalb nicht im Mittelpunkt des vorliegenden Beitrages.

Unternehmerische Beteiligungen sind dadurch gekennzeichnet, dass die Gemeinde nicht zu Zwecken der Geldanlage, sondern aus strategischen Gründen (z. B zwecks Erfüllung gemeindlicher Aufgaben) Mitträgerin eines Unternehmens wird. Sie sind deshalb anhand der gemeinderechtlichen Vorschriften über die Zulässigkeit wirtschaftlicher Betätigung von Gemeinden und gemeindlichen Unternehmen zu beurteilen.[3]

Derivative Finanzinstrumente (kurz: Derivate) haben in der kommunalen Praxis regelmäßig den Charakter von Sicherungsgeschäften. Als solche dienen sie nicht Anlagezwecken, sondern der Begrenzung des Risikos von Kursverlusten bei Wertpapier-, Waren- oder Devisengeschäften. Bei einem Zinsswap werden z. B. variable gegen fixe Zinssätze getauscht. Hat die Gemeinde einen variabel verzinslichen Kredit aufgenommen und befürchtet sie nun steigende Zinsen oder will sie unabhängig von einer Zinserwartung das Risiko steigender Zinsen absichern, kann sie durch einen Zinsswap die variablen Zinsen generieren, die sie zur Bedienung ihres Kredites benötigt, und zahlt im Gegenzug den Festzins.

---

[1]   Enger z. B. die Definition nach § 87 Nr. 16 KommHV – Kameralistik (Bayern).
[2]   Hierzu OLG Karlsruhe, *Urt.* v. 06.05.2008 (17 U 100/07), in: NVwZ 2009, S. 135.
[3]   *Bauer u. a.*, in: PdK: Gemeindeordnung für den Freistaat Bayern, Art. 74 Ziff. 2.3.

Kommunen sind im herkömmlichen Sinne Gemeinden und Gemeindeverbände einschließlich ihrer rechtlich unselbständigen Sondervermögen und nicht-rechtsfähigen Eigenbetriebe[4]. Kommunale Unternehmen sind demgegenüber rechtlich selbständige Verwaltungseinheiten in kommunaler Trägerschaft, z. B. in Form von Kommunalunternehmen bzw. kommunalen Kapitalgesellschaften (Aktiengesellschaft; GmbH).

Im Folgenden werden zunächst die kommunalrechtlichen Schranken für kommunale Geldanlagen skizziert (Kapitel 2). Sodann wird geprüft, ob die für Kommunen geltenden Anlagemaßstäbe auch für kommunale Kapitalgesellschaften gelten (Kapitel 3). Im Ergebnis zeigt sich, dass kommunalen Unternehmen rechtlich ein größerer Anlagespielraum zusteht als ihren Trägerkommunen selbst (Kapitel 4).

2. Kommunalrechtliche Schranken für kommunale Geldanlagen

Die kommunalrechtlichen Schranken für kommunale Geldanlagen bestehen – länderübergreifend einheitlich – aus dem kommunalhaushaltsrechtlichen Spekulationsverbot, der Verpflichtung der Gemeinden zur Sicherstellung ihrer dauernden Leistungsfähigkeit und den Haushaltsgrundsätzen der Sparsamkeit und Wirtschaftlichkeit. Ausgehend von diesen Schranken für Geldanlagegeschäfte haben die Länder Nordrhein-Westfalen und Hessen im Erlasswege Anlagerichtlinien verabschiedet. Der Vollständigkeit halber sei darüber hinaus der Derivate-Erlass des Landes Sachsen-Anhalt erwähnt. Hiervon ausgehend haben die Gemeinden bei Geldanlagen in erster Linie auf Sicherheit zu achten. Nur zweitrangig sollen sie einen angemessenen Ertrag erzielen.

Kommunalhaushaltsrechtliches Spekulationsverbot

Erste und zugleich bedeutsamste Schranke für kommunale Geldanlagen bildet das kommunalhaushaltsrechtliche Spekulationsverbot[5]. Hiernach „*ist*" bei Geldanlagen „*auf eine ausreichende Sicherheit zu achten; sie sollen einen angemessenen Ertrag bringen.*"

Die Gemeinden haben mithin vor jedem Geldanlagegeschäft eine Abwägung zwischen den Kriterien „Sicherheit" und „Ertrag" vorzunehmen und der als „Muss" vorgeschriebenen Sicherheit den Vorzug vor der Soll-Bestimmung der Erzielung eines an-

---

[4] Vgl. hierzu z. B. § 1 EigVO NRW.

[5] Vgl. z. B. Art. 74 Abs. 2 S. 2 BayGO; § 90 Abs. 2 S. 2 GO NRW.

gemessenen Ertrags zu geben.[6] Im Rahmen dieser Abwägung dürfte einerseits zu berücksichtigen sein, dass das Spekulationsverbot von den Kommunen nicht die Erzielung eines „höchstmöglichen" oder „möglichst hohen", sondern nur eines *„angemessenen"* Ertrages verlangt. Kommunale Geldanlagen haben keinen Selbstzweck i. S. d.
Erzielung möglichst hoher Erträge und Einnahmen aus Kapitalvermögen. Sie haben
vielmehr eine dienende Funktion, weil die gesamte Haushaltswirtschaft der Gemeinden auf die Sicherung der stetigen Erfüllung der kommunalen Aufgaben gerichtet ist.
Andererseits sind Geldanlagegeschäfte mit Verlustrisiko nicht generell ausgeschlossen, wie dies z. B. gemäß 80 SGB IV bei Geldanlagen von Sozialversicherungsträgern
der Fall ist. In Abgrenzung zu dem kommunalhaushaltsrechtlichen Spekulationsverbot
sind Mittel von Sozialversicherungsträgern nach § 80 SGB IV *„so anzulegen und zu
verwalten, dass ein Verlust ausgeschlossen erscheint, ein angemessener Ertrag erzielt
wird und eine ausreichende Liquidität gewährleistet ist".*[7]

Vor diesem Gesamthintergrund dürften kommunale Geldanlagen jedenfalls dann mit
dem kommunalhaushaltsrechtlichen Spekulationsverbot in Einklang stehen, wenn das
Risiko eines Kapitalverlusts so weit gemindert ist, dass mit weitaus überwiegender
Wahrscheinlichkeit davon ausgegangen werden kann, dass während der Anlagezeit
kein Substanzverlust eintritt.[8] Hinsichtlich der Risikobewertung ist den Gemeinden ein
Beurteilungsspielraum zuzugestehen.[9] Anlageentscheidungen, die in Ausübung dieses
Beurteilungsspielraums getroffen werden, können gerichtlich deshalb nur daraufhin
überprüft werden, ob die Gemeinden bei ihrer Risikoprognose von falschen Aus-
gangspunkten oder sachfremden Erwägungen ausgegangen sind.

Gleichwohl Derivate, wie einleitend ausgeführt, nicht unter den Geldanlagebegriff
fallen, wird in der Rechtsprechung auch insofern die Beachtlichkeit des Spekulationsverbotes bejaht[10]. Die Normierung des Spekulationsverbotes sei in Verbindung mit der
kommunalen Zweckbindung Ausdruck eines allgemeinen Grundsatzes für kommunale
Geschäfte am Finanzmarkt,[11] also auch für derivative Finanzierungsinstrumente.

---

[6]   Vgl. Bauer u. a., in: PdK: BayGO, Art. 74 Ziff. 2.3; Knirsch, in: Rehn/Cronauge u. a., GO NRW, Band
       II, § 90 GO Ziff. III.2; ferner RdErl. d. IM NRW v. 21.05.2005 (- 34 – 48.01.10.16 -1182/05 -); RdErl.
       d. Hess. IM v. 18.02.2009 (- IV 24 – 15 i 01.08 -).
[7]   Zur Auslegung von Art. 80 SGB IV vgl. BSG, Urt. v. 18.07.2006 (B 1 A 2/05 R), in: BeckRS 2006,
       43674.
[8]   Zu möglichen Strafbarkeitsrisiken bei Investitionsentscheidungen vgl. Meyer KommJur 2010, S. 81.
[9]   In diese Richtung auch *Bauer u. a.*, in: PdK: BayGO, Art. 74 Ziff. 2.3.
[10]   Vgl. OLG Stuttgart, Urt. v. 27.10.2010 (9 U 148/08), in: WM 2010, S. 2169.
[11]   Vgl. OLG Stuttgart, a.a.O.

Sicherstellung dauernder Leistungsfähigkeit

Zweite Schranke für kommunale Geldanlagen ist die Verpflichtung der Gemeinden zur Sicherstellung der stetigen Erfüllung ihrer Aufgaben[12].

Die Sicherung der stetigen Erfüllung kommunaler Aufgaben ist wichtigster Zweck der gesamten kommunalen Haushaltswirtschaft. Stetige Erfüllung bedeutet, dass die Aufgabensicherung nicht nur gegenwärtig (also im laufenden und bevorstehenden Haushaltsjahr) gesichert sein muss, sondern auch in der Zukunft. Diese gesetzliche Maßgabe setzt eine sorgfältige Planung in allen die Haushaltswirtschaft berührenden Bereichen voraus. Der Grundsatz der Aufgabensicherung ist umfassend und erstreckt sich auf alle Aufgabenarten sowie Verpflichtungen, die die Gemeinde zu erfüllen hat. Letztlich ist die stetige Aufgabenerfüllung damit auch Ausdruck des Nachhaltigkeitsprinzips.[13]

Für Geldanlagegeschäfte folgt aus dieser Maßgabe, dass die Gemeinden die für die Erfüllung ihrer Aufgaben erforderlichen Geldmittel stets verfügbar zu halten haben.[14] Hierfür ist es nicht hinreichend, einen ausgeglichenen Saldo in der Finanzplanung und -rechnung aufzuweisen; vielmehr muss die kommunale Zahlungsfähigkeit auch unterjährig jederzeit gesichert sein. Die Gemeinden haben deshalb vor jeder Geldanlage die sich abzeichnende Entwicklung ihrer Vermögens-, Schulden-, Ertrags- und Finanzlage zu prüfen. Kurzfristig zur Zahlungsabwicklung benötigte Geldmittel kommen für Anlagegeschäfte mithin grundsätzlich nicht in Betracht.[15]

Haushaltsgrundsätze der Sparsamkeit und Wirtschaftlichkeit

Drittens müssen kommunale Geldanlagen mit den Haushaltsgrundsätzen der Sparsamkeit und Wirtschaftlichkeit vereinbar sein. Diese Grundsätze sind von den Gemeinden als verbindliche Rechtsnormen bei jeder einzelnen, haushaltswirtschaftlich relevanten Maßnahme zu beachten.[16] Auch da die in diesem Zusammenhang von den Kommunalverfassungen der Länder verwendeten Begriffe „wirtschaftlich" und „sparsam"

---

[12] Vgl. Art. 61 Abs. 1 S. 2 Hs. 1 BayGO; § 75 Abs. 1 S. 1 GO NRW.

[13] *Klieve*, in; Held u. a., Kommunalverfassungsrecht NRW, GO-Kommentar, § 75 (NKF), Ziff. 1.3.

[14] *Klieve*, in; Held u. a., Kommunalverfassungsrecht NRW, GO-Kommentar, § 90 (NKF), Ziff. 3.4; *Knirsch*, in: Rehn/Cronauge u. a., GO NRW, Band II, § 90 GO Ziff. III.2; RdErl. d. Hess. IM v. 18.02.2009 (- IV 24 – 15 i 01.08 -).

[15] So auch RdErl. d. IM NRW v. 21.05.2005 (- 34 – 48.01.10.16 -1182/05 -).

[16] Vgl. Ziff. 1.2 VV zu § 7 LHO NRW, RdErl. d. FM NRW v. 20.09.2003 (-I 3 - 0079 - 0.2 -).

allerdings bewusst nicht konkretisiert werden, kommt den Gemeinden auch insoweit ein weitgehender Beurteilungsspielraum zu.[17]

In ihrer Gesamtschau enthalten die Haushaltsgrundsätze der Sparsamkeit und Wirtschaftlichkeit die Verpflichtung zu einem möglichst ökonomischen Einsatz kommunaler Haushaltsmittel. Differenziert betrachtet haben sie eine unterschiedliche Zielrichtung. Das Sparsamkeitsprinzip (Minimalprinzip) verlangt, ein bestimmtes Ergebnis mit möglichst geringem Mitteleinsatz zu erzielen. Das Prinzip der Wirtschaftlichkeit (Maximalprinzip) gebietet hingegen, mit einem bestimmten Mitteleinsatz das bestmögliche Ergebnis zu erzielen.[18] Es wird – je nach Landesrecht – gegenüber dem Prinzip der Sparsamkeit durch ein zusätzliches Effizienzgebot betont.[19]

Vor diesem Hintergrund sind auch Geldanlagen auf ihre Sparsamkeit und Wirtschaftlichkeit zu prüfen. Sie sind auf den notwendigen Umfang zu beschränken. Mit den eingesetzten Geldern ist mit einem möglichst geringen Aufwand ein möglichst großer Nutzen zu erzielen. Je höher das Risiko einer Geldanlage ist, desto mehr dürfte ihre Wirtschaftlichkeit und Sparsamkeit infrage stehen.

Konkretisierung durch Anlagerichtlinien der Länder

Nur vereinzelt finden sich in den Ländern Runderlasse, die die hiernach eröffneten Handlungsspielräume für kommunale Geldanlagen (bzw. für sonstige Geschäfte am Finanzmarkt) konkretisieren. Insoweit sei auf den Runderlass *„Anlage von Geldmitteln durch Gemeinden und Gemeindeverbände (Kommunale Geldanlage)"* des Innenministeriums des Landes NRW vom 25.01.2005, die *„Richtlinien zu kommunalen Anlagegeschäften und derivaten Finanzierungsinstrumenten"* des Hessischen Ministeriums des Inneren und für Sport vom 18.02.2009[20] und den *„Derivaterlass"* (Hinweise und Empfehlungen hinsichtlich des Einsatzes von derivativen Finanzierungsinstrumenten) des Innenministeriums Sachsen-Anhalt vom 31.05.2005 verwiesen. Diese Verwaltungsvorschriften vermögen als rein innerstaatliche Regelungen allerdings nur die Gemeinden in Nordrhein-Westfalen, Hessen bzw. Sachsen-Anhalt zu binden.

---

[17] OVG Münster, Beschl. v. 26. 10. 1990 (15 A 1099/87), in: NVwZ-RR 1991, S. 509.

[18] So etwa Ziff. 1.1 VV zu § 7 LHO NRW, RdErl. d. FM NRW v. 20.09.2003 (-I 3 - 0079 - 0.2 -).

[19] Vgl. z. B. § 75 Abs. 1 S. 2 GO NRW: *„Die Haushaltswirtschaft ist wirtschaftlich, effizient und sparsam zu führen"*.

[20] RdErl. d. Hess. IM v. 18.02.2009 (- IV 24 – 15 i 01.08 -).

Runderlass des Innenministeriums des Landes NRW

Nach dem Runderlass des Innenministeriums des Landes NRW zu kommunalen Geld-anlagen ist es „vertretbar", Geldmittel bei einer Verzinsung zu marktüblichen Kondi-tionen nach Maßgabe des § 54 Abs. 1 und 2 Versicherungsaufsichtsgesetz (VAG) i. V. m. § 1 Abs. 2 Nr. 15 der Verordnung über die Anlage des gebundenen Vermögens von Versicherungsunternehmen (AnlV) in Spezialfonds nach dem Gesetz über Kapitalan-lagegesellschaften anzulegen. Die Entscheidung für diese Anlageform ist mit den ört-lichen Bedürfnissen in Einklang zu bringen.

Spezialfonds sind nach dem KAGG und dem ihm seit dem 15.12.2003 folgenden In-vestmentgesetz (InvG) sog. Spezial-Sondervermögen, die von einer Kapitalanlagege-sellschaft (§ 1 Abs. 6 i. V. m. §§ 6 ff. InvG) nach dem Investmentgesetz aufgelegt werden, der Aufsicht durch die Bundesanstalt für Finanzdienstleistungsaufsicht unter-liegen und ausschließlich für institutionelle Anleger erhältlich sind (§ 1 Abs. 3 S. 1 i. V. m. §§ 91 ff. InvG). Das Kapital des institutionellen Investors wird gesondert vom Vermögen der Kapitalanlagegesellschaft und der Depotbank geführt und haftet nicht für eventuelle Verbindlichkeiten dieser Gesellschaften. Spezialfonds gewähren Spiel-räume für die Bilanzpolitik und bieten neben einer höchstmöglichen Anpassung an individuelle Anlegerbedürfnisse die Möglichkeit einer individuellen und flexiblen Ertragsteuerung. So ist z. B. die Aufstockung oder Rückgabe von Fondsanteilen durch den Anleger jederzeit möglich. Neben der Ausschüttung am Geschäftsjahresende kön-nen in den meisten Fällen und bei Bedarf auch Zwischenausschüttungen realisiert wer-den. Eine abgestimmte Anlagestrategie erleichtert zudem die Cash Flow-Steuerung.[21]

Das Portfolio des Spezialfonds hat nach dem Runderlass, der die versicherungsrechtli-chen Maßgaben des VAG und der AnlV insoweit gewissermaßen „kommunalrechtlich konkretisiert", „überwiegend" Schuldverschreibungen öffentlicher Emittenten in Euro zu enthalten. Auch Fremdwährungsanleihen sollen nach dem Runderlass vermieden werden. Bei der Anlage in Aktien und anderen Risikopapieren (Anlagen gemäß § 2 Abs. 3 S. 1 i. V. m. § 1 Abs. 2 Nr. 9, 10, 12 und 13 Hs. 1 lit. a) AnlV) im Rahmen von Spezialfonds ist das besondere Ertrags-Risiko-Profil dieser Anlageformen zu beach-ten. Der Anteil dieser in Spezialfonds angelegten Mittel darf 35 Prozent des Wertes des Sondervermögens nicht überschreiten.

Zur Vorbereitung einer solchen Anlageentscheidung haben die Gemeinden nach dem Runderlass unter Berücksichtigung der örtlichen Bedürfnisse Anlageziele bzw. Schwerpunkte und Kriterien für die Auswahl der Kapitalanlagegesellschaft zu be-

---

[21] Vgl. hierzu auch *Köndgen/ Schmies*, in: Schimansky/ Bunte/ Lwowski, Bankrechts-Handbuch, 3. Auf-lage 2007, § 113 Rdnr. 93.

stimmen und die notwendigen Informationen über die Qualität des Fondsmanagements der Kapitalanlagegesellschaft einzuholen. Damit geht insbesondere die Verpflichtung der Gemeinden einher, sich selbst Kenntnisse über Sicherheit, Risiken und die Rentabilität im Vergleich mit anderen Anlagemöglichkeiten zu verschaffen. Die Tätigkeit der beauftragten Kapitalanlagegesellschaft ist sodann fortlaufend zu kontrollieren.

Runderlass des Hessischen Ministeriums des Inneren und für Sport

Für Geldanlagen hessischer Kommunen gilt nach dem vorerwähnten Runderlass des Hessischen Ministeriums des Inneren und für Sport, dass die Kommunen die ihnen zur Verfügung stehenden Mittel in eigener Verantwortung bewirtschaften. Eigenverantwortliche Verwaltung durch Dritte (z. B. Vermögensverwalter) ist ausgeschlossen. Die Aufnahme von Krediten zum Zweck der gewinnbringenden Anlage ist unzulässig.

Die Anlage in Aktien und reinen Aktienfonds entspricht wegen des damit verbundenen Risikos nicht dem Erfordernis der Sicherheit. Der Erwerb von Unternehmen oder Unternehmensanteilen zur Geldanlage ist nicht zulässig. Es sind nur auf Euro lautende Anlagen bei Vertragspartnern zulässig, bei denen aufgrund der rechtlichen Gegebenheiten keine Zahlungsunfähigkeit in Betracht kommt oder bei denen eine ausreichende Einlagensicherung besteht. Anlagen, deren Verwendungszweck einen langfristigen Anlagehorizont zulässt, können in Investmentfonds mit beschränkter Aktienbeimischung angelegt werden. Als langfristig ist ein Anlagehorizont von mindestens zehn Jahren anzusehen. Der lange Anlagezeitraum reduziert die Verlustrisiken und trägt der Tatsache Rechnung, dass die Gewinnzone erst nach Kompensation entstehender Kosten erreicht wird. Die Auswahl ist auf Investmentfonds von Kapitalanlagegesellschaften i. S. d. Investmentgesetzes sowie auf ausländische Investmentanteile, die nach dem Investmentgesetz öffentlich vertrieben werden dürfen, beschränkt. Die einzelnen Investmentfonds dürfen nur von Investmentgesellschaften mit Sitz in einem Mitgliedstaat der Europäischen Union verwaltet werden und nur auf Euro lautende, von Emittenten mit Sitz in einem Mitgliedstaat der Europäischen Union ausgegebene Investmentanteile und höchstens 35 Prozent Anlagen in Aktien (nur Standardwerte in angemessener Streuung und Mischung) oder entsprechenden Aktienfonds enthalten. Wandel- und Optionsanleihen sind zum vollen Kurs auf den Aktienanteil anzurechnen.

Der Erwerb und die Entscheidung über die Zusammensetzung von Investmentfonds setzen über eine dokumentierte, fachkundige Beratung eine intensive Marktbeobachtung und einschlägige Kenntnisse voraus. Entsprechende Anlagegeschäfte sind fortwährend zu überwachen.

Derivaterlass des Innenministeriums Sachsen-Anhalt

Nach dem Derivaterlass des Innenministeriums Sachsen-Anhalt „sollen" Zinsderivate nur im direkten Zusammenhang mit einem Kreditgeschäft abgeschlossen werden (Konnexitätsprinzip). Erforderlich ist danach allerdings nicht der gleichzeitige Abschluss von Basis- und Derivatgeschäft. Auch können die Laufzeit des Derivatgeschäfts kürzer und sein Volumen geringer sein als die des Basisgeschäfts.[22]

Der Derivaterlass empfiehlt zudem die Erstellung einer Dienstanweisung, die u.a. die zum Abschluss zugelassenen Derivate festlegt und den Aufbau eines internen Kontrollsystems zur Messung, Analyse und Überwachung der Zinsänderungs- und Kreditrisiken regelt.[23]

Ergebnis

Als Ergebnis lässt sich festhalten, dass kommunale Geldanlagen in erster Linie sicher sein müssen. Nur nachrangig sind sie auf die Erzielung eines angemessenen (gerade nicht: maximalen) Ertrages auszurichten. Die Inkaufnahme eines Verlustrisikos ist gesetzlich jedenfalls nicht explizit verboten, bedarf aber – auch zur Vermeidung eines möglichen Untreuevorwurfs – der sorgfältigen Prüfung. Kurzfristig zur Zahlungsabwicklung benötigte Geldmittel kommen für Anlagegeschäfte grundsätzlich nicht in Betracht. Auch kommunale Geldanlagen müssen den Haushaltsgrundsätzen der Wirtschaftlichkeit und Sparsamkeit entsprechen.

Vor diesem Gesamthintergrund dürften Geldanlagen jedenfalls dann zulässig sein, wenn sie mit dauerhaft verfügbaren Mittel getätigt werden und das Risiko eines Kapitalverlusts so weit gemindert ist, dass mit weitaus überwiegender Wahrscheinlichkeit davon ausgegangen werden kann, dass während der Anlagezeit kein Substanzverlust eintritt (möglich sind z. B. Bundesanleihen, Schatz- bzw. Pfandbriefe, Tages- und Festgeldkonten, die durch eine deutsche Einlagensicherung abgesichert sind, sowie – unter den dargestellten Voraussetzungen – Geldanlagen in Spezialfonds). Bei der Risikobewertung steht den Gemeinden ein Beurteilungsspielraum zu.

Geldanlagen in Aktien und reinen Aktienfonds dürften dem dargelegten Sicherheitserfordernis grundsätzlich ebenso wenig entsprechen, wie Unternehmensbeteiligungen zu Anlagezwecken. Demgegenüber können insbesondere Beteiligungen an Spezial- und sonstigen Investmentfonds mit geringerer Aktienbeimischung (nur Standardwerte

---

[22] Siehe Derivaterlass des IM Sachsen-Anhalt v. 31.05.2005, Ziff. 3.
[23] Siehe Derivaterlass des IM Sachsen-Anhalt v. 31.05.2005, Ziff. 5.

in angemessener Streuung und Mischung) kommunalhaushaltsrechtlich grundsätzlich zulässig sein.

3. Anwendbarkeit auf kommunale Kapitalgesellschaften

Im Hinblick auf diese Anlagebeschränkungen für Kommunen stellt sich die Frage, ob kommunale Unternehmen (insbesondere in Form von Kapitalgesellschaften) gleichen Maßstäben unterliegen, d. h. insbesondere an das kommunalrechtliche Spekulations-verbot gebunden sind. Dies wird von den hiermit bislang befassten Oberlandesgerich-ten verneint. Diese Rechtsprechung ist zustimmungswürdig Im Ergebnis haben kom-munale Unternehmen bei Geldanlagen damit kommunalrechtlich größere Handlungs-spielräume als ihre Trägergemeinden selbst.

Sichtweise der Oberlandesgerichte

In Anlehnung an ein Grundsatzurteil des OLG Naumburg heben sowohl das OLG Baumberg als auch das OLG Frankfurt a. M. hervor, dass das Spekulationsverbot nur für Kommunen und nicht auch für kommunale Unternehmen gelte. Auf dieser Basis dürften kommunale Unternehmen verfügbare Mitteln nicht nur in Ausnutzung der für Kommunen geltenden Handlungsspielräume[24], sondern grundsätzlich auch spekulati-ver (z. B. in Form von Aktien, Immobilien, Fonds im Allgemeinen) anlegen. Dies gilt – jedenfalls nach dem Runderlass des dortigen Innenministeriums, der insoweit mög-licherweise rechtswidrig ist – ausnahmsweise nicht in Hessen. Hier sind die Richtli-nien zu kommunalen Anlagegeschäften sinngemäß auch für Eigen- und Beteiligungs-gesellschaften anzuwenden(siehe Kapitel 2, Runderlass des Hessischen Ministeriums des Inneren und für Sport).

OLG Naumburg

In dem vom OLG Naumburg zu entscheidenden Fall[25] begehrte die Klägerin, eine Stadtwerke-GmbH, von einem Kreditinstitut Schadenersatz wegen Falschberatung im Zusammenhang mit der Abwicklung eines Zinssatz- und Währungsswaps.

Das Gericht hob im Rahmen seiner Entscheidung hervor, dass die Geschäftstätigkeit kommunaler Eigengesellschaften öffentlich-rechtlichen Beschränkungen unterliege.

---

[24] Vergleiche hierzu die Ausführungen in Kapitel 2, Ergebnis.
[25] OLG Naumburg, Urt. v. 24.03.2005 (2 U 111/04), in: NJOZ 2005, S. 3420.

Die von der Trägergemeinde entsandten Aufsichtsratsmitglieder und die Gemeinde hätten bei Ausübung ihrer Mitwirkungsrechte auf die Einhaltung des Kommunalrechts, des öffentlichen Haushaltsrechts und des öffentlichen Rechts im Allgemeinen hinzuwirken. Dies sei im Hinblick auf das für Kommunen geltende Spekulationsverbot von erheblicher Bedeutung. Die Beschränkung spekulativen Handelns gelte für kommunale Gesellschaften in höherem Maß als für private Unternehmen. Die kommunalrechtlichen Einschränkungen der Stadtwerke hätten deren Geschäftsführer mindestens in demselben Ausmaß bekannt sein müssen wie der Beklagten. Der Stadtwerke-Geschäftsführer hätte klären müssen, ob die Billigung des streitgegenständlichen Swap-Geschäfts im Hinblick auf das Spekulationsverbot problematisch hätte sein können.

Nach dieser Rechtsprechung müssen kommunale Unternehmen zwar in dem Bewusstsein der gemeindlichen Bindung an das kommunalrechtliche Spekulationsverbot handeln; dem Verbot selbst sind sie aber nicht unterworfen.

OLG Bamberg; OLG Frankfurt a. M.

Das LG Würzburg[26] und nachfolgend das OLG Bamberg[27] interpretierten die Rechtsprechung des OLG Naumburg – ebenfalls am Beispiel von Zinsswapgeschäften – dahingehend, dass sich das kommunalrechtliche Spekulationsverbot ausschließlich an Gemeinden richte. Privatrechtlich organisierte Tochtergesellschaften würden von vornherein nicht zu den Normadressaten zählen. Dies entspreche seit jeher der ganz herrschenden Meinung.

Diese Rechtsprechung wird in einer aktuellen Entscheidung vom OLG Frankfurt a. M.[28] geteilt. Das Gericht hebt hervor, dass sich die aus dem Spekulationsverbot ergebenden Restriktionen ausschließlich an Gemeinden und nicht an juristische Personen des Privatrechts richten würden, und zwar selbst dann, wenn letztere für ihre Trägergemeinden ausschließlich Aufgaben der Daseinsvorsorge erfüllen würden.

Stellungnahme

Die dargestellte Rechtsprechung wird mit dem Hinweis in Zweifel gezogen, dass sich die Gemeinden hiernach ihren öffentlich-rechtlichen Bindungen entziehen könnten, indem sie die Wahrnehmung ihrer Aufgaben auf Privatrechtssubjekte auslagern. Wür-

---

[26] LG Würzburg, Urt. v. 31.03.2008 (62 O 661/07), in: WM 2008, S. 997.

[27] OLG Bamberg, Urt. v. 11.05.2009 (4 U 92/08), in: BKR 2009, S. 288.

[28] OLG Frankfurt, Urt. v. 04.08.2010 (23 U 230/08), in: BeckRS 2010, 18795.

den sie z. B. in reine Aktienfonds investieren wollen, könnten sie das Investment über eine Tochter-GmbH tätigen und sich hierdurch dem kommunalrechtlichen Spekulationsverbot entledigen. Damit könnten sie gegen den Rechtsgrundsatz „Keine Flucht ins Privatrecht" verstoßen.[29] In die gleiche Richtung weist der Einwand, dass einem kommunalen Unternehmen nicht mehr Befugnisse zustehen könnten als der Trägerkommune selbst, da diese ihrem Unternehmen nur zu übertragen vermöge, was ihr selbst erlaubt sei.[30]

Nach dem allgemein anerkannten Rechtsgrundsatz „Keine Flucht ins Privatrecht" ist es dem Staat im Hinblick auf Art. 20 Abs. 2 und 3 GG sowie Art. 1 Abs. 3 GG (Bindung der vollziehenden Gewalt an Gesetz und Recht) verwehrt, sich durch den Rückgriff auf eine zivilrechtliche Handlungsform seinen öffentlich-rechtlichen Bindungen zu entziehen. Dass allerdings gerade auch das Kommunalhaushaltsrecht zu diesen Bindungen zählt, ist höchst fraglich.

So arbeitet etwa *Kirchhof* heraus, dass sich die öffentliche Hand im Falle des Rückgriffs auf das Verwaltungsprivatrecht auf eine Ebene begeben würde, in der rechtliche Bindungen grundsätzlich nur unter Gleichen mit den Mitteln des Vertrags möglich sind. In Konsequenz dessen würde sie zwar ihre Hoheitsbefugnis zu einseitigen Anordnungen verlieren, dafür aber – außerhalb der fortbestehenden öffentlich-rechtlichen Bindungen, insbesondere verfassungsrechtlicher Art – an Handlungsfreiheit gewinnen. Entfallen würden beispielsweise haushaltsrechtliche Bindungen sowie die Vorgaben des öffentlichen Dienstrechts.[31]

Der Grundsatz „Keine Flucht ins Privatrecht" wird nicht nur im Öffentlichen Recht, sondern auch vom BGH anerkannt. Der BGH hebt hervor, dass die Normen des Privatrechts durch Bestimmungen des öffentlichen Rechts ergänzt, überlagert und modifiziert würden, wenn die Verwaltung öffentliche Aufgaben in den Formen des Privatrechts wahrnehme. Die in den Formen des Privatrechts handelnde Verwaltung habe jedenfalls die grundlegenden Prinzipien der öffentlichen Finanzgebarung zu beachten.[32] Was der BGH unter den *„grundlegenden Prinzipien der öffentlichen Finanzgebarung"* versteht, deutet er in den zwei in Bezug genommenen Entscheidungen lediglich an. Hiernach darf eine „Flucht in das Privatrecht" nicht zum *„Mittel der Erschlie-*

---

[29] *Lehmann* BKR 2008, S. 488.

[30] *Morlin* NVwZ 2007, S. 1159.

[31] *Kirchhof*, in: Maunz/Dürig, GG, 57. Aufl. 2010, Art. 83 Rdnr. 103.

[32] BGH, Urt. v. 05.07.2005 (X ZR 60/04), in: NVwZ-RR 2006, S. 608; zum Verwaltungsprivatrecht auch BGH, Urt. v. 06.11.2009 (V ZR 63/09), in: NVwZ 2010, S. 531.

ßung illegaler Finanzquellen" werden.[33] Außerdem sind privatrechtsförmig handelnde Verwaltungsträger *„insbesondere an die Grundsätze der Gleichbehandlung, der Äquivalenz und der Kostendeckung gebunden"*.[34] Konkrete Hinweise darauf, dass (kommunal-)haushaltsrechtliche Verpflichtungen – namentlich das Spekulationsverbot – von dieser Rechtsprechung erfasst sein sollen, finden sich nicht.

Das BVerwG betont, dass die Privatrechtsordnung bei privatrechtlichen Handlungen öffentlich-rechtlicher Träger *„lediglich in einzelnen Punkten"* durch öffentlich-rechtliche Bindungen ergänzt, modifiziert und überlagert werde, und verweist in diesem (vergaberechtlichen) Zusammenhang auf den allgemeinen Gleichheitsgrundsatz nach Art. 3 Abs. 1 GG.[35] Auch diese Rechtsprechung bietet keine Anhaltspunkte dafür, haushaltsrechtliche Vorgaben als grundlegende Prinzipien der öffentlichen Finanzgebarung gleichauf mit den verfassungsrechtlich verankerten Grundsätzen der Gleichbehandlung, der Äquivalenz und der Kostendeckung dem Grundsatz „Keine Flucht ins Privatrecht" zu unterstellen. Im Gegenteil kommt bei Vorschriften, die – wie das kommunale Haushaltsrecht – ausschließlich im staatlichen Innenverhältnis Geltung beanspruchen[36], jedenfalls im Außenverhältnis gegenüber den Bürgerinnen und Bürgern überhaupt keine „Flucht ins Privatrecht" in Betracht.

Vor diesem Hintergrund dürfte es für kommunale Unternehmen rechtlich gut vertretbar sein, eine Bindung an das kommunalhaushaltsrechtliche Spekulationsverbot und die Verpflichtung der Gemeinden zur Sicherstellung der stetigen Erfüllung ihrer Aufgaben abzulehnen. Dies ist hingegen nicht so eindeutig hinsichtlich der Grundsätze der Sparsamkeit und Wirtschaftlichkeit. Durch die Ermächtigung zur Gründung von Unternehmen und die diesbezügliche Formenwahlfreiheit soll den Gemeinden die Erfüllung ihrer Aufgaben erleichtert, nicht aber das Tor zu nicht mehr aufgabenbezogener wirtschaftlicher Betätigung geöffnet werden.[37]

Ergebnis

Im Ergebnis haben kommunale Unternehmen bei Geldanlagen kommunalrechtlich größere Handlungsspielräume als ihre Trägergemeinden selbst, weil sie nach bisheri-

---

[33] BGH, Urt. v. 05.04.1984 (III ZR 12/83), in: NJW 1985, S. 197.

[34] BGH, Urt. v, 10.10.1991 (III ZR 100/90), in: NJW 1992, S. 171.

[35] BVerwG, Beschl. v. 02.05.2007, 6 B 10/07, in: NZBau 2007, S. 389.

[36] BVerwG, Beschl. v. 02.05.2007, 6 B 10/07, in: NZBau 2007, S. 389.

[37] So zutreffend *Morlin* NVwZ 2007, S. 1159.

ger Rechtsprechung nicht an das kommunalhaushaltsrechtliche Spekulationsverbot gebunden sind.

Die sich aus dem Spekulationsverbot ergebenden Schranken gelten also ausschließlich für Gemeinden und nicht für kommunale Tochterunternehmen, und zwar selbst dann, wenn letztere ausschließlich Aufgaben der Daseinsvorsorge erfüllen. Eine unzulässige „Flucht" der Gemeinden in das Privatrecht liegt insoweit nicht vor, da das kommunale Haushaltsrecht diesem Grundsatz als rein innerstaatliches Recht nicht unterfällt.

Gleichwohl genießen auch kommunale Unternehmen bei Geldanlagen keine unbegrenzten Freiräume. Grenzen ergeben sich hier vielmehr aus den (gesellschaftsrechtlichen) Sorgfaltspflichten ihrer Lenkungsorgane. Diese dürften im Regelfall gegenüber ihrem Unternehmen verantwortlich sein und bei jedem Anlagegeschäft länder- und rechtsformenübergreifend die Sorgfalt eines ordentlichen und gewissenhaften *Geschäftsleiters* anzuwenden haben. Bei diesbezüglichen Pflichtverstößen können sie insbesondere haftungsrechtlich zur Verantwortung gezogen werden. Davon abgesehen steht es den Trägerkommunen bzw. etwaigen Aufsichtsgremien frei, den Handlungsrahmen ihrer Tochterunternehmen für Geldanlagen satzungsrechtlich bzw. im Wege von Gesellschafter- oder Aufsichtsratsbeschlüssen, Geschäftsordnungen der Geschäftsführung oder sonstigen Weisungen zu beschränken.

4. Fazit

Zusammenfassend ist festzuhalten, dass die Schranken für kommunale Geldanlagen (aber auch für sonstige Geschäfte am Kapitalmarkt) länderübergreifend aus dem kommunalhaushaltsrechtlichen Spekulationsverbot, der Verpflichtung der Gemeinden zur Sicherstellung ihrer dauernden Leistungsfähigkeit und den Haushaltsgrundsätzen der Sparsamkeit und Wirtschaftlichkeit bestimmt werden. Das Innenministerium des Landes NRW und das Hessische Ministerium des Inneren und für Sport haben die sich hieraus ergebenden Handlungsspielräume für Geldanlagegeschäfte im Erlasswege konkretisiert, das Innenministerium Sachsen-Anhalt hat dies für derivative Finanzierungsinstrumente getan.

Nach diesen Grundsätzen müssen kommunale Geldanlagen primär sicher sein. Die Erzielung eines „angemessenen" (nicht: maximalen) Ertrages ist dem untergeordnet. Die Inkaufnahme eines Verlustrisikos ist gesetzlich jedenfalls nicht explizit verboten. Kurzfristig zur Zahlungsabwicklung benötigte Geldmittel kommen für Anlagegeschäfte grundsätzlich nicht in Betracht. Bei der Risikobewertung steht den Gemeinden ein Beurteilungsspielraum zu.

Kommunale Unternehmen haben bei Geldanlagen kommunalrechtlich größere Handlungsspielräume als ihre Trägergemeinden selbst, weil sie insbesondere nicht an das kommunalhaushaltsrechtliche Spekulationsverbot gebunden sind. Grenzen für Anlagegeschäfte ergeben sich hier insbesondere aus den (gesellschaftsrechtlichen) Sorgfaltspflichten ihrer Lenkungsorgane. Davon abgesehen vermögen die Trägerkommunen den Handlungsrahmen ihrer Tochterunternehmen für Geldanlagen nahezu beliebig zu beschränken.

Abkürzungsverzeichnis

AnlV	Verordnung über die Anlage des gebundenen Vermögens von Versicherungsunternehmen
BayGO	Gemeindeordnung für den Freistaat Bayern
BeckRS	Beck-Rechtsprechung
Beschl.	Beschluss
BGH	Bundesgerichtshof
BKR	Zeitschrift für Bank- und Kapitalmarktrecht
BSG	Bundessozialgericht
BVerwG	Bundesverwaltungsgericht
EigVO	Eigenbetriebsverordnung für das Land NRW
GG	Grundgesetz
GO NRW	Gemeindeordnung für das Land NRW
IM	Innenministerium
InvG	Investmentgesetz
KAGG	Gesetz über Kapitalanlagegesellschaften
KommHV	Kommunalhaushaltsverordnung
LG	Landgericht
NJOZ	Neue Juristische Online Zeitschrift
NJW	Neue Juristische Wochenschrift
NKF	Neues Kommunales Finanzmanagement
NVwZ	Neue Zeitschrift für Verwaltungsrecht
NVwZ-RR	NVwZ-Rechtsprechungs-Report
NZBau	Neue Zeitschrift für Baurecht und Vergaberecht
OLG	Oberlandesgericht
OVG	Oberverwaltungsgericht
PdK	Praxis der Kommunalverwaltung
SGB	Sozialgesetzbuch

RdErl   Runderlass
Urt.   Urteil
VAG   Versicherungsaufsichtsgesetz
WM   Zeitschrift für Wirtschafts- und Bankrecht

Teil III

Die moderne Fondsadministration:
Master-KAG und Global Custodian

Funktionen und Anforderungen institutioneller Anleger an die Master-KAG

von Uwe Trautmann/ Kirsten Wagner

1. Woher kommt der Trend zur Master-KAG?

Rechtliche Grundlagen

Das Bild der Kapitalanlagegesellschaften (KAG) in Deutschland war über viele Jahre lang von der Vorstellung geprägt, dass eine KAG alle Leistungen der Wertschöpfungskette erbringt/ erbringen muss. Diese Vorstellung entsprach den Vorschriften des damals geltenden Gesetzes über Kapitalanlagegesellschaften (KAGG), welches eine Auslagerung wesentlicher Geschäftsbereiche nicht zuließ.

Mit Ergänzung des Abs. 2 im § 25a KWG[1] im Zuge der 6. KWG-Novelle (6. Dezember 2001) sowie mit Inkrafttreten des 4. Finanzmarktförderungsgesetzes (2002) wurde für Kapitalanlagegesellschaften erstmals die Möglichkeit geschaffen, Kernbereiche wie die Fondsbuchhaltung oder auch das Portfoliomanagement an Dritte auszulagern. Diese erste gesetzliche Manifestierung sowie die hohe Volatilität an den Kapitalmärkten haben im Spezialfondsmarkt zu einem zunehmenden Aufbrechen der Wertschöpfungskette in die reine Administration der Fonds durch die Kapitalanlagegesellschaften (KAG-Funktion), das Asset Management, das Brokerage und die Ausübung der Depotbank-Funktion geführt. Hierdurch wurde der Grundstein für die verstärkte Nachfrage nach dem Konzept der Master-KAG gelegt. Ein weiterer Anstoß für Anleger für die Implementierung eines Masterfonds erfolgte mit dem ersten Entwurf des Bundesfinanzministeriums (BMF) vom 8. Juli 2003 für ein Investmentmodernisierungsgesetz[2]. Der formaljuristische Rahmen für die Master-KAG wurde im Jahr 2004 mit dem Inkrafttreten des Investmentgesetzes (InvG) gegeben, welches in § 16 InvG die Auslagerung regelt.

---

[1] Quelle: Bundesanstalt für Finanzdienstleistungsaufsicht (BaFin), Kreditwesengesetz – Gesetz über das Kreditwesen (KWG)

[2] Dieser sah erstmals eine steuerneutrale Verschmelzung von Fonds vor (§ 13 InvStG), allerdings unter Einhaltung bestimmter Voraussetzungen, wie z. B. der Verschmelzung von Investmentvermögen nur zum Geschäftsjahresende des übernommenen Investmentvermögens.

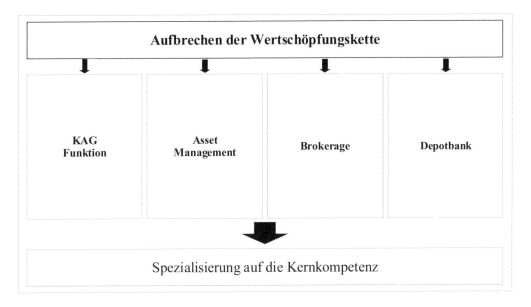

Abbildung 1: Aufbrechen der Wertschöpfungskette

Starker Umverteilungsprozess am deutschen Spezialfondsmarkt

Während zu Beginn der Entwicklung nur einige wenige KAGen begannen, sich insbesondere auf die technischen Herausforderungen einzustellen und eine entsprechende Infrastruktur im Unternehmen aufzubauen, bemühten sich in den folgenden Jahren weitere KAGen, in dieses Geschäftsfeld einzutreten. Innerhalb kurzer Zeit zeichnete sich ab, dass durch das Konzept der Master-KAG und der damit verbundenen Zentralisierung der Spezialfondsvolumina ein starker Umverteilungsprozess in Gang gesetzt wurde. Hiervon profitierten die Master-KAGen in hohem Maße, während vor allem kleinere KAGen unter z. T. starken Mittelabflüssen litten. Die notwendigen aufsichtsrechtlichen Vorgaben sowie die laufenden administrativen Tätigkeiten führten zu teils erheblichen zusätzlichen Kosten. So entschlossen sich einige Gesellschaften, aus Rentabilitätsüberlegungen ihre KAG-Funktion aufzugeben und ausschließlich die Dienstleistung des Asset Managements anzubieten. Während in den Anfangsjahren bis zu 15 Anbieter die Dienstleistung als Master-KAG anboten, verteilt sich der Großteil des Marktes inzwischen auf ca. 6-8 Anbieter[3.]

---

[3] Quelle: dpn-Umfrage Master-KAG 2010, 14.07.2010; verwaltetes Volumen in Masterfonds > 20 Mrd. €

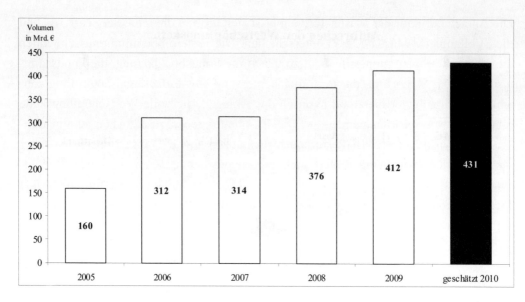

Abbildung 2: Entwicklung des Master-KAG-Volumens im Gesamtmarkt, Quelle: dpn-Umfrage Master-KAG 2010, 14.07.2010

In den vergangenen Jahren hat sich der Markt für Master-KAGen sehr dynamisch entwickelt (siehe Abbildung 2). Innerhalb von fünf Jahren hat sich das im Rahmen von Masterfonds verwaltete Volumen von anfangs ca. 160 Mrd. € nahezu verdreifacht. Inzwischen werden ca. 430 Mrd. € in Masterfonds administriert, dies entspricht ca. 60% des Gesamtvolumens in Spezialfonds (Gesamtmarkt: 784 Mrd. €[4]).

2. Gründe für die Entscheidung zugunsten einer Master-KAG

Klassische Aufgaben einer Master-KAG

Bei einer Master-KAG werden die Spezialfonds eines Anlegers zusammengeführt und administriert. Mit dieser Bündelung verfolgt der Anleger primär das Ziel, ein konsolidiertes und einheitliches Reporting über seine gesamten Kapitalanlagen zu erhalten. Im gleichen Zug zentralisiert der Anleger die Verwahrung der Spezialfonds zwingend auch bei einer Depotbank oder einem Global Custodian. Durch die Zusammenführung wird für den Anleger die Anzahl der Schnittstellen damit deutlich reduziert.

---

[4] Quelle: BVI Investmentstatistiken, Volumen der Wertpapier-Spezialfonds, Stand 30.12.2010

Die Anbieterstruktur der Master-KAGen lässt sich grob in die reine Service-KAG und die „Vollanbieter-Master-KAG" unterscheiden. Die Erstere übernimmt ausschließlich die reinen Administrationsaufgaben, zu denen die Fondsbuchhaltung, die Fondsadministration, das Reporting, die Performancemessung sowie das Fondscontrolling zählen. Der Vollanbieter bietet auf Wunsch des Anlegers die volle Wertschöpfungskette rund um das Asset Management an. Dies beinhaltet neben zusätzlichen administrativen Dienstleistungen (z. B. Performanceattribution- sowie Transaktionskostenanalysen, Transition Management, etc.) auch ein entsprechendes Know-how und Produktangebot im Portfoliomanagement. Die von Anlegerseite anfänglich geforderte strikte Trennung von Master-KAG und Portfoliomanagement ist damit zunehmend wieder aufgebrochen.

Abbildung 3: Master-KAG, Service KAG vs. Vollanbieter

Abgrenzung Master-KAG und Global Custodian

Auch wenn die deutsche Gesetzgebung eine funktionale Trennung zwischen KAG und Depotbank verlangt, stehen Master-KAG und Global Custodian häufig in engem Wettbewerb. Während die KAG für die Verwaltung der Kapitalanlagen zuständig ist, zählt die Verwahrung der im Sondervermögen gehaltenen Vermögensgegenstände zu den Hauptaufgaben der Depotbank. Neben dieser Verwahrfunktion ist eine weitere wichtige Aufgabe des Custodian die Überwachung der Anlagegrenzen und der Ordnungsmäßigkeit der Geschäfte, welche die KAG für Rechnung der Sondervermögen vornimmt.

Insbesondere im Reporting kommt es häufig zu Überschneidungen im Leistungsangebot der beiden Anbieter. Da nach wie vor der Spezialfonds als deutsche Besonderheit eine dominierende Stellung einnimmt und die Einrichtung eines echten (juristischen) Masterfonds nur bei einer Master-KAG möglich, stellt dies einen Wettbewerbsvorteil für die Master-KAGen dar.

Gestaltung eines Masterfonds

Die Umsetzung eines Master-KAG-Konzeptes kann grundsätzlich auf zwei Weisen erfolgen: Bei der ersten Möglichkeit werden alle bestehenden Spezialfonds an die Master-KAG übertragen, die Sondervermögen bleiben auch in Zukunft rechtlich separiert bestehen. Für eine aggregierte und konsolidierte Gesamtbetrachtung fasst die Master-KAG diese in einem „virtuellen" Masterfonds zusammen. De facto handelt es sich hier jedoch „nur" um die gemeinsame Administration weiterhin getrennter Sondervermögen, die auch bilanziell als getrennte Bewertungseinheiten gelten.

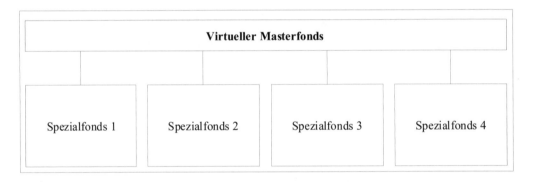

Abbildung 4: Virtueller Masterfonds

In den vergangenen Jahren sind die Anleger mehr und mehr dazu übergegangen, die einzelnen Spezialfonds zu einem juristischen Masterfonds zu fusionieren, um von den Vorteilen eines echten Masterfonds profitieren zu können. Dieser wird wiederum in mehrere Segmente unterteilt. Es besteht damit nur noch eine juristische Bewertungseinheit. Entsprechend ist auch in der Bilanz des Anlegers nur eine Position/ Einheit auszuweisen.

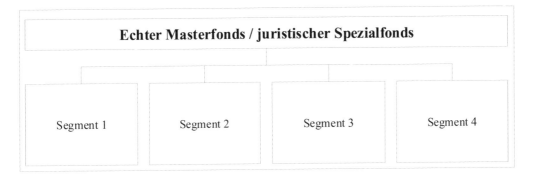

Abbildung 5: Echter Masterfonds

Die einzelnen Segmente können nach wie vor von verschiedenen Asset Managern gesteuert werden.

Gegenüber einem virtuellen bietet der echte Masterfonds dabei einige Vorteile:

Da sich die gesetzlichen Anlagegrenzen immer auf den juristischen Fonds beziehen, können Gewinne und Verluste aus den einzelnen Segmenten miteinander verrechnet bzw. kompensiert werden. Damit verringert sich für den Anleger das Abschreibungsrisiko. Durch die Nutzung von Korrelationseffekten wird zudem der Risikospielraum für den Anleger größer. In der Regel bedeutet dies für den Anleger, dass weniger Risikokapital bereitgestellt werden muss. Darüber hinaus ist die Implementierung von Overlay-Strategien zur Steuerung des Gesamtportfolios bzw. -risikos möglich.[5]

Die vertragliche Zusammenarbeit zwischen der Master-KAG und dem externen Asset Manager kann in Form eines Advisory- oder eines Outsourcing-Mandates gestaltet werden. Beim Advisory erhält die Master-KAG vom Anlageberater (Advisor) eine Anlageempfehlung, die sie im Rahmen einer Ex-ante-Grenzprüfung auf die Einhaltung aller gesetzlichen und kundenspezifischen Grenzen hin überprüft. Werden die Anlagegrenzen eingehalten, gibt die KAG die Order zur Ausführung frei. Beim Outsourcing-Mandat hingegen ist das Asset Management im eigentlichen Sinne ausgelagert, d. h. der Asset Manager muss sicherstellen, dass alle Anlagegrenzen eingehalten werden. Die Master-KAG übernimmt in diesem Fall eine Kontrollfunktion und prüft im Rahmen einer Ex-post-Analyse, ob alle Anlagegrenzen eingehalten sind.

---

[5] Siehe auch den Beitrag von Herold/ Weil in diesem Handbuch.

3. Was sind die Vorteile und Nachteile einer Master-KAG aus Sicht des institutionellen Anlegers?

Reduzierung der Anzahl der Schnittstellen

Mit der Zentralisierung der Kapitalanlagen bei einer KAG und einer Depotbank profitiert der Anleger zunächst von einer deutlich geringeren Anzahl an Schnittstellen und Ansprechpartnern. Während sich der Investor zuvor z. B. bei Ausschüttungen oder Kapitalmaßnahmen mit den unterschiedlichen KAGen und Depotbanken abstimmen musste, konzentriert sich dieser Abstimmungsprozess nun ausschließlich auf die Master-KAG und die zentrale Depotbank. Im optimalen Fall werden alle Abstimmungen von diesen beiden direkt übernommen. Dies bedeutet für den Anleger eine deutliche Zeitersparnis und einen wesentlich geringeren administrativen Aufwand. Die Reduzierung des administrativen Zeitaufwandes betrifft nicht zuletzt auch die Organisation und Durchführung der regelmäßig stattfindenden Anlageausschusssitzungen.

Vereinfachter Austausch von Asset Management-Gesellschaften

Gleichzeitig ermöglicht die Zusammenführung der Mandate bei der Master-KAG in Verbindung mit der Erlaubnis zur Auslagerung des Portfoliomanagements einen einfacheren Austausch des Asset Managers. Setzte dieser früher eine Fondskündigung bzw. -übertragung von einer zur anderen KAG voraus, so genügt heute die Kündigung des Vertrags mit dem bisherigen Asset Manager durch die Master-KAG und der Abschluss eines neuen Vertrags mit einem anderen Asset Manager. Die vertragliche Beziehung zwischen KAG und Anleger bleibt unberührt.

Für den Anleger erhöht sich damit die Flexibilität beim Austausch der Asset Manager und erweitert gleichzeitig den Kreis potenzieller Asset Manager. Denn ohne die Notwendigkeit des Vorhaltens einer eigenen KAG wird nicht nur kleineren Investmentboutiquen, sondern insbesondere auch ausländischen Asset Managern der Markteintritt in den deutschen Markt erleichtert bzw. erst ermöglicht. Sowohl der flexible Austausch als auch der gestiegene Wettbewerb haben aus Sicht der Asset Manager zu einem erhöhten Performancedruck geführt, was letztendlich dem Anleger zugute kommt.

Einheitliche Bewertung

Ein weiterer Vorteil im Rahmen eines Master-KAG-Mandates stellt die einheitliche Bewertung dar. Dies macht die einzelnen Mandate zu jeder Zeit untereinander vergleichbar und ist Ausgangspunkt für ein Gesamtreporting, das dem Anleger eine erhöhte Transparenz über alle Fonds und Segmente hinweg ermöglicht. Nicht nur das Kapitalanlagecontrolling, sondern auch die Erfüllung gesetzlicher Meldepflichten (z. B. für Kreditinstitute und Versicherungen) wird dadurch für den Anleger erheblich erleichtert.

Steuerung der Gesamtanlagen

Der wesentliche Vorteil einer Zentralisierung der Kapitalanlagen besteht jedoch in der effizienten Steuerung der Gesamtanlagen eines Anlegers. Unter Berücksichtigung der individuellen Anlageziele definiert der Anleger eine Strategische Asset Allocation (SAA). Die Umsetzung dieser SAA erfolgt über die einzelnen Segmente, die häufig nach Assetklassen strukturiert sind.

Inzwischen hat es sich zum Standard entwickelt, dass in diese Gesamtbetrachtung auch die Eigenbestände/Direktanlagen des Investors zumindest virtuell integriert werden. So sieht der Anleger beispielsweise sein Renten-Exposure nicht nur auf Fondsebene, sondern auch inklusive der eigenen Anlagen (z. B. Depot A). Neben klassischen Wertpapieren, Derivaten, Zertifikaten und Investmentanteilen gilt es auch strukturierte Produkte, Immobilienfonds, Beteiligungen in der Gestalt oder Hülle eines Wertpapiers, Schuldscheindarlehen und sonstige verbriefte Produkte im Rahmen des Reportings und damit in die Gesamtbetrachtung zu integrieren.

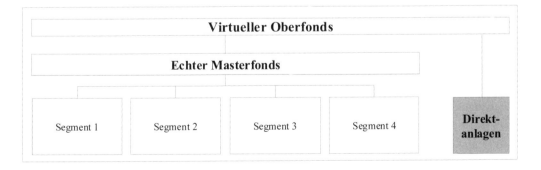

Abbildung 7: Echter Masterfonds inkl. Direktanlagen

Langfristige Zusammenarbeit

Mit der Beauftragung einer Master-KAG geht der Anleger eine sehr enge Bindung ein. Im Gegensatz zum Austausch eines Asset Managers ist der Austausch einer Master-KAG mit einem hohen Aufwand verbunden. Umso entscheidender ist es für den Anleger, von Anfang an einen Partner auszuwählen, der seine individuellen Anforderungen am besten bzw. effizientesten umsetzen kann. Denn die Wahrscheinlichkeit, dass ein Wechsel einer Master-KAG erfolgt, ist sehr gering.

4. Welche Anforderungen werden an die Master-KAG gestellt bzw. muss eine Master-KAG erfüllen?

Aus den vorhergehenden Ausführungen lassen sich die wesentlichen Vorteile einer Master-KAG-Lösung aus Sicht des Anlegers kurz in die folgenden Punkte zusammenfassen:

- Einheitlichkeit,
- Transparenz und
- Effizienz.

Eine gute technische Infrastruktur ist unerlässliche Voraussetzung für den Auftritt einer Master-KAG. Die Anwendungen und Systeme müssen nicht nur die internen Prozesse optimal unterstützen, sondern vielmehr auch die Vielzahl der externen Schnittstellen bedienen können. Dies kann mittels eines Straight-Through-Processing (STP) erreicht werden, der eine automatisierte Abwicklung und Kommunikation zwischen allen Beteiligten sicherstellen soll. Ziel der Master-KAG muss es sein, eine Informationsverarbeitung mit möglichst wenig manuellen Interaktionen sowie eine Vermeidung von Medienbrüchen zu gewährleisten. Dies setzt implizit ein administriertes Vermögen in ausreichendem Umfang voraus, um von Skaleneffekten profitieren zu können.

Im Gegensatz zum Anleger sind mit dem Aufbrechen der Wertschöpfungskette für die Master-KAGen selbst die Prozesse sehr viel arbeitsteiliger und in der Kommunikation untereinander aufwändiger geworden. Während bisher die Prozesse häufig nur innerhalb der eigenen Gesellschaft oder des eigenen Konzerns abgestimmt werden mussten, erhöht sich im Zuge der Master-KAG die Anzahl externer Schnittstellen. Eine Master-KAG arbeitet nicht selten mit über 100 verschiedenen Asset Managern und mehr als zehn Depotbanken zusammen. Hinzu kommen zahlreiche Broker sowie verschiedene externe Datenlieferanten. Die Vielzahl der unterschiedlich zum Einsatz kommenden

Systeme erhöht damit die Komplexität und erschwert einen durchgängigen STP. Um alle Schnittstellen effizient bedienen zu können, ist eine hohe Flexibilität und Konnektivität der Systeme notwendig. Die Komplexität der internen sowie externen Schnittstellen wird in nachstehender Abbildung verdeutlicht.

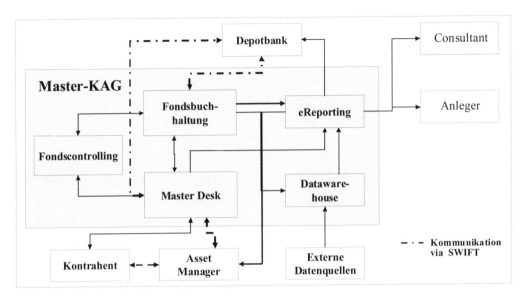

Abbildung 8: Technische Anbindung und Schnittstellen[6]

In den folgenden Abschnitten soll auf die wesentlichen Funktionsbereiche innerhalb einer Master-KAG eingegangen werden.

Master Desk

Zur Vermeidung von Interessenkonflikten sind die Aktivitäten der Master-KAG klar vom eigenen Portfoliomanagement zu trennen. Aus diesem Grund verfügen die Master-KAGen in der Regel über ein separates Master Desk, dessen Aufgabe die aktive Betreuung der Mandate sowie die Sicherstellung eines reibungslosen Orderablaufs ist. Das Master Desk stellt somit das Bindeglied zwischen allen am Prozess beteiligten Partnern dar und koordiniert das Zusammenspiel zwischen Asset Manager, Kontrahent, Depotbank und Master-KAG.

---

[6] Quelle: Helaba Invest.

In der Kommunikation und damit im Order- und Informationsfluss ist grundsätzlich zu unterscheiden, ob es sich um ein Advisory-Mandat (Anlageberatung) oder ein Outsourcing-Mandat (Auslagerung des Fondsmanagements) handelt. Beim Advisory übermittelt der externe Anlageberater eine Anlageempfehlung an die Master-KAG, die diese auf Einhaltung der Anlagegrenzen überprüft (Ex-ante-Prüfung). Sind alle Grenzen eingehalten, gibt die Master-KAG die Anlageempfehlung frei. Wird hingegen eine Grenzverletzung festgestellt, lehnt die Master-KAG die Anlageempfehlung ab und der Advisor muss eine neue zusenden.

Im Falle des Outsourcings entfällt die Ex-ante-Prüfung durch die Master-KAG und der externe Asset Manager führt ohne vorherige Zustimmung der KAG die Order aus. Die Überprüfung der Anlagegrenzen durch die Master-KAG erfolgt in diesem Fall erst nach Buchung der Order (Ex-post-Prüfung). Damit insbesondere gesetzliche Grenzverletzungen durch den Asset Manager vermieden werden, ist beim Outsourcing darauf zu achten, dass vor allem ausländische Asset Manager mit den Anlagegrenzen des InvG vertraut sind und über geeignete Systeme für eine Grenzprüfung verfügen. Um dies sicherzustellen, fordert das InvG im Vorfeld einer Auslagerung eine Due Dilligence-Prüfung durch die auslagernde Master-KAG.

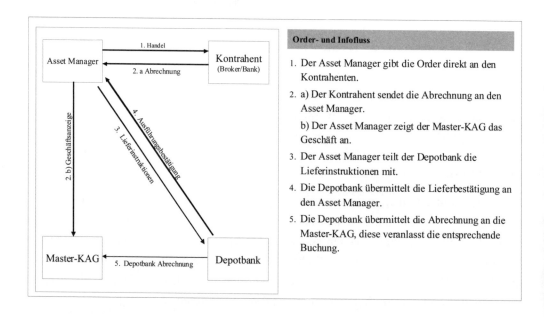

Abbildung 9: Order- und Informationsfluss am Beispiel des Outsourcing

Vor dem Hintergrund eines zunehmenden Margendrucks und einer steigenden Anzahl an Transaktionen ist eine effiziente Orderabwicklung unverzichtbar. In diesem Zusammenhang ist auch die laufende Weiterentwicklung eines Straight-Through-Processing (STP) zu sehen.

Die Heterogenität der Systemlandschaften, deren mangelnde Kompatibilität sowie anfänglich fehlende Kommunikationsstandards verlangen immer wieder manuelle Eingriffe in die Prozesskette. Als Folge entstehen Medien- und Systembrüche, die zu Verzögerungen führen. Um den STP weiter voranzutreiben, hat sich in der Branche schon vor mehreren Jahren eine Initiative (BVI-Ausschuss Administration & Standardisierung) gebildet, um SWIFT als Kommuniktionsstandard durchzusetzen. SWIFT bietet den Vorteil, dass es auch als wesentliche Schnittstelle zu Depotbanken und Kontrahenten (Broker/Bank) nutzbar ist. Über sog. „Message Types" können Nachrichten in standardisierter Form übermittelt werden.

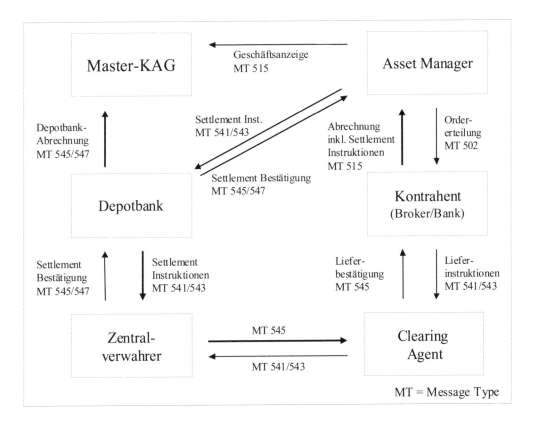

Abbildung 10: Order- und Informationsfluss mittels SWIFT am Beispiel des Outsourcings

SWIFT als Kommunikationsmedium nutzen zu können, setzt einerseits voraus, dass alle Transaktionstypen darstellbar sind. Dabei stellt die Abwicklung standardisierter Wertpapiergeschäfte keine Herausforderung dar, jedoch müssen auch Derivate, Cash, Kapitalmaßnahmen etc. richtig abgebildet werden können.

Andererseits setzt die Nutzung von SWIFT auch voraus, dass alle am Prozess Beteiligten über eine SWIFT-Anbindung verfügen und Mitteilungen senden und empfangen können. Auch unter Kostenaspekten ist dies gerade für kleinere Asset Manager nicht immer möglich. Um auch in diesen Fällen eine automatisierte Datenübermittlung zu ermöglichen, haben die KAGen in Zusammenarbeit mit dem BVI ein standardisiertes Excel-sheet entwickelt. Dieses enthält alle notwendigen Orderinformationen und kann über eine implementierte Schnittstelle in die Systeme eingelesen und automatisiert weitergeleitet werden.

Ein weiterer wichtiger Aspekt im Hinblick auf eine automatisierte Weiterleitung und damit die Vermeidung von Strukturbrüchen sind einheitliche Stammdaten für die unterschiedlichen Wertpapiergattungen. So ist es in jedem Fall sinnvoll, diese zentral in einem sogenannten Datawarehouse zu hinterlegen. Dies erleichtert nicht nur die Pflege der Daten, sondern stellt gleichzeitig auch die Qualität für die Einheitlichkeit und Aktualität der Daten sicher.

Fondsbuchhaltung

Zu den klassischen Aufgaben der Fondsbuchhaltung zählen die Buchung aller Geschäftsvorfälle, d. h. Mittelzu- und -abflüsse, Kapitalmaßnahmen, Zinsen, Dividenden, sonstige Ansprüche, Sicherheiten, etc. Darüber hinaus wird auf täglicher Basis der Fondspreis berechnet und geprüft sowie die Bestände mit der Depotbank abgestimmt. Weiterhin ist die Fondsbuchhaltung für die Auflegung, Übertragung und Schließung von Fonds/ Segmenten sowie die Ermittlung und Berechnung von Gebühren, Provisionen und Steuern zuständig. Im Rahmen des gesetzlichen Reportings übernimmt die Fondsbuchhaltung ebenfalls die Meldungen an die Finanzämter, die BaFin sowie die EZB-Meldungen und erstellt die Halbjahres- und Jahresberichte.

Grundsätzlich werden die Segmente und juristischen Fonds vollkommen getrennt voneinander gebucht. Für jedes Segment sowie für jeden Fonds wird eine getrennte Buchhaltung mit eigenen Fondsnummern/ Konten vorgehalten. Das bedeutet, dass jeder Fonds einen eigenen Buchungskreis bildet und somit auch eine getrennte Kasse unterhält. Ebenfalls wird eine getrennte Aufwands- und Ertragsrechnung durchgeführt. Juristisch und steuerlich relevant ist jedoch allein der juristische Spezialfonds.

Die Leistungsfähigkeit der Master-KAG zeichnet sich weiterhin durch das Fonds-buchhaltungssystem, das eine parallele Buchung sowohl im Rahmen eines IFRS- als auch eines HGB-Kontenplans ermöglicht.

Die Zusammenführung aller Spezialfonds inkl. der Direktanlagen erlaubt es der Master-KAG, den Anleger bei seiner Erfüllung des aufsichtsrechtlichen Meldewesens zu unterstützen. So werden benötigte Daten von der Master-KAG aufbereitet und in Form aggregierter Kennzahlen zur Verfügung gestellt. Für Versicherungen betrifft dies das VAG-Reporting, für Kreditinstitute beinhaltet es die Bereitstellung von Daten für die Großkredit- und Millionenkreditvorschriften (GroMiKV), Solvabilitätsverordnung (SolvV) sowie die Verdichtung von Kreditnehmereinheiten.

Vom Risikocontrolling zum Risikomanagement

Zu den zentralen Aufgaben des Fondscontrollings zählt die tägliche Ex-post-Anlagegrenzprüfung. Dabei gilt es, über die gesetzlichen Anlagegrenzen hinaus, auch die unterschiedlichsten kundenindividuellen Restriktionen zu überwachen. Werden im Rahmen dieser Ex-post-Prüfung Grenzverletzungen festgestellt, sind diese vom zuständigen Asset Manager umgehend zurückzuführen.

Darüber hinaus nimmt i. d. R. das Fondscontrolling für alle Fonds bzw. Segmente eine Performancemessung vor. Auf Basis täglicher Vergleiche mit einer fest vereinbarten oder einer dem Anlageziel des Kunden angenäherten Benchmark erfolgt durch die Abteilung Fondscontrolling ein internes Performancecontrolling. Neben der absoluten Performancebetrachtung sind weiterhin risikoadjustierte Performanceanalysen durch-zuführen sowie Risikokennzahlen (Rentenkennzahlen, VaR, etc.) zu ermitteln.

Die eigentlichen Herausforderungen des Fondscontrollings bestehen jedoch in den immer neuen regulatorischen Anforderungen und Initiativen (InvG, InvMaRisk, UCITS IV, AIFM-Richtlinie), die nach Erweiterungen und Verbesserungen im Risi-komanagement und in der Risikomessung sowie permanenten Weiterentwicklungen der Systeme verlangen. Dies ist auch die Voraussetzung für die Nutzung des vollen Spektrums an Anlagemöglichkeiten in den verschiedenen Arten von Derivaten. So ist es beispielsweise bei strukturierten Produkten erforderlich, diese zu zerlegen und in die einzelnen Komponenten auf deren Zulässigkeit im Sinne des InvG zu prüfen und zu dokumentieren.

Beim Risikomanagement unterscheidet die Derivate-Verordnung zwischen dem quali-fizierten und dem einfachen Ansatz. Der einfache Ansatz ist nur dann zulässig, wenn das Sondervermögen in definierte Grundformen von Derivaten oder Kombinationen von Wertpapieren investiert.[7]

Weitaus häufiger kommt jedoch der qualifizierte Ansatz zum Einsatz, dessen wesentliche Eckpunkte sich wie folgt gestalten:

- Messung des Marktrisikos durch eine „Value-at-Risk-Methodik" (VaR)
- Begrenzung des Marktrisikopotenzials durch ein Vergleichsvermögen
- risikoadäquate Stresstests
- „Backtesting" zur Überprüfung der Prognosegüte des VaR-Modells

Maßgeblich für die Ermittlung des Marktrisikos ist gemäß Derivate-Verordnung das statistische Verfahren bzw. die Kennzahl „Value-at-Risk" (VaR). Diese Kennzahl wird verwendet, um ein quantitatives Maß für die Marktrisiken abzuleiten. Das VaR-Ergebnis gibt für ein Sondervermögen den potenziellen Verlust (bezogen auf den Marktwert) an, der unter normalen Marktbedingungen für eine vorgegebene Haltedauer und ein vorgegebenes Konfidenzniveau (Wahrscheinlichkeit) nicht überschritten wird.

Der qualifizierte Ansatz basiert auf dem Prinzip der Risikomessung durch Gegenüberstellung des Risikos des Sondervermögens mit dem Risiko eines grundsätzlich derivatefreien Vergleichsvermögens (Risiko-Benchmark). Dahinter steht die Grundidee, eine plausible Vorstellung zu entwickeln, wie sich das Sondervermögen ohne Derivate zusammensetzen würde. Dabei muss das Vergleichsvermögen im Wesentlichen denselben Rahmenbedingungen entsprechen wie das Sondervermögen.

Die Jahre 2008/2009 haben sicherlich eindrucksvoll unter Beweis gestellt, dass in den Kapitalmärkten nicht immer von „normalen" Marktbedingungen auszugehen ist. Aus diesem Grund müssen zusätzlich die Auswirkungen außergewöhnlicher Ereignisse auf ein Portfolio analysiert werden. Dies erfolgt im Rahmen von risikoadäquaten Stresstests, bei denen verschiedene Szenarien zu simulieren sind. Dadurch soll die Überwachung von Risiken, die sonst nur unzureichend in der VaR-Berechnung Berücksichtigung finden, sichergestellt werden.

Backtesting in diesem Zusammenhang ist ein statistisches Verfahren zur Beurteilung der Prognosegüte der VaR-Berechnung. Es beruht auf dem täglichen Vergleich des ermittelten potenziellen Risikobetrages mit der Wertveränderung des in die modellmäßige Berechnung einbezogenen Portfolios über die zugrunde gelegte Haltedauer. Ziel ist die Kontrolle der Qualität des VaR-Modells.[8]

---

[7] Im Jahr 2011 erfolgt nochmals eine Anpassung der Derivateverordnung an europäisches Recht.

[8] Vgl. http://www.dws.de/DE/showpage.aspx?page1D=128

Erwerbbarkeitspüfung

Die Innovationskraft, aber auch die steigende Komplexität neuer Finanzprodukte, die mit Inkrafttreten des InvG auch im Rahmen von Sondervermögen erworben werden dürfen, verdeutlicht die am 19.03.2007 veröffentlichte Durchführungsrichtlinie 2007/16/EG der EU-Kommission (Eligible Assets)[9] und die damit verbundene Erwerbbarkeitsprüfung. So ist die Master-KAG vom Gesetzgeber dazu verpflichtet, eine Erwerbbarkeitsprüfung vorzunehmen, bevor ein komplexes Produkt in einem Sondervermögen erworben werden darf. Dies betrifft insbesondere Alternative Investments, Hedgefonds, Rohstoffzertifikate, Private Equity, Beteiligungen und komplexe Inhaberschuldverschreibungen.

Ziel der Erwerbbarkeitsprüfung ist einerseits, die Risiken eines solchen Produktes zu bewerten. So darf beispielsweise keine Nachschusspflicht bestehen, sondern das Risiko muss sich auf einen Totalverlust beschränken. Auch Liquiditätsrisiken sowie die steuerliche Transparenz des Produktes sind sicherzustellen. Andererseits muss die Master-KAG auch in der Lage sein, das entsprechende Produkt in ihren Systemen buchen, bewerten und auch risikomäßig abbilden zu können.

Was auf den ersten Blick nach einer kurzen Prüfung aussehen mag, erweist sich in der Praxis häufig als wesentlich komplexer. Denn nicht selten ist ein einzelnes Produkt mit einem umfangreichen Verkaufsprospekt von über 150 Seiten verbunden, den es innerhalb kürzester Zeit zu prüfen gilt.

Ist die Erwerbbarkeit für das Sondervermögen grundsätzlich zulässig, handelt es sich aber auf Ebene der Master-KAG um ein neues Produkt, so hat die Master-KAG im eigenen Hause einen Neue-Produkte-Prozess zu initiieren. Dieser soll insbesondere die organisatorischen (einschließlich der rechtlichen) und technischen Voraussetzungen schaffen, um ein adäquates Risikomanagement zu gewährleisten.

InvMaRisk[10]

Ein am 30. Juni 2010 veröffentlichtes Rundscheiben der BaFin legt fest, welche Mindestanforderungen Kapitalanlagegesellschaften und Investmentaktiengesellschaften bei der Ausgestaltung einer ordnungsgemäßen Geschäftsorganisation und insbesondere des Risikomanagements einhalten müssen (InvMaRisk).

Bis zum Dezember 2007 galten auch für die KAGen die Mindestanforderungen an das Risikomanagement aus der Bankenaufsicht – die MaRisk (BA). Da Kapitalanlagege-

---

[9]   Quelle: Bundesanstalt für Finanzdienstleistungsaufsicht (BaFin).

[10]   Siehe auch Beitrag Jäger in diesem Handbuch.

sellschaften mit Inkrafttreten des Investmentänderungsgesetzes (InvÄndG) im Dezember 2007 aber ihre Spezialkreditinstitutseigenschaft verloren, waren die MaRisk (BA) formal für sie nicht mehr anwendbar. Die BaFin zog jedoch die MaRisk (BA) weiterhin zur Auslegung der Organisationspflichten des § 9a InvG heran.

Die InvMaRisk sind im Hinblick auf den Aufbau und den Inhalt eng an die MaRisk (BA) angelehnt. Grundsätzlich unterteilen sie sich in „allgemeine" und „besondere" Anforderungen an das Risikomanagement. Die allgemeinen Anforderungen betreffen das Risikomanagement der Investmentvermögen, das Risikomanagement für die Anlage des eigenen Vermögens und das Risikomanagement bezüglich der Dienst- und Nebendienstleistungen. Sie betreffen aber auch das ganzheitliche Risikomanagement auf Gesellschaftsebene. Die besonderen Anforderungen machen detaillierte Vorgaben an das Risikomanagement für Investmentvermögen aus. Beispielsweise verlangen die InvMaRisk die Implementierung von Risikomanagement-Grundsätzen (Risk Management Policy) für jedes Investmentvermögen.

Die Anforderungen der InvMaRisk waren von den KAGen innerhalb einer Übergangsfrist von sechs Monaten nach Veröffentlichung umzusetzen[11] und stellen damit insbesondere die Master-KAGen vor neue Herausforderungen.

Overlay Management[12]

Eng verbunden mit dem Thema Risiko ist auch das Overlay Management zu sehen. Denn mit der Implementierung eines Masterfonds verbinden viele Anleger nicht nur die Absicht, ihre Kapitalanlagen bei einer KAG zu bündeln, sondern auch die Asset Allocation zu optimieren, um einen Mehrertrag zu erzielen und das Risiko auf Gesamtfondsebene zu steuern.

Wie beschrieben, wird ein Masterfonds grundsätzlich in mehrere Segmente aufgeteilt, die an spezialisierte Asset Manager vergeben werden. Die spezialisierten Asset Manager erhalten in der Regel die klare Vorgabe, eine Überrendite (Alpha) gegenüber der vorgegebenen Benchmark zu erzielen.

Damit sind taktische Eingriffe des Kunden in die Allocation des Masterfonds nur sehr bedingt möglich. So kann das Gesamtportfoliorisiko nur durch Mittelbewegungen oder durch einen direkten Eingriff des Kunden in das aktive Management eines Segmentes gesteuert werden. Die zweite Alternative, die Marktrisiken direkt im betref-

---

[11] Also bis zum 31. Dezember 2010.
[12] Siehe auch Beitrag Herold/ Weil in diesem Handbuch.

fenden Segment durch Derivate zu steuern, führt zu einem Zielkonflikt: Während der Kunde mit der Steuerung der Marktrisiken (Beta-Risiken) einen Absolute Return-Gedanken verfolgt, strebt der aktive Manager häufig ein Relative Return-Ziel an – die die Outperformance seiner Benchmark. Der externe Eingriff in diesen Alpha-Generierungsprozess führt jedoch zu einer eingeschränkten Möglichkeit, den Anlageerfolg in diesem Segment zu messen.

Hier greift das Overlay Management ein: Taktische Eingriffe zur Steuerung der Asset Allocation, der Duration oder des Währungsexposures des Masterfonds werden allein in dem dafür vorgesehenen Overlay Segment vorgenommen. Auf diese Weise entfällt der aufwändige Abstimmungsbedarf mit den einzelnen Segment-Managern. Die Verlagerung der taktischen Allokationsentscheidung auf den Overlay Manager führt zu einer effizienten, kostengünstigen und reibungslosen Verlängerung der Wertschöpfungskette.

Insbesondere die Finanzkrise hat dazu geführt, dass das Thema Risikomanagement im Rahmen eines Overlay Managements sehr stark an Bedeutung gewonnen hat.

Reporting als zentrales Leistungsangebot

Ein umfassendes Reporting zählt neben der gesamten Fondsadministration zu den zentralen Aufgaben einer Master-KAG. Vergleicht man die Anfänge im Reporting mit dem heutigen Marktstandard, lässt sich die dynamische Entwicklung des Master-KAG-Marktes eindrucksvoll belegen.

Mittlerweile haben viele KAGen ein Internetreporting (eReporting) eingeführt. Das Pflichtprogramm umfasst dabei neben der klassischen Vermögensaufstellung (inkl. Ertrags- und Wertentwicklung) die Darstellung der Asset Allocation sowie die Gliederung der einzelnen Assetklassen, beispielsweise im Hinblick auf die Länder-, Branchen- oder Währungsstruktur. Auch aggregierte Performance- und Risikokennzahlen werden von der Master-KAG geliefert. Dabei gilt es für die Master-KAG nicht nur den juristischen Masterfonds abzubilden, sondern auch gegebenenfalls beim Kunden direkt geführte Bestände in ein Gesamtreporting zu integrieren.

Über die reine Verwaltung von Stammdaten hinaus ist festzustellen, dass sich das Reportingangebot der verschiedenen Anbieter zunehmend zu einem Analysetool entwickelt. Ziel dieser Bestrebungen ist es, dem Kunden eine hohe Transparenz seines Masterfonds zu bieten. In diesem Zusammenhang fordern Anleger nicht nur stichtagsbezogene Berichte, sondern auch Darstellung verschiedener Kennzahlen im Zeitverlauf. Damit können Fragen wie z. B. „Wie hat sich die Modified Duration des Portfolios in den letzten drei Monaten entwickelt?" oder „Hat sich der Fondsmanager seit der letzten AAS-Sitzung an den vorgegebenen Tracking Error gehalten?" „Wie hoch ist das Risiko meines Fonds im Vergleich zur Benchmark?" auf einen Blick vom Anleger überprüft werden.

Um auch den unterschiedlichen Bedürfnissen der verschiedenen Nutzergruppen gerecht zu werden (z. B. Vorstand, Treasury, Finanzen, Controlling, Depot A-Management), sind im Rahmen des Reportings verschiedene Aggregationsstufen sinnvoll. Während auf Managementebene in der Regel eher ein allgemeiner Überblick über die wesentlichen Stammdaten und Kennzahlen des Masterfonds gewünscht wird, benötigen die Fachabteilungen ausführliche Informationen bis auf Einzeltitelebene.

Zum anderen müssen neben den einzelnen Benutzergruppen auch die unterschiedlichen Anforderungen der verschiedenen Anlegergruppen berücksichtigt werden. Diese ergeben sich beispielsweise aufgrund aufsichtsrechtlicher Berichtserfordernisse von Kreditinstituten, Versicherungen und Industrieunternehmen.

Risikoreports

Zur Risikodiversifikation werden seit Inkrafttreten des InvG bzw. des InvÄndG mehr und mehr die neuen Anlagemöglichkeiten eingesetzt. Die geschieht sowohl auf Fondsebene als auch in der Direktanlage. So wird neben Publikums- und Immobilienfonds beispielsweise in Private Equity und Mezzanine-Produkte investiert, die es auch unter Risikogesichtspunkten in das Reporting zu integrieren gilt.

Im Rahmen der Asset Allocation tritt im Hinblick auf das aktuelle Marktumfeld die Darstellung verschiedener Risikoreports gerade auch bei Mandaten mit einem Overlay Management zunehmend in den Vordergrund. Neben den klassischen Risikokennzahlen fordert der Anleger Darstellungen, aus denen erkennbar ist, wann bzw. welche Absicherungsmaßnahmen getroffen wurden und wie sich diese auf die Performance des Masterfonds ausgewirkt haben.

Transparenz durch Masterfonds-Pooling

Mit Inkrafttreten des InvÄndG im Dezember 2007 und der Aufhebung des Kaskadenverbots für Spezialfonds wurde die nächste Stufe zur vollkommenen Transparenz erreicht. Erstmals durfte ein Spezialfonds auch Anteile an einem anderen Spezialfonds erwerben. In der Praxis hat sich für dieses Konstrukt noch kein einheitlicher Name durchgesetzt. Die Bezeichnungen reichen von Asset Pooling über Master-Feeder-

Konstruktion, Dachfondskonstruktion bis zum Masterfonds-Pooling, welcher im Folgenden weiter verwendet werden soll.

Das Konstrukt „Masterfonds-Pooling" wird inzwischen von mehreren Investoren umgesetzt. Ziel dabei ist es, im Reporting die Struktur der Kapitalanlagen sowohl auf Einzelspezialfondsebene als auch auf der übergeordneten Masterfondsebene darzustellen. So lässt sich beispielsweise die Kapitalanlage einer Versicherung, unterteilt in die Lebens- und Krankenversicherung, oder eines Versorgungswerkes mit unterschiedlichen Abrechnungsverbänden sehr gut abbilden.

Im untenstehenden Beispiel gliedert sich das Versorgungswerk in drei Abrechnungsverbände auf. Für jeden Abrechnungsverband wird ein eigener Masterfonds aufgelegt. Dieser Masterfonds investiert wiederum nach der individuellen, strategischen Asset Allocation (SAA) des Abrechnungsverbandes in Spezialfonds, die nach Assetklassen strukturiert sind. Dies bietet den Vorteil, dass einerseits die SAA sehr flexibel und nach der jeweiligen Risikotragfähigkeit des Verbandes gesteuert werden kann. Andererseits profitieren die drei Abrechnungsverbände davon, dass nicht für jeden einzelnen Anleger ein separater Fonds/Segment aufgelegt werden muss. Dies bündelt die Fondsvolumina und ermöglicht damit auch dem Asset Manager ein effizienteres Portfoliomanagement.

Um gleichzeitig die gesamten Kapitalanlagen des Versorgungswerkes über alle Abrechnungsverbände hinweg zu überwachen und zu steuern, kann zusätzlich als Reportingeinheit ein virtueller Masterfonds ergänzt werden.

Die juristischen Spezialfonds können weiterhin in Segmente gegliedert werden. So kann der Spezialfonds Aktien Europa beispielsweise von zwei Asset Managern verwaltet werden, die jeweils für ein Segment zuständig sind. Werden die einzelnen Segmente zu einer virtuellen Einheit zusammengefasst, können beispielsweise alle Aktienfonds konsolidiert werden, sodass das gesamte Aktienexposure innerhalb der Masterstruktur aufgezeigt wird.

Insgesamt lässt sich die Struktur der Spezialfonds nach den individuellen Anforderungen des Anlegers sehr flexibel gestalten und ist beliebig skalierbar.

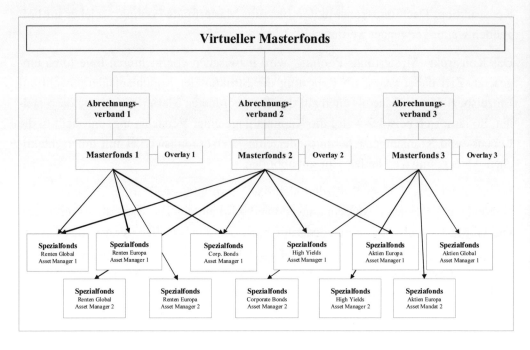

Abbildung 11: Beispiel für ein Masterfonds-Pooling[13]

5. Zusammenfassung und Ausblick

Die dynamische Entwicklung des in Masterfonds verwalteten Volumens kann sicherlich als Erfolgsgeschichte gewertet werden. Mit den kontinuierlich steigenden Anforderungen der Investoren einerseits und neuen gesetzlichen Anforderungen andererseits ist auch das Angebot der Master-KAGen einem ständigen Wandel unterlegen. Neben reinen Administrationsdienstleistungen entwickeln sich Zusatzdienstleistungen wie z. B. Transition Management, Prozesse für Wertpapierleihe oder ein Collateral Management zunehmend zum Differenzierungsmerkmal. Eine bedarfsgerechte Beratung wird für den Kunden damit immer wichtiger.

Wesentliche Faktoren für das erfolgreiche Betreiben einer Master-KAG bilden weiterhin flexible (Kommunikations-)Schnittstellen und ein effizientes Datenmanagement. Die hohen Anforderungen, die in technischer Hinsicht an die Master-KAG gestellt werden, können unter wirtschaftlichen Gesichtspunkten nur mit einem hohen Automatisierungsgrad erfüllt werden. Dies erfordert eine technische Infrastruktur auf sehr hohem Niveau.

---

[13] Quelle: Helaba Invest.

Wie wichtig in der Zusammenarbeit mit einer Master-KAG eine effiziente Abwicklung und ein zeitnahes Reporting sind, haben Investoren während der Finanzkrise erfahren müssen. Denn gerade in dieser Phase hat sich gezeigt, dass eine bloße Administration häufig nicht ausreichend ist. Viel entscheidender ist eine tägliche, umfassende Übersicht über die gesamten Kapitalanlagen in Verbindung mit einem effizienten Risikomanagement. So haben in der Krise Liquiditäts- und Kontrahentenrisiken enorm an Bedeutung gewonnen. Für Anleger war es während dieser Phase von entscheidender Bedeutung, sich innerhalb kürzester Zeit einen Überblick über möglicherweise bestehende Risiken im Gesamtportfolio verschaffen zu können.

Gesetzliche Veränderungen sowie die Internationalisierung der Märkte werden auch in Zukunft Anpassungen im Leistungsangebot der Master-KAGen fordern. Das Anlageuniversum sowie die Komplexität der Produkte werden weiterhin zunehmen, beispielsweise durch die steigende Nutzung von Anlagechancen in den Emerging Markets.

Dabei lässt sich eines feststellen: Totgesagte leben länger. Der deutsche Spezialfonds hat sich aufgrund seiner vielen Vorteile und Gestaltungsmöglichkeiten als effizientes Instrument für institutionelle Anleger insbesondere auch im Bereich der institutionellen Altersvorsorge bewährt und ist gerade mit der Masterfondslösung zukunftssicher geworden. Im Rahmen der weiteren Globalisierung sollte daher nicht die Frage gestellt werden, ob der Spezialfonds überleben wird, sondern vielmehr, ob der Spezialfonds nicht auch als grenzüberschreitendes Instrument bestens geeignet ist.

Vor allem für multinationale Konzerne wäre eine internationale Bündelung der verschiedenen Altersvorsorgeeinrichtungen von großem Interesse (Internationales Pension Pooling). Die unterschiedlichen gesetzlichen und steuerrechtlichen Rahmenbedingungen sprechen aktuell jedoch noch gegen eine Zentralisierung der einzelnen nationalen Pensionsverpflichtungen.

Mit Blick auf die Harmonisierung der europäischen Investmentindustrie und deren Stärkung im internationalen Wettbewerb im Zuge der UCITS IV-Richtlinie (Undertaking for Investments in Transferable Securities) sollte es daher Ziel sein, auch den Spezialfonds als sicheres Anlageinstrument für institutionelle Anleger in seiner Bedeutung zu stärken.

Grundsätzlich zielt die Richtlinie primär auf Publikumsfonds ab, jedoch ist auch mit Auswirkungen für die Anbieter von Administrationsdienstleistungen zu rechnen. So wird im Rahmen der Anfang 2009 beschlossenen Richtlinie die Möglichkeit einer grenzüberschreitenden Verwaltung von Fonds eingeräumt. Darüber hinaus ist eine starke Vereinfachung beim grenzüberschreitenden Vertrieb von Fonds vorgesehen, sodass Markteintrittsbarrieren deutlich gesenkt werden. Zur Effizienzsteigerung sollen beispielsweise länderübergreifende Fondsfusionen erleichtert und Master-Feeder-Konstruktionen ermöglicht werden, die dann auch über die Landesgrenzen hinweg Vermögen zusammenfassen können.

Die Erfahrung der Master-KAGen in der Zentralisierung von Kapitalanlagen in Verbindung mit den Vorteilen des deutschen Spezialfonds bieten damit ideale Voraussetzungen für ein internationales Pension Pooling und würden den Standort Deutschland im internationalen Wettbewerb deutlich stärken.

Die Depotbank – Gesetzliche Aufgaben und Anforderungen institutioneller Anleger

von Carola v. Schmettow/ Daniel Brückner/ Norbert Stabenow[*]

[*] Die Autoren danken Herrn Niklas Georg für seine überaus hilfreiche Unterstützung beim Verfassen des Beitrags.

1. Einleitung

Eine Kapitalanlagegesellschaft, die einen Investmentfonds verwaltet, darf die Vermögensgegenstände dieses Fonds nicht selbst verwahren. Sie muss dazu eine Depotbank beauftragen. Dieser auf den ersten Blick triviale Umstand ist zentral für das Vertrauen der Anleger in die Institution eines Investmentfonds. Die Verwahrung der Vermögensgegenstände durch eine Depotbank ist die rechtliche und tatsächliche Basis dafür, dass die Kapitalanlagegesellschaft (KAG) nicht ohne Kontrolle durch eine von ihr unabhängige Instanz das Vermögen des Investmentfonds und damit das Vermögen der Anleger verwalten kann. Ebenso wichtig ist die hierdurch bedingte Trennung des Gesellschaftsvermögens einer KAG von den Vermögensgegenständen eines Sondervermögens als praktische Voraussetzung für die gesetzliche Regelung, dass die Insolvenz einer KAG nicht auf die von dieser KAG verwalteten Sondervermögen übergreift.

Die Idee, der KAG ein anderes Kreditinstitut[1] zur Seite zu stellen, das die KAG überwacht, ist nicht neu. Die Verwahrung des Fondsvermögens durch eine Depotbank war bereits im Gesetz über Kapitalanlagegesellschaften (KAGG) von 1957 vorgesehen. Schon damals war der Gedanke der Kontroll- und Treuhandfunktion der Depotbank von zentraler Bedeutung[2], der eben nur durch die Verwahrung des Fondsvermögens bei der Depotbank wirksam umgesetzt werden konnte.

Der vorliegende Artikel stellt die verschiedenen Dienstleistungen im Überblick dar, die zum Leistungsspektrum einer modernen Depotbank gehören. Vor diesem Hintergrund werden in Abschnitt 2 zunächst die spezifischen rechtlichen Rahmenbedingungen für Depotbanken in Deutschland und in Abschnitt 3 die daraus resultierenden gesetzlichen Aufgaben beleuchtet. In Abschnitt 4 werden verschiedene Facetten zusätzlicher Dienstleistungen von Depotbanken betrachtet, die institutionelle Investoren über die klassischen Aufgaben hinaus nachfragen. Abschnitt 5 gibt einen Überblick über den Markt für Depotbanken – auf deutscher wie auch auf globaler Ebene[3]. In Abschnitt 6 werden die wesentlichen Erkenntnisse dieses Beitrags in einem Fazit zusammengefasst und es wird ein Ausblick auf künftige Entwicklungen gegeben.

---

[1] Die KAG war bis zum Inkrafttreten des Investmentänderungsgesetzes Ende 2007 ein Kreditinstitut im Sinne des KWG.

[2] Siehe Regierungsbegründung zum Gesetz zur Änderung und Ergänzung des Gesetzes über Kapitalanlagegesellschaften und der Gewerbeordnung, BT-Drucks. V/3494, abgedruckt in Beckmann/ Scholz/ Vollmer (2007), Nr. 582, S. 28.

[3] Auf globaler Ebene ist vom Global Custody-Markt die Rede.

2. Rechtliche Rahmenbedingungen für Depotbanken in Deutschland

Die gesetzlichen Regelungen im Überblick

Die gesetzlichen Regelungen für die Tätigkeit der Depotbank finden sich im Investmentgesetz (InvG), das mit den §§ 20 bis 29 einen eigenen Abschnitt über die Depotbank enthält. Darüber hinaus sehen weitere einzelne Bestimmungen des InvG Aufgaben der Depotbank vor[4]. Für die Verwahrtätigkeit der Depotbank ist darüber hinaus das Depotgesetz anwendbar. Schließlich unterliegt die Depotbank als Kreditinstitut dem Kreditwesengesetz. Die im InvG enthaltenen Regelungen für Depotbanken umfassen die Aspekte der Zulassung als Depotbank und deren Aufgaben, die sich wiederum in die Verwahr- und die Überwachungsfunktion unterscheiden lassen.

Die BaFin veröffentlichte am 2. Juli 2010 ein Rundschreiben, in dem sie „ausgewählte Fragen im Zusammenhang mit den Pflichten der Depotbank" behandelt (sogenanntes Depotbankrundschreiben)[5]. Das Rundschreiben fasst neben Erläuterungen zu den relevanten Bestimmungen des InvG die von den professionell aufgestellten Depotbanken gelebte Praxis als nun aufsichtsrechtlich sanktionierten Standard zusammen. Eine große Unterstützung ist das Rundschreiben darin, für alle am Markt agierenden Depotbanken – jedenfalls in Bezug auf die im Rundschreiben behandelten Themen – einheitliche Maßstäbe zu schaffen. Es ist denkbar, dass es kleineren Depotbanken, die das Depotbanken-Geschäft bisher eher „nebenbei" betrieben haben, ohne Investitionen in diesen Geschäftsbereich zukünftig schwer fallen wird, diesen von der BaFin gesetzten Maßstäben zu entsprechen. Dies bezieht sich insbesondere auf die Anforderungen an die Anlagegrenzkontrollen und die Anteilwertberechnung.

Der gesetzliche Rahmen für Depotbanken ist teilweise auch durch das europäische Recht geprägt, das mit Umsetzung der OGAW-Richtlinie[6] durch das Investment-Richtlinie-Gesetz Einzug in das KAGG hielt. Bemerkenswert ist hierbei die Tatsache, dass die europarechtlichen Vorgaben für Depotbanken von richtlinienkonformen Fonds (UCITS bzw. OGAWs) vom deutschen Gesetzgeber auch für solche Fonds übernommen worden sind, die nicht richtlinienkonform sind. Der deutsche Gesetzge-

---

[4] Vgl. z.B. § 33 Abs. 1 Satz 4, § 36 Abs. 1 Satz 2, § 39 InvG.

[5] BaFin (2010a).

[6] Vgl. Richtlinie des Rates vom 20. Dezember 1985 zur Koordinierung der Rechts- und Verwaltungsvorschriften betreffend bestimmte Organismen für gemeinsame Anlagen in Wertpapieren (OGAW) (85/611/EWG), ABl. EG L 375 vom 31.12.1985, S. 3; inzwischen ersetzt durch die Richtlinie 2009/65/EG des Europäischen Parlaments und des Rates vom 13. Juli 2009 zur Koordinierung der Rechts- und Verwaltungsvorschriften betreffend bestimmte Organismen für gemeinsame Anlagen in Wertpapieren (OGAW), ABl. EU L 302 vom 17.11.2009. S. 32.

ber hat hiermit allerdings auch in Bezug auf die Tätigkeit der Depotbank für den Anleger ein für alle Fonds unter dem InvG gleichmäßig hohes Schutzniveau geschaffen, das zu Recht das Vertrauen der Anleger in jede Art in Deutschland unter dem InvG aufgelegter Fonds rechtfertigen kann. Es wird interessant zu sehen, wie der Gesetzgeber die Vorgaben der AIFM-Richtlinie[7] umsetzen wird, die sich in gewissem Maße in Bezug auf die Regelungen über die Depositaries[8] von der OGAW-Richtlinie unterscheidet. Denn zum ersten Mal könnte es bei Anpassungen der Depotbankregelungen für nicht richtlinienkonforme Fonds im deutschen Recht unterschiedliche Regeln für die Depotbank geben, je nachdem, für welche Art von Fonds – richtlinienkonform oder nicht – die Depotbank als solche tätig wird.

Als Reaktion auf den Madoff-Skandal leitete die EU im Jahre 2009 eine Konsultation zu Depotbanken für OGAWs ein. Auslöser für diese Konsultation war, dass im Zuge dieses Skandals und der Lehman-Insolvenz festgestellt wurde, dass die verschiedenen Mitgliedstaaten der EU die sich aus der OGAW-Richtlinie ergebenden Pflichten einer Depotbank nicht übereinstimmend interpretieren. Wie ein Blick auf die Rechtspraxis in den englisch- und deutschsprachigen Ländern verrät, ist bereits die jeweilige (und jeweils verbindliche) Sprachfassung der OGAW-Richtlinie Ausgangspunkt für unterschiedliche Interpretationen. Während im englischsprachigen Raum bereits konzeptionell zwischen einem Depositary und einem Custodian unterschieden wird, die unterschiedliche Pflichtenkreise haben[9], ist dies im deutschsprachigen Raum nicht der Fall. Dies hat enorme praktische Bedeutung für die Verantwortlichkeit der Depotbank bei der Beauftragung von Unterverwahrern, was allerdings erst durch den Madoff-Skandal deutlich wurde.

Im „Feedback Statement" zur Depotbank-Konsultation der EU wurde daher von den Teilnehmern herausgestellt, dass bei der Beauftragung von Unterverwahrern die bei diesen verwahrten Vermögensgegenstände nicht immer sofort herausgegeben werden können, auch wenn die Depotbank selbst ihre Aufgaben pflichtgemäß erfüllt[10]. Eine weitere interessante Diskussion im Rahmen dieser Konsultation war, inwieweit die Anleger vor Verlusten aus dem Investment in OGAWs geschützt werden können.

---

[7]   AIFM steht für „Alternative Investments Fund Managers". Die Kommission verfolgt mit dieser Richtlinie das Ziel, einen umfassenden regulatorischen Rahmen für alternative Investmentfonds auf europäischer Ebene zu schaffen und eine effektive Aufsicht sicherzustellen.

[8]   Der Begriff „Depositary" wird in der OGAW-Richtlinie und der AIFM-Richtlinie für die Bezeichnung der Verwahrstelle – in Deutschland die Depotbank – genutzt.

[9]   Die Unterschiede liegen in dem Umfang treuhänderischer Pflichten begründet, die allerdings je nach Regelungszusammenhang unterschiedlich ausgestaltet sein können.

[10]   European Commission (2010), S. 14-15.

Hierbei wird die Meinung vertreten, dass das Schutzniveau dem von Einlagen bei Banken entsprechen muss. Gegen die Einführung eines solchen Schutzniveaus wird allerdings vorgebracht, dass die Depotbank bei ihrer Verwahrtätigkeit aus rechtlichen und aus tatsächlichen Gründen nicht danach unterscheiden kann, ob sie die Verwahrtätigkeit als Depotbank für einen OGAW oder ob sie diese Tätigkeit als depotführende Bank für einen Privat- oder institutionellen Kunden bei der Verwahrung von Direktbeständen ausübt. Ein Kreditinstitut hat ein einheitliches Lagerstellennetzwerk für alle seine Kunden, sei es ein Privatkunde, ein institutioneller Kunde oder eben eine KAG mit ihren Sondervermögen. Die Depotbank hat kein gesondertes Lagerstellennetzwerk nur für die von ihr als Depotbank im Sinne des InvG verwahrten Vermögensgegenstände. Die Unterverwahrer werden nach einheitlichen Kriterien ausgewählt. Entsprechend ist auch die Haftung für ausländische Lagerstellen gegenüber allen Kunden typischerweise einheitlich auf die Auswahl und Unterweisung des Unterverwahrers beschränkt. Eine Haftung für Unterverwahrer bei OGAWs führt außerdem zu zusätzlichen Kosten in Form von mit Eigenmitteln zu unterlegenden operationellen Risiken[11], die als höhere Depotbankgebühren den Anleger treffen würden. Eine Umverteilung dieser Kosten auf alle Depotbankkunden ist dagegen nicht gerechtfertigt. Darüber hinaus ist auch kein Grund ersichtlich, die Vermögensgegenstände eines OGAW umfangreicher zu schützen als beispielsweise die Vermögensgegenstände im Sicherungsvermögen eines Lebensversicherers. Es ist denkbar, dass diese Diskussion zu einer Kettenreaktion führt, die eine umfassende Haftung der depotführenden Stelle für ihre Unterverwahrer zur Folge hat mit der Konsequenz, dass sich damit die Depotbankleistungen insgesamt verteuern. Ob dies jedoch unter Berücksichtigung des Umstandes, dass die praktisch gewordenen Fälle Einzelfälle waren, gerechtfertigt erscheint, kann hier nicht bewertet werden.

Die Depotbankgenehmigung

Das InvG verlangt, dass die Auswahl der Depotbank durch die KAG von der BaFin genehmigt werden muss[12]. Es geht hierbei nicht um eine Erlaubnis ähnlich einer Bankerlaubnis nach dem KWG für das Depotgeschäft[13], sondern um eine Genehmigung nach dem InvG, die sich auf den Auswahlakt durch die KAG für ein bestimmtes Son-

[11] Im Standardansatz als Rechtsrisiken nach § 269 Abs. 1 Satz 2 SolvV aus dem Depot- und Treuhandgeschäft nach § 273 Abs. 4 Nr. 4 SolvV.
[12] § 21 Abs. 1 Satz 1 InvG.
[13] Eine solche ist nach § 20 Abs. 1 Satz 2 InvG für ein deutsches Kreditinstitut allerdings grundlegende Voraussetzung für die Übernahme der Tätigkeit als Depotbank.

dervermögen bezieht. Adressat der Genehmigung ist daher auch nicht die Depotbank, sondern die KAG.

Bei Publikumsfonds besteht die Möglichkeit einer Vorausgenehmigung für eine Depotbank. Diese bezieht sich auf alle Fonds, die im Rahmen einer Vorausgenehmigung für Muster-Vertragsbedingungen aufgelegt werden[14]. Für Spezialfonds sieht § 95 Abs. 1 InvG vor, dass die KAG die Genehmigung der Auswahl einer Depotbank allgemein beantragen kann. Die BaFin hat auf Basis dieser Vorschrift eine Liste mit allgemein genehmigten Depotbanken veröffentlicht[15], aus denen sich eine KAG ohne weitere Genehmigung durch die BaFin eine Depotbank auswählen kann.

Soweit eine KAG eine Depotbank auswählt, die bisher noch nicht als Depotbank tätig war – auch für keine andere KAG –, hat sie für die Depotbank ein Genehmigungsverfahren zu durchlaufen, dass entsprechend dem Depotbankrundschreiben die Vorlage folgender Dokumente in Bezug auf die Depotbank an die BaFin umfasst[16]:

- die Lebensläufe der für das Depotbankgeschäft zuständigen Geschäftsleiter[17]
- ein Geschäftsplan
- eine Darstellung der organisatorischen Vorkehrungen einschließlich der personellen Struktur
- der Depotbankvertrag
- ggfs. die Bestätigung der Zweigniederlassung über die Prüfung nach § 20 Abs. 3 Satz 1 InvG.

Im Depotbankrundschreiben nimmt die BaFin erstmals etwas ausführlicher zu den nach § 20 Abs. 5 Satz 2 InvG erforderlichen organisatorischen Vorkehrungen für die Erfüllung der Depotbankaufgaben Stellung. Die BaFin versteht hierunter insbesondere personelle und technische Vorkehrungen. In Bezug auf die personellen Vorkehrungen wird verlangt, dass auch die Mitarbeiter unterhalb der Leitungsebene hinreichend qualifiziert sind und dass die Depotbank mit ausreichend Personal ausgestattet ist. Unter den technischen Vorkehrungen versteht die BaFin die EDV-technischen Anforderun-

---

[14] § 21 a i.V.m. § 43 a InvG.

[15] Vgl. BaFin (2010b).

[16] BaFin (2010a), II.5.

[17] Was die nach § 20 Abs. 5 Satz 1 verlangte erforderliche Erfahrung der Geschäftsleiter betrifft, so schränkt die BaFin dieses Erfordernis auf diejenigen Geschäftsleiter ein, die organisatorisch für die Wahrnehmung der Depotbankfunktion zuständig sind. Hierzu Bafin (2010a), II.3. Der Regierungsentwurf zur Umsetzung der UCITS IV-Richtlinie sieht in § 20 Abs. 5 InvG vor, dass nur noch ein Geschäftsleiter die für das Depotbankgeschäft erforderliche Erfahrung haben muss.

gen, die bei der Abwicklung der Geschäfte, der Verwahrung des Sondervermögens und der Ausübung der Kontrollfunktionen erfüllt sein müssen[18].

Die Vertragsbeziehungen mit der KAG und dem Anleger

Die Beauftragung der Depotbank erfolgt durch einen Depotbankvertrag zwischen der KAG und der Depotbank. Zum Inhalt dessen nimmt das InvG selbst keine Stellung. Da sich die Pflichten der Depotbank aus dem InvG ergeben, erscheint ein umfangreicher Depotbankvertrag gesetzlich auch nicht zwingend. Jedoch verlangt die BaFin im Depotbankrundschreiben die Regelung verschiedener Umstände, insbesondere eine genaue Beschreibung der Leistungen der Depotbank[19]. Die Umsetzung dieser Anforderungen erfordert Modifizierungen der in der Branche üblicherweise verwendeten Standardverträge; die Branchenverbände BdB und BVI arbeiten derzeit an neuen Standards. Sinnvoll ist eine vertragliche Regelung insbesondere dort, wo das InvG Alternativen zulässt, wie zum Beispiel, ob die Depotbank den Anteilwert unter Mitwirkung der KAG[20] oder ob die KAG den Anteilwert unter Kontrolle der Depotbank ermittelt[21]. Des Weiteren ist hier der Ort, an dem die zusätzlichen Dienstleistungen, die keine Depotbankaufgaben im Sinne des InvG sind, festgelegt werden können.

Zwischen dem Anleger und der Depotbank existiert grundsätzlich keine unmittelbare Vertragsbeziehung. Gleichwohl hat sich im Spezialfondsbereich der sogenannte „Rahmenvertrag" bzw. die „Dreiervereinbarung" als Vertrag zwischen KAG, Anleger und Depotbank etabliert. Ursprünglich war dieser Vertrag als ein Vertrag zwischen Anleger und KAG konzipiert, in dem aufgrund gesetzlicher Anforderungen schriftlich geregelt wird, dass der Anleger seine Anteile nicht an natürliche Personen und nur mit Zustimmung der KAG übertragen kann[22]. Praktischerweise wurde die Depotbank in den Vertrag mit einbezogen, um die wichtigsten Aufgaben der Depotbank und deren Vergütung auch mit unmittelbarer Wirkung gegenüber dem Anleger zu regeln. Dies hat dazu geführt, dass bis heute einige KAGen im Spezialfondsbereich auf einen gesonderten Depotbankvertrag verzichtet haben. Das Depotbankrundschreiben der BaFin lässt dies aber in Zukunft nicht mehr zu.

---

[18] BaFin (2010a), II.4.
[19] BaFin (2010a), XIII.
[20] § 36 Abs. 1 Satz 2, Alternative 1 InvG.
[21] § 36 Abs. 1 Satz 2, Alternative 2 i.V.m. § 27 Abs. 1 Nr. 1 InvG.
[22] §§ 2 Abs. 3 Satz 1 und 92 InvG.

3.   Die gesetzlichen Aufgaben einer Depotbank

Während die Zulassungsbedingungen in Deutschland praktisch kaum eine Rolle spielen, weil die als Depotbanken tätigen Banken diese Voraussetzungen in der Regel erfüllen, sind die Aufgaben einer Depotbank seit einigen Jahren immer mehr in den Fokus der KAGen und auch der Anleger selbst, insbesondere der institutionellen Investoren, gerückt. Diese erkennen immer mehr, dass eine starke und professionell aufgestellte Depotbank nicht nur das notwendige Korrektiv zur KAG ist, sondern auch, dass eine gewissenhafte Erfüllung der Depotbankaufgaben für den Anleger einen nicht nur gefühlten Mehrwert in Bezug auf die Sicherheit der Vermögensanlage, auf das Ermöglichen einer weltweiten Vermögensanlage und nicht zuletzt auch auf die Schnelligkeit und Professionalität der Abwicklung der Geschäfte eines Sondervermögens bieten kann.

Neben der Ausgabe und Rücknahme von Anteilen und der Verwahrung der Vermögensgegenstände des Investmentfonds gehören zu den gesetzlichen Aufgaben einer Depotbank vor allem Kontrollaufgaben in Bezug auf die Tätigkeit der KAG sowie operative Tätigkeiten im Zusammenhang mit der Abwicklung von Geschäften für einen Investmentfonds oder von Anteilscheingeschäften. Letztere, in § 25 InvG behandelte Tätigkeiten unterscheiden sich im Wesentlichen nicht von den operativen Tätigkeiten für sonstige Kunden einer depotführenden Bank; hierauf wird daher nicht unter rechtlichen Aspekten, sondern in Bezug auf bestimmte Tätigkeiten in Abschnitt 4 dieses Beitrags eingegangen.

Die Ausgabe und Rücknahme von Anteilen

Gesetzliche Aufgabe der Depotbank ist gemäß § 23 InvG die Ausgabe und Rücknahme der Fondsanteile. Hiermit soll sichergestellt werden, dass die KAG nicht selbst über die Anlegergelder verfügen kann[23]. Nicht ganz klar ist, ob mit der gesetzlichen Formulierung ein rechtskonstitutiver Akt, der die Wirksamkeit der Ausgabe der Anteile betrifft, oder lediglich die technische Abwicklung der Ausgabe und Rücknahme von Anteilen gemeint ist. Da ein Fondsanteil rechtlich bereits mit der Einlage des Geldes des Anlegers entsteht, ohne dass dazu der Fondsanteil bereits verbrieft sein muss[24], dürfte die Depotbanktätigkeit eher administrativer Natur sein. Andererseits führt der

---

[23]   Baur (1997), § 12 a KAGG, Rn 12. Nach Beckmann/ Scholtz/ Vollmer (2007), § 27 InvG, Rn. 5, ist diese Aufgabe der Depotbank zugewiesen, weil das Sondervermögen durch die unkontrollierte Ausgabe von Anteilen geschmälert werden könnte.

[24]   Beckmann/ Scholtz/ Vollmer (2007), § 23 InvG, Rn. 3.

Gesetzgeber aus, dass die Depotbank einer Investmentaktiengesellschaft nicht die Ausgabe und Rücknahme der Aktien vornehmen kann[25]; dies sei nach § 104 InvG Aufgabe des Vorstands der Investmentaktiengesellschaft. Erklären kann man sich diese Situation nur damit, dass der Gesetzgeber in § 23 InvG nicht den Anteil, sondern lediglich den Anteilschein meint[26], während die Aktien in § 104 InvG als Unternehmensbeteiligungen zu verstehen sind, unabhängig von einer Verbriefung.

Die Ausgabe der Anteile hat grundsätzlich gegen volle Leistung des Ausgabepreises zu erfolgen. Sind Anteile in den Verkehr gelangt, ohne dass der Anteilwert dem Fonds zugeflossen ist, so hat die KAG nach § 36 Abs. 7 InvG den fehlenden Betrag in den Fonds einzulegen. Sacheinlagen sind außer im Falle einer Verschmelzung von Fonds nur für Spezialfonds zulässig[27].

Zur Umsetzung der EU-Richtlinie 2010/43/EU[28] plant die BaFin in § 13 InvVerOV[29] umfassende Aufzeichnungspflichten bei Zeichnungs- und Rücknahmeaufträgen, um die jeweilige Order eindeutig und in allen relevanten Parametern zu dokumentieren. Diese Pflicht trifft zwar zunächst die KAG selbst. Jedoch wird in der Begründung zu dieser Vorschrift ausgeführt, dass wegen der in § 23 InvG geregelten Zuständigkeit der Depotbank für die Anteilausgabe und -rücknahme diese Aufzeichnungspflichten von der Depotbank wahrgenommen werden müssen. Die KAG hat daher die Depotbank mit dieser Aufgabe zu beauftragen.

---

[25] Regierungsbegründung zum Investmentmodernisierungsgesetz, BT-Drucks. 15/1553, S. 105.

[26] Dies legt auch die Regierungsbegründung zum Investmentmodernisierungsgesetz nahe. § 23 Abs. 1 InvG sollte die Regelung des § 12 Abs. 1 Satz 1 KAGG widerspiegeln. Diese Vorschrift jedoch sprach von den Anteilscheinen, nicht von den Anteilen.

[27] Nach § 95 Abs. 8 gilt das Sacheinlageverbot des § 23 Abs. 1 Satz 3 InvG für Spezialfonds nicht. Die Vorschrift des 103 Satz 1 InvG, wonach Aktien an einer Investmentaktiengesellschaft nur gegen volle Leistung des Ausgabepreises ausgegeben werden dürfen, dürfte bei Spezial-Investmentaktiengesellschaften auf Grund des Verweises des § 99 Abs, 3 InvG auf § 95 InvG nicht zu einem Verbot von Sacheinlagen führen.

[28] Richtlinie 2010/43/EU der Kommission vom 1. Juli 2010 zur Durchführung der Richtlinie 2009/65/EG (UCITS-IV-Richtlinie) des Europäischen Parlaments und des Rates im Hinblick auf organisatorische Anforderungen, Interessenkonflikte, Wohlverhalten, Risikomanagement und den Inhalt der Vereinbarung zwischen Verwahrstelle und Verwaltungsgesellschaft, ABl. L 176 vom 10.7.2010, S. 42–61.

[29] Verordnung zur Konkretisierung der Verhaltensregeln und Organisationsregeln nach dem Investmentgesetz (Investment-Verhaltens- und Organisationsverordnung – InvVerOV), geplantes Inkrafttreten ist der 1. Juli 2011.

Die Verwahrung von Vermögensgegenständen

Nach § 20 Abs. 1 Satz 1 InvG hat die KAG mit der Verwahrung des Investmentvermögens ein Kreditinstitut als Depotbank zu beauftragen. Hieraus ergibt sich, dass die
KAG pro Fonds nur eine einzige Depotbank beauftragen kann. Dies ist keine Selbst-
verständlichkeit. Die OGAW-Richtlinie ist in diesem Punkt nicht eindeutig, sodass im
Rahmen der erwähnten Depotbank-Konsultation der EU die Frage gestellt wurde, ob
diese Anforderung explizit klargestellt werden soll. Nicht alle, aber die überwiegenden
Teilnehmer bejahten diese Frage, weil nur so sichergestellt werden könne, dass die
Depotbank einen umfassenden Überblick über die Vermögensgegenstände des Fonds
hat, was als Schlüsselelement für den Anlegerschutz gewertet wird. Gleichzeitig wurde aber klargestellt, dass dieses Kriterium nicht die Beauftragung verschiedener Unterverwahrer ausschließt[30].

Die Verwahrfunktion im Sinne des § 20 InvG umfasst im weiteren Sinne auch die
Überwachung der nicht verwahrfähigen Vermögensgegenstände und die Führung der
(laufenden) Konten des Fonds.

Die Verwahrung verwahrfähiger Vermögensgegenstände

§ 24 Abs. 1 Satz 1 InvG schreibt vor, dass Wertpapiere und Einlagenzertifikate des
Fonds von der Depotbank in ein gesperrtes Depot zu legen sind. Sinnvollerweise muss
sich diese Vorschrift auf alle verwahrfähigen Vermögensgegenstände beziehen, wozu
beispielsweise auch Edelmetalle gehören. Der Wortlaut stammt noch aus einer Zeit, in
der Investmentfonds vor allem Wertpapiersondervermögen und diese Wertpapiere
auch verwahrfähig ausgestaltet waren. Der vom InvG verlangte Sperrvermerk soll
sicherstellen, dass die KAG nicht ohne Mitwirkung der Depotbank über die Vermögensgegenstände verfügen darf.

Die Depotbank darf nach § 24 Abs. 1 Satz 2 InvG auch Unterverwahrer beauftragen,
sofern es sich um eine Wertpapiersammelbank im Sinne des § 1 Absatz 3 Depotgesetz, ein inländisches oder ausländisches Kreditinstitut oder unter bestimmten Voraussetzungen einen anderen ausländischen Verwahrer handelt. Hierbei wird in der Regel
kein Depot des Fonds bzw. der KAG, sondern ein Depot der Depotbank bei dem
Unterverwahrer eröffnet. Die Möglichkeit der Einschaltung von Unterverwahrern,
gerade im Ausland, eröffnet oft überhaupt erst die faktische Möglichkeit, weltweit in
Wertpapiere zu investieren. Während es einem institutionellen Kunden noch möglich
ist, direkt bei ausländischen Banken Depots zu eröffnen, muss eine KAG grundsätz-

---

[30] European Commission (2010), S. 13.

lich sämtliche Vermögensgegenstände ihrer Fonds bei der Depotbank verwahren. Es bleibt daher für eine internationale Anlagetätigkeit für Fonds nur die Möglichkeit der Einschaltung von Unterverwahrern.

Im Zusammenhang mit der Drittverwahrung im Ausland werden von Anlegern seit dem Madoff-Skandal immer wieder die Fragen nach den Folgen einer Insolvenz des Unterverwahrers und nach der Haftung der Depotbank für ein Fehlverhalten des Unterverwahrers gestellt[31]. Zur Sicherung des Vermögens der Anleger in der Insolvenz des Unterverwahrers vereinbart die Depotbank mit dem Unterverwahrer, dass dieser die Wertpapierbestände der Kunden der Depotbank getrennt von den eigenen Wertpapierbeständen des Unterverwahrers verwahrt. Hierdurch wird sichergestellt, dass im Insolvenzfall die Kundenbestände nicht zur Insolvenzmasse gerechnet werden. Um zu verhindern, dass bei mehrstufigen Verwahrketten mit weiteren Unterverwahrern diese Insolvenzsicherung unterlaufen wird, ist die Depotbank verpflichtet, vom ausländischen Unterverwahrer eine sogenannte Drei-Punkte-Erklärung einholen. Diese Erklärung hat unter anderem zum Inhalt, dass der Unterverwahrer zur Kenntnis nimmt, dass es sich bei den in Verwahrung gegebenen Vermögensgegenständen um Kundenpapiere handelt, die der Depotbank nicht gehören und dass der Unterverwahrer ohne Zustimmung der Depotbank nicht berechtigt ist, einen Dritten mit der effektiven Verwahrung der hinterlegten Papiere zu betrauen oder diese in ein fremdes Land zu verbringen. Zum guten Standard der deutschen Depotbankpraxis gehört es, dass bei mehrstufigen Verwahrketten ins Ausland die Depotbank die Drei-Punkte-Erklärung von jedem nachgelagerten, nicht nur von ihrem direkten ausländischen Unterverwahrer einholt, damit die angestrebte Sicherung der Vermögensgegenstände des Fonds im Falle der Insolvenz eines der in der Verwahrkette eingeschalteten Drittverwahrer tatsächlich erreicht wird[32].

Die Haftung der Depotbank für ein Fehlverhalten des ausländischen Unterverwahrers bei der Verwahrung wird von den Depotbanken in der Regel auf ein Verschulden bei Auswahl und Unterweisung beschränkt[33]. Während die Auswahl und Unterweisung des Unterverwahrers eine Tätigkeit der Depotbank selbst ist, stellt die Verwahrung der Vermögensgegenstände durch einen Unterverwahrer die gestattete Ausführung eines

---

[31] Die manchmal zu hörende Frage nach der „Haftung der Depotbank im Falle der Insolvenz ihrer Unterverwahrer" beruht, wie nachfolgend erläutert, auf einem grundlegenden Missverständnis des Haftungsbegriffes. Zur Frage der Sicherheit der verwahrten Vermögensgegenstände vgl. auch den Beitrag von Althoff/ Noltsch in diesem Handbuch.

[32] Diese Praxis wird nun auch seitens der BaFin für Verwahrketten verlangt. BaFin (2010a), IV.4.

[33] Siehe Nr. 3(2) der AGB Banken und Nr. 19 Abs. 2 Satz 1 der Sonderbedingungen für Wertpapiergeschäfte. Dagegen haftet die Depotbank für ein Verschulden inländischer Zwischenverwahrer.

Auftrags durch einen Dritten dar. Das heißt, dass die Depotbank den Unterverwahrer nicht zur Erfüllung eigener Pflichten beauftragt, sondern dass die Depotbank die Pflicht zur Verwahrung selbst zulässigerweise auf einen Dritten überträgt[34]. Hintergrund dafür ist, dass die Depotbank faktisch und rechtlich in der Regel nicht in der Lage ist, im Ausland emittierte Wertpapiere, die dort zentral verwahrt werden, selbst unmittelbar zu verwahren. Sie hat in diesen Fällen nur die Möglichkeit, einem ausländischen Unterverwahrer die Aufgabe zu übertragen, die Wertpapiere für die Kunden der Depotbank zu verwahren. Die BaFin hat im Depotbankrundschreiben diese Haftungsbeschränkung folgerichtig als für investmentrechtlich zulässig angesehen[35].

Die Kontenführung

Guthaben eines Fonds sind nach § 24 Abs. 2 auf Sperrkonten zu verwahren. Die Depotbank ist jedoch berechtigt und verpflichtet, Guthaben auf Sperrkonten bei anderen Kreditinstituten zu übertragen, wenn die KAG die Depotbank hierzu anweist. Guthaben bei anderen Kreditinstituten sowie Tages- oder Termingelder bei der Depotbank sind Vermögensgegenstände im Sinne von § 2 Abs. 4 Nr. 4 InvG in Form von Bankguthaben. Laufende Konten hingegen, aus denen die Verpflichtungen nach § 25 InvG beglichen werden, sind ausschließlich bei der Depotbank zu führen[36].

Die Überwachung nicht verwahrfähiger Vermögensgegenstände

Die Depotbank hat nach § 24 Abs. 3 den Bestand an nicht verwahrfähigen Vermögensgegenständen laufend zu überwachen. Hierzu gehören beispielsweise Immobilien, Beteiligungen an Immobilien- und sonstigen Gesellschaften[37], nicht verbriefte Forderungen[38] sowie Anteile an Fondsvermögen, die nur in einem Anteilsregister geführt werden[39]. Hierüber ist ein Bestandsverzeichnis zu führen[40].

---

[34] Die Beschränkung der Haftung erfolgt dabei gemäß der Regelung des § 664 Abs. 1 Satz 2 BGB. Hierbei spricht man von einem sogenannten weitergeleiteten Auftrag.

[35] BaFin (2010a), V.

[36] Beckmann/ Scholtz/ Vollmer (2007), § 24 Rn. 23.

[37] Soweit diese nicht wertpapiermäßig verbrieft sind.

[38] BaFin (2010a), III.2.

[39] BaFin (2010a), VIII.1.e).

[40] Die BaFin verlangt hierfür, im Depotbankvertrag sicherzustellen, dass die KAG die Depotbank unverzüglich und umfassend über jedes dieser Geschäfte informiert; BaFin (2010a), III.2.

Die Überwachung der KAG

Die treuhänderische Funktion der Depotbank kommt – aufbauend auf der Verwahrfunktion – vor allem in den ihr nach dem InvG übertragenen Pflichten, gemäß § 26 InvG bestimmten Geschäften der KAG für einen Fonds zuzustimmen und gemäß § 27 InvG gewisse Tätigkeiten der KAG zu kontrollieren, zum Ausdruck und mündet schließlich in der Pflicht, gemäß § 28 InvG im Rahmen der gesetzlichen Prozessstandschaft Ansprüche der Anleger gegen die KAG geltend zu machen.

Zustimmungspflichtige Geschäfte

Das InvG enthält in § 26 einen Katalog bestimmter Geschäfte, die die KAG nur mit Zustimmung der Depotbank vornehmen darf. Da sich die Überwachungspflicht der Depotbank nicht auf eine Prüfung der Zweckmäßigkeit einer Anlageentscheidung der KAG bezieht, bestimmt § 26 Abs. 2 InvG, dass die Depotbank diesen Geschäften zustimmen muss, wenn diese mit den jeweiligen gesetzlichen Anforderungen und den Vertragsbedingungen des Fonds übereinstimmen (reine „Rechtmäßigkeitskontrolle").

Der Katalog der zustimmungspflichtigen Geschäfte umfasst die Aufnahme kurzfristiger Kredite, die Anlage von Geldern in Bankguthaben bei anderen Kreditinstituten, Verfügungen über und Belastungen von Immobilien, Verfügungen über Immobilien-Gesellschaften und bestimmte im Zusammenhang mit Immobilien und Immobilien-Gesellschaften stehende Geschäfte. Der Katalog umfasst damit nicht etwa Geschäfte mit erhöhter Gefährlichkeit für einen Fonds, sondern bezieht sich primär auf Geschäfte über nicht verwahrfähige Vermögensgegenstände, bei denen die Depotbank bereits faktisch keine Mitwirkungsmöglichkeit und damit auch keine Möglichkeit hat, derartige Geschäfte zu verhindern. Die Zustimmungspflicht ist damit das Korrektiv zu fehlenden Mitwirkungsmöglichkeiten bei Verfügungen über Vermögensgegenstände des Fonds. Allerdings hat die Depotbank die Pflicht zur Zustimmung, wenn die in diesem Katalog aufgezählten Geschäfte den dort genannten Anforderungen entsprechen und mit den weiteren Vorschriften des InvG und den Vertragsbedingungen übereinstimmen.

Vor diesem Hintergrund ist der Katalog des § 26 InvG allerdings nicht vollständig konsistent. Während sich in Bezug auf die nicht verwahrfähigen Vermögensgegenstände die Zustimmungspflicht auf Geschäfte bezüglich Immobilien und Beteiligungen an Immobilien-Gesellschaften beschränkt, nicht aber Geschäfte über sonstige nicht verwahrfähige Vermögensgegenstände erfasst, ist die Anlage von Mitteln in Bankguthaben bei anderen Banken ohne Mitwirkung der Depotbank bereits faktisch gar nicht möglich. Die sich hierauf beziehende Zustimmungspflicht ist außerdem schon deswegen überflüssig, weil die Depotbank nach § 24 Abs. 2 Satz 2 InvG berechtigt und verpflichtet ist, Guthaben auf Sperrkonten bei anderen Banken zu übertragen, wenn die KAG dies anweist[41].

Das Depotbankrundschreiben der BaFin enthält detaillierte Ausführungen über die Zustimmungspflicht der Depotbank zu den jeweiligen Geschäften, sodass an dieser Stelle von einer detaillierten Erläuterung des Gesetzes abgesehen wird.

Kontrollpflichten der Depotbank

Auch in den Fällen, in denen die Geschäfte einer KAG für einen Fonds nicht einem Zustimmungsvorbehalt der Depotbank unterliegen, unterliegt die KAG einer Kontrolle durch die Depotbank. Sichergestellt wird dies zunächst dadurch, dass die Depotbank aufgrund der faktisch notwendigen Mitwirkungspflicht bei oder nach der Ausführung der Geschäfte eine Pflicht zur Kontrolle der Rechtmäßigkeit der Geschäfte für einen Fonds hat.

Die allgemeine Rechtmäßigkeitskontrolle bei Ausführung von Weisungen der KAG

§ 22 Abs. 1 Satz 2 InvG schreibt vor, dass die Depotbank die Weisungen der KAG auszuführen hat, sofern diese Weisungen nicht gegen gesetzliche Vorschriften und die Vertragsbedingungen des Fonds verstoßen. Hieraus wird eine Pflicht zur Prüfung der Rechtmäßigkeit der Weisung der KAG abgeleitet[42]. Die BaFin verlangt allerdings keine uneingeschränkte Prüfungspflicht, wenn Kosten oder Aufwand der Kontrolle außer Verhältnis zu dem Nutzen der Anleger stehen und somit wirtschaftlich als unvertretbar erscheinen[43]. In Bezug auf den Zeitpunkt der Kontrolle gilt grundsätzlich, dass die Depotbank die Rechtmäßigkeitskontrolle vor der Ausführung der Weisung durchzuführen hat. Dies würde allerdings bei Geschäften, bei denen zwischen Geschäftsabschluss und Abwicklung nur eine kurze Zeitspanne liegt, wie zum Beispiel bei dem Kauf oder Verkauf börsennotierter Aktien, dazu führen, dass die Abwicklung der Geschäfte verzögert wird, was im schlimmsten Fall zu Schäden seitens des Kontrahenten oder des Fonds führen kann. Die BaFin gestattet bei solchen Geschäften

---

[41] Nach Beckmann/ Scholtz/ Vollmer (2007), § 26 InvG, Rn. 5 hat die Zustimmungspflicht Auswirkungen auf die Rechtsfolgen nach § 26 Abs. 2 InvG, die aber bei Bankguthaben sowieso nur klarstellende Funktion haben.

[42] BaFin (2010a), VIII.1.

[43] BaFin (2010a), VIII.1.c). So erwartet die BaFin beispielsweise nicht, dass die Depotbank die Risikomessung nach dem qualifizierten Ansatz der DerivateV anhand eines eigenen Modells prüft.

daher auch eine nachträgliche Rechtmäßigkeitskontrolle[44]. Dagegen hat die Depotbank bei Geschäften, denen eine umfangreiche Erwerbsprüfung vorausgeht, die Abwicklung zu verweigern, wenn sie die Rechtmäßigkeit des Geschäfts nicht feststellt. Zu solchen Geschäften zählt die BaFin beispielsweise den Erwerb von Unternehmensbeteiligungen oder unverbrieften Darlehensforderungen[45].

Neben der nach § 22 InvG vorgeschriebenen allgemeinen Rechtmäßigkeitskontrolle enthält das Gesetz in § 27 InvG einen Katalog weiterer Kontrollaufgaben. Danach hat die Depotbank dafür zu sorgen, dass

- die Ausgabe und Rücknahme von Anteilen und die Ermittlung des Wertes der Anteile den Vorschriften dieses Gesetzes und den Vertragsbedingungen entsprechen,
- bei den für gemeinschaftliche Rechnung der Anleger getätigten Geschäften der Gegenwert innerhalb der üblichen Fristen in ihre Verwahrung gelangt,
- die Erträge des Investmentvermögens gemäß den Vorschriften dieses Gesetzes und den Vertragsbedingungen verwendet werden,
- die erforderlichen Sicherheiten für Wertpapierdarlehen rechtswirksam bestellt und jederzeit vorhanden sind und
- die Anlagegrenzen des Fonds eingehalten werden.

Für die Beteiligung eines Fonds an Immobiliengesellschaften sieht § 27 Abs. 2 InvG weitere spezifische Kontrollen der Depotbank vor.

Die Kontrolle der Anteilwertermittlung und Anlagegrenzprüfung

Die Kontrollen der Anteilwertermittlung und der Einhaltung der Anlagegrenzen spielen die praktisch wichtigste Rolle der Kontrolltätigkeit der Depotbank und sollen daher an dieser Stelle ausführlicher behandelt werden. Bemerkenswert ist, dass die explizite Erwähnung der Kontrolle der Einhaltung der Anlagegrenzen erst mit dem Investmentänderungsgesetz Ende 2007 gesetzlich verankert wurde. Während in Bezug auf die Einhaltung der Anlagegrenzen die Depotbank tatsächlich nur eine Kontrolle der Anlagetätigkeit der KAG durchführen kann, lässt das Gesetz bei der Anteilwertermittlung zwei Möglichkeiten zu: (1) die Depotbank ermittelt den Anteilwert unter Mitwirkung der KAG[46], (2) die KAG ermittelt den Anteilwert und wird von der Depotbank kontrolliert[47]. Die BaFin hat im Depotbankrundschreiben erstmals ausführlich dazu Stellung genommen, auf welche Weise die Depotbank die Kontrolle der Anteil-

---

[44] BaFin (2010a), VIII.1.d).
[45] BaFin (2010a), VIII.1.e).
[46] § 36 Abs. 1 Satz 2, Alternative 1 InvG.
[47] § 36 Abs. 1 Satz 2, Alternative 2 i.V.m. § 27 Abs. 1 Nr. 1 InvG.

wertermittlung und der Einhaltung der Anlagegrenzen vornehmen soll[48]. Nach dem „Modell 1" gewährt die KAG der Depotbank Zugriff auf das Fondsbuchhaltungs- und das Anlagegrenzprüfungssystem der KAG. In diesem Fall hat die Depotbank die Pflicht, die ordnungsgemäße Funktionalität der von der KAG genutzten Systeme zu Beginn zu prüfen und im weiteren Verlauf regelmäßig, mindestens alle vier Monate, Stichproben durchzuführen. „Modell 2" bedeutet, dass die Depotbank ein eigenes Fondsbuchhaltungs- und Anlagegrenzprüfungssystem zur Kontrolle nutzt. Ein eigenes System schließt durchaus ein, dass die Depotbank, z. B. im Rahmen der Auslagerung, ein fremdes System nutzt[49]. Als Kombination dieser Modelle lässt die BaFin zu, dass im Rahmen des Modells 2 die KAG der Depotbank bestimmte Informationen, zu deren Weiterleitung die KAG nicht verpflichtet ist, gegen Aufwendungsersatz[50] zur Verfügung stellt, z. B. Ratings. Inwieweit die BaFin auch andere, im Depotbankrundschreiben nicht erwähnte Kontrollverfahren für möglich hält, ist offen. Der Wortlaut des Depotbankrundschreibens („insbesondere") lässt dies jedenfalls zu. Es ist aber eine Rücksprache mit der BaFin zu empfehlen, wenn die Depotbank von den im Rundschreiben erläuterten Verfahren abweichen will.

Zahlung von Vergütungen und Aufwendungsersatz

Schließlich sieht § 29 Abs. 1 InvG vor, dass die Depotbank der KAG die der KAG „zustehende" Vergütung und den der KAG „zustehenden" Aufwendungsersatz zahlt, woraus die BaFin eine Pflicht der Depotbank ableitet, zu prüfen, inwieweit die von der KAG geltend gemachten Auszahlungsansprüche tatsächlich bestehen[51]. Die BaFin hält es auch bei Spezialfonds explizit für nicht zulässig, wenn Anleger, KAG und Depotbank in der sogenannten „Dreiervereinbarung"[52] eine eingeschränkte Prüfungspflicht der Depotbank vereinbaren[53].

---

[48] BaFin (2010a), VIII.4.a).

[49] Die Variante, dass die Depotbank ein fremdes Fondsbuchhaltungssystem und darauf aufbauend ein eigenes Anlagegrenzprüfungssystem nutzt, bezeichnet die BaFin als „Mischmodell".

[50] Ob die BaFin, wie im Depotbankrundschreiben ausgeführt, wirklich nur einen Aufwendungsersatz gestattet, ist fraglich. Denkbar ist, dass die Parteien auch eine anders bemessene Vergütung vereinbaren können.

[51] BaFin (2010a), VIII.6.

[52] Siehe dazu oben Abschnitt 2 unter „Die Vertragsbeziehungen mit der KAG und dem Anleger".

[53] BaFin (2010a), VIII.6.a).

Geltendmachung von Ansprüchen der Anleger gegen die KAG

§ 28 Abs. 1 InvG legt fest, dass die Depotbank im eigenen Namen Ansprüche der Anleger gegen die KAG wegen der Verletzung des InvG oder der Vertragsbedingungen
geltend macht. Es handelt sich hierbei um eine gesetzliche Prozessstandschaft, bei der
die Depotbank durch das Gesetz ermächtigt wird, Rechte der Anleger im Namen der
Depotbank geltend zu machen, und die als Ausfluss der treuhänderischen Stellung der
Depotbank zu werten ist. Gleichwohl können Anleger gegen die KAG nach § 28
Abs. 1 Satz 2 InvG auch unmittelbar im eigenen Namen vorgehen.

4. Zusätzliche Dienstleistungen der Depotbank

Über die im vorherigen Abschnitt beschriebenen, sich aus dem Gesetz ergebenden
Aufgaben einer Depotbank hinaus erwarten professionelle institutionelle Investoren
heutzutage von ihrer Depotbank die Erbringung einer Reihe zusätzlicher Dienstleistungen[54]. Im Zuge der Entscheidungen über Mandatsvergaben spielen diese „Value-
Added-Services" der Anbieter inzwischen eine entscheidende Rolle. Häufig sind es
die Existenz und die Qualität dieser Dienstleistungen, mit denen sich Anbieter im
Markt differenzieren können. Im Folgenden sollen die einzelnen Dienstleistungsarten
näher betrachtet werden.

Reporting

Das Thema Reporting hat bei institutionellen Investoren spätestens seit der Jahrtausendwende einen herausgehobenen Stellenwert. Das Aufbrechen der Wertschöpfungskette im Fondsgeschäft hatte dazu geführt, dass institutionelle Investoren ihre Portfolios zunehmend von einer Vielzahl unterschiedlicher Fondsmanager im In- und
Ausland betreuen ließen. Nahezu jeder dieser Fondsmanager legte eine andere Daten-

---

[54] Diese zusätzlichen Dienstleistungen stehen im Zeichen des übergeordneten Geschäftsfelds „Custody".
Der Begriff „Custody" steht in seinen Ursprüngen in einem angelsächsischen Kontext. Er meint im
Kern die zentrale Verwahrung und Verwaltung des Wertpapiervermögens von Investoren, beschreibt
darüber hinaus aber eine Reihe weiterer Dienstleistungen. Unter einem „Global Custodian" wird ein
Anbieter verstanden, der nahezu weltumspannende Dienstleistungen im Kontext der Verwahrung und
Verwaltung von Wertpapieren erbringt. Geprägt wurde der Begriff Global Custody von der Chase
Manhattan Bank, die im Jahre 1974 erstmals ein gleichnamiges Produkt auf den Markt brachte, das zu
diesem Zeitpunkt die zentrale Verwahrung von Wertpapieren aus 15 verschiedenen Ländern ermög-
lichte. Heute werden in der Regel sieben große, international agierende Bankengruppen zu den Global
Custodians gezählt: BNP Paribas, BNY Mellon, Citi, HSBC, J.P. Morgan, Northern Trust und State
Street.

basis zugrunde, verfügte über andere Kursquellen, setzte andere Bewertungsmaßstäbe an oder wandte andere Performancemessungsverfahren an. Eine Vergleichbarkeit der Manager untereinander war kaum gegeben. Hier setzten die Depotbanken an und entwickelten konsolidierte Bestands-, Umsatz-, Performance- und Ertrags-/Aufwands-Reportings für institutionelle Anleger.

Zwei wesentliche Trends sind aktuell im Kontext der Reporting-Dienstleistungen zu beobachten: die Aufbereitung der Fondsdaten in ein IFRS-konformes Format sowie die Bereitstellung eines Risiko-Reportings. Da sich die Bilanzierungspraxis nach IFRS auf der Anlegerseite stetig ausdehnt, werden zunehmend IFRS-Reportings bei der Depotbank nachgefragt. Eine korrekte Darstellung von Bilanz sowie Gewinn- und Verlustrechnung nach IFRS erfordert dabei in der Regel eine nahezu vollständige Neuaufbereitung der Datengrundlagen. Zum Risiko-Reporting gehören Szenariorechnungen bzw. Sensitivitätsanalysen und Value-at-Risk-Berichterstattungen einschließlich Stresstests. Ist das Value-at-Risk-Konzept bei Banken und Versicherungen bereits seit Langem etabliert, wird es inzwischen auch vermehrt von den Finanzabteilungen großer Konzerne zur Risikosteuerung und -überwachung genutzt. Entsprechend werden diese Leistungen der Depotbank zunehmend nachgefragt. Damit verbunden sind hohe Anforderungen an die Rechnerkapazitäten und den erforderlichen Datenhaushalt der Depotbank.

Im Hinblick auf die Übertragungswege des Reportings stehen institutionellen Anlegern heute unterschiedliche Optionen zur Verfügung: Angefangen von der klassischen postalischen Übermittlung in Papierform über die Übertragung per E-Mail oder einen direkten Online-Download durch den Kunden selbst bis hin zur Bereitstellung individuell maßgeschneiderter Schnittstellen. Letztere erlauben es den Investoren, die von der Depotbank bereitgestellten Daten direkt in das eigene Buchhaltungssystem zu überführen. Die Inhalte und Formate der individualisierten Datensätze sind dabei grundsätzlich frei definierbar. Eine große Akzeptanz hat inzwischen das sogenannte E-Reporting erlangt, ein internetbasiertes Berichtswesen, in dem über einen Report-Konfigurator Berichte nach individuellen Vorgaben erstellt, in ein gewünschtes Datenformat umgewandelt und anschließend auf Anlegerseite weiterverarbeitet werden können.

Das obere Ende der Dienstleistungspalette bildet aktuell ein multinationales Investment-Reporting, das die Vermögenswerte nicht mehr nur für einen einzelnen nationalen juristischen Standort konsolidiert, sondern die Kapitalanlagen aus verschiedenen internationalen Standorten in einem Reporting zusammenführt. Nicht zuletzt großen multinationalen Institutionen bietet diese Dienstleistung einen besonderen Mehrwert:

Die jeweiligen nationalen Standorte können lokal autonome Anlageentscheidungen treffen bzw. ihre betriebliche Altersvorsorge innerhalb des jeweiligen Rechtsrahmens eigenständig aufbauen. Gleichzeitig ist es möglich, für das Group Treasury der betreffenden Institution ein integriertes, falls gewünscht IFRS-konformes Reporting zu erstellen. Voraussetzung ist auf Seite der Depotbank ein möglichst flächendeckendes globales Netzwerk von eigenen Niederlassungen und Abwicklungszentren, um alle Standorte des Anlegers im Hinblick auf Preisdaten etc. effizient abdecken zu können[55].

Ein spezifisches Reporting für Versicherungsunternehmen und Pensionskassen ist das sogenannte VAG-Reporting. Beide Kundengruppen sind gemäß § 54d des Gesetzes über die Beaufsichtigung von Versicherungsunternehmen (VAG) verpflichtet, die von ihnen gehaltenen Anteile an Spezial- und Publikumsfonds an die BaFin zu melden. Mit dem VAG-Reporting unterstützen Depotbanken die institutionellen Investoren bei dieser Berichtspflicht.

Wichtig im Zusammenhang mit Reporting-Dienstleistungen sind das marktgerechte Pricing von Wertpapieren sowie die Breite und Verlässlichkeit der Kursquellen. Ruhte der Fokus zu Anfang des Jahrtausends noch auf der immer stärkeren Automatisierung und damit Beschleunigung der Kurslieferungen, so ist die Qualität der Preisdaten – insbesondere seit Ausbruch der Finanzkrise – zunehmend in den Vordergrund gerückt. Regulatoren wie auch Investoren drängen heute sehr stark auf eine präzise Dokumentation und Kontrolle der zur Bewertung der Kapitalanlagen institutioneller Kunden herangezogenen Preise.

Die Herausforderung für Depotbanken liegt aktuell freilich nicht mehr in der Bewertung klassischer Kapitalanlagen, sondern im Bereich der komplexen, derivativen Strukturen sowie der Asset- und Mortgage Backed Securities und der Hybride. In einem Großteil der Fälle können Kurse über spezialisierte Datenlieferanten eingekauft werden. In einigen derivativen Bereichen wird gleichwohl auch der Service von Spezialanbietern nicht ausreichen, sodass mitunter nur die Kursanfrage beim Emittenten bleibt. Grundsätzlich gilt, dass diejenigen Depotbanken, die über eine Vielzahl kom-

---

[55] Ist dies nicht gegeben, so kann entweder nur ein eingeschränktes Reporting produziert werden oder es müssen Buchhaltungs- und Bestandsdaten fremder Dienstleister in das Reporting integriert werden. Da sich die Depotbank auf die Richtigkeit der Daten des Drittbieters verlassen können muss, kommen in der Regel ausschließlich Unterverwahrer in den jeweiligen Ländern in Frage, mit denen ohnehin ein regelmäßiger Datenabgleich stattfindet. Theoretisch möglich erscheint auch das Aufstellen einer eigenen Schattenbuchhaltung für die nicht selbst abgedeckten Standorte.

plexer Portfolios und die damit verbundene Datenvielfalt verfügen, komplexe Bewertungen leichter und verlässlicher vornehmen können.

Zusammenfassung der Anlagen in einem Reporting: Depotbank vs. Master-KAG

Festzustellen ist, dass Depotbanken bei Reportingdienstleistungen mitunter in direkter Konkurrenz zur Master-KAG stehen[56]. Wer letztlich die Dienstleistung erbringt, hängt tendenziell davon ab, welches Setup ein institutioneller Investor für seine Fondsanlagen wählt. Arbeitet er mit einer Bank zusammen, die die Depotbank-Funktion für mehrere Fonds ausübt, die bei unterschiedlichen Kapitalanlagegesellschaften administriert werden, so bietet es sich an, dass die Depotbank die Fonds in einem Reporting zusammenführt, da sie über die notwendigen Datengrundlagen verfügt. Ebenso ist der umgekehrte Fall denkbar: ein institutioneller Investor hat eine Kapitalanlagegesellschaft ausgewählt, während die Depotbank-Funktion für einzelne Fonds von unterschiedlichen Banken ausgeübt wird. Hier liegt es nahe, dass die Kapitalanlagegesellschaft die Reporting-Dienstleistung erbringt. Über verschiedene – mehr oder weniger anspruchsvolle – Hilfskonstruktionen ist es gleichwohl unabhängig vom gegebenen Setup möglich, die Dienstleistung von der einen oder anderen Instanz zu beziehen.

Direktanlagen

Neben ihren Investments in Fonds halten institutionelle Investoren Titel außerhalb von Fonds als sogenannte Direktanlagen. Die Leistungserbringung durch die depotführende Bank beschränkte sich dabei in der Vergangenheit auf die klassische Verwahrung der Vermögensgegenstände, den Einzug von Zinsen und Dividenden, die Abwicklung von Kapitalmaßnahmen[57] sowie die Bereitstellung einer regelmäßigen Vermögensaufstellung bzw. von Konto- und Depotauszügen[58].

Zwei übergeordnete Trends verändern aktuell die Dienstleistungserbringung in diesem Bereich. Zum einen steht die Komplexität der Direktanlagen großer institutioneller Kunden den Anlagen großer internationaler Fondsmanager kaum noch nach. Hier sind die gleichen Entwicklungen im Anlageverhalten zu beobachten – hin zu komplexeren Anlageformen, zu derivativen Instrumenten, zu Hedgefonds sowie zu einer breiteren

---

[56] Vgl. zum Konzept der Master-KAG ausführlich den Beitrag Trautmann/ Wagner sowie Grzybowski (2003), S. 69ff.

[57] Dies können etwa Splits, Kapitalerhöhungen, Mergers oder Endfälligkeiten sein.

[58] Es handelte sich bei den Direktanlagen in der Vergangenheit oftmals um inländische Wertpapierbestände oder Eurobonds, die in der Verwahrung und Verwaltung eine relativ geringe Komplexität aufweisen.

Aufstellung mit größeren Emerging Markets-Anleihen- und zum Teil auch Emerging Markets-Aktien-Exposures. Entsprechend hoch sind die Anforderungen an die vorzuhaltende IT-Infrastruktur für die Direktanlagen.

Der zweite Trend besteht in einer zunehmenden Nachfrage nach einer unabhängigen Bewertung der Direktanlagen durch den Verwahrer. Häufig wird inzwischen eine Einbeziehung der Direktinvestments in ein konsolidiertes Gesamt-Reporting (einschließlich bestehender Fondsanlagen) nach buchhalterischer Bestandsführung mit einer entsprechenden Abgrenzung von Ansprüchen nachgefragt. Hier wird der systematische Unterschied zwischen depotführender Bank und Depotbank deutlich: die Wertpapierverwaltungssysteme sind in der Regel reine Positionsführungssysteme, die im Gegensatz zu Fondsbuchhaltungssystemen nicht die erforderlichen umfangreichen Schnittstellen zu Kursversorgungssystemen aufweisen. Während konsolidierte Online-Reporting-Kapazitäten im Fondsbereich längst zum Standard-Repertoire vieler Depotbanken gehören, sind die Wertpapierverwaltungssysteme häufig nicht mit diesem Reporting-System verbunden. Ein Umweg, um Direktanlagen in ein konsolidiertes Reporting mit einbeziehen zu können, liegt hier häufig in der Bildung einer virtuellen Fondshülle, einem sogenanntem „Dummy-Fonds". Alternativ haben einige Anbieter eigenständige Data Warehouses eingerichtet, die nicht vom Fondsbuchhaltungssystem abhängig sind, sondern direkt vom Wertpapierverwaltungs-System Daten beziehen und darüber hinaus eine entsprechend komplexe Bewertungslogik abbilden können.

Fonds-Order-Routing und Bestandsprovisionsmanagement

Publikumsfonds erfreuen sich als Beimischung sowohl im Rahmen von Direktanlagen als auch in Investment-Sondervermögen immer größerer Beliebtheit bei institutionellen Investoren[59]. In diesem Zusammenhang kann die Depotbank eine Reihe von Zusatzleistungen anbieten.

Im Rahmen der Dienstleistung „Fonds-Order-Routing"[60] etwa erhalten institutionelle Kunden die Möglichkeit, ihre Kauf- und Verkaufsorders für Publikumsfonds einfach und schnell in elektronischer Form zu erteilen. Die Depotbank tritt dabei sowohl als Execution Agent wie auch als Abwickler und verwahrende Bank auf. Fonds-Order-Routing wird fast ausnahmslos durch die Verwahrer der jeweiligen Fonds erbracht, da die Mehrheit der emittierenden Fondsgesellschaften Kauf- und Verkaufsorders jeweils

---

[59] Damit dienen Publikumsfonds im institutionellen Kontext nicht mehr ausschließlich als Zielinvestments von Dachfonds.

[60] Vgl. für eine detaillierte Betrachtung dieser Dienstleistung Slotosch (2009).

nur von diesem Kreditinstitut akzeptiert[61]. Fondsanteile lassen sich meist nicht uneingeschränkt in gleicher Weise über Dritte liefern wie dies etwa bei Aktien der Fall ist. Damit kann dass Fonds-Order-Routing institutionellen Kunden einen echten Mehrwert bieten.

Die Rückvergütung von Vertriebsfolgeprovisionen an institutionelle Investoren wird hingegen durch ein professionelles Bestandsprovisionsmanagement der Depotbank ermöglicht. Besonders interessant aus Investorensicht sind dabei solche Depotbanken, die zum einen eine möglichst große Anzahl von Vertriebsvereinbarungen mit Investmentgesellschaften geschlossen haben und damit eine breite Fondsbasis abdecken, und die zum anderen – z. B. aufgrund hoher Bestände in den betreffenden Fonds – vorteilhafte Rückvergütungssätze mit den jeweiligen Investmentgesellschaften haben aushandeln können[62]. Ein institutioneller Investor kann durch Inanspruchnahme dieser Leistung unter dem Strich eine Reduktion der Management Fee um 25-50% erzielen[63].

Abwicklung von Hedgefonds

Hedgefonds sind inzwischen in vielen Fällen ein integraler Bestandteil des Anlagespektrums institutioneller Investoren. Für Depotbanken birgt die Abwicklung von Hedgefonds jedoch einige Risiken[64]. Ursächlich hierfür ist der spezifische Abwicklungsprozess, für den die herkömmlichen Abwicklungssysteme technisch nicht ausgelegt sind, und die Existenz bestimmter Charakteristika, die es in vergleichbarer Form

---

[61] So sollen Leerverkäufe von Anteilsbeständen unterbunden werden, die andernfalls einen negativen Einfluss auf den Fondspreis haben könnten.

[62] Für die Bank selbst besteht die Herausforderung im Zusammenhang mit dem Bestandsprovisionsmanagement darin, ein System aufzusetzen, in dem Provisionsansprüche innerhalb der Fondsbuchhaltung richtig abgegrenzt werden können. Die Schwierigkeit ist hier nicht zuletzt, dass die Provisionen auf Basis einer Vielzahl von Methoden berechnet werden können (z. B. Quartalsdurchschnitt des abgewickelten Bestandes, abgewickelter Monatsendbestand, Einzeltagsbetrachtung der abgewickelten Bestände etc., jeweils multipliziert mit einem Provisionssatz, der in vielen Fällen auf gestaffelten Sätzen beruht).

[63] Im Ergebnis führt die beschriebene Dienstleistung zu einem direkten Wettbewerb zwischen Publikumsfonds und institutionellen Anteilsklassen. Bei Einhaltung eines bestimmten Mindestanlagebetrages ist die institutionelle Anteilsklasse durch eine deutlich niedrigere Management Fee gekennzeichnet, während hier selbstverständlich keine Bestandsprovisionierung erfolgt.

[64] Vgl. ISSA (2001) für einen umfassenden Überblick über die verschiedenen Risiken im Geschäft mit der Verwaltung und Verwahrung von Wertpapieren.

bei traditionellen Investments nicht gibt[65]. Auch lässt sich die Mehrheit der Hedge-fonds nicht auf täglicher Basis handeln. Die Kauf- und Verkaufabwicklung erfolgt fast ausnahmslos nicht auf Zug-um-Zug-Basis, sondern meist per Vorab-Überweisung (sogenanntes „Pre-Payment"). Zudem ist die Verwahrung von Hedgefonds üblicher-weise nicht über die nationalen Zentralverwahrer möglich.

Angesichts dieser Besonderheiten sind Depotbanken angehalten, eine klare Positionie-rung vorzunehmen. Die Optionen reichen vom Vorhalten der erforderlichen Infra-struktur, um eine automatisierte Hedgefonds-Abwicklung zu ermöglichen, über eine manuelle und damit kostenintensive, risikobehaftete Abwicklung bis hin zur strategi-schen Entscheidung, die Abwicklung von Hedgefonds von Drittanbietern aus Risiko-überlegungen heraus – nicht zuletzt vor dem Hintergrund der Diskussionen um stren-ger werdende Haftungsregeln[66] – gänzlich abzulehnen.

Abwicklung von Schuldscheindarlehen und Namensschuldverschreibungen

Schuldscheindarlehen und Namensschuldverschreibungen sind beliebte Anlageins-trumente deutscher institutioneller Investoren – sowohl in Direkt- als auch in Fondsan-lagen. Bei einem Schuldscheindarlehen handelt es sich um ein normales Darlehen, über das ein Schuldschein ausgestellt worden ist. Ein Schuldschein soll im Falle eines Gerichtsprozesses vollen Beweis für die Gewährung des Darlehens erbringen[67]. Na-mensschuldverschreibungen sind dagegen Wertpapiere. Sie lauten auf eine bestimmte Person als Berechtigten, weshalb eine Übertragung auf andere Personen nicht durch bloße Übereignung des Wertpapiers, sondern nur über eine Abtretung der Rechte aus der Schuldverschreibung erfolgen kann.

Schuldscheindarlehen und Namensschuldverschreibungen sind aufgrund der gegen-über einem Inhaberpapier erschwerten Übertragbarkeit nicht börsenfähig. Beide Anla-geinstrumente werden daher klassischerweise im Tresor verwahrt; beiden mangelt es daher auch an den äußeren technischen Merkmalen eines börsengehandelten Wert-papiers, wie z. B. einer Wertpapierkennnummer. Da zahlreiche Institute nicht mehr

---

[65] Hierzu gehören etwa Lock-Ups, Gates, Side-Pockets, Hurdles, Claw-Backs und nicht zuletzt ein um-fangreiches Vertragswerk, das bei erstmaligem Erwerb vor der Unterzeichnung geprüft werden muss. Vgl. Kaiser (2009) für einen breiten Überblick über das Thema Hedgefonds.

[66] Vgl. hierzu etwa die Absätze zur Verwahrung verwahrungsfähiger Gegenstände in Abschnitt 3.

[67] Gemäß § 416 Zivilprozessordnung begründen Privaturkunden (zu denen auch ein Schuldschein ge-hört), sofern sie von den Ausstellern unterschrieben oder mittels notariell beglaubigten Handzeichens unterzeichnet sind, vollen Beweis dafür, dass die in ihnen enthaltenen Erklärungen von den Ausstel-lern abgegeben sind

über lokale Tresore zur Verwahrung von effektiven Stücken verfügen, haben einige Depotbanken kreative Lösungen für eine Verwahrung und Einbuchung der Titel entwickelt. Dies erfolgt in der Regel dergestalt, dass die Stammdatenpflege-Bereiche der Depotbanken sowohl Namensschuldverschreibungen als auch Schuldscheindarlehen wie börsennotierte Wertpapiere behandeln. Es werden alle regulären Stammdaten erfasst, eine Kennnummer vergeben und der Titel in die standardisierte Kurspflegedatenbank der Bank aufgenommen. Die Urkunden werden somit „systemfähig" gemacht. Über diese Hilfskonstruktion ist es dann auch möglich, beide Anlagearten in einem bewerteten, konsolidierten Vermögensbericht zusammenzuführen.

Collateral Management

Zahlreiche Handelsaktivitäten erfordern eine Besicherung. Derivate-Kontrakte etwa – unabhängig davon, ob sie über Börsen oder bilateral im sogenannten Over-the-Counter-Geschäft gehandelt werden – müssen durch Barmittel oder Wertpapiere einer vorgeschriebenen Güte besichert werden, um die Erfüllung der Geschäfte zu gewährleisten. Auch im Rahmen der Wertpapierleihe sowie von Repo- oder Währungsgeschäften spielt die Besicherung der Transaktionen eine Rolle. Dabei erfordern einige Geschäfte eine Stellung von Sicherheiten durch den Investor – sei es aus einer Direktanlage heraus oder für Rechnung eines Sondervermögens –, in anderen Fällen nimmt der Investor Sicherheiten herein. Grundsätzlich gilt, dass eine Übersicherung unnötig Liquidität oder Assets der Handelspartner bindet, während bei einer Untersicherung Kontrahentenrisiken ungedeckt bleiben. Nicht zuletzt die Finanzkrise hat gezeigt, wie wichtig der gewissenhafte Umgang mit Kontrahentenrisiken ist.

Die Komplexität moderner Anlageinstrumente, die Herausforderungen in der Ermittlung der wahren Risikoexposures ebenso wie die mit einer Besicherung einhergehenden administrativen Anforderungen machen die Sicherheitenstellung heute zu einem aufwendigen und kostenintensiven Prozess. Hier setzt die von Depotbanken angebotene Collateral Management-Dienstleistung an. Sie ermöglicht institutionellen Investoren eine effiziente Verwaltung von Sicherheiten. Dabei können etwa die Anlagen über mehrere Depotbanken hinweg konsolidiert werden; entsprechende Schnittstellen sind hier die Voraussetzung. Neben der eigentlichen Verwahrung der Sicherheiten reicht die Dienstleistung über den gesamten Prozess der Sicherheitenstellung: angefangen von der täglichen Berechnung der Exposures eines Anlegers, über die tägliche Bewertung von Sicherheiten zu Marktpreisen sowie die Ermittlung von währungsübergreifenden Sicherheitsabschlägen und wertpapierbezogenen bzw. geografischen Konzentrationslimits mit der entsprechenden Zuordnung von Sicherheiten zu den relevanten

Sperrdepots bis hin zu einem Reporting der zugrunde liegenden Transaktionen und Risiken.

Wertpapierleihe

Die Wertpapierleihe hat als Anlageinstrument in den vergangenen Jahren zunehmend das Kundeninteresse geweckt. Angesichts dessen stellen leistungsfähige Depotbanken ihren institutionellen Anlegern heutzutage sogenannte Wertpapierleiheprogramme zur Verfügung. Da auch Fonds vermehrt als Entleiher auftreten, hat die Depotbankaufgabe, dafür zu sorgen, dass die nach dem Investmentgesetz erforderlichen Sicherheiten rechtswirksam bestellt und jederzeit vorhanden sind, enorm an Bedeutung gewonnen.

Drei unterschiedliche Ertragsquellen lassen sich bei der Wertpapierleihe aus Investorensicht unterscheiden: die Leihgebühr, die Wiederanlage der Barsicherheiten, die der Entleiher dem Verleiher im Gegenzug für die entliehenen Wertpapiere stellt, und die Ausnutzung regionaler steuerlicher Unterschiede[68]. Wertpapierleiheprogramme werden heutzutage zu großen Teilen auf Agency-Basis durchgeführt. Die verwahrende Bank agiert dabei als „Agent", d. h. als Vermittler eines Leihegeschäfts zwischen dem Verleiher und dem Entleiher. Alternativ kann die Bank als reiner Abwickler von Geschäften zwischen dem Investor und einem dritten „Agenten" auftreten. Abzugrenzen ist das Agency Lending vom Principal Lending, bei dem die Depotbank selbst als Entleiher in Erscheinung tritt. Sicherheiten in Form von Cash oder von Wertpapieren erstklassiger Qualität werden in beiden Fällen gestellt.

Je größer und globaler eine Depotbank aufgestellt ist, desto attraktiver sind in der Regel ihre Wertpapierleiheprogramme für die Anleger. Denn mit der Größe gehen in der Regel die Platzierungskraft – d. h. eine Vielzahl potenzieller Entleiher – und die notwendige globale Infrastruktur einher.

Schwierig ist die Aufgabe der Überwachung der Bestellung und des jederzeitigen Vorhandenseins der Sicherheiten dann, wenn die Sicherheiten nicht bei der Depotbank selbst, sondern bei einem Collateral Manager verwahrt werden. In einem solchen Fall schreibt die BaFin im Depotbankrundschreiben vor, dass die Depotbank mit dem Collateral Manager und der KAG eine Vereinbarung treffen muss, in der zunächst der Pool zulässiger Sicherheiten definiert wird. Zusätzlich hat sich der Collateral Manager dazu zu verpflichten, einen Austausch von Sicherheiten nur innerhalb dieses Pools

---

[68] Vgl. ausführlich zur Wertpapierleihe für institutionelle Investoren Ambrosius/ Franz (2008).

vorzunehmen und dafür zu sorgen, dass die ausgetauschten Sicherheiten in ausreichender Höhe vorhanden sind[69].

CLS – Continuous Linked Settlement

„CLS" steht für „Continuous Linked Settlement" und bezeichnet den Prozess zur praktisch risikofreien Multi-Currency-Cash-Abwicklung mit Drittparteien. Hinter dem Prozess steht der Gedanke, Fremdwährungsgeschäfte[70] ohne Risiko und unabhängig von globalen Zeitverschiebungen in Zentralbankgeld abzuwickeln, ggf. zu netten und diesen Prozess innerhalb eines einheitlichen rechtlichen Rahmens aufzusetzen[71].

Im Depotbank-Geschäft gewinnt das Thema CLS zunehmend an Bedeutung, nimmt doch eine steigende Anzahl institutioneller Investoren FX-Transaktionen mit einer Vielzahl von Drittparteien vor. Die Minimierung der Kontrahentenrisiken ist dabei von besonderer Bedeutung. Insbesondere große Portfoliomanager werden durch die mit dem klassischen Zahlungsweg bei FX-Geschäften verbundenen Risiken zunehmend in ihrem Handlungsspielraum eingeschränkt. Für sie ist eine Anbindung der Depotbank an den CLS-Prozess von besonderer Bedeutung.

Steuerservice

Abgerundet wird das Dienstleistungsangebot einer Depotbank durch einen Steuerservice. Wie zahlreiche andere Staaten hat auch Deutschland eine Vielzahl bilateraler Doppelbesteuerungsabkommen geschlossen. Diese Abkommen vermeiden, dass etwa Dividenden bei Zahlung durch den Emittenten im Heimatland und nochmals bei Gutschrift im Steuerdomizil des Investors besteuert werden. In diesem Rahmen besteht die Möglichkeit einer „Reduzierung an der Quelle": Liegen vorab die erforderlichen Dokumente bei den Lagerstellen bzw. Emittenten im jeweiligen Land vor, kann die Besteuerung reduziert werden. Hier unterstützen leistungsfähige Depotbanken ihre Kunden mit einem umfangreichen steuerrechtlichen Know-how und den entsprechenden Prozessen, indem sie über ihr Lagerstellennetzwerk die entsprechenden Beantragungen im Auftrag der KAG für die Sondervermögen durchführen.

---

[69] BaFin (2010a), VIII.3.

[70] Hierzu zählen etwa FX Spot-Geschäfte, FX Forwards, FX Optionen oder FX Swaps.

[71] Unterhalten wird der Prozess von der unabhängigen Abwicklungsbank, der CLS Bank. Nach der Gründung der Bank im Jahre 1997 wurde der Prozess schrittweise aufgesetzt. Im Jahr 2002 erfolgte dann die Markteinführung mit zunächst sieben Währungen. Heute wird die sogenannte „Payment-versus-Payment-Abwicklung" in siebzehn bedeutenden Weltwährungen angeboten.

5.   Marktüberblick Depotbanken

Deutschland

Gemäß der Bundesanstalt für Finanzdienstleistungsaufsicht sind in Deutschland derzeit 53 Depotbanken zugelassen[72]. Ein Großteil dieser Institute hält relativ kleine Marktanteile, während die vier größten Anbieter (State Street, Commerzbank, Bank of New York Mellon (BNY Mellon) und J.P. Morgan) einen Marktanteil von nahezu 50% der Assets under Depotbank[73] auf sich vereinen. Die folgende Abbildung veranschaulicht die Marktstruktur:

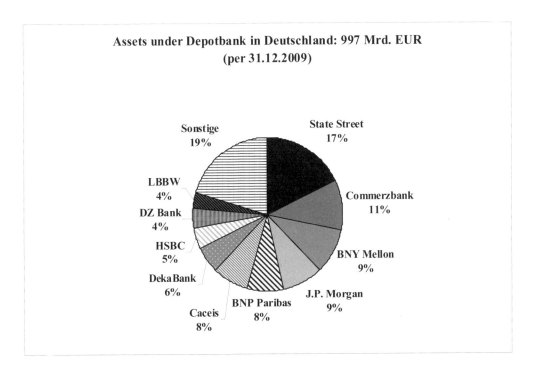

Abbildung 1: Deutscher Depotbanken-Markt[74]

Die Konsolidierung des Marktes in den vergangenen Jahren spiegelt einige herrschende globale Trends wider: die zunehmende Komplexität der Anlagen, den Rückzug etablierter Anbieter und den Bedeutungsgewinn der Global Custodians.

---

[72] Vgl. BaFin (2010b).

[73] Der Begriff „Assets under Depotbank" ist der in der Branche gebräuchliche Ausdruck für die verwahrten Vermögensgegenstände in nach dem Investmentgesetz aufgelegten Investmentvermögen.

[74] Quellen: PWC (2010), dpn (2010).

Die steigende Komplexität der Anlageprodukte in Verbindung mit steigenden regulatorischen Anforderungen hat zu deutlich erhöhten Anforderungen an die Abwicklungs-, Buchhaltungs- und Bewertungssysteme der Anbieter geführt. Um wettbewerbsfähige Dienstleistungen anbieten zu können, sind erhebliche Investitionen in Systeme und personelle Ressourcen erforderlich. Als Alternative zum Aufbau entsprechender eigener Infrastrukturen hat sich für die Anbieter in den letzten Jahren der gezielte Zukauf von Services über ein Outsourcing erwiesen[75], insbesondere in den Bereichen Fondsbuchhaltung und Anlagegrenzprüfung[76]. Als Insourcer fungieren dabei Kapitalanlagegesellschaften, andere Depotbanken oder Wertpapierservicebanken[77].

Outsourcing-Tendenzen im Hinblick auf Teile der Wertschöpfungskette sind nicht nur innerhalb der Grenzen Deutschlands, sondern auch grenzüberschreitend zu beobachten. So lassen einige Anbieter schon heute Teile der Dienstleistungen für mehrere Länder, wie etwa die Fondspreis-Berechnung, zentral an einem einzigen Standort durchführen. Zunehmend rückt hier Osteuropa als Standort in den Fokus, da hier Skaleneffekte mit einem vergleichsweise niedrigen Lohnniveau verbunden werden können. Da die neu gefasste OGAW-Richtline (UCITS IV) vorsieht, dass die Depotbank nach wie vor in dem jeweiligen Auflegungsland des Fonds ansässig sein muss, ändert sich zumindest juristisch nichts am klassischen deutschen Investmentdreieck. In der Praxis muss diese lokale Funktion jedoch ausschließlich die Einhaltung der Leistungserbringung und Gewährleistung aller regulatorischen Anforderungen sicherstellen, sodass eine grenzüberschreitende Auslagerung der Fondspreisberechnung oder -kontrolle grundsätzlich zulässig ist.

Nicht zuletzt diese Möglichkeiten des Outsourcings führen dazu, dass sich bislang eine ganze Reihe von kleinen und mittelgroßen Depotbanken trotz eines hohen Wettbewerbsdrucks im deutschen Markt behaupten konnte. Auf der anderen Seite haben in den vergangenen Jahren einige Anbieter – darunter auch einige große Institute – ent-

---

[75] Vgl. zu den Möglichkeiten des Outsourcings im Detail Harth (2010) sowie Braunberger (2008).

[76] Die technische Erbringung der reinen Verwahrdienstleistung stellt hingegen nur noch für wenige Wertpapierbanken eine Herausforderung dar. Auch kleinere und mittelgroße Depotbanken bedienen sich inzwischen der Dienstleistungen von Global Custodians, etwa für die Abwicklung von Wertpapieren aus den Emerging Markets, und können die depotführenden Dienstleistungen damit ohne größere Schwierigkeiten anbieten.

[77] Die formale Haftung für die Dienstleistungserbringung durch den Dritten verbleibt jedoch bei der Depotbank.

schieden, das Depotbank-Geschäft aus Gründen einer mangelnden Profitabilität zu verkaufen bzw. einzustellen[78].

Hiervon haben insbesondere die Global Custodians profitiert, die häufig als Käufer zum Zuge kamen, ihre Präsenz im deutschen Markt kontinuierlich ausbauen konnten und damit letztlich eine Konsolidierung des Marktes vorangetrieben haben. Sie versetzten sich in die Lage, auch solche Dienstleistungen anbieten zu können, die lokale Expertise und einen lokalen Standort erfordern. Ihr Produktspektrum konnten sie auf diese Weise erweitern, ihre Wettbewerbsposition weiter stärken und ihre Marktanteile im Ergebnis ausbauen. Durch ihre in der Regel global einsetzbare Systemlandschaft erzielen sie dabei die nötigen Skaleneffekte, die sich natürlich auch in einem wettbewerbsfähigen Pricing der Dienstleistungen niederschlagen.

Globaler Markt

Auf globaler Ebene ist im Zusammenhang mit der Verwahrung und Verwaltung von Wertpapieren vom Global Custody-Markt die Rede. Auch global wird der Markt von einer relativ kleinen Anzahl von Banken dominiert. Die vier größten Anbieter (BNY Mellon, State Street, J.P. Morgan und Citibank) halten gemeinsam einen Marktanteil von nahezu 60% der weltweiten Assets under Custody[79]. Die folgende Abbildung zeigt die Verteilung der Marktanteile im Detail:

---

[78]   In eine Kosten-/Nutzenanalyse fließen dabei in der Regel die Sekundär- und Tertiärerträge aus dem Depotbank-Geschäft ein, etwa aus dem Wertpapier- oder dem Devisenhandel. Schließlich stellt die Depotbankfunktion eine Art „strategischen Anker" in einer Kundenbeziehung dar, aus der ein umfangreiches Folgegeschäft resultieren kann. Dies ist sicherlich ein wesentlicher Grund, weshalb die Depotbankfunktion von vielen kleinen und mittelgroßen Banken aufrechterhalten wird.

[79]   Der Begriff „Assets under Custody" ist der auf globaler Ebene gebräuchliche Ausdruck für die zentral verwahrten Vermögensgegenstände.

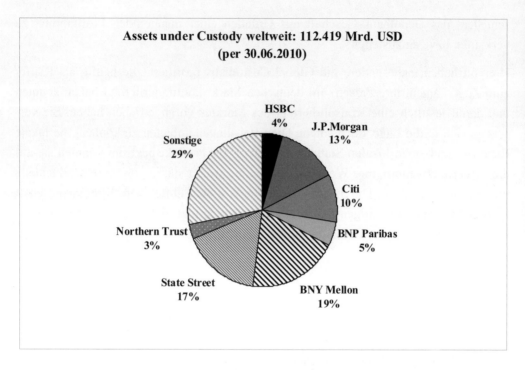

Abbildung 2: Globaler Custody-Markt[80]

Der Expansionsdrang der Global Custodians ist auch auf globaler Ebene zu beobachten. Die HSBC etwa erwarb 2006 das Custody-Geschäft der Westpac Bank in Australien[81], J.P. Morgan akquirierte 2008 das Custody-Geschäft der Nordea Bank im skandinavischen Raum[82], State Street erhielt in 2009 den Zuschlag für das Wertpapierdienstleistungsgeschäft der Banca Intesa in Italien[83] und BNY Mellon kaufte jüngst in 2010 das Asset Servicing-Geschäft der BHF Bank in Deutschland[84]. Es ist davon auszugehen, dass diese global aufgestellten Banken auch künftig danach streben werden, ihre Positionen in den nationalen Märkten auszubauen – sei es organisch oder durch Zukäufe.

---

[80] Quelle: HSBC Securities Services
[81] Vgl. HSBC (2006).
[82] Vgl. J.P.Morgan (2008).
[83] Vgl. State Street (2009).
[84] Vgl. BNY Mellon (2010).

6. Fazit und Ausblick

Der vorliegende Beitrag zeigt die verschiedenen Dienstleistungen einer Depotbank im Überblick. Es wurde deutlich, dass dies neben den gesetzlich geregelten Verwahr- und Überwachungsaufgaben eine Reihe weitere im Zusammenhang mit der Verwahrung und Verwaltung von Wertpapieren stehende Leistungen sind. Hierzu gehören etwa verschiedene Reportingdienstleistungen ebenso wie Dienstleistungen im Hinblick auf Direktanlagen, Hedgefonds oder Publikumsfonds. Ein Blick auf die Marktstrukturen – sowohl auf deutscher als auch auf globaler Ebene – zeigt, dass einige global agierende Anbieter zunehmend Marktanteile auf sich vereinen und damit eine Konsolidierung des Marktes vorantreiben. Gleichwohl behauptet sich bislang insbesondere in Deutschland eine ganze Reihe kleiner und mittelgroßer Depotbanken im Markt.

Ausblickend ist davon auszugehen, dass die Zukunft der Depotbanken in Deutschland von einigen globalen Entwicklungstendenzen beeinflusst werden wird. Hierzu gehört etwa das noch stärkere Zusammenwachsen der globalen Kapitalmärkte und damit verbunden insbesondere die zunehmende Bedeutung der Kapitalmärkte in den „Global Emerging Markets". Stellt eine Beimischung von Papieren aus den Schwellenländern heute noch eher die Ausnahme als die Regel dar, so werden viele Emerging Markets schon in wenigen Jahren wie selbstverständlich zu jedem institutionellen Gesamtportfolio gehören. Nicht zuletzt aufgrund von Kapitalverkehrsbeschränkungen in einigen dieser Länder wird der Administrationsaufwand im Zusammenhang mit Kapitalanlagen in den Schwellenländern gleichwohl auch künftig vergleichsweise hoch bleiben. Angesichts dessen liegt der Schlüssel zu einer künftig erfolgreichen Positionierung für Depotbanken darin, unter Rückgriff auf ein möglichst große Teile des Globus umspannendes Netzwerk kostengünstige, automatisierte und global weitgehend standardisierte Dienstleistungen anbieten zu können und gleichzeitig ein umfangreiches Fachwissen im Hinblick auf Kapitalanlagen in den Emerging Markets vorzuhalten, um beratend zur Seite stehen zu können.

Auch die Themen Risiko und Haftung werden künftig eine bedeutende Rolle spielen. Die Finanzmarktkrise hat gezeigt: Es geht im Zuge des Auswahlprozesses einer Depotbank aus Investorensicht nicht mehr ausschließlich darum, welcher Anbieter eine technische Dienstleistung zu einem günstigen Preis abwickeln kann. Vielmehr ist es von ganz wesentlicher Bedeutung, welcher Partner über die nötige Kapitalausstattung, Finanzkraft und Solidität verfügt, um auch unter schwierigen wirtschaftlichen Rahmenbedingungen zu bestehen. Haftungsfragen werden künftig etwa in Bezug auf die Auswahl von Unterverwahrern durch Depotbanken eine Relevanz haben[85].

Im Hinblick auf weitere Konsolidierungstendenzen im deutschen Depotbankenmarkt gibt es gegenläufige Argumente. Zunächst ist davon auszugehen, dass der Trend zum Outsourcing anhalten wird und insbesondere kleinere und mittelgroße Depotbanken bei einem weiter zunehmenden Wettbewerbsdruck von diesen Möglichkeiten Gebrauch machen werden. Das jüngst veröffentliche Depotbankrundschreiben der BaFin trifft einige Aussagen über die zulässige Auslagerungstiefe[86]. Demzufolge können die Kontrollaufgaben der Depotbank nur dahin gehend ausgelagert werden, dass ein Drittanbieter „Teilprozesse für die Durchführung der Kontrollaufgabe" erbringt, während die eigentliche Kontrollaufgabe dagegen in jedem Fall von der Depotbank selbst wahrzunehmen ist[87]. Diese Möglichkeiten des Outsourcings von Teilprozessen sollten die betreffenden Anbieter auch künftig in die Lage versetzen, umfangreiche Investitionen zu vermeiden und die Depotbankfunktionen damit letztlich weiter anbieten zu können. Dies spricht gegen eine signifikante weitere Konsolidierung im Depotbankenmarkt. Auf der anderen Seite ist der Preisdruck nach wie vor hoch – bei gleichzeitig hohen Kundenansprüchen an die Qualität der Dienstleistungen der Depotbank. Da auch im Depotbank-Geschäft die regulatorischen Anforderungen in den kommenden Jahren eher zu- denn abnehmen werden, wird sich dieses Spannungsfeld noch verstärken. Am Beispiel des Depotbankrundschreibens der BaFin wird auch dies bereits deutlich. Hier werden bestimmte Regelungen aus dem InvG konkretisiert und damit in Teilen höhere Anforderungen als bisher an die Depotbanken gestellt[88]. Damit einhergehende steigende Aufwendungen könnten dazu führen, dass einige Depotbanken in ihren Kosten-/Nutzenanalysen zu neuen Ergebnissen kommen und sich folgerichtig von dem Geschäftsfeld trennen müssen. Eine weitere Marktkonsolidierung wäre dann die Folge.

---

[85]   Vgl. hierzu im Detail die Absätze zur Verwahrung verwahrungsfähiger Gegenstände in Abschnitt 3 sowie den Beitrag von Althoff/ Noltsch

[86]   Auch zukünftig wird das Ausmaß des Outsourcings von den Vorgaben der BaFin abhängen. Sie entscheidet letztlich, welche Dienstleistungen die Depotbank extern vergeben darf und welche nicht. Ein sehr restriktives Vorgehen der BaFin ist gleichwohl auch in Zukunft nicht zu erwarten, dürfte es doch auch im Interesse der Aufsicht liegen, einen intensiven Wettbewerb aufrecht zu erhalten. Die Vergangenheit hat bereits gezeigt, dass die BaFin in vergleichbaren Fragen einen recht pragmatischen Ansatz verfolgt.

[87]   BaFin (2010a), IX.

[88]   Etwa die Pflicht der Depotbank zur regelmäßigen Prüfung des Anlagegrenzprüfungssystems eines Drittanbieters, sofern diese Funktion ausgelagert wurde. Vgl. hierzu im Detail den Absatz zur Kontrolle der Anteilwertermittlung und Anlagegrenzprüfung in Abschnitt 3.

Die zentralen Treiber künftiger Marktentwicklungen werden aber nicht die Regulatoren, sondern vielmehr die institutionellen Investoren sein – insbesondere die großen Kunden mit zu verwahrenden Vermögenswerten im zwei- bis dreistelligen Milliardenbereich. Deren Anforderungen sind vielfältig: Sie erwarten ein nachhaltiges Commitment ihrer Depotbank zur Depotbankfunktion nach dem InvG und auf dieser Basis u.a. qualitativ hochwertige Services, technische Flexibilität im Hinblick auf Prozesse und Schnittstellen, den Zugang zu allen relevanten Märkten und aktuellen Produkten, umfangreiche Expertise und Erfahrung des Fachpersonals bei gleichzeitig transparentem und flexiblem Pricing. Dabei werden immer häufiger grenzüberschreitende Lösungen zur Bündelung der Vermögenswerte internationaler Konzernstandorte nachgefragt. Die Schlagworte, auf die sich die Depotbanken in Deutschland zunehmend einrichten müssen, lauten: grenzüberschreitende einheitliche Bewertungsmaßstäbe, konsolidiertes multinationales Reporting und einheitliche Gebührenstruktur. Die weitere Marktentwicklung bleibt vor diesem Hintergrund abzuwarten.

Literaturverzeichnis

Ambrosius, J./ Franz, A. (Ambrosius/ Franz, 2008): Wertpapierleihe - Aufschwung durch neue gesetzliche Freiheiten, in: Zeitschrift für das gesamte Kreditwesen, Nr. 5, 2008, S. 10-12.

Baur, J. (Baur, 1997): Investmentgesetze, Kommentar, 2. Auflage, Berlin 1997.

Beckmann, K./ Scholtz, R.-D./ Vollmer, L. (Beckmann/ Scholtz/ Vollmer, 2007): Investment, Ergänzbares Handbuch für das gesamte Investmentwesen, Berlin 2007

BNY Mellon (BNY Mellon, 2010): BNY Mellon acquires BHF Asset Servicing, Pressemitteilung BNY Mellon vom 01.10.2010, zuletzt abgerufen am 28.02.2011 unter http://www.bnymellonassetserv.com/bas/imperia/md/content/bas/bank/100308_press_release_bhf_bny_bas_eng.pdf

Braunberger, V. (Braunberger, 2008): Stringente Strategien gefragt, in: Die Bank, Nr. 6, 2008, S. 46-51.

Bundesanstalt für Finanzdienstleistungsaufsicht (BaFin, 2010a): Rundschreiben 6/2010 (WA) zu den Aufgaben und Pflichten der Depotbank nach den §§ 20ff. InvG, zuletzt abgerufen 28.02.2011 unter http://www.bafin.de/cln_179/nn_721290/SharedDocs/Veroeffentlichungen/DE/Service/Rundschreiben/2010/rs__1006__wa__depotbank__invg.html?__nnn=true

Bundesanstalt für Finanzdienstleistungsaufsicht (BaFin, 2010b): Auflistung der nach § 21 InvG genehmigten Depotbanken, zuletzt abgerufen am 28.02.2011 unter http://www.bafin.de/cln_152/nn_722604/SharedDocs/Downloads/DE/Service/Aufsichtsrecht/liste__depotbank,templateId=raw,property=publicationFile.pdf/liste_depotbank.pdf

Deutsche Pensions- und Investmentnachrichten (dpn, 2010): dpn-Umfrage Custodians 2010, zuletzt abgerufen am 28.02.2011 unter http://www.dpn-online.com/news/fullstory.php/aid/1797/Investoren_verlangen_mehr_Sicherheit.html

European Commission (European Commission, 2010): Feedback Statement - Summary of responses to UCITS depositaries consultation paper, zuletzt abgerufen am 28.02.2011 unter http://ec.europa.eu/internal_market/consultations/docs/2009/ucits/feedback_statement_en.pdf

Grzybowski, D. (Grzybowski, 2003): Die Master-KAG, Innovatives Geschäftsmodell einer Investmentgesellschaft, Stuttgart 2003.

Harth, O. (Harth, 2010): Migration der Fondsbuchhaltung mehr als ein Systemwechsel, in: Zeitschrift für das gesamte Kreditwesen, Ausgabe Technik Nr. 1, 2010, S. 17-20.

HSBC (HSBC, 2006): HSBC to acquire Westpac sub-custody business in Australia and New-Zealand, Pressemitteilung HSBC vom 26.07.2006, zuletzt abgerufen am 28.02.2011 unter http://www.hsbc.com.au/1/PA_1_2_S5/content/australia/about/news/archive/2006/060726.pdf

International Securities Services Association (ISSA, 2001): Report on Global Custody Risks, Zürich 2001.

J.P. Morgan (J.P. Morgan, 2008): J.P. Morgan to acquire institutional global custody portfolio of Nordea, Pressemitteilung J.P. Morgan vom 27.05.2008, zuletzt abgerufen am 28.02.2011 unter http://www.jpmorgan.com/cm/cs?pagename=JPM_redesign/JPM_Content_C/Generic_Detail_Page_Template&cid=1159339181049&c=JPM_Content_C

Kaiser, D. G. (Kaiser, 2009): Hedgefonds - Entmystifizierung einer Anlageklasse, 2. Auflage, Wiesbaden 2009.

PriceWaterhouseCoopers (PWC, 2010): Marktanteilsdaten veröffentlicht im Rahmen des PWC Investmentforum 2010.

Slotosch, G. (Slotosch, 2009): Effizient, fehlerarm, kostengünstig, in: Die Bank, Nr. 5, 2009, S. 20-23

State Street (State Street, 2009): State Street to acquire Intesa Sanpaolo's Securities Services Business in Italy and Luxembourg, Pressemitteilung State Street vom 22.12.2009, zuletzt abgerufen am 28.02.2011 unter http://phx.corporate-ir.net/phoenix.zhtml?c=78261&p=irol-newsArticle&ID=1368598&highlight=

Sicherheit und Haftungsfragen bei der Wertpapierverwahrung

von Hilke Althoff/ Gerald Noltsch

1. Einleitung

Im Herbst 2008 war in den Wirtschaftszeitungen zu lesen „Nichts wird sein, wie es war"[1]. Die sogenannte Lehman-Krise hat den Blickwinkel vieler Investoren geändert.

Die Frage, wen der Investor mit dem Management und damit der angestrebten Wertentwicklung seines Portfolios beauftragt, stand lange im Mittelpunkt. Verstärkt in den Fokus gerückt ist nunmehr das Interesse des Anlegers an Sicherheitsaspekten jenseits der Wertsteigerung der erworbenen Vermögensgegenstände. So lautet die Frage nicht nur „was" und „wie viel", sondern auch „wo liegen die Assets?".

Die aus dem englischen Sprachgebrauch übernommene Bezeichnung Custodian[2, 3], die nicht nur für einen Verwahrer im engeren Sinne sondern auch für einen Hüter oder Wächter verwendet wird, veranschaulicht die Interessenlage des Kunden gut: Er setzt die Depotbank als Sachwalter seiner Belange in Bezug auf die Vermögenswerte ein.

Traditionell wurde der Investmentprozess als bilaterale Beziehung begriffen: Der Bankkunde entschied sich meist für eine Bank als Anlageberater bzw. Asset Manager, Wertpapierhändler und Verwahrer „aus einer Hand". Auch heute sind viele Institutsgruppen in der Lage, sämtliche Dienstleistungen im eigenen Haus zu erbringen. Jedoch greifen immer mehr institutionelle Investoren statt dessen auf hoch spezialisierte Dienstleister zurück: Sie wählen für jeden Prozess in der Wertschöpfungskette den Anbieter aus, der ihre Interessen bestmöglich umsetzen kann. Damit „leben" sie den in der MiFID[4] verankerten Gedanken der Funktionstrennung[5], der viele Bereiche des Investmentprozesses reguliert.

In den letzten 15 Jahren wurden die Finanz-Konzernstrukturen in Deutschland zu einem großen Teil aufgebrochen; das klassische Modell deutscher Großbanken, eine KAG als 100-prozentige Tochter sowie die korrespondierende Depotbanktätigkeit im eigenen Hause halten, kommt aufgrund der hohen Spezialisierungserfordernisse, die

---

[1] Peer Steinbrück, Bundesfinanzminister a.D., in der Regierungserklärung zur Finanzkrise vom 25. September 2008 vor dem deutschen Bundestag: „Niemand sollte sich täuschen: Die Welt wird nicht wieder so werden wie vor dieser Krise."

[2] Begriffserklärungen finden sich am Schluss des Beitrags.

[3] Im Beitrag werden die Begriffe „Custodian", „Verwahrer" und „Depotbank" synonym verwendet.

[4] Markets in Financial Instruments Directive (Richtlinie 2004/39/EG vom 21. April 2004).

[5] Das mit dem Referentenentwurf zum Investmentänderungsgesetz 2007 (Gesetz zur Änderung des Investmentgesetzes und zur Anpassung anderer Vorschriften vom 21. Dezember 2007) intendierte – nicht Gesetz gewordene – Verbot, das bei einem Fonds Depotbank und Kapitalanlagegesellschaft konzernmäßig verbunden sind, hat damit zu einem großen Teil seine Diskussionsgrundlage verloren. Insbesondere bestehende Konzernlösungen müssen sich zur Vermeidung von Interessenkonflikten den Grundsätzen des § 22 InvG unterwerfen.

mit dem sogenannten Depotbankrundschreiben der BaFin[6] konkretisiert wurden, immer seltener zum Tragen. International agierende Depotbanken, die sogenannten Global Custodians, welche den Anforderungen des deutschen Investmentgesetzes (InvG) i.V. m. dem Depotbankrundschreiben gerecht werden, sind anerkannter Bestandteil des deutschen Depotbankwesens geworden.

Den Grundsätzen des Depotgeschäftes widmet sich ein anderer Beitrag in diesem Handbuch[7]. Im Folgenden soll auf Sicherheitsaspekte in Bezug auf die Verwahrbeziehung eingegangen werden.

2. Die Wertpapier-Verwahrung als maßgebliche Größe

Der Custodian als Vermittler des Eigentums an den Wertpapieren

Entwicklungen

Zu beobachten ist, dass der Auswahlprozess einer Depotbank heute deutlich detaillierter und zeitaufwendiger betrieben wird als vor einigen Jahren. In das Bewusstsein der Investoren sind nicht nur Spezialisierungsbedürfnisse im Wertpapierabwicklungsprozess, sondern ist vor allem auch die Bedeutung eines überzeugenden Geschäftsmodells und der Finanzstärke der Depotbank gerückt.

Ausgangspunkt soll die Überlegung sein, dass Wertpapiere – anders als Gelder auf Kundenkonten – nicht in der Bilanz des Custodian auftauchen, so dass deren Verwahrung als generell sicher angesehen werden könnte. Dass der Investor sich dennoch nicht zurücklehnen sollte, sondern es sich lohnt, bei der Depotbankauswahl genauer hinzuschauen, wird insbesondere bei der Beleuchtung der Verwahraspekte deutlich. Da Wertpapiere regelmäßig die weitaus größte Assetklasse der Pensionseinrichtungen, Versicherungen und sonstigen institutionellen Investoren ausmachen, ist ein Blick hinter die Kulissen empfehlenswert.

Traditionell lieferte der Kunde die Wertpapiere in die Obhut der Bank, welche die Urkunden[8] an einem besonders gesicherten Ort aufbewahrte.[9] Das deutsche Depotgesetz[10] kennt diese Aufbewahrungsform als *Sonderverwahrung*[11]. Diese – angenehm

---

[6] Rundschreiben 6/2010 (WA) zu den Aufgaben und Pflichten der Depotbank nach den §§ 20 ff. InvG vom 2. Juli 2010.

[7] Vgl. von Schmettow et al.

[8] Getrennt von den eigenen Wertpapieren sowie Drittkundenbeständen.

[9] Ausnahmen gelten für sogenannte Wertrechte (z.B. Bundesanleihen und -obligation), welche gänzlich stückelos begeben werden. Im Falle von Bundeswertrechten fungiert das Bundesschuldbuch als öffentliches Register.

[10] Gesetz über die Verwahrung und Anschaffung von Wertpapieren, im folgenden DepotG bezeichnet

einfach strukturierte – Verwahrlösung stößt bei einem professionell verwalteten Wertpapierportfolios schnell an ihre Grenzen. Der physische Transport der Wertpapierurkunden einschließlich ihrer Verbringung in Tresoranlagen[12] zu Verwahrzwecken ist mit dem Kundenwunsch, die erworbenen Wertpapiere bei entsprechender Marktentwicklung auch zeitnah nach dem Kauf wieder verkaufen zu können, nicht vereinbar.[13] Besonders bei der Einbeziehung ausländischer Märkte erweist sich dieses Modell unter Aufwandsgesichtspunkten als ineffektiv oder unmöglich. Gerade Wertpapier-Spezialfonds haben mit den Finanzmarktförderungsgesetzen[14] eine erhebliche Liberalisierung erfahren, die Investitionen in nahezu alle weltweit verfügbaren Produkte ermöglicht.

Im Zuge dessen ist der sogenannte stückelose Effektenverkehr[15] unter Einbeziehung verschiedener Rechtsordnungen selbstverständlicher Teil des Investmentprozesses geworden, was die Verwahrbeziehung insgesamt komplexer werden ließ. Ein Blick auf ihre zivilrechtliche Ausgestaltung kann helfen, diesbezügliche Sicherheitsaspekte zu bewerten.

Übersicht

Die (depot-)gesetzlichen Regelungen sowie die Allgemeinen Geschäftsbedingungen der Banken trennen einerseits zwischen der Inlands- und der Auslandsverwahrung, was relevant wird, wenn man die Haftung der Depotbank betrachtet. Andererseits kommen als Verwahrungsart[16] die Sonder- oder die Sammelverwahrung in Betracht, was sich auf die Ausformung des konkreten (Mit-) Eigentumsbestands des Depotinhabers auswirkt.

---

[11] § 2 DepotG
[12] Gegebenenfalls unter Separierung von Mantel und Bogen
[13] Für Wertpapiere mit geringer Umlauffrequenz, beispielsweise Spezialfondsanteile, wird die Sonderverwahrung noch genutzt. Dem Anleger verbleibt hierbei das – regelmäßig durch Streifbänder gekennzeichnete – Alleineigentum an der Urkunde.
[14] Gesetz zur Verbesserung der Rahmenbedingungen der Finanzmärkte (Erstes Finanzmarktförderungsgesetz) vom 22.2.1990 (BGBl. I 266); „Gesetz über den Wertpapierhandel und zur Änderung börsenrechtlicher und wertpapierrechtlicher Vorschriften (Zweites Finanzmarktförderungsgesetz)" vom 26.7.1994 (BGBl. I 1749); Gesetz zur weiteren Fortentwicklung des Finanzplatzes Deutschland (Drittes Finanzmarktförderungsgesetz) vom 24.3.1998 (BGBl. I 529); Gesetz zur weiteren Fortentwicklung des Finanzplatzes Deutschland (Viertes Finanzmarktförderungsgesetz) vom 21.6.2002 (BGBl. I 2010).
[15] Verfügungen bei An- und Verkauf der Wertpapiere werden durch Umbuchungen bei der Wertpapiersammelbank (infolge der Übermittlung von Lieferlisten der angeschlossenen Banken) vollzogen. Es werden keine „echten" Urkunden transferiert.
[16] Sowohl bei der Auslands- als auch der Inlandsverwahrung

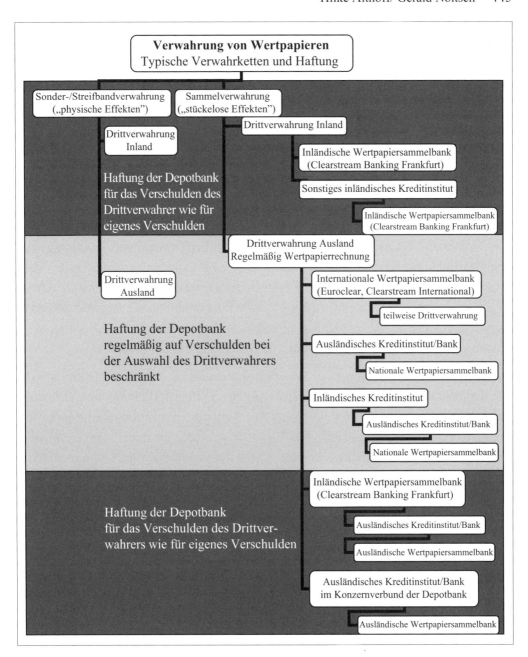

Abbildung 1: Typische Verwahrketten und Haftung der Depotbank/ des Custodian

Inlandsverwahrung

Bei der inländischen Verwahrung liegt das Eigentum an den der Bank anvertrauten Wertpapieren sachenrechtlich gesehen bei dem Depotkunden[17]. Ob dieses als Allein- oder Miteigentum ausgeformt ist, richtet sich nach der Verwahrart.

Der Trend zur Liquiditätsbeschaffung durch Wertpapieremission einerseits sowie ein grundsätzlich aktiveres Portfoliomanagement andererseits haben zu einem starken Anstieg der Transaktionen an den Wertpapicrmärkten geführt, in Folge derer die – ursprünglich vorherrschende – Sonderverwahrung weitgehend von dem kosten- und zeitsparenden stückelosen Effektengiroverkehr verdrängt wurde. Seit der Umsetzung des Zweiten Finanzmarktförderungsgesetzes[18] geht das deutsche Depotgesetz daher von der *Sammelverwahrung* als Regelfall aus[19]. Bei der Girosammelverwahrung wird eine Globalurkunde erstellt und der Druck von Einzelurkunden ausgeschlossen. Mangels Ausstellung einer Einzelurkunde erwirbt der Depotkunde zu keiner Zeit Alleineigentum an dem jeweiligen Wertpapier, sondern ist unmittelbarer Bruchteilseigentümer an der – den Rechtsinhabern gemeinschaftlich zustehenden – Globalurkunde[20]. Ein Anspruch auf einen konkreten Anteil an der Globalurkunde besteht nicht.

Die Globalurkunde wird von einer Wertpapiersammelbank[21] verwahrt. Dieser kommt die sogenannte Notarfunktion zu, indem sie durch Registerführung bzw. effektive Verwahrung die Sicherung bzw. Integrität des Wertpapierbestandes gewährleistet. Die Wertpapiersammelbank vollzieht den Eigentumswechsel am anteiligen Sammelbestand durch Belastungsbuchung bei der Verkäuferbank (bzw. deren Intermediär) in Verbindung mit einer korrespondierenden Gutschrift auf Seiten der Käuferbank. In Deutschland ist mit der Clearstream Banking AG, Frankfurt,[22] derzeit nur eine Wertpapiersammelbank tätig. Diese ging aus der Zusammenlegung der deutschen Wertpapiersammelbanken zum Frankfurter Kassenverein (1990) und dem Zusammen-

---

[17] Hält der Investor die Wertpapiere – ohne Einschaltung einer Kapitalanlagegesellschaft – auf Direktdepots bei dem Custodian, ist er der Depotkunde. Im Falle von Investmentfonds i.S.d. Investmentgesetzes lauten die bei der Depotbank gehaltenen Konten/ Depots auf die KAG, treuhänderisch für den jeweiligen Fonds. Die Assets werden getrennt von den Vermögensbeständen der KAG gehalten (Sondervermögen i.S.d. § 30 Abs. 1 S.2 InvG).

[18] Gesetz über den Wertpapierhandel und zur Änderung börsenrechtlicher und wertpapierrechtlicher Vorschriften vom 26. Juli 1994 (BGBl. I S. 1749); Änderungen der §§ 2, 5, 9a DepotG

[19] § 5 Abs.1 S.1.DepotG: Der Verwahrer darf vertretbare Wertpapiere, die zur Sammelverwahrung durch eine Wertpapiersammelbank zugelassen sind, dieser zur Sammelverwahrung anvertrauen, es sei denn, der Hinterleger hat (…) die gesonderte Aufbewahrung der Wertpapiere verlangt.

[20] §§ 1008, 741 BGB i.V. m. 6 Abs. 2 S.1. DepotG

[21] Begriffserklärungen finden sich am Schluss des Beitrags.

[22] Deren Muttergesellschaft, Clearstream International S.A., Luxemburg, ist u.a. als internationaler Zentralverwahrer tätig.

schluss mit dem internationalen Zentralverwahrer Cedel International S.A (2000) hervor.

Auslandsverwahrung

Der Bezug nicht im Inland handelbarer Effekten erfolgt regelmäßig über ausländische Börsen. Zur Vereinfachung des Eigentumswechsels werden diese „vor Ort" (im Land des Emittenten bzw. an dem durch den Emittenten vorgegebenen Verwahrort) belassen.

Soweit die Wertpapiere im Ausland aufbewahrt werden[23], steht dem Depotkunden hieran kein (Mit-)Eigentum[24], sondern eine vergleichbare Stellung zu. Damit wird einerseits der unterschiedlichen Ausgestaltung ausländischer Rechtsordnungen Rechnung getragen, andererseits das Bedürfnis zeitaufwendiger Umschreibungsverfahren auf den jeweiligen Endbegünstigten vermieden.[25]

Die Depotbank erlangt für ihre Kunden eine dem Eigentum vergleichbare, im Lagerland übliche Rechtsstellung. Dieses Verfahren bietet für den Anleger erhebliche Vorteile; denn die ausländische Bank, die vor Ort die Verwahrung und Verwaltung vornimmt, zieht die Erträge ein, überwacht Termine – soweit dies erforderlich ist – und übermittelt den inländischen Banken die notwendigen Informationen über etwaige Maßnahmen der Gesellschaft oder sonstige Entwicklungen, die für das Wertpapier von Bedeutung sind[26].

Diese Eigentumsposition vermittelt die Bank als Gutschrift in Form der *Wertpapierrechnung* an die Depotkunden weiter. Damit werden die Wertpapiere formaljuristisch nicht verwahrt, sondern unterliegen auftragsrechtlichen Grundsätzen.

---

[23] Gemeint sind ausländische Wertpapiere, die unter Beteiligung eines ausländischen Verwahrers/ Registrars, o.ä., gehalten werden.

[24] Kümpel (2004), Rn.11.290

[25] Diese von der inländischen Verwahrpraxis abweichende eigentumsrechtliche Gestaltung findet ihre Erklärung in § 22 DepotG als Sonderregelung. Danach braucht der Kommissionär (inländische Depotbank) das Wertpapiereigentum seinen Depotkunden (Einkaufskommittent) – anders als im inländischen Effektenkommissionsgeschäft – erst auf dessen Verlangen zu verschaffen, sofern die Wertpapiere nach den mit dem Kunden getroffenen Vereinbarungen im Ausland anzuschaffen und aufzubewahren sind (Kümpel (2000), Rn.8/123). Eine Verschaffung von Eigentum im Sinne des deutschen Sachenrechts würde häufig gar nicht in Betracht kommen, weil der Wertpapierbegriff in den einzelnen Rechtsordnungen erheblich differiert und die Übertragung einer Urkunde nicht stets schon den Erwerb des „verbrieften" Rechts bedeutet (Jütten (1996), Rn. 7/84).

[26] Jütten (1996), Rn./88

Nichtverwahrfähige Vermögensgegenstände

Als Depotbank für Investmentfonds i.S.d. InvG hat die Bank in Bezug auf nicht verwahrfähige Vermögensgegenstände eine den Verwahrungsgrundsätzen vergleichbare
Sicherung herbeizuführen[27]. Eine laufende Überwachung dieser Vermögensgegenstände sowie die Führung eines Bestandsverzeichnisses[28] soll den Gesamtbestand des
Fondsvermögens sicherstellen.

Verwahrkette und Haftungsfragen

Prinzip Unterverwahrung

Am Eigentumsvermittlungsprozess an nicht streifbandverwahrten Wertpapieren sind
regelmäßig ein oder mehrere Drittverwahrer[29] beteiligt[30]. Hierzu bedarf es keiner gesonderten Ermächtigung durch den Depotkunden. Bedeutsam ist, dass sich damit die
„Durchgriffskette" verlängert. Die Zuverlässigkeit der Verwahrbeziehung wird damit
nicht nur von der Leistungsfähigkeit der Depotbank selbst, sondern auch der Qualität
der Intermediäre determiniert.

Haftungsfragen: welche Konstellation begünstigt den Depotkunden?

Der Unterscheidung zwischen Inlands- und Auslandsverwahrung kommt im Hinblick
auf die Haftung der Depotbank wesentliche Bedeutung zu. Die im Inland verwahrten
Wertpapiere unterliegen den Pflichten des Verwahrers i.S.d. §§ 688 ff. BGB. Korrespondierend hierzu haftet die Bank gemäß Ziff. 19.1 der Sonderbedingungen für Wertpapiergeschäfte[31] bei der Inlandsverwahrung auch dann „wie für eigenes Verschulden"[32], wenn sie einen Drittverwahrer einschaltet.

Bei der Auslandsaufbewahrung scheidet eine verwahrungsmäßige Tätigkeit der inländischen Depotbank von vornherein aus.[33] Basierend auf der Qualifizierung der Aus-

---

[27] Vgl. Beckmann (2009), 410 § 24 Rz 1

[28] Rundschreiben 6/2010 (WA) zu den Aufgaben und Pflichten der Depotbank nach den §§ 20 ff. InvG
     vom 2.Juli 2010, III, 2.

[29] Auch Zwischen-, Unterverwahrer oder Subcustodians genannt; Begriffserklärungen finden sich am
     Schluss des Beitrags

[30] Die Einschaltung einer Wertpapiersammelbank bedingt, dass auch im Inland aufbewahrte Wertpapiere
     grundsätzlich drittverwahrt werden.

[31] Diese werden regelmäßig in den Depotbankvertrag einbezogen.

[32] „Ziff. 19 Haftung: (1) Inlandsverwahrung. Bei der Verwahrung von Wertpapieren im Inland haftet die
     Bank für jedes Verschulden ihrer Mitarbeiter und der Personen, die sie zur Erfüllung ihrer Verpflich-
     tungen hinzuzieht. Soweit dem Kunden eine Girosammel-Gutschrift erteilt wird, haftet die Bank auch
     für die Erfüllung der Pflichten der Clearstream Banking AG.

[33] Die typischen Leistungen eines Verwahrers in Gestalt der Raumgewährung und Obhut sollen von der
     ausländischen Depotbank (Lagerstelle) erbracht werden (Kümpel (2004), Rn. 11.304).

landsverwahrung als weitergeleiteten Auftrag beschränkt sich die Haftung der Bank gemäß Ziff. 19.2 S.1 hierbei „auf die sorgfältige Auswahl und Unterweisung des von ihr beauftragten ausländischen Verwahrers oder Zwischenverwahrers".[34]

In diesem Zusammenhang sei erwähnt, dass die Depotbank in einigen Märkten gar keine echte Auswahl treffen kann. Wenn wenig entwickelte Märkte eine schwache Infrastruktur bieten, kann es sein, dass die Auswahlmöglichkeit der Depotbank auf zwei oder nur eine Alternative reduziert ist. In solchen – äußerst seltenen – Fällen könnte es vorkommen, dass die Investitionsabsicht des Investors nicht von der Depotbank mitgetragen wird oder die Depotbank eine individuelle Haftungsregelung trifft.

Davon abweichend[35] kommt die volle Haftung der Depotbank wie für eigenes Verschulden zum Tragen, wenn die Unter-/ Zwischenverwahrung durch die Clearstream Banking AG oder einen anderen inländischen Zwischenverwahrer oder durch eine eigene ausländische Geschäftsstelle der Depotbank erfolgt.

Die Entscheidung vieler deutscher Investoren, einen Global Custodian mit einem breitflächigen konzerneigenen Lagerstellennetz mit der Verwahrung ihrer Wertpapiere zu beauftragen, führt damit zu einer vorteilhaften Gestaltung für diese Kunden. Damit verbunden ist auch eine größere Nähe zu den lokalen Finanzbehörden des jeweiligen Emissionslandes. Dadurch kann die Qualität des Steuerservices (mit erheblicher Auswirkung auf die sichere Geltendmachung der Ansprüche des Wertpapierinhabers) ohne Beteiligung eines Intermediäres durchgesetzt werden.

Zur Durchsetzung der – den Investor begünstigenden – Haftungsregelungen ist auch die Finanzstärke des Custodian von erheblicher Bedeutung. Wenn diese dem Investor zum Ersatz eines (trotz aller Sorgfalt entstandenen) unter Umständen signifikanten Schadens verpflichtet ist, wird der Investor von schnellen, unbürokratischen Erstattungsmaßnahmen profitieren. Bei der Auswahl eines ausländischen Global Custodian als Depotbank achten Investoren deshalb darauf, dass eine geringe Abhängigkeit vom „Head Office" und eine – auch für größere Investitionen – bestehende Entscheidungsgewalt in der deutschen Niederlassung gewährleistet ist.

---

[34] Wie im sogenannten Depotbankrundschreiben (6/2010 (WA) zu den Aufgaben und Pflichten der Depotbank nach den §§ 20 ff. InvG vom 02.Juli 2010) erwähnt, verlangt die BaFin von der Depotbank neben der sorgfältigen Auswahl auch die regelmäßige Überwachung der Einhaltung der Auswahlkriterien.

[35] gemäß Ziff. 19.2 S.2 der Sonderbedingungen für Wertpapiergeschäfte

Aussonderungsrechte im Insolvenzfall

Im Falle von Einzel- oder Gesamtvollstreckungsmaßnahmen gegen die Depotbank oder einen Drittverwahrer ergeben sich Drittwiderspruchs- bzw. Aussonderungsrechte.

Im Tresor der Bank hinterlegte Wertpapiere unterfallen dem Aussonderungsrecht des § 47 Insolvenzordnung. Mit der Separierung in Form von Streifbändern, Mappen oder Umschlägen ist die Eigentumsposition des Kunden an bestimmten Urkunden gekennzeichnet.[36]

Im Hinblick auf inlandsverwahrte Girosammel-Wertpapiere hat der Kunde ebenfalls eine dingliche, aussonderungsfähige Rechtsposition als Miteigentümer der sammelverwahrten Wertpapiere inne. Von Bedeutung im Insolvenzfall der Depotbank ist die im Depotgesetz fixierte Fremdvermutung in Bezug auf die bei der Wertpapiersammelbank gehaltenen Bestände[37]. Werden die Wertpapiere nicht direkt von der Depotbank in deren Depot bei der Clearstream Banking AG gehalten, ergibt sich ein Drittwiderspruchs- bzw. Aussonderungsrecht ebenso bei Zwangsvollstreckungsmaßnahmen gegen den Zwischenverwahrer.

Im Falle von auslandsverwahrten Wertpapieren steht dem Depotkunden ein rechtlich selbständiger auftragsrechtlicher Herausgabeanspruch gegen die Depotbank zu. Hierbei handelt es sich nicht um ein dingliches, sondern rein schuldrechtliches Gläubigerrecht, welchem ein Einzel- sowie Gesamtvollstreckungsschutz zukommt. Die Depotkunden können daher Zwangsvollstreckungen von Gläubigern ihrer Bank in die auslandsaufbewahrten Wertpapiere mit der Drittwiderspruchsklage (§771 ZPO) abwehren und bei einer etwaigen Insolvenz ihrer Bank Aussonderungsrechte (§ 47 InsO) bzw. die entsprechenden ausländischen Rechtsbehelfe geltend machen.[38]

Die Rechtsposition an den Wertpapieren wird entlang der jeweiligen Verwahrkette weiter vermittelt: Im Falle von Vollstreckungsmaßnahmen gegen einen Zwischenverwahrer oder die finale Verwahrstelle sind die Wertpapiere des Depotkunden – im Falle des Fehlens einer gesetzlichen Fremdvermutung durch die sogenannte *3-Punkte-Erklärung* – vor dem Zugriff Dritter geschützt.

---

[36] Wenn die Bank die Tresorfunktion ausgelagert hat, bestehen die gleichen Rechte; dies gilt sowohl bei einer Insolvenz der Depotbank selbst als auch von deren Outsourcingpartner. In einem solchen Falle erhöht sich naturgemäß die Anzahl der Rechtssubjekte, die von einer Zwangsvollstreckungsmaßnahme betroffen sein können. Der Überwachungsaufwand für die Depotbank steigt bzw. die Aussonderungsmaßnahmen des Investors bzw. der KAG im Ernstfalle können zeitlich umfangreicher werden.

[37] § 4 Abs. 1 S. 1 DepotG: Vertraut der Verwahrer die Wertpapiere einem Dritten an, so gilt als dem Dritten bekannt, dass die Wertpapiere dem Verwahrer nicht gehören.

[38] Kümpel (2004), Rn. 11.303.

Zur Kennzeichnung unterwahrter Wertpapierpositionen lässt sich der Custodian von seinem ausländischen Unterverwahrer in Form der sogenannten Drei-Punkte-Erklärung bestätigen,

- davon Kenntnis genommen zu haben, dass es sich bei den verbuchten Wertpapieren um Kundenbestände der hinterlegenden Bank handelt
- dass Pfand-, Zurückbehaltungs- und ähnliche Rechte nur im Zusammenhang mit Forderungen aus der korrespondierenden Verwahrtätigkeit geltend gemacht werden können
- dass die Wertpapiere ohne Zustimmung der hinterlegenden Bank nicht einem Dritten anvertraut oder in ein fremdes Land verbracht werden dürfen.

Hierdurch soll Vorsorge für den Fall getroffen werden, dass in dem jeweiligen Land des ausländischen Verwahrers keine der inländischen Fremdvermutung[39] vergleichbare Regelung besteht (vgl. § 4 Abs. 1 S.1 DepotG).[40] Das Interesse des Depotkunden richtet sich bei Einschaltung weiterer Zwischenverwahrer darauf, dass auch der Vertragspartner der Depotbank nachweislich die Erklärung von seinem Unterverwahrer einholt. Mit dem Depotbankrundschreiben wird gefordert, dass die Depotbank dafür sorgt, dass ihr Kopien der Drei-Punkte-Erklärungen sämtlicher Unterverwahrer vorliegen.[41] In der Praxis stellt sich die Frage, wie die Depotbank eine entsprechende Einbeziehung über die gesamte Verwahrkette sicherstellt.

Damit die schuldrechtlichen Beziehungen im Ernstfall greifen bzw. erlaubniswidrige Zugriffsmaßnahmen durch Dritte unterbunden werden, sind engmaschige Kontrollmaßnahmen durch die Depotbank geboten. Einen durchgängigen Zugriff bis zum Zentralverwahrer im jeweiligen Lagerland hat die Depotbank, wenn die Wertpapiere über ihr konzerneigenes Lagerstellennetz verwahrt werden.

Zu beachten ist, dass das Bestehen von Aussonderungsrechten keine völlige Schadloshaltung des Investors garantieren kann. Ein (auch vorübergehend) verhinderter Zugriff auf die Wertpapiere hat Einfluss auf deren Verfügungs-/ Liquidationsmöglichkeit. Dieser Zustand kann, insbesondere bei Wertpapieren mit hoher Volatilität, deren Werthaltigkeit erheblich beeinträchtigen.

Für den Investor spielt deshalb die Länge und Qualität der Verwahrbeziehungen seines Custodian in dem jeweiligen Heimatmarkt der Wertpapiere eine bedeutende Rolle. Die Verwahrbeziehungen werden dem Depotkunden anhand der sogenannten Standard

---

[39] Vgl. Ziff. 2.3., 3.Absatz, des Beitrages
[40] Kümpel (2004), Rn.11.321.
[41] Rundschreiben 6/2010 (WA) zu den Aufgaben und Pflichten der Depotbank nach den §§ 20 ff. InvG vom 2.Juli 2010 – IV.4.

Settlement Instructions sichtbar. Diese werden zur Instruktionserteilung des Marktsettlements durch den Asset Manager bzw. die Kapitalanlagegesellschaft benötigt. Für den institutionellen Investor empfiehlt es sich eine Einsichtnahme bzw. klare Offenlegung der Verwahrketten durch den Custodian.

Erheblich nachteilig kann sich eine Vermischung von Kunden- mit Eigenbeständen des Custodians bei dessen Insolvenz auswirken. Die (eigentlich aussonderungsfähigen) Kundenbestände können nicht oder nur mit großem zeitlichen und finanziellem Aufwand von der Insolvenzmasse gelöst werden, was bei dem Zusammenbruch der Barings Bank[42] zum Tragen kam und zu monatelanger Nichterreichbarkeit von Kundenbeständen führte. Zur Unterstützung der Trennung von Eigen- und Kundenbestand haben einige Banken eigene Wertpapier-Service-Gesellschaften gegründet, die nicht für das Eigengeschäft der Bank genutzt werden.

Folgendes Schaubild zeigt die klassische Verwahrkette bis zum nationalen Zentralverwahrer des Emissionslandes des Wertpapiers. Es veranschaulicht, dass Aussonderungsrechte eines Investors im Falle der Insolvenz einer Depotbank oder deren Drittverwahrers nur im Falle klarer Trennung von bankeigenen und Kundenbeständen auf der Ebene des jeweiligen Unterverwahrers zweifelsfrei ausgeübt werden können.

Wenn die Depotbank die Wertpapiere unter Einschaltung konzerneigener Lagerstellen vor Ort verwahrt, ist die potentielle Insolvenz eines Zwischenverwahrers zwangsläufig ausgeschlossen. Der Kunde einer finanzstarken Depotbank mit eigenem weltweiten Lagerstellennetz grenzt damit das Risiko einer „Insolvenzbetroffenheit" ein.

In diesem Zusammenhang wird eine weiterer Vorteil der Einschaltung des depotbankeigenen Verwahrnetzes der Depotbank deutlich: hierbei ist die kürzestmögliche Verwahrbeziehung sichergestellt. In dieser Konstellation kommt zudem buchhalterisch eine 1:1-Beziehung zum Tragen. Anders als einem Zwischenverwahrer sind dem Depotbankkonzern die hinter dem jeweiligen Wertpapier stehenden Endkunden bekannt. Die Zuordnung von Kunden- und Marktbestand (Verwahrposition einer Gattung bei dem lagerlandbezogenen Zentralverwahrer) wird damit erleichtert. Diese Folge könnte auch im Insolvenzfall Bedeutung erlangen.

---

[42] Am 26.Februar 1995 führten Spekulationsgeschäfte des Terminhändlers Nick Leeson in Singapur zur Zahlungsunfähigkeit der britischen Barings plc., die im Zuge dessen von der niederländischen ING übernommen wurde.

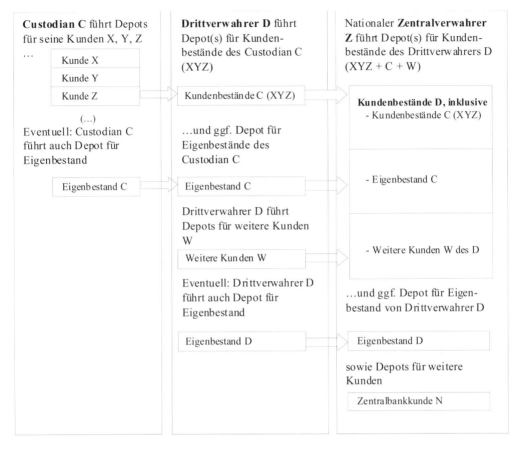

Abbildung 2: Klare Trennung von Kunden- und Eigenbeständen sichert Insolvenzfestigkeit

Exkurs: Contractual Settlement

Im Falle von sonderverwahrten Wertpapieren erfolgt das sogenannte Settlement, also die Eigentumsverschaffung, durch Übergabe derselben.

Sofern girosammelverwahrte bzw. in Form von Wertpapierrechnung geführte Wertpapiere übertragen[43] werden, bedarf der Vorgang im Regelfall[44] der Mitwirkung Dritter. Erst das Settlement im Markt, welches meist einen Umschreibevorgang bei dem jeweiligen Zentralverwahrer bedingt, sorgt für einen Eigentümerwechsel.

---

[43] Verschaffung des Eigentums bzw. einer eigentumsgleichen Position
[44] Ausnahmen können sich im Falle der Einschaltung der Depotbank als Handelspartner bzw. gegenläufiger Lieferpositionen von Kunden derselben Depotbank ergeben (Omnibuskontenstruktur).

Zur Erleichterung der Cash-Disposition der Beteiligten bieten Depotbanken ihren Kunden das sogenannte Contractual Settlement an. Hierbei wird der Kunde buchhalterisch so gestellt, als wäre die Marktbelieferung im Sinne der jeweils vorgegebenen Valuta[45] erfolgt, unabhängig davon, ob das Settlement im Markt tatsächlich stattgefunden hat. Zur Übereinstimmung der Summe der Buchungen auf den Kundendepots mit dem jeweiligen – unter Umständen durch einen oder mehrere Zwischenverwahrer vermittelten - Deckungsbestand[46] der Depotbank im Lagerland ist es erforderlich, den tatsächlichen Lieferstatus der Wertpapiere in die Anzeige aufzunehmen und eine Weiterlieferung der noch nicht angeschafften Wertpapiere durch den Kunden nicht zuzulassen. Kritisch ist hingegen einer uneingeschränkten Gutschrift von Wertpapieren, deren Marktsettlement aussteht, zu begegnen, da dem Kunden damit eine (noch) nicht bestehende Auslieferungsfähigkeit der Wertpapiere suggeriert wird.

Märkte ohne Zug-um-Zug-Abwicklung

In Märkten mit hochentwickelter Abwicklungs-Infrastruktur sind meist staatlich regulierte Wertpapiersammelbanken installiert. Diese sorgen für eine korrespondierende Belastungs- (Käufer: Geld/ Verkäufer: Wertpapiere) mit der Gutschriftsbuchung (Käufer: Wertpapiere/ Verkäufer: Geld). Wie oben beschrieben, wird die Buchung von der Wertpapiersammelbank über den Custodian an den Investor umgehend in Form von Miteigentum bzw. Wertpapierrechnungsgutschrift vermittelt. Dieses Prozedere wird im Fachjargon DvP-Settlement (Delivery versus Payment) genannt.

In einigen weniger frequentierten Märkten besteht (noch) keine staatlich geprüfte bzw. zuverlässige Infrastruktur, die eine Zug-um-Zug-Abwicklung ermöglicht[47]. Dazu gehören z.B. Ägypten oder (mit Ausnahme von Staatsanleihen) Brasilien und Venezuela. In Russland haben sich beispielsweise Registrare etabliert, die zwar eine Zug-um-Zug-Abwicklung ermöglichen, jedoch keinen Status einer Wertpapiersammelbank innehaben. Wenn der Investor in solche Märkte investiert, wird sich die Depotbank vor der „Bereitstellung" des Marktes mit dem Investor bzw. seiner für ihn tätigen Kapitalanlagegesellschaft über den spezifischen Abwicklungsmodus verständigen.

---

[45] Sofern die Handelsparteien bei dem zugrundeliegenden Kausalgeschäft keine individuellen Absprachen hinsichtlich der Settlementvaluta getroffen haben, sind die jeweiligen Usancen des lokalen Marktes einschlägig.

[46] Zum Deckungsbestand vgl. Ziff. 12 (4) Sonderbedingungen für Wertpapiergeschäfte: „Die Bank braucht die Auslieferungsansprüche des Kunden aus der ihm erteilten WR-Gutschrift (gemeint ist Wertpapierrechnung-Gutschrift, Anm. d. V.) nur aus dem von ihr im Ausland unterhaltenen Deckungsbestand zu erfüllen. Der Deckungsbestand besteht aus den im Lagerland für die Kunden und für die Bank verwahrten Wertpapieren derselben Gattung."

[47] Custodians sprechen dann von FoP-Markets („Free of Payment").

Automatisierung schafft Sicherheit

Nicht zu unterschätzen ist zudem die Auswirkung unpräziser, manueller bzw. schwach frequentierter Prozesse. Rasante Neuentwicklungen von Finanzinstrumenten und die Einbeziehung neuer Märkte in den Verwahrprozess machen erhebliche Investitionen seitens der Custodians nötig. Die fünf weltweit führenden Global Custodians[48] investieren jeweils € 100 Mio. jährlich. Nur so können – gerade in besonders volatilen Marktphasen – flaschenhalsartige Behinderungen im Abwicklungsprozess vermieden werden. Auch der Automatisierungsgrad bei der Abstimmung der Kundenbestände mit dem Marktsettlement bei der Depotbank selbst und die Schnittstellen zu den beteiligten Asset Managern und Kapitalanlagegesellschaften sind in diesem Zusammenhang relevant. Damit sollte bei der Auswahl einer Depotbank auch erwogen werden, ob diese ein nachhaltiges Geschäftsmodell verfolgt und unabhängig von Handels- und / oder Asset Management-Erträgen dauerhaft in der Lage ist, profitabel zu sein. Nur so ist es der Depotbank möglich, die nötigen IT-Ressourcen aufzubringen und flexibel auf die sich ändernden Marktgegebenheiten im Sinne des Investors zu reagieren.

3. Geldeinlagen

Die stets liquide und sichere Assetklasse?

Ob zu Abwicklungszwecken in Bezug auf Wertpapierportfolios oder aus anlagestrategischen Gründen: Das Führen von Geld-/ Währungskonten bei der Depotbank gehört, insbesondere im Hinblick auf Fonds i.S.d. Investmentgesetzes, zum Regelfall.

Der Einlage von Geld bei einer Bank liegt ein (den Grundsätzen des Darlehens bzw. der unregelmäßigen Verwahrung unterliegender[49]) Eigentumsübergang zugrunde. Der Kontoinhaber überträgt das juristische Eigentum auf die Bank; im Gegenzug erhält er von dieser einen schuldrechtlichen Auszahlungsanspruch. Nur so kann die Bank ihren Kreditkunden Eigentum an dem herausgereichten Geld verschaffen. Kundeneinlagen ermöglichen damit die Refinanzierungsfunktion des Passivgeschäfts zugunsten der Aktivseite der Bank, indem sie zur Herausreichung von Krediten zur Verfügung stehen.

---

[48] Von denen jeder weltweit zwischen 5 und 25 Billionen € verwahrt.
[49] Maßgeblich ist die Ausgestaltung der Fälligkeitsregelung: „Der Rückzahlungsanspruch ist bei der unregelmäßigen Verwahrung jederzeit fällig (695 BGB). Beim Darlehen hängt dagegen die Fälligkeit des Rückzahlungsanspruchs mangels Vereinbarung eines Rückzahlungstermins von einer vorherigen Kündigung ab (vgl. 488 Abs. 3 S.1 BGB)", Kümpel (2004), Rn. 3.32.

Die Bank kann dem Auszahlungsverlangen des Kunden nur im Falle ausreichender Liquidität nachkommen – die Zahlungsunfähigkeit einer Bank gefährdet eine Rückzahlung. Im Falle der Insolvenz einer Bank ist der Einlagenkunde einfacher Massegläubiger, da die (weiterübereigneten) Geldeinlagen nicht aussonderungsfähig sind.

Einlagensicherung als Fels in der Brandung?

Zur Sicherung der Einlagen im Falle der Insolvenz einer Bank haben sich mehrere Ebenen von Sicherungssystemen etabliert.

Infolge der Einlagensicherungsrichtlinie[50] und der EG-Anlegerentschädigungsrichtlinie[51] trat mit Wirkung vom 1. August 1998 in Deutschland das Einlagensicherungs- und Anlegerentschädigungsgesetz (EAEG) in Kraft[52], welches sich – sowohl von der Entschädigungshöhe[53] als auch vom Berechtigtenkreis her – an Kleinanleger richtet. Ansprüche bestimmter Gruppen von Einlegern, die den Richtlinienvorgaben entsprechend keines besonderen Schutzes bedürfen, sind von der gesetzlichen Entschädigung nach dem EAEG ausgenommen.[54] Hierzu zählen insbesondere Kredit- und Finanzdienstleistungsinstitute, andere Finanzinstitute und Kapitalanlagegesellschaften einschließlich der von ihnen verwalteten Sondervermögen, öffentliche Stellen, mittelgroße und große Kapitalgesellschaften, Versicherungsunternehmen sowie Gläubiger in bestimmten Organschafts- und Konzernverhältnissen.[55]

Der Blick institutioneller Anleger richtet sich auf die Ausgestaltung und Tragfähigkeit der übrigen Sicherungssysteme, in Deutschland im Wesentlichen geprägt von dem genossenschaftlichen Bereich und den Einrichtungen des Sparkassensektors und der

---

[50] 94/19/EG vom 30. Mai 1994

[51] 97/9/EG vom 3. März 1997

[52] Alle privaten und öffentlich-rechtlichen sowie ergänzend alle Wertpapierhandelsunternehmen sind nach dem EAEG verpflichtet, ihre Einlagen und ihre Verbindlichkeiten aus Wertpapiergeschäften durch die Zugehörigkeit zu einer gesetzlichen Entschädigungseinrichtung zu sichern (Deutsche Bundesbank – Monatsbericht Juli 2000, S.31). Die Pflichtteilnahme in einer gesetzlichen Entschädigungseinrichtung besteht auch für diejenigen Institute, die bereits freiwilligen Sicherungssystemen angehören (a. a. O., S.32). Vom EAEG ausgenommen sind Mitglieder institutssichernder Einrichtungen, wozu die Einrichtungen des Bundesverbandes der deutschen Volksbanken und Raiffeisenbanken beziehungsweise der regionalen Genossenschaftsverbände sowie des Deutschen Sparkassen- und Giroverbandes einschließlich der Landesbanken/Girozentralen und Landesbausparkassen beziehungsweise der regionalen Sparkassenverbände zählen.

[53] Gemäß § 4 Abs. 2. Ziff. 1 EAEG beträgt der Höchstbetrag EUR 100.000 (Artikel 2 EAEGuaÄndG vom 25.06.2009 mit Wirkung zum 31.12.2010)

[54] Deutsche Bundesbank – Monatbericht Juli 2000, S. 36.

[55] Deutsche Bundesbank – a. a. O.

Privatbanken. Das seit 1934[56] bestehende Sicherungssystem[57] der Kreditgenossenschaften/ genossenschaftliche Zentralbanken sieht satzungsmäßig eine Institutssicherung durch gegenseitig erteilte Bürgschaften und Garantien (ausgestaltet als Garantiefonds und Garantieverbund) vor. Diese Sicherung stützte beispielsweise die Deutsche Apotheker- und Ärztebank (Apobank) im Jahr 2009[58]. Die Gruppe der öffentlichrechtlich organisierten Sparkassen, Landesbanken und Bausparkassen[59] hat sich ebenfalls zu einer Institutssicherung verpflichtet, nachdem die Gewährträgerhaftung zugunsten der öffentlich-rechtlich organisierten Institute wie Sparkassen und Landesbanken infolge der sogenannten Brüsseler Konkordanz[60] abgeschafft und die Anstaltslast modifiziert worden war. Einige Landesbanken waren in der Finanzkrise allerdings dennoch auf staatliche Finanzhilfen angewiesen.[61]

Der private Bankensektor hat seit 1966 mit dem Einlagensicherungsfonds beim Bundesverband deutscher Banken eine Einrichtung zum Schutz der Einlagen der jeweiligen Nichtbanken-Gläubiger etabliert. Diese Maßnahme stellt auf eine Entschädigungszahlung im Falle drohender Zahlungseinstellung oder Insolvenz einer Bank und nur mittelbar auf den Institutserhalt ab. Auf diese sind die Höchstgrenzen der Einlagensicherung i.H.v. 30 Prozent des zum letzten Geschäftsabschluss festgestellten haftenden Eigenkapitals der Bank anzuwenden. Unabhängig von der zugrundeliegenden Währung werden damit Einlagen von Nichtbanken (inklusive Fondsvermögen deutscher Kapitalanlagegesellschaften) gesichert.

Wenngleich nach dem Statut des privaten Einlagensicherungssystems kein formaler Rechtsanspruch auf etwaige Zahlungen besteht, vermochte diese Einrichtung großes Vertrauen der Marktteilnehmer in ihre Leistungsbereitschaft und adäquate Kapitalausstattung zu entwickeln. Ausdruck dessen war auch, dass der Einlagensicherungsfonds mehrfach von der Möglichkeit Gebrauch machen konnte, Banken beim Vorliegen bestimmter Voraussetzungen von der jährlichen Umlageverpflichtung zu befreien.[62] Am 28. Oktober 2008 wurde von der BaFin der Entschädigungsfall Lehman Brothers Bankhaus AG festgestellt. Diese Bank hatte auch am Einlagensicherungsfonds deut-

---

[56] www.bvr.de/public.nsf/index.html?ReadForm&main=4&sub=61
[57] über den Sicherungsverband beim Bundesverband deutscher Volksbanken und Raiffeisenbanken
[58] http://www.aerzteblatt.de/v4/archiv/artikel.asp?src=heft&id=67131
[59] über den Stützungsfonds der regionalen Sparkassen- und Giroverbände, die beim Deutschen Sparkassen- und Giroverband e.V. gebildete Sicherungsreserve des Landesbanken/Girozentralen sowie den Sicherungsfonds der Landesbausparkassen
[60] vgl. Pressemitteilung IP/02/343 der Europäischen Kommission, Brüssel, vom 28. Februar 2002.
[61] http://www.sueddeutsche.de/geld/landesbanken-in-der-krise-bruessel-erzwingt-verkauf-der-westlb-
     1.462961 „Auch die BayernLB, die NordLB, die HSH Nordbank und die Landesbank Baden-
     Württemberg sind auf Finanzhilfen ihrer staatlichen Eigner angewiesen."
[62] vgl. Deutsche Bundesbank – Monatsbericht Juli 2000 – S. 42f

scher Banken mitgewirkt, so dass die Sicherungseinrichtung Entschädigungszahlungen leistete. Daraufhin wurde das Statut[63] des Einlagensicherungsfonds, insbesondere im Hinblick auf eine Verdopplung sowohl der jährlichen Umlagefinanzierung als auch der Einmalzahlung für neu aufgenommene Banken, reformiert.

Da Finanzinstitute infolge der Kettenwirkung der Lehman-Insolvenz auf staatliche Hilfen zurückgreifen mussten, werden sowohl auf europäischer als auch globaler[64] Ebene Maßnahmen zur Sicherung von Einlagen eruiert. Die Europäische Kommission legte am 12. Juli 2010 einen Vorschlag zur Einrichtung eines harmonisierten Einlagensicherungssystems in der Europäischen Union vor[65]. Kernelemente sind eine Höchstdeckungsgrenze von EUR 100.000 sowie ein genereller Ausschluss von Finanzinstituten aller Art (darunter auch Versicherungsunternehmen) als Begünstigte.

Klargestellt sei, dass sich die Einlagensicherungssysteme auf eine Deckung der Geldeinlagen bei dem jeweiligen Institut beziehen. Eine Sicherung verwahrter Wertpapiere im Sinne eines Einstehens der Depotbank für den Ausfall/ die Illiquidität eines Wertpapieremittenten ist damit nicht verbunden.

Insgesamt führen die Größenordnungen der Geldeinlagen institutioneller Anleger das Spannungsfeld zwischen dem Interesse an einer voll gedeckten Sicherung der Einlagen einerseits und dem Ziel, zusätzliche Kosten für die Beteiligten zu vermeiden, vor Augen. Letztlich trifft der Investor die Entscheidung, welchem System bzw. welcher Bank er dauerhafte Leistungsfähigkeit zuschreibt. Eine – auch zur vollen Entschädigung führende – Inanspruchnahme einer direkten Sicherungseinrichtung bringt für den Anleger Beeinträchtigungen mit sich. Das Portfoliomanagement ist bis zur Auszahlung der Entschädigung gelähmt und ein Zugriff auf liquide Assets erschwert oder verhindert. Priorität vor der Beurteilung von Einlagensicherungsinstituten sollte deshalb die fundierte Bonitätsbewertung der Depotbank als solcher genießen. Hierbei ziehen Investoren zunehmend sowohl öffentliche Ratings als auch die Spreads von Credit Default Swaps[66] zu Rate.

---

[63]   abrufbar beim Bankenverband unter
http://www.bankenverband.de/themen/geld-finanzen/einlagensicherung

[64]   Als Basel III bezeichnetes Regelwerk des Basler Ausschusses der Bank für Internationalen Zahlungsausgleich (BIZ). Als Bestandteil der Konsultationsphase gab der Ausschuss am 26. Juli 2010 das "Group of Governors and Heads of Supervision reaching broad agreement on Basel Committee capital and liquidity reform package" bekannt.

[65]   COM(2010)371; SEK(2010)846
http://eur-lex.europa.eu/LexUriServ/LexUriServ.do?uri=COM:2010:0371:FIN:de:PDF

[66]   Credit Default Swap als Bemessung des Kreditausfallrisikos (basierend auf einer Einschätzung der Marktteilnehmer)

4. Resümee

Sicherheitsaspekte spielen neben der Leistungsfähigkeit einer Depotbank eine herausragende Rolle. Investoren werden verstärkt auf kurze Verwahrketten in Bezug auf die jeweiligen Wertpapier-Märkte achten. Internationale Präsenz verbunden mit marktübergreifendem Erreichen kritischer Masse ermöglicht dauerhaft die notwendigen Investitionen in sicherheitserhöhende Systeme und kommt damit dem Investor zugute. Ob ein Institut ein risikoaverses, tragfähiges Geschäftsmodell verfolgt, wird als Sicherheitskriterium aus Anlegersicht weiterhin an Bedeutung gewinnen.

Begriffserklärung

Global Custodian
(nicht gesetzlich definiert) Wertpapierverwahrer, der die Wertpapiere seiner Kunden in verschiedenen Jurisdiktionen (teils über konzerneigene, teils über externe Subcustodians) abwickelt. Viele Global Custodians agieren in ihren Heimatmärkten auch als Subcustodian für Drittbanken.

Drittverwahrer
auch Zwischen-/ Unterverwahrer (englisch Subcustodian). Unterverwahrstelle eines Custodian im Heimatmarkt/ Emissionsland des jeweiligen Wertpapiers. Der Subcustodian bildet die Schnittstelle zur nationalen Wertpapiersammelbank und leistet die zur Abwicklung von Steuerrückerstattungen, Kapitalmaßnahmen, o.ä., erforderliche Marktnähe.

Wertpapiersammelbank
auch: Zentralverwahrer (englisch Central Securities Depositary (CSD)), agiert als zentrale, meist staatlich geregelte und überwachte, Depotbank. Die Wertpapiersammelbank verwahrt Wertpapiere in Form effektiver Stücke (z.B. Globalurkunden) oder von Bucheinträgen und ist für den finalen Eigentumsübergang verantwortlich.

Wertpapiersammelbanken führen Depotkonten für angeschlossene Depotbanken/ Custodians, welche die Bestände ihrer Kunden über die Wertpapiersammelbank vermitteln.

Die derzeit einzige deutsche Wertpapiersammelbank ist Clearstream Banking AG, Frankfurt.

Internationale Wertpapiersammelbank
Auch Internationaler Zentralverwahrer (englisch International Central Securities Depositary (ICSD)). Zur Vereinfachung der Abwicklung von internationalen Anleihen agieren die internationalen Zentralverwahrer als spezialisierte Plattform. Sie sind direkt oder indirekt (über lokale Subcustod-

ians) mit den nationalen Zentralverwahrern vernetzt. Derzeit existieren zwei internationale Wertpapiersammelbanken: Euroclear Bank (Brüssel) und Clearstream Banking (Luxemburg).

Depotbank   geregelt in §§ 20 ff. InvG: Mit Verwahrungs- und Kontrollfunktion ausgestattetes Kreditinstitut, welches die depotführende Stelle für das jeweilige Sondervermögen bildet.

Die Depotbank agiert als Custodian, indem die sie die zum Sondervermögen gehörenden Wertpapiere über ihr Subcustodian-Netzdrittverwahren lässt.

Der Terminus Depotbank wird auch außerhalb des Investmentgesetzes für eine depotführende Stelle, zum Beispiel für Direktbestände des Investors, verwendet.

Literaturverzeichnis

Bundesanstalt für Finanzdienstleistungsaufsicht: Rundschreiben 6/2010 (WA) zu den Aufgaben und Pflichten der Depotbank nach den §§ 20 ff. InvG vom 2.Juli 2010

Deutsche Bundesbank: Monatsbericht Juli 2000, 52.Jahrgang, Nr. 7, 2000-07-01.

Beckmann, K. (Beckmann, 2009): Investment – Ergänzbares Handbuch für das gesamte Investmentwesen, Erich Schmidt Verlag, 2009.

Beckmann, K./ Scholtz, R.-D./ Vollmer, L. (Beckmann/ Scholtz/ Vollmer, 2009): Investment – Ergänzbares Handbuch für das gesamte Investmentwesen, Erich Schmidt Verlag, 2009.

Hellner, T./ Steuer, S. (Hrsg.) (Hellner/ Steuer, 2010): Bankrecht und Bankpraxis („BuB"). Loseblatt-Sammlung (Stand August 2010)

Jütten, H. (Jütten, 1996): Bankrecht und Bankpraxis („BuB"), Hrsg. T. Hellner/ S. Steuer, Ausgabe 3/1996.

Kümpel, S. (Kümpel, 2000): Bankrecht und Bankpraxis („BuB"), Hrsg. T. Hellner/ S. Steuer, Ausgabe 3/2000.

Kümpel, S. (Kümpel, 2004): Bank- und Kapitalmarktrecht, Verlag Dr. Otto Schmidt, 3. Auflage, 2004.

Teil IV

Konzeptionelle Fragen der institutionellen Kapitalanlage

Der Investmentfonds als strategischer Baustein der Gesamtallokation institutioneller Anleger

von Bernd Rose

1. Von der Allokationsplanung zur Fondsinvestition

In der modernen Kapitalanlageplanung steht die risikobudgetabhängige Allokationsplanung im Mittelpunkt. Diese findet ihren Ursprung in den Eigenschaften der Portfolioverpflichtungen. Die Portfolioverpflichtungen, auch Liabilities genannt, sind Verbindlichkeiten, Rückstellungen und Eigenkapitalpositionen[1], die wiederum die Herkunft der Liquidität und somit die Zielsetzungen für den Kapitalanlageprozess erklären. In diesem Zusammenhang wird auch davon gesprochen, dass das Anlageportfolio der Passivseite bzw. den Verpflichtungen gewidmet ist. Diese Zielsetzungen gehen in das Pflichtenheft für den Anlageprozess ein, an dem sich die weiteren Planungen orientieren müssen. Liegt die ganzheitliche Allokationsplanung vor, stellt sich die Frage nach der optimalen Umsetzung der Ziellallokation.

Die richtige Wahl und Nutzung der Investmentvehikel bzw. Investmentformen sind wesentliche Erfolgsfaktoren für den gesamten Kapitalanlageprozess. Der Investmentfonds, als Spezialfonds oder als Publikumsfonds, ist ein solches Vehikel und nimmt in der Umsetzungsplanung institutioneller Anleger traditionell eine besondere Rolle ein. Im Weiteren wird die Rolle des Fondsinvestments als Baustein der ganzheitlichen Kapitalanlage beschrieben, die von den Anforderungen der strategischen Allokationsplanung und dem Risikosteuerungskonzept geprägt wird.

Institutionelle Anleger sollten ein Investment gemäß eigener Zielvorstellungen gestalten bzw. darauf Einfluss nehmen können und legen aus diesem Grund Spezialfonds auf, die mit anlegerindividuellen Anlageaufträgen[2], entsprechenden Anlagerichtlinien und Verträgen ausgestattet werden. Der Anleger bestimmt die Konzeption, die Anlagestruktur, beauftragt die Investmentmanager und hat somit unmittelbar die Verantwortung für die Strategie und das vollständige Fondsprofil. In den weiteren Ausführungen wird ein Schwerpunkt darauf gelegt, welche Rolle ein solcher Spezialfonds im gesamten Kapitalanlageprozess übernimmt, welche Aufgaben auf einen Investor bei der Auflegung eines Spezialfonds zukommen und was bei der konzeptionellen Gestaltung zu beachten ist.

---

[1]   Das Eigenkapital wird zu den Portfolioverpflichtungen gezählt, da das Eigenkapital das Portfolio finanziert und der Eigenkapitalgeber Forderungen an die Verzinsung und Investition des Eigenkapitals hat.

[2]   Der Spezialfonds wurde in den Anfängen (in Deutschland seit 1968) auch Individualfonds genannt.

Neben dem Spezialfonds mit individueller Prägung durch den Anleger hat der Publikumsfonds eine sehr hohe Bedeutung im Investmentmarkt.[3] Dieser erhält die Ausrichtung durch den Investmentmanager bzw. durch die Kapitalanlagegesellschaft, die diesen Fonds auflegt. Publikumsfonds sind in diesem Sinne als Produkt und Verpackung eines Angebots der Investmentindustrie zu sehen. Die Produkte umfassen vor allem das klassische Angebot von Anlageklassen (z. B. Aktien-, Renten-, High Yield-Fonds etc.). Zudem werden Investmentstrategien im Mantel des Publikumsfonds angeboten, häufig mit Wertsicherungskonzeptionen ausgestattet und dabei als sog. Absolute Return- bzw. Total Return-Fonds vermarktet. Unter den Publikumsfonds hat in den letzten Jahren zudem das Segment der passiv investierenden Exchange Traded Funds (ETF) an Bedeutung gewonnen[4]. Die Innovation der ETF liegt im An- und Verkauf der Anteilsscheine über die Börse als Alternative zur Ausgabe und Rücknahme der Anteile durch die Kapitalanlagegesellschaft (KAG).

Investoren können, ein entsprechendes Anlagevolumen vorausgesetzt, die Strategie- und Produktvarianten der Investmentindustrie in der Regel auch im Spezialfonds umsetzen. In diesem Fall übernimmt der Investmentmanager die Aufgabe der Konzeption und gibt die Allokation, Anlagegrenzen und -freiräume etc. vor. Dieser Weg wird in einigen Fällen gewählt, kann jedoch den Anforderungen an eine angemessene Konzeption, z. B. im Sinne des Asset-Liability-Managements bzw. einer ganzheitlichen Risikoplanung und -steuerung meist nicht genügen. Vielmehr sollte eine Anlagekonzeption entworfen werden, die Investmentfonds funktional einsetzt und deren Ausgestaltung (Anlageauftrag) im Rahmen der Gesamtkonzeption erklärt.

2. Grundlagen einer Fondsinvestition

Die Anlage in Investmentfonds sollte das Ergebnis eines ganzheitlichen Planungsprozesses sein, der den Ausgangspunkt in der Asset-Liability-Studie findet. D. h. bevor ein Anlagekonzept für Fonds beschrieben werden kann, müssen die Grundlagen der gesamten Kapitalanlageplanung erarbeitet werden.

---

[3]   Siehe auch Artikel Maier/ Haug in diesem Handbuch.

[4]   Der Markt für aktive Anlagekonzepte in ETF ist in den letzten Jahren ebenso sehr stark gewachsen.

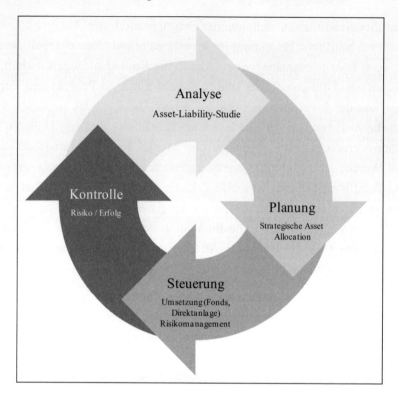

Abbildung 1: Kapitalanlageprozess[5]

Nachdem auf Basis der Asset-Liability-Studie die sich anschließende, strategische Allokations- bzw. Risikoplanung erfolgt ist, wird in der Umsetzungsplanung die Investition im Wertpapierdirektbestand, in einem Fondsportfolio oder in anderen Investmentformen[6] festgelegt. Ein solcher Prozess wird regelmäßig kontrolliert. Die Kontrolle bezieht sich auf die Umsetzung der Allokation, den Risikostatus und die Ergebnisentwicklung (Performance).

---

[5]   Quelle: RMC Risk Management Consulting

[6]   Z. B. Direktanlagen in Beteiligungen, Immobilien etc.

Asset-Liability-Studie als Ausgangspunkt

Der Kapitalanlageprozess basiert auf der Passivseite des Anlegers, die den Verwendungsplan des Portfolios definiert. Die Aktivseite und somit das Gesamtportfolio des Anlegers antwortet auf diesen Verwendungsplan[7]. Die Passiva beantworten wesentliche Fragen zur fundamentalen Planung der Aktivseite, darunter z. B. die Frage nach der kongruenten Währung, einer angemessenen, kongruenten Fristenstruktur in der Zins- und Kapitalbindung etc. Offensichtlich sind es die Kongruenzbeziehungen, die in der Analyse der Passivseite von hohem Interesse sind und dem Anleger die übereinstimmenden Eigenschaften eines Portfolios vermitteln, das der Passivseite speziell gewidmet ist. Dieses Portfolio wird im Folgenden „kongruentes Portfolio" genannt.

Wird diese Logik weiterverfolgt, so kann in dem kongruenten Portfolio eine Eigenschaft erkannt werden, die für den gesamten Planungsprozess elementar ist – dieses Portfolio verhält sich zur Passivseite, d. h. zum Verwendungszweck der Kapitalanlage, weitgehend risikoneutral. Weitgehend bedeutet, es kann keine andere Allokation gefunden werden, die ein geringeres Risiko im Verhältnis zu den nachhaltigen Auszahlungszielen aufweist.

In einigen Fällen ist dieses kongruente Portfolio tatsächlich risikofrei, d. h. dieses Portfolio erfüllt sicher die Auszahlungsziele des Anlegers. Risikofrei bedeutet dabei nicht, dass das kongruente Portfolio keinen unerwarteten Wertschwankungen unterliegt. Vielmehr sind die Wertveränderungen des risikofreien Portfolios mit denen der Auszahlungsverpflichtungen deckungsgleich, eine Bedingung für die Eliminierung des Ausfinanzierungsrisikos. In anderen Fällen stellt das kongruente Portfolio nur eine risikominimale Annäherung dar.

Das kongruente Portfolio markiert in der Risiko-/Ertragsplanung und -steuerung den Ausgangspunkt, d. h. den Null-Risiko-Zustand. Die Qualifizierung und Quantifizierung (Schätzung) von Finanzierungs- und Kapitalanlagerisiken sind das Ergebnis einer relativen Bewertung zu diesem Ausgangspunkt. In dieser Relation erklärt erst die konkrete Formulierung der kongruenten Portfoliostrategie den Null-Risiko-Zustand für

---

[7]   Varianten der Aktiv-/Passivsteuerung im Sinne moderner Treasury-Konzepte (v.a. bei Banken) bzw. spezielle Produktstrategien von institutionellen Anlegern im Passivgeschäft ermöglichen eine Abweichung von dieser „herkunftsbezogenen" Sicht, d. h. die Passivseite muss nicht immer der Ausgangspunkt der Planung sein und als gegeben und festgelegt unterstellt werden. Die Vorgehensweise, ausgehend von der Passivseite die Anlagekonzeption zu entwerfen, wird dadurch jedoch nicht in Frage gestellt.

die Risikoschätzung im Gesamtanlagekontext[8]. Mit anderen Worten, der Anleger erfährt durch die Asset-Liability-Studie, welche Investitionen ein Risiko binden und welche nicht. Die Investitionen, die kein Risiko binden, bilden den Nullpunkt auf der Risikoachse und somit den Ausgangspunkt der Risikoinvestition.

In der Asset-Liability-Studie, d. h. der systematischen Auseinandersetzung mit den Portfolioverpflichtungen, werden diese kongruenten Portfolioeigenschaften ermittelt. Zudem wird das ökonomische Eigenkapital bestimmt, das neben dem eingezahlten, haftenden Eigenkapital die gebildeten Rücklagen und Reserven umfasst. In Summe umfasst das ökonomische Eigenkapital all die Aktiva, denen keine verbindlichen Auszahlungsansprüche gegenüberstehen. Das ökonomische Eigenkapital definiert somit den Handlungsspielraum, von dem kongruenten Portfolio abzuweichen, wenn der Eigentümer (Aktionär) oder die Träger des Anlagevermögens eine entsprechende Risikobereitschaft aufbringen.

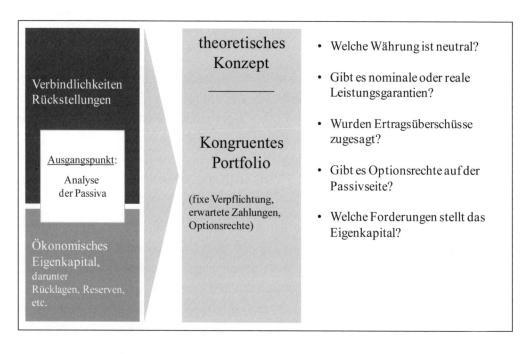

Abbildung 2: Definition des kongruenten Portfolios[9]

---

[8]   Zur Risikowirkung des kongruenten Portfolios auf die GuV (Bilanzkontext) und auf aufsichtsrechtlich relevante Kenzahlen folgen später noch weitere Erläuterungen

[9]   Quelle: RMC Risk Management Consulting

Träger, Mitgliederversammlungen, Eigentümer und andere Eigenkapitalgeber können ebenso Anforderungen an das Vermögen definieren, die sich in den Eigenschaften des kongruenten Portfolios niederschlagen.

Die Asset-Liability-Studie ist somit die grundlegende Analyse für die Risikobestimmung und die Bestimmung der Ertragsnotwendigkeiten und führt im Ergebnis zu einem ersten, elementaren Portfolioentwurf. Die genannten Grundlagen werden für die darauf aufbauende Portfolioplanung benötigt, an deren Endpunkt die Festlegung der Fondsinvestition stehen kann.

Planung des Kapitalanlageportfolios

Aus dem kongruenten Portfolio lässt sich die Basisstrategie entwickeln, d. h. ein investierbares Portfolio, das die Eigenschaften des theoretisch konzipierten Ausgangsportfolios hinreichend genau abbildet bzw. eine bestmögliche, realisierbare Annäherung daran darstellt. Es ist denkbar, dass die Eigenschaften des kongruenten Portfolios nicht direkt am Kapitalmarkt erworben werden können, da die Verpflichtungen sich nicht eindeutig im Portfolio replizieren lassen. Sehr häufig wird beispielsweise eine solche Situation bei jungen, dynamisch wachsenden Altersvorsorgeeinrichtungen vorgefunden, die über die nächsten Jahre sehr hohe Nettoliquiditätszuflüsse erwarten[10]. In der Folge sind die Zinsbindungsanforderungen im kongruenten Portfolio sehr hoch – diese könnten nur mit Termingeschäften erreicht werden.

In der Praxis werden die wichtigsten und am Markt replizierbaren Eigenschaften des kongruenten Portfolios auf die Basisstrategie transferiert, um das Ziel einer bestmöglichen realen Umsetzung des kongruenten Portfolios zu erreichen. Mit der Entwicklung dieser Basisstrategie (die in einigen Fällen mit dem kongruenten Portfolio identisch ist) werden alle Vorgaben für ein direkt investierbares Portfolio definiert. Es wird damit den grundlegenden Zielsetzungen des Anlegers am besten gerecht, zumindest solange noch keine Risikoinvestition zur Steigerung der Erträge bedacht wird.

---

[10] Der Liquiditätsüberschuss junger wachsender Einrichtungen ergibt sich in der Regel aus dem höheren Beitragszufluss im Verhältnis zu den Auszahlungen für Leistungen und Kosten. Bezogen auf die zukünftigen Beiträge, die noch nicht eingegangen sind, wurden bereits Leistungszusagen gegeben. Diese liquiditätsmäßig nicht gedeckte Leistungszusage erhöht teilweise die Anforderungen an das Portfolio auf ein extremes Niveau.

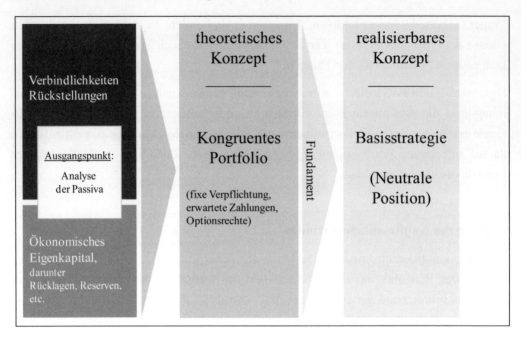

Abbildung 3: Ableitung der Basisstrategie[11]

Die Basisstrategie ist die beste reale Annäherung an das „risikofreie" Portfolio, dessen Ertrag den risikofreien Zins[12] definiert. Dieser ist für alle Arbeiten in der Portfoliooptimierung und -planung elementar. Sämtliche risiko-/ertragsorientierten Strategien können nur dann sinnvoll geplant werden, wenn es eine Referenz bzw. einen risikofreien Zins gibt. Ist diese Referenz nicht vorgegeben, so ist die Anlagestrategie nicht mit den Anforderungen des Anlegers verknüpft. An dieser Stelle wird deutlich, dass mit der Definition der Basisstrategie ein zwingend notwendiger und fundamentaler Entwurf für die Planung des gesamten Anlagekonzepts vorliegt. Die theoretische Verankerung der Überlegung findet sich in der Kapitalmarkttheorie in den Arbeiten zur Two-Funds-Separation[13].

---

[11] Quelle: RMC Risk Management Consulting

[12] In der wissenschaftlichen Literatur wird häufig der Geldmarktzins als adäquater risikofreier Zinssatz verwendet. Dieser ist jedoch nur dann für den Anleger der „richtige" risikofreie Zins, wenn dessen Basisstrategie zu 100% im Geldmarkt liegt. Investoren werden es in der Regel als selbstverständlich empfinden, dass der EUR-Geldmarkt gemeint ist. Dies stimmt jedoch auch nur für den Fall, dass die Verpflichtungsseite des Portfolios im EUR denominiert ist. Einen „universellen" risikofreien Zins gibt es in dieser Hinsicht nicht, dieser ist immer das Resultat der Liability-Analyse.

[13] Vgl. Brealey/ Myers/ Allen (2008)

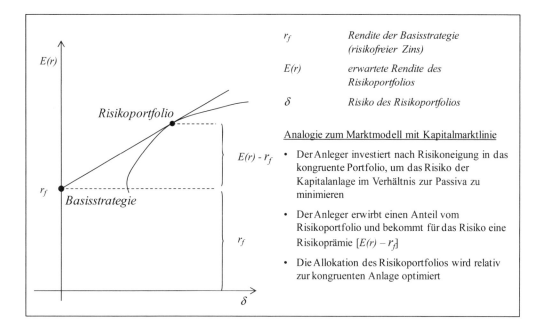

Abbildung 4: Two-Funds-Separation in der Gesamtallokation[14]

In der Two-Funds-Separation existieren zwei Portfolios: das „risikofreie" und das Marktportfolio[15], welches in der Portfoliotheorie für alle Anleger gleich ist. In einer erweiterten Überlegung kann das Marktportfolio auch die optimale Risikostrategie des Anlegers sein, d. h. die optimale Abweichung vom „risikofreien" Portfolio mit dem Ziel, das akzeptierte Risiko mit maximalen Ertragserwartungen zu investieren. Im Weiteren wird der Begriff Risikoportfolio verwendet, das mit dem Ziel erworben wird, einen höheren Ertrag im Vergleich zur „risikofreien" Basisstrategie zu erwirtschaften.

Die Struktur dieses strategischen Risikoportfolios ändert sich mit der Wahl des angestrebten Risikoniveaus nicht, lediglich das Portfoliovolumen. So gesehen ist der Anlagemix im Risikoportfolio unabhängig von der geplanten Risikomenge definiert. Mit diesen Überlegungen zur Two-Fund-Separation sind zwei grundlegende Portfolioqualitäten im Kapitalanlageprozess definiert:

1. Basisstrategie: Optimale Investition ohne Risikonahme (risikoneutral)
2. Risikoportfolio: Optimale Investition unter Risiko relativ zur Basisstrategie

---

[14] Quelle: RMC Risk Management Consulting
[15] Vgl. Uhlir/ Steiner (2000), S. 170 ff

In der Analyse der gesamten Kapitalanlagen lassen sich diese zwei Portfolioqualitäten als Hauptachsen der Kapitalanlage identifizieren. Diese Qualitäten zu erkennen ist auch notwendig, um das Gesamtportfolio zu beurteilen. In gleicher Weise ist die Unterscheidung von Basisstrategie und Risikoportfolio in der ganzheitlichen Allokationsplanung ein fundamentaler Aspekt.

Zur Planung des Kapitalanlageportfolios muss angemerkt werden, dass es weitere strategische Portfoliobausteine gibt, die an dieser Stelle inhaltlich nicht weiter ausgeführt werden können, wobei einige Besonderheiten kurz zu erwähnen sind. So wird abhängig von der Qualität der Passivseite in einigen Fällen ein quasi-kongruentes Portfolio zur Aussteuerung besonderer Dynamiken auf der Leistungsseite geplant. Dies kommt beispielsweise bei Abhängigkeit der Leistungsverpflichtungen von allgemeinen oder besonderen inflationären Entwicklungen vor. Zudem gibt es bei vielen Anlegern bereits bestehende, nicht einfach disponierbare Anlagen auf der Aktivseite, die in der Allokationsplanung beachtet werden müssen. In Abhängigkeit von besonderen Bewertungsvorschriften in der Bilanz und aufgrund der niedrigen Liquidität einiger Anlageklassen (z.B. Immobilien, Beteiligungen) werden Bewertungsrisikoportfolios geplant, für die andere Planungsregeln gelten können als die hier beschriebenen. Im Weiteren werden jedoch nur die Basisstrategie und das Risikoportfolio betrachtet, die in der Regel in *jedem* Kapitalanlageplan eine hohe und zentrale Bedeutung haben.

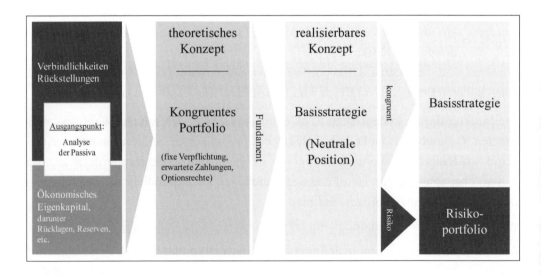

Abbildung 5: Ableitung der Kapitalanlagestrategie[16]

---

[16]   Quelle: RMC Risk Management Consulting

Anforderungen an Planung und Gestaltung der Basisstrategie

In der Asset-Liability-Studie werden die Vorgaben für die Basisstrategie und die darauf aufbauende Kapitalanlageplanung unmittelbar definiert. Dieses Basisportfolio ist grundlegend und weist interessante Besonderheiten auf. Zum einen gibt es klare Regeln der Portfolioinvestition. Der Fokus der Anlagen ist in den meisten Fällen eindeutig zu beschreiben und umfasst nur wenige Anlageformen. Für Anleger ist ein solches Portfolio in eigener Regie sehr gut zu beherrschen. Der Haupterfolgsfaktor in der Anwendung und Umsetzung der Basisstrategie liegt in der Qualität der konzeptionellen Vorarbeit und der Asset-Liability-Studie. Zum anderen folgt die Basisstrategie den klassischen Prinzipien der Buy-and-Hold-Strategie, d. h. die Investitionen verbleiben dauerhaft im Bestand und das Aktivitätsniveau im Portfolio ist gering. In der Umsetzung kommt es auf Stringenz und Prinzipientreue an.

Als Investmentlösung bietet sich die Eigenanlage an. Sie ist unter Abwägung von Kosten- und Nutzenaspekten fast immer zu bevorzugen. Typischerweise werden die eigenen Anlagen in Namenspapieren (Schuldscheindarlehen, Namensschuldverschreibungen) vorgenommen. Für diese Verbriefungsqualitäten gelten für den Anleger Bilanzierungsregeln nach HGB und IFRS, die den Anforderungen der Basisstrategie sehr gut entsprechen[17].

Hier wird ein zweiter Aspekt in Bezug auf die Risikoqualität abhängig vom Steuerungskreis deutlich[18]. Da in der Bilanzierung (Steuerungskreis „Bilanz"), der betriebswirtschaftlichen Steuerung (Steuerungskreis „ALM") oder der Erfüllung aufsichtsrechtlicher Anforderungen (Steuerungskreis „Aufsicht") unterschiedliche Wertmaßstäbe angewendet werden und Wertänderungen einzelner Investitionen je nach Steuerungskreis unterschiedlich wirken, bekommt der Risikobegriff eine zweite Dimension. Grundsätzlich liefert die Passivseite den Risikoreferenzwert, jedoch kann das kongruente Portfolio, resp. die Basisstrategie nicht beliebig umgesetzt werden. Die Basisstrategie hat eigene Anforderungen an die Umsetzung. Dabei gilt für die Risikoneutralität die erweiterte Bedingung, dass nur die Anlagen risikoneutral sind, die dieses Kriterium zusätzlich in der Bilanzsteuerung und ggf. der aufsichtsrechtlichen Steuerung erfüllen. In diesem Zusammenhang wird von mehrdimensionalen Bedingungen für die Risikoneutralität einer Anlage gesprochen. Zudem ergibt sich die Risikoneutralität immer nur im anlegerspezifischen Kontext und kann dementsprechend nur individuell definiert werden.

---

[17] Bilanzierung zum Anschaffungswert möglich, d. h. z. B. keine zinsabhängige Wertschwankung der Wertpapiere, analog zur Passivseite (es gibt Ausnahmen).

[18] Vgl. Lozman/ Mayer-Wegelin (2006), S. 185

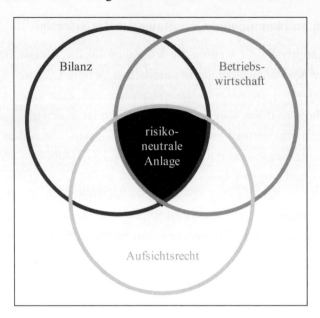

**Abbildung 6: Steuerungskreise: Mehrdimensionaler Kontext
für Risikoneutralität[19]**

Die skizzierten Eigenschaften führen dazu, dass die Umsetzung der Basisstrategie im Rahmen eines Investmentfonds in der institutionellen Anlage kaum zu beobachten ist. Begründet werden kann das speziell damit, dass der Anlagefokus eng ist, die Anlageregeln gut zu handhaben sind, das Investmentverhalten konservativ statisch ist, höhere Kosten der Kapitalanlage vermieden werden und sich der Fonds in der Regel kontraproduktiv zum mehrdimensionalen Kontext der Risikoneutralität verhält. Dennoch kommt es aus unterschiedlichen Überlegungen teilweise auch zu Umsetzungen im Fonds. Dieser Aspekt wird zu einem späteren Zeitpunkt noch betrachtet.

Anforderungen an Planung und Gestaltung des Risikoportfolios

So wie die Basisstrategie klare Regeln der Konstruktion kennt, ist auch die Planung und Ausgestaltung des Risikoportfolios prinzipienbasiert, damit eine effiziente und zielorientierte Portfolioallokation erreicht wird. Effizienz bedeutet in diesem Zusammenhang, dass ein optimales Verhältnis zwischen dem erwarteten Überschussertrag zu dem eingesetzten Risiko vorliegt, d. h. die Risikoverzinsung (auch Sharpe Ratio[20]

---

[19] Quelle: RMC Risk Management Consulting

[20] Vgl. Brealey/ Myers/ Allen (2008), S. 213.

genannt) der Allokation im Bereich des Maximums liegt. Da das Risiko relativ zu den Verpflichtungen definiert ist, stellt die effiziente Portfolioallokation unter Risiko gleichzeitig die optimale Strategie dar, einen Ertragsüberschuss relativ zur Portfolioverpflichtung zu erzielen[21]. Im Gegensatz zu der Basisstrategie ist dieses Risikoportfolio jedoch nicht eng fokussiert. Im Gegenteil erfordern Diversifikation und Effizienz ein sehr weit gefasstes und vielschichtiges Anlageuniversum. Nachfolgend sind einige Bauprinzipien des Risikoportfolios aufgeführt, welche die Anforderungen an die Umsetzung verdeutlichen. Die Aufzählung ist nicht abschließend. Weitere Merkmale der Planung einer effizienten Portfoliostruktur sind zu bedenken.

1. Diversifikation der Anlageklassen: Fundierte Anlageklassen umfassend berücksichtigen

Eine Allokation kann nur effizient sein, wenn alle fundierten Anlageklassen vollumfänglich investiert werden. Dies ist ein anspruchsvolles Ziel, das zunächst die Definition einer „fundierten Anlageklasse" voraussetzt. Denn es gibt bekanntlich zahlreiche Möglichkeiten, Kapital anzulegen, diese erfüllen jedoch nicht alle den Anspruch einer fundierten Anlageklasse, deren Merkmale im Weiteren genannt werden.

Eine Anlageklasse ist eine Investition und somit ein Medium der Kapitalbereitstellung und Risikoübernahme. Merkmal der Investition ist die Generierung eines Einkommens, das sich aus der Partizipation an der Wertschöpfung des Investitionsobjekts und somit an den Einkommen anderer Wirtschaftssubjekte ergibt. Diese Investition sollte der Volkswirtschaft Ressourcen bereitstellen und nicht entziehen. Letzteres ist z. B. bei direkten Rohstoffinvestitionen am Spot- oder Futures-Markt der Fall, die unter diesen Kriterien bewertet werden sollten. Zusätzliche Merkmale könnten beschrieben werden.

Zu den fundierten Anlageklassen gehören die Formen der Fremdkapitalfinanzierung, die nach Zinsanlagen und Kreditanlagen getrennt werden können. Zudem die Eigenkapitalfinanzierungen, typischerweise in Form der Aktie oder Beteiligung. Weitere Anlageklassen sind die Immobilien (diverse Nutzungsarten), Infrastrukturfinanzierungen sowie land- und forstwirtschaftliche Investitionen etc.

---

[21] Vgl. Elton/ Gruber/ Brown/ Goetzmann (2008), S. 262ff.

2. Diversifikation der Anlageklasse: Granularität, Internationalität und sektorale Balance

Bei dem Erwerb einer Anlageklasse sollte immer auf Granularität[22] geachtet werden, da sich ansonsten keine belastbaren Planparameter ergeben und die Risikoeffizienz nicht gewährleistet ist. Neben der Detailstrukturierung ist es wichtig, über die Landesgrenzen hinaus und die Sektoren hinweg eine ausgewogene Allokationsstruktur darzustellen. Dabei kann der Beitrag eines Sektors oder einer Region an der weltwirtschaftlichen Wertschöpfung als Orientierung gewählt werden. Ebenso sind die Marktkapitalisierung und -liquidität sowie Diversifikationsziele zu beachten.

3. Risikoäquivalenz und Korrelationen beachten

Die Qualität eines Risikoportfolios hängt entscheidend von der Balance im Risikogefüge ab. Dominieren die Risikobeiträge einzelner Anlageklassen zu stark, kann sich keine effiziente Struktur ergeben. Ein effizientes Portfolio ist über die diversifizierten Risikobeiträge (marginale Risiken) breit und ausgeglichen gestreut.

4. Angemessene Risikoschätzer verwenden

Die Normalverteilungshypothese wird häufig scharf kritisiert, ist dennoch bezogen auf längere Periodenrenditen (monatlich, jährlich) für viele Anlageklassen zur Einschätzung des Risikos, d. h. der unerwarteten Abweichung der tatsächlichen Rendite vom Erwartungswert, angemessen. Für einige Anlageklassen kann andererseits diese Hypothese tatsächlich nicht aufrecht gehalten werden, so dass ein kohärenter Risikoschätzer[23] (z.B. Expected Shortfall) auf Basis einer angemessenen Verteilungsannahme zur Risikoschätzung verwendet werden sollte.

5. Spielräume des Optimierungsprozesses restringieren und Streuungsvorgaben formulieren

Einfache Optimierungen führen häufig zu ökonomisch nicht plausiblen Ergebnissen. Es ist von hoher Bedeutung, einen Optimierungsprozess auf Basis ökonomisch verantwortbarer, logischer Restriktionen zu lenken und somit das Extremwertverhalten des Optimierungsalgorithmus durch ökonomisch sinnvolle Streuungsvorgaben einzuschränken.

Die vorausgegangenen fünf „Bauprinzipien" stellen einen Satz wichtiger Gestaltungsregeln für das Risikoportfolio dar. Zusätzlich lassen sich noch weitere Anforderungen formulieren. Es wird jedoch bereits jetzt deutlich, dass ein effizientes Risikoportfolio

---

[22]   Granularität bedeutet, dass möglichst viele kleine Einzelinvestitionen vorliegen, die in Summe eine Anlageklasse bilden. Ein breit „gestreutes" Investment weist dann keine Risikokonzentrationen oder Risikokumule auf.

[23]   ADEH (1999).

höchst anspruchsvoll ist. Gemessen an den Möglichkeiten der Umsetzung, die der Markt für Asset Management-Dienstleistungen bietet, können die Anforderungen dennoch gut erreicht werden.

Ein vollständiges eigenes Management, das alle Facetten des effizienten Risikoportfolios beachtet, ist nur einigen wenigen, sehr großen Anlegern mit entsprechenden Ressourcen vorbehalten. Dennoch stellt sich hier die Frage, ob eine Eigenanlage durchgehend sinnvoll ist. Für viele wichtige Anlagethemen werden Spezialisten und zudem eine entsprechende Analyse- und Investmentinfrastruktur benötigt. Anstatt ein Risikoportfolio vollständig in Eigenverantwortung zu steuern, sollte vielmehr selektiv dort, wo hausintern Know-how und Kapazitäten vorhanden sind, auf eigene Kernkompetenzen gesetzt werden. Für die anderen Anlagethemen ist es sinnvoll, darauf spezialisierte externe Manager einzubinden.

Es ist festzuhalten, dass die Komplexität eines effizienten Risikoportfolios in der Regel den Einsatz externer Portfoliomanager verlangt, die (Teil-)Aufträge übernehmen, um im Gesamtergebnis die Zielallokation eines optimierten Risikoportfolios umzusetzen. Zudem ist eine professionelle Investmentinfrastruktur eine Grundvoraussetzung.

3. Umsetzung der Kapitalanlageplanung und Risikosteuerung

Nachdem die Portfolioanforderungen definiert sind und die Planungen für das gesamte Portfolio getrennt nach Basisstrategie und Risikoportfolio vorliegen, rückt die Umsetzung in den Mittelpunkt des Handelns.

Umsetzung der Basisstrategie

Zunächst werden für die Basisstrategie Anlagerichtlinien erstellt, welche die Risikoziele, Anlageklassen und Bandbreiten der Umsetzung vollständig beschreiben. Zudem kann eine Benchmark definiert werden, die den Anlageauftrag repliziert und ein Maßstab für die Investment- und Performancebeurteilung ist. Häufig erlauben die Besonderheiten der Basisstrategie keine Anwendung klassischer Marktindizes als Benchmark, so dass die Festlegung einer solchen nicht möglich ist und eine besondere Indexkonstruktion benötigt wird.

Fonds kommen in der Umsetzung der Basisstrategie in der Regel nicht zum Einsatz. Ein externes Management der Basisstrategie ist meist nicht notwendig. Zudem würde ein aktives Management der Basisstrategie der Logik des Portfoliobausteins widersprechen. Die Kosten einer Fondsinvestition sind vor diesem Hintergrund nicht gerechtfertigt. Darüber hinaus lassen sich Nachteile mit Blick auf die Rechnungslegungsvorschriften für Fonds in der HGB-Bilanz benennen, die die Idee der Basisstrategie konterkarieren[24].

Investoren, die nicht über die Ressourcen und eine entsprechende Infrastruktur verfügen, setzen die Basisstrategien teilweise auch in Fonds um. Die Motivation dafür liegt in der Vermeidung des gesamten Management- und/oder Verwaltungsaufwands. Auch für diese Anleger muss dieser Vorteil jedoch unter den Kosten- und Bilanzierungsgesichtspunkten hinterfragt werden.

Umsetzung des Risikoportfolios

Andere Überlegungen gelten in der Umsetzung des Risikoportfolios. Zum einen wurde deutlich, dass die Anforderungen an das Management des Risikoportfolios z.T. sehr hoch sind. Externe Manager können in der Umsetzung und Investition in ein solches Portfolio erforderlich oder zumindest sinnvoll sein. Hierbei wird der Anlageauftrag auf Experten (interne aus dem Haus des Anlegers oder externe) verteilt und zu einer sogenannten Multi-Manager-Umsetzung aufgebaut. Der Fonds bildet bei entsprechender Gestaltung[25] um die spezialisierten Manager mit ihren jeweiligen Anlageaufträgen eine Bewertungseinheit. Die Bewertungseinheit im handelsrechtlichen Sinne führt zum Ausgleich zwischen den Einzelbewertungen der verschiedenen Anlagen, die im Risikoportfolio aus weit über tausend Einzeltiteln bestehen können. Für die HGB-Bilanzierung und die Steuerung des Risikoportfolios ist somit die Gesamtbewertung aller Anlageaufträge entscheidend und nicht die Bewertung der einzelnen Anlagen bzw. Anlageaufträge für sich genommen.

Der wesentliche Vorteil liegt vor allem darin, dass die Idee der Diversifikation als Grundprinzip einer effizienten Kapitalanlage in der Gesamtbewertung des Fondsvermögens vollständig aufgeht. Von daher ist es das Ziel der Fondsinvestition, möglichst alle Risikoanlagen in den Fonds einzubringen, so dass es möglich wird, eine zentrale und einheitliche Risikosteuerungsentscheidung bezogen auf das Fondsvermögen zu fällen. Mehrere alleinstehende Fonds bzw. einzelne Risikoinvestitionen außerhalb des Fonds sind so gesehen kontraproduktiv, da sich die Wahrscheinlichkeit deutlich erhöht, unkoordinierte Risikosteuerungsentscheidungen treffen zu müssen,

---

[24]   Bilanzierung nach dem strengen Niederstwertprinzip
[25]   Aufbau eines Masterfonds, s. nachfolgendes Kapitel

die bei einer Gesamtbewertung des Risikos kein oder ein vermindertes Steuerungssignal ausgelöst hätten.

Ein einfaches Beispiel verdeutlicht diesen Zusammenhang. Werden Aktien und Staatsanleihen in zwei verschiedenen Fonds investiert, so bekommt jeder Fonds ein Risikobudget zugewiesen, um Abschreibungen in der GuV zu vermeiden. Beide Investitionen unterliegen Wertschwankungen und im Fall von Bewertungsverlusten müssten aus diesem Grund Risikoabsicherungen erfolgen. Da die Wertschwankungen getrennt in zwei Fonds gesteuert werden, führen auch sich aufhebende Wertschwankungen zwischen Aktien und Staatsanleihen zu Steuerungssignalen und -maßnahmen, die in einer Bewertungseinheit keine Bedeutung gehabt hätten. Die Wahrscheinlichkeit von Steuerungseingriffen lässt sich durch eine zentrale Risikosteuerung bezogen auf eine Bewertungseinheit deutlich absenken, wobei die Wahrscheinlichkeit des Steuerungseingriffs auf mehr als die Hälfte abnehmen kann.

Die Two-Funds-Separation kommt in diesen Überlegungen voll zur Geltung und liefert die theoretischen Überlegungen dazu. Wenn das Risikoportfolio gut strukturiert und relativ zu den Portfolioverpflichtungen optimiert wird, ist die Umsetzung des Portfolios in einer Bewertungseinheit die logische Fortführung des Prinzips der Portfolioaufteilung und der Minderung des Steuerungseinflusses.

Risikosteuerungsüberlegungen, der Aufbau einer Risikolimitkonzeption und die Festlegung der Risikostrategie sind somit wesentliche Bestimmungsfaktoren, die für eine Fondsanlage sprechen. Gleichwohl wird deutlich, dass diese Faktoren in Abhängigkeit von den jeweiligen Rechnungslegungsvorschriften unterschiedliche Bedeutung haben. Der Grund dafür liegt in den unterschiedlichen Bewertungsmaßstäben der Rechnungslegungsvorschriften, die sich v.a. gemäß HGB und IFRS[26] deutlich unterscheiden. Da die handelsrechtlichen Vorschriften in der institutionellen Anlage nach wie vor eine hohe Bedeutung haben, nimmt der Spezialfonds in der Risikosteuerung eine grundlegende Rolle ein.

Kontrolle des Kapitalanlageprozesses

Die Kontrolle des Kapitalanlageprozesses beinhaltet v.a. einen regelmäßigen Soll-/Ist-Abgleich. Die ganzheitliche Allokation, der Risikostatus und der Investmenterfolg sind drei Analyseschwerpunkte.

---

[26] International Financial Reportings Standards

Die Analyse der Allokation bzw. der Exposure in Relation zu den Zielplanungen und der Passivseite zeigt, inwieweit der Kapitalanlageaufbau den Zielvorgaben entspricht. Dazu werden wesentliche Strukturmerkmale des Portfolios erhoben und mit den Zielen abgeglichen.

Die Exposure der Kapitalanlage ist häufig der Input für eine ausführliche Risikoanalyse relativ zu den Ausfinanzierungszielen und den Anforderungen der GuV-Steuerung. In der Risikoanalyse werden das Risikoausmaß geschätzt, Risikotragfähigkeit und Risikobudgets quantifiziert sowie Risikolimitauslastungen bestimmt. Zusammengefasst werden die Informationen der Risikoampel abgeleitet, die in Abhängigkeit von den Auslastungsrelationen über den aktuellen Status, den Handlungsspielraum und gegebenenfalls den Handlungsdruck informiert.

Die Erfolgsbeurteilung stellt den dritten Baustein der Prozesskontrolle dar. Ein wesentlicher Teil des Erfolges schlägt sich in der Veränderung der Risikotragfähigkeit nieder, so dass über die Veränderungen im Risikolimitsystem ein Erfolgsindikator mitläuft. Darüber hinaus ist es das Ziel der Erfolgs- bzw. Performanceanalyse, die tatsächliche Wertentwicklung des Vermögens (realisiert / unrealisiert bzw. ordentlich / außerordentlich) mit den Planungen abzugleichen.

Zwei Ziele sind besonders hervorzuheben. Zum einen ist die Feststellung und Beurteilung des Kapitalanlageergebnisses als ein wesentlicher Baustein der Gewinn- und Verlustrechnung unabdingbar. Eine regelmäßige Analyse der Planabweichungen liefert wichtige Steuerungsimpulse. Zum anderen ist die Analyse der Performance ein wesentliches Instrument, die Qualität der Managementleistung einzuschätzen, und zwar sowohl die der eigenen in der Umsetzung der Eigenanlage als auch die der beauftragten Investmentmanager.

Die erforderlichen Informationen rund um das Vermögen werden dabei von den die Fonds administrierenden Kapitalanlagegesellschaften geliefert. Diese sind im Idealfall auch auf besondere Informationsanforderungen des Investors eingestellt. Die Administration eines Spezialfonds, darunter die Fondsbuchhaltung, die Anlagegrenzprüfung, Fondsvermögensbewertung und Risikoanalysen erfordern eine umfassende und gut strukturierte Datengrundlage. Die Kapitalanlagegesellschaften sollten aus diesem Grund über ein Data Warehouse[27] verfügen, das verschiedene Analyseansichten ermöglicht und die Informationsanforderungen des institutionellen Anlegers in der Regel gut erfüllt.

---

[27]   Zentrale Datenbank der KAG

4. Funktionale Eigenschaften des Spezialfondsprodukts

Der Spezialfonds übernimmt im ganzheitlichen Kapitalanlageprozess Funktionen, die vor allem für den Bereich der Risikoinvestition relevant sind. Institutionelle Anleger, die aufgrund der aufsichtsrechtlichen Regularien nur sehr eingeschränkt in Risikoanlagen investieren dürfen bzw. die aufgrund eingeschränkter Risikobereitschaft oder Risikotragfähigkeit die Risikoinvestitionen ganz unterlassen, setzen Spezialfonds und Publikumsfonds so gut wie nicht ein. Im Bereich der risikoneutralen Portfolioinvestition rechtfertigen die funktionalen Eigenschaften den Einsatz eines Fonds als Investitionsmedium nicht, vielmehr kann der Fonds der Umsetzung des Portfoliokonzepts sogar entgegenstehen.

Institutionelle Investoren müssen dennoch bei der Umsetzung der Basisstrategie auf viele Vorteile nicht verzichten, die die Fondsanlage mit sich bringt, so z. B. Quellensteuerrückerstattung, Portfoliobewertung etc. Die Geschäftsbanken bieten mit der Depotbankfunktion bzw. dem Global Custody[28] in der Regel alle Dienstleistungen für Kapitalanlageportfolios an, die von den Kapitalanlagegesellschaften für Spezialfonds bereitgestellt werden. Genauso sind Kapitalanlagegesellschaften in der Lage, Kapitalanlagen außerhalb des Spezialfonds bei Bedarf in das Reporting und die Risikoanalyse zu integrieren. Die Praxis ist in diesem Bereich sehr flexibel und kundenorientiert.

Das Angebot der Depotbank bzw. des Global Custodians umfasst im Wesentlichen die Wertpapierverwahrung und Transaktionsabwicklung. Die Depotbank ist mit diesen Dienstleistungen ein weiterer, vom Gesetzgeber geforderter, Vertragspartner eines Spezialfonds für die Administration. Darüber hinaus werden von der Depotbank auch typische KAG-Dienstleistungen erbracht, so dass der institutionelle Anleger von der Redundanz des Angebots häufig irritiert ist. So wird in dem Rundschreiben der BaFin 6/2010 (WA) zu den Aufgaben und Pflichten einer Depotbank von selbiger explizit eine Anlagegrenzprüfung verlangt, bis dato eine der Kernaufgaben von KAGen. Es bedarf daher einerseits einer Festlegung, unabhängig von den funktionalen Anforderungen des Investmentrechts, welcher Vertragspartner welche Dienstleitung erbringen soll. Andererseits profitiert der Anleger oft von der doppelten Kontrolle des Vermögens durch beide Akteure.

Der Spezialfonds ist aufgrund seiner funktionalen Eigenschaften deutlich mehr als nur ein Investitionsobjekt. Der Fonds übernimmt Aufgaben und wird auf ein Pflichtenheft passgenau eingestellt. So wird heute vom Spezialfondsprodukt gesprochen, das einen umfangreichen Dienstleistungskatalog impliziert.

---

[28] Zur Rolle der Depotbank vergleiche Beiträge Schmettow et al. und Althoff/ Noltsch in diesem Handbuch.

Im Weiteren werden die funktionalen Eigenschaften des Spezialfondsprodukts aufgezeigt. Diese lassen sich nach fondsimmanenten und allgemeinen Eigenschaften unterscheiden. Letztere ergeben sich aus Dienstleistungen, die gleichermaßen von Depotbanken bzw. Global Custodians und anderen Anbietern erbracht werden.

Fondsimmanente Eigenschaften

Investmentgesetz

Der deutsche Investmentfonds ist ein Sondervermögen, das im Investmentgesetz reguliert ist. Der Fonds ist somit rechtlich geschützt. Dieser Schutz wird in den Abschnitten dieses Handbuchs zu den Kapitalanlagegesellschaften, Depotbanken und den diversen Sondervermögen deutlich. Die rechtlich zulässigen Anlagen und deren Ausmaß in einem Fonds sind in Abhängigkeit von den rechtlichen Optionen (richtlinienkonformes Sondervermögen, gemischte Sondervermögen etc.) umfangreich geregelt, so dass Prinzipien von Mischung und Streuung grundsätzlich vorgedacht sind. Diese Regelungen sind vom Anleger jedoch – abgeleitet von seinen Anlagezielen – weiter zu präzisieren.

Weitere Regelungen gibt es für den Schutz der Eigentumsrechte, der Berichtspflichten usw. Zudem stellt das Investmentgesetz sicher, dass die Kapitalanlage im Fonds nicht steuerrechtlich oder „gesellschaftsrechtlich" benachteiligt ist. Eine externe Wirtschaftsprüfung und die aufsichtsrechtliche Kontrolle seitens der BaFin sichern den Anlegerschutz.

Es geht jedoch nicht nur um den Anlegerschutz im klassischen Sinne. Die Prüfung des Fondsvermögens durch eine externe Wirtschaftsprüfungsgesellschaft sowie die laufende Prüfung der Fondsstruktur, der Vermögensbewertung und der Transaktionen durch die Depotbank sind ein wesentlicher Aspekt der Qualitätssicherung bezogen auf ein Vermögen, das international und breit diversifiziert investiert ist.

Besondere Regeln für Spezialfonds enthält der Abschnitt 8 des InvG über Spezial-Sondervermögen (§§ 91 ff. InvG). Mit der letzten Änderung durch das Investmentänderungsgesetz vom 08.11.2007 wurde dieser Bereich weiter dereguliert. Dadurch wurden insbesondere die Konstruktionsmöglichkeiten für Spezialfondsinvestments deutlich verbessert. Hier ist in erster Linie die Aufhebung des sog. Kaskadierungsverbotes zu nennen. Somit ist jetzt die Möglichkeit gegeben, über Dachfondskonstruktionen in andere Spezialfonds zu investieren (s.u.).

Rechnungslegungsvorschriften

In der handelsrechtlichen Bilanzierung (HGB) kommen die Vorteile des Fonds in der Risikosteuerung voll zur Geltung, da der Fonds eine Bewertungseinheit darstellt und der Anleger von der Diversifikation der Einzelinvestments profitieren kann. Die Bewertungsverläufe der Einzelinvestments kompensieren sich in vielen Fällen. Der Anteil möglicher Abschreibungen wird durch die Nutzung des Fonds als Bewertungseinheit minimiert und bringt somit auch die Ruhe in die Außenwirkung des Investments. Erst diese Eigenschaft ermöglicht es institutionellen Anlegern, in „Portfolios zu denken" und auf Grundlage von Portfoliowirkungen zu steuern. In der Praxis wird schnell deutlich, dass optimale Portfolioplanungen, unabhängig vom Optimierungsverfahren und der erforderlichen Investmentstrategie, ohne die besonderen Bewertungsvorschriften für Fonds ihre Vorteile für den Anleger nicht vollumfänglich erfüllen könnten.

Nicht nur die Gesamtbewertung der Einzelinvestitionen, sondern auch die Möglichkeit, einzelne Anlagen ohne bilanzielle oder GuV-Wirkungen kaufen bzw. verkaufen zu können, ist ein wesentlicher Vorteil. So werden sinnvolle Portfolioumschichtungen nicht von den Überlegungen zur Bilanzsteuerung belastet. Aktives Portfoliomanagement wird durch die Entkoppelung der GuV des Fonds von der GuV des institutionellen Anlegers erst möglich.

Ein weiterer Aspekt liegt in den Gestaltungsmöglichkeiten der Ausschüttungsstrategie. Vor allem institutionelle Anleger, die steuerbefreit sind, können die Ausschüttungshöhe so steuern, dass bei ausreichendem Ertrag Bewertungsreserven gebildet werden können. So kann ein Teil der Risikoprämie im Fonds verbleiben und bildet gleichsam die Substanz für die Risikonahme zur Generierung der Überschusserträge.

Die modernen Rechnungslegungsvorschriften (z. B. IFRS) brechen die Vorteile der Bewertungseinheit auf. Unter bestimmten Bedingungen gilt die Durchschaulösung, und die einzelnen Ergebniswirkungen im Fonds schlagen sich in der GuV des Anlegers direkt nieder. So haben sich für einige Institutionelle die Rahmenbedingungen so weit geändert, dass die typischen Vorteile des Fonds hinsichtlich der Bilanzierung keine Relevanz mehr haben. Dennoch bestehen auch für diese Investoren weiterhin Vorteile, wie ein einheitliches Reporting, der Service von IFRS Datenlieferungen und die ganzheitliche Sichtweise auf den Portfoliokontext, so dass der Spezialfonds für sie insgesamt nicht an Bedeutung verloren hat.

Einsatz komplexer Investmentprodukte

Die Umsetzung einer anspruchsvollen Anlagestrategie erfordert häufig den Einsatz derivativer Instrumente. Diese werden aus strategischen Gründen benötigt, wie z. B. die Absicherung des Währungsrisikos im internationalen Portfolio. Teilweise erlauben Derivate erst die Umsetzung von Investmentzielen oder werden für taktische Dispositionen oder Risikosteuerungsmaßnahmen eingesetzt.

Derivate Produkte, Fremdwährungskonten und Wertpapiere fremder Märkte überfordern die Buchhaltungssysteme vieler institutioneller Anleger. Die Erfahrungswerte, Systeme und Fachkenntnisse reichen meist nicht aus, derartige Investmentprodukte im eigenen Depot und mit der eigenen Buchhaltung abzubilden. Der eigenständige Buchungs- und Abrechnungskreis des Fonds, indirekt gekoppelt mit dem Buchhaltungskreis des Anlegers, ermöglicht dennoch den Einsatz der genannten Investmentformen. Auch hier kommt es natürlich wieder darauf an, dass weder das Aufsichtsrecht noch die Rechnungslegungsvorschriften eine transparente, eigenständige Buchung erfordern.

Kontenstrukturen im Masterfonds und Multi-Managerkonzepte

Die Änderungen im Investmentrecht seit Ende 2003 haben den Spezialfonds zu einem flexiblen Anlagevehikel gemacht, so dass der Anleger heute mehrere Manager, abgegrenzt voneinander, im Rahmen eines Fonds beschäftigen kann. Die Investmentmanager bekommen ein eigenes Segment zugewiesen und übernehmen einen speziellen Anlageauftrag, ohne voneinander zu wissen. Die Aufträge der Manager werden so aufeinander abgestimmt, dass sie in Summe das strategische Anlageziel erfüllen. Der gesamte Spezialfonds wird als Masterfonds bezeichnet und stellt für den Anleger nur eine Buchungsposition in der Bilanz dar, so wie ein einzelnes Wertpapier. Faktisch hängt jedoch an dem Fondsanteil ein breites, vielschichtiges Anlageuniversum, das von verschiedenen Managern auf Basis unterschiedlicher Investmentprozesse investiert wird.

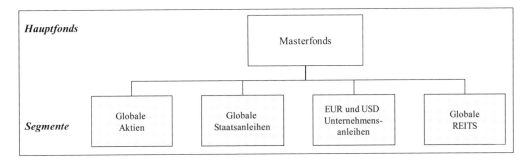

Abbildung 7: Schema zum Aufbau eines Masterfonds (oder auch Segmentfonds)[29]

Einen Schritt weiter geht die neuste Generation der Fondskonzepte, das sogenannte Dachfondskonzept im Spezialfondsbereich. Die Segmente sind in diesem Fall keine Unterkonten des Fonds, sondern wiederum eigenständige Spezialfonds, an denen sich andere Sondervermögen beteiligen können. Das Prinzip des Dachfonds ist im Publikumsfondsbereich schon lange bekannt und verbreitet. Die Innovation liegt darin, dass beim Dachfondskonzept im Spezialfondsbereich individuell mandatierte Spezialfonds (sogenannte Zielfonds) von dem Dachfonds erworben werden können. Die Spezialfonds (Zielfonds) können, so wie der Masterfonds, wiederum einzelne Segmente haben und der Gesamtfonds ist so gesehen ein „Dachfonds für Masterfonds".

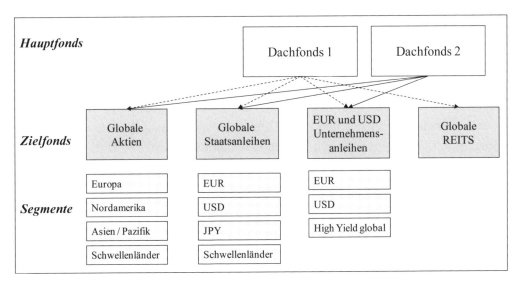

Abbildung 8:Schema zum Aufbau von Dachfonds[30]

---

[29] Quelle: RMC Risk Management Consulting
[30] Quelle: RMC Risk Management Consulting

Diese Neuerung im Investmentgesetz aus dem Jahr 2007 ist für Investitionskonzeptionen in der Konzernsteuerung ein gravierender Fortschritt. Institutionelle Anleger, die mehrere voneinander unabhängige Vermögen extern verwalten lassen, können über die Dachfondslösung den Aufwand deutlich reduzieren, Kosten sparen und Skalierungsprobleme bei der Fondsbeauftragung einfach lösen. Auch Kooperationen unter institutionellen Anlegern zur Erreichung der „Economies of Scale" oder zumindest der erforderlichen Anlagevolumensuntergrenzen lassen sich gut realisieren.

Risikosteuerung

Im vorherigen Kapitel wurde bereits der Fonds als ein geeignetes Vehikel zur Umsetzung des Risikoportfolios beschrieben. Die Eignung des Fonds als Instrument der Risikosteuerung für institutionelle Anleger ergibt sich aus den Rechnungslegungsvorteilen, die unter den vorgenannten Punkten erläutert wurden. Da diese eine effiziente Risikosteuerung unter Nutzung von Derivaten und Transaktionen, die nicht unmittelbar auf die GuV des Anlegers wirken, erst ermöglichen, ist die Risikosteuerung als immanente Eigenschaft gesondert aufzuzählen.

Allgemeine Eigenschaften des Fonds

Die Liste der allgemeinen Eigenschaften ist lang, da sich in den letzten Jahren aus dem starken Wettbewerb in der Fondsindustrie und unter den Depotbanken ein großes Sortiment an Dienstleistungen entwickelt hat, das schon längst nicht mehr nur dem Fonds als solchen vorbehalten ist. Kapitalanlagegesellschaften und Depotbanken bieten diese Serviceleistungen als Teil des gesamten Leistungspakets an. Es sei noch angemerkt, dass diese Dienstleistungen nicht ausschließlich von Kapitalanlagegesellschaften bzw. Depotbanken erbracht werden. In vielen Fällen werden Spezialanbieter und Unternehmensberatungsgesellschaften eingesetzt, die losgelöst vom Sondervermögen entsprechende Leistungen erbringen können und somit ganzheitliche, d. h. das Fondsinvestment integrierende Lösungen erarbeiten.

Externe Investmentmanager

Ein Fondsinvestment wird gewöhnlich mit der Beauftragung externer Investmentmanager gleichgesetzt. Das Management vieler Anlageklassen erfordert Kompetenz und Erfahrung in speziellen Märkten sowie internationale Expertise. Die Einbindung von Experten für viele Anlageklassen und Märkte, meist verbunden mit der Absicht, im Management des Anlageauftrages eine Outperformance zu erzielen, ist für den Großteil institutioneller Anleger unerlässlich und der wesentliche Grund, einen Fonds zu beauftragen. Da die Anlageaufträge für das Risikoportfolio sehr vielschichtig sind, ist eine Spezialisierung der Aufträge zur Reduktion der Komplexität notwendig. Somit werden mehrere Manager beschäftigt, die bezogen auf die verschiedenen Anlageklassen, Regionen oder Teilmärkte Anlageaufträge übernehmen. Nicht selten wird ein effizientes Risikoportfolio mit einer zweistelligen Zahl Investmentmanager erarbeitet, die notwendiger Weise sauber aufeinander abgestimmte Anlageaufträge erfüllen. Der Anspruch an Konzeption und Controlling steigt in einem solchen Fall erheblich und erklärt die Rolle von Beratungsunternehmen in diesem Bereich.

Externe Investmentmanager lassen sich auch ohne Fondshülle in die Umsetzung einer anspruchsvollen Portfoliokonzeption einbeziehen. Die administrativen Aufgaben werden meist von den Depotbanken bzw. Global Custodians übernommen. In diesem Fall greifen aber nicht die fondsimmanenten Eigenschaften.

Informationstransparenz
Die Anforderungen an Fondsbuchhaltung und Compliance sind in den letzten Jahren enorm gestiegen. Die KAGen verfügen zur Bewältigung der Aufgaben über einen umfangreichen Datenhaushalt (Data Warehouse) und sind in der Lage, über den Status Quo des Fonds und zu dessen Entwicklung viele Daten und Analysen zu liefern. Dem Informationsbedürfnis eines Anlegers wird in der Regel umfassend entsprochen.

Es gibt verschiedene Berichtsformate, die über die Anlagestruktur, Wertentwicklung und Portfoliopositionen ausführlich Auskunft geben. Individuelle Berichte können angefordert werden und ein Online-Zugriff auf die Datenbank mit Berichtsgenerator etc. gehört mittlerweile zu den Standarddienstleistungen. Ebenso werden spezielle Berichte zu Erfüllung von Rechnungslegungsvorschriften (IFRS) oder aufsichtsrechtlichen Anforderungen produziert.

Die Daten werden vom Anleger und den Investmentmanagern genutzt, so dass die Vorzüge einer umfassenden und gut strukturierten Datenbank allen Vertragsparteien des Fonds dienen und dieser schon lange keine „Black Box" mehr ist. Viele Dienstleistungen konnten sich auf Basis dieses Informationsgerüsts entwickeln. Hierzu zählt zum Beispiel das Derivate-, insbesondere das Währungs-Overlay-Management zur exakten Einstellung einer gewünschten Zielrisikostruktur. Eine quasi spiegelbildliche Redundanz des Datenhaushalts ist noch einmal bei der Depotbank vorzufinden. Diese kann im Grunde die gleichen Datenanforderungen erfüllen. Aufgrund der teilweise redundant vorgehaltenen Informationslage ist ein „externes Vermögen" für den Anleger quasi vollständig transparent.

Anlagegrenzprüfung

Die Anlagegrenzprüfung wird vom Investmentgesetz gefordert. Demzufolge ist diese Leistung obligatorisch. Institutionelle Anleger schränken darüber hinaus die Anlagegrenzen weiter ein, um die Fondsanlage an der Zielstruktur des Auftrages zu halten. Bei anspruchsvollen Anlagekonzepten kommen zum Teil komplexe Regelwerke zustande, die täglich auf Grenzverletzungen geprüft werden.

Institutionelle Anleger sind in der Lage, die Anforderungen an ein Fondsmandat und die Handlungsspielräume der Umsetzung präzise einzustellen und v.a. effizient zu kontrollieren.

Die Anlagegrenzen sind häufig prozentuale Einschränkungen bezogen auf Märkte, Regionen und Sektoren. Es sind zudem Streuungsvorgaben und Granularitätsvorschriften, einzuhaltende Risikokennzahlen und Portfolioeigenschaften. Zudem können Negativlisten zur Einhaltung von anlegerindividuellen Nachhaltigkeitskriterien sowie von ethischen, sozialen und ökologischen Investmentanforderungen hinterlegt werden. Anlagegrenzprüfungen werden – wie vorher erwähnt – ebenso von der Depotbank vorgenommen.

Performancemessung

Die Bewertung und die periodengemäße Abgrenzung des Investmenterfolgs ist ein wesentlicher Teil der Performancemessung. Das Gesamtergebnis wird dabei in Ergebnisquellen zerlegt (Performanceattribution), um die Entstehung des Erfolgs zu analysieren. Bei Fonds, die gegenüber einer Benchmark beurteilt werden, ermöglicht die Performanceattribution eine detaillierte Untersuchung der Managemententscheidungen in der vorausgegangenen Periode. Da die Fonds in der Regel sehr komplex sind, sind die Performanceanalysen zur Beurteilung der Investmentqualität und des Erfolgs der Anlageklassen unerlässlich.

Risikoanalysen

Risikoanalysen zur Abschätzung unerwarteter Wertentwicklungen im Fondsvermögen sind aufgrund der Änderungen im Investmentgesetz integrativer Bestandteil eines Fondsprodukts. Die Analysen sind notwendig, um nach dem qualifizierten Ansatz die Derivateverordnung umzusetzen.[31]

Die Vorteilhaftigkeit für den Anleger muss im Einzelfall geprüft werden. Risikoanalysen müssen auf Unternehmensebene ganzheitlich erfolgen und dabei bilanzielle, betriebswirtschaftliche und ggf. aufsichtsrechtliche Anforderungen (mehrdimensionale Risikosteuerung) erfüllen. Die Risiken der Fonds müssen im ALM-Kontext bewertet

---

[31] Zur Derivateverordnung siehe den Beitrag Jäger in diesem Handbuch.

werden und sind mit anderen Risikolinien im Vermögen des Anlegers sinnvoll zu integrieren. Die transparente Berichterstattung der Kapitalanlagegesellschaften auf Basis eines gut strukturierten Data Warehouse unterstützt eher indirekt die Anforderungen eines institutionellen Anlegers, der seine teilweise höchst anspruchsvollen Informationsanforderungen erfüllt bekommt. Die Risikoschätzung für den Fonds kann immer nur ein Teil eines übergreifenden und ganzheitlichen Risikomanagements sein. Aus diesem Grund bleiben Risikoangaben (Value-at-Risk, Expected Shortfall etc.) für das Sondervermögen alleine in einer solchen Risikosteuerungssystematik häufig ohne weitere Relevanz.

Unabhängig vom Nutzen der Dienstleistung, die sich v.a. aus aufsichtsrechtlichen Anforderungen ergibt, werden Risikoanalysen von anderen Anbietern erarbeitet.

Weitere Eigenschaften des Spezialfondsprodukts
Die Kapitalanlagegesellschaften bieten den Anlegern als Zusatzdienstleistung die Transaktionskostenanalysen an, die ein Controlling der Managerqualität im Bereich der Portfoliodisposition ermöglicht. Der Anleger kann dadurch die Handelsaktivitäten des Investmentmanagers nachvollziehen und dabei die Ausführungsqualität z. B. anhand des Verhältnisses von volumengewichtetem Durchschnittspreis (VWAP) und der Tagespreisspanne beurteilen.

Das Transition Management wird im Rahmen einer weiteren Dienstleistung ebenfalls von der KAG unterstützt. Im Fall der Umstrukturierung eines Vermögens oder der Erstinvestition wird dabei in Zusammenarbeit mit einem Transition Manager die Handelsaktivität minimiert und die Ausführung der Umschichtung gleichsam optimiert. Auch wenn das Transition Management an sich keine originäre Dienstleistung einer KAG oder Depotbank ist, begleiten beide auch diesen Teil des Umsetzungsprozesses.

Außerdem können Anleger durch das Verleihen ihrer Wertpapiere Zusatzerträge erwirtschaften, wenn eine effiziente Buchhaltungsplattform mit automatisierten und standardisierten Geschäftsprozessen (straight through processing) zur Verfügung steht. Auch mit diesem Angebot kann die KAG bzw. Depotbank eine Umsetzungsunterstützung leisten.

Darüber hinaus vertreten KAGen das gebündelte Interesse mehrerer Kunden und unterstützen diese auch bei Sammelklagen oder im internationalen Steuerrückerstattungsgeschäft.

Von vielen Eigenschaften des Spezialfonds profitiert der Anleger quasi beiläufig, sobald er dieses Instrument einsetzt. Der Spezialfonds spielt jedoch aufgrund dieser Eigenschaften eine entscheidende Rolle in der effizienten Investmentimplementierung.

Ein solcher Fonds ersetzt keine strategische Anlageplanung (SAA) oder den Risiko-steuerungsprozess, ist jedoch in der Umsetzung einer durchdachten, ganzheitlichen Kapitalanlagekonzeption ein elementarer Baustein. Der Anleger muss das Bündel der Eigenschaften für seine Steuerungskonzeption aktivieren und kann so vollen Nutzen aus der Fondsanlage ziehen. Im Weiteren werden Voraussetzungen und Gestaltungs-prinzipien aufgezeigt, die in der Implementierung der Fondskonzeption liegen.

5. Optimale Planung und Steuerung einer Fondskonzeption

Die Möglichkeiten für den institutionellen Anleger, ein Investment auszulagern, haben sich in den letzten 10 Jahren mit der Entwicklung des Investmentgesetzes grundlegend geändert. Ein modernes Spezialfondskonzept kennt immer vier Vertragsparteien: die Kapitalanlagegesellschaft, die Depotbank, den Investmentmanager und den Anleger. Nur eine Kapitalanlagegesellschaft kann in Deutschland einen Fonds einrichten und administrieren. Die Depotbank übernimmt die Wertpapierverwahrung und Trans-aktionsabwicklung. Der Investmentmanager übernimmt die Umsetzung des Portfolios. Manager, Kapitalanlagegesellschaft und Depotbank sind heute in vielen Fällen gesell-schaftsrechtlich getrennt. Die damit verbundene Spezialisierung führt zu einer Reihe von Vorteilen, die dem Anleger zugute kommen. Die Interessenkonflikte lassen sich deutlich minimieren. Auch die Kostenstrukturen werden in solchen Konstellationen sehr transparent. Eine gegenseitige Kontrolle nach objektiven Maßstäben im Ma-nagement und der Umsetzung führen zusätzlich zu einer Verbesserung der Qualität einer Fondskonzeption für die institutionellen Anleger. Zudem lässt sich dadurch der Fonds wesentlich besser planen und strukturieren.

Eine gut abgestimmte Zusammenarbeit der Parteien ist eine erfolgskritische Voraus-setzung für die Nutzung vieler der genannten funktionalen Eigenschaften. Ein Fonds ist heute manchmal komplexer als der Rest der Unternehmensbilanz, stellt für den Anleger letztendlich jedoch nur einen einfachen Buchungsposten dar, für den aus Sicht der Bilanzsteuerung einmal im Jahr die Ausschüttungsentscheidung getroffen werden muss.

Dies ist bei der Auswahl der Geschäftspartner in der Fondsumsetzung zu beachten. Eine solche Auswahl sowie die konkrete Planung einer Fondskonzeption setzen wich-tige Vorarbeiten voraus, die im Weiteren skizziert werden.

Klare Kommunikationsstrukturen sind eine conditio sine qua non, wenn die oben ge-nannten Akteure gemeinsam an der Vermögensanlage arbeiten. Ein erheblicher Anteil des Misserfolges im Rahmen des ausgelagerten Investmentmanagements lässt sich oft auf unklare Absprachen und mangelnde Kommunikation zurückführen. Vor allem das Wichtigste, nämlich der konkrete Anlageauftrag, wird oft nicht richtig aufgegeben. Ein Verständigen auf die Performanceziele und die Verlustgrenzen reicht für eine erfolgversprechende Beauftragung nicht aus. Ohne ausreichende Vorarbeiten hat der Zufall und/oder die am eigenen Nutzen orientierte Motivation der Vertragsparteien einen zu hohen Anteil am Ergebnis.

Die Planung und Steuerung des Fondskonzepts sind maßgeblich erfolgsentscheidend. Im Weiteren werden die wichtigsten Planungs- und Steuerungsfelder beschrieben.

Planung

Die Planung des konkreten Fondskonzepts basiert auf dem Vorgehensmodell, das zur Einbindung des Fonds in die Gesamtallokation des institutionellen Anlegers beschrieben wurde.

Strategisches Anlagekonzept

Es gilt die einfache Regel, wer mit Dritten effizient und zum eigenen Vorteil zusammenarbeiten will, muss eine klare Zielvorstellung haben. Das strategische Anlagekonzept ist immer individuell (ALM/Risikosituation) und ein integrativer Baustein der gesamten Anlagestrategie und der Unternehmenssteuerung. Die Planung eines solchen strategischen Konzepts muss der Strukturierung der Fondsinvestition vorausgehen („structure follows strategy"). Es muss klar sein, welche Aufgaben der Fonds und die Fondsmanager zu erfüllen haben.

Planung der Mandate

Das strategische Anlagekonzept ist die Grundlage zur Planung der Managementaufträge und zur Festlegung der einzelnen Mandate. Dabei geht es um die sinnvolle Abgrenzung der Portfolios voneinander. Es ist vor allem darauf zu achten, dass Anlageaufträge nicht zu komplex sind, die Volumen der einzelnen Mandate angemessen sind und nicht zu viele gleiche Aufträge an unterschiedliche Manager vergeben werden („alpha eating"). Die hohe Anforderung in diesem Bereich ist es, Expertenwissen optimal zu integrieren, wobei die Summe aller Anlageaufträge der strategischen Anlagezielsetzung entspricht.

Beschreibung der Mandate/ Anlagerichtlinien

Erfahrungsgemäß der wichtigste Erfolgsfaktor für eine produktive Auslagerung von Investmentmanagement ist die klare Absprache. Es muss zweifelsfrei dokumentiert werden, was der Investmentmanager erarbeiten soll und welchen Abweichungsspielraum er dabei hat. Letzteres lässt sich vereinfachend mit einer Klassifizierung in die

Begriffe aktives, enhanced und passives Management umschreiben. Die Vorgabe einer Benchmark[32] ist dabei unerlässlich, unabhängig davon, welcher Anlageauftrag zu erfüllen ist. Selbst bei Anlageaufträgen mit Wertsicherungsvereinbarungen etc. lassen sich angemessene Benchmarks definieren. Erst die Benchmark gibt dem Mandat eine klare Inhaltsbeschreibung, sie ist Referenz und Maßstab zugleich. Dennoch ist die Benchmark bis heute für einige institutionelle Anleger ein Reizthema. Häufig wird das Scheitern des Fonds mit der „Benchmarkorientierung" der Manager verbunden.

Jeder Manager, Anleger oder Berater benötigt eine Benchmark zur Orientierung und Leistungsbeurteilung, und jeder nutzt diese implizit in seinem Beurteilungsprozess unabhängig davon, ob sie explizit vereinbart wurde oder nicht. Letztendlich ist die Benchmark eine Zielportfolioidee, die alle Aspekte des Anlageziels und der zumeist undeutlich wahrnehmbaren Anlegerwünsche aufnehmen sollte. Dabei ist es unstrittig, dass ein durchdachtes Anlagekonzept des Anlegers nur über die Definition einer Benchmarkvorgabe erreicht werden kann.

Nicht minder wichtig ist die Beschreibung des Anlageauftrages mit den Anlagegrenzen, d.h. letztendlich dem Spielraum des Managers. Hier werden die Abweichungen zur Benchmark als Risikolimit (Tracking Error) bzw. als Volumenlimite festgelegt. Die Abweichungspotenziale sollten immer so bemessen werden, dass bei voller Ausnutzung das umgesetzte Portfolio die übergeordnete Allokationszielstruktur nicht aushebelt.

Eine solche Beschreibung der Anlageaufträge befähigt den Anleger, eine optimale Investmentplattform zu gründen, d. h. vor allem auch die richtige KAG, Depotbank auszuwählen und das richtige Managerportfolio zusammenzustellen. Häufig werden solche Auswahlprozesse durch spezialisierte Unternehmensberatungsgesellschaften begleitet. Sinnvoller Weise haben diese den Anleger bereits im Vorfeld bei der Anlagekonzeption unterstützt und können so die Planung in eine optimale Umsetzung überführen.

Steuerung

In der Steuerung stehen vor allem die Überwachung des Fondsinvestments und die Anpassung des Fondskonzepts im Vordergrund.

---

[32] Vergleiche Beitrag Krämer in diesem Handbuch.

Distanzierte Performance- und Investmentkontrolle

Turnusmäßig, d. h. in der Regel im monatlichen Rhythmus, werden die Erfolgsdaten des Investments mit den Zielvorgaben verglichen und bewertet. Zudem wird die Umsetzung im Fonds im Verhältnis zum Anlageauftrag analysiert. Auf dieser Basis kann der Investmentprozess kritisch hinterfragt werden. Dabei ist die Beeinflussung des Investmentmanagers im Sinne der Principal-Agent-Theorie zu vermeiden. Aus diesem Grund ist auch ein klarer Anlageauftrag mit eindeutig definierter Entscheidungsfreiheit des Managers (diskretionäre Managemententscheidung) und der Vereinbarung eines Investmentziels unabdingbar, da ansonsten die klassischen Anreizproblematiken, wie z. B. Opportunismus, das Investmentverhalten überlagern. Laufende, permanente Abstimmungsgespräche mit dem Manager begünstigen die Anreizproblematik und sind häufig kontraproduktiv.

Anlageausschuss-Sitzungen, die i.d.R. einmal pro Halbjahr stattfinden, geben die Gelegenheit, den Manager kritisch zu hinterfragen, ohne unbewusst einen zu starken Einfluss auf das Management auszuüben. Die monatliche Kontrolle von Performance und Investmentverhalten auf Basis des regulären Berichtswesens oder darüber hinausgehender Analysen ist für die Zwischenzeit völlig ausreichend, den gesamten Prozess angemessen zu überwachen (Monitoring).

Risikosteuerung

Der Vorteil des Fonds als Vehikel der Risikosteuerung im ganzheitlichen Prozess des Anlegers wurde ausführlich beschrieben. In der Risikosteuerung steht das Risikolimitmodell des Anlegers im Vordergrund. Da ein Risikoportfolio immer auf Basis eines Risikobudgets investiert werden soll und die Wertentwicklung des Risikoportfolios ein Baustein der Budgets darstellt, führen Änderungen der Fondsbewertung zu einer Änderung in der Risikodeckung. Der Anleger arbeitet in einem solchen Konzept mit Interventionslinien und Steuerungsregeln. Diese legen z.B. fest, ab wann eine Risikosteuerungsmaßnahme (Risikoreduktion oder Risikoaufbau) durchgeführt werden soll. Der Fonds hat den Vorteil, dass Änderungen am Risikoprofil keine unmittelbare GuV-Wirkung erzeugen, da die Fonds-GuV von der GuV des Anlegers entkoppelt ist.

Steuerungseingriffe erfolgen entweder mit oder ohne Unterstützung des Investmentmanagers. In der Praxis haben sich Overlay-Steuerungen[33] etabliert, die auf Derivate-Absicherungen beruhen und den Investmentmanager nicht tangieren. In einem solchen Kontext ist der Tracking Error des Fonds in Relation zu den Absicherungskontrakten der kritische Faktor. Ein zu starker Fokus auf ein Overlay-Management führt häufig

---

[33] Siehe Beitrag Herold/ Weil in diesem Handbuch.

dazu, dass das Risikoportfolio an Diversifikation und Effizienz verliert, da der Hedge-Zielsetzung zu viel Bedeutung eingeräumt wird. Hierbei sollte dem Anleger klar sein, dass die Funktion der Risikosteuerung nicht im Erreichen höherer erwarteter Performance liegt, sondern dem unerwarteten Wertrückgang geschuldet ist. Aus diesem Grund sollte immer so geplant werden, dass der Steuerungseingriff die Ausnahme bleibt, da ansonsten die Prozyklik der Risikosteuerungsmaßnahmen den geplanten Ertragsüberschuss verzehrt.

Eine effiziente Planung der Risikobudgetauslastung macht viele Risikosteuerungsmodelle überflüssig, spart Kosten und gibt der Investition die notwendige Ruhe zur Abschöpfung der Risikoprämien. Unter diesen Bedingungen kann eine gut diversifizierte und granulierte Portfolioallokation umgesetzt werden. Eine eventuell notwendige Risikosteuerung würde in diesem Fall mehr über die klassischen Wertpapiertransaktionen erfolgen, in die der Manager einbezogen wird. Häufig gehen die Desinvestitionen durch den Manager mit einer Änderung des Anlageauftrages (und der Benchmark) einher. Im Sinne der Two-Funds-Separation würde dadurch jedoch nicht der Allokationsmix im Risikoportfolio berührt, denn im Idealfall ändert sich die effiziente Portfoliostruktur durch Risikosteuerungsmaßnahmen nicht.

Risikosteuerungsmaßnahmen sind a priori schlecht planbar, da die Wertrückgänge und die Limitverletzungen unterschiedliche Ursachen und Marktumstände haben können. Ein grundsätzliches Festlegen auf eine konkrete Risikosteuerungstechnik wäre nicht angemessen. Der institutionelle Anleger hält sich in diesem Bereich flexibel und trifft Vorsorge dafür, dass im Fall des Steuerungseingriffs die geeignete Maßnahme, auch ein Maßnahmenmix angewendet werden kann.

6. Institutionenspezifische Aspekte der Fondsinvestition

Die beschriebene Vorgehensweise in der Planung und Begründung einer Fonds-investition kann prinzipiell auf alle Institutionen, wie Banken, Versicherungen, Al-tersvorsorgeeinrichtungen, Kirchen, Stiftungen usw. in Deutschland angewendet wer-den. Dennoch lassen sich spezifische Besonderheiten benennen.

Banken / Kreditinstitute[34]

Der Fonds ist bei dieser Anlegergruppe ein Teil der Eigenanlagestrategie (bei Kredit-instituten das „Depot A") und ermöglicht es der Bank, in der Risikoannahme ein Ma-ximum an Diversifikation aufzubauen, um einen Beitrag zum Überschussergebnis zu liefern. In der Planung der Eigenanlagen sind vor allem zwei Aspekte von hoher Be-deutung, welche im Planungsprozess bedacht werden sollten.

Zum einen ist die Risikosteuerungsfähigkeit ein wesentlicher Gestaltungsaspekt. Ge-rade Banken können Fonds nutzen, um freies Risikobudget zu allokieren und somit die Gesamtrisikobudgetplanung zu optimieren. Der Fonds ist dann ein Investment mit hoher Flexibilität, d. h. er ermöglicht eine flexible Risikoskalierung. Diese Eigenschaft setzt ein besonderes Anlagekonzept voraus, wobei die Diversifikation die Risikosteue-rungsfähigkeit insgesamt verbessert.

Zum anderen ist die Liquidität des Vermögens ein wesentlicher Gestaltungsaspekt, da die Eigenanlagen im Wesentlichen die Liquiditätsreserve bilden. Unerwartete Liquidi-tätsabflüsse in der Refinanzierung erfordern meist unter schwierigen Marktverhältnis-sen eine sofortige Liquidierung der Aktiva. Das Fondskonzept ist in diesem Fall ein strategischer Baustein im Maßnahmenmix der Liquiditätssicherung, der eine angemes-sene Desinvestiton in kurzer Zeit ermöglicht. Wird dieses Ziel mit der Fondsanlage klar adressiert, muss die Planung der Anlagekonzeption entsprechende Vorkehrungen treffen. Hierfür gelten besondere Planungsprinzipien.

Die flexible, effiziente Risikosteuerung und Liquidierbarkeit erfordern einen Investi-tionsaufbau, der im Grunde nur unter Nutzung der beschreibenden Eigenschaften des Investmentfonds realisiert werden kann. Dies erklärt die Fondsanlage bei vielen Ban-ken bzw. Kreditinstituten.

---

[34] Siehe Beitrag Thoms in diesem Handbuch.

Versicherungen[35]

Je nach Sparte, so z. B. für den Schaden-/Unfallversicherer, gelten weitgehend ähnliche Überlegungen wie für Banken, auch wenn sich das Geschäftsmodell grundsätzlich unterscheidet. Liquiditätsverfügbarkeit und Flexibilität in der Risikosteuerung sind auch für den Schaden-/Unfallversicherer wichtige Anlageziele, so dass die Fondsanlage analog zu den Motiven des Bankensektors heraus auch für diese Anlegergruppe in besonderer Weise vorteilhaft ist.

Im Kranken- und Lebensversicherungsgeschäft sind die Liquiditätsanforderungen nicht ganz so hoch, dennoch ist eine Risikosteuerungsfähigkeit ein wichtiges Ziel der Konzeption. Der Fonds nimmt bei diesen sehr kapitalanlagelastigen Institutionen grundsätzlich eine sehr hohe Bedeutung ein und die genannten Produkteigenschaften können in der Regel vollständig genutzt werden. Vor allem in der Lebensversicherung ist ein Fondsportfolio häufig die Umsetzungsform für eine ertragsorientierte Risikostrategie und ein erfolgskritischer Wettbewerbsfaktor. Für die Zwecke einer flexiblen Risikosteuerung empfiehlt sich eine Fondsanlage mit zwei aufeinander abgestimmten Liquiditätsschichten.

Andere institutionelle Anleger

Für alle anderen institutionellen Anleger (z.B. Stiftungen, Kirchen, Gewerkschaften, Altersvorsorgeeinrichtungen und andere zweckgebundene Vermögen) gelten natürlich die bereits genannten, besonderen Eigenschaften des Fonds, so wie Banken und Versicherungen diese für sich nutzen können. Hinzu kommt noch die Besonderheit der Reservebildung im Spezialfonds über die individuelle Steuerung der Ausschüttung. Die Steuerung der Erträge und Reserven ist in der Verantwortung für ein Risikoportfolio eine sehr wichtige Entscheidungsebene des Anlegers und kann im Fonds sehr gut ausgeführt werden. Hier haben Banken und Versicherungen aufgrund der steuerrechtlichen Implikationen nur wenig Spielraum und können von der Gewinnausschüttungsoption nur eingeschränkt profitieren.

Für steuerbefreite Anleger besteht sogar die Möglichkeit, im Wege der Sacheinbringung zu Buchwerten Reserven auf Wertpapieren des Eigenbestandes in einen Fonds zu transferieren und auf der Grundlage eines solchen Risikobudgets eine diversifizierte Portfoliostrategie umzusetzen.

---

[35] Zu den Kapitalanlagen der Versicherer siehe Beitrag Siegmund in diesem Handbuch.

Abschließend sollte erwähnt werden, dass vor allem für kleinere Vermögen der Spezialfonds die Möglichkeit bietet, ein Vermögen in einer vollständigen Buchhaltungs- und Controllingumgebung zu organisieren. Dies ist für den Fall von hohem Vorteil, in dem eine eigenständige Organisation der Vermögensanlage zu aufwändig ist.

7.   Zusammenfassung

Im Kapitalanlageprozess institutioneller Anleger übernimmt der Spezialfonds eine sehr wichtige Rolle im Rahmen der Risikoportfoliostrategie. Die Möglichkeit, den Fonds gemäß der eigenen Anforderungen zu planen und zu beauftragen sowie die fondsimmanente Eigenschaft der Bewertungseinheit im bilanzrechtlichen Sinn erlauben es dem Anleger, ein effizientes Risikomanagement zu betreiben und von den Vorteilen einer diversifizierten Anlagestrategie zu profitieren. Gleichermaßen verpflichtet der Spezialfonds den institutionellen Anleger, die Anforderungen an den Investmentmanager, der KAG und der Depotbank zu definieren und zu kommunizieren.

Bei der Zuweisung von Aufgaben an den Fonds und somit an den Investmentmanager ist dieser als strategischer Baustein des gesamten Kapitalanlageportfolios zu sehen, der nicht alle Anforderungen der Kapitalanlagestrategie abdeckt. So werden wesentliche Teile des Kapitalanlageportfolios, die dem kongruenten Portfoliogedanken gewidmet sind, bewusst in der direkten Anlage verwaltet und aus dem Fondsinvestment gezielt herausgehalten, um unnötige Risikobindungen zu vermeiden. Der richtige Einsatz des Fonds in Abgrenzung zu anderen Investitionsformen zählt zu den wichtigsten Aufgaben der Investitionsplanung eines institutionellen Anlegers.

Die Planung des Fondskonzepts setzt voraus, dass die Grundlagen der Fondsinvestition systematisch entwickelt werden, was Gegenstand der strategischen Allokationsplanung auf Basis einer Asset-Liability-Studie und der fortlaufenden Risikobudgetierung ist. Auf dieser Grundlage wird auch das Controlling des Risikos sowie des Management- und Anlageerfolges aufgesetzt. Das Controlling des Fonds hinsichtlich Allokation, Performance und Risikolage ist wiederum Teil des ganzheitlichen Kapitalanlagerisikocontrollings. Wird der Spezialfonds in die Risiko- und Gesamtkapitalanlagestrategie richtig integriert, dann stellt dieser Baustein einen bedeutenden Erfolgsbaustein im Kapitalanlageprozess institutioneller Anleger dar.

Literaturverzeichnis

Artzner, Ph./ Delbaen, F./ Eber J.-M./ Heath D. (ADEH, 1999), Coherent measures of risk, in Mathematical Finance, Vol. 9, No. 3 (1999), S. 203–228.

Brealey, R./ Myers, S./ Allen, F. (Brealey/ Myers/ Allen, 2008): Principles of Corporate Finance, New York. 2000.

Elton, E./ Gruber, M./ Brown, S./ Goetzmann, W. (Elton/ Gruber/ Brown/ Goetzmann, 2008): Modern Portfolio Theory and Investment Analysis, 2010.

Lozman, S./ Mayer-Wegelin, J. (Lozman/ Mayer-Wegelin, 2006): Bewertung von Kapital-anlagerisiken aus interner und externer Sicht, in Versicherungswirtschaft, März 2006, S. 185 – 190.

Uhlir, H./ Steiner, P. (Uhlir/ Steiner, 2000): Wertpapieranalyse, Heidelberg. 2000.

Systematische Selektion und Portfoliobildung von Absolute Return-Konzepten*

von Michael Billmann/ Jochen Kleeberg/ Thomas Zimmerer

---

* Eine frühere Version dieses Aufsatzes wurde im Heft 5/2010 der Zeitschrift Absolut Report veröffentlicht. Der vorliegende Beitrag wurde im Vergleich zu der genannten Veröffentlichung um ein Kapitel erweitert, bezüglich der Daten auf das Jahresende 2010 aktualisiert und im Hinblick auf die selektierten Absolute Return-Konzepte auf solche Ansätze reduziert, die über eine vollständige reale (nicht simulierte) Historie verfügen.

1. Einleitung

Institutionelle Anleger befinden sich nach der Finanzmarktkrise in einer schwierigen Gemengelage: Einerseits können sie mit einer Anlage in deutschen Staatspapieren kaum ihre Zielrendite erreichen, andererseits sind die Risikobudgets weiterhin knapp, so dass sich Aktien häufig nur in moderaten Quoten in der Asset Allocation finden. Die Erwirtschaftung einer Risikoprämie gegenüber der Geldmarktverzinsung ist jedoch nur durch die Übernahme von Marktrisiken (Beta) oder von Selektionsrisiken (Alpha) möglich.

Vor diesem Hintergrund rücken Absolute Return-Konzepte, die losgelöst von der Entwicklung der Aktien- und Rentenmärkte und unter Einhaltung des vom Anleger vorgegebenen Risikobudgets mittel- bis langfristig die Geldmarktrendite signifikant übertreffen, vermehrt in den Blickwinkel institutioneller Investoren. Gesucht werden insbesondere solche Lösungsansätze, die sich durch ein attraktives Rendite- und ein begrenztes Verlustpotenzial auszeichnen sowie eine moderate Volatilität aufweisen. Um diesem Anspruch gerecht zu werden, empfiehlt sich eine systematische Vorgehensweise, bei der zunächst die am Markt verfügbaren Absolute Return-Konzepte erfasst und bezüglich des jeweiligen Strategietyps kategorisiert (z. B. optionsbasierte Ansätze, Multi-Strategy-Ansätze etc.) werden. Anschließend werden für jede Kategorie die vielversprechendsten Absolute Return-Konzepte mittels einer quantitativen und qualitativen Due Diligence identifiziert. Die auf diese Weise selektierten Konzepte werden schließlich zu einem diversifizierten Absolute Return-Portfolio zusammengestellt, das im Ergebnis kraft der Risikodiversifikation ein mit Renten vergleichbares Risikoprofil bei zugleich deutlich besserer Ertragsperspektive aufweist.

Produktseitig beobachten wir derzeit ein wachsendes Angebot an Absolute Return-Konzepten, die als sogenannte UCITS III-Fonds aufgelegt werden und die sich – sofern sorgfältig ausgewählt – als Bausteine eines diversifizierten Absolute Return-Portfolios eignen.[1] Solche UCITS III-Publikumsfonds weisen eine mit traditionellen Anlagestrategien vergleichbare Transparenz, Liquidität und z.T. auch Kostenstruktur auf, die bei klassischen Hedgefonds i.d.R. nicht gleichermaßen gegeben sind. Mittels des Vehikels Publikumsfonds ist es möglich, auch bereits mit geringeren Anlage-

---

[1] Die „UCITS-Richtlinie" (Richtlinie 2009/65/EG des Europäischen Parlaments und des Rates vom 13. Juli 2009) schreibt einen hohen regulatorischen Standard in Bezug auf erwerbbare Vermögensgegenstände, Derivateeinsatz und anzuwendende Risikomanagement-Methoden vor. Für eine Diskussion der rechtlichen Rahmenbedingungen von UCITS III-Fonds sei auf Kayser/ Schlikker (2010) und Kayser/ Schlikker (2009) verwiesen.

volumina in ein diversifiziertes Portfolio aus unterschiedlichen Absolute Return-Strategien zu investieren.

Für einen Investor stellen sich bei der Konstruktion eines aus UCITS III-Fonds bestehenden und diversifizierten Absolute Return-Portfolios eine Reihe von Fragen, insbesondere:

- Wie lassen sich Absolute Return-Konzepte systematisch klassifizieren?
- Wie lassen sich nachhaltig erfolgreiche Absolute Return-Konzepte identifizieren?
- Auf welches Niveau lässt sich das Risiko innerhalb eines Absolute Return-Portfolios diversifizieren?
- Wie robust ist ein solches Absolute Return-Portfolio in Krisenzeiten?
- Welchen Anteil sollten Absolute Return-Konzepte am Gesamtportfolio haben?

Der Beitrag arbeitet diese zentralen Fragestellungen wie folgt ab: Abschnitt 2 nimmt eine Systematisierung von Absolute Return-Konzepten in Hinblick auf ihre Markt-(un)abhängigkeit in Beta- und Alpha-basierte Ansätze vor. Abschnitt 3 liefert eine Kategorisierung der wichtigsten Alpha-basierten Absolute Return-Konzepte und skizziert anschließend anhand eines realen Fallbeispiels die sorgfältige Analyse und Selektion eines solchen Konzeptes. Abschnitt 4 beschäftigt sich mit der Kombination verschiedener Alpha-basierter Absolute Return-Ansätze zu einem diversifizierten Absolute Return-Portfolio. In Abschnitt 5 wird untersucht, ob ein solches Absolute Return-Portfolio auch in Krisenzeiten einen positiven absoluten Return liefert. Schließlich beantwortet Abschnitt 6 die Frage, in welchem Umfang ein institutioneller Anleger dieses Absolute Return-Portfolio in seine Asset Allocation integrieren kann, ohne sein Gesamtrisiko zu erhöhen. Abschnitt 7 schließt den Beitrag resümierend ab.

2.   Systematisierung von Absolute Return-Konzepten

Absolute Return-Strategien werden üblicherweise im Hinblick auf operative Aspekte in statische und dynamische Konzepte eingeteilt oder entsprechend der eingesetzten Sicherungsinstrumente differenziert in Ansätze, die mit oder ohne Optionen gesteuert werden.[2] Wir wählen im Folgenden eine andere Systematisierung und unterscheiden Absolute Return-Strategien hinsichtlich ihrer Ertragsquellen in Beta-basierte und Alpha-basierte Absolute Return-Konzepte.[3]

---

[2]   Vgl. Zimmerer (2008a), S. 129.

[3]   Vgl. auch Zimmerer (2011).

Beta-basierte Absolute Return-Konzepte

Bei Beta-basierten Absolute Return-Konzepten handelt es sich um klassische Wertsicherungsstrategien, deren Anlageergebnis letztlich von der Performance der unterliegenden Marktrenditen (Beta) abhängt. Die Grundidee besteht darin, an einer positiven Marktentwicklung (z. B. des Aktienmarktes) zu partizipieren und gleichzeitig das Verlustpotenzial über einen bestimmten Zeithorizont auf ein fest vorgegebenes Limit (z. B. 0%, -5% oder -10% p.a.) zu beschränken. Die Umsetzung Beta-basierter Absolute Return-Strategien kann entweder *statisch* mittels Optionen (z. B. Protective Put oder Zero Plus Call) oder *dynamisch* durch ein kontinuierliches Anpassen der Portfoliostruktur erfolgen (z. B. Constant Proportion Portfolio Insurance, kurz CPPI).[4]

Beta-basierte Absolute Return-Strategien weisen jedoch den Nachteil auf, dass sie zumeist aufgrund der hohen (Opportunitäts-)Kosten für den Erwerb bzw. die synthetische Replizierung der Absicherung vergleichsweise teuer sind.[5] Darüber hinaus weisen sie konzeptbedingt eine hohe Marktabhängigkeit auf. Da der Absolute Return letztendlich auf einer Verlustvermeidung bzw. -begrenzung des Risikoprämienträgers (z. B. des Aktienmarktes) durch ein Wertsicherungskonzept beruht, ist die Partizipation an steigenden Marktrenditen limitiert.[6]

Die Zielsetzung der weiteren Vorgehensweise besteht darin, ein zu den klassischen Risikoprämienträgern Aktien und Renten möglichst gering korreliertes Portfolio aus Absolute Return-Konzepten zu konstruieren und beizumischen. Es werden also solche Ansätze gesucht, die allenfalls in geringem Ausmaß Beta-Risiken eingehen. Aus diesem Grund scheiden Beta-basierte Absolute Return-Konzepte in der weiteren Betrachtung aus.

---

[4] Gegenstand dieses Beitrages ist nicht die Darstellung der hinreichend bekannten Portfolio Insurance-Konzepte. Für eine Kurzbeschreibung dieser Konzepte siehe Zimmerer (2008a) und Zimmerer (2008b). Für einen Strategievergleich siehe auch Benninga (1990).

[5] Dies gilt für solche Beta-basierte Absolute Return-Konzepte, die mit einer absoluten Wertsicherung ausgestattet sind, wie beispielsweise eine CPPI-Strategie oder eine Absicherung mittels Protective Put. Beta-basierte Absolute Return-Ansätze haben jedoch eine wichtige Bedeutung bei der Konstruktion asymmetrischer Renditeverteilungen etwa im Rahmen der Umsetzung (faktischer) Garantieprodukte.

[6] Partielle Abhilfe für den hohen Preis von „harten" Wertsicherungskonzepte bieten „weiche" Wertsicherungskonzepte. Wenn der Investor bereit ist, ein limitiertes Ausfallrisiko und eine quantifizierbare Ausfallhöhe im Falle des Ausfalles zu tragen, dann wird er für die Übernahme dieser Risiken mit einer höheren Partizipationsrate belohnt, m.a.W. das weiche Konzept ist „billiger" als das harte Konzept. Insofern erfreuen sich in der Praxis entsprechende Value-at-Risk (VaR)-basierte Konzepte, die die Einhaltung eines individuellen Risikobudgets kalenderjährlich mit einer Konfidenzwahrscheinlichkeit von z. B. 99% in Aussicht stellen, einer zunehmenden Beliebtheit. Für die Darstellung eines Value-at-Risk-basierten dynamischen Wertsicherungskonzeptes sei verwiesen auf Dichtl/ Zimmerer (2009).

Alpha-basierte Absolute Return-Konzepte

Im Gegensatz zu den Beta-basierten Ansätzen zielen Alpha-basierte Absolute Return-Konzepte auf die Erwirtschaftung marktunabhängiger Renditen – also Alpha – ab. Die Marktneutralität der Portfoliostruktur lässt sich dabei insbesondere durch den Einsatz liquider Derivate darstellen.[7] Dadurch ist es möglich, die Beta-Komponente weitgehend auszublenden und stattdessen die gewünschten Positionierungen auf der Alpha-Seite passgenau, kostengünstig und schnell abzubilden. Durch den Verzicht auf eine Benchmark sind Alpha-basierte Konzepte grundsätzlich offen für alle Assetklassen.

Die Grundstruktur Alpha-basierter Absolute Return-Konzepte ist dabei häufig ähnlich. Das Basisinvestment der Anlagekonzepte stellt i.d.R. ein hochbonitäres, kurzlaufendes Renteninvestment wie EURO-Staatsanleihen oder Pfandbriefe erster Bonität dar, das als Gegenposition für die je nach Anlagekonzept unterschiedlichen derivativen Overlays dient und für eine geldmarktähnliche Basisrendite sorgt. Die Overlays verfolgen den Zweck, einzelne oder multiple Alpha-Quellen synthetisch zu erschließen und sorgen für die über die Basisrendite hinausgehende Zusatzrendite. Dabei werden Derivate ge- und verkauft, d. h. der Portfoliomanager etabliert sowohl Long- wie auch Short-Positionen in verschiedenen Assetklassen oder auch Einzeltiteln, wobei die saldierte Gesamtposition idealerweise ein Beta von Null aufweist.

3. Systematische Analyse und Selektion Alpha-basierter Absolute Return-Konzepte

Die Implementierung eines Alpha-basierten Absolute Return-Bausteins kann prinzipiell bereits durch den Erwerb eines einzigen Absolute Return-Produktes dargestellt werden. Allerdings verfolgen Alpha-basierte Absolute Return-Konzepte unterschiedliche Ansätze in z.T. verschiedenen Assetklassen und setzen je nach Strategie verschiedene Instrumente ein. Die Investition in nur ein einziges Produkt bedingt deshalb ein doppeltes Selektionsrisiko: Zum einen bezüglich des gewählten Strategietyps zum anderen bezüglich des Asset Managers. Mit der Konstruktion eines diversifizierten Absolute Return-Portfolios erreicht der Anleger dagegen eine breite Streuung unterschiedlicher Ansätze, Instrumente und Manager mit der damit einhergehenden Risikoreduktion – das Selektionsrisiko ist somit deutlich geringer.

---

[7] Das Illiquiditäts- und Kontrahentenrisiko bei Derivaten stellen nicht zu unterschätzende Faktoren dar, die bei der Analyse der entsprechenden Absolute Return-Konzepte sorgfältig analysiert werden müssen.

Sofern der Anleger – wie hier vorgeschlagen – über mehrere Alpha-basierte Absolute Return-Strategien diversifizieren möchte, sind die am Markt verfügbaren Konzepte zunächst in die entsprechenden Strategietypen zu systematisieren. Wir nehmen hier – ohne einen Anspruch auf Vollständigkeit – eine Klassifizierung der Ansätze in die folgenden fünf Kategorien vor, aus denen jeweils der „Best in Class"-Ansatz selektiert wird:[8]

- **Multi-Strategy-Ansätze:** Anlagekonzepte aus diesem Bereich unterliegen im wesentlichen keinen oder nur geringen Einschränkungen bezüglich des Anlagespektrums. Sie erlauben als Makro-Strategie durch den Einsatz liquider Derivate auf verschiedene Assetklassen wie Aktien, Anleihen, Rohstoffe[9], Währungen und Geldmarktinstrumente eine breite und taktische Steuerung der Marktexposures.

- **Optionsbasierte Ansätze:** Durch den Kauf und Verkauf von Call- und Put-Optionen auf Aktienindizes und/oder Einzelaktien können optionsbasierte Ansätze Prognosen bezüglich zukünftiger Veränderungen des Kurses sowie der Volatilität des jeweiligen Underlyings gezielt umsetzen. Durch den systematischen Kauf „billiger" und Verkauf „teurer" Volatilität durch Variation von Laufzeiten und Basispreisen eines Basisobjektes ist es möglich, Preiskorridore zu etablieren, innerhalb derer eine positive Wertentwicklung erwirtschaftet wird, unabhängig davon, ob der Kurs des Basisobjektes steigt oder fällt. Durch die Kombination unterschiedlicher Optionsprofile entlang der Preisachse des Underlyings erhöht sich die Wahrscheinlichkeit, in den verschiedenen Marktphasen positive Wertentwicklungsbeiträge zu erwirtschaften. Optionsbasierte Konzepte erfordern aufgrund ihrer Komplexität ein leistungsfähiges Risikomanagement-System und eine jederzeitige Handlungsfähigkeit gerade im Umfeld von Volatilitätssprüngen.

- **Fixed Income Absolute Return:** Das Spektrum möglicher aktiver Positionierungen sowie der derivative Instrumentenbaukasten sind im globalen Fixed Income-Bereich sehr umfangreich. Die Darstellung der Absolute Return-Charakteristik kann durch synthetische Durations- und Zinsstrukturkurvenpositionierungen (Bullet vs. Barbell), Branchen- und Sektorallokationen, Auswahl der Credit-Segmente,

---

[8] Weitere Kategorien stellen beispielsweise Absolute Return-Ansätze mit den Inhalten Rohstoffe und Währungen dar, die jedoch in diesem Beitrag nicht weiter verfolgt werden.

[9] Zu beachten ist, dass sich Rohstoff-Strategien nur auf Indexebene im UCITS III-Format abbilden lassen, d. h. der synthetische Erwerb von Single Commodities stellt keine zulässigen Vermögensgegenstände im Sinne des § 51 Abs.1 InvG dar. Zulässig ist die Etablierung von Rohstoffstrategien, die sich auf einen referenzkonformen Finanzindex, d. h. den Rohstoffmarkt als Ganzes oder einen Teilbereich des Rohstoffmarktes beziehen.

Steuerung der Länderrisiken sowie titelspezifische Positionierungen erfolgen. Als Instrumente stehen Zinsterminkontrakte (Futures) und Optionen, Swaps auf einzelne Corporate Bonds (CDS-Kontrakte) oder Indizes (CDX-Kontrakte) sowie Total Return Swaps auf ganze Indexaggregate zur Verfügung.

- **Emerging Markets Debt (EMD):** Die operative Umsetzung der Anlagestrategie ist vergleichbar zum Fixed Income Absolute Return, jedoch fokussiert auf die Assetklasse Emerging Markets Debt. Bedingt durch die Volatilität und die im Vergleich zu den entwickelten Rentenmärkten größeren Marktineffizienzen bieten Absolute Return-Strategien im Bereich EMD eine attraktives Alpha-Potenzial.

- **Equity Long/Short:** Durch gezielte Long- und Short-Positionen auf Einzelaktien bzw. z.T. auch auf Indexbasis wird versucht, ein Portfolio zu konstruieren, das sich weitgehend losgelöst von der Entwicklung des Aktienmarktes entwickelt. Zu unterscheiden sind dabei die Ausprägungen Market Neutral mit einem Beta von Null und Long/Short mit einem typischerweise (moderat) positiven Beta. Im Vergleich zu einer klassischen Long Only-Strategie wird aufgrund der Short-Positionen ein zusätzliches Alpha-Potenzial erschlossen.

Die auf den jeweiligen Strategietyp abgestimmte Selektion des perspektivisch erfolgsversprechendsten Alpha-basierten Absolute Return-Konzeptes gliedert sich in die in Abbildung 1 dargestellten drei Stufen und wird im Folgenden anhand eines Fallbeispiels aus der Praxis näher beschrieben:[10]

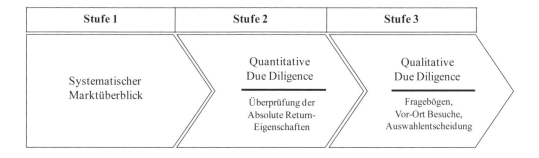

Abbildung 1: Prozess der strukturierten Managerauswahl und Auswahlentscheidung

---

[10] Zu einer ausführlichen Beschreibung der systematischen Selektion von Asset Management-Gesellschaften („Managerauswahl") siehe Kleeberg/ Billmann/ Hertlein (2008).

Stufe 1: Systematischer Marktüberblick

Im ersten Schritt ist ein möglichst vollständiger Überblick über alle grundsätzlich in Frage kommenden Absolute Return-Konzepte zu erstellen. Dabei ist es wichtig, im Rahmen dieses Prozessschrittes keine relevanten Ansätze zu übersehen, da sich dieses Versäumnis auf den nachgelagerten Stufen des Auswahlprozesses nicht mehr nachholen lässt. Aufgrund der großen Vielfalt und Komplexität der angebotenen Konzepte ist die systematische Erfassung und Aufbereitung der entsprechenden Informationen angeraten. Zu diesem Zweck bietet sich der Einsatz einer auf die spezifischen Besonderheiten von Absolute Return-Ansätzen zugeschnittenen Datenbank an. Damit wird der Anleger in die Lage versetzt, die quantitativen und qualitativen Erfolgsfaktoren der Absolute Return-Konzepte vollständig darzustellen und auszuwerten.

Stufe 2: Quantitative Due Diligence

In der zweiten Stufe des Auswahlprozesses gilt es, die innerhalb eines Strategietypus vielversprechendsten Absolute Return-Konzepte zu identifizieren, die sich für eine weitergehende Analyse empfehlen. Diese Vorauswahl stützt sich primär auf ein quantitatives Kriteriengerüst, anhand dessen die jeweiligen Strategien hinsichtlich der Ergebnisstabilität, der Erfolgsfaktoren und der potenziellen Risiken umfassend analysiert werden. Zur Veranschaulichung dient nachfolgend die exemplarische Analyse des Zahlenwerkes eines Multi Strategy-Konzeptes, also eines Absolute Return-Ansatzes aus der ersten zu Beginn dieses Abschnitts vorgestellten Kategorie. Das der Untersuchung zugrundegelegte Datenmaterial umfasst die monatlichen realen EURO-Renditen dieser Strategie vor Kosten im Zeitraum von Januar 1996 bis Dezember 2010 (180 Monatsrenditen). [11]

Analyse des Renditepotenzials

Abbildung 2 zeigt die indexierte Wertentwicklung des Absolute Return-Konzeptes im Analysezeitraum im Vergleich zum globalen Aktienmarkt (*MSCI World*) und Geldmarkt (*EUR LIBOR 1M*). Die Strategie weist sowohl gegenüber dem globalen Aktienmarkt als auch gegenüber dem Geldmarkt eine deutliche Mehrrendite auf und hat die

---

[11] Die Datenquelle für die nachfolgenden quantitativen und grafischen Analysen der in diesem Beitrag untersuchten Absolute Return-Konzepte stellt die alphaport® Managerdatenbank der alpha portfolio advisors GmbH dar, in der per 31.12.2010 430 Absolute Return-Produkte erfasst waren, die überwiegend als UCITS III-Publikumsfonds verfügbar sind. Als Datenquelle für die im weiteren Gang der Untersuchung verwendeten Marktdaten dient Datastream.

schwierigen Aktienmarktphasen von 2001-2002 und 2008-2009 ohne größere Draw-downs überstanden. Die Attraktivität der Strategie wird auch durch die im Vergleich zum *MSCI World* deutlich höhere Sharpe Ratio dokumentiert (1,35 vs. 0,18).

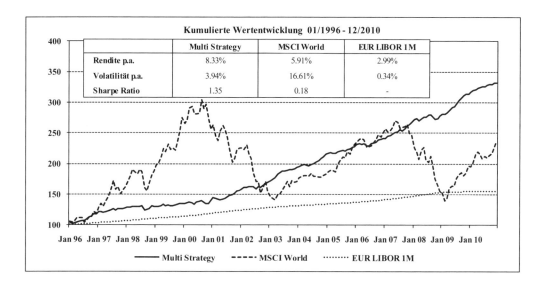

Abbildung 2: Wertentwicklung des Multi Strategy Absolute Return-Konzeptes

Analyse des Risikoprofils

Die sog. „Unterwasseranalyse" in Abbildung 3 unterstreicht eindrucksvoll die Begren-zung des Downside-Risikos. Während der globale Aktienmarkt signifikant und dauer-haft unter die Nulllinie „abtaucht", sind im Multi-Strategy-Konzept nur minimale Rückschläge erkennbar. Der maximale Drawdown als stärkste negative kumulierte Renditeentwicklung seit dem letzten Höchststand beträgt im globalen Aktienmarkt -54,15% und zwar für den Zeitraum August 2000 bis Februar 2009 (102 Monate). Der alte Höchststand war bis Ende Dezember 2010 noch nicht wieder erreicht. Für das analysierte Multi-Strategy-Konzept beläuft sich der maximale Drawdown dagegen nur auf -5,12%. Diese negative Renditeentwicklung war im August 1998 zu verzeichnen und wurde während der darauffolgenden 7 Monate komplett aufgeholt.

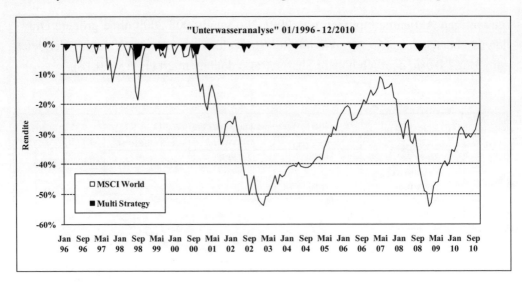

Abbildung 3: „Unterwasseranalyse" des Multi Strategy Absolute Return-Konzeptes vs. *MSCI World*

Marktunabhängigkeit

Alpha-basierte Absolute Return-Konzepte sollen die Zielrendite mit einer hohen Wahrscheinlichkeit in möglichst jedem Jahr und unabhängig von der jeweiligen Marktphase erreichen. Dies ist jedoch nur dann möglich, wenn die Konzepte keine bzw. nur geringe Marktexposures aufweisen und somit etwaige Mehrerträge auf eine überlegene Selektionsfähigkeit bzw. Taktik zurückzuführen sind.

Zur weitergehenden Analyse des Multi Strategy Absolute Return-Konzeptes werden die zur Verfügung stehenden 180 monatlichen Brutto-Renditen der Strategie im Längsschnitt auf die Renditezeitreihen von sieben potenziell erklärungsrelevanten Faktoren bzw. Indizes regressiert.[12]

---

[12] Als unabhängige Variablen finden folgende Indizes Verwendung: MSCI World (Aktien entwickelte Märkte Global), MSCI Emerging Markets (Aktien Schwellenländer), JPM GBI Global (Globale Staatsanleihen), BofA ML Global Corporates (Globale Unternehmensanleihen), JPM EMBIG Diversified (Staatsanleihen Schwellenländer in harter Währung), DJUBS Commodity Index TR (Rohstoffe), CBOE Volatility Index (implizite Volatilität über 30 Tage für den S&P 500).

	Coefficient	Std. Error	t-Statistic	Prob.
Echtes Alpha	**0.0037**	**0.0007**	**5.5756**	**0.0000**
MSCI World	-0.0265	0.0220	-1.2045	0.2302
MSCI Emerging Markets	0.0521	0.0164	3.1824	0.0018
JPM GBI Global	0.0137	0.1030	0.1328	0.8945
BofA ML Global Corporates	0.1376	0.0788	1.7448	0.0829
JPM EMBIG Diversified	0.1722	0.0264	6.5318	0.0000
DJUBS Commodity	-0.0228	0.0132	-1.7254	0.0864
CBOE Volatility Index	0.0054	0.0043	1.2551	0.2113

Tabelle 1: Stilanalyse des Multi Strategy Absolute Return-Konzeptes

Die Ergebnisse dieser multivariaten Stilanalyse sind in Tabelle 1 dargestellt. Nach Kontrolle für die sieben Einflussgrößen verbleibt ein statistisch signifikantes echtes Alpha in Höhe von rund 37 Basispunkten pro Monat (Fehlerwahrscheinlichkeit < 0,01%) bzw. von ca. 4,4% p.a. Die Absolute Return-Strategie hat also ihre gegenüber dem Geldmarkt (*EUR LIBOR 1M*) positiven Renditen durch eine überlegene Selektionsfähigkeit bzw. Taktik erzielt. Die Beta-Exposures gegenüber den globalen Aktienmärkten dokumentieren eine in Bezug auf Aktienmarktrisiken vergleichsweise konservative Anlagepolitik. Einzig signifikanter Faktor auf der Aktienseite ist der *MSCI Emerging Markets Index* mit einem sehr moderaten Beta in Höhe von 0,05 (Fehlerwahrscheinlichkeit < 1%).[13] Auf der Rentenseite ergibt sich aus dem geschätzten Regressionsmodell für den Emerging Markets Debt Index (*JPM EMBIG Diversified*) ein signifikantes Beta in Höhe von 0,17 (Fehlerwahrscheinlichkeit < 0,01%).[14] Zusammenfassend lässt sich festhalten, dass der Manager zwar zu insgesamt vier Risikofaktoren signifikante Beta Exposures aufweist, diese jedoch allesamt moderat ausfallen. Die geforderte Marktunabhängigkeit ist damit zwar nicht vollständig, aber annähernd erfüllt.

Diese Ergebnisse sind letztlich Ausfluss des Investmentprozesses mit einem aus hochbonitären Renteninvestments bestehenden Basisportfolio in Kombinationen mit einem Bündel aus vielen kleinen derivativen Einzelpositionen. Im Rahmen des derivativen Overlays etabliert der Asset Manager Long- und Short-Positionen in globalen Anlei-

---

[13] Als Schwellenwert für die statistische Signifikanz setzen wir eine Fehlerwahrscheinlichkeit von kleiner als 5% an.

[14] Diese zwar signifikanten, aber im Ausmaß schwach ausgeprägten Abhängigkeiten der Rendite des Absolute Return-Konzepts von den Schwellenländermärkten decken sich mit den Aussagen des Asset Managers, wonach ein Beta-Risiko bis zu einer absoluten Größenordnung von maximal 0,2 zugelassen wird.

hemärkten, Währungen und Aktien, wobei er prozessbedingt darauf abzielt, Beta-Risiken auf ein Minimum zu reduzieren.

Ergänzend zu der durchgeführten multivariaten Stilanalyse wird mit Hilfe des nicht-parametrischen Verfahrens von FUNG/HSIEH das marktphasenbedingte Renditeverhalten des Multi Strategy Absolute Return-Konzeptes in Abbildung 4 einer weitergehenden Analyse unterzogen.[15] Der Vorteil dieses Verfahrens liegt darin, dass sich damit auch nicht-lineare Abhängigkeiten veranschaulichen lassen. Dazu werden zunächst die 180 Monatsrenditen des jeweiligen Marktes (z. B. in der Grafik oben links *MSCI World*) von der niedrigsten zur höchsten Monatsrendite sortiert und in Quintilen eingeordnet. Das unterste Quintile enthält beispielsweise die 20% niedrigsten Monatsrenditen des jeweiligen Marktes. Anschließend werden die Renditen des Absolute Return-Konzeptes in den entsprechenden Monaten ebenfalls den Quintilen zugeordnet.[16] So lässt sich z. B. aus der Grafik oben links ablesen, dass die schlechtesten 20% der Monatsrenditen des *MSCI World* im Mittel bei ca. -6,7% lagen, während die Strategie in denselben Monaten im Mittel eine Rendite von ca. 0% erzielt hat.

---

[15] Vgl. zur Methodik Fung/ Hsieh (1997).

[16] Die in Abbildung 4 dargestellten Balken weisen die jeweiligen Mittelwerte der Renditen innerhalb der einzelnen Quintile aus. Die mit Linien verbundenen Quadrate entsprechen den korrespondierenden mittleren Renditen des Multi Strategy Absolute Return-Konzeptes in der gleichen Marktphase.

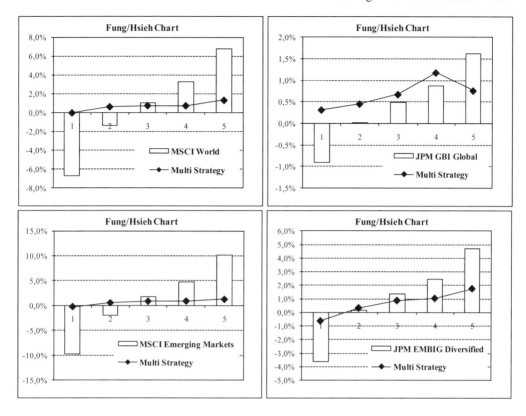

Abbildung 4: Analyse des Multi Strategy Absolute Return-Konzeptes mit dem Verfahren von Fung/Hsieh

Anhand der beiden oberen Grafiken zeigt sich, dass sich die Renditen des Absolute Return-Konzeptes weitgehend losgelöst von der allgemeinen Aktien- bzw. Rentenmarkttendenz entwickelt haben. So konnte die Strategie in jeder Aktien- oder Rentenmarktphase im Durchschnitt eine positive Wertentwicklung erzielen. Die Marktunabhängigkeit wird dadurch sichtbar, dass die „Phasen-Linien" des Absolute Return-Produktes annähernd horizontal verlaufen, d. h. das Konzept funktioniert in schlechten wie guten Phasen ähnlich gut.

In den beiden unteren Grafiken wird eine analoge Betrachtung bezüglich der Renditeentwicklung in den Emerging Markets dargestellt. In Übereinstimmung zu den Ergebnissen aus der multivariaten Stilanalyse lässt sich eine moderate Abhängigkeit der Strategie zu dem *JPM EMBIG Diversified Index* feststellen: In den 20% schlechtesten Monaten für den Emerging Markets Bond Index entwickelt sich das Absolute Return-Konzept im Mittel 0,6% negativ während der Index im Mittel um 3,6% zurückgeht. Ein in etwa umgekehrtes Bild ergibt sich in den 20% der Monate in welchen der *JPM*

EMBIG Diversified Index seine positivsten Ergebnisse erzielt: Während der Index im Mittel um 4,6% steigt, weist das Absolute Return-Konzept eine korrespondierende mittlere positive Rendite in Höhe von 1,7% auf.

Stufe 3: Qualitative Due Diligence und Auswahlentscheidung

Nachdem die vielversprechendsten Absolute Return-Konzepte für die fünf Strategietypen mittels der dargestellten quantitativen Analysen identifiziert wurden, werden diese im dritten Schritt einer intensiven qualitativen Due Diligence unterzogen. Die entsprechende Analyse sollte sich auf die in Abbildung 5 illustrierten qualitativen Analysekriterien konzentrieren, die sich mittels eines für den jeweiligen Strategietyp maßgeschneiderten Fragebogens systematisch erfassen lassen.

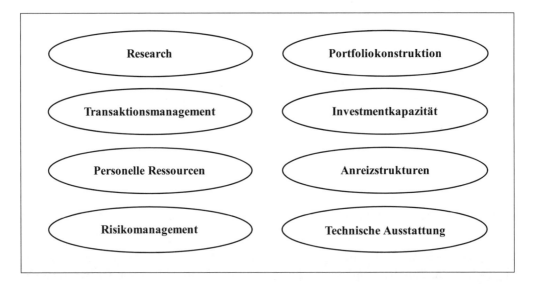

Abbildung 5: Analyse der zentralen Werttreiber des Absolute Return-Konzeptes

Zunächst sollte der Investmentprozess mittels der Bausteine „Research", „Portfoliokonstruktion" und „Transaktionsmanagement" im Einzelnen analysiert und bewertet werden. Besondere Aufmerksamkeit verdienen weiterhin die Faktoren „Personelle Ressourcen" und „Anreizstrukturen". Dahinter steht die Erkenntnis, dass Asset Management-Gesellschaften mit kreativen Freiräumen und effektiven Leistungsanreizen für ihre Mitarbeiter häufig die zuverlässigeren Alpha-Lieferanten sind. Der Erfolgsfaktor „Investmentkapazität" stellt auf den Umstand ab, dass ein wachsendes Fondsvolumen tendenziell einen negativen Einfluss auf das zukünftige Alpha-Potenzial einer bestimmten Anlagestrategie hat.[17] Besondere Bedeutung besitzt bei Absolute Return-Konzepten der Prozessbaustein „Risikomanagement". Hier gilt es zu untersuchen, inwiefern der Manager in der Lage ist, die eingegangenen Risiken im Portfolio sauber zu analysieren und zu steuern. Dies geht Hand in Hand mit einer Begutachtung der technischen Ausstattung des Managers bezüglich Analysewerkzeuge, Datenhaushalt, Transaktionsmanagement etc.

Im Nachgang zu der systematischen und kritischen Auswertung der Fragebögen empfiehlt es sich, die in der jeweiligen Kategorie interessantesten Kandidaten vor Ort zu besuchen, um den Investmentprozess „live" zu erleben, sämtliche prozessrelevante Schlüsselpersonen zu interviewen und die eingesetzten Systeme im Risikomanagement, bei der Portfoliokonstruktion und im Transaktionsmanagement zu begutachten. Praxiserfahrungen zeigen, dass sich im Rahmen dieser Vor-Ort Besuche wichtige entscheidungsrelevante Eindrücke gewinnen lassen, die man bei einer schlichten Analyse von Fragebögen oder Managerpräsentationen nicht erhält.

Am Ende dieses Selektionsprozesses steht die bezüglich des entsprechenden Strategietyps systematisch erarbeitete Auswahlentscheidung für ein spezifisches Absolute Return-Produkt.

4. Systematische Portfoliobildung von Absolute Return-Konzepten

Die im vorangegangenen Abschnitt am Beispiel der Kategorie Multi Strategy beschriebene Due Diligence wird auch für die anderen vier Strategietypen entsprechend durchgeführt, so dass am Ende dieses Prozesses insgesamt fünf „Best in Class" Absolute Return-Konzepte identifiziert werden. Diese fünf Konzepte werden nachfolgend im Hinblick auf ihre Komplementäreigenschaften untersucht und anschließend über die entsprechenden UCITS III-Publikumsfonds zu einem Absolute Return-Portfolio miteinander kombiniert.

---

[17] Je geringer das gesteuerte Volumen, desto flexibler kann der Manager agieren und desto größer fällt c.p. das zukünftige Alpha-Potenzial aus. Vgl. Beckers/ Vaughan (2001) und Bessler/ Blake/ Lückoff/ Tonks (2010).

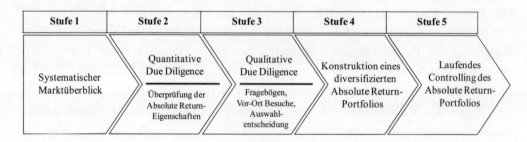

Abbildung 6: Prozess der strukturierten Managerauswahl und Auswahl-entscheidung

Abbildung 6 erweitert den zuvor dargestellten Prozess der strukturierten Auswahl von Absolute Return-Konzepten um zwei weitere Prozessschritte. Zunächst wird in der Stufe 4 des Prozesses eine risikooptimierte Struktur aus den fünf selektierten Absolute Return-Konzepten ermittelt. Dabei werden die Gewichte der fünf Einzelstrategien so festgelegt, dass das Gesamtportfolio bestmöglich von dem Effekt der Risikodiversifikation profitiert. Das auf diese Weise konstruierte Absolute Return-Portfolio wird schließlich im Rahmen der 5. Stufe des Prozesses einem intensiven laufenden Controlling unterzogen.

Stufe 4: Ermittlung eines diversifizierten Absolute Return-Portfolios

Tabelle 2 zeigt die auf Basis von Monatsrenditen im Untersuchungszeitraum 1. März 2005 bis 31. Dezember 2010 ermittelte Korrelationsmatrix für die fünf selektierten Absolute Return-Konzepte sowie die Marktindizes *MSCI Europa* und *iBoxx Euro Sovereigns*.[18]

Korrelationsmatrix	Multi Strategy	Optionsbasiert	L/S-Equity	Fixed Income	EMD	MSCI Europe	iBoxx € Sovereigns
Multi Strategy	1	-0,06	0,31	0,30	0,59	0,31	0,10
Optionsbasiert	-0,06	1	0,28	-0,18	0,13	0,15	0,03
L/S-Equity	0,31	0,28	1	0,04	0,33	0,56	-0,04
Fixed Income	0,30	-0,18	0,04	1	0,28	0,33	0,15
EMD	0,59	0,13	0,33	0,28	1	0,37	0,08
MSCI Europe	0,31	0,15	0,56	0,33	0,37	1	-0,21
iBoxx € Sovereigns	0,10	0,03	-0,04	0,15	0,08	-0,21	1

Tabelle 2: Korrelationsmatrix im Untersuchungszeitraum

---

[18]   Der Zeitraum 1. März 2005 bis 31. Dezember 2010 (70 Monate) ergibt sich als die längste gemeinsame Datenhistorie der fünf selektierten Absolute Return-Ansätze.

Die Analyse der Korrelationen führt zu den folgenden Schlussfolgerungen:

1. Die paarweisen Korrelationen der Absolute Return-Konzepte untereinander dokumentieren ein sehr großes Diversifikationspotenzial. Die geringen Korrelationen legen die Investition in ein diversifiziertes Portfolio bestehend aus mehreren Absolute Return-Strategien nahe.

2. Die Korrelationen zwischen den klassischen Risikoträgern (Aktien bzw. Renten) zu den fünf Absolute Return-Konzepten fallen ebenfalls durchweg niedrig aus. Diese Beobachtung deutet darauf hin, dass die Beimischung von Absolute Return-Konzepten für einen in traditionellen Assetklassen investierten Anleger allein aus der Risikoperspektive sinnvoll sein kann.

Tabelle 3 liefert einen Überblick der historischen Renditen und Volatilitäten im Untersuchungszeitraum 1. März 2005 bis 31. Dezember 2010. Es fällt auf, dass sämtliche Absolute Return-Konzepte bei einer isolierten Betrachtung eine Volatilität unter 7% p.a. aufweisen. Die historischen Renditewerte unterstreichen die Attraktivität der selektierten Strategien, wenngleich sich diese Ergebnisse für die Zukunft sicherlich nicht ohne Einbußen fortschreiben lassen.[19]

Die Gewichte in dem Portfolio werden so festgelegt, dass die absoluten Risikobeiträge für alle fünf Strategien in etwa gleich groß sind.[20] Die dahinter stehende Logik der Portfoliokonstruktion lässt sich wie folgt erklären: Je geringer die Volatilität eines Absolute Return-Konzeptes ausfällt und je vorteilhafter seine Diversifikationseigenschaften sind (also je geringer die Korrelationen zu den anderen Konzepten sind) desto größer ist das Gewicht in der Gesamtportfoliostruktur. Im Ergebnis ergibt sich für das Absolute Return-Portfolio eine Volatilität von lediglich 3,07% p.a.[21]

---

[19] Die zukünftige absolute Rendite sollte aus folgenden Gründen moderater ausfallen als in der Vergangenheit: 1. Die risikofreie Rendite (*EUR LIBOR 1M*) fällt aktuell (per 31.12.2010) mit 0,71% deutlich geringer aus als in den vergangenen Jahren; 2. aufgrund der guten Track Records lassen sich überdurchschnittliche Mittelzuflüsse in die Strategien erwarten; 3. etwaige personelle Veränderungen bei den selektierten Asset Managern werden ein bislang sehr erfolgreiches Team tendenziell eher schwächen als stärken; 4. historische Track Records sind grundsätzlich auch durch Zufallseinflüsse beeinflusst.

[20] Die Risikoattribution wird dabei über die mit den Portfoliogewichten multiplizierten marginalen Risikobeiträge (Marginal Contributions to Risk) gemessen. Zur formalen Darstellung sei verwiesen auf Grinold/ Kahn (2000).

[21] Bei der Ermittlung der Volatilität für das Absolute Return-Portfolio wurden die negativen Korrelationswerte auf einen Wert von Null gesetzt. Die auf diese Weise (konservativ) ermittelte Portfoliovolatilität von 3,07% p.a. ist geringer als die für denselben Zeitraum berechnete Volatilität für Euroland Staatsanleihen *(iBoxx EURO Sovereign Index)* bzw. für globale Staatsanleihen *(JPM GBI Global)*, die

Produkte	Gewichte	Historische Rendite p.a.	Historische Volatilität p.a.	Risikobeitrag absolut	Risikobeitrag in %
Multi Strategy	35.00%	7.41%	2.60%	0.61%	19.8%
Optionsbasiert	17.50%	23.86%	6.88%	0.63%	20.4%
L/S-Equity	15.00%	12.71%	6.66%	0.63%	20.6%
Fixed Income	17.50%	18.22%	6.39%	0.61%	19.9%
EMD	15.00%	7.24%	5.58%	0.59%	19.3%
Portfolio	100%	12.95%	3.07%	3.07%	100%

Tabelle 3: Gewichtung der Einzelstrategien im Absolute Return-Portfolio

Stufe 5: Laufendes Controlling des Absolute Return-Portfolios im Zeitablauf

Im Nachgang zur Investition bietet sich eine aktive Begleitung des Absolute Return-Portfolios an. Dabei gilt es, die Anlageergebnisse auf monatlicher Basis im Hinblick auf die erwirtschaftete Rendite und das korrespondierende Risiko zu analysieren. Darüber hinaus wird auf Quartalsbasis eine Aktualisierung der aus qualitativer Sicht relevanten Erfolgsfaktoren der einzelnen Investment-Konzepte vorgenommen. Sofern auf dieser Stufe strukturelle Probleme bei einzelnen Strategien zu Tage treten (z. B. hohe Mittelzu- oder Abflüsse, Wechsel des verantwortlichen Fondsmanagers, Veränderungen in der Eigentümerstruktur), sollten die betroffenen Strategien einer intensiven Überprüfung unterzogen werden, die in letzter Konsequenz in einem Austausch der betroffenen Ansätze münden kann. Damit lässt sich sicherstellen, dass das Absolute Return-Portfolio stets die besten Produkte beinhaltet und somit die Anforderungen des Anlegers im Zeitablauf erfüllt.

---

sich auf 3,79% p.a. bzw. 3,19% beläuft. Die tatsächliche Volatilität des Absolute Return-Portfolios unter Berücksichtigung von negativen Korrelationen beträgt 2,97%.

5. Liefert das Absolute Return-Portfolio auch in Krisenzeiten einen positiven absoluten Return?

Für den Anleger stellt sich insbesondere die Frage, ob sich das auf diese Weise aus verschiedenen Absolute Return-Konzepten konstruierte Absolute Return-Portfolio in Krisenzeiten bewährt, also auch in schwierigen Marktphasen einen positiven absoluten Return liefert. Die Beantwortung dieser Frage lässt sich heute für die Zukunft noch nicht verlässlich abschätzen, da das Portfolio mit Daten zum 31. Dezember 2010 konstruiert wurde. Für die empirische Analyse des Absolute Return-Portfolios steht damit nur der Zeitraum vom 1.3.2005 bis zum 31.12.2010 zur Verfügung über welchen sämtliche 5 Absolute Return-Konzepte im Rahmen der quantitativen Due Diligence mindestens analysiert wurden („In Sample"-Periode).

Trotzdem liefert ein Blick zurück auf das Krisenjahr 2008 interessante Einblicke in die Risikocharakteristika des Absolute Return-Portfolios: In diesem Jahr erzielte das Absolute Return-Portfolio, wie in Abbildung 7 dargestellt, eine Jahresrendite in Höhe von 7,46%, was ca. 5,4 Prozentpunkte unter der über den Gesamtzeitraum im Mittel erwirtschafteten annualisierten Rendite in Höhe von 12,90% liegt. Die konsequente Ausrichtung auf Alpha-basierte Absolute Return-Ansätze und die ausgewogene Diversifikation über verschiedene Strategietypen haben letztlich dazu beigetragen, dass das Absolute Return-Portfolio auch im Jahr 2008 ein deutlich positives Ergebnis erzielen konnte. Während des Gesamtzeitraums lässt sich ein vergleichsweise stetiger Kursanstieg des Absolute Return-Portfolios beobachten, der mit geringen Schwankungen einhergeht.

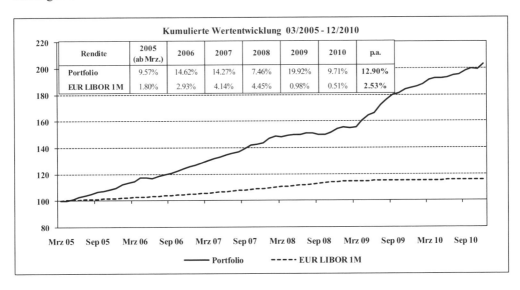

Abbildung 7: Wertentwicklung des Absolute Return-Portfolios

Ergänzend zum Wertentwicklungsverlauf dokumentiert Abbildung 8 die Drawdowns des Absolute Return-Portfolios auf Monatsbasis im Vergleich zum *MSCI World Index*. Die Drawdowns fallen durchweg sehr moderat aus. Aus dieser Perspektive wird deutlich, dass im Krisenjahr 2008 kaum unterjährige Drawdowns zu verzeichnen waren. Der größte Drawdown beträgt -1,06% und war in der Periode August bis Oktober 2008 zu beobachten.

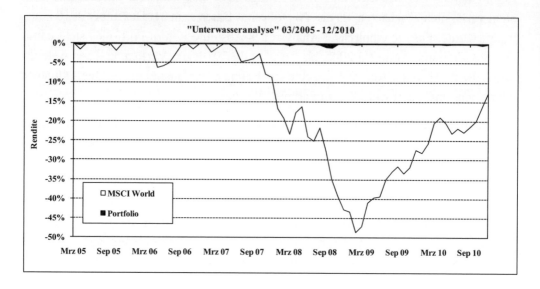

**Abbildung 8: „Unterwasseranalyse" des Absolute Return-Portfolios
vs. *MSCI World***

Im Folgenden wird untersucht, ob das Absolute Return-Portfolio nennenswerte Abhängigkeiten von den zwei Hauptrisikotreibern der globalen Aktien- und Rentenmärkte aufweist. Abbildung 9 zeigt die Ergebnisse der nicht-parametrischen Analyse nach Fung/ Hsieh. Aus dieser Perspektive wird deutlich, dass keine nennenswerten Marktabhängigkeiten zum *MSCI World* oder *JPM Global Bond Index* zu verzeichnen waren.[22] Die Analyse bestätigt damit, dass die eingangs erwähnte Zielsetzung der Identifikation und Beimischung eines Absolute Return-Portfolios, das sich durch eine Marktunabhängigkeit gegenüber Aktien- und Rentenmärkte auszeichnen soll, gelungen ist.

---

[22] Ergänzend dazu lieferte eine multivariate Stilanalyse auf Basis der Einflussfaktoren aus Tabelle 1 signifikante aber moderate Einflüsse der Marktindizes *MSCI Emerging Markets* (Beta = 0,06) und *Bofa ML Global Corporates* (Beta = 0,27).

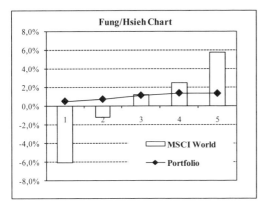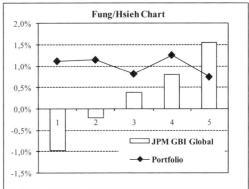

Abbildung 9: Analyse des Absolute Return-Portfolios mit dem Verfahren von Fung/Hsieh

Zusammenfassend lässt sich damit festhalten, dass sich das Absolute Return-Portfolio in der Rückschau durch eine stabile positive Renditeentwicklung auszeichnete, die nur geringe Drawdowns aufweist und kaum Marktabhängigkeiten zum globalen Aktien- bzw. Rentenmarkt erkennen lässt.

6. Ermittlung der optimalen Quote für eine Investition in das Absolute Return-Portfolio

Für den (institutionellen) Anleger stellt sich nunmehr die Frage, in welchem Umfang das zuvor ermittelte Absolute Return-Portfolio in die Asset Allocation integriert werden sollte. Wir unterstellen dazu einen institutionellen Anleger, dessen Asset Allocation im Ausgangszustand zu 90% aus Euroland Staatsanleihen und zu 10% aus europäischen Aktien besteht. Zur Abschätzung des Diversifikationseffektes des Absolute Return-Portfolios lohnt ein Blick auf die in Tabelle 4 dargestellte Korrelationsmatrix. Die Korrelationen auf Basis der Monatsrenditen im Zeitraum 03/2005 – 12/2010 fallen aufgrund der produktimmanenten Marktunabhängigkeit der unterliegenden Absolute Return-Konzepte mit 0,57 zu Aktien sowie mit 0,11 zu Renten moderat aus.

Korrelationsmatrix	AR-Portfolio	MSCI Europe	iBoxx € Sovereigns
AR-Portfolio	1	0.57	0.11
MSCI Europe	0.57	1	-0.21
iBoxx € Sovereigns	0.11	-0.21	1

**Tabelle 4: Korrelationsmatrix für das Absolute Return-Portfolio,
Aktien und Renten**

Um den risikomäßigen Einfluss einer Beimischung des Absolute Return-Portfolios auf
das Gesamtportfolio zu ermitteln, wird – wie in Abbildung 10 dargestellt – folgendermaßen vorgegangen: Bei einer Gewichtung des Absolute Return-Portfolios von 0%
investiert der Anleger zu 100% in sein Basisportfolio (90% Euroland Staatsanleihen,
10% Aktien Europa). Die Volatilität dieses Basisportfolios lässt sich mit 3,46% p.a.
aus der Grafik ablesen. Wenn der Anleger nun schrittweise den Anteil des Absolute
Return-Portfolios zu Lasten des Basisportfolios erhöht, reduziert sich zunächst die
Volatilität, bis sie bei einer Gewichtung des Absolute Return-Portfolios von 59% mit
einem Wert von 2,68% p.a. ihr Minimum erreicht.

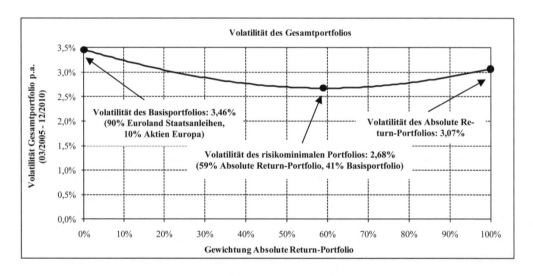

**Abbildung 10: Volatilität des Gesamtportfolios in Abhängigkeit der Gewichtung
des Absolute Return-Portfolios**

Auch wenn sich die individuelle Asset Allocation der Anleger von der hier gewählten
90:10 Aufteilung von Eurolandstaatsanleihen und Europäischen Aktien unterscheidet,

liefert dieses einfache Beispiel doch einen Hinweis, dass die Investition in ein ausgewogenes Absolute Return-Portfolio bestehend aus sorgfältig selektierten UCITS III-Publikumsfonds allein aus der Risikoperspektive sinnvoll ist.[23] Auch wenn der hier ermittelte (risikominimale) Anteil von 59% in Absolute Return-Konzepten für viele Anleger unrealistisch hoch sein mag, zeigen die Berechnungen doch, dass die Beimischungen in der Realität durchaus signifikant ausfallen dürfen.

7. Zusammenfassung

Der vorliegende Beitrag beschäftigt sich mit der Fragestellung der systematischen Auswahl und Portfoliobildung von Absolute Return-Konzepten. Die Differenzierung der Absolute Return-Konzepte in Beta- und Alpha-basierte Ansätze macht deutlich, dass die Absolute Return-Eigenschaften nicht notwendigerweise mit (teuren) absoluten Wertsicherungsmechanismen erzeugt werden müssen, die konzeptbedingt eine enttäuschende Renditeerwartung aufweisen, wenn das Wertsicherungsniveau hoch bzw. das Risikobudget niedrig ist. Alpha-basierte Konzepte nutzen dagegen einen deutlich breiteren Möglichkeitenraum, Absolute Return in unterschiedlichen Themenbereichen zu erwirtschaften. Die Abbildung Alpha-basierter Konzepte über UCITS III-Vehikel ermöglicht es institutionellen Investoren und ihren Beratern, diversifizierte Portfolios aus Absolute Return-Ansätzen zusammenzustellen, die eine Volatilität auf dem Niveau von EURO-Staatsanleihen aufweisen.

Von zentraler Bedeutung für die erfolgreiche Integration eines Absolute Return-Bausteins in die Asset Allocation ist allerdings die Auswahl der „richtigen" Konzepte. Dies erfordert einen vollständigen Marktüberblick über die am Markt verfügbaren Absolute Return-Konzepte, eine systematische quantitative und qualitative Due Diligence der in Frage kommenden Ansätze sowie das finanztheoretische Verständnis zur Beurteilung der von den Asset Managern eingesetzten Modelle und Instrumente. Der nicht zu unterschätzende Aufwand bei der Konstruktion eines aus den besten Ansätzen bestehenden Absolute Return-Portfolios belohnt den Anleger aber mit einer Reduktion seines Gesamtrisikos bei einem zugleich positiven Einfluss auf die zu erwartende Rendite seiner Asset Allocation. Insofern ist damit zu rechnen, dass institutionelle Anleger nicht zuletzt aufgrund der derzeitigen Zinstiefststände Absolute Return-Konzepte künftig deutlich prominenter im Rahmen ihrer Kapitalanlagen berücksichtigen werden.

---

[23] Die für den einzelnen Anleger optimale Beimischungsquote lässt sich durch die dargestellte Berechnung anhand der individuellen Asset Allocation des Anlegers ermitteln.

Literaturverzeichnis

Beckers, S./ Vaughan, G. (Beckers/ Vaughan, 2001): Small is Beautiful: An attempt to quantify the comparative disadvantage of large asset managers, in: The Journal of Portfolio Management, Summer 2001, S. 9-17.

Benninga, S. (Benninga, 1990): Comparing Portfolio Insurance Strategies, in: Finanzmarkt und Portfolio Management, 4. Jg., Nr. 1, S. 20-30.

Bessler, W./ Blake, D./ Lückoff, P./ Tonks, I. (Bessler/ Blake/ Lückoff, P./ Tonks, 2010): Why does Mutual Fund Performance not Persist? The Impact and Interaction of Fund Flows and Manager Changes, in: Discussion Paper PI-1009, The Pensions Institute, London, March 2010.

Billmann, M./ Kleeberg, J./ Zimmerer, T. (Billmann/ Kleeberg/ Zimmerer, 2010): Systematische Selektion und Portfoliobildung von Absolute Return-Konzepten, in: Absolut Report, Heft 5/2010, S. 20-31.

Dichtl. H. / Zimmerer, T. (Dichtl/ Zimmerer, 2009): Absolute Returns: Wichtige Eigenschaften, sachgerechter Analyserahmen und systematischer Strategievergleich, in: Österreichisches Bank-Archiv, 57. Jahrg., 12/2009, S. 890-906.

Fung, W./ Hsieh, D.A. (Fung/ Hsieh, 1997): Empirical Characteristics of Dynamic Trading Strategies: The Case of Hedge Funds, in: The Review of Financial Studies, Vol. 10, No. 2, Summer, S. 275-302.

Grinold, R.C./ Kahn, R.N. (Grinold/ Kahn, 2000): Active Portfolio Management, 2nd edition, New Jersey.

Kayser J./ Schlikker, G. (Kayser/ Schlikker, 2010): Alternative UCITS-Fonds aus der Perspektive des Investorenaufsichtsrechts, in: Absolut Report, 5/2010, S. 54-63.

Kayser J./ Schlikker, G. (Kayser/ Schlikker, 2009): Alternative Investmentstrategien im UCITS-Format – ein Überblick, in: Absolut Report, 52/2009, S. 58-67.

Kleeberg, J./ Billmann, M./ Hertlein, F. (Kleeberg/ Billmann/ Hertlein, 2008): Strukturierte Managerauswahl: Erfolgsfaktoren und Best Practice, in: Handbuch Vertriebs-Exzellenz im Asset Management, Hrsg.: Herzog/Johanning/Rodewald, Uhlenbruch Verlag 2008, S. 185-211.

Zimmerer, T. (Zimmerer, 2011): Weniger Risiko und mehr Diversifikation durch Portfoliobildung mit Absolute Return-Konzepten, in: Corporate Finance biz, 02/2011, S. 74-85.

Zimmerer, T. (Zimmerer, 2008a): Mythos Absolute Return: Was bestimmt die Partizipationsquote von statischen und dynamischen Konzepten?, in: Finanz Betrieb, 02/2008, S. 129-139.

Zimmerer, T. (Zimmerer, 2008b): Mythos Absolute Return: Gibt es das bessere Absolute Return-Konzept?, in: Finanz Betrieb, 03/2008, S. 207-215.

Die Rolle von Consultants im Fondsanlageprozess

von Joachim Meyer

Wie kann die Anlagestrategie eines institutionellen Investors, unter Nutzung von Investmentfonds und der Einbindung eines Consultants, effizient umgesetzt werden?

Diese Fragestellung ist die fachliche Basis des nachfolgenden Kapitels. Zunächst werden die Zielsetzungen institutioneller Anleger bei der Fondsanlage kurz skizziert, um dann die Kernthemen bei der Umsetzung und Überwachung der Fondsanlage näher zu beleuchten. Hierbei werden zudem die bekanntesten Fondsratings als Unterstützung für die Fondsauswahl kurz erläutert. Die Nutzenstiftung durch Consultants im Fondsanlageprozess und ein Ausblick auf die Rolle von Consultants in diesem Prozess sind weitere Hauptpunkte.

1. Zielsetzungen institutioneller Anleger bei der Fondsanlage

In den Jahren 2009 und 2010 hat sich der Kapitalerhalt zur meistgenannten und damit wichtigsten Zielsetzung für institutionelle Anleger entwickelt. Aber auch eine gute Governance bei Kapitalanlagen, im Sinne einer fundierten Planung, Steuerung und Überwachung, gewinnt für viele Anleger immer mehr an Bedeutung.[1] Dass institutionelle Anleger dabei weiterhin auf den Investmentfonds als wichtiges Anlagemedium setzen, zeigen die Zahlen des BVI, die ein Gesamtvolumen von EUR 1.794,1 Mrd. – davon alleine in Spezialfonds ein Anlagevolumen von EUR 793,5 Mrd. per 31.8.2010 ausweisen.

Mit der Entscheidung für die Nutzung eines Investmentfonds in der Kapitalanlage institutioneller Anleger sind i.d.R. nachfolgende Kernziele verbunden, die hier zusammengefasst dargestellt werden:

- Keine Direktanlage möglich
- Nutzung externer Management-Expertise
- Nutzung steuerlicher bzw. bilanzieller Vorteile
- Sicherheit in der Bewertung und Prüfung

= Die effiziente Umsetzung der Anlagestrategie

Die detaillierten, anlegerspezifischen Kernpunkte sowie Vorteile und Unterschiede zwischen Publikumsfonds und Spezialfonds werden in anderen Kapiteln beschrieben.

Die Motivation zur Investition mittels eines Investmentfonds kann eine Bündelung verschiedener Vorteile sein, aber auch einzelne Punkte, wie „keine Direktanlage möglich" (Beispiel: aktuell ist kein Direktinvestment in chinesische A-Shares für den deut-

---

[1]   Vgl. Leuch (2010), S. 3.

schen, institutionellen Anleger möglich), spielen für die Entscheidung zugunsten einer Fondsanlage eine wichtige Rolle.

Die starke Veränderung der institutionellen Fondsindustrie in den letzten Jahren zeigt den ansteigenden Grad der Fokussierung auf Kernkompetenzen und Professionalisierung von Anlegern und Anbietern. Noch Ende der 90er Jahre spielte das Hausbank-Prinzip eine wesentliche Rolle bei der Auswahl der Fonds und deren Manager. Zwischenzeitlich wurde die Wertschöpfungskette mit verschiedenen Anbietern und ihren modularen spezialisierten Dienstleistungsangeboten aufgebrochen. Dies geschah, um den Anforderungen des Anlegers nach professioneller und kostengünstiger Unterstützung entsprechen zu können.

Durch das Angebot von Master-KAG-Dienstleistungen, Global Custodians, spezialisierten Anbietern für konsolidierte Performance- und Risikoberichterstattung und börsengehandelten Investmentfonds („Exchange Traded Funds/ETF") wurde die Flexibilität wesentlich erhöht. Damit hat sich für die Anleger der administrative Aufwand für die Vergabe verschiedener Mandate, Änderungen beim Manager und die zeitnahe Umsetzung einer Anlageentscheidung wie zum Beispiel Reallokationen wesentlich reduziert. Auch die Steuerung der Liquidität und eine bessere Transparenz zu Ergebnis und Risiken sind dadurch besser möglich.

Weiterhin kann, mit oder ohne Unterstützung eines Consultants, durch diese Transparenz ein objektiver Vergleich der Performanceergebnisse erfolgen.

Für die Umsetzung einer „Governance"-konformen Struktur der Kapitalanlagen[2] spielen Fonds als Anlagemedium deshalb auch eine wichtige Rolle. Die klare Identifikation der Verantwortlichkeiten zwischen Anleger, Consultant und Assetmanager und damit die deutliche Unterscheidbarkeit von Entscheidung, Beratung und Kontrolle („Governance-Struktur") werden dabei genauso unterstützt, wie die Möglichkeit für angemessene Kommunikations-, Kontroll- und Anreizsysteme, die für eine adäquate Entscheidungsfindung und deren exakte und zeitgerechte Ausführung sorgen. Hierzu gehören auch Transparenz schaffende Maßnahmen sowie die Regelmäßigkeit der Überprüfung und Bewertung der getroffenen Entscheidungen.

Die vorstehend genannten Punkte zeigen, dass Investmentfonds die institutionellen Anleger bei der Umsetzung ihrer systematischen Zielerreichung in der Kapitalanlage unterstützen können.

---

[2]   Vgl. Brandenberger/ Hilb (2008), S. 113.

2. Kernthemen bei der Umsetzung und Überwachung der Fondsanlage

Studien zeigen immer wieder die herausragende Bedeutung der Aufteilung der Anlagesegmente und deren Gewichtung („Asset Allocation") für das Ergebnis einer Kapitalanlage.[3] Dem muss natürlich bei der Umsetzung und Überwachung der Fondsanlage besonders Rechnung getragen werden. Dies sollte zunächst durch die systematische Beantwortung nachfolgend aufgeführter zentraler Fragestellungen beginnen:

Frage 1: Wie wird die Verantwortung aufgeteilt?

Bei der Umsetzung einer Anlagestrategie mittels eines oder mehrerer Investmentfonds bzw. Spezialfondsmandaten ist zunächst der Grad der Entscheidungsdelegation zu definieren, d. h. was, wann und wie viel soll vom Anleger bzw. dessen Consultant oder vom Manager im Rahmen der laufenden Mandatssteuerung entschieden werden.

Beispielhaft werden zwei Möglichkeiten einer Anlagestruktur betrachtet:

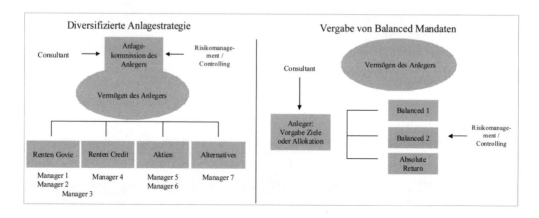

Abbildung 1: Beispiel „Diversifizierte SAA vs. Balanced Mandate"

Kernpunkte einer diversifizierten Anlagestrategie:
Die Vorteile einer diversifizierten Anlagestrategie liegen grundsätzlich in der Ausnutzung von Diversifikationseffekten durch die Einbindung verschiedener Assetklassen. Die Allokation kann sehr individuell im Hinblick auf die Kundenbedürfnisse und Ausschüttungsanforderungen gestaltet werden. Trotz einer möglichen Komplexität ist der Investor weiterhin „Herr" seiner Allokation und kann über die Einbindung speziali-

---

[3] Vgl. Ibbotson (2010), S. 18.

sierter Manager von zusätzlichen Alpha-Quellen profitieren. Der Punkt Diversifikationseffekt ist jedoch mit Vorsicht zu betrachten, da dieser Effekt häufig überschätzt wird und gerade in Krisenzeiten teilweise geringe Diversifikationseffekte bestehen, da die Korrelationen zwischen den Assetklassen ansteigen.

Bei einer diversifizierten Anlagestrategie mit spezialisierten Management-Mandaten hat der Investor vor der Umsetzung mit den einzelnen Mandaten nachfolgende Vorgaben zu machen:

- Zeitpunkt des Starts der Umsetzung
- Anlageuniversum und/oder Benchmark
- Anlagerichtlinien

Die Verantwortung für Zeitpunkt, Anlageuniversum und laufende Steuerung auf Segmentebene liegt hierbei immer beim Investor, da die spezialisierten Manager ihre Zielvorgabe, i.d.R. ein repräsentativer Marktindex, übertreffen wollen. Mögliche Ansätze/Alternativen sind dabei z. B. die Dynamisierung von Allokation und Managementansätzen mittels Overlay-Strukturen (bei festen Wertuntergrenzen), Bandbreiten-Steuerung mit Unterstützung von Marktexperten oder festen Regeln und/oder Risikomanagement-Konzepte für die Anlagegremien zur Steuerung des Gesamt-Risikobudgets.

Vergabe von Balanced Mandaten

Ein weiterer Ansatz ist die Vergabe von gemischten („balanced") Mandaten. Hierbei können grundsätzlich die Rendite-/Risikovorgaben aus der Anlagestrategie samt Rahmenbedingungen an den Manager delegiert werden.

Die Vorteile eines Balanced- oder auch Absolute Return-Managers liegen darin, dass Beta-Risiken in der Steuerung durch den Manager berücksichtigt werden. Im Gegensatz zum Absolute Return-Manager, der ein immer positives Ertragsziel verfolgt, steuert der Balanced-Manager i.d.R. Aktien- und Zinsrisiken innerhalb definierter taktischer Bandbreiten. Es ist deshalb zu beachten, dass ein positiver Zielertrag, z. B. bei starken Zinsanstiegen und/oder Aktienkursrückgängen, nicht immer zu erreichen ist.

Dem Investor fällt bei beiden Managementansätzen – mit Ausnahme der Überwachung und Vorgabe von Investitionszielen und Leitlinien – keine operative Steuerungsaufgabe mehr zu.

In der Praxis ist oft festzustellen, dass teilweise große Unterschiede zwischen den Anforderungen der Anleger und der Umsetzung durch die Manager bestehen, z. B.

was die zugelassenen Anlageuniversen oder Renditeziele betrifft. Dies gilt es zu berücksichtigen, da die Auswahl des richtigen Managers hierdurch erschwert wird.

Frage 2: Besteht ausreichend internes Know-how?

In der Konzeption und Umsetzung des gesamten Kapitalanlageprozesses ist zu entscheiden, ob die Durchführung mit oder ohne externe Unterstützung erfolgen kann und soll.

Auch bei der Gestaltung der Anlageorganisation (Organisatorische Umsetzung der Anlagestrategie), der Auswahl externer Manager und/oder der laufenden Steuerung der Kapitalanlagen können Consultants ganzheitlich oder themenbezogen begleiten. Hierbei nimmt der Anleger, der die Gesamtverantwortung trägt, automatisch immer die Rolle eines Generalisten ein, bei der er interne und/oder externe Spezialisten mit einbinden kann.

Die Rolle des Consultants ist dementsprechend negativ mit dem Vorhandensein interner Know-how-Kapazitäten korreliert, d. h. je weniger quantitative oder qualitative Kapazitäten beim Investor zur Verfügung stehen, umso höher wird der Anteil an notwendiger, externer Unterstützung sein. Diese Grundmotivation wird noch durch politische Motive verstärkt, bei denen entweder durch gesetzliche Vorgabe (in Deutschland jedoch nicht der Fall) oder aus Gründen der objektiven Entscheidung offiziell externer Rat in den Entscheidungsprozess eingebunden wird.

Frage 3: Wie wähle ich einen passenden Consultant aus?

Die Frage nach der Auswahl des richtigen oder passenden (Investment-) Consultant ist Stoff für ein eigenes Kapitel. Zusammengefasst sind nachfolgende Punkte von besonderer Bedeutung:

- Besteht politische und unternehmerische Unabhängigkeit zur freien Auswahl oder sind Vorgaben zu beachten, weil z. B. bereits in anderen Bereichen Verbindungen bestehen?
- Werden projektbezogene Dienstleistungen, z. B. Konzeption der Anlageorganisation benötigt oder ist die laufende prozessorientierte Unterstützung, z.B. bis zur Teilnahme an Gremiensitzungen gewünscht?
- Soll der Kapitalanlageprozess prognosefrei rein in der Durchführung unterstützt werden oder/und erwartet der Investor eine Unterstützung des Consultants bei der laufenden Steuerung auch durch marktorientierte Empfehlungen?

Auf Basis dieser Filterfragen gibt es dann unterschiedliche Geschäftsmodelle (Positionierungen) von Investment Consultants, auf die an dieser Stelle nicht näher eingegangen werden kann. Ziel für den Investor sollte jedoch auf alle Fälle die Auswahl eines Consultants sein, der nachweisliche Kernkompetenz in der nachgefragten Dienstleistung vorweisen und die individuellen Anforderungen des Investors im Detail berücksichtigen kann.

Frage 4: Soll ein objektives Investment Controlling durchgeführt werden?

Die laufende Überwachung der Kapitalanlagen ist auch bei einer Umsetzung mittels Fondsanlagen wichtig. Die finanzielle Lage und die Zielerreichung, die Umsetzung der Anlagestrategie auf der Stufe Gesamtvermögen und der Ebene Kategorie / Portfoliomanager, die Entwicklung der Risiken sowie Compliance-Themen sollten in einem regelmäßigen Rhythmus überwacht werden, so dass Probleme rechtzeitig aufgezeigt und bei Bedarf Maßnahmen ergriffen werden können.

Die Voraussetzung für eine professionelle, systematische Steuerung ist hierbei ein entsprechendes Performance- und Risikoreporting. Die Berichterstattung zu den Kapitalanlagen soll strukturiert, aussagekräftig und rechtzeitig erfolgen. Hierfür sind aussagekräftige Performance- und Risikokennzahlen notwendig, aber auch deren strukturierte Analyse und Bewertung im Rahmen eines Controlling-Berichts. Performance- und Risikokennzahlen sollen Auskunft darüber geben, ob Ziele erreicht werden und worauf Abweichungen zurückzuführen sind. Gleichzeitig sollen Risiken sowie deren effektives (ex post) und potenzielles (ex ante) Ausmaß auf allen Ebenen der Kapitalanlage erkannt werden. Um Performance und Risiken insgesamt aufzeigen zu können, ist ein konsolidiertes Performance- und Risikoreporting erforderlich, welches Ergebnisse, Chancen und Risiken auf konsolidierter und auf detaillierter Ebene darstellt. Hierbei sind diversifizierende, aber auch kumulative Effekte zu berücksichtigen.

Dabei sollte idealerweise eine Trennung erfolgen einerseits zwischen der Person und/oder Gesellschaft, die die Anlagestruktur auf- bzw. umgesetzt hat, die Dispositionsentscheidungen trifft und/oder die Auswahl der externen Manager unterstützt und andererseits der Person und/oder Gesellschaft, die das Investment Controlling durchführt. Der Investment Controller stellt für die vorher genannten Bereiche eine aktuelle und detaillierte Informationsversorgung zur Verfügung und/oder beurteilt die o. g Themenbereiche und empfiehlt unabhängig und objektiv, ob und wo Maßnahmen zu treffen sind.

Frage 5: Erfolgt ein Management des Fondsanlagerisikos?[4]

Präventiv sollten Maßnahmen und Möglichkeiten für den Fall von qualitativen und/ oder quantitativen Änderungen bzw. Abweichungen von den Zielen bzw. Annahmen vorbereitet sein. Der Austausch eines Managers bzw. Mandats ist oft schwieriger zu entscheiden als die Neu-Mandatierung. Bei markanten organisatorischen Änderungen und/oder anhaltender Zielverfehlung (Underperformance gegenüber den vom Manager genannten Anlagezielen) müssen jedoch Maßnahmen ergriffen werden, die von der Forderung nach einer schriftlichen Stellungnahme, über eine adhoc-Stilanalyse bis zum persönlichen Gespräch und/oder der regelmäßigen Überwachung der Wertentwicklung mittels eines „Watch List"-Vorgehens erfolgen können.

Grundsätzlich ist immer zu beurteilen, ob der Manager seinem Ansatz „treu geblieben ist" oder ob die Abweichungen einem veränderten Anlageverhalten, Prozessänderungen oder gar falschen Anlageentscheidungen geschuldet sind. In diesen Fällen ist das Mandat umgehend zu wechseln. In allen anderen Fällen sind die Markterwartungen bzw. die Benchmarkdefinition des Anlegers zu überprüfen. Hat der Consultant die Verantwortung in der Managerauswahl sollte diese Beurteilung von einer unabhängigeren Instanz (Risikocontrolling des Anlegers oder Investment Controller), unter Einbindung des Consultants, durchgeführt werden.

3. Nutzenstiftung durch Consultants im Fondsanlageprozess

Nach der Festlegung der Anlageziele und den Rahmendaten für ein Investment ist die Auswahl eines Fonds bzw. externen Asset Managers ein wichtiger Schritt bei der Umsetzung einer Anlagestrategie bzw. der Vergabe von Mandaten mit absoluten Ertragszielen.

Die Beweggründe für ein neues Mandat können hierbei sein:[5]

- Investition in ein neues Anlagesegment, für das ein Spezialist gesucht wird.
- Anstieg der Anlagevolumina und deshalb die Notwendigkeit zur weiteren Managerdiversifizierung.
- Notwendigkeit des Austauschs eines bestehenden Mandats.

Die Auswahl eines externen Asset Managers erfolgt selten völlig frei von geschäftspolitischen Vorgaben. Denn auch wenn das „Hausbankprinzip", wonach die Bank

---

[4] Vgl. Artikel von Herold/ Weil und Nellshen in diesem Handbuch.
[5] Vgl. van Nunen (2008), S. 115.

neben der Kreditvergabe und/oder KAG- oder Depotbank-Funktion auch die Vermögensverwaltung übernimmt, stark an Bedeutung verloren hat: Bestehende Kreditengagements oder Bankenvertreter in internen Gremien können die Wahl eines unabhängigen Asset Managers erschweren – es sei denn, die Bank bietet ein entsprechendes Anlagesegment nicht an. Übernimmt ein neutraler Experte die Auswertung, lässt sich die Entscheidung einerseits intern besser begründen, und andererseits kann vom spezifischen Know-how des Consultants profitiert werden. Weitere Kern-Vorteile sind:

- Durch das laufende Screenen von Asset Managern erhalten Consultants automatisch einen besseren Marktüberblick als viele Investoren.
- Vorteile, wie „Fokussierung durch Spezialisierung" oder „längere Erfahrung" sind grundsätzlich mit Consultants ebenfalls zu erwarten, jedoch gibt es Investoren die, insbesondere in klassischen Anlagesegmenten, eine bessere Praxiserfahrung als mancher Consultant aufweisen können.
- Der Opportunitätskosten-Vorteil, d. h. eine effizientere und damit kostengünstigere Projekt-Durchführung mit einem Externen, gilt bei Investoren, die nicht im Tagesgeschäft mit Anlageentscheidungen in verschiedenen Anlagesegmenten konfrontiert bzw. bereits langjährig mit den Prozessen einer Managerauswahl vertraut sind.

Grundsätzlich liefern Consultants eine wichtige Zweitmeinung als Sparringspartner, unterstützen den Prozess mit aktuellen Daten und Tools, z. B. zur Portfoliooptimierung und liefern eine nützliche Dokumentation über den Auswahlprozess und die Ergebnisentscheidung.

Innerhalb der einzelnen Umsetzungsschritte und der Überwachung bei der Fondsanlage sind alternative Geschäftsmodelle und Positionierungen von Consultants und ihren Dienstleistungen zu beurteilen. Consultants mit bzw. aus großen Organisationen bieten eine breite, datenbankgestützte Auswahl an internationalen Asset Managern. Der Fokus liegt dabei primär darauf, möglichst viele Adressen in einem laufenden Screeningprozess berücksichtigen zu können und diese mittels eines quantitativen Vorab-Screenings (siehe nachstehendes Scoring-Beispiel) und einer anschließenden qualitativen Due Diligence für den Investor zu einer Long- bzw. Short-List vorzuselektieren.

	Weight	Manager 1	Manager 2	Manager 3
Benchmark quant. Analyse		iBoxx EUR Corporates	iBoxx EUR Corporates	iBoxx EUR Corporates
Quantitative Faktoren				
Alpha 12M (rel. BM)	7,5	8,514	-2,885	-5,629
Alpha 36M (rel. BM)	7,5	8,637	-4,868	-3,769
Alpha 60M (rel. BM)	7,5	8,589	-5,253	-3,336
Sortino Ratio (36 Monate)	15	17,274	-9,736	-7,538
Information Ratio (12M/36M)	15	15,430	-0,900	-14,530
Worst Performance	10	5,419	-11,540	6,121
Consistence of Outperformance	10	11,385	-7,363	-4,021
Upside/ Downside Deviation (36M)	10	11,005	-2,476	-8,530
ETG/ETL – Rachev (36M)	17,5	19,824	-6,517	-13,306
Result	100	8,625	-4,502	-4,123
		1,154	-0,603	-0,552
Ranking		1	3	2

Abbildung 2: Beispiel „Quantitatives Scoring bei der Managerauswahl"[6]

Dies ist auch grundsätzlich der Anspruch von Consultants, die projektbezogen Ausschreibungen durchführen, wobei hierbei Unterschiede bei Anbietern mit einem für den Investor transparenterem (Kunde bezahlt Consultant) und einem intransparenterem Vergütungsmodell festzustellen sind. Bei letzterem bezahlt der Asset Manager den Consultant für die Teilnahme oder bei Mandatierung, womit jedoch nur die teilnehmenden Manager im Auswahlprozess berücksichtigt werden können.

Ein alternativer Auswahlprozess ist eine marktphasenabhängige Mandatierung von Managern, bei der die Mandate nach zukünftiger Markterwartung des Anlegers und/oder Consultants vergeben werden. Dabei werden nicht möglichst viele Manager analysiert, sondern die bisher mandatieren bzw. im Detail bekannten Manager auf Basis ihres Rendite-/Risikoverhaltens je nach Marktphase dynamisch ausgewählt. (siehe nachstehendes Beispiel: Die Outperformance des Managers ist bei leicht negativen Märkten am höchsten und bei stark positiven oder negativen Trends am schwächsten):

---

[6] Quelle: Internes Tool der Meyer&Cie. Allokationsberatung GmbH, München (Glossar S. 540).

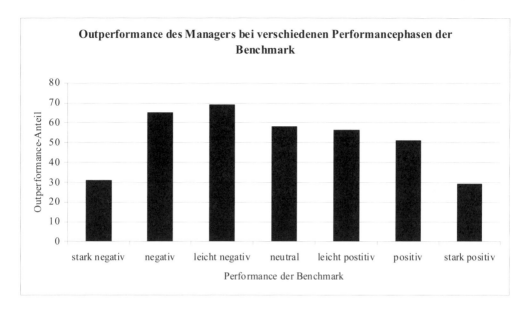

Abbildung 3: Beispiel „Analyse marktphasenabhängiges Verhalten" [7]

Welche der jeweiligen Auswahlphilosophien und welches Geschäftsmodell für einen institutionellen Anleger am besten geeignet ist, hängt wiederum von den auf Seite 528 unter „Frage 3." skizzierten „Filterfragen" ab.

Zusätzlich ist für die Gestaltung der Managerauswahl zu entscheiden:

- Werden größere, bekannte Consultants oder spezialisierte „Boutiquen" präferiert?
- Sollen „Ausschreibungsprojekte" unterstützt werden oder dauerhaft die laufende Portfoliokonstruktion?
- Stehen die klassischen quantitativen und/oder qualitativen Auswahlkriterien im Vordergrund oder ist eine marktphasenabhängige Dynamisierung gewünscht?

Diese Fragen sind in Abhängigkeit von der jeweiligen Investmentphilosophie, den internen Kapazitäten und dem Vertrauen auf die jeweiligen Vorteile einer Consultant-Unterstützung vom Investor zu beantworten, um die für ihn optimale Nutzenstiftung durch einen Consultant, bei den Entscheidungen zur Fondsanlage, zu erhalten.

---

[7]   Quelle: Panathea Capital Partners GmbH & Co. KG, Freiburg

4. Fondsratings

Alternativ oder ergänzend können Ratings unterschiedlicher Ausprägung (Publikums-fonds, Asset Manager auch mit Spezialfonds-Composites) für einen Investor eine wichtige und wertvolle Unterstützung bei der Fondsanlage darstellen, da sie die Zu-sammenfassung einer sehr zeitaufwändigen quantitativen und qualitativen Basisanaly-se sind. Eine ausreichend große Grundgesamtheit innerhalb eines Anlagesegments und die richtige Interpretation ist hierbei jedoch ebenfalls ein wichtiger Erfolgsfaktor, da Ratings primär die Performanceergebnisse der Vergangenheit und/oder die Gesell-schaft bzw. den gesamten Prozess bewerten und bedingt Prognosefähigkeit aufweisen (können). Nachstehend ein zusammenfassender Vergleich verschiedener Rating-An-bieter für in Deutschland zugelassene Publikumsfonds:[8]

Citywire Fund Manager

Die Citywire Fund Manager Ratings basieren auf der risikobereinigten Wertentwick-lung der von den Fondsmanagern in den vergangenen drei Jahren betreuten Fonds. Die Performance des einzelnen Fondsmanagers für Publikumsfonds aus 36 Sektoren ist Basis für die Ratings. Zudem wird die Betreuung mehrerer Fonds berücksichtigt. Ci-tywire verfolgt über 1.800 Manager. Nur rund 10 Prozent der Manager erhalten ein Citywire-Rating (AAA, AA oder A). Etwa ein Prozent aller Manager werden von Citywire mit der höchsten Note AAA ausgezeichnet. Die Bewertungsmethode ist rein **quantitativ.**

Feri Euro Rating Service

Feri Euro Rating Services bewertet Aktien und Rentenfonds bezogen auf die Fonds-historie **quantitativ** und **qualitativ**. Grundlage ist ein Bewertungsmodell, in das zu 70 Prozent Performance und zu 30 Prozent Risiko-Indikatoren einfließen. Die Bewertung neuer Fonds erfolgt rein qualitativ (Note nicht in Klammern). Mit zunehmender Fondshistorie werden qualitative Kriterien durch quantitative Kennzahlen ersetzt. Nach fünf Jahren bewertet Feri die Managementqualität nur noch quantitativ. Feri vergibt fünf Noten, die von **A** (sehr gut) bis **E** (schwach) reichen. **Ur**: Steht für „under review", d. h. der Fonds ist unter Beobachtung, da sich im Management etwas geän-dert hat.

---

[8]   Quelle: Eigene Recherchen

FondsConsult Research

Das Fondsrating der FondsConsult Research AG für Publikumfonds setzt sich aus einem **quantitativen** und einem **qualitativen** Teil zusammen. Die quantitative Analyse wurde gemeinsam mit dem Lehrstuhl für Finanzcontrolling der Universität Passau entwickelt. Der Schwerpunkt liegt auf der qualitativen Analyse, die auf Basis detaillierter Fragebögen und Gesprächen mit dem Fondsmanagement umgesetzt wird. Wichtige Faktoren für das Erkennen einer persistenten Performancecharakteristik sind beispielsweise das Managementteam, der Investmentansatz und die Attributionsanalyse. Die Ergebnisse werden in schriftlichen Stellungnahmen dokumentiert. Im Gegensatz zu den üblichen Ansätzen werden Erst-Ratings in Form der konkreten Handlungsempfehlung „Buy" vergeben. Die Fonds werden laufend überwacht, und bei anhaltender Verschlechterung der Performancecharakteristik bzw. bei negativen Veränderungen im Fondsmanagement erfolgt ein Downgrade auf die Stufen „Hold" oder „Switch".

Lipper

bewertet Publikumfonds nach vier **quantitativen** Kriterien jeweils von 1 (schlechteste Bewertung) bis „Lipper Leader" (= 5. Stufe).

Kapitalerhalt (K): Verlustrisiko gegenüber dem Durchschnitt der vergleichbaren Fonds.

Konsistente Erträge (E): Hoch bewertete Fonds haben eine höhere Wahrscheinlichkeit, jahrelang gleichbleibende Erträge zu erzielen.

Absolute Erträge (A): Hoch bewertete Fonds haben die Wettbewerber durch starke, absolute Erträge übertroffen.

Gebühren (G): Kosten gegenüber der Vergleichsgruppe. In allen Disziplinen bewertet Lipper mit Zahlen von 5 bis 1. Die jeweils 20 besten Prozent der Fonds bekommen eine 5, die nächsten 20 Prozent eine 4 und so weiter.

Morningstar

Sterne: Jeden Monat prüft Morningstar, wie gut einzelne Publikumsfonds europaweit in ihrem entsprechenden Segment abgeschnitten haben. Die Anzahl der Sterne gibt an, wo der Fonds in Bezug auf die Performance in seiner Kategorie steht. **Fünf Sterne:** Fonds zählt zu den besten 10 Prozent. **Vier Sterne:** zwischen den besten 10 Prozent und 32,5 Prozent. **Drei Sterne:** zu den mittleren 35 Prozent. **Zwei Sterne:** untere 32,5 Prozent bis untere 10 Prozent. **Ein Stern:** zu den schlechtesten 10 Prozent.

Qualität: Zusätzlich zu den Sternen vergibt Morningstar auch qualitative Ratings, basierend auf fünf Pfeilern: People (Fondsmanagement), Parent (Fondsgesellschaft), Process (Investmentprozess), Price (Gebühren) und Performance. Dabei stützt sich Morningstar auf eigene Daten, öffentliche Dokumente und Interviews mit Fondsmanagern und Fondsgesellschaften. Die Einschätzungen in jedem der genannten Bereiche werden in einem Rating-Komitee geprüft, bevor das endgültige Rating festgelegt wird. Die Abfolge lautet wie folgt:

Exzellent   5

Gut   4

Standard   3

Schwach   2

Ungenügend   1

Sauren Fonds-Research

Im Rahmen eines **qualitativen** Fondsmanager-Ratings analysiert die Sauren Fonds-Research AG anhand persönlicher Gespräche das Profil eines Fondsmanagers, seine Anlagephilosophie, den Investmentprozess und die Vergangenheitserfolge. Auch das Fondsvolumen und die Frage, wie sensibel die jeweilige Anlagephilosophie auf steigende Volumina reagiert, spielen eine Rolle. Nur die aus Sicht von Sauren erfolgversprechendsten Manager erhalten ein Rating. Je nach Einschätzung vergibt Sauren als Gütesiegel eine, zwei oder drei Goldmedaillen.

Standard & Poor´s

Ein S&P-Rating erhalten Fonds, die zu den besten 20 Prozent ihrer Kategorie nach Durchlauf durch einen **quantitativen** Filter zählen. Ein Team führt persönliche Interviews bei der Fondsgesellschaft. Geprüft werden Gesellschaft, Fondsmanager und Team sowie Fondscharakteristika. Die beste Bewertung ist ein **AAA,** gefolgt von **AA** und **A.**

Bei Rentenfonds bewertet S&P zudem die Volatilität mit **V1** (wenig schwankend) bis **V6** (stark schwankend). **UR** (under review): Der Investmentfonds ist zurzeit unter Beobachtung. **NR** (not rated): Nicht alle Kriterien für ein Rating werden erfüllt.

Telos

Das Fondsrating von Telos beurteilt auf **qualitative** Weise den Investmentprozess, den Fondsmanager und sein Team sowie das Qualitätsmanagement. Über 100 Kriterien fließen in das Rating ein. Diese analysiert und bewertet Telos mit Hilfe eines Fragebogens in Verbindung mit einem Fondsmanager-Interview. Performance- und Risiko-Kennziffern helfen, die Konsistenz des Investmentansatzes zu beurteilen. Der Rating-Report erläutert den Managementprozess und enthält eine Angabe, für welchen Anlegertyp der Fonds in Betracht kommt. Die Rating-Skala reicht von „AAA" bis zu „N" (die Qualitätsanforderungen sind nicht erfüllt).

Eine brauchbare Analyse zur Aussagefähigkeit der Ratings verschiedener Anbieter gibt es unseres Wissens leider noch nicht. Nur wenige Anbieter überprüfen die Aussagefähigkeit ihrer Ratings über einen langen Zeitraum hinweg und veröffentlichen die Ergebnisse. Deswegen können diese Ratings nur als eine Basis für die Entscheidung des Investors und/oder seines Consultants vor der Auswahl eines externen Managers dienen, aber nicht eine eigene Entscheidungs-Systematik ersetzen.

5.   Ausblick: Entwicklung der Consultant-Rolle

Seit 1997 (Beginn der Investment-Consultant-Laufbahn des Verfassers) ist der Bedarf von institutionellen Anlegern in Deutschland an Beratung und/oder Informationen für Anlageentscheidungen aus verschiedenen Gründen (Regulierung, höhere Komplexität) gestiegen und hat sich weiterentwickelt. Allerdings ist der „Marktanteil" von Investment Consultants in Deutschland an den beratenen Assets bzw. Anlageentscheidungen mit 15-30% immer noch gering. Dies auch im Vergleich mit häufig zu lesenden Auslandsquoten von 75% und mehr, die jedoch auch eine andere Ausgangslage als Basis haben. Dort wird einerseits von den Verantwortungsträgern ein Nachweis über einen objektiven Marktüberblick und/oder den Einsatz von professioneller Expertise verlangt. Andererseits sind die Vergütungshöhe und -strukturen so gestaltet, dass für den Consultant das Geschäftsrisiko und die Investition in professionelles Know How und Tools lohnt bzw. das Konkurrieren mit Asset Managern bei der Rekrutierung von erfahrenen Spezialisten einigermaßen möglich ist.

Solange diese beiden Voraussetzungen hierzulande nicht adäquat gegeben sind, wird sich eine Investment-Consulting-Kultur, wie sie z. B. in den angelsächsischen Ländern, Skandinavien oder Holland anzutreffen ist, in Deutschland nicht entwickeln können.[9]

Ausgehend von der Annahme und Erwartung, dass

a)   Investoren selbst immer erfahrener werden und

b)   die Volatilität an den Kapitalmärkten in den nächsten Jahren nicht wesentlich abnehmen wird,

c)   der risikofreie Zins nicht nachhaltig steigen wird und

d)   die Asset Management-Industrie innovativ bleiben wird,

ist mit einer modularen Spezialisierung von Consultants innerhalb der Wertschöpfungskette bei Kapitalanlagen zu rechnen.

Das klassische Geschäftsmodell, bei dem von der Anlagestrategie, über die Managerauswahl und Teilnahme an Gremiensitzungen bis hin zum laufenden Monitoring der Ergebnisse von Gesamtvermögen und/oder Managerperformance ein Consultant alle Dienstleistungen mit einem mehrjährigen Vertrag umsetzen kann („Fiduciary Management"), sollte in Deutschland in der Breite keine Zukunft haben, auch weil dies keiner guten „Governance" entspricht.

Die Ausnahmen hiervon sind und bleiben sicherlich multinationale Unternehmen, die präferiert multinationale Berater für ihre Pensionspläne einsetzen, und Anleger, die den Berater primär auch als eine Art „Alibi" verstehen.

Grundsätzlich wird jedoch, vorbehaltlich o.g. Annahmen, der Performance- und Kostendruck bei allen Investoren-Zielgruppen weiter drastisch zunehmen, womit automatisch die Kernkompetenzen bzw. das Preis-/Leistungsverhältnis externer Dienstleister verstärkt hinterfragt werden. Die Grundsatzfrage „Make or Buy" wird weiter dazu führen, dass bei bestehenden Inhouse-Kompetenzen und -Kapazitäten Berater „nur" als Abwicklungsdienstleister für verschiedenen Themen innerhalb des Führungskreislaufs bei Kapitalanlagen genutzt werden, es sei denn, es handelt sich um neue Themen und Anlageformen und/oder es besteht eine nachweisliche dauerhafte Nutzenstiftung durch den Berater. Diese Konstellation sollte dazu führen, dass verstärkt verschiedene Berater mit unterschiedlichen Kompetenzen mandatiert werden. Hierbei werden z. B. die laufenden Consulting- und Controlling-Aufgaben getrennt vergeben, was auch eine verbesserte „Governance" bedeuten würde.

Auch werden bereits ALM-Studien inkl. der Definition der Anlagestrategie und die laufende dynamische Umsetzung von unterschiedlichen Experten unterstützt.

---

[9]   Quelle: eigene Recherche, Interview mit Dr. Wehlmann, Telos GmbH

Im Bereich des Fondsanlageprozesses ist deshalb ebenfalls mit veränderten Anforderungen seitens der Investoren in den nächsten Jahren zu rechnen.

Einerseits werden Investoren verstärkt Manager suchen, die auf Basis vorgegebener Rendite- bzw. Risikocharakteristika, sozusagen im Verantwortungs-Outsourcing, insbesondere auch die (Beta-) Risikosteuerung eines Gesamtportfolios übernehmen. Dieser „Absolute Return" oder „New Balance"- Ansatz bedingt ein Kennen der erfolgreichen Manager und Detail-Know-how, um auch eine erfolgreiche Auswahl überhaupt begleiten zu können. Hier werden die fachlichen Anforderungen an den Consultant stark steigen, denn es müssen teilweise sehr komplexe Strategien beurteilt werden, die der Consultant in seiner fachlichen Laufbahn in der Praxis selbst in der Regel noch nie angewandt oder umgesetzt hat.

Auf der anderen Seite werden aber auch weiterhin viele Investoren einer diversifizierten Anlagestrategie folgen, bei der sie die zentralen Entscheidungen weiter laufend selbst treffen können.

Statt einer rein klassischen Vorgehensweise bei der Managerauswahl, bei der nur die absolute Einschätzung der Personen, Philosophie, des Prozeses und der Performance der letzten Jahre beurteilt werden, sollten hierbei zusätzlich die Allokation des Investors, die erwartete Phase an den Kapitalmärkten und das Verhalten des/der Manager in vergleichbaren Phasen in der Vergangenheit im Vordergrund stehen.

Dies setzt für den Consultant jedoch eine laufende und profunde Analyse der Kapitalmärkte voraus, um dann die für die erwartete Marktphase passenden aktiven und/oder passiven Umsetzungsmöglichkeiten empfehlen zu können. Das dafür notwendige Know how und die zusätzlichen Investitionen in Personal, Daten und IT müssen sich jedoch rentieren, was z. B. mittels einer stärkeren erfolgsabhängigen Vergütung erfolgen kann. Eine Effizienzsteigerung ist dabei auch durch den Zukauf von Informationen und Research möglich, damit sich der Consultant primär auf die Interpretation konzentrieren kann.

Denn was für den Investor zählt ist rein sein Nutzen:

Zukünftig werden deshalb die Person des Beraters und seine Kompetenzen stärker im Vordergrund stehen. Die Anleger werden vom Berater konkretere Empfehlungen erwarten, die die individuelle Situation der Kapitalanlagen mit den mittelfristigen Erwartungen für die Kapitalmärkte zeitnah verknüpfen.

Glossar

Alpha
Aus einer statischen Regression mit einer Benchmark gewonnene Out- bzw. Underperformance unter Berücksichtigung des Betas im historischen Zeitraum.

Upside bzw. Downside Deviation
Die halbseitige Standardabweichung bezieht entweder nur Gewinn- oder Verlustereignisse in die Berechnung der Standardabweichung ein und erlaubt damit eine selektive Fokussierung auf jeweils eine Seite der Renditeverteilung.

Sortino Ratio
Ähnlich der Sharpe Ratio benutzt die Sortino Ratio alternativ die Downside Deviation zur Abwägung von Chance und Risiko.

Information Ratio
Setzt Mittelwert und Standardabweichung der Abweichung zur Benchmark ins Verhältnis. Es wird gemessen, wie systematisch oder zufällig die Abweichung zur Benchmark ist.

Worst Performance
Schlechteste Monats-Performance (36 Monate)

Consistence of Outperformance
Es handelt sich um einen relativen Score für alle Manager in Bezug auf die gemessene Outperformance über die letzten fünf Jahre auf Jahresbasis.

Upside / Downside Deviation
Das Verhältnis von Upside zu Downside Deviation wägt die Schwankungsbreite der Gewinn- zur Verlustseite der Renditeverteilung ab.

Rachev Ratio = Expected Tail Gain (ETG)/ Expected Tail Loss (ETL)
Weichen periodische Renditewerte stark von der Normalverteilung ab, erlaubt der Expected Tail Loss (ETL) eine Beurteilung des Risikos mit besonderem Fokus auf den extremen Verlustereignissen.
Die Rachev Ratio versucht durch zusätzliche Einbeziehung der extremen Gewinnereignisse in Form des Expected Tail Gain (ETG) anhand der o.g. Formel Performance und Risiko (im Hinblick auf die extremen Gewinn- und Verlustereignisse) gegeneinander abzuwägen.

Literaturverzeichnis

Leuch J. (Leuch, 2010): Auswirkungen der Kapitalmarktverwerfungen auf die Kapitalanlagen in: Governance von Kapitalanlagen, 2010: Risikomanagement, hrsg. von Complementa Investment-Controlling AG und Bayerisches Finanz Zentrum e.V., München 2010, Seite 3-6.

Brandenberger B./ Hilb M. (Brandenberger/ Hilb 2008): Module eines Best-Practice Governance-Systems, in: Pensionskassen-Governance - Handbuch zur Führung von Pensionskassen, hrsg. Benjamin Brandenberger und Martin Hilb, Zürich 2008, S. 111-113.

Ibbotson R.G. (Ibbotson 2010): The Importance of Asset Allocation, in: Financial Analysts Journal, Vol. 66, No. 2, 2010, S. 18-20.

Nunen van A. (van Nunen 2008): Horses for Courses – Selecting and Overseeing Investment Managers, in: Fiduciary Management – Blueprint for Pension Fund Excellence, hrsg. Anton van Nunen, USA 2008, S. 115.

Benchmarks als zentrale Determinante des institutionellen Anlageerfolgs

von Werner Krämer

1.   Grundlegende Gedanken der Portfoliotheorie

Die Gedankenwelt der meisten Anleger bei der Verwaltung ihrer Vermögen ist heute von den Erkenntnissen der modernen Kapitalmarkttheorie geprägt, deren Grundlagen in den 1950er und 1960er Jahren von HARRY M. MARKOWITZ, MERTON H. MILLER und WILLIAM SHARPE gelegt wurden. Das Benchmarkdenken bei Anlegern, Consultants und Investmentgesellschaften ist die Folge von Grundüberzeugungen, die das Fundament der von diesen Nobelpreisträgern geprägten Portfoliotheorie (Efficient Market Theory) bilden.[1]

Die einzelnen Wertpapiere und Assetklassen können aus Sicht der Portfoliotheorie durch Risiko und Ertrag als die zentralen Determinanten des Anlageerfolgs charakterisiert werden. Höhere Erträge sind in diesem Modell nur beim Eingehen höherer Risiken erreichbar.

Das Gesamtrisiko eines Wertpapiers kann man gemäß Kapitalmarkttheorie in zwei Segmente aufteilen. Einerseits weist jedes Wertpapier ein unvermeidliches, systematisches Risiko auf; dieses charakterisiert alle Assets und spiegelt das allgemeine Marktrisiko wider. Andererseits sind Wertpapiere mit einem unsystematischen Risiko (im Englischen „unique risk") behaftet, das nur speziell diesem einen Asset zukommt und das durch die spezifischen Eigenarten des Papiers bestimmt ist.[2]

Die Portfoliotheorie besagt, dass das unsystematische, wertpapierspezifische Risiko unter einer Reihe von (mehr oder weniger plausiblen) Annahmen durch Diversifikation in ein breites Portfolio von Wertpapieren vollständig eliminiert werden könne. Das systematische Risiko hingegen sei untrennbar mit allen Assets verbunden und durch Diversifikation nicht ausschaltbar. Der Markt honoriere nur das Eingehen unvermeidlicher Risiken. Der Anleger könne daher lediglich eine Prämie für das Nehmen von systematischem Marktrisiko erzielen. Die Übernahme von unsystematischem, durch Diversifikation eliminierbarem Risiko werde dagegen nicht belohnt.

---

[1]   Vgl. Brealey/ Myers (1991), S. 155-180.

[2]   Vgl. Garz/ Günther/ Moriabadi (1998), S. 17-97.

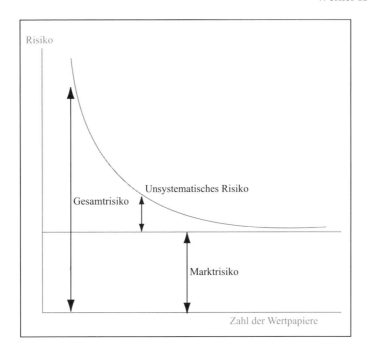

Abbildung 1: Systematisches und unsystematisches Risiko[3]

Diese Gedanken haben ganz entscheidende Konsequenzen. An einem vollkommenen und effizienten Kapitalmarkt bestehen die Portfolios der Anleger (gemäß der Portfoliotheorie) lediglich aus zwei Bestandteilen, einem risikolosen und einem risikobehafteten Teil.[4] Der risikobehaftete Teil wird komplett in das vollständig diversifizierte Marktportfolio investiert, das alle Assets der Welt in ihrer jeweiligen Marktgewichtung enthält. Die Zusammensetzung des Marktportfolios ist unabhängig von der individuellen Risikoeinstellung bzw. Risikotragfähigkeit des Investors. Letztere sind lediglich entscheidend für die jeweilige Gewichtung der risikolosen Assetklasse und des risikobehafteten Marktportfolios („Separationstheorem").[5]

---

[3]   Quelle: Nach Brealey/ Myers (1991).

[4]   Dabei sind mit der Bezeichnung „risikolos" meistens Geldmarktanlagen gemeint, weil das Risiko in diesem Zusammenhang als Gefahr kurzfristiger Wertverluste interpretiert wird; spätestens nach der Finanzmarktkrise der Jahre 2007-2010 weiß man aber, dass dieser Risikobegriff zu eng gefasst ist und dass es risikolose Anlageformen nicht gibt – insbesondere, wenn man „Risiko" als „Gefahr, die Anlageziele nicht zu erreichen", definiert.

[5]   Vgl. Elton/ Gruber (1991), S. 38-64.

2.   Benchmarkdenken als Folge der Annahmen der Portfoliotheorie

Ein rationaler Investor, der im Sinne der Kapitalmarkttheorie an die Effizienz der Kapitalmärkte glaubt und die Erkenntnisse der Portfoliotheorie umsetzen will, wird automatisch zum Benchmarkinvesting geführt.[6] Er investiert in ein Portfolio aus der risikolosen Assetklasse und dem Marktportfolio. Da das (theoretische) Gesamtmarktportfolio nicht direkt erwerbbar ist, muss es der Anleger mit seinen Risikoassets approximieren. Dazu dupliziert er alle einzelnen Assetklassen möglichst genau und kapitalisierungsgewichtet in seinem Portfolio, um keine vom Markt nicht bezahlten unsystematischen Risiken einzugehen. Der effiziente Anleger ist gemäß der klassischen Portfoliotheorie derjenige, welcher alle Assetklassen passiv über eine Ausrichtung an einem Index, einer Benchmark, welche die Assetklasse widerspiegelt, repliziert. Er geht keine aktiven Wetten ein, denn diese werden vom Markt nicht honoriert.[7]

Ein wirklicher Anleger ist in der Realität allerdings mit Problemen konfrontiert, welche die Modellwelt der Portfoliotheorie unberücksichtigt gelassen hat.[8] Die praktische Umsetzung der Efficient Market Theory krankt an der Existenz von Transaktions- und Informationskosten, die eine Streuung in unendlich viele Wertpapiere trotz möglicher risikosenkender Effekte wenig praktikabel machen. Liquiditätseffekte, Steuerfragen, Zeithorizonteffekte oder Losgrößenproblematiken sind andere Einflussfaktoren, welche die theoretischen Überlegungen praxisfern erscheinen lassen.

Der Investor bezieht aus praktischen Erwägungen nur diejenigen Assetklassen in das Gesamtmarktportfolio ein, die fungibel, liquide und leicht zugänglich sind (das theoretische Marktportfolio umfasst neben Aktien, Renten oder Immobilien auch weniger klassische Anlageprodukte wie Rohstoffe, Wald und landwirtschaftliche Flächen, Kunst, Münzen, Briefmarken, Wein, Humankapital, Oldtimer oder historische Möbel; kurz: alles, was dauerhaft ist und der Wertaufbewahrung dienen kann).

---

[6]   Der Begriff „Benchmark" ist nicht grundsätzlich mit dem Begriff „Index" gleichzusetzen. Im Barwertkonzept der klassischen Investitionsrechnung beispielsweise stellt der Kalkulationszinsfuß die Benchmark dar, mit der jede Investition verglichen und auf Vorteilhaftigkeit überprüft wird. Die Benchmark kann also sogar ein Zins sein. Die Portfoliotheorie legt dem Kapitalanleger allerdings nahe, den Return des kapitalgewichteten Marktportfolios und damit kapitalisierungsgewichtete Standardindizes als Benchmark für seine Anlagen zugrunde zu legen. Dies hat sich als Marktstandard über Jahrzehnte durchgesetzt. Deshalb werden in diesem Artikel die Begriffe Benchmark und (kapitalisierungsgewichteter) Index zunächst gleichgesetzt, bevor am Ende die Alternativen zu kapitalisierungsgewichteten Indizes erläutert werden.

[7]   Vgl. Goltz/ Le Sourd (2010).

[8]   Vgl. Oertmann/ Zimmermann (1998).

Daher beschränken sich die meisten Investoren auf eine übersichtliche Zahl liquider Assetklassen und eine beschränkte Zahl von Einzelassets. Die Duplizierung eines vollständigen Marktportfolios wird somit in der Praxis nicht wirklich umgesetzt.[9] Dennoch hat sich die Haupterkenntnis der Portfoliotheorie bei den Anlegern dahingehend niedergeschlagen, dass diese sich an einem Marktportfolio als Richtschnur oder Benchmark orientieren. Benchmarkinvestments waren daher in den letzten Jahrzehnten die dominierende Herangehensweise an die Kapitalanlage.

3. Passives und aktives Management

Im Gegensatz zu den Ansätzen in der Hedgefonds-Industrie dominieren im traditionellen Portfoliomanagement also Mandate, die gegen einen Standardindex als Benchmark gemanaged werden. Erst im Zuge der Finanzmarktzusammenbrüche in den Jahren 2000-2003 und 2007-2009 und der ernüchternden Performance traditioneller Vermögensverwalter haben die Asset Manager und Consultants unter dem massiven Druck ihrer Kunden Anstrengungen unternommen, Vorstellungen zu entwickeln, wie man Absolute Return-Mandate mit einem absoluten Renditeziel oder mit engen Risikovorgaben definieren und in der Kapitalanlage umsetzen könnte.[10]

Anscheinend ist die Denkweise der Akteure in der Asset Management-Industrie stark von den Annahmen und Überzeugungen der Kapitalmarkttheorie geprägt. Insbesondere Spezialfondsmandate orientieren sich (auch aus regulatorischen Gründen[11]) in der Regel an einer Benchmark, und die Leistung des Managers wird relativ zur Benchmark gemessen. Als Benchmark werden dabei Aktien- oder Rentenindizes wie die von MSCI, Citigroup, Merrill Lynch, Dow Jones Stoxx, Markit iBoxx oder JP Morgan gewählt. Die Entscheidung für einen geeigneten Index oder eine geeignete Indexfamilie als Benchmark der Kapitalanlagen ist für den Anleger im konkreten Fall ein aufwändiger Prozess, der viele Einzelfragen berücksichtigen muss.[12]

Der Portfoliomanager orientiert sich bei der Konstruktion des Portfolios mehr oder weniger stark an den Werten, die im Index enthalten sind. Aktives und passives Port-

---

[9]   Vgl. Spremann (2006).
[10] Vgl. Krämer (2004).
[11] Man denke zum Beispiel an die Derivateverordnung und deren Risikodefinition über das relative Vergleichsvermögen, die das Benchmarkdenken widerspiegelt.
[12] Vgl. Krämer (2010); Grene (2010).

foliomanagement werden durch das Maß der Abweichung vom Index gekennzeichnet, die der Portfoliomanager plant bzw. realisiert (Tracking Error).[13]

Ein rein passives Mandat impliziert zu jedem Zeitpunkt eine vollständige Replikation eines Indexes, um die Rendite eines vorgegebenen Benchmarkportfolios exakt nachzubilden (das ist sozusagen die triviale Lösung für passives Management). Es wird genau die Performance der Benchmark angestrebt. Der Portfoliomanager trifft keine eigenständigen Anlageentscheidungen, sondern er stellt ein Portfolio zusammen, das in seiner Gewichtung immer und zu jeder Zeit möglichst genau dem Index entspricht.

Die exakte Indexnachbildung beim passiven Portfoliomanagement ist wegen der permanenten Rekalibrierung des Portfolios mit extrem hohen Transaktionskosten verbunden. Daher ist mit passivem Portfoliomanagement in der Praxis meistens gemeint, dass der Portfoliomanager sein Portfolio in einem Näherungsverfahren ganz stark an die Indexbenchmark angleicht, aber immer noch gewisse Abweichungen zulässt, um Transaktionskosten zu begrenzen (approximative Nachbildung). Das ist natürlich insbesondere bei sehr breiten Rentenindizes oder Small Cap-Mandaten naheliegend. Die meisten passiven Mandate haben daher gewisse aktive Elemente und sei es nur, weil man die Gewichtungen nicht stetig, sondern nur in größeren Zeitabständen anpasst. Man spricht von einer Optimierung des Tracking Errors.[14]

Bei aktiven Mandaten wird dem Portfoliomanager zwar ebenfalls eine Benchmark vorgegeben, aber es wird von ihm gefordert, in irgendeinem Sinne stärker aktiv von der Benchmark abzuweichen, um „die Marktrendite zu schlagen". Die Wertschöpfung, die aktive Fonds ihren Investoren anbieten, beruht auf der gezielten Ausnutzung von (vermuteten) Informationsvorteilen.[15]

Je größer der Tracking Error ist, der dem Portfoliomanager eingeräumt wird, desto größer ist der Spielraum für aktive Managemententscheidungen. Man unterscheidet im klassischen „Long Only" Asset Management danach die Managementstile passives Management, Enhanced Indexing, traditionelles (Long Only) aktives Management und konzentriertes (Long Only) aktives Management.[16] Man spricht in letzterem Fall auch von „Select-Ansätzen" oder „Concentrated Portfolios" zur aktiven Generierung von Alpha, weil der Asset Manager im Gegensatz zu den breiter diversifizierten traditionellen Portfolios einige wenige ausgewählte Werte selektiert, von denen er die posi-

---

[13] Vgl. Krämer (2001).

[14] Vgl. Korn/ Schmitt (1996).

[15] Vgl. Johanning (2010).

[16] Vgl. Lörtscher (2006); The Brandes Institute (2004).

tivste Überzeugung hat, dass sie sich besser als die Benchmarkt entwickeln werden (im Angelsächsischen spricht man gerne von „High Conviction Names").

Durch die jüngsten regulatorischen Erweiterungen der Anlagemöglichkeiten von Asset Managern kommen als Sonderfälle des klassischen Asset Managements Long/Short-Ansätze gegen eine Benchmark hinzu, die auch breiter diversifiziert oder konzentrierter umgesetzt werden können. Bei der kompletten Aufgabe der Benchmark und unter in der Regel massiverem Einsatz von Short-Positionen oder Derivativen spricht man von Absolute Return-Mandaten.

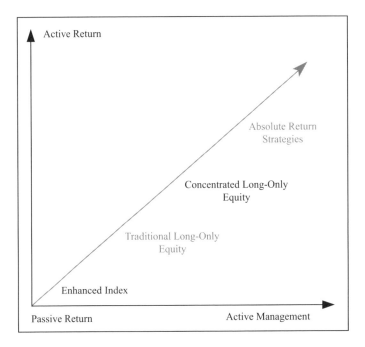

Abbildung 2: Aktives und passives Portfoliomanagement[17]

---

[17] Vgl. Anson (2004).

4. Benchmarks im aktiven Management

Die theoretische Rechtfertigung für die rein passive Ausrichtung des Portfolios an Benchmarks und für Indextracking ist der Glaube an effiziente Märkte.[18] Wenn die Märkte (vollständig) informationseffizient sind, spiegeln die Preise sofort, vollständig und korrekt alle allgemein zugänglichen Informationen wider. Aktive Manager können in diesem Umfeld nur dann Wert generieren, wenn sie Insiderinformationen nutzen, was aber illegal ist.

Da aktive Manager mit legalen Mitteln den Markt daher nicht schlagen können, aber Transaktionskosten verursachen und Gebühren erheben, die deutlich über denen passiver Manager liegen, ist dem Anleger mit Benchmarkinvestments und mit passivem Management (Indexierung) besser gedient. Das Argument für die Ausrichtung von Portfolios an Benchmarks ist also kurz gesagt ganz einfach: In effizienten Märkten machen Abweichungen von Benchmarks und das Eingehen von unsystematischen Risiken – aktives Portfoliomanagement also – keinen Sinn.

Der Glaube an rationale Investoren und informationseffiziente Märkte hat in der Zeit nach dem Entstehen der klassischen Portfoliotheorie viele Rückschläge hinnehmen müssen. Man hat eine ganz Fülle von Marktanomalien (Small Cap-Effekt, Kalendereffekte, Kapitalmarktblasen) entdeckt, die zur Hypothese informationseffizienter Märkte im Widerspruch stehen.[19] Die Erkenntnisse der Behavioral Finance haben die Prämisse rationaler Investoren und effizienter Kapitalmärkte zudem weiter erschüttert. Vor diesem Hintergrund ist es nicht überraschend, dass passive Kapitalanlagen und Indextracking zwar einen wachsenden Anteil der Portfoliomanagement-Mandate ausmachen, dass sich die meisten Fondssponsoren in den letzten Jahrzehnten aber dennoch für aktives Management ihrer Gelder entschieden haben.

In gewissem Sinne ist es paradox, wenn sich die meisten Anleger parallel zu der Vergabe von aktiven Mandaten gleichzeitig auf die Vereinbarung einer Benchmark festlegen (bzw. von Consultants und Asset Managern festlegen lassen). Denn die Ausrichtung an einer Benchmark passt nur in effizienten Märkten, während die Vergabe von aktiven Mandaten für einen Fondssponsor nur dann sinnvoll ist, wenn er von der zumindest partiellen Ineffizienz der Märkte überzeugt ist.

Woher kommt es also, dass sich das Benchmarkdenken in den letzten Jahrzehnten so stark durchsetzen konnte, dass viele Anleger, Consultants und Asset Manager kaum noch anders als in Benchmarkkategorien denken können?

---

[18]   Vgl. Haugen (1997), S. 641-717.
[19]   Vgl. Geier (2007).

Die apodiktischen Positionen der meisten Theoretiker der Kapitalmärkte in Bezug auf die Diskussion um die Markteffizienz sind den Praktikern relativ gleichgültig. Sie gehen opportunistisch an ihre Mandatsvergaben heran und wollen den Portfoliomanagern gewisse Möglichkeiten aktiven Managements einräumen, ohne durch die Aufgabe der Benchmarkausrichtung den Bezug zu ihren strategischen Anlagezielen auf lange Sicht zu unstabil werden zu lassen. Man will sich von den Fähigkeiten der Manager nicht zu stark abhängig machen.

Letztlich hat sich das Denken in Benchmarks weniger aus theoretischen Überlegungen bei der Vergabe von Portfoliomanagement-Mandaten durchgesetzt (wie oben ausgeführt, stellt die Kombination Benchmark und aktives Management fast einen inneren Widerspruch dar), sondern weil Benchmarks im pragmatischen Sinne einige wichtige Funktionen erfüllen, die Anlegern, Consultants und Portfoliomanagern die (Zusammen-) Arbeit leichter machen.

5. Funktion und Nutzen von Benchmarks bei der Vergabe aktiver Mandate

Übersichtsartig kann man die Funktionen von Benchmarks bei der Vergabe und dem Managen von Portfoliomanagement-Mandaten in vier Gruppen zusammenfassen.[20]

1. Ausrichtung der strategischen Asset Allocation
2. Aufgabenformulierung und Strukturierung der Asset Management-Mandate
3. Messung der Leistung des Portfoliomanagements
4. Zuteilung von Risikobudgets, Risikosteuerung und Overlay Management

Ad 1: Ausrichtung der strategischen Asset Allocation

Ein Anleger, der seine Kapitalanlagen langfristig plant, muss sich über zwei Dinge im Klaren werden.[21] Einerseits muss er sich eine Vorstellung über die Art und die zeitliche Staffelung seiner Verpflichtungen verschaffen. Andererseits muss er ein Urteil über mögliche Assetklassen fällen, die für die Kapitalanlage in Frage kommen. Durch die langfristig geplante Gewichtung der Kapitalanlagen, die strategische Asset Allocation, soll erreicht werden, dass die erwarteten Cash Flows der Verpflichtungen des

---

[20] Vgl. Just (2004); König (2009).
[21] Vgl. Reichert (2000), S. 702-723.

Anlegers mit den zukünftig zu erwartenden Cash Flows der Kapitalanlagen möglichst abgedeckt werden können (Asset-Liability-Matching).[22]

Zur Lösung der Fragestellung des Asset-Liability-Matching muss der Anleger eine Beurteilung der Eigenschaften der möglichen Assetklassen machen, beispielsweise über die langfristige Wertentwicklung, die Schwankungsbreiten, das Shortfall-Risiko in verschiedenen Zeiträumen, die Korrelationen unter den Assetklassen oder die Abhängigkeiten der Wertentwicklung vom Konjunkturverlauf. Es ist naheliegend, sich im Rahmen der Festlegung der Parameter zur strategischen Anlageplanung eine Meinung über die Assetklassen zu bilden, indem man sich mit Benchmarks beschäftigt, welche die jeweilige Assetklasse optimal abbilden. Durch diese Entwicklung des sogenannten strategischen Neutralportfolios hat man bereits den ersten Schritt zum Benchmarkdenken vollzogen.

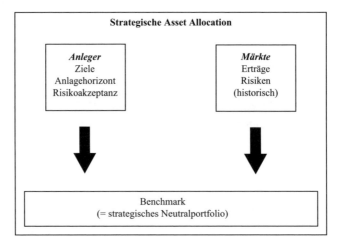

Abbildung 3: Benchmark und strategische Asset Allocation[23]

Ad 2: Aufgabenformulierung und Strukturierung der Asset Management-Mandate

Hat sich ein Anleger für eine Assetklasse entschieden, muss er im zweiten Schritt der Kapitalanlageplanung – zumindest wenn er die Verwaltung der Assetklasse fremd vergibt – für den jeweiligen Manager ein Mandat definieren. Hat sich der Fondssponsor bei der Entscheidung für eine Assetklasse aber bereits an einer Benchmark orientiert, ist es naheliegend, auch die Strukturierung der Asset Management-Mandate mit

---

[22]   Siehe hierzu den Beitrag von Rose in diesem Handbuch.

[23]   Vgl. Quelle: Garz/ Günther/ Moriabadi (1998).

Hilfe von Benchmarks vorzunehmen. Um die Ziele des Sponsors genau zu definieren, einen festen Bezug des Mandats zum ausgewählten Kapitalmarktsegment herzustellen und die Zielsetzung des Mandats möglichst klar zu formulieren, wird eine Benchmark festgelegt. Diese Festlegung der Benchmark sollte sinnvollerweise vor Auflage des Fonds durch den Fondssponsor geschehen, wobei der Fondsmanager (bzw. möglicherweise ein Consultant) beratend tätig sein kann und sollte. Die letzte Verantwortung für die Benchmarkauswahl liegt aber beim Fondssponsor und kann nicht delegiert werden.

Die Benchmark stellt die Messlatte dafür dar, welches am Markt realisierbare Risk-Return-Verhältnis vom jeweiligen Investor angestrebt wird. Die Benchmark sollte das gewünschte Risikoniveau des Investors widerspiegeln und die erhoffte Performance versprechen. Sind die Zielvorstellungen des Anlegers durch die Benchmark erfüllt, hat der Portfoliomanager einen klaren Auftrag, an dem er gemessen werden kann. Gerade auch wenn zusätzlich ein Consultant bei der Mandatsvergabe beteiligt ist, wird dieser bei der Managerauswahl und der Mandatsstrukturierung ein großes Interesse daran haben, die Vorstellung des Fondssponsors und die Aufgabenstellung des auszuwählenden Asset Managers über eine genaue Benchmarkverankerung deckungsgleich zu machen.

Ad 3: Messung der Leistung des Portfoliomanagements

Damit ergibt sich die dritte Funktion der Benchmark als automatischer Schritt.[24] Hat sich ein Anleger für eine bestimmte Assetklasse entschieden und ein Mandat vergeben, das über die Festlegung einer Benchmark definiert wird, ist es logisch, dass die Leistung des Managers über den Vergleich zur Benchmark gemessen wird. Durch die Angabe der Performance, des Tracking Errors, der Sharpe Ratios oder der Information Ratios in Relation zur Benchmark wird das Ausmaß der Zielerreichung (über einen gewissen Zeitraum) definiert.[25]

Kann der Portfoliomanager nachweisen, dass er im Rahmen der ihm von den bisherigen Kunden vorgegebenen Restriktionen beim Managen bestimmter Assetklassen in der Vergangenheit in der Lage war, über längere Zeiträume (risikoadjustiert) konsistent besser zu sein als der Marktdurchschnitt bzw. als die Benchmark, kommt er zukünftig als Vermögensverwalter für neue Kunden in Frage. Die Historie der quantitativen Kenngrößen von Performance und Risiko aller von einem Asset Manager gegen eine Benchmark gemanagten Mandate definiert über das sogenannte Composite den

---

[24] Vgl. Fuhrmann (2010).
[25] Siehe hierzu den Beitrag Fischer/ Raber in diesem Handbuch.

Track Record des Portfoliomanagers, der von den Kunden und insbesondere den Consultants verwendet wird, um geeignete Asset Manager bei der Mandatsvergabe zu selektieren.[26]

Wenn Fondssponsoren oder Consultants einen Peergroup-Vergleich durchführen, also unterschiedliche Manager innerhalb einer Assetklasse vergleichen, ist dies jedoch nur dann sinnvoll, wenn die Mandate der unterschiedlichen Manager auch auf die gleiche Art gegenüber der gleichen Benchmark definiert worden sind. Der Wunsch, Peergroups zu vergleichen, ist also ein starkes Argument für Benchmarkinvestments. Problematisch ist, dass dadurch die Leistung des Managements auf die reine Performance gegenüber der Benchmark reduziert wird, obwohl sie sich in den meisten Mandaten in Wirklichkeit auch in Form von Risiko- und Liquiditätssteuerung, Ausschüttungsgestaltung oder sonstigen Zielen ausdrückt, die dem Fondssponsor einen Nutzen stiften.

Ad 4: Zuteilung von Risikobudgets, Risikosteuerung und Overlay Management

Ein vierter Punkt, der die Orientierung an Benchmarks auch in jüngster Zeit attraktiv gemacht hat, ist die Risikosteuerung über die Vergabe von Risikobudgets für die einzelnen Subsegmente der Kapitalanlage. Gerade in Zeiten, in denen die Risikotragfähigkeit der meisten Investoren ziemlich beschränkt ist und die Kapitalanlage mehr in Richtung Risikobegrenzung denn in Richtung Ertragsmaximierung ausgerichtet ist, ist der Wunsch nach Risikokontrolle der einzelnen Mandate ein dominantes Investmentthema. Will der Anleger Risiken bewusst steuern und den einzelnen Assetklassen enge Risikobudgets zuteilen, ist es fast zwingend, eng an Benchmarks orientiert zu investieren. Aktive Risikosteuerung hängt nämlich davon ab, ob die Risiken bei den Asset Managern relativ eng am Risiko der Benchmark orientiert sind, da es für den Fondssponsor nur dann berechenbar und steuerbar bleibt. Managerspezifische individuelle Risiken sehr aktiven Managements passen nicht in diesen Ansatz.

Insbesondere wenn über Derivative z. B. im Rahmen von Portfolio Insurance das Risiko genau gesteuert werden soll, müssen die zugrunde liegenden Assets eng an Standard-Indexbenchmarks angelehnt werden, um die Basisrisiken zwischen Portfolio und Hedge-Instrument möglichst klein zu halten. Dies gilt auch, wenn der Fondssponsor (oder ein spezieller Overlay Manager) ein zentrales Overlay Management über alle Assetklassen hinweg machen will, sei es in Bezug auf die Steuerung des Aktienbeta, der Duration oder von Währungsgewichtungen.[27]

---

[26] Vgl. Kleeberg/ Billmann/ Hertlein (2008), S. 185-212.
[27] Siehe hierzu den Beitrag von Herold/ Weil in diesem Handbuch.

6.   Anforderungen an Benchmarks

Welche Kriterien müssen Benchmarks erfüllen? Welche Forderungen muss ein Portfoliomanager an Indizes stellen, damit sie als Benchmark im Portfoliomanagement – zur Messung der relativen Performance und zur Quantifizierung von Risiken – geeignet sind? Welche Indizes kommen für welche Assetklassen als Benchmarks für Spezialfonds in Frage?

Es gibt drei Hauptforderungen und einige Nebenbedingungen in Bezug auf die Verwendbarkeit eines Indexes als Benchmark. Nur Indizes, welche die wichtigsten Forderungen erfüllen, können im Portfoliomanagement Verwendung finden.[28]

1. Marktnähe/Relevanz
2. Transparenz/Datenverfügbarkeit
3. Nachbildbarkeit
4. Weitere Forderungen

Ad 1: Marktnähe/Relevanz

Als erste Forderung dafür, dass ein Index als Benchmark für eine Assetklasse in Frage kommt, gilt, dass er entweder das gesamte Anlageuniversum oder aber ein spezielles Teilsegment realitätsnah widerspiegelt. Die für Anleger relevanten Segmente müssen abgebildet werden. In einem Gesamtindex sollten sich die einzelnen Teilsegmente des Marktes mit einer den Marktgegebenheiten entsprechenden Gewichtung im Index wiederfinden. Daraus ergibt sich automatisch die Forderung, dass Indizes wohl diversifiziert und möglichst effizient im Sinne der Kapitalmarkttheorie sein sollten (d. h. möglichst nah dem theoretischen Marktportfolio auf der Effizienzlinie im Risiko-Return-Diagramm).[29]

Um ihre Marktnähe zu bewahren, sollten die Indizes in regelmäßigen Abständen angepasst werden. Neuemissionen sollten termingerecht in den Index aufrücken und Titel, die gewisse Kriterien nicht mehr erfüllen, dem Index fristgerecht entzogen werden.

Dennoch sollte ein Index einigermaßen stabil sein (keine sprunghaften Veränderungen der Kriterien der Indexkonstruktion). Ein Portfoliomanager, der den Index als Benchmark verwendet, sollte nicht zu ständigen Transaktionen gezwungen sein, um die Abweichungen gegenüber dem Index begrenzt zu halten.

---

[28]   Vgl. Krämer (1999); Bailey (1992).
[29]   Vgl. Amenc/ Goltz/ Le Sourd (2006).

Schließlich muss man nach den Ereignissen der Finanzmarktkrise festhalten, dass der Indexanbieter selbst so stabil und krisenresistent wie möglich sein sollte und unabhängig von Einflüssen aller Art. Der Anleger muss sich darauf verlassen können, dass die Datengrundlage der Indexberechnung dauerhaft objektiv erfolgt.

Ad 2: Transparenz / Datenverfügbarkeit

Die zweite wichtige Forderung ist die nach optimaler Verfügbarkeit der Informationen und nach einer größtmöglichen Transparenz des Indexes. Es ist für den Portfoliomanager wichtig, dass der Datenzugriff auf den Index so vollständig und „real time" wie möglich verfügbar ist.[30]

Bei „real time"-Verfügbarkeit des gesamten Indexportfolios kann der Portfoliomanager Szenarien simulieren und testen, wie ein Index reagiert, wenn sich an den Märkten bestimmte Entwicklungen ergeben. Dann kann er sich entsprechend seiner Markterwartung gegenüber dem Index positionieren.

Daher sind vor der Entscheidung für einen Index als Benchmark einige Fragen zu beantworten. Auf welchen Systemen ist der Datenzugriff möglich? Welche Indexkennzahlen und -statistiken stehen zur Verfügung?

Der Datenanbieter sollte auf täglicher Basis nicht nur Indexstände liefern, sondern auch Performancedaten, Risikokennziffern (Duration, Volatilität) und die genaue Zusammensetzung des Benchmarkportfolios. Der Portfoliomanager sollte möglichst auch nachvollziehen können, wie die Aufnahmekriterien aussehen, die einzelne Wertpapiere in den Index bringen oder nicht.

Liegen dem Index nur bestimmte Arten von Wertpapieren oder bestimmte Mindestvolumina zugrunde? Gibt es bestimmte Forderungen an die Preisqualität, die für das Wertpapier zur Verfügung stehen muss? Gibt es Bonitätsanforderungen? Oder Anforderungen an die Restlaufzeit? Erfordert die Einbeziehung in die Benchmark eine gewisse Mindestliquidität? Und schließlich stellt sich die Frage, ob eine Historie für die Indizes verfügbar ist, die der Manager beispielsweise für das Backtesting braucht.

Möglichst viele Subindizes sind für die Benchmarkauswahl interessant. So kann ein Anleger den für seine Bedürfnisse passenden Teilindex auswählen. Stehen Abgrenzungen in Teilindizes geordnet nach verschiedenen Produktgruppen, Ländern, Branchen, Ratingklassen, Emittentengruppen oder Laufzeitbereichen zur Verfügung, kann

---

30   Vgl. Aehling (2008).

der Portfoliomanager besser beurteilen, in welchen Segmenten er gegenüber dem Index über- oder untergewichtet ist und wo seine Risiken bzw. Über- oder Underperformance herkommen.

Ad 3: Nachbildbarkeit

Sind die Forderungen nach Datenverfügbarkeit und Transparenz erfüllt, sind wichtige Forderungen an die Nachbildbarkeit eines Indexes als Benchmark schon weitgehend garantiert. Nachbildbarkeit bedeutet, dass der Portfoliomanager den Index über näherungsweise Duplizierung quasi kaufen kann.

Bei Rentenindizes ist in diesem Zusammenhang eine wichtige Unterscheidung von großer Bedeutung.[31] Es gibt synthetische Indizes mit fiktiven Anleihen und Indizes aus konkreten, tatsächlich existierenden Papieren. Die wichtigsten Beispiele für synthetische Indizes sind die deutschen Rentenindizes REX (Index deutscher Staatsanleihen) und PEX (deutscher Pfandbriefindex).

Der Vorteil von Indizes auf Basis fiktiver Anleihen ist der, dass sie durch Änderungen des Emissionsgeschehens nicht unmittelbar beeinflusst werden. Sie sind so konstruiert, dass sie eine feste Portfoliostruktur und damit eine konstante Restlaufzeit aufweisen. Die Indexgewichtung wird nur in großen Zeiträumen verändert. Sie müssen daher nicht stetig angepasst werden, wenn Emissionen fällig oder Anleihen emittiert werden. Der Nachteil ist aber, dass die theoretischen Klasseneinteilungen, die diesen Indizes zugrunde liegen, veralten können (der Rex verwendet 6%, 7,5% und 9% Kuponklassen) und damit gar nicht real abbildbar sind. Diese Indizes können vom Portfoliomanager nicht unmittelbar durch Käufe und Verkäufe nachgebildet werden. Sie sind nicht repräsentativ für den realen Gesamtmarkt.

Die Forderung der Nachbildbarkeit ist damit ein starkes Argument für die Verwendung von Indizes real existierender Anleihen, denn diese kann der Portfoliomanager duplizieren oder zumindest mit einem kontrollierbaren Tracking Error nachbilden. Allerdings haben diese Indizes eine begrenzte Laufzeit und müssen aufgrund von Marktstrukturveränderungen immer wieder neu zusammengesetzt werden.

---

[31] Vgl. Siemssen (2002), S. 439ff.

Ad 4: Weitere Forderungen

Für Portfoliomanager und Fondssponsoren, die ihre Investments als Teil einer globalen Strategie ansehen, ist die Einbettung eines europäischen Indexes in einen globalen Index interessant.[32] Es ist für manche Anlegergruppen attraktiv, wenn der Eurolandindex durch einen gesamteuropäischen Index begleitet wird und wenn es – bezogen auf den Fixed Income-Bereich – eine Einbettung in Indexsysteme verschiedener Kreditqualitäten gibt. Für die internationale Verwendbarkeit eines Indexes ist es auch attraktiv, wenn der Index nicht nur eine Notierung in EUR hat, sondern auch in USD oder anderen Währungen berechnet wird.

Dann steigt auch die Wahrscheinlichkeit, dass der Index eine letzte Forderung erfüllt: Er sollte international anerkannt sein und sich am Markt durchgesetzt haben, denn die hohe Marktdurchdringung einer Benchmark erleichtert die Kommunikation mit Kunden, Consultants und Portfoliomanagern. Die hohe Marktdurchdringung garantiert eine hohe Liquidität in Produkten, die Bezug zu dem Index haben. Insellösungen sind kostenintensiv und ineffizient.

7.   Der Markt für Kapitalmarktindizes und Benchmarks

Der Markt für Aktien-, Renten- und Rohstoffindizes hat sich in den letzten Jahren dramatisch gewandelt. Historisch gesehen war die Berechnung von Indizes und das Anbieten von Benchmarks für die Kapitalanlage eher ein Stiefkind am Markt. Das Geschäft wurde in erster Linie von US-Investmentbanken dominiert, die mit der Etablierung ihrer Indizes als Standard am Markt auf Zusatzgeschäft und eine stärkere Kundenbindung setzten, die Indizes aber nicht als ihr Kerngeschäft ansahen.

So dominierten in den 1970er, 1980er und 1990er Jahren mehr oder weniger handgestrickte Indizes von Morgan Stanley, Merrill Lynch, JP Morgan, Lehman Brothers oder Salomon Brothers (später Citigroup) das Marktgeschehen.

Erst nach der Jahrtausendwende etablierte sich als Folge der boomenden Kapitalmärkte das Anbieten von Indizes als Kerngeschäft im Asset Management.

Mittlerweile kommen ergänzend zu den klassischen Indizes einzelner Investmentbanken Indizes von drei verschiedenen Arten von Anbietern hinzu. Einerseits etablierten sich viele Börsen, wie z. B. die Deutsche Börse AG, als Anbieter von Indexdaten. Andererseits kam es zu Spin-offs spezialisierter Segmente der Investmentbanken, die

---

[32] Vgl. Günther (2002), S. 225-250.

heute als spezialisierte Index-Anbieter auftreten (z. B. Morgan Stanley Capital International). Schließlich traten vermehrt ganz neue Unternehmen am Markt auf, die beispielsweise von einer ganzen Gruppe von Banken finanziert werden oder mit ihnen zusammenarbeiten (wie Markit iBoxx).

Damit sind die Verfügbarkeit von Indizes, die Auswahl unter den Indexanbietern und die Professionalität im Vermarkten der Indizes in den letzten Jahren enorm angestiegen, was aber die Entscheidung für eine Indexfamilie als Benchmarklieferant nicht unbedingt einfacher gemacht hat.

8.   Beispiel: Indexauswahl für europäische Rentenanlagen

Der Bereich der Fixed Income Indizes, die für breit diversifizierte Euroland-Renteninvestments als Benchmark Verwendung finden, war über Jahrzehnte besonders hart umkämpft. Es gibt eine ganze Reihe von Indizes, die im Prinzip alle Anforderungen an eine Rentenbenchmark erfüllen. Dennoch hat sich in den letzten Jahren mit den Indizes von Markit iBoxx ein relativ neuer Indexanbieter am Markt sehr stark behauptet, insbesondere in Europa und Euroland. Ein Hauptanreiz ist dabei die Unabhängigkeit von einer einzigen Investmentbank, welche die Indexfamilie von den Produkten anderer Anbieter wie Merrill Lynch oder JP Morgan unterscheidet.[33]

Die regionale iBoxx €-Indexfamilie für Euroland ist eingebettet in ein globales Indexsystem, die Markit iBoxx-Indexfamilie, die Amerika, Europa, Asien (und die Lokalwährungen der Emerging Markets) umfasst.[34]

---

[33]   Vgl. Krämer (2010).
[34]   Vgl. Markit (2009); Markit (2010).

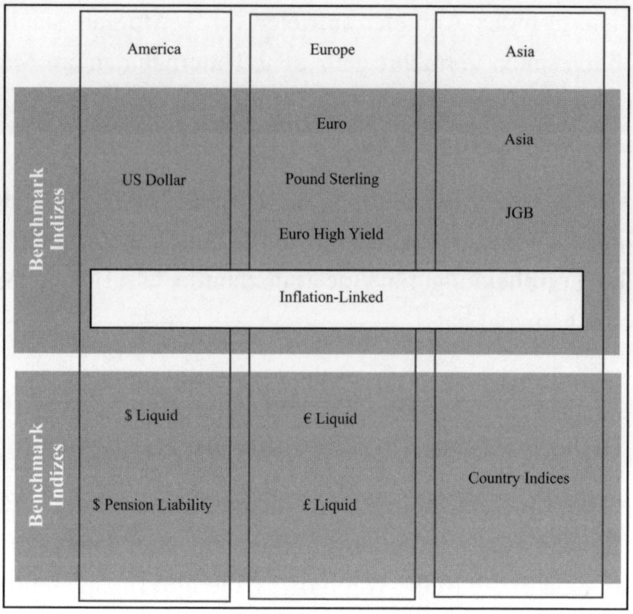

	America	Europe	Asia
Benchmark Indizes	US Dollar	Euro Pound Sterling Euro High Yield	Asia JGB
		Inflation-Linked	
Benchmark Indizes	$ Liquid $ Pension Liability	€ Liquid £ Liquid	Country Indices

Abbildung 4: Die Markit iBoxx-Indexfamilie[35]

Im iBoxx €-Overall-Gesamtindex finden sich in einer klaren Indexstruktur das gesamte Anlageuniversum von Eurolandrenten und alle relevanten Teilsegmente (iBoxx €-Sovereigns, iBoxx €-Sub-Sovereigns, iBoxx €-Collateralized, iBoxx €-Corporates) mit einer marktgetreuen Gewichtung wider.

---

[35] Quelle: Markit

<table>
<tr><td colspan="4">Markit iBoxx EUR Benchmark Indices</td></tr>
</table>

Markit iBoxx EUR Benchmark Indices

iBoxx € Index Family
overall and maturity indices (1-3, 3-5, 5-7, 7-10 and 10+ years)

iBoxx € Overall
overall and maturity indices

iBoxx € Sovereigns overall and maturity indices	**iBoxx € Non-Sovereigns** overall and maturity indices **iBoxx € Non-Sovereigns Rating Indices** each with overall indices		
iBoxx € Eurozone iBoxx € Germany iBoxx € France iBoxx € Italy each with overall maturity indices iBoxx € Austria iBoxx € Belgium iBoxx € Finland iBoxx € Greece iBoxx € Ireland iBoxx € Netherlands iBoxx € Portugal iBoxx € Spain each with overall indices	iBoxx € Sub-Sovereigns overall and maturity indices iBoxx € Sub-Sovereigns **Rating Indices** each with overall indices iBoxx € Supranationals each with overall and maturity indices iBoxx € Agencies iBoxx € Public Banks iBoxx € Regions iBoxx € Other Sovereigns iBoxx € Other Sub-Sovereigns each with overall indices	iBoxx € Collateralized overall and maturity indices iBoxx € Collateralized **Rating Indices** each with overall indices iBoxx € Covered each with overall and maturity indices iBoxx € Covered Sub-Indices iBoxx € Germany **Covered Sub-Indices** iBoxx € Securitized iBoxx € Other Collateralized each with overall indices	iBoxx € Corporates overall and maturity indices iBoxx € Corporates **Rating Indices** iBoxx € Corporates **Sector Indices** each with overall and maturity indices iBoxx € Financials **Ratig Indices** iBoxx € Non-Financials **Rating Indizes** iBoxx € Financials Sub-Indices iBoxx € Corporates **Market Sector Indices** Collateralized each with overall indices

Abbildung 5: Markit iBoxx €-Overall Index[36]

Neben den iBoxx-Indizes sind im Bereich der Eurolandrenten der Citigroup Euro-Broad-Index und der Merrill Lynch EMU Broad-Index weit verbreitet (in den USA greift man auch gerne auf Lehman-Indizes, jetzt Barclays Capital, wie den Lehman Euro Aggregate-Index zurück). Die Ausgestaltung all dieser Indizes liegt aber sehr nahe beieinander. Der Merrill Lynch-Index greift zwar durch die Erweiterung auf kleinere Volumina auf mehr Anleihen und ein breiteres Universum zurück, aber diese Erweiterung ist für die langfristige Ertrags/Risiko-Konstellation der Benchmark eher zweitrangig.[37]

---

[36] Quelle: Markit
[37] Vgl. Markit (2010); Citigroup (2010); Peacock/ Ruiz-Sena (2010).

Breite Euroland-Rentenindizes

Index	iboxx € Overall	Citigroup Euro Broad	Merrill Lynch EMU Broad
Markt	EUR Anleihen mit Investmentgrade-Qualität	EUR Anleihen mit Investmentgrade-Qualität	EUR Anleihen mit Investmentgrade-Qualität
Gewichtung	Marktkapitalisierung	Marktkapitalisierung	Marktkapitalisierung
Aufnahmekriterium	Fixed Kupons, Zeros, Step-ups, keine Floater oder Optionselemente	Fixed Kupons, inkl. alle Kündigungsarten und Optionsfeatures	Fixed Kupons, Zeros, Step-ups, keine Floater oder Optionselemente
Staatsanleihen	ab 2 Mrd. Emissionsvolumen	ab 2,5 Mrd. Emissionsvolumen	ab 2 Mrd. Emissionsvolumen
Sub-staatliche	ab 1 Mrd. Emissionsvolumen	ab 500 Mio. Emissionsvolumen	ab 250 Mio. Emissionsvolumen
Covered Bonds	ab 1 Mrd. Emissionsvolumen	ab 500 Mio. Emissionsvolumen	ab 250 Mio. Emissionsvolumen
Besicherte Anleihen	ab 500 Mio. Emissionsvolumen	ab 500 Mio. Emissionsvolumen	ab 250 Mio. Emissionsvolumen
Unternehmensanleihen	ab 500 Mio. Emissionsvolumen	ab 500 Mio. Emissionsvolumen	ab 250 Mio. Emissionsvolumen
Laufzeiten	über 1 Jahr Restlaufzeit	über 1 Jahr Restlaufzeit	über 1 Jahr Restlaufzeit
Subindizes	Sovereigns, Sub-Sovereigns, Collateralized, Corporates, dort Fülle von Unterindizes	Sovereign/Sovereign-Guaranteed, Collateralized, Corporate, Government Sponsored/Regional Government, dort Fülle von Unterindizes	Direct Governments, Quasi-Governments, Securitized/Collateralized Corporates, dort Fülle von Unterindizes
Historie	02.01.1999	31.12.1998	31.12.1995
Preisquellen	Zehn internationale Broker (ABN AMRO, Barclays, BNP Paribas, Deutsche Bank, Dresdner Kleinwort, Goldman, HSBC, JPM, Morgan Stanley, UBS)	Citi Traders Evaluations, third party pricing sources supplementary	FT IDC
Preisfeststellung	Bid, Minütlich, fixing 5.15 p.m. CET	Bid, 4.15 p.m. London time	Bid, 5.30 p.m. CET
Anleihenanzahl	2357 (274 Sovereigns, 382 Sub-Sovereigns, 461 Collateralized, 1240 Corporates)	2403	3353 (293 Direct Governments, 612 Quasi-Governments, 659 Securitized/Collateralized, 1789 Corporates)
Duration (Semi Annual)	5,31	5,4	5,32
Anpassung	monatlich	monatlich	monatlich
Bloomberg	QW7A	SBEA	EMU0

Abbildung 6: Breite Euroland-Rentenindizes[38]

---

[38] iBoxx, Citigroup, Merrill Lynch; Stand: März 2010.

Im Prinzip kann der Anleger unter diesen drei Indizes als Benchmarks für das Euro-landrentenmanagement sozusagen frei wählen, ohne falsche Vorentscheidungen bzgl. der strategischen Allokation bzw. über das Risiko oder die Ertragserwartungen zu treffen. Dennoch setzten sich in den letzten Jahren die Markit iBoxx-Indizes immer mehr durch, weil sie bezüglich der in den Index eingehenden Preise, die Transparenz, den flexiblen Datenzugang und die Unabhängigkeit des Anbieters einige Vorteile auf-zuweisen haben.[39]

9.   Grenzen und Schwächen von Benchmarks

Die Entscheidung für oder gegen eine Benchmark (im Sinne eines Standardindexes) ist eine der zentralen Entscheidungen der Kapitalanlageplanung.[40] Auch wenn die Benchmarks eine Reihe wichtiger Funktionen haben und dem Fondssponsor großen Nutzen stiften können, erhält man diese positiven Eigenschaften nicht ohne Preis. Der Einsatz von Benchmarks im Portfoliomanagement hat Grenzen und Schwächen und muss letztlich wohlüberlegt sein. Die Hauptprobleme, die beim Einsatz von Bench-marks zum Tragen kommen, kann man in vier Gruppen einteilen.

1. Die Benchmarkauswahl ist (ungewollt) zentral für Performance und Risiko
2. Die Verwendung von Benchmarks begrenzt aktives Management
3. Benchmarks erschweren die Dynamisierung der Asset Allocation
4. Benchmarkportfolios sind wenig individuell und bergen die Gefahr einer impliziten Passivierung der Kapitalanlagen

Ad 1: Die Benchmarkauswahl ist (ungewollt) zentral für Performance und Risiko

Zahlreiche Studien zeigen, dass der wichtigste Faktor, der die Returns von Kapitalan-lagen bestimmt, die Asset Allocation-Entscheidung als Teil der Portfoliostrukturie-rung ist. Einige empirische Untersuchungen der Wertentwicklung der Bestände angel-sächsischer Pensionskassen kommen sogar zu dem Ergebnis, dass in der Vergangen-heit bis zu 90% der Performance eine Frage der „richtigen" langfristigen Assetgewich-tung (strategische Asset Allocation) war.[41]

Ein Anleger, der seine strategische Asset Allocation festlegt und die Aufgabe des Port-foliomanagements über die Festlegung von Benchmarks eng definiert, hat damit den

---

[39] Vgl. Krämer (2010), S. 9-12.

[40] Vgl. Just (2004); Heynck (2004).

[41] Vgl. Krämer (2003); Ibbotson/ Kaplan (2000), S. 26-33; Brinson/ Singer/ Beebower (1986), S. 39-48.

allergrößten Teil der zukünftigen Wertentwicklung seiner Kapitalanlagen bereits eigenverantwortlich festgezurrt. Dem Portfoliomanagement kommt bei diesen relativen Mandaten ein sehr begrenzter Anteil an der Gesamtperformance zu.

In Zeiten eines Aktienbärenmarktes erleben die Anleger die Nachteile dieser fast passiven, relativen Ausrichtung des Portfoliomanagements. Da die Asset Manager keine absolut formulierten Zielvorgaben haben, sondern sich relativ gegen die Benchmark messen, haben sie praktisch keinen Anreiz, große aktive Asset Allocation-Entscheidungen zu treffen oder zu weit von der Benchmark abzuweichen (also z. B. eine hohe Kassenquote aufzubauen). Der Anleger ist mehr oder weniger ungebremst der negativen Entwicklung der Benchmarks ausgesetzt, wenn er seine strategische Asset Allocation-Entscheidung nicht grundlegend verändert.

Ad 2: Die Verwendung von Benchmarks begrenzt aktives Management

Werden alle Asset Management-Mandate relativ zu einer Benchmark definiert, verhindert dies nicht nur Asset Allocation-Entscheidungen, sondern man grenzt den Spielraum für aktives Management auch in anderen Bereichen stark ein. Entscheidet sich ein Fondssponsor für ein Aktienmandat, das relativ zu einer Benchmark definiert wird, so wird der Portfoliomanager das Aktienportfolio um die Benchmark herum aufstellen und nur Abweichungen von der Benchmark im Rahmen des erlaubten Tracking Errors vornehmen.

Dies hat zur Folge, dass bei Benchmarkinvestments der Spielraum für aktives Stockpicking von vorneherein begrenzt ist.[42] Der Fondsmanager wird einen Großteil der Titel in der Benchmark auch dann im Portfolio halten, wenn er diese Werte nicht unbedingt für attraktiv hält, denn er darf nicht zu stark von der Benchmark abweichen. Beim aktiven Portfoliomanagement mit Tracking Error-Vorgaben ist die Auswahl der Benchmark fast entscheidender für die Portfoliokonstruktion als der Portfoliomanager.

Diese Art der Portfoliobildung ist recht fraglich, weil die Zusammensetzung der Aktien- oder Rentenindizes, die üblicherweise als Benchmark verwendet werden, nicht nach Risiko-Ertrags-Überlegungen im Sinne der Anleger, sondern nach Marktkapitalisierung erfolgt (einige der Indizes sind z. B. nicht besonders gut diversifiziert). Es ist kaum vorstellbar, dass der Fondssponsor bei einem aktiven Mandat wirklich anstrebt, dass er Titel im Portfolio hält, die nur deshalb gekauft wurden, weil sie eine hohe Gewichtung in der Benchmark haben, die der Fondsmanager nicht ignorieren kann.

---

[42] Vgl. Scherer (2000), S. 327-333.

Letztlich wird nur derjenige Fondssponsor einen aktiven Manager suchen, der an die Ineffizienz der Märkte glaubt; in diesem Fall wird er aber nicht wollen, dass der Fondsmanager sich eng an der Benchmark orientiert. Der wiederum hat einen hohen Anreiz, genau dies zu tun, wenn die Benchmark zentraler Maßstab für den Erfolg seiner Arbeit ist.

Ad 3: Benchmarks erschweren die Dynamisierung der Asset Allocation

Der dritte Punkt hängt eng mit den besprochenen Fragen zusammen. Bestimmt die strategische Asset Allocation-Entscheidung mit der Festlegung von Benchmarks weitgehend den Gesamterfolg der Kapitalanlage, während taktische Asset Allocation-Entscheidungen bei relativen Benchmarkmandaten entfallen, ist im ganzen Kapitalanlageprozess die Frage der dynamischen Asset Allocation weitgehend außen vor. Der Fondssponsor läuft Gefahr, dass nach der Festlegung der strategischen Asset Allocation und der relativen Definition der Portfoliomanagement-Mandate gegen Benchmarks niemand mehr (systematisch) taktische Veränderungen der Asset Allocation vornimmt, wenn sich die Umwelt, die Märkte oder die Ziele des Fondssponsors verändern oder die Risikobudgets aufgebraucht sind. Ertrag und Risiko der Gesamtanlagen werden in weiten Teilen durch die Benchmarks bestimmt, nicht durch die Asset Manager.

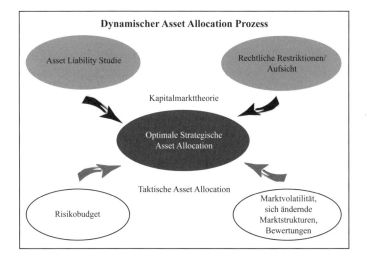

Abbildung 7: Dynamische Asset Allocation[43]

---

[43] Krämer (2003), S. 10.

Ad 4: Benchmarkportfolios sind wenig individuell und bergen die Gefahr einer impliziten Passivierung der Kapitalanlagen

Schließlich führt die Vergabe von Asset Management-Mandaten in Ausrichtung an einer Benchmark dazu, dass die konstruierten Portfolios relativ wenig individuell sind. Die Festlegung der Benchmark definiert bereits große Teile der Portfolios völlig unabhängig vom Portfoliomanager, zumal viele Fondssponsoren relativ enge Tracking Errors vorgeben und „off the benchmark"-Wetten ablehnen. In diesen Fällen ist das Management dann aber auch nicht wirklich aktiv, sondern eher schon passivnah. Je enger dem Portfoliomanager mit Restriktionen Zügel angelegt werden, desto weniger Spielraum bleibt ihm für individuelle und wirklich aktive Entscheidungen.

Separiert der Fondssponsor dann auch noch seine Spezialfonds in einer Reihe von halbaktiven Mandaten, die gegen die gleiche Benchmark gemessen werden, läuft er Gefahr, als Gesamtportfolio ein passiv gemanagtes Indexmandat mit aktiven Management Fees zu erhalten. Da die Abweichungen der einzelnen Manager von der Benchmark sowieso schon nicht sehr groß sind, können sich ihre Benchmarkabweichungen sehr leicht gegenseitig konterkarieren. Der eine Manager übergewichtet zum Beispiel ganz leicht die (zyklischen) Autowerte und untergewichtet die (defensiven) Pharmatitel in einer Aktienbenchmark, während es der zweite genau umgekehrt hält, so dass aggregiert ein passives Benchmarkportfolio entsteht.[44]

10. Die Entwicklung alternativer Benchmarks

Die bisherige Benchmarkdiskussion drehte sich ausschließlich um die traditionellen, marktkapitalisierungsgewichteten Benchmarks, die den Markt für Indizes und Benchmarks seit der Etablierung der modernen Portfoliotheorie über Jahrzehnte dominiert haben. Erst in den letzten Jahren, genauer seit der großen Aktienbaisse von 2000-2003, haben Consultants, Researchhäuser, Indexanbieter und Anleger stärker darüber nachgedacht, dass die Ausrichtung einer Benchmark an der Marktkapitalisierung der Assetklasse bzw. der einzelnen Indexmitglieder zwar wegen der „Efficient Market Hypothesis" relativ naheliegend ist, aber keinesfalls die einzige Möglichkeit der Indexzusammenstellung darstellt.

---

[44] Umgekehrt kommt es bei solchen halbaktiven Mandaten oft zur Etablierung eines Benchmark-Mainstreams, bei dem alle aufgrund der gleichen Informationen in einem prozyklischen Herdentrieb in die gleiche Richtung rennen und ähnliche Portfolios zusammenstellen. Alle haben beispielsweise eine Übergewichtung in Banktiteln, was aggregiert zu einer sehr großen Gewichtung in Banken führt, die so aber weder der Fondssponsor noch die Asset Manager einzeln geplant hätten.

Es wurde bereits vorher erwähnt, dass diese Art der Portfoliobildung nach Marktkapitalisierung sowohl aus theoretischen Überlegungen als auch wegen der praktischen Erfahrungen in den letzten Baissen fraglich ist. So werden die kapitalisierungsgewichteten Benchmarkindizes mit zwei Argumenten stark kritisiert.

Einerseits spiegelt die Zusammensetzung der Aktien- oder Rentenindizes nach der Kapitalisierung letztlich keine Risiko-Ertrags-Überlegungen im Sinne der Anleger wider. Einige Research-Studien haben sogar recht deutlich gezeigt, dass kapitalisierungsgewichtete Indizes als Benchmark keine effizienten Risiko-Return-Konstellationen im Sinne der Kapitalmarkttheorie liefern.[45]

Andererseits wird gerne auf die prozyklische Logik der Kapitalisierungsgewichtung hingewiesen. Investiert ein Anleger sein Kapital gemäß eines traditionellen Aktien- oder Rentenindexes, bedeutet dies, dass er automatisch die Werte mit einer hohen Kapitalisierung besonders hoch gewichtet. Daraus folgt beispielsweise auf der Aktienseite, dass hoch bewertete Titel, die in einer Hausse stark gelaufen sind, während der Hausse mit immer höheren Gewichtungen ins Portfolio genommen werden, während in einer Baisse die Positionen prozyklisch immer mehr reduziert werden (Kapitalgewichtung als implizite Trendfolgestrategie).[46] Auf der Rentenseite übergewichtet ein solcher Benchmarkanleger Emittenten, die besonders viele Anleihen emittiert haben und deshalb oft besonders hoch verschuldet sind. Er untergewichtet hingegen Emittenten, die sehr wenige Emissionen begeben bzw. wenig Schulden haben.

Aus diesen Überlegungen wurden in den letzten Jahren einige Alternativen zu den traditionellen kapitalisierungsgewichteten Indizes entwickelt, die viele positive Eigenschaften haben, die aber aus einer Reihe von Gründen bisher eine eher zögerliche Verbreitung an den Märkten finden. Die vier populärsten Alternativen zu den kapitalgewichteten Indizes werden wir im Folgenden vorstellen.[47]

1. Gleichgewichtete Benchmarks
2. Kapitalmarkteffiziente Benchmarks
3. Risikogewichtete Benchmarks
4. Fundamentalgewichtete Benchmarks (z. B. RAFI-Benchmarks)

---

[45] Vgl. Grinold (1992).
[46] Vgl. Aehling (2008).
[47] Vgl. Edhec-Risk Institute Research Insights (2010).

Ad 1: Gleichgewichtete Benchmarks

Die einfachste Alternative zur Gewichtung eines Index nach der Marktkapitalisierung der Indexmitglieder ist die, alle Titel im Index gleich zu gewichten. Damit hat man automatisch die Abhängigkeit des Index von Preisbildung und Bewertung beseitigt. Und in der Tat wird beispielsweise vom S&P 500 seit 1989 eine Alternative zum kapitalisierungsgewichteten S&P 500 berechnet, die sogenannte „Equal Weighted Version" des S&P 500, die jedem Titel 0,2% Gewicht gibt.

Dieser gleichgewichtete Index hatte (zumindest in dieser kurzen Historie) in Bezug auf Risiko und Ertrag (vor Kosten) tatsächlich viel günstigere Eigenschaften als der marktgewichtete Index. Er konnte über den gesamten Betrachtungszeitraum outperformen und insbesondere in Baissen besser das Kapital schützen als die kapitalisierungsgewichtete Version (niedriges „Downside Capture").[48]

So attraktiv die Risiko-Return-Überlegung der Gleichgewichtung und die breitere Diversifikation (geringere Konzentration auf Schwergewichte) auch sein mögen, haben sich diese Indizes beim Einsatz als Benchmark im Asset Management aus guten Gründen bisher kaum durchgesetzt.[49]

Zum einen fehlt vollkommen die Fundierung aus der Kapitalmarkttheorie. Zum anderen stellen sich fundamentale Überlegungen. Warum sollte man als Anleger einen Wert, der kaum volkswirtschaftliche Bedeutung hat, genauso gewichten wie einen Titel, der die ganze Volkswirtschaft antreibt? Ist es wirklich sinnvoll, dass ein winziger Small Cap die gleiche Rolle spielt wie ein globaler Gigant? Es fehlt also völlig die Reflexion der breiten Volkswirtschaft.

Warum sollte man schließlich alle Informationen, die man über ein Investment hat, völlig ignorieren und alles gleich gewichten? Dies unterstellt von vornherein eine Prognosefähigkeit aufgrund von fundamentalen Daten von Null.

Mehr auf der technischen Ebene liegt das Argument, dass bei einer Gleichgewichtung aller Titel in einem Index enorme Transaktionskosten (und steuerliche Probleme) auftreten, weil man permanent umschichten muss (permanentes Rebalancing), da jede Preisbewegung im Prinzip die Gewichtungen im Portfolio verschiebt. Dies ist gerade bei breiten Indizes problematisch, weil dies ständige Käufe und Verkäufe, Gewinn- und Verlustrealisierungen, in winzig kapitalisierten Titeln erfordert.

---

[48] Vgl. Dash/ Loggie (2008); Ferguson/ Schofield (2010).

[49] Vgl. Arnott/ Hsu/ West (2008), S. 68-71.

Schließlich muss erwähnt werden, dass ein Portfoliomanagement auf Basis von gleichgewichteten Indizes nicht sehr weit skalierbar ist. Große institutionelle Investoren können nicht wirklich große Geldmassen in gering kapitalisierte Titel bewegen. Sie sind darauf angewiesen, ihre Investments auf liquide und breit kapitalisierte Titel zu konzentrieren.

Ad 2: Kapitalmarkteffiziente Benchmarks

Noch relativ neu sind Überlegungen aus der Zusammenarbeit des EDHEC-Risk Institute und der FTSE Group, die Kritikpunkte an der Ineffizienz der kapitalgewichteten Indizes direkt aufzugreifen und mit komplizierteren Methoden effiziente Benchmarks auf Basis ihrer Risiko-Return-Charakteristika zu berechnen.[50] Man versucht im Sinne der Kapitalmarkttheorie, die Titel im Benchmarkindex stets so zu gewichten, dass die Sharpe Ratio des Indexportfolios maximiert wird. Die Herausforderung ist natürlich, robuste Schätzer der Inputparameter (Ertragschance, Verlustrisiko, Varianzen und Kovarianzen) zu entwickeln, um wirklich ein stabiles Portfolio mit optimalen Risiko-Return-Eigenschaften generieren zu können.

Es ist noch zu früh, um Aussagen zu treffen, ob sich solche Indizes am Markt etablieren können. Dagegen spricht momentan der relativ hohe Anspruch und die Komplexheit des Prozesses der Portfoliobildung, die im Vergleich zu den kapitalisierungsgewichteten Indizes naturgegeben weniger transparent und schwerer zu vermitteln ist.

Überzeugend ist aber dennoch der Versuch, tatsächlich bestehende Mängel der traditionellen Benchmarkindizes sozusagen an der Wurzel zu packen und die Indexgenerierung mit neuen Methoden fortzuentwickeln.

Ad 3: Risikogewichtete Benchmarks

Im Zuge der beiden Aktienbaissen des letzten Jahrzehnts ist die Ausrichtung der Kapitalanlagen am Risiko stärker ins Blickfeld der Anleger geraten. So haben Minimum-Varianz-Ansätze im Asset Management, d. h. Strategien, die das absolute Risiko des investierten Kapitals minimieren wollen, mit verschiedenen Facetten deutlich an Bedeutung bei den Kapitalanlegern gewonnen.[51]

---

[50] Vgl. Amenc/ Goltz/ Martellini/ Retkowsky (2010).

[51] Vgl. Arnott/ Kalesnik/ Moghtader/ Scholl (2010), S. 16-29; Maillard/ Ronacalli/ Teiletche (2010), S. 60-70, Baker/ Bradley/ Wurger (2011).

Dieser neue Trend hat auch die Indexanbieter nicht unbeeindruckt gelassen. Sie haben Indizes entwickelt, die als Indexgewichtung Ableitungen des Risikos benutzen. Werte mit niedrigerem Risiko werden höher gewichtet. So hat beispielsweise MSCI Barra in 2008 eigene Minimum-Varianz-Indizes gestartet. Der MSCI World Minimum Volatility Index weist historisch gesehen eine weitaus niedrigere Volatilität und eine höhere Sharpe Ratio aus als sein kapitalmarktgewichtetes Pendant.

Wegen der Kürze der Historie ist noch nicht abzusehen, ob sich diese Indizes am Markt durchsetzen können. Aber auch bei diesen neuen Ansätzen der Indexerstellung sprechen die geringere Transparenz und die größere Komplexität der Indizes dagegen, dass diese Benchmarks echte Herausforderer von kapitalisierungsgewichteten Indizes im Massengeschäft werden können.

Ad 4: Fundamentalgewichtete Benchmarkindizes (z. B. RAFI-Indizes)

Die Gruppe von Benchmarkindizes, die alternativ zu den kapitalisierungsgewichteten Indizes auf der Aktienseite die größte Verbreitung gefunden hat, sind eindeutig die fundamentalgewichteten Indizes. Bereits seit vielen Jahren gibt es beispielsweise von Morgan Stanley Capital International (MSCI) internationale Aktienindizes, die als Faktoren der Ländergewichtung nicht die Kapitalisierung der Märkte, sondern das Bruttoinlandsprodukt (BIP) der jeweiligen Länder verwenden (z. B. MSCI Equity Europe GDP Weighted). 2009 wurden auch die ersten Rentenindizes auf Basis einer BIP-Gewichtung eingeführt.[52]

Diese Ansätze wurden mittlerweile zu einem Multifaktorenansatz erweitert, wodurch sie sich auch bis auf die Einzeltitelgewichtung erweitern lassen. Man hat insbesondere von Seiten des Unternehmens „Research Affiliates" eine ganze Reihe von fundamentalgewichteten Indizes entwickelt, die auf eine breite Gruppe von Fundamentaldaten zurückgreifen. Der „Research Affiliates Fundamental Index (RAFI)" bezeichnet eine Indexgruppe, die vollständig von Preisen und Kapitalisierungen der Märkte als Gewichtungsfaktoren weggeht und stattdessen auf eine größere Gruppe von Fundamentaldaten zur Gewichtungsentscheidung von Ländern, Branchen und Einzeltiteln zurückgreift.[53]

So werden von diesem Indexanbieter als Fundamentalfaktoren Größen wie Sales, Cash Flow, Buchwert und Dividendenzahlungen der Aktien bzw. der Unternehmen

---

[52] Vgl. Toloui (2010).

[53] Vgl. Arnott/ Hsu/ West (2008), S. 22-28.

verwendet. Mit diesen Kenngrößen zur Gewichtung von Aktientiteln in Indizes will man die objektivsten Kenngrößen für die ökonomische Bedeutung und die Effizienz eines Unternehmens bei der Indexgewichtung heranziehen. Man erreicht mit diesen Ansätzen das Ziel, die Über- und Untergewichtungen aufgrund der Marktkapitalisierung zu umgehen.

In vielen Research-Studien wurde nachgewiesen, dass die risikoadjustierte Wertentwicklung von fundamentalgewichteten Indizes über die meisten Regionen und Zeitabschnitte deutlich besser war als die von kapitalisierungsgewichteten Indizes. Dies bedeutet, dass sie unter Sharpe Ratio- oder Information Ratio-Gesichtspunkten effizienter als die traditionellen Indizes sind.[54]

Die RAFI-Indizes haben mittlerweile einige Verbreitung gefunden, insbesondere als Basis von Indizes, die als Benchmarks für ETFs verwendet werden.[55] Diese große Attraktivität für ETF-Anbieter macht aber auch die Schwäche fundamentalgewichteter Indizes für die Masse der Benchmarknutzer deutlich.

Die RAFI-Indizes stellen einen Übergang von der Indexentwicklung zum aktiven Management dar und sind von gewissen Problemen der theoretischen Rechtfertigung über die Kapitalmarkttheorie charakterisiert.[56] Die Indizes spiegeln nicht einfach den Markt wieder, damit sich ein Anleger daran orientieren kann, sondern durch die aktive Entscheidung für Fundamentalfaktoren trifft der Indexanbieter aktive Management-Entscheidungen, die naturgegeben komplexer und weniger transparent sind. Fundamentalgewichtete Indizes können daher einige Anforderungen, die wir für Benchmarks formuliert haben, nicht erfüllen und haben Grenzen der Nutzung im Breitengeschäft.

Die Diskussion um die fundamentalgewichteten Indizes hat sich in den Anfangsjahren auf die Aktienseite konzentriert. Die Kritik an den traditionellen Rentenindizes, dass sie hoch verschuldete Wirtschaftseinheiten und stark im Preis gestiegene Emissionen systematisch übergewichten, hat aber zuletzt auch eine gewisse Diskussion über fundamentalgewichtete Rentenindizes ausgelöst, die sich aber noch in den Anfängen befindet.[57]

Es ist jedoch offensichtlich, dass die Verwendbarkeit dieser Benchmarkindizes für die Masse der Investoren an ähnliche Grenzen stoßen wird wie die übrigen alternativen

---

[54] Vgl. Hsu/ Campollo (2005); Tamura/ Shimizu (2005).
[55] Vgl. Bund/ Eisel/ Flachmann/ König/ Vieker (2010).
[56] Vgl. Cremers/ Petajisto/ Zitzewitz (2010).
[57] Vgl. Arnott/ Hsu/ Li/ Shepherd (2010).

Benchmarks. Aus heutiger Sicht sind die marktkapitalisierungsgewichteten Benchmarkindizes trotz ihrer Schwächen noch immer die erste Wahl für Investoren, die ihre Kapitalanlagen an Benchmarks ausrichten wollen.[58]

11. Die Rolle von Benchmarkmandaten im Rahmen der Asset Allocation

Die Turbulenzen an den Kapitalmärkten der letzten Jahre haben den Anlegern die Grenzen der benchmarknahen Kapitalanlagen, insbesondere die Abhängigkeit von der Performance der Marktindizes, deutlich gemacht. Ein klarer Trend der letzten Jahre war daher das allmähliche Abrücken von der klassischen Benchmarkausrichtung der Kapitalanlagen – insbesondere bei aktiv gemanagten Aktienfonds und gemischten Mandaten – hin zu benchmarkfreien Absolute Return-Ansätzen.[59, 60]

Ziel des Anlegers bei der Implementierung eines Absolute Return-Konzeptes ist es, sich von der großen Abhängigkeit von der Wertentwicklung einer Benchmark zu lösen und auch über kürzere Zeiträume eine stabile Wertentwicklung zu erreichen.[61] Im Spezialfondsgeschäft will der Fondssponsor die Ergebnisse seiner Kapitalanlagen weitgehend von der Marktentwicklung abkoppeln, indem er dem Vermögensverwalter eine unabhängig von den Marktbewegungen zu erzielende Absolutrendite, einen Mindestmehrertrag über die Geldmarktverzinsung oder einen Mehrertrag über die Inflationsrate vorgibt. Dem Fondsmanager wird dadurch eine deutlich größere Verantwortung für die Gesamtperformance und das Risiko der Kapitalanlagen des Fondssponsors zugeteilt als im Modell der Relative Performance-Mandate.

Kapitalmarkttheoretisch gesprochen strebt der Fondssponsor bei Absolute Return-Mandaten eindeutiger als sonst die Generierung von Alpha an. Das Ziel sind von der Gesamtmarktentwicklung unabhängige, stabile, positive (jährliche) Erträge. Für deren Erzielung ist er bereit, auf gewisse Ertragspotenziale (die vom Beta herrühren) zu verzichten. Es gilt die Devise „Risikobegrenzung und Sicherheit sind wichtiger als maximale Ertragsausbeute".

---

[58] Vgl. Bendix (2010).
[59] Vgl. Rousseau (2009).
[60] Siehe hierzu den Beitrag Billmann/ Kleeberg/ Zimmerer in diesem Handbuch.
[61] Vgl. Krämer (2004); Krämer (2006); Krämer (2008).

Jedoch scheinen die meisten Anleger und auch die Consultants die Gefahr zu sehen, dass man nach den negativen Erfahrungen mit Benchmarkanlagen in den letzten Jahren nun über das Ziel hinausschießt und den Benchmarkgedanken völlig ausblendet, auch dort, wo er gerechtfertigt ist. Daher wollen sie die strategische Ausrichtung an der Wertentwicklung einer Assetklasse und ein langfristiges Investment in Assetklassen, die eine überlegene Langfristperformance bringen, durch die reine Absolute Return-Ausrichtung aller Mandate nicht völlig aufgegeben. Richtet der Fondssponsor beispielsweise alle Aktienmandate als Absolute Return-Mandate aus, bedeutet dies automatisch den Verzicht auf langfristige Performance, denn das Absolutziel muss aus Risikoüberlegungen niedriger formuliert werden, als es dem langfristig maximal möglichen Ertrag entspricht.

Die Anleger sind vor diesem Hintergrund vermehrt zu einer klareren strategischen Positionierung übergegangen. Stark im Rückzug sind Mandate, die als aktives Management definiert wurden, aber durch relativ enge Orientierung an einer Benchmark mit begrenztem Tracking Error doch fast passiv waren, also sozusagen die traditionellen (Long Only) aktiven Managementmandate („traditional core fund management").

Heute versucht man, die Mandate aufzuteilen in wirklich passive, sehr indexnahe, quantitativ gesteuerte Konzepte (mit niedrigen Management Fees) und in wirklich aktive (teurere) Mandate mit höheren Risiken, die dann auch oft mit einem Absolute Return-Anspruch versehen werden, um dem Fondsmanager auf so vielen Ebenen wie möglich aktiven Spielraum einzuräumen.

Speziell bei britischen Pensionskassen haben die traditionellen Manager von benchmarkorientierten gemischten Mandaten (Balanced-Mandate) massiv Marktanteile verloren. Man spricht von einem Asset Management-Barbell oder einem Core-Satellite-Ansatz, der Kombination von passiven (Indexing, Enhanced Indexing, ETFs) und sehr aktiven Portfoliomanagement-Mandaten (Spezialitäten, Absolute Return, Select-Konzepte, Long/Short-Strategien, Hedgefonds) in einem Gesamtportfolio.[62]

---

[62]   Vgl. van Steenis (2004).

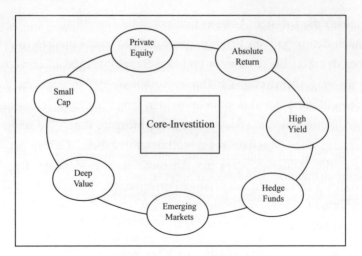

Abbildung 8: Core-Satellite-Ansatz [63]

Der Core-Satellite-Ansatz hat sich bei vielen Investoren durchgesetzt. In einem Kern der Anlagen werden passive (indexierte) und passivnahe (Enhanced Indexation) Ansätze implementiert, während um den Kern herum die aktiv gemanagten Satelliten und die Absolute Return-Mandate (als eigene Assetklasse) aufgebaut werden.

In einem solchen Ansatz sind die aktiven, Alpha generierenden Mandate im Bereich der Satelliten zu finden, während im Kernbereich kein Alpha, sondern lediglich passiv die Benchmarkrendite angestrebt wird. Damit ist die Steuerung des Marktrisikos (Beta) wesentlich einfacher, so dass die Kernstrategie häufig mit einem aktiven Overlay-Management zur Beta-Risikosteuerung kombiniert wird. Dahingegen bleibt die Risikosteuerung im aktiven und speziell im Absolute Return-Segment eher Aufgabe der spezialisierten Asset Manager. [64]

12. Zusammenfassung und Ausblick

Die ernüchternden Erfahrungen mit Benchmarkinvestments im Sinne der Ausrichtung der Kapitalanlagen an Standardaktienindizes während der Aktienbärenmärkte 2000-2003 und 2008-2009 haben bei den Anlegern das Thema „Risiko" der Kapitalanlagen stark in den Vordergrund gerückt. Der Fokus hat sich eindeutig verschoben, weg vom Wunsch maximaler Ertragsausbeute hin zum Fokussieren auf Risikobegrenzung und

---

[63] Vgl. Bayer/ Fraikin/ Kolrep (2003), S. 529-570.
[64] Vgl. Bayer/ Fraikin/ Kolrep (2003), S. 529-570.

Sicherheit. Insbesondere die große Abhängigkeit der Gesamtperformance der Kapitalanlagen von den die Mandate definierenden Kapitalmarktbenchmarks haben starke Kritik ausgelöst. Die Fondsgesellschaften haben darauf mit einer Gruppe neuer Produkte und Strategien reagiert. Absolute Return-Ansätze rücken von der klassischen Indexausrichtung der Kapitalanlagen ab und streben eine unabhängig von den Marktbewegungen zu erzielende positive Absolutrendite an.

Dennoch sollte man das Kind nicht mit dem Bade ausschütten. Das vorherrschende Benchmark- und Indexdenken hat sich nicht ohne Grund entwickelt. Man kann durchaus den Standpunkt vertreten, dass es ohne Benchmarks im Portfoliomanagement nicht geht. Benchmarks können im Kapitalanlageprozess eine ganz bedeutende Rolle spielen. Sie helfen dem Fondssponsor, seine Asset Allocation bewusst vorzunehmen. Benchmarks sind wichtige Werkzeuge bei den Überlegungen zur Ausrichtung der strategischen Asset Allocation, bei der Aufgabenformulierung und Strukturierung der Asset Management-Mandate, der Messung der Leistung des Portfoliomanagements sowie bei der Zuteilung von Risikobudgets, Risikosteuerung und Overlay Management.

Man sollte den Benchmarks aber nicht die alles dominierende Rolle bei der Kapitalanlage zukommen lassen, wie es in der Vergangenheit oft der Fall war. Jeder, der Benchmarks bei der Kapitalanlage einsetzt, muss sich ihrer Grenzen und Probleme bewusst sein. So kann die enge Ausrichtung an Benchmarks die Benchmarkauswahl (ungewollt) zentral für Performance und Risiko der Kapitalanlagen machen. Die Verwendung von Benchmarks begrenzt (in Abhängigkeit von den ergänzend vorgegebenen weiteren Restriktionen) zudem den Spielraum für aktives Management, erschwert die dynamische Asset Allocation und führt oft zu Benchmarkportfolios, die wenig individuell gestaltet sind.

Wenn sich ein Fondssponsor für Benchmarkinvestments entscheidet, muss er sich zudem klar machen, dass die Wahl der richtigen Benchmark einer der entscheidenden Faktoren für den Anlageerfolg und für eine faire Performancemessung ist. Eine der wichtigen Aufgaben der Indexanbieter ist es dabei, die Benchmarks weiter zu entwickeln. Insgesamt glauben wir, dass sowohl für Benchmarkinvestments als auch für Absolute Return und anderes aktives Management Raum vorhanden ist: Jeder Stil hat seine Zeit und seine Rolle in einem sinnvoll strukturierten Kapitalanlageprozess.

Literaturverzeichnis

Aehling, M. (Aehling, 2008): Transparenz ohne Effizienz – das Innenleben von Benchmarks, Portfolio Institutionell, Ausgabe 04, Mai 2008.

Amenc, N./ Goltz, F./ Le Sourd, V. (Amenc/ Goltz / Le Sourd, 2006): Assessing the Quality of Stock Market Indices – Requirements for Asset Allocation and Performance Measurement, Working Paper, Edhec Business School, September 2006.

Amenc, N./ Goltz, F./ Martellini, L./ Retkowsky, P. (Amenc/ Goltz/ Martellini/ Retkowsky, 2010): Efficient Indexation – An Alternative to Cap-Weighted Indizes, Edhec-Risk Working Paper, Januar 2010.

Anson, M. (Anson, 2004): Strategic versus Tactical Asset Allocation, The Journal of Portfolio Management, Winter 2004, S. 8-22.

Arnott, R.D./ Hsu, J.C./ West, J.M. (Arnott/ Hsu/ West, 2008): The fundamental index - a better way to invest, New York, 2008, S. 22-28.

Arnott, R.D./ Hsu, J.C./ Li, F./ Shepherd, S.D. (Arnott/ Hsu/ Li/ Shepherd, 2010): Valuation-Indifferent Weighting for Bonds, The Journal of Portfolio Management, Volume 36, Number 3, Frühjahr 2010.

Arnott, R Kalesnik, V./ Moghtader, P./ Scholl, C. (Arnott/ Kalesnik/ Moghtader/ Scholl, 2010): The Case for Multiple Weighting Methodologies, in: Journal of Indexes, Januar/Februar 2010, S. 16-29.

Asness, C./ Frazzini, A./ Pedersen, L.H. (Asness/ Frazzini/ Pedersen, 2011): Leverage Aversion and Risk Parity, AQR Capital Management White Paper, Greenwich, Januar 2011.

Bailey, J. (Bailey, 1992): Evaluating Benchmark Quality, Financial Analysts Journal, Mai/Juni 1992.

Baker, M./ Bradley, B./ Wurger, J: (Baker/ Bradley/ Wurger, 2011): Benchmarks as Limits to Arbitrage-Understanding the Low Volatility Anomaly, Financial Analysts Journal, Februar 2011.

Bayer, K.G./ Fraikin, M./ Kolrep, M. (Bayer/ Fraikin/ Kolrep (2003): Mandatsstrukturierung nach dem Core-Satellite-Ansatz, in: Handbuch Asset Allocation, hrsg. von Dichtl, H. / Kleeberg, M. / Schlenger, C.: Bad Soden 2003, S. 529-570.

Bendix, K. (Bendix, 2010): Der Klassiker gibt den Ton an, Portfolio Institutionell, September 2010, Ausgabe 09, S. 50-53.

Brealey, R.A./ Myers, S.C. (Brealey/ Myers, 1991): Principles of Corporate Finance, 4. Auflage 1991, S. 155-180.

Brinson, G./ Singer, B.D./ Beebower, G.L. (Brinson/ Singer/ Beebower, 1986): Determinants of Portfolio Performance, Financial Analysts Journal, vol. 42, no. 4, 1986, S. 39-48.

Bund, S./ Eisel, M./ Flachmann, J./ König, M./ Vieker, M. (Bund/ Eisel/ Flachmann/ König/ Vieker, 2010): Indexfonds in Deutschland 2010, White Paper, Kommalpha, Juli 2010.

Citigroup (Citigroup 2010): Citigroup Global Fixed Income Index Catalog, 2010 Edition, Januar 2010.

Cremers, M./ Petajisto, A./ Zitzewitz, E. (Cremers/ Petajisto/ Zitzewitz, 2010): Should Benchmark Indices Have Alpha? – Revisiting Performance Evaluation, AFA Atlanta Meetings Paper, Januar 2010.

Dash, S./ Loggie, K. (Dash/ Loggie, 2008): Equal Weight Indexing, Standard & Poors, White Paper, April 2008.

Edhec-Risk Institute Research Insights (Edhec-Risk Institute Research Insights, 2010): Alternative Indices, IPE Investment and Pensions Europe, Sonderheft, Winter 2010/2011.

Elton, E.J./ Gruber, M.J. (Elton/ Gruber, 1991): Modern Portfolio Theory and Investment Analysis, 4. Auflage, 1991, S. 38-64.

Ferguson, R./ Schofield, D. (Ferguson/ Schofield, 2010): Equal-weighted portfolios perform better, FTfm, 18. Oktober 2010, S. 6.

Frazzini, A./ Pedersen, L.H. (Frazzini/ Pedersen, 2010): Betting Against Beta, NBER Working Paper 16601, National Bureau of Economic Research, Cembridge, Dezember 2010.

Fuhrmann, B. (Fuhrmann, 2010): Benchmarks in a Changing World, Viewpoints, Wellington Management, Juli 2010.

Garz, H./ Günther, S./ Moriabadi, C. (Garz/ Günther/ Moriabadi, 1998): Portfolio-Management – Theorie und Anwendung, 2. Auflage 1998, S. 17-97.

Geier, C. (Geier, 2007): Zeitvariable Risikoprämien als Erklärung für Marktanomalien, Diplomica Verlag, 2. Auflage 2007.

Goltz, F./ Le Sourd, V. (Goltz/ Le Sourd, 2010): Does Finance Theory Make the Case for Capitalisation-Weighted Indexing, EDHEC-Risk Institute, White Paper, Januar 2010.

Grene, S. (Grene 2010): The challenge of building fixed income indices, FTfm, 8. März 2010, S. 3.

Grinold, R. (Grinold, 1992): Are benchmark portfolios efficient?, Journal of Portfolio Management, Herbst 1992.

Günther, S. (Günther, 2002): Praktische Bedeutung und professioneller Einsatz von Benchmarkportfolios, in: Handbuch Portfolio Management, 2. Auflage, hrsg. von Kleeberg, J.M. / Rehkugler, H., Bad Soden, 2002, S. 225-250.

Haugen, R.A. (Haugen, 1997): Modern Investment Theory, 4. Auflage 1997, S. 641-717.

Heynck, R. (Heynck, 2004): Relativer Return? – Es kommt auf die absolute Performance an, Präsentation auf der 7. Jahrestagung Portfolio Management, TÜV Essen, 15. und 16. Juni 2004.

Hsu, J.C./ Campollo, C. (Hsu/ Campollo, 2005): An Examination of Fundamental Indexation, White Paper, FTSE, November 2005.

Ibbotson R.G./ Kaplan, P.D. (Ibbotson/ Kaplan, 2003): Does Asset Allocation Policy Explain 40, 90 or 100 Percent of Performance?, Financial Analysts Journal, Januar/Februar 2000, S. 26-33.

Johanning, L. (Johanning, 2010): Aktives versus Passives Fondsmanagement - Performance-potentiale, Kosten und Benchmarks, WHU Otto Beisheim School of Management, VuV-Herbstveranstaltung, Berlin, 17. September 2010.

Just, D.F. (Just, 2004): Benchmarks als Siegel für Produktwahrheit und –klarheit, Präsentation auf der 7. Jahrestagung Portfolio Management, Bayerische Versorgungskammer, 15. und 16. Juni 2004.

Kleeberg, J.M./ Billmann, M./ Hertlein, F. (Kleeberg/ Billmann/ Hertlein, 2008): Strukturierte Managerauswahl – Erfolgsfaktoren und Best Practice, in: Handbuch Vertriebsexzellenz im Asset Management, hrsg. von Herzog, M. / Johanning, L. / Rodewald, M., Bad Soden, 2008, S. 185-212.

König, P. (König, 2009): Benchmarks in der Vermögensverwaltung für Privatkunden, alpha[+] 1/2009, S. 8-11.

Korn, O./ Schmitt, C. (Korn/ Schmitt, 1996): Die Nachbildung von Aktienindizes – Ein Vergleich verschiedener Verfahren, ZEW Discussion Paper 96/08, März 1996.

Krämer, W. (Krämer, 1999): Europäische Rentenindizes, Lazard Asset Management, Hintergrund, September 1999.

Krämer, W. (Krämer, 2001): Aktives vs. Passives Portfolio Management, Lazard Asset Management, Investment Perspektive, 2./3. Quartal 2001.

Krämer, W. (Krämer, 2003): Asset Allocation nach dem Platzen der New Economy-Blase, Lazard Asset Management, Hintergrund, August 2003.

Krämer, W. (Krämer, 2004): Absolute Return Strategien im Rahmen der Vermögensverwaltung, Lazard Asset Management, Standpunkt, Mai 2004.

Krämer, W. (Krämer, 2006): Durationsmanagement im Rahmen von Absolute Return-Konzepten, Lazard Asset Management, Hintergrund, November 2006.

Krämer, W. (Krämer, 2008): Der Charme des Absoluten, Lazard Asset Management, Hintergrund, März 2008.

Krämer, W. (Krämer, 2010): Fixed Income Benchmarks im Asset Management – Markit iBoxx-Indizes, Lazard Asset Management, Standpunkt, Mai 2010.

Lörtscher, R. (Lörtscher, 2006): Enhanced-Aktien-Indexing, UBS Fokus für institutionelle Anleger, August 2006.

Mackintosh, J. (Mackinstosh, 2011): Reward for risk seems to be a chimera, FTfm, 21. März 2011, S. 24.

Maillard, S./ Ronacalli, T./ Teiletche, J. (Maillard/ Ronacalli/ Teiletche, 2010): The Properties of Equally Weighted Risk Contribution Portfolios, The Journal of Portfolio Management, Summer 2010, Vol. 36, No. 4, S. 60-70.

Markit (Markit, 2009): Markit iBoxx EUR Benchmark Index Guide, Dezember 2009, www.indexco.com.

Markit (Markit, 2010): Markit iBoxx Bond Indizes, 2010, www.indexco.com.

Oertmann, P./ Zimmermann, H. (Oertmann/ Zimmermann, 1998): Risk and Return – Vom CAPM zur modernen Asset Pricing Theory, Universität St. Gallen, Working Paper, 1998.

Peacock, P./ Ruiz-Sena, A. (Peacock/ Ruiz-Sena, 2010): Merrill Lynch monthly bond index profiles, März 2010.

Reichert, H (Reichert, 2000): Überlegungen zur Benchmarkauswahl für Spezialfonds, in: Handbuch Spezialfonds, hrsg. von Kleeberg, J. / Schlenger, C., Bad Soden, 2000, S. 702-723.

Rousseau, R. (Rousseau, 2009): Life Beyond Alpha – Is Alpha Necessary and Sufficient to Achieve Your Investment Goals?, Vortrag auf der 12. Jahrestagung Portfoliomanagement, 16./17. Juni 2009.

Scherer, B. (Scherer, 2000): Einfluss der Investment-Richtlinien auf die Performance von Spezialfonds, in: Handbuch Spezialfonds, hrsg. von Kleeberg, J. / Schlenger, C., Bad Soden, 2000, S. 327-333.

Siemssen, S.J. (Siemssen, 2002): Rentenindizes als Benchmarks im Bondmanagement, in: Handbuch Portfoliomanagement, hrsg. von Kleeberg, J. / Rehkugler, H., Bad Soden, 2002, S. 439ff.

Spremann, K. (Spremann, 2006): Portfoliomanagement, München, 2006, S. 223-300.

Tamura, H. / Shimizu, Y. (Tamura / Shimizu, 2005): Global fundamental indices, White Paper, Nomura Research, 28. Oktober 2005.

The Brandes Institute (The Brandes Institute, 2004): Concentrated Portfolios – An Examination of Their Characteristics and Effectiveness, The Brandes Institute Research Study, September 2004.

Toloui, R. (Toloui, 2010): Region of Reverse Command – Consequences of the Industrialized Country Debt Explosion, PIMCO Emerging Markets Watch, April 2010.

van Steenis, H. (van Steenis, 2004): No place for tradition in brave new world, Morgan Stanley Research, 2004.

Publikumsfonds für den institutionellen Anleger

von Wolfgang Maier/ Eberhard Haug

1. Einleitung

Publikumsfonds haben sich als Anlagevehikel für institutionelle Anleger etabliert und bewährt. Ziel dieses Beitrags ist, die Einsatzmöglichkeiten von Publikumsfonds, Besonderheiten und Vorzüge, aber auch deren Grenzen aufzeigen.

2. Entwicklung des Marktes für Publikumsfonds für institutionelle Anleger

Noch vor wenigen Jahren wurden Publikumsfonds nahezu ausschließlich von Privatanlegern erworben. Institutionelle Anleger bevorzugten neben der Direktanlage überwiegend den Spezialfonds als Vehikel für Kapitalanlagen. Im Rahmen der Einführung von internationalen Rechnungslegungsstandards (z. B. IFRS), der Auflage von Anteilsscheinklassen für institutionelle Anleger sowie der Verbreitung von „Core Satellite"-Strategien hat sich dies jedoch deutlich geändert.

Nach einer im Mai 2010 unter 150 institutionellen Anlegern durchgeführten Befragung belief sich das in Publikumsfonds investierte Volumen dieser Anleger auf ca. € 30 Mrd. Immerhin jeder Zehnte der befragten Anleger hatte ein Anlagevolumen von mehr als € 1 Mrd. in Publikumsfonds. Innerhalb der Branchen stechen die Banken mit einem Anteil von Publikumsfonds am Gesamtvolumen ihrer Kapitalanlagen von 86% hervor, gefolgt von Versicherern mit 72%.[1]

Dies zeigt, dass Publikumsfonds als Vehikel der Kapitalanlage für institutionelle Anleger mittlerweile ihren festen Platz in der Vermögensanlage gefunden haben.

---

[1]   Kommalpha/ Telos (2010), S. 16.

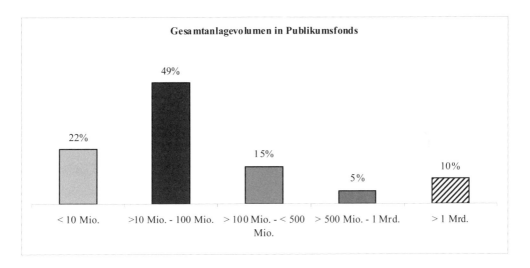

Abbildung 1: Verteilung des Publikumsfonds-Volumens institutioneller Anleger[2]

3. Gesetzliche Rahmenbedingungen

In Deutschland werden Publikumsfonds von einer Kapitalanlagegesellschaft („KAG")
aufgelegt und verwaltet. Der Fonds stellt ein Sondervermögen der KAG dar, welches
vom Vermögen der Investmentgesellschaft strikt getrennt ist. Eine alternative Form
stellt die Investmentaktiengesellschaft (InvAG) dar. Diese bezeichnet eine nach deutschem Investmentgesetz (§ 96 ff. InvG) gegründete Kapitalanlagegesellschaft mit
variablem Grundkapital, das mindestens 300.000 EUR betragen muss. Auch die
InvAG verwaltet ein Sondervermögen, über welches das Gesellschaftskapital in Wertpapieren angelegt wird. Bisher ist diese Gesellschaftsform in Deutschland für Fonds
jedoch sehr wenig verbreitet.

Vergleichbare Strukturen zum deutschen Sondervermögen bzw. zur deutschen Investmentaktiengesellschaft sind z. B. der SICAV (Société d'Investissement à Capital
Variable) oder der FCP (Fonds commun de placement) nach französischem oder lu-
xemburgischem Recht. Ähnliche Rechtsformen finden sich in zahlreichen EU Staaten,
zum Beispiel auch in Großbritannien und in Irland.

Der Anleger sollte stets darauf achten, dass das Anlagevehikel den Anforderungen der
europäischen OGAW-Richtlinie (englisch: UCITS für „Undertakings for Collective

---

[2] Quelle: Kommalpha/ Telos 2010, S. 16.

Investments in Transferable Securities") entspricht. Die OGAW-Richtlinie[3] definiert die besonderen Anforderungen an Fonds und deren Verwaltungsgesellschaften. Einen Schwerpunkt bildet hierbei die Regelung der zulässigen Vermögensgegenstände, in die ein OGAW investieren kann.

OGAW unterliegen der Zulassungspflicht und werden von der Finanzaufsicht (in Deutschland von der Bundesanstalt für Finanzdienstleistungsaufsicht BaFin) überwacht. Die OGAW-Richtlinie schreibt ferner eine Reihe von Pflichtinformationen für Anleger vor. Hierzu gehören der ausführliche und der vereinfachte Verkaufsprospekt sowie die Jahres- und Halbjahresberichte. Auf diese Weise sollen einheitliche Standards beim Anlegerschutz gewährleistet werden. Die OGAW-Richtlinie wird permanent weiterentwickelt. Aktuell gelten die Bestimmungen der UCITS III-Richtlinie. UCITS IV steht jedoch kurz vor der Einführung. Die Umsetzung der OGAW-Richtlinien in Deutschland erfolgt über das Investmentgesetz (InvG).[4] Ergänzende Bestimmungen finden sich in der Derivateverordnung (Verordnung über Risikomanagement und Risikomessung beim Einsatz von Derivaten in Sondervermögen nach dem Investmentgesetz) und im Investmentsteuergesetz (InvStG).

Sonderform Exchange Traded Fund (ETF)

Seit einigen Jahren gewinnt eine Sonderform der Publikumsfonds – der Exchange Traded Fund (ETF), also an der Börse notierte und gehandelte Publikumsfonds – ständig größere Marktanteile. Ein ETF bildet zumeist einen Börsenindex nach, z. B. den DAX. Anleger können so passiv in verschiedene Segmente des Kapitalmarktes investieren. Durch den Handel an der Börse entfällt das zeitraubende Forward Pricing.[5] Damit können Investoren Anlageentscheidungen sehr zeitnah umsetzen, was den Erfolg dieser Anlageform zum Teil erklärt.

---

[3] Richtlinie 2009/65/EG des Europäischen Parlaments und des Rates vom 13. Juli 2009 zur Koordinierung der Rechts- und Verwaltungsvorschriften betreffend bestimmter Organismen für gemeinsamen Anlagen in Wertpapieren (OGAW); Neufassung, der Richtlinie 85/611/EWG des Rates vom 20. Dezember 1985,
http://eurlex.europa.eu/LexUriServ/LexUriServ.do?uri=OJ:L:2009:302:0032:0096:DE:PDF, Zugriff am 15. Februar 2011

[4] Komplette Quelle Investmentgesetz (in der ab 11.06.2010 gültigen Fassung).

[5] Beim Forward Pricing wird der Ausgabepreis des auf den Handelstag folgenden Tages als Abrechnungskurs zugrunde gelegt. Siehe hierzu auch Kapitel 6 dieses Beitrags.

Im Vergleich mit dem klassischen Publikumsfonds sind die Gebühren für ETFs in der Regel erheblich günstiger, da hier kein aktives Fondsmanagement bezahlt werden muss. Einige Anbieter verzichten mittlerweile sogar komplett auf die Berechnung einer Verwaltungsgebühr. In diesem Zusammenhang ist es wichtig, auf die Konstruktion des ETF zu schauen. Wie beschrieben soll der ETF die Kursentwicklung eines Index möglichst nahe nachbilden. Dies kann durch den 1:1 Kauf der in diesem Index enthaltenen Wertpapiere erreicht werden, der Fonds „repliziert" also seine Benchmark (Full Replication ETF). Enthält der Index eine überschaubare Anzahl an Wertpapieren (wie z. B. der DAX 30 oder EuroStoxx 50), kann das Fondsmanagement dies leicht umsetzen.

Schwieriger wird es jedoch bei Indizes, die aus einer Vielzahl von verschiedenen Wertpapieren (z. B. bei Anleihe-Indizes oder dem MSCI World) bestehen. Hier wird die Benchmark meist „synthetisch" nachgebildet, in dem der Manager z. B. in einen Aktienkorb investiert und die Performance des abzubildenden Index über einen sog. „Total Return Swap" in den ETF transferiert. Dieses Verfahren wird oftmals auch angewandt, um das Fondsmanagement effizient und damit kostengünstig darzustellen. Daher ist es nicht verwunderlich, dass nahezu alle ETFs mit besonders günstigen Konditionen „synthetische" ETFs sind.

Da Swaps jedoch grundsätzlich nur außerbörslich mit einer Gegenpartei abgeschlossen werden können, existiert bei synthetischen ETFs – im Gegensatz zu replizierenden ETFs – ein zusätzliches Kontrahentenrisiko. Kann der Swap-Partner seine Verpflichtungen nicht erfüllen, kann es im ETF zu erheblichen Abweichungen in der Performance kommen, da die im ETF enthaltenen Wertpapiere eine andere Kursentwicklung als die in der Benchmark enthaltenen Werte aufweisen können. Wurde dieser Umstand vor der Bankenkrise als eher theoretisch angesehen, haben vorsichtig agierende Anleger synthetische ETFs mittlerweile von ihrer Kaufliste gestrichen.

Die Anbieter von ETFs sind sich dieser Problematik bewusst und haben bereits darauf reagiert. Von den Swap-Partnern werden höhere Sicherheitsleistungen (Stichwort: Overcollateralisation, d. h. der Wert der Sicherheiten übersteigt den Wert des Swaps) verlangt. Alternativ legt die Fondsgesellschaft eine replizierende Parallel-Tranche eines ETF auf, für die jedoch meistens eine geringfügig höhere Verwaltungsgebühr zu entrichten ist.[6]

---

[6] Zur vollständigen gegenüber der synthetischen Replikation vergleiche auch Kommalpha (2010), S. 33.

Zertifikate als Alternative zum ETF

Nicht mit ETF verwechselt werden dürfen ETC (Exchange Traded Commodities) oder ETN (Exchange Trades Notes) für Rohstoff-Investments. Hierbei handelt es sich um eine Sonderform von Zertifikaten, genauer um unbefristete, besicherte Schuldverschreibungen des jeweiligen Emittenten. Die UCITs-Regelungen bzw. das Investmentgesetz greifen hier also nicht.

Das gleiche gilt für von Banken begebene Zertifikate, die in ihrer Anlagestrategie den Publikumsfonds sehr nahe stehen. Zertifikate haben durchaus Vorteile. So gelten beispielsweise bei ihnen die Bestimmungen der Derivateverordnung nicht, weshalb komplexere Derivatestrategien umgesetzt werden können. Der entscheidende Unterschied zu einem Publikumsfonds liegt jedoch darin, dass der Anleger in eine Schuldverschreibung der Bank investiert, die im Regelfall nicht besichert ist. Sollte die Bank zahlungsunfähig werden, muss der Gläubiger unter Umständen auf Teile oder auf die komplette Rückzahlung seines Kapitals verzichten.

4. Gründe für den Einsatz von Publikumsfonds bei institutionellen Anlegern

Vermeidung der Konsolidierungspflicht nach den internationalen Rechnungslegungsvorschriften

Die Einführung von internationalen Rechnungslegungsvorschriften wie z. B. IFRS hat bei institutionellen Anlegern zu massiven Veränderungen in der Struktur der Anlagen geführt. Hält ein Anleger Wertpapiere im Spezialfonds, müssen diese wie Direktbestände in der Bilanz konsolidiert werden. Auch in der GuV schlagen sich Transaktionen sofort nieder. Ist der Anleger jedoch mit weniger als 20% an einem Investmentfonds beteiligt, entfällt die Konsolidierungspflicht nach IFRS.[7]

Dies kann auch bei Anlagestrategien, die mit Derivaten umgesetzt werden, vorteilhaft sein. Oftmals ist es in der Praxis schwierig, z. B. beim Absichern von Positionen, den nach IFRS geforderten sogenannten Sicherungszusammenhang zwischen Derivat und Basisgeschäft darzustellen. Zusätzlich besteht eine umfangreiche Dokumentationspflicht, was schnelles Handeln behindert. Da der Publikumsfonds nach IFRS bei einem Anteil von weniger als 20% bilanziell als ein Wertpapier zu behandeln ist, entfal-

---

[7]   Diese Grenze ist abhängig vom Wirtschaftsprüfer. Es gibt auch Wirtschaftsprüfer, die die Grenze plausibel nachvollziehbar bei 49,9% sehen.

len diese aufwändigen Prozeduren. Der Erwerb beispielsweise eines Long-Short-Rentenfonds in Form eines Publikumsfonds reduziert den Arbeitsaufwand gegenüber der Abbildung in der Direktanlage oder im Spezialfonds also erheblich. Dies ist sicherlich auch Grund dafür, das mittlerweile verstärkt Hedgefonds-Strategien als UCITS-III kompatible Publikumsfonds angeboten werden.

Die 20%-Regelung führt zu der Besonderheit, dass eine Anlage in Publikumsfonds für institutionelle Anleger mit einem größeren Vermögen erst ab einem Fondsvolumen von ca. €80- €100 Mio. interessant wird. Erst ab dieser Summe lassen sich von institutionellen Investoren mit einer größeren Anlagesumme sinnvolle Tranchen eines Publikumsfonds erwerben, die sich dann in der Gesamtperformance der Anlagen auch spürbar auswirken. In Kenntnis dieser Schallmauer bemühen sich die Fondgesellschaften besonders um neue Gelder, wenn der Fonds kurz davor steht, dieses Fondsvolumen zu erreichen. Oftmals können Anleger dann von speziellen Konditionsangeboten profitieren, da sich dem Anbieter mit dem Überschreiten der Barriere ein neuer und äußerst interessanter Kundenkreis erschließt.

Hohe Flexibiliät bezüglich Anlagevolumen, Managerauswahl und Timing

Publikumsfonds bieten dem Anleger zudem eine hohe Flexibilität bezüglich der Höhe der Anlagen und auch des Timings.

Sollen z. B. Nischenmärkte oder bestimmte Strategien nur mit kleineren Summen dotiert werden, kann eine Direktanlage durch einen erhöhten Gebührenanteil sehr schnell teuer werden. Dies ist z. B. bei Aktienmärkten in den Emerging Markets der Fall. Soll dort breit gestreut angelegt werden, ist ein Publikumsfonds ideal, weil schon mit einem Fondsanteil der gesamte Markt abgedeckt werden kann. Oftmals sind in diesen Regionen Direktanlagen aus administrativen Gründen ohnehin nicht möglich, da z. B. Abwicklungskonten vor Ort eröffnet werden müssen. Bei neuen und noch nicht seit langem erprobten Ansätzen, z. B. Long-Short-Strategien im Rentenmarkt, können durch den Erwerb mehrerer Fonds die verschiedenen Modelle und Ansätze der Anbieter erst einmal in der Breite getestet werden, bevor man sich auf ein Modell festlegt.

Verfolgt ein Anleger eine sog. Core Satellite-Strategie, bieten sich Publikumsfonds außerdem für den Teil der Gelder an, die nicht passiv, sondern mit sehr aktiven Ansätzen gesteuert werden sollen. Im Vergleich zu einem klassischen Spezialfondsmandat können Manager mit ungenügendem Erfolg sehr leicht durch einen Verkauf der Fondsanteile ausgetauscht werden.

Für Anleger, die keine Derivate einsetzen dürfen oder wollen, spielt der Timingaspekt darüber hinaus bei der taktischen Allokation eine große Rolle. Mit einem ETF lässt sich ein Engagement in den Märkten in Minutenschnelle auf und auch wieder abbauen.

Schutz im Insolvenzfall

Im Gegensatz zu anderen Anlageformen sind Publikumsfonds – wie Spezialfonds auch – durch die Einordnung als Sondervermögen der Kapitalanlagegesellschaft besonders geschützt und fallen z. B. im Falle der Insolvenz der Fondsgesellschaft nicht in die Konkursmasse. Dies bietet dem Investor ein vergleichsweise deutlich höheres Stück Sicherheit seiner Kapitalanlagen.

5.   Auswahlprozess

Die sorgfältige Auswahl der Fonds trägt in entscheidendem Maß zum gewünschten Erfolg der Anlagestrategie bei. Da es innerhalb jeder Assetklasse unterschiedliche Managementansätze gibt, muss der Investor zunächst sein bestehendes Portfolio analysieren und sich darüber klar werden, in welchen Stil und Kategorie er investieren will. Beispiele sind z. B. Growth oder Value; aktiv oder passiv; Absolute Return oder direktionale Strategien.

Die sich daran anschließenden denkbaren Auswahlverfahren werden nachfolgend dargestellt.

Ratings und Ranglisten

Es gibt eine Vielzahl von Fondsratings und Ranglisten, welche die Qualität von Publikumsfonds in Form von Rankings oder Noten/Sternen beurteilen. Beispielhaft stehen hierfür Namen wie Morningstar, S&P, Telos oder Lipper.

Diese Anbieter verschaffen einen Überblick über in der Vergangenheit gut performende Fonds. Seit kurzem werden bei manchem Anbieter auch qualitative Kriterien in die Beurteilung aufgenommen. Wichtig ist zu beachten, wer für die Fondsbeurteilung bezahlt. Daneben besteht das Problem, dass Fonds oft nicht genau einer Kategorie zuordenbar sind.

Für eine erste Vorauswahl sind diese Informationen aber in jedem Fall hilfreich.

Quantitative und qualitative Analyse

Für eine detaillierte Analyse müssen quantitative und qualitative Kriterien festgelegt werden. Die quantitative Analyse soll auf objektiver Basis die zukünftige Wiederholungswahrscheinlichkeit ermitteln. Die qualitative Analyse soll perspektivische Störfaktoren, die einer Wiederholung der vergangenen überdurchschnittlichen Ergebnisse im Wege stehen, identifizieren.

Quantitative Kriterien sind z. B.:
- Performance über verschiedene Zeiträume in Relation zur Benchmark
- Relative und absolute Risiko-/Ertrags-Kennzahlen (z. B. Information Ratio, Sharpe Ratio etc)
- Organisationsgröße
- Verwaltetes Volumen im betrachteten Segment
- Konditionen
- Stärken/Schwächen in unterschiedlichen Marktphasen

Qualitative Kriterien beinhalten:
- Aufbau/Struktur/Merkmale der Investmentgesellschaft
- Fondsmanagement-Team
- Investmentansatz und -prozess
- Risikomanagement
- Reporting

Diese Informationen werden üblicherweise in Form von Fragebögen bei den Fondsgesellschaften abgefragt.

Nach der Auswertung und Erstellen einer Short List sollte ein Präsentationstermin mit dem Fondsmanagement vereinbart werden, in welchem weitere Fragen und Details geklärt und ein abschließendes Urteil gefällt werden können.

Consultants

Die Hinzuziehung eines Consultants kann bei der Auswahl, Durchführung und Dokumentation der Due Dilligence von Publikumsfonds eine wesentliche Arbeitserleichterung bedeuten, da diese zeitintensiven Prozesse bei institutionellen Anlegern in der Regel nicht in entsprechendem Maße durch Personalkapazitäten abgedeckt sind.

Bei der Auswahl des Consultants ist auf dessen Erfahrung, Zugriffsmöglichkeit auf aktuelle Manager-Datenbanken (Original- und Sekundärdaten) und Unabhängigkeit von Fondsanbietern zu achten.

Idealerweise sollte ein erfolgsabhängiger Vergütungsbaustein vereinbart werden. Entsprechend ist die Fixkomponente nach unten anzupassen. Dies lässt sich mittlerweile – anders als noch vor fünf Jahren – am Markt bei entsprechender Hartnäckigkeit auch durchsetzen.

Die Kosten werden in der Regel durch bessere Ergebnisse aus der Fondsselektion überkompensiert.

6.   Administration, Gebührengestaltung und Informationsbereitstellung

Beim Einsatz von Publikumsfonds treten besondere administrative Zusatzerfordernisse auf.

Abwicklung

Der Erwerb von Publikumsfonds durch Institutionelle kann auf unterschiedliche Weise erfolgen.

Der einfachste Weg ist der Kauf über die Hausbank bzw. direkt bei der KAG . Zur Ermittlung des Anteilsscheinpreises werden dabei die Börsen und gegebenenfalls Devisenkurse vom nächsten bzw. übernächsten Handelstag zugrunde gelegt. Gängige Praxis bei der Zeichnung von Fondsanteilen ist, dass Zeichnungsanträge, die bis zum sog. „Cut off" (z. B. 12 Uhr) bei der KAG eingehen, zum Ausgabepreis des folgenden Bewertungstages abgerechnet werden. Für Aufträge, die nach dem Cut off eingehen, gilt der am übernächsten Bewertungstag ermittelte Preis. In gleicher Weise werden Rücknahmen, die vor dem Cut off eingegangen sind, zum Anteilwert des folgenden Bewertungstages abgerechnet. Rücknahmeaufträge, welche nach 12 Uhr eingehen, werden zum Anteilwert des übernächsten Bewertungstages abgerechnet.

Dadurch wird verhindert, dass Marktteilnehmer aus Preisunterschieden, die sich durch verschiedene Börsenhandelszeiten ergeben können, zu Lasten des Fondsvermögens (und damit der langfristig investierten Anleger) Vorteile ziehen. Dieses Verfahren wird als „Forward Pricing" bezeichnet. Das Forward Pricing macht ein exaktes Timing von Kauf oder Verkaufsaufträgen unmöglich, da der Abrechnungskurs der Fondsanteile in jedem Fall nicht zum Kursniveau bei Ordererteilung erfolgt. Ausgabeaufschläge sind im Geschäft mit Institutionellen zwar nicht üblich. Dies sollte jedoch sicherheitshalber vorab geklärt werden.

Der Erwerb sowie die Veräußerung von ETFs kann ebenfalls über die Hausbank direkt bei der KAG erfolgen. Dies ist jedoch nicht zu empfehlen, da die KAG hierfür meistens Ausgabeaufschläge erhebt. Daher sollte die Order von der beauftragten Bank bei einem der Market-Maker des ETF aufgegeben werden. Bei ETFs, die in Nischenmärkte investieren, Indizes in anderen Zeitzonen abdecken, oder nur ein geringes Fondsvolumen aufweisen, sollte bei einem größeren Ordervolumen vor der Ordererteilung Kontakt zur Fondsgesellschaft aufgenommen werden. Dies gibt dem Fondsmanagement die Möglichkeit, die Order im Kundensinne zu bestmöglichen Kursen auszuführen.

Bei einigen Börsenplätzen kann die Orderausführung auch in die sogenannte „Schlussauktion" gelegt werden. Bei dieser Art der Ordererteilung entfällt die sonst übliche Geld/Brief-Spanne, jedoch erfolgt die Ausführung erst in den späten Abendstunden zum Börsenschluss, bis dorthin besteht also ein Kursänderungsrisiko. Bei entsprechender Ordergröße macht es darüber hinaus analog zum Erwerb von Einzelaktien auch bei hochkapitalisierten Märkten Sinn, mit der ausführenden Bank eine Handelsstrategie festzulegen.

Schließlich können steuerliche Überlegungen es nahelegen, Anteile an einem Publikumsfonds innerhalb eines Spezialfonds oder Masterfonds zu erwerben. Hier kommt der Steuerstundungseffekt für Kursgewinne bei Thesaurierung zum Tragen.

Da Spezialfonds dem InvG unterliegen, muss durch die KAG vor dem Kauf eine Prüfung bezüglich der Einhaltung der gesetzlichen Vorgaben vorgenommen werden. Dies kann mehrere Tage in Anspruch nehmen. In jedem Fall empfiehlt es sich, vorab mit der Investmentfondsgesellschaft über Retrozessionen zu verhandeln, insbesondere bei den klassischen Publikumsfondstranchen. Bei institutionellen Tranchen sind die Konditionen häufig bereits marktgerecht.

Bei großen Volumina kann der Einsatz einer Fondsplattform zur Kostenoptimierung beitragen. Dieses Geschäftsmodell wird in Deutschland von mehreren Instituten angeboten. Es handelt sich dabei um Spezialisten in Bezug auf Abwicklung und Verwahrung von Publikumsfonds. Diese Gesellschaften haben in der Regel aufgrund der bei ihnen verwahrten Fondsvolumen mit den Fondsgesellschaften Sonderkonditionen in Bezug auf die Reduktion von Verwaltungsgebühren vereinbart. Der Anleger kann somit im Einzelfall auf die Verhandlung von Retrozessionen verzichten. Sofern der Investor aber aufgrund seiner großen Volumina individuelle, d. h. bessere Rückvergütungsvereinbarungen mit den Fondsgesellschaften getroffen hat, kann deren Umsetzung ebenfalls von der Fondsplattform vorgenommen werden. Die Fondsplattform übernimmt auch die Überwachung bzw. Einforderung der Retrozessionen für den Anleger. Dies stellt eine erhebliche administrative Entlastung für den institutionellen Investor dar[8]. Werden die Publikumsfonds innerhalb eines Spezialfonds bzw. Masterfonds gehalten, fungiert die Fondsplattform als Sub Custodian der Depotbank.

Sofern die Fondsplattform noch keinen Vertrag mit der jeweiligen Fondsgesellschaft abgeschlossen hat, muss allein schon aufgrund der erforderlichen Prüfungsmaßnahmen mit einer zeitlich verzögerten Umsetzung der Order von bis zu mehreren Tagen gerechnet werden. Dies ist bei der Auswahl der Fondsplattform zu berücksichtigen, was einen Nachteil für kleinere Häuser bedeuten könnte.

Gebührengestaltung

Da sich die Kapitalanlagegesellschaften bei der Preisgestaltung von Publikumsfonds früher ausschließlich auf den Privatanleger fokussierten, führte dies in der Praxis dazu, dass institutionellen Anlegern ab einem bestimmten Mindestanlagevolumen Teile der Verwaltungsgebühren des Publikumsfonds zurückerstattet werden (sog. „Kick-Back" oder „Retrozession"). Da dies jedoch für alle Beteiligten einen hohen Zusatzaufwand bedeutet, werden von den KAGen seit einiger Zeit spezielle Anteilsscheinklassen für institutionelle Anleger (die sog „I-Klasse") angeboten, welche deutlich attraktivere Konditionen aufweisen.

Informationsversorgung

Die bei Masterfonds und vielen Spezialfonds gewohnte detaillierte Berichterstattung in Form von täglich über Internet verfügbaren Bestands- und gegebenenfalls Performance- und Umsatzzahlen ist bei Publikumsfonds nicht vorgesehen. Im Regelfall veröffentlichen die Fondsgesellschaften einmal monatlich ein Factsheet, in dem zum Beispiel Angaben zur Performance, den größten Positionen sowie sektoraler und regionaler Aufteilung gemacht werden. Eine kurze Beschreibung der Marktsituation und ein Ausblick vervollständigen den Bericht. Häufig fehlen allerdings Angaben zum aktuellen Fondsvolumen.

Nicht nur vor dem Hintergrund der jüngsten Turbulenzen an den Märkten sind die üblicherweise bereitgestellten Informationen zu Publikumsfonds für institutionelle Anleger nicht ausreichend. Wichtige Angaben wie zum Beispiel die genaue Zusammensetzung des Bestandes, Ratings, Zusammensetzung von Collaterals etc. sind für

---

[8]   Vgl. Metzler Portfolio Insight (2006): Interview mit Wolfgang Maier.

die Einbeziehung von Publikumsfonds in die Steuerung des Gesamtportfolios von entscheidender Bedeutung.

Institutionelle Anleger sollten deshalb bereits vor Erwerb der Fondsanteile mit der Fondsgesellschaft ein periodisches, mindestens monatliches „Look Through"-Reporting vereinbaren, in dem ihren Informationsanforderungen Rechnung getragen wird. Ein direkter Kontakt zur Fondsgesellschaft ist daneben zur Klärung kurzfristiger Fragen unabdingbar um, falls erforderlich, rechtzeitig bzw. zeitnah reagieren zu können. Exemplarische Beispiele für einen ad hoc-Informationsbedarf waren in den letzten Jahren: Wie hoch ist der Bestand an CDOs, ABS und anderen strukturierten Papieren? Welchen Anteil an Südeuropa-Anleihen hat der Fonds, wie teilen sich diese auf?

Die Bedeutung einer regelmäßigen und zeitnahen Informationsversorgung wird nachfolgend am Beispiel des Fondsvolumens aufgegriffen. Das Volumen eines Publikumsfonds ist entscheidend für den Investitionsanteil des einzelnen institutionellen Anlegers bzw. für die Einhaltung von Grenzwerten, die sich aus IFRS ableiten (20% bzw. 49,9%)[9] oder im Investmentgesetz (25%) vorgegeben sind.[10] Es kann sich jedoch aufgrund von Anlageentscheidungen Dritter kurzfristig und stark verändern.

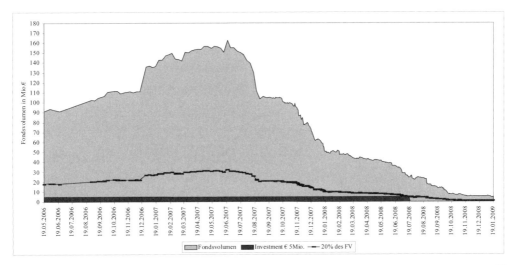

Abbildung 2: Entwicklung des Fondsvolumens und der IFRS-Investitionsgrenze[11]

---

[9]   Vgl. Abschnitt 4 in diesem Beitrag.

[10] Die 25%-Regel ist dann relevant wenn die Publikumsfondsanteile in einem Spezialfonds bzw. Masterfonds gehalten werden. Dann gilt §64 Abs. 3 InvG: Die Kapitalanlagegesellschaft darf für Rechnung eines Sondervermögens nicht mehr als 25% der ausgegebenen Anteile eines anderen inländischen oder ausländischen Investmentvermögens erwerben.

[11] Quelle: Bloomberg, eigene Berechnung

In Abbildung 2 ist die Entwicklung des – ab Mitte 2007 stark zurückgehenden - Publikumsfondsvolumen (hellgrau) sowie ein im Juni 2006 getätigtes Investment von 5 Mio.€ (dunkelgrau) abgebildet. Anhand der schwarzen Linie, die den entsprechenden 20%-Anteil am Fondsvolumen zeigt, erkennt man, wie im Zuge des rapide zurückgehenden Volumens das 5 Mio.€ Invest die 20%-Grenze ab Juli 2008 deutlich überschreitet und deshalb beendet wird.

Ein weiterer wesentlicher Aspekt ist eine mögliche negative Auswirkung auf die Performance, die sich aufgrund eines schrumpfenden Fondsvolumens ergeben kann. Insbesondere in Krisenzeiten zeigt sich dieser Effekt. Besonders offensichtlich wurde dies in der im Sommer 2007 beginnenden US-Hypothekenkrise bei Geldmarktfonds bzw. geldmarktnahen Fonds. Verständlicherweise wurden bei den ersten Fondsanteilsrückgaben zunächst die liquidesten Positionen und damit auch die beste Bonität veräußert. Anleger, die nicht rechtzeitig verkauften, fanden am Ende überwiegend illiquide und qualitativ schlechtere Titel im Bestand ihrer Fonds wieder, was sich dementsprechend im Preis des Fondsanteils und in der Performance niederschlug. Ähnliche Entwicklungen traten vereinzelt bei der Eurokrise bezogen auf griechische Staatsanleihen auf.

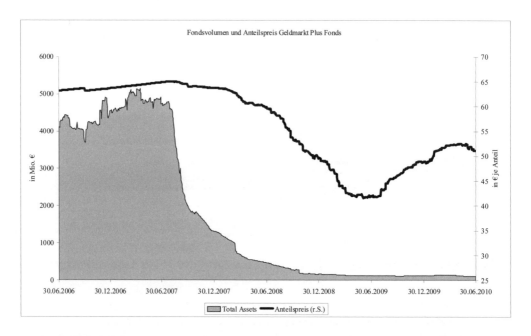

Abbildung 3: Entwicklung des Fondsvolumens und des Anteilspreises[12]

---

[12] Quelle: Bloomberg

Schließlich kann im ungünstigsten Fall noch die Rücknahme von Anteilen unter den Voraussetzungen des § 37 des Investmentgesetzes vorübergehend ausgesetzt werden[13]. Dies betraf z. B. im August 2007 mehrere geldmarktnahe Fonds, die in ABS-Titel investiert waren, für welche am Markt keine fairen Preise mehr zu erzielen waren[14]. Zum Performanceproblem kommt in diesem Fall noch das Liquiditätsproblem hinzu.

Hohe Rückgaben (oder Käufe) von Anteilen haben für die im Fonds verbleibenden bzw. vorhandenen Fondsanteilinhaber zudem den Nachteil erhöhter Transaktionskosten, die zu einer Performanceminderung führen. Dieser Zusammenhang gilt natürlich immer – auch in „normalen Marktphasen" – wird aber in der Regel besonders in Krisenzeiten verschärfend spürbar.

7. Praxisbeispiele

Wie bereits ausgeführt werden Publikumsfonds von institutionellen Anlegern insbesondere aufgrund ihrer Vorteile bei IFRS-Bilanzierung und des Zugangs zu sehr unterschiedlichen aktiven Managementstilen eingesetzt. ETFs als Sonderform passiver Publikumsfonds sind darüber hinaus unter anderem zur taktischen Steuerung geeignet.[15]

Für Anlagen in Aktien könnte folgende Struktur beispielhaft gewählt werden:

---

[13] §37(2) InvG lässt die Aussetzung zu, wenn außergewöhnliche Umstände vorliegen, dies in den Vertragsbedingungen vorgesehen ist und die Aussetzung unter Berücksichtigung der Anlegerinteressen erforderlich erscheint. §37 (3) InvG gestattet der BaFin die Aussetzung der Rücknahme von Anteilen anzuordnen, wenn dies im Interesse der Anleger erforderlich ist.

[14] Vgl. Frank Stocker, Welt online/Welt am Sonntag 12.8.2007.

[15] Vgl. hierzu auch Kapitel 3 dieses Beitrags.

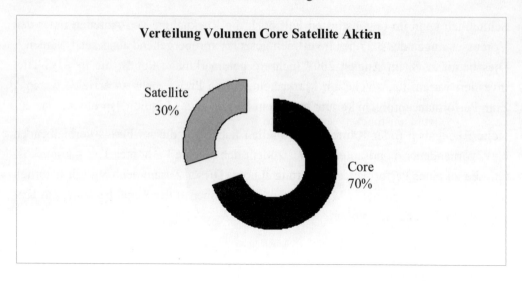

Abbildung 4: Beispiel für eine Core-Satellite-Struktur mit Aktienfonds

Im Beispiel sind 70% der Aktieninvestments als Core-Investments definiert. Die Umsetzung der Core-Anlage erfolgt mit einem großen kostengünstigen passiven Index-Spezialfondsmandat, das z. B. den Euro Stoxx 50 abbildet, und 6 ETFs, über die in breite Indizes wie S&P 500 oder MSCI Japan investiert wird. Die restlichen 30% des Aktienexposures sind als Satellite-Investments klassifiziert und sollen durch aktives Management Outperformance generieren. Die aktive Satellite-Strategie erfolgt aus den in Kapitel 4 genannten bilanziellen Gründen über Publikumsfonds, im Beispiel 20 Publikumsfonds mit unterschiedlichen Investmentansätzen bzw. unterschiedlichem Marktfokus.

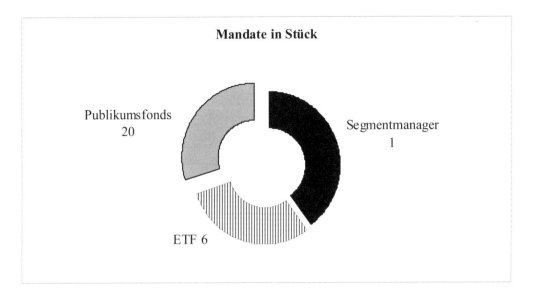

Abbildung 5: Aufteilung der Mandate bei einer Core-Satellite-Struktur mit Aktienfonds

Die dargestellte Aufteilung eines Aktieninvestments kann folgende Vorteile bieten:

- über den passiven Spezialfonds-Segmentmanager kann eine kostengünstigste Lösung für eine bestehende Aktienmindestquote gewählt werden
- durch die ETFs ist eine schnelle und flexible taktische Beta-Steuerung möglich.
- über die aktiven Publikumsfonds können Themen wie Stil oder Steuerung des Risikogrades des Gesamtportfolios abgedeckt werden.
- die IFRS-Auswirkungen auf die GuV des Anlegers sind in dieser Konstellation beherrschbar, da bei passiven Segmentmanagern nur wenige Transaktionen anfallen. Eine Konsolidierung der Fonds ist – mit Ausnahme des Spezialfondsmandates – bei Einhaltung der 20%-Beteiligungsgrenze nicht erforderlich. Dies macht die bilanz- und GuV-schonenden Einsatz von Derivaten möglich.

Im Bereich der Rentenanlagen ergibt sich ein anderes Bild. Hier sind in der Regel die IFRS-Auswirkungen aufgrund der geringeren Volatilität nicht so gravierend. Insofern sind die bilanziellen Nachteile von Spezialfondsmandaten hier nur von untergeordneter Bedeutung. Spezialfondsmanager bieten zudem im Rentenbereich Kostenvorteile und damit eine bessere Performance, da die Managementgebühren in der Regel niedriger als bei Publikumsfonds sind bei gleichzeitig höherer Transparenz. In diesem Beispiel beträgt der Anteil des passiven Core-Investments nur 20% des Gesamtvolumens, während die Satellite-Investments (Durationssteuerung und Creditsteuerung) in aktiven Publikumsfonds und Spezialfonds-Segmentmanagern 80% des Volumens ausmachen.

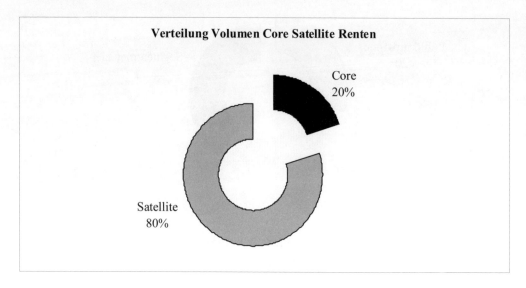

Abbildung 6: Beispiel für eine Core-Satellite-Struktur mit Rentenfonds

Entsprechend wirkt sich dies auch auf die Art der eingesetzten Anlageformen aus.

Im Core Bereich werden neben einem passiven Segmentmanager zusätzlich ETFs – insbesondere zur Steuerung der Investmentquote – eingesetzt.

Über Publikumsfonds werden u.a. Derivate-Strategien und Long-Short-Ansätze abgebildet.

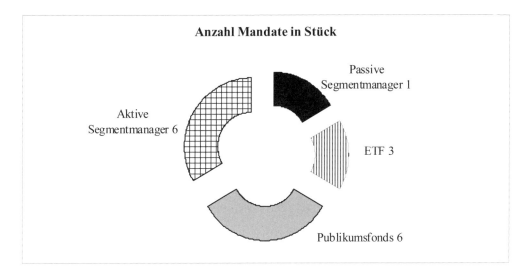

Anzahl Mandate in Stück

Abbildung 7: Aufteilung der Mandate bei einer Core-Satellite-Struktur mit Rentenfonds

8. Kritik und Ansätze zur Verbesserung

Schaffung von mehr Transparenz

Die von den Fondsgesellschaften derzeit übermittelten Informationen an institutionelle Anleger sind in ihrer Qualität sehr heterogen. Die abweichenden Bedürfnisse zu Privatanlegern bzw. zum Retailgeschäft sind noch nicht von allen Anbietern erkannt worden.

In Bezug auf Transparenz würde ein mindestens monatliches Standardreporting, das nachfolgende Mindestbestandteile hat, die Attraktivität von Publikumsfonds für institutionelle Investoren erhöhen bzw. deren Erwerb erst ermöglichen:

- Fondsvolumen
- Erwerbbarkeit nach InvG
- Angabe von Cut off time und Valuta
- Performance des Fonds und der Benchmark
- Angabe der TER (Total Expense Ratio)[16] inkl. Transaktionskosten
- Ausschüttungsinformationen

---

[16] TER gibt Auskunft über die Kosten die jährlich im Fonds anfallen (z. B. Kosten für Verwaltung, Depotbank, Wirtschaftsprüfer etc.). Aktuell sind in Deutschland keine Transaktionskosten enthalten.

- Detaillierte Vermögensaufstellung (Titel, Gewichtung, Währung, Branchen, Laufzeit, Ratings etc.)
- Wesentliche Ereignisse im Berichtszeitraum (z. B. Managerwechsel)
- Änderungen in der Strategie

Ein standardisiertes Reporting wird von den institutionellen Anlegern einem individuellen Reporting vorgezogen, dies hat eine Befragung durch Kommalpha im Jahr 2009 ergeben. Dabei hielten 45% der Befragten ein detailgetreues Standardreporting für unabdingbar. Der Wert für ein individuelles Reporting betrug 25%.[17] Erfreulicherweise gibt es bereits vereinzelt Fondsanbieter, die die Bestände ihrer Publikumsfonds täglich im Internet verfügbar machen. Die Einstellung dieser Informationen ins Internet sollte zum Standard werden.

Bei den Performanceangaben sollte der Wert vor und nach allen Kosten angegeben werden. Hier fehlt insbesondere eine einheitliche allumfassende Festlegung der Zurechenbarkeit von Kosten zu den TER. Teilweise werden auch Akquisitionskosten (z. B. für Fondsratings) dem Publikumsfonds belastet, die eigentlich vom Asset Manager getragen werden sollten.[18] Die 2003 vom BVI u.a. zum Thema Kosten herausgegebenen Wohlverhaltensregeln sind nicht für alle Anbieter verpflichtend.

Teilweise sind Fonds dazu übergegangen, individuelle Gebührenvereinbarungen zu treffen und die Fees direkt dem institutionellen Anleger in Rechnung zu stellen. Bei dieser Vorgehensweise verschafft sich der Fonds in Peergroup-Vergleichen systembedingt einen nicht gerechtfertigten Vorteil, da er seine Performance vor Kosten ausweist.

In Bezug auf Orderschluss und Valuta-Regelungen sind die Bedingungen derzeit bei jedem Fonds unterschiedlich geregelt. Diese Daten sind darüber hinaus nur mühsam zu recherchieren und müssen direkt von der KAG erfragt werden. Dies erschwert in der Praxis die zeitnahe Umsetzung von Strategien. Hier sollte an einer Vereinheitlichung gearbeitet und die Vorlaufzeiten deutlich verringert werden.

---

[17]   Kommalpha (2009), S .9
[18]   Rodewald (2010), S. 1.

Anlegerinteressen

Anlegerinteressen werden nicht immer ausreichend erkannt und berücksichtigt.

Verbesserungswürdig ist z. B. die Information an die Investoren in Bezug auf geplante administrative Maßnahmen bei Fonds. Insbesondere bei ausländischen Fonds besteht hier noch ein hohes Verbesserungspotenzial.

Kommt es zu Fondsverschmelzungen, Gebührenänderungen oder andere, die Fondsadministration betreffenden Regelungen, sollte die KAG die Anleger vorab informieren. Dies ist in der Praxis nicht immer der Fall. Dies gilt auch besonders bei Übernahmen von KAGs oder Asset Management-Gesellschaften durch Konkurrenten.

Im Ergebnis führt ein solcher Informationsmangel zu Problemen an mehreren Stellen:

1) Anlagegrenzen können tangiert werden, insbesondere wenn die Stückelung verändert wird und die Depotbanken und Investoren vorab nicht informiert sind. Dies kann dazu führen, dass – scheinbar – die Anlagegrenzen des InvG überschritten werden und – eigentlich vermeidbarer –, Aufwand ausgelöst wird.

2) Eine Verschmelzung von Fonds birgt die Gefahr einer zunächst nicht erkennbaren Veränderung in der Anlageausrichtung. Da Publikumsfonds meist nur einen Teil der Gesamtstrategie des Anlegers darstellen und gezielt in Bezug auf das Anlagespektrum ausgewählt wurden, ist dies für die Fondsanleger oft kritisch. Dem Anleger bleibt in diesen Fällen nur der Verkauf, verbunden mit ungeplanter Gewinn- bzw. Verlustrealisation.

3) Eine Standardisierung formaler Aspekte ist vor dem Hintergrund der zunehmenden Bedeutung von Publikumsfonds für Institutionelle aus Anlegersicht also dringend erforderlich. Es liegt nahe, deren Entwicklung zukünftig über den Bundesverband Investment und Asset Management e.V. (BVI) stärker voranzutreiben.

Fondsvolumen und Konditionen

Ein Vorteil der Anlage in Publikumsfonds liegt für Institutionelle in der hohen Zahl von Fonds mit unterschiedlichen Investmentansätzen und -stilen sowie der Abdeckung von Nischen.

Diese Vielfalt hat jedoch auch eine Kehrseite:

Selbst wenn nach aufwändiger Recherche das richtige Produkt identifiziert wird, kommt ein Problem zum Tragen: das oft zu geringe Fondsvolumen. Die Praxis hat gezeigt, dass die von Fondsgesellschaften erwartete und avisierte Volumenserweiterung nur in wenigen Fällen eintritt, da alle institutionellen Investoren abwarten, bis andere durch ihre Investments die erforderliche Mindestgröße des Fonds sichergestellt haben.

Ein möglicher Lösungsansatz besteht darin, die interessierten institutionellen Investoren zusammen zu bringen und Zusagen für Anteilskäufe auf einen bestimmten Termin zu fokussieren. Durch diese ‚Club Deals' erreicht der Fonds am vereinbarten Stichtag die notwendige Größenordnung. Von dieser Möglichkeit wurde bislang von den KAGs nur wenig Gebrauch gemacht, obwohl dies vielen potenziellen Käufern helfen würde. Gleichzeitig wird durch diese Vorgehensweise das Problem der überproportionalen Transaktionskostenbelastung für langfristig orientierte Erstinvestoren reduziert.

Eine weitere Alternative – sofern umsetzbar – ist die Einbringung von Seed Capital durch zum Konzern der Fondsgesellschaft gehörige Banken, die diese Vorlage im Hinblick auf die zu erzielenden Fondsgebühren durch zusätzliche Investoren leisten.

Publikumsfonds sind im Vergleich zu Spezialfondsmandaten teuer. Zwar wird bei institutionellen Investoren in der Regel auf Ausgabeausschläge bzw. die am Markt noch seltenen Rücknahmegebühren verzichtet und somit ein spezialfondsähnlicher Zustand hergestellt. Bei den Verwaltungsgebühren liegt das Niveau aber – auch nach Abzug von ausgehandelten Retrozessionen – meist deutlich über vergleichbaren Spezialfondsmandaten. Dies erstaunt umso mehr, als die Serviceleistungen und -aufwendungen bei Publikumsfonds geringer als bei Spezialfonds sind. Jede Volumensausweitung bringt für die Fondsgesellschaft überproportionales positives Ergebnis da die Grenzkosten deutlich geringer zunehmen als die Fee-Erträge.

In vielen Fällen führt dies dazu, dass Anleger aus Kostengründen von einem Investment in Publikumsfonds Abstand nehmen.

Insbesondere Fondsboutiquen, welche die Depotbankfunktion und Administration von Externen einkaufen müssen, haben hier Nachteile, da die beteiligten Partner in ihrer Preisgestaltung wenig Flexibilität zeigen.

Hier erweist es sich als Nachteil, dass bei vielen Gesellschaften noch die Verhaltensmuster aus der Zeit der reinen Privatklientel für Publikumsfonds vorherrschen, bei denen Preissensitivität, auch aufgrund geringerer Marktmacht, nicht in entsprechendem Masse vorhanden ist.

Um die Attraktivität zu erhöhen, müssen die Kosten bei Publikumsfonds für Institutionelle stärker an die der Spezialfonds angenähert werden. Bei niedrigeren Verwaltungsgebühren werden die Investoren auch Performance Fees akzeptieren, die der KAG bei ordentlicher Leistung auch gute Gewinne ermöglichen. Auch an die Fondsgröße gekoppelte Gebührenstaffeln können zur Reduktion des Kostennachteils beitragen.

Dass Bewegung in die Kostensituation kommen kann, hat sich am Beispiel der ETFs gezeigt, die deutlich kostengünstiger geworden sind. Hier hat der zunehmende Wettbewerb funktioniert.

9. Fazit

Publikumsfonds haben sich in den letzten Jahren für institutionelle Anleger als wichtiger Bestandteil in der Umsetzung der Investmentpolitik etabliert. Insbesondere für nach IFRS bilanzierende Anleger sind Publikumsfonds eine beachtenswerte Alternative zu den klassischen Spezialfonds geworden, da hier die Konsolidierungspflicht unter Beachtung von Beteiligungsobergrenzen vermieden werden kann. Neben bilanziellen Gründen sprechen auch die Flexibilität und Produktvielfalt für den Einsatz von Publikumsfonds. Auf der Gebührenseite wurde mit der Einführung von institutionellen Anteilsklassen ein wichtiger Schritt in Richtung Wettbewerbsfähigkeit unternommen.

Gerade für institutionelle Anleger ist aber wichtig, einige Zusatzanforderungen an die Fonds zu stellen. Insbesondere Fragen der Transparenz bezüglich Beständen, Anlagestrategie, Kosten etc. sind hierbei zu nennen. Auch der Publikumsfonds bedarf einer regelmäßigen Überwachung in Bezug auf Strategiekonformität und Qualität.

Wenn es der Fondsbranche gelingt, die speziellen Interessen der institutionellen Anleger besser zu verstehen und in ihren Produkten und Informationspolitik zu berücksichtigen, wird die Bedeutung der Publikumsfonds für Institutionelle auch in Zukunft weiter zunehmen.

Literaturverzeichnis

Kommalpha/ Telos (Kommalpha/Telos, 2010): Der Spezialfondsmarkt 2010. Aktuelle Entwicklungen auf dem deutschen Spezialfondsmarkt aus der Sicht von Investoren.
Kommalpha (Kommalpha, 2009): Fondsmarkt – Marktherbung: Institutionelle Publikumsfonds, Ausgabe 1/2009.
Kommalpha (Kommalpha, 2010): Indexfonds in Deutschland 2010 (Whitepaper).
Metzler (Metzler, 2010): Metzler Portfolio Insight 2.Q.2006: Interview mit Wolfgang Maier.
Rodewald, M. (Rodewald, 2010): dpn Brief, Oktober 2010.

Immobilien-Sondervermögen bei institutionellen Investoren

von René Höpfner/ Carl-Heinrich Kehr

1. Aufgabenstellung

Zu Kapitalanlagen in Immobilien lässt sich unter institutionellen Anlegern ein zwiespältiges Verhältnis konstatieren:

Die Assetklasse wird als intransparent empfunden, mit verdeckten Kosten aus vielfältigen Quellen. Im Zuge der Finanzkrise haben sich viele ihrer Risiken materialisiert. Die bei einigen Investoren eingerichteten internen Immobilienmanager neigen mitunter dazu, ein Eigenleben zu führen, und bleiben, mit dem Verweis auf die Besonderheiten der Immobilienanlage, vielfach eine volle Rechenschaft schuldig. Generell betonen Immobilienmanager die Andersartigkeit der Immobilienanlage. Das wird oft manifestiert in einem Jargon, mit dem sich die Branche zunächst abzugrenzen versucht und dann gegenseitig in der Fachkunde examiniert. Im Umgang mit externen und auch internen Fondsmanagern fühlen sich die für die gesamten Kapitalanlagen Verantwortlichen oft unsicher. In der Konsequenz sehen sich viele Investoren immer weniger in der Lage, steuernd auf ihre Immobilienanlagen einzuwirken.

Aus Sicht der Fondsmanager haben Immobilienfonds in manchen Fällen als Betätigungsfeld für Anleger gedient, die mit einzelnen überoptimistischen Erwartungen gezielte Konzentrationen anstrebten. Dies führte zu Verlusten in manchen Fonds, die nicht nur für den Investor unerfreulich waren, sondern dem Fondsmanager einen Reputationsschaden einhandelten.

Letztlich geht es auch bei der Immobilienanlage um nichts anderes als Performance. Viele Investoren, die im Zuge der Finanzkrise negative Überraschungen erlebt haben, sind nun darum bemüht, die Ursachen zu verstehen. Vereinzelt wurden die Immobilienanlagen grundsätzlich in Frage gestellt. Angesichts der neuen Entwicklung mit einem extremen Niedrigzins-Umfeld, das bis auf weiteres anzudauern scheint, drängen sich Immobilien erneut in den Blickpunkt und so entsteht ein Dilemma.

Mit diesem Blick in das Erfahrungsspektrum der institutionellen Immobilienanlage soll das Feld eröffnet sein, auf dem die Standards der Immobilienanlage in Fonds und die Methoden der externen Evaluierung ausgeführt werden. Die wesentlichen Punkte sind dabei:

- Den Nutzen der Assetklasse für institutionelle Anleger charakterisieren – was können Immobilien und was sind überhöhte Erwartungen?
- Das vollständige Anlageuniversum vorstellen.
- Eine Struktur geben für die Wertschöpfung im Immobilienmanagement, um die Ansatzpunkte für Investoren zu einer zielgerichteten Zusammenarbeit mit den Fondsmanagern aufzuzeigen.

- Wichtige Arbeitsmethoden der Fondsmanager erkennbar machen, was zur Beurteilung ihrer Leistungsfähigkeit nützlich ist.
- Zentrale Methoden der Performancemessung erläutern und genauere Überwachung der Manager ermöglichen.
- Die Kostenstrukturen in der Immobilienanlage erhellen.

In diesem Beitrag werden zu allen genannten Bereichen sowohl Best Practice als auch einige wichtige Sonderfälle vorgestellt, wobei eine Vollständigkeit bei letzteren angesichts der großen Zahl von Kombinationsmöglichkeiten kaum darstellbar scheint.

2. Immobilien in der institutionellen Asset Allocation

Zur ersten Einschätzung der Risiko-Einstellung eines institutionellen Investors gibt die Frage nach seiner Aktienquote bereits eine recht zuverlässige Indikation. In der Aussagefähigkeit gleich danach rangiert die Frage nach der Immobilienquote. Welche Rolle spielen Immobilien in der institutionellen Kapitalanlage generell? Zu dieser Frage gibt es zahlreiche Befunde.

Land	Immobilienquote (%)
Irland	4
UK	2
Belgien	3
Schweden	4
Schweiz	15
Spanien	1
Portugal	6
Niederlande	4
Frankreich	4
Norwegen	17
Deutschland	7

Tabelle 1: Immobilienquoten in Europa[1]

---

[1] Quelle: Mercer Asset Allocation Survey 2010. Ergebnisse einer Befragung von Pensionsplänen, mit ca. 1000 Teilnehmern aus 11 Ländern und mit insgesamt ca. € 500 Mrd. Vermögen. Durchschnitt nach der Anzahl teilnehmender Investoren im jeweiligen Land. Zeitraum der Befragung Dezember 2009.

Speziell für die Versicherungsbranche zeigt nachfolgende Tabelle die Immobilienquoten für 2010:

Deutsche Versicherungen	Immobilienquote (%)
Ist Anfang 2010	6,1
Plan für 2010	6,4

Tabelle 2: Durchschnittliche Immobilienquoten deutscher Versicherungen[2]

Als Fazit lässt sich festhalten, dass die Immobilienquote deutscher Investoren im internationalen Vergleich im Mittelfeld liegt. Die tägliche Erfahrung mit Investoren offenbart, dass hinter diesen Durchschnittswerten eine breite Streuung der Immobilienquote steht. Diese kann auch als Ausdruck einer Unsicherheit bei Investoren interpretiert werden, wie mit dieser Assetklasse angemessen umgegangen werden kann.

Funktion von Immobilien-Investments

In der typischerweise diversifizierten Anlagestrategie institutioneller Investoren erfüllen Immobilien mehrere Funktionen:

- Quelle stetiger Erträge,
- Diversifikation zu anderen Assetklassen,
- Schutz vor unerwarteten Steigerungen der Inflation.[3]

Der Beitrag zur Diversifikation und zur Ertragsgenerierung wird in der nachfolgenden Tabelle verdeutlicht. Dazu wurde in jedem Jahr für neun elementare Assetklassen die Rangfolge nach ihrer Rendite in dem Jahr aufgestellt. Der dabei für Immobilien resultierende Rang wird in der nachfolgenden Tabelle gezeigt zusammen mit dem jeweiligen Wert für die Rendite. Als Rendite für Immobilien-Investments wird ein Total Return von Immobilien-Indizes verwendet.

---

[2] Quelle: Ernst & Young 2010, eigene Berechnungen.

[3] Vgl. Swensen (2000), S. 216.

Jahr	Rang (von 9 Assetklassen)	Performance (%)
1999	5	11,4
2000	2	12,3
2001	1	7,5
2002	5	6,8
2003	5	9,0
2004	1	14,5
2005	2	20,1
2006	1	16,6
2007	1	15,6
2008	5	-6,5
2009	9	-16,9
2010 (bis 31.5.)	5	0,8

Tabelle 3: Historische Jahresrenditen von Immobilien und Performancerang innerhalb der Assetklassen[4]

Die gezeigten Daten zeigen die grundsätzliche Tendenz, dass Immobilien im Ranking der Assetklassen

- in ihrer absoluten Performance immer wieder oben dabei sind,
- in den allermeisten Jahren auch tatsächlich eine positive Performance erreicht haben.

Die Funktion einer Assetklasse in einer gesamthaften Anlagestrategie kann im ersten Schritt und auf einfache Weise anhand von „Cross-Asset Class" Korrelationen abgeschätzt werden. Nachfolgende Grafiken illustrieren die möglichen Diversifikationsbeiträge von Immobilien, wobei mit Korrelationen über den gleitenden Zeithorizont von 36 Monaten die Perspektive eines langfristigen Investors eingenommen wird.

---

[4]   Daten: Global Equity – MSCI World, Global Bonds – Barclays Global Aggregate, Cash – Euribor 3M, Real Estate – NAREIT, Commodity – UBS (ehem. DJAIG) Commodities, Hedge Funds – HFRI FoF Composite, Euro Aggregate – Barclays Euro Aggregate Euro Corporates – Barclays Euro Corporates, Balance: Portfolio of 30% Euro Agg, 20% Euro Corporates, 30% Global Equity, 10% Real Estate, 5% Commodities, 5% Hedge Funds. Daten bis 31. Mai 2010.
    Quelle: Bloomberg, MSCI Barra, Barclays Capital. Eigene Berechnungen Mercer Deutschland GmbH.

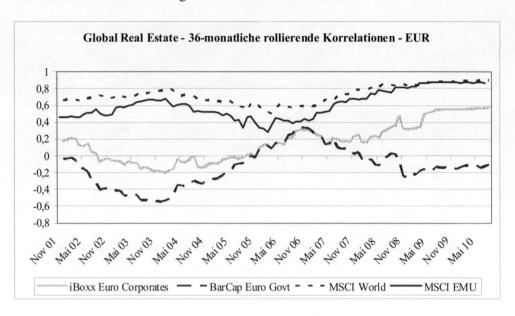

Abbildung 1: Diversifikationspotenzial globaler Immobilien-Investments[5]

Zunächst zeigt sich für globale Immobilieninvestititonen aus Sicht eines Euro-basierten Investors für die wichtigen Assetklassen Euro-Unternehmensanleihen, Euro-Staatsanleihen, Euro-Aktien sowie globale Aktien ein, gemessen an der Korrelation, im Zeitablauf stark schwankender Diversifikationsbeitrag. Für Unternehmensanleihen ist dieser größer als für Aktien. Seit 2008 ist der Diversifikationsbeitrag von globalen Immobilien für Portfolios entwickelter Länder sowohl in Europa als auch weltweit zurückgegangen.

Für europäische Immobilien-Investments zeigt die nachfolgende Grafik wiederum starke Schwankungen im historischen Zeitablauf, die gegenüber globalen Immobilien sogar noch akzentuierter ausgefallen sind. Das Diversifikationspotenzial ist dem gegenüber durchweg größer.

---

[5]   Daten und Quellen: Epra/Nareit Global Real Estate Index, in EUR, Bloomberg; Barclays Capital Euro Government Bond All Maturities Index; MSCI Barra; eigene Berechnungen.

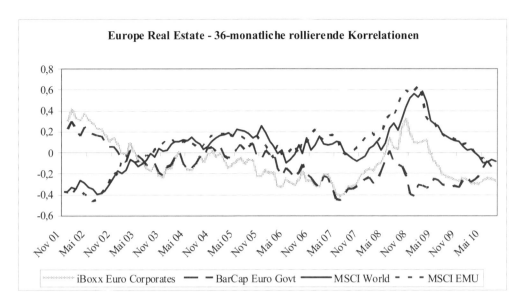

Abbildung 2: Diversifikationspotenzial europäischer Immobilien-Investments[6]

Gelegentlich wird von Immobilien als sog. „Real Assets" gesprochen. Zu dieser Kategorie werden dann noch weitere Assetklassen wie Rohstoffe, Wald (Timberland), Agrarland, Infrastruktur u.a. gezählt, denen eine in hohem Maße direkte inflationsabhängige Wertentwicklung zugesprochen wird. Bei genauerer Betrachtung zeigt sich jedoch, daß die Kategorie der Real Assets ausgesprochen heterogen ist und die Unterschiede zwischen ihren Elementen so erheblich, dass die Bildung einer Untergruppe „Real Assets" innerhalb der übergreifenden Assetklasse der sogenannten Alternatives allein noch keinen Zusatznutzen verspricht. Dazu wären weitere Differenzierungen innerhalb der so nur begrifflich zusammengeführten Real Assets erforderlich und sinnvoll.

Die Heterogenität innerhalb der Gruppe der sog. Real Assets wird hier beispielhaft anhand von Korrelationen zwischen Wald (Timberland) und globalen Immobilien illustriert. Dabei werden mit 12 und 36 Monaten zwei unterschiedliche lange Zeitfenster zur Ermittlung dieser Korrelationen abgedeckt. Aus den starken Schwankungen einschließlich Vorzeichenwechsel im Zeitablauf sowie der absoluten Höhe erscheint es schwierig, von Real Assets als einer homogenen Gruppe von Assetklassen zu sprechen.

---

6   Daten und Quellen: Epra/Nareit Europe Real Estate Index, in EUR, Bloomberg; Barclays Capital Euro
      Government Bond All Maturities Index; MSCI Barra; eigene Berechnungen.

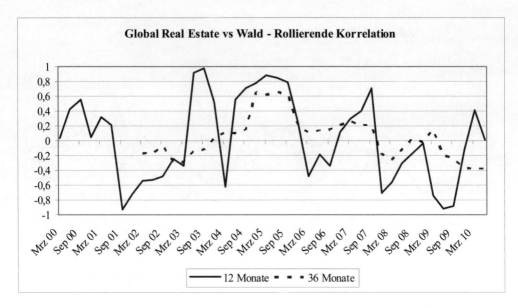

Abbildung 3: Heterogenität innerhalb von Real Assets[7]

Schließlich soll der Frage nachgegangen werden, inwieweit mit langfristigen Investments in Immobilien eine inflationsschützende Wirkung verbunden sein kann. Die theoretische Basis dafür lieferte IRVINE FISHER mit der Erklärung des Zusammenhangs zwischen nominalen und realen Zinsen.[8]

Die ersten empirischen Untersuchungen zur Schutzwirkung von Immobilien gegen Inflation gehen in das Jahr 1977 zurück.[9] Seitdem beschäftigt sich die Wissenschaft ausführlich mit dieser Fragestellung, entwickelte verschiedene Modelle, testete unterschiedliche Zeiträume und Märkte.[10] Das Ergebnis ist meist identisch. Ein positiver Zusammenhang zwischen Inflation und Wertentwicklung einer Immobilie ist plausibel und lässt sich für sehr langfristige Zeiträume auch konstatieren. Kurz- und mittelfristig ist empirisch jedoch keine nennenswerte Korrelation zwischen Inflation und Immobilienrenditen nachweisbar.

---

[7]   Daten und Quellen: Global Real Estate: Epra/Nareit Global Real Estate Index, in USD, Bloomberg; Wald (Timberland): Ncreif Timberland Index, in USD; eigene Berechnungen.

[8]   Vgl. Fischer (1930).

[9]   Vgl. Fama/ Schwert (1977).

[10]   Vgl. u.a. Adrangi/ Chatrath/ Raffiee (2004), Glascock/ Lu/ So (2002), Hoesli/ Lizieri/ MacGregor (2006), Larsen/ McQueen (1995), Rubens/ Bond/ Webb (1989), Yobaccio/ Rubens/ Ketcham (1995), Barkham/ Ward/ Henry (1996), Chu/ Sing (2004), Ganesan/ Chiang (1998), Hamelink/ Hoesli (1996), Matysiak/ Hoesli/ Nanthakumaran (1996), Newell (1996), Sing/ How (2000), Tarbert (1996).

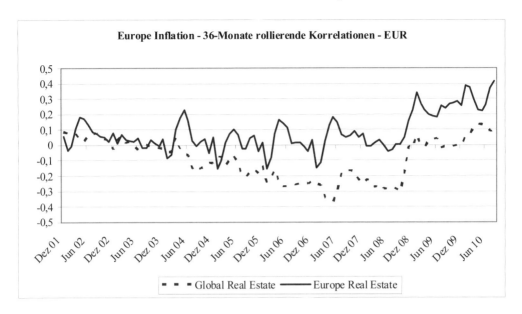

Abbildung 4: Inflation und Immobilien-Renditen[11]

Die geschätzten Korrelationen signalisieren für europäische Immobilien-Investments insgesamt keinen Gleichlauf mit der Preisentwicklung. Erst seit Ende 2008 ist ein Anstieg der Korrelation zu beobachten, der bisher auf kein Niveau führte, das als hoch einzustufen ist. Für globale Immobilien-Investments ist der Gleichlauf noch geringer, wobei von Mitte 2004 bis Mitte 2008 die Bewegungen sogar gegenläufig waren. Einige Marktteilnehmer sprachen in diesem Zusammenhang von einem adversen Inflationshedge. Bei der Beurteilung dieser Daten ist zu berücksichtigen, dass die tatsächlichen Rahmenbedingungen institutioneller Investoren, die aus ihren Kapitalanlagen komplex strukturierte Verpflichtungen mit vielfältigen Exposures zu Inflationsrisiken zu alimentieren haben, mit diesen Illustrationen nur angenähert werden können.

Zusammenfassend lässt sich festhalten, dass auch bei der Beurteilung der Hedging-Eigenschaft von Immobilien gegen Inflation stets die Heterogenität der Assetklasse berücksichtigt werden muss. Neben der Zinssensitivität einer Immobilie beeinflussen daher auch andere Werttreiber wie beispielsweise Lage, Demografie und Lohnniveau den Inflationszusammenhang.

---

[11] Daten und Quellen: Global/Europe Real Estate: Epra/Nareit, in EUR, Bloomberg; Europa-Inflationsrate: Eurostat HICP-Index; eigene Berechnungen.

Der wesentliche Beitrag zur Sicherung vor Veränderungen der Preisstabilität ist sicherlich in der standardmäßig genutzten Möglichkeit zu sehen, die Höhe von Mieten an die Preisentwicklung zu koppeln. Abhängig von der Mietlaufzeit bieten zudem Neuvermietungen weitere Möglichkeiten der Anpassung von Einnahmen an die Preisentwicklung. Ebenfalls bieten Immobilieninvestments mit Betreibermodellen einen fundamental besseren Inflationsschutz. Hierzu zählen insbesondere Umsatzmieten, wie diese im Einzelhandelssektor anzutreffen sind.

Als Schlussfolgerung für Investoren gilt daher, dass der Inflationsschutz nur ein strategisches Argument für langfristig orientierte Anleger ist und auch nur dann, wenn die Immobilie eine Reihe von Kriterien wie bspw. die Mietindexierung erfüllt.

Einflussfaktoren einer Strategie für Immobilien-Investments

Die folgenden Kriterien bestimmen maßgeblich die strategische Ausrichtung der Immobilien-Investments:

- Regulatorische Anforderungen
- Liquiditätsprämissen
- Renditeziele und Risikoniveaus
- Diversifikationskriterien (Risikoreduzierung)
- Anlageformen

Die möglichen Ausprägungen zu diesen Kriterien werden in den nachfolgenden Kapiteln vorgestellt und erörtert.

2.   Rendite- und Risiko-Niveaus im Anlageuniversum für Fonds

Performancekennzahlen für Immobilienanlagen

In keiner anderen Assetklasse lassen sich wohl so viele verschiedene Performancekennzahlen ermitteln wie bei der Immobilie. Individuelle Auslegungen der Begriffe und nicht standardisierte Berechnungsverfahren erschweren zudem die Vergleichbarkeit der Kennzahlen und führen nicht selten zu einer eingeschränkten Aussagekraft von einigen dieser Performancekennzahlen. Verschiedene Organisationen versuchen seit einigen Jahren, Standards zu schaffen, und veröffentlichen Richtlinien für die Messung der Performance von Immobilienanlagen, darunter die Gesellschaft für Immobilienwirtschaftliche Forschung e.V. (gif), INREV – European Association for

Investors in Non-listed Real Estate Vehicles, Investment Property Databank Ltd.(IPD) und der Bundesverband Investment und Asset Management e. V. (BVI).

In diesem Abschnitt werden die gängigsten Kennzahlen vorgestellt und Empfehlungen für den Einsatz auf Investorenebene gegeben. Die Performancekennzahlen für Immobilienanlagen lassen sich unterscheiden in:

- Kennzahlen der Objektrentabilität vor Ankauf (Ankaufsrendite),
- Gesamtkapitalrendite auf Objektebene nach Ankauf (Total Return),
- Eigenkapitalrendite nach Kosten und Steuern (Investment Return).

Ankaufsrendite

Bereits bei der Ankaufsrendite trifft man auf unterschiedliche Begrifflichkeiten und Ermittlungsmethoden. Sehr häufig wird die Kapitalisierungsrate der Immobilie (Cap Rate) oder die Netto-Verzinsung (Yield) als Maß der Rentabilität einer Immobilie herangezogen.

Die **Cap Rate** ermittelt sich aus den jährlichen Nettoeinnahmen abzüglich nicht umlagefähiger Kosten geteilt durch den Kaufpreis ohne Anschaffungsnebenkosten. Der Nachteil der Cap Rate liegt in der fehlenden Berücksichtigung der Anschaffungsnebenkosten, die mit 5 bis 10% des Kaufpreises wesentlich sein können. Besser geeignet für die Beurteilung der laufenden Rentabilität eines Objektes zum Zeitpunkt des Ankaufs ist daher der **Net Yield,** der im Gegensatz zur Cap Rate im Nenner die Anschaffungsnebenkosten enthält. Zu den Anschaffungsnebenkosten zählen sämtliche bei einem Immobilienerwerb für den Käufer anfallende Kosten wie u. a. Grunderwerbsteuer, Notarkosten, Maklerprovision, Due Diligence-Kosten, Rechtsberatung.

Sowohl Cap Rate als auch Net Yield haben jedoch zwei Nachteile: Zum Einen werden keine internen oder externen Asset Management-Gebühren abgezogen und zum anderen lassen sich anhand beider Kennzahlen keine Aussagen über die erwartete Rentabilität durch aktives Management oder ein verändertes Marktumfeld ableiten. Dennoch erscheint aber gerade für Core-Investments mit einer Buy-and-Hold-Strategie das Heranziehen des Net Yields sinnvoll zu sein, um abzuschätzen, ob ceteris paribus das angebotene Objekt die auf Investorenseite geforderte Mindestverzinsung erreicht.

Total Return

Sobald eine Immobilie für ein Portfolio erworben wurde, nimmt die Komplexität der Performancemessung sprunghaft zu, insbesondere wenn der Total Return ermittelt werden soll. Die IPD-Definition[12] des Total Return lautet: *„Der Total Return ist die Veränderung des Kapitalwertes abzgl. aller angefallenen Kapitalaufwendungen plus Nettoerträge, ausgedrückt als Prozentsatz des gebundenen Kapitals während des Betrachtungszeitraumes.“*

$$TR_t = \frac{\sum_{j=1}^{N} \left(VW_{jt} - VW_{j(t-1)} - GKA_{jt} + GKE_{jt} + NM_{jt} \right)}{\sum_{j=1}^{N} \left(VW_{j(t-1)} + GKA_{j(t-1)} \right)}$$

mit

TR_t Total Return im Monat t
VW_{jt} Verkehrswert des Objekts j zum Monat t
$VW_{i(t-1)}$ Verkehrswert des Objekts j im Vormonat
GKA_{jt} Gesamte Kapitalaufwendungen (inkl. aller Zukäufe,
             Projektentwicklungen und sonstiger Kapitalaufwendungen)
GKE_{jt} Gesamte Kapitaleinnahmen (inkl. aller Verkäufe und
             sonstiger Kapitaleinnahmen)
NM_{jt} Nettomieteinnahmen für das Objekts i im Monat t

Abbildung 5: Total Return von Immobilien-Investments[13]

Der Total Return beinhaltet somit neben der Netto-Cashflow-Rendite aus den laufenden Mieteinahmen (Income Return) auch die Wertänderungsrendite (Capital Income oder Capital Growth).

Die in der Historie realisierten Beiträge der Komponenten des Total Return von Immobilienfonds stellt die nachfolgend gezeigte Tabelle anhand von Inrev-Daten[14] heraus. Die Daten umfassen Fonds aller Risikoprofile, Nutzungsarten sowie regionaler Allokationen innerhalb Europas.

---

[12] IPD steht für Investment Property Databank GmbH (ehemals DID Deutsche Immobilien Datenbank GmbH)

[13] Quelle: The IPD Index Guide – Edition Five September 2009.

[14] Inrev steht für die European Association for investors in non-listed real estate funds.

Kennzahl (%)	2001	2002	2003	2004	2005	2006	2007	2008	2009
Total Return	9.5	6.3	6.8	15.8	19.7	19.5	-2.3	-27.1	-5.3
Capital Growth	5.1	1.9	1.4	10.4	14.4	15.5	-6.2	-30.5	-8.7
Income Return	4.4	4.4	5.4	5.3	5.3	4.1	3.9	3.4	3.4

Tabelle 4: Performance europäischer Immobilienfonds (alle Vehikel)[15]

Die nachfolgende Tabelle zeigt den Total Return einiger europäischer Immobilienmärkte im Zeitablauf.

Land	2000	2001	2002	2003	2004	2005	2006	2007	2008	2009
Frankreich	14,2	9,7	8,6	8,0	10,0	15,4	21,9	17,8	-0,9	-1,4
Deutschland	5,6	5,4	3,9	2,9	1,1	0,6	1,4	4,5	3,3	2,5
Irland	28,8	8,1	2,4	12,4	11,4	24,4	27,2	9,9	-34,5	-23,3
Spanien	-	9,1	8,7	8,2	10,8	16,9	16,9	12,4	-3,7	-9,4
Schweiz	-	-	5,6	5,4	5,2	5,2	5,9	7,1	6,1	5,5
United Kingdom	10,5	6,8	9,6	10,9	18,3	19,1	18,1	-3,4	-22,1	3,5

Tabelle 5: Performance europäischer Immobilienmärkte (alle Nutzungsarten)[16]

Ausgangsbasis für die Ermittlung des Total Return und damit gleichzeitig auch das
Kernproblem ist die (Neu-)Bewertung des Objektes zu Marktwerten. Der Marktwert
entspricht dem geschätzten Geldbetrag, für welchen eine Immobilie am Tag der Bewertung zwischen einem verkaufsbereiten Veräusserer und einem kaufbereiten Erwerber nach angemessener Vermarktungsdauer in einer Transaktion zwischen unabhängigen Dritten gehandelt würde, wobei jede Partei mit Sachkenntnis, Umsicht und ohne
Zwang handelt.

Immobilien sind heterogene Güter, deren Wert primär von Fundamentaldaten wie
Lage, Mietverträgen und Objektqualität abhängen sollte. Das theoretische Modell für
die Wertermittlung ist recht simpel. Danach entspricht der Wert *W* einer Immobilie der
Summe der erwarteten diskontierten Einnahmen:

$$W = \sum_{t=1}^{T} \frac{\text{Netto-Miete}_t}{(1+\text{Zins})^t}.$$

---

15 Quelle: INREV per 31.12.2009; eigene Berechnungen.
16 Quelle: IPD Multinational Index Spreadsheet 2009; eigene Berechnungen.

Die Wertermittlung ist daher grundsätzlich mit Prognoseunsicherheit verbunden. Zudem können Käufer und Verkäufer unterschiedliche Erwartungen an die Entwicklung von Mietniveaus einschließlich Chancen und Risiken aus Leerständen haben, so dass typischerweise:

Kaufpreis ≠ Bewertung

gilt. Diese Divergenz wird zudem durch unterschiedliche Ansätze bei der Diskontierung verstärkt. Unterschiede treten nicht nur generell zwischen der Anwendung von objekt- oder marktbezogenen Diskontierungssätzen auf, teilweise findet auch ein Expertenstreit zwischen der Anwendung von Spitzen- und Durchschnittsrenditen statt.

Losgelöst von den grundsätzlichen Problemen bei der Wertermittlung eines Objektes werden auch beim Total Return für den Investor relevante Faktoren vernachlässigt, die bei einer zukünftigen Objektveräußerung die Rendite beeinflussen. Beispielsweise werden weder Finanzierungseffekte und -kosten, Steuern[17], Verkaufsgebühren noch eventuell anfallende performanceabhängige Vergütungen eingerechnet. Aus dem Total Return als Maßzahl für unrealisierte Bruttovermögenswerte können daher lediglich Tendenzaussagen für den zu erwartenden Ertrag abgeleitet werden.

Zur Beurteilung der laufenden Ertragsfähigkeit der erworbenen Immobilien greifen Investoren und Manager gerne auch auf sogenannte Cash on Cash-Returns zurück. Hierbei handelt es sich nicht um einen stehenden Begriff, auch diese Kennzahl kann auf verschiedene Weise ermittelt werden. Erste Varianten ergeben sich meist durch die Betrachtung auf Vor- und Nachsteuerebene sowie vor und nach Finanzierungseffekten. Bei Fondsinvestments sind auch beim Cash on Cash-Return keine Fondsgebühren enthalten. Aussagekräftig für den Investor sind lediglich Berechnungen nach Steuern und Leverage, d. h. die jährlichen Nettoeinnahmen abzüglich nicht umlagefähiger Kosten, Capital Costs (beinhalten sämtliche Kosten wie Leasing Commissions, CapEx), laufender Steuern sowie Fremdfinanzierungskosten, geteilt durch die Summe aus Kaufpreis und Anschaffungsnebenkosten.

---

[17] Die Nachsteuerbetrachtung kann vor allem bei ausländischen Fondsstrukturen eine sehr hohe Relevanz annehmen. So können anfallende Capital Gains Dividends in den USA über 30 Prozent betragen, zusätzlich tritt – je nach der Möglichkeit zur Anrechenbarkeit – eine weitere Steuerbelastung in Deutschland auf.

Investment Return

Der Investment Return ermittelt die Netto-Eigenkapitalrendite auf Ebene der Investoren. Der Branchenverband INREV definiert die Nettorendite als den Betrag, den ein Investor über einen festgesetzten Zeitraum nach Abzug aller fondsbezogenen Gebühren sowie aller weiteren Aufwendungen einschließlich Steuern und Fremdkapitalaufwendungen erzielt.[18]

Etabliert hat sich die Ermittlung der Netto-Rendite als interner Zinsfuss (IRR) gemäß der folgenden Gleichung:

$$\sum_{t=0}^{T} \frac{CF_t}{(1+IRR)^t} = 0 \, ,$$

wobei *CF* den Cash Flow und *t* den Zeitpunkt des jeweiligen Cash Flows bezeichnet.

Auch mit dem IRR sind grundsätzliche Probleme verknüpft, die jedoch bei Immobilieninvestments weniger stark ausgeprägt sind als bei anderen Assetklassen wie z. B. Private Equity. Dennoch empfiehlt es sich, zusätzlich zu IRR-Kennzahlen grundsätzlich auch Kostenmultiplikatoren zu betrachten. Empfehlenswert ist beispielsweise die Ermittlung der Kennzahl Total Value to Paid-in (TVPI). Diese stellt die realisierten Ausschüttungen, Kapitalrückführungen sowie die Netto-Vermögenswerte ins Verhältnis zum ursprünglich eingezahlten Eigenkapital.

Deutlich wird, dass die Performancemessung unrealisierter Immobilientransaktionen unverändert schwierig ist und auch Freiräume existieren, die gerne auf Seiten von Fondsmanagern in bestimmten Marktzyklen ausgenutzt werden, um die eigene Leistung besser darzustellen. Investoren sollten daher stets mit der nötigen Skepsis die ihnen vorgelegten Performancekennzahlen hinterfragen. Zudem wird deutlich, dass nicht zuletzt aufgrund der fehlenden Berücksichtigung entscheidender Faktoren für den Investor selbst der Aufbau eines internen Controllings und Reportings notwendig wird, um die für den Eigenbedarf relevanten Steuerungsgrößen und Entscheidungshilfen zu ermitteln.

---

[18] Vgl. INREV (2008).

4.   Anlagevehikel für Immobilien-Investments

Übersicht

Aus der Vielfalt von Anlagevehikeln für Immobilien werden diejenigen vorgestellt, die für deutsche Investoren zur Verfügung stehen. Die Vielfalt an Strukturen ist groß, weil je nach Jurisdiktion der Investments und je nach Anlegertyp spezifische Vorkehrungen erforderlich sind, um den bestmöglichen Beitrag zur Performance und zur Wertschöpfung innerhalb anzuwendender regulatorischer Anforderungen und nach Steuern zu sichern. Für den deutschen Investor ist zudem oft von Interesse, ob letztlich auch grundbuchliche Rechte an der Immobilie gesichert sind. Aus der nachfolgenden Übersicht wird deutlich, dass eine Vielfalt von Anlagevehikeln am Markt verfügbar ist, welche sich jeweils für spezifische Zielgruppen eignen.

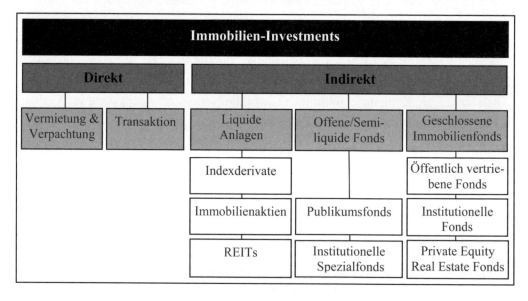

Abbildung 6: Vehikel für Immobilien-Investments[19]

Direkte Immobilienanlagen setzen personelle Ressourcen voraus, die in der Regel erst bei einem Anlagevolumen von mind. 300 Mio. EUR aufgebaut werden. Auch die Lancierung eines eigenen Immobilien-Spezialfonds setzt ein Investitionsvolumen in ähnlicher Größenordnung voraus. Bei direkten Immobilienanlagen ist der Anleger selbst im Grundbuch eingetragen. Die Direktanlage schränkt gerade steuerbefreite

---

[19]   Quelle: Mercer-eigene Darstellung.

Investoren wie beispielsweise berufsständische Versorgungswerke und Stiftungen bei der Umsetzung transaktionsbasierter Strategien ein und führt zwangsläufig zu einer Buy-and-Hold-Strategie mit einem Anlagehorizont von 10 Jahren und länger.[20] In diesen Fällen kann daher die Liquidität der Direktanlage deutlich geringer sein als bei indirekten Anlagen. Mit Direktinvestitionen verbinden Investoren allerdings meist eine bessere Kontrolle und Einflussnahme auf das Portfolio. Diese Faktoren lassen sich grundsätzlich aber auch über indirekte Investments umsetzen.

Unter dem Begriff „indirekte Immobilieninvestitionen" ist jegliche Art von Investments in Immobilien zu verstehen, die nicht buchhalterisch direkt vom Investor gehalten werden, sondern über Fondsvehikel unabhängig von der Jurisdiktion, in der die Fonds domizilieren, erfolgen. Mit indirekten Immobilieninvestitionen ist ebenfalls verbunden, dass die Tätigkeiten wie Objekt-Screening, Due Diligence, Ankauf, Bewirtschaftung und Entwicklung auf externe Immobilienmanager verlagert sind.

Die liquidesten Immobilienanlagen sind als börsennotierte Vehikel in der Kategorie der indirekten Anlageformen zu finden. Deren wesentlicher Vorteil ist der einfache Zugang zu diversifiziertem Immobilien-Exposure, und eben die durch den Sekundärmarkt gegebene hohe Liquidität. Mit der täglichen Mark-to-Market Bewertung sind jedoch auch größere Schwankung im Vergleich zu anderen indirekten Vehikeln und zur direkten Anlage verbunden. Diesen Umstand illustriert nachfolgende Grafik für den Markt in UK.

---

[20]   In einer intensiven Transaktionstätigkeit in Immobilien könnte die Finanzverwaltung bei steuerbefreiten Investoren eine gewerbliche Tätigkeit erkennen und den Steuerstatus aberkennen („gewerbliche Infizierung"),

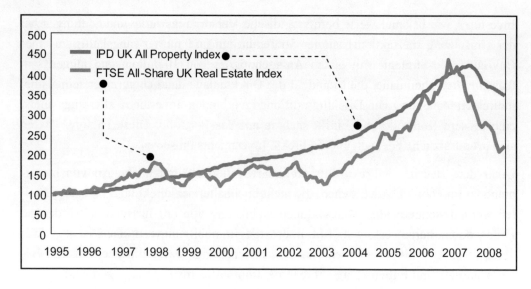

Abbildung 7: Indizes verschiedener Vehikel für Immobilien-Investments[21]

Die Grafik zeigt mit dem IPD-Index die Wertentwicklung ungelisteter Immobilien-Investments und mit dem FTSE-Index börsennotierte. Letztere tendieren in der Konsequenz zu einem Rendite-Risiko-Profil, das für kürzere Horizonte zwischen direkten Immobilien und Aktien liegt. Der Diversifikationsbeitrag zu einem Wertpapierportfolio ist entsprechend geringer als bei ungelisteten oder direkten Immobilienanlagen. Über längere Perioden sind die Korrelationen zu Aktien von börsennotierten Immobilienvehikeln und anderen, nicht börsennotierten dagegen wieder sehr ähnlich. Neben diesen unterschiedlichen Bewertungsrisiken ist für viele Investoren erheblich, dass eine grundbuchrechtliche Sicherung bei der börsennotierten Anlageform nicht vorgesehen ist.

Unter den sonstigen indirekten Vehikeln sind zunächst die geschlossenen Strukturen als die am wenigsten liquiden der indirekten Immobilienanlagen zu nennen. In einem geschlossenen Fonds hält der Anleger eine Beteiligung, typischerweise als Personengesellschaft oder beschränkt haftende Variante davon, und hat somit eine unternehmerische Rolle inne. Die Immobilie wird von dieser Gesellschaft gehalten. Es gibt geschlossene Fonds für institutionelle Investoren und solche, die breiten Anlegerkreisen zugänglich sind. Die Fonds werden als geschlossen bezeichnet, weil sie nur für ein limitiertes Zeitfenster zur Beteiligung offenstehen und der Anleger danach bis zum

---

[21] Quellen: Bloomberg, BNY Mellon; eigene Berechnungen. IPD steht für Investment Property Database, den Dienstleister für Daten über Immobilien-Investments.

Ende der Laufzeit bzw. der Beendigung der Gesellschaft an diese gebunden ist. Eine vorherige Rückgabe und Auszahlung der Beteiligung ist nur bei entsprechendem Beschluss der Gesellschafter möglich. In diesem Segment kommt keine staatliche Kontrolle zur Anwendung außer einer rein formalen Prospektgenehmigung durch die Bundesanstalt für Finanzdienstleistungsaufsicht, sobald ein öffentlicher Vertrieb angedacht ist.

Schließlich sind in der Kategorie der indirekten Vehikel die offenen Fonds der verbreitetste Typ. Die nach deutschem Recht aufgelegten Fonds können unterschieden werden in offene Fonds, die spezifisch für institutionelle Anleger (Immobilien-Spezialfonds) konstruiert sind, als auch solche für alle Anlegertypen (Publikumsfonds). Beide Formen unterliegen grundsätzlich dem Investmentrecht. Mit dem Einverständnis der Anleger kann sich der Fonds jedoch ein engeres Korsett hinsichtlich der Anlagespielräume vorgeben, eine Möglichkeit die insbesondere bei Immobilien-Spezialfonds genutzt wird. Beim institutionellen Spezialfonds ist die Anzahl der Anleger limitiert, während die Publikumsfonds einer grundsätzlich unbeschränkten Zahl von Investoren zugänglich sind. Ein Erwerb oder eine Rückgabe von Anteilen an offenen Fonds ist grundsätzlich über die Fondsgesellschaft möglich. Der Gesetzgeber hat im Sommer 2010 neue Vorgaben zur Mindesthaltedauer und zu Fristen der Rücknahme von Anteilen an Publikumsfonds durch die jeweilige Kapitalanlagegesellschaft für institutionelle Investoren definiert. Diese wurden im Januar 2011 weiter konkretisiert. Die Fungibilität des Publikumsfonds nähert sich damit dem institutionellen Immobilien-Spezialfonds weiter an. Die Kategorie der offenen Fonds kann daher als semiliquide bezeichnet werden. Zu berücksichtigen ist jedoch, dass für Immobilien-Spezialfonds derzeit noch kein organisierter Sekundärmarkt existiert. Der Handel von Anteilen an Publikumsfonds dagegen hat sich an der Regionalbörse Hamburg etabliert.

Ein Sonderfall des Immobilien-Spezialfonds stellt der sog. Individualfonds dar, der gezielt auf die Anlageziele eines einzelnen Investors zugeschnitten wird. Für andere Anleger bleibt er unzugänglich.

Für die Ausgestaltung der Anlegerrechte stehen beim Individualfonds zwei Varianten zur Verfügung. In der traditionellen Treuhandlösung hält die Kapitalanlagegesellschaft das Eigentum an den Vermögensgegenständen des Fonds. Seit dem Investmentänderungsgesetz 2007 ist alternativ die Miteigentumslösung möglich, bei der den Anlegern das Eigentumsrecht zugeordnet ist. Diese neue Form bietet Vorteile bei der Grunderwerbsteuer im Fall der Einbringungen von zuvor direkt gehaltenen Immobilien. Sie wird häufig genutzt, um bilanzielle Reserven zu heben und eine operative Vereinfachung durch Auslagerung der Administration zu erreichen.

Die in der Abbildung 6 gezeigten Kategorien der „Fonds" schließen das Segment der Dachfondskonstrukte mit ein. Dachfonds investieren meist in riskantere Strategien, um Performanceziele zu erreichen. Dachfonds wurden bis vor kurzem aufsichtsrechtlich als Beteiligung klassifiziert und waren daher in nur wenigen Portfolios regulierter Anleger zu finden. Mit der Veröffentlichung der neuen Verordnung über die Anlage des gebundenen Vermögens von Versicherungsunternehmen (Anlageverordnung, AnlV) im Juni 2010 können zukünftig auch Dachfonds unter bestimmten Voraussetzungen unter die Immobilienquote fallen und ermöglichen Anlegern eine höhere Flexibilität und Möglichkeit zur Bündlung und effizienten Verwaltung von indirekten Fondsanlagen. Häufige Nachteile von Dachfonds sind eine doppelte Gebührenbelastung (auf der Zielfondsebene und der Dachfondsebene) sowie die in der Regel sehr geringe Liquidität der Anteile (keine Semi-Liquidität).

Vehikel nach deutschen vs. Luxemburger Rechtsgrundlagen

Außer den nach deutschem Recht möglichen immobilientypischen Anlagevehikeln stehen dem deutschen Investor auch Investments nach Strukturen ausländischer Jurisdiktionen zur Verfügung. Aus deren Vielfalt sollen in diesem Beitrag wegen ihrer Bedeutung in der Anlagepraxis und wegen ihrer großen Nähe zu den Vehikeln nach deutschem Recht die Anlageformen nach Luxemburger Recht erläutert werden. Dazu ist im ersten Schritt ein Exkurs über die Struktur der Fonds vorzunehmen.

Das folgende Schaubild soll die Immobilienfondsstruktur in der einfachsten Variante veranschaulichen.

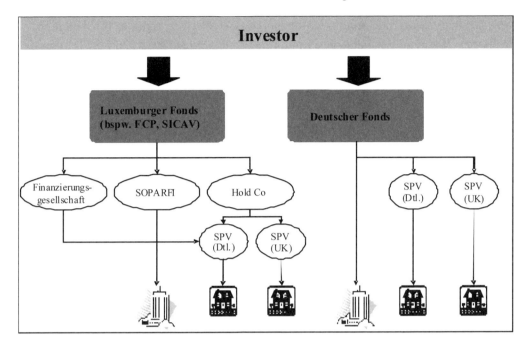

Abbildung 8: Strukturen Luxemburger und deutscher Immobilienfonds[22]

In Luxemburg werden für Immobilienfonds meist der Fonds Commun de Placement (FCP) oder die Société d'Investissement à Capital Variable (SICAV) von den Initiatoren als Fondsvehikel bevorzugt. Beide Formen unterliegen dem Luxemburger Spezialfondsgesetz von 2007 (SIF) und unterscheiden sich im Wesentlichen aufgrund des rechtlichen Rahmens. Während es sich beim FCP um ein vertragsrechtliches Konstrukt handelt, umgibt die SICAV eine gesellschaftsrechtliche Hülle.

Immobilienfonds nach deutschem Recht werden als Publikumsfonds im Sinne der §§ 66 ff. InvG oder als Immobilien-Spezialfonds i.S.d. §§ 91 InvG aufgelegt. Für geschlossene Strukturen kommt zudem noch die Kommanditgesellschaft in Frage.

Immer häufiger kann beobachtet werden, dass Investments im In- und Ausland aus steuerlichen Motiven vielfach über eine zwischengeschaltete Objektgesellschaft (Special Purpose Vehicle, Property bzw. Holding Company oder kurz SPV, PropCo bzw. HoldCo) erfolgen und mit hybriden Finanzierungsinstrumenten gearbeitet wird. Als hybride Finanzierungsinstrumente werden häufig partiarische Darlehen genutzt, um eine steuerliche Belastung der Immobilieneinkünfte auf Ebene des Fonds und der Objektgesellschaft zu reduzieren. Seit der Änderung des Investmentgesetzes in 2007 nut-

---

22 Quelle: Mercher – eigene Darstellung

zen nun auch deutsche Immobilienfonds verstärkt die Möglichkeit, mit HoldCos zu operieren. Während der deutsche Immobilienfonds durchaus noch direkt Immobilien (bspw. im Inland) erwirbt, erfolgt bei Luxemburger Fondsvehikeln der Erwerb vorrangig über eine (wenn nicht sogar über zwei) Société de Participations Financières (SOPARFI). Die SOPARFI ist eine Luxemburger Holdinggesellschaft unter dem Gesetz vom 10. August 2004 über Handelsgesellschaften, die speziell bei Immobilien- und Private-Equity-Portfolios zur Anwendung kommt. Die SOPARFI wird in Form einer Kapitalgesellschaft gegründet. Dividenden, Kapitalzuwächse und Liquidationserlöse sind in Luxemburg ganz oder teilweise steuerfrei, soweit diese unter das Holdingprivileg fallen. Weitere Vorteile resultieren aus der Nutzung Luxemburger Vorschriften bei der Finanzierung mit hybriden Darlehen, der Berechtigung bei Doppelbesteuerungsabkommen und der Anwendung der EU-Mutter/Tochter-Richtlinie.

Dem institutionellen Fondsinvestor bleiben die Details der verschiedenen Akquisitionsstrukturen unterhalb des Fondsmantels meist verschlossen. Eine Fokussierung auf die wesentlichen Unterschiede zwischen Fonds nach deutschem und Luxemburger Recht erscheint daher sachgerecht. Diese beziehen sich primär auf die drei Kriterien des Grads der Diskretion des Managers, der Fondsbedingungen sowie der angewendeten Bewertungsmethodik.

	Immobilien-Spezialfonds nach deutschem Investment-Gesetz	Spezialfonds nach Luxemburger Recht
Grad der Diskretion des Managers	Typischerweise Bildung eines Anlageausschusses aus dem Kreise der Investoren. Bei vielen Fonds entscheidet dieser Anlageausschuss auch über An- und Verkäufe von Objekten.	Der Manager hat die Entscheidungsfreiheit über maßgebliche Geschäfte Einige Fonds verfügen über einen Beirat, dieser hat nur beratenden Charakter und keine Enscheidungsbefugnisse
Fondsbedingungen	Hohe Standardisierung, Bedingungen müssen grundsätzlich konform mit dem InvG sein; Abweichungen sind mit Zustimmung der Investoren möglich	Geringere Standardisierung, höhere Flexibilität des Luxemburger Spezialfondsgesetzes bspw. LTV-Quoten bis 60% möglich
Bewertung	Ertragswertmethode	Marktwertmethode

Tabelle 6: Immobilien-Spezialfonds nach deutschem und Luxemburger Recht[23]

---

[23]   Quelle: Mercer – eigene Darstellung.

Ein häufig diskutiertes Thema unter Anlegern ist die Bewertung der Immobilien und die dabei zur Anwendung gekommenen Verfahren. Auch hier unterscheiden sich deutsche von Luxemburger Fonds. Aufgrund der Bedeutung der Thematik werden in der nachfolgenden Tabelle die wesentlichen Unterschiede aufgeführt.

Deutschland	Luxemburg / International
• Statischer Ansatz: Ertragswertverfahren • Fokus auf Objektebene • Kapitalisierung der bestehenden Erträge mit einem historisch abgeleiteten Liegenschaftszins (realer Zins) • Klare Definition der Bewirtschaftungskosten gemäß WertR • Bewertung gemäß InvG durch Sachverständigenausschuss mind. einmal jährlich	• Dynamischer Ansatz: DCF-Modelle • Fokus auf Objekt- und Marktebene • Diskontierung der erwarteten zukünftigen Ergebnisse mit einem Diskontierungszinssatz (nominaler Zins) • Keine einheitliche Definition der Kostenpositionen • Quartalsweise Bewertung durch unabhängige Häuser

Tabelle 7: Immobilien-Bewertungsmethoden deutscher und internationaler Vehikel[24]

Bei internationalen Bewertungssystematiken, die bei außerhalb von Deutschland domizilierten Fonds typischerweise zur Anwendung kommen, ist von einer tendenziell höheren Bewertungsvolatilität auszugehen. Hinsichtlich der genannten Unterschiede bei der Immobilienbewertung gilt, dass diese stets eine Schätzung ist und daher mit Prognoseunsicherheit verbunden ist.

Schließlich sollten Anleger bei einem Vergleich von deutschen und Luxemburger Fonds die steuerliche Behandlung prüfen. Die Luxemburger Fonds sollten steuerlich transparent im Sinne des Investmentsteuergesetzes sein, um Nachteile in der Nachsteuerrendite zu vermeiden. Dies kann regelmäßig erreicht werden, indem der Fondsmanager ein geeignetes Reporting liefert und dieses im Bundesanzeiger veröffentlicht. Diesen Service sollte sich ein Investor rechtsverbindlich zusichern lassen.

---

[24] Quelle: Mercer – eigene Darstellung

Andere ausländische Strukturen

Die Vielfältigkeit an unterschiedlichen Anlagevehikeln für die Assetklasse Immobilien ist kein rein deutsches Phänomen, sondern findet sich auch in anderen Ländern. In Frankreich beispielsweise beteiligen sich Inländer indirekt an Immobilien über OPCIs (Organisme de Placement Collectif en Immobilier), die als vertragsrechtliche Variante in Form eines Fonds de Placement Immobilier (FPI) oder unter einer gesellschaftsrechtlichen Hülle (SPPICAV – Société de Placement à Prépondérance Immobilière à Capital Variable) aufgelegt werden können. Ähnlich wie beim Immobilien-Spezialfonds nach deutschem Recht investieren in diese landestypischen Strukturen nur Inländer. Auf eine Auflistung der nur für Inländer relevanten Strukturen in anderen europäischen Ländern wird an dieser Stelle daher verzichtet.

Für den grenzüberschreitenden Vertrieb von Immobilienfonds hat sich in Europa wie bereits erwähnt der Standort Luxemburg etabliert. Darüber hinaus sind UK Limited Partnerships und Unit Trusts noch gängige Vehikel, eine Eignungsprüfung für den Einzelfall ist jedoch vor einer Beteiligung unerlässlich.

Für Investments in asiatische und amerikanische Immobilienfonds sind die vorherrschenden rechtlichen Vehikel der Real Estate Investment Trust (REIT), Limited Partnerships sowie davon abgeleitete Strukturen. Die Vorteilhaftigkeit der einzelnen Strukturen für deutsche Investoren hängt dabei von diversen Faktoren ab.

REITs stellen häufig in ihren jeweiligen Herkunftsländern eine aus steuerlichen Gesichtspunkten effiziente Struktur auf der Einkommensebene des Fondsvehikels dar. Die Auflage eines REITs bedeutet dabei nicht zwangsläufig, dass es sich um eine börsennotierte Anlageform (Public REIT) handeln muss, die mit den bereits beschriebenen Nachteilen einherginge. Nicht börsennotierte REITs werden als Private REITs bezeichnet. Eine genaue Analyse der Steuerbelastung für deutsche Investoren ist jedoch auch bei REIT-Strukturen im Ausland – gerade bei Investitionen in den USA – unerlässlich. So unterliegen bspw. Gewinne aus der Veräußerung von Immobilien in den USA auf der Ebene der Investoren der Federal Tax (35%) sowie der Branch Profits Tax (5%). Ausnahmen (d. h. keine US-Besteuerung) bestehen neben den Public REITs auch für Private REITs, wenn es sich hierbei um einen Domestically Controlled REITs handelt. Ein Domestically Controlled REITs liegt dann vor, wenn eine mehrheitliche Beteiligung des REITs durch US-Investoren gegeben ist.

Limited Partnerships mit Domizilierung auf den Cayman Islands oder im US-Staat Delaware, die im Allgemeinen vergleichbar mit der deutschen Kommanditgesellschaft sind, dürften die wohl am häufigsten anzutreffende Form für geschlossene Fonds sein und werden insbesondere für Private Equity Real Estate Strategien bevorzugt. Für einige Investitions-Zielländer haben sich zudem noch andere bevorzugte Jurisdiktionen am Markt etabliert. Um nur ein Beispiel zu nennen, ist Mauritius ein bevorzugtes Domizil für in Indien investierende Fonds.

Für regulierte Anleger in Deutschland wie Versicherungen und Pensionskassen ergibt sich somit bereits aus der Domizilierung von Fonds eine erhöhte Komplexität. Offshore-Domizilen erfüllen die in der Anlageverordnung (§2 AnlV) geforderte Ansässigkeit in einem Staat des EWR bzw. in einem Vollmitgliedstaat der OECD nicht. Daher wird die Zwischenschaltung einer EWR-Gesellschaft erforderlich, die im Fachjargon nur kurz als „Feeder" bezeichnet wird. Die einfachste Form eines Feeders wäre eine deutsche Kommanditgesellschaft, aber auch Luxemburger Strukturen und Verbriefungsstrukturen sind gebräuchlich.

5. Strategien und Taktiken für Immobilienfonds

In diesem Abschnitt werden die wichtigsten Kriterien zur Ausrichtung von Immobilienanlagen sowie die Entscheidungsprozesse zu ihrer Bewirtschaftung im Zeitablauf vorgestellt. Diese Schritte der Wertschöpfungskette sind ähnlich bedeutsam wie bei Fonds anderer Assetklassen, weshalb die immobilienspezifischen Strukturen und Begriffe erläutert werden.

Strategisch gesehen sollten, neben der Risikostrategie, primär Vorgaben für die regionale und sektorale Allokation der Immobilienanlage definiert werden. Diese Kriterien erweisen sich als die zentralen Größen für die Gesamtperformance eines Fonds. Losgelöst von den nach diesen Kriterien definierten strategischen Zielsetzungen ist eine weitere Diversifikation vor allem im Rahmen des Monitorings des Immobilienportfolios anhand weiterer objekt- und mietvertragsspezifischer Kriterien wie beispielsweise Objektgröße und -alter sowie Mietvertragslaufzeiten und Mieterstruktur zu beurteilen und gegebenenfalls ein Handlungsbedarf daraus abzuleiten.

Risikostrategie

Ein wesentlicher Treiber des Risikoprofils von Immobilienanlagen ist die Stufe im Lebenszyklus einer Immobilie, auf der in sie investiert und nach der sie bewirtschaftet wird. Die nachfolgende Grafik veranschaulicht das Universum an Risikoniveaus, wie sie sich aus den verschiedenen möglichen Anlagestrategien in Immobilien typischerweise ergeben.

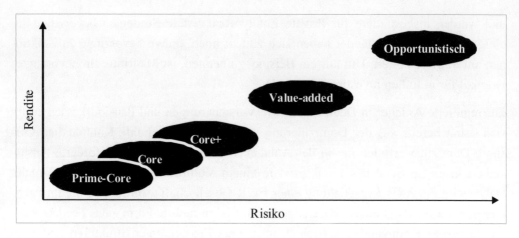

Abbildung 9: Rendite-Risiko-Profile von Immobilienfonds[25]

Die mit den Risikostrategien verbundenen Rendite- und Risiko-Erwartungen zeigt die Tabelle.

Strategie	Fokus	Rendite-erwartung	Leverage	Größte Werttrei-ber
Prime-Core/ Core	Ankauf von 1A-Bestands-Immobilien, voll vermie-tet; Top-Lage	4-6%	40-50%	Mieteinnahmen
Core+	Ankauf von B-Lagen, teilweise Leerstand	6-8%	~ 50%	Wachstum der absoluten Miet-einnahmen
Value added	Erneuerung/Sanierung Repositionierung von Objekten	8-12%	~ 70%	Steigerung der Mieteinnahmen, Leverage, Ob-jektwertsteigerung
Opportuni-stisch	Projektentwicklung, Dis-tressed Strategien	>15%	~80%	Leverage, Objekt-wertsteigerung

Tabelle 8: Charakterisierung der Risikostrategien von Immobilienfonds[26]

Die vier Kategorien von Immobilien-Investments haben sich in der Marktpraxis fest etabliert zur ersten Charakterisierung des Risikogehalts von Immobilien-Strategien. Korrespondierend mit dem Risikogehalt des jeweils zugrunde liegenden Immobilien-

---

[25]   Quelle: Mercer – eigene Darstellung
[26]   Quelle: Mercer – eigene Darstellung

Investments ist die Finanzierungsform mit einem unterschiedlich großen Kredithebel ausgestattet. Im täglichen Geschäft zeigt sich, dass die Kategorien uneinheitlich verwendet werden. Für manche Marktteilnehmer ist eine Immobilie bereits dann für einen nach der Core-Strategie investierenden Fonds geeignet, wenn sie für lange Zeit voll vermietet ist. Dies ist jedoch für eine konservative Einstufung nicht ausreichend, da als weiteres Kriterium noch der Standort zu berücksichtigen ist. Daher ist im Einzelfall zu prüfen, wie der jeweilige Anbieter und der potenzielle Investor die Eigenschaften der einzelnen Strategie definieren.

Regionale Allokation

Zur Herleitung einer Soll-Allokation nach Regionen ist es im ersten Schritt sinnvoll, die Verteilung der Marktwerte im investierbaren Universum zu erfassen.

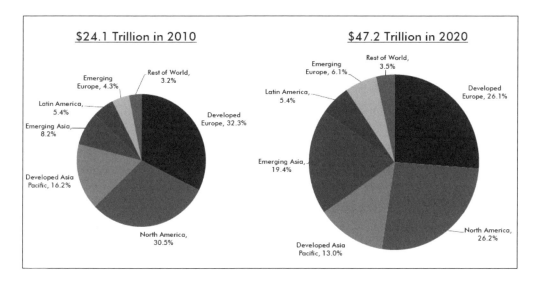

Abbildung 10: Regionale Verteilung von Immobilien-Marktwerten weltweit[27]

Die Abbildung zeigt die Verteilung der Immobilien nach Regionen gemessen an den aktuellen Marktwerten (Stand 2010) und eine Schätzung zur Verteilung in 2020. Für den Investor lassen sich folgende spezifische Erkenntnisse daraus gewinnen:

- Die zukünftig relevanten Märkte sind grundsätzlich Nordamerika, Europa und Asien, letzteres sowohl mit seinen Emerging als auch Developed Markets.

---

[27] Quelle: CBRE Investors: Global Investable Universe by Region, CBRE Research 2010.

- Zwar sind die Anteile von Developed Asia, Developed Europe und Nordamerika rückläufig, die Regionen bleiben jedoch aufgrund ihrer absoluten Größe bedeutsam.

- Die Bedeutung von Lateinamerika und Emerging Europe ist aktuell und auch zukünftig eher gering. Eine Allokation in diesen Regionen ist somit nicht zwingend erforderlich, um ein breites Immobilien-Exposure herzustellen.

Die regionalen Immobilienmärkte sind typischerweise stark heterogen. Immobilienmanager benötigen für eine effiziente Bewirtschaftung daher lokale Präsenz und Expertise. Zusätzlich schränken die Kosten der Due Diligence beim Ankauf eines Objektes und das damit verbundene hohe Mindestinvestitionsvolumen in ein Objekt die Diversifikationsmöglichkeiten für ein einzelnes Fondsprodukt ein. Für die Anlageklasse Immobilien haben sich daher regional fokussierte Immobilienstrategien und Fondsprodukte am Markt durchgesetzt. Dazu zählen insbesondere Fonds, die sich auf einzelne Länder oder ausschließlich auf den europäischen, US-amerikanischen oder asiatischen Markt konzentrieren.

Eine Möglichkeit zur Umsetzung regionaler Allokationen besteht in länder-konzentrierten Investments (Länderfonds). Die Entscheidung für Länderfonds oder beispielsweise pan-europäische Fonds hängt von dem geplanten Investitionsvolumen in der Anlageklasse Immobilien ab. Typischerweise kommen bei institutionellen Immobilienfonds hohe Mindestzeichnungssummen (10 Mio. EUR) zur Anwendung. Um mit Länderfonds eine breite regionale Diversifikation zu erreichen, wäre in eine größere Anzahl zu investieren, wodurch jedoch die administrativen Anforderungen steigen würden.

Allokation nach Nutzungsart

Die nachfolgende Abbildung zeigt die Verteilung der Immobilien nach Nutzungsarten gemessen an den Marktwerten. Ein marktwertneutrales Immobilienportfolio setzt sich danach zu 25% aus Wohn-(Residential) und zu 75% aus Gewerbeimmobilien zusammen.

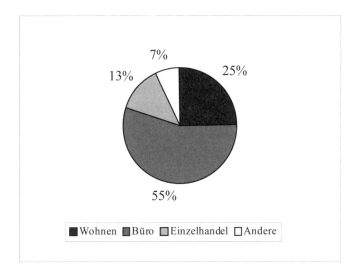

Abbildung 10: Sektorale Verteilung von Immobilien-Marktwerten weltweit[28]

Unter der Kategorie „Andere" sind Nischenthemen subsumiert. Dazu zählen vor allem:

- Public Private Partnerships
- Logistik
- Hotels
- Parkhäuser
- Sozialimmobilien
- Freizeitimmobilien
- Sportstätten

Für die Anlagen in Nischenthemen sollte langfristig eine Ziellallokation von mindestens 5% und maximal 10% des Immobilienvermögens eines Anlegers erreicht werden, um einen spürbaren Diversifikationsbeitrag zu erreichen und die Dominanz von Randthemen durch eine Übergewichtung einzelner Segmente zu vermeiden.

---

[28] Quelle: Ernst & Young Real Estate GmbH; eigene Berechnungen.

Liquidität

Das Kriterium Liquidität ist ein entscheidender Faktor für die Ableitung der Immobilienstrategie, denn die Liquidität nimmt Einfluss auf die wichtigsten Parameter, wie z. B. Anlageform, Investitionshöhe, Nutzungsart und Risikoprofil. Der Einfluss dieser Parameter auf die Liquidität bzw. Fungibilität wird in den folgenden Abbildungen veranschaulicht.

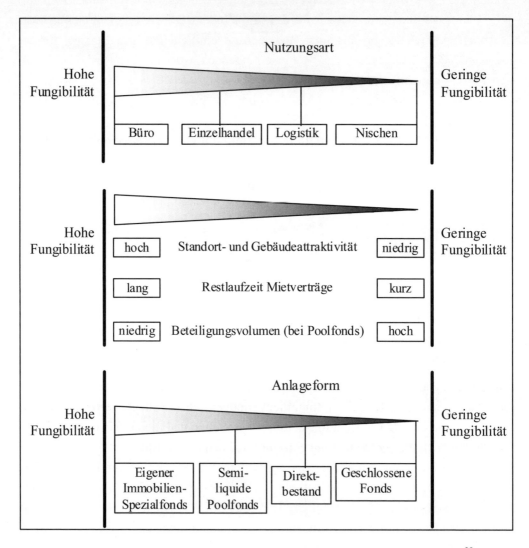

Abbildung 12: Einflussgrößen der Liquidität von Immobilienfonds[29]

---

29 Quelle: Mercer – eigene Ausarbeitung.

Taktische Ebene

Während die Strategie für den Immobilienfonds die langfristige Ausrichtung und das Risikoprofil vorgibt, gilt es, auf der taktischen Ebene auch Dispositionen für mittelfristige Zeithorizonte zu tätigen. Dabei geht es um gezielte, planmäßige Abweichungen von den Allokationsvorgaben aus der Strategie hinsichtlich Nutzungsarten, Regionen, Haltedauer, etc. Solche Abweichungen können zur Ausnutzung von klar erkennbaren Zyklizitäten in einzelnen Marktsegmenten gerechtfertigt sein. Das taktische Element sollte daher genutzt werden, um temporär höhere Allokationen in einer Nutzungsart und/oder in einzelnen Regionen zu ermöglichen. Ein Beispiel für die angesprochenen Zyklizitäten zeigt die nachfolgende Grafik mit der Rendite europäischer Büro-Immobilien.

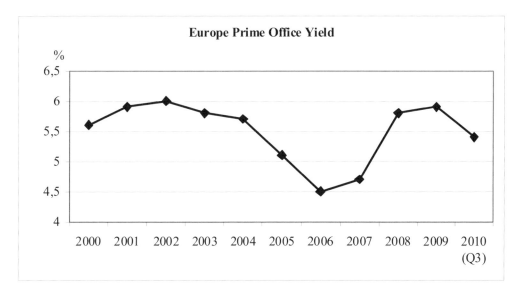

Abbildung 13: Rendite im Büro-Sektor im Zeitablauf[30]

Grundsätzlich ist eine genaue Steuerung von regionaler und sektoraler Allokation wegen der eingeschränkten Teilbarkeit von Immobilien und des begrenzt liquiden Sekundärmarkts nur schwer möglich. Taktische Allokationsziele können umgesetzt werden über das Timing von Mittelzusagen, Kapitalabrufen und Einzelinvestitionen,

---

[30] Daten und Quellen: Prime Yield von europäischen Büro-Immobilien, asset-gewichtet, monatliche Daten – Jones Lang LaSalle; eigene Berechnungen.

wenn diese am aktuellen Stand des Bewertungs-Zyklus im jeweiligen Teilsegment ausgerichtet werden.

Eine weitere Art, taktisch zu agieren, ist in der Wahl zwischen neu aufgelegten und bereits investierten Fonds gegeben. Bei der Entscheidung für einen Immobilienfonds kommen grundsätzlich sowohl solche mit bereits vorhandenen Anlageobjekten als auch Fonds in Betracht, die noch keine Objekte erworben haben. Letztere werden auch als sog. „Blind Pools" bezeichnet. Bei der Auswahl zwischen diesen beiden Fondstypen sind zwei wichtige Entscheidungsfaktoren die Bewertung des bestehenden Portfolios und das Markttiming.

Eine Investition in einen Fonds mit einem bestehenden Portfolio ist gleichzusetzen mit der Annahme, dass die Bewertung des Immobilienbestands auf dem Niveau der aktuell am Markt erzielbaren Preise liegt. Blind Pools haben zwar den Nachteil der Unsicherheit, ob der Fonds die kritische Größe für eine hinreichende Diversifikation erreichen kann, sie profitieren jedoch von der größeren Flexibilität bei den ersten Objektankäufen. Blind Pools haben noch eine längere Phase des Portfolioaufbaus vor sich und erreichen dadurch für Neuinvestoren einen höheren Nutzen aus dem Cost-Average-Effekt, da die Mehrheit der Objekte erst zukünftig am Markt erworben wird. Die Bewertungsthematik ist im Vergleich zu Fonds mit bestehendem Portfolio dagegen von nachrangiger Bedeutung.

Der Investor bindet sich mit der Wahl eines Fonds in der Regel über lange Zeit an einen Fondsmanager und bei Poolfonds zusätzlich noch an andere Investoren. Im Zeitablauf, über die Haltedauer eines solchen Investments hinweg, kann es systematisch zu veränderten Interessenkonstellationen unter all diesen Beteiligten kommen. Auch aufgrund von neuen Möglichkeiten am Anlagemarkt oder infolge regulatorischer Entwicklungen kann sich das Aktionsfeld für einen Immobilienfonds verändern, in Form einer Erweiterung oder auch Einengung.

Solche neuen Möglichkeiten werden häufig auch in besonderen Bewertungskonstellationen oder Anlagetrends gesehen, insbesondere wenn diese erstmalig auftreten. In der Folge kommt es oft zum Wunsch, die einmal formulierte Strategie eines Fonds an solche neuen Opportunitäten anzupassen. In solchen Fällen wird oft nicht abgewartet, ob sich die neuen Möglichkeiten als persistent etablieren. Anders gesagt, es wird häufig die strategische von der taktischen Entscheidungsebene nicht sauber getrennt. In einigen Fällen kann die Charakterisierung des Vorgehens noch weiter zugespitzt werden, dass als die Strategie des Fonds ausgegeben wird, was eigentlich nur das Anforderungsprofil für die nächsten Immobilien-Ankäufe darstellt.

Dann kommt es für jeden einzelnen Investor darauf an, seine ursprüngliche und ggf. fortgeschriebene Motivation zur Anlage in dem Immobilienfonds im Blick zu behalten und streng darauf zu achten, daß das Rendite- und Risikoprofil des Immobilienfonds mit seinen strategischen Zielsetzungen konform bleibt. Mit diesem Gedankengang wird auch deutlich, daß die Möglichkeiten zur Einflußnahme auf die Anlagepolitik ein wesentlicher Faktor bei der Auswahl einer Fondsanlage in Immobilien sind.

Währungsmanagement

Eine Währungssicherung für Immobilienanlagen kann grundsätzlich durch den Fondsmanager für einzelne oder mehrere Objekte erfolgen. Der Aufbau einer Sicherungsposition kommt erstmals gleich zu Beginn eines neuen Investments in Betracht, wenn die zugesagten Mittel für den jederzeitigen Abruf bereitgestellt werden. Bei Beteiligungs- oder Objektgesellschaften wird der Wert der Beteiligung abgesichert.

Sofern wie üblich etwaige Fremdmittel in der Währung des Objekts aufgenommen werden, wäre eine Absicherung nur in Höhe des Eigenkapitalbetrags erforderlich.[31] Im Zuge von möglichen Wertänderungen des Objekts sollte die Sicherungsposition nachgeführt werden, was in der Regel nur einmal pro Jahr stattfinden kann.

Für die laufenden Zahlungen z. B. aus Mieten ergibt sich im Zeitablauf über die Haltedauer eine Zeitdiversifikation, so dass eine zusätzliche Währungssicherung für diese Zahlungen nicht erforderlich, zumindest nicht effizient darstellbar ist. Darüber hinaus erlauben die Regelungen der Spezialfonds nach deutschem Recht meist keine Absicherungen der Mieteinnahmen. Zudem wäre eine rollierende Sicherung mit höheren Kosten bedingt durch die höheren Margen bei den geringeren Volumina verbunden. Um aus realisierten Einzahlungen kein unnötiges Exposure fortbestehen zu lassen, sollten diese unmittelbar nach Eingang in die Heimatwährung konvertiert werden. Diese Form der Währungssicherung bewirkt, dass die Nettorendite das Immobilien-Exposure reflektiert und nicht von anderen, immobilienfremden Einflüssen überlagert werden kann.

Fremdwährungstransaktionen können im Core-Bereich die ohnehin schon knappe Rendite weiter belasten. Dies sollte bei der regionalen Allokation mit berücksichtigt werden.

---

[31] Wechselkursänderungen können sich sowohl auf das in Immobilien investierte Volumen als auch auf das aufgenommene Kreditvolumen auswirken. Aus Investorensicht ist die Netto-Position bedeutsam.

6.   Erfolgsbeiträge externer Fondsmanager

Fonds sind zum einen ein Instrument der indirekten Kapitalanlage mit der Möglichkeit effizienter Diversifikation. Zum anderen sind sie ein Instrument der Delegation. Der Investor überträgt an den Spezialisten für ein Anlagesegment bestimmte Aufgaben in der Auswahl und laufenden Steuerung einzelner Investment-Objekte in einer jederzeit möglichst zielkonformen Zusammensetzung. Diese Delegation ist nur dann sinnvoll, wenn sie auch tatsächlich Vorteile für den Investor bringt. Potenzielle Beiträge zur Wertschöpfung, mögliche Quellen des Mehrwerts und der Spezialisierungsvorteile eines Fondsmanagers liegen in seinem Zugang zum Immobilienmarkt sowohl für An- käufe als auch für Objektverkäufe, einer strategiekonformen Ausgestaltung und Steue- rung des Portfolios sowie einem breit aufgestellten Zugang zu Eigen- und kostengüns- tigen Fremdmitteln.

Akquisition

Eine wichtige – wenn nicht die wichtigste – Weichenstellung für den Erfolg eines Immobilienfonds wird im Ankauf der Objekte vorgenommen. Zum einen kommt es auf die Auswahl eines Objekts an, das die Zielvorgaben und die Parameter der Fonds- strategie idealtypisch umzusetzen verspricht. Zum anderen steht natürlich der An- kaufspreis im Vordergrund sowie alle eventuell anfallenden Kosten, um das Objekt auf Sicht der geplanten Haltedauer profitabel halten zu können. Ein leistungsfähiger Fondsmanager ist in der Lage, im hohen Maße Objekte für den Ankauf zu bewerten, bevor diese auf dem breiten Markt angeboten werden („Off Market Deals").

Bei der Herleitung und vor allem bei der Priorisierung von selektiven Ankaufsszena- rien lässt sich der Fondsmanager idealerweise von fundiertem Research leiten. Daher ist ein Zugang des Fondsmanagers zu geeignetem Research, sei es im eigenen Unter- nehmen oder extern beschafft, von großer Bedeutung.

Transaktion

Das Management von Immobilien-Transaktionen umfasst zum Großteil das Handwerk des Fondsmanagements, indem An- und Verkäufe reibungslos, schnell und effizient abgewickelt werden. Die Analogie bei den Wertpapierfonds ist das sog. Settlement. Darüber hinaus geht es um die Aufrechterhaltung einer zielgerichteten Marktfähigkeit jedes Objekts. Eine Immobilie kann dann einen positiven Beitrag zum Gesamterfolg eines Fondsinvestments liefern, wenn sie günstig eingekauft und zu einem guten Preis wieder abgegeben werden kann. Diese trivial klingende Aussage kann nur durch konkrete Maßnahmen in der Praxis erreicht werden.

Die Stärke eines Fondsmanagers im Bereich des Transaktionsmanagements manifestiert sich darin, für jedes einzelne Objekt spezifische Ausstiegsszenarien zu entwickeln und fortzuschreiben, idealerweise bereits vor dem Erwerb des Objekts. Solche Szenarien haben sowohl objektspezifische Entwicklungen insbesondere in der Vermietung als auch marktbezogene Einflüsse zu berücksichtigen, z. B. aus Bewertungszyklen.

Dem Bereich des Transaktionsmanagements ist schließlich auch die Notwendigkeit zuzuordnen, für jedes einzelne Objekt die Marktfähigkeit aufrecht zu erhalten. Es kann den bestmöglichen Verkaufserlös beflügeln, nicht erst im Fall der definitiven Abgabebereitschaft nach potenziellen Investoren suchen zu müssen.

Portfoliomanagement

Aufgabe des Portfoliomanagements für Immobilien ist es, in Umsetzung der definierten und vermarkteten Strategie für den Fonds ein nach Regionen, Nutzungsarten sowie ergänzenden Kriterien wie Objektalter, Mietlaufzeiten etc. jederzeit diversifiziertes Portfolio aus Immobilien zu halten. Diese Aufgabe ist aufgrund der viel gröberen Stückelung und der viel geringeren Liquidität von Immobilien in aller Regel deutlich anspruchsvoller als bei Wertpapierfonds. Sie wird erleichtert durch die Konzeption einer adäquaten und für den Fondsmanager realisierbaren Strategie für den Immobilienfonds. Die Fähigkeit eines Fondsmanagers zum Management eines Immobilien-Portfolios beginnt daher bereits im ersten Stadium der Produktidee, wenn die strategische Ausrichtung mit den Möglichkeiten als Fondsmanager, den aktuellen Anlegerinteressen sowie den Marktopportunitäten in Einklang gebracht werden soll.

In der laufenden Bewirtschaftung eines Immobilienfonds kann aus dem Markt oder aus dem Portfolio heraus ein Bedarf zur Modifikation der ursprünglich gewählten Fondsstrategie entstehen. Ursprünglich anvisierte Marktsegmente können sich dauerhaft als überteuert erweisen. An unerwarteten Stellen können Opportunitäten wachsen. Nun wäre es im Interesse einer guten Performance erstrebenswert, solchen Entwicklungen zu folgen und Opportunitäten zu suchen.

Jedoch sind viele dieser Anreize, von der reinförmigen Umsetzung der Fondsstrategie abzuweichen, nur temporärer Natur. Zudem orientiert sich ein Investor bei der Auswahl eines Immobilienfonds typischerweise an einem bestimmten Rendite-Risiko-Profil, das er zur Umsetzung seiner Anlagestrategie gezielt anstrebt und von dem er in der Regel nicht systematisch abweichen möchte.

Die Ausrichtung des Fondsmanagers auf die Kundeninteressen manifestiert sich im Portfolio-Management in seiner Fähigkeit, die richtige Balance zwischen diesen widerstreitenden Zielsetzungen zu finden und fortzuentwickeln, ohne die ursprüngliche Ausrichtung des Fonds dauerhaft aus dem Blickfeld zu verlieren. Der Fondsmanager leistet dann einen Wertbeitrag, wenn er die zyklischen Bewertungen in einzelnen Marktsegmenten für An- und Verkäufe auszunutzen und mit den investorenseitigen Zahlungsströmen zu synchronisieren versteht.

Asset Management

Immobilien sind illiquide Investments und nur mit hohem Aufwand gegen alternative Objekte auszutauschen. Wenn ein Objekt die in es gesetzten Erwartungen hinsichtlich des Performancebeitrags zum Portfolioerfolg nicht mehr erfüllen kann, ist eine Umschichtung in der Regel nicht möglich. Meistens führen solche verschlechterten Erfolgsaussichten auch gleich zu deutlich verschlechterten Verkaufserlösen: Neubauten in der Nachbarschaft verfügbar, längerfristiger Leerstand, Flächenaufteilung weniger gefragt, um nur einige mögliche Ursachen zu nennen. Als Gegenmittel greift der Fondsmanager in einer solchen Lage zu Maßnahmen, das Objekt durch Umgestaltung wieder in den profitablen Bereich zu führen. Zum Katalog möglicher Maßnahmen können neben baulichen Veränderungen auch gezielte Sonderkonditionen für Neumieter gehören. Solche Maßnahmen können den Charakter von Projektentwicklungen annehmen, wenn der erwartete Netto-Ertragsstrom höher ist als bei einem Verkauf des Objekts mit anschließender Wiederanlage.

Grundsätzlich ist bei einer langfristig ausgerichteten Immobilienanlage mit unerwarteten Entwicklungen in der nachhaltigen Vermarktbarkeit einzelner Objekte zu rechnen. Die Beherrschung dieser im Immobilien-Bereich mit „Asset Management" umschriebenen Aktivitäten kann daher einen Fondsmanager auszeichnen, wenn er in der Lage ist, rechtzeitig und konsequent einzugreifen.

Finanzierung

Beim Thema Finanzierung wird typischerweise zunächst an Fremdkapital gedacht. Dieses Instrument ist wertvoll, wenn es um die Steigerung der Rendite insbesondere nach Steuern geht. Der Mehrwert des Fondsmanagers wird erkennbar an der Breite seines Zugangs zu Kreditgebern und den von ihm typischerweise erzielbaren Margen.

Auch im Bereich der Eigenmittel kann ein Fondsmanager Stärken und Schwächen haben. Gerade in der Phase des Aufbaus eines Portfolios kommt es darauf an, schnell genug Eigenmittel einzuwerben, um das Portfolio auch für seine ersten Investoren diversifizieren zu können. Ein Fondsmanager mit Zugang zu breiten Anlegerschichten kann in einer solchen Situation klare Vorteile bieten.

Nach der Aufbauphase kann sich diese akquisitorische Kompetenz für die Investoren eines Fonds ebenfalls als vorteilhaft herausstellen. Gerade für die wenig liquiden Varianten der Immobilienfonds, für deren Anteile kein organisierter Sekundärmarkt existiert, können solche Fondsmanager eher einstiegsinteressierte Investoren herbeiführen und somit einem Investor den Ausstieg zu günstigen Konditionen ermöglichen.

Aktionsbereich des aktiven Managements in Immobilienfonds

Eine der von Immobilienfonds-Spezialisten gerne beschworenen Unterscheidungen gegenüber dem Fondsmanagement in liquiden Assets ist der Aktionsbereich für das aktive Management.

Im Management von Wertpapierfonds bezieht man sich bevorzugt auf die klassische Theorie von GRINOLD/KAHN, nach der die potenziellen Maßnahmen aktiven Managements in der Selektion von Einzeltiteln und im Market Timing liegen.[32] Die Analogien zum Management von Immobilienfonds sind offensichtlich. Bei genauerer Betrachtung sind also die Unterschiede gar nicht mehr so erheblich.

7. Zusammenfassung

Immobilien können eine wichtige Rolle in der Asset Allocation institutioneller Anleger ausüben. Gerade in Zeiten niedriger Renditen von Assetklassen für Basisinvestments rücken Immobilien als mögliche Quelle stabiler Renditen ins Blickfeld. Jedoch gibt es bei vielen Investoren die Erfahrung, dass in der Vergangenheit viele Erwartungen an das Rendite-Risiko-Profil nicht erfüllt wurden.

Basierend auf der Erkenntnis, dass das Verhältnis vieler institutionellen Investoren zur Immobilienanlage noch verbesserungsfähig ist, wurden in diesem Beitrag empirische Befunde zum Einsatz der Assetklasse in der Asset Allocation vorgestellt, wichtige Strukturierungshilfen und Methoden zur fairen Beurteilung von Rendite und Risiko

---

[32] Vgl. Grinold/ Kahn (2000), S. 87-103.

geliefert sowie die Breite des Anlageuniversums illustriert und hinsichtlich der Eignung für deutsche Investoren erläutert.

Von der Branche werden gerne die Besonderheiten der Immobilienanlage hervorgehoben. Ein weiteres Ziel dieses Artikels war es, für den Generalisten und für den nicht ausschließlich Immobilien disponierenden Investor wichtige Besonderheiten zu erläutern und in ihrer Funktion nachvollziehbar zu machen. Die zahlreichen vorgestellten Quellen und Methoden zur Analyse von Investments in Immobilien sollen den Investor in die Lage versetzen, sich die erforderliche Transparenz zu verschaffen, um gute von weniger guten Anlagemöglichkeiten zu unterscheiden und Ansatzpunkte zur Steuerung seiner bestehenden Investments zu identifizieren. Der Investor soll sich, so gerüstet, ermuntert fühlen, der großen methodischen Uneinheitlichkeit in der Performancedarstellung entgegenzutreten und gezielt nach den geeigneten Kennzahlen zu fragen.

Als ein weiterer Erfolgsfaktor wurde das Universum von Anlageformen in Immobilien in seiner ganzen Bandbreite charakterisiert und auch im Hinblick auf die erforderliche Involvierung des Investors erläutert. Schließlich wurden Ansätze zur Strukturierung von einzelnen Mandaten und zur zielgerichteten Auswahl von Dienstleistern vorgestellt.

Mit diesem Beitrag wurde das Ziel verfolgt, dass der institutionelle Investor die Wertschöpfungskette von Immobilienanlagen so an seinen Rahmenbedingungen und Zielvorstellungen ausrichten kann, dass die Assetklasse gemäß ihrem Potenzial funktionieren kann. Aus der Vielfalt an Gestaltungselementen wurden die wichtigsten fokussiert. Je nach Aufgabenstellung des Investors können sich spezifische Schwerpunktsetzungen ergeben, die die Auseinandersetzung mit weiteren möglichen Eigenschaften von Immobilien-Investments erforderlich machen, die in dieser Einführung unberücksichtigt bleiben mussten.

Literaturverzeichnis

Adrangi, B./ Chatrath, A./ Raffiee, K. (Adrangi/ Chatrath/ Raffiee, 2004): REIT Investments and Hedging Against Inflation, Journal of Real Estate Portfolio Management, Vol. 10, No. 2, 2004, pp. 97–112.

Barkham, R. J./ Ward, C. W. R./ Henry, O. T. (Barkham/ Ward/ Henry, 1996): The Inflation Hedging Characteristics of U.K. Property, Journal of Property Finance, Vol. 7, No. 1, 1996, pp. 62–76.

Brown, R.J. / Geurts, T.G. (Brown/ Geurts, 2005): Private Investor Holding Period, in Journal of Real Estate Portfolio Management, Vol. 11, No. 2, 2005, pp. 93-104.

Brueggeman, W.B./ Fisher, J.D, (Brueggeman/ Fisher, 2006): Real Estate Finance and Investments. 13th edition, McGraw-Hill, 2006.

Chiang, K.C.H./ Kozhevnikov, K./ Lee, M-L./Wisen, C.H. (Chiang/ Kozhevnikov/ Lee/ Wisen, 2008): Further Evidence on the Performance of Fund of Funds: The Case of Real Estate Mutual Funds. Real Estate Economics, Vol. 36, No. 1, 2008, pp. 47-61.

Chu, Y./ Sing, T. F. (Chu/ Sing, 2004): Inflation Hedging Characteristics of the Chinese Real Estate Market, Journal of Real Estate Portfolio Management, Vol. 10, No. 2, 2004, pp. 145-154.

Demary, M./ Voigtländer, M. (Demary/ Voigtländer, 2009): Immobilien 2025 – Auswirkungen des demographischen Wandels auf die Wohn- und Büroimmobilienmärkte, in: IW Analysen Nr. 50, 2009

Fama, E. F./ Schwert, G. W. (Fama/ Schwert, 1977): Asset Returns and Inflation, Journal of Financial Economics,Vol.5, No.2, 1977, pp. 115–46.

Fisher, I. (Fisher, 1930): The Theory of Interest, Macmillan, New York, 1930.

Ganesan, S./ Chiang, Y. H. (Ganesan/ Chiang, 1998): The Inflation-Hedging Characteristics of Real and Financial Assets in Hong Kong, Journal of Real Estate Portfolio Management, Vol. 4, No. 1, 1998, pp. 55–67.

Glascock, J.L./ Lu, C./ So, R. W., (Glascock/ Lu/ So, 2002): REIT-Returns and Inflation: Perverse or Reverse Causality Effects, in: Journal of Real Estate Finance and Economics, Vol. 24, No. 3, 2002, pp. 301–317.

Grinold, R./ Kahn, R.N.(Grinold/ Kahn, 2000): Active Portfolio Management, 2nd Edition. New York et al., 2000.

Hahn, T.C./ Geltner, D./ Gerardo-Lietz, N. (Hahn/ Geltner/ Gerardo-Lietz, 2005): Real Estate Opportunity Funds, in Journal of Portfolio Management, Special Issue 2005, pp. 143-153.

Hamelink, F./ Hoesli, M. (Hamelink/ Hoesli, 1996): Swiss Real Estate as a Hedge Against Inflation—New Evidence Using Hedonic and Autoregressive Models, Journal of Property Finance,Vol. 7, No. 1, 1996, pp. 33-49.

Hoesli, M./ Lekander, J./ Witkiewicz, W. (Hoesli/ Lekander/ Witkiewicz, 2004): International Evidence on Real Estate as a Portfolio Diversifier, in Journal of Real Estate Research, Vol. 26, No. 2, 2004, pp. 161-206.

Hoesli, M./ Lizieri, C./ MacGregor, B. (Hoesli/ Lizieri/ MacGregor, 2006): The Inflation Hedging Characteristics of U.S. and U.K. Investments: A Multi-Factor Error Correction Approach, Working Papers in Real Estate and Planning, 01/2006, Reading.

INREV 2008: INREV Guidelines, 2008, Amsterdam.

Larsen, A. B./ McQueen, G. R. (Larsen/ McQueen, 1995): REITs, Real Estate, and Inflation: Lessons from the Gold Market, Journal of Real Estate Finance and Economics, Vol. 10, No. 1, 1995, pp. 285–297.

Matysiak, G./ Hoesli, M./ Nanthakumaran, N. (Matysiak/ Hoesli/ Nanthakumaran, 1996): The Long Term Inflation Hedging Characteristics of U.K. Commercial Property, Journal of Property Finance, Vol.7, No. 1, 1996, pp. 50–61.

Newell, G. (Newell, 1996): The Inflation-Hedging Characteristics of Australian Commercial Property: 1984–1995, Journal of Property Finance, Vol. 7, No. 1, 1996, pp. 6–20.

Peyton, M.S. (Peyton, 2008): Real Estate Investment Style and Style Purity. Journal of Real Estate Portfolio Management, Vol. 14, No. 4, 2008, pp. 325-334.

Rubens, J. H./ Bond, M. T./ Webb, J. R. (Rubens/ Bond/ Webb, 1989): The Inflation-Hedging Effectiveness of Real Estate, The Journal of Real Estate Research, Vol. 4, No. 2, 1989, pp. 45–55.

Seiler, M.J./ Webb, J./ Myer, F.C. N. (Seiler/ Webb/ Myer, 1999): Diversification Issues in Real Estate Investment, Journal of Real Estate Literature, Vol. 7, 1999, pp. 163-179.

Sing, T. F./ How, S. H. (Sing/ How, 2000): The Inflation-Hedging Characteristics of Real Estate and Financial Assets in Singapore, Journal of Real Estate Portfolio Management, Vol. 6, No. 4, 2000, pp. 373-385.

Swensen, D. F. (Swensen, 2000): Pioneering Portfolio Management. New York et al., 2000.

Tarbert, H. (Tarbert, 1996): Is Commercial Property a Hedge against Inflation? — A Cointegration Approach, Journal of Property Finance,Vol. 7, No. 1, 1996 pp. 77–98.

Voigtländer, M. (Voigtländer, 2006): Der deutsche REIT – Grundzüge und steuerpolitischer Anpassungsbedarf, in: IW-Trends, Vol. 1, 2006, pp. 3-16.

Wit de, I./ Dijk van, R. (Wit/ Dijk, 2003): The Global Determinants of Direct Real Estate Returns, in: Journal of Real Estate Finance and Economics, Vol. 26, No. 1, 2003, pp. 27–45.

Yobaccio, E./ Rubens, J. H./ Ketcham, D. C. (Yobaccio/ Rubens/ Ketcham, 1995): The Inflation-Hedging Properties of Risk Assets: The Case of REITs, The Journal of Real Estate Research, Vol. 10, No. 3, 1995, pp. 279–296.

Der Einfluss der Marke auf die Managerselektion durch institutionelle Anleger

von Rainer Schröder/ Clemens Sommer

1. Zerstörtes Vertrauen nach der Finanzkrise

Die internationalen Finanzmärkte waren in den zurückliegenden Jahren immer wieder von krisenhaften Entwicklungen gekennzeichnet. Die zerplatzende Blase am US-Immobilienmarkt hat für eine ganze Reihe von daran anknüpfenden Produkten und Marktsegmenten zu einem kompletten Zusammenbruch geführt. Auch große und zuvor als hochsolide geltende Banken gerieten in Schieflagen und mussten mit staatlicher Hilfe gerettet werden oder gingen in die Insolvenz. Die Schuldenkrise der europäischen Staaten hat für die – in den Augen europäischer Kapitalanleger – bis dahin sichersten Anlagen, Schuldverschreibungen von EU-Staaten, einen tiefgreifenden Vertrauensverlust ausgelöst. Viele Anleger haben dann nach Jahren tendenziell steigenden Außenwerts des Euros die Stabilität der europäischen Währung in Zweifel gezogen und wurden dabei maßgeblich unterstützt vom Krisenmanagement der um Zustimmung für ihre „Rettungspakte" ringenden Regierungen.

Für viele private wie institutionelle Kapitalanleger haben diese Entwicklungen schmerzliche Vermögensverluste ausgelöst und maßgeblich zum Verfehlen längerfristiger Anlageziele beigetragen. Viele institutionelle Anleger, die sich gerade für die Investition in kompliziertere oder weniger transparente Finanzinstrumente der Hilfe durch Asset Management-Unternehmen bedient haben, sind mit der Arbeit ihrer Dienstleister hoch unzufrieden. Sie wurden in den meisten Fällen von der entstandenen Illiquidität und den erlittenen Kursverlusten bei strukturierten Wertpapieren überrascht und hatten auch südeuropäischen Staatsanleihen nicht das Risikopotential zugemessen, das diese dann tatsächlich aufgewiesen haben. Offensichtlich hat die Mehrzahl der Asset Manager auf diese Risiken nicht angemessen hingewiesen, vermutlich weil sie diese Risiken selbst nicht antizipiert hatten. Der BVI konstatiert in seinem Jahrbuch 2010: „Das Anlegervertrauen ist auf ein bedenklich niedriges Niveau gesunken."[1] Das Vertrauen ihrer Kunden zurück zu gewinnen, ist damit maßgeblich für den Erfolg der Asset Management-Branche insgesamt, aber vor allem auch für die Wettbewerbsfähigkeit des einzelnen Asset Management-Unternehmens.

Soziologisch betrachtet ist Vertrauen ein „Mechanismus zur Reduktion sozialer Komplexität" und zudem eine „riskante Vorleistung"[2], weil zunächst unklar ist, ob es gerechtfertigt ist. Vertrauen ermöglicht eine auf Intuition gestützte Entscheidung, wenn die rationale Abwägung von Informationen (etwa wegen unüberschaubarer Komplexität, wegen Zeitmangels zur Auswertung oder des gänzlichen Fehlens von

---

[1] Vgl. BVI (2010), S. 71.
[2] Vgl. Luhmann (2000), S. 27.

Informationen) nicht möglich ist. Im wirtschaftlichen Kontext ist Vertrauen die Grundvoraussetzung für das Zustandekommen von Vereinbarungen oder Geschäften. Wirtschaftssubjekte erbringen einem Geschäftspartner nur dann eine Leistung, wenn sie auf die Erbringung der Gegenleistung durch den Geschäftspartner vertrauen. Dass Vertrauen in keinem anderen Wirtschaftszweig so zentral ist wie im Finanzbereich, macht schon die Namensherkunft credere (lat. vertrauen) für Kreditinstitute deutlich.

2. Entscheidungsfindung in der wirtschaftswissenschaftlichen Theorie

Der Verweis auf die Bedeutung des Vertrauens für die Anlegerentscheidung scheint auf den ersten Blick im Konflikt mit wirtschaftswissenschaftlichen Entscheidungstheorien zu stehen. Traditionell werden nutzenmaximierende Wirtschaftssubjekte analysiert, die alle ihnen zugänglichen Informationen heranziehen und auswerten. Die dabei getroffenen Entscheidungen sind insoweit „rational", als sie die für den Entscheider angesichts der vorhandenen Informationen bestmögliche Alternative auswählen („Rational Choice Theory").

Es liegt auf der Hand, dass die Laborbedingungen dieser Theorie in tatsächlichen ökonomischen Entscheidungssituationen nicht wirklich erfüllt sind. Es sind i.d.R. weder alle relevanten Informationen verfügbar noch ist der Nutzen eines bestimmten Ergebnisses sicher bekannt. Das gilt insbesondere für Anlageentscheidungen auf Kapitalmärkten. Die Kapitalmarktkrisen der zurückliegenden Jahre haben gezeigt, dass nicht einmal die Gesamtheit der möglichen Entwicklungen vorab beschrieben werden kann, geschweige denn deren Eintrittswahrscheinlichkeiten.

Das „Konzept der eingeschränkten Rationalität"[3] nimmt die offensichtlichen Verletzungen der Annahmen der Rational Choice Theorie auf und konzediert, dass vorhandene Informationsstrukturen und Kapazitätsgrenzen der Informationsverarbeitung den Aufwand für die Entscheidungsfindung begrenzen. Entscheidungsprozesse werden danach aufgrund der Einschränkungen der kognitiven Fähigkeiten der Menschen immer nur begrenzt rational getroffen.[4] Aus Mangel an Informationen oder Zeit, aus Unfähigkeit oder anderen Gründen treffen Menschen Entscheidungen typischerweise schlechter als unter Idealbedingungen möglich.

---

[3] Vgl. Simon (1959).
[4] Vgl. Simon (1959).

Das Konzept der „ökologischen Rationalität"[5] schlägt eine weitere Brücke zwischen Rational Choice Theorie und den tatsächlich anzutreffenden Auswahlentscheidungen von Menschen. Danach benutzen Menschen in Entscheidungssituationen häufig einfache Heuristiken. Etwa bei mangelnder Kenntnis der Gesamtheit der eine Entscheidung beeinflussenden Faktoren eine einfache Rekognitionsheuristik („wähle unter zwei Alternativen die bekanntere"). Oder in Fällen, in denen die Ausprägungen des maßgeblichen Entscheidungskriteriums unbekannt sind, eine Korrelationsheuristik, die sich an den Ausprägungen eines bekannten, mit dem maßgeblichen Entscheidungskriterium korrelierten Indikators orientiert. So vertrauen Anleger häufig der vergangenen Performance als Indikator für künftige Performance oder der Größe des von einem Asset Manager unterhaltenen Risikomanagementteams als Indikator für die Qualität des künftigen Risikomanagements.

GIGERENZER entwickelt diese Thesen dahingehend weiter, dass er die Logik nur als „eines von vielen nützlichen Werkzeugen, deren sich der Verstand bedienen kann"[6] beschreibt und den logisch abgeleiteten Entscheidungen die „Bauchentscheidungen" gegenüberstellt. Bauchentscheidungen sind danach solche „Entscheidungen,

- die rasch im Bewusstsein auftauchen,
- deren tiefere Gründe uns nicht ganz bewusst sind und
- die stark genug sind, um danach zu handeln."[7]

GIGERENZER zeigt anhand zahlreicher lebensnaher Entscheidungsprobleme in privaten wie in professionellen Entscheidungssituationen, dass „Bauchentscheidungen" im obigen Sinne nicht nur schneller und einfacher abzuleiten sind, sondern oft auch zu besseren Ergebnissen führen als Entscheidungsverfahren, welche die Gesamtheit der zur Verfügung stehenden Information heranzuziehen versuchen.

Gerade in Entscheidungssituationen am Kapitalmarkt spielt Vertrauen in den Geschäftspartner daher aus gutem Grund eine maßgebliche Rolle für die Entscheidungsfindung. Das maßgebliche Entscheidungskriterium (sei es künftige Performance, künftige Volatilität oder künftiges Ausfallrisiko) hat unbekannte Ausprägungen und ist nach aller Erfahrung nur gering mit bekannten Indikatoren korreliert. Im Rahmen systematischer Managerauswahlprozesse werden diese Indikatoren erhoben und bilden einen rationalen Input für die Entscheidung zugunsten von Geschäftspartnern. Letzt-

---

[5]   Vgl. Gigerenzer/ Selten (2001).

[6]   Vgl. Gigerenzer (2007), S. 28.

[7]   Vgl. Gigerenzer (2007), S. 25.

endlich haben Anleger aber tatsächlich nicht viele Alternativen zur Auswahl eines Geschäftspartners nach dem Kriterium des Vertrauens in die Qualität seiner Arbeit.

Wie aber entsteht Vertrauen zu Geschäftspartnern und wie können Anbieter die Entstehung von Vertrauen auf Seiten ihrer Kunden fördern? Und welche Rolle spielen emotionale Faktoren tatsächlich bei Entscheidungen von professionellen Anlegern? Die Autoren haben zur Beantwortung dieser Fragen Interviews mit Entscheidern im institutionellen Asset Management geführt. Die Ergebnisse werden ausführlich in Abschnitt 7 erläutert, es sei an dieser Stelle aber vorweggenommen, dass zahlreiche Indizien die These der Entscheidungsfindung nach Vertrauensgesichtspunkten stützen. Zur präzisen Herleitung der These befasst sich der folgende Abschnitt aber zunächst mit den soziologischen Grundlagen von Entscheidungen im Unternehmenskontext.

3. Die Rolle von Rationalität und Emotionalität bei B2B-Marken

Im Geschäft mit Konsumenten („B2C") ist das Konzept Marke längst etabliert und wird als unverzichtbarer Teil einer erfolgreichen Vermarktungsstrategie breit eingesetzt. Marken helfen, immer ähnlicher werdende Leistungen in einem immer intensiver werdenden Wettbewerb zu differenzieren. Dabei ist die emotionale Differenzierung besonders wichtig, weil sie nur wenig durch technische Produkteigenschaften begrenzt wird und dem Anbieter große Freiheitsgrade bietet. So wird heute selbstverständlich ein in seinem Lebenszyklus so weit vorangeschrittenes Produkt wie der Pkw von praktisch allen Anbietern emotional positioniert. Technisch weitgehend ähnliche Produkte werden als besonders sportlich, sicher oder dynamisch präsentiert und der Auftritt des Anbieters entsprechend gestaltet. Besonders augenscheinlich wird die Bedeutung des Konzepts Marke bei Unternehmen, die eine Mehrmarkenstrategie verfolgen: Weitgehend gleiche Produkte können differenziert angeboten werden und unterschiedlich zahlungsbereite Kundenschichten ansprechen. Der Anbieter verbreitert seine Marktpräsenz, ohne das Produktportfolio nennenswert ausweiten zu müssen.

Vermutlich ist eines der hartnäckigsten Gerüchte über das Geschäft zwischen Unternehmen („B2B"), dass Entscheidungsprozesse nur rational ablaufen und Emotionen keine entscheidende Rolle spielen. Wie auch im B2C-Bereich kämpfen Unternehmen im B2B-Bereich mit verschärften Wettbewerbsbedingungen wie Globalisierung, Homogenisierung der Leistungen und steigendem Preisdruck. Trotzdem nutzen B2B-Unternehmen den erfolgversprechenden Ansatz einer Marken-Differenzierung erst in sehr geringem Ausmaß, da im B2B-Kontext traditionell eine Affinität zu allem Sachlich-Rationalen und eine Skepsis gegenüber Marketing und Emotionalem existiert.

Dennoch ist davon auszugehen, dass Marken und Emotionen auch B2B-Entscheidungsprozesse beeinflussen. Denn schließlich entscheidet auch im Unternehmen immer ein Mensch.

Im Unterschied zum privaten Konsumenten kaufen B2B-Entscheider nicht für sich selbst, sondern für Organisationen ein. D.h., es geht nicht um persönliche, sondern um abgeleitete Nachfrage. Die Entscheidung erfolgt meist nicht alleine, sondern in Abstimmung mit anderen Organisationsmitgliedern. Die Käufe sind eher nicht spontan, sondern weisen einen hohen Formalisierungsgrad auf. Und es geht meistens nicht um einmalige Kaufakte, sondern um langfristige Geschäftsbeziehungen.

Rationale und emotionale Entscheidungsfaktoren ergänzen sich

BAUSBACK[8] vermutet, dass emotionale Entscheidungseinflüsse im organisationalen Zusammenhang deshalb so wenig thematisiert werden, weil hier gerne Kontrollierbarkeit angenommen wird und rationale Kriterien als kontrollierbarer gelten. Diese Heuristik rühre möglicherweise aus dem Gegensatzpaar rational-irrational (also „vernünftig-unvernünftig"), und da rational und emotional ebenfalls als Gegensatz konzipiert werde, erscheine Emotional gleich Irrational. Aber der Gegensatz von emotional sei nicht rational, sondern emotionslos. Emotionale und rationale Entscheidungen stünden eher in einem Ergänzungs- als in einem Ausschlussverhältnis.

Die Problematik mit Emotionen im B2B-Marketing dürfte damit zusammenhängen, dass rationale Argumente objektiver oder überprüfbarer erscheinen als emotionale Begründungen – die dem Wesen nach subjektiv sind, was ihre Einflussmacht aber nicht schmälert.

Subjektive Entscheidungen sind Entscheidungen auf Basis persönlich zugewiesener Bedeutungen. Oft handelt es sich um ein Gefühl, das auf Faustregeln beruht, die uns nicht bewusst sind. Es hat sich als eine kommunikative Konvention im Geschäftsleben herausgebildet, Entscheidungen eher durch rationale Argumente zu begründen als die subjektiven Gefühlsgründe preiszugeben. Gefühle sind wirksam, aber es wird nicht darüber gesprochen. Soziale Erwünschtheit betont die Rationalität im professionellen Umfeld: So konnten NISBETT und WILSON in einer Studie[9] nachweisen, dass emotionale Entscheidungen abgestritten, verschwiegen und im Nachhinein sogar als rationale Entscheidung getarnt werden, indem vermeintlich rationale Argumente und Rechtfer-

---

[8]   Vgl. Bausback (2007).
[9]   Vgl. Nisbett/ Wilson (1977).

tigungen präsentiert werden. Eine offene und direkte Befragung zu Emotionalität läuft somit Gefahr, dass bewusst falsche Antworten gegeben werden.

Wie schon in dem vorausgegangenen Abschnitt ausgeführt, gelten aber inzwischen, gestützt durch die Hirnforschung, Emotionen als maßgebliche Richtungsgeber für Entscheidungen, insbesondere bei komplexen Entscheidungsproblemen. Tatsächlich liegen in der Regel gemischte Entscheidungsprozesse vor: „Emotion is always a factor in descision making and rationality will always be invaded by emotional influences"[10].

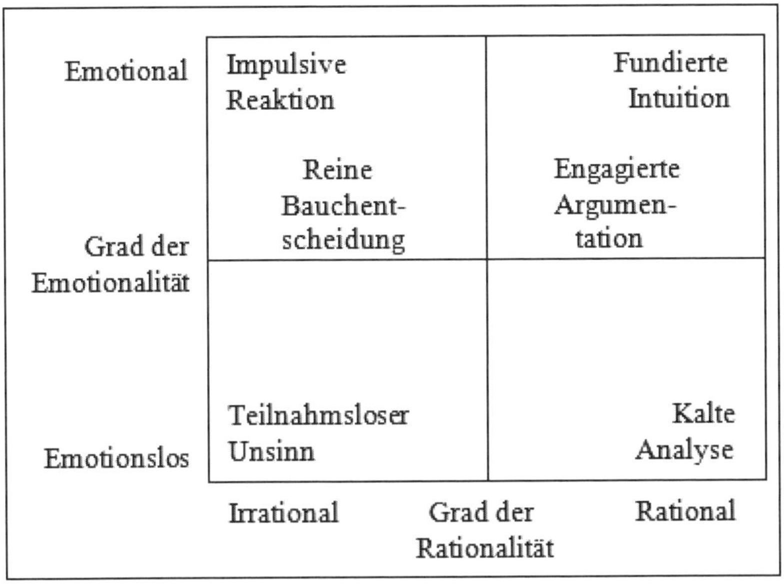

Emotional	Impulsive Reaktion	Fundierte Intuition
Grad der Emotionalität	Reine Bauchent-scheidung	Engagierte Argumen-tation
Emotionslos	Teilnahmsloser Unsinn	Kalte Analyse
	Irrational Grad der Rationalität	Rational

Abbildung. 1: Ausmaß von Rationalität und Emotionalität an Kaufentscheidungen[11]

Inzwischen weist die Forschung nach, dass Emotionen nicht als Hindernis oder Feind der überlegenen rationalen Entscheidung zu betrachten sind, sondern sogar bessere Entscheidungen begründen. Zum Beispiel unter Bedingungen hoher Komplexität, wenn Informationen fehlen, also Ungewissheit herrscht, oder wenn schnelle Entscheidungen erforderlich sind, in dynamischen Umfeldern, und auch bei Indifferenz der Alternativen. Also immer dann, wenn die Bewertung von Informationen die Kapazitäten der bewussten und damit rationalen Beurteilung überschreiten würde.

---

[10] Vgl. O'Shaughnessy (2003), S. 35.
[11] Vgl. Bauback (2007), S. 38.

Marken als Träger eines möglichen emotionalen Mehrwertes können in diesem Sinne als Stimuli konzipiert werden, die während der Kaufentscheidung sowohl zur Entlastung rationaler als auch zur gesteigerten Aktivität emotionaler Hirnareale führen[12].

4. Wahrnehmung von Asset Management-Unternehmen als Konsumentenmarken bei Business-Entscheidern

Die Unterscheidung zwischen B2B- und B2C-Marken ist im institutionellen Asset Management in gewisser Hinsicht schwierig, weil gerade die Markenpositionierung inländischer Asset Manager von Entscheidern im deutschen Markt nennenswert vom B2C-Markenauftritt der Asset Manager beeinflusst wird. Der Business-Entscheider dürfte in aller Regel auch Entscheider für seine privaten Anlagen sein und daher den Publikumsfonds-Markenauftritt potentieller Partner für sein institutionelles Geschäft wahrnehmen und davon beeinflusst werden.

Praktisch alle großen inländischen Marktteilnehmer im institutionellen Asset Management unterhalten auch ein Publikumsfondsgeschäft. Zahlreiche ausländische Anbieter im deutschen institutionellen Geschäft haben sogar eine wesentlich breitere Präsenz im Publikumsfondsgeschäft als im institutionellen Geschäft. Bei der Markenpositionierung im B2C-Bereich haben sich in den zurückliegenden Jahren bei der Mehrzahl der Anbieter stark emotional ausgerichtete Strategien durchgesetzt. In Werbespots oder Anzeigen der großen Publikumsfondsgesellschaften gehen glückliche junge Paare inmitten blühender Landschaften durch blaue Türen oder riesige rote Tücher verhüllen attraktive Luxusgüter wie Yacht oder Sportwagen. Unmittelbare Bezüge zur beworbenen Dienstleistung Fondsmanagement sind an keiner Stelle erkennbar. Auch Gesellschaften, die noch Produkteigenschaften wie Performance zentral herausstellen, bedienen sich etwa der Strahlkraft einer ehemaligen Nr. 1 im Fußball oder anderer Prominenter – auch wenn diese nicht für besondere Expertise in Geldanlagefragen öffentlich bekannt sind.

Unabhängig von der präzisen Ausgestaltung des Auswahlprozesses für Asset Manager treffen immer Menschen die Entscheidung zugunsten oder zuungunsten eines bestimmten Geschäftspartners. Da den institutionellen Entscheidern bekannt und transparent ist, dass das Management von institutionellen Mandaten und von Publikumsfonds aus einer Hand kommen, dass Investmentphilosophie, Risikomanagement und Fondsmanagerautonomie im Publikumsfonds- und im institutionellen Geschäft gleich-

---

[12] Vgl. Kenning et al. (2005), S. 55 f.

artig sein dürften, wird die B2C-Positionierung des Asset Managers für ihre Entscheidung eine maßgebliche Rolle spielen.

5. Die Dominanz der Rationalität in der bisherigen Positionierung von Asset Management-Marken im institutionellen Geschäft

Einen guten Überblick über die Selbstdarstellung von Asset Management-Unternehmen im deutschen institutionellen Markt liefert eine Analyse öffentlich zugänglicher Unternehmenspräsentationen und Internetauftritte. Wir haben dazu eine Zufallsauswahl aus den im deutschen Markt vertretenen Asset Management-Unternehmen vorgenommen und ihre Selbstdarstellung hinsichtlich der Positionierung nach rationalen und emotionalen Faktoren vorgenommen. Die Fundstellen sind entweder die für institutionelle Investoren vorbehaltenen Websites oder auf diesen Websites zum Download angebotene Unternehmenspräsentationen. Als harte, rationale Faktoren gelten uns etwa Größe (i.d.R. ausgedrückt in Assets under Management), globale Präsenz, Performance, Risikomanagement, Qualität des Reporting, als weiche, emotionale Faktoren Vertrauenswürdigkeit, Fairness, Respekt, Integrität, Verlässlichkeit oder Offenheit.

In der großen Mehrzahl der Fälle stehen rationalen Faktoren bei der Positionierung im Vordergrund, selbst wenn einzelne emotionale Faktoren mit aufgeführt werden. Exemplarisch seien folgende Selbstdarstellungen hervorgehoben:

- Allianz Global Investors: Historie („35 Jahre Erfahrung in der Konzeption von Anlagestrategien"), Größe („568 Fonds", „260 Mrd. €"), Kundenorientierung („maßgeschneiderte Anlagestrategie")[13].
- BlackRock: „Globale Marktexpertise", „Vertrauenswürdiger Partner", branchenführende Risikoanalysen", den „spezifischen Bedürfnissen entsprechende" Lösungen, „überdurchschnittliche langfristige Performance"[14].
- Helaba: Größe („verwaltetes Volumen"), Breite des Produktangebots („eine umfassende Produktpalette für nahezu alle Anlagekategorien"), Qualität der Fondsadministration („eine leistungsfähige Buchhaltung, ein detailliertes Risikomanagement sowie ein umfassendes Reporting")[15].

---

[13] Vgl. AGI (2010).
[14] Vgl. BlackRock (2010).
[15] Vgl. Helaba (2010).

- Lingohr: Unabhängigkeit und Historie („Unabhängige Vermögensverwaltung seit 1993"), Größe („mehrere Milliarden €"), Fokussierung („uneingeschränkter Fokus auf internationale Aktienmärkte")[16].

- M&G: Historie („M&G ist kein Neuling am Markt"), „globale Investmentgesellschaft", Managementphilosophie („langfristige Erzielung hervorragender Leistungen nur dann möglich, wenn die Fondsmanager ihre Inspiration und innovativen Ideen einbringen können")[17].

- Raiffeisen Capital Management: Größe („anerkannte Nummer eins der österreichischen Fondsbranche"), Performance („Unsere Kunden erzielen einen langfristigen Mehrertrag auf Basis eines klar strukturierten Investmentprozesses") und Serviceorientierung („Unsere Kunden erhalten professionelle Beratung und erstklassigen Service")[18].

Es finden sich jedoch auch Beispiele für Asset Manager, die emotionale Faktoren weit oben in ihrer Selbstdarstellung anführen. Exemplarisch für diese eher selten anzutreffenden Ausnahmen seien genannt:

- Pioneer: „Exzellenz", „Integrität und Vertrauenswürdigkeit", „Wachstumsorientierung", „Vielfalt und Offenheit gegenüber Veränderungen" und „Teamkultur"[19].

- Quoniam: „Exzellenz", „Vertrauen", „Zusammenarbeit", „unternehmerisches Handeln" sowie „Respekt, Fairness und Offenheit im Umgang miteinander"[20].

- Union Investment: „Partnerschaft", „Innovation", „Transparenz", „Verlässlichkeit"[21].

Maßgeblich für die Positionierung der Asset Manager sollte sein, nach welchen Kriterien institutionelle Anleger bei der Managerauswahl tatsächlich entscheiden. Im Nachfolgenden betrachten wir daher deren Entscheidungssituation.

---

[16]   Vgl. Lingohr (2010).
[17]   Vgl. M&G (2010).
[18]   Vgl. Raiffeisen (2010).
[19]   Vgl. Pioneer (2010).
[20]   Vgl. Quoniam (2010.)
[21]   Vgl. Union (2010).

6. Zur Dominanz rationaler Auswahlkriterien bei institutionellen Entscheidern

Die hier aufgezeigte Dominanz rationaler Argumente in der Selbstdarstellung institutioneller Asset Manager spiegelt die Bedeutung rationaler Argumente in den üblichen Managerauswahlprozessen wider. In von Consultants geführten Auswahlverfahren werden umfangreiche Datensammlungen über alle denk- und messbaren Indikatoren der Managerleistung analysiert. Hier haben emotionale Faktoren wie Vertrauenswürdigkeit, Fairness oder Integrität wenig Platz, nicht zuletzt, weil sie quantitativ kaum messbar sind und damit einen Wettbewerbsvergleich komplizieren würden.

Auch die Rechenschaftspflicht der Entscheider gegenüber ihren Gremien oder ihrer Aufsicht führt zur Dominanz rationaler, harter Kriterien bei der Auswahlentscheidung. Angesichts der erheblichen wirtschaftlichen Bedeutung einer „richtigen" Entscheidung ist eine präzise Dokumentation des Auswahlprozesses unerlässlich. Messbare rationale Kriterien bieten da die beste Grundlage für eine lückenlose Dokumentation.

Zur regelmäßig erlebten Realität solcher Auswahlprozesse gehört aber auch, dass die anhand messbarer Kriterien festgestellten Unterschiede zwischen den zwei bis vier besten Wettbewerbern marginal sind. Den Abschluss eines Managerauswahlverfahrens bietet daher in der Regel eine finale Präsentation, in der die Entscheider sich abschließend von der Leistungsfähigkeit der Anbieter überzeugen können. Tatsächlich ist diese Präsentation oft ausschlaggebend für die Managerauswahl, da die Unterschiede der Finalisten hinsichtlich der harten Faktoren zu gering sind. Hier dürften dann häufig Sympathie, Kompetenzvermutung und der persönliche Eindruck der Präsentierenden die finale Entscheidung maßgeblich beeinflussen.

Faktisch bedeutet das, dass eine gute Positionierung hinsichtlich der rationalen Auswahlkriterien eine notwendige Bedingung für den Vertriebserfolg im institutionellen Asset Management ist. Schlechte Manager kommen kaum in die Endauswahl. Maßgeblich für den tatsächlichen Erfolg der „guten" Asset Manager sind dann aber doch häufig die weichen, emotionalen Auswahlkriterien. Die weichen Faktoren sind dann die Gewinnkriterien, während die harten „nur" qualifizierende Kriterien sind (vgl. Abbildung 2). Zunehmende Wettbewerbsintensität wird die Bedeutung emotionaler Faktoren eher noch erhöhen, weil die Unterschiede hinsichtlich der rationalen Auswahlkriterien umso geringer werden, je mehr Wettbewerber ein gleichartiges Produkt am Markt anbieten.

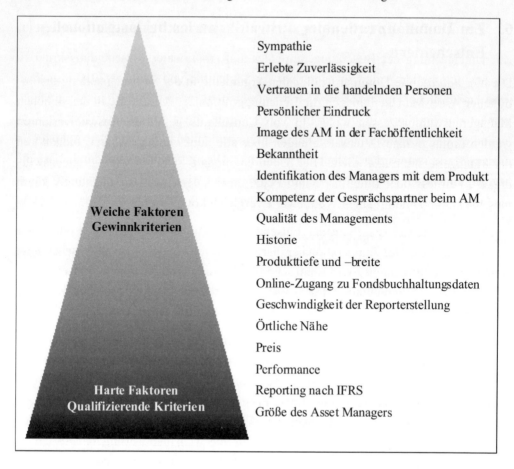

Sympathie

Erlebte Zuverlässigkeit

Vertrauen in die handelnden Personen

Persönlicher Eindruck

Image des AM in der Fachöffentlichkeit

Bekanntheit

Identifikation des Managers mit dem Produkt

Kompetenz der Gesprächspartner beim AM

Weiche Faktoren
Gewinnkriterien

Qualität des Managements

Historie

Produkttiefe und –breite

Online-Zugang zu Fondsbuchhaltungsdaten

Geschwindigkeit der Reporterstellung

Örtliche Nähe

Preis

Performance

Harte Faktoren
Qualifizierende Kriterien

Reporting nach IFRS

Größe des Asset Managers

Abbildung 2: Harte und weiche differenzierende Faktoren

Die hier unterstellte Bedeutung weicher Entscheidungskriterien hält einer empirischen Überprüfung durchaus stand. Die Ergebnisse einer von uns durchgeführten Befragung von Entscheidern im institutionellen Asset Management bestätigen eindrucksvoll, dass emotionale Faktoren bei der Managerauswahl eine maßgebliche Rolle spielen.

7. Emotionale Entscheidungskriterien von institutionellen Anlegern

Zur Untersuchung der Bedeutung rationaler und emotionaler Entscheidungskriterien von institutionellen Anlegern haben wir im September und Oktober 2010 insgesamt zehn ausführliche Tiefeninterviews mit Entscheidern im institutionellen Asset Management durchgeführt. In diesen Interviews wurde unter Anwendung von Kreativtechniken die Wahrnehmung des Asset Management-Marktes und der Anbieter in diesem Markt seitens der Teilnehmer exploriert. Dies geschah etwa dadurch, dass die Studienteilnehmer vorgelegte Bildmotive mit Asset Management-Themen assoziierten, oder die im Markt vertretenen Anbieter ohne Vorgabe von Kriterien frei in Gruppen sortiert haben und ihre Wahrnehmung der Eigenschaften der Anbieter und Anbietergruppen beschrieben haben.

In einem zweiten Abschnitt der Interviews haben die Teilnehmer die Bedeutung unterschiedlicher Entscheidungskriterien für die Auswahl externer Manager in „sehr wichtig", „weniger wichtig" und „unwichtig" gruppiert.

Im dritten und letzten Abschnitt der Interviews wurden den Teilnehmern vier Statements zur Rolle von Marken im institutionellen Asset Management zur Kommentierung vorgelegt.

Eine Zahl von nur zehn Interviews mag auf den ersten Blick unzulänglich erscheinen, um eine zutreffende Einschätzung des Entscheidungsverhaltens institutioneller Anleger zu treffen. Im Bereich der qualitativen Marktforschung, in dem sich diese Analyse bewegt, geht es allerdings nicht um die Gewinnung numerischer Daten bezüglich eines Produkts oder eines Marktes, sondern um die Ermittlung von Einstellungen oder Erwartungen von Marktteilnehmern sowie um die Identifikation von zentralen Motiven für bestimmte Verhaltensweisen. Die zehn befragten Entscheider arbeiten für Versicherungen (1 Teilnehmer), Versorgungswerke (2), Kreditinstitute (3), Stiftungen (2) und große Unternehmen außerhalb des Finanzbereichs (2) und repräsentieren damit die gesamte Breite des institutionellen Marktes. Da wir in der Auswertung keine quantitativen Schlüsse aus den Befragungsergebnissen ziehen, sondern nur über häufiger oder wenig häufig angetroffene Einschätzungen berichten, halten wir die hier dargestellten Ergebnisse für valide und zur Beurteilung des typischen Entscheidungsverhaltens im Markt geeignet.[22]

---

[22] Im Folgenden wird auch aus den Interviews zitiert. Da den Befragungsteilnehmern Vertraulichkeit und Anonimität zugesichert wurde, kann zu diesen Zitaten weder die zitierte Person genannt werden, noch das Marktsegment, in dem sie arbeitet.

Add 1: Gruppierung nach Formalkriterien selten angetroffen

Die im ersten Abschnitt der Befragung gestellte Aufgabe, die Anbieter im institutionellen Asset Management in Gruppen zu sortieren, zielte darauf ab, die subjektive Wahrnehmung der Asset Manager durch ihre Kunden zu erarbeiten[23]. Dazu wurden den Teilnehmern bewusst keine Sortierkriterien vorgegeben, sondern lediglich ein Bezugsrahmen angeboten: Stellen Sie sich vor, Sie besuchen eine Party, auf der alle Asset Manager schon zu Gast sind. Wer steht mit wem zusammen? Was sind die Gemeinsamkeiten der Gruppe und was unterscheidet sie von den anderen Gruppen? Was sind die besonderen Stärken und Schwächen der einzelnen Gruppen? In welcher Gruppe würden Sie sich besonders wohl fühlen?

Die Ergebnisse dieses Teils der Befragung zeigen, dass die Marktsegmentierung, die Brancheninsider gewöhnlich nach Herkunft oder Eigentümerschaft der Asset Management-Gesellschaften vornehmen, nicht der Marktwahrnehmung seitens der Anleger entspricht. Abbildung 3 zeigt eine solche Marktsegmentierung nach Herkunft, wie sie ähnlich in Arbeiten zum Asset Management-Markt häufig anzutreffen ist, eine Sortierung nach Formalkriterien.

Die Gruppenbildung durch die Befragungsteilnehmer erfolgte interessanterweise nur selten nach einfachen Formalkriterien wie groß/klein, deutsch/international oder privat/öffentlich. Häufiger erfolgte die Sortierung nach Kriterien, die eng an die Produktpositionierung der Manager anknüpfen wie Grad der Spezialisierung vs. Breite des Produktangebots oder sehr subjektiv nach dem Mehrwert, den die Anbieter für den einzelnen institutionellen Anleger bieten.

Konkret wurden von Teilnehmern unter anderem folgende Sortierkriterien genannt:

- „Global agierende Investmenthäuser"
- „Vertraute Marken"
- „Produktanbieter mit kundenorientierten Lösungen"
- „AM mit begrenztem Mehrwert"
- „Ausländer ohne Prägnanz"
- „Klarer USP"
- „Aufgrund der Größe ohne jede Kundenorientierung"
- „Überflüssige Anbieter"
- „Passive Anbieter"
- „Kleinere Spezialisten"

---

[23] Aus Gründen der Übersichtlichkeit und der Zeiteffizienz wurde den Teilnehmern keine vollständige Liste aller im deutschen institutionellen Markt tätigen Asset Management-Gesellschaften vorgelegt, sondern eine durch Zufallsauswahl auf 38 Adressen verkürzte Liste.

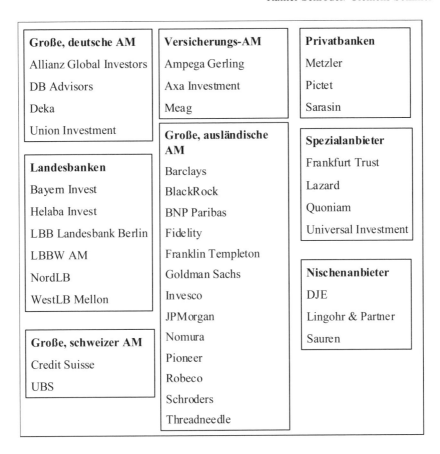

Abbildung 3: Asset Management-Landschaft nach Formalkriterien

Asset Manager, die seitens ihrer Kunden als ähnlich betrachtet werden, sind enge Wettbewerber um das Geschäft mit diesen Kunden. Wir haben daher in Abbildung 4 die Nähe der Anbieter zueinander grafisch dargestellt. Dazu wurden für jeden der 38 den Befragungsteilnehmern angebotenen Asset Manager erfasst, wie häufig er mit jedem der 37 anderen Asset Manager gemeinsam als einer Gruppe angehörig wahrgenommen wurde. Anbieter, die von der Mehrheit der Befragungsteilnehmer als einer Gruppe zugehörig angesehen wurden, wurden in Abbildung 4 in einen „Kasten" sortiert, für die anderen drückt die räumliche Nähe zueinander die Häufigkeit der gemeinsamen Gruppenzugehörigkeit aus.

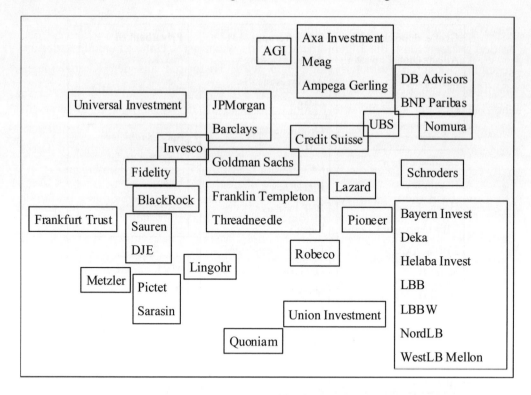

Abbildung 4: Asset Management-Landschaft aus Investorensicht

Für die Anbieter im institutionellen Asset Management-Markt bedeutet „Gruppenzugehörigkeit" in diesem Sinne immer auch Nähe im Wettbewerb. Anleger vermuten Gemeinsamkeiten und sehen zwei derselben Gruppe angehörende Asset Manager ähnlicher als zwei Manager, die unterschiedlichen Gruppen angehören. Das gilt auch für eher negative Faktoren, wie sie etwa aus der Landesbankenkrise auf alle Landesbanken-KAGen übertragen werden, selbst wenn der einzelne Anbieter davon überhaupt nicht betroffen ist.

Es fällt auf, dass die Befragungsteilnehmer nur zwei größere Gruppen nach Formalkriterien gebildet haben: Landesbanken und Versicherungs-Asset Manager. Dabei wurde auch die Deka mehrheitlich der Gruppe der Landesbanken zugerechnet, was deutlich dafür spricht, dass die Eigentümerschaft an den Asset Management-Gesellschaften auch für diese subjektive Gruppierung eine wichtige Rolle spielt. Häufig (aber nicht mehrheitlich) wurde auch die Union Investment dieser Landesbankengruppe zugeordnet, sie erscheint daher grafisch in der Nähe der Landesbankengruppe. Hier dürfte die Verbundzugehörigkeit der Union zu den genossenschaftlichen Banken der ausschlaggebende Faktor gewesen sein.

Die Wahrnehmung der Versicherungs-Asset Manager als eine Gruppe kann so interpretiert werden, dass die Eigentümerschaft als wichtigstes Unterscheidungskriterium gegenüber anderen Anbietern angesehen wird. Historisch aus den Kapitalanlageabteilungen von Versicherungen entstanden, bieten sie einerseits häufig eine breite, aber weniger tief spezialisierte Produktpalette an als der Gesamtmarkt, andererseits bieten sie aber häufig auch auf die spezifischen Bedürfnisse von Versicherern ausgerichtetes Know-How (etwa Risikomanagement oder Reportleistungen). Diese Schwerpunkte verstärken die Wahrnehmung über ihren Eigentümer-Hintergrund.

Die Datenbasis dieser Befragung ist sicher zu schmal, um weitere Schlüsse bezüglich der wahrgenommenen Markenpositionierung der Anbieter abzuleiten. Das Instrumentarium der morphologischen Marktforschung lässt aber wesentlich weitergehende Analysen zu, die dem einzelnen Asset Manager eine genauere Bestimmung der eigenen Positionierung im Markt ermöglichen und damit die Basis für eine Weiterentwicklung der Markenpositionierung liefern.

Add 2: Emotionale Auswahlkriterien spielen eine wichtige Rolle

Im zweiten Abschnitt der Befragung wurden die Teilnehmer gebeten, eine Reihe von möglichen Auswahlkriterien für die Wahl eines externen Asset Managers in die Kategorien „wichtig", „weniger wichtig" und „unwichtig" zu sortieren. Abbildung 5 zeigt die durchschnittliche Bewertung über alle Teilnehmer in absteigender Reihenfolge.

Es fällt unmittelbar auf, dass viele emotionale Faktoren in der Bedeutung für die Managerauswahl weit oben erscheinen. Sehr aufschlussreich sind häufig auch die Kommentare der Befragungsteilnehmer zu ihrer Bewertung der Kriterien. Auf Nachfrage wurde etwa die Bedeutung der „erlebten Zuverlässigkeit" häufig mit eigenen Negativerfahrungen hinsichtlich dieses Kriteriums begründet. *„Wenn Zusagen nicht eingehalten werden, bedeutet das gleich Stress. Das erfährt man natürlich immer erst, wenn man das Mandat vergeben hat".* Vielfach wurden hier auch nicht eingehaltene Zusagen hinsichtlich der Flexibilität etwa bei der Erstellung von Reportings genannt. Angesichts der Bedeutung, die „erlebte Zuverlässigkeit" in der Bewertung durch institutionelle Anleger hat, kann die Unzufriedenheit der Mehrheit der Befragungsteilnehmer nur als Aufforderung an die Manager verstanden werden, die in der Wahrnehmung ihrer Kunden vorhandene Lücke zwischen zugesagten und später erbrachten Leistungen zu schließen.

Wichtig  ☺	Erlebte Zuverlässigkeit Performance Kompetenz der Gesprächspartner beim AM Vertrauen in die handelnde Personen Qualität des Managements Geschwindigkeit der Reporterstellung Erlebte Professionalität
Weniger Wichtig  😐	Preis / Management Fee Service Kompetenz Persönlicher Eindruck Identifikation Historie Bekanntheit Ruf, Image
Nicht wichtig  ☹	Sympathie Image des AM in der Fachöffentlichkeit Produkttiefe und -breite Online-Zugang zu Fondsbuchhaltungsdaten Örtliche Nähe Reporting nach IFRS Größe

Abbildung 5: Bewertung von Auswahlkriterien durch institutionelle Entscheider

Dem „Vertrauen in die handelnden Personen" misst die Mehrzahl der Befragungsteilnehmer ein sehr hohes Gewicht für die Managerauswahl bei. Typische Kommentare: *„Vertrauen ist der Anfang von allem, wenn Sie das nicht haben, dann geben Sie dem keinen Euro"; „Vertrauen ist sehr wichtig. Verspricht nicht viel, zeigt Authentizität. Das wären Faktoren, die dabei eine Rolle spielen, bei Vertrauen. Es gibt natürlich Faktoren wie ein Rating, das Vertrauen aufbauen soll, aber der Mensch muss dazu passen - das ist zwar nicht maßgeblich, aber wichtig".* Interessanterweise bezogen sich alle positiven Kommentare im Zusammenhang mit Vertrauen auf Personen, und eben nicht auf Institutionen. Exemplarisch: *„Vertrauen ist gut, Kontrolle ist besser. Wenn die Person dann ausgewechselt wird, ist es eh nicht festes Vertrauen. Insofern ist Vertrauen notwendige Bedingung, aber bei weitem keine hinreichende".* Es spricht einiges für die Annahme, dass die Bankenkrise erheblich dazu beigetragen hat, Vertrauen in Institutionen zu erschüttern, trotzdem scheint die Mehrzahl der Befragungsteilnehmer noch bereit, als integer erachteten Personen Vertrauen entgegenzubringen. Dieser Befund unterstreicht auch, dass Geschäftsbeziehungen in Gefahr geraten können, wenn die handelnden Personen ein Unternehmen verlassen, weil das Vertrauen eben an die Personen, nicht an die Institutionen, gebunden ist.

Es überrascht nicht wirklich, dass das Kriterium Preis/Management Fee im oberen Mittelfeld erscheint. Institutionelle Anleger sind natürlich sehr kostenbewusst, aber in der Regel auch sehr nüchtern bei der Beurteilung der Bedeutung der Fee für den Gesamterfolg der Anlage. Typisch ist daher folgende Einschätzung: *„Der Preis ist auf der Asset Management-Seite wirklich immer noch ausschlaggebend, so pervers es auch klingt. Die Leute wollen am liebsten das Mandat geschenkt haben und der Manager, der am Ende gewinnt, ist noch nicht mal glücklich darüber. Und das ist weder für die Industrie noch für den Kunden gut."* Dass grundsätzlich durchaus die Bereitschaft vorhanden ist, für eine gute Leistung auch einen angemessenen Preis zu zahlen, bringt ein Teilnehmer auf den Punkt *„Gutes muss auch teuer sein".* Und häufig wurden insbesondere den angelsächsischen Anbietern „teure" Angebote zugerechnet, ohne dass dies als Wettbewerbsnachteil gewertet wurde. Offenbar werden ausländischen, und hier insbesondere angelsächsischen Anbietern, eher hohe Preise zugebilligt als inländischen.

Sympathie ist ein Faktor, der vor allem bei Abwesenheit eine wichtige Rolle spielt: Befragungsteilnehmer haben mehrfach bestätigt, dass unsympathische Gesprächspartner eher gegen eine Mandatsvergabe sprechen, aber niemand hat sympathische Gesprächspartner als nennenswert positives Kriterium angeführt. Typische Kommentierung: *„Schwierig wird es, wenn Gesprächspartner wirklich unsympathisch sind, dann möchte man einfach nicht zusammenarbeiten".* Durchaus kritisch werden auch Versuche wahrgenommen, eine persönliche Beziehungsebene herzustellen: *„Auf Veranstaltungen umschwirren die einen eh alle. Das liegt dann ja nicht an mir, die sehen ja die Institution, und denken, da müssen wir uns mal ranmachen'. Ich bin da als Person austauschbar, es geht denen natürlich nur um das Geschäft".* An diesem Beispiel wird noch stärker als an den anderen Faktoren deutlich, welchen subtilen Einfluss emotionale Kriterien für die Managerauswahl haben. „Sympathie" wird sicher in keinem formalen Auswahlprozess als Kriterium berücksichtigt werden, spielt aber offenbar für die Entscheider eine wichtige Rolle. Gleichzeitig verdeutlicht das Beispiel die Ambivalenz der Entscheider hinsichtlich des Sympathie-Kriteriums: Weil sie wissen, dass Anbieter oder deren Vertreter sympathisch erscheinen wollen, werden allzu durchsichtige Versuche, Sympathie zu gewinnen, eher abgelehnt.

In der offenen Diskussion hat Sympathie jedoch keine Durchsetzungskraft. Es erregt hier eher Mitleid oder Mitgefühl (engl. Übersetzung von Sympathie) beim Investor. Und Mitgefühl verbietet sich im professionellen Geschäft. Es ist ein nicht erlaubtes Merkmal für Business-Entscheidungen.

Zum Kriterium „Produkttiefe und -breite" sind die Bewertung und entsprechend auch die Kommentare eher negativ. Zur Begründung der geringen Bedeutung, welche die Befragungsteilnehmer diesem Kriterium beimessen, führen sie an, dass es *„um das einzelne Produkt geht, wie es als Mosaikstein reinpasst." „Im negativen Fall verstehe ich darunter einen Bauchladen. Jemand, der alles kann und alles macht, hat in der Regel kein gutes Produkt und das will auch keiner. Wenn ich auf den institutionellen Kunden achte, hat jeder ein spezielles Bedürfnis und dafür bedarf es des passenden Managers. Somit lieber in einer bestimmten Klasse bei einem bestimmten Produkt sehr, sehr gut sein, als nur eine breite Palette anbieten können."*

Größe beeindruckt vor allem die Asset Manager selbst

Sehr aufschlussreich sind schließlich auch die Kommentare zum Thema „Größe" des Asset Managers. Die Befragungsteilnehmer haben Größe weit überwiegend als unwichtig klassifiziert, viele assoziieren auch dezidiert negative Erwartungen mit Größe: *„Größe kann nachteilig sein. Wenn man zu große Blocktrades machen muss, muss man alle gleich gut, aber auch gleich schlecht behandeln, weil man marktbestimmend (...) ist. Es gibt zwar eine Minimumgröße, die erreicht sein muss (...). Je größer desto schlechter aus meiner Sicht". „Der Größte zu sein, der mehrere Hundert Milliarden Euro in einem Segment hat, da kommt mir der Gedanke, wenn die mit etwas handeln, dann bestimmen die auch den Markt."* Größe wird damit zur Leerformel, sie wird allenfalls als Indiz für mangelnde Kundenorientierung verstanden und ist dem Image des Asset Managers offenbar eher abträglich.

Angesichts der sehr klaren Ablehnung des Kriteriums „Größe" durch die Befragungsteilnehmer kann seine Bedeutung in der Selbstdarstellung der Asset Manager nur überraschen. Es spricht einiges dafür, dass hier die Begeisterung der Asset Manager über die eigene Bedeutung maßgeblich für die Positionierung ist und nicht etwa die Attraktivität für potentielle Kunden.

Add 3: Das Konzept „Marke" wird kaum akzeptiert – und ist doch wichtig

Zum Abschluss der Interviews wurden den Teilnehmern vier Thesen zum Thema „Marke" präsentiert und um Kommentierung gebeten. Die vier Thesen lauteten:

- Marken werden immer wichtiger, der institutionelle Anleger schaut zunehmend nach Qualität.
- Der Markt ist riesig geworden. Der Investor braucht ein Orientierungsmerkmal; Marken liefern eine Orientierungshilfe.
- Sicherheit ist für den Kunden sehr wichtig. Gerade Marken können Sicherheit bieten.
- Marke macht den Anbieter unverwechselbar und gibt einen Vorsprung vor dem Wettbewerb.

In der großen Mehrzahl der Fälle gab es zu den in den Thesen enthaltenen Zustandsbeschreibungen für den Markt („Anleger schaut nach Qualität", „Investor braucht Orientierung", „Sicherheit ist wichtig") deutliche Zustimmung. Die in den Thesen behaupteten Folgerungen für die „Marke" („Marken werden wichtiger",…) wurden aber weithin nicht geteilt. Dieses Muster der Antworten belegt, dass die befragten institutionellen Anleger das Konzept „Marke" nicht offen akzeptieren. Wie in Abschnitt 3 dargelegt, existiert im B2B Kontext traditionell eine Affinität zu allem Sachlich-Rationalem und eine Skepsis gegenüber Marken, Marketing und Emotionalem.

Diese Skepsis drückt sich in einer Ablehnung des Konzepts „Marke" aus, obwohl die vorherigen Antworten eine große Bedeutung emotionaler Faktoren belegt haben. Für die Anbieter im institutionellen Asset Management kann dieser Befund nur bedeuten, dass sie sich von vordergründigen Statements ihrer Kunden zu einer etwaigen Bedeutung einer Markenpositionierung nicht leiten lassen sollten. Die Bedeutung von emotionalen, von Markenfaktoren, ist für institutionelle Entscheider wesentlich wichtiger, als sie Dritten gegenüber offen angeben. Und damit ist sie für Anbieter in einem Markt mit immer ähnlicher werdenden Produkten von ausschlaggebender Bedeutung.

„Kundenorientierung beginnt bei der Sprache"

Abschließend sei noch ein Ergebnis erläutert, mit dem die Autoren nicht gerechnet hatten und das den Nutzen ungestützter Fragetechniken[24] verdeutlicht. So haben wir den Befragungsteilnehmern das Kriterium „Sprache" nicht vorgelegt, weil wir es als

---

[24] Bei ungestützten Fragen werden keine Antwortalternativen angeboten, der Befragte ist ausschließlich auf Erinnerung oder Assoziation angewiesen.

nicht wesentlich erachtet hatten. In einer Reihe von Interviews wurde dennoch „ungefragt" das Kriterium Sprache als wichtig angeführt. Exemplarisch für die Bedeutung der Sprache sei hier ausführlich die Bewertung eines Teilnehmers genannt: *„Ausländer verkennen manchmal die Bedeutung der Dimension Sprache, auch bei den institutionellen Kunden, an die sie ran wollen. Ich habe den Eindruck, dass sie sich oft im Wege stehen, weil sie fast alles auf Englisch machen. Die kommen dann und sagen sie haben John Soundso mit, ‚das ist ja kein Problem für Sie'. Man will sich dann nicht die Blöße geben, zuzugeben, dass man sich damit nicht wirklich wohlfühlt. Da gibt es auch so eine gewisse Englisch-Unterwürfigkeit, die mir nicht gefällt. Am Ende des Tages wird sich das für diese Anbieter wahrscheinlich in vielen Fällen negativ auswirken, und die wundern sich auch noch, warum sie den Zuschlag nicht kriegen. Dann werden ausweichende Begründungen genannt, Preis zu hoch oder so, aber der eigentliche Faktor ist eben doch oft die Sprache. Da machen sich viele was vor und lügen sich die Taschen voll. Sprache ist wichtig, für mich beginnt hier die Kundenorientierung".* Ein Statement, das an Klarheit nichts zu wünschen übrig lässt, das aber nur zu gewinnen ist, wenn ausführliche Tiefeninterviews durchgeführt werden und keine standardisierten Fragekataloge abgearbeitet werden.

8. Fazit: Positionierungsbedarf für Asset Management-Unternehmen

Die Neurowissenschaften haben der Bedeutung der Emotionen eine wissenschaftliche Bestätigung geliefert und sie aus ihrem Schneewittchendasein befreit. Aktuelle Literatur zum Entscheidungsverhalten von Menschen weist nach, dass Denken und Fühlen keine getrennten, sondern zutiefst ineinander verwobene Mechanismen sind. Schließlich bestätigen auch die Ergebnisse unserer Marktstudie, dass emotionale Kriterien eine wichtige Rolle bei der Vergabe von Mandaten durch institutionelle Anleger spielen.

Vor diesem Hintergrund verwundert es nicht, dass Anbieter einen hohen Aufwand für die emotionale Positionierung ihrer Konsumentenmarken betreiben. Während dies bei den Konsumentenmarken selbstverständlich scheint, stehen sie bei der Positionierung und Kommunikation ihrer B2B-Marken vor mehreren Fragen:

- Welche rationalen und emotionalen Merkmale begeistern lediglich ein Individuum, welche eine Gruppe und welche auf Unternehmensebene?
- Welche rationalen und emotionalen Merkmale sprechen die Individuen offiziell und insgeheim an?

- Welche rationalen und emotionalen Merkmale werden bei offiziellen Diskussionen und Präsentationen vorgetragen?
- Wie genau finden die Diskussionen um rationale und emotionale Merkmale in den Entscheidungsprozessen zwischen Individuen, Gruppen und Unternehmensebene statt?
- Welchen Anteil haben rationale und emotionale Entscheidungskriterien an der endgültigen Entscheidung?

Der B2B-Kunde agiert als Kenner der Materie, der über umfassendes Wissen bezüglich des gekauften Produktes und über Kaufroutinen verfügt und somit als Experte bezeichnet werden kann. Er kauft mit fremdem Geld und deshalb wird erwartet, dass sich eine geringere persönliche Beziehung zum Kauf herstellt. Er muss außerdem seinen Kauf begründen können. Emotionale Einstellungen artikulieren sich im beruflichen Kontext vermutlich anders als im privaten Kontext: „Good" , „comfortable", „it will do the job" anstelle von „I feel good", „makes me happy" oder „gives me pleasure".

Es ist das „Working Self"[25], das Selbstverständnis des Entscheiders innerhalb eines Unternehmens, das in hohem Maße bestimmt, welche Marke bzw. welcher Anbieter als zu einem passend erlebt wird. Es geht um persönliche Kompatibilität zwischen Marke und „Working Self" und die kulturelle Kompatibilität zwischen den Organisationen.

Auch institutionelle Anleger sind Menschen. Und Menschen können in ihrer Wahrnehmung nicht strikt zwischen rein rationalen Argumenten und emotionalen Reizen differenzieren. Sicherlich werden institutionelle Anleger immer rationale Reize wie Leistungsbeschreibungen, Funktionen, Preise, Qualitätsnachweise, Liefertermine fordern. Doch kein Manager kann seine Entscheidung auf einer vollständigen Informationsbasis treffen. Die Arbeitssituation ist geprägt von hohem Zeitdruck, nicht zu bewältigenden Informationsmassen, unkalkulierbaren Unsicherheiten aus der Umwelt, empfundenem Risiko für das Unternehmen und damit auch für die persönliche berufliche Karriere. Hinzu kommt das Streben nach Anerkennung und Macht. Weiche Informationen, welche die Unsicherheit mindern und damit die Entscheidung erleichtern, kommen damit zum Zug. Hierzu zählen beispielsweise Ansehen und Reputation der Marke, Ausstrahlung, gute bisherige Geschäftsbeziehungen, Erreichbarkeit, wertvolle Ratschläge, Seriosität und Zuverlässigkeit.

---

[25] Vgl. Markus/ Wurf (1987).

Inwieweit eine Marke positive emotionale Vorstellungen wecken kann, hängt davon ab, welche emotionalen Aufgaben sie zu erfüllen hat. Das hängt unmittelbar von der Branche, der Zielgruppe und der Nutzungssituation der Marke ab. So könnten sich institutionelle Anleger z.B. einen Asset Manager als „perfekt durchgetaktetes Ausführungsorgan" ihrer gewählten Strategie wünschen. Ein solcher Anbieter erschiene im Gefühlsleben eher wie eine „meisterhaft geschmiedete Waffe". Sie würde nahelegen, dass der institutionelle Anleger seinen emotionalen Wunsch befriedigen kann, nämlich seine anlagestrategische Potenz zur vollen Entfaltung zu bringen. Andere Anleger könnten sich wünschen, sie übergäben ihr Geld einer sicheren Treuhand, gleich einem „autonomen sicheren Uhrwerk", das präzise und unbeeinflussbar sein Werk vollzieht. Eine solche Marke könnte den emotionalen Wunsch adressieren, sich sicher anvertrauen zu wollen und vor Überraschungen geschützt zu sein. Beide Wünsche sind kompatibel mit einem „Working Self".

Marken können solche emotionalen Sinnbilder für emotionale Aufgaben, also z. B. „vollziehe mein Werk" oder „übernehme mein Werk in Treuhand" zur Verfügung stellen. Das geschieht dann oft eher indirekt, durch Metaphern, Tonalität, Sprache und Auftreten des Unternehmens. Emotionale Kommunikation erfolgt meist implizit, Gefühlsbotschaften und Gefühle interagieren subtil und indirekt. Wichtig ist, dass die Marken-Repräsentanten ihre emotionale Positionierung verstehen und verkörpern.

Emotionale Positionierung im Wettbewerb unverzichtbar

Banking und Asset Management gelten völlig zu Recht als „People Business". Die hier vorgestellte Befragung von Entscheidern bei institutionellen Anlegern hat gezeigt, dass emotional beeinflusste Faktoren wie Vertrauen, Zuverlässigkeit und Kompetenz eine wichtige Rolle bei der Auswahl von externen Asset Managern spielen. In der offenen Diskussion werden weiche Faktoren wie Sympathie, Sprache oder Marke selten als maßgeblich für Auswahlentscheidungen genannt, in den hier vorgestellten Tiefeninterviews wird aber die wahre Bedeutung dieser Faktoren sehr deutlich herausgestellt.

Es geht im Asset Management immer um gegenseitiges Vertrauen und um das gute Gefühl, beim Geschäftspartner „richtig aufgehoben" zu sein. Deshalb ist gerade in einem Umfeld, in dem Finanzkrisen Vertrauen zerstört haben, die emotionale Positionierung von Finanzdienstleistern bei ihren institutionellen Geschäftspartnern ein unverzichtbarer Bestandteil einer umfassenden Marketingstrategie. Es drängt sich der Eindruck auf, dass viele Anbieter das Instrumentarium einer emotionalen Positionierung noch nicht explizit nutzen. Aber alle Erfahrung aus anderen, weiter entwickelten

Industrien, legt die Vermutung nahe, dass auch Asset Manager dieses Instrumentarium nutzen müssen, wenn sie im zunehmenden Wettbewerb bestehen wollen.

Literaturverzeichnis

Allianz Global Investors (AGI, 2010):
http://www.allianzglobalinvestors.de/institutionelle/wir_fuer_sie/wir_fuer_sie.html, zugegriffen am 17.6.2010.

Bausback, N. (Bausback, 2007): Positionierung von Business-to-Business Marken. Konzeption und empirische Analyse zur Rolle von Rationalität und Emotionalität. Wiesbaden 2007.

BlackRock (BlackRock, 2010):
http://www.blackrockinvestments.de/InstitutionalInvestors/SolutionsandCapabilities/index.htm zugegriffen am 16.6.2010.

Böhler, J.,/ Väth, H. (Böhler/ Väth, 2008): Die Bedeutung der Markenführung im institutionellen Asset Management In: Herzog, M., Johanning, L., Rodewald, M. (Hrsg.): Handbuch Vertriebs-Exzellenz im Asset Management. Bad Soden 2008.

Bundesverband Investment und Asset Management (Hrsg.) (BVI, 2010): Investment 2010. Daten, Fakten, Entwicklungen. Frankfurt 2010.

Engelhardt, W. H./ Günter, B. (Engelhardt/ Günter, 1981): Investitionsgütermarketing: Anlagen, Einzelaggregate, Teile, Roh- und Einsatzstoffe, Energieträger. Stuttgart 1981.

Gigerenzer, G. (Gigerenzer, 2007): Bauchentscheidungen. Die Intelligenz des Unbewussten und die Macht der Intuition. München 2007.

Gigerenzer, G./ Selten, R. (Gigerenzer/ Selten, 2001): Bounded Rationality – The Adaptive Toolbox. London 2001.

Helaba (Helaba, 2010): http://www.helaba-invest.de/framesets/index1.htm, zugegriffen am 6.6.2010

Kenning, P./ Plassmann, H./ Deppe, M./ Kugel, H./ Schwindt, W., (Kenning et al., 2005): Wie eine starke Marke wirkt. In: Harvard Business manager, März 2005, S. 52 – 57.

Lingohr (Lingohr, 2010): http://www.lingohr.de/index.php?id=86, zugegriffen am 16.6.2010

Luhmann, N. (Luhmann, 2000): Vertrauen. Ein Mechanismus der Reduktion sozialer Komplexität. UTB, Stuttgart 2000.

Lynch, J./ De Chernatony, L. (Lynch/ De Chernatony, 2004): The Power of Emotion: Brand Communication in business-to-business markets. In: Journal of Brand Management, May 2004, S. 403 – 419.

Markus, H./ Wurf, E. (Markus/ Wurf, 1987):. The Dynamic Self-Concept: A Social Psychological Perspective. In: Annual Review of Psychology. 38, 1987, S. 299-337.

M&G (M&G, 2010): http://www.mandg.de/de/UberUns/UberMandG/index.jsp, zugegriffen am 17.6.2010.

Nisbett, R. E./ Wilson, D. T. (Nisbett/ Wilson 1977): Telling More Than We Can Know: Verbal Reports on Mental Processes. In: Psychological Review, 84, 1977, S. 231 – 259.

O'Shaughnessy, J./ O'Shaughnessy, N. J., (O'Shaughnessy, 2003): The marketing power of emotion. New York 2003.

Pioneer (Pioneer, 2010):
http://www.pioneerinvestments.de/de_DE/institutional/index.jhtml?pageId=25100, zugegriffen am 16.6.2010.

Quoniam (Quoniam, 2010): http://www.quoniam.de/leitbild.html?&L=0, zugegriffen am 16.6.2010.

Raiffeisen Capital Management (Raiffeisen, 2010):
http://www.rcm-international.com/de/1232627130388, zugegriffen am 17.6.2010.

Simon, H. (Simon, 1959): Theories of decision making in economics and behavioural science. American Economic Review, Vol. 49, Nr. 3, S. 253 - 283.

Tellefsen, T. (Tellefsen, 2002): Commitment in business-to-business relationships – The role of organizational and personal needs. In: Industrial Marketing Management, Vol 31, 2002, S. 645 – 652.

Union Investment (Union, 2010): http://institutional.union-investment.de/-snm-0184233354-1276767240-04b7f00000-0000000000-1276767299-enm-docme/unternehmen/uin/profil/ profil/ index.html, zugegriffen am 17.6.2010.

Teil V

Risikomanagement, Performancemessung und Controlling

Das Risikomanagement institutioneller Anleger insbesondere im Bereich Kapitalanlage

von Stefan Nellshen

1. Einführung und Begrifflichkeiten

Definitionen: Risiko, Risikomanagement

„Risiko" kann allgemein definiert werden als die Möglichkeit der Abweichung eines realisierten zufälligen Ergebnisses von explizit formulierten oder sich implizit ergebenden Zielen oder Erwartungswerten. Diese Definition ist – zumindest bis auf kleinere Abwandlungen – in der gängigen Literatur allgemein üblich und findet sich in ähnlicher Form beispielsweise auch im Rundschreiben der Bundesaufsicht für Finanzdienstleistungen (BaFin) R3/2009 zu den aufsichtsrechtlichen Mindestanforderungen an das Risikomanagement (MaRisk VA). Streng genommen umfasst dieser Risikobegriff in gleicher Weise sowohl positive wie auch negative Abweichungen. Diese symmetrische Sichtweise schlägt sich auch in der Definition vieler das Risiko quantifizierender statistischer Kennzahlen – z. B. Varianz und Standardabweichung – nieder. Dennoch wird häufig in der Praxis die positive Abweichung nicht als Risiko empfunden, weshalb zuweilen die positive Abweichung auch als „Chance" bezeichnet wird. Statistische Kennzahlen, welche nur die Möglichkeit der negativen Abweichung als Risiko quantifizieren, und somit diese etwas engere Definition abbilden, finden daher ebenfalls Verwendung. Als Beispiele lassen sich hier etwa Quantile (etwa Value-at-Risk) oder auch das untere Partialmoment (sog. LPM) nennen. Wirtschaftssubjekte, welche Risiken ausgesetzt sind, müssen entscheiden, ob und welche Risiken sie tragen können bzw. wollen und – falls nicht – welche Maßnahmen zur Beherrschung dieser Risiken ergriffen werden sollen. Unter „Risikomanagement" wollen wir daher die Gesamtheit aller Maßnahmen zur Kontrolle und Überwachung von Risiken sowie zur Einflussnahme auf die Gesamt-Risikolage des betreffenden Wirtschaftssubjektes verstehen. In diesem Beitrag sollen Methoden für das Risikomanagement einer speziellen Gattung von Wirtschaftssubjekten dargestellt werden.

Institutionelle Investoren und ihre Risiken

Bei „institutionellen Investoren" handelt es sich um eine bestimmte Kategorie von Kapitalanlegern. Zuweilen werden hierunter „Anleger, die hohe Geldbeträge oft langfristig veranlagen" verstanden[1]. Hierunter fallen insbesondere Banken, Kapitalanlagegesellschaften, Versicherungen, Pensionseinrichtungen (Pensionskassen, Pensionsfonds, CTA-Treuhandvereine), Staatsfonds, Familiy Offices, Stiftungen sowie produktiv tätige Unternehmen. Verschiedene Jurisdiktionen definieren – ganz im Einklang

---

[1] Vgl. etwa Online-Börsenlexikon der Wiener Börse: http://www.wienerborse.at/beginner/lexicon/9/343, Zugriff am 28. Januar 2011.

mit obiger Definition – diese Anlegerkategorie in ihren jeweiligen Gesetzen ebenfalls über die Größe der von ihnen verwalteten Vermögen, vgl. beispielsweise die Definition des Qualified Institutional Buyer (QIB) in der US-amerikanischen Gesetzgebung.

Die Risikolage eines institutionellen Anlegers ist in erster Linie dadurch gekennzeichnet, dass ein solcher Investor in der Regel Vermögen für einen durch die Natur der Institution fest vorgegebenen operativen Zweck bündelt und verwaltet. So müssen beispielsweise Versicherungsunternehmen gewährleisten, dass sie die zugesagten Versicherungsleistungen stets gemäß der abgeschlossenen Versicherungsverträge erbringen können. Pensionseinrichtungen dagegen müssen die langfristige und dauerhafte Finanzierung der zugesagten Altersrentenzahlungen sicherstellen. Stiftungen müssen so verwaltet werden, dass der Stiftungszweck – und damit der Wille der Stifter – nachhaltig verwirklicht wird. In diesem Zusammenhang müssen Stiftungen in Deutschland insbesondere qua bundeslandspezifischem Gesetz darauf achten, dass das gestiftete Kapital von der Substanz her erhalten bleibt (vgl. hierzu z. B. StiftG Bln §3, StiftG NRW §4) und daher mindestens ein Inflationsausgleich erwirtschaftet wird.[2]

2. Risikohierarchie des institutionellen Investors

Diese operativen Zwecke stellen den entscheidenden Einflussfaktor für die Risikosituation des institutionellen Anlegers dar: Auf oberster Ebene besteht das Hauptrisiko des institutionellen Anlegers gerade darin, dass dieser aufgrund ungünstiger Entwicklungen seinen operativen Zweck nicht mehr verwirklichen kann. Dieses Gesamtrisiko kann auf tiefer liegenden Ebenen weiter zerlegt werden, z. B. in Risiken, die mit dem Zweck und der Natur der Verpflichtung zusammenhängen (z. B. versicherungstechnische Risiken bei Versicherern), politisch-gesetzgeberische Risiken, operative Risiken, strategische Risiken und – natürlich – Markt- bzw. Kapitalanlagerisiken.

In der Regel kommt es bei der Kapitalanlage institutioneller Anleger weniger darauf an, einfach nur den Portfolioreturn absolut zu maximieren. Auch das Übertreffen einer bestimmten Benchmark wie etwa eines ein bestimmtes Marktsegment repräsentierenden Indexes (z. B. Aktien-, Renten- oder Immobilienindex) steht häufig weniger im Vordergrund. Vielmehr muss es oberstes Unternehmensziel sein, die dauerhafte Finanzierung des operativen Zweckes aus der Kapitalanlage heraus sicherzustellen. Das folgende Schaubild verdeutlicht die hierarchische Struktur der Risiken eines institutionellen Investors:

---

[2] Siehe auch den Beitrag von Lehmann in diesem Handbuch.

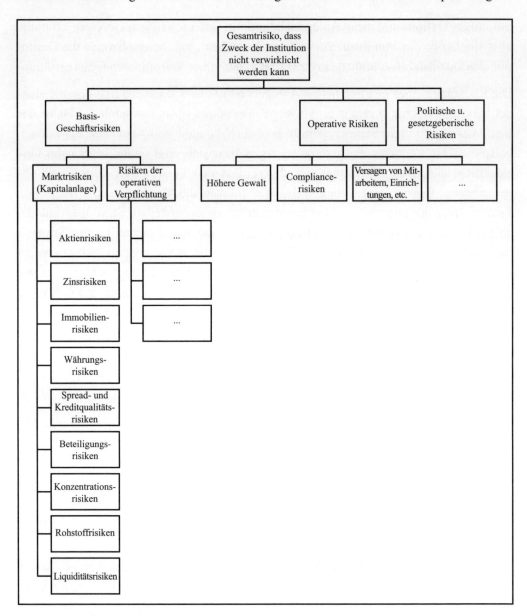

Abbildung 1: Hierarchische Struktur der Risiken

Abbildung 1 ist angelehnt an die Darstellung der Gesamtrisikosituation für Versicherungsunternehmen, wie sie sich etwa in der technischen Beschreibung zu Solvency II und in verschiedenen Arbeiten über die damit verbundenen Quantitative Impact Studies findet[3]. Hier wurde dieser Ansatz allerdings auf die viel allgemeinere Situation eines beliebigen institutionellen Investors übertragen. Aus diesem Grunde wurden für die sich aus dem operativen Zweck (bzw. der operativen Verpflichtung) des institutionellen Anlegers ergebenden Risiken keine näheren Angaben gemacht.

Im Falle einer Stiftung könnten diese Risiken etwa in einer unverhältnismäßigen Verteuerung der für den operativen Zweck benötigten Güter und Dienstleistungen bestehen (z. B. Preise für Sportgeräte bei Sportstiftungen, Entwicklung medizinischer Kosten, Gehaltstrends etc.) oder aber auch in einer Veränderung der gesellschaftlichen Situation, welche dazu führt, dass von einer sozial-tätigen Stiftung mehr Hilfeleistungen gefordert werden. Anders im Falle einer Altersversorgungseinrichtung: Hier bestehen Risiken beispielsweise in einem stärker als erwartet verlaufenden Trend hin zu einer höheren Lebenserwartung. Gesetzgeberische Risiken könnten in diesem Beispiel etwa in der gesetzlichen Verpflichtung, mehr Eigenkapital vorzuhalten, bestehen oder in Gesetzesänderungen, die eine signifikante Erhöhung des Verwaltungsaufwandes nach sich ziehen. Operative Risiken bestehen in dem potenziellen Versagen der Technik (z. B. Ausfall der EDV) oder in potenziellen Fehlern von Mitarbeitern des institutionellen Anlegers.

Es ist des weiteren darauf hinzuweisen, dass es zwischen verschiedenen Risikokategorien erhebliche Verflechtungen geben kann, z. B. zwischen höherer Gewalt und Risiken der Verpflichtungsseite (z. B. Naturkatastrophen und Klimaveränderungen bei Schadenversicherern) oder zwischen politisch/gesetzgeberischen Risiken und Risiken der Verpflichtungsseite (z. B. neue bilanzielle Bewertungsvorschriften für Verpflichtungen). Die bislang nur sehr rudimentär behandelten Risikokategorien stellen nicht den Schwerpunkt dieses Beitrages dar. Vielmehr sollen hier vornehmlich die in der Finanzsphäre liegenden Kapitalanlage- bzw. Marktrisiken im Fokus stehen.

---

[3] Vgl. beispielsweise Peek/ Rees/ Scheuenstuhl (2008), S. 12.

3. Erfassung, Quantifizierung und Verdichtung von Risiken

Damit Risiken effektiv beherrscht und gesteuert werden können, müssen sie erfasst und angemessen quantifiziert werden. Gesteuert werden können in der Regel nur die jeweiligen Einzelrisiken, d. h. die Steuerung erfolgt auf dem untersten Hierarchielevel. Die einzelnen Maßnahmen zur Risikosteuerung müssen jedoch derart ergriffen und koordiniert werden, dass sich das Gesamtrisiko auf der obersten Hierarchieebene auf einem für den institutionellen Investor tragbaren Niveau bewegt. Dies erfordert sowohl eine adäquate Quantifizierung aller Einzelrisiken als auch ein entsprechendes Modell zur Verdichtung der Einzelrisiken zu Gesamtrisiken auf den jeweils höheren Hierarchieebenen und letztlich ein kohärentes Modell zur Ableitung des Gesamtrisikos auf der höchsten Hierarchieebene.

Hier existieren unterschiedliche Herangehensweisen: Sehr einfache sequenzielle Verfahren leiten aus der Natur der operativen Verpflichtung – ggf. unter Einbeziehung pauschaler Sicherheitszuschläge – eine jährliche Zinserfordernis für die Kapitalanlage ab, deren Erreichen erwartungsgemäß die langfristige Erfüllung der operativen Zwecke sicherstellt. Deterministische Simulationen simulieren unter verschiedenen, jedoch vorab fest definierten Szenarien die Gesamtentwicklung für den institutionellen Anleger[4]. Die Simulationsergebnisse können anschließend dahin gehend ausgewertet werden, dass diejenigen Szenarien, die den Zweck der Einrichtung gefährden, identifiziert werden können. In einem weiteren Schritt kann dann untersucht werden, durch welche Maßnahmen die negative Auswirkung unter solchen Szenarien gemildert werden kann. Im Gegensatz zu voll stochastischen Verfahren, bei denen alle einzelnen Risiken durch stochastische Prozesse, die ggf. eine vorgegebene Korrelation untereinander aufweisen müssen, simuliert werden, sind die bislang genannten Ansätze mathematisch weniger aufwendig und kommen daher bevorzugt bei kleineren Einrichtungen zum Einsatz[5]. Wir wollen an dieser Stelle zwei Beispiele für stochastische Modelle, die man in der Praxis häufig finden kann, skizzieren:

Value-at-Risk-basierte Verfahren

Bei diesen Verfahren wird das Risiko anhand eines Quantils für ein vorgegebenes Konfidenzniveau α gemessen. Das bedeutet, man bestimmt für das zufällige Gesamtergebnis, welches der institutionelle Anleger in einer vorgegebenen Zeitperiode (z. B. ein Jahr) realisiert, denjenigen Wert, der mit einer Wahrscheinlichkeit von α unter-

---

[4] Beispielsweise fallen die derzeitigen Stresstests für Lebensversicherer in diese Kategorie.

[5] In Thurnes (2009), S. 29 (Rn 57 und 58), findet sich ein ähnlicher Versuch einer Klassifizierung.

schritten wird. D. h. mit einer Wahrscheinlichkeit von α ist das realisierte Gesamtergebnis für eine Periode schlechter oder gleich dem so ermittelten Wert. Der Value-
at-Risk repräsentiert in diesem Falle somit das Gesamtrisiko des institutionellen Anlegers. Für die Bestimmung dieses so definierten Gesamtrisikos werden alle Einzelrisiken hierarchisch auf verschiedenen Aggregationsebenen angeordnet, wie etwa in Abbildung 1. Auf der „untersten" (d. h. detailliertesten) Ebene werden alle Einzelrisiken
zunächst isoliert ebenfalls als Quantile zum Konfidenzniveau α ermittelt. In der Praxis
(z. B. in den derzeit gängigen Solvency-II-Modellen für Versicherungsunternehmen)
kommen hier häufig pauschalierte Ansätze zum Tragen, wie z. B. die Simulation der
Auswirkung eines bestimmten Marktschocks für das betreffende Einzelsegment auf
das Portfolio. Dabei sind die Schockparameter so kalibriert, dass diese jeweils dem α-
Quantil entsprechen, d. h. mit einer Wahrscheinlichkeit von α tritt ein Marktschock
auf, der mindestens so schlimm ausfällt, wie in der Simulation angenommen. Die Aggregation dieser Einzelrisiko-Maße auf die jeweils nächsthöhere Ebene erfolgt dann
mithilfe der allgemeinen VaR-Aggregationsformel unter Berücksichtigung der Korrelationen. Dabei wird unterstellt, dass die einzelnen zufälligen, zu aggregierenden Ergebnisse x_i, die den entsprechenden Einzelrisiken unterworfen sind und aus denen sich
dann ein Gesamtergebnis $X := \sum_i x_i$ ergibt, multivariat normalverteilt sind. Damit ist
auch X normalverteilt. Unter dieser Annahme lässt sich das α-Quantil für das zufällige
Einzelergebnis x_i folgendermaßen schreiben: $V_\alpha(x_i) = \mu(x_i) + \sigma(x_i) \cdot q(\alpha)$, wobei $\mu(x_i)$
den Erwartungswert und $\sigma(x_i)$ die Standardabweichung für x_i bezeichnet. Dabei ist
$q(\alpha)$ das α-Quantil der Standardnormalverteilung. Daraus ergibt sich dann der aggregierte Value-at-Risk auf dem Konfidenzniveau α als:

$$V_\alpha(X) = \sum_i \mu(x_i) + q(\alpha) \cdot \sqrt{\sum_{i,j} Corr_{i,j} \cdot \sigma(x_i) \cdot \sigma(x_j)}$$

wobei Corr die Korrelationsmatrix bezeichnet. Auf diese Weise schreitet man in der
Risikohierarchie von Ebene zu Ebene aufwärts fort, bis man schließlich den Value-at-
Risk auf dem Konfidenzniveau α für das Gesamtergebnis des institutionellen Anlegers
ermittelt hat[6].

Ein Nachteil dieser Art von Verfahren kann zum einen darin gesehen werden, dass es
sich um ein rein einperiodisches Modell handelt. Insbesondere wird das für sehr langfristig ausgerichtete (und teilweise Buy-and-Hold-orientierte) Investoren äußerst relevante sogenannte Wiederanlagerisiko nicht oder nur unzureichend erfasst. Das Wie-

---

[6] Siehe auch die erste Bemerkung im Anhang.

deranlagerisiko steht für das Risiko, dass im Bereich festverzinslicher Wertpapiere nach einer nachhaltigen Absenkung des Marktzinsniveaus fällig gewordene Papiere nur durch Neuinvestitionen ersetzt werden können, die dann jedoch auf dem niedrigeren Zinsniveau erfolgen müssen, sodass hierdurch sogar das Gesamtziel der Kapitalanlage und somit der Einrichtung gefährdet werden kann. Zudem wird die Annahme, dass die Einzelrisiken multivariat normalverteilt sind, häufig angegriffen: Insbesondere für Kapitalmarktrisiken wird diese Hypothese in der Literatur teilweise abgelehnt[7]. Gegner der Normalverteilungsannahme argumentieren häufig, die Dichtefunktionen von Kapitalmarktrenditen seien „leptokurtisch", das heißt sie hätten in der Regel in den Extrembereichen höhere Werte als die Dichtefunktion einer Normalverteilung (so genannte „Fat Tails"), und dafür in der Mitte einen höheren (und schmaleren) Gipfel (so genannte „Thin Waists"). Und in der Tat würde die Existenz großer Fat Tails dazu führen, dass das hier vorgestellte Value-at-Risk-Verfahren die Downside-Risiken systematisch unterschätzt.

Es ist jedoch für die praktische Arbeit darauf hinzuweisen, dass jedwede stochastische Simulation Annahmen hinsichtlich der Art der Verteilung der zufälligen Größen treffen muss. Um diese Annahme kommt man also schlicht nicht herum! Würde man beispielsweise nicht die Normalverteilung unterstellen, sondern eine Verteilung, die die empirisch beobachtete Verteilung eines in der Vergangenheit liegenden Zeitraumes möglichst gut wiedergibt, so könnte hiergegen eingewendet werden, dass man keinerlei konkrete Erkenntnisse darüber hat, dass sich das so simulierte Risiko in der Zukunft hinsichtlich der Verteilung der zufälligen Ergebnisse genauso verhalten wird, wie dies in der Vergangenheit zu beobachten gewesen ist. Beispielsweise wird in der Literatur häufig angezweifelt, dass die Standardabweichung der Kapitalanlagerenditen in der Zeit konstant ist. Somit ist also die Annahme einer speziellen Form der Verteilung für eine stochastische Simulation stets mit Unsicherheiten über deren Gültigkeit in der Zukunft verbunden.

Zum anderen ist die Frage zu stellen, wie groß für den Fall des Nicht-Vorliegens einer Normalverteilung der Unterschied zwischen Normalverteilung und tatsächlich vorliegender Verteilung (die man ja a priori nicht kennen kann) erwartungsgemäß ist, d. h. wie groß der Fehler sein könnte, wenn man trotzdem die Normalverteilungsannahme verwendet. Denn der Vorteil der Normalverteilung – und damit des hier beschriebenen Verfahrens – liegt natürlich in der technisch leichten Umsetzbarkeit und in der Einfachheit, mit welcher einzelne Risiken zu einem Gesamtrisiko aggregiert werden kön-

---

[7] Hier kann man beispielsweise auf die sehr prominenten Arbeiten von Mandelbrot (1963) und Fama (1965), aber auch auf eine Publikation jüngeren Datums von Pfaff (2010) verweisen.

nen. Hierin ist wohl in erster Linie der Grund für die doch weite Verbreitung des hier beschriebenen Verfahrens in der Praxis zu sehen.

Monte-Carlo-Verfahren

Monte-Carlo-Verfahren sind in der Regel nicht rein einperiodisch. Auch hier hat man Annahmen hinsichtlich der Verteilung der einzelnen zufälligen Beiträger $x_1,...,x_n$ zum Gesamtergebnis zu treffen.

Für alle diese einzelnen Zufallsvariablen werden mittels eines Zufallsgenerators viele verschiedene zufällige Werte $x_i(j)$ erzeugt, $j=1,...,m$; m ist die Anzahl der untersuchten Szenarien (Pfade). Diese Werte können dann auch für viele verschiedene in der Zukunft liegende Zeitperioden t_p , $p=1,...,k$ erzeugt werden, womit dann viele zufällig generierte Szenarien für aus mehreren (nämlich k) einzelnen Zeitperioden bestehende Zeiträume in der Zukunft entstehen. Dabei ist $x_i(j,t_p)$ dann die zufällige Realisation für die zufällige Größe x_i im Zeitpunkt t_p (oder für die p-te-Zeitperiode) im j-ten zufällig generierten Szenario. Will man das Modell insgesamt nicht zu komplex gestalten, so wird man annehmen, dass die Realisationen $x_i(j,t_p)$ unabhängig sind von den Realisationen $x_i(j,t_{p-r})$, $r>0$, des Pfades zu früheren Zeitpunkten t_{p-r}.

Die auf diese Weise zufällig erzeugten Werte müssen natürlich gemäß der jeweils vorgegebenen Wahrscheinlichkeitsverteilung generiert werden. Dies kann man – ganz allgemein – folgendermaßen erreichen: Zumeist hat man auf modernen Rechnern bzw. im Rahmen der dort vorinstallierten Standardsoftware Prozeduren zur Generierung von auf dem Intervall [0;1] gleichverteilten Zufallsvariablen verfügbar. Ist Φ die (kumulative) Verteilungsfunktion, passend zur verwendeten Verteilungsannahme, so gewinnt man aus den Realisationen y_j der auf [0;1] gleichverteilten Zufallsvariable y mit $\Phi^{-1}(y_j)$ Realisationen einer Zufallsvariablen, die wie angenommen verteilt ist. Wird ein zufälliges Gesamtergebnis simuliert, welches sich aus vielen einzelnen zufälligen Ergebniskomponenten (d. h. Einzelrisiken) ergibt, so müssen Zufallswerte bzw. Zufallsszenarien für alle Einzelkomponenten erzeugt werden.

Sollten diese Einzelkomponenten stochastisch nicht unabhängig voneinander sein, so müssen die Zufallsvariablen derart erzeugt werden, dass der angenommenen Abhängigkeit der Einzelkomponenten untereinander entsprechend Rechnung getragen wird. Besonders elegant lässt sich dies für den Fall durchführen, dass die n Komponenten des Zufallsvektors $x:=(x_1,...,x_n)$ aus den n zufälligen Beiträgern zum Gesamtergebnis multivariat normalverteilt mit vorgegebener Varianz-Kovarianz-Matrix C sind. Dies geschieht auf folgende Art und Weise: Da C symmetrisch und positiv definit ist, existiert genau eine obere Dreiecksmatrix D mit $C = D^T \cdot D$. Dies bezeichnet man als Cholesky-Zerlegung[8]. Hat man nun einen Zufallsvektor $y := (y_1, ..., y_n)$ aus n standard-normalverteilten unabhängigen Zufallsvariablen $y_1, ..., y_n$, so sind die einzelnen Komponenten des Vektors $x := D \cdot y$ erneut normalverteilt mit Erwartungswert 0 und haben die gewünschte Matrix C als Varianz-Kovarianz-Matrix. Sollten die einzelnen zufälligen Ergebniskomponenten jedoch nicht multivariat normalverteilt sein, so sind komplexere Techniken in der Simulation zur Erzeugung zufälliger Ergebnisse, die das gewünschte Abhängigkeitsverhalten aufweisen, erforderlich. Dies soll jedoch hier im Detail nicht weiter ausgeführt werden.

Auf diese Weise erhält man für jede Periode und jedes Zufallsszenario ein (sich aus allen zufälligen Realisationen der Einzelkomponenten ergebendes) Gesamtergebnis. Diese Gesamtergebnisse können dann ausgewertet werden: Was sind diejenigen Gesamtergebnisse, die der institutionelle Investor NICHT mehr tragen kann? Die relative Häufigkeit, mit der wir in der Zufallssimulation das Auftreten solcher Ergebnisse beobachtet haben, kann dann als zentrales Maß für das Gesamtrisiko weiter verwendet werden. Ein Vorteil dieser Art von Verfahren besteht darin, dass man nicht nur ein Maß für das Gesamtrisiko bcstimmt hat, sondern beispielsweise weiter untersuchen kann, in welchen einzelnen Szenarien solche nicht mehr tragbaren Gesamtergebnisse zustande kommen (d. h. welche Werte die Einzelkomponenten in diesen Szenarien angenommen haben). Auf diese Weise erhält man zugleich Hinweise darauf, an welchen Stellen man möglichst effektiv steuernd auf das Gesamtrisiko Einfluss nehmen kann. Der Nachteil dieser Verfahren besteht häufig darin, dass sie in der Praxis insbesondere dann, wenn viele stochastisch nicht unabhängige Einzelkomponenten vorliegen, zu einer hohen Modellkomplexität und hohem Rechenaufwand führen können.

---

[8] Vgl. etwa Stoer (1983), S. 154 ff.

4. Steuerung von allgemeinen und strategischen Risiken

Allgemeines zur Risikobehandlung bei institutionellen Investoren

Hinsichtlich der Behandlung von Risiken gibt es grundsätzlich vier verschiedene Herangehensweisen[9]:

- Risikoakzeptanz
- Risikominderung
- Risikoüberwälzung
- Risikovermeidung

Die beiden Extreme stellen hierbei natürlich der erste und der letzte Punkt dar: Im Rahmen der *Risikovermeidung* meidet man schlicht und ergreifend die Risikoursache, indem man beispielsweise Geschäfte, die das Entsprechende beinhalten, nicht tätigt. Diese Form der Risikobehandlung kommt nur dann in Betracht, wenn die gemiedenen Tätigkeiten und Geschäfte nicht wesentlich für den Zweck der Einrichtung sind. So kann beispielsweise eine Pensionskasse nicht grundsätzlich das Langlebigkeitsrisiko meiden, da die Übernahme und die Absicherung dieses Risikos ja gerade den Zweck dieser Einrichtung ausmacht.

Bei der *Risikoüberwälzung* wird das Risiko zwar nicht von Beginn an vollständig gemieden, aber dennoch kann oder soll es auch nicht getragen werden. Daher transferiert die Partei, welche dem Risiko ausgesetzt ist, dieses Risiko auf eine andere Partei. Dieser Transfer kommt üblicherweise dadurch zustande, dass die Partei, welche das Risiko übernimmt, es besser tragen kann als die abgebende Partei und weil sie in aller Regel für die Annahme des Risikos ein Entgelt von der risikoabgebenden Partei erhält (Risikoprämie). Wenn zum Beispiel ein Investor (aus welchem Grunde auch immer) ein einzelnes, isoliertes Kreditrisiko in seinem Portfolio hat, so kann er dieses beispielsweise mittels eines Credit Default Swaps (CDS; Buying of Protection) an eine Bank übertragen, die unter Umständen ein viel breiter diversifiziertes Kreditportfolio (bestehend aus vielen verschiedenen untereinander nicht vollständig korrelierten Einzelrisiken) hält, und somit besser in der Lage ist, auch noch dieses einzelne zusätzliche Kreditrisiko zu nehmen. Dafür zahlt ihr der Investor dann eine CDS-Prämie.

Bei der *Risikominderung* dagegen wird das Risiko weder gemieden noch überwälzt, statt dessen werden Maßnahmen ergriffen, die die quantitativen Folgen einer Realisation des Risikos begrenzen und mindern. Ein sehr einfaches Beispiel hierfür ist ein Stop-Loss, den ein Investor auf eine Risikoposition – z. B. ein Aktieninvestment –

---

[9]   Vgl. hierzu z. B. AKEIÜ (2010), S. 1250.

setzt, d. h. der Investor gibt einen als Untergrenze fungierenden Kurs vor (der natürlich unter dem aktuellen Kurs liegen muss) und falls die Risikoposition dieses Kursniveau erreicht, wird sie verkauft.

Die *Risikoakzeptanz* kommt dagegen in erster Linie dann zum Tragen, wenn sich Risikoüberwälzung und Risikominderung mit vertretbarem Aufwand (d. h. insbesondere zu vertretbaren Kosten) nicht realisieren lassen. Beispielsweise war es vielerorts zu Zeiten der Kapitalmarktkrise 2008 für Investoren (so gut wie) nicht möglich, Investmentrisiken aus Hedgefonds-Investments mit anderen Parteien abzusichern (und somit zumindest partiell zu übertragen). Auch für eine komplette Übertragung von Langlebigkeitsrisiken von solidarisch finanzierten Non-Profit-Pensionseinrichtungen würden Gegenparteien, die hierfür üblicherweise zur Verfügung stehen (z. B. Lebensversicherer), im Rahmen einer vorsichtigen Kalkulation unter Einbeziehung der Gewinnmargen für ihre Aktionäre häufig Preise verlangen, die die Übertragung für die Einrichtung dann unattraktiv erscheinen lassen.

Grundsätzlich muss der institutionelle Investor das Gesamtrisiko auf der obersten Ebene der Risikohierarchie steuern, nämlich dass die betreffende Einrichtung ihren Zweck irgendwann einmal nicht mehr wird verwirklichen können. Dieses Gesamtrisiko ist jedoch nicht durch konkrete Maßnahmen direkt steuerbar. Vielmehr ergibt sich die Steuerung dieses Gesamtrisikos aus einer Vielzahl einzelner Steuerungsmaßnahmen bezüglich einzelner Risiken auf den unteren Hierarchieebenen. Damit gilt für den institutionellen Investor eine Art „think globally – act locally"-Prinzip: Er ergreift Steuerungsmaßnahmen für Einzelrisiken auf den unteren Ebenen („act locally") allein zu dem Zweck, die globale Gesamtrisikoposition auf der obersten Ebene in adäquater Weise zu steuern und zu gestalten („think globally"). Damit muss er also bei jeder Einzelmaßnahme in ganzheitlicher Weise die Auswirkung auf die Gesamtrisikoposition der Institution mit untersuchen. Nachfolgend soll erörtert werden, welche Instrumente einem institutionellen Investor für die Steuerung (und auch zur Messung) seiner typischen Risiken zur Verfügung stehen. Dabei ist darauf hinzuweisen, dass an dieser Stelle nur eine unvollständige, aber doch repräsentative, Darstellung erfolgen kann, da eine vollständige und umfassende Behandlung den Rahmen dieses Beitrages sprengen würde.

Politische und gesetzgeberische Risiken

Hinsichtlich politischer und gesetzgeberischer Risiken steht dem institutionellen Investor hauptsächlich der Lösungsweg der Risikoakzeptanz offen. Denn die Möglichkeit einer Risikovermeidung stellt sich in aller Regel nicht, da der Sinn und Zweck der Institution unumgänglich festlegt, in welchem Rechts- und politischen Raum der Investor angesiedelt ist. So gilt beispielsweise für Einrichtungen der betrieblichen Altersversorgung für Arbeitnehmer(innen) in Europa die entsprechende europäische Rahmengesetzgebung, jeweils in nationales Recht transformiert. Das Risiko z. B. von rechtlichen Änderungen auf europäischer Ebene kann somit nicht vermieden werden. Der institutionelle Investor kann allenfalls in sehr eingeschränktem Umfange Risikominderung betreiben, nämlich durch den Versuch, politisch beim Entwurf neuer Gesetze Einfluss zu nehmen. Dies geschieht in aller Regel über entsprechende Verbände und Lobby-Organisationen. Im Falle der betrieblichen Altersversorgung wäre dies in Deutschland etwa die aba (Arbeitsgemeinschaft für betriebliche Altersversorgung) und auf paneuropäischer Ebene etwa EFRP (European Federation for Retirement Provision).

Die Quantifizierung der Auswirkungen dieser Risiken (und damit auch die Aggregation in ein Gesamtrisiko) gestaltet sich schwierig, da jedes neue Gesetzgebungsverfahren sicherlich einen absolut singulären Charakter hat und somit keinerlei statistisches Material verfügbar ist, wie man es für eine generelle Risikoquantifizierung benötigen würde. Von daher besteht die Hauptaufgabe des Anlegers in Bezug auf dieses Risiko darin, die gesetzgeberische Landschaft genau zu beobachten. Eine Quantifizierung wird häufig nur bezogen auf Einzelfälle vorgenommen und zwar dadurch, dass in einer (deterministischen) Szenarioanalyse untersucht wird, welche wirtschaftlichen Auswirkungen die Umsetzung des jeweils aktuell diskutierten Gesetzentwurfes auf den institutionellen Investor insgesamt hätte.

Organisatorische Risiken

Hinsichtlich organisatorischer Risiken hat der institutionelle Investor eine Vielzahl von Steuerungsinstrumenten zur Verfügung. So trägt die Einrichtung einer geeigneten Aufbau- und Ablauforganisation zur Risikominderung bei. Im Falle von Altersversorgungseinrichtungen wurden Varianten von Aufbauorganisationen aufgezeigt, die insbesondere vor dem aufsichtsrechtlichen Hintergrund des BaFin-Rundschreibens R15/2005 als angemessen angesehen werden können[10]. Hinsichtlich der Ablauforganisation lassen sich beispielsweise die Risiken von Fehlern oder Fehlverhalten steuern durch entsprechende innerbetriebliche Vollmacht- und Limit-Systeme sowie Prozesse, die dezidiert in innerbetrieblichen Richtlinien und Arbeitsanweisungen festzuhalten

---

[10]   Vgl. beispielsweise Nellshen (2008).

sind. Hierbei kommt der für alle Arbeitsschritte durchgängigen Implementierung eines strikten (mindestens) Vier-Augen-Prinzips eine zentrale Bedeutung zu. Zusätzlich hierzu können Compliance-Risiken durch die Einführung geeigneter Anreiz- und Überwachungssysteme bis hin zu expliziten unternehmensinternen Compliance-Programmen (einschließlich beispielsweise einer Hotline, unter der Compliance-Verstöße jederzeit gemeldet werden können) behandelt werden. Allerdings ist die genaue Ausgestaltung solcher Maßnahmenbündel auch stark abhängig von der Größe der Organisation.

Neben den bislang erwähnten Maßnahmen, die eher im Bereich der Risikominderung anzusiedeln sind, können Risiken auch ganz oder teilweise durch das Outsourcing bestimmter Funktionen auf externe Parteien (die dann natürlich auch die Haftung für gewisse Fehler übernehmen) übertragen werden. Hierbei muss jedoch deutlich erwähnt werden, dass es natürlich Funktionen gibt, die nicht delegiert werden können. So wird beispielsweise die Geschäftsführung eines institutionellen Investors natürlich niemals die Funktion der Gesamtrisikosteuerung outsourcen können. Risiken im Bereich der *höheren Gewalt* können teilweise durch die Verwendung einer geeigneten Infrastruktur beherrscht werden. So kann man sich beispielsweise gegen die Zerstörung des Bürogebäudes, in welchem der institutionelle Investor ansässig ist, dadurch schützen, dass alle Akten sowohl in Papier- als auch elektronischer Form aufbewahrt werden und dass alle elektronischen Daten zusätzlich auf einen zweiten Server, der einen anderen Standort hat, gespiegelt werden. Dieser Zweitserver bietet dann auch einen Schutz gegen den Ausfall des eigentlichen Hauptservers. Ein anderes Beispiel zum Management von Risiken durch höhere Gewalt ist in den Pandemieplänen zu sehen, die viele Unternehmen vor dem Hintergrund der Sorge vor einer sich weltweit ausbreitenden Grippe-Pandemie in den letzten Jahren aufgestellt haben. Diese enthalten Maßnahmen, die auch im Falle einer Pandemie gewährleisten, dass die operative Tätigkeit nicht vollständig zum Erliegen kommt, etwa dadurch, dass bestimmte Mitarbeiter (u.a. technisch) so ausgestattet werden, dass sie ihre Funktion auch von zu Hause ausüben können.

Organisatorische Risiken sind nur schwer quantifizierbar. Teilweise – wie z. B. bei Pandemien – handelt es sich um relativ seltene Ereignisse, zu denen wiederum wenig aussagekräftiges statistisches Material vorhanden ist. In der Praxis behilft man sich daher häufig mit relativ groben und pauschalen Schätzungen. Die beschriebenen Maßnahmen betreffen vor allem die Organisation, Aufgabenteilung und Infrastruktur, sind also weniger Maßnahmen, die das Tagesgeschäft bestimmen.

Dies stellt sich bei den Basis-Geschäftsrisiken anders dar: Ein Teil der institutionellen Investoren ist beispielsweise in der Lage, die verpflichtungsseitigen Risiken aktiv zu steuern. So kann sich ein Versicherer beispielsweise im Rahmen seiner Risikozeichnungspolitik sehr genau überlegen, welche Risiken er versichern möchte oder nicht. Und auch viele Stiftungen haben eine gewisse Variabilität darin, welche Aufgaben sie im Einzelnen für die Zukunft übernehmen und welche nicht. Dennoch besteht die größte Gestaltungsmöglichkeit hinsichtlich der Risikosituation bei einem institutionellen Investor sicherlich aufseiten der Kapitalanlage und somit im Bereich der Steuerung von Marktrisiken. Deshalb soll dieser Risikoblock in dieser Abhandlung auch den eindeutigen Schwerpunkt einnehmen.

Strategierisiko: Risikosteuerung im Bereich der Asset Allocation

Die Risikosteuerung im Bereich der Asset Allocation, und damit die Entscheidung über die Anlagestrategie eines institutionellen Investors, ist nachgewiesenermaßen einer der ganz wesentlichen Faktoren, die nachhaltig über Erfolg oder Misserfolg des Anlegers entscheiden. Hierbei ist zu beachten, dass die meisten institutionellen Anleger Kapitalanlage eben nicht zum Selbstzweck – gleichermaßen im „luftleeren Raum" – betreiben, sondern dass die Kapitalanlage dem Zweck dient, die langfristige Finanzierung der eigentlichen operativen Aufgabe des Investors (z. B. Zahlung der Renten an Pensionäre im Falle einer Altersversorgungseinrichtung, Finanzierung von Sportstätten bei einer Sport-Stiftung etc.) sicherzustellen. Demzufolge ist die Kapitalanlagestrategie so zu gestalten, dass die sich aus der Strategie ergebenden Risiken möglichst adäquat gemessen an den aus dem operativen Zweck resultierenden Risiken sind. Somit wird für die Festlegung der Kapitalanlagestrategie ein zweistufiges Vorgehen vorgeschlagen.

Bestimmung effizienter Portfolios

Der erste Schritt sollte darin bestehen, möglichst effiziente Portfolios zu bestimmen. Hierunter werden im klassischen Markowitz'schen Sinne[11] Portfolios verstanden, zu denen kein anderes Portfolio existiert, welches eine höhere erwartete Rendite μ unter Inkaufnahme des gleichen (erwarteten) Risikos – gemessen als Standardabweichung σ der Portfolioreturns – oder aber welches den gleichen erwarteten Portfolioreturn unter Inkaufnahme eines geringeren Risikos liefert. Ordnet man jedem möglichen Portfolio (ohne Restriktionen und insbesondere unter Zulassung von Leerverkäufen) ein Werte-

---

[11] Markowitz (1952).

paar bestehend aus erwarteter Rendite und (erwartetem) Risiko des Portfolios im (σ,μ)-Koordinatensystem zu, so liegen alle effizienten Portfolios auf einer konkav verlaufenden Linie, der sogenannten Effizienzlinie (in der englischsprachigen Literatur als „efficient frontier" bezeichnet). Die konkrete Modellierung sieht in der Praxis so aus, dass man definiert, welche Assetklassen (Aktien, festverzinsliche Wertpapiere, Immobilien, Schuldscheindarlehen, Private Equity, Emerging Markets Debt,...) grundsätzlich für eine Kapitalanlage des institutionellen Investors zur Verfügung stehen. So erhält man eine Menge bestehend aus n (n ist dabei eine natürliche Zahl) Assetklassen mit erwarteten Renditen $r_1,...,r_n$ und (erwarteten) Standardabweichungen (der Renditen) $s_1,...,s_n$. Ein Portfolio wird dann definiert als eine Kombination aus diesen Assetklassen und wird damit repräsentiert durch einen Vektor $(w_1,...,w_n)$ im n-dimensionalen reellen Raum IR^n, wobei w_i das Gewicht (bzw. den Anteil) der i-ten Assetklasse am Portfolio angibt, und somit $\sum_{i=1}^{n} w_i = 1$ gilt. Es bezeichne $r(w_1,...,w_n)$ die erwartete Rendite und $s(w_1,...,w_n)$ die (erwartete) Standardabweichung der Renditen für das Portfolio $w = (w_1,...,w_n)$. Lässt man ohne irgendwelche Einschränkungen Leerverkäufe zu und existieren auch ansonsten hinsichtlich der Portfoliobildung keinerlei Restriktionen, so ist also der Gesamtraum aller möglichen Portfolios, in die der Anleger investieren kann, $\Omega = \left\{ (w_1,...,w_n) \in IR^n \,\middle|\, \sum_{i=1}^{n} w_i = 1 \right\}$. Die Effizienzlinie kann man bestimmen, indem man für jedes erreichbare gegebene Risiko s>0 durch mathematische Optimierung dasjenige Portfolio bestimmt, welches die Renditeerwartung maximiert. Ein häufig verwendeter Ansatz stellt dabei etwa die Maximierung der Zielfunktion $z(w_1,...,w_n) := \left\langle (w_1,...,w_n);(r_1,...,r_n) \right\rangle - g \cdot \dfrac{\left[s(w) \right]^2}{2}$ dar. Die positive Zahl g>0 ist ein Parameter für die jeweils vorgegebene Risikotoleranz (geringes g bedeutet hohe Risikotoleranz). Dieser Ansatz hat den Vorteil, dass man für das Optimalportfolio eine Lösung w^{opt} in Gestalt einer geschlossenen Formel angeben kann, nämlich:

$(*)$ $\quad \left(w^{opt} \right)^T = \dfrac{1}{g} \cdot C^{-1} \cdot (r_1,...,r_n)^T$, wobei C die Varianz-/Covarianzmatrix zu den zufälligen Renditen der n Assetklassen ist. Indem man für alle so ermittelten für gegebenes einzugehendes Risiko optimalen Portfolios (unter Beachtung, dass die Summe der Portfoliogewichte 1 ergibt) den Renditeerwartungswert und die (erwartete) Standardabweichung bestimmt, und diese in das zweidimensionale (σ,μ)-Koordinatensystem einträgt, erhält man die Effizienzlinie. Diese ist als obere der beiden Linien in Abbildung 2 dargestellt.

Die Annahme der Restriktionsfreiheit ist in der Praxis für institutionelle Investoren in aller Regel unrealistisch. In der Praxis existieren häufig zweierlei Arten von zusätzlichen Restriktionen, die bei der Portfoliokonstruktion zu beachten sind:

- Restriktionen regulatorischer Natur
- Restriktionen praktischer bzw. umsetzungstechnischer Natur

Restriktionen der ersteren Art entstehen häufig dadurch, dass der Gesetzgeber etwa konkrete Grenzen für die Anteile, die eine Assetklasse am Gesamtportfolio haben darf, bestimmt. Solcherlei Restriktionen sind für alle Versicherungsunternehmen beispielsweise durch die Verordnung zur Anlage des gebundenen Vermögens von Versicherungsunternehmen (AnlV) gegeben. Diese schreibt – neben vielen anderen Einschränkungen – beispielsweise vor (vgl. AnlV, §3), dass Investitionen in Immobilien u.ä. nicht mehr als 25% des gebundenen Vermögens oder dass Anlagen in „Risikokapital" (i.e. vereinfacht: Aktien, nachrangige Forderungen und Genussrechte, Beteiligungen) nicht mehr als insgesamt 35% des gebundenen Vermögens ausmachen dürfen. Aber nicht nur Versicherungsunternehmen sind von solcherlei regulatorischen Einschränkungen betroffen. Beispielsweise gilt auch für das im Rahmen eines Treuhandmodells auf einen Treuhandverein ausgelagerte Vermögen zur Insolvenzsicherung von Ansprüchen von Arbeitnehmern aus Zeitwertkonten, dass gemäß dem sogenannten Flexi-II-Gesetz (Gesetz zur Verbesserung der Rahmenbedingungen für die Absicherung flexibler Arbeitszeitregelungen) bzw. dem Verweis auf § 7d, Abs. 3 Sozialgesetzbuch (SGB) IV, die Anlage in Aktien und Aktienfonds auf 20% beschränkt wird.

Praktische bzw. umsetzungstechnische Restriktionen sind ebenfalls häufig in der Praxis anzutreffen: So können beispielsweise bestimmte Vermögensgegenstände, die sich bereits im Portfolio befinden, aus Gründen einer momentan eingeschränkten Fungibilität oder aber aus strategischen Gründen nicht sinnvoll veräußerbar sein. Aus einem solchen Sachverhalt ergibt sich dann eine faktische Minimalquote, die für die betreffende Assetklasse einzuhalten ist.

Diese zusätzlichen Restriktionen führen nun in der Praxis dazu, dass die Portfolios der (Markowitz-)Effizienzkurve nicht implementiert werden können, weil sie gegen die zusätzlichen Nebenbedingungen verstoßen. Schränkt man den Raum der zulässigen Portfoliostrukturen Ω mit den zusätzlichen Restriktionen weiter ein zu einem Raum

$$\tilde{\Omega} = \left\{ \vec{w} := \left(w_1, ..., w_n\right) \in \mathrm{IR}^n \;\middle|\; \sum_{i=1}^{n} w_i = 1 \text{ und } \vec{w} \text{ erfüllt die zusätzlichen Restriktionen} \right\}$$

so kann man für jedes vorgegebene Risiko die analoge Optimierung durchführen wie eben beschrieben, nur eben auf $\tilde{\Omega}$. Man kann zeigen, dass unter bestimmten Annahmen $\tilde{\Omega}$ betreffend die sich daraus ergebende neue, modifizierte Effizienzlinie (die nun die zusätzlichen Restriktionen mit berücksichtigt) im (σ,μ)-Koordinatensystem ebenfalls einen konkaven Verlauf hat. Natürlich verläuft die Effizienzlinie für $\tilde{\Omega}$ unterhalb derjenigen für Ω (vgl. ebenfalls Abbildung 2)[12].

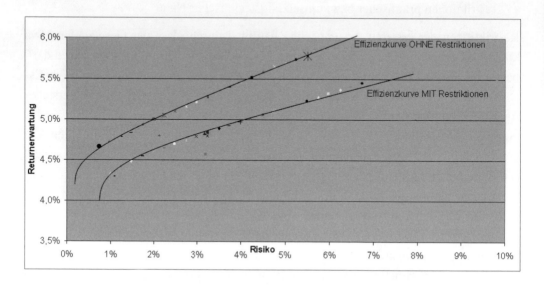

Abbildung 2: Beispiel für Effizienzkurven mit und ohne Restriktionen

Zwischenfazit: Hätte der institutionelle Anleger das Kapitalanlagerisiko (in Form der Standardabweichung der Returns), welches er zu tragen bereit ist, festgelegt, so müsste er zur Auswahl der adäquaten Anlagestrategie einfach nur auf der Effizienzlinie für $\tilde{\Omega}$ das diesem Risiko entsprechende Portfolio wählen. Damit ist die Aufgabe der Strategieentwicklung nun verlagert auf die Festlegung der Risikotragfähigkeit des Investors.

Bestimmung der Risikotragfähigkeit und des dazu passenden Portfolios

Die Risikotragfähigkeit ergibt sich aus der jeweiligen operativen Aufgabe des institutionellen Anlegers. Hier müssen wir auf den vorigen Abschnitt „Erfassung und Quantifizierung von Risiken" verweisen. Mittels der dort beschriebenen Verfahren zur Quantifizierung des Gesamtrisikos des institutionellen Investors (i.e. das Risiko auf der höchsten Hierarchieebene) wird für die verschiedenen Portfolios auf der modifi-

---

[12] Hinsichtlich impliziter Annahmen hierbei siehe auch die zweite Bemerkung im Anhang.

zierten Effizienzlinie (für $\tilde{\Omega}$) untersucht, welche Auswirkungen die Implementierung dieses jeweiligen Portfolios auf das Gesamtrisiko des institutionellen Anlegers hätte.

Beispielsweise bei Verwendung des beschriebenen Monte-Carlo-Ansatzes wird man dann ein Portfolio wählen, für welches die relative Häufigkeit der Simulationsergebnisse, welche die Einrichtung nicht mehr tragen kann, unterhalb eines vorab durch den Anleger, bzw. dessen Kontrollgremien (Aufsichts- oder Beirat, Kuratorium etc.) fest vorgegebenen Konfidenzniveaus liegt. Unter allen Portfolios, die diesem Test in der Gesamtrisikosimulation standhalten (erfahrungsgemäß können dies natürlich mehrere sein) kann der Anleger eines wählen, welches eine möglichst hohe erwartete Rendite hat (in jedem Fall ist ja aufgrund der Gesamtsimulation das damit verbundene Risiko für den Investor tragbar). Verwendet man dagegen beispielsweise einen Value-at-Risk-Ansatz für die Simulation des Gesamtergebnisses des institutionellen Anlegers, geht man im Prinzip ganz analog vor. Auch hier untersucht man für die verschiedenen Portfolios auf der modifizierten Effizienzlinie, welchen Wert das α-Quantil für das Gesamtergebnis des institutionellen Anlegers bei Verwendung des untersuchten Portfolios annähme. Der Anleger wählt ein Portfolio, für welches dieses α-Quantil auf einem Niveau liegt, welches er tragen kann. Auch hier kann er unter mehreren möglichen Portfolios eines mit einem möglichst hohen Erwartungswert für die *Kapitalanlage-Rendite* wählen. Falls der institutionelle Anleger andere Verfahren zur Quantifizierung des Gesamtrisikos einsetzt, ergibt sich die Vorgehensweise mutatis mutandis.

Ableitung der erwarteten Renditen, Standardabweichungen und Korrelationen

Für den obigen Ansatz müssen Annahmen hinsichtlich der erwarteten Renditen und der (erwarteten) Standardabweichungen derselben sowie hinsichtlich der Korrelationen der Returns der einzelnen Assetklassen untereinander getroffen werden. Die Standardabweichungen und Korrelationen können beispielsweise aus langfristigen statistischen Analysen gewonnen werden, wobei in Einzelfällen – etwa für Assetklassen, für die wenig geeignetes statistisches Material existiert – auch individuelle Schätzungen zum Einsatz kommen können. Für die erwarteten Renditen könnte man ebenfalls auf in Langfristanalysen beobachtete Mittelwerte zurückgreifen. Grundsätzlich besteht der Nachteil der Gewinnung dieser Inputparameter aus historischen Analysen darin, dass man implizit unterstellt, dass sämtliche Marktmechanismen der Vergangenheit auch in der Zukunft völlig unverändert gültig sind. Daher besteht zum Beispiel ein anderer möglicher Ansatz zur Gewinnung der Inputparameter für die erwarteten (künftigen) Renditen darin, diese durch Umfragen – etwa unter Banken, Kapitalanlagegesellschaften, Wirtschaftsforschungsinstituten u.ä. – abzuleiten (Prognose z. B. jeweils über einen Konjunkturzyklus im Durchschnitt p.a.). Falls vorhanden kann man in Einzelfällen auch eine hausinterne Schätzung verwenden, z. B. wenn diese konservativer als die Konsens-Schätzung ausfallen sollte. Alternativ können Renditeerwartungen auch aus der Zusammensetzung des empirisch erhobenen Marktportfolios gewonnen werden – nämlich indem man in der Gleichung (*) für den Vektor w^{opt} die empirisch beobachtete Zusammensetzung des gesamten Marktportfolios einsetzt und (*) nun nach $(r_1,...,r_n)$ auflöst. Ein solcher Ansatz geht beispielsweise auch in das Black-Litterman-Verfahren ein[13]. Auf jeden Fall müssen aber auch zusätzlich Spezifika bereits im Portfolio befindlicher Assets, die nicht veräußert werden können oder sollen, Berücksichtigung finden. So können sich beispielsweise die konkreten bereits im Portfolio befindlichen Immobilien signifikant anders verhalten als es bestimmte Marktdaten zum Ausdruck bringen, die der Marktschätzung zugrunde gelegen haben, aber auf ganz anderen Immobilienbeständen basieren.

Liquiditätsrisiken

Liquiditätsrisiken haben insbesondere solche Investoren verstärkt zu beachten, bei denen die zweckinduzierten (operativen) Ausgaben nicht mehr aus laufenden Kapitalerträgen und auch nicht aus sonstigen Cash Inflows (z. B. Beiträge, Spenden, Zustiftungen etc.) gedeckt werden können, und somit Fälligkeiten oder Auflösungen von Kapitalanlagen zu deren Finanzierung herangezogen werden müssen. Hier ist – neben der Beschränkung der Kapitalanlagetätigkeit auf fungible Vermögensgegenstände (wobei die Fungibilität einzelner Kapitalanlagen, wie uns die Krise des Jahres 2008 gezeigt hat, in der Zeit durchaus veränderlich ist) – die Implementierung eines passenden Fälligkeitsprofiles im Portfolio ein probates Mittel zur Beherrschung dieses Risikos.

5.　Steuerung einzelner Marktrisiken

Hat man nun die generelle Anlagestrategie wie oben beschrieben festgelegt, so stehen nun weitere Maßnahmen zur Detailsteuerung von Einzelrisiken für die einzelnen Assetklassen zur Verfügung. Dabei ist nochmals darauf hinzuweisen, dass bei jeder Einzelsteuerungsmaßnahme auch die Auswirkung auf das gesamte Kapitalanlagerisiko und das Gesamtrisiko des institutionellen Anlegers mit in Betracht zu ziehen ist. An dieser Stelle können nur einige wenige häufig verwendete Ansätze in Übersichtsform

---

[13]　Vgl. hierzu z. B. Litterman (2003); eine gute kurze Übersicht findet sich auch in Drobetz (2003).

beschrieben werden, da eine vollständige Darstellung den Rahmen dieses Beitrags sprengen würde. Daher werden für ausgewählte Anlagesegmente geeignete Maßnahmen vorgestellt, um die jeweiligen Marktrisiken zu erfassen und zu steuern. Dies erfolgt für festverzinsliche Investments (d. h. Zinsrisiken), Aktien und Immobilien.

Durationsabweichungs-, Zins- und Inflationsrisiken

Ein wesentliches Risikosteuerungsinstrument im Rahmen von festverzinslichen Investments ist die *Durationssteuerung*. Der Marktwert MV_L der operativen Verpflichtungen eines institutionellen Investors kann als Barwert der zukünftigen mit den jeweiligen Eintrittswahrscheinlichkeiten gewichteten (i.d.R. stochastischen) Cash Flows abdiskontiert auf den Bewertungszeitpunkt aufgefasst werden. Damit ist er keine statische Größe, sondern ist vielmehr u. a. sensitiv in Bezug auf Veränderungen des Zinsumfeldes, genauer der *Zinssätze*, die in die Diskontierung Eingang finden. In dem Spezialfall, dass vereinfachend bei dieser Bewertung eine flache Zinsstruktur[14] unterstellt wird, hängt er somit von einem einzigen Bewertungszins i ab. Diese Sensitivität $-\dfrac{\partial MV_L}{\partial i} \cdot \left(MV_L \right)^{-1}$ wird Modified Duration genannt und stellt bei einer reinen Marktwertbetrachtung ein wesentliches Risikocharakteristikum der Verpflichtungsseite dar.

Auch der Marktwert der Vermögensgegenstände in der Kapitalanlage MV_A ist – zumindest teilweise – zinsabhängig. Würde nun der gesamte Bestand an Vermögensanlagen aus festverzinslichen und am Geldmarkt orientierten variabelverzinslichen Rentenpapieren bestehen, sodass zu jedem Zeitpunkt die Modified Duration dieses Gesamt-Rentenbestandes mit derjenigen der Verpflichtungsseite übereinstimmt (Duration Matching), so wäre die Gesamteinrichtung unter Marktwertbewertung gegenüber Änderungen der Marktzinssätze immun.[15] Allgemein lässt sich die Auswirkung eines Zins-Shifts Δi auf die Gesamteinrichtung quantifizieren als $\left(\dfrac{\partial MV_A}{\partial i} - \dfrac{\partial MV_L}{\partial i} \right) \cdot \Delta \hat{i}$. Im Rahmen einer Gesamt-Risikosteuerung ist es folglich häufig hilfreich, die Struktur der Vermögensanlagen derart zu gestalten, dass die Zinssensitivität (Duration) des Anlageportfolios adäquat zu derjenigen der Verpflichtungsseite ist, wenngleich eine vollständige Übereinstimmung etwa aus Gründen der Praktikabilität und Flexibilität in der Regel nicht angestrebt wird. In der Portfoliosteuerung ergeben sich praktische Probleme auch daraus, dass „Duration" im obigen Sinne nur für Zinsinvestments definiert

---

[14] In einer flachen Zinsstruktur sind die einzelnen Zinssätze für alle Laufzeiten identisch.
[15] Siehe hierzu auch die Erläuterungen in der dritten Bemerkung im Anhang.

ist, wenngleich in der Literatur häufiger der Versuch unternommen worden ist, das Konzept auch auf andere Assetklassen zu übertragen: So wurde beispielsweise ein Ansatz für Immobilieninvestments entwickelt, der (vereinfacht) auf die Zinssensitivität des Barwertes der jeweils geltenden Mietverträge bis zum Ende ihrer jeweiligen Restlaufzeit (bei folgender Objektveräußerung) abstellt[16]. An anderer Stelle wird das Durationskonzept – zwar im Rahmen eines Ansatzes für Lebensversicherer – in ganz ähnlicher Weise auf Aktien übertragen[17]. Verallgemeinert auf einen beliebigen institutionellen Anleger würde man bei diesem Konzept einen Barwert aus den Dividenden-Cash Flows über die durchschnittliche (Rest-)Laufzeit der operativen Verpflichtungen und aus einem Cash Flow am Ende dieses Zeitraums, der aus der Veräußerung des Papiers[18] resultiert, bilden und dessen Sensitivität gegenüber dem Diskontierungszins verwenden.[19] Ein anderes Konzept definiert eine Aktienduration unter Verwendung von Korrelationseigenschaften zwischen Aktien- und Bondmärkten.[20]

Die laufende Steuerung des Zinsrisikos – und damit des aus unterschiedlichen Zinssensitivitäten von Vermögen und operativen Verpflichtungen resultierenden Risikos – kann natürlich besonders effizient dadurch erfolgen, dass man beim Kauf der festverzinslichen Anlagen, die Titel so auswählt, dass sich die gewünschte Gesamt-Duration ergibt. Dies ist in der Praxis nicht immer möglich, z. B. bei sehr lang laufenden operativen Verpflichtungen, für die nicht in hinreichendem Umfange Anleihen mit entsprechend hoher Duration erworben werden können, oder im Fall eines weniger liquiden Anlageportfolios, welches nicht so einfach umstrukturiert werden kann. In diesen Fällen bietet es sich an, durch den Abschluss derivativer Geschäfte wie Zinsswaps oder -swaptions die gewünschte Duration auf der Aktivseite zu generieren. Dabei ist jedoch zu berücksichtigen, dass diese Form der Durationssteuerung in der Regel teurer ist als die über originäre Finanzinstrumente und beim institutionellen Investor zusätzlich ein Kreditrisiko bezüglich des Kontrahenten des Derivates entsteht. Dieses kann – wie Kreditrisiken im Portfolio überhaupt – durch eine hinreichende Bonitätsprüfung der jeweiligen Emittenten bzw. Schuldner sowie durch eine breite Diversifizierung des Portfolios über verschiedene Schuldner effektiv eingegrenzt werden (s.u.).

---

[16] Vgl. Nellshen (2009a).

[17] Siehe Zielke (2009).

[18] Bei Zielke wird aus Gründen der Vorsicht der Einstandskurs herangezogen.

[19] Durch die vorgeschlagene Laufzeit in der Cash Flow-Betrachtung ergibt sich, dass eine gleich gerichtete Abhängigkeit zwischen Aktienduration und Verpflichtungsduration besteht und im Falle von niedrigen Dividenden sogar die Aktienduration zwangsläufig in der Nähe der Verpflichtungsduration liegt! Dies kann konzeptionell durchaus kritisch gesehen werden.

[20] Vgl. Leibowitz (1986).

Inflationsrisiken spielen für den institutionellen Investor immer dann eine Rolle, wenn seine operativen Leistungen, die er zu erbringen hat, inflationsabhängig sind. In diesem Falle kann – neben der Verwendung von entsprechenden Derivaten – der Einsatz von Inflation Linked Bonds eine erwägenswerte Alternative sein. Allerdings ist bei diesem Finanzinstrument eine etwas modifizierte Durationsbetrachtung erforderlich, da nur Änderungen der Realverzinsung Marktwertänderungen auslösen. Die Quantifizierung und Aggregation des Durationsabweichungsrisikos ergibt sich nun direkt aus der letzten Formel: Im Rahmen einer Monte-Carlo-Simulation generiert man Δi als geeignet verteilte Zufallsvariable und bringt den Effekt aus der letzten Formel in die Simulation für das Gesamtergebnis ein, wohingegen man im Falle eines VaR-Ansatzes für Δi das passende α-Quantil wählt (implizit ist hier natürlich wieder Normalverteilung angenommen) und das Ergebnis dann mittels der VaR-Aggregationsformel weiterverarbeitet.

Kreditrisiken

Bonitäts- bzw. Kreditrisiken sind nicht nur im Rahmen von Anleihen oder Krediten relevant. So hat natürlich die Insolvenz bzw. der Konkurs einer Aktiengesellschaft auch den entsprechenden Effekt auf die Aktie des Unternehmens. Und bei Immobilien, die von einem einzigen Großmieter (langfristig) angemietet worden sind, oder bei denen ein Großmieter einen extrem großen Flächenanteil angemietet hat, spielt das Bonitäts- bzw. Kreditrisiko dieses Mieters eine erhebliche Rolle. Bei großen Adressen (z. B. Emittenten von liquiden Unternehmensanleihen) kann das Kreditrisiko auch über den Einsatz von Kreditderivaten auf den Verkäufer von Protection (Sicherung) übertragen werden. Dabei sollte man aber stets untersuchen, inwieweit der Preis, den man für den Risikotransfer bezahlt, auch wirklich angemessen bzw. attraktiv ist: So kann man aus Schätzungen der Ausfallwahrscheinlichkeiten (Defaultwahrscheinlichkeiten), die Rating-Agenturen teilweise veröffentlichen oder die man auch aus Statistiken der Vergangenheit ermitteln kann, die theoretisch „fairen" Werte der CDS-Prämien[21] berechnen und diese mit den im Markt gehandelten Prämien vergleichen (et vice versa)[22]. Werden solche Maßnahmen zur Steuerung des Kreditrisikos ergriffen, so sind im Hinblick auf die Gesamtsituation des institutionellen Investors (und damit auch bei der Bestimmung seiner Gesamt-Risikoposition) die sicher zu zahlenden Sicherungsprämien in Abzug zu bringen.

---

[21] CDS: Credit Default Swap.
[22] Entsprechende mathematische Verfahren hierfür sind beispielsweise in Nellshen (2009b) beschrieben.

Bemerkung 3 des Anhangs zeigt auf, wie eine stochastische Simulation zur Abschätzung der Risiken eines Portfolios bestehend aus n unabhängigen Kreditrisiken durchgeführt werden kann.

Eine derartige isolierte Simulation liefert jedoch keine Werte, die einer Normalverteilung unterliegen. Sie kann daher folglich nicht in eine Risiko-Aggregation eingebracht werden, welcher eine Normalverteilungsannahme zugrunde liegt. Dennoch kann dieses Monte-Carlo-Modell Teil einer größeren Modellstruktur zur Simulation von Gesamtrisiken sein[23]. Im Rahmen einer Gesamtrisikomodellierung findet man jedoch in der Praxis häufig die Situation vor, dass Kreditrisiken nicht separat simuliert werden, sondern implizit im Zufallsprozess der Gesamt-Total-Returns eines festverzinslichen Portfolios mit Kreditrisiken (i.d.R. durch erhöhte Volatilitäten) mit abgebildet sind.

Wiederanlagerisiken als Ausprägung des Zinsrisikos

Wir hatten bereits im Abschnitt über Value-at-Risk-basierte Verfahren Wiederanlagerisiken erläutert, denen institutionelle Investoren häufig ausgesetzt sind. Hier ist es – insbesondere bei Buy-and-Hold-gemanagten Portfolios von Finanztiteln mit fester Endfälligkeit – wichtig, eine Diversifizierung von Fälligkeiten zu erreichen, die vermeidet, dass ein größerer Anteil von Wertpapieren in einem einzigen Zeitpunkt fällig wird, in welchem im schlimmsten Falle nur relativ unattraktive Konditionen zur Wiederanlage vorliegen.

Über m Rechnungsperioden in die Zukunft kann dieses Risiko – zunächst isoliert – für Buy-and-Hold-Portfolios simuliert werden durch den Zufallsvektor

$$\left([M(j) + CF(j) \cdot q] \cdot (Z_j - i) \right), \ j=1,\ldots,m, \text{ wobei } M(j) \text{ das Gesamtvolumen der Fälligkei-}$$

ten in der j-ten Rechnungsperiode, CF(j) den operativen (Netto-)Cash Flows des institutionellen Anlegers in Periode j und q die konstante Anlagequote in festverzinsliche Instrumente zu Buy-and-Hold-Zwecken bezeichnet. Z_j ist eine Zufallsvariable, die den Wiederanlagezins in Periode j beschreibt und i die (deterministische) Ziel- bzw. Sollverzinsung des fällig werdenden und zur Neuanlage anstehenden Teilbestandes. Die so errechnete Zufallsgröße in der j-ten Vektorkomponente beschreibt also die aus allen Wieder- und Neuanlagen der j-ten Rechnungsperiode entstehende Verfehlung der Zinsanforderung für das Portfolio in absoluten Beträgen per anno.

---

[23] Ein mathematisches Modell für die Berechnung der Wahrscheinlichkeit, dass der Schaden aus Kreditausfällen eine vorgegebene Untergrenze überschreitet, ist in Nellshen 2009b angegeben.

Kursrisiken (z. B. Aktien, Rohstoffe, etc.)

Kursrisiken bei riskanten, aber liquiden Investments (insbesondere Aktien) können effektiv über Sicherungsstrategien gesteuert werden. Hier steht dem Investor eine Vielzahl verschiedener Verfahren zur Verfügung, die bei unterschiedlichen Marktverläufen zu unterschiedlichen Ergebnissen führen. Grob kann eine Kategorisierung der verschiedenen Typen von Verfahren auf die folgende Art und Weise vorgenommen werden[24]:

		Pfadabhängig	Pfadunabhängig
		Der Erfolg der Sicherungsstrategie hängt vom Wert der riskanten Vermögensgegenstände am Ende und zu bestimmten Zeitpunkten während des Investitionshorizontes ab: $E_T = F(X_0, X_{t1}, ..., X_{tn}, X_T)$	Der Erfolg der Sicherungsstrategie hängt nur vom Wert der riskanten Vermögensgegenstände am Ende des Investitionshorizontes ab: $E_T = F(X_T)$
Dynamisch	Anpassungshandlungen während des Investitionshorizontes	- CPPI und andere Spielarten hiervon (z.B. DPPI) - Rollierende Optionsgeschäfte mit Verfallszeitpunkten während des Investitionshorizontes	
Statisch	Keine Anpassungen	- Stop-Loss	- Optionsstrategien mit Verfallszeitpunkt nur am Ende des Investitionshorizontes

Tabelle 1: Klassifizierung von Sicherungsstrategien

Dabei bezeichnen $t_1, ..., t_n$ verschiedene Zeitpunkte innerhalb des Zeitraumes $[0;T]$, auf den sich die Sicherungsstrategie erstreckt, E_T den Erfolg bzw. das Ergebnis der Strategie am Ende dieses Zeitraumes und X_t den Wert (bzw. Kurs) der riskanten Investments im Zeitpunkt t.

Um die Unterschiede der einzelnen Kategorien plastisch werden zu lassen, sollen hier exemplarisch drei verschiedenartige Sicherungsstrategien und ihre konkreten Effekte auf die Kapitalanlage (vereinfacht) dargestellt werden:

a) Stop-Loss: Vollinvestition in die riskanten Vermögensgegenstände, solange die vorab definierte Wertuntergrenze nicht erreicht wird. Falls die Wertuntergrenze erreicht wird, sofortiger Verkauf aller riskanter Vermögensgegenstände.

---

[24] Diese Klassifizierung wurde vom Autor bereits 2007 im Rahmen verschiedener Vorträge vorgestellt.

b) Zero-Cost-Collar (ZCC): Kauf eines Puts mit Basispreis (Strike) auf Höhe der Wertuntergrenze für die zugrunde liegenden riskanten Vermögensgegenstände und einer Laufzeit, die identisch mit dem Investitionshorizont (typisch wäre z. B. ein Jahr) ist. Finanzierung der Put-Prämie durch Verkauf eines marktwertgleichen Calls mit identischer Laufzeit.

c) CPPI: Vom im Zeitpunkt t aktuellen Gesamtvermögenswert V(t) eines für Investitionen in riskante Vermögensgegenstände zur Verfügung stehenden Portfolios wird de facto nur ein Anteil α(t) in die riskanten Vermögensgegenstände investiert (der Rest wird „risikolos" investiert), sodass die Wertuntergrenze W für das Portfolio selbst bei Realisierung des angenommenen maximal möglichen Overnight-Risikos r nicht verletzt wird, d. h. $\alpha(t) = \dfrac{V(t) - W}{V(t) \cdot r}$ [25].

Schon hinsichtlich ihrer allgemeinen Vor- und Nachteile stellen sich diese drei Strategien als durchaus unterschiedlich dar: Bei dem Stop-Loss handelt es sich um eine sehr einfach und kostengünstig zu implementierende Maßnahme, die das volle Returnpotenzial nach oben erhält, jedoch andererseits im Falle der Realisierung der Wertuntergrenze, der man sich bei dieser Strategie „ungebremst" nähert, das komplette Erholungspotenzial für die Restzeit der Investitionsperiode wegnimmt. Bei einem ZCC, der ebenfalls in der Praxis leicht zu implementieren ist, sichert man sich nach unten hin durch den Put-Strike ab, beschneidet aber sein Returnpotenzial nach oben durch den Short-Call. Dafür hat man auch nach einem Unterschreiten der Untergrenze bis zur Fälligkeit das volle Erholungspotenzial (bis zum Call-Strike). CPPI ist als eine durch kontinuierliche Anpassungshandlungen gesteuerte Strategie etwas aufwendiger und durch die häufigeren Transaktionen in der Regel auch mit höheren Kosten verbunden. Der Wertuntergrenze nähert man sich „gebremst" (da ja sukzessive in fallende Märkte hinein riskante Assets verkauft werden) hat aber nach oben hin (theoretisch) ungebremstes Potenzial. Lediglich nachdem sich aufgrund einer Abwärtsbewegung des Marktes α(t) auf Null abgebaut hat, besteht auch hier kein Erholungspotenzial mehr für den Investor. Zudem zeigt sich auch in der Praxis, dass diese Strategie in volatileren Märkten ohne starke Direktionalität eher schlechtere Ergebnisse einfährt („buy high & sell low") und den pfadunabhängigen ZCC unterlegen ist.

---

[25] Zu CPPI gibt es eine Menge von Spielarten und verwandter Strategien, wie z. B. DPPI, wo das Overnight-Risiko in der Zeit nicht konstant, sondern variabel ist (erhöhtes Overnight-Risiko in volatileren Marktphasen). Teilweise werden auch Quantile/VaR's als steuernde Größe, die V(t) − W nicht übersteigen darf, verwendet.

Die folgenden Abbildungen zeigen exemplarisch, wie sich die Wahrscheinlichkeits-
dichte (genauer: die relativen Häufigkeiten) der möglichen Ergebnisse eines Aktienportfolios mit erwarteter Durchschnittsdividende von 2,25% p.a. und erwarteter Kurs-
performance von 5,5% p.a. durch die verschiedenen Sicherungsstrategien ändert, und
zwar simuliert mittels einer Monte-Carlo-Simulation (Investitionsperiode ein Jahr,
Wertuntergrenze bei 90%):

Stop-Loss:

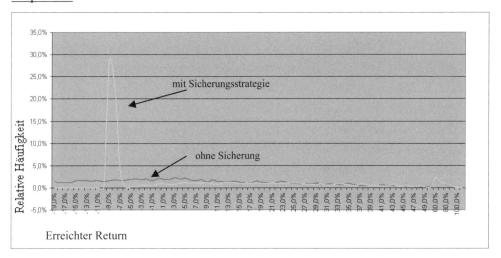

ZCC:

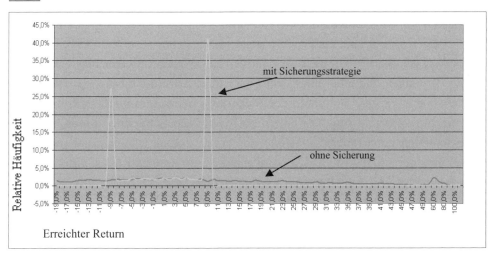

CPPI:

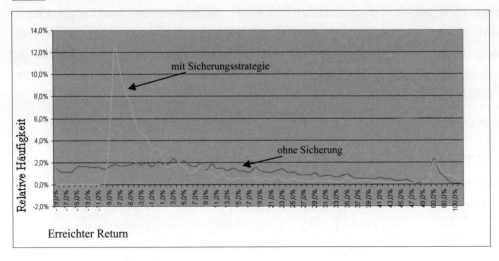

**Abbildung 3: Ausgewählte Sicherungsstrategien:
Beeinflussung der Renditeverteilung**

In den Grafiken ist einerseits die Kurve der relativen Häufigkeit der Ergebnisausprä-
gung ohne Sicherungsmaßnahmen dargestellt. Es handelt sich in allen drei Grafiken
um die Kurve, welche keine „Spitzen" aufweist. Beim Stop-Loss erkennt man die
Konzentration der möglichen Ergebnisse auf dem Sicherungsniveau: Schließlich führen ja alle Aktienverläufe, die einmal (wenn auch nur intertemporär) unterhalb dieses
Levels sinken, zur Realisation dieses vorab definierten nach Sicherung maximal möglichen Verlustes. Damit haben alle noch geringeren Ergebnisausprägungen eine relative Häufigkeit von Null. Aber auch die relative Häufigkeit positiverer Ergebnisse liegt
unterhalb derjenigen, die man ohne Stop-Loss erhalten würde, da ja z. B. Aktienverläufe, die zwar kurzzeitig unterhalb der Sicherungsgrenze absinken, sich danach jedoch wieder erholen und sogar zu einem positiven Gesamtergebnis führen, nach Sicherung lediglich ein Ergebnis in Höhe des vorab definierten maximal möglichen
Verlustes generieren. Beim Zero-Cost-Collar erkennt man deutlich die Konzentrationen der relativen Häufigkeiten auf die beiden Returns, die den Strike-Levels von Put
und Call entsprechen. Unterhalb des dem Put-Strike bzw. oberhalb des dem Call-
Strike entsprechenden Ergebnisses ist die relative Häufigkeit Null. Das Bild für CPPI
ähnelt in gewisser Weise demjenigen für den Stop-Loss, nur dass die „Spitze" in der
Kurve der relativen Häufigkeiten nach Sicherung weniger hoch und auf der rechten
Seite weitaus flacher verläuft als beim Stop-Loss. Dies ergibt sich aus der Tatsache,
dass man sich wegen des sukzessiven Verkaufs von Aktien in fallende Märkte hinein
der Wertuntergrenze nur „gebremst" nähert.

Dieses grundsätzlich sehr unterschiedliche risikotechnische Verhalten kann man auch durch die folgende Kennzahlenübersicht verdeutlichen, welche ebenfalls der obigen Simulation entstammt. Die Tabelle ist rein exemplarisch zu lesen, da die genauen Zahlen teilweise von zum Simulationszeitpunkt vorherrschenden Marktgegebenheiten, z. B. Volatilitäten, abhängig sind.

	Ohne Sicherung	Stop-Loss	Zero-Cost-Collar	CPPI
Erwartungswert Total Return (1 Jahr)	7,7%	7,0%	3,2%	5,8%
W´keit Zielerreichung (Total Return ≥ 7,75%)	ca. 50%	39%	ca. 50%	25%
Bedingte W´keit Zielerreichung, wenn Marktziel erreicht	-	85%	100%	55%
Standardabweichung (p.a.)	21,0%	19,6%	8,5%	20,0%
Bedingter EW für Zielübertreffung, wenn Ziel erreicht	19%	20%	4%	25%
Bedingter EW für Zielverfehlung, wenn Ziel erreicht	16%	14%	11%	11%

Tabelle 2: Risikotechnische Kennzahlen verschiedener Sicherungsstrategien

In dieser Tabelle erkennt man, dass sich die stärkste Reduktion der Volatilität der Ergebnisse mittels der Zero-Cost-Collar-Strategie erreichen lässt, allerdings zu einem recht hohen Preis: Denn der absolute Erwartungswert für die Gesamtperformance fällt – auch verglichen mit den beiden anderen Sicherungsstrategien – relativ gering aus. Was diesen Erwartungswert angeht, zeigt der Stop-Loss von allen Strategien den besten Wert. Sein Nachteil liegt unter anderem darin, dass verglichen mit den beiden anderen untersuchten Sicherungsmechanismen in den Fällen, in denen das Renditeziel verfehlt wird, diese Verfehlung besonders groß ausfällt. Der spezifische Nachteil von CPPI besteht dagegen in der relativ geringen Wahrscheinlichkeit, das Renditeziel (hier definiert als 7,75%) zu erreichen. Besonders interessant erscheint auch die bedingte Wahrscheinlichkeit dafür, dass das Renditeziel erreicht wird unter der Bedingung, dass der Markt das Renditeziel erreicht. Hier ist die optionsbasierte Strategie wiederum den beiden pfadabhängigen Strategien überlegen und erreicht einen Wert von annähernd 100%.

In der Regel wird man aufgrund dieses sehr unterschiedlichen Risikoprofils der einzelnen Sicherungsstrategien in der Praxis geeignete Mischungen verschiedener Strategien zum Einsatz kommen lassen. Dabei kann man das Mischungsverhältnis wiederum mittels Monte-Carlo-Simulationen so bestimmen, dass sich möglichst die gewünschten Auswirkungen auf die Gesamtsituation des institutionellen Anlegers ergeben. Auch hier ist jedoch zu bedenken (siehe obige Tabelle), dass die Implementierung von Sicherungsstrategien den Return-Erwartungswert für das betreffende Anlagesegment beeinflusst. Dieser Effekt ist bei der Kalkulation der Gesamtrisikosituation des Investors zu berücksichtigen! Des Weiteren wird dies auch Rückkopplungseffekte auf die Bestimmung der Gesamt-Asset Allocation haben.

Immobilienrisiken

Hinsichtlich Immobilienrisiken ist insbesondere die starke Fragmentierung dieses Anlagesegmentes nach Nutzungsart (z. B. Büro, Einzelhandel, Wohnen, Hotel, Logistik, Soziales etc.) und Regionen, zu beachten. Empirische Daten zeigen, dass sich verschiedene Segmente über den gleichen Zeitraum völlig unterschiedlich – ja teilweise sogar entgegengesetzt – entwickeln können[26]. Somit ist auch hier Diversifikation (regional und nach Nutzung) ein Kernaspekt des Risikomanagements. Bei bereits im Bestand befindlichen Objekten sind Mieterbindung und Maßnahmen zur Erhaltung der Marktfähigkeit des Objektes (Life-Cycle-Management) Kernelemente des Risikomanagements. Insbesondere existiert bei der Überwachung von Bestandsimmobilien ein ganzer Katalog aussagefähiger Kennzahlen, die in der Gesamtschau als Frühwarnsystem fungieren können und zur Ableitung spezifischer Aussagen und Maßnahmen geeignet sind. Hierzu gehört die Fälligkeitsverteilung der Mietverträge ebenso wie die Entwicklung von Leerstandsquoten oder die Entwicklung der Marktmieten am gleichen Standort für Immobilien vergleichbarer Nutzung und Typs.

Kennzahlen zur Ergebnismessung sind u.a. der Total Return, welcher alle Immobilien zu Marktwerten betrachtet und in der Erfolgsmessung nicht nur die laufenden (Miet-) Erträge und Aufwendungen, sondern auch die Änderungen des Marktwertes der Immobilie mit berücksichtigt, aber auch die Internal Rate of Return, welche nach Beendigung des Investments eine periodengenaue Darstellung des Erfolgs einer Immobilie unter Berücksichtigung aller Cash Flows und Wertänderungen liefert. Für noch im Bestand befindliche Immobilieninvestments berechnet man die IRR, indem man an Stelle des Verkaufserlöses den im Berechnungszeitpunkt aktuellen Marktwert der Immobilie in Ansatz bringt.

---

[26] Genaueres hierzu findet sich in Nellshen (2009a).

Bei Neuinvestitionen fokussiert man sich dagegen natürlich auf die Objektauswahl und auf die Ausgestaltung der Mietverträge (soweit vorhanden). Letztere können auch zu einem wesentlichen Anteil die aus dieser Anlageform resultierenden Inflationsrisiken determinieren. Als Sachinvestition können Immobilien nämlich bis zu einem gewissen Grad gegenüber Inflationsrisiken immun sein. Dieser Grad ist bei langfristigen Mietverhältnissen durch die jeweiligen Mietverträge ganz entscheidend mit determiniert. Beispielsweise führt eine Vertragsgestaltung, derzufolge es einer Änderung des Lebenshaltungskostenindex um mindestens 7,5% verglichen mit dem Stand zum Zeitpunkt der letzten vorgenommenen Mietanpassung bedarf, dazu, dass bei einer angenommenen Inflation von z. B. 1,8% p.a., nur maximal alle fünf Jahre eine Mietanpassung möglich ist. Erfolgt diese dann zu 100% (in dem gleichen Verhältnis, wie sich der Lebenshaltungskostenindex verändert hat), so verlöre man auf einen 20-Jahres-Zeitraum gerechnet jährlich durchschnittlich 4,2% p.a. der ursprünglichen Jahresmiete verglichen mit einer vollen, jederzeit realisierbaren Inflationsanpassung. Somit ist die Ausgestaltung einer Mietanpassungsklausel im Mietvertrag ein wichtiges Instrument zur Steuerung von Inflationsrisiken.

Auf die Möglichkeit, Durations-Abweichungsrisiken mittels Immobilien zu steuern, wurde bereits im Abschnitt über Zinsrisiken eingegangen. Auch der Zusammenhang zwischen Mieterauswahl und Kreditrisiken wurde bereits erwähnt. Den größten Einfluss auf die Risikosituation des Immobilienportfolios (insbesondere Mietzins-, Leerstands- und Wertveränderungsrisiken) übt der Investor jedoch durch eine sorgfältige und geeignete Auswahl der jeweiligen Investitionsobjekte aus. Entscheidende Kennzahl ist hier die Bruttoanfangsrendite, welche die Jahresmiete, ohne Abzug irgendwelcher laufender Kosten, ins Verhältnis zur Gesamtinvestitionssumme[27] setzt. Für Investoren, welche prinzipiell die Wahl zwischen Immobilieninvestments und Anlagen in anderen Assetklassen haben, erscheint das folgende Modell einer risikoadjustierten Soll-Bruttoanfangsrendite bei der Investitionsentscheidung geeignet:

---

[27] Häufig findet im Markt diese Kennzahl mit dem Kaufpreis als Bezugsgröße Verwendung.

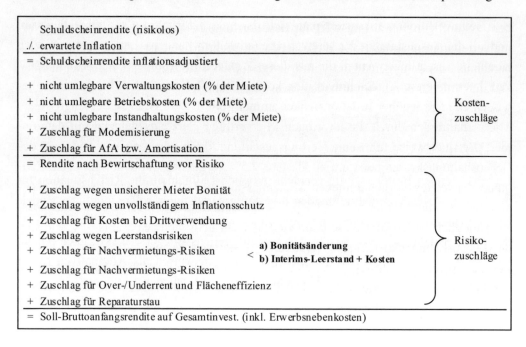

Schuldscheinrendite (risikolos)
./. erwartete Inflation
= Schuldscheinrendite inflationsadjustiert

+ nicht umlegbare Verwaltungskosten (% der Miete)
+ nicht umlegbare Betriebskosten (% der Miete)
+ nicht umlegbare Instandhaltungskosten (% der Miete)   Kosten-
+ Zuschlag für Modernisierung   zuschläge
+ Zuschlag für AfA bzw. Amortisation

= Rendite nach Bewirtschaftung vor Risiko

+ Zuschlag wegen unsicherer Mieter Bonität
+ Zuschlag wegen unvollständigem Inflationsschutz
+ Zuschlag für Kosten bei Drittverwendung
+ Zuschlag wegen Leerstandsrisiken
+ Zuschlag für Nachvermietungs-Risiken   a) Bonitätsänderung   Risiko-
                                          < b) Interims-Leerstand + Kosten   zuschläge
+ Zuschlag für Nachvermietungs-Risiken
+ Zuschlag für Over-/Underrent und Flächeneffizienz
+ Zuschlag für Reparaturstau

= Soll-Bruttoanfangsrendite auf Gesamtinvest. (inkl. Erwerbsnebenkosten)

Abbildung 4: Ableitung der Soll-Bruttoanfangsrendite

Ist die so ermittelte risikoadjustierte Soll-Bruttoanfangsrendite kleiner oder zumindest nicht größer als die tatsächlich angebotene, kann das Investment weiter verfolgt und detaillierteren Prüfungen (z. B. technischer Natur) unterzogen werden, andernfalls ist das Investment zu verwerfen[28].

Immobilienrisiken werden in eine Gesamtrisikobetrachtung auf ganz analoge Weise integriert wie die bislang behandelten Risiken: Ausgehend von einer Planung der laufenden Ergebnisse $LE^{Plan}(t)$, die auf einer Einzelobjekt-Planung basiert, kann ein zufälliger Investmentverlauf $TR(t)$ in der Zeitperiode $[t;t+1]$ durch Einführung eines stochastischen Störterms X_t simuliert werden. Möchte man einen additiven Ansatz verwenden, könnte dieser etwa wie folgt aussehen:

$$TR(t) = MV(t+1) - MV(t) + LE^{Plan}(t) + X_t,$$ wobei X_t eine geeignet erzeugte Zufallsvariable ist. Bei $MV(t+1)$ und $MV(t)$ handelt es sich um projizierte Erwartungswerte für den Marktwert der Immobilie, deren zufällige Schwankungen ebenfalls über eine passende Ausgestaltung des Störterms mit abgebildet werden können. Alternativ kann man auch aus der historischen Volatilität des eigenen Immobilienportfolios und

---

[28] Für eine generell detailliertere Darstellung wird auf Nellshen (2009a) verwiesen.

dem zukünftigen Erwartungswert für den Portfolio-Total-Return bei impliziter Normalverteilungsannahme (falls diese seriös zu rechtfertigen ist) einen Value-at-Risk berechnen, der dann gemäß der vorhin vorgestellten VaR-Aggregationsformel in einen Gesamt-VaR für den institutionellen Investor eingeht.

6. Fazit

Im vorliegenden Beitrag wurde versucht, möglichst allgemein die Risikosituation für die meisten Arten von institutionellen Investoren darzustellen sowie mögliche Modelle zur Erfassung der einzelnen Risiken, aber auch zur Simulation des Niederschlags der Einzelrisiken im Gesamtrisiko des institutionellen Anlegers zu skizzieren. Dabei wurden bewusst verschiedene mögliche Herangehensweisen als Alternativen (nicht wertend) nebeneinander gestellt. Hinsichtlich der beschriebenen Verfahren kann diese Darstellung weder abschließend noch allumfassend sein. Daher soll auch explizit auf die weiter führende Literatur verwiesen werden. Bei aller Leistungsfähigkeit, die die einzelnen Verfahren zur Risikomessung-, -simulation und -steuerung haben mögen, darf jedoch nicht vergessen werden, dass in einem sich laufend ändernden Umfeld möglicherweise auch neue, unerwartete Risiken plötzlich auftreten, die demzufolge auch nicht ex ante in einer Simulation berücksichtigt werden können. Es ist stets sinnvoll, hierfür einen zusätzlichen, pauschalen Sicherheitspuffer in Ansatz zu bringen. Dieser Text soll als Anregung und Leitfaden zur Einrichtung entsprechender Risiko-Tools bei einem institutionellen Anleger dienen bzw. entsprechende Hinweise zu Einzelaspekten des Risikomanagements liefern.

Anhang

Bemerkung 1: Häufig findet man in der Literatur bei der Beschreibung von Gesamtrisiken im Rahmen von Value-at-Risk-Konzepten auch eine reine Betrachtung der Abweichungen der zufälligen Ergebnisse von ihrem jeweiligen Erwartungswert und nimmt als Risikomaß nur das α-Quantil R_i der Abweichung $x_i - \mu(x_i)$. Dann ergibt sich als das aggregierte Gesamtrisiko R:

$$R = \sqrt{\sum_{i,j} \text{Corr}_{i,j} \cdot R_i \cdot R_j}$$

Bemerkung 2: Solcherlei an Markowitz angelehnte Ansätze tragen in sich implizit die Annahme, dass allein die Korrelationskoeffizienten der zufälligen Renditen der Assetklassen geeignet sind, um zu beurteilen, inwieweit die Mischung der Assetklassen zur Diversifikation geeignet ist. Dies unterstellt insbesondere, dass aus Unkorreliertheit auch die stochastische Unabhängigkeit folgt. Letzteres ist jedoch nur bei elliptischen Verteilungen (insbes. der Normalverteilung) der Fall.[29]

Bemerkung 3: Man beachte, dass durch die Wahl der genauen Formulierung im Abschnitt über Durationsabweichungs-, Zins-, und Inflationsrisiken, nämlich dass „...zu jedem Zeitpunkt die Modified Duration dieses Gesamt-Rentenbestandes mit derjenigen der Verpflichtungsseite ..." zur Erreichung einer Immunität gegen Marktzinsänderungen übereinstimmen soll, das Problem der Konvexität, d. h. des zweiten Differenzials des Marktwertes nach dem Marktzins $\frac{\partial^2 MV_*}{\partial i^2} \cdot (MV_*)^{-1}$, bewusst umgangen wurde. Allgemein gilt nämlich:

$$MV_*(...,i+\Delta i,...) - MV_*(...,i,...) = \frac{\partial MV_*(...,i,...)}{\partial i} \cdot \Delta i + \frac{1}{2} \frac{\partial^2 MV_*(...,i+\xi,...)}{\partial i^2} \cdot (\Delta i)^2 \text{ mit}$$

$0 \leq \xi \leq \Delta i$. Um die obige Voraussetzung zu erfüllen, kann das Rentenportfolio also nicht statisch gehalten werden, sondern müsste ggf. permanent Anpassungen erfahren.

Bemerkung 4: Eine stochastische Simulation zur Abschätzung der Risiken eines Portfolios bestehend aus n unabhängigen Kreditrisiken mit den auf eine Rechnungsperiode bezogenen Default-Wahrscheinlichkeiten p_i $(i=1,...,n)$, Recovery-Rates r_i, und Investitionsvolumen v_i kann man z. B. wie folgt durchführen: Wir definieren die Funktionen $F_i[0;1] \rightarrow \{0;1\}$ durch $F_i(z)=1$, falls $z \leq p_i$, und $F_i(z)=0$ andernfalls. Sind $Z_1,...,Z_n$ unabhängige auf $[0;1]$ gleichverteilte Zufallsvariablen, so beschreibt die zufällige Größe $\sum_{i=1}^{n} F(Z_i) \cdot v_i \cdot (1-r_i)$ den Gesamtschaden aus Default-Ergebnissen in diesem Portfolio (in isolierter Sichtweise) für eine Rechnungsperiode. Dieser Ansatz lässt sich auch auf m hintereinander folgende Rechnungsperioden erweitern: Hier wird der Gesamtschaden[30] beschrieben durch die zufällige Größe

$$\sum_{j=1}^{m} \sum_{i=1}^{n} F(Z_{ij}) \cdot v_i \cdot (1-r_i) \cdot \left(1 - \text{sgn}\left(\sum_{k=1}^{m-1} F(Z_{ik})\right)\right), \text{ wobei die } Z_{ij} \text{ hier wiederum zufällige,}$$

unabhängige auf [0;1] verteilte Größen sind.

---

[29] Vgl. Pfaff (2010).

[30] An dieser Stelle ausgedrückt als Summe der Schäden in den Einzelperioden, nicht als Barwert. Letzteren simuliert man natürlich ganz analog.

Literaturverzeichnis

Arbeitskreis Externe und Interne Überwachung (AKEIÜ) der Schmalenbachgesellschaft für Betriebswirtschaft e.V. (AKEIÜ, 2010): Aktuelle Herausforderungen im Risikomanagement – Innovationen und Leitlinien, erschienen in „Der Betrieb" Nr. 23 / 11.06.2010.

Drobetz, W. (Drobetz, 2003): Einsatz des Black-Litterman-Verfahrens in der Asset Allocation; in „Handbuch Asset Allocation"; Uhlenbruch Verlag, Bad Soden / Ts., 2003.

Fama E.F. (Fama, 1965): The Behaviour of Stock Market Prices, Journal of Business 38, 34-104.

Leibowitz, M. L (Leibowitz, 1986): Total Portfolio Duration: A New Perspective on Asset Allocation, in Financial Analyst Journal, September-October 1986, S. 18-29.

Litterman, R. and the Quantitative Resources Group Goldman Sachs Asset Management (Litterman, 2003): Modern Investment Management: An Equilibrium Approach, John Wiley & Sons, New York 2003.

Mandelbrot B. (Mandelbrot, 1963): The variation of certain speculative prices, Journal of Business 36, 394-419.

Markowitz, Harry M. (Markowitz, 1952): Portfolio Selection; in „Journal of Finance", Heft 7, 1952.

Nellshen, S. (Nellshen, 2008): Die Organisation von Risikomanagement und Risikocontrolling in Versorgungseinrichtungen vor dem Hintergrund des R15/2005, BetrAV 2008, S. 68-71.

Nellshen, S. (Nellshen, 2009a): Immobilieninvestitionen; in „Kapitalanlage in der betrieblichen Altersversorgung – Grundlagen und Praxis" (auch in „Handbuch der betrieblichen Altersversorgung"), C.F. Müller Verlag, Heidelberg 2009.

Nellshen, S. (Nellshen, 2009b): Renten; in „Kapitalanlage in der betrieblichen Altersversorgung – Grundlagen und Praxis" (auch in „Handbuch der betrieblichen Altersversorgung"), C.F. Müller Verlag, Heidelberg 2009.

Peek, J./ Reuss, A./ Scheuenstuhl G. (Peek/ Reuss/ Scheuenstuhl 2008): Evaluating the Impact of Risk based Funding Requirements on Pension Funds; Financial Markets Trends, OECD 2008 (Risklab).

Pfaff, B. (Pfaff 2010): Modellierung von Einzel- und Portfoliorisiken – Fat Tails, Volatilitätsbündelung und Copulae, F.A.Z.-Institut für Management-, Markt- und Medieninformationen GmbH, Frankfurter Allgemeine Buch, 2010.

StiftG Bln: Berliner Stiftungsgesetz

Stiftg NRW: Stiftungsgesetz für das Land Nordrhein Westfalen

Stoer, J. (Stoer, 1983): Einführung in die Numerische Mathematik I, vierte Auflage, Springer-Verlag Berlin Heidelberg, 1983 (es gibt mittlerweile u.U. Folgeauflagen; dem Autor stand jedoch die hier angegebene zur Verfügung).

Thurnes G. (Thurnes, 2009): Kapitalanlageprozesse in der betrieblichen Altersversorgung; in „Kapitalanlage in der betrieblichen Altersversorgung – Grundlagen und Praxis" (auch in „Handbuch der betrieblichen Altersversorgung"), C.F. Müller Verlag, Heidelberg 2009.

Zielke C. (Zielke, 2009): Das Ende der neuen Ideen; im Rahmen eines Sonderdrucks einer Studie der Société Générale.

Overlay-Management: Risiken begrenzen und Chancen wahrnehmen

von Ulf Herold/ Mathias Weil

1. Gründe für ein Risiko-Overlay

Wie lassen sich stabile und attraktive Renditen am Kapitalmarkt erzielen? Das ist die zentrale Frage im Rahmen der Kapitalanlage eines institutionellen Investors. Generell lassen sich drei Ansatzpunkte identifizieren: erstens die Diversifikation über Regionen und Assetklassen, zweitens die Beimischung von unkorrelierten „Absolute Return"-Ansätzen bzw. „Alternative Investments" und drittens die Dynamisierung der Asset Allocation.

Das Jahr 2008 hat eindrucksvoll gezeigt, dass die ersten beiden Ansätze in einer Krise an ihre Grenzen stoßen. Dass die Diversifikation über Regionen insbesondere im Aktienbereich gerade dann wegbricht, wenn sie am dringendsten benötigt wird – in Jahren mit deutlichen Kursrückgängen – war schon länger bekannt. Neu war jedoch, dass aufgrund der durch die Subprime-Krise ausgelösten Marktverwerfungen vermeintlich sichere Anlagen wie Pfandbriefe, Investmentgrade-Unternehmensanleihen und andere Spread-Produkte mit deutlichen Abschlägen gehandelt wurden, wenn sie denn überhaupt verkauft werden konnten. Nahezu alle Assetklassen erlitten Kursverluste – eine rühmliche Ausnahme bildeten Staatsanleihen. Diversifikation wird in der strategischen Asset Allocation weiterhin eine wichtige Rolle spielen, um die Ergebnisse in der Kapitalanlage langfristig zu stabilisieren; sie greift aber zu kurz, um vor Verlusten auf kurze und mittlere Sicht zu schützen.

Investmentansätze, die sich das Ziel unkorrelierter Renditen gesetzt haben, können sich in Krisenzeiten nur bedingt vom allgemeinen Markttrend abkoppeln. Hedgefonds und andere Absolute Return-Produkte erfüllten die in sie gesetzten Erwartungen nicht und verzeichneten im Jahr 2008 Wertverluste von durchschnittlich etwa 20%. Ihre Renditen sind zu einem nicht vernachlässigbaren Teil von allgemeinen Risikofaktoren abhängig – sie generieren also nicht nur „Alpha", sondern eben auch „Beta". Hedgefonds und andere alternative Investments werden auch in Zukunft ihre Berechtigung im Rahmen der Asset Allocation haben. Die bestimmenden Risikofaktoren – und damit auch Renditequellen – sind jedoch weiterhin das Aktienmarkt- und das Zinsänderungsrisiko.

Institutionelle Anleger, denen eine statische, „buy-and-hold" ausgerichtete Asset Allocation zu hohe Risiken birgt, erwägen eine dynamische Steuerung von Aktien- und Zinsrisiken im Zeitablauf. Hier setzen Risiko-Overlay-Strategien an. Die Umschichtungen erfolgen jedoch meist nicht physisch durch Kauf und Verkauf von Wertpapieren, sondern über Derivate in einem eigens dafür eingerichteten Overlay-Segment. Ziel ist es, Verluste jenseits eines vorgegebenen Risikobudgets unter Beibehaltung des

Upside-Potenzials zu begrenzen, um dadurch eine rechtsschiefe Verteilung der Renditen zu erzeugen.

Im nächsten Abschnitt stellen wir die Entwicklung des Overlay-Managements und den organisatorischen Aufbau dar. Anschließend geben wir einen Überblick über Wertsicherungskonzepte, da diese den methodischen Unterbau für das Risiko-Overlay bilden. Im vierten Abschnitt gehen wir auf die Dynamisierung der Asset Allocation ein. Zur besseren Illustration werden ausschließlich Aktienmarkt- und Zinsänderungsrisiken betrachtet; weitere Marktrisiken wie das von Commodities können aber integriert werden.

Danach widmen wir uns den nicht-hedgebaren Risiken. Denn nicht alle Assetklassen lassen sich über Derivate steuern. Nur teilweise hedgebar sind beispielsweise Unternehmensanleihen auf der Rentenseite oder Small Caps unter den Aktien. Ebenso können aktive Risiken wie das Alpha eines Fondsmanagers nicht abgesichert werden. Im fünften Abschnitt geht es daher um die Frage, wie mit solchen nicht-hedgebaren Bestandteilen umzugehen ist. Während Risiko-Overlay-Strategien auf Risikosteuerung und Verstetigung der Renditen ausgerichtet sind, verfolgen „Chancen-Overlay"-Konzepte das Ziel der Renditesteigerung. Beide Ansätze sind miteinander kombinierbar, was im sechsten Abschnitt thematisiert wird.

2.   Entwicklung des Overlay-Managements und organisatorischer Aufbau

Entwicklung des Overlay-Managements

Unter dem Begriff des Overlay-Managements werden in der Finanzwelt mitunter verschiedene Managementansätze verstanden. Die am häufigsten anzutreffenden Begriffsinterpretationen sind ein unabhängiges Overlay, z. B. im Sinne eines Currency Overlays, ein Alpha-Overlay oder ein Risiko-Overlay im Rahmen einer Master-KAG.

Das unabhängige Overlay stellt die am längsten existierende Form des Overlays dar. Ein prominenter Vertreter ist das Currency-Overlay. Seine Entstehung ist auf die gängige Praxis vieler spezialisierter Asset Manager zurückzuführen, sich beim Investmentprozess ausschließlich im eigenen Währungsraum zu bewegen. Mit zunehmender globaler Ausrichtung der Kapitalanlagen gewann diese Form des Overlays an Bedeutung. Durch ein Currency-Overlay können diese Währungsrisiken kontrolliert werden. Ein Alpha-Overlay implementiert Entscheidungen der „Global Tactical Asset Allocation" (GTAA) über die Gesamtvermögensanlagen des Investors, um marktunabhängige Alpharenditen zu generieren.

Das Platzen der Dotcom-Blase im Jahr 2000 und ein durch diese Krise gestiegenes Risikobewusstsein unter institutionellen Investoren rückten den Begriff Risiko-Overlay wieder verstärkt in den Fokus der Anleger. Mit Einführung des Investmentgesetzes 2001 und Entstehung des Master-KAG-Konzeptes entwickelte sich ein Risiko-Overlay-Management, diesmal als Risikosteuerung der Vermögensanlagen der Strategischen Asset Allocation (SAA) innerhalb des neu entstandenen Investmentvehikels. Diese bislang jüngste Definition eines Risiko-Overlays befriedigte die Nachfrage nach Konzepten mit asymmetrischer Renditeverteilung und dem Bedürfnis, kurzfristige Risiken beherrschbar zu machen. In den nachfolgenden Ausführungen beziehen wir uns bei dem Begriff Risiko-Overlay ausschließlich auf ein solches Risiko-Overlay im Rahmen einer Master-KAG.

Das Management kann hierbei von verschiedenen Marktteilnehmern wahrgenommen werden. Zunächst einmal kann der Investor (Pensionskasse, Versicherung, o.a.) selbst in seine SAA eingreifen. Hierbei orientiert er sich am Kapitalmarktumfeld und an einem notwendigen Mindestertrag seiner Gesamtanlagen aufgrund von bilanziellen und anderen Erfordernissen. Eine zweite Möglichkeit sind Beratungsunternehmen, die oftmals schon bei der Ableitung der SAA auf Basis von Asset Liability-Studien eingebunden waren. Als dritte Gruppe haben sich Asset Manager etabliert, die sich im Bereich Risiko-Overlay spezialisiert haben. Sie verfügen über die Technologie, bei Kursstürzen an den Märkten Hedge-Positionen aufzubauen und selbst komplexe Portfolios in kurzer Zeit abzusichern.

Die Umsetzung des Risiko-Overlays kann über verschiedene methodische Konzepte erfolgen. Alle Ansätze vereinen das Ziel, kurzfristige Risiken beherrschbar zu machen, eine Wertuntergrenze zu halten und die langfristige Zielrendite der SAA zu erreichen. Die Herausforderung ist es, möglichst geringe Wertsicherungskosten zu produzieren und geeignete Maßnahmen zur Kostenreduktion zu implementieren. Eine gute Strategie wird insbesondere auch daran gemessen, ob sie in schwierigen Marktphasen Risikobudget bewahren kann, um nicht unterjährig im Cash-lock (Vollsicherung) zu landen und bis zum Jahresende im Geldmarkt gefangen zu sein. Außerdem ist der Umgang mit nicht-hedgebaren Risiken der SAA entscheidend, die nur über Annahmen kontrollierbar sind. Dies betrifft zwar häufig weniger als 10% der SAA. Dennoch haben Krisenjahre wie 2008, in denen sich negative Korrelationseffekte der Assetklassen untereinander nicht einstellten, die Bedeutung der Einbeziehung dieser Risiken in das Management der Gesamtanlagen deutlich gemacht.

Aufbau des Risiko-Overlays

Für den organisatorischen Aufbau des Risiko-Overlay gibt es verschiedene Möglich-keiten. Eine gängige Variante beginnt mit der Bündelung und der Auflegung einzelner Subsegmente im Rahmen einer Master-KAG, die in ihrer Gesamtheit die SAA wider-spiegeln. Einzelne Bestandteile der SAA, hier sind insbesondere nicht-hedgebare As-setklassen wie Immobilien, Hedgefonds und Private Equity zu nennen, können aus der Risiko-Overlay-Steuerung herausgenommen und separat betrachtet werden. Es ist jedoch mitunter sinnvoll, auch diese Teile der SAA mit unter den Overlay-Schirm zu nehmen und entsprechend einem systematischen Monitoring zu unterwerfen. Nur auf diese Weise kann sichergestellt werden, dass ein vorab definiertes Risikobudget über die Gesamtheit der SAA gehalten wird.

Für das Risiko-Overlay wird ein zusätzliches Segment eröffnet. In diesem Segment werden dann die Overlay-Transaktionen über Futures, Devisenforwards und weitere Derivate wie Swaps durchgeführt. Während die Subfondsmanager den Auftrag haben, Outperformance gegenüber ihrer Benchmark zu generieren, erfolgt die Steuerung der absoluten Risiken durch den Overlay-Manager. Abbildung 1 zeigt die mögliche Auf-baustruktur eines Risiko-Overlays.

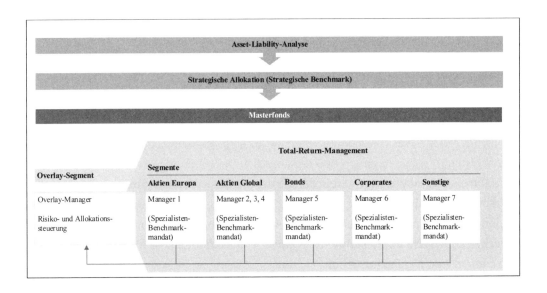

Abbildung 1: Aufbaustruktur eines Risiko-Overlays im Rahmen der Master-KAG

3. Wertsicherungsstrategien im Überblick

Eine Ausrichtung der Kapitalanlage am Verlustrisiko des Portfolios ist insbesondere im Zuge der wiederholten Kurseinbrüche an den Aktienmärkten seit dem Jahr 2000 in den Vordergrund getreten. Vor allem institutionelle Anleger stehen vor dem Konflikt, einerseits für das Erwirtschaften ihrer Zielrendite einen längerfristigen Horizont vor Augen zu haben, andererseits übermäßige Verluste auf kürzere Frist (insbesondere auf Geschäftsjahressicht) vermeiden zu müssen. Bei Verfolgung einer statischen Asset Allocation stellt sich hier das Problem, dass in der Regel nur eine niedrige Aktienquote und eine entsprechend geringe Partizipation an den Renditechancen der Aktienmärkte möglich ist.

Einen Ausweg bieten Konzepte, die zu einem asymmetrischen Risiko-Chancen-Profil führen – die also das Verlustrisiko eines Portfolios auf ein tragbares Ausmaß reduzieren, aber gleichzeitig ein attraktives Gewinnpotenzial ermöglichen. Solche asymmetrischen Profile lassen sich durch den Einsatz von Wertsicherungsstrategien erzeugen. Tabelle 1 gibt einen Überblick über die traditionellen Wertsicherungsansätze. Sie lassen sich grundsätzlich in statische und dynamische Strategien einteilen.[1]

Statische Strategien	Dynamische Strategien
• Protective Put • Bond plus Call	• Synthetischer Put (SPPI) • Stop Loss • Constant Proportion Portfolio Insurance (CPPI)

Tabelle 1: Wertsicherungskonzepte

Im Rahmen von statischen Wertsicherungsstrategien werden zu Beginn der Absicherungsperiode europäische Optionen gekauft, die sich auf den zugrunde liegenden Aktienindex (bzw. ein anderes Underlying) beziehen und deren Verfalltermin mit dem Absicherungstermin übereinstimmt[2] Weitere Transaktionen sind im Verlauf der Absicherungsperiode nicht erforderlich.

---

[1] Für einen Überblick über Wertsicherungskonzepte vgl. Bossert/ Burzin (2002) und Heumann/ Purschaker (2010).

[2] Europäische Optionen können nur am Fälligkeitstermin ausgeübt werden, amerikanische Optionen dagegen während der gesamten Laufzeit .

Beim Protective Put erfolgt die „Upside Participation" durch eine Investition in den Aktienindex und die „Downside Protection" durch den Kauf von Put-Optionen. Das Bond-plus-Call-Portfolio besteht dagegen aus einer risikolose Anlage in Höhe der abgezinsten Wertuntergrenze sowie aus Call-Optionen auf den Aktienindex. Aus der Put-Call-Parität folgt, dass die Protective Put- und die Bond-plus-Call-Strategie zu identischen Ergebnissen führen.[3]

Statische Strategien haben den Vorteil, dass die Absicherung des Portfolios mit der anfänglichen Etablierung der Positionen abgeschlossen ist und nicht durch Transaktionskosten oder Ausführungsrisiken im Verlauf der Absicherungsperiode beeinträchtigt wird. Andererseits erfordern statische Strategien die Verfügbarkeit von Optionen, die sich auf das zu sichernde Portfolio insgesamt beziehen. Eine alternative Absicherung durch Optionen auf die Einzelbestandteile des Portfolios ist dagegen aufgrund der Mitversicherung des diversifizierbaren Risikos mit zusätzlichen Absicherungskosten verbunden. Dieser Nachteil kommt insbesondere bei Portfolios zum Tragen, die mehrere Assetklassen umfassen.

Dynamische Wertsicherungsstrategien erzeugen ein asymmetrisches Risiko-Chancen-Profil durch prozyklische Umschichtungen zwischen einer Position im zugrunde liegenden Aktienindex und dem risikolosen Asset im Verlauf der Absicherungsperiode. Der Einsatz von Optionsinstrumenten ist dabei nicht erforderlich.

Die Synthetic Put Portfolio Insurance (SPPI) zielt darauf ab, die gleiche Wertentwicklung wie ein Protective-Put-Portfolio zu generieren; die Downside Protection erfolgt jedoch nicht durch den Kauf einer Put-Option, sondern durch deren synthetische Replikation. Zur Bestimmung der Replikationspositionen wird auf das Optionsdelta zurückgegriffen, das die Sensitivität des Optionspreises gegenüber Kursänderungen des Basiswertes angibt. Im Zeitablauf führen insbesondere Kursveränderungen des Aktienindexes zu Änderungen des Deltas. Folglich müssen die Replikationspositionen laufend angepasst werden: Fallende Aktienkurse führen zu einem betragsmäßig höheren Delta und erfordern eine umfangreichere Short-Position im Aktienmarkt; steigende Kurse führen dagegen zu einem betragsmäßig kleineren Delta und haben eine Einschränkung der Short-Position zur Folge. Die Aktienposition wird also prozyklisch gegen die risikolose Anlage umgeschichtet.

Die Stop-Loss-Strategie ist die konzeptionell einfachste Wertsicherungsvariante. Nach einer anfänglichen Vollinvestition in den Aktienindex wird an jedem weiteren Zeit-

---

[3] Die Put-Call-Parität beschreibt – bei Erfüllung bestimmter Voraussetzungen – den mathematischen Zusammenhang bei der Preisbildung von europäischen Put- und Call-Optionen.

punkt überprüft, ob der aktuelle Portfoliowert über der abgezinsten Wertuntergrenze liegt. Sobald diese Bedingung zum ersten Mal verletzt ist, wird das Portfolio vollständig in die risikolose Anlage umgeschichtet und bis zum Absicherungstermin dort belassen. Ist die Strategie aber erst einmal „ausgestoppt", ist eine Partizipation an späteren Markterholungen nicht mehr möglich. Das Ergebnis der Stop-Loss-Strategie hängt somit stark von dem zwischenzeitlichen Entwicklungspfad des Aktienindex ab. Die Sicherungskosten bestehen in entgangenen Kursgewinnen, falls die Strategie ausgestoppt wird, der Aktienindex aber dennoch einen Endstand oberhalb der Wertuntergrenze erreicht.

Die Constant Proportion Portfolio Insurance (CPPI) erfordert wie die SPPI laufende Umschichtungen zwischen Aktienmarkt und risikoloser Anlage, zeichnet sich jedoch durch eine vergleichsweise einfache Allokationsregel aus.[4] Der im Aktienindex zu investierende Vermögensbetrag (das „Exposure") berechnet sich zu jedem Zeitpunkt über die Differenz des Portfoliowertes zum abgezinsten Floor („Cushion") sowie über einen Multiplikator. Bei der CPPI wird also stets ein konstantes Vielfaches des Puffers im Aktienmarkt investiert; das verbleibende Vermögen wird risikolos angelegt. Aufgrund eines Multiplikators von größer als eins verlaufen auch die Umschichtungen der CPPI prozyklisch zum Aktienmarkt.

Dynamische Wertsicherungsstrategien zeichnen sich dadurch aus, dass sie sich flexibel auf individuelle Absicherungsvorgaben und zugrundeliegende Portfolios anwenden lassen. Die erforderlichen dynamischen Umschichtungen gehen jedoch mit zusätzlichen Herausforderungen für die Umsetzung der Strategien einher. Insbesondere die Kontrolle des Gap-Risikos – also des Risikos, dass die riskanten Positionen des Portfolios bei starken Kursrückgängen nicht rechtzeitig reduziert beziehungsweise gehedged werden können – ist für die Effektivität der Absicherungsstrategie in Krisenszenarien entscheidend.

---

[4]   CPPI kann optionspreistheoretisch interpretiert werden: Unter idealen Bedingungen weist die Strategie die gleiche Wertentwicklung auf wie ein amerikanischer Call, der sich auf den Aktienindex bezieht und eine unendliche Laufzeit hat. Vgl. Black/ Perold (1992).

4. Dynamische Steuerung der Asset Allocation

Statische versus dynamische Asset Allocation

Im Folgenden wird ein institutioneller Anleger betrachtet, der seine strategische Asset Allocation mit 30% Aktien und 70% Renten spezifiziert. Diese weist bei statischer Umsetzung eine Volatilität von 6% p.a. auf, wie die historische Rückrechnung in Abbildung 2 zeigt. Der maximale zwischenzeitliche Verlust, der sogenannte „Maximum Drawdown", liegt mit fast 13% aber ein Vielfaches darüber.[5]

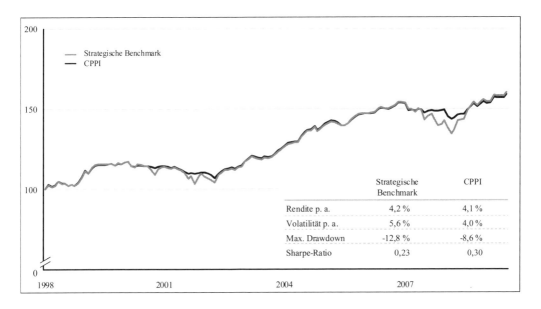

	Strategische Benchmark	CPPI
Rendite p. a.	4,2 %	4,1 %
Volatilität p. a.	5,6 %	4,0 %
Max. Drawdown	-12,8 %	-8,6 %
Sharpe-Ratio	0,23	0,30

Abbildung 2: Dynamisierung der Asset Allocation[6]

Für viele institutionelle Anleger sind Verlustrisiken von 10% und mehr jedoch zu hoch. Das Overlay-Management stellt ein probates Mittel dar, um durch die Dynamisierung der Asset Allocation die jährlichen Verluste zu begrenzen. In der Praxis haben sich im Rahmen des Overlay-Managements dynamische Ansätze durchgesetzt, da sie die gewünschte Flexibilität aufweisen – beispielsweise sind jederzeitige Mittelzu- und -abflüsse sowie jederzeitiges Anpassen des Assetmix möglich. Zudem profitieren sie

---

[5]   Anlageuniversum für Aktien ist der Euro Stoxx 50 Total Return Index und für Renten der JPMorgan Deutschland Staatsanleihenindex. Die strategische Benchmark ist ein Mix aus 30% Aktien und 70% Renten und wird monatlich rebalanciert.

[6]   Historische Simulation, Zeitraum 31.12.1998 bis 15.7.2010

von Diversifikationseffekten, da das Portfolio gesamthaft und nicht wie beim Kauf von Put-Optionen die Assetklassen separat abgesichert werden.[7]

Um die Auswirkungen einer Dynamisierung der Asset Allocation zu veranschaulichen, wird auf das CPPI-Konzept zurückgegriffen. CPPI stellt die in der Praxis gängigste Variante dar.[8] Es wird ein Risikobudget von 7% p.a. vorgegeben.[9] Wie Abbildung 2 zeigt, trägt CPPI signifikant zu einer Stabilisierung der Kapitalerträge bei. CPPI begrenzt effektiv Verluste in schwachen Marktphasen – die Wertuntergrenze wird in allen Jahren eingehalten. Die Volatilität des CPPI-Portfolios liegt bei 4% p.a., der maximale Drawdown liegt bei etwas mehr als 8%. Die Wertsicherungskosten fallen in diesem Zeitraum gering aus. Die CPPI-Performance liegt nur knapp hinter der der strategischen Benchmark.

Die strategische Allokation mag zwar langfristig das Renditeziel erfüllen, birgt aber auf kurze Sicht hohe Risiken. Zudem zeigt die Praxis, dass eine strategische Allokation in den wenigsten Fällen durchgehalten wird. Es besteht die Gefahr, dass in Crash-Jahren nach Aktienkursstürzen meist die „Reißleine gezogen" und die Aktienquote abgebaut wird. Die folgende Markterholung wird dann verpasst. Ein Markt-Timing, also das rechtzeitige Aussteigen vor Kurseinbrüchen und der anschließende Wiedereinstieg, gelingt den wenigsten Marktteilnehmern. Das CPPI-Modell dynamisiert die Asset Allocation und ist dabei komplett regelgebunden ausgestaltet, das schwierige diskretionäre Markt-Timing entfällt.

Eine andere Konsequenz, die viele Anleger aus den Marktentwicklungen ziehen, ist eine zu defensive Gestaltung der strategischen Allokation. Das dämpft zwar die Verluste bei Kurseinbrüchen, gleichzeitig kann aber das Renditeziel nicht erreicht werden. Auch dieses Problem wird durch die dynamische Steuerung gelöst. Da die Aktienquote bei stark sinkenden Kursen zügig reduziert wird, kann sie in normalen Marktphasen auch über dem Niveau liegen, das sich der Anleger sonst „leisten" könnte.

CPPI stellt zudem ein probates Mittel dar, um einen (Wieder-)Einstieg in die Aktienmärkte zu bewerkstelligen. So kann ein Anleger, der derzeit nicht oder kaum in Aktien

---

[7]   Optionsbasierte Ansätze werden in der Praxis von Anlegern eingesetzt, die kein zentrales Overlay-Management installiert haben, dennoch aber einzelne Segmente (z. B. einen Teil ihrer Aktienbestände) absichern möchten.

[8]   CPPI geht zurück auf Black/ Jones (1987) und Black/ Perold (1992).

[9]   Das Risikobudget bzw. der „Cushion" ist in der CPPI-Literatur definiert als der Abstand von Portfoliowert zu diskontierter Wertuntergrenze. Das Risikobudget schließt folglich den risikolosen Zins mit ein. Bei einem Risikobudget von 7% und einem risikolosen Zins von 3% beträgt das Verlustpotenzial 4% bzw. die Wertuntergrenze 96%.

engagiert ist, Aktienexposure aufbauen und risikokontrolliert an der Wertentwicklung der Assetklasse Aktien teilhaben. Nach „guten" Jahren können außerdem das Risikobudget angehoben und damit die (mögliche) Aktienquote erhöht werden.

Charakteristika von CPPI

CPPI weist einige Charakteristika auf, die anhand des Allokationsverlaufes in Abbildung 3 herausgearbeitet werden. Die obere Grafik bildet die Wertentwicklung des gesicherten Portfolios ab, die mittlere zeigt den Verlauf des Risikobudgets und die untere enthält den Allokationsverlauf. CPPI startet in jedes Jahr mit der Allokation der strategischen Benchmark, also mit 30% Aktien und 70% Renten. Im Jahresverlauf werden bei sinkenden Kursen Sicherungen aufgebaut; Aktien- und Rentenquote werden proportional reduziert. Bei wieder steigenden Kursen können die Sicherungen wieder aufgelöst werden.

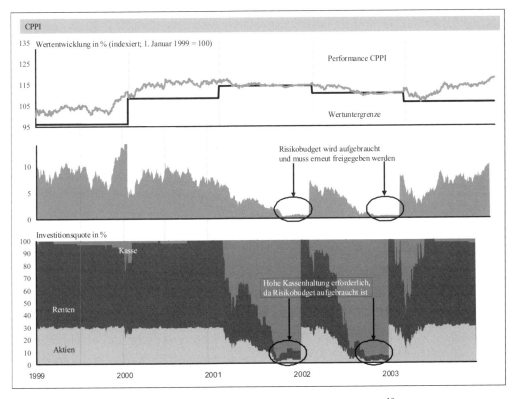

Abbildung 3: Allokationsverlauf von CPPI[10]

---

[10] Historische Simulation, Zeitraum 31.12.1998 bis 31.12.2003

CPPI investiert über den Multiplikator ein Vielfaches des Risikobudgets in die riskante Assetklasse. Steigt das Risikobudget, definiert als der Abstand zwischen Portfoliowert und diskontierter Wertuntergrenze, erhöht sich der Anteil am riskanten Asset, umgekehrt sinkt er. CPPI agiert rein prozyklisch. Insbesondere in Seitwärtsmärkten werden dadurch Strategiekosten aufgebaut. In seiner klassischen Lehrbuch-Form ist der Multiplikator konstant, in moderneren Varianten wird der Multiplikator variabel gestaltet und hängt insbesondere vom jeweils herrschenden Volatilitätsniveau ab.

CPPI agiert in einer Welt, die aus einem riskanten Asset und der risikolosen Anlage besteht. In obigem Beispiel ist das riskante Asset durch die strategische Benchmark gegeben. In Jahren wie 2002 oder 2008 mit stark sinkenden Aktiennotierungen, aber auch deutlich steigenden Rentenkursen verringert CPPI den Investitionsgrad. CPPI baut also Aktien *und* Renten ab, da diese in dem fixen Verhältnis 30:70 stehen, und ist lange Zeit in Kasse „gefangen", bis zum Jahreswechsel neues Risikobudget freigegeben wird, was dann einen Allokationssprung auslöst. Theoretisch und auch praktisch kann CPPI gänzlich „ausgestoppt" werden, was im Jahr 2009 auch oftmals der Fall war. CPPI verbraucht in den Aktiencrash-Jahren das Risikobudget; folglich muss die Wertuntergrenze im Folgejahr gesenkt werden.

Schließlich weist CPPI saisonale Abhängigkeiten auf. Die Wertuntergrenze bezieht sich in der Regel auf das Ende des Geschäftsjahrs des Anlegers. Dadurch ergeben sich die erwähnten typischen Allokationssprünge am Jahreswechsel, bei Freiwerden von neuem Risikobudget. Außerdem erwirtschaftet CPPI in einer historischen Rückrechnung eine deutlich bessere Performance für einen Anleger, dessen Geschäftsjahr mit dem Kalenderjahr übereinstimmt, als für einen anderen Anleger, dessen Geschäftsjahr etwa am 1. Juli beginnt, weil zufällig in dem Betrachtungszeitraum überproportional häufig eine Jahresendrallye stattfand. Da diese Voraussetzung nicht immer gegeben sein muss, kann dieser Befund allerdings nicht als allgemeingültiger für die Zukunft fortgeschrieben werden.

Ansatzpunkte zur Weiterentwicklung von CPPI

Die wesentlichen Nachteile von CPPI sind somit das prozyklische Umschichtungsverhalten, die Gefahr des Ausstoppens, die starre Kopplung von Aktien und Renten, die Allokationssprünge zu Jahresbeginn und die saisonalen Abhängigkeiten. Bei der Ausgestaltung von Risiko-Overlay-Konzepten bauen die meisten Anbieter zwar auf CPPI auf, versuchen aber die Nachteile zu vermeiden bzw. abzumildern. Sie unterscheiden sich bei der Ausgestaltung mitunter erheblich in Bezug auf die folgenden Punkte:

- Wird die relative Gewichtung der riskanten Assetklassen, insbesondere die Aktien-Renten-Relation, starr oder variabel gehalten?
- Ist der Wertsicherungsansatz regelgebunden und prognosefrei? Oder fließen – etwa zur relativen Positionierung zwischen Aktien und Renten – Prognosen ein?
- Wie werden nicht-hedgebare Risiken behandelt? Darunter sind alternative Assetklassen zu verstehen, aber auch Segmente von Aktien (etwa Small Caps) und Renten (beispielsweise High Yield-Anleihen).
- Wie wird mit Alpharisiken umgegangen, also damit, dass in Subfonds die Positionierung durch aktives Management von der Benchmark abweicht? Wie wird sichergestellt, dass aktive Managerentscheidungen nicht konterkariert werden?
- Auf welches Risikomodell und welches Risikomaß wird abgestellt? Gängige Maße sind Value-at-Risk und Conditional Value-at-Risk. Letzterer bezieht die Höhe des Verlusts mit ein, wenn der Value-at-Risk überschritten wird.
- Beinhaltet das Wertsicherungskonzept einen Ansatz zur systematischen Reduzierung der Wertsicherungskosten, um die Partizipation in kritischen Marktphasen wie Seitwärtsmärkten zu erhöhen?
- Welche Parameter gehen in das Wertsicherungskonzept neben der Wertuntergrenze ein? Kann die vom Anleger erwartete Rendite (Zielrendite) systematisch integriert werden?
- Lassen sich mit dem Konzept Allokationssprünge vermeiden, die typischerweise am Jahresbeginn beziehungsweise allgemein zu Beginn einer neuen Anlageperiode entstehen?

Bei der Auswahl eines Overlay-Managers sollte der Anleger diese und weitere Aspekte berücksichtigen. Auf die Fragen, wie mit nicht-hedgebaren Risiken umzugehen ist, gehen wir im fünften Abschnitt ein und anschließend darauf, wie taktische Allokationsentscheidungen einbezogen werden können. Im siebten Abschnitt wird ein Modell zur Dynamischen Asset Allocation vorgestellt, welches an CPPI ansetzt, aber die typischen Nachteile (Prozyklik, Kopplung von Aktien und Renten, Allokationssprünge) umgeht.

Weitere Aspekte: Anlageuniversum und unterjährige Parameteranpassungen

Der besseren Darstellung wegen wurde in der historischen Simulation auf nur zwei Anlagesegmente abgestellt: Euroland-Aktien und deutsche Staatsanleihen. Eine Erweiterung beispielsweise des Aktiensegments auf ein globales Universum ist möglich, aber aufwändiger als bei reinen Euroland-Portfolios, und führt zu einer weiteren Verbesserung des Rendite-Risiko-Profils. Denn die Volatilität eines breit diversifizierten globalen Portfolios fällt geringer aus, was die Wertsicherungskosten reduziert. Bei gleichem Risikobudget kann eine höhere Aktienquote eingegangen und somit stärker an Aktienrisikoprämien partizipiert werden.

Ein weiterer praktisch relevanter Aspekt betrifft unterjährige Parameteranpassungen, insbesondere das unterjährige Nachziehen der Wertuntergrenze. In den Modellrechnungen, also sowohl in der historischen Rückrechnung als auch bei der Monte-Carlo-Simulation im Anhang, wird davon ausgegangen, dass die Parameter am Jahresanfang festgezurrt und dann während des Jahres konstant gehalten werden. Da im Zeitablauf Gewinne erwirtschaftet werden, wird die Wertuntergrenze, in Mio. EUR gerechnet, natürlich angehoben, auch wenn sie prozentual konstant bleibt (siehe das treppenförmige Ansteigen der Wertuntergrenze am Jahresanfang in der oberen Grafik der Abbildung 3).

Bei einer dynamischen Wertsicherungsstrategie ist es möglich, die Parameter unterjährig zu verändern – die Flexibilität hierzu ist gegeben. Oftmals wird argumentiert, ein unterjähriges Anheben der Wertuntergrenze sei sinnvoll, um aufgelaufene Gewinne zu sichern. Allerdings ist ein unterjähriges Anheben willkürlich und sein Nutzen stark pfadabhängig, d.h. das Ergebnis der Wertsicherungsstrategie hängt stark von dem Kursverlauf der riskanten Assets während des Jahres ab.

Außerdem erhöht ein unterjähriges Anheben der Wertuntergrenze die Wertsicherungskosten deutlich. Das Portfolio wird öfter „am Limit" gefahren, das verbleibende Risikobudget wird voll ausgeschöpft, und kleinere Marktbewegungen führen zu Umschichtungen. Die Portfoliorendite wird im Backtest und in der Monte-Carlo-Simulation um 30-50 bp p.a. geschmälert, wenn die Wertuntergrenze unterjährig nachgezogen wird – je nach gewählter Nachziehmethode. Die Risikogrößen Volatilität und maximaler Drawdown verbessern sich allenfalls marginal. Der Turnover steigt spürbar an, da die Prozyklik durch das Anheben der Wertuntergrenze verstärkt wird.

5. Abgrenzung von hedgebaren und nicht-hedgebaren Risiken

Aufteilung des Risikobudgets

Grundsätzlich können in der strategischen Asset Allocation drei Risikotypen unterschieden werden: hedgebare Betarisiken, nicht-hedgebare Betarisiken und Alpharisiken.

Hedgebare Betarisiken sind ein Großteil des Aktienexposures (über Aktienindexfutures) und ein Großteil des Zinsänderungsrisikos (über Bondfutures). Nicht-hedgebare Betarisiken sind verbleibende Aktien- und Bondrisiken – etwa der Performanceunterschied zwischen Small Caps und Blue Chips oder der Renditespread zwischen Unternehmens- und Staatsanleihen – sowie die Marktrisiken alternativer Anlagen wie Hedgefonds. In welche Kategorie bestimmte Risiken wie etwa die von Commodities fallen, hängt von der Verfügbarkeit und Liquidität eines adäquaten Hedge-Instruments ab. Alpharisiken resultieren aus aktiven Entscheidungen der Subfondsmanager und sind per se nicht hedgebar.

Eine grundsätzliche Entscheidung ist, ob das zur Verfügung stehende Risikobudget auf diese Risikotypen aufgeteilt wird oder nicht. Abbildung 4 illustriert schematisch das Vorgehen, wenn ein Teil des Risikobudgets den hedgebaren Risiken zugewiesen wird und ein zweiter Teil dem gesamten nicht-hedgebaren Bereich. Die Aufteilung des Risikobudgets hat den großen Vorteil, dass sich die aktiven Entscheidungen der Subfondsmanager und die Overlay-Entscheidungen nicht konterkarieren.

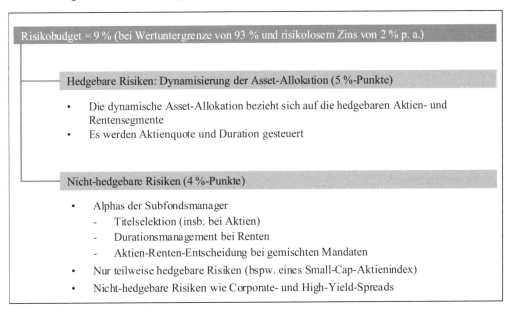

Abbildung 4: Aufteilung des Risikobudgets – Beispiel

Der Overlay-Manager steuert dann das Exposure der hedgebaren Risiken auf Basis des zugewiesenen Teil-Risikobudgets und auf Basis der Indizes der strategischen Benchmark. Die Ist-Positionen der aktiven Manager haben keinen Einfluss. Wenn also ein Fixed Income-Subfondsmanager eine Long-Duration-Position eingeht, hat dies keinen Einfluss auf den Overlay-Manager. Sonst besteht die Gefahr, dass bei sinkendem Risikobudget der Overlay-Manager die Durationsposition rückgängig macht und damit den Investmentprozess des Managers konterkariert.

Durch die Trennung des Risikobudgets bleiben die Alphas der Subfondsmanager erhalten, was anhand einer Fallstudie im Anhang illustriert wird. Dort wird gezeigt, dass das positive Alpha eines Aktiensubfondsmanagers in einem Jahr mit fallenden Aktiennotierungen verloren geht, wenn man das Risikobudget nicht von vorneherein separiert. Werden die Gewinne aus nicht-hedgebaren Bestandteilen dazu verwendet, Exposure im hedgebaren Bereich aufzubauen, läuft man zudem Gefahr, bei anschließend sinkenden Kursen das Risikobudget schneller aufzubrauchen: einmal durch den höheren Anteil an hedgebarem Exposure und zudem durch wieder gegenläufige Entwicklungen der nicht-hedgebaren Bestandteile.

Durch die Aufteilung des Risikobudgets werden somit die Entscheidungsebenen klar getrennt – in strategische Allokation, dynamische Asset Allocation und Alpha-Management. Daraus folgt auch eine klare Trennung der (Performance-)Verantwortlichkeiten.

Verwendung des Risikobudgets

Das für die hedgebaren Bestandteile abgegrenzte Risikobudget wird dem CPPI-Modell oder einem anderen Ansatz zur Dynamisierung der Asset Allocation zur Verfügung gestellt und dient dem Aufbau von Aktien- und Zinsexposure. Da die nicht-hedgebaren Bestandteile per definitionem nicht dynamisch gesteuert werden können, werden ihre Risiken permanent überwacht.

Die aufgelaufene aktive Performance der Subfondsmanager wird bestimmt und das aus ihren aktiven Positionen resultierende Risiko (Tracking Error) gemessen. Ähnliche Berechnungsschritte werden für die nicht-hedgebaren Beta-Komponenten durchgeführt. Besteht die Gefahr, dass das vorab definierte Risikobudget von den nicht-hedgbaren Komponenten überschritten wird, so muss ein mit dem Kunden vorab abgestimmter Deeskalationsprozess initiiert werden. Damit dieser Prozess nicht zu früh einsetzt, wurde in Abbildung 4 dem gesamten nicht-hedgebaren Bereich ein Teil-

Risikobudget zugewiesen und nicht weiter untergliedert in einzelne Beta- und Managerrisiken. Auf diese Weise kann von Diversifikationsvorteilen profitiert werden.

6. Ergänzung des Risiko-Overlays um ein Chancen-Overlay

Methodische Vorüberlegungen

Während die Subfondsmanager ihr Alpha primär aus Einzeltitelselektion und eventuell aus Timing-Entscheidungen (Aktienquote, Duration) innerhalb der ihnen zugewiesenen Assetklasse treffen, kann der Overlay-Manager assetklassenübergreifende taktische Positionen implementieren, um einen zusätzlichen Mehrertrag zu erwirtschaften; in diesem Fall wird hier von „Global Tactical Asset Allocation" (GTAA) gesprochen. Es stellt sich wiederum die Frage, ob hierfür ein separates Risikobudget bereitgestellt werden soll.

Angenommen, der Overlay-Manager möchte aufgrund seiner Marktmeinung Aktien im Vergleich zu Renten übergewichten. Wird dieser Entscheidung kein eigenes Risikobudget zugewiesen, so würde er von der strategischen 30/70-Benchmark abweichen und Aktien beispielsweise um 10% über-, Renten um 10% untergewichten. Die daraus folgende 40/60-Struktur muss er dann im Hinblick auf das resultierende Risiko überprüfen. Reicht das Risikobudget nicht aus, so muss er den Investitionsgrad reduzieren.

Dieser zweistufige Prozess führt zu unerwünschten Interaktionen zwischen GTAA und Risikosteuerung. So kann es etwa vorkommen, dass der GTAA-Prozess ein positives Alpha produziert, das aber, weil es das Risikobudget erhöht, anschließend durch sinkende Kurse (Betarisiken) wieder zunichte gemacht wird. Ebenso kann der Fall eintreten, dass GTAA-Positionen im Rahmen des anschließenden Risikomanagements konterkariert werden, dass also beispielsweise die durch das GTAA-Modell induzierte Aktienübergewichtung durch den Risikomechanismus wieder zurückgeführt wird. Daher sollte aus der gleichen Logik heraus, die auch für das Alpha des Subfondsmanagers gilt, dem GTAA-Prozess ein eigenes Risikobudget zugewiesen werden.

Attraktivität von GTAA-Alphas

Wenn ein Anleger 1% mehr Risikobudget freigibt, so kann er dies den hedgebaren Risiken zuordnen, was Aktienquote und Rentenduration erhöht und eine stärkere Partizipation an den Risikoprämien von Aktien und Renten erlaubt. Er kann dieses Budget stattdessen aber auch dem GTAA-Manager übergeben. Der Charme des GTAA-

Mehrertrags ist, dass dieser weitgehend unkorreliert zu der strategischen Benchmark des Anlegers ist beziehungsweise sein sollte. Die (erwartete) Portfoliorendite steigt damit in vollem Umfang des GTAA-Alphas, während sich das Portfoliorisiko nur geringfügig erhöht, was in Abbildung 5 anhand des Satzes von Pythagoras illustriert wird. Der durch das GTAA-Alpha ausgelöste Tracking Error, σ_P^{GTAA}, steht orthogonal auf der unteren Abszisse, der Volatilität des Anlegerportfolios mit CPPI, aber ohne GTAA-Overlay, σ_P^{CPPI}. Die Hypothenuse ist nur leicht länger, das Risiko des Portfolios, $\sigma_P^{CPPI+GTAA}$, steigt also nur leicht an.[11] Die Fallstudie im nächsten Abschnitt veranschaulicht diesen Vorteil.

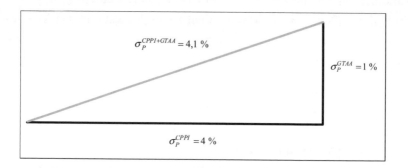

Abbildung 5: Risikozerlegung anhand des Satzes von Pythagoras

7.   Fallstudie: Modernes Overlay-Management

In diesem Abschnitt wird das Beispiel einer modernen Overlay-Strategie beschrieben. Dabei handelt es sich um *eine* Möglichkeit – wie oben erläutert unterscheiden sich die Anbieter am Markt erheblich in der konkreten Ausgestaltung, und es gibt verschiedene Wege und Stellschrauben, das klassische CPPI-Modell sinnvoll zu erweitern. Die vorgestellte Strategie besteht aus zwei Blöcken: einem Modell zur Dynamischen Asset Allocation (DAA – Beta-Steuerung) und einem Block von Alphamodellen.

---

[11]   Dreiecke eignen sich, um das Portfoliorisiko und verschiedene Arten der Risikozerlegung grafisch zu verdeutlichen, vgl. Herold (2004), S. 358ff. Die Korrelation bestimmt den Winkel der Dreiecksseiten. Sind die Bestandteile unkorreliert, so stehen die Dreiecksseiten senkrecht (orthogonal) aufeinander.

Dynamische Asset Allocation (Beta-Steuerung)

Das hier als „DAA-Modell" bezeichnete Modell ist eine erweiterte Wertsicherungsstrategie.[12] Input-Größen für das Modell sind ein Risikobudget von 7% p.a., die Zielrendite von 5% p.a., eine maximale Aktienquote von 50% und eine maximale Rentenquote von 100%. Die Charakteristika des DAA-Modells sind

- das Aufheben des reinen prozyklischen Umschichtungsverhaltens
- die flexible Gewichtung von Aktien und Renten
- die Vermeidung von Allokationssprüngen zu Jahresbeginn und von saisonalen Abhängigkeiten.

Der erste Punkt, die Mischung aus pro- und antizyklischem Umschichtungsverhalten, wird durch die Integration der Zielrendite in den quantitativen Algorithmus erreicht. Dadurch werden die für Wertsicherungskonzepte typischen Strategiekosten gesenkt. Dieser Aspekt wird im Anhang im Rahmen einer Monte-Carlo-Simulation vertieft. Die beiden anderen Punkte werden anhand von Abbildung 6 veranschaulicht. Dort wird das DAA-Modell dargestellt. Die obere Grafik bildet wiederum die Wertentwicklung des gesicherten Portfolios ab, die mittlere zeigt den Verlauf des Risikobudgets und die untere enthält den Allokationsverlauf.

---

[12] Zur methodischen Fundierung vgl. Herold et al. (2005, 2007). Das DAA-Modell ist eine Weiterentwicklung dieser früheren Arbeiten.

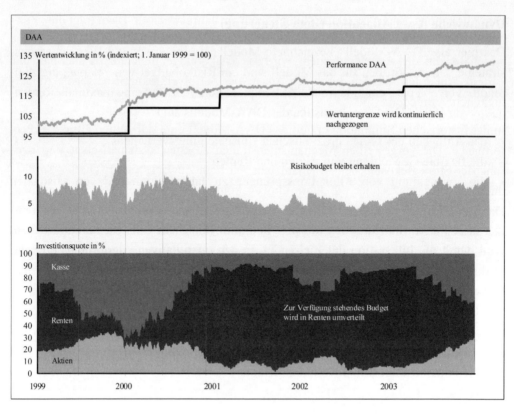

Abbildung 6: Allokationsverlauf des DAA-Modells[13]

Das vorhandene Risikobudget ist zwar wie in anderen Wertsicherungskonzepten ein Treiber für die Allokation in riskanten Assetklassen. Allerdings spielen auch die relative Wertentwicklung von Aktien und Renten eine entscheidende Rolle, da Aktien- und Rentenquote im DAA-Modell nicht aneinander gekoppelt sind. Die unterschiedliche Entwicklung von Aktien- und Rentenmarkt führt im Laufe des Jahres zu einer sukzessiven Allokationsverschiebung. Durch die Entkopplung von Aktien und Renten kann beim DAA-Modell die Aktienquote temporär bei null oder nahe null liegen, nämlich dann, wenn das komplette Risikobudget in Renten investiert ist. Bei Erholung der Aktienmärkte erlaubt dies einen schnellen Wiedereinstieg in Aktien durch Umallokation von Risiken aus dem Renten- in den Aktienbereich. Aufgrund dieser erhöhten Flexibilität können auch in extrem negativen Aktienjahren oft noch positive Erträge generiert werden.

---

[13] Historische Simulation, Zeitraum 31.12.1998 bis 31.12.2003

Der Allokationsverlauf ist relativ stetig – auch am Jahreswechsel. Dazu trägt die „Zeit-diversifikation" bei: Auch wenn sich die Wertuntergrenze weiterhin auf das Ende des Geschäftsjahrs des Anlegers bezieht, wird das Risikobudget gleichmäßig über das Jahr verteilt. Außerdem werden durch den Ansatz der Zeitdiversifikation saisonale Abhän-gigkeiten vermieden.

In der historischen Simulation erzielt das DAA-Modell eine stabile und attraktive Per-formance. Die vorgestellten Mechanismen tragen zu einer systematischen Verringe-rung der Strategiekosten bei. In jedem Jahr wird ein Zuwachs erwirtschaftet, so dass die Wertuntergrenze über die Jahre hinweg kontinuierlich angehoben werden kann. Das DAA-Modell produziert im Schnitt eine Performance von gut 5% p.a., während die strategische Benchmark in diesem Zeitraum hinter der Zielrendite zurückbleibt (vgl. Abbildung 7). Im Vergleich zu CPPI wird das Risiko weiter gesenkt. So liegt die Volatilität des DAA-Modells unter 4% p.a. Der maximale zwischenzeitliche Verlust beträgt mit 4% nur ein Drittel des Drawdown der strategischen Benchmark. Die Ak-tienquote liegt im Durchschnitt bei 24,1% (CPPI) und bei 20,8% (DAA-Modell), die durchschnittliche Rentenquote beträgt 55,1% bei CPPI und 50,0% beim DAA-Modell. Im Maximum erreicht die Aktienquote im DAA-Modell einen Wert von knapp 44% und bleibt damit unterhalb der erlaubten 50%.

Erzielen von marktunabhängigen Zusatzerträgen (Alpha)

Um marktunabhängige Zusatzerträge zu erzielen, können verschiedene Alphamodelle zum Einsatz kommen: quantitative Fundamentalmodelle, die auf Erkenntnissen über die Zeitvariabilität von Risikoprämien beruhen, und Trendfolgemodelle, die die Erfah-rung nutzen, dass Investoren zu Unter- oder Überreaktionen neigen. In die nachfol-gend dargestellte Simulation von Zusatzrendite und Zusatzvolatilität durch Integration eines GTAA-Ansatzes in das DAA-Modell werden zehn quantitativ ausgeprägte Al-phamodelle einbezogen. Aufgrund ihrer quantitativen und damit regelgebundenen Gestaltung werden die Long- und Short-Signale für die GTAA-Positionen systema-tisch hergeleitet. Aus Effizienz- und Kostenüberlegungen bietet es sich an, die Mo-dellsignale primär über liquide Terminkontrakte umzusetzen. Um ein stabiles Alpha zu erwirtschaften, ist eine hohe Diversifikation der Alphaquellen unverzichtbar. Es fließen folgende zehn Alphamodelle ein:

- drei Fixed Income-Modelle (ein Trendfolgemodell, ein quantitatives Fundamen-talmodell und ein Relative Value-Ansatz)
- drei Aktienmodelle (ein Trendfolgemodell, zwei quantitative Fundamentalmodelle)

- drei Währungsmodelle (ein Trendfolgemodell, ein quantitatives Fundamentalmodell und ein Carry-Ansatz)
- ein Multi-Asset-Class-Modell, das sich auf alle drei Assetklassen Aktien, Renten und Währungen bezieht.

Während einige der Modelle direktionale Signale erzeugen, ermitteln andere die relative Attraktivität von Assets im Querschnitt (Relative Value-Modelle). Die Modelle werden auf ein möglichst breites Anlageuniversum angewandt: internationale Aktienindexfutures (einschließlich Emerging Markets), internationale Bond-Futures unterschiedlicher Laufzeit, internationale Geldmarkt-Futures sowie Devisentermingeschäfte. Das Anlageuniversum ist somit breiter als jenes der strategischen Benchmark, zudem sind Short-Positionen möglich.

Die Modelle sind also in mehrfacher Hinsicht diversifiziert: hinsichtlich des Modelltyps (Trendfoge versus quantitativ-fundamental, direktional versus Relative Value), hinsichtlich der eingehenden Assetklassen (Aktien, Renten, Währungen) und Regionen (Developed und Emerging Markets) und hinsichtlich des Zeithorizonts (die Trendfolgemodelle beruhen auf täglichen Daten und schichten häufiger um als die quantitativen Fundamentalmodelle, die einmal pro Monat oder pro Quartal Positionsänderungen vornehmen).

Daher sind die einzelnen Alphamodelle untereinander nur gering korreliert. Die Kombination der Modelle reduziert Schwächen einzelner Strategien in bestimmten Marktphasen und verbessert nachhaltig das Rendite-Risiko-Profil. Dies führt zu stetigen Überschussrenditen, die weitgehend unabhängig von einzelnen Marktphasen sind.

Kombination von Risiko- und Chancen-Overlay

Abbildung 7 zeigt die Entwicklung der Portfoliodaten in einer weiteren historischen Simulation anhand des obigen Beispiels. Durch das DAA-Modell wird die strategische Benchmark dynamisiert. Der Overlay-Manager (oder auch ein zweiter unabhängiger Manager) trifft zusätzlich GTAA-Entscheidungen, um die Unterschiede in der Performance einzelner Aktienmärkte, Rentenmärkte und Währungen auszunutzen.

Die Abbildung veranschaulicht die Auswirkungen auf die Portfoliorendite in dieser Simulation. Das GTAA-Alpha wird auf eine Ziel-Volatilität von 1% p.a. skaliert und auf das DAA-Modell „portiert". Es wird ersichtlich, dass der Mehrertrag von 1,1% p.a. (Nettobetrag, also nach Kostenbelastung), den die GTAA-Alphamodelle generieren, dem Portfolio in vollem Unfang zugute kommt, während die Volatilität nur geringfügig steigt, da das GTAA-Alpha nahezu unkorreliert zu der DAA-Performance ist. Der Drawdown bleibt in etwa gleich, die Sharpe Ratio steigt nochmals leicht an.

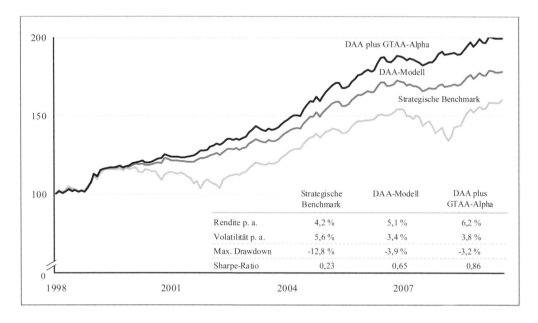

Abbildung 7: Beispiel für eine moderne Overlay-Strategie[14]

8. Zusammenfassung

Das derzeitige Kapitalmarktumfeld ist geprägt von niedrigen Renditen am Bondmarkt und hoher Unsicherheit an den Aktienmärkten. Institutionelle Anleger stehen vor der Herausforderung, die notwendigen Renditen zur Erfüllung ihrer Leistungsversprechen zu erzielen, zumal ihre Risikobudgets aufgrund der Finanzmarktkrise geschmolzen sind. Die vergangenen Jahre haben eindrucksvoll gezeigt, dass ein Festhalten an der einmal gewählten strategischen Asset Allocation kaum durchsetzbar ist. Denn selbst wenn die strategische Allokation auf lange Sicht die Renditeanforderungen erfüllen mag – die statische Umsetzung der Asset Allocation birgt kurzfristig hohe Risiken.

Daher haben sich Risiko-Overlay-Konzepte etabliert. Sie begrenzen Verluste – in der Regel auf Jahressicht, denn für viele institutionelle Anleger ist der Bilanzstichtag maßgeblich. Der Overlay-Manager misst fortlaufend die Marktrisiken von Aktien, Renten und anderen Anlageklassen. Er steuert Aktienquote und Duration sowie das Exposure

---

[14] Historische Simulation, Zeitraum 31.12.1998 bis 15.7.2010

anderer Risiken dynamisch und schafft dadurch die gewünschte Asymmetrie (Rechts-schiefe) der Renditeverteilung. Ziel ist es, im Ergebnis über einen Marktzyklus hinweg eine Rendite in ähnlicher Größenordnung wie die der strategischen Benchmark zu erzielen – bei deutlich geringerem Risiko.

Zudem muss der Overlay-Manager stringent hedgebare und nicht-hedgebare Risiken unterscheiden. Um eine klare Trennung der Entscheidungsebenen und der (Perfor-mance-)Verantwortlichkeiten sicherzustellen und um unerwünschte Interaktionen zu vermeiden, sollte das Risikobudget auf beide Risikotypen aufgeteilt werden. Das Al-pha der Subfondsmanager bleibt dadurch erhalten. Das für die hedgebaren Bestandtei-le abgegrenzte Risikobudget nutzt der Overlay-Manager zur dynamischen Steuerung von Aktienquote und Duration. Für die nicht-hedgebaren Komponenten erfolgt eine tägliche Performancemessung und ein permanentes Risikomonitoring, um bei drohen-der Überschreitung des Risikobudgets frühzeitig handeln zu können.

Während das Risiko-Overlay auf Risikosteuerung und Verstetigung der Renditen aus-gerichtet ist, dient ein „Chancen-Overlay" zur Renditesteigerung. Um einen stabilen Mehrertrag zu erzeugen, sollten unterschiedliche Alphamodelle zum Einsatz kommen und auf ein breit diversifiziertes Anlageuniversum angewendet werden. Die Kombina-tion von Risiko- und Chancen-Overlay kann beiden Ansprüchen gerecht werden – sowohl dem Absicherungsbedarf institutioneller Portfolios als auch der Notwendig-keit, Zusatzerträge zu erwirtschaften, um Leistungsversprechen nachhaltig erfüllen zu können.

Anhang

Berücksichtigung der Zielrendite – Illustration anhand einer Simulation

Zur Verdeutlichung, wie sich durch die Integration der Zielrendite die Wertsiche-rungskosten systematisch reduzieren lassen, wird auf eine Monte Carlo Simulation zurückgegriffen. Die täglichen Aktien- und Rentenmarktbewegungen sowie die Ent-wicklung des kurzfristigen Zinses werden mittels geeigneter stochastischer Prozesse simuliert und über 1.000 unabhängige Jahre betrachtet.

Die Simulation ist mit realitätsnahen Annahmen unterlegt. So wird für Aktien ein sto-chastischer Prozess mit Fat Tails und stochastischer Volatilität unterstellt. Die Preise für 10-jährige Nullkuponanleihen resultieren aus dem Vasicek-Modell. Der Prozess für den Zins am kurzen Ende ist ebenfalls stochastischer Natur und hat die Eigen-schaft, langfristig einem festen Mittelwert zuzustreben (mean-reverting).

Das Auszahlungsprofil von CPPI ist auf der linken Seite in Abbildung 8 dargestellt. Die Wertuntergrenze beträgt 96%, was einem Risikobudget von 7% entspricht, da der risikolose Zins mit jeweils 3% in das Jahr startet. Die CPPI-Performance (y-Achse) ist gegen die Rendite der strategischen Benchmark (x-Achse), einem monatlich rebalancierten Mix aus 30% Aktien und 70% Renten, abgetragen. Gut zu erkennen ist das konvexe Payoff-Profil. Die Renditen werden links bei -4% abgeschnitten, die Wertuntergrenze wird in allen Jahren eingehalten. Im mittleren Bereich ist die Punktewolke relativ weit von der Hauptdiagonalen entfernt. Hier schlagen also die Wertsicherungskosten durch.

Im Unterschied zu CPPI geht die vorgegebene Zielrendite explizit in das DAA-Modell mit ein, und zwar vom „Tag null" an. Somit unterscheiden sich bereits die Startgewichte am Jahresanfang, wo CPPI stets mit 30/70 beginnt, das DAA-Modell hingegen davon abweicht. Das Auszahlungsprofil des DAA-Modells auf der rechten Seite in Abbildung 8 verdeutlicht, dass die Punktewolke gerade in dem kritischen mittleren Bereich deutlich näher an die Hauptdiagonale rückt. In Seitwärtsjahren bzw. Jahren mit „mittlerer Performance" fallen die Strategiekosten somit signifikant geringer aus.

Dafür wird die Performance am rechten Rand der Grafik leicht schlechter, also in Jahren mit stark steigenden Aktienkursen. Über alle Jahre und Szenarien hinweg betrachtet steigt die mittlere Rendite signifikant an, nämlich um etwas mehr als 100 Basispunkte p.a.[15] Gleichzeitig geht die Volatilität deutlich zurück, die Renditen werden stetiger erzielt. Durch die Integration der Zielrendite und das dadurch ausgelöste antizyklische Umschichtungsverhalten wird somit das Rendite-Risiko-Profil nachhaltig verbessert.

---

[15] Hierbei handelt es sich um den Median. Das arithmetische Mittel ist bei CPPI und dem DAA-Modell in der Simulation etwa gleich groß. Der Median ist das aussagekräftigere Renditemaß, da der Mittelwert durch Ausreißer verzerrt ist.

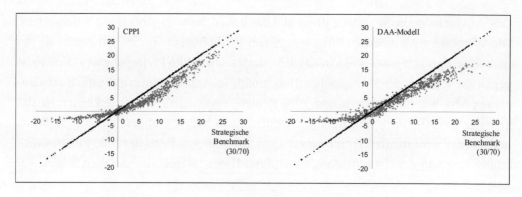

**Abbildung 8: Auszahlungsprofil von CPPI (links) und
des DAA-Modells (rechts)[16]**

Gründe für die Aufteilung des Risikobudgets – Fallstudie

Ausgangslage und Annahmen

Im Jahr 2008 wird ein aktiv gemanagter Aktienfonds über ein Risiko-Overlay wertge-
sichert. Der Fonds erzeugt eine Überrendite von 0,50% pro Monat für die ersten 9
Monate des Jahres. Er verliert 39,6% an Wert, während der Index (Euro Stoxx 50) um
42,4% sinkt; das kumulierte Alpha beträgt somit 2,8%. Die Wertuntergrenze liegt bei
90%. Die Wertsicherung erfolgt durch ein CPPI-Modell mit monatlichem Rebalancing.

Die linke Grafik in den Abbildungen 9 und 10 zeigt jeweils die Allokation im Zeitablauf, die sich bei Absicherung eines passiven Fonds ergäbe, welcher exakt die Index-
performance erwirtschaftet. Die Aktienquote startet hier mit etwas über 60% am Jahresanfang und wird dann sukzessive abgebaut.

Fall 1: Wertsicherung des aktiven Aktienfonds ohne Trennung von Alpha und Beta
Das physische Investment erfolgt in den aktiv gemanagten Aktienfonds, den sich der
Anleger ausgewählt hat. Im Overlay wird die Aktienquote über Futures-Transaktionen
gesteuert. Der Subfondsmanager erwirtschaftet ein positives Alpha, Monat für Monat.
Da die Performance jedoch nicht in Alpha- und Beta-Komponenten zerlegt wird, erhöht das generierte Alpha das Risikobudget. Das Risikobudget ist der wesentliche
Input für den CPPI-Wertsicherungsansatz. Das Alpha wird somit wiederum ins Risiko
gestellt und im Jahresverlauf durch weiter sinkende Kurse zunichte gemacht. Die Aktienquote (physisches Investment bereinigt um den Hedge) fällt höher aus als bei einem passiven Fonds als Underlying.

---

[16] Ergebnisse einer Monte-Carlo-Simulation

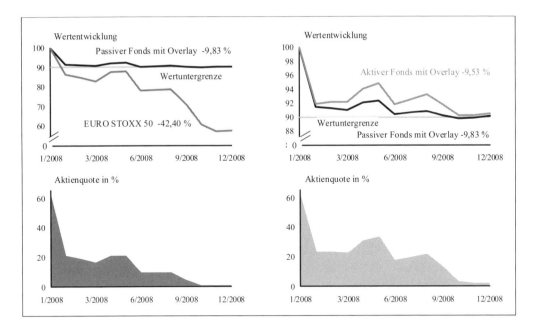

Abbildung 9: Aktiver Fonds mit Risiko-Overlay – ohne Aufteilung des Risikobudgets

Fall 2: Wertsicherung des aktiven Aktienfonds mit Trennung von Alpha und Beta

Die Rahmenbedingungen bleiben gleich; das Fondsvolumen wird wiederum zu Jahresbeginn in den aktiven Fonds investiert und im Overlay-Segment erfolgt die Absicherung. Jedoch wird das Alpha, das der aktive Fondsmanager erwirtschaftet, abgegrenzt; es erhöht nicht das Risikobudget. Die Aktienquote wird durch das CPPI-Modell so gesteuert, als wenn es sich bei dem Underlying um einen passiven Fonds handeln würde. Die Aktienquote auf der rechten Seite in Abbildung 10 entspricht der auf der linken Seite. Das Alpha des aktiv gemanagten Fonds bleibt erhalten und kommt dem Masterfonds zugute. Es gibt keine Interaktionseffekte zwischen Alpha- und Beta-Entscheidungen.

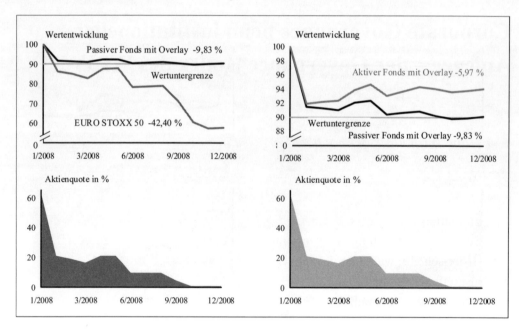

**Abbildung 10: Aktiver Fonds mit Risiko-Overlay – mit Aufteilung
des Risikobudgets**

Literaturverzeichnis

Black, F./ Jones, R. (Black/ Jones, 1987): Simplifying Portfolio Insurance, in: Journal of Portfolio Management 13, 1987, S. 48-51.

Black, F./ Perold, A. (Black/ Perold, 1992): Theory of Constant Proportion Portfolio Insurance, in: Journal of Economic Dynamics and Control 16, 1992, S. 403-426.

Bossert, T./ Burzin, C. (Bossert/ Burzin, 2002): Dynamische Absicherung von Aktienportfolios – Constant Proportion Portfolio Insurance, in Handbuch Portfoliomanagement, 2. Auflage, hrsg. von J. Kleeberg und H. Rehkugler, Bad Soden/Ts. 2002, S. 129-157.

Herold, U. (Herold, 2004): Asset Allocation und Prognoseunsicherheit, Band 19 der Schriftenreihe Portfoliomanagement, Bad Soden/Ts. 2004.

Herold, U./ Maurer, R./ Purschaker, N. (Herold et al., 2005): Total Return Fixed Income Management: A Risk-Based Dynamic Strategy, in Journal of Portfolio Management 31, 2005, S. 32-43.

Herold, U./Maurer, R./ Stamos, M./ Vo, H. (Herold et al., 2007): Total Return Strategies for Multi-Asset Portfolios: Dynamically Managing Portfolio Risk, in Journal of Portfolio Management 33, 2007, S. 60-76.

Heumann, C./ Purschaker, N. (Heumann/ Purschaker, 2010): Wertsicherungsstrategien: Ein Streifzug durch die Entwicklungsgeschichte, in: Kapitalmarkt in Theorie und Praxis, Festschrift zum 50-jährigen Jubiläum der DVFA, 1. Auflage, hrsg. von F. Rau und P. Merk, Fritz Knapp Verlag, S. 224-236.

Corporate Governance beim institutionellen Anleger – der Governance Kodex des WPV

von Hans Wilhelm Korfmacher/ Sara Traina

1. Einführung

Corporate Governance ist ein Thema, das aus dem angelsächsischen Raum stammt und dort vorrangig für private und börsennotierte Großunternehmen entwickelt wurde[1]. Die Grundsätze sind aber auch für andere Unternehmen sowie für den öffentlichen Bereich und damit für alle institutionellen Anleger relevant. Die Fragen, die sich insoweit stellen, sind dabei zwar nicht deckungsgleich mit denjenigen in Großunternehmen, das grundlegende Ziel jeder Governance-Struktur ist aber identisch. Es sollen Grundwerte und Verhaltensregeln festgelegt werden, die im Idealfall sicherstellen, dass die handelnden Personen die ihnen übertragenen Aufgaben unter Beachtung aller rechtlicher Rahmenbedingungen und festgelegter, auch ethischer, Werte effizient und effektiv erfüllen.

2. Begriff und Bedeutung von Corporate Governance

Begriff

Corporate Governance bezeichnet den rechtlichen und faktischen Ordnungsrahmen für die Leitung und Überwachung eines Unternehmens.[2] Der Begriff lässt sich mit „Unternehmensverfassung" übersetzen und beschreibt, wie eine gute Unternehmensführung aussieht.[3] Darüber hinaus betrifft Corporate Governance auch das Verhältnis der Unternehmensorgane zu den wesentlichen Bezugsgruppen des Unternehmens, bezeichnet als „interne/externe Stakeholder" (wie beispielsweise die Mitarbeiter, Kunden oder Lieferanten), und „Shareholder". Es geht um die Schaffung von organisatorischen und kontrollierenden Rahmenbedingungen, die sicherstellen, dass ethische und rechtliche sowie gegebenenfalls naturwissenschaftlich-technische und betriebswirtschaftliche Anforderungen im Einklang stehen. Compliance bedeutet dagegen vorrangig die Befolgung, die Übereinstimmung und die Einhaltung bestimmter Gebote.[4] Corporate Compliance wird teilweise umfassender verstanden als Einrichtung geeigneter Organisationsstrukturen, Prozesse und Systeme zur Risikofrüherkennung und -minimierung im Unternehmen sowie als Voraussetzung für eine regelkonforme, risiko- und wertorientierte, an ethischen Prinzipien ausgerichtete Unternehmensführung.[5] Corporate Compliance steht mithin sowohl zur Corporate Governance als auch zum

---

[1] Vgl. Ruter/ Berger/ Müller-Marqués (2005), S. 443, v. Werder (2009), S. 4.

[2] Vgl. v. Werder (2009) , S. 4.

[3] Vgl. Maschmann (2007), S. 170.

[4] Vgl. Hauschka (2007), S. 2.

[5] Vgl. Kort (2008), S. 2, Menzies (2006), S. 2.

Risikomanagement in Beziehung[6], die Begriffsdefinition sowie die Grenzen sind letztlich fließend.

Der Begriff Corporate Governance ist durch Schmiergeldskandale (z. B. Siemens AG und Ferrostaal AG) und insbesondere durch die weltweite Finanzkrise in das Blickfeld einer breiteren Öffentlichkeit getreten. Fast vergessen waren zu diesem Zeitpunkt bereits Bilanzskandale der Vergangenheit, z. B. „Enron" und „MCI Worldcom", die letztlich wohl auch auf eine unzureichende Governance zurückzuführen waren. Die Entwicklungen in der Finanzkrise haben eine grundlegende Diskussion darüber ausgelöst, ob die gegenwärtigen Strukturen von börsennotierten Unternehmen den Anforderungen einer globalisierten Wirtschaft entsprechen. Die Ursachen für die Finanz- und Wirtschaftskrise seit 2007 wurden insbesondere auch in einer mangelhaften Governance gesehen. Im Fokus stehen hierbei falsch konzipierte Anreizsysteme, die der „Gier" der handelnden Personen Tür und Tor geöffnet haben, verbunden mit dem Fehlen von Transparenz und funktionierenden Kontrollmechanismen und ausreichendem Sachverstand der Kontrolleure. Bei all diesen Fragen handelt es sich um solche, die ein gutes Corporate Governance-System abdecken sollte, in den angesprochenen Fällen aber wohl nicht angemessen abgedeckt hat.

Die Konsequenzen dieses Versagens der Corporate Governance spüren institutionelle Anleger täglich bei ihren Anlageentscheidungen. Zum einen ist das zur Verfügung stehende Risikokapital in der Krise mit der Folge reduziert worden, das nur in vermindertem Umfang in Risikokapitalanlagen investiert werden kann. Zum anderen, und dieser Aspekt ist gewichtiger, ist durch die Finanzkrise das Vertrauen in die Integrität der Finanzmärkte insgesamt in Mitleidenschaft gezogen worden. Dies führt weltweit zu der Forderung nach mehr Schutz der Anleger durch stärkere gesetzliche Regulierung, mithin also zu einer Ersetzung von Selbstverpflichtungen in Kodizes durch verbindliche Rechtsvorschriften.

---

[6] Vgl. Kort (2008), S. 2; vgl. auch Diefert (2010), S. 28-30.

3.   Historische Entwicklung von Governance Kodizes

Bereits 1999 haben die Vereinten Nationen mit dem Global Compact[7] einen Verhaltenskodex geschaffen, der nicht nur die Interessen der Aktionäre berücksichtigt. Multinationale Unternehmen sollten sich diesem weltweiten Pakt für eine wirtschaftlich sinnvolle und zugleich Arbeitnehmer- sowie Menschenrechte und Umweltschutz respektierende Globalisierung unterwerfen.[8] Die Teilnahme beruhte auf den Prinzipien Freiwilligkeit, Transparenz und Publizität.

Nach den angesprochenen Finanzskandalen hat der US-amerikanische Gesetzgeber reagiert und Kapitalmarktgesetze erlassen. Der „Sarbanes-Oxley-Act of 2002" sollte die Anforderungen an das Controlling und die Buchführung sowie die Bilanzierung einschließlich der persönlichen Haftung des Managements regeln. Die US-amerikanische Börsenaufsicht (SEC)[9] verpflichtet weltweit Unternehmen zur Einführung eines Codes of Business Conduct (Ethikrichtlinien), darüber hinaus bestehen für US-börsennotierte Unternehmen und US-Wertpapieremittenten besondere Pflichten.

Die OECD hat für die Mitgliedstaaten einschlägige Leitlinien für die nationale Gesetzgebung geschaffen. Auf europäischer Ebene erläutert der Aktionsplan „Modernisierung des Gesellschaftsrechts und Verbesserung der Corporate Governance in der Europäischen Union", warum die regulatorischen Rahmenbedingungen für Gesellschaftsrecht und Corporate Governance nach Ansicht der EU-Kommission modernisiert werden müssen. Die Leitlinien stellen keine Gesetze im formalen Sinne dar, sondern füllen nur die einschlägigen staatlichen Regelungen aus und erlangen lediglich durch die Selbstbindung der Unternehmen Gültigkeit.[10] Die Befolgung eines Kodexes kann dem Unternehmen freigestellt sein. Sie kann aber auch, wie seit 2002 in den USA, zwingende Voraussetzung der Börsenzulassung sein.[11]

Die US-amerikanischen Kapitalmarktgesetze hatten Ausstrahlungswirkung nach Deutschland. Am 26. Februar 2002 wurde der von einer durch das Bundesministerium der Justiz eingesetzten Regierungskommission unter Leitung von Dr. Gerhard Cromme erarbeitete „Deutsche Corporate Governance Kodex" von der Bundesregierung verabschiedet. Der Kodex gilt in der Fassung vom 26. Mai 2010.[12] Der Kodex besitzt über die Entsprechenserklärung gemäß § 161 AktG (eingefügt durch das Transparenz-

---

[7]   Die Adresse lautet: www.unglobalcompact.org, Stand: 22.12.2010.

[8]   Vgl. Pistor (2009), S. 250.

[9]   Siehe: www.sec.gov, Stand: 22.12.2010.

[10]   Vgl. Maschmann (2007), S. 171.

[11]   Vgl. Maschmann (2007), S. 171.

[12]   Siehe http://www.corporate-governance-code.de/ger/kodex/index.html, Stand 4.11.2010.

und Publizitätsgesetz, in Kraft getreten am 26. Juli 2002) eine gesetzliche Anknüpfung und zudem eine haftungsrechtliche Relevanz.[13] Hiernach erklären Vorstand und Aufsichtsrat der börsennotierten Gesellschaft jährlich, dass den vom Bundesministerium der Justiz im amtlichen Teil des elektronischen Bundesanzeigers[14] bekannt gemachten Empfehlungen der „Regierungskommission Deutscher Corporate Governance Kodex" entsprochen wurde und wird oder welche Empfehlungen nicht angewendet wurden oder werden. Die Erklärung ist den Aktionären dauerhaft zugänglich zu machen. Der Kodex richtet sich nur an börsenotierte Gesellschaften, den nicht börsennotierten Gesellschaften wird aber die Beachtung des Kodexes empfohlen.

Der Deutsche Corporate Governance Kodex richtet sich nur an börsennotierte Gesellschaften, auch an solche mit Beteiligung durch den Bund. Den nicht börsennotierten Gesellschaften wird aber die Beachtung des Kodexes empfohlen. Er soll das Vertrauen der internationalen und nationalen Anleger, der Kunden, der Mitarbeiter und der Öffentlichkeit in die Leitung und Überwachung deutscher börsennotierter Aktiengesellschaften fördern.

Da der Deutsche Corporate Governance Kodex somit keine Anwendung auf viele mittelständische Unternehmen findet, hat sich im Jahr 2004 eine Kodex-Kommission konstituiert und einen Leitfaden veröffentlicht, der Regelungsvorschläge enthält, die auf die speziellen Anforderungen von Familienunternehmen abgestimmt sind. Der Kodex gilt in der Fassung vom 19. Juni 2010.[15] Außerdem hat das Bundeskabinett am 1. Juli 2009 Grundsätze guter Unternehmensführung für nicht börsennotierte Bundesbeteiligungen als Public Governance Kodex verabschiedet. Dieser Kodex soll die Leitung und Überwachung der Bundesbeteiligungen und die Zusammenarbeit der Unternehmensorgane verbessern und gleichzeitig die mit der Beteiligung verfolgten Ziele sicherstellen. Er soll darüber hinaus bei allen Beteiligten das Bewusstsein für eine gute Unternehmensführung schaffen und Transparenz gegenüber den Stakeholdern und Shareholdern gewährleisten. Der Public Governance Kodex stellt letztlich einen Vorschlag für Länder und Kommunen dar, in eigenen Kodizes die Bundesvorgaben zu berücksichtigen. Mittlerweile haben viele Kommunen (z. B. Bremen, Hamburg, Essen, Frankfurt am Main, Mannheim, Stuttgart, Potsdam und Saarbrücken) und Landeseinrichtungen (z. B. die NRW.Bank als erste Landesförderbank[16]) den Vorschlag

---

[13] Vgl. Kort (2008), S. 4.

[14] Die Adresse lautet: www.ebundesanzeiger.de, Stand: 22.12.2010.

[15] Die Adresse lautet: www.kodex-fuer-familienunternehmen.de, Stand: 22.12.2010; vgl. Hucke (2010), S. 3552-3557.

[16] Die Adresse lautet: www.nrwbank.de/de/corporate-site/wir-ueber-uns/corporate_governance/index.html, Stand: 22.12.2010

angenommen und Public Corporate Governance Kodizes verabschiedet. Sie verpflichten sich damit zu transparenter und verantwortungsvoller Unternehmensführung.

Sowohl der Deutsche Corporate Governance Kodex als auch der Public Governance Kodex umfassen Empfehlungen, Anregungen und Anmerkungen. Bei der Umsetzung der Empfehlungen gilt „comply-or-explain", d. h., die Einhaltung ist freigestellt, Abweichungen sind zu begründen.

4.   Institutionelle Anleger

Für institutionelle Anleger ist das Thema Corporate Governance in jüngerer Vergangenheit wichtiger geworden. Grund ist nicht nur die bereits angesprochene tief greifende Vertrauenskrise hinsichtlich der Kapitalmärkte, sondern auch die Einschätzung, dass sich eine effiziente, transparente und nach ethischen Grundsätzen gestaltete Corporate Governance positiv auf die Entwicklung der Organisation insgesamt und letztlich auch auf die Wertentwicklung von Kapitalanlagen auswirkt.[17] Zudem wurde in der Presse wiederholt über auch strafrechtlich verfolgte Vorfälle bei institutionellen Anlagen berichtet, die wohl hätten vermieden werden können, wenn Governance Kodizes in Kraft gewesen und beachtet worden wären.

Begriff und Rechtsformen

Für den Begriff der institutionellen Anleger gibt es keine einheitliche Definition. Es handelt sich um einen hinsichtlich Rechtsform und Aufsicht heterogenen Kreis, der Vermögen verwaltet.[18]

Teilweise wird in der Literatur zwischen strategischen Investoren und Finanzinvestoren unterschieden. Strategische Investoren sind danach Unternehmen, die Investitionen tätigen, um das eigene Geschäftsfeld auszubauen (z. B. Expansion der Geschäftstätigkeit) und zu stärken. Dagegen liegt bei Finanzinvestoren der Schwerpunkt der Unternehmenstätigkeit in den Investments selbst, also der Anlage von nicht im Unternehmen gebundener Mittel. Ziel ist einerseits die Erzielung laufender Erträge und anderseits die Wertsteigerung der erworbenen Anteile (in der Regel Minderheitsanteile, die nach den Grundsätzen der Diversifikation miteinander kombiniert werden).[19]

---

[17] Vgl. Stehr (2007)

[18] http://de.mimi.hu/finanz/institutionelle_anleger.html, Stand 22.12.2010

[19] Faber (2009), S. 220.

Für die gegebene Fragestellung führt die genannte Differenzierung letztlich nicht weiter. Bedeutsamer ist die Differenzierung der institutionellen Anleger danach, ob Anlagen ausschließlich für das eigene Unternehmen oder Anlagen zumindest auch für Kunden oder Mitglieder als Treuhänder gehalten werden. Bei der zweiten Gruppe institutioneller Investoren sind zusätzliche Regelungen erforderlich, die sicherstellen, dass Interessenkonflikte nicht entstehen oder, soweit sie unvermeidbar sind, gegenüber den Treugebern transparent gemacht und angemessen gelöst werden. Zu der letztgenannten Gruppe der institutionellen Anleger gehören z. B. die Kreditinstitute. Diese sind daher u.a. verpflichtet, das Eigengeschäft (Depot A) von den Kundeneinlagen zu trennen.

Soweit im Folgenden ohne nähere Differenzierung von institutionellen Anlegern gesprochen wird, sind hierunter Kreditinstitute, Corporates, Versicherungsgesellschaften, Kapitalanlagegesellschaften und ihre Sondervermögen, Hedgefonds, Private Equity-Gesellschaften, Altersvorsorgeeinrichtungen wie Versorgungswerke und Pensionskassen, kirchliche Institutionen, Sozialversicherungsträger wie z. B. Krankenkassen und Stiftungen zu verstehen.[20]

Privatrechtlich organisierte institutionelle Anleger

Aufgrund ihrer zentralen volkswirtschaftlichen Rolle und um die Funktionsfähigkeit, die Integrität und die Stabilität des deutschen Finanzsystems sicherzustellen, unterliegen Versicherungsunternehmen, Kreditinstitute sowie Finanzdienstleister der besonderen staatlichen Kontrolle. Zuständig sind in Deutschland die Bundesanstalt für Finanzdienstleistungsaufsicht (BaFin) und die Deutsche Bundesbank.

Die zentrale bundesgesetzliche Vorschrift für *Versicherungsunternehmen* ist das Gesetz über die Beaufsichtigung von Versicherungsunternehmen (VAG).[21] Das VAG regelt unter anderem Zulassung, Geschäftsbetrieb, Rechtsformen, Kapitalanlagen und Aufsicht. In Deutschland sind 622 Versicherungsunternehmen und Pensionsfonds zum Geschäftsverkehr zugelassen.[22] Das Versicherungsgeschäft kann nur in der Rechtsform des Versicherungsverein auf Gegenseitigkeit, der Aktiengesellschaft oder der Anstalt oder Körperschaft des öffentlichen Rechts betrieben werden. Zuständige Auf-

---

[20] Vgl. Faber (2009), S. 221.

[21] Zu den aufsichtsrechtlichen Rahmenbedingungen für Versicherungsunternehmen und Pensionskassen vergleiche auch die Beiträge von Siegmund und Hadasch in diesem Handbuch.

[22] http://www.bafin.de/cln_179/nn_723866/SharedDocs/Artikel/DE/Verbraucher/Recherche/li__vu.html, Stand: 15. November 2010.

sichtsbehörde ist die Bundesanstalt für Finanzdienstleistungsaufsicht, zuständiges Fachministerium ist das Bundesministerium für Finanzen oder auch Landesministerien. In der Form der Aktiengesellschaft unterliegen die institutionellen Anleger zudem dem Deutschen Corporate Governance Kodex.

Rechtliche Grundlage für die Beaufsichtigung von *Bankgeschäften und Finanzdienstleistungen* (Bankenaufsicht) ist in erster Linie das Gesetz über das Kreditwesen (KWG).[23] Daneben gibt es einige Spezialgesetze wie das Pfandbriefgesetz, das Depotgesetz, das Bausparkassengesetz und die Sparkassengesetze der Bundesländer. Bundesanstalt für Finanzdienstleistungsaufsicht und Deutsche Bundesbank teilen sich Aufgaben in der Bankenaufsicht.

Die Bundesanstalt für Finanzdienstleistungsaufsicht übt als zuständige Verwaltungsbehörde gemäß § 6 Abs. 1 des KWG die Aufsicht über die Institute nach Maßgabe des KWG aus. § 7 Abs. 1 KWG regelt die Zusammenarbeit zwischen der Bundesanstalt für Finanzdienstleistungsaufsicht und der Deutschen Bundesbank bei der laufenden Überwachung der Institute durch die Deutsche Bundesbank. Danach wertet die Deutsche Bundesbank im Rahmen der laufenden Aufsicht unter anderem von Instituten regelmäßig einzureichende Berichte und Meldungen aus und prüft, ob die Eigenkapitalausstattung und die Risikosteuerungsverfahren der Institute angemessen sind. Ziel dieser Bankenaufsicht ist es, die Funktionsfähigkeit des Finanzsektors, der besonders vertrauensempfindlich ist, durch Gläubigerschutz zu sichern. Dieses Anliegen sucht das KWG unter Beachtung marktwirtschaftlicher Grundsätze zu verwirklichen. Die Tätigkeit der Institute wird nur durch qualitative und quantitative Rahmenbestimmungen und die Pflicht, gegenüber den Aufsichtsbehörden ihre Bücher offenzulegen, eingeschränkt. Die Intensität der Beaufsichtigung der Finanzdienstleistungsinstitute hängt von Art und Umfang der angebotenen Finanzdienstleistungen ab. Die Bundesanstalt für Finanzdienstleistungsaufsicht greift im Rahmen ihrer Solvenzaufsicht nicht in die Geschäftspolitik der Banken ein. Verantwortlich für die geschäftspolitischen Entscheidungen sind allein die Geschäftsleiter.

Die Struktur der Bankenaufsicht ist im Hinblick auf Mängel in der Zusammenarbeit der aufsichtführenden Institutionen, denen eine Mitverantwortung für die Auswirkungen der Finanzkrise auf einige deutsche Banken zugeordnet werden, in der Diskussion. Letztlich handelt es sich auch bei diesen Mängeln um Struktur- und Führungsmängel, die durch eine „gute Corporate Governance" bereits auf der Ebene der Gesetzgebung hätten vermieden werden können.

---

[23] Zu den aufsichtsrechtlichen Rahmenbedingungen für Kreditinstitute vgl. auch den Beitrag von Thoms.

Das Wertpapierhandelsgesetz (WpHG) reguliert den Wertpapierhandel und dient insbesondere der Kontrolle von *Dienstleistungsunternehmen*, die Wertpapiere handeln, sowie dem Schutz des Kunden. Ziel ist es, die Funktionsfähigkeit der deutschen Märkte für Wertpapiere und Derivate zu gewährleisten. Dazu gehört insbesondere die Unterbindung von Insiderhandel.

Die EU-Finanzmarktrichtlinie (Markets in Financial Instruments Directive – MiFID) ist für den Kapitalmarkt das bedeutendste europäische Regelungswerk der letzten Jahre. Sie regelt und harmonisiert die Bedingungen für den Wertpapierhandel europaweit. Zudem soll die MiFID den Anlegerschutz durch neue Verhaltens- und Transparenzpflichten in Europa verbessern und den Wettbewerb zwischen Handelsplattformen fördern. Das Finanzmarktrichtlinie-Umsetzungsgesetz (FRUG) setzt die MiFID in deutsches Recht um. Das FRUG ändert als Artikelgesetz verschiedene Einzelgesetze des deutschen Kapitalmarktrechts. Der Schwerpunkt liegt auf dem WpHG. Aber auch das KWG und das BörsG wurden in erheblichem Umfang geändert. Entsprechend der Vorgabe der MiFID sind die Änderungen durch das FRUG nahezu ausnahmslos zum 1. November 2007 in Kraft getreten. Gemäß § 9 WpHG haben die Banken der Bundesanstalt für Finanzdienstleistungsaufsicht alle Wertpapierkäufe und -verkäufe, sowie jede Ad-hoc-Meldung von börsennotierten Unternehmen auch vorher zu melden.[24] Diese Informationen bilden eine wesentliche Grundlage für die Verfolgung von Kurs- und Marktpreismanipulation. Insbesondere werden Geschäfte der Geschäftsführung eines Unternehmens mit Aktien desselben Unternehmens (Director Dealings) beobachtet. Gemäß § 33 Abs. 1 Nr. 1 muss ein Wertpapierdienstleistungsunternehmen die organisatorischen Pflichten nach § 25 a Abs. 1 und 4 des Kreditwesengesetzes einhalten. Darüber hinaus muss es angemessene Grundsätze aufstellen, Mittel vorhalten und Verfahren einrichten, die darauf ausgerichtet sind, sicherzustellen, dass das Wertpapierdienstleistungsunternehmen selbst und seine Mitarbeiter den Verpflichtungen dieses Gesetzes nachkommen, wobei insbesondere eine dauerhafte und wirksame Compliance-Funktion einzurichten ist, die ihre Aufgaben unabhängig wahrnehmen kann.

Die Bundesanstalt für Finanzdienstleistungsaufsicht hat durch das Rundschreiben 3/2009 aufsichtsrechtliche Mindestanforderungen an das Risikomanagement der *Versicherungen* (MaRisk VA) gestellt. „Compliance" als eigener Regelungspunkt ist hier nicht vorgesehen. Mit Inkrafttreten der Solvency II-Richtlinie im Jahr 2013 wird für Versicherer ein explizites internes Kontrollsystem (IKS) verlangt, welches Verwaltungs- und Rechnungslegungsverfahren, einen internen Kontrollrahmen, angemessene

---

[24] Vgl. Bröker (2002), S. 24.

Melderegelungen auf allen Unternehmensebenen sowie auch eine Compliance Funktion umfassen soll.

Mit dem Rundschreiben 15/2009 – (MaRisk BA) – hat die BaFin auf der Grundlage von § 25 a Abs. 1 KWG Mindestanforderungen an das Risikomanagement von Banken aufgestellt, die einen flexiblen und praxisnahen Rahmen für die Ausgestaltung des Risikomanagements darstellen und Vorgaben für die Corporate Governance enthalten.[25]

Durch das Rundschreiben MaComp 4/2010 wurden von der BaFin Mindestanforderungen an die Compliance-Funktion und die weiteren Verhaltens-, Organisations- und Transparenzpflichten nach §§ 31 ff. WpHG für *Wertpapierdienstleistungsunternehmen* definiert.[26]

Für Kapitalanlagegesellschaften im Sinne von § 6 Abs. 1 InvG und Investmentaktiengesellschaften im Sinne von § 96 InvG hat die Bundesanstalt für Finanzdienstleistungsaufsicht die InvMaRisk vom 30.6.2010 veröffentlicht. Diese sieht Mindestanforderungen bei der Ausgestaltung einer ordnungsgemäßen Geschäftsorganisation und insbesondere des Risikomanagements vor. Im Gegensatz zur MaRisk BA wird der Punkt „Compliance" hier erwähnt. Das dürfte unter anderem daran liegen, dass die InvMaRisk relativ neu sind und Compliance seine Grundlage im KWG und WpHG gefunden hat.

Banken, Versicherungen usw. werden in der Regel von Wirtschaftsprüfern geprüft, für die es seit dem 11. März 2010 einen Entwurf von Empfehlungen des Hauptfachausschusses (HFA) des Instituts der Wirtschaftsprüfer in Deutschland e.V. (IDW) für die Prüfung im Bereich Compliance gibt: die Grundsätze ordnungsmäßiger Prüfung von Compliance Management Systemen (IDW EPS 980).[27] Das IDW verdeutlicht in diesem IDW-Prüfungsstandard den Inhalt freiwilliger Prüfungen von Compliance Management Systemen (CMS-Prüfungen) und legt die Berufsauffassung dar, nach der Wirtschaftsprüfer unbeschadet ihrer Eigenverantwortlichkeit derartige Aufträge durchführen. Als Teilbereich des unternehmensweiten Risikomanagements ist das Compliance Management System (CMS) auf die Einhaltung von Regeln im Unternehmen ausgerichtet.

---

[25] Vgl. Lorenz (2007), S. 15 f.

[26] Ausführlich hierzu Schäfer (2011), S. 45ff.

[27] Die Adresse lautet: www.idw.de/idw/portal/n281334/n281114/n302246/index.jsp, Stand: 22.12.2010

Öffentlich-rechtlich organisierte institutionelle Anleger

Andere institutionelle Investoren sind weniger reguliert. Hierzu zählen z. B. öffentlich-rechtlich organisierte Unternehmen, für die die oben genannten Gesetze nicht unmittelbar gelten. Der Deutsche Corporate Governance Kodex und der Public Governance Kodex, der nur für nicht börsennotierte Bundesbeteiligungen gilt, sind auf diese öffentlich-rechtlichen institutionellen Anleger nicht anzuwenden.

Öffentlich-rechtlich organisierte Unternehmen sind in der Regel juristische Personen des öffentlichen Rechts.[28] Es gibt einige anerkannte Grundtypen öffentlich-rechtlicher Organisationsformen wie z. B. Körperschaft, Anstalt und Stiftung. Aufbau, Leitung und Kontrolle öffentlich-rechtlicher Unternehmen bedürfen zumindest in den wesentlichen Grundzügen gesetzlicher Regelungen (Wesentlichkeitsprinzip). Öffentlich-rechtlich organisierte Unternehmen müssen dazu dienen, einen öffentlichen Auftrag zu erfüllen. Angesichts der Vielfalt und Heterogenität der maßgeblichen Rechtsquellen für öffentlich rechtliche Anleger ist es nicht möglich, allgemeingültige Aussagen über erforderliche Grundstrukturen für eine „Corporate Governance" zu machen.

Ebenso wie einige andere öffentlich-rechtlich organisierte institutionelle Anleger hat auch das Versorgungswerk der Wirtschaftsprüfer und der vereidigten Buchprüfer im Lande Nordrhein-Westfalen (WPV) sich auf freiwilliger Basis einen „WPV Governance Kodex – Grundwerte und Verhaltensregeln" gegeben, in dem neben Grundwerten und Kompetenzregelungen insbesondere grundlegende rechtliche und ethische Anforderungen an die Vorstandsmitglieder, den Geschäftsführer, die Mitarbeiter und die Geschäftspartner des WPV festgelegt sind. Diese – auf das WPV bezogenen und daher nicht auf andere Organisationen übertragbaren – Anforderungen werden im Folgenden beispielhaft näher erläutert.

Corporate Governance beim institutionellen Anleger – der Governance Kodex des WPV

Das WPV hat als berufsständisches Versorgungswerk die Aufgabe, seinen Mitgliedern und sonstigen zum Empfang von Leistungen Berechtigten eine adäquate Alters-, Invaliditäts- und Hinterbliebenenversorgung zu gewähren. Mitglieder des WPV sind Wirtschaftsprüfer und vereidigte Buchprüfer sowie die gesetzlichen Vertreter von Wirtschaftsprüfungsgesellschaften in Nordrhein-Westfalen und in allen anderen Bundesländern außer dem Saarland. Rechtsgrundlage für die Tätigkeit des WPV sind das

---

Gesetz über die Versorgung der Wirtschaftsprüfer und der vereidigten Buchprüfer (WPVG NW) und Staatsverträge, die das Land NRW mit 14 Bundesländern geschlossen hat. [29]

Das WPV erbringt seine Leistungen ohne staatliche Zuschüsse ausschließlich aus eigenen Mitteln. Die von den Mitgliedern eingezahlten Beiträge werden auf der Grundlage des Versicherungsaufsichtsgesetzes des Landes Nordrhein-Westfalen (VAG NRW[30]) sowie der Verordnung über die Beaufsichtigung der Versicherungsunternehmen und der Versorgungswerke der Freien Berufe in Nordrhein-Westfalen (Versicherungsaufsichtsverordnung, VersAufsVO NRW[31]) im Wesentlichen nach denselben Grundsätzen angelegt, die auch von privaten Versicherungsunternehmen zu beachten sind. Das WPV unterliegt der Aufsicht des Finanzministeriums NRW.

Das WPV regelt im Rahmen der gesetzlichen Vorgaben die in seinen Aufgabenbereich fallenden Angelegenheiten autonom durch die zuständigen Organe, bestehend aus einer ehrenamtlichen Vertreterversammlung, einem ehrenamtlichen Vorstand und Präsidenten sowie dem hauptamtlichen Geschäftsführer. Neben der Satzung ist hier als bedeutende Regelung der WPV Governance Kodex – Grundwerte und Verhaltensregeln zu nennen, den der Vorstand des WPV am 20. Februar 2008 beschlossen hat. Dieser Leitfaden für das Werte-Management im WPV legt Kompetenzen sowie hiermit korrespondierende Verantwortlichkeiten fest und formuliert grundlegende rechtliche und ethische Anforderungen an die Vorstandsmitglieder, den Geschäftsführer, die Mitarbeiter und die Geschäftspartner des WPV. Zielsetzung des Werte-Managements im WPV ist es, eine Versorgungswerkskultur zu schaffen, zu erhalten und fortzuentwickeln, die die Glaubwürdigkeit des geschäftlichen Handelns nach innen und außen, im unmittelbaren und mittelbaren Geschäftsumfeld sichert und den besonderen Anforderungen, die an eine berufsständische Versorgungseinrichtung gestellt werden, gerecht wird. Der WPV Governance Kodex – Grundwerte und Verhaltensregeln definiert die grundlegenden ethischen Werte und das Selbstverständnis des WPV.

Als Grundwerte bzw. Anforderungen werden zunächst „Rechtstreue", „Integrität", „Fairness", „Mitgliederorientierung", „Vermeidung bzw. Offenlegung von Interessen-

---

[29] Vgl. Roth (2000), S. 28 zur Zuständigkeit der Bundesländer für das Rechtsgebiet berufsständische Versorgung.

[30] Verordnung vom 20.4.1999, GV.NRW.1999 S. 154; geändert durch Artikel 2 des Gesetzes zur Änderung aufsichtsrechtlicher, insbesondere sparkassenrechtlicher Vorschriften vom 18. November 2008 (GV. NRW. S. 696), in Kraft getreten am 29. November 2008. Dabei steht GV.NRW für „Gesetz- und Verordnungsblatt für das Land Nordrhein-Westfalen".

[31] Verordnung vom 22.11.2010, GV.NRW.2010 S. 617-624.

konflikten", „Transparenz", „Verschwiegenheit" und „Professionalität" postuliert und in Grundzügen erläutert. In drei weiteren Abschnitten werden sodann die Grundwerte und die Kompetenz- und Verhaltensregeln für Vorstand, Präsident, Geschäftsführer und Mitarbeiter präzisiert und operationalisiert. In einer für alle Organe, für die Mitarbeiter und für die Geschäftspartner maßgeblichen Richtlinie werden allgemeingültige Kriterien für den Umgang mit Einladungen, Geschenken sowie Zuwendungen und anderen Vorteilen aufgestellt und typische Lebenssachverhalte beispielhaft angesprochen. Den Abschluss bildet eine Integritätsverpflichtung für (potenzielle) Geschäftspartner des WPV.

Der WPV Governance Kodex – Grundwerte und Verhaltensregeln wird als Selbstverpflichtung der handelnden Personen aufgefasst, an der sich die Vorstandsmitglieder, der Geschäftsführer, die Mitarbeiter sowie die Vertragspartner des WPV messen lassen müssen. Er bildet die Grundlage für selbstverantwortliches und – auf die gemeinsamen Ziele und Wertvorstellungen abgestimmtes – eigenständiges Handeln der einzelnen Mitarbeiter. Durch die Definition von Grundwerten macht er die strategischen Vorgaben und Maßnahmen des Vorstands und des Geschäftsführers verständlicher sowie berechenbarer. Er verdeutlicht zudem die wechselseitigen Abhängigkeiten zwischen versorgungswerksinternen und -externen Funktionen, Personen, Verantwortungs- und Fachbereichen.

Die zu beachtenden grundlegenden Werte für den Umgang der Vorstandsmitglieder, des Geschäftsführers und der Mitarbeiter unter- und miteinander sowie gegenüber Mitgliedern, Geschäftspartnern und externen Dritten sind wie folgt definiert:

Rechtstreue
Oberstes Gebot ist die Beachtung gesetzlicher, behördlicher (insbesondere aufsichtsrechtlicher) und satzungsmäßiger Vorgaben, die für die Tätigkeit des WPV maßgeblich sind. Dies gilt insbesondere für Verstöße, die mit Freiheitsstrafe, Geldstrafe oder Geldbuße geahndet werden, sowie für die Forderung bzw. Entgegennahme oder die Anbietung bzw. Zuwendung direkter oder indirekter unberechtigter oder ungesetzlicher Vorteile.

Integrität
Die seitens des WPV definierten und postulierten Überzeugungen, Maßstäbe und Wertvorstellungen müssen sich entsprechend im Handeln der Entscheidungsträger

und Mitarbeiter[32] niederschlagen, um zu gewährleisten, dass eine grundsätzliche Übereinstimmung zwischen den ethischen Prinzipien und der tatsächlichen Geschäftspraxis des WPV herrscht. Dies erfordert u. a. Redlichkeit, Unbestechlichkeit, Ehrlichkeit und das Einstehen für übernommene Verpflichtungen. Das WPV versteht sich sowohl gegenüber seinen Mitarbeitern und Geschäftspartnern als auch namentlich gegenüber seinen Mitgliedern als verlässlicher Partner, der sich des in ihn gesetzten Vertrauens bewusst ist und ihm gerecht wird. Integrität umfasst auch gegenseitigen Respekt. Vorstandsmitglieder, Geschäftsführer und Mitarbeiter achten im versorgungswerksinternen wie -externen Umgang die persönliche Würde, die Privatsphäre und die Persönlichkeitsrechte jedes Einzelnen – unabhängig von Geschlecht, Nationalität, Kultur, Religion, Hautfarbe u.ä. Das WPV duldet weder Diskriminierung noch eine wie auch immer geartete persönliche Belästigung oder Beleidigung.

Fairness

Ein weiterer Grundwert des WPV ist Fairness gegenüber Mitgliedern, Mitarbeitern, Geschäftsführer, Vorstandsmitgliedern, Geschäftspartnern sowie der Öffentlichkeit. Fairness beinhaltet Offenheit ebenso wie Zuverlässigkeit. Unfaire Praktiken können dem Ansehen des WPV nachhaltigen Schaden zufügen. Das WPV erwartet von seinen Führungskräften, dass diese das Prinzip der Fairness vorleben, gerade auch im Verhältnis zu Mitarbeitern.

Mitgliederorientierung

Übergeordnetes Ziel des WPV ist die Umsetzung des satzungsgemäßen Versorgungsauftrags. Deshalb ist die gesamte Tätigkeit des WPV auf die Wahrung der Mitgliederinteressen auszurichten. Die Vorstandsmitglieder, der Geschäftsführer und die Mitarbeiter des WPV sind sich der besonderen Verantwortung bewusst, die mit der Verwaltung eines berufsständischen Versorgungswerks – als „1. Säule" der Alterssicherung seiner Mitglieder – und der Sachwaltung fremden Vermögens verbunden ist.

Durch eine angemessene Aufbau- und Ablauforganisation sowie durch adäquate Risikomanagement- und Kontrollstrukturen ist sicherzustellen, dass die finanziellen Mittel im bestmöglichen Interesse der Mitglieder verwaltet werden. Die Geschäftsprozesse und Instrumente sind entsprechend den sich wandelnden internen und externen Anforderungen weiterzuentwickeln. Mitarbeiter müssen über die erforderliche fachliche und

---

[32] Zur sprachlichen Vereinfachung wird im WPV Governance Kodex – Grundwerte und Verhaltensregeln generell das „maskuline Neutrum" verwendet.

ethische Eignung sowie ausreichende Erfahrung verfügen und sich fortlaufend weiter-bilden.

Die Bearbeitung von Mitgliederangelegenheiten beruht auf dem Grundsatz der Gleichbehandlung; somit müssen vergleichbare Sachverhalte nach gleichen Maßstä-ben beurteilt werden. Entscheidungen über Leistungsanträge sind satzungsgemäß und anhand objektiver Kriterien ohne Ansehen der Person zu treffen.

Das WPV unterstützt seine Mitglieder unter Wahrung des Prinzips der Verwaltungs-ökonomie auf Anfrage durch sachkundigen Rat bei der individuellen Entscheidungs-findung.

Das WPV informiert seine Mitglieder insbesondere durch seinen Internetauftritt, der einen geschützten Mitgliederbereich enthält. Die Informationspolitik ist durch die Grundsätze der Glaubwürdigkeit, Objektivität und Transparenz gekennzeichnet.

Vermeidung bzw. Offenlegung von Interessenkonflikten

Das WPV legt Wert darauf, dass seine Vorstandsmitglieder, Geschäftsführer und Mit-arbeiter bei ihrer Tätigkeit für das Versorgungswerk nicht in Interessen- oder Loyali-tätskonflikte geraten. Solche Konflikte sind unverzüglich offen zu legen.

Es ist grundsätzlich nicht bedenklich, wenn zwischen einem Mitarbeiter oder Vor-standsmitgliedern bzw. dem Geschäftsführer des WPV und einem Mitglied private oder berufliche Kontakte bestehen. Allerdings ist gerade bei dieses Mitglied betreffen-den Verwaltungsvorgängen, die einen Beurteilungsspielraum eröffnen (wie beispiels-weise die Bewilligung von Berufsunfähigkeitsrenten oder Rehabilitationszuschüssen), auf eine ausschließlich sachorientierte und unparteiische Beurteilung der Belange zu achten. Um bereits den Anschein der Voreingenommenheit bzw. Befangenheit zu ver-meiden, haben Mitarbeiter in den vorgenannten oder vergleichbaren Fällen den je-weiligen Vorgesetzten zu informieren und sich im Zweifel von der Bearbeitung des Sachverhalts befreien zu lassen. Vorstandsmitglieder und der Geschäftsführer haben bei entsprechenden Konstellationen den Vorstand zu unterrichten und sich bei Ab-stimmungen ggf. der Stimme zu enthalten.

Eine strikte Trennung von privaten Interessen und dienstlichen Aufgaben ist insbeson-dere auch im Kapitalanlagebereich unerlässlich. Die Tätigung von Investitionen und Desinvestitionen sowie die Auswahl von Handelspartnern, Asset Managern, Custod-ians, Portfolio- und Strategieberatern sowie sonstigen Geschäftspartnern haben sich allein an den wohl verstandenen Mitgliederinteressen, namentlich der langfristigen

Sicherung der Versorgungsansprüche, auszurichten; sie dürfen nicht in der Erwartung etwaiger persönlicher materieller oder immaterieller Vorteile erfolgen.

Mit dem satzungsmäßigen Versorgungsauftrag verträgt sich ebenso wenig die Nutzung dienstlich erlangter Informationen für eigene Zwecke zum Nachteil des WPV.

Der unmittelbare oder mittelbare Erwerb von Anteilen an einem nicht börsennotierten Unternehmen, an dem das WPV selbst direkt oder indirekt Anteile hält oder dem es direkt oder indirekt Kapital zur Verfügung stellt, ist nicht gestattet. Ausnahmefälle bedürfen eines Vorstandsbeschlusses. Offenzulegen ist das Bestehen oder der Erwerb nicht nur unwesentlicher Anteile an Unternehmen, die Geschäftspartner des WPV sind. Besondere Aufmerksamkeit ist geboten, wenn der jeweilige Mitarbeiter oder das Vorstandsmitglied bzw. der Geschäftsführer des WPV mit dem betreffenden Unternehmen dienstlich befasst ist bzw. in Bezug auf dieses Unternehmen die Geschäftspolitik des WPV beeinflussen kann.

Das Halten nicht nur unwesentlicher Anteile an einem der vorbezeichneten Unternehmen durch nahe Angehörige i.S.v. § 15 AO ist, falls bekannt, mitteilungspflichtig.

Adressat der geforderten Informationen ist im Falle von Mitarbeitern der Geschäftsführer, im Falle der Vorstandsmitglieder und des Geschäftsführers der Vorstand. Die Aufnahme einer Nebentätigkeit durch Mitarbeiter des WPV bedarf der Einwilligung des Geschäftsführers. Die Nebentätigkeit ist zu untersagen, wenn sie zu einer Beeinträchtigung der Arbeitsleistung führt, den Pflichten im WPV widerspricht oder wenn die Gefahr einer Interessenkollision besteht. Die Aufnahme einer Nebentätigkeit gegen Entgelt durch den Geschäftsführer bedarf der Einwilligung des Präsidenten.

Vorstandsmitglieder und Geschäftsführer sollen mögliche Interessenkonflikte, die aufgrund einer Beratungs- oder Organfunktion bei Beteiligungsunternehmen, Schuldnern oder sonstigen Geschäftspartnern des WPV entstehen können, dem Vorstand gegenüber offen legen.

Das WPV schließt keine Beratungs- und sonstigen Dienstleistungs- und Werkverträge mit einem Vorstandsmitglied oder dem Geschäftsführer. Entsprechendes gilt für Vereinbarungen des WPV mit Unternehmen, an denen ein Mitglied des Vorstands oder der Geschäftsführer Anteile oder andere nicht nur unwesentliche finanzielle Interessen besitzt.

Transparenz

Der zugleich effektiven wie effizienten Erfüllung des Versorgungsauftrags dienen übersichtliche, klar gegliederte Strukturen, Aufgabenzuweisungen und Arbeitsabläufe sowie ein angemessenes Risikomanagement- und Kontrollsystem. Das WPV weist eine flache Hierarchie mit kurzen Kommunikationswegen auf. Hierdurch wird ein zeitnaher und möglichst vollständiger, sämtliche potenziell entscheidungsrelevanten Aspekte beinhaltender Informationsaustausch zwischen den unterschiedlichen Ebenen und Organen des WPV unterstützt.

Besondere Bedeutung kommt der offenen, vertrauensvollen Kommunikation zwischen dem Geschäftsführer und dem Vorstand zu.

Die Vertreterversammlung ist umfassend und wahrheitsgemäß über die Vermögens-, Finanz- und Ertragslage des WPV und andere für das WPV erhebliche Umstände sowie über sonstige für die Erfüllung der satzungsgemäßen Aufgaben der Vertreterversammlung relevante Sachverhalte zu unterrichten.

Den einzelnen Mitgliedern sind adressatengerecht die für ihre Versorgungsansprüche wesentlichen Informationen zur Verfügung zu stellen.

Transparenz erfordert ferner eine ordnungsgemäße Dokumentation und systematische (bevorzugt elektronische) Ablage aller geschäftlichen Vorgänge. Diese erleichtert nicht nur in Vertretungsfällen eine reibungslose Weiterbearbeitung, sondern ist auch Grundvoraussetzung einer späteren Überprüfbarkeit. Zudem liegt sie im wohlverstandenen Eigeninteresse des Handelnden, da auf ihrer Basis die im jeweiligen Entscheidungszeitpunkt vorhandenen, für relevant erachteten Informationen, Prämissen sowie sonstigen Parameter belegt und das sorgfältige Zustandekommen einer ex post möglicherweise ungünstigen Entscheidung nachgewiesen werden kann.

Verschwiegenheit

Transparenz findet ihre Grenzen dort, wo infolge von Datenschutzbestimmungen, versorgungswerksinternen Gründen oder Vereinbarungen mit Dritten Verschwiegenheit zu wahren ist.

Vorstandsmitglieder, Geschäftsführer und Mitarbeiter des WPV sind sich namentlich ihrer Verantwortung im Umgang mit sensiblen Mitgliederdaten bewusst. Deshalb ist die Vorsorge gegen Risiken, die mit der Erhebung, Verarbeitung und Speicherung dieser und anderer personenbezogener Daten verbunden sind, wesentlicher Bestandteil sowohl des Datensicherheits- und Datenschutz-Managements als auch des Verhaltens jedes Einzelnen.

Verschwiegenheit ist ferner zu üben hinsichtlich interner Informationen, wie Gremienprotokolle, Bewertungsgutachten und des internen Berichtswesens.

Sorgfältig beachtet werden auch etwaige vertraglich getroffene Geheimhaltungsabreden, beispielsweise hinsichtlich der Konditionengestaltung im Kapitalanlagebereich. Das Vertrauen der Geschäftspartner in die Vertragstreue des WPV ist eine Grundvoraussetzung für eine konstruktive und nachhaltig erfolgreiche Zusammenarbeit.

Die Verpflichtung, Verschwiegenheit zu wahren, gilt nach Beendigung des Anstellungs- bzw. Organverhältnisses unverändert fort.

Professionalität

Zu den Grundwerten des WPV zählt Professionalität. Diese bedingt neben Einsatzbereitschaft und Motivation eine hohe fachspezifische Qualifikation.

Durch gezielte interne wie externe Weiterbildung werden die jeweils erforderlichen Kenntnisse aktualisiert, vertieft und ausgebaut.

Zur Professionalität gehört aber auch das Bewusstsein, dass jedes Mitglied des Vorstands sowie der Geschäftsführer und jeder Mitarbeiter mitverantwortlich ist für das Ansehen des WPV, insbesondere im Auftreten gegenüber Mitgliedern des WPV. "

Die drei Abschnitte des WPV Governance Kodex – Grundwerte und Verhaltensregeln, in denen die für Vorstand, Geschäftsführer und Mitarbeiter des WPV geltenden Regeln präzisiert und operationalisiert werden, sind unternehmensspezifisch und bedürfen an dieser Stelle keiner weiteren Erläuterungen.

In der Richtlinie für den Umgang mit Einladungen, Geschenken sowie Zuwendungen und anderen Vorteilen ist einleitend festgelegt, dass die Mitglieder des WPV einen Anspruch darauf haben, dass der Vorstand, der Geschäftsführer und die Mitarbeiter des WPV ihren Aufgaben satzungsgemäß und ungeachtet persönlicher Interessen nachkommen. Die Richtlinie soll verhindern, dass die Vorstandsmitglieder, der Geschäftsführer und die Mitarbeiter des WPV durch die Inanspruchnahme von Vergünstigungen in der Objektivität und Integrität ihrer Aufgabenerfüllung beeinträchtigt werden könnten. Bereits der Anschein der Käuflichkeit muss vermieden werden.

Nach Begriffsbestimmungen der wesentlichen Tatbestandsmerkmale werden typische Lebenssachverhalte beispielhaft angesprochen. Da nicht alle Anwendungsfragen erfasst und sämtliche Einzelfälle geklärt werden können, soll die Richtlinie einen Orientierungsmaßstab darstellen und auf diese Weise die eigenverantwortliche Pflichterfüllung der handelnden Personen und die Prüfungstätigkeit der Mitarbeiter der Stabsstelle Compliance unterstützen.

Die Richtlinie strebt dieses Ziel in Übereinstimmung mit dem Grundwert Transparenz vorrangig über eine Offenlegung aller einschlägigen Vorgänge an. Sie geht insoweit davon aus, dass Transparenz – als Gegensatz zur Heimlichkeit – am besten geeignet ist, dem Anschein der Käuflichkeit entgegenzuwirken.

Die Vorstandsmitglieder und der Geschäftsführer sowie die Mitarbeiter des WPV unterliegen in ihrer „Amtsträgereigenschaft" dem Verbot der Vorteilsannahme (§ 331 Strafgesetzbuch - StGB) bzw. der Bestechlichkeit (§ 332 StGB)[33]. Sie dürfen in Bezug auf ihre Tätigkeit – sei es durch ein aktives Tätigwerden oder durch ein Unterlassen (§ 336 StGB) – für das WPV grundsätzlich keine Zuwendungen oder anderen Vorteile für sich oder einen Dritten fordern, sich versprechen lassen oder annehmen. Hierbei ist es unerheblich, ob die Tätigkeit selbst pflichtwidrig oder ordnungsgemäß vorgenommen wurde oder worden wäre. Es kommt des Weiteren nicht darauf an, ob eine Zuwendung oder ein anderer Vorteil

- vom Geber oder in dessen Auftrag von anderen Personen gewährt wird,
- dem Vorstandsmitglied oder dem Geschäftsführer bzw. dem Mitarbeiter unmittelbar oder nur mittelbar (z. B. bei Zuwendungen oder anderen Vorteilen an Angehörige, an Vereine oder andere unberechtigte Dritte) zugutekommen soll,
- nur einzelnen Personen oder einer Gruppe von Vorstandsmitgliedern und dem Geschäftsführer bzw. Mitarbeitern gewährt wird.

Unbeachtlich ist ferner, zu welchem Zeitpunkt eine Zuwendung oder ein anderer Vorteil angeboten oder gefordert wird, welcher Grund hierfür angegeben und welcher Anlass herangezogen wird.

Sozialadäquate Zuwendungen und andere Vorteile sind per se unbedenklich. Verstanden werden hierunter übliche, von der Allgemeinheit gebilligte und daher im sozialen Leben gänzlich unverdächtige, weil im Rahmen der sozialen Handlungsfreiheit liegende Vorteile. Als sozialadäquat können insbesondere solche Leistungen angesehen werden, die der Höflichkeit oder Gefälligkeit entsprechen und deshalb als sozialüblich angesehen und allgemein gebilligt werden. Beispielhaft sind hier Leistungen im Zusammenhang mit dienstlich veranlassten Einladungen wie die Abholung vom Flughafen/Bahnhof oder Bewirtungen während Sitzungen und Besprechungen zu nennen.

Nicht mehr sozialadäquate Zuwendungen und andere Vorteile können grundsätzlich nach § 331 Abs. 3 StGB genehmigt werden. Die Grenze der Genehmigungsfähigkeit wird überschritten, wenn die Zuwendungen und die anderen Vorteile nicht mehr mit den Aufgaben und Pflichten des WPV vereinbar sind. Die Richtlinie geht davon aus,

---

[33] Vgl. *BGH* 9.7.2009/AZ: 5 StR 263/08

dass eine Genehmigung bei der Tathandlung des Forderns oder bei rechtswidrigen Diensthandlungen ausscheidet.

Die Richtlinie differenziert im Interesse der Handhabbarkeit in der Praxis nicht zwischen per se sozialadäquaten und solchen Zuwendungen und anderen Vorteilen, die als genehmigt oder als genehmigungsfähig eingeordnet werden. Bei Beachtung der für einzelne Fallgruppen in der Richtlinie genannten Anforderungen sind die Handlungen bzw. im Einzelfall auch Unterlassungen als i.S.v. § 331 Abs. 3 StGB genehmigt anzusehen. Darüber hinaus besteht insbesondere für Mitarbeiter des WPV die Möglichkeit, vorab eine Genehmigung des Geschäftsführers einzuholen. Sollten im Einzelfall genehmigungsfähige Zuwendungen oder andere Vorteile, z. B. weil sie spontan gewährt werden, hiernach nicht als genehmigt anzusehen sein, sind die Zuwendungen oder sonstigen Vorteile unverzüglich mit der Bitte um nachträgliche Genehmigung anzuzeigen.

Unter Zuwendungen und anderen Vorteilen sind materielle und immaterielle Leistungen zu verstehen, auf die kein Rechtsanspruch besteht und die die wirtschaftliche, rechtliche oder persönliche Lage des Vorstandsmitgliedes oder des Geschäftsführers bzw. des Mitarbeiters oder eines unberechtigten Dritten objektiv verbessern. Zuwendungen und andere Vorteile können z. B. bestehen in Geld, Nominalwerten, immateriellen Vorteilen, Sachwerten, besonderen Vergünstigungen bei Privatgeschäften, Mitnahme auf Urlaubsreisen, Zahlung unverhältnismäßig hoher Vergütungen für – auch genehmigte – Nebentätigkeiten, Einladungen und unentgeltliche oder verbilligte Teilnahme an Veranstaltungen sowie unentgeltlichen oder verbilligten Bewirtungen.

Ein Bezug zur Tätigkeit für das WPV ist bei Zuwendungen oder anderen Vorteilen anzunehmen, wenn die zuwendende Person sich davon leiten lässt, dass das Vorstandsmitglied bzw. der Geschäftsführer oder der Mitarbeiter eine bestimmte Funktion im WPV innehat. Ein Zusammenhang mit einer konkreten Diensthandlung bzw. Entscheidung ist nicht erforderlich. Im Einzelfall schwierig ist die Abgrenzung von solchen Zuwendungen und anderen Vorteilen, die ausschließlich mit Rücksicht auf Beziehungen innerhalb der privaten Sphäre eines Vorstandsmitgliedes bzw. des Geschäftsführers oder eines Mitarbeiters bzw. einer beruflichen Sphäre außerhalb des WPV gewährt werden. So fallen etwa Nebentätigkeiten, gleich ob sie den Einsatz dienstlich erworbener Fähigkeiten zum Gegenstand haben, nicht unter die Richtlinie, wenn diese für einen Auftraggeber ausgeübt werden, mit dem keine dienstlichen Berührungspunkte bestehen und nicht bestehen können. Zweifel hinsichtlich der Abgrenzung sind – entsprechend dem übergeordneten Grundsatz Transparenz – offen zu legen und von Mitarbeitern mit dem Geschäftsführer und vom Geschäftsführer sowie einzelnen Vorstandsmitgliedern mit dem Vorstand zu erörtern.

Die Wahrnehmung von Einladungen von (potenziellen) Geschäftspartnern zu beruflichen und gesellschaftlichen Veranstaltungen gehört bei Vorstandsmitgliedern, beim Geschäftsführer und bei Mitarbeitern grundsätzlich zur ordnungsgemäßen Ausübung der übertragenen Aufgaben. Voraussetzung hierfür ist allerdings, dass die Teilnahme an der Veranstaltung im Rahmen der Tätigkeit für das WPV oder im Interesse des WPV oder mit Rücksicht auf die den Betroffenen durch die Tätigkeit für das WPV auferlegten gesellschaftlichen Verpflichtungen erfolgt. Beispiele für derartige Veranstaltungen sind Anlageausschusssitzungen, Beiratssitzungen, Besichtigungen bestehender und potenzieller Anlageobjekte und Anlageregionen, Betriebsbesichtigungen bei Geschäftspartnern, Konferenzen, Vorträge, Messen, sonstige Aus-, Fort- und Weiterbildungsmaßnahmen, Einweihungen, Ehrungen, Jubiläen, Empfänge und kulturelle Veranstaltungen.

Auch hinsichtlich der Wahrnehmung von Einladungen kann es, insbesondere bei gesellschaftlichen Verpflichtungen, zu Abgrenzungsproblemen kommen. Bei Mitarbeitern entscheidet der Geschäftsführer, ob die Teilnahme im Rahmen der Tätigkeit oder im Interesse des WPV liegt oder mit Rücksicht auf die Tätigkeit im WPV erfolgt. Die Vorstandsmitglieder und der Geschäftsführer entscheiden dies in eigener Verantwortung. Fälle, in denen zweifelhaft ist, ob die Teilnahme im Rahmen der Tätigkeit oder im Interesse des WPV liegt oder mit Rücksicht auf die Tätigkeit im WPV erfolgt, sind zu erörtern. Die Übernahme der Aufwendungen eines begleitenden Ehegatten oder Lebenspartners durch das WPV bedarf im Falle eines Vorstandsmitgliedes oder des Geschäftsführers eines Vorstandsbeschlusses; bei Ehegatten oder Lebenspartnern von Mitarbeitern obliegt die Entscheidung dem Geschäftsführer.

Besucht ein Vorstandsmitglied oder der Geschäftsführer oder ein Mitarbeiter Mehrtagesveranstaltungen (Veranstaltungen, die mehr als eine Übernachtung umfassen, z. B. Investorenreisen), bei denen die Reise-, Übernachtungs- und Bewirtungskosten ganz oder zu nicht unwesentlichen Teilen vom Veranstalter bzw. einem Dritten getragen werden, ist dies dem Vorstand bei nächster Gelegenheit mitzuteilen. Nehmen sämtliche oder die Mehrheit der Vorstandsmitglieder an einer Mehrtagesveranstaltung teil, bei der die Reise-, Übernachtungs- und Bewirtungskosten ganz oder zu nicht unwesentlichen Teilen vom Veranstalter bzw. einem Dritten getragen werden, so ist der Vorsitzende der Vertreterversammlung bei nächster Gelegenheit zu informieren.

Entscheidungen zugunsten von Geschäftspartnern, die als Veranstalter oder Dritte nicht unwesentliche Aufwendungen im vorgenannten Sinne im Zusammenhang mit der Teilnahme des Geschäftsführers an einer Mehrtagesveranstaltung getragen haben, sind innerhalb eines Zeitraums von 6 Monaten nach Beendigung der Reise vom Vorstand zu treffen. Der Vorstand kann für bestimmte Arten von Geschäften – mit oder ohne gesondert zu definierende Voraussetzungen – Ausnahmen zulassen.

Geringfügige Leistungen im Zusammenhang mit Veranstaltungen und anderen Diensthandlungen für das WPV sind als sozialadäquat anzusehen, wenn sie die Durchführung der Diensthandlung erleichtern oder beschleunigen. Hierzu gehört z. B. die Abholung mit einem Kraftfahrzeug vom Flughafen oder Bahnhof durch den Geschäftspartner.

Bewirtungen im Zusammenhang mit Veranstaltungen oder aus Anlass oder bei Gelegenheit von Handlungen für das WPV sind angemessen, wenn sich die Bewirtung im Rahmen des für diese Art von Geschäft üblichen Lebenszuschnitts der Teilnehmenden befindet. Maßgeblich ist hierbei, dass sich die Geschäftspartner – gemessen an ihrer Funktion und der Bedeutung des jeweiligen Geschäfts – „auf Augenhöhe" treffen.

Die Annahme von Geldgeschenken ist unabhängig von ihrer Höhe nicht gestattet. Nicht zu beanstanden ist dagegen die Annahme von nach allgemeiner Auffassung geringwertigen Aufmerksamkeiten, z. B. Werbeartikeln wie Kugelschreiber, Kalender, Schreibblocks etc., insbesondere solchen Artikeln, die mit einem Werbeaufdruck versehen sind. Geschenke von bestehenden oder potenziellen Geschäftspartnern, Mitgliedern oder Dritten dürfen im Übrigen auch dann, wenn ein Bezug zur Tätigkeit für das WPV nicht ausgeschlossen werden kann, angenommen werden, sofern der materielle Wert des Geschenkes 35,00 EUR und die Summe der Geschenke 90,00 EUR im Kalenderjahr nicht übersteigt. Geschenke mit einem materiellen Wert von mehr als 35,00 EUR, bei denen eine Zurückweisung mit Blick auf die Geschäftsbeziehung, auf besondere Umstände der Schenkung oder entgegenstehende nationale oder internationale Gepflogenheiten nicht tunlich erscheint, sowie alle Weihnachtsgeschenke dürfen nicht persönlich angenommen werden, sondern werden im Rahmen einer jährlich stattfindenden „Weihnachtstombola" an alle Mitarbeiter des WPV verteilt oder an gemeinnützige Organisationen weitergegeben.

Zulässig ist grundsätzlich auch der Empfang von Gastgeschenken für das WPV als Institution, wenn die betreffenden Gegenstände für den Geber und für etwaige Dritte erkennbar nicht in das persönliche Eigentum eines Mitarbeiters oder eines Vorstandsmitgliedes bzw. des Geschäftsführers übergehen. Geschenke, die den Rahmen der üblichen Geschäftsgepflogenheiten weit übersteigen, dürfen nicht angenommen werden. Umgekehrt dürfen Vorstandsmitglieder, der Geschäftsführer und Mitarbeiter des WPV Dritten im Zusammenhang mit der geschäftlichen Tätigkeit weder direkt noch indirekt unberechtigte Zuwendungen und andere Vorteile anbieten, versprechen oder gewähren. Insbesondere Geldgeschenke sind unzulässig. Aus Höflichkeit oder bei besonderen Gelegenheiten, wie z. B. Jubiläen, überreichte Geschenke an bestehende oder potenzielle Geschäftspartner oder sonstige Dritte sind danach auszuwählen, dass jeder Anschein von Unredlichkeit vermieden wird. Als Anhaltspunkt kann grundsätzlich die Wertgrenze von 35,00 EUR herangezogen werden.

Die Integritätsverpflichtung für (potenzielle) Geschäftspartner des WPV ist eine Mustervereinbarung, in der sich der (potenzielle) Geschäftspartner verpflichtet, in Bezug auf die Geschäftsbeziehung mit dem WPV alle erforderlichen Maßnahmen zur Vermeidung von Korruption zu ergreifen. In der Vereinbarung werden während des Auswahlprozesses und in der Vertragsanbahnungsphase sowie nach Vertragsabschluss im Rahmen der Vertragsabwicklung zu beachtende Grundsätze festgelegt. Verstöße gegen diese Verpflichtungen können einen Ausschluss als Geschäftspartner (Kündigung eines bestehenden Vertrages aus wichtigem Grund), eine Sperre für künftige Verträge und gegebenenfalls Schadensersatzansprüche begründen. Grundsätzlich schließt das WPV nur Verträge mit Geschäftspartnern, die sich durch Unterzeichnung der Vereinbarung ausdrücklich zur Integrität der Geschäftsbeziehung bekennen. Eine gleichwertige Dokumentation kann aber z. B. auch durch einen eigenen (Governance-) Kodex erbracht werden, der im Wesentlichen inhaltsgleiche Anforderungen wie der WPV Governance Kodex – Grundwerte und Verhaltensregeln definiert.

Das Leitmotiv der Transparenz gilt nicht nur im Vorfeld, sondern insbesondere auch dann, wenn Vorteile gewährt wurden. Die Dokumentation von gewährten Zuwendungen und anderen Vorteilen bietet die Gewähr der lückenlosen Nachvollziehbarkeit auch in der Zukunft. Die unmittelbar dem Geschäftsführer berichtspflichtige Stabsstelle Compliance führt daher Aufzeichnungen über alle Veranstaltungen, bei denen – über die Bewirtung in Kaffeepausen etc. hinaus – die Reise-, Übernachtungs- und Bewirtungskosten ganz oder zu nicht unwesentlichen Teilen vom Veranstalter bzw. einem Dritten getragen werden, über alle Veranstaltungen, die ausschließlich gesellschaftlichen Zwecken dienen sowie über alle Höflichkeits- und Gelegenheitsgeschenke ohne Werbeaufdruck. Diese Aufzeichnungen werden, soweit Vorstandsmitglieder oder der Geschäftsführer betroffen sind, dem Vorstand und, soweit Mitarbeiter betroffen sind, dem Geschäftsführer mindestens einmal im Jahr zur Kenntnisnahme vorgelegt.

Ein Verstoß gegen das Verbot der Annahme von Zuwendungen oder anderen Vorteilen kann nebeneinander dienst- bzw. arbeitsrechtliche, zivilrechtliche, steuerrechtliche und strafrechtliche Folgen nach sich ziehen. Gleiches gilt bei der Forderung von Zuwendungen oder anderen Vorteilen oder der Entgegennahme eines Versprechens der Gewährung von Zuwendungen oder anderen Vorteilen. Der Wert der Zuwendung oder des anderen Vorteils ist hierbei grundsätzlich unbeachtlich. Arbeitsrechtliche Konsequenzen können insbesondere in einer Kündigung oder Abmahnung bestehen. Es können Straftatbestände erfüllt sein, die mit einer Freiheits- oder Geldstrafe geahndet werden können. Darüber hinaus haftet der begünstigte Mitarbeiter bzw. das begünstigte Vorstandsmitglied oder der Geschäftsführer für den durch seine rechtswidrige und schuldhafte Tat entstandenen Schaden. Strafbar und schadenersatzpflichtig können sich im Übrigen auch die Personen machen, die Vorteile gewähren oder versprechen.

Ein Governance Kodex wird nur dann seinem Anspruch gerecht, wenn er in der Praxis angewendet – „gelebt" – wird. Dies setzt eine „Governance-Kultur" in der jeweiligen Organisation voraus, die durch geeignete Maßnahmen der internen und externen Sicherstellung unterstützt werden sollte.

Im WPV dienen insbesondere die Ausrichtung der Ablauforganisation am Grundsatz der Funktionstrennung sowie die Einhaltung des Vier-Augen-Prinzips bei der Bearbeitung als sensibel eingestufter Themenbereiche der internen Sicherstellung der Einhaltung des WPV Governance Kodex – Grundwerte und Verhaltensregeln. Präventiv wirkt zudem die sorgfältige Auswahl neuer Mitarbeiter und Geschäftspartner. Die Beachtung und Umsetzung der WPV Governance wird durch die Einrichtung einer Stabstelle Compliance überwacht, die unmittelbar dem Geschäftsführer berichtet.

Die Einhaltung des WPV Governance Kodex – Grundwerte und Verhaltensregeln ist wesentlicher Gegenstand der Internen Revision. Die Interne Revision berichtet, um eine effektive Überwachung auch des Geschäftsführers – „Balance of Power" – zu erreichen, unmittelbar dem ehrenamtlich tätigen Vorstand des WPV.

Einem Notar ist die Aufgabe übertragen worden, unter Wahrung der Anonymität des Anzeigenden Mitteilungen von Zweifelsfällen, Interessenkonflikten und etwaigen Verstößen gegen Verhaltensregeln entgegenzunehmen und eingehende Mitteilungen unverzüglich an die jeweilige (nicht betroffene) "nächste Instanz" anonymisiert weiterzugeben. Zudem erstellt der Notar jährlich einen Bericht über alle eingegangenen Mitteilungen.

5. Schlussbemerkung und Ausblick

Unabhängig von dem Bestehen einer gesetzlichen oder branchenweiten faktisch verbindlichen Regelung werden sich nach unserer Auffassung künftig zunehmend auch institutionelle Anleger Kodizes geben, in denen die Grundwerte und Verhaltensregeln der jeweiligen Organisation verbindlich festgelegt werden. Das gemeinsame Ziel dieser Kodizes ist sicherzustellen, dass die handelnden Personen die ihnen übertragenen Aufgaben unter Beachtung aller rechtlichen Rahmenbedingungen und festgelegten, auch ethischen, Werte effizient und effektiv erfüllen. Die Kodizes werden ausgehend von dieser Zielsetzung zwar in der Grundkonzeption ähnlich gestaltet sein, die Details werden sodann aber an die spezifischen Gegebenheiten der Organisation angepasst werden (müssen). Für eine „gute" Governance-Struktur ist essenziell, dass sie sich nicht in der Festlegung von Grundwerten und Regeln erschöpft, sondern im Unternehmen „gelebt" und durch geeignete Maßnahmen der internen und externen Sicherstellung unterstützt wird.

Literaturverzeichnis

Bröker, K. F. (Bröker, 2002): Compliance für Finanzdienstleister, Göttingen 2002

Diefert, D. (Diefert, 2010): Corporate Compliance und Risikomanagement im Mittelstand, in Risk und Compliance Audit 4/2010, S. 26-30.

Dörner, D./ Orth, C. (Dörner/ Orth, 2005): Bedeutung der Corporate Governance für Unternehmen und Kapitalmärkte, in Deutsche Corporate Governance Kodex, Handbuch für Entscheidungsträger, hrsg. Norbert Pfitzer; Peter Oser, Christian Orth, Stuttgart 2005, S. 5-16.

Faber, J. (Faber, 2009): Institutionelle Investoren (einschließlich Hedgefonds und Private Equity), in Handbuch Corporate Governance, hrsg. Peter Hommelhoff, Klaus J. Hopt, Axel v. Werder, Stuttgart 2009, S. 219-230.

Hauck, A.-U. (Hauck, 2010): Spezieller Leitfaden für Familienunternehmen, Der neue Governance Kodex, S. 3552-3557.

Hauscka, C. (Hauscka, 2007): Corporate Compliance, Handbuch der Haftungsvermeidung im Unternehmen, in Dennis Diefert, Corporate Compliance und Risikomanagement im Mittelstand, in Risk und Compliance Audit 4/2010, S. 26-30.

Kort, M. (Kort, 2008): Verhaltensstandardisierung durch Corporate Compliance, NZG 2008, Heft / 82, S. 1-21.

Lorenz, M. (Lorenz, 2007): Einführung in die rechtlichen Grundlagen des Risikomanagements, in Rechtlich Grundlagen des Risikomanagements, Haftungs- und Strafvermeidung für Corporate Compliance, hrsg. Frank Romeike, Oberaudorf am Kaisergebirge 2007, S. 4-29.

Maschmann, F. (Maschmann, 2007): Vermeidung von Korruptionsrisiken aus Unternehmenssicht - Arbeits- und Zivilrecht, Corporate Governance, in Handbuch der Korruptionsbekämpfung, hrsg. von Dieter Dölling, Heidelberg 2007, S. 93-180.

Menzies, C. (Menzies, 2006): Sarbanes-Oxley und Corporate Compliance, hrsg. Christof Menzies, Stuttgart 2006.

Pistor, K. (Pistor, 2009): Corporate Governance durch Mitbestimmung und Arbeitsmärkte, in Handbuch Corporate Governance, hrsg. Peter Hommelhoff, Klaus J. Hopt, Axel v. Werder, Stuttgart 2009, S. 231-252.

Roth, H. (Roth, 2000): Bestands- und Rentenverwaltung in der berufsständischen Versorgung, hrsg. Arbeitsgemeinschaft berufsständischer Versorgungseinrichtungen e.V. (ABV), Köln 2000

Ruter, R. X./ Berger, ./ Müller-Marqués, T. (Ruter/ Berger/ Müller-Marqués, 2005): Corporate Governance und öffentliche Unternehmen in Deutsche Corporate Governance Kodex, Handbuch für Entscheidungsträger, hrsg. Norbert Pfitzer, Peter Oser, Christian Orth, Stuttgart 2005, S. 437-468.

Schäfer, H. (Schäfer, 2011): „Die MaComp und das Erfordernis der Unabhängigkeit, Wirksamkeit und Dauerhaftigkeit von Compliance", Zeitschrift für Bank- und Kapitalmarktrecht, 2011, S. 45ff.

Siekmann, H. (Siekmann, 1995): Corporate Governance und öffentlich-rechtliche Unternehmen, Arbeitspapier, Ruhr-Universität Bochum

Stehr, N. (Stehr, 2007): Die Moralisierung der Märkte, Frankfurt a. M. 2007 in Faber, Joachim: Institutionelle Investoren (einschließlich Hedgefonds und Private Equity), in Handbuch Corporate Governance, hrsg. Peter Hommelhoff, Klaus J. Hopt, Axel v. Werder, Stuttgart 2009, S. 219-230.

v. Werder, A. (v. Werder, 2009): Ökonomische Grundfragen der Corporate Governance, in Handbuch Corporate Governance, hrsg. Peter Hommelhoff, Klaus J. Hopt, Axel v. Werder, Stuttgart 2009, S. 3-37

v. Werder, A. (v. Werder): Gabler Wirtschaftslexikon, Stichwort: Corporate Governance, online im Internet: http://wirtschaftslexikon.gabler.de/Archiv/55268/corporate-governance-v5.html

State-of-the-Art-Performancemessung für institutionelle Mandate

von Bernd R. Fischer/ Ulrich Raber

1. Einleitung

Bei der Beurteilung eines Vermögensverwalters bestehen aus der Sicht eines institutionellen Investors zwei grundlegende Perspektiven. Zum einen hat er die Aufgabe, einen geeigneten Vermögensverwalter für ein Mandat auszuwählen. Hierbei ist er darauf angewiesen, objektive Informationen über Vermögensverwalter und die von ihnen erwirtschafteten Performanceergebnisse zu erhalten, auf Basis derer er entscheiden kann, welcher für sein Mandat besonders geeignet ist. Mit dieser Fragestellung setzen sich die *Global Investment Performance Standards* (GIPS) auseinander, indem sie Standards für die Berechnung und Präsentation von Performancewerten setzen. Ihre Anwendung durch die Vermögensverwalter ermöglicht dem institutionellen Investor einen Vergleich unterschiedlicher Vermögensverwalter auf einheitlicher, objektiver Basis und führt somit zu einer erhöhten Transparenz. Diese Standards werden in Abschnitt 8 betrachtet.

Die andere grundlegende Sichtweise auf die Leistung eines Vermögensverwalters ergibt sich aus der Beurteilung des Anlageerfolgs bei einem aktuellen Mandat. Neben dem reinen Performancemonitoring auf Basis der erzielten (risikoadjustierten) Renditen und im Vergleich zu einer Benchmark stellt die Beitrags- oder Attributionsanalyse für den institutionellen Investor ein wichtiges Instrumentarium dar. Allerdings gibt es in diesem Bereich mittlerweile eine Vielzahl unterschiedlicher Ansätze und Systeme, sodass es selbst für Experten nicht einfach ist, sich einen Überblick zu verschaffen. Daher sollen in den folgenden Abschnitten unterschiedliche Ansätze, Verfahren und praktische Umsetzungsmöglichkeiten skizziert werden. Ziel ist es, einen Leitfaden für den institutionellen Investor zu entwickeln, anhand dessen er Aspekte bei der Auswahl einer Methodik oder eines Systems bzw. generell bei der Entwicklung eines optimalen Lösungsansatzes für die Beitragsanalyse einordnen und beurteilen kann.

2. Grundformen der Beitragsanalyse

Die Zielsetzung einer Beitrags- oder Attributionsanalyse der Portfolioperformance besteht allgemein darin, die Rendite (oder die Performance) eines Portfolios entsprechend den Determinanten des zugrunde liegenden Investmentprozesses in einzelne Beiträge aufzuschlüsseln. Sie ist eine fest verankerte Komponente im Wertschöpfungsprozess einer Investmentgesellschaft, da sie die Basis sowohl für die Selbstkontrolle des Portfoliomanagers als auch für die Kontrolle durch einen vom Portfoliomanagement unabhängigen Bereich bildet. Für einen Investor stellt sie ebenfalls ein wichtiges Kontroll- und Reportingwerkzeug dar.

Vor der Erörterung von Detailfragen soll noch einmal näher auf die oben behauptete Bedeutung von Beitragsanalysen für institutionelle Investoren eingegangen werden. In diesem Punkt werden auch abweichende Ansichten vertreten. Schließlich – so lautet ein gelegentlich vorgebrachter Einwand – kann es dem Investor doch gleichgültig sein, in welcher Form sich die Anlageergebnisse aufschlüsseln, solange vom Portfoliomanager die vereinbarten Performanceziele erreicht werden. Sei dies nicht der Fall, so könne der Investor von seinem Recht Gebrauch machen, das Mandat zu kündigen und die Verwaltung einem anderen Manager anzuvertrauen.

Hierzu ist anzumerken, dass das bloße Reagieren auf die eingetretene Wertentwicklung unzureichend ist. Ziel eines Performancemonitoring muss es sein, Fehlentwicklungen möglichst frühzeitig zu erkennen und entsprechende Maßnahmen einzuleiten. So kann etwa die Beitragsanalyse dazu dienen, die Aussagen des Fondsmanagers auf ihre Konsistenz hin zu überprüfen, sodass – etwa aufgrund von unzureichenden, inkonsistenten Erläuterungen des Portfoliomanagers – Maßnahmen bereits *vor* dem Eintreten einer nachhaltig performanceschwachen Phase eingeleitet werden können. Andererseits kann das Aufzeigen der Ursachen für eine Performanceschwäche auch dazu führen, von voreiligen Entscheidungen abzusehen.

Der Bereich der Beitragsanalyse hat sich in den Achtziger- und Neunzigerjahren des letzten Jahrhunderts stark entwickelt und genießt seitdem einen konstant hohen Stellenwert. Während die ursprünglichen Analyseansätze häufig noch sehr simplistisch[1] und nur bedingt an die Investmentprozesse angepasst waren, wurden die Analysesysteme in der letzten Dekade erheblich weiterentwickelt. Neben den substanziell erweiterten Möglichkeiten im Bereich der IT liegt die Ursache dafür in der intensiven Beschäftigung mit der zugrunde liegenden Methodik. Für den institutionellen Investor hatte dies eine Vielzahl von Konsequenzen. So führte diese Entwicklung dazu, dass die Analyseverfahren heute im Schnitt viel besser an die Investmentprozesse angepasst sind, als dies noch vor einigen Jahren der Fall war. Gleichzeitig resultierte aus ihr eine für den institutionellen Investor schwer zu überschauende Anzahl an unterschiedlichen Formen und Varianten.

---

[1] In den Neunzigerjahren basierten beispielsweise viele Systeme nicht auf spezifischen Informationen über die im Portfolio enthaltenen Einzeltitel, sondern auf aggregierten Informationen auf Indexebene. Für Rentenportfolios oder gemischte Portfolios wiesen die meisten Systeme keine geeigneten Analyseverfahren auf. Auch konnten Beiträge aus Derivaten in der Regeln nicht gemäß den Vorgaben des Investmentprozesses aufgeschlüsselt werden.

Brinson (Aktien)	Renten	Faktorbasierte Ansätze
▪ Brinson, Hood, Beebower ▪ Brinson, Fachler	▪ OAS-Ansatz ▪ Durationsbasierte Ansätze ▪ Verallgem. Brinson-Ansatz	**APT-basierte Ansätze**
Währungseffekte	- Ankrim, Hensel - Singer, Karnosky	▪ Fundamentale Modelle ▪ Makroökonomische Modelle
Gemischte Portfolios	- Brinson mit zusätzlicher Allokationsebene	▪ Statistische Modelle
Risikoadjustierte Analyse	- Übertragung von Brinson mit dem Jensen-Alpha	
Bestandsbasiert vs. transaktionsbasiert		
Arithmetischer vs. geometrischer Ansatz		

Abbildung 1: Unterschiedliche Methoden der Beitragsanalyse

In Abbildung 1 werden die grundlegenden unterschiedlichen Methoden einander gegenübergestellt. Grundsätzlich werden hierbei faktorbasierte Ansätze (rechte Spalte) von den Ansätzen unterschieden, die sich am Brinson-Ansatz orientieren (linke und mittlere Spalte). Bei letzteren wird zusätzlich zwischen den zentralen Wertpapiergattungen Aktien und Renten unterschieden, da die eingesetzten Methoden hier sehr unterschiedlich sind.

Die Verfahren zur Analyse von Währungsbeiträgen orientieren sich ebenfalls am Brinson-Ansatz, können jedoch auf alle Gattungsarten angewandt werden. Ebenso werden die Verfahren für gemischte Portfolios und für die risikobasierte Beitragsanalyse als gattungsübergeordnet angesehen.[2]

---

[2]   Auf die hier aufgezählten Verfahren kann im Rahmen dieses Beitrags allerdings nicht näher eingegangen werden. Für einen Überblick siehe Fischer (2010), Kapitel 6, Abschnitte 7.2 und 10.2. Dort wer-

3. Varianten der Beitragsanalysen für Aktienportfolios gemäß dem Brinson-Ansatz

Beitragsanalyse nach Brinson, Hood und Beebower (BHB)

Der grundlegende Ansatz für Beitragsanalysen wurde von BRINSON und verschiedenen Koautoren in einer Reihe von Aufsätzen entwickelt. Die Grundannahme dieses Ansatzes besteht darin, ein Portfolio in einzelne Sektoren aufzuschlüsseln und bei den Investmententscheidungen zwischen solchen zu unterscheiden, die zu unterschiedlichen Gewichtungen der Sektoren führen, und solchen, die die Gewichte einzelner Titel innerhalb der Sektoren verändern. Als Referenzpunkt dient hier eine geeignete Benchmark, die folglich ebenfalls gemäß der beim Portfolio angewandten Systematik aufzuschlüsseln ist.

Diese Sichtweise wurde ursprünglich für Aktienportfolios entwickelt, bei denen die verschiedenen Branchen die Sektoren (oder Segmente) bilden. Die unterschiedlichen Gewichtungen der Sektoren werden als *Allokationsentscheidungen* bezeichnet, als *Selektionsentscheidung* sieht man die unterschiedlichen Gewichtungen einzelner Titel *innerhalb* der Sektoren an. Bezeichnet man mit gp_i und gb_i die Gewichtung des Segments i zu Beginn einer Periode innerhalb des Portfolios bzw. der Benchmark und analog mit rp_i und rb_i die innerhalb der Periode im Segment i erzielten Renditen, dann lautet der Allokations- (ab_i^{BHB}) und Selektionsbeitrag (sb_i^{BHB}) des Segments i wie folgt:

$$ab_i^{BHB} = (gp_i - gb_i) * rb_i$$

$$sb_i^{BHB} = gb_i * (rp_i - rb_i).$$

Der Allokationsbeitrag misst somit den Effekt, der sich aus der Über- oder Untergewichtung des Segments (bei gleicher Titelgewichtung innerhalb des Segments) ergibt, während der Selektionsbeitrag den aus der unterschiedlichen Titelselektion innerhalb des Segments[3] resultierenden Beitrag quantifiziert.

---

den auch technische Aspekte, wie etwa die Übertragung des Brinson-Ansatzes auf mehrere Perioden oder die Berücksichtigung von Derivaten, auf die hier ebenfalls nicht eingegangen werden kann, ausführlich beschrieben (Abschnitt 4.3 sowie Kapitel 7).

[3]   Die unterschiedliche Rendite bringt genau die unterschiedliche Selektion im Portfolio relativ zur Benchmark zum Ausdruck.

Bei dieser Systematik wird davon ausgegangen, dass Allokations- und Selektionsentscheidungen *unabhängig* voneinander getroffen werden. Als direkte Konsequenz ergeben sich daraus die – in der Praxis oft schwer zu vermittelnden – Restterme (auch Restbeitrag, Wechselwirkungs- oder Kreuzproduktterme genannt):[4]

$$ib_i^{BHB} = (gp_i - gb_i) * (rp_i - rb_i).$$

Obwohl die Managemententscheidungen unabhängig getroffen werden, hat das Zusammenwirken der Entscheidungen natürlich einen Einfluss auf das Ergebnis. Wird etwa ein Segment, in dem Einzeltitel sehr erfolgreich selektiert wurden, im Rahmen des Allokationsprozesses mit einem geringen Gewicht ausgestattet, dann tritt der aus dieser Selektionsentscheidung resultierende Effekt nur in verminderter Form (entsprechend der Gewichtsdifferenz $gp_i - gb_i$) auf der Portfolioebene auf. Der sich daraus ergebende Restterm ib_i misst diese Form von Wechselwirkung. Im geschilderten Fall würde er negativ ausfallen, da sich Allokation und Selektion nicht optimal addieren.

Anhand eines Beispieles soll die Methodik erläutert werden. Dazu werden eine bewusst einfache Portfoliostruktur und ein kurzer Analysezeitraum zugrunde gelegt:

Branche	Titel	Gewichtung Einzeltitel		Gewichtung Sektoren	
		P	**BM**	**P**	**BM**
Banken	Commerzbank	10	25	40	50
	Deutsche Bank	30	25		
Industriewerte	MAN	40	25	60	50
	Siemens	20	25		

Tabelle 1: Portfolio- und Benchmarkstruktur am 31.12.2009 (in %)

Sowohl das Portfolio als auch die Benchmark bestehen aus lediglich zwei Segmenten mit jeweils zwei Titeln. Der Portfoliomanager hat zu Beginn der Periode den Sektor *Industriewerte* und innerhalb der Sektoren die Titel *Deutsche Bank* und *MAN* übergewichtet. Im Analysezeitraum vom 31.12.2009 bis zum 29.01.2010 resultierten daraus die folgenden Renditen:

---

[4]   Die Summe der Allokations-, Selektions- und Restbeiträge ergibt genau die aktive Rendite $rp - rb$, wobei rp die Portfolio- und rb die Benchmarkrendite darstellen.

Branche	Titel	Einzeltitel	Sektoren		Gesamt	
			P	*BM*	*P*	*BM*
Banken	Commerzbank	−4,21	−8,71	−7,22	−7,06	−5,38
	Deutsche Bank	−10,21				
Industrie-werte	MAN	−10,80	−5,97	−3,55		
	Siemens	3,70				

Tabelle 2: Renditen im Zeitraum vom 31.12.2009 bis 29.01.2010 (in %)[5]

Die aktive Rendite betrug somit −7,06% − (−5,38%) = −1,68%. Gemäß der in Tabelle 3 aufgeführten Beitragsanalyse ist die negative aktive Rendite eindeutig auf die schwache Selektionsleistung zurückzuführen, da sowohl die Übergewichtung der Deutsche-Bank-Aktie als auch die der MAN-Aktie in ihren jeweiligen Segmenten zu deutlichen negativen Beiträgen führte. Der aus der Untergewichtung der Branche Banken resultierende positive Allokationsbeitrag von 0,72% ist zu gering, um zu einer spürbaren Ergebnisverbesserung zu führen, zumal die Übergewichtung der Branche Industriewerte einen negativen Ergebnisbeitrag von −0,35% ergab. Aufgrund der starken Spreizungen bei den Renditen und Gewichten der Portfolio- und Benchmarksegmente sind die Restbeiträge in den Segmenten zwar signifikant,[6] die Interpretation der Ergebnisse ist davon gleichwohl nicht beeinträchtigt.

Zur Illustration der Berechnungsweise soll der Allokationsbeitrag für den Sektor Banken herausgegriffen werden:

$$(40\% - 50\%) * (-7,22\%) = -10\% * (-7,22\%) = 0,72\%.$$

Branche	Selektion	Allokation	Rest	Summe
Banken	−0,75	0,72	0,15	0,12
Industriewerte	−1,21	−0,35	−0,24	−1,80
Summe	−1,96	0,37	−0,09	−1,68

Tabelle 3: Beitragsanalyse nach Brinson, Hood und Beebower (in %)

---

[5]   Quelle: Wilshire Atlas.

[6]   Vgl. die Formel für die Restterme; die Differenzen der Renditen und Gewichte werden miteinander multipliziert. Der Restterm fällt entsprechend im Falle großer Gewichtsdifferenzen und starker Performanceunterschiede signifikant aus.

Varianten der Beitragsanalyse nach Brinson et al.

Selbst in der geschilderten, elementaren Form wird ein Investor durch die in der Praxis häufig vorgenommene Zuordnung der Restterme zu den anderen Beiträgen bereits mit unterschiedlichen Varianten konfrontiert. Werden die Restbeiträge den Selektionsbeiträgen zugeordnet, dann nimmt der Selektionsterm (bei unverändertem Allokationsterm) folgende Gestalt an:[7]

$$sb_i^{BHB} = gp_i * (rp_i - rb_i).$$

Branche	Selektion (mod.)
Banken	–0,60
Industriewerte	–1,45
Summe	–2,05

Tabelle 4: Modifizierte Selektionsbeiträge für das Beispielportfolio bei einem Top-down-Investmentprozess (in %)[8]

Die Gewichtung der Überrenditen erfolgt also nicht mehr mit den (neutralen) Benchmarkgewichten, sondern mit den durch den Allokationsprozess vorgezeichneten Portfoliogewichten. Die Methodik korrespondiert somit zu einem Top-down-Investmentprozess. Alternativ können die Restbeiträge auch mit den Allokationstermen verbunden werden (was in der Praxis seltener geschieht). Dies führt (bei unveränderten Selektionstermen) zu

$$ab_i^{BHB} = (gp_i - gb_i) * rp_i.$$

Formal werden die Benchmarkrenditen durch die Portfoliorenditen ersetzt. Letztere resultieren aus den Selektionsentscheidungen, sodass diese Vorgehensweise zu einem Bottum-up-Investmentprozess[9] korrespondiert.

---

[7]   Herleitung: $gb_i * (rp_i - rb_i) + (gp_i - gb_i) * (rp_i - rb_i) = (gb_i + gp_i - gb_i) * (rp_i - rb_i) = gp_i * (rp_i - rb_i)$.

[8]   Die Werte für den modifizierten Selektionsbeitrag ergeben sich aus der Addition der Werte des Selektionsbeitrags und des Restterms in Tabelle 3.

[9]   Setzt man voraus, dass zwei unterschiedliche Manager für die Allokations- und die Selektionsentscheidungen verantwortlich sind, dann trifft der Allokationsmanager in diesem Fall seine Entscheidungen, nachdem der Selektionsmanager seine Entscheidungen innerhalb der Segmente implementiert hat. Seine Managemententscheidungen (unterschiedliche Gewichtung der Segmente) werden nicht mehr

Die Zuordnung der Restbeiträge sollte sich nach dem Investmentprozess orientieren. Einmal fixiert sollte diese Entscheidung nicht mehr geändert werden. Keinesfalls sollte der Restbeitrag vom Portfoliomanager dazu genutzt werden, Defizite in einzelnen Bereichen je nach Bedarf zu kaschieren.

Eine weitere Variante ist unter der Bezeichnung *Brinson-Fachler-Ansatz* bekannt. Während bei dem Ansatz von BRINSON, HOOD und BEEBOWER ein Allokationsbeitrag erst noch in Relation zu einer durchschnittlichen Investition in die Benchmark gesetzt werden muss, bevor man ein abschließendes Urteil über die Güte der getroffenen Entscheidung fällen kann, erfolgt dieser Schritt bei der in BRINSON/ FACHLER (1985) beschriebenen Methodik implizit. Hier lautet die Formel für den Allokationsbeitrag

$$ab_i^{BF} = (gp_i - gb_i) * (rb_i - rb).$$

Beispielsweise führt ein übergewichtetes Segment genau dann zu einem positiven Allokationsbeitrag, wenn die dort erzielte Rendite oberhalb der Benchmarkrendite rb liegt.

Branche	Allokation (Brinson / Fachler)
Banken	0,18
Industriewerte	0,18
Summe	0,37

Tabelle 5: Allokationsbeiträge für das Beispielportfolio gemäß Brinson/ Fachler (1985) (in %)

Gegenüber der Analyse in Tabelle 3 wird hier der Allokationsbeitrag gleichmäßig auf die Segmente verteilt.[10] Insbesondere wird auch für das Segment *Industriewerte* ein positiver Allokationsbeitrag ausgewiesen. Der Benchmarksektor hatte zwar eine negative Rendite erzielt, der Wert lag jedoch oberhalb der Rendite der Gesamtbenchmark. Somit wird für dieses Segment aufgrund der Übergewichtung ein positiver Alloka-

---

mit den „neutralen" Benchmarkrenditen, sondern mit den vom Selektionsmanager vorgezeichneten Portfoliorenditen gewichtet. In diesem Sinne wird hier von einem Bottom-up-Investmentprozess gesprochen. Bei dem oben geschilderten Top-down-Ansatz werden zunächst die Segmentgewichte festgelegt und anschließend die Selektionsentscheidungen implementiert.

[10] Im konkreten Fall ist die Gleichheit der Beiträge darauf zurückzuführen, dass lediglich zwei Segmente betrachtet werden. Im Allgemeinen wird die Spreizung der Allokationsbeiträge bei der Methode nach Brinson und Fachler gegenüber der Methode von Brinson, Hood und Beebower geringer ausfallen.

tionsbeitrag ausgewiesen, sodass hier ein unmittelbarerer Zusammenhang zwischen dem Allokationsbeitrag und der Allokationsleistung gegeben ist.

Die grundlegenden Formeln der Beitragsanalyse erscheinen methodisch und mathematisch sehr elementar. Allerdings liegt bis zu einer umfassenden Implementierung in der Praxis noch ein sehr weiter Weg. So muss der Formalismus noch erheblich erweitert werden, um Währungs- und Derivateeffekte abbilden zu können.[11] Ferner ist es in der Praxis aufgrund der aus exogenen Mittelbewegungen resultierenden Veränderungen der Gewichte erforderlich, die Analyseperiode in Einzelperioden zu untergliedern und die für die Teilperioden berechneten Attributionseffekte miteinander mathematisch zu verknüpfen. Hierzu gibt es eine Reihe unterschiedlicher, teilweise sehr komplexer Verfahren, die hier ebenfalls nicht erörtert werden können.[12] All diese Aspekte führen dazu, dass die Umsetzung eines allgemeinen Analyseverfahrens zur Aufschlüsselung der Performancebeiträge von Wertpapierportfolios eine hochgradig komplexe Angelegenheit ist.

Arithmetische vs. geometrische Beitragsanalyse

Eine weitere grundlegende Variante ergibt sich aus der Sichtweise auf die mathematische Form der aktiven Rendite. Das Verfahren von Brinson et al. setzt eine arithmetische Sichtweise voraus. Die Benchmarkrendite rb wird dabei einfach von der Portfoliorendite rp subtrahiert:

$$rp - rb \,.$$

Dieser Ansatz wird von vielen Anlegern und Portfoliomanagern aufgrund seiner leichten Nachvollziehbarkeit präferiert. Da es sich bei den Renditen um Verhältniszahlen handelt, wäre die geometrische Form jedoch die (mathematisch) korrektere:

$$\frac{1+rp}{1+rb} - 1 \,.$$

---

[11] Für die Berücksichtigung von Währungseffekten gibt es verschiedene Ansätze, die hier nicht näher ausgeführt werden können, so etwa die Ansätze von Singer/ Karnosky (1995) und Ankrim/ Hensel (1994). Für einen Überblick siehe Fischer, a. a. O., S. 295 ff. und S. 156 ff. oder Bacon (2008), Kapitel 6. Siehe in diesem Zusammenhang auch Paape (2003). Derivate müssen anhand einer Bewertungsfunktion individuell betrachtet werden. Die wichtigsten Formen (Futures, Optionen) werden ausführlich in Fischer, a. a. O., Kapitel 7 behandelt.

[12] Ein Überblick findet sich in Fischer, a. a. O., Abschnitt 4.3.

Mit dieser Formel beträgt die aktive Rendite im Falle des oben behandelten Portfolios (Tabellen 1 und 2) –1,78%.

In den letzten Jahren sind eine Reihe unterschiedlicher Verfahren publiziert worden, auf die hier nicht im Detail eingegangen werden soll. Bei dem in BURNIE/ KNOWLES/ TEDER (1998) beschriebenen Ansatz erfolgt beispielsweise die Verknüpfung zwischen dem Selektions- (*SB*), dem Allokations- (*AB*) und dem Restbeitrag (*Rest*) (auf Portfolioebene) wie folgt: [13]

$$\frac{1+rp}{1+rb} = (1+AB)*(1+SB)*(1+Rest).$$

Aufgrund der komplexeren multiplikativen Verknüpfung ist die Informationsaufnahme somit bei dieser Methodik nicht so unmittelbar wie beim arithmetischen Ansatz.

In dem betrachteten Fall (Tabellen 3–5) würden sich mit diesem Ansatz nur geringfügige Unterschiede ergeben. Über längere Perioden können diese Unterschiede jedoch eine beträchtliche Größenordnung erreichen.

Bestandsbasierte vs. transaktionsbasierte Beitragsanalysen

Zur Ermittlung der für die Berechnung der skizzierten Beitragsterme benötigten Renditen gibt es zwei grundlegende Ansätze, die zu deutlich unterschiedlichen Anforderungen an die erforderliche Datenbasis führen. Bei *bestandsbasierten Ansätzen* wird eine bestimmte Periodenlänge ausgezeichnet (in der Regel: ein Tag). Die Berechnung der Renditen basiert dann auf der Prämisse, dass sich innerhalb einer Standardperiode die Gewichtung der Bestände nicht aufgrund von exogenen Mittelbewegungen (Transaktionen, Dividenden- oder Zinszahlungen etc.) ändert bzw. dass in der Periode angefallene Mittelbewegungen zum Ende der Periode erfolgen. Transaktionen werden somit nur indirekt durch die Aktualisierung der Gewichte zu Beginn einer Standardperiode berücksichtigt.[14] Zu den Vorteilen der bestandsbasierten Ansätze zählen die (relativ) einfache Implementierbarkeit sowie die Robustheit gegenüber starken Mittelbewegungen auf Segmentebene (insbesondere bei Segmenten mit einer geringen Gewichtung im Portfolio).

---

[13] Bei anderen Verfahren, wie denen von Menchero (2000/01) und Cariño (1999), werden auch die einzelnen Beiträge miteinander multiplikativ verknüpft. Für einen Gesamtüberblick sowie eine Erörterung der erforderlichen mathematischen Näherungen siehe Fischer, a. a. O., S. 200 ff. Eine Diskussion der Verfahren findet sich auch in Bacon (2008), S. 191 ff.

[14] Man spricht daher auch von Buy-and-Hold-Ansätzen.

Auch bei *transaktionsbasierten Ansätzen* wird eine bestimmte Periodenlänge ausgezeichnet. Zusätzlich zu den Bestandsdaten an den Randpunkten werden jedoch die innerhalb der Standardperioden anfallenden Transaktionen berücksichtigt. Zur Berechnung der Renditen werden Näherungsverfahren eingesetzt.[15] Die Umsetzung solcher Ansätze in der Praxis ist sehr viel aufwendiger als die von bestandsbasierten Ansätzen, da das Analysesystem in diesem Fall nicht nur mit den Beständen, sondern auch mit den Informationen zu den Transaktionen über eine Datenschnittstelle bestückt werden muss.

Da konsistente Bestandsdaten i. d. R. kurz nach Ende eines Handelstages vorliegen, bieten bestandsbasierte Ansätze die Möglichkeit, innerhalb weniger Stunden nach Handelsschluss Beitragsanalysen zu erstellen. Aufgrund der üblicherweise zeitlich nachgelagerten Abwicklungsprozesse stehen konsistente Transaktionsdaten häufig erst mit einigen Tagen Verzögerung zur Verfügung. Aus diesem Grund sind entsprechende Beitragsanalysen auch erst mit einer gewissen zeitlichen Verzögerung erstellbar. Insofern sind bestandsbasierte Ansätze exzellent geeignet, um insbesondere Portfoliomanagern ein zeitnahes und, falls benötigt, hochfrequentes (sogar tägliches) Feedback zur Entwicklung der verwalteten Portfolios zu geben. Eine Integration dieser Analysen in den Investmentprozess ermöglicht es, potenzielle Fehlentwicklungen frühzeitig zu erkennen. Natürlich sollte selbst bei täglicher Frequenz eine sinnvolle Beitragsanalyseperiode zugrunde liegen, z. B. ein Monat rollierend.

Ein weiterer Vorteil der bestandsbasierten Ansätzen besteht neben dem geringeren Rechenaufwand, der auch in Zeiten immer leistungsstärkerer IT noch eine Rolle spielt, in der hohen Flexibilität im Hinblick auf die gewählte Segmentierung des Portfolios und der Benchmark. Wie bereits erwähnt werden bei Aktien häufig Branchen zur Segmentierung herangezogen. Ebenso häufig werden bei globalen Produkten Länder oder Regionen verwendet. Dies gilt bei beiden Analyseansätzen. Viele transaktionsbasierte Systeme sind z. T. aus methodischen Gründen darauf angewiesen, die von den Benchmarkanbietern bereitgestellten Segmentierungen zu verwenden.[16] Daraus resultiert eine Beschränkung bei den realisierbaren Formen der Aufschlüsselung.

Die Einfachheit des bestandsbasierten Ansatzes bzw. der daraus resultierenden Systemrealisierung ermöglicht hingegen häufig eine hohe Flexibilität bei der Segmentierung. So besteht unter anderem die Möglichkeit, auch Segmentierungen auf Basis

---

[15] Die Standardverfahren sind bestimmte Näherungen an den internen Zinssatz (etwa Dietz- oder modifiziertes Dietz-Verfahren). Vgl. dazu ausführlich Fischer, a. a. O., S. 23 ff.

[16] Eine höhere Flexibilität kann bei transaktionsbasierten Systemen über eine aufwendige eigene Berechnung der Benchmarksegmente erreicht werden.

von Fundamentaldaten, wie Marktkapitalisierung, Kurs/Gewinn-Verhältnis oder Dividendenrendite zu erstellen. So kann mit wenig Aufwand analysiert werden, ob die vermeintlich gute Selektion innerhalb verschiedener Branchen nicht nur das Ergebnis einer (risikoreichen) Übergewichtung von Aktien mit einer sehr geringen Marktkapitalisierung ist, die im untersuchten Analysezeitraum eine bessere Performance als der Marktdurchschnitt erzielten.

Der größte Nachteil von bestandsbasierten Ansätzen besteht darin, dass sich die im Rahmen einer Analyse ermittelten Beiträge nicht zu der über die Anteilpreise ermittelten (offiziellen) Rendite eines Portfolios summieren, da die innerhalb einer Standardperiode eingegangenen Positionen mit Schlusskursen anstelle der tatsächlichen Kurse in die Bewertung einfließen. Bei einem sehr aktiven Managementstil und volatilen Märkten kann die daraus resultierende Differenz zu dieser aktiven Rendite signifikant sein.

Zu den transaktionsbasierten Systemen zählen beispielsweise die Systeme der Firmen ORTEC (PEARL), Statpro und Deutsche Performancemessungsgesellschaft (DPG). Bekannte auf Basis von Bestandsdaten basierende Systeme wurden beispielsweise von den Firmen Wilshire und Factset entwickelt.

Grenzen der Attributionsanalyse nach Brinson

Eine Übertragung der Brinson-Methodik auf gemischte Portfolios (also Portfolios mit Wertpapieren unterschiedlicher Gattungen – etwa Renten und Aktien) ist möglich, indem eine weitere Allokationsebene für die unterschiedlichen Gattungen eingeführt wird.[17] Obschon der Ansatz speziell für Aktienportfolios entwickelt wurde, lässt er sich prinzipiell auch (in naiver Form) auf Rentenportfolios übertragen. Hierzu können etwa die Renten gemäß der Restlaufzeit oder Duration in Laufzeit- oder Durationsbänder unterteilt werden. Eine Unterteilung gemäß den Gattungstypen (Staatsanleihen, Pfandbriefe, Unternehmensanleihen …) ist ebenfalls möglich. Als Allokationsentscheidungen können hier die Gewichtungen dieser Segmente angesehen werden, und als Selektionsentscheidungen die Gewichtungen einzelner Anleihen in den Segmenten.

---

[17] Vgl. hierzu ausführlich Fischer, a. a. O., Kapitel 6. und die dort aufgeführten Literaturhinweise. Auf Ansätze für eine sogenannte risikoadjustierte Beitragsanalyse (etwa auf Basis des Jensen-Alpha) wird hier nicht näher eingegangen, da sie in der Praxis keine bedeutende Rolle spielen. Für eine Darstellung der grundlegenden Ansätze und der inhaltlichen Problematik siehe Fischer, a. a. O., S. 486 ff.

Allerdings treten hierbei die Grenzen des Brinson-Ansatzes überdeutlich hervor. Aufgrund der (in der Regel) fixierten Restlaufzeit der Anleihen ist der Begriff der Selektion nur sehr bedingt auf den Rentenbereich übertragbar. Die Performance von Anleihen wird sehr stark durch spezifische Eigenschaften oder *Faktoren* bestimmt, etwa durch die Duration, die Konvexität, die Kündigungsrechte usw. Dezidiert spezifische Faktoren, die sich etwa aus der Bonitätssituation oder Bekanntheit am Markt des Emittenten ergeben, spielen gegenüber diesen Marktfaktoren häufig eine untergeordnete Rolle. Die für den Investmentprozess grundlegenden Faktoren werden beim geschilderten Ansatz jedoch nicht berücksichtigt, bzw. es erfolgt eine Vermengung der theoretisch diesen Faktoren zuordenbaren Beiträgen.[18]

4.   Spezielle Ansätze zur Beitragsanalyse für Rentenportfolios

Bei der Erörterung von Analysen für Rentenportfolios ist es sinnvoll, zwischen transaktions- und bestandsbasierten Ansätzen zu unterscheiden. Bei transaktionsbasierten Ansätzen gibt es ein großes Spektrum unterschiedlicher Ansätze, während bestandsbasierte Beitragsanalysen häufig auf einem Faktormodell basieren. Da diese Modelle im folgenden Abschnitt gesondert behandelt werden, sollen in diesem Abschnitt zunächst Aspekte behandelt werden, die für transaktionsbasierte Systeme von besonderer Relevanz sind.

Die Entwicklung der transaktionsbasierten Systeme war im vergangenen Jahrzehnt davon geprägt, die den Beitragsanalysen zugrunde liegenden Methodiken den Investmentprozessen der Praxis anzunähern. Insbesondere kamen vermehrt Verfahren zum Einsatz, die sich an den charakteristischen Bewegungen von Zinsstrukturkurven orientieren. Ein grundlegender Ansatz basiert auf der Betrachtung von Bewertungsfunktionen für Anleihen, mit der die erwarteten Zahlungen (Kupon, Nominale) mittels einer Zinsstrukturkurve und einem anleihespezifischen Spread (sog. *Option-Adjusted Spread*) abdiskontiert werden. Die Formel entspricht der, die zur Berechnung eines Barwerts von Investitionen herangezogen wird, ohne auf die Details hier näher einzugehen. Im Rahmen der Analyse werden Auswirkungen auf den Preis der Anleihe untersucht, die sich aus bestimmten Änderungen der Zinsstrukturkurve oder des Spreads ergeben. Bei dem in BUCHHOLZ/ FISCHER/ KLEIS (2004) beschriebenen Verfahren[19] wird zwischen den folgenden Effekten unterschieden:

---

[18] So enthalten die sogenannten Selektionsterme Beiträge, die sowohl aus der Marktzins- als auch aus der Spreadentwicklung resultieren (vgl. hierzu ausführlich Fischer a. a. O., S. 227 ff.).

[19] Ein ähnlicher Ansatz findet sich in Merrill Lynch (2000). Siehe auch Fischer, a. a. O., S. 232 ff.

Effekte aus Zeitänderung	Kupon	Kuponzahlungen und Stückzinsen
	Roll-down-/ Pull-to-Par-Effekt	Effekte aus der automatischen Verkürzung der Restlaufzeit / Trendmäßige Annäherung des Kurswerts an den Tilgungswert bei abnehmender Restlaufzeit
Effekte aus Zinsänderung	Parallel	Parallelverschiebung der Zinsstrukturkurve
	Struktur	Komplementäre Bewegung der Zinsstrukturkurve zur Parallelbewegung
	Spreadänderungseffekt	Änderung des spezifischen Spreadniveaus

Tabelle 6: Beitragsformen einer Attributionsanalyse für Rentenportfolios

Die Aufgabe des Fondsmanagers besteht darin, Änderungen der Zinsstrukturkurve (und damit der korrespondierenden Anleihepreise) zu antizipieren und die Gewichtungen über das Laufzeitspektrum hinweg so zu wählen, dass sein Portfolio gegenüber der Benchmark von diesen Veränderungen überdurchschnittlich profitiert. Bei seinen Entscheidungen orientiert er sich häufig an charakteristischen Bewegungen der Zinsstrukturkurve. Die (annähernde) Parallelbewegung der Kurve stellt die wichtigste solcher Bewegungen dar. Sie beschreibt einen (annähernd) gleichförmigen Anstieg bzw. eine Absenkung des Zinsniveaus.

Die im Struktureffekt reflektierte, zur Parallelbewegung komplementäre Bewegung der Zinsstrukturkurve kann weiter aufgeschlüsselt werden, etwa durch das Hinzufügen weiterer charakteristischer Bewegungen der Zinsstrukturkurve. Ein Ansatz, der insbesondere von der Firma MSCI Barra verwandt wird, besteht darin, Faktoren zu verwenden, die bei einer historischen Betrachtung aus einer Hauptkomponentenanalyse resultieren. Ein ähnlicher Ansatz wird auch von der Firma Wilshire herangezogen.[20]

---

[20] Vgl. Kuberek. Es gibt hier eine ganze Reihe weiterer Ansätze, die sich in der spezifischen Definition dieser Faktoren unterscheiden. (Vgl. etwa Litterman/ Scheinkman (1991), Lehman (1996) oder Kahn (1991)). Der erste Faktor kann dabei jedoch stets als (annährende) Parallelbewegung (Shift), der zweite Faktor als Bewegung, bei der die Zinsen der kürzeren Laufzeiten stärker verändert werden als die der langen Laufzeiten (Twist), und der dritte Faktor als Bewegung, die zur einer gegenläufigen Veränderung der Zinsen mittlerer Laufzeit gegenüber den Zinsen kurzer und langer Laufzeiten führt (Butterfly), gedeutet werden.

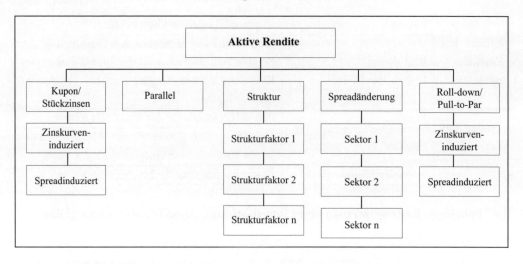

Abbildung 2: Verfeinerte Aufschlüsselung der Beitragsformen bei einer Attributionsanalyse für Rentenportfolios[21]

Im Prinzip können alle im Bereich der Rentenanalyse gebräuchlichen Verfahren auf diesen Analyseansatz zurückgeführt werden. Häufig werden die Effekte jedoch mittels Sensitivitäten wie der Duration über Näherungsverfahren berechnet. In der Regel werden dabei lediglich die Beiträge erster Ordnung herangezogen, was den Vorteil einer sehr einfachen Berechnung mit sich bringt.[22] Genannt werden sollen hier beispielhaft die Ansätze von LORD, GESKE und VAN BREUKELEN sowie die Methodik des Systems PEARL der Firma ORTEC, wobei diese Verfahren hier nicht ausführlich erörtert werden können.[23]

Ein weiterer vereinfachter Ansatz für Rentenportfolios wurde in MCLAREN (2001) vorgestellt. Hier werden Zinsstrukturkurven zwar berücksichtigt, dies geschieht allerdings indirekt über die Verwendung der jeweils in den Laufzeitbändern erzielten Renditen. Insgesamt bleibt dieser Ansatz noch sehr stark dem Brinson-Ansatz verpflichtet, sodass hier – wie auch bei vielen der auf Näherungsverfahren basierten Methoden – insbesondere die Abgrenzung der durch den Zeitablauf hervorgerufenen Effekte von

---

[21] Quelle: Fischer (2010), S. 248.

[22] Anstelle der aufwendigen Neuberechnung des Kurses über die Bewertungsfunktion ergibt sich die Preisveränderung bei dieser Berechnung aus dem Produkt des Durationsmaßes mit der negativen Zinsänderung.

[23] Vgl. Lord (1997), Geske (2001) sowie van Breukelen (2000). Diese Auflistung ließe sich erheblich erweitern. Für einen Überblick und eine Beschreibung unterschiedlicher Ansätze siehe auch Fischer, a. a. O., S. 262 ff.

den zinsinduzierten Effekten problematisch ist. Ferner enthalten die spreadinduzierten Beiträge auch andere Performancekomponenten, sodass hier insgesamt die unterschiedlichen Beiträge nicht hinreichend voneinander abgegrenzt sind.

Die Entscheidung für oder gegen eine spezielle Methodik zur Analyse von Rentenportfolios ist nicht einfach, da die mit den einzelnen Ansätzen ermittelten Werte in vielen Fällen nur geringfügig voneinander abweichen. Grundlage des Entscheidungsprozesses muss natürlich der Investmentprozess sein. Für den quantitativen Vergleich zwischen einzelnen qualifizierten Systemen sollten geeignete Testfälle definiert werden, die charakteristische Aspekte des Investmentprozesses in deutlicher Form abbilden sollten, um zu einer Abgrenzung der Ansätze zu gelangen.

5. Faktorbasierte Beitragsanalyse

Der Versuch, die maßgeblich von Ross entwickelte *Arbitrage Pricing Theory* (APT)[24] in die Praxis zu übertragen, führte seit den Achtzigerjahren des vorigen Jahrhunderts zur Entwicklung sogenannter Multi-Faktor-Risikomodelle, die eine Beitragsanalyse implizit mitliefern. In der APT-Theorie wird postuliert, dass sich die Überschussrendite (Rendite über den risikofreien Zins) einzelner Wertpapiere als lineare Kombination von gewichteten Faktorrenditen und einer residualen Rendite darstellen lässt. Die Gewichte der Faktorrenditen ergeben sich dabei aus den sogenannten Sensitivitäten oder *Exposures* eines Wertpapiers gegenüber den einzelnen Faktoren. Die zugrunde liegenden Faktoren sind innerhalb des Modells für alle Wertpapiere identisch.

$$r_i - r^f = \sum_{l=1}^{M} \beta_i^l F^l + \varepsilon_i$$

(r_i = Rendite des Wertpapiers i, r^f = risikofreier Zins, β_i^l = Sensitivität des Wertpapiers i zum Faktor l, F^l = Faktorrendite des Faktors l, ε_i = residuale Rendite des Wertpapiers i). Gemäß diesem Ansatz werden über die Faktoren Gemeinsamkeiten von Wertpapieren erfasst, während die residuale Rendite nur den Teil der Rendite umfasst, der einzig dem Wertpapier selbst zuzuordnen ist, sodass die residualen Renditen unterschiedlicher Wertpapiere keinerlei Gemeinsamkeit aufweisen. Wendet man diese Renditeaufschlüsselung auf die aktive Rendite eines Portfolios gegenüber seiner Benchmark an, so kann man in Analogie zu den zuvor beschriebenen Ansätzen den Anteil der Faktor-

---

[24] Vgl. Ross (1976), (1977).

renditen als Allokationsbeitrag und die residuale Rendite, die oft auch als spezifische oder unsystematische Rendite bezeichnet wird, als Selektionsbeitrag interpretieren.

Die Schwierigkeit bei der Übertragung des APT-Modells in die Praxis resultiert aus dem Problem, diejenigen Faktoren zu identifizieren, die Gemeinsamkeiten von Wertpapieren abdecken, und den Modellanforderungen zu entsprechen, auf die hier nicht genauer eingegangen wird. In der Praxis haben sich dabei mindestens drei unterschiedliche Ansätze etabliert.

Bei sogenannten *fundamentalen* oder *mikroökonomischen Modellen* werden die Faktoren so gewählt, dass die Sensitivitäten beobachtbar sind und die Faktorrenditen mittels statistischer Verfahren geschätzt werden. Anbieter, die in ihren Risikomodellen und den damit verbundenen Multifaktorbeitragsanalysen diesem Ansatz folgen, sind z. B. Barra oder Wilshire. Faktoren, die beispielsweise bei Aktienmodellen verwendet werden, sind Branchen, Länder, Währungen oder Fundamentaldaten wie Marktkapitalisierung oder Kurs/Gewinn-Verhältnis.

Makroökonomische Modelle verfolgen den umgekehrten Ansatz, d. h., sie wählen Faktoren, deren Renditen bekannt sind, und schätzen mit statistischen Verfahren die Sensitivitäten der einzelnen Wertpapiere gegenüber diesen Faktoren. Ein Anbieter, dessen Modelle im Wesentlichen auf solchen Ansätzen beruhen, ist Northfield Inc. Auch hier werden Branchen oder Länder als Faktoren verwendet. Im Unterschied zu den mikroökonomischen Modellen werden hier die Faktorrenditen allerdings nicht mit statistischen Methoden geschätzt, sondern es werden *beobachtbare* Renditen z. B. von MSCI-Branchen- oder Länderindizes herangezogen. Hinzu kommen Faktoren wie Ölpreis, Rohstoffindizes, Renditen von Staatspapieren unterschiedlicher Währungen und/oder Laufzeiten sowie andere eher makroökonomische Größen.

Der *dritte Ansatz* beschreitet wiederum einen komplett anderen Weg. Hier werden im Vorfeld keine Faktoren ausgewählt, sondern es werden anhand statistischer Methoden Faktoren mit ihren Renditen und Sensitivitäten aus den verfügbaren Renditezeitreihen extrahiert. Ein Anbieter solcher Modelle ist APT Ltd., ein zur Firma SunGard Inc. gehörender Anbieter von Risikomesssystemen.

Der offensichtliche Nachteil der ersten beiden Ansätze besteht in der Vorauswahl von Faktoren und dem damit verbundenen Risiko, falsche Faktoren zu wählen bzw. notwendige Faktoren nicht zu berücksichtigen. Der große Vorteil besteht allerdings darin, dass die gewählten Faktoren für die Investmentverantwortlichen in der Regel gut verständlich sind, während bei statistischen Modellen, bei denen das Risiko einer fehlerhaften Faktorauswahl theoretisch minimiert wird, die resultierenden statistischen Faktoren nicht mehr direkt verständlich sind.

Eine genauere Analyse der Vor- und Nachteile dieser unterschiedlichen Ansätze würde hier den Rahmen sprengen. Es sei nur erwähnt, dass für unterschiedliche Anforderungen im Investmentprozess die unterschiedlichen Ansätze besser oder schlechter geeignet sind und somit unter Umständen der Zugriff auf mehrere Methoden für eine Investmentgesellschaft von Vorteil sein kann. Es gibt mittlerweile im Markt auch Anbieter wie Axioma Inc., die unterschiedliche Typen von Risikomodellen anbieten.

Um die Methodik der faktorbasierten Beitragsanalyse anhand eines Beispiels zu veranschaulichen und die Unterschiede gegenüber dem Brinson-Ansatz zu verdeutlichen, wird das bereits oben verwendete Portfolio-/Benchmarkbeispiel mittels des „Global 6-Regions Equity"-Modells der Firma Wilshire analysiert. Dieses Modell basiert auf ca. 400 verschiedenen Faktoren, die sich in fünf Gruppen segmentieren lassen. Wilshire teilt dabei das Investmentuniversum zunächst in sechs Regionen auf, die die erste Faktorgruppe bilden. Länder und Währungen sind zwei weitere, Branchen innerhalb der Regionen bilden die vierte und Fundamentaldatenausprägungen die letzte Gruppe. Dabei werden pro Region fünf Fundamentaldatenausprägungen verwendet: Marktkapitalisierung als Indikator von Größe, Kurs/Gewinn- und Buchwert/Kurs-Verhältnis als Indikatoren des Investmentstils (Wachstum gegen Substanz) sowie Momentum und Volatilität.[25] Eine genauere Beschreibung, wie für die einzelnen Faktorgruppen die Sensitivitäten und Renditen ermittelt werden, würde den Rahmen dieser Darstellung sprengen. Im Folgenden werden nur die Ergebnisse für das Beispielportfolio im Monat Januar 2010 gezeigt und analysiert.

---

[25] Momentum ist dabei die Rendite einer Aktie in den vorangegangenen 12 Monaten und Volatilität die Streuung der monatlichen Renditen einer Aktie im Verlauf der vorangegangenen 24 Monate. Die Idee hinter der Verwendung dieser Faktoren ist die Beobachtung, dass Aktien mit hohem bzw. niedrigem Momentum oder mit hoher bzw. niedriger Volatilität sich in gewissen Marktsituationen ähnlich verhalten, sodass gemäß der APT beides mögliche Marktfaktoren sind.

Faktoren	Portfolio-Exposure[26]	Benchmark-Exposure	Faktor-rendite in %	Beitrag in %
Währung:				
EUR	100,0%	100,0%	0,00	0,00
Region:				
Europa	100,0%	100,0%	–2,01	0,00
Länder:				
Deutschland	1,459	1,479	–0,68	0,01
Branchen:				
Banken	10,0%	25,0%	–3,36	0,50
Div. Finanzwerte	30,0%	25,0%	–6,10	–0,30
Industriewerte	60,0%	50,0%	–0,09	–0,01
Fundamental:				
Größe	–0,166	–0,155	–2,06	0,02
Gewinn/Kurs	–0,389	–0,765	0,07	0,03
Buchwert/Kurs	1,245	1,810	0,66	–0,38
Volatilität	1,889	2,200	–1,05	0,33
Momentum	0,7266	0,401	0,30	0,10
Summe Faktoren				0,30
Residualrendite in %	–1,25	0,74		–1,98
Summe gesamt				–1,68

Tabelle 7: Beiträge gemäß dem „Global 6-Regions Equity"-Modell[27]

Die faktorbasierte Beitragsanalyse (Tabelle 7) ergibt in diesem Beispiel ein sehr ähnliches Gesamtergebnis wie die Brinson-Analyse. Die gesamte negative aktive Rendite im Analysezeitraum resultiert auch hier aus der Selektion (Residualrendite); die Allokation (Summe Faktoren) liefert einen leicht positiven Beitrag von 0,30%. Auch dieser Analyseansatz unterstreicht, dass die Allokation primär von der Branchenallokation bestimmt wird, im Detail ergeben sich gegenüber der Brinson-Analyse jedoch andere Schlussfolgerungen. So resultierte aus der Übergewichtung der Industriewerte kein signifikanter Allokationsbeitrag. Dies ist darauf zurückzuführen, dass die vom Modell geschätzte Rendite des Branchenfaktors „Industriewerte" mit –0,09% sehr

---

[26] Auf die Details der Ermittlung der spezifischen Exposure- bzw. Sensitivitätswerte der einzelnen Faktoren soll hier nicht eingegangen werden. Es sei nur angemerkt, dass Währungs-, Regionen- und Branchen-Exposure sich aus der Titelgewichtung direkt ergeben, während bei Ländern auch Länder-Betas verwendet werden, also die Sensitivität der Aktienrendite zum jeweiligen Land berücksichtigt wird. Fundamentaldaten-Exposures werden als sogenannte Z-Scores ermittelt.

[27] Quelle: Wilshire Atlas.

gering ist und somit das 10%ige Übergewicht keinen signifikanten Beitrag generiert. Der positive Effekt resultiert gemäß dem Modell vielmehr aus der unterschiedlichen Performance von reinen Banken (Commerzbank) gegenüber diversifizierten Finanzdienstleistern (Deutsche Bank). Die Rendite des Branchenfaktors „Banken" wurde für den Januar 2010 mit –3,36% geschätzt und somit nahezu 3% besser als die Rendite des Branchenfaktors „Div. Finanzwerte" mit –6,1%. Die 15%ige Untergewichtung von Banken leistete damit einen positiven Beitrag, der den negativen Effekt der 5%igen Übergewichtung von diversifizierten Finanzdienstleistern überwog.

Auch wenn sich bei den fünf fundamentalen Faktoren die Beiträge zur aktiven Rendite gegenseitig aufheben, steuern zumindest zwei Faktoren einen deutlichen Beitrag bei. Die Übergewichtung von Wachstumswerten[28] ergab einen Beitrag von –0,38%, der allerdings durch den aus der Untergewichtung von Titeln mit einer höheren Volatilität resultierenden Beitrag von 0,33% kompensiert wurde. Ähnlich zu den beschriebenen Ergebnissen für die Branchen ist auch bei den Fundamentalfaktoren (wie bei allen Faktoren) der resultierte Allokationsbeitrag sowohl vom relativen Exposure gegenüber dem jeweiligen Faktor als auch von der vom Modell geschätzten Rendite des Faktors abhängig. Vergleicht man die Ergebnisse für die Faktoren Volatilität und Momentum, so sind trotz ähnlicher Größe des relativen Exposures[29] die Beträge sehr unterschiedlich, da die vom Modell geschätzte Rendite beider Faktoren im Januar 2010 deutlich unterschiedlich ist. Die Rendite des Faktors Momentum wurde auf 0,30% geschätzt, während für den Faktor Volatilität eine Rendite von –1,05% resultierte.

Das Wilshire-Modell schätzt für Januar 2010 für die vier im Portfolio und in der Benchmark enthaltenen Papiere Residualrenditen zwischen –7,87% für MAN SE und 8,23% für Siemens. Die Rendite der Deutschen Bank wird von den Modellfaktoren nahezu vollständig erklärt, so dass mit –0,02% eine minimale Residualrendite bleibt. Die Residualrendite der Commerzbank beträgt im Analysezeitraum 2,61%. Das Portfolio ist somit in Papieren mit negativen Residualrenditen übergewichtet und in Papieren mit positiven Residualrenditen untergewichtet, sodass ein deutlicher negativer Selektionsbeitrag von –1,98% resultiert.

---

[28] Für das Portfolio wird beim Faktor Buchwert/Kurs mit 1,245 ein geringeres Exposure als für die Benchmark ausgewiesen. Dies ist so zu interpretieren, dass im Portfolio Titel enthalten sind, die im Durchschnitt ein geringeres Buchwert/Kurs-Verhältnis haben als der Durchschnitt der Benchmarktitel. Ein geringeres Buchwert/Kurs-Verhältnis resultiert i. d. R. aus einer Untergewichtung von Substanzwerten bzw. einer Übergewichtung von Wachstumswerten.

[29] Relatives Exposure Volatilität: $1,889 - 2,200 = -0,311$; Relatives Exposure Momentum: $0,7266 - 0,401 = 0,3265$.

Ein Charakteristikum der Beitragsanalysen nach Brinson et al. ist die Abhängigkeit der Ergebnisse von der gewählten Segmentierung. So können etwa für einen globalen Aktienfonds auf Basis einer auf einer Branchenschlüsselung basierenden Beitragsanalyse hohe Selektionsbeiträge ausgewiesen werden, während bei Verwendung einer Ländersegmentierung Selektionseffekte u. U. keine Rolle spielen. Faktorbasierte Beitragsanalysen hängen nicht so stark von den gewählten Faktoren ab. Da sie alle aus dem APT-Modell abgeleitet sind, liefern sie i. d. R. recht ähnliche Ergebnisse im Hinblick auf die Verteilung von Allokation und Selektion. In Abhängigkeit der gewählten Faktoren können sich die Allokationsinformationen im Detail allerdings deutlich unterscheiden.

Ein weiterer großer Vorteil von faktorbasierten Beitragsanalysen liegt in der simultanen Analyse mehrerer Faktoren bzw. Faktorgruppen. Die Allokation wird nicht nur auf ein Segment bezogen, sondern simultan auf mehrere (Faktor-)Gruppen. Insofern wird z. B. nicht nur die Aufschlüsselung der Allokation auf verschiedene Branchen oder Länder beschrieben, wie im Falle eines Brinson-Ansatzes. Die Allokation wird vielmehr gleichzeitig auf Branchen, Länder und andere Faktoren aufgeschlüsselt, sodass auch Rückschlüsse darüber möglich sind, ob die Länderallokation einen stärkeren oder schwächeren Effekt hat als die Branchenallokation, oder ob sogar andere Faktoren dominierend sind. Ein Nachteil ist die schwierigere Interpretation und auch die Abhängigkeit der Ergebnisse im Detail vom gewählten Modell. Wie bereits erwähnt, besteht ferner die Gefahr der möglichen Fehlauswahl von Faktoren bei der Modellkonstruktion.

Im Markt werden aus diesen Gründen häufig Brinson-basierte Beitragsanalysen für Aktienportfolios verwendet. Im Rentenbereich ist dies allerdings zunehmend seltener der Fall. Dies liegt zum einen an der bereits erwähnten begrenzten Aussagekraft von reinen Brinson-Ansätzen für solche Portfolios und zum anderen an der hohen Akzeptanz von Faktormodellen bei der Analyse von Rentenportfolios. Die Renditen von Rentenpapieren lehnen sich viel stärker an mathematisch berechenbare Methoden an, die durch die Modelle besser abgebildet werden können, als es bei Aktienpapieren der Fall ist. Das Risiko einer Modellfehlspezifizierung ist bei Multi-Faktor-Modellen für Renten somit deutlich geringer als bei Aktien.

Gelegentlich werden Faktormodelle explizit auf den Investmentprozess eines Investmenthauses zugeschnitten. So werden bei einigen Investmenthäusern eigene Modelle im quantitativen Portfoliomanagement entwickelt und eingesetzt oder es gibt am Markt Unternehmen wie Alpha Strategies LLC, die sich auf die Implementierung von kundenspezifischen Modellen spezialisiert haben. Dies hat den Vorteil, dass sich mit einem solchen Modell der Erfolg oder Misserfolg des Prozesses validieren lässt. Man geht dabei allerdings das Risiko ein, Faktoren zu ignorieren, die für den Prozess unerheblich sind, die Performance aber beeinflussen können. Zur Verringerung dieses Risikos sollten bei dieser Vorgehensweise zusätzlich mit einem Marktstandard-Modell erstellte Analysen herangezogen werden.

6. Relevanz von Bewertungsfragen und anderer praktischer Aspekte

Ein oft unterschätztes Problem bei der Beitragsanalyse ist der mögliche Zielkonflikt zwischen dem Wunsch des Investors nach einer detaillierten Aufschlüsselung der Wertentwicklung seines Portfolios und dem Anspruch des Investmentmanagers nach einer hinreichenden Berücksichtigung der Determinanten seines Investmentprozesses im Rahmen der Analyse. Auf den ersten Blick mag man hier keinen Zielkonflikt vermuten, bei einer näheren Betrachtung stellt man jedoch fest, dass Bewertungsfragen hier eine zentrale Bedeutung zukommt, wobei unter einer Bewertung hier die Anteilpreisermittlung[30] auf Basis geeigneter Preisquellen verstanden wird. Grundsätzlich lässt sich konstatieren, dass es problematisch ist, wenn für die Bewertung des Portfolios andere Preisquellen herangezogen werden als für die Benchmark bzw. für die Indizes, aus denen sie sich zusammensetzt. Hierbei sind jedoch verschiedene Detailaspekte zu beachten.

Bei Indizes wird in der Regel das Prinzip der Schlusskursbewertung angewandt, gemäß dem die Kurse zum Ende der Handelszeiten an den jeweiligen Börsen zu verwenden sind. Der Umsetzungsgrad hängt allerdings von den Marktgegebenheiten ab. Im Falle von Aktienindizes hat die in diesen Märkten vorherrschende hohe Liquidität zur Folge, dass unterschiedliche Aktienindizes zumeist identische Kurse für eine Aktie heranziehen, auch wenn sich die Indexanbieter unterscheiden. Bei Rentenindizes trifft dies jedoch meist nicht zu, da diese oft illiquide Papiere enthalten, die vom jeweiligen Anbieter bepreist werden müssen. Bei Fonds wird durch die Depotbank eine Bewertung durchgeführt, die in Abhängigkeit von den Handelsumsätzen und Bewertungszeitpunkten auch auf Intraday- oder Vortagspreisen basieren kann. Erschwerend kommt hinzu, dass Indexanbieter unterschiedliche Wechselkursquellen und unterschiedliche Methoden zur Behandlung von Dividenden oder Zinsansprüchen verwenden. Letztere können wiederum von den Methoden der jeweiligen Depotbank abwei-

---

[30] Im Folgenden wird der Fall eines von einer Kapitalanlagegesellschaft verwalteten Fonds zugrunde gelegt. Die Betrachtungen sind grundsätzlich auch auf andere Formen von Investmentportfolios übertragbar.

chen. Aus den beschriebenen möglichen Unterschieden in der Bewertung eines Portfolios und der ihm gegenübergestellten Benchmark lässt sich erahnen, dass die für eine bestimmte Periode ausgewiesene Rendite nicht nur vom Erfolg oder Misserfolg des Investmentmanagers abhängt. Diese sogenannten Bewertungsunterschiede können einen substanziellen Anteil an der aktiven Rendite darstellen.

Insofern stellt sich für einen Anleger die grundsätzliche Frage, ob es für ihn unerlässlich ist, dass die Beitragsanalyse stets die von der Depotbank bzw. Kapitalanlagegesellschaft ermittelte Portfoliorendite exakt nachbildet.[31] Unter dieser Prämisse wird in der Regel nicht deutlich, welcher Teil der ausgewiesenen aktiven Rendite aus unterschiedlichen Bewertungsmethoden und welcher aus dem Erfolg des Investmentprozesses resultiert. Dadurch sind die Analyseergebnisse nur sehr bedingt aussagefähig in Bezug auf die Determinanten des Investmentprozesses. Portfoliomanager fordern daher in der Regel eine Beitragsanalyse auf Basis einer einheitlichen Bewertungsgrundlage. Um diese zu erreichen, bestehen grundsätzlich zwei Möglichkeiten: Entweder bewertet man die Benchmark neu oder das Portfolio. In der Praxis wählt man üblicherweise den zweiten Weg, d. h., man unterzieht das Portfolio einer *Neubewertung* (und verzichtet somit auf die exakte Nachbildung der von der Depotbank ermittelten Portfoliorendite).

Unter einer Neubewertung ist dabei eine Bewertung des Portfolios zu verstehen, die sich so weit wie möglich an den Methoden des jeweiligen Indexanbieters orientiert, wobei zumindest die Preis- und Wechselkursquellen (inklusive der Bewertungszeitpunkte) angepasst werden sollten. Die Differenz zwischen der Neubewertungsrendite und der von der Depotbank errechneten Rendite beschreibt dann transparent den Effekt der Bewertungsunterschiede, und eine Beitragsanalyse, die die Differenz zwischen der Neubewertungsrendite und der Benchmarkrendite aufschlüsselt, ermöglicht es, den Erfolg (oder Misserfolg) des Portfoliomanagers zu analysieren und somit zielgerichtet zu überwachen.

Eine solche Neubewertung ist zwar mit beträchtlichem Aufwand verbunden, wird allerdings von unterschiedlichen Anbietern im Markt entweder im Rahmen von Beitragsanalyse-Dienstleistungen oder im Rahmen von Middle-Office-Diensten angeboten. Eine Beitragsanalyse ohne Neubewertung wäre nur sinnvoll, wenn die beschriebenen Preisunterschiede bereits im Rahmen des zugrunde liegenden Bewertungsprozesses vermieden werden könnten.

---

[31] Dies wäre nur dann gewährleistet, wenn die Portfoliobestände ausschließlich mit den Kursen der Depotbank bewertet würden.

Einen speziellen Fall bilden in diesem Zusammenhang einige bestandsbasierte Analyseansätze. Entsprechende Systeme zur Durchführung solcher Analysen, wie die Systeme von bereits erwähnten Anbietern wie Wilshire oder FactSet, verwenden oft eine einheitliche Methodik zur Bewertung der Portfolio- und Benchmarkbestände. Insofern arbeiten diese Systeme implizit mit einer Art Neubewertung. Allerdings kann dies dazu führen, dass auch die für einen Index ausgewiesene Rendite leicht von den offiziellen Werten des Indexanbieters abweicht.

Der Einsatz von Neubewertungen wird auch vor dem Hintergrund des verstärkten Einsatzes derivativer Finanzinstrumente immer wichtiger. Viele dieser Instrumente sind entweder nicht allzu liquide oder werden nicht über Börsen abgeschlossen, sodass nicht notwendigerweise eine tägliche Preisquelle verfügbar ist. Zur Durchführung einer aussagefähigen Beitragsanalyse sind aber auch für solche Instrumente zeitnahe Preise erforderlich. Insofern muss eine Neubewertung auch zu einer marktgerechten Bewertung von Derivaten führen, auch wenn für den Analysetag keine Marktpreise verfügbar sind. Dies ist eine weitere Komplexität, die bei der Auswahl eines geeigneten Neubewertungsverfahrens bzw. eines Anbieters zu berücksichtigen ist.

7. Erarbeitung eines Umsetzungskonzepts zur Beitragsanalyse aus Sicht eines institutionellen Investors

Angesichts der unterschiedlichen grundlegenden Ansätze zur Beitragsanalyse und der Vielzahl an Varianten ist ein institutioneller Investor (oder auch eine Kapitalanlagegesellschaft) mit der schwierigen Frage konfrontiert, wie eine optimale Systemlösung unter Berücksichtigung der verfügbaren Budgets realisiert werden kann. Abbildung 3 enthält einen Überblick der erforderlichen Schritte. Am Anfang steht die genaue Bestimmung des Bedarfs. Hier ist es zunächst erforderlich, die Determinanten der Investmentprozesse, die der Verwaltung der in Betracht stehenden Portfolios zugrunde liegen, zu erfassen. Parallel dazu muss ein klares Bild über die Adressaten der zu erstellenden Berichte geschaffen werden. Im Anschluss daran können die Inhalte der einzelnen Berichte festgelegt werden.

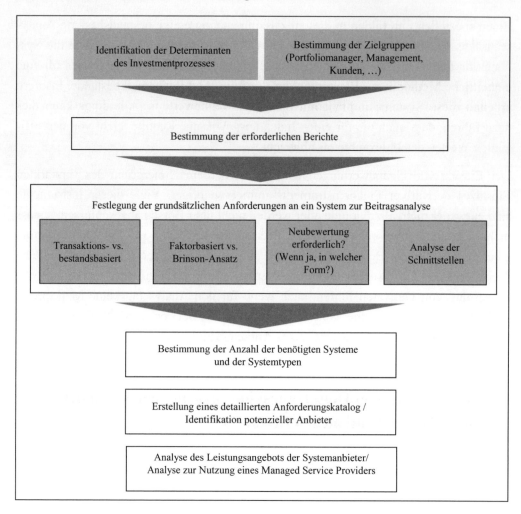

Abbildung 3: Auswahlprozess für ein Beitragsanalysesystem

Ausgehend davon hat dann eine detaillierte Analyse der grundsätzlich zu verwendenden Modelle zu erfolgen. Genügt es etwa, ein bestandsbasiertes System (mit einem geringen Aufwand bei den Datenschnittstellen) zu verwenden oder ist ein transaktionsbasiertes System erforderlich? Ferner ist eine sorgfältige Analyse der gegebenenfalls benötigten Schnittstellen erforderlich, nicht zuletzt im Hinblick auf die zu erwartenden Implementierungskosten. In diesem Zusammenhang ist auch die Frage zu klären, ob eine zusätzliche Schlusskursbewertung für das Portfolio erforderlich ist, was zu einer deutlichen Erhöhung der Komplexität führen würde. Darüber hinaus sollte ein detaillierter Anforderungskatalog für die den Analysen zugrunde liegende Methodik erstellt werden. Er bildet die Grundlage für den Abgleich mit möglichen

Systemen und sollte neben den hier explizit angesprochenen Aspekten auch die Fragen nach der beabsichtigten Berücksichtigung von Derivaten, der Aufschlüsselung von Währungsbeiträgen, der Methodik der Verknüpfung von Analyseergebnissen über mehrere Perioden usw. enthalten.

Die Implementierung einer Standardsoftware zur Aufschlüsselung der Performance bzw. Rendite erfordert einen hohen Investitionsaufwand für Software und ggf. Datenlizenzen. Ferner entstehen auch hohe Personalkosten, da die Bedienung und Administration derartiger Systeme einen hohen Qualifikationsgrad bei den Mitarbeitern voraussetzt. Somit wird diese Alternative in der Regel nur für Investoren mit einem erheblichen Investitionsvolumen sinnvoll sein.[32]

Ein Lösungsansatz besteht für einen institutionellen Investor darin, die Analysen über den Vermögensverwalter – etwa eine Kapitalanlagegesellschaft – zu beziehen. Die Kosten für diese Form der Informationsbeschaffung werden in aller Regel niedriger liegen als bei der oben beschriebenen Variante. Allerdings können sich hier Beschränkungen hinsichtlich der Nützlichkeit aufgrund der beim Vermögensverwalter vorliegenden Rahmenbedingungen ergeben. Stehen etwa die angebotenen Analyseformen im Einklang mit den Erfordernissen der Investmentprozesse und des Reportings? Besteht die Möglichkeit einer Schlusskursbewertung usw.? Sofern die in Betracht stehenden Mandate von verschiedenen Vermögensverwaltern (mit unterschiedlichen Systemansätzen) betreut werden, steht zudem die Einheitlichkeit der Analyseformen infrage.

Ein dritter Ansatz besteht in der Auslagerung der Erstellung von Beitragsanalysen an eine dritte Gesellschaft (etwa einen Managed-Service-Anbieter). Abgesehen von den Kosteneinsparungen bei der Implementierung und beim laufenden Betrieb bietet dieser Weg den Vorteil, dass sich der Anleger auf den eigentlichen Kontrollprozess konzentrieren kann. Ein weiterer Vorteil, der mit einer solchen Lösung verbunden sein kann, besteht in der Unterstützung bei der aufwendigen Strukturierung des Anforderungskatalogs und allgemein bei der Frage, welche Systemformen für die Erfüllung der Anforderungen besonders geeignet sind. Dies setzt allerdings die praxisgeschulte Expertise des Managed-Service-Anbieters mit Fragen von Investmentprozessen voraus. Mittels dieses Ansatzes ließen sich auch die Forderungen nach einem einheitlichen

---

[32] Die Möglichkeit, ein *eigenes* System zu entwerfen und zu implementieren (im Gegensatz zu der Implementierung einer Standardsoftware), wird hier nicht näher betrachtet. Aufgrund des damit verbundenen erheblichen Aufwands kommt diese Alternative höchstens für Investoren mit einem sehr großen Investitionsvolumen in Frage. Auch Kapitalanlagegesellschaften bzw. Investmentfirmen greifen hier in der Regel auf externe Systeme zurück (vgl. etwa Spaulding Group (2010), Seite 10).

Analyseansatz ggf. auch einer einheitlichen Bewertung erfüllen. Im Idealfall ließen sich parallel zum Performancereporting auch die Anforderungen an das Risikoreporting mit vergleichbaren Ansätzen abdecken.[33] Neben dem generellen Projektrisiko besteht bei dieser Vorgehensweise ein wesentliches Risiko einer nicht ausreichenden Flexibilität des Insourcers bei der Umsetzung zeitkritischer Anforderungen des Outsourcers, die über den vereinbarten Leistungskatalog hinausgehen.

8.   Global Investment Performance Standards (GIPS)

Historische Entwicklung

Die *Global Investment Performance Standards* (*GIPS*) enthalten „ethische" Grundsätze für die Berechnung und Darstellung von Performanceergebnissen und geben Erläuterungen und Beispiele.[34] Vermögensverwalter sind angehalten, diese 1999 erstmals veröffentlichten Standards auf freiwilliger Basis einzuhalten. Die Überprüfung durch einen unabhängigen Sachverständigen wird zwar empfohlen, ist jedoch nicht vorgeschrieben. Die Standards sollen zu einer besseren Vergleichbarkeit der Leistungen von Vermögensverwaltern weltweit („equal level playing field") beitragen. Nutznießer der Standards sind in erster Linie (potenzielle) Investoren und Berater, die einen objektiven Einblick in die Leistungsfähigkeit eines Vermögensverwalters erhalten. In den Standards wird formal zwischen Vorschriften und Empfehlungen unterschieden. Ein Vermögensverwalter, der die Standards anwendet, muss alle Vorschriften umsetzen und die Empfehlungen beachten. Dies beinhaltet die Umsetzung aller Aktualisierungen, Guidance Statements, Interpretationen, Questions & Answers (Q&As) sowie der Erläuterungen, die vom CFA Institute und vom GIPS Executive Committee veröffentlicht werden.

Das vom CFA Institute eingesetzte *GIPS Executive Committee* ist ein aus internationalen Experten bestehendes Gremium, dessen Ziel darin besteht, die Standards fortlaufend weiterzuentwickeln. Dabei wird angestrebt, etwa alle fünf Jahre eine aktualisierte Version zu veröffentlichen. Die aktuelle Fassung stammt aus dem Jahr 2010. Die GIPS gehen zurück auf die vornehmlich im Nordamerika beachteten Standards der

---

[33] Eine Gesellschaft, die derartige Dienstleistungen in Bezug auf mehrere Analysesysteme anbietet, ist beispielsweise die IDS GmbH – Analysis and Reporting Services.

[34] Vgl. CFA Institute (2010), insbesondere S. IV f. Im Folgenden werden die Kernpunkte der GIPS aus Sicht eines institutionellen Investors erläutert. Für einen umfassenderen Überblick siehe Fischer, a. a. O., Kapitel 8 und die Abschnitt 9.5 und 9.6.

AIMR[35] aus dem Jahre 1993. Mit der 2005 erfolgten Erweiterung der GIPS wurde der Versuch unternommen, die nach und nach in vielen Ländern wie Großbritannien, der Schweiz oder Deutschland entstandenen lokalen Standards durch einen umfassenden international akzeptierten Standard zu ersetzen. Dieses Ziel wurde erreicht, da die nationalen Standards mittlerweile weitgehend durch Übersetzungen der GIPS ersetzt worden sind. So erfolgte beispielsweise in Deutschland die Ablösung der 1998 veröffentlichten DVFA-PPS im Jahr 2009.

Composites

Die GIPS fordern von den Vermögensverwaltern, auf den selektiven Ausweis von Portfoliorenditen zu verzichten. Stattdessen sollen Renditen ausgewiesen werden, die die durchschnittliche Leistung in einem Anlagesegment widerspiegeln. Zu diesem Zweck sollen Portfolios in sogenannten *Composites* gebündelt werden. Dabei werden formal alle ähnlich disponierten Portfolios zu einem Composite fusioniert, dessen Performance die Basis für alle weiteren Auswertungen darstellt. Angesichts der Vielzahl möglicher Portfoliokonzeptionen verzichten die Standards bewusst auf detaillierte Vorschriften an dieser Stelle. Den Vermögensverwaltern sollen dadurch alle Möglichkeiten zur individuellen Gestaltung und Vermarktung von Produkten offengelassen werden. Jedoch müssen alle Portfolios, in denen ein für die Gesellschaft repräsentativer Managementstil verfolgt wird, mindestens einem Composite zugeordnet werden. Dies bedeutet gleichzeitig, dass Portfolios, die – bedingt etwa durch Einschränkungen oder rechtliche Restriktionen des Kunden – erheblichen externen Anlagerestriktionen unterliegen, nicht den Composites zugeordnet werden sollen.

Die Zuordnung von Portfolios zu Composites muss zusätzlich auch aus zeitlicher Sicht konsistent sein. Aus diesem Grund ist jedes neue Portfolio möglichst zu Beginn der nächsten Berechnungsperiode in das entsprechende Composite aufzunehmen. Performancedaten, die sich auf Zeiträume vor der Liquidation eines Portfolios beziehen, dürfen nicht aus den Compositedaten gelöscht werden. Speziell in dieser Regelung zeigt sich das Bestreben, die Ergebnisse der Verwaltungstätigkeit umfassend und historisch konsistent abzubilden. Geht man davon aus, dass vornehmlich Portfolios mit einer unterdurchschnittlichen Wertentwicklung liquidiert werden, so würde ein Löschen der historischen Daten dazu führen, dass ein Composite tendenziell aus Portfolios mit einer überdurchschnittlichen Performance besteht (Survivorship Bias).

---

[35] AIMR ist der frühere Name des CFA Institute.

Ein weiterer Faktor zur Förderung einer fairen Performancepräsentation besteht in der Standardisierung der darzustellenden Zeiträume. Hierdurch kann die Vergleichbarkeit zwischen einzelnen Vermögensverwaltern hergestellt werden. Die GIPS fordern den Ausweis von Renditen für mindestens fünf Kalenderjahre. Der *Track Record* muss dann sukzessive ausgebaut werden, bis er zumindest die jeweils letzten zehn Kalenderjahre umfasst. Kürzere Zeiträume dürfen nur dann dargestellt werden, wenn zum Zeitpunkt der Compliance-Erklärung der Zeitraum seit der Gründung der Einheit eine geringere Anzahl als die Anzahl der geforderten vollständigen Kalenderjahre umfasst oder wenn alle Portfolios, die einem Composite zugeordnet wurden, nach Beginn des ersten geforderten Kalenderjahres aufgelegt worden sind.

Offenlegungsvorschriften

Über Regeln zur Ermittlung und Aufbereitung des Zahlenmaterials hinaus enthalten die GIPS eine Reihe von Richtlinien und Empfehlungen zur Erläuterung der angewandten Vorgehensweise und Beschreibung von Sachverhalten. Dadurch sollen den potenziellen Investoren alle entscheidungsrelevanten Informationen zur Verfügung gestellt werden. Mit jeder Fassung der GIPS wurden neue Offenlegungsvorschriften hinzugefügt.

So sind zunächst die Vermögensverwaltungsgesellschaft sowie der inhaltliche Aufbau der Composites zu beschreiben. Für jedes Composite müssen das Volumen und die Anzahl der ihm zugeordneten Portfolios angegeben werden. Darüber hinaus muss entweder der prozentuale Anteil des Composites am gesamten Anlagevermögen der Einheit oder das absolute Anlagevermögen der Einheit zum Ende jedes dargestellten Kalenderjahres ausgewiesen werden. Eine Beschreibung der Art und des Umfangs der im Portfoliomanagement eingesetzten Instrumente mit Hebelwirkung und der Short-Positionen gibt dem Betrachter Hinweise auf das absolute Risiko eines Composites. Schließlich geben Richtlinien zur Darlegung der Vorgehensweise bei der Berechnung der Performanceergebnisse, der Einbeziehung von Verwaltungsgebühren sowie der Behandlung von Quellensteuern wichtige Ansatzpunkte zum Vergleich der Ergebnisse unterschiedlicher Vermögensverwalter.

Die GIPS schreiben vor, die Renditen von Composites bei deren Darstellung mit den Renditen einer repräsentativen Benchmark zu vergleichen. Nur für den Fall, dass der Vermögensverwalter der Meinung ist, dass keine „repräsentative Benchmark" existiert, kann von einer Gegenüberstellung abgesehen werden. Die Gründe für eine solche Vorgehensweise müssen dann allerdings bei Präsentationen angegeben werden. Wird die Benchmark vom Vermögensverwalter selbst berechnet, dann müssen die Berechnungsmethode und das Rebasierungsverfahren – die Vorgehensweise bei der periodischen Zurücksetzung der Gewichte der Benchmarkkomponenten auf die ursprünglich definierten Werte[36] – offengelegt werden.

Bewertung und Berechnungsmethode

Die GIPS fordern den Ausweis zeitgewichteter Renditen, was die Bewertung der Portfolios zu den Zeitpunkten exogener Mittelbewegungen voraussetzt. Letzteres wird – und auch dann nur im Falle „großer" Mittelbewegungen – seitens der GIPS erst für Zeiträume ab dem 1. Januar 2010 gefordert. Zur Berechnung der Rendite für die zurückliegenden Zeiträume sind Näherungsverfahren zulässig. Die Compositerendite ergibt sich dann aus der volumengewichteten Summe der Portfoliorenditen.

Die GIPS enthalten verschiedene Vorschriften und Empfehlungen zur Berücksichtigung von Finanztransaktionen (Dividenden- und Zinszahlungen, Erstattung von Quellensteuern), auf die ein rechtlicher Anspruch besteht, die aber erst zu einem späteren Zeitpunkt valutarisch gebucht werden. So müssen etwa Stückzinsen bei der Bewertung von Anleihen stets berücksichtigt werden. Die periodengerechte buchhalterische Abgrenzung von Dividenden in der Bewertung per Ex-Dividenden-Tag ist jedoch lediglich eine Empfehlung. Vor dem Hintergrund der Finanzmarktkrise 2007–2009, die von vielen Beobachtern im Wesentlichen als Liquiditätskrise angesehen wird, hat das GIPS Executive Committee umfangreiche zusätzliche Richtlinien zur Bewertung von Portfolios erarbeitet, die sie in einem eigenen Abschnitt (*GIPS Valuation Principles*) zusammengefasst hat. Die Richtlinien orientieren sich an den Vorgaben zur Fair-Value-Bewertung der US-amerikanischen Rechnungslegung. Diesen Richtlinien zufolge müssen Instrumente stets gemäß ihren Marktpreisen bewertet werden, sofern diese verfügbar sind. Ist dies nicht der Fall, dann kommt eine Kette von Ersatzverfahren zur Anwendung, die bis hin zu einer subjektiven Bewertung reicht.

---

[36] Die Gewichte der Benchmarkkomponenten verändern sich automatisch entsprechend der Wertentwicklung der abgebildeten Segmente. Durch die periodische (etwa monatliche) Zurücksetzung der Gewichte auf das Ursprungsniveau wird u. a. eine (annähernde) Beibehaltung des angestrebten Risikoniveaus des Portfolios erreicht.

Risikoausweis

Neben den bereits erwähnten Angaben zu Instrumenten mit Hebelwirkung fordern die GIPS die Angabe eines Maßes für die Streuung (*Dispersion*) der Portfoliorenditen innerhalb eines Composites für jedes der dargestellten Kalenderjahre. Dabei wird kein spezifisches Maß vorgeschrieben, allerdings sollte das Maß, für das sich der Vermögensverwalter entscheidet, im Zeitablauf möglichst beibehalten werden. Mittels der Dispersion eines Composites lassen sich Rückschlüsse darauf ziehen, inwiefern der Vermögensverwalter einen klar definierten Investmentstil bei der Verwaltung der Portfolios verfolgt. Je geringer die Dispersion ausfällt, desto einheitlicher werden die im Composite zusammengefassten Portfolios verwaltet. In der Praxis wird häufig als Dispersionsmaß die (volumengewichtete) Standardabweichung (der Portfoliorenditen eines Composites) herangezogen. Andere Maße sind beispielsweise die Quartilsdarstellung oder der Ausweis der maximalen und minimalen Rendite.[37]

Mit der GIPS-Fassung von 2010 wurde erstmals der Ausweis eines bestimmten Risikomaßes (für die Compositerendite) vorgeschrieben. Dabei handelt es sich um die Ex-post-Standardabweichung der historischen Renditen (annualisiert basierend auf monatlichen Renditen über einen Zeitraum von 3 Jahren). Allerdings kann die Einheit ein zusätzliches Risikomaß für das Composite und die Benchmark präsentieren, wenn sie der Ansicht ist, dass die Standardabweichung die Risiken des Composites nicht angemessen widerspiegelt.

Darüber hinaus fordern die GIPS den Ausweis allgemeiner Risiken („jedes wesentliche Ereignis innerhalb der Einheit, das Auswirkungen auf die Verwaltung der Anlagen hat"[38]).

Zusatzinformationen auf freiwilliger Basis / risikoadjustierte Maße

Den Gesellschaften bleibt es überlassen, neben den in den GIPS explizit geforderten Informationen zu den Composites zusätzliche Informationen bereitzustellen. In einem *Guidance Statement* hat das GIPS Executive Committee hierfür Kriterien formuliert, die die Einheiten zu beachten haben. Es dürfen keine irreführenden oder im Widerspruch zu den erforderlichen Angaben stehenden Informationen gegeben werden. Dies beinhaltet beispielsweise, dass die Performance von Modellportfolios oder eine nicht übertragbare Performancehistorie erworbener Einheiten nicht mit der aktuellen Perfo-

---

[37] Vgl. hierzu Fischer, a. a. O., S. 471 f.
[38] Siehe hierzu GIPS (2010), 4.A.14.

rmancehistorie verbunden werden darf (es sei denn, dies wird von einem potenziellen Investor explizit gewünscht). In Form von Zusatzinformation dürfen diese Angaben jedoch separat angegeben werden, sofern sie klar als solche gekennzeichnet sind und nicht im Widerspruch zu anderen Angaben stehen. Weitere Beispiele für Zusatzinformationen im Sinne der GIPS sind u. a. Beitragsanalysen[39], Peergroup-Vergleiche und risikoadjustierte Performancewerte.

Insbesondere die Einbeziehung des Risikos in die Performancemessung und damit die Berechnung von risikoadjustierten Performancemaßen ist aus akademischer Sicht zwingend erforderlich.[40] Die wichtigsten Maße zur (externen) Performancemessung basieren auf kapitalmarkttheoretischen Modellen, auf die hier nicht im Detail eingegangen werden soll. Derartige Modelle haben das Ziel, einen systematischen Zusammenhang zwischen dem Risiko und der erwarteten Rendite einer Investition herzustellen. So werden etwa die wohl bekanntesten Performancemaße – Sharpe und Treynor Ratio, Differential Return und Jensen-Alpha – im Rahmen des CAPM hergeleitet.[41]

Bei einer Vielzahl dieser Performancemaße basiert die Risikoadjustierung auf einer einfachen Quotientenbildung, bei der die aktive Rendite durch ein Risikomaß dividiert wird. Im Falle der Sharpe Ratio SR ergibt dies beispielsweise:

$$SR = \frac{rp - rf}{\sigma_p},$$

wobei hier mit der Standardabweichung der Portfoliorenditen, σ_P, ein Maß für das absolute Risiko der Investition in das zugrunde liegende Portfolio genommen wird.[42] Viele andere, weniger gebräuchliche Performancemaße wie etwa Treynor Ratio, Sortino Ratio, Sterling Ratio, Burke Ratio usw. folgen dem gleichen einfachen Konstruktionsprinzip, wobei jeweils andere Risikomaße zugrunde gelegt werden. Mit Hilfe

---

[39] Für den Ausweis der im Rahmen einer Beitragsanalyse ermittelten Informationen gibt es keine offiziellen Standards. Allerdings gab es seitens des European Investment Performance Committee (einem mit dem GIPS Executive Committee verbundenen Gremium) hierzu intensive Bemühungen. Die Ergebnisse dieser Arbeitsgruppe liegen jedoch nur als Entwurf vor (EIPC, 2003). Des Weiteren wurde von einer aus französischen Performanceanalysten bestehenden Arbeitsgruppe viel beachtete Best-Practice-Empfehlungen zur Beitragsanalyse von Rentenportfolios herausgegeben (GRAP, 2004). Siehe in diesem Zusammenhang auch Giguère (2005).

[40] Vgl. etwa Wittrock (2000), S. 21 f.

[41] Siehe etwa Albrecht/ Maurer (2008), S. 307 ff. Mit *rf* wird hier der risikofreie Zinssatz bezeichnet.

[42] Mit *rf* wird der risikofreie Zinssatz bezeichnet. Die zur Ermittlung des Quotienten benötigten Größen werden über einen hinreichend langen Zeitraum auf annualisierter Basis berechnet.

dieser Maße ist ein Ranking unterschiedlicher Portfolios möglich. Voraussetzung für eine sinnvolle Anwendung ist jedoch das Vorliegen einer ausreichend langen Datenhistorie. Der Nutzen kann allerdings etwa bei Strukturbrüchen im Investmentansatz oder in ausgedehnten Baissephasen, die zu negativen Ratios führen, eingeschränkt sein.

Mit anderen Maßen wie dem Jensen-Alpha oder dem Differential Return erfolgt die Risikoadjustierung durch die Subtraktion der gemäß dem eingegangenen Risiko zu erwartenden Rendite von der tatsächlich erzielten Rendite. Diese Maße können nicht für ein Ranking von Portfolios mit unterschiedlichen Risikoniveaus herangezogen werden. Eine Synthese wurde mit den Maßen Risk-Adjusted Performance und Market-Risk-Adjusted-Performance erreicht.[43]

9.   Schlussbetrachtung

Die Performancemessung und -analyse ist seit Jahrzehnten Gegenstand der akademischen Forschung. Auch in der Praxis der Vermögensverwaltung gewinnt sie stetig an Bedeutung, was sowohl durch den Erfolg von Dienstleistungsunternehmen zur Performanceanalyse als auch durch die deutliche Weiterentwicklung der Performancemesssysteme verdeutlicht wird. Unterstrichen wird diese Entwicklung auch durch die weltweite Akzeptanz der GIPS.

Die Beitragsanalyse hat mittlerweile einen festen Platz im Bereich des Reportings für institutionelle Investoren. Die dort zur Anwendung kommenden Verfahren wurden fortlaufend erweitert und verfeinert, sodass die Investmentprozesse immer besser abgebildet werden können. Dieses Instrumentarium bildet für den institutionellen Investor die Basis für ein effizientes Controlling des Vermögensverwalters.

Auch im Bereich der risikoadjustierten Performancemaße haben die letzten Jahre zahlreiche neue Ansätze ergeben, insbesondere im Bereich der Portfolios mit einem asymmetrischen Renditespektrum sowie bei den Hedgefonds. Allerdings sind es nach wie vor überwiegend wenige Standardmaße, die in der Praxis zur Anwendung kommen. Es scheint, als sei die Spanne zwischen der akademischen Forschung und den Praxisanwendungen hier in den letzten Jahren eher größer geworden.

---

[43] Vgl. Modigliani/ Modigliani (1997) und Wilkens/ Scholz (1999). Für eine ausführliche Erörterung der hier aufgeführten Risikomaße siehe auch Fischer, a. a. O., Kapitel 9 und 10.

Literaturverzeichnis

Albrecht, P./ Maurer, R. (Albrecht/ Maurer, 2008): Albrecht, P.; Maurer, R.: Investment- und Risikomanagement, 3. Auflage, Stuttgart (2008).

Ankrim, E./ Hensel, C. (Ankrim/ Hensel, 1994): Multicurrency Performance Attribution, Financial Analysts Journal, March-April 1994, S. 29-35.

Bacon, C. (Bacon, 2008): Practical portfolio performance: measurement and attribution, Chichester, West Sussex, 2nd ed. 2008.

Brinson, G. P./ Fachler, N. (Brinson/ Fachler, 1985): Measuring Non-U.S. Equity Portfolio Performance, Journal of Portfolio Management, Spring 1985, S. 73-76.

Brinson, G. P./ Hood, L. R./ Beebower, G. L. (Brinson/ Hood/ Beebower, 1986): Determinants of Portfolio Performance, Financial Analysts Journal, July-August 1986, S. 39-44.

Brinson, G. P./ Singer, B. D./ Beebower, G. L. (Brinson/ Singer/ Beebower, 1991): Determinants of Portfolio Performance II: An Update, Financial Analysts Journal, May-June 1991, S. 40-48.

Burnie, J. S./ Knowles, J. A./ Teder, T. J. (Burnie/ Knowles/ Teder, 1998): Arithmetic and Geometric Attribution, The Journal of Performance Measurement, Fall 1998, S. 59-69.

Cariño, D. R. (Cariño, 1999): Combining Attribution Effects Over Time, The Journal of Performance Measurement, Summer 1999, S. 5-14.

European Investment Performance Committee (EIPC, 2003): Guidance on Performance Attribution Presentationation (2004), www.swissbanking.org/ eipc_performance_attribution_guidance_final.pdf

Fischer, B. R. (Fischer, 2010): Performanceanalyse in der Praxis, 3. Aufl., München 2010.

Geske, T. (Geske, 2001): The Performance Attribution (PART) System in Bond Edge® – Summary of Methodology, Oktober 2001.

Giguère, C. (Giguère, 2005): Thinking Through Fixed Income Attribution – Reflections From a Group of French Practitioners, The Journal of Performance Measurement, Summer 2005, S. 46-65.

Groupe de Réflexion en Attribution de Performance (Hrsg.) (GRAP, 2004): Attribution de performance obligataire – Synthèse des Travaux, 2004.

CFA Institute (Hrsg.) (GIPS, 2010): Global Investment Performance Standards (GIPS®), Charlottesville (2010).

Kahn, R. N. (Kahn, 1991): Bond performance analysis: A multi-factor approach, Journal of Portfolio Management, Fall 1991, S. 40-47.

Kuberek, R. C. (Kuberek): Term Structure Factor Models, Dokument von Wilshire Analytics (ohne Datumsangabe).

Lehman Brothers Fixed Income Research (Hrsg.) (Lehman, 1996): The Lehman Brothers Return Attribution Model (1996).

Littermann, R./ Scheinkmann, J. (Littermann/ Scheinkmann, 1991): Common Factors Affecting Bond Returns, Journal of Fixed Income, June 1991, S. 54-62.

McLaren, A. (McLaren, 2001): A Geometric Methodology For Performance Attribution, The Journal of Performance Measurement, Summer 2001, S. 45-57.

Menchero, J. G. (Menchero, 2000/01): A Fully Geometric Approach to Performance Measurement, The Journal of Performance Measurement, Winter 2000/2001, S. 22-30.

Merrill Lynch (Hrsg.) (Merrill Lynch, 2000): Bond Index, Rules and Definitions (Oktober 2000).

Modigliani F./ Modigliani, L. (Modigliani/ Modigliani, 1997): Risk-Adjusted Performance, How to measure it and why, The Journal of Portfolio Management, Winter 1997, S. 45-54.

Paape, C. (Paape, 2003): Currency Overlay in performance Evaluation, Financial Analysts Journal, March/April 2003, S. 55-68.

Ross, S. A. (Ross, 1976): The arbitrage theory of capital asset pricing, Journal of Economic Theory 13, 341–60.

Ross, S. A. (Ross, 1977): Return, Risk and arbitrage, in Risk and Return in Finance, hrsg. von I. Friend und J. Bichsler, Cambridge, Mass. 1977, S. 189-218.

Singer, B. D./ Karnosky, D. S. (Singer/ Karnosky, 1995): The General Framework for Global Investment Management and Performance Attribution, The Journal of Portfolio Management, Winter 1995, S. 84-92.

The Spaulding Group (Spaulding Group, 2007): Performance Measurement Attribution Survey 2007, Detailed Results, Somerset, NJ. 2007

Wilkens, M./ Scholz, H. (Wilkens/ Scholz, 1999): Von der Treynor-Ratio zur Market Risk-Adjusted Performance, FINANZ BETRIEB, 10/1999, S. 308-315.

Wittrock, C. (Wittrock, 2000): Messung und Analyse der Performance von Wertpapierportfolios, 3. erweiterte Auflage, Bad Soden/Ts. (2000).

Performance Fees – Gestaltung und Umsetzung in der Investmentpraxis

von Andreas Schmidt-von Rhein/ Clemens Schweiggl

1.   Strukturwandel bei der Managementvergütung?

Performance Fees als Bestandteil der Managementvergütung werden im Asset Management immer beliebter. Ein wesentlicher Grund für diese Entwicklung ist die unbefriedigende Ertragssituation aus den Vermögensanlagen vieler institutioneller Anleger in den letzten zehn Jahren. Waren es in den ersten Jahren des neuen Jahrtausends einbrechende Aktienmärkte, die die Risikobudgets der institutionellen Anleger aufgebraucht haben, so verhinderten genau diese fehlenden Risikobudgets der Anleger die Partizipation an der nachfolgenden Aktienmarkterholung. Neben der Optimierung des Rendite-Risiko-Profils eines Portfolios gewinnt nun auch die Reduktion der Gesamtkostenbelastung des Portfolios und eine klare Differenzierung bei der Managementvergütung nach der erbrachten Leistung des Managers immer mehr an Bedeutung.

Durch die zunehmende Kostentransparenz, die einerseits durch die Regulierer erzwungen und andererseits durch das Aufbrechen der Wertschöpfungskette beim Management, der Verwaltung und der Verwahrung von Portfolios in den einzelnen Schritten des Investment- und Verwaltungsprozesses im Rahmen des Trends zur Master-KAG geschaffen wird, kommt es zu einer Verschärfung des Wettbewerbsdrucks. Die einzelnen funktionalen Bereiche können nun getrennt nach Leistung und Kosten betrachtet werden. Der Asset Manager wird gezwungen, die Preise für die einzelnen Prozessschritte sauber zu kalkulieren und die Einzelleistungen zu wettbewerbsfähigen Preisen anzubieten. Dies gilt insbesondere auch für die Managementvergütung. Manager versuchen sich zunehmend durch das Angebot von leistungsabhängigen Vergütungsmodellen für Investoren interessant zu machen. Im Rahmen der zu beobachtenden latenten Konvergenz der Gebührenmodelle im Asset Management und der steigenden Professionalität der Investoren werden die bei Hedgefonds weitverbreiteten Performance Fee-Modelle nun auch immer öfter im Management „klassischer" Portfolios eingesetzt, um den Portfoliomanager in Abhängigkeit seiner tatsächlich erbrachten Leistung zu bezahlen. Der vorliegende Beitrag beleuchtet das Thema Performance Fee aus Sicht eines institutionellen Investors. Ziel ist, die für den Investor wichtigen Aspekte im Rahmen einer Umsetzung von Performance Fee-Regelungen zu beleuchten und somit einen praktischen Leitfaden an die Hand zu geben.

2. Grundlegende Modelle für die Managementvergütung

Die Managementvergütung ist im Rahmen der Gesamtkosten[1] im Asset Management der transparenteste Kostenfaktor, der vom Manager für das Umsetzen der gemeinsam erarbeiteten Anlagestrategie in Rechnung gestellt wird. Grundsätzlich gibt es drei Vergütungsmodelle für die Managementleistung:

Bei einer *fixen Managementgebühr* vereinbaren der Investor und der Manager die Zahlung eines fixen, meist jährlich zu leistenden Betrages für das Management eines Portfolios. Die Höhe der Managementgebühr ist unabhängig von der Wertentwicklung des Portfolios, und das Risiko des Managers besteht in einer Kündigung des Portfolios durch den Investor.

Alternativ können sich der Investor und der Manager auf eine *volumenabhängige Managementgebühr* einigen, bei der jährlich ein bestimmter Prozentsatz des betreuten Volumens als Bezahlung für den Manager anfällt. Hierbei kann auch ein gestaffelter Prozentsatz vereinbart werden, bei dem bei einem höheren Volumen der Prozentsatz gesenkt wird. Die Höhe der Managementgebühr ist indirekt abhängig von der Wertentwicklung des Portfolios, da eine positive Performance des Portfolios das zur Berechnung heranzuziehende Portfoliovolumen erhöht und vice versa. Die Quelle der Performance – ob aus reiner Marktbewegung oder dem aktiven Handeln des Managers (Selektion und/oder Timing) – ist für die Höhe der Vergütung irrelevant. Eine negative Wertentwicklung des Fonds und die Kündigung des Portfolios stellen die Ertragsrisiken des Managers dar. Nicht selten wird die volumenabhängige Managementgebühr mit einer Fixgebühr (als Mindestgebühr) kombiniert.

Das dritte Modell beinhaltet eine *Performance Fee* und ist in den meisten Fällen eine Kombination aus einer fixen und/oder volumenabhängigen Managementvergütung – nachfolgend Basisvergütung genannt – und einer wertentwicklungsabhängigen Vergütung, die fällig wird, sofern bestimmte mit dem Investor ex ante vereinbarte Anlageziele erfüllt werden. Mögliche Ziele sind die Maximierung der absoluten Portfoliorendite oder der aktiven Rendite zu einer ex ante definierten deterministischen oder

---

[1] Für Fonds werden die Gesamtkosten mit Hilfe der Total Expense Ratio (TER) angegeben, bei der die in einem Fonds in einer Periode angefallenen Kosten zum durchschnittlichen Fondsvermögen ins Verhältnis gesetzt werden. Die TER umfasst nach Definition des BVI die Kosten des Managements, der Verwaltung und der Verwahrung eines Portfolios. Transaktionskosten sind nicht Bestandteil der BVI-TER. Performance Fees sind ebenfalls nicht Bestandteil der TER, allerdings muss eine gezahlte Performance Fee als prozentualer Kostensatz zusätzlich zur TER ausgewiesen werden. (BVI Wohlverhaltensregel IV, Ziffer 9)

stochastischen Benchmark.[2] Durch die Einführung einer Performance Fee wird ein Teil der Managementgebühr direkt von der (aktiven) Performance eines Portfolios und somit auch der erbrachten Leistung des Managers abhängig. Das Nichterzielen einer mit dem Kunden vereinbarten Performance und die Kündigung des Portfolios führen zu Ertragseinbußen auf Seiten des Managers.

Fixe und volumenabhängige Managementgebühren sind immer noch der Standardfall bei der Vergütung des Portfoliomanagers. Ein großer Vorteil dieser Gebühren ist die verhältnismäßig einfache Berechnung der Gebührenbelastung. Ein wesentlicher Nachteil der beiden erstgenannten Vergütungsmodelle ist aber die unzureichende direkte Beteiligung des Managers an den Zielen des Investors, die durch eine sauber kalibrierte Performance Fee-Vereinbarung erreicht werden kann.

3.   Anreize für eine Performance Fee Vereinbarung

Beim Management eines Investorportfolios durch einen Manager handelt es sich um ein klassisches Principal Agent Problem unter unvollständiger und asymmetrischer Information, bei der der Investor – als Principal – das Management seines Portfolios an einen Manager – den Agent – überträgt und der Agent die Folgen seiner Handlungen nicht oder nur zum Teil selber tragen muss. Hauptziel des Investors bei der Vermögensanlage ist die Maximierung der risikoadjustierten Rendite nach Kosten. Der Manager hingegen versucht, durch eine Erhöhung des verwalteten Vermögens und der Gebühren seine Erträge zu maximieren. Ziel eines Managementvertrages sollte somit sein, die Ziele des Investors und des Managers näher aneinander zu bringen und durch ein passendes Incentivierungs- und Monitoringsystem den probleminhärenten Moral Hazard zu minimieren. Eine Möglichkeit zur Sicherstellung der Anreizkompatibilität ist die Vereinbarung einer Performance Fee, bei der die Vergütung des Managers vom Erreichen einer bestimmten (risikoadjustierten) Rendite abhängt.[3]

Die Vereinbarung von Performance Fee-Modellen kann aber auch vom Asset Manager angestrebt werden, um die Konfidenz des Managers in seine eigene Strategie zu unterstreichen und zu signalisieren, dass er bereit ist, einen Teil der Vergütung von der eigenen Leistung – in Form von Performance – abhängig zu machen. Diese in der Literatur als „Signalling Theory" bekannte Argumentation kann unter anderem auch

---

[2] Zur Abgrenzung von deterministischen und stochastichen Benchmarks vgl. Kapitel 5
[3] Vgl. Starks (1987).

helfen, zu erklären, warum oftmals Manager, die nur eine verhältnismäßig kurze Performancehistorie aufweisen, eine Performance Fee-Regelung anbieten.[4]

Der Einsatz von Performance Fees zur Verringerung der Gesamtvergütung eines Portfolios ist meist nicht zielführend, da Manager in der Regel Performance Fee-Vereinbarungen nur dann akzeptieren, wenn der von ihnen erwartete Gesamtertrag nicht sinkt. Es wird lediglich ein Teil der fixen Vergütung gegen eine unsichere, variable Gebühr getauscht, für die der Manager im Gegenteil möglicherweise eine Risikoprämie verlangt.

4.   Kriterien für eine Performance Fee-Regelung

Für die Akzeptanz der Performance Fee-Vereinbarung auf Seiten des Managers und des Investors müssen die folgenden grundlegenden Punkte sichergestellt werden[5]:

- *Anreizkompatibilität:* Die Performance Fee-Regelung sollte sicherstellen, dass Manager und Investoren das gleiche Ziel – nämlich die Maximierung der (risikoadjustierten) Rendite – verfolgen, um Interessenkonflikte zwischen Manager und Investor zu vermieden.
- *Fairness:* Die Performance Fee-Regelung soll so ausgestaltet sein, dass keine der beiden Parteien systematisch benachteiligt wird und der Manager das Risikoprofil des Portfolios nicht opportunistisch zur Maximierung der Performance Fee verändern kann.
- *Sachgerechtheit:* Die Performance Fee-Regelung soll tatsächlich das Erreichen der mit dem Kunden vereinbarten Ziele belohnen. Die Höhe der Performance Fee wird nicht durch Effekte verzerrt, die der Manager nicht beeinflussen kann.
- *Eindeutigkeit:* Die Berechnung der Performance Fee muss eindeutig möglich sein. Zusätzlich sollte die Quelle der zur Berechnung benötigten Zahlen ex ante abgestimmt werden, um bewertungstechnische Diskussionen am Ende einer Abrechnungsperiode zu vermeiden. Unter diesem Aspekt ist der Trend zur Master-KAG ambivalent zu beurteilen: einerseits ermöglicht die Master-KAG eine einheitliche Messung aller Portfolios eines Kunden, aber andererseits können Master-KAG Anbieter oftmals die speziellen und managerspezifischen Anforderungen für die Performance Fee Berechnungen nicht erfüllen.

---

[4]   Vgl. Golec (1988).
[5]   Vgl. Grinold/ Rudd (1987) und Record/ Tynan (1987).

Das grundlegende und mit Abstand wichtigste Ziel einer für beide Seiten fairen und transparenten Performance Fee-Vereinbarung ist es, den Manager direkt an einer guten oder schlechten Performance teilhaben zu lassen und durch diese Anreizsetzung die Interessen des Investors und des Managers anzugleichen. Für die beidseitige Akzeptanz der Performance Fee-Regelung ist es darüber hinaus essenziell, dass die Regelung tatsächlich die Leistung aus dem aktiven Handeln des Managers und nicht Markteffekte vergütet.

5.   Grundlegende Performance Fee-Modelle

Grundlagen

Meist werden Gebührenmodelle mit Performance Fee als Alternative zu rein fixen oder volumenabhängigen Modellen angeboten. Ein Manager wird die im Vergleich zu fixen oder volumenabhängigen Vergütungsmodellen höhere Ertragsvolatilität nur dann in Kauf nehmen, wenn er durch die Einführung einer Performance Fee-Regelung höhere Gesamterträge erwartet (Forderung einer Risikoprämie für die erhöhte Ertragsvolatilität). Der Investor muss die mit einer Performance Fee-Regelung einhergehende höhere Volatilität gegen eine stärkere Beteiligung des Managers an seinem Erfolg abwägen.

Die Grundstruktur einer Performance Fee ist die zur Anreizsetzung gewünschte Beteiligung des Managers an seiner Leistung bei gleichzeitiger Reduktion der Basisvergütung. Die Höhe der Beteiligung des Managers an seiner eigenen Leistung hängt von der vereinbarten Partizipationsrate ab: je höher die Partizipationsrate gewählt wird, desto ausgeprägter ist der Manager an seiner Leistung beteiligt. Je höher die Partizipationsrate, desto geringer wiederum die Basisgebühr.

Aus Sicht des Investors ist wünschenswert, dass die Basisgebühr auf das Niveau eines passiv gemanagten Portfolios abgesenkt wird. Anders ausgedrückt: Wird nur die Benchmarkperformance erreicht, erhält der Manager lediglich eine für ein passives Mandat vergleichbare Vergütung. Umgekehrt kann aus Sicht des Managers im schlechtesten Fall (keine Performance Fee-Zahlung, also bestenfalls Erreichen der Benchmarkperformance) die Basisgebühr maximal auf die Höhe von kostendeckenden Gebühren abgesenkt werden, die für das (aktive) Management des Portfolios benötigt werden, um eine Anpassung des Risikoprofils des Portfolios durch den Manager zur Sicherstellung von kostendeckenden Erträgen zu vermeiden.[6]

Managementvergütung (MV) = Basisvergütung (BV) + Performance Fee (PF)

$$MV \quad = \quad BSV \cdot PW \quad + \quad PR \cdot R \cdot PW$$

mit:

BSV	=	reduzierter Basisvergütungssatz
PW	=	Portfoliowert, der zur Berechnung der Performance Fee heranzuziehen ist
PR	=	Partizipationsrate des Managers an der erbrachten Leistung (z. B. 20%)
R	=	Renditebasis, die zur Beurteilung des Managers heranzuziehen ist

Bei der Renditebasis handelt es sich um die zwischen dem Manager und dem Kunden vereinbarte zu erbringende Leistung des Managers, d. h. der Mehrertrag gegenüber einem (wie auch immer definierten) Bezugspunkt. Bei Portfolios, die nach einem Absolute Return-Ansatz gemanagt werden, kann die absolute Rendite als Bezugsgröße zur Berechnung der Performance Fee herangezogen werden, da das Erzielen einer positiven absoluten Rendite dem Managementauftrag entspricht. In den meisten Fällen wird zur Berechnung der Performance Fee bei Absolute Return-Konzepten jedoch die aktive Rendite zu einer vereinbarten deterministischen Benchmark (Hurdle Rate) herangezogen, z. B. dem risikofreien Zins[7] oder einer festen Mindestrenditeforderung (beispielsweise 3% p.a.). Bei benchmarkorientierten Konzepten besteht der Managementauftrag im Übertreffen einer mit dem Kunden vereinbarten stochastischen Benchmark, d. h. im Erzielen einer positiven aktiven Rendite zu einer zum Anlagekonzept passenden Marktbenchmark.

Grundsätzlich gibt es symmetrische und asymmetrische Performance Fee Modelle. Bei *symmetrischen Modellen* partizipiert der Manager sowohl an einer Out- als auch Underperformance des Portfolios zur vereinbarten Benchmark. Im Fall einer positiven Renditebasis erhält der Manager einen Teil der erbrachten Leistung als Performance Fee ausbezahlt. Bei einer negativen Renditebasis des Portfolios erfolgt die Erstattung einer „Underperformance Fee" in Form einer Reduktion der Basisvergütung. Im Extremfall kann die Rückerstattung größer als die durch den Manager vereinnahmte Basisvergütung sein und den Manager somit zu einer Zahlung an den Kunden verpflichten.

---

[6]   Vgl. Davanzano/ Nesbitt (1987).

[7]   als Rendite der Alternativanlage, die der Investor ohne Managereinsatz erzielen kann.

Der Manager trägt somit bei symmetrischen Modellen ein hohes Ertragsrisiko, und es kann der Fall eintreten, dass das Management eines Portfolios nicht mehr kostendeckend möglich ist. Die amerikanische SEC schreibt für in Amerika zugelassene Publikumsfonds ein symmetrisches Performance Fee-Modell – die sogenannte Fulcrum Fee – vor. In Deutschland sind symmetrische Performance Fee-Modelle weder explizit vorgeschrieben noch sind sie untersagt, jedoch erfordert die mit einer symmetrischen Performance Fee-Regelung einhergehende Verlustbeteiligung des Managers eine entsprechende Eigenmittelausstattung des Managers, um eventuelle Zahlungen an den Anleger bedienen zu können. Die nachfolgende Grafik zeigt die symmetrische Partizipation des Managers an seiner erbrachten Leistung.

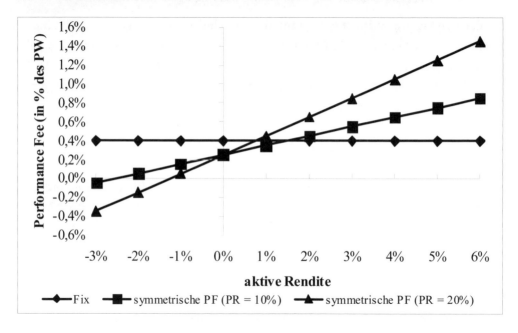

Abbildung 1: Auszahlungsprofil einer symmetrischen Performance Fee in Abhängigkeit zur Renditebasis

Bei *asymmetrischen Modellen* partizipiert der Asset Manager an einer positiven Renditebasis des Portfolios, jedoch aber nicht an einer erzielten negativen Renditebasis. Asymmetrische Performance Fee-Modelle stellen somit eine Long Call Option auf die Portfoliorendite für den Manager dar, bei der der Manager von einer erbrachten guten Leistung profitiert. Beim Nichterbringen der vereinbarten Leistung erhält er aber keine Bestrafung in Form einer weiteren Reduktion der Basisvergütung. Die Beteiligung des Managers an einer positiven Renditebasis und die damit einhergehende höhere Managementvergütung ist in der nachfolgenden Grafik durch den dem Auszahlungsprofil einer Call Option gleichenden asymmetrischen Kurvenverlauf ersichtlich.

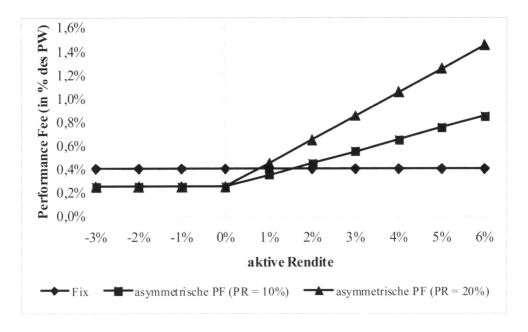

Abbildung 2: Auszahlungsprofil einer asymmetrischen Performance Fee in Abhängigkeit zur Renditebasis

Die Höhe der erwarteten Managementvergütung lässt sich bei einfachen Performance Fee-Modellen approximativ mit Hilfe der oben angeführten Formel und der vom Manager genannten erwarteten Renditebasis abschätzen. Beispielsweise könnte der Asset Manager entweder ein rein volumenbasiertes jährliches Gebührenmodell mit 0,40% des durchschnittlichen Portfoliovermögens oder ein asymmetrisches Performance Fee Modell mit einer volumenbasierten Basisvergütung von 0,25% des durchschnittlichen Portfoliovermögens und einer Performance Fee mit einer Partizipationsrate von 6% an der erzielten positiven aktiven Rendite anbieten. Bei einer erwarteten aktiven Rendite von 2,5% p.a. ist der Investor indifferent zwischen den beiden Gebührenmodellen, da die erwartete Gesamtmanagementvergütung identisch ist. Diese naive Abschätzung des Break-Even-Punkts der Performance Fee funktioniert jedoch nur, wenn die Volatilität der aktiven Rendite (Tracking Error) sehr gering – und damit die Ertragssicherheit sehr hoch – ist. Bei einem höheren Tracking Error und einer damit einhergehenden höheren Volatilität der Renditebasis sind komplexere Modelle (z. B. Optionspreismodelle) zur Abschätzung einer entsprechenden Risikoprämie im Rahmen der Performance Fee heranzuziehen.

Bewertung von Performance Fee-Modellen

Im Allgemeinen handelt es sich bei einer Performance Fee um eine Gebühr mit einem optionsähnlichen Auszahlungscharakter, da das Anfallen bzw. die Höhe der Performance Fee abhängig von der Höhe der zur Berechnung heranzuziehenden Renditebasis ist: Wenn eine positive Renditebasis (Mehrrendite) vorliegt, ist die Option für symmetrische und asymmetrische Performance Fee-Modelle im Geld und der Manager erhält eine Performance Fee. Beim Erzielen einer negativen Renditebasis erfolgt bei symmetrischen Modellen eine (Teil)Rückerstattung der Basisvergütung. Bei asymmetrischen Modellen ist die Option dann aus dem Geld und somit wertlos für den Manager, d. h. er erhält nur die vereinbarte Basisvergütung.

Zur Berechnung des Break-Even-Punkts der Partizipationsrate, bei der der Manager zwischen einem rein volumenbasierten Gebührenmodell und einem Modell mit Performance Fee indifferent ist, kann im Fall einer volatilen Renditebasis auf leicht modifizierte Optionspreismodelle zurückgegriffen werden.

Da in den meisten Fällen ein asymmetrisches Performance Fee-Modell vereinbart wird, erfolgen die nachfolgenden Analysen für asymmetrische Modelle. Sofern es sich bei der Renditebasis um die absolute Rendite des Portfolios oder die aktive Rendite zu einer deterministischen Benchmark handelt, kann zur Bewertung eines Performance Fee-Modells die klassische Bewertungsformel nach BLACK/SCHOLES herangezogen werden:

$$PF = PR \cdot \left[PW \cdot N(d_1) - X_{BM} \cdot e^{-rT} N(d_2) \right]$$

$$d_1 = \frac{\ln\left(\dfrac{PW}{X_{BM}}\right) + \left(r + \dfrac{1}{2} \cdot \sigma_P^2\right)T}{\sigma_P \cdot \sqrt{T}} \qquad\qquad d_2 = d_1 - \sigma_P \cdot \sqrt{T}$$

mit:

PR	=	Partizipationsrate des Managers an der erbrachten Leistung
PW	=	Wert des Portfolios
X_{BM}	=	Wert der Benchmark
r	=	sicherer Zins
σ_P	=	Standardabweichung des Portfolios
T	=	Restlaufzeit der Abrechnungsperiode
$N()$	=	Verteilungsfunktion der Normalverteilung

Bei benchmarkorientierten Portfolios liegt der Managementauftrag im Erzielen einer aktiven Rendite zur vereinbarten stochastischen Benchmark – die meist in Form von Marktindizes vereinbart wird. Zur Bewertung dieser Option muss das klassische Optionspreismodell angepasst werden[8]:

$$PF = PR \cdot \left[PW \cdot N(d_1) - X_{BM} \cdot N(d_2) \right]$$

$$d_1 = \frac{\ln\left(\dfrac{PW}{X_{BM}}\right) + \dfrac{1}{2}\left(\sigma_P^2 + \sigma_{BM}^2 - 2\rho\sigma_P\sigma_{BM}\right)T}{\sqrt{\sigma_P^2 + \sigma_{BM}^2 - 2\rho\sigma_P\sigma_{BM}} \cdot \sqrt{T}}$$

$$d_2 = d_1 - \sqrt{\sigma_P^2 + \sigma_{BM}^2 - 2\rho\sigma_P\sigma_{BM}} \cdot \sqrt{T}$$

mit:

σ_{BM} = Standardabweichung der Benchmark

ρ = Korrelation zwischen Portfolio und Benchmark

Die Berechnung soll an einem Beispiel verdeutlicht werden: Der Manager eines marktbenchmarkorientierten Portfolios möchte zwei alternative Vergütungsmodelle anbieten: Eine rein volumenabhängige Vergütung in Höhe von 0,4% des Portfoliovolumens oder eine Performance Fee zuzüglich einer Basis Fee in Höhe von 0,25%. Aus Sicht des Managers stellt sich die Frage, wie hoch die Partizipationsrate gewählt werden muss. Bei einem Portfoliowert von € 100.000.000 entspricht die Variante der rein volumenabhängigen Vergütung einer Managementvergütung von € 400.000. Die Performance Fee-Variante liefert dem Manager eine Basisvergütung in Höhe von € 250.000, d. h. der Manager muss im Schnitt eine Performance Fee von mindestens € 150.000 verdienen, um indifferent zwischen den beiden Modellen zu sein und um sein höheres Ertragsrisiko abdecken zu können. Aus den nachfolgenden Parametern lässt sich nun die Höhe der Partizipationsrate errechnen:

PW = 100.000.000 X_{BM} = 100.000.000

σ_P = 20% σ_{BM} = 19%

ρ = 0,9   T = 1

d_1 = 0,04387 d_2 = -0,04387

PF = PR · [€ 100.000.000 · N(0,04387) - € 100.000.000 · N(-0,04387)]

PF = PR · € 3.499.581   → für PR = 4,5%   → PF ≈ € 157.480

---

[8]   Bei Portfolios mit stochastischen Benchmarks kann die Bewertung anhand des Margrabe Modells erfolgen (vgl. Margrabe, 1978).

Der Manager muss mindestens eine Partizipationsrate von 4,5% vereinbaren, um indifferent zwischen den beiden Modellen zu sein.

Der Wert der Option ist positiv mit der Portfoliovolatilität korreliert, d. h. der Wert der Option kann durch eine Erhöhung der Portfoliovolatilität gesteigert werden. Die Sensitivität des Optionspreises auf die Portfoliovolatilität ist am höchsten, wenn die Option at the money ist, d. h. wenn die Renditebasis nahe bei null liegt. Durch eine geringere Korrelation der Fonds- und Benchmarkrendite kann der Wert der Option weiter gesteigert werden. Eine stärkere Abweichung des Portfolios von der Benchmark und eine damit einhergehende Entkopplung der Anlagestrategie von der Benchmark kann also den Wert der Option und somit auch die erwartete Performance Fee zusätzlich erhöhen. Diese drohenden adversen Anreize des Managers müssen durch eine laufende Kontrolle des Managers durch den Investor überwacht werden. Wie bei einer klassischen Call Option könnte der Wert der Option auch durch eine Verlängerung des Kontraktzeitraums – im Fall der Performance Fee entspricht dieser der Abrechnungsperiode – gesteigert werden, jedoch ist dieser vertraglich fixiert.

Abschließend muss festgehalten werden, dass die beiden zuvor genannten Formeln nur bei einfachen Performance Fee-Modellen angewandt werden können. Bei komplexen Performance Fee-Regelungen, die sich beispielsweise über mehrere Perioden erstrecken, oder eine maximale Performance Fee enthalten, muss die erwartete Performance Fee über Monte-Carlo-Simulationen abgeschätzt werden.

Parameter der Performance Fee

Die tatsächliche Höhe der Performance Fee hängt neben der erbrachten Leistung des Managers entscheidend von der Ausgestaltung der Performance Fee-Regelung ab. Im Rahmen der Erarbeitung einer Performance Fee-Regelung gibt es mehrere Parameter, die zwischen Investor und Manager abgestimmt werden müssen, um zum einen eine anreizkompatible und faire Performance Fee-Regelung und zum anderen eine eindeutige Berechnung der Vergütung gewährleisten zu können.

Benchmark

Sofern zur Ermittlung der Performance Fee eine aktive Rendite als Bezugsgröße herangezogen wird, muss zur Berechnung der aktiven Rendite eine valide, zum Anlagekonzept passende Benchmark zwischen dem Kunden und dem Manager vereinbart werden, die das passive Alternativinvestment des Kunden darstellt. Bei Portfolios, die nach einem Absolute Return-Ansatz gemanagt werden, wird meist eine Hurdle Rate als Benchmark festgelegt. Bei einer Hurdle Rate handelt es sich um eine ex ante definierte absolute Mindestrendite, die entweder in Form einer fixen Renditevorgabe – z. B. 5% p.a. – oder als sicherer Zins plus Spread – z. B. 3 Monat Euro LIBOR + 200 Basispunkte – definiert wird. Für benchmarkorientierte Strategien wird meist ein Marktindex als Benchmark vereinbart. Insbesondere bei benchmarkorientierten Strategien ist die Wahl eines passenden Marktindex der Schlüssel zur klaren Abgrenzung des aktiven Handelns des Managers von Markteffekten.

Rendite

Am Ende einer Abrechnungsperiode müssen die Portfolio- und Benchmarkrendite ermittelt werden, die zur Berechnung der Performance Fee herangezogen werden. Zur eindeutigen Berechnung der Renditezahlen müssen die folgenden Punkte geklärt werden:

- *Datenquelle:* Wer stellt die zur Berechnung der Performance Fee benötigten Performancezahlen zur Verfügung (Depotbank, Asset Manager oder ggf. Master-KAG)? Ist bei benchmarkorientierten Portfolios sichergestellt, dass das Portfolio und die Benchmark zur Berechnung der Rendite zeitkongruent (z. B. Schlusskursbasis) bewertet werden? Stammen die Bewertungskurse für Portfolio und Benchmark aus derselben Datenquelle (relevant z. B. bei Brokerkursen bei Rentenpapieren)?
- *Berechnungsmethodik der Rendite:* Wird die Rendite als zeit- oder geldgewichtete Rendite errechnet, oder muss die zeitgewichtete Rendite approximiert werden (z. B. Modified Dietz Rendite)? Entspricht die Berechnungsmethodik der Rendite dem Managementansatz des Portfoliomanagers?[9] Werden die Rendite des Portfolios und der Benchmark nach der gleichen Methodik berechnet, oder kann es aufgrund von unterschiedlichen Berechnungsmethodiken zu Verzerrungen bei der Berechnung der aktiven Rendite kommen?
- *Berechnung der aktiven Rendite:* Wie wird die aktive Rendite berechnet (additive oder multiplikative Berechnung)?
- *Kostenbelastung:* Wird die Fondsrendite um gebuchte Kosten bereinigt, d. h. wird bei der Berechnung der Rendite eine Kundensicht (d. h. Rendite nach Abzug aller Kosten) oder Managersicht (d. h. Rendite nach Abzug der mit dem Management

---

[9]   Bei einer zeitgewichteten Rendite (time weighted rate of return, BVI Rendite) sind Mittelflüsse und Ausschüttungen bei der Renditeberechnung performanceneutral. Bei einer geldgewichteten Rendite (money weighted rate of return, Internal Rate of Return) beeinflussen Mittelflüsse die Rendite. Eine zeitgewichtete Rendite ist immer dann zu berechnen, wenn der Manager die Mittelflüsse eines Portfolios nicht beeinflussen kann.

verbundenen Transaktionskosten, aber vor Abzug aller anderen Kosten des Managements, der Verwaltung und Verwahrung des Portfolios) eingenommen?

- *Nichtdiskretionäre Eingriffe:* Wird die Rendite um Performanceeffekte bereinigt, für die der Portfoliomanager nicht verantwortlich ist (z. B. Kundeneingriffe in die Strategie des Managers, große Mittelflüsse, …)?

Für die Akzeptanz der Performance Fee-Berechnung auf Seiten des Managers und des Investors ist es essenziell, dass die Berechnung der Rendite auf einer fairen, nachvollziehbaren und korrekten Weise erfolgt und dass mögliche, vom Manager nicht zu verantwortende Verzerrungseffekte bei der Berechnung der Rendite zur Leistungsbeurteilung des Managers korrigiert werden.

Portfoliovolumen

Die Höhe der Performance Fee ergibt sich als Produkt aus der Partizipationsrate, der Renditebasis und dem zur Berechnung der Performance Fee heranzuziehenden Portfoliovolumen. Im Rahmen der Konzeptionierung muss geklärt werden, ob zur Berechnung das Anfangsvolumen oder ein Durchschnittswert des Volumens (auf Basis monatlicher, wöchentlicher oder täglicher Portfoliowerte) verwendet werden soll.

Länge der Abrechnungsperiode

Ein wichtiger Punkt bei der Konzeptionierung einer Performance Fee ist die Festlegung der Länge der Abrechnungsperiode, an deren Ende die zur Berechnung der Performance Fee benötigte erzielte Rendite ermittelt wird: je kürzer der gewählte Zeitraum, desto schwieriger ist die Trennung zwischen tatsächlichem Können und Glück. Je länger die Abrechnungsperiode gewählt wird, desto länger muss der Anleger warten, bis er eine Underperformance statistisch signifikant nachweisen kann. Zusätzlich birgt eine zu kurze Abrechnungsperiode das Risiko, dass der Manager zur kurzfristigen Ertragsmaximierung von seiner langfristigen Strategie abweicht, deren Umsetzung zwischen Manager und Investor vereinbart wurde.[10] In der Praxis hat sich als Standardfall ein einjähriger Abrechnungszeitraum durchgesetzt, bei dem auf Basis des Kalender- oder des Geschäftsjahres eines Portfolios abgerechnet wird.

Ein- vs. Mehrperiodigkeit

Bei einer einperiodigen Performance Fee Regelung erfolgt die Berechnung der erfolgsabhängigen Vergütung am Ende einer Abrechnungsperiode für die in der abgelaufene Periode erzielte Renditebasis. Bei symmetrischen Modellen erfolgt eine teil-

---

[10] Vgl. Record/ Tynan (1987).

weise Partizipation an einer erzielten negativen Renditebasis in Form einer (teilweise) Rückerstattung der Basisvergütung. Handelt es sich jedoch um eine asymmetrische Regelung, erhält der Manager zwar keine Performance Fee, aber die vereinbarte komplette Basisvergütung. Insofern wünschen viele Kunden bei asymmetrischen Modellen, dass eine negative Renditebasis als Vortrag in die Folgeperioden vorgenommen werden soll.

High Watermark (HWM)-Regelungen sind eine der beliebtesten Bestandteile einer Performance Fee-Vereinbarung und zielen auf einen Vortrag einer negativen absoluten Renditebasis ab. Die Grundidee einer HWM ist, dass der Investor für einen absoluten Performanceanstieg nur einmal Performance Fee bezahlen muss, indem nur dann Performance Fee anfällt, wenn am Ende einer Abrechnungsperiode (nach Korrektur um eventuelle Mittelflüsse und Ausschüttungen) ein neuer Höchststand des Portfolios erreicht wurde und gegebenenfalls weitere Bedingungen der Performance Fee-Regelung erfüllt sind. In den nachfolgenden Abrechnungsperioden fällt wiederum nur dann Performance Fee an, wenn der neue Höchststand erneut übertroffen wird und somit eine eventuelle, in einer Periode erzielte negative Rendite in den Folgeperioden aufgeholt wurde. Es muss betont werden, dass Portfoliohöchststände innerhalb einer Abrechnungsperiode keinen Einfluss auf die Ermittlung der HWM haben, da eine Abrechnung der Performance Fee immer nur zum Ende einer Abrechnungsperiode erfolgt und auch erst dann ein eventueller Performanceanstieg vergütet wird.

Insbesondere bei Portfolios, die nach einem Absolute Return-Ansatz gemanagt werden, macht die Aufnahme einer HWM-Regelung in die Performance Fee-Vereinbarung Sinn, da es hier Ziel des Managers ist, in jeder Abrechnungsperiode eine von Marktentwicklungen unabhängige positive absolute Rendite zu erwirtschaften. Problematisch ist die Aufnahme einer HWM-Regelung in die Performance Fee-Vereinbarung von Portfolios, die benchmarkorientiert gemanagt werden und bei denen der Managementauftrag das Erzielen einer positiven aktiven Rendite zur vereinbarten Benchmark ist (z. B. aktives Aktienselektionsmanagement). Hier kann der Fall auftreten, dass Portfolio und Benchmark in einer Abrechnungsperiode eine negative absolute Rendite erzielt haben, der Manager aber seine Benchmark übertroffen und somit eine positive aktive Rendite erzielt hat. Im Fall einer vereinbarten HWM-Regelung bekommt der Manager trotz Erfüllung seines Managementauftrages – die vereinbarte Benchmark zu übertreffen – aufgrund der generellen, vom Manager nicht zu verantwortenden Marktentwicklung keine Performance Fee.

Zwar ist es aus Sicht des Investors nachvollziehbar, dass er nur dann Performance Fee bezahlen möchte, wenn sein Portfolio einen neuen absoluten Höchststand erreicht hat, jedoch ist dies inkonsistent mit einem Managementauftrag zur Erzielung einer aktiven Performance. Deshalb sollte bei benchmarkorientierten Portfolios mit Hilfe eines **Underperformancevortrages** gearbeitet werden. Hierbei wird eine in einer Abrechnungsperiode erzielte Underperformance zur Benchmark in den nachfolgenden Abrechnungszeitraum fortgeschrieben und so lange mit der aktiven Rendite von nachfolgenden Abrechnungszeiträume verrechnet, bis die kumulierte aktive Rendite wieder positiv ist. Zur Berechnung der Performance Fee ist dann die errechnete kumulierte aktive Rendite heranzuziehen. Inhaltlich handelt es sich hierbei um eine der HWM analoge Regelung für benchmarkorientierte Portfolios, da die erbrachte Leistung – hier das Erzielen einer Outperformance zur Benchmark – nur einmal vergütet wird.

Die Aufnahme eines Gedächtnisses (HWM oder Vortrag) kann Auswirkungen auf das vom Manager gesteuerte Risikoprofil eines Portfolios haben: Sofern der Portfoliowert knapp unterhalb der zu schlagenden Gedächtnisses liegt, kann der Manager durch eine Anpassung des Portfoliorisikos versuchen, die Wahrscheinlichkeit zu erhöhen, dass der Portfoliowert am Ende der Periode oberhalb des geltenden Gedächtnisses liegt. Wenn ein Portfolio in einer Periode oder über mehrere Perioden deutlich an Wert verliert und sich somit immer weiter von seinem absoluten oder relativen Höchststand entfernt, kann der Manager das Interesse am Portfolio verlieren, da das Wiederaufholen des Wertverlustes zum derzeit geltenden Höchststand sehr unwahrscheinlich ist und das Portfolio auf Dauer keine hohen Erträge mehr abwerfen wird. Dieses anreiztechnische Problem kann durch die Vereinbarung eines **rollierenden Lock Back Fensters**[11] abgemildert werden. Der geltende Höchststand wird hier nicht aus dem Maximum der Portfoliobewertungen an den Abrechnungsstichtagen seit Beginn des Managements ermittelt, sondern aus dem Maximum der letzten z. B. drei Abrechnungsstichtage berechnet, wodurch extreme Höchstwerte aus der Historie „rauswachsen".

Aus Sicht des Investors muss insbesondere bei Portfolios, die eine Gedächtnisregelung haben, bei der Prüfung eines Managerwechsels diese Regelung in das Kalkül mit einbezogen werden: Wenn ein Portfoliowert deutlich unterhalb des geltenden Höchststandes liegt, fällt für das Portfolio bis zum Ausgleich der negativen Renditebasis nur die reduzierte Basisvergütung an. Bei einem Wechsel des Managers würde dieser – vom vorhergehenden Manager verursachte – negative Performancevortrag und die damit verbundene erwartete geringere Gesamtvergütung bis zum Erreichen des ehe-

---

[11] Bei einem rollierenden Lock Back Fenster erfolgt die Ermittlung des historischen Höchststands (HWM) über ein rollierendes Zeitfenster, z. B. werden immer nur die letzten 3 Jahre betrachtet und hieraus der historische Höchststand ermittelt.

maligen Höchststandes entfallen. Folglich müssen Kündigung und Neumandatierung von Portfoliomanagern mit der gleichen Sorgfalt wie bei Fonds mit klassischen Vergütungsvereinbarungen durchgeführt werden. Zusätzlich ist der Effekt aus dem Performancevortrag auf die Gesamtkosten eines Portfolios in das Entscheidungskalkül einzubeziehen.[12]

Für Portfolios mit einer mehrperiodigen Performance Fee-Regelung, in das ein oder mehrere Investoren zu unterschiedlichen Zeitpunkten investieren können, erhöht sich die Komplexität der Abrechnung deutlich, da hier eine investoren- bzw. investmentzeitpunktspezifische Renditebasis zur Ermittlung der individuellen Performance Fee-Beträge errechnet werden muss, um eine korrekte und faire Berechnung zu ermöglichen. Wenn die individuelle Renditebasis nicht errechnet wird, kann es zu einer Ungleichbehandlung einzelner Investoren oder Investments kommen.[13]

Zusammenfassend können HWM-Regelungen im Rahmen des Managements des Portfolios den Anreiz setzen, hohe Risiken einzugehen, insbesondere, wenn der Manager knapp unterhalb der geltenden HWM eines Abrechnungszeitraumes liegt und wenn nur noch kurze Zeit bis zum nächsten Abrechnungsstichtag verbleibt. Im Fall, dass die HWM aus Sicht des Managers unerreichbar scheint, kann es zu Resignation des Managers kommen.

Cap

Manche Investoren bestehen bei der Ausgestaltung einer Performance Fee-Regelung darauf, eine maximale Gesamtmanagementvergütung je Abrechnungsperiode aufzunehmen, um die Gesamtkostenbelastung oder das (aktive) Portfoliorisiko zu steuern, indem die Höhe der Performance Fee durch einen Cap begrenzt wird. Aus der Begrenzung der Performance Fee lässt sich die maximale Höhe der Renditebasis ermitteln, bis zu der der Manager an seiner erbrachten Leistung partizipiert.

Für den Fall, dass der Investor den Cap zur Steuerung der Gesamtkostenbelastung des Portfolios einsetzt, aber die Anreizkompatibilität zur Erzielung einer möglichst hohen Rendite nicht gefährden möchte, sollte die in einer Abrechnungsperiode erzielte, über der maximal vergüteten Renditebasis liegende Managementleistung analog zu einem Underperformancevortrag in die Folgeperiode vorgetragen und mit den Ergebnissen der nachfolgenden Perioden verrechnet werden. Hierdurch erreicht man bei außeror-

---

[12] Vgl. Arnott (2005).

[13] Für eine Analyse der modellinhärenten Probleme von mehrperiodigen Performance Fee Regelungen bei multiplen Investoren und Investitionszeitpunkten vergleiche Huetl/ Loistl/ Zellner (2008).

dentlich guten Leistungen des Managers eine zeitliche Streckung der Auszahlung der Performance Fee-Zahlungen unter Wahrung der Anreizkompatibilität.

Der Cap kann vom Investor aber auch gezielt zur Steuerung des (aktiven) Portfoliorisikos eingesetzt werden, indem die Renditebasis nur bis zu einer bestimmten Höhe in Form einer Performance Fee vergütet wird. Jedoch wird der Manager bei Erreichen der Renditegrenze das (aktive) Portfoliorisiko reduzieren, um die bereits erreichte Maximalvergütung nicht zur gefährden – auch wenn diese bereits nach einem Monat erreicht wurde. Dies bedeutet, dass der Investor das Risikoprofil des Portfolios in regelmäßigen Abständen kontrollieren muss, sofern er sichergehen will, dass der Manager das Portfolio nach der vereinbarten aktiven Strategie managt.

Zusammenfassung der empfohlenen Parameter:

	Absolute Return-Produkte	Benchmarkorientierte Produkte
Benchmark	Hurdle Rate (z.B. sicherer Zins + Spread)	(Kombination von) Marktbenchmarks
Portfoliorendite	Vor oder nach Abzug der Kosten?	
Mehrperiodigkeit	High Watermark	Underperformancevortrag
Cap	möglich (evtl. Vortrag)	möglich (evtl. Vortrag)

Kombination der Parameter

Die einzelnen zuvor genannten Parameter können bei der Konzeptionierung einer Performance Fee miteinander kombiniert werden, um ein gewünschtes Anreizprofil zu schaffen, und die Komplexität einer Vereinbarung kann somit fast beliebig erhöht werden. Die Verknüpfung der Parameter wirkt sich vor allem auf die Komplexität der Berechnung der zur Ermittlung der Performance Fee benötigten Renditebasis und der Beschreibung der Regelung im Vertrag aus: Je komplexer die Regelung, desto schwieriger ist im Allgemeinen die Formulierung der Regelung und nachfolgend auch die korrekte Berechnung der Renditebasis. Um am Ende einer Abrechnungsperiode langwierige Diskussionen zur Interpretation einer komplexen Performance Fee-Regelung zu vermeiden, sollten im Rahmen der Konzeptionierung Beispielrechnungen mit unterschiedlichen Szenarien aufgesetzt und abgestimmt werden, um ein identisches Verständnis der Regelungen sicher zu stellen. Auch eine Regelung zur konkreten Verfahrensweise für den Fall innerjähriger Änderungen (z. B. wegen einer Änderung des Investmentkonzeptes oder des Asset Managers) oder einer Beendigung der Performance Fee-Regelung (z. B. wegen Fondskündigung) sollten vorab abgestimmt und vertraglich fixiert werden.

6. Zusammenfassung

Performance Fee-Vereinbarungen sind eine Alternative zu klassischen Management-vergütungsmodellen im Asset Management, bei denen das primäre Ziel die Schaffung der Anreizkompatibilität zwischen Manager und Investor und weniger die Reduktion der Gesamtkosten eines Portfolios im Vordergrund stehen sollte. Die Vereinbarung einer sauberen, klaren und für alle Seiten transparenten und fairen Regelung ist eine wesentliche Voraussetzung für die beidseitige Akzeptanz der Performance Fee. Bei der Ausgestaltung der Performance Fee-Regelung und der Renditebasis handelt es sich um einen komplexen Vorgang mit vielen Möglichkeiten der Parameterkombinationen, die für Absolute Return- und Benchmarkkonzepte unterschiedlich zusammengesetzt werden müssen, um die gewünschte Anreizkongruenz zwischen Investor und Manager zu erreichen. Hinzu kommt, dass bereits bei der Vereinbarung der Regelung mit dem Kunden darauf geachtet werden muss, dass die Regelung eindeutig ist, um Diskussionen bei der Abrechnung der Performance Fee zu vermeiden. Bei der Konzeptionierung der Regelung muss insbesondere im Mehrperiodenfall darauf geachtet werden, dass dem Manager aufgrund der Ausgestaltung der Regelung nicht ein opportunistisches Verhalten im Rahmen der Portfoliorisikosteuerung ermöglicht wird, das nicht dem angedachten und vereinbarten Risikoprofil des Portfolios entspricht.

Anhang

In der Literatur gibt es diverse empirische Studien zu den unterschiedlichen Effekten von Performance Fee-Vereinbarungen auf das Management von Portfolios. Die Datengrundlage für die Studien sind meist Publikumsfonds, da hier Daten für die empirischen Untersuchungen vorliegen. Nachfolgend ein Auszug der wichtigen Studien inklusive einer Kurzzusammenfassung der jeweiligen Ergebnisse.

Autoren	Ergebnisse
Golec, 1988	- Performance Fee-Vereinbarungen können zu einer besseren relativen Performance der Fonds führen. - Portfoliomanager, die ein hohes Volumen betreuen, sind eher bereit, Performance Fee-Vereinbarungen zu akzeptieren, da sie bessere Kompensationsmöglichkeiten haben, wenn die Strategie nicht läuft.
Ackermann/ MacEnally/ Ravenscraft, 1999	- Die Studie untersucht Hedgefonds und vergleicht diese mit „normalen" Publikumsfonds. - Anreizkompatibilität ist bei Hedgefonds im Durchschnitt eher gegeben, da viele Hedgefonds eine Performance Fee-Vereinbarung haben und die Manager meist selbst Geld im eigenen Fonds angelegt haben. - Die höhere Anreizkompatibilität zeigt sich in einer durchschnittlich höheren Rendite der Hedgefonds. - Hedgefonds mit Performance Fee-Vereinbarungen weisen eine höhere Performance als Fonds ohne Performance Fee- Vereinbarung aus.
Carpenter, 2000	- Vergütungen mit Optionscharakter führen nicht zwingend zu einer höheren Risikoneigung des Managers, denn wenn das Fondsvolumen steigt, dann reduziert der Manager das Risiko. Zusätzliche Optionen für den Manager reduzieren im Normalfall das Portfoliorisiko - Aber Optionen, die tief out of the money sind, können die Grundlage für eine erhöhte Risikobereitschaft des Managers schaffen.
Elton/ Gruber/ Blake, 2003	- Im Schnitt erzielen Fonds mit Performance Fee-Vereinbarungen keine positive Performance Fee. - Fonds mit Performance Fee-Vereinbarungen haben durchschnittlich eine bessere Selektionsleistung und eine geringere Kostenbelastung. - Underperformance der Fonds kommt trotz besserer Selektionsleistung und geringerer Kostenbelastung aus einem Beta kleiner eins. - Fonds mit Performance Fee-Vereinbarungen weisen tendenziell ein höheres Risiko aus. Insbesondere wird das Risiko nach Perioden schlechter Performance erhöht und umgekehrt. - Fonds mit Performance Fee-Vereinbarungen weichen stärker von der Benchmark ab, um durch einen höheren Tracking Error die Wahrscheinlichkeit einer Performance Fee zu erhöhen. - Performance Fee-Vereinbarungen können zu Signalling Zwecken verwendet werden, da Fonds mit Performance Fee- Vereinbarungen höhere Mittelzuflüsse haben.
Goetzmann/ Ingersoll/ Ross, 2003	- Performance Fee-Vereinbarungen mit High Watermark schaffen für den Manager eine erhöhte Risikobereitschaft, da High Watermark-Regelungen optionsähnlichen Charakter haben und der Wert der Option mit einer höheren Volatilität steigt.

Golec/ Starks, 2004	- Die Studie untersucht die Effekte von exogen vorgegebenen, regulatorisch erzwungen Veränderungen der Performance Fee-Vereinbarungen auf das Verhalten der Manager. - Das Verbot von asymmetrischen Performance Fee-Vereinbarungen durch die amerikanische SEC im Jahre 1971 und die damit erzwungene Umstellung auf symmetrische Performance Fee-Vereinbarungen (Fulcrum Fee) hat das Risikoprofil der betroffenen Fonds verändert. - Die Änderung der Gebührenvereinbarung hat zu Mittelabflüssen bei den betroffenen Fonds geführt.
Kempf/ Ruenzi/ Thiele, 2009	- Manager verändern das Risiko eines Fonds in Abhängigkeit von der relativen Arbeitsplatzsicherheit und der Anreizsetzung bei der Bezahlung. - In Bullenmärkten erhöhen Manager, die zur Hälfte einer Abrechnungsperiode hinter der Benchmark liegen, das Risiko, da die Anreize einer höheren Bezahlung das Risiko des Verlusts des Arbeitsplatzes überwiegen. In Bärenmärkten gilt der umgekehrte Zusammenhang, da ein Verlust des Arbeitsplatzes aufgrund eines zu hohen Risikos nicht riskiert wird.
Drago/ Lazzari/ Navone, 2010	- Durch die Aufnahme von Performance Fee-Vereinbarungen kann es zu opportunistischen Verhaltensweisen des Managers im Rahmen der Maximierung der Gesamtvergütung kommen - Reputationsrisiken und die Angst vor dem möglichen Abzug von Kundengelder durch zu opportunistisches Verhalten kann die Risiken reduzieren.

Literaturverzeichnis

Ackermann, C./ McEnally, R./ Ravenscraft, D. (Ackermann/ McEnally/ Ravenscraft, 1999): The Performance of Hedge Funds: Risk, Return, and Incentives, The Journal of Finance, 1999, Vol. LIV, No. 3, S. 833-874.

Arnott, R.D. (Arnott, 2005): Performance Fees: The Good, the Bad and the (Occasionally) Ugly, Financial Analysts Journal, 2005, Vol. 46, No. 4, S. 31-40.

Bailey, J.V. (Bailey, 1990): Some Thoughts on Performance-Based Fees, Financial Analysts Journal, 1990, Vol. 46, No. 4, S. 31-40.

Brown, K.C./ Harlow, W.V./ Starks, L.T. (Brown/ Harlow/ Starks, 1996): Of Tournaments and Temptations: An Analysis of Managerial Incentives in the Mutual Fund Industry, The Journal of Finance, 1996, Vol. LI, No. 1, S. 85-110.

Carpenter. J. (Carpenter, 2000): Does Option Compensation Increase Managerial Risk Appetite, The Journal of Finance, 2000, Vol. LV, S. 2311-2331.

Chevalier, J./ Ellison, G. (Chevalier/ Ellison, 1997): Risk Taking by Mutual Funds as a Response to Incentives, Journal of Political Economy, 1997, Vol. 105, S. 1167-1200.

Chevalier, J./ Ellison, G. (Chevalier/ Ellison, 1999): Career Concerns of Mutual Funds Managers, Quarterly Journal of Economics, 1999, Vol. 114, S. 389-432.

Davanzo, L.E./ Nesbitt, S.L. (Davanzo/ Nesbitt, 1987): Performance Fees for Investment Management, Financial Analysts Journal, 1987, Vol. 43, No. 1, S. 14-20.

Drago, D./ Lazzari, V./ Navone, M. (Drago/ Lazzari/ Navone, 2010): Mutual Fund Incentive Fees: Determinants and Effects, Financial Management, 2010, Vol. 39, Issue 1, S. 365-392.

Elton, E./ Gruber, M.J./ Blake, C.R. (Elton/ Gruber/ Blake, 2003): Incentive Fees and Mutual Funds, The Journal of Finance, 2003, Vol. LVIII, No. 2, S. 779-804.

Goetzmann, W.N./ Ingersoll, J.E./ Ross, S.A. (Goetzmann/ Ingersoll/ Ross, 2003): High-Watermarks and Hedge Fund Management Contracts, The Journal of Finance, 2003, Vol. LVIII, No. 4, S. 1685-1717.

Golec, J.H. (Golec, 1988): Do Mutual Fund Managers Who Use Incentive Compensation Outperform Those Who Don't?, Financial Analysts Journal, 1988, Vol. 44, No. 6, S. 75-78.

Golec, J.H. (Golec, 1996): The Effects of Mutual Funds Managers' Characteristics on Their Portfolio Performance, Risk and Fees, Financial Services Review, 1996, Vol. 5, No. 2, S. 133-147.

Golec, J.H./ Starks, L. (Golec/ Starks 2004): Performance Fee Contract Change and Mutual Fund Risk, Journal of Financial Economics, 2004, Vol. 73, S. 93-118.

Grinold, R./ Rudd, A. (Grinold/ Rudd, 1987): Incentive Fees: Who Wins? Who Loses?, Financial Analysts Journal, 1987, Vol. 43, No. 1, S. 27-38.

Huetl, M./ Loistl, O./ Zellner, S. (Huetl/ Loistl/ Zellner, 2008): High-Watermark and Equal Treatment of Investors, Working Paper, Download: http://www.campus-for-finance.com/fileadmin/docs/docs_cfp/Paper_2008/Huetl_Loistl_Zellner_-_High-Watermark_Fees_and_Equal_Treatment_of_Investors.pdf (10.9.2010)

Kempf, A./ Ruenzi, S./ Thiele, T. (Kempf/ Ruenzi/ Thiele, 2009): Employment Risk, Compensation Incentives, and Managerial Risk Taking: Evidence from the Mutual Fund Industry, Journal of Financial Economics 92, 2009, S. 92-108.

Kritzman, M.P. (Kritzman, 1987): Incentive Fees: Some Problems and Some Solutions, Financial Analysts Journal, 1987, Vol. 43, No. 1, S. 21-26.

Margrabe, W. (Margrabe, 1978): The Value of an Option to Exchange One Asset for Another, The Journal of Finance, 1978, Vol. XXXIII, No. 1, S. 177-186.

Record, E.E./ Tynan, M.A. (Record/ Tynan, 1987): Incentive Fees: The Basic Issues, Financial Analysts Journal, 1987, Vol. 43, No. 1, S. 39-43.

Schliemann, M./ Stanzel, M. (Schliemann/ Stanzel, 2008): Performance-Based Compensation Contracts in the Asset Management Industry, The Journal of Performance Measurement, 2008, Vol. 12, No. 3, S. 61-70.

Starks, L.T. (Starks, 1987): Performance Incentive Fees: An Agency Theoretic Approach, Journal of Financial and Quantitative Analysis, 1987, Vol. 22, No. 1, S. 17-32.

Wir optimieren Risikobudgets

Institutionelle Investoren benötigen heute effizientes Risikomanagement durch Einbeziehung eines breiten, innovativen Anlagespektrums.

Wir unterstützen Sie dabei, Ihre Risikobudgets optimal auszunutzen und damit Ihren Ertrag zu steigern – unter besonderer Berücksichtigung der aufsichtsrechtlichen Rahmenbedingungen und Ihrer individuellen Anforderungen. So verschaffen wir Ihnen die Handlungsfreiheit, die Sie für Ihr Kerngeschäft benötigen.

Mehr Informationen erhalten Sie telefonisch unter 069 2567-7652 oder im Internet unter www.die-risikomanager.de.

Der Uhrmacher nutzt das Okular, um qualitätssichernd und mit höchster Präzision zu arbeiten.

Die Leistungsbeurteilung von Portfoliomanagern

von Thomas Bossert/ Roland Füss

1. Kennzeichen eines verlässlichen Performance-Maßes

Mit der Entwicklung des Capital Asset Pricing Model (CAPM) durch TREYNOR (1961), SHARPE (1964) und LINTNER (1965) wurden auch die Grundlagen der modernen Performancemessung geschaffen. Während Treynor die Überschussrendite zum systematischen Risiko und damit zum Risiko eines ausreichend diversifizierten Portfolios in Relation setzt, definiert sich nach SHARPE (1966) die Performancekennzahl als Risikoprämie pro Einheit eingegangenes Gesamtrisiko. In enger Verbindung mit dem CAPM steht auch das nach JENSEN (1968) bezeichnete Jensens Alpha, das die Abweichung zwischen der nach dem CAPM zu erwartenden und der realisierten Wertpapier- bzw. Portfoliorendite misst.

Diese drei originären Performancekennzahlen lassen bereits die Bandbreite unterschiedlicher konzeptioneller Ausgestaltungen nach Risikoverständnis und Renditereferenzpunkt erahnen. Folglich sind neben den vor über 40 Jahren entwickelten Kennzahlen mit ihrer nach wie vor hohen Relevanz in Theorie und Praxis eine Reihe an Kennzahlen entstanden, die im Wesentlichen den empirischen Eigenschaften nichtnormalverteilter Renditen und den damit in enger Verbindung stehenden unterschiedlichen Risikoverständnissen von Investoren Rechnung tragen.

Die vorrangige Aufgabe der Performancemessung ist, in Verbindung mit der Anlageentscheidung, die (Leistungs-)Beurteilung von Portfoliomanagern. Hierbei muss man zunächst die Frage stellen, wie sich generell gute von schlechten Managern unterscheiden lassen. Bedient man sich zur Unterscheidung einer oder mehrerer Erfolgskennzahlen, wird man unmittelbar mit der Frage nach der hinreichenden Eignung einer für diese Zwecke eingesetzten Performancekennzahl konfrontiert. Der vorliegende Beitrag hat daher zum Ziel, Möglichkeiten und Grenzen von Performancekennzahlen zur Leistungsbeurteilung von Portfoliomanagern aufzuzeigen.

Nach TREYNOR (1965) werden im Allgemeinen zwei Forderungen postuliert, denen eine gute Performancekennzahl genügen muss. Zunächst sollte die Kennzahl bei konstanter Leistung des Managers ein stabiles Verhalten aufweisen und zwar auch in schwierigen Marktphasen. Darüber hinaus sollte eine solche Kennzahl die individuelle Risikoaversion eines Anlegers reflektieren.

Ergänzend adressiert HÜBNER (2007) zwei Faktoren zur Bestimmung der Qualität eines Performancemaßes. Erstens sollte es sowohl hinsichtlich der Wahl eines Asset-Pricing-Modells als auch was die Klassifizierung im Zeitverlauf angeht, stabil sein. Wenn also eine Kennzahl einen Manager z. B. ab einem Wert von 100 in einem Jahr als „sehr gut" einstuft, sollte dieser Maßstab auch in den Folgejahren seine Gültigkeit behalten. Zweitens sollte die Kennzahl valide sein, d. h. in der Lage sein, analysierte Wertpapiere oder Portfolios so in ein Ranking einzuordnen, dass die Anlegerpräferenzen damit genau abgebildet werden. Darüber hinaus betonen CHEN und KNEZ (1996), dass ein Performancemaß den Anlegernutzen adäquat widerspiegeln muss. Dabei soll erfasst werden, inwieweit und in welchem Ausmaß die Aktivitäten eines Managers wirklich das am Markt verfügbare Anlagespektrum erweitern. Die Performancemaße, die sie hierbei in Betracht ziehen, müssen folgende vier Merkmale erfüllen:

1. Die Kennzahl muss dem passiven Vergleichsportfolio, d. h. jedem Portfolio, das im Gleichgewicht unter Verwendung öffentlicher Informationen gehalten wird, eine Performance von Null zuweisen.

2. Um Manager gut miteinander vergleichen zu können und um sicher zu stellen, dass eine Outperformance auch tatsächlich das Ergebnis überlegener Informationen ist, muss die Kennzahl linear sein. Dies bedeutet, dass ein Portfoliomanager, der zu konstanten Anteilen in zwei Fonds investiert, die mit den Anteilen gewichtete Performance aus den beiden Fonds erhält. Eine Mischung von Portfolios sollte demnach nicht das Performance-Ranking eines Managers verbessern.

3. Portfolios bzw. Portfoliomanager mit der gleichen Leistung müssen den gleichen Kennzahlwert erhalten, d. h. das Performancemaß muss stetig sein.

4. Die Funktion der Kennzahl muss nicht-trivial sein, d. h. wenn einige Wertpapiere oder Portfolios von Null verschiedene Überrenditen erzielen, dann sollte auch eine von Null verschiedene Performance zugewiesen werden.

2.   Portfolios mit symmetrischem Auszahlungsprofil

Die Treynor Ratio

Die nach TREYNOR (1965) bezeichnete Treynor Ratio (TR) (Reward-to-Volatility-Ratio) ist definiert als:

(1) $$TR = \frac{r_P - r_f}{\beta_P}$$

mit:

r_P = durchschnittliche Portfoliorendite,

r_f = risikolose Rendite und

β_P = Beta des Portfolios.

Die Treynor Ratio setzt also die Überschussrendite (über dem risikolosen Zins) ins Verhältnis zum systematischen Risiko. Grafisch wird das Treynor Maß als Wertpapierlinie in einem Rendite/Risiko-Diagramm mit dem Beta-Faktor als Risikomaß dargestellt.

In der Praxis zieht man die Treynor Ratio heran, wenn ein Anleger sich zwischen einer Vielzahl von aktiven Portfolios, die aber nur einen Teil seiner Gesamtanlagen darstellen, entscheiden muss. Hierbei ergeben sich gewisse Nachteile. So stützt sich beispielsweise die Treynor Ratio auf den theoretischen Rahmen des CAPM und ist demzufolge von der Gültigkeit der diesem Modell zugrunde liegenden Annahmen abhängig. Außerdem ist klar ersichtlich, dass die Wahl der verwendeten Benchmark zur Bestimmung des Betas einen wesentlichen Einfluss auf das Performanceergebnis hat. Schließlich wird der errechnete Wert der Treynor Ratio unendlich groß, wenn sich β immer weiter Null annähert. Dieser Sachverhalt wirft im Falle marktneutraler Strategien, wie sie sich vornehmlich im Hedgefonds-Bereich wiederfinden, Probleme auf, d. h. das Maß verliert an Genauigkeit und Stabilität. Entfernt sich das Fondsrisiko noch weiter vom Marktrisiko, indem sich der Betafaktor in den negativen Bereich dreht, geht darüber hinaus die intuitive Interpretation der Kennzahl verloren. In diesem Fall wird einem Fonds mit negativer Überschussrendite eine positive Treynor Ratio zugewiesen.

Die Sharpe Ratio

Mit der Sharpe Ratio (SR) erweiterte WILLIAM SHARPE (1966) die Arbeit von TREYNOR, um nicht nur eine Ex-Post-Performancebewertung zu ermöglichen, sondern unter Hinzuziehung einer Performancekennzahl explizit auch künftige Performance prognostizieren zu können. Ursprünglich war die Sharpe Ratio (Reward-to-Variability Ratio) als Verhältnis aus Mehrertrag einer Anlage und seiner Schwankung definiert.[1]

---

[1]   Vgl. Sharpe (1975). Später erfolgte durch Sharpe (1994) eine Revision der Ratio, indem im Nenner anstelle der Standardabweichung aus den Portfoliorenditen die Standardabweichung aus den Überschussrenditen berechnet wird: $SR = \dfrac{r_p - r_f}{\sigma_{r_p - r_f}}$. Ein alternatives Maß unter der Annahme von Risikoneutralität bzw. unter Verwendung der linearen absoluten Abweichung schlagen Füss et al. (2005) vor. Dieses modifizierte Sharpe-Maß bezieht anstelle von Mittelwert und Standardabweichung den Median (*Me*) und die mittlere absolute Abweichung (Mad) in die Berechnung mit ein:

$$MeMad - SR = \frac{Me_p - r_f}{Mad_p} \quad mit: Mad = \frac{1}{T-1}\sum_{t=1}^{T}\left|r_p - Me_p\right|$$

$$(2) \qquad SR = \frac{r_P - r_f}{\sigma_P}$$

mit:

r_P = durchschnittliche Portfoliorendite

r_f = risikolose Rendite

σ_P = Standardabweichung des Portfolios.

Im Vergleich zur Treynor Ratio, bei dem diversifizierbare und gemäß CAPM nicht bezahlte Risiken unberücksichtigt bleiben bzw. nur das Marktrisiko betrachtet wird, bezieht die Sharpe Ratio das gesamte Risiko ein. Damit beleuchtet die Sharpe Ratio auch die Risiken, die aus einer ungenügenden Diversifikation herrühren. Folglich bietet sich die Verwendung der Sharpe Ratio immer dann an, wenn das Gesamtrisiko einer Anlage einzubeziehen ist, beispielsweise in Situationen, in denen sich ein Manager für die Gesamtanlagen eines Anlegers verantwortlich zeichnet.

Kurz nach der Veröffentlichung der Sharpe Ratio folgten zahlreiche Studien, die sich mit ihren Problemfeldern auseinander setzen. So zeigt HOROWITZ (1966), dass deren Fähigkeit zur Performancevorhersage eingeschränkt ist, wenn man die Anlageziele der betrachteten Fonds in die Analyse einbezieht. Ein grundlegendes Problem entsteht auch dann, wenn die Fondsrenditen nicht-normalverteilt sind und die Managerleistungen von Portfolios mit unterschiedlichen Renditeverteilungen miteinander verglichen werden. Um eine unverzerrte Vergleichbarkeit zu ermöglichen, ist daher eine Reihe von Anpassungen erforderlich.[2] Insofern ist es auch nicht verwunderlich, dass der Nutzen der Sharpe Ratio bei Portfolios mit Nicht-Normalverteilungen in den Renditen (stark) eingeschränkt ist. LO (2002) errechnet zum Beispiel, dass die Sharpe Ratio bei Hedgefonds um bis zu 65% zu hoch ausfällt und infolgedessen auch zu falschen Ranglisten führen kann. Ebenso kann es zu verzerrten Performance-Rankings kommen, wenn die Portfolioperformance unterhalb des risikolosen Zinssatzes liegt und dadurch der Zähler negativ wird.[3] Mittlerweile existieren zahlreiche Modifikationen, die diese Unzulänglichkeiten zumindest teilweise kompensieren, so dass die Sharpe Ratio durchaus ihre Berechtigung behält und folglich zur meist genutzten Performancekennzahl zählt.[4]

---

[2]   Zu Möglichkeiten der Anpassungen vgl. Mahdavi (2004).

[3]   Vgl. Scholz (2006).

[4]   Vgl. z. B. Israelsen (2003; 2005) und Scholz/ Wilkens (2006).

Jensens Alpha

JENSEN (1968) leitet sein Alpha (Differential Return) ebenfalls aus dem CAPM-Modell ab, womit es in seiner Konstruktion der Treynor Ratio sehr nahe kommt. Mit Hilfe des CAPM bestimmt er die Rendite, die man aufgrund des Betas von einer Anlage erwarten würde. Überführt man das CAPM in ein Marktmodell und regressiert die Renditen des Fonds auf die des Marktportfolios, so stellt der Punkt, an dem die charakteristische Gerade die y-Achse schneidet, das Alpha (α) dar. Es bezeichnet die durchschnittliche Mehr- oder Minderrendite des Fonds gegenüber seiner Benchmark, d. h. den Anteil der Portfoliorendite, die unabhängig von der Marktentwicklung ist. Die Differenz zwischen der tatsächlich erzielten Rendite und diesem Erwartungswert ist das Alpha:

$$(3) \qquad \alpha = r_P - \left(r_f + \beta_P \cdot \left[r_M - r_f \right] \right)$$

mit:

r_M = durchschnittliche Marktrendite.

Jensens Alpha misst also, inwieweit ein Portfolio die Benchmark schlägt und zwar auf dem Risikoniveau des Portfolios. Im Vergleich zur Sharpe Ratio resultiert auch hier, wie bei der Treynor Ratio, der Unterschied aus der Höhe des unsystematischen Risikos der Anlage. Insofern können sich die Rankings im Vergleich zur Sharpe Ratio unterscheiden. Allerdings weist ein positives Jensen Alpha auch immer auf eine erhöhte Sharpe Ratio hin. Der Umkehrschluss besitzt jedoch nicht grundsätzlich Gültigkeit.[5] In Kombination der beiden Maße lassen sich dessen ungeachtet beispielsweise schlecht diversifizierte Portfolios ausmachen. Aufgrund ihres hohen unsystematischen Risikos weisen diese zwar hohe Jensen Alphas jedoch vergleichsweise niedrigere Sharpe Ratios auf.[6]

Es gibt allerdings eine Reihe von Einschränkungen, derer man sich bewusst sein sollte. Jensens Alpha hängt sehr stark von der Risikogröße Beta ab. Wenn diese nicht alle eingegangenen Risiken enthält, kommt es zu einer Fehlinterpretation der Managerleistung. Dies ist zum Beispiel dann der Fall, wenn der Fondsmanager Timing-Strategien anwendet und damit für ein tatsächlich schwankendes Beta sorgt.[7] Darüber hinaus werden andere Risikofaktoren ausgeklammert. So kann es sein, dass das untersuchte Portfolio einen grundsätzlich anderen Anlagestil verfolgt und diese systematische

---

[5]   Vgl. hierzu ausführlich Dybvig/ Ross (1985).

[6]   Vgl. Moy (2002).

[7]   Vgl. Grinblatt/ Titman (1993).

Abweichung im Beta nicht reflektiert wird.[8] Weiterentwicklungen des Jensen-Maßes berücksichtigen diesen Umstand durch den Einsatz von Mehrfaktorenmodellen, wie z. B. das FAMA/ FRENCH (1993)-Modell. Auch muss klar sein, dass ein positives (negatives) Alpha nicht zwingend bedeutet, dass sich der Wert eines Fonds besser (schlechter) als seine Benchmark entwickelt hat, denn die Benchmark bleibt gänzlich ausgeblendet.

Problematisch ist auch, dass Jensen Alphas unterschiedlicher Fonds nicht miteinander vergleichbar sind, da sie keine Information über die Höhe des eingegangenen Risikos geben, sondern lediglich erfassen, ob sich die Risikoübernahme ausgezahlt hat.

Das M^2 Maß

Zahlreiche Performancemaße lassen sich per se kaum interpretieren und sind intuitiv schwer greifbar. MODIGLIANI/ MODIGLIANI (1997) lösen dieses Problem durch die Entwicklung einer Kennzahl, die das Risiko (die Standardabweichung) einer Anlage adjustiert, indem sie diese mit einem Investment zum risikolosen Zins kombinieren, so dass die Standardabweichung der kombinierten Anlage genau dem Risiko der zugehörigen Benchmark entspricht. Diese Anpassung erlaubt dem Analysten einen direkten, risikoadjustierten Performancevergleich mit dem Ergebnis der Benchmark. Das M^2 kann also direkt als risikoadjustierte Outperformance (bei positivem M^2) oder Underperformance (bei negativem M^2) in Prozentpunkten interpretiert werden und ist dadurch intuitiv verständlich. Das M^2 errechnet sich wie folgt:

$$(4) \qquad M^2 = \left[r_f + \left(r_P - r_f \right) \cdot \frac{\sigma_M}{\sigma_P} \right] - r_M$$

mit:

σ_M = Standardabweichung der Benchmark

σ_P = Standardabweichung des Portfolios.

M^2 lässt sich aus der Sharpe Ratio ableiten. Wenn man Anlagealternativen miteinander vergleicht, wird aus M^2 und Sharpe Ratio grundsätzlich das gleiche Ranking resultieren. Allerdings ist M^2 als Prozentwert intuitiv nachvollziehbar. Wenn drei Investments Werte von 3,5%, 4% und 5% aufweisen, liefert dies nicht nur eine Information über den erzielten Zusatzertrag, sondern gibt auch verständlich an, um wie viel die dritte Anlage gegenüber den anderen beiden „besser" ist. Damit lassen sich zum Beispiel

---

[8]   Vgl. Kothari/ Warner (2001).

auch Investments, von denen z. B. das eine eine positive, das andere eine negative Sharpe Ratio aufweist, besser einschätzen und intuitiv bewerten.

Die Information Ratio

„Die Information Ratio ist eine wichtige, vielleicht die wichtigste Investment Performancekennzahl."[9] Grinolds Aussage verdeutlicht den Stellenwert der von TREYNOR und BLACK (1973) entwickelten Information Ratio. Sie ist deshalb von so herausragender Bedeutung, weil sie genau den Mehrwert ausweist, der im modernen Portfoliomanagement maßgeblich ist: Die Information Ratio gibt an, wie viel Mehrertrag gegenüber dem Vergleichsmaßstab pro zusätzlich eingegangener Einheit an Residualrisiko erzielt wurde. Sie quantifiziert also, wie viel risikoadjustierten Mehrwert ein aktiver Manager geschaffen oder vernichtet hat.

$$(5) \qquad IR = \frac{r_P - r_M}{\sigma_{r_P - r_M}}.$$

Die Bausteine der Information Ratio sind aus den vorhergehenden Formeln bereits bekannt. Im Nenner tritt jedoch anstelle des Gesamtrisikos oder des systematischen Risikos der Tracking Error. Dieser beschreibt das aktive Risiko des Portfolios relativ zur Benchmark in Form der Standardabweichung der Renditedifferenzen zwischen Portfolio und Benchmark ($\sigma_{r_P - r_M}$), während im Zähler die Überschussrendite gegenüber der Benchmark erfasst wird.

Die Überlegung hinter der Information Ratio ist eng verbunden mit der Nutzenfunktion des Anlegers.[10] Danach sind Anleger in aktive Portfolios nicht risikoavers im herkömmlichen Sinne, sondern „regret-avers". Das bedeutet, dass sie das mit der Assetklasse selbst verbundene Risiko durchaus akzeptieren, es jedoch bereuen würden, wenn sie in ein aktives Portfolio investieren würden, dessen Performance hinter einer passiven Anlagealternative zurückbleibt. Nach JACOBS/ LEVY (1996) steigt der Anlegernutzen mit zunehmender Überrendite und abnehmendem Residualrisiko. Das Verhältnis zwischen Residualrisiko und Nutzen ist abhängig von der individuellen Regret Aversion des Anlegers.

In der Praxis operationalisiert ein Anleger seine begrenzte Toleranz gegenüber dem Residualrisiko durch die Vorgabe eines maximalen Tracking Errors. Dabei sollte er

---

[9]   Vgl. Grinold (1989), S. 31.
[10]   Vgl. Jacobs/ Levy (1996).

berücksichtigen, dass ein höherer Tracking Error nicht per se nachteilig ist. In der Studie von ISRAELSEN/ COGSWELL (2007) weisen Fonds mit niedrigem Tracking Error ein höheres Beta, eine vergleichbare Standardabweichung und ein niedrigeres Alpha im Vergleich zu Fonds mit hohem Tracking Error auf. Insofern können Einschränkungen in Form von Obergrenzen im Tracking Error den allgemeinen Anlegernutzen auch reduzieren.

Die Information Ratio weist gerade für professionelle Portfoliomanager einen großen Vorteil auf. Über das sogenannte Fundamental Law of Active Management[11]

$$(6) \qquad IR \approx IC \cdot \sqrt{Anzahl\ Wetten}$$

lassen sich Stärken und Schwächen im Anlageprozess bestimmen und folglich verbessern. IC steht für den Information Coefficient und ist ein Maß für die Übereinstimmung einer Prognose mit dem tatsächlichen Ergebnis, also für die Prognosefähigkeit eines Portfoliomanagers. Setzt man zum Beispiel die nach Formel (5) errechnete Information Ratio zur Wurzel aus der Anzahl eingegangener Wetten ins Verhältnis, lassen sich Rückschlüsse auf die Prognosequalität in dieser Assetklasse ableiten. Umgekehrt bestehen Anreize, in Bereichen mit hohem Information Coefficient möglichst viele Wetten einzugehen, um die Information Ratio zu steigern.

Per Definition ist die Information Ratio der Benchmark Null. Folglich sind nur Portfolios interessant, die eine positive Information Ratio aufweisen, da nur sie einen Mehrwert gegenüber der Benchmark generieren. Das bedeutet jedoch nicht, dass die Information Ratio Anhaltspunkte für die Asset Allocation liefern würde. Ein aktiver Rentenfonds mit einer $IR = 0,5$ ist nicht automatisch schlechter als ein aktiver Aktienfonds mit einer $IR = 1,0$, da die Information Ratio weder Korrelationseffekte berücksichtigt noch die absolute Risikotoleranz des Anlegers einbezieht. Daher sollte die Information Ratio auch nur für Vergleiche innerhalb des gleichen Anlageuniversums und -stils verwendet werden.[12]

In einer aktuellen Studie von BOSSERT ET AL. (2010) wird diese relative Verwendbarkeit der Information Ratio anhand von 10.000 Publikumsfonds für den Zeitraum von Januar 1998 bis Dezember 2008 empirisch überprüft. Den Ausgangspunkt bildet folgende Aussage von GRINOLD/ KAHN (2000, S. 114): „…a top quartile manager has an Information Ratio of 0.5 and an exceptional manager should achieve a value of 1.0 or above." Dabei gehen GRINOLD und KAHN davon aus, dass diese Klassifikation unab-

[11] Vgl. Grinold/ Kahn (2000).

[12] Vgl. Goodwin (1998).

hängig von der Assetklasse und vom Betrachtungszeitraum tendenziell ihre Gültigkeit beibehält. Auch JACOBS/ LEVY (1996) betonen, dass eine Information Ratio von 0,5 oder höher ohne Berücksichtigung der Assetklasse als ,sehr gut' zu bezeichnen ist. Demgegenüber findet GOODWIN (1998) heraus, dass die Verteilung von Information Ratios für Stichproben von Fonds mit unterschiedlichen Anlageschwerpunkten sich signifikant über Fonds-Kategorien hinweg unterscheiden. Dieses Ergebnis wird auch von BOSSERT ET AL. (2010) bestätigt und macht die Betrachtung unterschiedlicher Information Ratios für einzelne Assetklassen und Perioden notwendig. Die Autoren schlagen daher vor, zunächst Fonds nach ihrer aktuellen Jahresperformance zu ranken und anschließend eine Adjustierung anhand des Track Records über die letzten drei Jahre vorzunehmen.

Generell wird die Qualität der Information Ratio, d. h. die Zuordnung zu einer bestimmten Kategorie „unterdurchschnittlich/schlecht", „gut" und „sehr gut" durch die (1) Auswahl der Benchmark, (2) die Datenfrequenz, (3) die Abweichung der Renditen von der Normalverteilung und (4) dem Survivorship Bias in den Daten zur Bestimmung der Schwellenwerte für die einzelnen Kategorien beeinflusst. Vor diesem Hintergrund sollte als Benchmark ein breiter Index herangezogen werden, der eine möglichst umfangreiche Marktabdeckung garantiert. Als Datenfrequenz sollten möglichst wöchentliche oder tägliche Renditen verwendet werden.

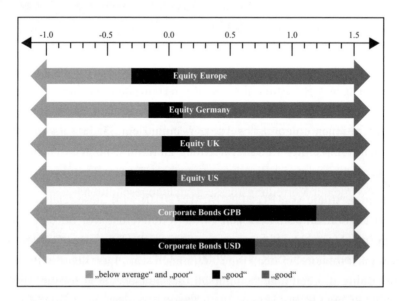

**Abbildung 1: Analyserahmen zur Performancebeurteilung
von Portfoliomanagern für das Jahr 2008[13]**

---

[13]   Quelle: Bossert et al. (2010), S. 78.

Abbildung 1 zeigt exemplarisch für das Jahr 2008 einen Analyserahmen zur Beurteilung von Fondsmanagern nach der Information Ratio. Hierbei wurde die Fondsperformance nach der Information Ratio in vier Quartile eingeteilt, wobei das dritt- und viertschlechteste Quartil zusammengefasst wurden. Es wird deutlich, dass zwischen den Anlageschwerpunkten die Information Ratios in Bezug auf ein bestimmtes Quartil stark schwanken. Während im Jahr 2008 Aktienfonds mit einer *IR* von nahezu Null bereits als sehr gut qualifiziert wurden, werden von Portfoliomanagern mit Anlageschwerpunkt Renten Großbritannien oder Renten USA deutlich höhere Ratios erwartet, damit deren Leistung als „sehr gut" bezeichnet wird.

3.   Portfolios mit asymmetrischem Auszahlungsprofil

Spätestens seit den massiven Aktienmarktkorrekturen in den Zeiträumen 2000 bis 2003 und 2008 bis 2009 haben Anlagekonzepte, die darauf ausgerichtet sind, absolute Wertverluste zu vermeiden oder zumindest zu begrenzen, stark an Attraktivität gewonnen. Im Universum der Studie von IPE Institutional Investment aus dem Jahr 2010 nutzen 22% der befragten Investoren Wertsicherungsstrategien, während 24% sich derzeit mit diesem Thema beschäftigen; im Versicherungssektor sind es sogar 29% bzw. 38%.[14] Laut der Analyse von Telos und Kommalpha aus dem gleichen Jahr präferieren 59% der befragten institutionellen Investoren bei der Neuvergabe von Mandaten einen Absolute Return-Ansatz.[15]

Wie bereits gesehen, sind eine ganze Reihe traditioneller Kennzahlen im Falle nichtnormalverteilter Renditen bestenfalls von begrenztem Nutzen, schlechtestenfalls führen sie zu massiven Fehleinschätzungen. Dies kann insbesondere bei Portfolios auftreten, in denen Optionen eingesetzt werden. Während ein „Standardportfolio" aus Aktien und Anleihen in seiner Renditeverteilung zumindest noch annähernd der Gaußschen Glockenkurve folgt, ist dies bei optionsbestimmten Portfolios nicht mehr der Fall. Hier sind Teile der Verteilungsmasse gezielt abgeschnitten.

Der Haupteinsatzbereich von Optionen ist die Reduzierung von Kapitalanlagerisiken, insbesondere die Vermeidung von stark negativer Performance. Daraus ergibt sich allein schon ein Problem bei der Frage „Wie hoch war eigentlich die Performance?". Die Beantwortung dieser Frage beginnt mit der Entscheidung, ob das arithmetische oder das geometrische Mittel bei der Berechnung herangezogen wird.[16] Das geometri-

---

[14]   Vgl. IPE (2010).

[15]   Vgl. Kommalpha (2010).

[16]   Vgl. hierzu den Beitrag von Fischer/ Raber in diesem Handbuch.

sche Mittel hat unter anderem den Vorteil, dass es deutlich griffiger die Auswirkungen von Schwankungen und Rückschlägen auf den zu erwartenden mittleren Portfoliowert abbildet. Insofern zeigt gerade das geometrische Mittel den Mehrwert einer Vermeidung von negativen Ausreißern auf.

Das Problem der Performanceanalyse tangiert jedoch auch den Performancevergleich mit anderen Anlagen, d. h. das Delta der Option, die über ein bestehendes Portfolio gelegt wird, verändert das Exposure des Gesamtportfolios. Es ist daher nachvollziehbar, dass beispielsweise der Vergleich eines Aktienportfolios mit einem dauerhaft veroptionierten Aktienportfolio nicht sinnvoll ist. So hat ein Aktienportfolio, dessen Bestände permanent mit Short Calls am Geld veroptioniert werden de facto nur ein Aktien-Exposure von 50%, entspricht also klar einem gemischten Portfolio.[17] Ein solcher Vergleich ist nur dann möglich, wenn die Verzerrungen durch eine Delta-Adjustierung korrigiert werden, wie sie im Rahmen der Portfoliorisikomessung als Delta-Normal-Ansatz praktiziert wird.[18]

Probleme symmetrischer Kennzahlen

Doch selbst wenn man diese aufwändige Korrektur vornimmt, bleibt das Problem der Symmetrieeigenschaft traditioneller Performancekennzahlen im Rahmen der Rendite/Risiko-Erfassung bestehen. Sie unterstellen eine Normalverteilung der Renditen und werten positive und negative Schwankungen gleich. Die Auswirkungen einer Derivatestrategie fallen jedoch nicht symmetrisch aus, weder hinsichtlich ihrer Veränderung von Risiko und Rendite noch hinsichtlich ihrer Effekte auf Schwankungen nach oben und nach unten.

So sinkt der Erwartungswert eines veroptionierten Portfolios aufgrund des im Vergleich zu einem optionsfreien Portfolio niedrigeren Marktexposures. Allerdings sinkt die Volatilität in aller Regel noch deutlich stärker. Dadurch liegen Portfolios, die beispielsweise veroptioniert (Covered Short Call) oder mit Optionen abgesichert (Protective Put) sind, meist über der Kapitalmarktlinie des CAPM. Dabei schneidet in den meisten Fällen die Short-Call-Strategie besonders gut ab. Doch gerade im direkten Vergleich mit einer Protective-Put-Strategie offenbart sich die Problematik eines einfachen Vergleichs über Mittelwert und Standardabweichung. Denn der Short Call schneidet den rechten Rand der Renditeverteilung ab und sorgt für negative Schiefe –

---

[17] Eine Aktie hat ein Delta von 1. Ein Call am Geld kommt auf 0,5, bei einem Short Call entsprechend -0,5. Das Gesamt-Exposure des veroptionierten Aktienportfolios liegt also bei $1 - 0,5 = 0,5$.

[18] Vgl. Steiner et al. (2002).

ein Auszahlungsprofil das zumeist als weniger attraktiv empfunden wird. Demgegen-über beschneidet der Protective Put die linke Seite der Renditeverteilung, sorgt also für eine Verlustbegrenzung und eine positive Schiefe – ein Profil, das der Mehrzahl an verlustaversen Anlegern sehr entgegen kommt. An dieser einfachen Betrachtung wird bereits deutlich, dass eine Performanceanalyse auf Basis der Standardabweichung bei nicht-normalverteilten Renditen nicht angemessen ist und Ergebnisse liefert, die unre-flektiert schnell zu Fehlschlüssen führen können.

Selbstverständlich färbt diese Verzerrung auch auf gängige Maßzahlen zur Messung der risikoadjustierten Performance ab. Alle oben dargestellten Kennzahlen, die nur auf die ersten beiden Momente der Verteilung, Mittelwert und Standardabweichung ab-stellen, wie Sharpe-, Treynor Ratio, Jensens Alpha und M^2, sind hierdurch beeinträch-tigt.[19]

Bei Verwendung dieser Maße erscheinen Strategien, die Optionen schreiben, in der Regel als vorteilhaft.[20] Was dabei nicht erkannt wird, ist die Tatsache, dass der Op-tionsverkäufer nicht zwangsläufig eine echte Überrendite erwirtschaftet, sondern vielmehr das Risiko, bei stärkeren Marktbewegungen schlechter da zu stehen, gegen eine Risikoprämie eintauscht, die die durchschnittliche Rendite in normalen Zeiten erhöht. Dieser Trade-off spiegelt sich in der Schiefe der Verteilung wider – dem drit-ten zentralen Verteilungsmoment. Viele Investoren haben jedoch eine ausgesprochen hohe Aversion gegen Extremrenditen, insbesondere im negativen Bereich. Deren asymmetrische Präferenz wird durch ein symmetrisches Risikomaß, das positive wie negative Abweichungen gleich gewichtet, nicht erkannt. Die Auswahl einer Anlage-form basierend auf Kennzahlen mit Schwankungsrisiko ist für Anleger mit einem aus-fallrisikobasierten Risikoverständnis nicht angemessen. Dies trifft insbesondere dann zu, wenn das negative Extremereignis in der Vergangenheit bislang noch nicht aufge-treten ist. In diesem Fall ist die Durchschnittsrendite noch nicht beeinträchtigt, und auch die optische Überprüfung des Kursverlaufs ergibt keine Hinweise auf ein ver-stecktes Risiko.

Dies schließt auch Strategien ein, die nicht explizit Optionen verkaufen, aber ein Op-tionsprofil nachbilden. Im Hedgefonds-Bereich werden zum Beispiel häufig Short Options-Profile erzeugt. Diese Strategien sind oft bewusst oder unbewusst short Event Risk, beispielsweise durch die Aufnahme von Liquiditätsrisiken. Solange diese nicht zum Tragen kommen, erhöhen sie durch die vereinnahmte Risikoprämie stetig den Ertrag. Dabei wird in Kauf genommen, dass das Liquiditätsrisiko irgendwann einmal

---

[19] Vgl. Bookstaber/ Clarke (1985).
[20] Vgl. z. B. Lhabitant (1999).

realisiert wird und möglicherweise zu heftigen Verlusten führt. Prominentestes Beispiel ist sicherlich der Hedgefonds Long-Term Capital Management (LTCM), der in seiner Blütezeit mit unglaublichen Sharpe Ratios aufwarten konnte, die jenseits von vier lagen (nach Kosten), bevor er einen systemgefährdenden Schiffbruch erlitt.

Daraus folgernd kommt LHABITANT (1999) zusammenfassend zu dem klaren Urteil: „Deshalb sollten Mittelwert-Varianz Performance-Kennzahlen (oder allgemeiner Performance-Kennzahlen mit begrenzter Anzahl an Momenten) definitiv nicht benutzt werden, um die Performance von Portfolios zu beurteilen, die nicht-lineare Auszahlungsprofile aufweisen, wie Optionen, dynamische Strategien oder Hedgefonds.“

Übersicht alternativer Kennzahlen

Seit der Einführung der Sharpe- und Treynor Ratio wurde eine ganze Reihe von alternativen Performancemaßen entwickelt, die in der Mehrzahl die Standardabweichung im Nenner der Sharpe Ratio durch ein asymmetrisches Risikomaß tauschen, womit dem Risiko fallender Kurse bzw. negativer Renditeabweichungen besondere Bedeutung beigemessen wird.

Risikomaß	Performancemaß		Quelle
Zentrale Momente, M_n			
Ordnung $n = 2$ (Standardabweichung)	Sharpe Ratio $$SR_i = \frac{\overline{r}_i - r_f}{\sigma_i}$$		Sharpe (1966)
Ordnung $n = 3$ (Schiefe)	MVS-Sharpe Ratio $$MVS - SR_i = \frac{\overline{r}_i - r_f}{\left(\sigma_i - \{\min[0, S_i]\}^{1/3}\right)}$$	(7)	Füss et al. (2005)
Ordnung $n = 3$ und 4 (Schiefe und Exzess-kurtosis)	MVSEK-Sharpe Ratio $$MVSEK - SR_i = \frac{\overline{r}_i - r_f}{\left(\begin{array}{l}\sigma_i - \{\min[0, S_i]\}^{1/3} + \\ \{\max[0, EK_i]\}^{1/4}\end{array}\right)}$$	(8)	Füss et al. (2005)

Fortsetzung der Tabelle auf der nächsten Seite

Lower Partial Moments, LPM$_n$			
Ordnung $n = 1$ (Mittleres Ausfallrisiko)	Omega-Maß $$\Omega_i = \frac{\overline{r}_i - \tau}{LPM_i^1(\tau)} + 1$$	(9)	Shadwick und Keating (2002)
	Gain-Loss Ratio $$GLR_i = \frac{HPM_i^1(\tau)}{LPM_i^1(\tau)}$$	(10)	Bernardo und Ledoit (2000)
Ordnung $n = 2$ (Ausfallstandardabweichung)	Sortino Ratio $$SortR_i = \frac{\overline{r}_i - \tau}{\sqrt{LPM_i^2(\tau)}}$$	(11)	Sortino und Van der Meer (1991)
	Upside Potential Ratio $$UPR_i = \frac{HPM_i^1(\tau)}{\sqrt{LPM_i^2(\tau)}}$$	(12)	Sortino, Van der Meer und Plantinga (1999)
Ordnung $n = 3$ (Ausfallschiefe)	Kappa3-Maß $$Kappa3_i = \frac{\overline{r}_i - \tau}{\sqrt[3]{LPM_i^3(\tau)}}$$	(13)	Kaplan and Knowles (2004)
Drawdown			
Drawdown $k = 1$ Maximum Drawdown	Calmar Ratio $$CalR_i = \frac{\overline{r}_i - r_f}{-D_i^1}$$	(14)	Young (1991)
Drawdown $k = 1...K$, Average Drawdown	Sterling Ratio $$SterlR_i = \frac{\overline{r}_i - r_f}{\left[\frac{1}{K}\sum_{k=1}^{K} -D_i^k\right]}$$	(15)	Kestner (1996)
Drawdown $k = 1...K$ Standard deviation	Burke Ratio $$BurkeR_i = \frac{\overline{r}_i - r_f}{\sqrt{\sum_{k=1}^{K}\left[D_i^k\right]^2}}$$	(16)	Burke (1994)
Value-at-Risk			
Standard Value-at-Risk	Value-at-Risk Sharpe Ratio $$VaRSR_i = \frac{\overline{r}_i - r_f}{VaR_i}$$	(17)	Dowd (2000)
Conditional Value-at-Risk	Conditional VaR Sharpe Ratio $$CVaRSR_i = \frac{\overline{r}_i - r_f}{CVaR_i}$$	(18)	Agarwal and Naik (2004)
Modified Value-at-Risk	Modified VaR Sharpe Ratio $$MVaRSR_i = \frac{\overline{r}_i - r_f}{MVaR_i}$$	(19)	Gregoriou and Gueyie (2003)

Fortsetzung der Tabelle auf der nächsten Seite

Anmerkungen:

$\bar{r}_i$ $\quad=\quad$ $\dfrac{1}{T}\sum_{t=1}^{T}r_{it}$ als Wertpapier- oder Portfoliomittelwert mit r_{it} als diskrete Rendite von Wert

papier oder Portfolio i in Periode t für $t=1,\ldots,T$ und T als Anzahl betrachteter Perioden;

r_f $\quad=\quad$ (konstante) risikofreie Anlage;

σ_i $\quad=\quad$ $\dfrac{1}{T-1}\sum_{t=1}^{T}\left(r_{it}-\bar{r}_i\right)^2$ als Stichproben-Standardabweichung;

τ $\quad=\quad$ Mindestrendite (Target Return);

LPM_i^n $\quad=\quad$ $\dfrac{1}{T-1}\sum_{t=1}^{T}\max\left(\tau-r_{it};0\right)^n=\dfrac{1}{T-1}\sum_{t=1}^{T}\min\left(r_{it}-\tau;0\right)^n$ als Lower Partial Moment von

Ordnung n mit τ als geforderte Mindestrendite (Zielrendite);

HPM_i^n $\quad=\quad$ $\dfrac{1}{T-1}\sum_{t=1}^{T}\max\left(r_{it}-\tau;0\right)^n=\dfrac{1}{T-1}\sum_{t=1}^{T}\min\left(\tau-r_{it};0\right)^n$ als Higher Partial Moment von

Ordnung n mit τ als geforderte, maximale Rendite (Zielrendite);

D_i^k $\quad=\quad$ Drawdown von Wertpapier oder Portfolio i;

K $\quad=\quad$ Anzahl von Drawdowns mit $k=1$: maximum drawdown; $k=2$: zweitgrößter Verlust (Drawdown); $k=3$: drittgrößter Verlust (Drawdown); ...);

VaR_i $\quad=\quad$ $\left(\bar{r}_i+z_\alpha\sigma_i\right)$ als Value-at-Risk mit z_α für das α-Quantil der Standardnormalverteilung;

$CVaR_i$ $\quad=\quad$ $E\left(-r_{it}\mid r_{it}\le -VaR_i\right)$ als Conditional Value-at-Risk;

$MVaR_i$ $\quad=\quad$ $\bar{r}_i-\left[\sigma\left(z_\alpha+\dfrac{1}{6}\left(z_\alpha^2-1\right)S_i+\dfrac{1}{24}\left(z_\alpha^3-3z_\alpha\right)EK_i-\dfrac{1}{36}\left(2z_\alpha^3-5z_\alpha\right)S_i^2\right)\right]$ als Modified Value-

at-Risk mit $S_i=\dfrac{1}{T-1}\sum_{t=1}^{T}\left(r_{it}-\bar{r}_i\right)^3/\sigma_i^3$ als Wertpapier- oder Portfolioschiefe und

$EK_i=\dfrac{1}{T-1}\sum_{t=1}^{T}\left(r_{it}-\bar{r}_i\right)^4/\sigma_i^4-3$ Wertpapier- oder Portfolio-Exzesskurtosis.

Tabelle 1: Übersicht alternative Performancemaße[21]

Performancekennzahlen unter Berücksichtigung höherer Momente

Die Sharpe Ratio setzt zur Erzielung aussagekräftiger Ergebnisse voraus, dass die Renditen annähernd einer Normalverteilung folgen. Diese Forderung wird jedoch häufig verletzt, so dass FÜSS ET AL. (2005) die traditionelle Sharpe Ratio durch die Aufnahme höherer Momente modifiziert haben, indem in Gleichung (7) zusätzlich zur Standardabweichung das dritte zentrale Moment einer Renditeverteilung mit einbezogen wird. Dabei wird mit Hilfe der Minimierungsfunktion explizit die als Anlagerisiko empfundene negative Schiefe mitberücksichtigt. Um dieselbe Dimension zur Rendite

---

[21] In Anlehnung an Eling (2008).

und Volatilität wieder herzustellen, muss die negative Schiefe mit einem Drittel potenziert werden. Liegt hingegen eine positive Schiefe vor, die von Anlegern präferiert wird, so geht lediglich die Standardabweichung als Risikomaß in die Berechnung ein, und man erhält wiederum die traditionelle Performancekennzahl nach Sharpe.

Berücksichtigt man zusätzlich die Wölbung einer Verteilung nach Gleichung (8), dann wird der Term im Nenner durch eine Maximierungsfunktion ergänzt. Da Investoren eine Präferenz für positive ungerade Momente (Erwartungswert und Schiefe), jedoch eine Risikoaversion hinsichtlich hoher positiver gerader Momente (Varianz und Wölbung) besitzen, gehen nur positive Wölbungskoeffizienten (Excess Kurtosis) in die Risikoberechnung ein. Dementsprechend reduziert sich wiederum Gleichung (8) auf die traditionelle Sharpe Ratio, wenn eine positive Schiefe und negative Excess Kurtosis vorliegt.[22]

Im Gegensatz hierzu schlägt MAHDAVI (2004) bei Vorliegen nicht-linearer Payoffs und Abweichung von der Normalverteilung vor, eine Anpassung über risikoadjustierte Renditen vorzunehmen. Hierbei werden zuerst die Asset-Renditen in eine Verteilung überführt, so dass sie der Benchmark-Verteilung gleicht. Unter Verwendung dieser adjustierten Verteilung wird anschließend die Sharpe Ratio berechnet. Diese adjustierte Sharpe Ratio erlaubt nun einen direkten Vergleich mit der Benchmark. Dabei zeigt MAHDAVI (2004), dass eine solche risikoadjustierte Sharpe Ratio die Kosten einer Abweichung von der Normalverteilung korrekt erfasst. Dies bedeutet, dass die risikoadjustierte Sharpe Ratio unter Verwendung der oben erwähnten Covered-Call-Strategie der Sharpe Ratio einer Long-Position im zugrunde liegenden Asset gleicht.

Ausfallrisikomaße

Einen Ansatz, um zu einer aussagekräftigeren Beurteilung asymmetrischer Strategien zu kommen, stellt der Einsatz von Shortfall- oder Downside-Risikomaßen dar. Diese Maße tragen dem Umstand Rechnung, dass Investoren in der Regel eine Abneigung gegen niedrige oder gar negative Renditen haben, während sie positive Rendite als Chance begreifen und insofern negativen und positiven Abweichungen vom Mittelwert bzw. einer Mindestrendite eine unterschiedliche Bedeutung beimessen.

---

[22] Während bei den modifizierten Sharpe Ratios Schiefe und Wölbung im Nenner gleichgewichtet mit der Standardabweichung eingehen, wäre durchaus auch eine Gewichtung nach der Risikopräferenz denkbar. So könnte sich ein Investor z. B. bei seiner Anlageentscheidung primär am Schwankungsrisiko (Standardabweichung) orientieren und zusätzlich, wenn auch mit einem geringeren Gewicht, das Verlustrisiko in Form der Schiefe und eine höhere Gewichtung der beidseitigen Abweichungen durch die Exzesskurtosis mit einbeziehen.

Für die Berechnung dieser Ausfallrisikomaße oder Lower Partial Moments (LPM) wird zunächst eine Mindestrendite (Target Return) τ festgelegt, die das Anspruchs-niveauziel der Rendite und damit die Scheidelinie zwischen „guten" und „schlechten" Renditerealisierungen markiert. Das Risiko wird danach als die Gefahr der Unter-schreitung einer Mindestrendite aufgefasst. Analog zu den zentralen Momenten lassen sich daraus verschiedene Shortfall-Risikomaße berechnen:[23]

$$(20) \qquad LPM_P^n(\tau) = \frac{1}{T-1} \sum_{t=1}^{T} \left[\max\left(\tau - r_p; 0\right)^n \right].$$

r_p ist dabei die Portfoliorendite. Setzt man $n = 0$ erhält man die Ausfallwahrschein-lichkeit, bei $n = 1$ das mittlere Ausfallrisiko und bei $n = 2$ die (Stichproben)Ausfall-varianz.

Aus diesem Blickwinkel untersuchen ALBRECHT ET AL. (1995) verschiedene Options-strategien auf deutsche Aktienportfolios. Da bei dieser Betrachtung der Unterschrei-tung der Mindestrendite eine besondere (negative) Bedeutung zukommt, verbessert sich die Einschätzung von Strategien, welche sich gegen Ergebnisse unterhalb der Mindestrendite absichern, wie z. B. bei der rollierenden Put-Strategie. Im Gegensatz dazu schneidet der Covered-Call-Ansatz schlechter ab, da hier keine explizite Siche-rung vorgenommen wird.

Sortino Ratio

Die bekannteste der aus den *LPM*-Maßen abgeleitete Kennzahl ist die Sortino Ratio.[24] Sie verwendet gemäß obiger LPM-Systematik das LPM_P^2, also die Ausfallvarianz (auch Semivarianz genannt[25]) mit einer Mindestrendite im Nenner, die zum Beispiel als nominaler (0%) oder realer Kapitalerhalt (Inflationsrate), risikofreier Zins oder Benchmark-Rendite definiert werden kann. Jedoch weist auch dieses Maß seine Nach-teile auf. Beispielsweise wird es sehr schwer, valide Vorhersagen zu treffen, wenn in der Vergangenheit nur wenige oder gar keine Werte unterhalb der Minimumrendite gelegen haben.

---

[23] Vgl. z. B. Harlow (1991).

[24] Sortino/ van der Meer (1991).

[25] Die Bezeichnung „Semivarianz", welche auf Harry Markowitz zurückgeht, ist dabei irreführend, da es sich bei nicht-normalverteilten Renditen und einer vom Erwartungswert abweichenden Festlegung der Mindestrendite nicht um die Hälfte der Varianz handelt.

Omega- und Kappa3-Maß

Die Omega- und Kappa3-Maße fallen ebenfalls in die Gruppe der LPM-basierten Performancekennzahlen. Sie unterschieden sich von der Sortino Ratio lediglich durch die Ordnung des verwendeten LPMs. Obwohl das von KEATING und SHADWICK (2002) eingeführte Omega-Maß eine vergleichsweise neue Kennzahl im Bereich der Performancemessung darstellt, findet es bereits recht häufig Anwendung in der institutionellen Performancebeurteilung asymmetrischer Portfolios. Das mag daran liegen, dass es keiner Nutzenfunktion bedarf, um auf der Basis von Anlegerpräferenzen Fonds in die richtige Reihenfolge zu bringen. Omega basiert direkt auf der kumulierten Verteilungsfunktion der Renditen und kann somit alle höheren Verteilungsmomente einbeziehen. Die Kennzahl orientiert sich an der vorgegebenen Verlustgrenze und gewichtet mögliche Gewinne und Verluste relativ zu dieser Grenze nach ihrer Eintrittswahrscheinlichkeit. Je nach Höhe der Verlustgrenze kann sich die Reihenfolge der analysierten Fonds allerdings ändern.

Drawdown-basierte Kennzahlen

Ebenso existiert eine Kennzahlengruppe, die sich des Drawdowns bedient, um ebenfalls das Downside Risk abzubilden. Beim Drawdown handelt es sich lediglich um den Verlust innerhalb einer bestimmten Periode. Zur Berechnung der Calmar, Sterling und Burke Ratio werden der maximale Verlust, ein Durchschnitt aus den N höchsten Verlusten bzw. die Verlustschwankung herangezogen.

VaR-basierte Kennzahlen

Schließlich kann auch der in der Praxis weit verbreitete Value-at-Risk als Risikomaß in eine Performancekennzahl integriert werden. Neben dem Standard-VaR, $VaR_i = \left(\bar{r}_i + z_\alpha \cdot \sigma_i \right)$ mit z_α als das untere α-Quantil der Standardnormalverteilung, kommt der Conditional Value-at-Risk zum Einsatz, wenn nicht nur die Wahrscheinlichkeit bzw. Häufigkeit der Überschreitung, sondern auch die Stärke von Relevanz ist. Der CVaR betrachtet folglich die Verteilung unterhalb der Value-at-Risk-Schwelle und berechnet sich als $CVaR_i = E\left(-r_{it} \mid r_{it} \leq -VaR_i \right)$. Zur Einbeziehung der höheren Momente bei nicht-normalverteilten Renditen eignet sich schließlich der modifizierte Value-at-Risk oder Cornish-Fisher Value-at-Risk,

$$MVaR_i = \overline{r}_i - \left[\sigma \left(z_\alpha + \frac{1}{6}\left(z_\alpha^2 - 1\right)S_i + \frac{1}{24}\left(z_\alpha^3 - 3z_\alpha\right)EK_i - \frac{1}{36}\left(2z_\alpha^3 - 5z_\alpha\right)S_i^2 \right)\right].^{26} \quad S_i \quad \text{und}$$

EK_i stehen für die dritten und vierten Verteilungsmomente, Schiefe und Excess Kurtosis.

Stochastische Dominanz

Um die Nachteile symmetrischer Kennzahlen zu überwinden, schlägt LHABITANT (1999) darüber hinaus vor, verschiedene Optionsstrategien über das Ranking der stochastischen Dominanz miteinander zu vergleichen.[27] Auch mit diesem Verfahren verschwindet die angebliche Attraktivität, die dem systematischen Schreiben von Calls unter Verwendung symmetrischer Risikomaße bei der Beurteilung zugesprochen wird. Allerdings hat dieses Verfahren den Nachteil, dass es recht komplex ist und die Einfachheit in der Umsetzung der symmetrischen Kennzahlen fehlt.

4. Aktuelle Entwicklungen

Auch wenn die Nachteile der traditionellen Performancemaße offensichtlich in Erscheinung treten, so stellt sich die Frage, inwieweit dieses breite Angebot an verbesserten Performancemaßen überhaupt den praktischen Erfordernissen gerecht wird. So kommen z. B. AGARWAL und NAIK (2000) in ihrer Studie über asymmetrische Strategien zu der Erkenntnis, dass bei kleineren Abweichungen von der Normalverteilung symmetrische Kennzahlen eine gute Annäherung liefern. Demgegenüber sind bei größeren Abweichungen jedoch andere Ansätze, wie z. B. Gewinn-Verlust-Analysen erforderlich.

Demgegenüber kommt ELING (2008) in seiner Analyse zu dem Ergebnis, dass asymmetrische Kennzahlen grundsätzlich keine besseren Ergebnisse liefern, wenn es darum geht, Fonds relativ zueinander zu bewerten und im Rahmen eines Rankings ihrer Leistung entsprechend zu ordnen. Er demonstriert dies am Beispiel von Hedgefonds.

Dass eine Überwindung der Einschränkungen traditioneller Performancekennzahlen dennoch gelingt, zeigt der Stutzer-Index. Der Stutzer-Index berechnet sich derart, dass er sowohl die Informationen der Information Ratio als auch der Sharpe Ratio erfassen

---

[26] Die asymptotische Erweiterung nach Cornish-Fisher adjustiert die Quantile der Standardnormalverteilung für Schiefe und Kurtosis in der Verteilung. Vgl. Favre/ Galeano (2002).

[27] Vgl. Levy (1992).

kann, und dies nicht nur im Fall von normalverteilten Renditen.[28] Auch Jensens Alpha hat mit LELANDS Gleichgewichtsansatz eine entsprechende Erweiterung erfahren und wird damit tauglich für eine breitere Anwendung.[29]

Alternative Treynor Ratios

In Analogie zu den alternativen, auf das Gesamtrisiko bezogenen Performancekennzahlen, lassen sich auch für das systematische Risiko alternative Maße ableiten, mit dem Ziel, einem intuitiveren Risikobegriff gerecht zu werden sowie die Annahme normalverteilter Renditen aufzugeben. Folglich ist das Ziel, neben dem varianzbasierten Betafaktor auch für höhere Momente, speziell für die Schiefe, sowie ausfallorientierte Anlegerrisikotypen einen systematischen Risikofaktor zu entwickeln.

Systematische Risikofaktoren mit höheren Momenten

Bei der Portfoliooptimierung kann durch Mischung von Wertpapieren das Gesamtrisiko im Vergleich zur gewichteten Summe der Einzelrisiken reduziert werden. Auf der Portfolioebene sind somit nicht die Gesamtrisikomaße in Form der zentralen Momenten M_n und Lower Partial Moments LPM_n relevant, sondern lediglich die Abhängigkeiten der Wertpapiere untereinander, die durch die Co-Moments bzw. Co-Lower Partial Moments gemessen werden.

Die systematische Schiefe (nicht diversifizierbare Schiefe) ist definiert als:[30]

$$(21) \qquad \gamma_i = \frac{\sum_{t=1}^{T} \left(r_{it} - \overline{r}_i \right) \left(r_{Mt} - \overline{r}_M \right)^2}{\sum_{t=1}^{T} \left(r_{Mt} - \overline{r}_M \right)^3}.$$

Die Koschiefe misst dabei, wie die Kovarianz, die Interaktion zwischen Wertpapier i und der Marktrendite M.[31] Da $\left(r_{Mt} - \overline{r}_M \right)^2$ grundsätzlich positiv ist, $\left(r_{it} - \overline{r}_i \right)$ jedoch auch negative Werte annehmen kann, sind über das Vorzeichen und die Höhe der Koschiefe keine generellen Angaben zu machen, wenn nicht mehr Informationen über die

---

[28] Vgl. Stutzer (2000).

[29] Vgl. Jensen (1968) und Leland (1999).

[30] Vgl. Kraus/ Litzenberger (1976), Friend/ Westerfield (1980) und Tan (1991) sowie Prakash/ Bear (1986).

[31] Vgl. Arditti/ Levy (1972) und Jean (1971).

Wahrscheinlichkeitsverteilung beider Renditen vorliegen. So wie die Schiefe selbst als einzelnes Risikomaß ungeeignet ist, findet auch die Koschiefe nur Anwendung als Ergänzung zur Kovarianz, indem sie den Effekt der Schiefe in den Renditeverteilungen erklärt. Dies gilt unter der Annahme, dass die Investoren eine Präferenz für positive Schiefewerte besitzen. Denn risikoaverse Anleger präferieren höhere Erwartungswerte gegenüber kleineren, geringere Varianzwerte gegenüber höheren und positive Schiefe gegenüber negativer Schiefe, bei jeweiliger Konstanz der anderen Momente.[32] Demnach werden Investoren niedrigere Erwartungs- oder höhere Varianzwerte für eine höhere positive Schiefe akzeptieren, wenn die Marktrenditen rechtsschief verteilt sind.[33]

Für $n = 2$ wurde gezeigt, dass mit zunehmender Diversifikation $(n \rightarrow N)$ die Portfoliovarianz abnimmt, während die positive Portfolioschiefe bis auf den systematischen Anteil wegdiversifiziert wird bzw. für $N \rightarrow 0$ (Antidiversifikation) erhalten bleibt.[34] Die Auswirkung der Diversifikation auf die Portfolioschiefe ist letztendlich von der unsystematischen Schiefe abhängig. Ist die unsystematische Schiefe positiv (null oder negativ) wird mit steigender Anzahl von Wertpapieren die Portfolioschiefe vernichtet (konstant gehalten oder ansteigen).[35] Die Tatsache, dass durch einfache Diversifikation die erwünschte positive Schiefe vernichtet werden kann, begründet wahrscheinlich auch das Verhalten von Investoren nur eine begrenzte Anzahl von Wertpapieren in die Portefeuilles aufzunehmen.

Da die Schiefe aufgrund des Trade-offs zum Erwartungswert und zur Varianz als alleiniges Risikomaß in einem Kapitalmarktmodell ungeeignet ist, werden in der Literatur zwei Mittelwert-Varianz-Schiefe-CAPM-Modelle unterschieden. Sie berücksichtigen die Schiefepräferenzen, indem sie eine lineare Beziehung zwischen der erwarteten Rendite eines Wertpapiers i und seiner systematischen Varianz und systematischen

---

[32] Francis (1975) kommt in seiner Untersuchung, bei der er die Schiefe nicht explizit zerlegt, zum Ergebnis, dass Investoren bei Anlageentscheidungen der Schiefe eine nicht zu unterschätzende Bedeutung beimessen. Vgl. auch Sears/ Trennepohl (1983) und Arditti/ Levy (1972).

[33] Vgl. Tan (1991). Die positive oder negative Koschiefe der einzelnen Wertpapiere oder Portfolios ist abhängig von der Schiefe der Marktrendite. Vgl. Friend/ Westerfield (1980). Weist der Markt eine negative Schiefe auf, sind Investoren avers gegenüber positiver Koschiefe mit dem Markt. Der Markt substituiert also die erwartete Rendite für die positive Schiefe.

[34] Vgl. Sears/ Trennepohl (1983) und Tan (1991).

[35] Den Beweis für diesen Zusammenhang erbrachten Simkowitz/ Beedles in ihrem Aufsatz von 1978: „Of particular interest here is the behavior of skewness as the degree of diversification increases. ..., raw portfolio skew decreases as the number of assets in the portfolio increases. Furthermore, skew is diversified away rapidly." Simkowitz/ Beedles (1978).

Schiefe definieren. Das erste dreiparametrische CAPM-Modell geht auf KRAUS/ LITZENBERGER (1976) zurück und ist definiert als:

$$(22) \quad E[r_i] = \mu_i = r_f + b_0 + b_1 \beta_i + b_2 \gamma_i$$

mit:

$$b_1 = \left(\frac{\partial \mu_i}{\partial \sigma_i} \right) \sigma_M = \text{geschätzter Marktpreis für } \beta_i,$$

$$b_2 = \left(\frac{\partial \mu_i}{\partial \sqrt[3]{\varphi_i}} \right) \sqrt[3]{\varphi_M} = \text{geschätzter Marktpreis für } \gamma_i \text{ und}$$

φ_i, φ_M = Wertpapier- und Marktportfolioschiefe.

b_0 bezeichnet den Ordinatenabschnitt, der annahmegemäß null beträgt und äquivalent zum risikofreien Zins r_f im traditionellen CAPM ist. b_1 und b_2 sind die Marktprämien für die eingegangenen Risikokomponenten ausgedrückt als Grenzraten der Substitution zwischen der erwarteten Rendite und der Standardabweichung bzw. der Schiefe. Sind die Marktrenditen positiv (negativ) schief, dann ist die Marktprämie b_2 für die Koschiefe eines Wertpapiers i mit dem Markt negativ (positiv).[36] Danach bringt der b_2-Wert die Schiefepräferenz zum Ausdruck, d. h. ein $b_2 < 0$ (> 0) resultiert aus einer $\sqrt[3]{\varphi_M} > 0$ ($\sqrt[3]{\varphi_M} < 0$).[37] Solange $\partial \mu_i / \partial \sqrt[3]{\varphi_i} < 0$ für nicht wachsende absolute Risikoaversion gilt, ist das Vorzeichen von b_2 entgegengesetzt dem von $\sqrt[3]{\varphi_M} > 0$. KRAUS/ LITZENBERGER fanden in ihrer empirischen Studie heraus, dass der Koeffizient von γ_i signifikant negativ ist und bestätigen damit ARDITTIS Ergebnisse über die Relevanz der systematischen Schiefe.[38]

SEARS/ WEI (1988) entwickelten das Modell von KRAUS/ LITZENBERGER weiter, indem sie nun die Schiefepräferenz relativ zur Varianz bzw. Standardabweichung messen. Die ökonomischen Preise für die Varianz und Schiefe beinhalten nun neben der Prämie für das eingegangene Marktrisiko $\left(\mu_M - r_f \right)$ einen Elastizitätskoeffizienten E, der proportional zur Grenzrate der Substitution zwischen Schiefe und Varianz ist:

---

[36] Vgl. Lim (1989) und Sears/ Wei (1988). b_2 nimmt somit immer das entgegengesetzte Vorzeichen der Schiefe des Marktportfolios an, während b_1 grundsätzlich positiv ist.

[37] Vgl. Kraus/ Litzenberger (1976) und Prakash/ Bear (1986) sowie Sears/ Wei (1988).

[38] Vgl. Kraus/ Litzenberger (1976) und Arditti (1967). Dagegen kann Tan (1991) bei seiner Untersuchung von Investmentfonds keine signifikant negativen γ_i-Werte feststellen.

$$(23) \quad E[r_i] = \mu_i = r_f + \left(\frac{1}{1+E} (\mu_M - r_f) \right) \beta_i + \left(\frac{E}{1+E} (\mu_M - r_f) \right) \gamma_i$$

mit:

$$E \quad = \left(\frac{-\partial \mu_i / \partial \sqrt[3]{\varphi_i}}{\partial \mu_i / \partial \sigma_i} \right) \left(\frac{\sqrt[3]{\varphi_M}}{\sigma_M} \right) = - \left(\frac{\partial \sigma_i}{\partial \sigma_M} \right) \left(\frac{\partial \sqrt[3]{\varphi_i}}{\sqrt[3]{\varphi_M}} \right).$$

Die Kreuzelastizität E zwischen Standardabweichung und Schiefe misst die prozentuale Veränderung in der Standardabweichung, die ein Investor unter sonst gleichen Bedingungen gerade noch bereit ist zu akzeptieren, wenn sich die Schiefe um ein Prozent verändert.[39] Da sich bei einem Portfolio $\beta_P = \sum_{i=1}^{N} x_i \beta_i$ und $\gamma_P = \sum_{i=1}^{N} x_i \gamma_i$ die Anteile x_i und $\frac{1}{1+E} + \frac{E}{1+E}$ eins ergeben, gilt für das Marktportfolio (mit $\beta = 1$ und $\gamma = 1$) im Kraus/Litzenberger-Modell $\mu_M - r_f = b_1 + b_2$.[40] Aufgrund der unterschiedlichen Intensionen beider Modelle ist E als Ergänzung und nicht als Substitut zu b_2 anzusehen.

Nach dem dreiparametrischen CAPM von SEARS/ WEI erhält man die Treynor Ratio mit systematischer Varianz und Schiefe nach Gleichung (24). Existiert keine Schiefe, dann nimmt der Elastizitätskoeffizient E den Wert null an und die Ratio reduziert sich zum traditionellen Treynor-Maß:

$$(24) \quad MVS - TR = \frac{\bar{r}_i - r_f}{\left(\frac{1}{1+E} \right) \beta_i + \left(\frac{E}{1+E} \right) \gamma_i}$$

Durch Einbeziehung der systematischen Wölbung (W) in das Treynor-Maß werden die Schwankungen der Marktrendite stärker bewertet. Das bedeutet, dass mit der Potenz $n = 3$ in der Kowölbung Extremabweichungen in der Marktrendite höher bewertet werden und somit die Messung der Reaktion von Einzelrenditen auf Marktbewegungen sensitiver wird.

---

[39] E misst also die prozentuale Zunahme (Abnahme) der Standardabweichung, die ein Anleger gerade noch für eine 1%-ige Steigerung in der positiven (negativen) Schiefe duldet. Vgl. Tan (1991) und Sears/ Wei (1988).

[40] Vgl. Kraus/ Litzenberger (1976) und Tan (1991). Dies folgt direkt aus Gleichung (22).

$$(25) \quad MW-TR = \frac{\overline{r}_i - r_f}{\eta_i}$$

mit:

$\overline{r}_i$ = durchschnittliche Wertpapier- oder Portfoliorendite,

r_f = risikolose Rendite und

$$\eta_i = \frac{\sum\limits_{t=1}^{T}(r_{it}-\overline{r}_i)(r_{Mt}-\overline{r}_M)^3}{\sum\limits_{t=1}^{T}(r_{Mt}-\overline{r}_M)^4}$$

LPM-basierte, systematische Risikofaktoren

HOGAN/ WARREN haben im Rahmen der Ableitung eines *ausfallvarianz*basierten Gleichgewichtsmodells für den Kapitalmarkt einen LPM-basierten, systematischen Risikofaktor entworfen.[41] Im Unterschied zum symmetrischen Risikofaktor kann der β_{LPM_n} nicht regressionsanalytisch geschätzt werden, sondern ergibt sich direkt aus:[42]

$$(26) \quad \beta_{LPM_{i,n}} = \frac{CLPM_{Mi,n-1}}{LPM_{M,n}} = \frac{\sum_{t=1}^{T}\left(\max\left[r_f-r_{Mt},0\right]^{n-1}\right)(r_f-r_{it})}{\sum_{t=1}^{T}\max\left[r_f-r_{Mt},0\right]^n} \quad \text{mit } n\geq 1$$

mit:

$\beta_{LPM_{i,n}}$ = Sensitivität von r_i bezüglich r_M $\left(\beta_{LPM}\right)$

$CLPM_{Mi,n-1}$ = Co-Lower Partial Moment zwischen r_M und r_i

r_{it} = Wertpapierrendite i zum Zeitpunkt t

r_{Mt} = Marktrendite M zum Zeitpunkt t.

Dabei fällt auf, dass die *CLPM* im Vergleich zur *COV* nicht symmetrisch ist, d. h. $CLPM_{Mi,n-1} \neq CLPM_{iM,n-1}$. Konkret bedeutet dies, dass bei der Sensitivitätsberechnung $CLPM_{Mi,n-1}$, also der LPM-basierten Bestimmung der Abhängigkeit einer Wertpapierrendite i von der Marktrendite M, nur diejenigen r_{it}-Werte interessieren, für die

---

[41] Vgl. Hogan/ Warren (1974) und Sharpe (1964).

[42] Vgl. Bey (1979), Porter et al. (1975), Jahankhani (1976) und Essayyad/ Wu (1991) Bawa/ Lindenberg (1977) und Nantell/ Price (1979).

ein ausfallorientiertes Marktrisiko besteht bzw. r_{Mt} unter das target τ (hier: $\tau = r_f$) fällt.[43] Schwankungen von r_{it} für $r_{Mt} > \tau$, wie sie bei der Kovarianz berücksichtigt werden, gehen nicht in die Berechnung ein, da Renditen von M, welche über der Mindestrendite τ liegen kein Risiko darstellen.[44] Ist $r_{it} > \tau$ und $r_{Mt} < \tau$ so reduziert die Wertpapierrendite das Marktrisiko, während bei $r_{Mt} > \tau$ die Wertpapierrendite keinen Einfluss auf das Marktrisiko nimmt, egal ob $r_{it} > \tau$ oder $r_{it} < \tau$ ist.[45]

Für $n = 1$ wird sowohl $LPM_{M,n}$ als auch $CLPM_{Mi,n-1}$ zum mittleren Ausfall. Das systematische Risiko zwischen Wertpapier i und dem Markt M ergibt sich dann aus der Relation ihrer mittleren Ausfälle. Da die Interaktionen zwischen M und i völlig entfallen und die Schwächen von LPM_1 hinreichend bekannt sind, ist es als Maß für das systematische Risiko nur eingeschränkt verwendbar. Mit $n = 2$ hingegen erhält man die *systematische Ausfallvarianz (β_{sv})* mit ihrer *Koausfallvarianz (cosv)* zwischen den Renditen von i und M. Durch die höheren Exponenten $n = 3$ und $n = 4$ gehen bei der Berechnung des ausfallrisikoorientierten Sensitivitätsmaßes von r_i in Bezug auf r_M die großen, negativen Abweichungen der Marktrenditen von τ stärker in die *Koausfallschiefe* oder *-wölbung* ein.

Das LPM-CAPM kann in direkter Analogie zum traditionellen CAPM für $n \geq 1$ abgeleitet werden, da hier durch die Konkavität von LPM_n ein Tangentialpunkt mit der Wertpapier(markt)linie gewährleistet wird.[46] Da bereits die Implikationen unterschiedlicher Exponenten n hinreichend diskutiert wurde, erscheint es an dieser Stelle und aufgrund der direkten Vergleichbarkeit mit MV-CAPM interessanter, sich bei der analytischen Betrachtung, nach Herleitung eines generalisierten Modells, auf das MSV-CAPM (Mean-Shortfall-Variance-CAPM) mit β_{LPM_2} bzw. β_{sv} zu konzentrie-

---

[43] Vgl. Bamberg (1986) sowie Francis/ Archer (1979).

[44] Vgl. auch Lee/ Rao (1988).

[45] Vgl. Lee/ Rao (1988). Umgekehrt werden bei $CLPM_{iM,n-1}$ nur Werte von r_M berücksichtigt, wenn $r_i < \tau$ ist. Gilt gleichzeitig $r_M > \tau$, dann verringert die Marktrendite das Wertpapierrisiko. Ein Beispiel zur Berechnung der asymmetrischen *CLPM* ist bei Bamberg (1986) zu finden.

[46] Vgl. Bawa/ Lindenberg (1977), Bey (1979) und Lee/ Rao (1988). Ein CAPM-Modell mit der Ausfallwahrscheinlichkeit stellen Laughhunn/ Sprecher vor. Die Gleichgewichtsbedingung besagt, dass für den Preis von Wertpapier i im Gleichgewicht die größtmögliche Ausfallwahrscheinlichkeit gleich der oberen, von k abhängigen, Schranke sein muss. Max $P(r_i \leq r_f) = 1/k^2 + 1$ mit $k = \left[\left(\mu_M - r_f \right) / \sigma_M \right] \cdot \rho_{im}$. Vgl. Laughhunn/ Sprecher (1977).

ren.[47] HARLOW/ RAO haben zunächst ein LPM-CAPM entworfen, bei dem für die Bestimmung der Wertpapierlinie der Exponent n frei wählbar ist und das eine Differenzierung zwischen r_f und τ, im Gegensatz zu Gleichung (26), erlaubt:[48]

$$(27) \quad \mu_i = r_f + \beta_{LPM_{i,n}} (\mu_M - r_f) \quad \text{mit } n \geq 1$$

mit:

$$\beta_{LPM_{i,n}} = \frac{CLPM(\tau, r_f, r_M, r_i)}{LPM(\tau, r_f, r_M)} = \frac{\int\limits_{-\infty}^{\tau} \int\limits_{-\infty}^{+\infty} (\tau - r_M)^{n-1} (r_f - r_i) f(r_i, r_M) dr_M dr_i}{\int\limits_{-\infty}^{\tau} (\tau - r_M)^{n-1} (r_f - r_M) f(r_M) dr_M}.$$

Auch hier gilt der bekannte Zusammenhang, dass das Marktrisiko bzw. CLPM positiv ist, wenn $r_M < \tau$ ist. Das einzelne Wertpapier leistet seinen Beitrag zum Marktrisiko nur dann, wenn sowohl r_M als auch r_i unter die Mindestrendite fallen. Die Risikoprämie ist positiv (negativ) für $\beta_{LPM_{i,n}} > 0$ ($\beta_{LPM_{i,n}} < 0$). Erreicht die Marktrendite den Target-Wert, dann spielt es keine Rolle ob $r_i > \tau$ oder $r_i < \tau$, da ex definitione kein Marktrisiko besteht.[49] BAWA/ LINDENBERG und HOGAN/ WARREN modifizieren das generalisierte Modell, indem sie die zugrunde liegenden Annahmen erweitern und unterstellen, dass die Anleger für alle $r < r_f$ risikoavers sind. Die allgemeine $\beta_{LPM_{i,n}}$-CAPM-Gleichung reduziert sich dann zu:[50]

$$(28) \quad \mu_i = r_f + \beta_{LPM_{i,n}} (\mu_M - r_f) \quad \text{mit } n \geq 1$$

mit:

$$\beta_{LPM_{i,n}} = \frac{CLPM(r_f, r_M, r_i)}{LPM(r_f, r_M)} = \frac{\int\limits_{-\infty}^{\tau} \int\limits_{-\infty}^{+\infty} (r_f - r_M)^{n-1} (r_f - r_i) f(r_i, r_M) dr_M dr_i}{\int\limits_{-\infty}^{\tau} (r_f - r_M)^{n} f(r_M) dr_M}.$$

---

[47] Vgl. auch die Kritik für $n = 0$ bei Harlow/Rao (1989).

[48] Vgl. Harlow/ Rao (1989). Allerdings wird das Integral im Nenner nicht durch ∞, sondern durch das τ begrenzt. Zur Abwechslung wurde hier die Darstellung stetiger Renditen verwendet. Die detaillierte Ableitung der Wertpapierlinie und des $\beta_{LPM_{i,n}}$ findet sich bei Harlow/ Rao (1989).

[49] Vgl. Harlow/ Rao (1989).

[50] Vgl. Bawa/ Lindenberg (1977) und Hogan/ Warren (1974) sowie Nantell/ Price (1979).

Die Kapitalmarktgerade ist dann gegeben durch:[51]

$$(29) \qquad \mu_i = r_f + \frac{(\mu_M - r_f)}{sd_M} sd_i$$

mit:

sd_i, sd_M = Ausfallstandardabweichung der Wertpapier- und Marktrenditen.

Analog zum MV-Kriterium impliziert die MSV-Wertpapierlinie[52], dass die erwartete Wertpapierrendite unter der Gleichgewichtsbedingung eine lineare Funktion der Wertpapier-Koausfallvarianz mit dem Marktportfolio im Tangentialpunkt ist. Der Renditeerwartungswert im Kapitalgleichgewicht für eine risikobehaftete Anlage setzt sich aus dem risikolosen Zins und einer Risikoprämie zusammen, die sich aus dem Marktpreis des Risikos ($\mu_M - r_f$) multipliziert mit der Höhe des Risikos ($cosv_{Mi} / sv_M$) ergibt. Entsprechend der obigen Gleichung (29) kann die Steigung der Kapitalmarkt-geraden als Risikoprämie in Form einer zusätzlichen Renditeeinheit für das Eingehen einer zusätzlichen Risikoeinheit betrachtet werden, die im traditionellen CAPM als Marktpreis des Risikos bezeichnet wird.[53]

Bei der Ableitung des CAPM wird davon ausgegangen, dass r_f die einzige risikolose Anlage ist. Nun wurde aber im Rahmen der Sortino Ratio gezeigt, dass für einen aus-fallrisikoorientierten Anleger grundsätzlich sämtliche Mindestrenditeforderungen risi-kofrei sind, so dass die Wertpapierlinie folgendermaßen definiert werden kann:[54]

$$(30) \qquad \mu_i = \tau_0 + \beta_{sv}(\mu_M - \tau_0) = \tau_0 + \frac{\mu_M - \tau_0}{sv_M} cosv_{Mi}$$

mit:

τ_0, τ = Mindestrendite (Target Return), wobei entweder $\tau_0 = \tau$ oder $\tau_0 \neq \tau$ gilt,

$$sv_M(\tau) \quad = \frac{1}{T-1} \sum\nolimits_{t=1}^{T} \max\left[\tau - r_{Mt}, 0\right]^2 = \frac{1}{T} \sum\nolimits_{t=1}^{T} \min\left[r_{Mt} - \tau, 0\right]^2,$$

$$cosv_{Mi}(\tau) \quad = \frac{1}{T-1} \sum\nolimits_{t=1}^{T} \left(\min\left[r_{Mt} - \tau, 0\right](r_{it} - \tau)\right).$$

---

[51] Vgl. Essayyad/ Wu (1991).

[52] Vgl. Essayyad/ Wu (1991), Bamberg (1986) sowie Nantell/ Price (1979), Price et al. (1982) und Ja-hankhani (1976). Vgl. auch die Ex-post-Schreibweise bei Bey (1979).

[53] Vgl. Sharpe/Alexander (1990) und Elton/Gruber (1991).

[54] Vgl. auch Porter et al. (1975).

Die Steigung der Wertpapierlinie beträgt $\dfrac{\mu_M - \tau_0}{sv_M}$ und die *Reward-to-Shortfall-Beta-Ratio* lautet dann:

$$(31) \qquad SV - TR = \frac{\overline{r}_i - \tau_0}{\beta_{LPM_{i,2}(\tau)}} = \frac{\overline{r}_i - \tau_0}{\beta_{sv_i(\tau)}} \qquad \text{mit } \tau_0 = 0\%, \pi = Inflationsrate, r_f \text{ und } \overline{r}$$

Auch hier ist aus den o.g. Gründen durchaus ein $\tau_0 \neq \tau$ vertretbar. Zur Bestimmung der Risikoprämie und dem Ausfallrisiko muss der Begriff „risikofrei" nicht zwingend identisch sein.

Für die restlichen Exponenten $n = 3$ und 4 ergeben sich folgende modifizierte LPM-basierte Treynor Ratios, Ausfallschiefe (Shortfall-Skewness) und Ausfallwölbung (Shortfall-Kurtosis):

$$(32) \qquad SS - TR = \frac{\overline{r}_i - \tau_0}{\beta_{LPM_{i,3}(\tau)}} = \frac{\overline{r}_i - \tau_0}{\beta_{ss_i(\tau)}} \qquad \text{mit } \tau_0 = 0\%, \pi = Inflationsrate, r_f \text{ und } \overline{r}$$

$$(33) \qquad SK - TR = \frac{\overline{r}_i - \tau_0}{\beta_{LPM_{i,4}(\tau)}} = \frac{\overline{r}_i - \tau_0}{\beta_{sk_i(\tau)}} \qquad \text{mit } \tau_0 = 0\%, \pi = Inflationsrate, r_f \text{ und } \overline{r}$$

5.   Jenseits der Kennzahlen

Das Hauptproblem bei der Betrachtung von Performancekennzahlen liegt darin, dass man Renditezeitreihen über einen ausreichend großen Betrachtungszeitraum benötigt, um eine fundierte Beurteilung von Portfoliomanagern zu gewährleisten und Glück von Können zu separieren. Unter Anwendung des t-Werts errechnen sich am Beispiel der Information Ratio die Zusammenhänge wie folgt:

$$(34) \qquad \frac{Information\ Ratio}{\dfrac{1}{\sqrt{Jahre}}} \geq t - Wert$$

Hat ein Portfoliomanager also drei Jahre in Folge eine Information Ratio von 0,5 erzielt, ergibt sich daraus ein t-Wert von 0,87, der, unter Annahme einer Normalverteilung, einer Wahrscheinlichkeit von etwa 60% entspricht. Die Wahrscheinlichkeit, dass es sich bei dieser Leistung um Zufall handelt, liegt also bei rund 40% und spielt folglich eine dominierende Rolle. Will man seine Einschätzung mit 95%iger Sicherheit treffen, benötigt man, unter Annahme einer Normalverteilung, einen t-Wert von mindestens 1,96. Hierfür ist mindestens ein Betrachtungszeitraum von 16 Jahren erforderlich, in denen die Art und Weise, wie dieser Track Record zustande gekommen ist, möglichst stabil sein sollte, so dass man von einer Fortschreibung in die Zukunft ausgehen kann. Je niedriger die Information Ratio, desto weiter dehnt sich der Untersuchungszeitraum aus. Bei einer Information Ratio von 0,2 und einem 95%igen Konfidenzniveau wären mindestens 96 Jahre erforderlich.[55]

Vor diesem Hintergrund kann den aufgeführten Unzulänglichkeiten der Performancekennzahlen nur durch Ergänzung um weitergehende Analysen, die auch qualitative Aspekte umfassen, begegnet werden. Ziel ist es dabei, zunächst die Investmentphilosophie des Portfoliomanagers nachzuvollziehen, d. h. zu erfassen, wie diese im Investmentprozess umgesetzt wird. Um diesen Prozess besser zu verstehen, empfiehlt sich die Durchführung einer Kontributions- und Attributionsanalyse, um transparent zu machen, aus welchen Quellen die absolute und relative Performance resultiert. Allerdings sind auch zusätzliche Daten über die Portfoliozusammensetzung erforderlich, die ohne Zugang zum Portfoliomanager in der erforderlichen Frequenz nicht verfügbar sind. Schließlich gilt es zu überprüfen, ob die Investmentphilosophie auch nachhaltig erfolgreich ist.

Sinnvoll erscheint auch eine Analyse des Verhältnisses von Monaten mit positiver Portfolioperformance gegenüber Monaten, in denen sich das Portfolio negativ entwickelt hat. Damit einhergehend ermittelt man den durchschnittlichen Gewinn in einem positiven und den durchschnittlichen Verlust in einem negativen Monat, ebenso wie die entsprechenden Maximal- und Minimalwerte eines Monats. Mit dieser Vorgehensweise bekommt man einen recht guten Eindruck davon, ob es sich um einen Investmentprozess handelt, der häufig zu kleinen Gewinnen führt oder um einen Prozess, aus dem nur selten Gewinne resultieren, diese jedoch entsprechend hoch ausfallen, um die zahlreichen Verluste überzukompensieren. Ergänzen lässt sich diese Analyse um die Berechnung höherer Momente der Verteilung, wie Schiefe und Wölbung.

Neue Einsichten können auch durch den Vergleich mit Fonds aus der Peergroup gewonnen werden. Dabei sollte man die Zuordnung zur Peergroup über die Zeit hinweg beobachten, d. h. überprüfen, ob das Portfolio konstant im oberen Bereich liegt oder

---

[55] Mit einer monatlichen Datenerfassung könnten in einem kürzeren Zeitraum mehr verfügbare Datenpunkte ermittelt werden. Allerdings stellt sich die Frage nach der Rechtfertigung einer monatlichen Information Ratio. Diese würde dann monatliche Zeitfenster als repräsentativ für den Investment-Prozess des gemessenen Managers ansehen und dies über einen Untersuchungszeitraum, der noch nicht einmal einen vollen Wirtschafts-/Börsenzyklus umfasst. Aus Sicht der Verfasser stellen daher jährliche Betrachtungen die richtige Frequenz für den institutionellen Anleger dar.

die Positionierung stark wechselt. Bei starken Veränderungen im Ranking ist nach den Ursachen zu fragen, z. B. könnten Schwankungen in der Positionierung aus unterschiedlichen Marktphasen resultieren.

Um die Erkenntnisse aus diesen Analysen zu ergänzen, kann es auch hilfreich sein, gleich mehrere der besprochenen Kennzahlen (Sharpe Ratio, Information Ratio, etc.) einzubeziehen, um einen möglichst holistischen Blick auf die Management-Qualität zu bekommen, so dass ein umfassenderes Gesamtbild entsteht.

Zum Beispiel ist es sinnvoll, die Leistung eines Portfoliomanagers über unterschiedliche Kapitalmarktphasen separat zu messen, um heraus zu finden, ob der Manager seine Stärken eher in „offensiven" oder „defensiven" Perioden entfaltet. In diesem Zusammenhang kann man die Beta-basierten Kennzahlen wie Treynor Ratio oder Jensen Alpha für steigende und fallende Märkte bestimmen, indem man getrennte „Up- und Downward-Market-Betas" schätzt.

Kommen eine Vielzahl an Kennzahlen zum Einsatz, ist es jedoch unabdingbar, die jeder einzelnen Ratio zugrunde liegenden Annahmen, deren Anwendungsgebiete und Schwächen genau zu kennen. Ansonsten besteht die Gefahr, dass man inadäquaten Performancemaßen eine zu hohe Bedeutung beimisst und folglich zu einer Fehleinschätzung der Performancequalität kommt.

Im institutionellen Portfoliomanagement gestaltet sich die Leistungsbeurteilung noch deutlich komplexer, will man beispielsweise einzelne Strategiebausteine, wie den Einsatz von Optionen, beurteilen. Hier stellt sich die Frage, ob man die Leistung nicht auch danach beurteilen muss, inwieweit die ursprüngliche Anlageidee beim Eingehen der Position aufgegangen ist. Dadurch kann man beispielsweise den in der Praxis immer noch weit verbreiteten Ansatz unterbinden, dass der Portfoliomanager beim Verkauf von Kaufoptionen im Nachhinein „immer richtig lag". Denn im Falle eines fallenden oder stagnierenden Underlyings wählt der Portfoliomanager die relative Betrachtung, um darzustellen, dass im Vergleich zu einer nicht veroptionierten Position ein Mehrertrag generiert wurde. Diese Betrachtung ist durchaus legitim. Wird jedoch im Falle eines steigenden Underlyings der Call abgerufen, erleidet das Portfolio Opportunitätsverluste, die die Prämieneinnahme übersteigen können. In diesem Fall vollzieht der Portfoliomanager einen Wechsel hin zur absoluten Perspektive, um durch die Vereinnahmung der Prämie die Vorteilhaftigkeit der Strategie zu unterstreichen.

Jedoch gibt es auch weniger eindeutige Situationen: Wurde beispielsweise eine Kaufoption mit dem Ziel verkauft, Gewinne zu erzielen, so zeigt der Anstieg der Aktie über die Marke von Basispreis plus Optionsprämie und der Abruf der Aktien bzw. das vorzeitige Schließen der Position mit Verlust an, dass die Strategie des Fondsmanagers nicht aufgegangen ist. Calls werden jedoch auch gelegentlich mit dem Ziel geschrieben, eine gewisse Abfederung in Höhe der Optionsprämie gegen Kursrückgänge zu erzielen. Obwohl dies keine Absicherungsstrategie im klassischen Sinne darstellt, ist die Performancebeurteilung nicht mehr eindeutig. Berücksichtigt man weiterhin, dass diese Strategie auch häufig eingesetzt wird, um für einzelne Titel ein Verkaufslimit in Höhe des Basispreises in den Markt zu legen und in jedem Fall auch noch die Optionsprämie zu vereinnahmen, so gilt die vereinfachende Grundregel „Kein Abruf: gut; Abruf: schlecht" nicht mehr.

Eine interessante Frage ist auch, wie man einen Overlay-Manager beurteilen kann, der den Auftrag hat, bestehende Aktienbestände zu veroptionieren. Sein Problem ist, dass er sich nur auf denjenigen Aktienbestand beziehen kann, den der für das Aktienportfolio zuständige Manager für sinnvoll hält. Hat er einen guten Stock Picker erwischt, wird dieser überwiegend Aktien kaufen, die tendenziell steigen. Veroptioniert der Overlay-Manager viele dieser Aktien, wird er diese unter Umständen in vielen Fällen abgerufen bekommen. Vertraut er jedoch dem Aktienmanager, müsste er sich tendenziell sehr stark zurück nehmen. Das Nichthandeln und entsprechende Vermeiden von Opportunitätsverlusten wird man ihm jedoch nicht unbedingt als Verdienst anrechnen.

6.   Fazit

Die Leistungsbeurteilung von Portfoliomanagern ist eine komplexe Angelegenheit. Schon bei der Messung einfacher Strategien muss der Anleger sich genau überlegen, welche Kennzahl die richtige ist, um seine spezifische Fragestellung zu beantworten. Dabei ist es unabdingbar, die den einzelnen Kennzahlen zugrunde liegenden Annahmen und Einschränkungen zu verstehen, um die korrekten Schlussfolgerungen ziehen zu können. Daher geht die Leistungsmessung stets über rein quantitative Aspekte hinaus. In vielen Fällen ist es ferner sinnvoll, sich nicht nur auf eine einzige Kennzahl zu beschränken, um eine Leistung aus differenzierteren Perspektiven zu beleuchten. Aufgrund der heutzutage verfügbaren Rechnerleistung besteht jedoch die Gefahr, dass dabei allzu schnell eine möglichst umfangreiche Anzahl an Kenngrößen generiert und undifferenziert die falschen Schlüsse gezogen werden. In diesem Fall steigt das erforderliche Fachwissen überproportional an, um nicht nur die jeweiligen Einzelkennzahlen zu verstehen, sondern diese auch zueinander in Beziehung setzen und gegeneinander gewichten zu können.

Das Repertoire an verfügbaren Messansätzen entwickelt sich stetig weiter. Dies ist einerseits begrüßenswert, erlaubt es doch, Asset Management-Leistungen besser verstehen und bewerten zu können. Andererseits sind diese neuen Methoden unabdingbar, um die Leistungsfähigkeit und den Mehrwert immer komplexerer Anlagestrategien adäquat beurteilen zu können. Dabei muss grundsätzlich gelten, dass die Verständlichkeit mit der numerischen Entwicklung einhergeht.

Literaturverzeichnis

Agarwal, V./ Naik, N.Y. (Agarwal/ Naik, 2004): Risk and Portfolio Decisions Involving Hedge Funds, in: Review of Financial Studies, Vol. 17, No. 1, 2004, S. 63–98.

Albrecht, P./ Maurer, R./ Stephan, T.G. (Albrecht et al., 1995): Shortfall-Performance rollierender Wertsicherungsstrategien, in: Finanzmarkt und Portfolio Management, 9 Jg., Nr. 2, 1995, S. 197–209.

Arditti, F.D. (Arditti, 1967): Risk and the Required Return on Equity, in: Journal of Finance, Vol. 22, No. 1, 1967, S. 19–36.

Arditti, F.D./ Levy, H. (Arditti/ Levy, 1972): Distribution Moments and Equilibrium: A Comment, in: Journal of Financial and Quantitative Analysis, Vol. 10, No. 1, 1972, S. 1429–1433.

Bamberg, G. (Bamberg, 1986): The Hybrid Model and Related Approaches to Capital Market Equilibria, in: Bamberg, G./Spremann, K. (eds.), Capital Market Equilibria, Berlin et al. 1986, S. 7–54.

Bawa, V.S./ Lindenberg, E.B. (Bawa/ Lindenberg, 1977): Capital Market Equilibrium in a Mean-Lower Partial Moment Framework, in: Journal of Financial Economics Vol. 5, No. 2, 1977, S. 189–200.

Bernardo A.E./ Ledoit, O. (Bernardo/ Ledoit, 2000): Gain, Loss, and Asset Pricing, in: Journal of Political Economy, Vol. 108, No. 1, 2000, S. 144–172.

Bey, R.P. (Bey, 1979): Mean-Variance, Mean-Semivariance, and DCF Estimates of a Public Utility's Cost of Equity, in: Journal of Financial Research, Vol. 2, No. 1, 1979, S. 13–26.

Bookstaber, R./ Clarke, R. (Bookstaber/ Clarke, 1985): Problems in Evaluation the Performance of Portfolios with Options, in: Financial Analysts Journal, Vol. 41, No. 1, 1984, S. 48–62.

Bossert, T./ Füss, R./ Rindler, P./ Schneider, C. (Bossert et al., 2010): How "Informative" is the Information Ratio for Evaluating Mutual Fund Managers?, in: Journal of Investing, Vol. 19, No. 1, 2010, S. 67-81.

Burke, G. (Burke, 1994): A Sharper Sharpe Ratio, in: Futures, Vol. 23, No. 3, 1994, S. 56.

Chen, Z./ Knez, P.J. (Chen/ Knez, 1996): Portfolio Performance Measurement: Theory and Applications, in: Review of Financial Studies, Vol. 9, No. 2, 1996, S. 511–555.

Cook, J. (Cook, 1997): Caveat Comptor, in: F&OW Applied Risk Management II, November, 1997, S. 15–18.

Dowd, K. (Dowd, 2000): Financial Risk Management, in: Financial Analysts Journal, Vol. 55, No. 4, 2000, S. 65–71.

Dybvig, P.H./ Ross, S.A. (Dybvig/ Ross, 1985): The Analytics of Performance Measurement using a Security Market Line, in: Journal of Finance, Vol. 40, No.2, 1985, S. 401–416.

Eling, M. (Eling, 2008): Does the Measure Matter in the Mutual Fund Industry?, Financial Analysts Journal, Vol. 64, No. 3, 2008, S. 54–66.

Elton, E.J./ Gruber, M.J. (Elton/ Gruber, 1991): Modern Portfolio Theory and Investment Analysis, 4th ed., New York et al. 1991.

Essayyad, M./ Wu, H.K. (Essayyad/ Wu, 1991): Mean-Semivariance Capital-Asset-Pricing Model and International Portfolio Diversification: The Case of U.S.-Based International Mutual Funds, in: Advances in Quantitative Analysis of Finance and Accounting Vol. 1, 1991, S. 131–148.

Fama, E.F./ French, K.R. (Fama/ French, 1993): Common Risk Factors in the Returns on Stocks and Bonds, in: Journal of Financial Economics, Vol. 33, No. 1, 1993, S. 3–56.

Favre, L./ Galeano, J.-L. (Favre/ Galeano, 2002): Mean-modified Value-at-Risk Optimization with Hedge Funds, in: Journal of Alternative Investments, Vol. 5, No. 2, 2002, S. 21–25.

Francis, J.C. (Francis, 1975): Skewness and Investors´ Decisions, in: Journal of Financial and Quantitative Analysis, Vol. 10, No. 1, S. 163–172.

Francis, J.C./ Archer, S.H. (Francis/ Archer, 1979): Portfolio Analysis, 2nd ed., New Jersey 1979.

Friend, I./ Westerfield, R. (Friend/ Westerfield, 1980): Co-Skewness and Capital Asset Pricing, in: Journal of Finance, Vol. 35, No. 4, S. 897–913.

Füss, R./ Rehkugler, H./ Disch, W. (Füss et al., 2005): Hedge Funds als Anlagealternative: Chancen und Risiken, in: Finanz Betrieb, 01/2005, S. 40-56.

Goodwin, T.H. (Goodwin, 1998): The Information Ratio, in: Financial Analysts Journal, Vol. 54, No. 4, 1998, S. 34–43.

Gregoriou, G.N./ Gueyie, J.P. (Gregoriou/ Gueyie, 2003): Risk-adjusted Performance of Funds of Hedge Funds Using a Modified Sharpe Ratio, in: Journal of Wealth Management, Vol. 6, No. 3, 2003, S. 77–83.

Grinblatt, M./ Titman, S. (Grinblatt/ Titman, 1993): Performance Measurement without Benchmarks: An Examination of Mutual Fund Returns, in: The Journal of Business, Vol. 66, No. 1, 1993, S. 47–68.

Grinold, R.C. (Grinold, 1989): The Fundamental Law of Active Management, in: Journal of Portfolio Management, Vol. 15, No. 3, 1989, S. 30–37.

Grinold, R.C./ Kahn, R.N. (Grinold/ Kahn, 2000): Active Portfolio Management, 2nd ed., McGraw-Hill, New York, 2000.

Harlow, W.V. (Harlow, 1991): Asset Allocation in a Downside Risk Framework, in: Financial Analysts Journal, Vol. 47, No. 5, 1991, S 28–40.

Harlow, W.V./ Rao, R.K.S. (Harlow/ Rao, 1989): Asset Pricing in a Generalized Mean-Lower Partial Moment Framework: Theory and Evidence, in: Journal of Financial and Quantitative Analysis, Vol. 24, No. 3, 1989, S. 285–311.

Hogan, W.W./ Warren, J.M. (Hogan/ Warren, 1974): Toward the Development of an Equilibrium Capital-Market Model Based on Semivariance, in: Journal of Financial and Quantitative Analysis, Vol. 9, No. 1, 1974, S. 1–11.

Horowitz, I. (Horowitz, 1966): The "Reward-to-Variability" Ratio and Mutual Fund Performance, in: Journal of Business, Vol. 39, No. 4, 1966, S. 485–488.

Hübner, G. (Hübner, 2007): How Do Performance Measures Perform?, in: Journal of Portfolio Management, Vol. 33, No. 4, 2007, S. 64–74.

IPE Institutional Investment (IPE, 2010): Bedürfnisse institutioneller Investoren 2010, Studienreihe, März 2010.

Israelsen, C.L. (Israelsen, 2003): Sharpening the Sharpe Ratio, in: Financial Planning, Vol. 33, No. 1, 2003, S. 49–51.

Israelsen, C.L. (Israelsen, 2005): A Refinement to the Sharpe Ratio and Information Ratio, in: Journal of Asset Management, Vol. 5, No. 6, 2005, S. 423–427.

Israelsen, C.L./ Cogswell, G.F. (Israelsen/ Cogswell, 2007): The Error of Tracking Error, in: Journal of Asset Management, Vol. 7, No. 6, 2007, S. 419–424.

Jacobs, B.I./ Levy, K.N. (Jacobs/Levy, 1996): Residual Risk: How Much is Too Much?, in: Journal of Portfolio Management, Vol. 21, No. 3, 1996, S. 10–16.

Jahankhani, A. (Jahankhani, 1976): E-V and E-S Capital Asset Pricing Models: Some Empirical Tests, in: Journal of Financial and Quantitative Analysis, Vol. 1, No. 4, 1976, S. 513–528.

Jean, W. (Jean, 1971): The Extension of Portfolio Analysis to Three or More Parameters, in: Journal of Financial and Quantitative Analysis, Vol. 6, No. 1, 1971, S. 505–515.

Jensen, M. (Jensen, 1968): The Performance of Mutual Funds in the Period 1945 – 1968, in: Journal of Finance, Vol. 23, No. 2, 1968, S. 389–416.

Kaplan, P.D./ Knowles, J.A. (Kaplan/ Knowles, 2004): Kappa: A Generalized Downside Risk-adjusted Performance Measure, Morningstar Associates and York Hedge Funds Strategies, 2004.

Kestner, L.N. (Kestner, 1996): Getting a Handle on True Performance, Futures, Vol. 25, No. 1, 1996, S. 44–46.

Kothari, S.P./ Warner, J.B. (Kothari/ Warner, 2001): Evaluating Mutual Fund Performance, in: Journal of Finance, Vol. 56, No. 5, 2001, S. 1985–2010.

Kraus, A./ Litzenberger, R.H. (Kraus/ Litzenberger, 1976): Skewness Preference and the Valuation of Risk Assets, in: Journal of Finance Vol. 31, No. 4, S. 1085–1100.

Laughhunn, D.J./ Sprecher, C.R. (Laughhunn/ Sprecher, 1977): Probability of Loss and the Capital Asset Pricing Model, in: Financial Management, Vol. 6, No. 2, 1977, S. 18–25.

Lee, W.Y./ Rao, R.K.S. (Lee/ Rao, 1988): Mean Lower Partial Moment Valuation and Lognormally Distributed Returns, in: Management Science, Vol. 34, No. 4, 1988, S. 446–453.

Leland H.E. (Leland, 1999): Beyond Mean-Variance Analysis: Performance Measurement in a Non-Symmetrical World, in: Financial Analysts Journal, Vol. 17, No. 4, 1999, S. 27–35.

Levy, H. (Levy, 1992): Stochastic Dominance and Expected Utility: Survey and Analysis, in: Management Science, Vol. 38, No. 4, 1992, S. 555–595.

Lhabitant, F.-S. (Lhabitant, 1999): On the Performance of Options Strategies in Switzerland, in: Finanzmarkt und Portfolio Management, 13. Jg., Nr. 3, 1999, S. 318–338.

Lim, K.-G. (Lim, 1989): A New Test of the Three-Moment Capital Asset Pricing Model, in: Journal of Financial and Quantitative Analysis, Vol. 24, No. 2, 1989, S. 205–216.

Lintner, J. (Lintner, 1965): The Valuation of Risk Assets and the Selection of Risky Investments in Stock Portfolios and Capital Budgets, in: Review of Economics and Statistics, Vol. 47, No. 1, 1965, S. 13–37.

Lo, A.W. (Lo, 2002): The Statistics of Sharpe Ratios, in: Financial Analysts Journal, Vol. 58, No. 4, 2002, S. 36–52.

Mahdavi, M. (Mahdavi, 2004): Risk-Adjusted Return When Returns are not Normally Distributed: Adjusted Sharpe Ratio, in: Journal of Alternative Investments, Vol. 6, No. 4, 2004, S. 47–57.

Modigliani, F./ Modigliani, L. (Modigliani/ Modigliani, 1997): Risk-Adjusted Performance, in: Journal of Portfolio Management, Vol. 23, No. 2, 1997, S. 45–54.

Moy, R.L. (Moy, 2002): Portfolio Performance: Illustrations From Morningstar, in: Journal of Education for Business, Vol. 77, No. 4, 2002, S. 226–229.

Nantell, T.J./ Price, B. (Nantell/ Price, 1979): An Analytical Comparison of Variance and Semivariance - Capital Market Theories, in: Journal of Financial and Quantitative Analysis, Vol. 14, No. 2, 1979, S. 221–242.

Porter, R.B./ Bey, R.P./ Lewis, D.C. (Porter et al., 1975): The Development of a Mean-Semivariance Approach to Capital Budgeting, in: Journal of Financial and Quantitative Analysis, Vol. 10, No. 4, 1975, S. 639–649.

Prakash, A.J./ Bear, R.M. (Prakash/ Bear, 1986): A Simplifying Performance Measure Recognizing Skewness, in: Financial Review, Vol. 21, No. 1, 1986, S. 135–144.

Price, K./ Price, B./ Nantell, T.J. (Price et al., 1982): Variance and Lower Partial Moment Measures of Systematic Risk: Some Analytical and Empirical Results, in: Journal of Finance, Vol. 37, No. 3, 1982, S. 843–855.

Scholz, H. (Scholz, 2006): Refinements to the Sharpe Ratio: Comparing Alternatives for Bear Markets, in: Journal of Asset Management, Vol. 7, No. 5, 2006, S. 347–357.

Scholz, H./ Wilkens, M. (Scholz/ Wilkens, 2006): The Sharpe Ratio's Market Climate Bias – Theoretical and Empirical Evidence from US Equity Mutual Funds, Working Paper, Catholic University of Ingolstadt, 2006.

Sears, R.S./ Trennepohl, G.L. (Sears/ Trennepohl, 1983): Diversification and Skewness in Option Portfolios, in: Journal of Financial Research, Vol. 6, No. 3, 1983, S. 199–212.

Sears, R.S./ Wei, K.C.J. (Sears/ Wei, 1988): The Structure of Skewness Preferences in Asset Pricing Models with Higher Moments: An empirical Test, in: Financial Research, Vol. 23, No. 1, 1988, S. 25–38.

Shadwick, W.F./ Keating, C. (Shadwick/ Keating, 2002): A Universal Performance Measure, in: Journal of Performance Measurement, Vol. 6, No. 3, 2002, S. 59–84.

Sharpe, W.F. (Sharpe, 1964): Capital Asset Prices: A Theory for Market Equilibrium UnderConditions of Risk, in: Journal of Finance, Vol. 19, No. 3, 1964, S. 425–442.

Sharpe, W.F. (Sharpe, 1966): Mutual Fund Performance, Part 2: Supplement on Security Prices, in: Journal of Business, Vol. 39, No. 1, 1966, S. 119–138.

Sharpe, W.F. (Sharpe, 1975): Adjusting for Risk in Portfolio Performance Measurement, in: Journal of Portfolio Management, Vol. 1, No. 2, 1975, S. 29–34.

Sharpe, W.F. (Sharpe, 1994): The Sharpe Ratio, in: Journal of Portfolio Management, Vol. 21, No. 1, 1994, S. 49–58.

Sharpe, W.F./ Alexander, G.J. (Sharpe/ Alexander, 1990): Investments, Englewood Cliffs, 4th ed., New Jersey 1990.

Sortino, F.A./ van der Meer, R. (Sortino/ van der Meer, 1991): Downside Risk, in: Journal of Portfolio Management, Vol. 17, No. 4, 1991, S. 27–31.

Sortino, F.A./ van der Meer, R/ Plantinga, A. (Sortino et al., 1999): The Dutch Triangle, in: Journal of Portfolio Management, Vol. 26, No. 1, 1999, S. 50–58.

Steiner, M./ Wenninger, C./ Willinsky, C. (Steiner et al., 2002): Value-at-Risk-Schätzung bei Optionen – Ein empirischer Vergleich praxisüblicher Verfahren, in: Finanzmarkt und Portfolio Management, Vol. 16, No. 1, 2002, S. 69–87.

Stutzer, M. (Stutzer, 2000): A Portfolio Performance Index, in: Financial Analysts Journal, May/June, Vol. 56, No. 3, 2000, S. 52–61.

Tan, K.-J. (Tan, 1991): Risk Return and the Three-Moment Capital Asset Pricing Model: Another Look, in: Journal of Banking and Finance, Vol. 15, No. 2, 1991, S. 449–460.

Telos/ Kommalpha (Telos/ Kommalpha, 2010): Der Spezialfondsmarkt 2010, Mai 2010.

Treynor, J.L. (Treynor, 1961): Toward a Theory of Market Value of Risky Assets, Working Paper, später erschienen in R. A. Korajczyk (1999): Asset Pricing and Portfolio Performance: Models, Strategy and Performance Metrics, Risk Books, London.

Treynor, J.L. (Treynor, 1965): How to Rate Management of Investment Funds, in: Harvard Business Review, Vol. 43, No. 1, 1965, S. 63–75.

Treynor, J.L./ Black, F. (Treynor/Black, 1973): How to Use Security Analysis to Improve Portfolio Selection, in: Journal of Business, Vol. 46, No. 1, 1973, S. 66–86.

Young, T.W. (Young, 1991): Calmar Ratio: A Smoother Tool, in: Futures, Vol. 20, No. 1, 1991, S. 40.

Managementgebühren und Transaktionskosten im institutionellen Asset Management

von Marc Becker/ Christian Funke/ Lutz Johanning/ Matthias Stemme

1. Einleitung und Überblick

Die Zeit nach der Finanzkrise ist durch ein starkes Volumenwachstum von Exchange Traded Funds (ETFs) gekennzeichnet. Diese Marktentwicklung ist eine Folge davon, dass viele aktive Fonds in der Krise ihre Benchmarks nicht haben schlagen können. Als eine Ursache für das schlechtere Abschneiden dieser Fonds werden häufig die höheren Kosten des aktiven Portfoliomanagements angeführt. Einerseits sind die Kosten für die aktive Informationssuche und -auswertung höher als für die passive Nachbildung von Indizes, andererseits sind auch die mit dem An- und Verkauf der Vermögenswerte verbundenen Transaktionskosten wie Brokergebühren und der Preiseinfluss (Price oder auch Market Impact genannt) bei aktiven Fonds i.d.R. größer als bei passiven Fonds.

Die Managementgebühren eines Spezialfonds sind vor Abschluss eines Fondsvertrags Gegenstand der Verhandlungen, damit komplett transparent und dem Anleger bekannt. Transaktionskosten sind dagegen typischerweise intransparent und stehen erst nach den Wertpapiertransaktionen fest, sie können also nur ex post gemessen werden. Im Fondsvertrag findet sich deshalb i.d.R. nur ein Passus zur Best Execution-Politik, die auf eine bestmögliche Ausführung der Wertpapierorders im Interesse des Anlegers ausgerichtet ist.[1] Typischerweise sind diese Regeln wenig konkret und lassen den Entscheidungsträgern erhebliche Spielräume bei der Gestaltung der Wertpapiertransaktionen.

Die Intransparenz von Transaktionskosten hat auf dem deutschen Spezialfondsmarkt in vielen Fällen eine Quersubventionierung der ‚sichtbaren' Managementgebühren hervorgerufen. Asset Management-Gesellschaften, deren Mutterbank bis vor einigen Jahren in den meisten Fällen auch die Depotbank war, hatten die Verwaltungsgebühren gesenkt, so dass diese teilweise nicht mehr die Managementkosten decken konnten. Gleichzeitig wurde ein großer Teil der Wertpapieran- und -verkäufe über die Handelsabteilung der Mutterbank abgewickelt. Handelsgebühren fielen dann bei der Mutterbank als Kommissionserträge an und ermöglichen eine Quersubventionierung der Asset Management-Tochter.

Auch wenn diese Strukturen, die unter dem Stichwort ‚Depotbankabhängigkeit' der Asset Management-Gesellschaften diskutiert werden, im Lauf der letzten zehn Jahre zunehmend aufgeweicht wurden, sind die Folgen im deutschen institutionellen Fondsgeschäft immer noch vorzufinden. Einerseits wird nach wie vor ein hoher Anteil an Wertpapierorders über Mutterbanken ausgeführt, andererseits fällt es den Fondsanbie-

---

[1]   Vgl. ähnlich auch die BVI-Wohlverhaltensregeln vom Januar 2010.

tern schwer, die historisch niedrigeren Managementgebühren auf ein angemessenes, kostendeckendes Niveau zu erhöhen.[2]

Die bisherigen Ausführungen verdeutlichen die Notwendigkeit einer Analyse der Managementgebühren und Transaktionskosten im institutionellen Asset Management. Eine solche Untersuchung kann einen Beitrag zur effizienten Vergütung des Managements und der Wertpapiertransaktionen und damit zur Performanceoptimierung leisten. Nachfolgend wird unter effizienter Vergütung nicht die reine Minimierung der Kosten, sondern die adäquate Vergütung der verschiedenen Dienstleistungen wie Fondsmanagement und Orderausführung verstanden. Transaktionskosten fallen bei allen An- und Verkäufen von Vermögenswerten im Rahmen des institutionellen Asset Management an, Managementgebühren entstehen dagegen nur dann, wenn eine Fondsgesellschaft oder ein Vermögensverwalter mit der Vermögensverwaltung in einem Spezialfonds, einem institutionellen Publikumsfonds oder einer freien Vermögensverwaltung beauftragt wird.

Neben den Managementgebühren und den Transaktionskosten fallen im institutionellen Asset Management zudem Kosten für die Verwahrung der Anteilsscheine und die Bearbeitung von Zins- und Dividendenzahlungen an. Diese Depotgebühren liegen zwischen fünf und zehn Basispunkten (BP) des Fondsvolumens und sind nicht Gegenstand der nachfolgenden Untersuchung.

In Kapitel 2 werden die Strukturen der Managementvergütung im institutionellen Asset Management analysiert. Dazu werden die Ergebnisse theoretischer Arbeiten zur Anreizgestaltung im Fondsmanagement vorgestellt, ein Überblick über Vergütungsstrukturen in der Praxis gegeben und Implikationen abgeleitet. Das Kapitel 3 widmet sich der Analyse der Transaktionskosten. Es werden die Ergebnisse verschiedener Untersuchungen zu den Gesamtkosten und Kostenbestandteilen präsentiert sowie einfache Regeln für ein effizientes Transaktionskostenmanagement abgeleitet. Der Aufsatz schließt in Kapitel 4 mit einem Fazit.

---

[2] Vgl. Mössle (2008).

2. Managementgebühren

Überblick

Die Managementgebühr ist der transparenteste Kostenfaktor im Fondsmanagement. Der Asset Manager erhält eine Gebühr für die Beratung und Umsetzung der Anlagestrategie sowie zur Deckung der laufenden Kosten. Die absolute Höhe der Managementgebühren hängt von dem einem Fonds zugrunde liegenden Basiswert (Assetklassen), der Anlagephilosophie (aktiv versus passiv) sowie der Höhe der ,Assets under Management' ab. Managementgebühren können fix oder erfolgsabhängig vereinbart werden[3]. Die fixe Vergütung berechnet sich i.d.R. aus einem festen Prozentsatz des aktuellen Fondsvolumens. Damit können Fondszu- und -abflüsse, die häufig stark von der erzielten Vorjahresrendite abhängen, die Einnahmen des Asset Managers erheblich beeinflussen. Somit entfalten grundsätzlich auch fixe Vergütungsstrukturen einen Anreiz für den Fondsmanager, eine möglichst gute Performance zu erzielen.

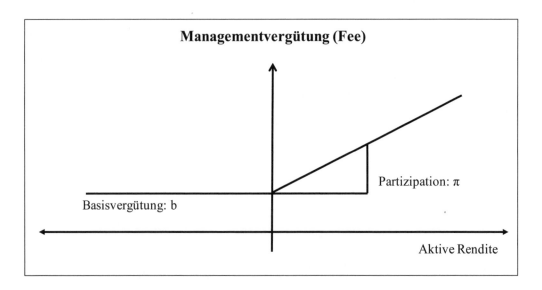

Abbildung 1: Schematische Darstellung der erfolgsabhängigen Vergütung[4]

Die erfolgsabhängigen Managementgebühren (Performance Fees) unterteilen sich i.d.R. in eine feste, reduzierte Basisvergütung und eine von der erzielten Rendite erfolgsabhängige Vergütung (siehe Abbildung 1). Die Performance Fee kann in Bezug

---

[3]   Siehe hierzu auch den Beitrag von Schweiggl/ Schmidt-von Rhein in diesem Handbuch.

[4]   Vgl. Kleeberg/ Billmann/ Hertlein (2008), S. 197.

auf die Bemessungsgrundlage (absolute versus relative Rendite), den Zeithorizont, auf den sich die Vergütung bezieht, und die Partizipationsrate π ausgestaltet werden. Die Partizipationsrate gibt an, in welchem Umfang der Asset Manager an der Wertentwicklung des von ihm geführten Portfolios partizipieren soll. Bei einer uneingeschränkten Gewinn- und Verlustbeteiligung kann der Asset Manager in gleichem Maße Geld verdienen und verlieren (symmetrische Vergütungsstruktur). Bei einer wie in Abbildung 1 dargestellten asymmetrischen Vergütung werden Gewinnober- und/ oder Verlustuntergrenzen festgelegt. Häufig werden auch High Watermarks vereinbart. Bei einer High Watermark wird erst dann eine variable Vergütung gezahlt, wenn ehemalige Höchstkurse des Fonds überschritten wurden. High Watermarks ermöglichen somit eine erweiterte Verlustpartizipation.

Die Prinzipal-Agenten-Problematik im institutionellen Asset Management

Im institutionellen Asset Management besteht eine klassische Prinzipal-Agenten Problematik.[5] Ein externer Asset Manager (Agent) tritt als Vermögensverwalter für institutionelle Kunden (Prinzipal) auf. Während der Asset Manager eine Gebühr als Gegenleistung für die Beratungs- oder Managementleistung erhält, profitieren die Investoren insbesondere von der Investmentexpertise der Berater/Manager. Vorteile in der Verarbeitung von investmentrelevanten Informationen, kostengünstigere Diversifikationsmöglichkeiten, geringe Transaktionskosten sowie Skaleneffekte sind zusätzliche Gründe für institutionelle Anleger, einen externen Asset Manager zu engagieren.

Ein solches Geschäftsverhältnis birgt aber auch potenzielle Interessenskonflikte zwischen den Parteien. Während das Interesse der Anleger in der Maximierung der risiko-adjustierten Rendite liegt, können die Asset Manager das Ziel der eigenen Nutzenmaximierung verfolgen, beispielsweise den Aufwand und mit dem Fondsmanagement verbundene Kosten minimieren. Die Problematik divergierender Interessen wird durch inhärente Informationsasymmetrien zwischen den Investoren und den Fondsmanagern weiter verschärft, denn die Investoren können die Aktivitäten des Fondsmanagers typischerweise nicht vollständig kontrollieren, sondern nur ex post das Risiko und die erzielte Rendite messen. Performanceabhängige Vergütungen sollen zur Angleichung der Interessen von Anleger und Fondsmanager beitragen.

---

[5]   Vgl. Ross (1973) und Jensen/ Meckling (1976).

Vergütungsverträge aus modelltheoretischer Sicht

Performanceabhängige Vergütungen im Asset Management sind Gegenstand vieler wissenschaftlicher Arbeiten. Im Folgenden werden verschiedene modelltheoretische Ansätze diskutiert. Dabei liegt der Fokus auf zwei zentralen Fragestellungen:

1. Welche Vergütungsstrukturen ermöglichen Anlegern das Ziel der Erreichung maximaler Renditen?
2. Wie wirken diese Vergütungsstrukturen auf das Verhalten der Asset Manager und insbesondere auf das Portfoliorisiko?

MAUG/ NAIK (1996) betrachten ein einfaches Modell, in dem der Manager imperfekte, private Informationen über riskante Aktienrenditen besitzt und das Portfolio erst nach der Betrachtung einer Benchmark bestimmt. Die Autoren zeigen, dass unter diesen Voraussetzungen der optimale Vergütungsvertrag immer eine relative Performancekomponente enthalten muss. Die Entlohnung des Portfoliomanagers steigt mit seiner eigenen Performance und fällt mit der Performance der Benchmark. Demnach sollten Managementgebühren an die relative Performance gekoppelt sein und sich nicht an der absoluten Rendite orientieren.[6]

KAPUR/ TIMMERMANN (1999) untersuchen das Verhalten der Portfoliomanager bei einer relativen Performancevergütung. Sie zeigen, dass relative Performancevergütungen Anreize für die Asset Manager setzen, den Arbeitsaufwand zu maximieren.

In dem Einperioden-Modell von BHATTACHARYA/ PFLEIDERER (1985) mit einem risikolosen Asset und einem riskanten Asset besteht die optimale Vergütungsstruktur aus einer konvexen Funktion der Differenz zwischen der Ex Post-Rendite der risikoreichen Anlage und der vom Asset Manager prognostizierten Rendite. Ein solcher Vertrag veranlasst den Asset Manager, Informationen über seine erwarteten Renditen offenzulegen.

STARKS (1987) vergleicht den Nutzen symmetrischer Performance Fees mit in der Praxis vorzufindenden Bonusverträgen (asymmetrische Vergütungsstruktur), die eine fixe Komponente (Basisvergütung in Form einer vom Fondsvolumen abhängigen Größe) und einen Bonus für die Outperformance einer Benchmark beinhalten (siehe Abbildung 1). STARKS (1987) zeigt, dass die Prinzipal-Agenten-Problematik zwar nicht vollständig gelöst wird, Vergütungssysteme mit symmetrischen Performance Fees aber förderlicher sind als die in der Praxis vorherrschenden Bonusverträge.

---

[6]   Zu einem ähnlichen Ergebnis kommen auch Dybvig et al. (2010), die basierend auf ihren Annahmen zeigen, dass der optimale Vertrag Performance-basierte Elemente enthält, die auf eine Benchmark abzielen.

In einem Modell mit mehreren Assets stellen DAS/ SUNDARAM (1998) fest, dass performanceabhängige Vergütungsmodelle tatsächlich zu einem erhöhtem Portfoliorisiko führen. Auch GRINBLATT/ TITTMAN (1989), GOETZMANN ET AL. (1997) und ROSS/ TURNER (1999) zeigen, dass der Wert eines erfolgsabhängigen Vertrages mit der Varianz des Portfolios steigt.[7] Daraus ergibt sich ein direkter Anreiz für den Asset Manager, das Risiko des Portfolios zu erhöhen. DYBVIG ET AL. (2010) fordern, dass die Auswahl der Anlageprodukte bei der Portfoliobildung begrenzt werden sollte, um das Risikoverhalten der Asset Manager besser kontrollieren zu können.

Basierend auf den modelltheoretischen Ergebnissen lässt sich zusammenfassen, dass ein optimaler Vergütungsvertrag zwischen Asset Manager und Investor eine Gewinnbeteiligung beinhalten sollte, um die Interessen der beiden Parteien bezüglich der Renditemaximierung anzugleichen. Zudem sind explizite Investmentrestriktionen zur Vermeidung einer exzessiven, aber unerwünschten Risikoaufnahme der Portfoliomanager notwendig.

Vergütungsverträge aus empirischer Sicht

Die empirische Evidenz zu den Auswirkungen der Vergütungsstruktur auf das Verhalten der Portfoliomanager konzentriert sich aus Datenverfügbarkeitsgründen auf den US-Markt. ELTON ET AL. (2003) untersuchen den Einfluss der Vergütungsstruktur auf das Verhalten von Portfoliomanagern für Investmentfonds mit Performance Fees. Die empirische Analyse bestätigt, dass Investmentfonds mit erfolgsabhängiger Vergütung eine signifikant höhere risikoadjustierte Rendite als Fonds ohne Performance Fees aufweisen. Zudem zeigen die Autoren, dass die Kosten eines Fonds mit erfolgsabhängiger Vergütung deutlich geringer sind, diese aber auch ein höheres Risiko aufweisen.

In der empirischen Studie von GOLEC/ STARKS (2004) wird die Reaktion von Asset Managern auf das staatliche Verbot von asymmetrischen Vergütungsstrukturen für Investmentfonds in den USA analysiert und festgestellt, dass das Risiko relativ gesunken ist.[8] BROWN ET AL. (1996) stellen ein „Turnierverhalten" von Investmentfonds fest: Fonds, die im ersten Halbjahr eine vergleichsweise geringe Performance aufweisen (Halbjahres-Verlierer), erhöhen im zweiten Halbjahr ihr Risiko, um damit die Wahrscheinlichkeit zu erhöhen, ihre Underperformance wieder aufholen zu können.

---

[7] Die Autoren zeigen, dass eine erfolgsabhängige Entlohnungsstruktur einer Bezugsoption ähnelt, dessen Wert mit der Volatilität steigt.

[8] Die US-Regierung hat 1971 einen Gesetz verabschiedet, das asymmetrische Performancevergütungen für Publikumsfonds untersagt. Solche Fonds dürfen nur symmetrische Performancevergütungen vereinbaren.

Die empirischen Ergebnisse bestätigen somit in der Summe die theoretisch erarbeiteten Ergebnisse. Performanceabhängige Vergütungen induzieren im Vergleich zu Fonds mit reiner volumensabhängigen Entlohnung eine höhere Rendite, senken die Kosten, führen aber auch zu einem erhöhten Risiko.

Vergütungsstruktur im institutionellen Asset Management

Die Literatur über Struktur und Höhe von Fondsvergütungen ist dünn. Nachfolgend stellen wir die Ergebnisse einiger Praxisstudien dar.

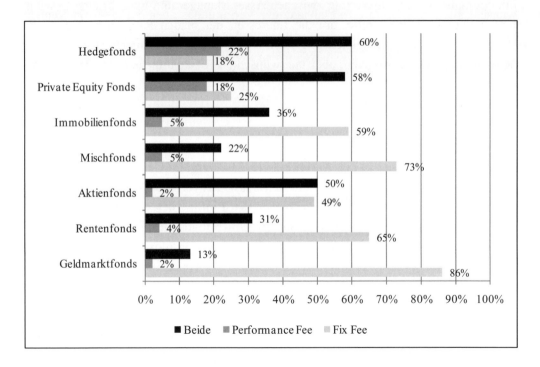

Abbildung 2: Vergütungsstruktur externer institutioneller Asset Manager[9]

Abbildung 2 zeigt die Vergütungsstruktur externer institutioneller Asset Manager aufgeteilt in verschiedene Assetklassen in 2010. Die Ergebnisse basieren auf einer Befragung von 121 institutionellen Asset Managern aus 25 verschiedenen europäischen Ländern (IPE, 2010). Es wird ersichtlich, dass ein Großteil der Fonds ausschließlich eine feste, erfolgsunabhängige Vergütungsstruktur verwendet. Der Anteil der befragten Fonds mit fester Vergütung liegt bei fünf der sieben aufgeführten Assetklassen bei

---

9   IPE (2010).

50% oder mehr. 86% der Befragten institutionellen Asset Manager verwenden feste Vergütungsstrukturen bei Geldmarktfonds, 65% bei Rentenfonds, 73% bei Misch-fonds, 59% bei Immobilienfonds und 49% bei Aktienfonds. Bei keiner dieser traditio-nellen Assetklassen übersteigt der Prozentsatz der Fonds mit rein erfolgsabhängiger Vergütung 5%. Ein anderes Bild ergibt sich hingegen bei den alternativen Assetklas-sen. Bei Private Equity-Fonds und Hedgefonds kommt überwiegend eine Kombination aus beiden Vergütungsmodellen zum Einsatz. Erfolgsabhängige Vergütungen sind in der Summe deutlich häufiger vorzufinden als bei Fonds mit traditionellen Assetklas-sen. Die Studie zeigt auch, dass die Mehrzahl der Asset Managern sich für Renten-, Aktien-, Misch- und Immobilienfonds deutlich mehr erfolgsabhängige Vergütungen wünscht, die Anzahl rein erfolgsabhängiger Vergütungen aber seit 2006 für Renten- und Mischfonds eher rückläufig war. Zu klären wäre, ob insbesondere von Anlegersei-te erfolgsabhängige Vergütungen abgelehnt werden.

LANE/ CLARK/ PEACOCK (2010) untersuchen die Höhe der Managementgebühren im institutionellen Asset Management im britischen Markt. Abbildung 3 zeigt die Höhe der Basisvergütung (Median) für einzelne Assetklassen bei einem Mandatsvolumen von £ 50 Millionen.

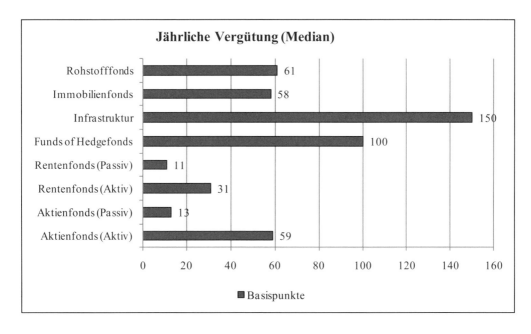

**Abbildung 3: Managementgebühren für verschiedene Fondstypen
ohne Performance Fees[10]**

---

[10] Quelle: Lane/ Clark/ Peacock (2010).

Die Basisvergütung von Infrastrukturfonds ist mit 150 Basispunkten am höchsten, Dachhedgefonds erhalten im Median eine Vergütung von etwa 100 Basispunkten. Die Basisvergütungen von Rohstofffonds, Immobilienfonds, Mischfonds und aktiven Aktienfonds liegt im Median bei 60 Basispunkten. Passive Aktien- und Rentenfonds erhalten die niedrigste Entlohnung mit 13 und 11 Basispunkten. Hervorzuheben ist, dass in Abbildung 3 nur die Basisvergütungen der Fondstypen, aber keine erfolgsabhängigen Vergütungen aufgeführt werden.

Für den deutschen Spezialfondsmarkt gibt es keine genaue Übersicht über die Höhe der Verwaltungsgebühren. KLEEBERG/ BILLMANN/ HERTLEIN (2008) untersuchen 543 Aktien-Composites (Europa/Euroland, USA, Japan und Global) von am deutschen Markt angebotenen Fonds für institutionelle Kunden für den Zeitraum 2002-2006. Sie finden durchschnittliche Managementgebühren für ein 100 Mio. €-Mandat von 44 Basispunkten. Small/Mid Cap-Fonds sind etwa 17 Basispunkte teurer, Fonds mit Anlageschwerpunkt Europa etwa 5 Basispunkte günstiger. Fonds mit fundamentalen Anlagestilen sind etwa 4 Basispunkte teurer als quantitativ gemanagte Fonds. Bei 201 Fonds mit einer erfolgsabhängigen Vergütung reduziert sich die fixe Vergütung um 18 Basispunkte. Die durchschnittliche Partizipationsrate π an der Outperformance beträgt 18,5%. Der Cap der erfolgsabhängigen Vergütung liegt im Durchschnitt bei 308 Basispunkten und der durchschnittliche Ziel-Tracking Error bei 4,8%.

In ihrer multivariaten Untersuchung stellen die Autoren fest, dass einerseits die erfolgsabhängigen Vergütungen im Durchschnitt um 12 Basispunkte zu teuer sind und andererseits eine Erhöhung der festen Vergütung um 10 Basispunkte eine Verringerung der erfolgsabhängigen Vergütung von durchschnittlich etwa 4 Basispunkten zur Folge hat. Die erfolgsabhängigen Vergütungen werden in der Analyse mit dem Austauschoptionsmodell von MARGRABE bewertet, die Bewertungen und die Regressionsergebnisse sind somit abhängig vom Modell und den Inputparametern, insbesondere der Volatilität.

Im Rentenbereich sind die Gebühren i.d.R. geringer und liegen zwischen 10 und 50 BP. Management Fees von Rentenmandaten variieren, wie auch bei Aktien üblich, mit der Anlageausrichtung des Portfolios. Während die Kosten für Staatsanleihen-Mandate zwischen 10 und 15 BP liegen, sind die Managementgebühren von Fonds mit Fokus Emerging Markets, Hochzinsanleihen sowie Wandelanleihen mit 30 bis 50 BP zum Teil deutlich höher. Für Geldmarktfonds und passive Fonds liegen die Gebühren im Durchschnitt unter 10 Basispunkten.

Implikationen

Theoretische und empirische Analysen zeigen, dass erfolgsabhängige Management-vergütungen eine durchschnittlich höhere Rendite, aber auch ein höheres Risiko her-vorrufen. Um zu vermeiden, dass die Portfoliomanager ein zu hohes, vom Anleger nicht gewünschtes Risiko eingehen, sollte das Risiko beispielsweise in Form von Tracking Error-Budgets begrenzt werden. Diese Risikobudgets sollten aber auch nicht zu eng gesetzt werden, um die Freiheiten des Portfoliomanagers nicht unnötig einzu-schränken. Es wäre zudem zu prüfen, ob Risikovorgaben durch ein effizientes Risiko-Overlay-Management ersetzt oder zumindest ergänzt werden könnten.

Bei der Festlegung der erfolgsabhängigen Vergütung ist ex ante deren Wert zu ermit-teln. Erste Analysen legen nahe, dass diese Vergütungen im Schnitt zu hoch ausfallen. Institutionellen Anlegern ist zu empfehlen, sich bei der Bewertung und Bestimmung der erfolgsabhängigen Vergütung von einem Asset Consultant beraten zu lassen.

Vergleicht man die Managementgebühren für britische und deutsche institutionelle Anleger, so fällt auf, dass die Kosten im deutschen Markt etwa 10 bis 15 Basispunkte unter den Kosten auf dem britischen Markt liegen. Die niedrigen Gebühren können als Ergebnis der traditionellen ‚Depotbankabhängigkeit' der deutschen Kapitalanlagege-sellschaften angesehen werden. Da die geringen Managementgebühren häufig durch Kommissionserträge aus dem Wertpapierhandel bei der Mutterbank kompensiert wur-den, ist es sinnvoll, im nächsten Schritt die Transaktionskosten zu betrachten.

3.   Transaktionskosten

Trade Management Guidelines des CFA Institutes

Das Investmentgesetz (InvG) enthält keine Anforderungen, Transaktionskosten offen-zulegen. Die Kapitalanlagegesellschaft muss aber nach § 42 Absatz 2a InvG im aus-führlichen Verkaufsprospekt erläutern, dass Transaktionskosten aus dem Fondsver-mögen gezahlt werden und dass die Gesamtkostenquote keine Transaktionskosten enthält. In der Richtlinie über Märkte für Finanzinstrumente (MiFID) werden zwar umfassende Anforderungen an die Best Execution-Politik von Wertpapierdienstleis-tungsunternehmen gestellt, Kapitalanlagegesellschaften fallen aber nicht unter diese Richtlinie.

Die Trade Management Guidelines des CFA Institutes sind Empfehlungen für ein optimales Transaktionsmanagement und stellen einen geeigneten Referenzpunkt zur

Beurteilung der ‚Best Execution' und der Optimierung der Transaktionskosten dar. Sie sind in die Bereiche Prozesse, Offenlegung und Dokumentation untergliedert.

1. Prozesse: Kapitalanlagegesellschaften sollen über eine schriftlich fixierte Best Execution-Politik verfügen, in der das Ziel der Maximierung der Investmentperformance durch ein Transaktionsmanagement festgelegt ist. Die Handelsentscheidungen sollen effektiv gemanagt werden. Dieser Punkt umfasst die periodische Überprüfung der Prozesse und den Aufbau eines ‚Trade Management Oversight Committees', das die Best Execution-Politik und den Handelsprozess überwacht, Empfehlungen für den Umgang mit Interessenskonflikten abgibt und die Qualität der Brokerservices regelmäßig begutachtet. Die Transaktionskosten sollen für verschiedene Preis-Benchmarks (beispielsweise VWAP[11]) im Peergroup-Vergleich gemessen werden und für Broker, Handelsplätze und Handelsmethoden ausgewertet werden. Die Einhaltung der Handelspolitik soll von der Compliance-Abteilung geprüft werden. Es sollen Regeln für die Brokerauswahl erlassen werden. Dabei sind die Anforderungen der Kunden sowie die Fähigkeiten der Broker zur Minimierung der Handelskosten zu berücksichtigen.

2. Offenlegung: Kapitalanlagegesellschaften sollen bestehenden und potenziellen Kunden ihre Handelstechniken, Ausführungswege, die Kriterien zur Brokerauswahl, Soft Dollar-Vereinbarungen[12], Interessenskonflikte und die regelmäßig gemessenen Transaktionskosten offenlegen. Die Kunden verfügen somit über die notwendigen Informationen zur Bewertung der Best Execution-Politik.

3. Dokumentation: Kapitalanlagegesellschaften sollen Dokumentationen vorhalten, um die Einhaltung der Best Execution-Politik zu belegen und die Offenlegung an Kunden zu erfüllen. Zudem soll die Auswahl der Broker dokumentiert werden. Diese Dokumentation kann auch der Aufsicht zur Überprüfung vorgelegt werden.

Es wird deutlich, dass nach den Trade Management Guidelines eine fortlaufende Analyse der Transaktionskosten gefordert ist. Solche Analysen sind – wie in den nachfolgenden Abschnitten gezeigt wird – aufgrund der umfangreichen Daten sehr aufwändig und erfordern eine präzise Datenaufbereitung und -auswertung. Eine laufende Kostenmessung ist deshalb erforderlich, da sich Transaktionskosten aufgrund neuer Marktverhältnisse auch ohne Veränderungen der Investmentprozesse schnell ändern können. Eine Transaktionskostenanalyse schafft eine hohe Transparenz für alle Beteiligten, ermöglicht einen Peergroup-Vergleich und setzt damit automatisch Anreize für

---

[11] Volume Weighted Average Price.

[12] Vgl. Johanning / Kleeberg / Schlenger, 2003.

ein effizientes Transaktionsmanagement. So haben sich beispielsweise die Depotbankgebühren deutscher Asset Manager pro Aktienorder im Zeitraum von 2001 bis 2008 um etwa 15 BP reduziert. Dies entspricht einer Reduktion von etwa 75% des Ausgangswerts in 2001. Eine Best Execution-Politik sollte aber über die Messung und Analyse der Transaktionskosten hinaus auch Regeln für die Compliance und insbesondere für die Brokerauswahl enthalten.

Definition von Transaktionskosten

Transaktionskosten sind nicht in der Total Expense Ratio (TER) enthalten, sondern fallen umsatzabhängig an. Zu den Transaktionskosten zählen Gebühren (Depotbankgebühren, Brokergebühren und sonstige Gebühren), der Market Impact inklusive halbe Geld-Brief-Spanne sowie die Wartekosten.

- Für die mit einer Wertpapiertransaktion verbundenen Aufwände (Abwicklung, Buchung) erhält die Depotbank eine Provision, die heute typischerweise als fixe Gebühr (Ticket Fee) bezahlt wird. Noch vor etwa zehn Jahren wurde diese Gebühr vorwiegend umsatzabhängig bezahlt und war damit deutlich höher als die heutige Ticket Fee (für Ergebnisse siehe den nächsten Abschnitt). Über diese Umsatzprovision wurden die teilweise sehr niedrigen Managementgebühren ,quersubventioniert'.

- Brokergebühren werden für die Leistung des Brokers gezahlt, die Order am Kapitalmarkt z. B. an der Börse auszuführen, aber auch oder sogar insbesondere für Research und andere Dienstleistungen.[13] Eine solche als Soft Dollar-Vereinbarung bekannte Regelung stellt einen potenziellen Interessenskonflikt für den Asset Manager dar. In den USA wird deshalb von der Securities and Exchange Commission (SEC) gefordert, solche Vereinbarungen an die Anleger offen zu legen.[14]

- Sonstige Gebühren sind insbesondere die Stempelsteuer von 50 BP bzw. 100 BP beim Kauf von britischen oder irischen Aktien und eher vernachlässigbare Maklergebühren sowie Liefer- und Lagergebühren, die in unterschiedlicher, aber geringer Höhe an den verschiedenen Börsenplätzen anfallen. Stempelsteuern fallen auch bei Verkäufen in Griechenland in Höhe von 21 Basispunkten an. Bei An- und Verkauf von Aktien in Hongkong beträgt die Steuer jeweils 11 Basispunkte.

---

[13] Die Broker erbringen zudem zusätzliche Dienstleistungen, indem sie z. B. Unternehmensgespräche arrangieren.

[14] Im Rahmen von Soft Dollar-Vereinbarungen wird zum Teil auch die eines Teils der Brokergebühr Rückzahlung (an das Anlegerportfolio) vereinbart, wenn eine bestimmte Umsatzgrenze überschritten wird. Vgl. dazu SEC (1998).

- Der Market Impact misst die Abweichung des Ausführungskurses von dem Kurs, der sich ergeben hätte, wenn die Order nicht erteilt worden wäre. Da sich dieser Kurs nicht beobachten lässt, wird der Market Impact relativ zu verschiedenen Benchmarks berechnet.[15] In dieser Arbeit wird der Market Impact als Differenz aus (durchschnittlichen) Ausführungskurs und Mittelkurs bei Ordererteilung bezogen auf den Mittelkurs bei Ordererteilung (Arrival-Preis) ermittelt. Diese Kosten sind bei Ordererteilung nicht bekannt und können nur durchschnittlich ex post auf Basis vieler Orders bestimmt werden. Der Market Impact entsteht, weil der Handel kein friktionsloser Prozess ist.[16] Informierte Anleger wie Fonds haben häufig einen Anreiz, schnell zu handeln, bevor Informationen öffentlich werden und sich im Kurs widerspiegeln. Durch den Handel selbst wird der Market Impact induziert.[17] Dieser informationsinduzierte Market Impact wird in der Literatur als permanent bezeichnet und ist vom temporären Market Impact zu unterscheiden. Letzterer entsteht, wenn aufgrund mangelnder Liquidität des Marktes, eine große, uninformierte Order nur mit einem Preisaufschlag absorbiert werden kann, der Preis sich aber anschließend wieder an den ursprünglichen annähert.[18] Der Market Impact nach dieser Definition enthält auch die halbe Geld-Brief-Spanne zum Zeitpunkt der Ordererteilung. Neben der hier gewählten Benchmark ‚Arrival-Preis‘ wird in der Handelspraxis häufig der Volume Weighted Average Price (VWAP) zur Beurteilung der Ausführungsqualität eines Brokers verwendet.

- Zwischen Anlageentscheidung und Ordererteilung kann eine längere Zeitspanne liegen, in der Kosten durch eine adverse Preisbewegung resultieren können. Diese impliziten Kosten werden Wartekosten genannt und berechnen sich als Differenz aus Kurs bei Anlageentscheidung (Mittelkurs) und Kurs bei Ordererteilung (Arrival-Preis) bezogen auf den Kurs bei Ordererteilung.[19] Je nach Investmentstil kann die Zeitspanne zwischen Anlageentscheidung und Ordererteilung einige Minuten oder sogar einige Tage betragen. Entsprechend kann die Höhe dieser Kosten für die verschiedenen Einzeltransaktionen, aber auch für die Häuser sehr unterschiedlich ausfallen.

---

[15] Siehe für einen Überblick über die verschiedenen Ansätze zur Messung des Market Impact Keim/ Madhavan (1998), S. 52-54.

[16] Vgl. Hasbrouck/ Schwartz (1988).

[17] Vgl. Barclay/ Warner (1993), S. 284.

[18] Vgl. Saar (2001), S. 1153-1154.

[19] Diese Preisdifferenz wird also ebenfalls – wie der Market Impact – relativ zum Kurs bei Ordererteilung berechnet. Diese Berechnung erleichtert die Interpretation der Summe aus Wartekosten und Market Impact.

Neben den impliziten Kosten können auch Opportunitätskosten durch Nichtausführung von z. B. Limitorders anfallen. Die Bezeichnung „Opportunitätskosten" impliziert, dass eine Nichtausführung zu Verlusten in Form entgangener Gewinne führt.[20] In weniger liquiden Marktsegmenten fallen solche Kosten mit größerer Wahrscheinlichkeit an. Diese Kosten lassen sich nur für restriktive Annahmen ermitteln und werden nachfolgend nicht weiter analysiert.

Die gesamten Transaktionskosten werden häufig als Differenz aus Rendite eines Modellportfolios und der Rendite des realen (umgesetzten) Kundenportfolios berechnet und als Implementation Shortfall bezeichnet.[21] Der Implementation Shortfall lässt sich nicht auf Null reduzieren, er kann aber ‚optimiert' werden, indem eine Vorstellung vom Normalniveau der Gesamt- und jeder Einzelkosten entwickelt wird und die Kosten auf dieses Niveau reduziert werden.

Transaktionskosten im Aktienbereich

In der letzten Dekade von 2000-2010 wurden von den Beratungsgesellschaften alpha portfolio advisors GmbH und xtp Transaction-Partners GmbH vier Peergroup-Studien für den Aktienmarkt und zwei Studien für den Rentenmarkt durchgeführt. Die Studienergebnisse werden nachfolgend zusammengefasst und präsentiert.

Die genaue Messung insbesondere der impliziten Kosten ist sehr aufwändig und erfordert die Verfügbarkeit von detaillierten Order- und Kursdaten. Die nachfolgenden Ergebnisse basieren auf Orderdaten von deutschen, in ihrer Struktur sehr unterschiedlichen Kapitalanlagegesellschaften (KAGen). Die Orderdaten enthalten neben der zu kaufenden/verkaufenden Aktie die Anzahl der georderten und ausgeführten Aktien, den Broker, den Ordertyp und die Orderzusätze, den durchschnittlichen Ausführungspreis (brutto) sowie sämtliche Gebühren. Zudem sind die Zeitpunkte der Anlageentscheidung, Ordererteilung und Orderausführung bekannt. Teilweise wird der Zeitpunkt der Anlageentscheidung pauschal erfasst. Neben den Orderdaten liegen detaillierte Informationen über die Fondsprofile vor, beispielsweise über den Fondstyp (Publikums- oder Spezialfonds), den Investmentstil oder die Vereinbarung über die Managementgebühr sowie allgemein firmenspezifische Informationen über die Größe des Hauses, den Investmentprozess, die Depotbank, die Konzernstruktur und die Handelsorganisation.

---

[20] Vgl. Keim/ Madhavan (1998), S. 54.
[21] Vgl. Perold (1988).

Im Jahr 2001 nahmen neun deutsche KAGen an der Aktienanalyse mit Universum EURO STOXX 50 und STOXX 50 teil. 2003 wurde das Wertpapieruniversum auf den STOXX 600 ausgeweitet. Zehn Häuser beteiligten sich an dieser Studie. In den Studien 2004/05 und 2007/08 wurden mit dem STOXX 600, S&P 500 und Nikkei 225 Transaktionen in insgesamt 1.325 verschiedenen Titeln analysiert. Die neun bzw. acht teilnehmenden KAGen repräsentierten einen Marktanteil von 50% bzw. 40% an den deutschen Assets under Management in Aktien.

Abbildung 4 zeigt die Ergebnisse der Transaktionskosten für Aktien im Zeitraum 2001 bis 2007/08. Neben den expliziten Kosten wie der Umsatzprovision der Depotbank, den Brokergebühren und den sonstige Kosten werden auch die Market Impact-Kosten und die Wartekosten angegeben. Die Umsatzprovision für die Depotbank ist in der Studie 2001 mit mehr als 20 Basispunkten aufgrund des damals vorherrschenden umsatzabhängigen Gebührenmodells hoch. Diese Kosten fallen aufgrund der Einführung des Ticket Fee-Modells, der erhöhten Kostentransparenz sowie der Aufwandsreduktion durch die zunehmende Technisierung der Wertpapierabwicklung auf etwa 5 Basispunkte in 2007/08.

Über die vier Peergroups ist keine signifikante Veränderung der Brokergebühren festzustellen. Im Schnitt liegen die Brokergebühren somit über die Studien 2001-2007/08 zwischen 10,83 Basispunkten und 14,10 Basispunkten. Die Kosten für die reine Orderausführung (Execution) für Aktien werden am Markt mit ein bis vier Basispunkten geschätzt. Der restliche Betrag der Brokergebühr stellen ‚Soft Dollars‘ dar. Brokergebühren sind für Orders in Einzeltiteln höher, weil diese Orders i.d.R groß und damit schwer auszuführen sind. Portfoliotransaktionen oder auch „Programme Trades" (d. h. ganze Portfolios werden gehandelt) haben in der Summe zugenommen, sie kommen vor allem bei quantitativen Investmentprozessen zum Einsatz. Für Portfoliotransaktionen sind die Brokergebühren i.d.R. deutlich geringer, da einerseits das Portfoliovolumen groß ist und andererseits quantitative Investmentstile i.d.R. nicht auf Broker Research angewiesen sind und Soft Dollar-Zahlungen somit nicht anfallen.

Market Impact-Kosten stellen in jeder Peergroup-Studie die größte Kostenkomponente dar. Wartekosten hingegen spielen in der Gesamtkostenbetrachtung nur eine untergeordnete Rolle und unterscheiden sich nicht signifikant von 0. Die Market Impact-Werte variieren zwischen 18 Basispunkten und 42 Basispunkten. Trotz der unterschiedlichen Marktphasen und Universen ist insgesamt eine Kostenreduktion zu beobachten.

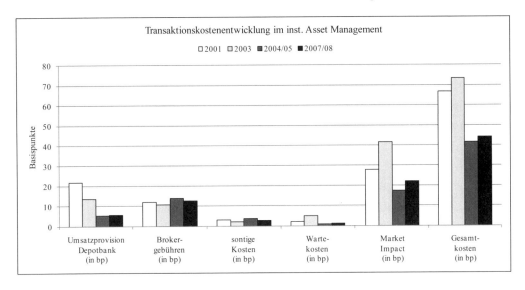

Abbildung 4: Transaktionskosten für Aktien von 2001 bis 2007/08

Bei der Interpretation der Ergebnisse ist zu berücksichtigen, dass die ausgewiesenen Kosten ‚One Way'-Durchschnittswerte sind. Bei einem Portfolioumsatz in Aktienfonds von etwas über 100% p.a. liegen die Gesamtkosten etwa doppelt so hoch wie in Abbildung 4. Bei Blue Chip-Mandaten kann folglich von gesamten Transaktionskosten in Höhe von 1% p.a. ausgegangen werden.

Die soweit präsentierten Ergebnisse sind Durchschnittswerte für Publikums- und Spezialfonds. In einer univariaten Analyse sind die Kosten für Spezialfonds i.d.R. geringer als die Kosten für Publikumsfonds. In der Aktien-Peergroup-Studie 2007/08 liegen die Gesamtkosten der Spezialfonds 14 BP unter denen der Publikumsfonds. Zu einem überwiegenden Teil ist dies auf den um etwa 7 Basispunkte geringeren Markt Impact zurück zu führen. Allerdings muss berücksichtigt werden, dass bei Publikumsfonds die durchschnittliche Ordergröße mit 0,86 Mio. € fast dreimal so groß ist wie bei Spezialfonds. In einer multivariaten Analyse ist deshalb bei Kontrolle der Ordergröße häufig kein Unterschied bei den Transaktionskosten für Spezial- und Publikumsfonds festzustellen.

Da insbesondere die Market Impact-Werte für den Investor unbekannt und intransparent sind, konzentriert sich die nachfolgende Analyse auf die Erklärung dieser Kosten. Dazu wird eine multivariate Regression mit robusten Standardfehlern nach dem Verfahren von WHITE geschätzt. In Tabelle 1 werden nur die Koeffizienten der signifikanten Parameter angegeben, so ist beispielsweise der Koeffizient der Dummy-Variable

Publikumsfonds nicht signifikant. Im Modell wird eine Konstante von 14,61 BP ermittelt. Die erklärenden Variablen sind in die Rubriken Marktliquidität, Handelsstrategie, Brokeranalyse und Dummy-Variablen unterteilt. Das Momentum – gemessen als Rendite zwischen Eröffnung und Handelszeit – hat wie die Wartekosten einen negativen Einfluss auf den Market Impact. Die Intraday-Volatilität sowie das relative Handelsvolumen (Handelsvolumen am Tag der Orderausführung in Relation zum Freefloat) üben einen positiven Einfluss aus. Höhere Brokergebühren bedingen einen geringeren Market Impact. Dieses Ergebnis zeigt die Notwendigkeit einer sorgfältigen Analyse auf. Eine isolierte Betrachtung der Brokergebühren würde u.U. zu hohe Kosten ausweisen. Das Ordervolumen in € (Wurzel des Ordervolumens in Tabelle als Volume $^{1/2}$ gekennzeichnet) beeinflusst den Market Impact positiv, ebenso wie die relative Ordergröße (Anzahl der georderten Aktien in Relation zur Anzahl der Aktien im Freefloat). Der positive Zusammenhang zwischen Market Impact und relativer Ordergröße nimmt aber mit zunehmender Ordergröße ab, was an dem negativen Schätzwert für die quadrierte Rel. Ordergröße (in Tabelle rel. Ordergröße^2) zu erkennen ist. Portfoliotransaktionen – der Handel ganzer Portfolios – weisen einen um durchschnittlich 3,49 BP geringeren Market Impact auf als die Vergleichsgruppe der Marktorders und interessewahrenden Orders, bei denen nur einzelne Aktien gehandelt werden. Limitorders weisen sogar einen um 27,42 BP geringeren Market Impact auf. Im Rahmen der Brokeranalyse fällt auf, dass relativ zur Vergleichsgruppe der sonstigen Broker die Broker 2, 8 und 10 zwischen 2,44 und 7,49 Basispunkten günstiger ausführen, die Broker 3 und 7 dagegen teurer ausführen. Da in der multivariaten Analyse die ‚Orderschwierigkeit‘[22] kontrolliert wird, können aus diesen Ergebnissen sinnvolle Aussagen über die Ausführungsqualität der Broker abgeleitet werden. Bei den Dummy-Variablen fällt zudem auf, dass Kauforders 5,58 BP günstiger waren als Verkaufsorders und sich die Kosten der teilnehmenden Kapitalanlagegesellschaften zum Teil signifikant voneinander unterscheiden.

---

[22] Orderschwierigkeit wird an verschiedenen Marktliquiditätsparametern, wie dem Momentum, der Intraday-Volatilität und dem relativen Handelsvolumen abgeleitet. Hinzu kommen orderspezifische Faktoren wie die Ordergröße, die häufig auch relativ zum Freefloat einer Aktie gemessen wird.

	Variable	Koeffizient	Standardfehler	p-Wert
Marktliquidität	Momentum	-35.41	13.43	0.01
	Momentum^2	-34.12	10.77	0.00
	Intradayvola^1/2	767.57	433.44	0.08
	Rel. Handelsvolumen (Tag)	77.70	46.89	0.10
Handelsstrategie	Wartekosten	-0.02	0.01	0.00
	Brokergebühr	-0.37	0.10	0.00
	Limitorder	-27.42	2.89	0.00
	Portfoliotransaktion	-3.49	1.37	0.01
	Volume^1/2	0.012548	0.002576	0.00
	Rel. Ordergröße	29,060.16	6,026.23	0.00
	Rel. Ordergröße^2	-4,179,117.00	946,253.20	0.00
Brokeranalyse	Broker 2	-4.17	1.30	0.00
	Broker 3	3.64	2.22	0.10
	Broker 7	3.94	1.77	0.03
	Broker 8	-2.44	1.51	0.11
	Broker 10	-7.49	2.81	0.01
Dummy-Variablen	Kauf	-5.58	0.77	0.00
	KAG 4	-9.72	3.41	0.00
	KAG 5	-5.46	1.42	0.00
	KAG 6	-5.53	1.42	0.00
Konstante	Konstante	14.61	2.23	0.00
	Beobachtungen	=		21,191
	R^2	=		0.05

Tabelle 1: Regressionsanalyse der Transaktionskosten[23]

Transaktionskosten im Rentenbereich

Transaktionskosten im Rentenbereich wurden in der Peergroup-Studie 2003/04 erstmals von alpha portfolio advisors GmbH ermittelt. Aktuelle Ergebnisse liegen aus der Peergroup-Studie 2010 für neun Kapitalanlagegesellschaften bzw. institutionelle Anleger der xtp Transaction-Partners GmbH vor. Gegenstand der Analyse sind insgesamt 2.139 Anleihen aus dem iBoxx EUR Overall-Universum, in denen Orders der neun Teilnehmer im Zeitraum September bis November 2010 aufgezeichnet wurden. Die Ergebnisse werden in Tabelle 2 angegeben. Die Depotbankgebühren liegen im Schnitt bei 1,09 BP und die effektive Geld-Brief-Spanne bei 6,49 BP. Die effektive Geld-Brief-Spanne wird ermittelt, indem der Ausführungskurs im Verhältnis zum Mittelkurs der Preisquotierungen verschiedener Broker gesetzt wird. Dabei ist zu berücksichtigen, dass im Rentenhandel nur Nettogeschäfte abgeschlossen werden, die Orders

---

[23] Ergebnisse der Transaktionskosten-Peergroup-Studie 2007/08, durchgeführt durch die xtp Transaction Partners GmbH.

also unmittelbar mit der Gegenpartei – typischerweise einem Broker – ausgeführt werden. Mehrere Broker quotieren fortlaufend – teilweise mehrfach pro Minute – Geld- und Briefkurse, die aber nicht zwangsläufig handelbare Kurse darstellen. Aus den Quotierungen eines Brokers werden zunächst Durchschnitte für Minutenintervalle gebildet. Aus den durchschnittlichen Quotierungen pro Broker werden durchschnittliche Quotierungen über die Broker gebildet, wobei Quotierungsausreißer – Mittelkurse, die mehr als 3% vom Durchschnitt abweichen – aus der Analyse ausgeschlossen werden.

Die Ergebnisse zeigen, dass die effektiven Spannen für Staatsanleihen mit 3,34 BP (2003/04 zwischen 2,0 und 3,5 BP) leicht höher liegen als die Werte für Jumbo-Pfandbriefe mit einem Durchschnittswert von 3,28 BP (2003/04 2,0 BP). Die durchschnittliche effektive Spanne für Unternehmensanleihen liegt bei 11,65 BP (2003/04 bei 6,7 BP). Die effektiven Spannen für pfandbesicherte Anleihen sind mit 17,02 BP am höchsten. Darin kommt die Unsicherheit vieler pfandbesicherter Anleihen spanischer und irischer Herkunft zum Ausdruck. Insgesamt ist festzustellen, dass sich die effektiven Spannen 2010 im Vergleich zur Peergroup-Studie 2003/04 erhöht haben, was angesichts der dramatischen Veränderung der Liquidität auf den Rentenmärkten während der Finanzkrise nicht überrascht.

Transaktionskosten im Rentenhandel nach Anleiheklasse	Depotbank-gebühr in bp	Effektive Spanne in bp	Anzahl Trans-aktionen	Transaktions-volumen in Mio. EUR	Durchschnittliche Ordergröße in Mio. EUR
Staatsanleihen	0,94	3,34	8.156	29.330,06	3,60
Unternehmensanleihen	1,63	11,65	10.536	11.091,80	1,05
besicherte Anleihen	0,80	17,02	1.674	3.745,26	2,24
Jumbopfandbriefe	0,80	3,28	596	1.283,94	2,15
Gesamt	1,09	6,49	20.962	45.451,05	2,17

Tabelle 2: Transaktionskosten für Renten 2010

Optimierung des Transaktionsprozesses für Asset Manager

Die Ergebnisse zeigen, dass Transaktionskosten neben den Managementgebühren einen erheblichen Teil der Gesamtkosten ausmachen. Nach Ansicht mancher Experten kann die Investmentperformance einfach und nachhaltig durch ein effizientes Transaktionsmanagement gesteigert werden. Basierend auf unseren mehrjährigen Erfahrungen bei der Messung der Transaktionskosten für Kapitalanlagegesellschaften und institutionelle Anleger stellen wir nachfolgend Vorschläge für einfache Verfahren zur Optimierung des Transaktionsprozesses vor. Wie eingangs ausgeführt, wird nachfolgend unter Optimierung nicht die reine Minimierung der Transaktionskosten, sondern die ganzheitliche Optimierung der Investmentperformance verstanden.

Für die Optimierung des Transaktionsprozesses für Asset Manager lassen sich folgende Punkte anführen:

1. Laufende Messung von Transaktionskosten: Zunächst sollten – wie in den Trade Management Guidelines des CFA Institutes gefordert – die Transaktionskosten fortlaufend gemessen, analysiert und mit einer Peergroup verglichen werden. Eine solche Analyse schafft Transparenz und setzt automatisch Anreize zur Optimierung des Transaktionsprozesses. Asset Manager setzen dafür entweder eigene oder Analysen Dritter ein. Die von Brokern angedienten Analysen sind nicht unabhängig.

2. Bei der Optimierung des Transaktionsprozesses spielt die Brokerauswahl eine besondere Bedeutung. Die beiden folgenden Punkte sind zu berücksichtigen:

   a. „Unbundling" und marktgerechte Anpassung der expliziten Kosten: Neben der Execution-Leistung des Brokers werden mit der Brokergebühr oftmals auch Research und andere Dienstleistungen entlohnt. Hieraus kann sich das Problem ergeben, dass ein Broker für die Ausführung einer Order gewählt wird, nur um diesen für sein gutes Research zu entlohnen, obwohl er nicht der geeignetste Kandidat für die Ausführung selbst ist. In angelsächsischen Ländern wird dieses Problem häufig durch sogenannte Commission Sharing Agreements (CSA) gelöst. In diesen Vereinbarungen wird festgelegt, dass ein unabhängiger oder auf Research spezialisierter Broker (Research-Broker) aus den Handelsgebühren bezahlt wird, die ein dritter Execution-Broker vereinnahmt. Bei einer aus dem Service eines Research-Brokers generierten Order, die über einen Execution-Broker ausgeführt wird, werden die Brokerkosten in Gebühren für die Ausführung und den Research unterteilt. Die Research-Gebühr wird vom Execution-Broker an den Research-Broker weitergegeben. In Deutschland werden Commission Sharing Agreements durch die Entrichtung der MwSt. steuerlich benachteiligt.

   b. Einbeziehung alternativer Handelskanäle und intelligentes Orderrouting: Der Handelsprozess ist in den vergangenen Jahren erheblich technisiert worden. Broker bieten den Kapitalanlagegesellschaften eine Vielzahl an Handelswegen an. Neben den traditionellen Börsenplätzen, dem OTC-Telefonhandel und den Prinzipalgeschäften – also den unmittelbaren Geschäftsabschluss mit dem Broker selbst – gibt es heute außerbörsliche Handelsplattformen (Multi-Trading-Facilities (MTFs)) auch Crossing-Systeme, bei denen gegenläufige Orders mit sehr geringen Kosten zu importierten Börsenpreisen zusammengeführt werden. Auch können gegenläufige Orders hausintern ‚gecrosst' werden. Zum Management dieser Liquiditätsfragmentierung setzen immer mehr Asset Manager und Broker Smart Order Routing-Systeme (SOR-Systeme) ein, die die Liquidität an mehreren Handelsplätzen berücksichtigen und eine Order möglichst ‚optimal' platzieren. Broker bieten Asset Management-Gesellschaften gegen geringe Gebühren auch einen direkten Marktzugang (Direct Market Access) an, mit denen kleinvolumige oder auch relativ leicht ausführbare Orders am Markt platziert werden. Ein Asset Manager sollte deshalb genau die technische Ausstattung eines Brokers analysieren und bewerten.

3. Identifizierung von Transaktionen mit hoher Orderschwierigkeit: Die Ex Post-Messung der Transaktionskosten schafft Transparenz und setzt Anreize zur Kostenoptimierung. Ein ‚smartes' Orderrouting erfordert darüber hinaus eine möglichst genaue Kostenprognose. Solche Prognosen bündeln verschiedene Order- und Marktinformationen wie relative Ordergröße, Liquidität, Volatilität und Marktaktivität. Solche Verfahren erfordern typischerweise eine dynamische Modellierung des Handelsprozesses und sind komplex und sehr aufwändig. Häufig sind solche komplexen Verfahren aber gar nicht notwendig. Orders mit hohem Schwierigkeitsgrad lassen sich auch mit relativ einfachen Ansätzen identifizieren. In Abbildung 5 ist die Verteilung der Market Impact-Werte der Aktientransaktionen der Peergroup-Studie 2007/08 abgebildet, wobei Extremwerte ab einem Market Impact von absolut 200 Basispunkten nicht berücksichtigt wurden. Im Durchschnitt liegen die Market Impact-Werte zur Benchmark ‚Arrival-Preis' über alle Asset Manager in der Peergroup-Studie 2007/08 bei 22 BP. 50% aller Orders liegen innerhalb der Market Impact-Grenzen von -20 und 45 Basispunkten. Die 25% teuersten Transaktionen zeigen Market Impacts von über 45 Basispunkten. Die Klassifizierung der Orders basiert wie die Kostenprognose auf Order-, Wertpapier und Börsendaten, ist aber wenig komplex und aufwändig. Da bei diesen Orders das höchste Einsparpotenzial vorhanden ist, sollte ein effektives Transaktionsmanagement an diesen schwierigen Orders ansetzen.

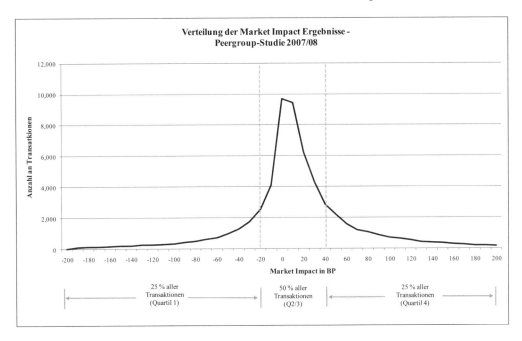

Abbildung 5: Verteilung der Market Impact-Werte in der Aktien-Peergroup-Studie 2007/08

4. Aktive Steuerung der Order vor und während der Handelszeit: Die Ergebnisse vieler Transaktionskostenanalysen haben gezeigt, dass die aktive Steuerung schwieriger Orders durch den Händler des Asset Managers die Transaktionskosten signifikant reduzieren kann. Für die ex ante Identifizierung der schwierigen Orders können Klassifizierungen, wie in Punkt 3 beschrieben, herangezogen werden. Die aktive Steuerung umfasst das Timing der Orderplatzierung, die Vergabe von Orderzusätzen – beispielsweise die Vorgabe der Handelsaggressivität wie 1/3-Ordervolumen[24] – aber auch die Begleitung der Order während der Ausführung. So kann es bei sich ändernden Marktbedingungen sinnvoll sein, eine Order aus dem Markt zu nehmen oder das Ordervolumen oder die Handelsaggressivität zu verändern. Häufig werden speziell liquiditätsmotivierte Orders frühzeitig am Markt platziert, die gegen den Schlusskurs eines Handelstages auszuführen sind. Der Schlusskurs wird deshalb als Benchmark gewählt, weil er typischerweise zur Berechnung der Nettoinventarwerte des Fonds herangezogen wird. CUSHING/ MADHAVAN (2001)

---

[24] Diese Vorgabe bedeutet, dass der Broker zu einem Drittel am Volumen des Orderbuchumsatzes partizipiert.

zeigen, dass Schlusskurse gezielt durch institutionelle Orders beeinflusst werden können und deshalb als Handelsbenchmark eher ungeeignet sind.

5. Einbeziehung von Transaktionskosten in Anlageentscheidung: Schließlich ist darauf zu achten, dass Handelskosten vom Portfoliomanagement bereits bei der Anlageentscheidung zu berücksichtigen sind. Die Modellierung der Transaktionskosten bei der Anlageentscheidung ist aufwändig und komplex, da die Kosten ex ante nicht bekannt und nur ungenau geschätzt werden können. Zudem wäre die Endogenität von Anlageentscheidung und Transaktionskosten, also die gegenseitige Beeinflussung, bei einer quantitativen Modellierung zu berücksichtigen. Allerdings bedarf es in der Praxis häufig nicht der expliziten Modellierung dieser Abhängigkeiten, eine erste Verbesserung kann bereits dadurch erreicht werden, dass die Performancerelevanz der Transaktionskosten durch das Portfoliomanagement anerkannt wird.

Diese fünf dargestellten Maßnahmen zur Optimierung des Transaktionsprozesses setzen die Verfügbarkeit von detaillierten Daten und die Anwendung komplexer Verfahren der Orderanalyse und -auswertung voraus. Zudem ist ein tiefer Einblick in die Prozesse der Broker notwendig, um eine geeignete Auswahl treffen zu können. Der Asset Manager verfügt über diese Daten und gegebenenfalls auch über diese Systeme. Seine Aufgabe ist es zudem, die Fähigkeiten und Möglichkeiten der Broker zu analysieren und für ein effizientes Transaktionsmanagement nutzbar zu machen.

Optimierung des Transaktionsprozesses für institutionelle Anleger

Der institutionelle Anleger verfügt nicht über derart detaillierte Daten und kann sich auch nicht mit den Details der Brokeranalyse beschäftigten. Aus seiner Sicht kann er den für ihn weitgehend intransparenten Transaktionsprozess mit folgenden Maßnahmen optimieren:

1. Überprüfung des Best Execution-Prozesses beim Asset Manager: Für einen institutionellen Anleger bietet es sich zunächst an, sich von den Asset Managern den Best Execution-Prozess, die Ergebnisse der Transaktionskostenanalysen, die Kriterien der Brokerauswahl und Interessenskonflikte offenlegen zu lassen. Diese Informationen bieten einen ersten Ansatzpunkt für die Bewertung der Qualität des Transaktionsprozesses. Eine Aggregation verschiedener Transaktionskostenanalysen zu einem einheitlichen Bericht ist aufgrund der verschiedenen Methoden und der Daten – die zudem häufig für den Anleger intransparent sind – unmöglich.

2. Regelmäßige, unabhängige Transaktionskostenanalysen: Auch wenn ein institutioneller Anleger häufig bei fremd gemanagten Mandaten nicht die exakten Zeitpunkte der Ordervergabe und -abwicklung, sondern nur den Tag der Orderaufgabe kennt, so können auf dieser Basis einfache, weit weniger aufwändige, aber dennoch wertvolle Kostenanalysen für die gesamte Kapitalanlage des Anlegers durchgeführt werden. Die von Asset Managern angedienten Analysen basieren zwar häufig auf exakteren Daten, sie weisen aber den Nachteil auf, dass diese nicht unabhängig sind und dass diese nur zum Teil einen kleinen Ausschnitt der Gesamtanlage darstellen. Die Transaktionskostenanalyse auf Tagesdaten ermöglicht es dem Anleger, die Kosten und Kostenbestandteile der verschiedenen Asset Manager miteinander, aber auch mit denen der Eigenanlage zu vergleichen. Eine solche Analyse schafft Transparenz bei den Asset Managern und setzt so Anreize zur Optimierung des Transaktionsprozesses. Optimierungsmöglichkeiten ergeben sich beispielsweise schon dann, wenn die Brokergebühren eines Asset Managers deutlich höher sind als die durchschnittlichen Brokerkosten über alle Asset Manager. Auch kann es sinnvoll sein, einzelne Orders mit besonders hohen Kosten zu analysieren und beim Asset Manager nach den Gründen für diese Kosten zu fragen, wenn diese nicht offensichtlich sind.

3. Messung der Fondsumsatzes: Häufig lassen sich Transaktionskosten durch eine Reduktion des Fondsumsatzes optimieren. Aus diesem Grund ist es für den Anleger ratsam, regelmäßig die Höhe des Fondsumsatzes zu bestimmen und vom Asset Manager begründen zu lassen. Der Vergleich des Fondsumsatzes mit denen von Fonds mit vergleichbaren Managementstilen (Peergroup-Analyse) kann schnell und einfach Aufschluss über die Angemessenheit des Umsatzes geben.

4. Vermeidung von Orderplatzierungen in unsicheren Märkten: Handelt der Anleger im Rahmen der Eigenanlage selbst oder gibt er bei Fremdmandaten Vorgaben für die Orderausführung, so ist darauf zu achten, dass Orders nicht in unsicheren Märkten platziert werden. Hohe Geld-Brief-Spannen und Intraday-Volatilitäten sind Indikatoren für unsichere Märkte. Dabei müssen die Anleger nicht auf aufwändige Analysen dieser Kennzahlen zurückgreifen, sondern können bereits mit einfachen Regeln die Orderaufgabe in unsicheren Märkten vermeiden. So ist der Handel zu Wochen- und Tagesbeginn i.d.R. mit einer höheren Informationsunsicherheit verbunden, da in der handelsfreien Zeit generierte Informationen erst mit Handelseröffnung am Markt verarbeitet werden können. Somit ist eine Orderplatzierung zu Handelsbeginn und an Montagen zu vermeiden. Statistisch ist auch an Freitagen eine geringe Liquidität zu beobachten.

Die angeführten Regeln sind Beispiele für einfache Maßnahmen zur Optimierung der Transaktionskosten aus Sicht eines institutionellen Anlegers. Weitere Regeln lassen sich aus einer fortlaufenden Transaktionskostenanalyse ableiten.

4. Fazit

Insbesondere die in Deutschland historisch verbreitete Quersubventionierung der vergleichsweise geringen Managementgebühren über die Transaktionskosten macht eine gemeinsame Analyse dieser Kosten notwendig. Anleger sollten auf eine adäquate Vergütung des Fondsmanagements, aber auch der Ausführung und des Research achten. Dabei sollten zu hohe, aber auch zu niedrige Gebühren und Kosten vermieden werden. Zu hohe Kosten belasten unnötig die Fondsperformance, zu geringe Kosten können dauerhaft ungewünschte Effekte wie beispielsweise ein verdeckte Quersubventionierung oder ein weniger engagiertes Fondsmanagement mit einer daraus resultierenden schlechten Performance nach sich ziehen. Die Untersuchung hat gezeigt, dass die adäquate Bestimmung insbesondere der performanceabhängigen Managementgebühren und die Analyse der Transaktionskosten detailliertes Bewertungs- und Analysewissen voraussetzen. Institutionellen Anlegern ist deshalb zu empfehlen, sich bei der Festlegung der Managementgebühren und der Analyse der Transaktionskosten den Rat unabhängiger Experten einzuholen.

Literaturverzeichnis

Barclay, M.J./ Warner, J.B. (Barclay/ Warner, 1993): Stealth trading and volatility: Which trades move prices, in: Journal of Financial Economics, Vol. 34, S.281-306.

Bhattacharya, S./ Pfleiderer, P. (Bhattacharya/ Pfleiderer, 1985): Delegated Portfolio Management, in The Journal of Economic Theory, Vol. 36, S. 163-187.

Brown, K.C./ Harlow, W.V./ Starks, L T. (Brown/ Harlow/ Starks, 1996): Of Tournaments and Temptations: An Analysis of Managerial Incentives in the Mutual Fund Industry, in The Journal of Finance, Vol. 51, S. 85-110.

Cushing, D./ Madhavan, A. (Cushing/ Madhavan, 2001): The Hidden Cost of Trading at the Close, in The Journal of Trading, Vol. 1, S. 12-19.

Das, R.D./ Sundaram, R K. (Das/ Sundaram, 1998): On the Regulation of Fee Structures in Mutual Funds, in NBER Working Papers 6639, hrsg. von National Bureau of Economic Research, Inc., Cambridge, MA 1998.

Dybvig, P.H./ Farnsworth, H.K./ Carpenter, J.N. (Dybvig/ Farnsworth/ Carpenter, 2010): Portfolio Performance and Agency, in The Review of Financial Studies, Vol. 23, S. 1-23.

Elton, E.J./ Gruber, M.J./ Blake, C.R. (Elton/ Gruber/ Blake, 2003): Incentive Fees and Mutual Funds, in The Journal of Finance, Vol. 58, S. 779-804.

Goetzmann, W N./ Ingersoll, J./ Ross, S. (Goetzmann/ Ingersoll/ Ross, 1997): High Water Marks, in NBER Working Papers: 6413, hrsg. von National Bureau of Economic Research, Inc., Cambridge, MA 1998.

Golec, J./ Starks, L. (Golec/ Starks, 2004): Performance Fee Contract Change and Mutual Fund Risk, in The Journal of Financial Economics, Vol. 73, S. 93-118.

Grinblatt, M./ Titman, S. (Grinblatt/ Titman, 1989): Adverse Risk Incentives and the Design of Performance-based Contracts, in Management Science, Vol. 35, S. 807-822.

Hasbrouck, J./ Schwartz, R.A. (Hasbrouck/ Schwartz, 1988): Liquidity and Execution Costs in Equity Markets - How to define, measure, and compare them, in: The Journal of Portfolio Management, Spring 1988, S. 10-16.

Investment & Pensions Europe, (IPE, 2010): IPE Institutional Asset Management Survey 2010, hrsg. von IPE International Publishers Limited, London, England, 2011.

Jensen, M.C./ Meckling, W.H. (Jensen/ Meckling, 1976): Theory of the Firm: Managerial Behavior, Agency Costs, and Ownership Structure, in The Journal of Financial Economics, Vol. 3, S. 305-360.

Johanning, L./ Kleeberg, J./ Schlenger, C. (Johanning/ Kleeberg/ Schlenger, 2003): Transaktionskosten und Best Execution im Aktienportfoliomanagement, in Handbuch Asset Allocation - Innovative Konzepte zur systematischen Portfolioplanung, Uhlenbruch Verlag, Bad Soden/Ts. 2003, p. 459-498.

Kapur, S./ Timmermann, A. (Kapur/ Timmermann, 1999): Equilibrium Effects of Relative Performance Evaluation Contracts, mimeo, The University of London und The London School of Economics.

Keim, D.B./ Madhavan, A. (Keim/ Madhavan, 1998): The Cost of Institutional Trades, in: Financial Analysts Journal, Vol. 54, No. 4, p. 50-69.

Kleeberg, J.M./ Billmann, M./ Hertlein, F. (Kleeberg/ Billmann/ Hertlein, 2008): Strukturierte Managerauswahl: Erfolgsfaktoren und Best Practice, in: Marc Herzog, Lutz Johanning und Maik Rodewald (Hrsg.): Handbuch Vertriebs-Exzellenz im Asset Management, Uhlenbruch, Bad Soden, S. 185-211.

Lane Clark & Peacock, (LCP, 2010): Investment Management Fee Survey 2010, hrsg. von Lane Clark & Peacock LLP, London, England, 2010

Maug, E./ Naik, N. (Maug/ Naik, 1996): Herding and Delegated Portfolio Management, mimeo, London Business School

Mössle, K. (Mössle, 2008): Der institutionelle Vertrieb: Rahmenbedingungen und Evolution, in: Marc Herzog, Lutz Johanning und Maik Rodewald (Hrsg.): Handbuch Vertriebs-Exzellenz im Asset Management, Uhlenbruch, Bad Soden, S. 3-15.

Perold, A.F. (Perold, 1988): The Implementation Shortfall: Paper Versus Reality, Journal of Portfolio Management, Vol. 14, No 3, S. 4-9.

Ross, L.B./ Turner, A.L. (Ross/ Turner, 1999): Incentive Fees: Have our Fears been Unfounded?, in Russell Research Commentary, hrsg. von Frank Russell Company, New York, US, 1999.

Ross, S. (Ross, 1973): The Economic Theory of Agency: The Principal's Problem, in The American Economic Review, Vol. 63, S. 134-139.

Saar, G. (Saar, 2001): Price Impact Asymmetry of Block Trades: An Institutional Trading Explanation, in: Review of Financial Studies, Vol. 14, No 4, S. 1153-1181.

Starks, L.T. (Starks, 1987): Performance Incentive Fees: An Agency Theoretic Approach, in The Journal of Financial and Quantitative Analysis, Vol. 22, S. 17-32.

US Securities and Exchange Commission (SEC, 1998): Inspection Report on the Soft Dollar Practices of Broker-Dealers, Investment Advisers and Mutual Funds, 22.09.1998.

Autorenverzeichnis

Hilke Althoff leitet seit 2008 das Relationship Management für institutionelle Kunden der BNP Paribas Securities Services, Zweigniederlassung Frankfurt am Main. Die Bankkauffrau und Assessorin jur. war zuvor 17 Jahre bei der Dresdner Bank AG in verschiedenen Positionen, unter anderem im Firmenkundensegment und im Unternehmensbereich Transaction Banking, tätig. Von 2000 bis 2002 agierte Hilke Althoff im Geschäftsfeld Custody Solutions der Dresdner Bank als Grundsatzreferentin und Relationship Manager. Anschließend verantwortete sie dort vier Jahre als Gruppenleiterin und zwei Jahre als Referatsleiterin das Sales- und Relationship Management Institutional Business.

Barbara Bauer ist Geschäftsleitende Oberkirchenrätin der Evangelischen Landeskirche in Baden. Zuvor war sie Finanzreferentin der Evangelischen Kirche in Berlin-Brandenburg und Geschäftsführerin des Evangelischen Missionswerkes in Hamburg. Nach dem Studium der Rechtswissenschaften in Berlin arbeitete Frau Bauer als Referentin im Bundesaufsichtsamt für das Kreditwesen.

Marc Becker ist seit 2007 für die xtp Transaction-Partners GmbH als Consultant tätig. Der Fokus seiner Tätigkeit liegt auf der Analyse und Optimierung von Wertpapierhandelsprozessen institutioneller Kunden. Herr Becker studierte Betriebswirtschaftslehre an der European Business School in Oestrich-Winkel und an der National University of Singapore.

Michael Billmann ist Senior Consultant bei alpha portfolio advisors GmbH, Bad Soden/Ts. Zuvor studierte er Betriebswirtschaftslehre an der Westfälischen Wilhelms-Universität Münster sowie an der University of Strathclyde, Glasgow. Der Schwerpunkt seiner Beratungstätigkeit liegt im Bereich der strukturierten Managerauswahl für alternative sowie traditionelle Assetklassen. Er ist außerdem Co-Autor einiger Fachaufsätze zu diesen Themenfeldern.

RA/StB Dr. Carsten Bödecker ist Partner bei einer Rechts- und Steuerberatungskanzlei in Düsseldorf. Sein Tätigkeitsschwerpunkt liegt in der steuerrechtlichen und rechtlichen Beratung von Fonds, Versicherungen und Banken. Er ist Lehrbeauftragter für Internationales Steuerrecht der Universität Osnabrück.

Thomas Bossert ist Mitglied der Geschäftsführung der Union Investment Institutional GmbH und für das Portfolio Management der institutionellen Mandate verantwortlich. Er studierte an der ESB in Reutlingen und der Middlesex University, London. Seine beruflichen Stationen umfassen u. a. die Produktentwicklung der Commerzbank und die Research-Abteilung von Barra International in London. Thomas Bossert ist Autor zahlreicher Fachartikel mit den Schwerpunkten Derivate, Risikomanagement und Wertsicherung.

Daniel Brückner leitet seit 2010 bei der HSBC in Deutschland als Direktor den Bereich Custody Services. Nach seinem Studium in Kent und London arbeitete er zunächst als Researcher im House of Commons. Von dort führte ihn sein Weg zur Deutsche Bank AG in Wien und Frankfurt sowie zur State Street Bank. Seit 2005 ist er für HSBC Securities Services tätig.

Dr. Jochen Eichhorn ist seit 1990 Rechtsanwalt und derzeit Partner der Kanzlei Lachner Graf von Westphalen Spamer (LWS) in Frankfurt am Main. Bis 2006 war er in verschiedenen Funktionen bei der UBS in Deutschland für das Wealth- und Asset-Management-Geschäft tätig (z. B. Leitung der Rechtsabteilung, Compliance sowie Performance- & Risiko-Controlling, zugleich Geschäftsführer der UBS-eigenen Stiftung). Bis 1999 arbeitete er für den BVI Bundesverband Investment und Asset Management e. V., zuletzt als Abteilungsdirektor Recht und Steuern.

Dr. Bernd R. Fischer ist seit 2009 Geschäftsführer der IDS GmbH – Analysis and Reporting Services. Von 2000 bis 2009 war er Global Head of Risk Controlling and Compliance im Zentralen Geschäftsfeld Asset Management der Commerzbank AG und Leiter des Bereichs Risk and Performance Controlling in der cominvest GmbH. Zuvor war er u. a. in den Bereichen Portfolioanalyse und Risiko-Controlling im Asset Management der Dresdner Bank tätig. Von 2000 bis 2004 war Dr. Fischer Mitglied der Investment Performance Councils des CFA Instituts. Herr Dr. Fischer studierte bis 1989 Physik und Mathematik an der Universität Köln. 1995 wurde er an der Florida Atlantic University (USA) promoviert. Er ist Verfasser des Standardwerks „Performanceanalyse in der Praxis".

Dr. Christian Funke ist Portfolio Manager und Vorstand der Source For Alpha (Deutschland) AG, Bad Homburg, einem quantitativen Investment Manager. Weiterhin ist er als Berater und Gutachter für Banken und Asset Manager sowie als Dozent tätig. Er hat Betriebswirtschaftslehre an der European Business School (EBS) in Oestrich-Winkel studiert und dort bei Prof. Dr. Lutz Johanning am Stiftungslehrstuhl Asset Management sowie als DAAD-Visiting-Scholar an der Katz Business School, University of Pittsburgh, USA, promoviert.

Prof. Dr. Roland Füss ist Inhaber des Union Investment Lehrstuhls Asset Management an der EBS Universität für Wirtschaft und Recht i.Gr., EBS Business School in Wiesbaden. Nach seinem Studium und seiner Promotion habilitierte Prof. Füss am Lehrstuhl für Banken und Finanzwirtschaft sowie am Lehrstuhl für Angewandte Ökonometrie an der Albert-Ludwigs-Universität in Freiburg. Seine Forschungsschwerpunkte liegen in den Bereichen Angewandte Ökonometrie, Risikomanagement, Asset Pricing, Alternative Investments sowie Politische Ökonomie der Finanzmärkte. Er ist Autor zahlreicher wissenschaftlicher Aufsätze in renommierten Fachzeitschriften.

Peter J. Hadasch begann 1987 in der Nestlé Gruppe in Deutschland als Rechtsanwalt und Leiter der Konzernsteuerabteilung. Seit 1997 ist er für die Versorgungseinrichtungen der Nestlé Gruppe in Deutschland verantwortlich. Seit 2005 ist er Vorsitzender des Verbandes für Firmenpensionskassen e. V. Berlin. Daneben werden eine Reihe von Funktionen und Aufgaben innerhalb der Arbeitsgemeinschaft für betriebliche Altersvorsorgung e.V. (aba), Heidelberg, und der EFRP, Brüssel, wahrgenommen.

Eberhard Haug, CEFA ist Senior Referent Asset-Management. Herr Haug arbeitet seit dem 1. Juli 2007 im Asset-Management-Team der EnBW. Zuvor war er als Portfolio-Manager für Renten und Balanced-Mandate sowie die Asset-Allokation bei der Helaba-Invest zuständig. Davor zeichnete er für die zentrale Anlagestrategie Renten und Währungen von Privatkunden bei der Commerzbank AG verantwortlich. Herr Haug absolvierte eine Banklehre und erwarb den Titel „Certified European Financial Analyst" nach DVFA/EFFAS.

Dr. Volker G. Heinke ist Mitglied des Vorstands der Kirchlichen Versorgungskassen KZVK/VKPB in Dortmund. Er zeichnet sich dort verantwortlich für Kapitalanlagen und Finanzen mit etwa 6,5 Mrd. Assets under Management. Bis Ende 2006 war als Hauptabteilungsleiter der Provinzial Nord-West Holding AG verantwortlich für die Aktiv-Passiv-Steuerung (ALM, SAA), das Kapitalanlagen-Controlling (insbesondere Risiko-Controlling) sowie für die Abwicklung, Bilanzierung, das Meldewesen (Back Office) und die Planung der Kapitalanlagen der Versicherungsgruppe. Dr. Heinke studierte und promovierte in BWL an der Universität Münster. Er erhielt im April 2007 die venia legendi.

Dr. Ulf Herold arbeitet im Bereich „Alternative Investments & Quantitative Strategies" bei der Metzler Asset Management GmbH in Frankfurt am Main. Sein Aufgabenschwerpunkt ist die Entwicklung von quantitativen Investmentstrategien, insbesondere von Wertsicherungskonzepten und Absolute Return-Strategien. Er ist seit 1998 für Metzler tätig.

Dr. Christian Hoppe ist Rechtsanwalt und Partner bei der Aderhold Rechtsanwaltsgesellschaft mbH und überwiegend im Bank- und Gesellschaftsrecht tätig. Im Bankrecht liegt ein Schwerpunkt im Prozessrecht, dort in der Vertretung von Banken und Finanzdienstleistern z.B. bei der Abwehr von Ansprüchen wegen fehlerhaften Wertpapierdienstleistungen und Angriffen auf Sicherheiten, aber auch in Fragen des Landesbürgschaftsrechts sowie in der Geltendmachung von bankseitigen Ansprüchen aller Art.

René Höpfner ist als Principal bei Mercer in Deutschland im Bereich Investment Consulting tätig. Seine Schwerpunkte bei Mercer sind insbesondere illiquide Investments wie Immobilien und Private Equity sowie Investment- und Portfoliostrukturierungen. Zuvor beriet er für Feri Institutional Advisors institutionelle Anleger in Fragen zu alternativen Anlageklassen wie Private Equity, Hedgefonds, Real Estate, Kreditderivate und deren Implementierung. Vor dieser Zeit war er für das Asset-Management und Risiko-Management einer führenden Forschungsgesellschaft verantwortlich und für einen Private Equity Fonds mit dem Fokus auf Mittelstandsfinanzierungen tätig. Herr Höpfner hat einen Abschluss als Diplom-Kaufmann von der Humboldt-Universität zu Berlin.

Dr. André Jäger ist Mitglied der Geschäftsleitung der Universal-Investment GmbH und dort u. a. verantwortlich für den Bereich Risikocontrolling. Herr Jäger promovierte nach dem Studium der Mathematik und Physik an der Ruhr-Universität Bochum. Seit 1997 war er zunächst im Risikocontrolling der Commerzbank AG tätig, bevor er im Jahr 2004 zur Universal-Investment wechselte. Er ist Vorsitzender des BVI-Ausschusses „Risiko und Performance".

Prof. Dr. Lutz Johanning ist seit 2007 Inhaber des Lehrstuhls für Empirische Kapitalmarktforschung an der WHU – Otto Beisheim School of Management in Vallendar. Seine Forschungsschwerpunkte liegen in den Bereichen Empirische Kapitalmarktforschung und Best Execution, Financial Risk Management und Emotional Finance. Prof. Johanning ist Mitglied des Börsenrates der Eurex Deutschland und Aufsichtsratsmitglied der EDG AG. Er ist zudem Gründungsgesellschafter und akademischer Leiter der xtp GmbH, einem Spezialisten für die Analyse des Transaktionsprozesses und der Best Execution bei Kapitalanlagegesellschaften und institutionellen Anlegern.

Dr. Carl-Heinrich Kehr berät als Principal bei Mercer Deutschland institutionelle Kunden, darunter Versicherungsunternehmen, Industrieunternehmen, Pensionskassen, Banken und Family Offices. Seine Schwerpunkte liegen in den Feldern Investment-Strategien, Allokationssteuerung, Risikomanagement, Selektion von Managern für Alternative Assets, Nachhaltige Kapitalanlage sowie in der Einführung effizienter Investment-Prozesse. Zuvor war bei verschiedenen Beratungsunternehmen tätig, u. a. bei einem Anbieter von Currency Advisory und zuvor bei Barra als Geschäftsleiter für den deutschsprachigen Raum. Herr Dr. Kehr hat in Frankfurt/Main Betriebswirtschaftslehre studiert und in Finanzwirtschaft promoviert.

Dr. Jochen Kleeberg ist geschäftsführender Gesellschafter der alpha portfolio advisors GmbH in Bad Soden/Ts. Er verantwortet den Bereich der systematischen Managerauswahl. Bis Ende 1996 leitete er die deutsche Niederlassung des US-Beratungsunternehmens Barra International, wo er seit 1991 beschäftigt war. Herr Dr. Kleeberg ist Mitherausgeber der verschiedener Handbücher sowie Verfasser zahlreicher Aufsätze im Bereich Asset Management. Er promovierte 1994 an der Universität Münster bei Prof. Dr. Manfred Steiner mit der vom Deutschen Aktieninstitut mit dem 1. Hochschulpreis ausgezeichneten Arbeit „Der Anlageerfolg des Minimum-Varianz-Portfolios".

Dr. Hans Wilhelm Korfmacher ist seit 1987 selbstständiger Rechtsanwalt und seit 1993 Geschäftsführer des Versorgungswerks der Wirtschaftsprüfer und der vereidigten Buchprüfer im Lande Nordrhein-Westfalen (WPV). Seit 2006 ist er darüber hinaus ehrenamtlicher Vorstandsvorsitzender im Club of Finance e.V. Von 1987 bis 1993 war Herr Dr. Korfmacher Juristischer Referent bei der Wirtschaftsprüferkammer. Nach dem Studium der Rechtswissenschaften und der Betriebswirtschaftslehre absolvierte er sein zweites juristisches Staatsexamen im Jahr 1985 und arbeitete von 1985 bis 1986 als Wissenschaftlicher Mitarbeiter an der Universität Bielefeld.

Dr. Benedikt Köster leitet seit 2006 die Abteilung „Group Pensions" bei der Deutschen Post DHL in Bonn. Neben der bilanziellen Behandlung von Pensionszusagen (IAS 19) stehen die Themen Finanzierung, Risikomanagement, Strategie und Design der Pensions-Zusagen des Konzerns im Focus seiner Aufgaben. Vor seiner Tätigkeit für die Deutsche Post DHL arbeitete er mehrere Jahre als Berater und Aktuar für betriebliche Altersversorgung bei Aon Jauch & Hübener Consulting in Mülheim a.d.R. sowie bei PricewaterhouseCoopers in Köln und London. Er hat ein Studium der Physik und Astrophysik absolviert und ist Aktuar (DAV, IVS). Er ist Mitglied der Fachvereinigung Kapitalanlage sowie Leitungsmitglied der Fachvereinigung Mathematische Sachverständige der aba.

Werner Krämer ist Geschäftsführer von Lazard Asset Management (Deutschland) GmbH in Frankfurt am Main und verantwortlich für Central Marketing Services. Er kam 1999 zu Lazard und arbeitet seit 1990 im Investmentbereich. Bevor er zu Lazard wechselte, war er bei der Deutschen Bank in Frankfurt beschäftigt, wo er zunächst zwei Jahre im Bereich Derivatehandel und danach sieben Jahre in verschiedenen Research-Abteilungen arbeitete. Herr Krämer absolvierte ein Studium der Wirtschaftsmathematik in Trier und ist Diplom-Wirtschaftsmathematiker sowie CEFA-Analyst. Er ist Verfasser mehrerer Fachbücher und verschiedener Fachartikel.

Harald Kuhn ist Rechtsanwalt bei einer Rechts- und Steuerberatungskanzlei in Düsseldorf. Schwerpunkt seiner Arbeit ist die Beratung von institutionellen Anlegern und anderen Finanzdienstleistern in aufsichtsrechtlichen und investmentsteuerlichen Fragen.

Dieter Lehmann ist seit 1999 Mitglied der Geschäftsleitung und Leiter der Vermögensanlage der VolkswagenStiftung in Hannover. Nach seinem Studium der Wirtschaftswissenschaften mit Schwerpunkt Finanzwirtschaft in Berlin arbeitete er zunächst als wissenschaftlicher Mitarbeiter des Vorsitzenden des Vorstandes der damaligen Genossenschaftsbank Berlin, bevor er dann bis zu seinem Wechsel nach Hannover für die DG BANK in Hamburg, Schwerin und Berlin als Berater für das Eigengeschäft und Bankbilanzstrukturmanagement der Volks- und Raiffeisenbanken in den jeweiligen Regionen tätig war.

Dipl.oec Wolfgang Maier ist Director Asset Management bei der EnBW Energie Baden-Württemberg AG. Seine Tätigkeitsschwerpunkt liegen in der Durchführung und strategischen Weiterentwicklung des Asset Management der Gesellschaft, insbesondere unter Berücksichtigung sich wandelnder Rahmenbedingungen (z.B. IFRS etc). Nach Banklehre und Studium der Wirtschaftswissenschaften an der Universität Hohenheim war er im Firmenkreditbereich einer Bank tätig. Bei EnBW hat er im Finanzsektor verschiedene Leitungsfunktionen im In- und Ausland ausgeübt.

Joachim Meyer ist seit 1.10.2010 geschäftsführender Gesellschafter der Meyer & Cie. Allokationsberatung GmbH in München. In dieser Funktion berät und unterstützt er mit seinem Team eine begrenzte Anzahl institutioneller Investoren bei der laufenden, dynamischen Portfoliokonstruktion. Von 2006 bis 2010 war er Mitaktionär der deutschen Niederlassung von Complementa und verantwortete als Vorstands-Vorsitzender den Aufbau des Deutschland-Geschäfts. Vor seiner Tätigkeit bei Complementa war er geschäftsführender Gründungsgesellschafter bei der FondsConsult-Unternehmensgruppe. Seine berufliche Laufbahn begann er als Spezialfondsmanager für gemischte Mandate bei einer deutschen Kapitalanlagegesellschaft.

Dipl.-Jur. Fabian Mingels ist wissenschaftlicher Mitarbeiter im Bereich Financial Services einer Rechts- und Steuerberatungskanzlei in Düsseldorf und Doktorand am Lehrstuhl von Prof. Dr. Heike Jochum am Institut für Finanz- und Steuerrecht der Universität Osnabrück. Sein Tätigkeitsschwerpunkt liegt in der steuerrechtlichen und rechtlichen Beratung von Fonds, Versicherungen und Banken.

Thomas Neiße ist seit Ende 2004 Vorsitzender der Geschäftsführung der Deka Investment GmbH. Er startete seine Finanzkarriere 1979 als Analyst bei der Deutschen Bank, wurde dort 1992 zum Head of Equity Research und 1994 zum Geschäftsführer der Analysetochter DB Research berufen. 1996 wechselte Thomas Neiße zur Bayerischen Vereinsbank als Leiter des Asset Managements und wurde später Geschäftsführer der HVB Asset Management. Er ist seit 2005 Vorstandsmitglied im Deutschen Aktieninstitut und seit 2007 im Centre for Financial Research der Universität Köln. Im Januar 2009 wurde er zum Mitglied des Aufsichtsrats der Deutschen Börse bestellt. Im Februar 2010 wählte ihn der Vorstand des BVI , dem er ebenfalls seit 2005 angehört, zu seinem Präsidenten.

Dr. Stefan Nellshen studierte Mathematik und Betriebswirtschaft in Köln, wo er 1994 im Fach Mathematik zum „Dr. rer. nat." promovierte. Nachdem er mehr als drei Jahre in der Lebensversicherungswirtschaft gearbeitet hatte, trat er 1998 in die Bayer AG ein, wo er zunächst im Bereich Treasury die Leitung des Zinsrisikomanagements innehatte. Januar 2001 wurde er Fachreferats-Leiter für Kapitalmärkte und Finanzmodelle, und seit August 2003 ist er als Finanzvorstand der Bayer-Pensionskasse VVaG tätig.

Dr. Carsten Nickel ist Rechtsanwalt und leitet seit August 2010 im Depotbankbereich der DekaBank die Einheit Fondskontrolle/Vertragsmanagement. Ab dem Jahr 2007 war er als Rechtsanwalt in der Rechtsabteilung der DekaBank tätig und ist insbesondere auf Investmentrecht spezialisiert. Zuvor begleitete er als Syndikusanwalt beim Sparkassen- und Giroverband in Berlin kapitalmarktrechtliche Gesetzesvorhaben auf nationaler wie internationaler Ebene mit besonderem Schwerpunkt auf dem Investmentrecht. Herr Dr. Nickel hat bereits zu investmentrechtlichen Themen publiziert, wie etwa zum Vertrieb von Investmentanteilen nach dem Investmentgesetz (ZBB 2004, S. 194 ff.) sowie zu den Neuerungen der Investmentgesetznovelle von 2007 (2008).

Gerald Noltsch ist Head of Germany, Northern Europe & CEE, sowie Member of the Executive Committee der BNP Paribas Securities Services S.A., Paris. Seit der Fusion von BNP und Paribas im Mai 2000 ist Gerald Noltsch Vorsitzender der Geschäftsleitung. Nach Abschluss seines Betriebswirtschaftsstudiums an der Universität Köln startete Gerald Noltsch seine Karriere 1989 bei der Deutschen Bank in Frankfurt im Bereich Capital. Danach war er bei der Deutschen Börse Clearing AG und bei Paribas S. A. in Frankfurt tätig.

Dr. Bettina Nürk ist seit Dezember 2009 Geschäftsführerin beim Uhlenbruch Verlag in Bad Soden. Zuvor war sie mehrere Jahre lang in der Akquisition und Kundenbetreuung institutioneller Investoren tätig, darunter bei J.P. Morgan Asset Management in Deutschland als Leiterin Betriebliche Altersversorgung, bei der Deka-Gruppe als Leiterin der Einheit Unternehmen und Institutionen Inland und bei der Deutsche Asset Management Investmentgesellschaft. Nach dem Studium und der Promotion im Fachbereich Volkswirtschaftslehre an der Universität Tübingen trat Frau Dr. Nürk 1993 in die Deutsche Bank-Gruppe ein, wo sie mehrere Jahre in der makroökonomischen Grundsatzanalyse tätig war.

Dr. Ulrich Raber ist seit 2010 Leiter des Risk Analytics, Asset Manager and Reporting Services Bereiches der IDS GmbH – Analysis and Reporting Services. Er ist seit 2001 Mitarbeiter der IDS GmbH und hat deren Risikoanalyse-Dienstleistungen für internationale Asset Management Kunden maßgeblich mitaufgebaut. Zuvor war Herr Dr. Raber im Bereich Performance, Risiko und Reporting der Allianz Asset Management GmbH (die Vorgängergesellschaft der heutigen Allianz Global Investors) tätig. Dr. Raber hat bis 1996 Wirtschaftsmathematik an der Universität Trier studiert und dort seine Promotion zum Dr. rer. nat. 1999 abgeschlossen.

Sven Röckle begann seine Laufbahn nach Bankausbildung und einem Studium der Wirtschaftswissenschaften mit den Schwerpunkten Banking/ Finance/ Asset- und Risikomanagement beim VWDA als Leiter Rechnungswesen und Kapitalanlagecontrolling. Im Zuge seiner Tätigkeit wurde ihm zunächst der Bereich Kapitalanlagen übertragen und später der Geschäftsbereich Finanzen. Neben dem Kapitalanlagenmanagement zählt das Risikomanagement zu seinem Verantwortungsbereich. Er hat 10 Jahre Erfahrung im Asset- und Risikomanagement und ist Autor verschiedener Publikationen zum Thema Risikomanagement in Banken und Finanzkonglomeraten.

Bernd Rose ist seit 1999 geschäftsführender Gesellschafter bei der RMC Risk-Management-Consulting GmbH in der Beratung für Kapitalanlageprozesse und ertragsorientierte Risikosteuerung institutioneller Anleger. Zuvor war er als Fondsmanager in der Leitung des Rentenmanagements für den FRANKURT-TRUST und als Analyst in der Produktentwicklung der BHF-Bank tätig. Seine berufliche Laufbahn startete Bernd Rose im Investment Banking der damaligen DG BANK im Bereich Kapitalmarktrefinanzierung. Er studierte Betriebswirtschaftslehre in Gießen.

Carola Gräfin v. Schmettow ist Mitglied des Vorstands der HSBC in Deutschland und verantwortet die Bereiche Global Markets, Asset Management und Securities Services. Im Anschluss an ihr Studium der Mathematik und der Musik startete sie ihre berufliche Laufbahn im Geschäftsbereich Handel der damaligen Trinkaus & Burkhardt KGaA. 1999 übernahm sie den Vorsitz der Geschäftsführung der für das Asset Management zuständigen Tochtergesellschaft. 2001 wurde sie in die erweiterte Geschäftsleitung der Bank und 2004 zur persönlich haftenden Gesellschafterin berufen. Mit der Umwandlung des Bankhauses in eine Aktiengesellschaft im Juni 2006 wurde Carola v. Schmettow Mitglied des Vorstands.

Dr. Andreas Schmidt-von Rhein leitet die Bereiche Risikomanagement und Portfolioanalyse in der Oppenheim Vermögensverwaltung, die das Private Banking und Institutionelle Kunden umfasst. Die Portfolioanalyse ist für das Performance- und Risikocontrolling der Portfolios verantwortlich. Herr Dr. Schmidt-von Rhein studierte Wirtschaftsinformatik an der Universität Bamberg und promovierte anschließend am Lehrstuhl für Finanzwirtschaft und Banken bei Prof. Dr. Rehkugler, Universität Freiburg. Er ist Mitglied des GAMSC (German Asset Management Standards Committee) und stellvertretender Vorsitzender des BVI-Ausschusses „Risikomanagement und Performance".

Rainer Schröder berät als selbständiger Unternehmensberater Asset Manager mit Vertriebspräsenz im deutschsprachigen Raum. Nach dem Studium der Volkswirtschaftslehre an der Universität Bielefeld hat er in beruflichen Stationen bei der Dresdner Bank, Invesco Asset Management, Threadneedle Investments und WestLBMellon Asset Management in den Funktionsbereichen Research, Portfolio Management und Vertrieb gearbeitet. Sein Beratungsschwerpunkt liegt heute in Markteintritts- und Positionierungsstrategien für Asset Management Unternehmen.

Clemens Schweiggl ist seit 1. Januar 2011 Team Head Investment Data and Analysis bei der Allianz Global Investors AG. Zuvor leitete er die Abteilung Performanceanalyse in der Oppenheim Vermögensverwaltung. Herr Schweiggl beschäftigte sich in diesem Zusammenhang intensiv mit Fragen der Performancemessung, -attribution und Investmentprozessanalyse und den Global Investment Performance Standards (GIPS). Herr Schweiggl studierte Internationale Wirtschaftswissenschaften und Technische Mathematik an den Universitäten Innsbruck, Konstanz und UMIST Manchester. Nach Abschluss seines Studiums hat Herr Schweiggl die Ausbildung zum Financial Risk Manager (FRM) und das Certificate in Investment Performance Measurement (CIPM) abgeschlossen.

Dr. Uwe Siegmund ist Chief Investment Strategist der R+V Versicherungsgruppe, die ca. 60 Mrd. EUR Kapitalanlagen verwaltet und zum genossenschaftlichen Finanzverbund gehört. Er studierte in Leipzig und Kiel und arbeitete für längere Zeit am Institut für Weltwirtschaft Kiel. Dr. Siegmund spricht und veröffentlicht regelmäßig zu Themen der Makroökonomie, Finanzregulierung, Versicherung und des Risiko- und Asset Managements. Er ist Mitglied im GDV-Arbeitskreis „versicherungsökonomische Studien".

Clemens Sommer ist geschäftsführender Gesellschafter von creative analytic 3000 GmbH. Nach fünf Jahren als Marktforscher der Dresdner Bank AG, Frankfurt wechselte Herr Sommer im Juli 1996 zu creative analytic 3000, Frankfurt. Das Institut ist im Bereich psychologischer Innovationsforschung tätig und versteht seine Corporate Identity im Sinne von Fundierter Inspiration. Herr Sommer ist spezialisiert auf Finanzmarktforschung im Retailbereich und im institutionellen Markt.

Norbert Stabenow ist Leiter der Rechtsabteilung der Internationalen Kapitalanlagegesellschaft (HSBC INKA) in Düsseldorf und in dieser Funktion auch für die rechtliche Betreuung der HSBC als Depotbank zuständig. Nach seiner Tätigkeit als Rechtsanwalt bei der Rechtsanwaltskanzlei Shearman & Sterling in Düsseldorf mit dem Fokus auf das Bank- und Versicherungsaufsichtsrecht sowie das Gesellschaftsrecht war Norbert Stabenow von 2004 bis 2010 als Syndikus für HSBC Trinkaus tätig.

Matthias Stemme promoviert bei Prof. Dr. Lutz Johanning am Lehrstuhl für Empirische Kapitalmarktforschung an der WHU – Otto Beisheim School of Management, Vallendar. Weiterhin arbeitet er im Risikomanagement der Source For Alpha (Deutschland) AG, Bad Homburg, einem quantitativen Investment Manager. Herr Stemme hat Betriebswirtschaftslehre an den Universitäten Maastricht und Rotterdam (Niederlande), St. Gallen (Schweiz) und Wharton (USA) studiert.

Dr. Christian Teuber ist Rechtsanwalt bei der Aderhold Rechtsanwaltsgesellschaft mbH in Dortmund mit den Schwerpunkten Öffentliches Recht, Vergaberecht, Bankrecht und Insolvenzrecht. Er betreut Kommunen und ihre Unternehmen in Fragen des Verwaltungsorganisations-, Haushalts- und Kommunalrechts sowie private Unternehmen u. a. bei Fördermittelprojekten. In diesem Rahmen ist er auch prozessführend tätig.

Gerhard Thoms ist seit 2010 Abteilungsleiter Strategische Bankbuchsteuerung bei der Postbank AG in Bonn. Dort optimiert er die konzernweiten Finanzanlagen unter Bilanz- und GuV-Aspekten. Vorher leitete er die Abteilung Global Markets, die als Markteinheit die Eigenanlagen der Bank steuert. Vor dem Wechsel zur Postbank in 2001 war er 21 Jahre lang bei der Kreissparkasse Köln, zuletzt im Treasury als Depot-A-Manager tätig.

Sara Traina, LL.M. ist seit 2007 Syndicusanwältin und Datenschutzbeauftragte im Versorgungswerk der Wirtschaftsprüfer und der vereidigten Buchprüfer im Lande Nordrhein-Westfalen (WPV). Nach dem Studium der Rechtswissenschaften und dem Masterstudiengang Rechtsinformatik an den Universitäten Hannover und Bologna/Italien erhielt sie ihr 2. juristisches Staatsexamen im Jahr 2007.

Uwe Trautmann ist Vorsitzender der Geschäftsführung der Helaba Invest GmbH, einer der führenden deutschen Kapitalanlagegesellschaften. Nach langjähriger Tätigkeit im Commerzbank Konzern, zuletzt als Leiter des Bereichs Marketing/Akquisition bei der Commerzinvest, wechselte Herr Trautmann 1995 als Geschäftsführer zur Helaba Invest und war maßgeblich für die Ausweitung der Kundenstruktur von Sparkassen auf institutionelle Kunden verantwortlich. Auf Geschäftsführungsebene ist er für die Bereiche Marketing/Akquisition, Recht, Quality Management, Revision, Fondscontrolling sowie insbesondere für die strategische Weiterentwicklung der Gesellschaft zuständig.

Kirsten Wagner ist bei der Helaba Invest insbesondere für die Betreuung von Consultants, die Koordination von RFPs sowie für Presse und Kommunikation zuständig. Nach ihrem Studium zur internationalen Betriebswirtin arbeitete Frau Wagner zunächst mehrere Jahre bei Franklin Templeton und Warburg Invest.

Mathias Weil, CFA, ist seit 2006 bei der Metzler Asset Management GmbH als Senior-Portfoliomanager im Bereich „Alternative Investments & Quantitative Strategies" tätig. Hier verantwortet er Overlay-Strategien für Masterfonds und dynamische Wertsicherungsstrategien in Spezialfonds. Zuvor war er sechs Jahre lang bei der Oppenheim KAG, Köln, in der Abteilung „Quantitative Produkte" beschäftigt.

Prof. Dr. Thomas Zimmerer ist Senior Consultant bei der alpha portfolio advisors GmbH und Professor für Finanz-, Bank- und Investitionswirtschaft an der Hochschule Ansbach. Zuvor war er von 1997 bis 2002 als Portfoliomanager im Allianz-Konzern zuständig für die Entwicklung und Implementierung quantitativer Portfoliomanagementansätze im Rentenbereich. Anschließend verantwortete er bis Anfang 2003 beim Deutschen Investment-Trust (dit) die Modellentwicklung und operative Umsetzung in den Teams Enhanced Fixed Income und Protection. Herr Prof. Dr. Zimmerer studierte Betriebswirtschaftslehre an der Universität Regensburg und der University of Colorado in Boulder.

Stichwortverzeichnis

Nutzen Sie das gesamte Spektrum der Emerging Markets

GLG Emerging Markets UCITS-III-Fonds

Dedizierte Absolute-Return-Fonds in den Anlageklassen Aktien, Anleihen & Währungen sowie Credit navigieren Sie aktiv und sicher durch alle Marktphasen.

Chancen durch Vielfalt

Tel.   +41 (0) 55 417 6350
E-Mail   germany@maninvestments.com

www.maninvestments.com